谨以本书

献给南开大学百年华诞

传 承

南开经济百年百人

刘禹东 主　编
沈梦菲 副主编

商务印书馆
2019年·北京

图书在版编目(CIP)数据

传承:南开经济百年百人/刘禹东主编.—北京:商务印书馆,2019

ISBN 978-7-100-17830-3

Ⅰ.①传⋯ Ⅱ.①刘⋯ Ⅲ.①南开大学—经济学家—列传 Ⅳ.①K825.31

中国版本图书馆 CIP 数据核字(2019)第 194630 号

权利保留,侵权必究。

传承
——南开经济百年百人
刘禹东 主编
沈梦菲 副主编

商 务 印 书 馆 出 版
(北京王府井大街36号 邮政编码100710)
商 务 印 书 馆 发 行
北京通州皇家印刷厂印刷
ISBN 978-7-100-17830-3

2019年10月第1版 开本 710×1000 1/16
2019年10月北京第1次印刷 印张 71¾
定价:298.00元

特别感谢以下校友对本书的支持（以姓氏拼音首字母排序）：

胡光明、黄国谦、李新中、刘亦方、吕滋立、马维亚、苗健、盛希泰、苏武康、王立新、文飚、吴海、吴洪彬、杨文明、张淑静、张文中、张远明、赵军、郑伟鹤、周达、周海冰

主编前言

刘禹东

我 1984 年考入南开大学金融学系攻读国际金融硕士研究生，师从著名国际金融学教授钱荣堃先生。我们是南开大学幸运的一代人。20 世纪 80 年代的南开沐浴着改革开放的阳光与春风，开放，包容，充满情怀与希望。南开经济学科的老一辈先生大都健在。老先生们刚刚从被耽误的十年浩劫中苏醒，恢复焕发出活力。他们意气风发要干一番事业。他们满腔热情地要把他们的知识都传授给我们。他们待我们像孩子一样，无私，温暖。我们到他们家里坐在床边上听他们讲课……南开大学是有着特别传统的学校，我们称老教授为先生。这一代老先生学识渊博，优雅海派，见过世面，谦逊和蔼，淡泊名利，求真务实。作为弟子，我们受益终生。他们的特质是南开经济之魂，我们一生引以为傲。在南开大学百年华诞之际，我想我们应该做点什么，纪念他们，把他们的精神传承下去。

我们编辑出版这本书就是要向老一辈南开经济学人致敬！正是由于有这样一代令人敬重、引以为豪的南开经济学人，才有南开经济学科在全国的卓越地位。南开经济为中国经济学科的发展贡献了力量和人才。

我们编辑出版《传承——南开经济百年百人》这本书首先要告慰开创南开经济学科的老先生们，我们还记得他们。我们不会忘记所有为南开经济学科、为中国经济学理论和实践发展做出过贡献的南开人。

我们编辑出版这本书就是要让新一代了解南开经济学科曾经的历史和地位、曾经的辉煌和荣耀，传承给现在南开人应有的自豪感和使命感。

本书的后半部分我们选了改革开放后南开大学培养的年轻一代南开经济人。这一代人比起老一辈人可以说更加幸运，更加幸福。这一代人赶上了改革开放的好时光。他们求学于 80 年代的南开大学，成长于改革开放的历史机遇。比起老一辈他们可以更加安心地读书，认真地研究问题，参与更高更广的研究和决策，做更多更大的事业。改革开放40年来，中国的变化是中国5000年历史上前所未有的。中国改革开放40年的巨变成就了他们的事业。

百年南开、百年南开经济学科产生了许许多多的优秀人物，在如此众多的人物中遴选出百人，这是极难的事情。我们选择了在国外学成回国和在国内其他院校毕业后来到南开大学从事教学研究的南开人；我们选择了南开大学培养毕业后留在南开从事教学研究，或到其他院校、科研机构、政府部门和经济实体做出成就的南开人。

百年南开经济，英雄辈出，可写可歌颂的人物太多。因篇幅所限，我们只能选择百人，入选的人物都是非常优秀的南开人。同时，还有许多杰出的南开经济学人由于联系不上，或找不到作者，或本人推辞，实为遗憾。我们希望在未来《南开经济百年百人》第二辑和"南开人物"微信公众号平台继续介绍给大家。

《传承——南开经济百年百人》一书得到了南开校友的热情支持和鼎力相助。逄锦聚、佟家栋、冼国明、陈宗胜、王玉茹、唐杰、雷鸣山、王巍、李秀兰、徐林、马维亚、胡光明、王瑞平、陈平、黄德钧、刘杉、王正毅、杨伟奇等校友及商务印书馆的于殿利总经理、何光宇主任、宋伟主任、李彬编辑对本书的编辑出版给予了大力帮助。感谢本书的各位作者在没有稿酬的情况下，利用业余时间完成稿件。感谢热心的校友赞助了本书的出版。对于为本书的编辑出版做出贡献的所有人，在此一并诚挚感谢！

在南开大学百年华诞之际编辑出版《传承——南开经济百年百人》一书，是件很有意义的事情。我们凭一腔热情立意启动了这样一个世纪工程，真正做起来才感到这是一件很有难度的工作。好在现在这本书出版了。不足之处敬请各位校友读者原谅。

序一

逄锦聚

值南开大学建校百年华诞,北京南开经济学校友组织编写《传承——南开经济百年百人》,以弘扬一代代南开经济学人在长期治学育人实践中创造形成的南开经济学优良传统、学风和南开经济学人精神,是一件十分有意义的事情。

南开经济学历史悠久,是久负盛名的学科。南开建立初期就有经济学科,始称商科,中华人民共和国成立后称经济学科,改革开放开始后经济学科又分为经济学科和管理学科。1919年南开大学建校即建立的商科、1923年建立的经济学系都曾经是国内最早、最有影响的科、系之一,1927年建立的南开社会经济研究委员会(南开经济研究所前身)是中国近代大学中最早的经济研究机构,1929年建立的商学院、1931年建立的经济学院也都曾是国内最早、最有影响的商学院、经济学院之一。南开的经济学曾是最早倡导经济学"土货化""中国化""民族化"的学科,曾是近代中国最早招收和培养经济学硕士研究生的学科,曾是中国学者从中国实际出发编写第一部《财政学》教材的学科,曾是国内最早开展物价调查和统计分析、编制物价指数,并用英文传播到世界,产生重大影响,至今蜚声海内外的学科……即使在抗日战争时期,日本军国主义的飞机大炮把南开夷为平地,南开经济学在南开与北大、清华组成的西南联合大学中,在迁址重庆的南开经济研究所中,依然坚持教学和研究,成就斐然,独领风骚。

中华人民共和国成立后,特别是改革开放开始后,南开经济学科继续走在全国高校经济学科的前列。20世纪50年代初期高校进行院系调整,在应用经济学成建制地划出,为支援兄弟院校发展做出贡献的同时,南开的政治经济学、世界经济学仍然是国内最具影响力的学科。改革开放初期,乘着改革开放的春风,南开经济学人抓住机遇,调整学科结构,在发挥理论经济学学科优势的基础上，恢复并大力发展应用经济学科、管理学科，恢复建立经济学院、商学院，使经济学科由70年代末期的经济学系、经济研究所一系一所，在校学生237人，迅速发展为包括经济学系、国际经济与贸易学系、管理学系、金融学系、会计学系、旅游系和经济研究所、国际经济研究所、人口研究所、台湾研究所、交通经济研究所、保险研究所在内的六系六所，在校大学生和研究生3000多人，南开经济学院成为当时国内综合大学中规模最大、学科专业最多的经济学院之一。与此同时，南开经济学科率先进行办学体制改革，打破学校与政府部门、企业的界限，与中国人民银行、农业银行、中国人民保险公司、审计署、国家旅游局、国家物价局合作办学培养人才；受国务院特区办公室委托举办开放城市领导干部培训班；率先从海外引进人才担任所长和学科带头人，创建保险学、交通经济学等；率先对外开放，与加拿大约克大学、拉瓦尔大学、麦克马斯特大学合作培养研究生，在国内首创了不出国就留学的"南开-约克模式"，在国内外产生重大影响。

　　这样的优势传承至今，并在新时代进一步得到发挥和加强。今天的南开经济学科，拥有经济学门类的全部两个一级学科理论经济学、应用经济学国家重点学科，覆盖经济学门类的全部16个二级学科，建有两个博士后流动站；教职员工200余人，其中包括国务院学位委员会学科评议组召集人和成员、"长江学者"特聘教授、国家级教学名师、教育部"跨世纪优秀人才培养计划基金"获得者、教育部优秀青年教师基金获得者等一批高端人才；各类在校生5000多人。拥有国家经济学基础人才培养基地、经济学重点实验室和全国中国特色社会主义政治经济学研究中心、国家APEC研究院、跨国公司研究中心、政治经济学研究中心等国家和教育部人文社会科学重点研究基地。由南开大学牵头，联合南京大学、中国人民大学、中国社会科学院和国家统计局创办的中国特色社会主义经济建设协同创新中心是全国第一家也是至今唯一一家被认定为国家2011创新计划的经济学类的创新中心。经济学科在学科建设、人才培养、科学研究和社会服务诸方面取得了优异成绩，为国家改革开放和现代化建设做出了并正在做着重大贡献。

　　看南开百年历史，经济学科一直是南开的重要支柱学科，经济学科兴则南开兴，经济学科强则南开强。

　　当我们回顾南开经济学科百年发展历史的时候，不能不为一代又一代南开经济学人而骄傲，而自豪。是他们，殚精竭虑，历尽沧桑，披荆斩棘，开拓进取，创造了南开经济学的辉煌。南开老校长张伯苓先生的学生、教育家梅贻琦说：大学者，非谓有大楼之谓也，有大师之谓也。2018年召开的全国教育大会则提出，教师是人类灵魂的工程师，是人类文明的传承者，承载着传播知识、传播思想、传播真理、塑造灵魂、塑造生命、塑造新人的时代重任。时代虽然不同，但讲的都是教师对于办好大学的重要性。

一百年来，南开会聚、培养了一代代经济学人，可谓大师云集，人才辈出。这些经济学人有的长期工作在南开，作为教师将终生献给了教育事业，有的从南开走向全国，走向世界，在各个岗位成为杰出的经济学家、教育家、企业家、政治家，为民族振兴、人民幸福、人类发展做出了杰出的贡献。在这些南开经济学人中间，不同历史时期都有一些杰出的代表：如早期的何廉、方显廷等，曾经协助张伯苓校长创建南开经济学，为中国经济学的创立、为近代危难中的中国经济发展做出了重要贡献，成为当时最有影响的经济学家。业界盛传的"近代中国四大经济学家"，就包括南开的这两位。20世纪三四十年代南开经济学科培养出的研究生后一直在南开任教的，如陶继侃、杨敬年、刘君煌、钱荣堃、滕维藻以及先在联合国、世界银行工作后回到南开任教的桑弘康、杨叔进等；20世纪50年代和之后一直在南开任教的，如季陶达、谷书堂、魏埙、蔡孝箴、熊性美、李竞能、易梦虹、郭士浩、陈炳富、陈荫枋、贾秀岩、朱光华、薛敬孝、高峰、刘茂山、刘佛丁等；还有一些在南开学习工作过、后在校外各个单位工作的老一代经济学家，如陈序经、陈振汉、陶大庸、傅筑夫、宋则行、宋承先、刘光第、刘国光等。南开的这些经济学人在各自的学科领域，有的是奠基者、开拓者，处于领军地位，有的是学术带头人、骨干，工作在学科建设、教书育人的前沿。他们的共同特点是为经济学的创新发展，为中国经济社会的发展，做出了彪炳史册的贡献。

长江后浪推前浪，一代更比一代强。这是历史的规律，也是南开经济学经久不衰的根本。改革开放以来，一批批南开经济学人茁壮成长，他们有的正年富力强，或在南开，或在社会不同岗位，成为国家栋梁；有的正崭露头角，锐不可当，是南开经济学的希望所在，是南开的希望所在，是中华民族振兴的希望所在。

正是这一代代经济学人，以他们的人格、学识、道德情操，以他们的不懈实践，创造了并不断传承、丰富着南开经济学的优良传统、学风和南开经济学人的精神。不论走到哪里，只要是南开经济学人，他们身上都流淌着南开的血液，内含着南开经济学人的基因，体现着南开经济学的优良传统、学风和精神。

什么是南开经济学的优良传统、学风和南开经济学人的精神？不同历史时期有不同表现，从不同角度也可以做出各具特色的概括，但其精髓一以贯之，这就是：以民族振兴、人民幸福为己任，以知中国、服务中国为宗旨，以改革创新、日新月异为动力，以允公允能、立德树人为根本；深厚的爱国、爱民情怀，宽广的历史、世界视野，严谨的务实、求是学风。南开经济学的优良传统、学风和南开经济学人的精神是南开"允公允能，日新月异"校训的体现，又是南开校风、学风的重要组成部分；是时代的产物，又随着时代的发展而不断丰富和发展；是南开的宝贵财富，也是中国高等教育的宝贵财富。

2019年1月17日，值南开百年华诞前夕，习近平总书记到南开大学考察调研，参观了校史展览、实验室，详细了解南开大学历史沿革、学科建设、人才队伍、科研创新等情况后，与部分院士、专家、中青年教师和青年学生见面并交流，指出，南开大学是一所具有光荣爱国传统，令人向往、景仰的名校。学校是立德树人的地方。爱国主义是中华民族的民族心、民族魂，培养社会主义建设者和接班人，首先要培养学生的爱国情怀。他还指出，专家型教师队伍是大学的核心竞争力。要把建设政治素质过硬、业务能力精湛、育人水平高超的高素质教师队伍作为大学建设的基础性工作，始终抓紧抓好。他勉励师生们把学习奋斗的具体目标同民族复兴的伟大目标结合起来，把小我融入大我，立志做出我们这一代人的历史贡献。总书记的话，是对南开大学全校师生的勉励和要求，也是对南开经济学人的勉励和期望。

教育在发展，时代在前进，南开一百年，经济学人再出发！今日之中国如早晨八九点钟的太阳，正以改革开放的雷霆万钧之力，向着中华民族复兴，建成社会主义现代化强国的目标前进。前进的道路还会有荆棘，还会不平坦，南开经济学科、南开经济学人，一定会继续弘扬百年形成的优良传统、学风和南开经济学人的精神，知中国，服务中国，为中华民族振兴、中华再崛起，奋力前进，做出杰出的贡献！

序二

佟家栋

经济学科早就该写一本记述为南开经济学发展做出贡献的南开经济学人的书了！

21世纪初期，考虑到南开老一代经济学家们逐步远离我们，经济学院以老先生回忆录的形式，编撰了上下两集的《经济学院史》，以纪念这些老先生为南开经济学科的发展和南开经济学在中国经济学理论和实践的发展中所做出的巨大历史贡献。

2012年，经南开大学党委批准，南开大学授予经济学科谷书堂、熊性美、朱光华、高峰、蔡孝箴、薛敬孝六位著名学者为南开大学荣誉教授，以表彰以他们为代表的老一辈南开经济学人对南开经济学科的发展所做出的突出的、历史性的贡献。这其中无疑是想告诉后辈学人，要以他们为榜样，继承南开的光荣传统，在经济学理论和经济政策方面做出南开应有的贡献，在人才培养方面，履行南开中国经济学人才培养基地的历史使命。

1926年，南开大学在"文以治国、理以强国、商以富国"的办学思路下，建立了南开大学的商科。当时在留美经济学家何廉先生的领导下，以财政学为出发点，逐步建立起理论和应用经济学的各个学科，并建立了它的研究载体——南开经济研究所。随后伴随中国社会经济发展的发展，南开建立了以西方经济学为基础的"土货化"的南开经济学。南开经济学人，在"知中国，服务中国"的理念下，开始了中国物价指数的编撰，开始了对中国近代工业发展历史的调查与研究，开始了世界经济、中国经济、区域经济、国别经济的研究。南开经济学的学科领域延伸到6个理论经济学二级学科，以及应用经济学除军事经济以外的15个二级学科和1个自设二级学科。南开学者为中国的理论经济学和应用经济学的研究做出了突出贡献，并提出了一系列观点。同时，南开各个学科为中国乃至世界培养了一大批德才兼备的高级人才。他们为国家建设和人类文明做出了可歌可泣的贡献。

我们应该提到的经济学家包括何廉、方显廷、季陶达、滕维藻、钱荣堃、陶继侃、陈荫枋、杨敬年、陈国庆、陈炳富、熊性美、李竞能等老先生；解放初期满怀热望，回国参与建设的王赣愚教授、陶继侃教授、易梦虹教授和后来的王继祖教授；1952年院系调整以后，来到南开大学任教的魏埙教授、高峰教授、蔡孝箴教授、张士元教授等；以及改革开放初期逐步成长起来，在南开教学科研第一线挑大梁的朱光华教授、薛敬孝教授、刘茂山教授、蒋哲实教授、郭鸿懋教授、孟宪扬教授、丁世薰教授、刘佛丁教授、杨玉川教授、王述英教授、邹树梅教授。

在前面几代人的悉心培养下，一大批年轻的77、78级本科及研究生按照学校的要求留在南开大学和到其他高校补充学校的师资队伍，这些人包括：李罗力、金岩石、逄锦聚、冼国明、佟家栋、马君潞、陈宗胜、郝寿义、周立群、李国津、伍晓鹰、金雪军、柳欣、王玉茹、何自力、张俊山、张志超、赵津等。这一代南开人尽管有些逐步退出教学科研岗位，但是他们的贡献确确实实地写在南开经济学人的历史上。

在南开百年校庆之际，由刘禹东校友编写的这样一部具有历史意义的人物集《传承——南开经济百年百人》实在是功在千秋之作。我们提到的南开人物，可能并不全面，特别是没有包括那些为中国的经济学，为培养中国经济学人做出突出贡献的南开人。南开人不仅是南开的，更是世界的。

序三　中国经济学现代化与本土化

唐 杰

南开大学曾执中国经济学教育与研究之牛耳，南开大学为中国经济建设发展培养出数以万计的经济学人才，南开大学曾经是星光璀璨的大师聚集之地。作为南开大学经济学的学子，在南开大学校庆百年之时，我们结集纪念已经故去但仍光照后人的先生们。

中华文明有经济思想没有经济学

一般而言，中华文明的经济思想可上追管孔，思想丰富建树颇多，但至严复1901年翻译出版斯密的《国富论》止，中华文明没有产生系统的经济学理论。管仲相齐，立德立功立言与富国强兵，最早提出了士农工商的四民分居说确定了的产业分工与结构均衡思想，影响穿越历史，为封建小农经济社会稳定之根本。

孔子以仁义之学成为古代中华文明代表。格物致知、诚心正意与修齐治平由家到国，确立了不与民争利的国家财政标准。《大学》记为：

> 是故君子先慎乎德。有德此有人，有人此有土，有土此有财，有财此有用。德者本也，财者末也。外本内末，争民施夺。是故财聚则民散，财散则民聚。生财有大道，生之者众，食之者寡，为之者疾，用之者舒，则财恒足矣。

自孔子后，经太史公的《平准书》，班固的《食货志》，形成了比较完整的财政思想和财政管理体系，也成为评判包括汉代三十税一、唐代租庸调、王安石的青苗法、张居正的一条鞭法及雍正的摊丁入亩等重大财政改革是否成功的标准。其中，王安石改革失败引发了千年争论，富国强兵本无过错，超前改革也无过错，王安石改革之失在于，强行推动金融与财税联动，造成农民被多层盘剥，负担极重。

一般而论，宋代金融相对发达，明中期清前期的经济货币化的水平亦不能算低。康雍乾年间一百年的贸易盈余累积号称白银亿两，相当于乾隆年间一年的财政收入，堪比今日的水平。戴逸先生曾指出过康雍乾盛世崩溃与持续百年的贸易盈余造成的货币供给量增长引发的通货膨胀间的关系。中国古代最早研究通货膨胀现象的专家当为桂芳，他比较准确地测度了康雍乾盛世百年通货膨胀率为年1%，累积百年为300%，但他不知道通货膨胀与贸易盈余与白银流入的关系。至康雍乾盛世终止，古代中国均不知道，1752年大卫·休谟即以货币数量论为基础提出了一个国家的国际收支可通过物价的涨落和现金（即贵金属）的输出输入自动恢复平衡的物价-现金流动机制。其中的根由是当不存在完整市场价格机制时，以小农自然经济为基础的财政体制一定会破坏市场出清机制，并且腐蚀财政机制。

休谟的物价-现金流动机制理论提出后24年，亚当·斯密的《国富论》出版，经济学正式成为独立的学科。又过了一又四分之一个世纪，严复将全书翻译引入中国。严复的译著中没有出现后来在中国广为人知的"看不见的手"，但毫无疑问的是严复理解并赞同斯密的思想，知道传统中国式思维与斯密理论的冲突，故在按语中写道：

> 则自有此书而后世知食货为专科之举。此所以见推宗匠，而为新学之开山也；故天演之道，不以浅夫昏子之利为利，亦不以谿刻自敦，滥施妄为者之义为义，以其无所利也。庶几义利合，民乐从善，而治化之进不远欤。呜呼！此计学家最伟之功也。

很显然，中国古代有丰富的经济思想而未能产生系统的经济学，不在于中国人不聪明，而在于古代中国的经济思想是以小农自然经济为基础，是自上而下以全局大义否定局部小利的集中管制型思想。斯密阐述的则是自下而上的由局部利益出发实现社会利益最大化市场经济理念。准确地说，市场经济需要看不见的手来实现资源的最优配置。更准确地说，没有市场经济，就不会有经济学的产生与发展，没有市场经济就不需要经济学。

学贯中西、以研究中国问题为宗旨的经济学中国化

严复开创了经济学西学东渐的时代，南开大学经济研究所开创了经济学中国化的过程。1919年严修和张伯苓二先生建校时，秉持"文以治国、理以强国、商以富国"的办学思想，设立文、理、商三科。1926年何廉先生自耶鲁大学毕业到南开大学任教，1927年9月南开经济研究所成立，揭开了南开大学乃至中国经济学教育新的一页。到抗日战争爆发前，南开经济研究所在全中国的经济研究和研究生培养方面已居于领导和中心地位，研究成果在国内外产生了广泛的影响。

20世纪初，经济学走入中国大学讲堂时，经济学教授归国自欧美，用欧美教材，照本宣科地讲欧美故事，教师与学生不懂西洋也不懂中国是普遍现象。南开大学经济研究所开创了教学和研究中国化的学风，讲求用所讲授的各门课程的原理来剖析当时中国面临的实际问题。自欧美回归的经济研究所的教授群体，不单纯讲授所学的理论，而是把所学的原理和方法应用于中国实际经济现象的调查和分析。何廉说过："非仅明了经济学原理及国外之经济组织与制度，即为已尽能事。贵在能洞察本国之经济历史，考察本国之经济实况，融会贯通，互相比较，以为发展学术，改进事业之基础。能如是斯可谓之中国化的经济研究。"何廉在开设财政学时，以历代王朝和民国的税收来源和结构、内外债发行及公共支出等方面的资料为基础，一年后编成新的财政学教材，取代了当时最流行的美国《财政学》，经过教学实践和反复修改，1931年由商务印书馆出版，后来成为全国各高等院校财经科系广泛采用的畅销教材。而后，相继出版了《统计学之原理与方法》《经济学》《中国之工业讲义大纲》《中国商事法》，等等。还编写出版了《战时中国经济研究》《中国战后经济问题研究》《中国工业资本问题》《文化学概论》等大学教学参考用书。

深入中国实际、了解中国国情、解决中国难题的中国化研究

南开大学经济研究所对中国经济问题研究最光彩夺目的贡献在于肇始了以实际调查研究为基础的中国工业化和传统农业社会转型。南开经济研究所最初以天津城市民族工业调查为主，而后渐次深入河北省的宝坻、高阳等县调查乡村工业的发展，形成了以《中国工业化之程度及其影响》《中国工业化之统计的分析》等为代表的大量内容鲜活的引领性的理论研究成果，对中国棉纺织工业、缫丝工业、钢铁工业、水泥工业发展过程以及工业落后原因、可行的工业化道路及政策进行了超越时空的深远影响。对东北移民区域的农业经济调查，山东移民原籍的农业经济调查，河北、山东两省棉花产区的产销调查，河北省静海县典当业的调查，四川省稻米产销的调查等大型调查研究，对于准确认识以地主和农民两极化为代表的传统生产方式造成的农村、农业衰落产生了重要影响，也由此最早提出了设立农村合作社的主张。这些研究也构成了落后国家在不公平的贸易条件和发展条件下，如何实现追赶性发展的主题。抗日战争爆发前，何廉就曾以计划经济为题发表演讲，谈到计划经济是各国经济发展的趋势，可以协调生产和消费，提到应当以世界为立场，建立一个强有力的政府和统一计划机关。方显廷与当时还是研究生的宋则行分别就采用计划经济制度改变中国经济落后状况的可能性与制度设计进行了讨论。这些中国化的经济学研究成果从南开走向世界，产生了广泛的学术影响，也成为第二次世界大战后发展经济学崛起的先声及最初的主要内容。

蜚声海内外的物价指数研究在中国经济研究史上具有无可匹敌的地位。何廉基于在美国的学习和实践，几乎是以一人之力开创了中国物价指数研究的调查体系和方法体系。1927年夏重新计算完成了1912年以来上海和广州物价指数。1928年年末基于132家生活费支出调查，编制了《民国十六至十七年天津手艺工人家庭生活调查之分析》。依据海关贸易册资料编制了《中国进出口贸易物量指数物价指数及物物交易率指数（1867—1930）》，不出十年，南开经济研究所已经相继编制了六种物价指数：中国进出口物价和物量指数、华北批发物价指数、天津工人生活费指数、天津外汇指数、上海

外汇指数和上海证券指数，并就指数的编制原理、方法进行了深入的研究和探讨。而后还编制了战时重庆市批发物价指数、公教人员、商人及地主与工人之生活费指数，准确展示了抗战期间中国通货膨胀的情况。

群贤毕至、名师荟萃与理论联系实际的经济学教育

梅贻琦的所谓"大学者，非谓有大楼之谓也，有大师之谓也"当为千古名言。作为经济学研究权威机构和经济学中国化的代表，南开大学经济研究所从初创开始不过十年就汇集了一批学术大师，引领中国经济学研究凡二十余年。他们或是负笈欧美学成归国，或是选送国外进修。与此同时，这里也成为经济学大师的摇篮。1935—1949年共招收经济学硕士研究生59人，本集中的多位大师亦在其中。以经济学中国化为宗旨的研究必定形成理论联系实际的教学体系，经济研究所研究生教育能够产生如此多的经济学大师，能够产生大量经世济用的经济管理人才，根源于高度重视经济学理论基础学习和前沿探索，高度重视专题研究与社会调查实践，高度重视以调查研究为基础的理论归纳与概括。

改革开放的经济学重镇

十一届三中全会是中国思想解放和改革开放的标志，催生了经济学在中国的复兴。致力于马克思政治经济学现代化，现代经济学新一轮引进和中国化，应用经济学科全面快速成长发展，是经济学在中国大陆复兴与崛起的三个重要特征。改革开放之初，曾经繁荣的南开大学经济学科仅余一系一所，早在而立之年即已成为经济学教授的滕维藻，以花甲之年担任南开大学第三任校长，殚精竭虑推动经济学在南开园恢复和发展，是南开大学经济学新时代群星闪烁、学科并起的重要奠基者。

改革开放是实现民族伟大复兴中国梦的起始点。学贯中西，放眼世界，知己知彼，寻求中国在世界经济社会文明中的合理位置是中国经济学家的重

要使命。以滕维藻、熊性美为代表的世界经济学研究，以跨国公司理论、全球经济周期研究、国际贸易和国别研究为基础繁衍出庞大的从理论到实践的学科群。杨敬年是南开经济学奠基时代的参与者，是新时代经济学大师中的代表，是没有博士导师头衔的牛津大学圣体学院荣誉院士，以耄耋高龄翻译出版了《国富论》，为中国市场经济发展提供了经典理论支持。以魏埙、谷书堂为代表，中华人民共和国成立后在南开园成长起来的马克思主义政治经济学研究，最早开始了马克思政治经济学商品经济理论的研究。改革之初，有关中国经济改革目标取向的争论曾经十分激烈，即使在中国特色社会主义市场经济被确定为经济体制改革总目标后依然如此，时至今日质疑甚至否定市场化改革目标的声音仍然不绝于耳。谷书堂严谨地论证了市场经济的存在与所有制形式无关，在资源稀缺条件下，是人的物质利益差别决定了生产成果必须等价交换，等价交换只能在市场经济条件才能够实现，由此形成了以物质利益差别为前提，市场机制为基础，兼顾公平与效率的新时期政治经济学。他也牵头编写了中国经济学史上影响力最大的社会主义政治经济学教科书。现代金融市场体系是市场经济的基石，工业化与城市化是中国经济 40 年高速成长的推动力，公司是市场经济的主体，与之相关的金融学、产业经济学、交通与城市（空间）经济学以及公司治理相关商科等学科领域的发展使南开大学经济学成为改革开放时代经济学重镇，经济学中国化的新典范，也成就了大师辈出、开宗立派的新的黄金年代。

  回顾历史，我们曾经历了全面计划而无法实现计划的短缺时代，经历了中央集中计划但效率低下的时代。经济学产生于市场经济，致力于解决分散决策如何实现整体效率最大。探索发现市场经济的内在规律性是经济学能够称为科学的基础。产生自西方，历经两百余年仍在不断发展壮大的经济学，当然不应因产地而被打上异类的标签。市场经济永远不完美，经济学永远不会穷尽实现资源最优配置的研究，这其中必然包括了，经济学研究应当包括更多的差异性研究，这就是经济学中国化的过程，也是中国经济实践不断丰富市场经济理论的过程。

  以此纪念我们的先生们，以此鞭策我们为经济学中国化做出更多的努力。

序四

冼国明

南开经济学科是和南开大学一起成长起来的，当时之际，中国正经历前所未有的社会和经济转型，现代社会科学之欧风美雨也逐步为国人所认识和接受。南开经济学人筚路蓝缕，参与和主导了现代经济学在中国的传播、落地和生长，为经济学的中国化、中国经济的转型和发展、近代民族工业的成长以及经济学教育的普及和专门人才的培养，做出了杰出的贡献。

在南开经济学科发轫之初，南开的经济学人就认识到经济学的教育和研究必须植根于中国的土地之上，必须与中国国情相结合，他们明确提出"经济学中国化"的宗旨，并将其设定为教学和科研的指导方针。何廉组织南开的经济学者将经济学的中文概念和术语规范化和标准化，并推广到全国各大学使用。何廉和方显廷等力倡根据中国的实际情况编写中国的经济学教材，大大推进了近代中国经济学理论的普及和应用。南开的经济学者对当时的财政税收、统制经济、区位经济、战时和经济建设、中国的工业化道路选择等重大现实经济问题都提出了一系列切合实际而又富于远见的政策建议。在研究方法上，南开经济学者更是开风气之先，开创了对中国社会经济的调查研究。方显廷主持的中国华北工业调查，广泛涉及了各类新式、旧式和乡村工业，对中国近代工业的状况、性质和发展道路进行了深入调查和研究，其成果至今仍被国内外学者广泛引用。为了以精确的数量来表达中国经济的状况，南开的经济学者编制了各种统计指数，其中由何廉主持编制的物价指数，形成了蜚声海内外的"南开指数"体系。南开经济学人致力于研究生的系统和连续培养，这些学生后来或是负笈游学海外名校，或是直接工作，他们大多都成为了经济学名家，为新中国，特别是为改革开放后中国经济学教育和研究的繁荣以及经济发展做出了重要贡献。在变革动荡的社会中，南开经济学人所付出的艰辛努力和取得的成就奠定了南开经济学科在国内学界的百年优势和卓越声望。

南开经济学科的再度繁荣是在改革开放之后，改革开放给南开经济学科发展注入了强大的活力。南开的经济学人在滕维藻校长等的领导下，抓住了改革开放的历史性机遇，充分利用各方资源，恢复重建经济学院，新组建了国际经济贸易系、金融学系、旅游学系和国际经济研究所、人口与发展研究所等新的学术机构，并新设立了世界经济、国际贸易、金融学、保险学等一批新兴学科，并且开创性地邀请了杨叔进、桑恒康、段开龄等海外著名华裔专家担任南开新建立的研究机构领导人，推动了南开经济学研究和教育的国际化。南开经济学人再度领风气之先，使南开经济学科的总体水平迅速走在全国高校的最前列。

在新的时代，南开经济学人秉承南开"经济学中国化"的传统，在积极引进现代经济学的同时，重视理论联系中国改革开放实际，谷书堂、钱荣堃、熊性美、魏埙等众多南开的经济学者深入开展社会主义商品经济和市场经济体制、社会主义经济理论、《资本论》和当代资本主义、对外开放、跨国公司、国际金融等领域研究，积极为改革开放进程提供政策建议，产生了很多重要的理论成果和咨询报告。南开的经济学者率先恢复了与西方经济学界中断已久的学术交流，邀请了国际上一批著名经济学家来南开开展学术交流，南开大学大师云集，有关经济学前沿进展、改革开放热点议题的学术讲座和报告纷至沓来。南开经济学科成为国内学术界关注的重心，也吸引了国内众多年轻学子的目光。很多优秀的年轻学子投考南开，在南开接受了系统的经济学理论以及计量方法和社会经济调查方法的训练，懂得了如何理论联系实际，追寻和探究现实世界的真实关联和逻辑。他们之中涌现出一大批享誉海内外的杰出学者和具有影响力的中青年经济学家，在教育、科研、服务社会和国际交流等方面取得了丰硕成果。南开的经济学科因之在新的历史时期续写了光辉的篇章。

近百年来，南开经济学人忠实地践行了南开的校训，即"允公允能，日新月异"。何廉、方显廷等先贤放弃高官厚禄的吸引，安身南开过清贫的生活，以十倍的努力和日以继夜的工作来从事经济学研究和教育，这一选择主要缘于他们发展民族经济、振兴中华和以服务祖国和社会为己任的理想与信念，并且将"知中国，服务中国"的理念和实现自我人身价值的目标有机结合在一起。对他们而言，士不可以不弘毅，任重而道远，他们坚毅乐观、百折不挠、砥砺前行，在极端艰难的条件下推动和发展了南开的经济学教育，对中国近代经济学的发展产生了深远的影响，当时无数的中国人闻之莫不深受感动。他们坚韧不拔的精神以及所倡导的"经济学中国化"和"知中国，服务中国"等理念塑造了南开经济学人的灵魂和传统，一代又一代的经济学人因之汇聚在南开，为南开经济学科的发展谱写了日新月异的篇章，并且将在我们这个民族在世界历史长河的前行中继续发扬南开经济学人永续不绝的荣光。

特为之序。

目　录

（以出生先后排序）

何　廉　中国经济学教育奠基人 1
袁贤能　甘做一盏油灯的经济学泰斗 15
傅筑夫　用马克思主义研究中国经济史 24
方显廷　经济学研究"中国化"的开拓者 34
陈序经　中国文化学与民族学的先行者 48
季陶达　经济思想史研究的开路人 60
巫宝三　中国国民收入研究第一人 75
王赣愚　求索中国政治革新之路 82
刘朗泉　中国近代商法史的权威学者 87
杨敬年　中国发展经济学的开拓者 91
鲍觉民　国难砥柱，厚学宗师 104
余新民　国内工商管理系的拓荒者 110
刘君煌　中国农业经济学的开拓者 118
陈振汉　求索真知，报效祖国 126
陶继侃　潜心治学，风范长存 133
崔书香　美哉大仁，智勇真纯 142
陈国庆　学高为师，品正为范 151
桑恒康　南开交通经济研究所首任所长 160
雍文远　社会主义政治经济学的探索者 166
易梦虹　南开大学国际经济系创始人之一 176
钱荣堃　中国国际金融学科的开拓者 178
杨叔进　经济发展理论和策略研究的大家 187

滕维藻	开拓创新，振兴南开	192
王正宪	打造"商界黄埔军校"	204
刘光第	光风霁月，大义清流	220
宋则行	中国外国经济史学科主要奠基人	230
汪祥春	中国产业经济学首批开点博士生导师	244
魏埙	现代资本主义经济理论经济学家	256
陈荫枋	中国世界经济和跨国公司研究重要奠基人	265
陈炳富	中国现代管理学的开拓者之一	278
宋承先	西方经济学的引路人	286
张隆高	西方管理学、管理思想的领路人	296
郭士浩	南开经济史学科的承前启后者	307
李文光	慢工习艺，谦和为师	322
赵靖	中国经济思想史学科奠基人、中国管理思想史学科主要开拓者	330
聂宝璋	中国近代航运史研究先行者	341
杨鲁	中国价格改革的重要参与者	353
王继祖	先生之风，山高水长	363
贾秀岩	中国价格理论研究奠基人	370
谷书堂	当代中国政治经济学理论研究泰斗	381
熊性美	国际经济学大家与诲人不倦的师者	395
李竞能	南开人口与发展经济学奠基人	405
殷汝祥	大洋洲经济研究的开拓者	422
梁尚敏	经世济民、知行合一的财政大家	431
蔡孝箴	紧扣国家时代脉动，求解城市发展命题	440
李宏硕	中国大陆台湾经济研究先行者	450
高峰	奋进在建立马克思主义的资本主义宏观经济学之路	453
刘茂山	开创中国精算教育之先河	467
罗肇鸿	国际经济学研究的卓越追求者	475
薛敬孝	国际经济教育领军者	482

刘佛丁	南开经济史国家重点学科奠基人	 492
张仁德	中国比较经济学学科主要奠基者	 501
刘玉操	春风化雨润桃李，心血融情育栋梁	 514
王述英	致力于产业经济学的教学和研究	 523
常修泽	产权与人本经济学的探索者	 535
逢锦聚	致力于构建中国特色经济学	 563
李罗力	改革开放的时代骄子	 575
张晓峒	南开大学数量经济学科开拓者	 586
刘骏民	虚拟经济理论的开创人和重塑基础经济理论的探索者	 596
王　健	中国首个股份制银行、深圳证券交易所创建者	 608
刘迎秋	坚定执着，砥砺前行	 623
陈争平	探索经济社会现代化发展规律	 638
伍晓鹰	寻找经济增长的密码	 647
安虎森	开拓空间经济研究新方向	 664
郝寿义	"知中国，服务中国"的践行者	 674
臧旭恒	永攀科研高峰的"泰山挑山工"	 685
陈宗胜	知行合一的经济学家	 695
王玉茹	经济史的学术人生	 716
冼国明	国际直接投资研究领域的领军者	 727
马君潞	鞠躬尽瘁执掌中国经济学重镇	 739
蔡继明	潜心三十年，价值有新论	 753
柳　欣	向主流经济学宣战的"柳大侠"	 767
李维安	中国公司治理新学科的探索开拓者	 776
白聚山	中国计量经济学领域领军者	 783
张春霖	在国际舞台践行经世济民	 793
马建堂	十年面壁，一心向学	 808
佟家栋	拨云寻道，继学筑栋	 818
王一鸣	致力于服务国家宏观决策	 831
杨蕙馨	产业组织与企业成长研究的领军者	 849

贾根良	南开二十年与我特立独行的经济学人生 …… 858
张俊森	学贯中西的中国经济学研究领路人 …… 871
徐　林	秉持专业精神参与国家规划和政策制定 …… 880
张文中	创业，坎坷，再出发 …… 896
陈剑波	探寻经济世界的真实逻辑 …… 910
李祥林	连接函数、信用组合与心碎综合征 …… 926
卓　志	教育与保险事业的执着耕耘者和追梦人 …… 948
倪鹏飞	矢志于经世致用的城市主义经济学家 …… 958
李占通	扬书生意气，兴民族实业 …… 969
张文才	致力于探索世界经济规律，投身于国际财金合作事业 …… 978
蒋殿春	山有乔松，隰有游龙 …… 986
王正毅	中国国际政治经济学学科建设的奠基者和推动者 …… 997
白长虹	当做君子品如荷 …… 1012
霍学文	在南开学习金融，在北京发展金融 …… 1020
张玉利	专注创业研究与教育，做学生的良师益友 …… 1030
郑伟鹤	创业企业的同行者 …… 1040
于　瑾	育来桑梓苗成栋，大爱无言自成荫 …… 1050
王文灵	心中有誓深于海，月下怀瑾永皎洁 …… 1065
彭文生	探索宏观金融周期 …… 1072
李坤望	治学有道、育人有方的学界楷模 …… 1078
盛希泰	从证券少帅到投资大家 …… 1089
盛　斌	不断刷新人生高度 …… 1100
张一鸣	创造千亿新经济模式的"80后" …… 1112

何廉：中国经济学教育奠基人

刘 杉

何廉（1895—1975），经济学家、教育家，湖南邵阳人，美国耶鲁大学经济学博士，1926年进入南开大学任教，创办南开经济学院和南开经济研究所，1948年担任南开大学代理校长。

1926年，是改变中国历史的一年。

这一年，中国爆发了北伐战争，两年战争结束后，中国实现了名义上的统一。就在这一年，耶鲁大学经济学博士何廉，在回国班轮上接到一封来自南开大学的信件，这让他改变了行程，由此改变了人生轨迹，也改变了南开的办学方向。因为何廉，中国化的经济学教育与研究在南开滥觞，从而成就了南开在经济学领域的辉煌。

何廉，湖南邵阳人，1895年诞生于一个位于邵东硖石口小村庄、经历了百年风雨的宅子里。其父是当地乡绅，因而颇为重视何廉的教育。何廉8岁

何廉与夫人在南开

始读书，从私塾，再到新式学校，最后到美国留学。何廉名字的由来，也与他的求学经历有关。1909年9月下旬，这位何家老五奔赴远在300里之外的长沙求学。这是一所由邵阳县政府创办的中学，名叫邵阳中学，建在长沙邵阳会馆原址，专门招收邵阳县子弟。当他赶到学校时，邵阳中学已经开学一个月了。碰巧有位学生没有报到，校长考虑让硖石口小何补缺，不过这个同样姓何的学生名字已经在县机关登记过，校长只好让硖石口小何以那位学生的名字顶替入学。那位学生的名字正是"何廉"。硖石口小何从此用上了"何廉"这个名字，以后也再没有改回去。

1918年，从美国人创办的长沙雅礼中学毕业后，何廉打算出国深造。他的父亲卖掉了一块地，得到400元，宗祠资助400元，一共800元。在雅礼学校两位美国先生的帮助下，何廉将800银元兑换成800多美元的支票，准备开始留洋生活。临行前，何廉请雅礼的利文斯先生帮助起一个美国名字。利文斯先生看到何廉手里拿着一本《本杰明·富兰克林自传》，便提议说，封面上的两个名字可以选取一个，于是何廉选择了"富兰克林"，从此"富兰克林·廉·何"成为何廉的英文名字。

留学美国

何廉在旧金山上岸，没想到他的雅礼同学陈翰笙也来接他，后者劝说何廉改去自己上学的波姆那学院就读，何廉听取了老同学的建议。由于何廉在长沙上学的雅礼学校所授课程超过高中程度，类似于大学预科，何廉没费周折就被波姆那学院录取，并直接进入二年级。

彼时的波姆那学院已是全美最好的学院之一，在二年级导师乔治·萨姆纳指导下，何廉并没有马上选定主修课，而是根据自己的爱好和特长，广泛选修了各类课程，包括数学、天文学、历史、经济学、政治学、哲学、心理学、英国文学、科学史和法语。在大学四年级时，何廉最终将经济学确定为主修课，并期望能够继续深造，获得研究生学位。在波姆那学院的这段时间，何廉度过了美好时光，不仅学到了现代知识，也同美国人建立起了友谊。到美国老师家做客，让何廉接触到美国人生活中美好的东西：文明、整洁、礼貌。在波姆那，何廉还为未来的爱情埋下了种子。他结识了湖南老乡余舜芝小姐，两人在波姆那开始的友谊，八年后，变成了始于南开的幸福婚姻。

1922年，何廉大学毕业。虽然学习成绩令人满意，但是没有好到可以获得研究生助学金。那时美国大学助学金稀缺，仅有的几笔助学金只能提供给那些具有特殊才能的二年级研究生，何廉决定申请耶鲁大学研究生。何廉回忆说，他之所以选择耶鲁大学主要有两个原因：一是何廉毕业于雅礼学校，这是耶鲁大学在中国创办的学校，有历史渊源。二是波姆那的两位教授萨姆纳博士是耶鲁的经济学博士，丹尼逊博士曾是纽黑文联合教会的牧师，他们可以帮助何廉在当地找到兼职工作，以弥补学费和生活费。

何廉进入耶鲁后，一边做助教一边读研究生。那时的耶鲁以本科生教育为主，经济学研究生很少，何廉所在班级只有三个学生，但是耶鲁拥有多名国际著名的经济学教授，深厚学养滋润了何廉，几位教授的课业传授、实务操练和论文指导，对何廉的学术生涯产生了重要影响。

耶鲁研究生院院长克莱夫·戴（Clive Day）教授是研究生院院长，对经济系的研究生都很关切，他是个经济史学家，何廉选修了他的经济学说史和经济学的方法和书目两门课程，同时选修戴教授给本科生上的英国经济史。经济史课程耗时烦琐，但何廉自乐其中。戴教授与何廉建立了深厚友谊，并一直关注其成长。戴教授退休后，将自己收藏的几百本经济学和经济学说史书籍赠给了何廉后来任教的南开大学经济研究所。何廉在重庆经济事务部工作时，戴教授还给何廉写信，介绍美国战时生产局局长唐纳德·纳尔逊的情况，后者当时到重庆指导中国的军事生产工作。戴教授是纳尔逊的朋友，在纳尔逊到中国前，他们碰过面并谈到过何廉。正是这种关系，让何廉在经济事务部与纳尔逊合作顺利。

欧文·费雪（Irving Fisher）博士是著名经济学家，其对经济学的贡献影响深远，货币银行学中著名的费雪方程式，就是这位耶鲁教授创立的。何廉从费雪的物价水平和高级经济理论等课程中汲取营养，更从费雪事务所学到了影响其一生的调查研究能力。

何廉在听费雪物价水平一课时，被费雪要求帮助做物价指数的调查工作。费雪在1922年完成巨著《物价指数的制定》一书后，开始准备撰写《物价指数百科全书》，并让何廉来做这个项目。何廉从1923年春天开始一直到1926年回国前，用部分时间从事这项工作，并协助费雪教授编制每周批发商品价格指数和股票市场价格指数。无疑，对价格指数的深入认识和编制工作，为何廉日后在中国编制指数，提供了很好的理论和实务训练。

耶鲁的亚当斯（T.S.Adams）教授指导了何廉的毕业论文，这位教授按照自己的兴趣安排何廉做国家行政机构和所得税征收过程的国际比较研究。在论文写作过程中，何廉到美国国家税务局工作了两个月，这让他近距离了解了税收征收工作是如何展开的。何廉在1925年9月完成论文，并在1926年6月被授予耶鲁哲学博士学位。

拿到博士学位后，何廉准备回国任教，那时已经有多个国内学校向他发出邀请。在何廉回国前，费雪教授送给他一份毕业礼物——500美元的支票。这让何廉异常感动，表示要好好地利用这笔钱。这500美元后来被何廉用作南开的办学经费。

结缘南开

1926年6月中旬，耶鲁大学经济学博士何廉从温哥华登上"加拿大皇后"号邮轮回国，这艘邮轮的目的地是上海。在回国前，何廉接到了上海暨南大学的任教邀请，月薪300大洋。何廉回复回国后再作考虑，不过命运在太平洋上拐了一个弯。

轮船抵达日本横滨港，何廉接到南开大学发来的一封信，聘请何廉担任财政学与统计学教授，月薪180元。作为统计学家，何廉对数字是敏感的。南开的月薪是暨南大学的六成，相差120元，这在当时是个不小的数字。不过,作为经济学家的何廉,对政治文化的认识也是深刻的。他认为天津地处华北,而京津是中国的文化中心,教育水准高于其他地方,到天津任教可以大显身手。于是何廉给南开复电,同意到南开任教。他在神户下船,然后转道朝鲜和中国辽宁,到达天津,就任南开大学教授。

开创中国化经济学教育体系

南开大学建于1919年,到1926年已经成为国内著名高等学府,当时拥有文、理、商、矿业四科,学生500人,全年预算50万大洋。教师平均年龄30岁,除了中文和中国文学史的教师,其他教师都是欧美留学生。南开大学虽是私立大学,自己筹集经费,但是在政局混乱年代里反而比公立大学更加稳定,学校体系按部就班快速发展完善。教师关系和睦融洽,全身心投入到教学,没有人课外兼职。如此蓬勃发展的私立大学,得益于两位办学者严修和张伯苓的亲密合作。初到南开大学的何廉,对这一点印象深刻。

何廉第一年开设四门课:经济学、财政学、统计学和会计学。同时何廉用自己的积蓄雇了一位助手,帮助收集教材,做些计算和绘制图表工作。这是何廉在南开教学和科研工作的起步。

何廉入职南开大学后,即刻到北京、上海和南京转了一圈,一是收集教材,二是了解各校经济学教学情况。考察的印象是,"中国大学中的经济学教育十分惨淡。实际上总起来讲,所有的社会学科的教学,都是可怜巴巴的"。主要原因是公立大学都处于维持状况。因为政治动荡,财政预算难以满足大学正常运行,教师们为了维持生计不得不四处兼课,连备课都无法做到,更谈不上研究问题了。教材也都是把西方大学

何廉在纽黑文

教材照搬过来，加上教师们在国外留学的笔记，中国大学生学到的都是西方国家的知识，不仅枯燥无味，而且无法和中国经济社会相联系。如当时时髦的经济循环和证券分析这两门课程，是美国大学最流行的课程，中国老师们照搬不误，虽然引进了西方前沿理论，但工业化刚刚起步的中国既无经济周期也无证券市场，学生们只能听个热闹，对他们未来的工作却毫无用处。

社会科学课程的另一个缺点是专业分工过细。在经济学课程中，经济学课程从第一学期就开始教授，此后学生要学习更加专业化的课程，每门课都是高度专业化的，但所教内容却空洞泛泛。相反，高等教育所涉及的基础学科却常常被应付了事。此外教学方法也有很多缺点。一位教师只用一本教科书，而且是英文教材，每天按照规定讲授五到十页。学生不仅要学会专业知识，更要学好英语。结果学生不得不依靠词典读懂文字，然后再记住概念定义。老师照本宣科，学生死记硬背，没有课外书可读，没有调研和写作工作，师生也甚少交流。

何廉还发现，中国大学图书馆设施不足，即便经费充足，藏书仍以欧美教科书和普通书籍为主。而涉及中国社会科学的，也都是最新的资料和文章，缺乏历史文献。

何廉通过调研做出结论，大学经济系毕业生是无法胜任工作的。英文教科书的概念定义，与中国市场和媒体上的说法并不一样，大学生看不懂中文报刊的金融版面文章。

何廉决定改革教学方式和教材，尝试教学"中国化"。他首先从财政学教学开始做些改进。他在讲授英文概念后，会把财政学理论和中国经济结合起来讲，说到公共支出问题时，他会讲些中国政府做的事情。何廉还做了一件大事，就是油印了中国材料作为教科书和教学补充。到第二年他就把教科书的第一稿交给学生了。经过几年打磨，最后定稿为大学教科书，由上海商务印书馆出版发行，中国大学有了中国经济学家撰写的教科书。

何廉做的第二个改革是在课堂中引入讨论。没想到同学们非常踊跃，对中国经济现实问题能够提出尖锐看法，将讨论内容逼近事物本质。比如过去财政学主要讲美国财政制度，中国学生根本不了解中国土地税。何廉在课堂上引入土地税讨论，引起激烈争论，学生们对土地税的缴纳方式和范围做了全面了解。而讨论税收问题，同学们就了解到征税范畴，对中国的苛捐杂税有了直观认识。当然，一些讨论话题需要原始资料，这得益于南开设置的研究职能，何廉的研究助手帮助他收集资料，特别到政府部门收集行政年报。何廉在教授经济学原理时，把教学班分成几个小组，每个助手带一个组，何廉每周讲课一次，组织全班讨论一次。何廉在助手巫宝三的支持下，把美国经济学教材糅进中国案例，完成了中国化的两卷本经济学教材。而他的助手巫宝三因为参与帮助何廉收集中国资料等工作，成为评价中国国民经济的第一人。

何廉把经济学和商科专业大学四年课程的教材都重新进行了编写，以弥补原文教材的不足。在改革教学方法和撰写教材同时，还带领助手收集各种经济和市场资料，如现洋比率、盈利率、兑换率、商品批发价格、贸易额等宏观数据，如工资记录、学徒契约、土地租赁合同等微观资料，作为南开图书馆的永久性资料保存下来。何廉还强调基础教育的作用。他要求学生要学好基础课，包括历史、地理、中文、英文、物理、化学或生物，以培养学生的思维体系。从第三年开始，经济学和商科学生才开始学习专业课程。

为了实现经济学教育中国化，何廉倡议统一规范学术名词，比如像"效用""供给"和"需求"这样的词汇，各个学校用法不同。何廉除了在南开组织专门委员会定期规范名词外，还提议在全国规范社会科学名词定义。此建议得到当时教育部国立编译局负责人陈可忠的支持。陈可忠是何廉的耶鲁校友，他组织了一个全国委员会，任命何廉为主席，成员为国内各个大学知名的经济学教授。在南开工作的基础上，委员会统一了一套术语，完成了中国经济学术语标准化工作，并在1936年出版发行，供社会使用。

建立中国第一家经济研究所

何廉在南开的另一项最重要工作是创立了南开经济研究所，这是中国第一个经济研究所，其前身是南开社会经济研究委员会，这个委员会的创立则源于何廉的一次"未遂跳槽"。

1927年春末，位于北平的中华文化教育基金会社会研究部需要一名研究导师，何廉受到邀请。条件很诱人，薪水是南开的两倍，没有教学任务，工

何廉与夫人在纽约

作自由自在。不过何廉本身喜欢教学工作，同时认为中国当务之急是在大学中推行教学与研究并举的方法，以此给年轻人在知识和能力上兼顾的训练。何廉虽有自己的理想，但是很难一口回绝邀请，因为条件太好。犹豫不定之间，何廉决定去找校长张伯苓谈谈。彼时张伯苓担任中华文化教育基金会的董事，对此项邀请早已获悉。张伯苓诚恳地表示，南开更需要何廉，并提出拨出一部分资金供何廉研究之用。何廉立即表示留在南开，并提议建立一个研究机构。后经校董会批准，南开社会经济研究委员会正式成立，何廉被任命为主任导师，并兼任商科的财政学和统计学教授。这时候的何廉，可以一半时间做教学，一半时间做研究。委员会不归属任何学科，主要研究领域是中国社会、经济和工业现状。南开社会经济研究委员会的经费是充足的。学校拨款5000大洋，曾邀何廉加盟但被拒的中华文化教育基金会资助4000大洋，加上耶鲁费雪教授赠送何廉的500美元，委员会一下子拥有了万元经费，何廉大喜过望，踌躇满志地开始了研究工作。

1927年7月1日，南开大学社会经济委员会在学校秀山堂正式成立，这是中国人开始以现代经济学理论研究中国实际情况的重要开端。

委员会初期工作主要是收集与中国经济有关的各种文字资料，最后整理编纂成《南开中国经济文集》，同时做经济统计编制与分析工作。1928年北伐战争结束后，中国开始国家重建，政府将注意力集中到工农业发展方面。如何在一个传统农业国开始工业化进程，是当时最为重要的学术研究方向。何廉决定，让南开大学社会经济研究委员会以京津地区为研究对象，探讨中国工业化的程度和经济影响。很显然，这样的研究工作既有现实意义，又有理论价值，但是这样的研究工作也需要经济史专家和工业化问题专家。于是何廉想到了方显廷博士。这位刚刚完成耶鲁经济史博士论文答辩的方显廷是何廉在耶鲁的同学和密友，他对19世纪50年代英国工业结构很有研究，而彼时中国工业化需要借鉴英国经验。于是何廉向张伯苓校长建议，邀请方显廷担任研究委员会的研究主任，同时兼任文学院的经济史教授。此举得到校长支持，何廉将已在上海步入官场和商界的方显廷拉到了南开。方显廷放弃高薪从1929年进入南开，到1948年离开去国际机构赴任，在南开工作了20年，成为何廉的重要学术伙伴。

虽然第一年预算充裕，但到了1928—1929财政年度，委员会出现了财务困难，只有大学提供的经费来源稳定。何廉于是向外界求援。经过努力，太平洋国际协会决定给南开大学社会经济研究委员会两项为期三年的拨款：一项是每年7500美元，用于资助何廉领导下的关于山东和河北两省人口向东北迁移的研究。另一项是每年5000美元，资助方显廷领导的对华北地区工业化的研究，研究重点是天津工业化。这两笔资助极大鼓舞了何廉的信心，让委员会得以正常运转下去。

不过好日子并不长，私立南开大学面临着新问题。北伐战争结束，国家进入正轨，公立大学开始得到财政正常拨款，这使得公立大学进入飞速发展阶段。特别是清华，既有财政支持，还有庚子赔款辅助，让清华不仅改善了硬件，也提高了教授待遇——工资提高，还有七年一次、出国休假一年的福利。这使得近靠清华的私立南开大学备感压力。从1929年暑假开始，南开教授出现离职潮，包括历史学教授蒋廷黻、政治哲学教授萧公权、生物学教授李继桐等相继转到清华任教。由于工资差别较大，南开留人变得困难。张伯苓对清华高薪挖角行为异常愤怒，但也无可奈何。何廉认为教授工资竞争不可避免，与其竞争，不如另辟蹊径。经过讨论，南开定下了新的发展战略。校长和教授们认为，天津是商业中心，并有可能成为华北工业化的领头羊，南开大学应依靠天津经济优势，培养实用型人才，即重点培养商业和工程人才，而清华和北大并无这些专业。张伯苓最终下定决心大力发展商学院，并在可能时建立工程学院。

在这种背景下，张伯苓希望何廉在主持委员会工作之外，能够兼任商学院院长，并担任文学院的经济学教授。何廉深感责任重大，既担心无力胜任太多职务，也感到这是理顺南开经济教学的好机会。经过深思熟虑，何廉接受聘请并提出三项建议：第一，把商学院和文学院经济学系与社会经济研究委员会合并，成立南开大学经济学院，承担教学和研究两项工作。第二，重新编写经济学和商科教材。第三，经济学院建立独立董事会，以方便管理和募资。

何廉的建议得到校长和校董会的支持。1930年南开经济学院正式成立，何廉担任院长。这种一半教学一半研究的制度，让教工工资得到提高，稳定了南开的师资，并让随后的招聘工作一帆风顺。到1936—1937学年，经济学院教工人数达到32名，包括10名教授、9名讲师、5名助教和8名助理研究员。教师中以海外留学博士为主，主要来自耶鲁大学、哈佛大学、伊利诺伊大学、哥伦比亚大学、加利福尼亚大学等。若干年后，从南开经济研究所毕业的学生也补充到经济学院，其中很多研究生是经过新一轮海外留学归来的，这包括笔者老师杨叔进教授和杨敬年教授，两位杨教授分别是威斯康星大学博士和牛津大学博士。

经济学院经过几年努力，本科生注册学生从69名扩大到172名。同时，经济学院的研究工作也得到扩展，从城市研究扩大到农村研究，针对农村经济的研究包括农业经济、乡村工业和华北地区地方政府与财政。何廉成为最早关注农村问题的中国经济学家。

教学与研究工作互助相长，资料编制与教科书编写都取得长足进步，老师们发表的文章也引起校内师生关注。20世纪30年代初期的南开经济学院生机勃勃。

不过，经费问题始终是私立大学的难题，何廉也要面对家大业大的经济学院的柴米油盐问题。经济学院创办时预算是10万大洋，1936—1937学年达到30万大洋高峰。学校每年拨款10万元，何廉还要通过各种私人关系募集社会赞助。国家刚刚走上正轨，工业化进程刚刚起步，全国工商业并没有形成统一大市场，金融和商业具有较强地域性，因而大学募资活动很难在上海获得实际进展，何廉的募资对象主要是拥有私人关系的华北地区的商业银行和化工纺织企业。每一笔募资都是一笔人情所在，可见那时的私立大学办学目的就是培养人才，别说盈利，就是维持正常运营也要管理者做出不懈的努力。

1931年，何廉在社会经济研究委员会基础之上建立了南开经济研究所，何廉任所长。资金一半来源于洛克菲勒基金会的赞助，一半由学校拨付。经由耶鲁大学费雪教授介绍，洛克菲勒基金会社会科学部副主任甘恩（Gunn）先生造访了南开大学经济学院，在经过详尽调研后，甘恩先生对何廉和南开经济学院的工作给予了肯定，并决定帮助何廉。经过他的推荐，洛克菲勒基金会决定，向南开经济研究所提供一笔五年期的拨款，时间从 1932 年到 1937 年，在南开经研所预算最高峰时，洛克菲勒基金会的拨款达到三分之一。这笔款项为研究所发展提供了稳定的资金支持。五年期满后，洛克菲勒基金会继续向研究所提供资助，直到 1947 年。

研究所还建立了图书馆，主要藏书是何廉和方显廷各自捐赠的 4000 册从美国带回的图书，合计 8000 册。

研究所主要从事两项工作，经济调查研究和培养研究生。1935 年研究所首创从国内各大学招收 10 名优秀毕业生为研究生，这批学生毕业后成为中国第一批由国内培养、教育部承认的硕士学位获得者。抗战爆发后，研究生招生一度中断，后又在重庆恢复。南开经济研究所成为旧中国高校中唯一一个长期连续成批培养研究生的机构。到全国解放前，南开经济研究所共招收研究生 11 届，有毕业生、肄业生 59 人，均成为中国财经界的栋梁之才。

南开经济研究所还为农村复兴运动培养人才。1935 年，南开经济研究所与北京协和医院医学院、燕京大学、清华大学和金陵大学联合成立了华北农村建设协进会，何廉担任主席，各校分工协作培养人才，南开经济研究所负责培养地方政府、财政、合作组织及土地管理的人才。协进会在山东济宁县发起建立以河北省定县为模式的试验县，参加实验的大学派出教师组成县政府。抗战后，参加实验人员转移到贵州省定番县。

南开经济研究所是中国历史上第一家民间经济研究所，也是中国第一家研究经济问题的专业研究所。在南开经济研究所建立之前，官方有一个研究经济的机构，最早叫中华文化教育基金会研究部，后来并入中央研究院社会科学研究所，该机构研究范围涉及社会科学多个领域，经济学研究也处于起步阶段。南开经济研究所的建立，开创了中国经济学研究的新篇章，"成为中国经济研究和教育发展过程中的里程碑"。南开经济研究所的建立，圆了何廉的一个梦。何廉的密友方显廷在回忆录中说，何廉在耶鲁读书时就有建立经济研究所的梦想，"他是一位计划者与领导者。他在那时就沉浸在以伦敦经济学院为模式在中国建一所经济研究所的梦想之中"。

何廉在哥伦比亚大学

南开经济研究所正式成立后，研究方向集中在三个领域：收集、编纂和分析华北地区统计数据，研究天津工业化进程问题，探讨山东、河北两省居民向东北的移民问题。鉴于研究所和教学密切联系，因而研究所也研究历史文献和编写经济学教科书。

何廉把他的研究思想贯穿在研究所研究工作中，改变了习惯性研究方法。在转移研究重点同时，南开经研所改进了研究方法，特别在实地调研方法上放弃了美国传统做法。何廉在实践中发现，美国经济学家常用的问卷调查并不适合中国，中国商人不愿意配合，不会根据问卷实话实说。另外，简单依靠助手机械性收集资料也很难获得专业化程度高的数据。

何廉决定改变所里的研究方法。首先，每项研究任务都由一名教授主导，其下安排几名助手，而这些助手受过很好的专业训练，并知晓研究目的。其次，采取广泛研究与典型研究相结合。第三，建立实地工作站，一个设在天津郊县静海，一个在河北高阳，一个在山东。每个工作站都有研究助手在那里工作生活，直接查阅分析县里文献，甚至同农民一起干活。教授与助手们争取每周开一次会，讨论工作进展。

研究方法的改善，提高了研究水平，而实践经验也让何廉对学术研究做出了极具价值的判断，他认为，社会科学研究不可能达到自然科学的精确程度。何廉的这个结论与后来经济学界对"经济学是门不精确的科学"的认识不谋而合。

在何廉领导下，南开经济研究所撰写了题材广泛的论文，何廉给这些论文起了一个大标题"中国战前与战时的经济问题与方针政策"，集中发表在《大公报》的经济周刊上，有时也作为星期日论文在该报发表。这些文章在京津地区具有较大影响力，后来经方显廷教授编辑，商务印书馆出版了南开经济研究所三本研究成果，书名分别是《中国经济研究》《战时中国经济研究》《中国战时的物价与生产》。南开经济研究所的各种论文也刊登在国内外刊物上，包括《经济季刊》《哈佛商业研究》《世界经济文集》《太平洋事务》《外交政策报告》等。

南开经济研究所最值得称道的研究成果，当属"南开指数"。何廉早年在耶鲁读博士时，做过欧文·费雪教授的助手，协助编制物价指数，对指数构成和物价既有研究也有兴趣，所以何廉决心编制中国的物价指数。在他领导下，"南开指数"最终诞生，成为中国第一个物价指数，具有重要现实意义和历史价值。

1928年冬，何廉决定编纂以天津市场为代表的华北商品批发价格指数和天津生活费用指数。收集数据的过程是艰难的，因为何廉和助手们不懂市场行话，而批发价格和零售价格都没有统一度量衡。后来通过南开中学庶务科一位职员的帮助，才与市场进行了真正接触。在此之前，何廉开展了另一项工作，他利用费雪"理想公式"编纂分析了中国60年来进出口贸易量、贸易价格和商品名称，耗时三年，在1931年完成，由天津直隶书局出版。四年后，何廉把各种指数集中到一起编成一本刊物《南开指数》。这本刊物从1935年开始发行，直到1937年抗日战争爆发后结束。日本军队占领天津后，日伪政府仍然对何廉的指数进行每周数据采集，直到战争结束，这个指数甚至到1952年天津解放四年后才结束使用。指数编纂工作也让何廉对中国的数据统计产生了独特认识。他认为，使用中国经济数据具有冒险性，需要慎重对待，原因有二：一是缺乏具有高度统计概念的公众，二是缺乏具有专业能力的统计人员。

编制第一个国家经济计划

1936年以后10年，何廉应邀进入国民政府工作，担任过经济部常务次长、经济部农本局总经理、资源委员会代理主任、国民党中央设计局副秘书长等职务。在何廉进入国民政府工作时，南开大学经研所并没有随西南联大迁到昆明，而是搬到重庆的南开中学校园内，其目的是方便何廉继续指导研究所工作。

何廉接受国民政府主席蒋介石亲自委托，主导完成了国民政府经济行政机关调整方案，机构改革在 1938 年春完成，标志着国民政府战时经济领导体制的形成。抗战后期，蒋介石再次找到何廉，要他就战后经济重建提出原则。1944 年夏，何廉主持编制完成《（战后）第一个复兴期间经济事业总原则草案》。方案规定采用混合经济体制，这就是何廉提出的"在混合经济中有计划地发展"。原则强调中国的工业发展应该沿着两条路线进行：一是国营企业，二是私营企业。草案认为国家独占的种类不应太多，主要包括邮政、电讯、军工、造币、主要铁路、大规模水力发电厂等。而私人企业可经营国营经办以外的任何领域。草案还允许外资不受比例限制地进入私营经济允许的领域，在组织上不应强调总经理是中国人，虽然董事长应该是中国人。

抗战胜利之初，何廉还提交了"五年经济建设"计划纲要，但因政治原因和时局变化，方案终未公布实施。

制定这些原则、纲要和计划的基本思想，是规定采用混合经济体制。其时，国民党人赞成一概搞国营企业，而私人企业则赞成完全私有化。何廉认为，无论是单独发展国营企业还是私营企业，都存在问题，而应该在混合经济中有计划地发展。从 19 世纪 60 年代开始，中国企业先是政府所有和经营（官办），然后是私人经营、政府监督（官督商办），何廉认为这是贪污腐化的根源。同样，何廉也看到单纯的私营经济是不会主动去西北开发的，它们乐于在北京、上海和天津等大城市发展。

1948 年 10 月，时任国民政府考试院院长的张伯苓被迫辞去国立南开大学校长职务，行政院任命何廉为代理校长。因时局变化迅速，担任校长两个月的何廉决定离职赴美。12 月 1 日，何廉在北平搭乘最后一架民航班机飞抵上海，恰巧碰到准备乘飞机去重庆的张伯苓。这次见面，是张何二人的永别。1949 年 1 月 2 日，何廉和全家人在香港登上"美琪将军号"邮轮前往美国，后在哥伦比亚大学执教多年，1975 年病逝。

▌参考文献：

《何廉回忆录》，中国文史出版社 2012 年版。

《方显廷回忆录》，商务印书馆 2006 年版。

《南开大学经济学历史》，南开大学。

袁贤能：甘做一盏油灯的经济学泰斗

徐胥

袁贤能（1898—1983），浙江天台城关镇西门里人，我国杰出的经济学家，曾有"南马（寅初）北袁"之称。1921年复旦大学毕业后入燕京大学经济研究所，一年得硕士学位；1922年赴美国留学，1929年获纽约大学哲学博士学位。学成归国，在复旦大学担任讲师兼训育主任。接着执教于南开大学，参与何廉创建的南开经济研究所工作。抗日战争爆发后，应聘为燕京大学教授，1939年与几位同人创办私立天津达任商学院，兼任院长。抗战期间，因抗日言行和拒绝出任伪职三次入狱。中华人民共和国成立之初，他主持南开大学经济学院工作。其后在杭州之江大学、上海财经学院、北京外贸学院（今对外经济贸易大学）等高校任教。

袁贤能具有深厚的古典英语和西方经济学说与国际贸易理论功底，著有《经济学》《亚当·斯密前经济思想史》《柏拉图的经济思想》《中世纪欧洲经济思想》（手稿）等专著以及"经济思想史导言""亚里士多得的经济思想"等文章；译有《英国得自对外贸易的财富》《对劳动的迫害及其救治方案》《人口原理》（合译）。

"问不"，先生初露峥嵘

1898年，农历戊戌年，这一年被中国民众所铭记是因为戊戌变法。这是千疮百孔的大清王朝日薄西山前又一次试图向现代化进行转型。但不幸的是，大清体制已经病入膏肓，任何挣扎都注定只能是徒劳。

这一年的农历正月初二，在浙江天台城关西门里，一个男婴诞生了，对于农村普通家庭而言，这是值得欢喜的。他们没想到的是，这个孩子如此资质聪明、禀赋优异，日后成为该县第一位留美经济学博士，我国杰出的经济学家，与著名经济学家、人口学家马寅初并称为"南马北袁"，他就是袁贤能。

袁贤能少时就显露出超出同辈的聪慧。初中毕业后赴上海文生氏英语专科学校，后又转入杭州之江大学预科就读。他觉得按部就班去完成大学教育，费时费钱，不是农村家庭经济力量所能负担的。因此，他选择了闭门自修。

自修的地方在距离县城西门约五华里路程的赤城山，山上有一个山洞，名为忠洞，洞内可容三四张单人床。最初与袁贤能一起闭门自修的还有两位学友。三人上山，自己烧饭，过着苦读自修生活。而这两位学友只在山上住了一个星期，就感到难耐的寂寞和孤独，打起了退堂鼓。虽然袁贤能恳切挽留，勉强再住了一个星期，但山上清新的空气、宁静的环境终究还是没留住这两位青年，最后只剩下袁贤能一个人坚持自己的志愿，在山上苦读了两年之久。

这期间，他熟读大学经济系课程，为他今后的学术生涯打下了良好的基础。在山上苦读两年后，袁贤能准备赶赴上海，投考大学插班。动身之前，袁贤能与当时颇负盛名的圣约翰大学与复旦大学分别通信联系。圣约翰大学的回复是只收二年级的插班生，而复旦大学当时的校长李登辉回信称，只要有本领，任何一班都可以投考。初生牛犊不怕虎，自信满满的袁贤能决定投考复旦大学。

这位复旦大学校长李登辉可不是日后闹"台独"的那位。李登辉是我国近代著名的教育家，在担任复旦校长的二十多年里，他为复旦大学所培养的学生多有所成，其中担任大学校长的就至少有二十多位，其中不乏竺可桢、罗家伦等教育大家，这在中国近代教育史上也是绝无仅有的，被世人誉为"人伦师表"。

袁贤能上复旦，还有一段小插曲。当他到复旦大学报名投考三年级插班生时，教务处工作人员却私下讥笑这个乡下野小子，认为他可能患了精神病。因为该校自创办以来，从未有过插班三年级的先例，他说他有李校长的回信。当事人告诉他去找李校长，只有校长答应，才可准其报名。他请门房转达请见校长，门房以"校长不在"的理由搪塞他。那时上海的大学生很讲究时髦，西装笔挺，皮鞋锃亮。他穿的是竹布长衫，布鞋一双，一股乡土气，门房瞧不起，似理不理，以为校长是不会接见的，故意留难。可少年时候的袁贤能偏有一股韧劲，觉得自己是从浙江天台特地来此投考复旦大学，一定要见校长，解决报考问题。他求见李校长先后七次，虽然每次都遭门房挡驾奚落，他却并不因此灰心，每次都留字条，说明求见之意。

当他第七次去复旦大学时，未见到老门房，却见到一个新面孔，他又将求见李校长的诚意重新述说一遍，这位门房却与他聊起天来，谈话很投机，所谈均是学术问题。袁贤能心想，这位门房了不起，思想清明，学识丰富，惊奇之余，怀疑自己是否看错了人。正在迟疑犹豫之际，不料对方却表明他就是李登辉校长。袁贤能又惊又喜，即随李校长至其办公室，李校长令他写一篇自传以及自修读书心得，字数两千字，以两小时为限。袁贤能不假思索，奋笔疾书，一气呵成，只用了一个半小时已经超过两千字。李校长看过之后，表示满意，答应他下星期一前来报考，考试两天。

考后不数日，袁贤能就接到通知，邀请他参加在大礼堂举行的周会。当天，李校长在报告校务时颇为兴奋地说，复旦发生了一件大事，因为自创办以来，从来没有录取过三年级的插班生，李校长当着全校师生的面说："袁先生请你走上来，让大家见见你。"袁贤能当时面红耳赤，以为自己的耳朵出了毛病听错了，不敢冒失出列。李校长又大喊了一声："袁先生请你走上来。"袁贤能这才恍然大悟，硬着头皮走向前台。李校长亲切地握着他的手，对他说："你的书念得那么透彻，考试成绩很好，可喜可贺。"他看到考卷放在台上，李校长让全校学生都轮流去看，李校长还当众赠送了他一个别号——"问不"。孔子有一位得意学生，问而不能，能而不问。李校长的爱才之意溢于言表。当时全校师生为之轰动，甚至还有同学模仿他穿起竹布长衫来，掀起了一股子简朴风气。李校长对袁贤能真的是青眼有加。在毕业典礼上，李校长还把自己当年大学毕业典礼时所穿的学士衣帽相赠，这也是没有前例的。

甘做油灯，薪火相传

袁贤能从复旦毕业后，就到了北平进入燕京大学经济研究所，一年后得到硕士学位，然后赴美国纽约大学攻读博士，半工半读，完成学业。在系了解西方经济学说的基础上,将自己的研究方向定为中国古代经济思想,其博士论文就是关于道家和相关哲学流派对中国经济思想的影响。

攻读博士期间,同乡好友丁洪范得了肺病,为了帮助他就医,袁贤能辍学,整天做工,以所得工资汇回国内,供其到莫干山等地疗养治病。也许是由于他真挚友情的感召,丁洪范的肺病在两年内渐渐好转,转危为安。

他获得博士学位后返国,李登辉校长坚请他在母校任教兼训导长。于是袁贤能欣然应允。在上海教书期间,同乡往来上海的很多,时常有人求见借钱,袁贤能无不慷慨解囊相助。有时他自己没钱,还陪着乡人到经商的朋友处去借,这种人饥己饥的心怀与克己助人的德行,足见其人赤诚。

但可能袁贤能骨子里更喜欢北方淳朴的学术风气,遂于1931年转往南开大学执教。南开经济研究所由曾在重庆抗日时期担任物资局局长的何廉博士主持,当时是研究中国经济的权威,名闻中外,该所出版的英文期刊《南开统计月刊》,先后刊登过"中国进出口物价及物量指数""华北批发物价指数""天津工人生活费指数""天津外汇指数"等,这些统计资料对反映社会实际和开展经济学研究起了重要作用。而袁贤能也对该刊多有贡献。

1937年,抗日战争爆发。南开大学是日军攻击的重点目标,三分之二的校舍被摧毁,袁贤能的家也遭到轰炸,文稿及归国时带的成吨的图书化为灰烬。袁贤能未能南下,依旧留在天津,后来转往燕京大学任教,最后燕京大学也关门了,他得到一笔资遣费。1938年袁贤能与杨学通、黄邦桢、张伟等人发起,在天津法租界创办了天津达仁商学院,他们共同出资,因陋就简,艰苦创业,目的就是在沦陷区培养青年人,让未能及时转赴后方的青年有求学的地方,并利用这所学校掩护我方抗日的地下工作人员。在达仁学院1950年班毕业纪念刊上,袁贤能题词:"我常将达仁学校比作一盏小油灯。虽在狂风骤雨中,却是仍能维持它的生命,并继续发光。"在此期间,他们还创办《经济研究季刊》,以此纪念和缅怀经济学鼻祖亚当·斯密,研究西方经济理论在中国的运用,传播国外最新的经济和国际贸易理论研究成果和学术动态。

在日伪统治期间,日本人三番五次要袁贤能出任要职,但袁贤能不为所动,也因此遭受了日本人的打压折磨。从1941年至抗战胜利前,袁贤能三次被捕入狱,主要原因有三:第一,向后方即重庆和晋察冀秘密输送学生。第二,日伪要借助他在平津教育界的声望逼他出任伪中央大学副校长,却遭其拒绝。据说，日军还用蟒蛇缠在他的身上逼他就范。第三，参加天津教育促进会的地下抗日活动。当时袁贤能的关押地点是在日本宪兵队的监狱，在沙滩红楼的地下室，遭受"恶刑、毒打、侮辱和折磨"，后来经旧友、学生营救才得出狱。其实，袁贤能一向以"安静的读书人"自居，但是国难当头，不得不以一介文弱之身为民族抗争。

1945年抗日战争胜利，翌年南开复校，袁贤能回到南开大学，不想，国民政府却是巧取豪夺大肆搜刮，令他十分失望和反感。

1949年年初天津解放，南开大学被新政权接管。天津军管会贴出告示，其中任命袁贤能为财政经济学院院长，而签署命令的是他的学生黄敬，时任天津军管会副主任兼天津市市长。

中华人民共和国成立后，生活工作逐渐安定，似乎可以安心于学术了，但是袁贤能对于院长之职却颇感不适：一来事务缠身，特别是人事纠纷令其烦恼。二来此时国家奉行向苏联"一边倒"政策，经济学领域开始推行苏式思想体系和教育体系，这对于袁先生而言也是困惑。

比如，当时有一位丁姓教授，在解放前就比较进步，也知道一点马克思主义学说，解放后便洋洋自得，大谈其一知半解的"二马结婚"，即对马克思经济学说要用马歇尔的理论来补充。结果这位丁教授就与一位从苏联回来的教授发生了激烈争论。

类似于这样的纷争很多，让袁贤能萌生去意，才当了不到一年的院长就辞职不干了。为了远离旋涡，他联系到了杭州的之江大学任教，1951年举家搬迁过去。1952年全国院系调整，又转到了上海财经学院。1954年，北京各部委组建院校，袁贤能所在的系整个被并入了北京对外贸易学院，只好再次北上。

既然"资产阶级经济学"不能讲了，他转而从事商品学的教学。由于商务印书馆组织翻译西方学术名著，于是袁贤能在教学、培养学生的同时，继续从事西方经济思想史、国际贸易理论研究，以他深厚的古典英文和经济学为基础，为商务印书馆翻译早期英国社会主义代表人物约翰·勃雷的著作《对劳动的迫害及其救治方案》，重商主义晚期代表人物托马斯·孟的著作《英国得自对外贸易的财富》，与人合译英国资产阶级庸俗经济学家马尔萨斯的主要著作《人口原理》，等等。"文化大革命"前，他应上海人民出版社之约写了《中世纪欧洲经济思想》,"文化大革命"一来风向骤变,此书也就此搁浅,所幸的是手稿得以退回。

"文化大革命"来临,袁贤能成为反动学术权威,整天挨批斗,也进了劳改队,当时他被罚清扫厕所。他对这样的工作都极为认真,甚至下手掏过堵塞的便池。曾经有过留学打工的经历,因此他清理过的陶瓷大便池也光洁鉴人,符合西方旅店标准。好在他已辞去职务,不是什么当权派,造反派也对他失去了兴趣。北京对外贸易学院军管后,人员开始被遣送往"五七干校",袁贤能因为年老体弱留在了北京。

"文革"后期,袁贤能被诊断出胆道泥沙状结石,胰腺也有问题,发作起来很痛苦。唐山大地震时,北京老百姓都在户外搭建窝棚避震,袁贤能一家也缩在其中。夜间,临近的居民窝棚里经常能听到从袁贤能家窝棚里传来的呻吟声,足见其之痛苦。

"文革"结束不久,北京对外贸易学院要全面恢复,校领导给老知识分子拜年,询问是否愿意"出山",袁贤能由于身体关系,还是希望维持退休状态。及至上世纪80年代,袁贤能基本上终日卧床,直至1983年去世。

南马北袁,学术泰斗

学术圈内曾有"南马北袁"之称谓。马寅初是我国著名的经济学家、人口学家,中华人民共和国成立后因提议进行人口控制而名噪天下。相比之下,袁贤能显得更为低调一些。

所幸,袁贤能先生的经济学研究,后来在其高足、对外经济贸易大学教授、国际贸易学科带头人薛荣久的帮助下编纂成《袁贤能著述文集》一书,该书基本上涵盖了袁贤能一生中较为重要的研究论著,也让后人得以一窥这位经济学泰斗深厚的古典英语和西方经济学说与国际贸易理论功底。

其经济研究大抵分为四个部分:一是对中国经济和货币的研究,其中包括袁贤能的博士论文"The Influence of Taoism and Related Philosophies on Chinese Economic Thought""The Alleged Influence of Maurice William on Sun Yat-sen""中国货币论考证"和"惠廉之孙中山与共产主义"。在博士毕业论

文中，袁贤能介绍并评论了中国战国时期各大学派的争论，论述道家和相关哲学流派对中国经济思想的影响。在"中国货币论考证"一文中，袁贤能对中国货币的发展、从秦代到清朝乾隆年间的货币观点以及政策做了详细的考证。而在"The Alleged Influence of Maurice William on Sun Yat-sen"和"惠廉之孙中山与共产主义"两篇文章中，袁贤能就孙中山的社会主义与马克思的社会主义之间的关系做了探讨。

二是对资本主义生产方式前的欧洲经济史的研究，其中包括"经济思想史导言"、《经济学》和《中世纪欧洲经济思想》。在"经济思想史导言"一文中，袁贤能论述了经济思想史的范畴、经济思想史的划分、经济思想的性质、研究经济学的方法等。在《经济学》一书中，袁贤能评述了重农、正统、剑桥等各个学派关于财富的概念，论述了经济学的性质和研究经济学的方法，以及生产的意义；考察了生产要素的各种含义；研究了国际贸易与国际价格方面的最新动态等。《中世纪欧洲经济思想》包含四章：在第一章总论中，袁贤能论述了封建制度和宗教、早期教父奥古斯丁的经济观点、经院主义之王托马斯的经济观点；第二章论述了公正价格、托马斯的见解、他怎样为统治阶级辩护、公正价格论的结束、公正价格论的错误；第三章论述了禁止利息、托马斯的观点、禁令基础的动摇、利息的变相、喀尔文的反禁观点、莫林奈斯的反禁观点和禁令的命运；第四章论述了封建制度没落后的经济思想、封建制度的没落、宗教改革、路德的经济观点、早期乌托邦社会主义、国家主义和重商主义的出现。

三是对在经济思想史上有重大影响的人物和学派经济学说的述评，其中包括著作《柏拉图的经济思想》以及"亚里士多德的经济思想""古代的自然主义""基督教的精神与经济思想""教会法典里的经济思想""任诺风的经济思想"和"马雪尔的经济思想"等文章。

四是对在国际贸易理论与政策领域有重大影响的学派和经济学家相关内容的研究，其中代表作包括"重商主义""自由主义的兴起""凯衍斯在货币论上的贡献""货币论的新发展""凯恩斯的一般'理论'和国际贸易'理论'""米德的国际贸易理论""开因斯的国际贸易理论"等。

博览古今、融汇中西，这是那个时代杰出大家学术研究的鲜明特点，袁贤能也不例外。而除此外，他的研究总是能跳脱出经济学之一隅，站在哲学的高度来重新思考经济现象、经济思想，因而更有穿透历史的深度。

袁贤能指出，研究西方经济思想史的人容易犯两个毛病：一是对于古代哲学家们的经济思想，都是断章取义地分割出来谈论，他们虽然都承认这些哲学家们的经济思想都是寄附在他们的政治、道德和哲学思想里，可是却只能顾到这样取割出来的经济思想，而忽略了这种断片经济思想在他们的整个系统思想中所处的地位以及与整个系统思想之间的关系。二是常常忽略这些哲学家们的基本哲学。譬如袁贤能在研究柏拉图经济思想时，就提出要先研究透彻柏拉图的"真理"这个核心理念，由此来理解理想国及其中所蕴含的分工思想。针对美国经济思想史名家汉纳（Haney）教授等提出的"柏拉图的分工理想就是亚当·斯密的分工学说的来源"这一说法，袁贤能提出了自己的不同看法：柏拉图所说的分工，主要目的并不完全是要增加生产乃是要人尽其才，达到一种至公的理想，换句话说，他并不是要为生产而分工，他是要为公理（Justice）而分工。不过《共和国》不但要解析这种至公之道，并且还要想法使这种理想能够见诸事实。譬如《共和国》中所说如何去训练人民，如何去发展他们的才能，如何去分别他们的才能，然后可以按照各人的特长，去分配他们的职务，要做到这些事情，一定要借助于教育和考试，方能发展分辨各人的特长，而授以恰当的职务。所以卢梭说："《共和国》一书并不是一部关于政治的作品，乃是一部超绝空前的教育概论。"亚当·斯密等所说的分工，既不是由于至公之道，也不是如上面所说的分辨之法，由政府去教育分别支配的，也"不是人类有先见之明，以为这样是可以致富的结果"。简言之，一个是统治式的分工，一个是放任式的分工；一个是由国家去支配的，一个是极端反对国家来干涉的；一个的动机是由于至公至善的理想，一个的动机是由于自私利己的普遍心理；一个是以国家为前提的，一个是以个人为前提的。《共和国》的作者，好比是一个社会学家，他所最留意的就是社会的组织如何可以因分工的缘故而改变。《原富》的作者，好比是一个企业家，他所最留意的，就是他的利益如何可以因分工的缘故而增加，换句话说，就是要多赚几个钱。

诸如此类鞭辟入里、发人深省的思考还有很多。袁贤能对经济思想的研究始终坚持独立思考，从不人云亦云，而对各种流派学说、学术方家观点也都信手拈来，为我所用。

在薛荣久看来，袁贤能的研究的突出之处在于可以弥补和充实我国学术界对中古时代西方经济学和学说史、国际贸易理论等方面的研究，同时袁贤能在研究时注重联系中国实际，为中国指出了经济和政策发展的方向。因此袁贤能先生的诸多观点在今时今日读来，依然振聋发聩，发人深省。

袁贤能之子袁相男在回忆文章"追忆家父"中提道："应该说，中国的经济和文化在抗战前有一个近十年的黄金时期，家父留美归来后也赶上了这个时机，他的《中国货币论证考》等著作都是在这段时期完成的。1935年南开大学经济研究所首次招收十名研究生——第一批经济学硕士，并选送国外进修。父亲作为研究生导师，培养出一些人才。可以说，这是他学术和教学成果最为显著、生活上最为愉快的一段。"这是袁贤能的高光时刻，这一段时光正是在南开度过的。让人不禁想起一代数学泰斗陈省身曾经多次说过的话："我最美好的年华是在南开度过的。"

大师与大学，气质相投，相辅相成，相得益彰，星辉熠熠。

傅筑夫：用马克思主义研究中国经济史

徐 胥

傅筑夫（1902—1985），河北永年县人，著名经济学家、经济史学家、教育家。先后执教于河北大学、安徽大学、中央大学，1936年赴英国伦敦大学政治经济学院进修，学习经济理论和经济史。1947年秋任南开大学经济研究所指导研究生主任委员。中华人民共和国成立后，继续执教于南开大学，讲授中外经济史和《资本论》研究课程。

为什么中国社会孕育了资本主义萌芽，却没有发展为资本主义生产方式？中国为什么没能发生工业革命？中国社会经济为什么长期停滞不发展？对于经历过丧权辱国伤痛的中国人而言，寻找到这些问题的答案显得意义非凡。这样的问题也驱动着一位怀着赤子之心的经济史学者跋涉在浩如烟海的史料中寻找中国经济运行的规律，他就是著名的经济学家、经济史学家、教育家、南开大学教授傅筑夫。

傅筑夫知识渊博、功底深厚，被称为"学贯中西、博通古今"，在学术研究上成一家之言，笔耕不辍，著作等身。傅筑夫跟南开的关系虽然不早，影响却深远，因为他毕生的专著几乎都是在南开完成的。1982年4月28日，经国务院批准，南开大学经济学科首批授予博士学位的学科及指导教师为：中国经济史傅筑夫与世界经济滕维藻。此时傅筑夫已是80岁高龄了。但依然保持着学者风骨，以极高的热情继续从事着学术研究，展现了一代大师的风范。

少年志气

傅筑夫1902年出生在河北省永年县，永年县是原广平府府治所在，在直隶省"南三府"中是一个"文风"很盛的地方，仅明清以来，就有不少著名学者，而科甲之盛，尤为附近州县冠。傅筑夫幼时便受到良好的启蒙教育，尚未识字时，便由祖母口授背诵了《唐诗三百首》，入私塾后，在一位桐城派古文名家的教导下，先读完了"四书"、《诗经》，之后开始读唐宋八大家古文。童年时受到的古典文学训练，以及养成的喜读古书的习惯，对他今后研究中国经济史，并能够从浩若烟海的古籍中搜索经济史料，打下了良好的基础。

有意思的是，傅筑夫最初选择的专业是化学。1921年报考北京师范大学时，本来可以报两个志愿，以备万一。但傅筑夫只报了一个志愿，就是化学系。被录取后，确也曾报着坚定不移的信心进入化学系，但是不到一个学期，原来的信心就动摇了，于第二学期弃理从文，转入国文系。之所以发生这么大的转变，主要是彼时北京学术的氛围非常活跃，许多著名的大师都在北京讲学，不少都在师大兼课，如梁启超、鲁迅等都还讲授较多的课，其他如章太炎学派的黄侃、钱玄同、马裕藻等和王先谦学派的杨树达等都是师大的专任教授。在星辉熠熠的大师启迪之下，傅筑夫内心对古典文学和古汉语的追求又被激发出来，进而一发不可收拾——从先秦诸子百家，又研究到了哲学，不仅有东方的，还有西方的哲学思想，甚至宗教，也在涉猎范围内。

就在傅筑夫大力攻读哲学书籍和宗教经典时，还进行了另一项科学研究，那就是在鲁迅先生指导下，从事中国古代神话研究和资料搜集工作。为此，傅筑夫做了大量的阅读和搜集工作，这让他初步掌握了从古书中搜集资料和整理资料的方法，为今后大规模搜集经济史资料奠定了基础。

20世纪20年代，中国社会各种思潮风起云涌，未来中国的出路何在成为每个有志青年思考的课题。傅筑夫也不例外，受革命思潮影响，他把目光从故纸堆转移到社会现实之中。为了更好地弄清楚当时社会的问题所在，傅筑夫自日本邮购三卷本《资本论》英译本，并开始尝试学习和运用马克思主义的经济理论来分析和研究中国的社会经济问题。1925年，已经大学毕业的傅筑夫把自己的所思所想写成了《中国社会问题的理论与实际》一书，约30万字，1928年由天津百城书局出版。由于书中引用了不少《资本论》原文，竟被列为禁书，只能在租界内销售。

可见青年时期的傅筑夫思想非常活跃，兴趣非常广泛，一方面具有那个时代青年的共性：在成长中同时接受传统文化与现代理念这两种互相冲突又藕断丝连的思想观念的冲击，不满于中国社会积贫积弱的现状，在大时代的洪流之中不断追求进步，探索社会的出路。另一方面，尤为难得的是，傅筑夫能够自觉地接受马克思主义，并且主动同中国的实际情况相结合。他没有像鲁迅先生一样痛恨"吃人"的传统文化，决意与之断绝，而是利用自己在古文方面的修养，钻研中国的经济现象，确立自己未来的研究方向。

执教生涯

从 1929 年起，傅筑夫开始了大学教书生活，辗转河北大学、安徽大学、中央大学执教。其间于 1936 年自费赴英国伦敦大学政治经济学院进修，学习经济学理论和经济史。先在罗宾斯教授指导下研究经济理论，又在陶尼教授指导下研究经济史。当时，我国经济思想史家胡寄窗教授也在该院学习，两人时常在一起讨论经济史领域的问题。这一阶段对他今后的经济史工作有着重要的意义：第一是英语更熟练了，便于随时吸收国外的新成果；第二是注重研究了欧洲和英国的经济史，这让他在后面的研究中经常做中、欧对比，多了一层西方的视野。

后来因欧洲局势紧张，傅筑夫不得不回到重庆，在国立编译馆任编纂工作。1940 年，在傅筑夫建议下，编译馆开始了大规模的中国经济史资料搜集和整理工作，这些工作为此后的经济史撰写描绘出了一个大框架。

1945 年抗战结束，国内百废待兴，经济学人才短缺。傅筑夫离开编译馆，回到中央大学任教。1947 年年初，应东北大学聘约，傅筑夫离开四川去沈阳。但因为彼时沈阳秩序混乱，教学和科研工作根本无法开展。

1947 年 8 月，45 岁已是四个孩子父亲的傅筑夫接受南开大学聘约，来到天津，在此一待就是 30 多年，直到 1978 年应中国社会科学院及北京经济学院邀请借调至北京。傅筑夫到南开大学后，任教中国经济史、外国经济史两门课，并任经济研究所研究生指导委员会主任委员，也担任该所研究生的课程。

此时的南开大学经济研究所也在经历着大的动荡。1923 年耶鲁大学经济学博士何廉先生开创了南开大学的经济学科，1927 年在南开大学校长张伯苓的支持下，成立了南开大学社会经济研究委员会（即南开经济研究所）。

1929年年初，何廉邀请了美国耶鲁大学经济学博士方显廷在南开大学任经济史教授，兼任南开大学社会经济研究委员会研究主任，主持研究工作。1931年，社会经济研究委员会与商学院及文学院的经济学系合并，成立经济学院。

在何廉、方显廷的共同努力下，研究所有力推动了人才吸引和学术研究的开展。其间，陈序经、李卓敏、陈振汉、杨叔进等一大批留学英美名校、学养深厚的著名学者来到南开经济研究所，经济学科队伍日益强大，学术平台不断开阔。南开经济研究所创办之初就开始了对天津物价的调查和统计分析，编制了在当时极具权威的南开物价指数。此时南开经济研究所的学生都是按照英美高校的标准来要求，学生素质极高。

抗日战争胜利后，南开大学筹划从昆明复员北返天津。日本占领天津后把南开大学改为野战医院，昔日的校园满目凄凉，秀山堂已不复存在。迫于复校经费压力，南开于1946年4月9日正式改为国立大学。复校时设有16个系，分属四个学院：文学院、理学院、工学院和政治经济学院。然而，张伯苓和很多老同事的年龄渐高，而南开在国民政府的教育部又孤立于当时的"北大派"，加之华北地区战乱频仍，改为国立后的南开大学又失去了洛克菲勒基金会的资助，原先的很多主要教师因而分散到国内外各地，南开经济研究所的人才逐渐凋零。

国立南开大学的政治经济学院下设有政治、经济、货币银行、工商管理、统计、会计等系和经济研究所，由陈序经先生担任院长并同时兼任经济研究所研究主任，此后1948年陈序经先生转赴岭南大学任校长，所长一职由鲍觉民先生继任。一些回到南开的研究人员也继续主编《大公报》每周一次的"经济周刊"等工作以及研究生的培养工作，仍本着以往传统，身兼各系和研究所二者教学和科研的双重任务。

傅筑夫正是在这样的环境下加入到南开经济学科的建设之中。也自然而然身兼教学和科研的任务。

20世纪50年代前期，刚刚留校南开大学任教不久的谷书堂讲授政治经济学，经常和傅筑夫接触探讨问题。当谷书堂教到原始资本积累问题时，为了联系中国实际，曾花了一些时间考虑中国有没有资本积累问题，后来就列了一个提纲向傅筑夫请教。傅先生在这方面有很多资料，经过讨论，两人同意合作出一本书，书名为《中国原始资本积累问题》。书的初稿由傅筑夫提供，但是吸收了谷书堂提出的几个观点，1957年由天津人民出版社出版。谷书堂后来在1983年南开大学经济学院重建后任首任院长并兼任经济研究所所长。

1957年，整风运动开始，后来被严重扩大化，一批知识分子、爱国人士和党内干部被错划成"右派"。傅筑夫就是其中之一。1956年刚被评为二级教授的他在"反右"中被降为五级教授，工资从288元降到177元。但他学术水平高，"反右"之后的一段时间里，他是唯一被允许登台讲课的"右派"教师，学生公认他的课讲得好，人们敬佩他。而傅筑夫的课总是表达他自己的独立见解，这在当时被认为是离经叛道，"右派的反动本性"暴露；后来连登台讲课的资格都被剥夺了，只让他编讲义，让别人用他的讲义去讲课。

1961年10月，他的"右派"帽子摘掉了。但好景不长，1966年6月，史无前例的"无产阶级文化大革命"开始，傅筑夫成了首批专政对象，多年积累的有关中国经济史的研究资料也散失不少。有些人不懂得资料的重要性，避着傅筑夫把多年积累的明清时期关于中国经济史的资料付之一炬。对于一些学者来说，多年日积月累的资料比书还重要，书还可以再买，但自己积累的资料却难以重复。他的夫人为了保护材料，把一部分材料藏到煤堆里。这部分就是后来1982年出版的40多万字的《中国经济史资料》（秦汉三国编），但是明清部分的资料是无法再补了。傅筑夫本来计划写《中国封建社会经济史》七卷本，只写到第五卷就与世长辞了，至今出版社还为缺少明清部分而深感遗憾。研究中国经济史的全国并不是只有他一家，但是能够贯通下来，并且在一些观点上有独到见解的却只有他一个人。

1978年夏天，傅筑夫借调到北京工作，这是他后半生的一个重大转折，换了一个新环境，获得了研究和表达自己思想的自由。但对傅筑夫来说，思想上真正得到解放是1979年3月，根据中央政策，南开大学党委本着实事求是的精神，给傅筑夫纠正了"右派"问题，恢复了二级教授的待遇。

从20世纪50年代初到70年代中期，前后大约四分之一世纪，是傅筑夫坎坷的一个时期，这也是那个时代知识分子所遭遇的时代厄运。但就是在这样的环境中，傅筑夫毅然孜孜不倦地研究学术。1957年以后，傅筑夫失去了教学的条件，于是着手第二轮的资料搜集工作，把过去没有找到的书或者没来得及看的书进行补课，使搜集的范围更广泛，内容更完备、更充实，这项工作一直进行到十年动乱的前夕。"文革"中，一家人挤在十几平方米的小房间住，没有办公和著书立说的条件，他侧着身子毅然坚持整理资料和写作。在他年过古稀时，还在天津南郊大苏庄劳动改造，劳动中头部受伤缝了五针，让他看砖以示照顾。他看着砖还坚持学日文，做了好多笔记，达到能笔译日文。

  种瓜得瓜，种豆得豆。傅筑夫默默耕耘中不经意就撒下了未来的种子。1977年国家制订科学发展八年规划，"中国经济通史"被列为重点项目。当时中国学术停滞多年，到了什么地步呢？许多友好国家，特别是日本学界来访时常把他们对中国经济史的研究成果成套赠送，但我们却连一本合适的小册子都拿不出来，填补这块空白成为当务之急，但在当时却找不到合适的人来承担这项工作。这时，北京经济学院的中年教授吴天颖向当时主持制订这项规划的经济学家许涤新推荐了傅筑夫，因为吴天颖1955年考入南开大学历史系，1957年曾经选修过傅筑夫的中国经济史课程，深深钦佩傅筑夫先生的学术造诣。许涤新非常高兴地说："我30年代就知道傅筑夫，如果他的健康情况还允许的话，他承担是最合适的。"而这一年，患有心脏病的傅筑夫已是75岁高龄，但他毅然承担了这项艰巨的任务。于是，在多方努力下，傅筑夫关系不转，暂时借调到了北京经济学院，与南开大学两校共同承担国家的规划任务。

  在可以施展才能的岁月中，傅筑夫抓紧和时间赛跑，终日奋笔疾书。他在1977—1978年写就了14篇极长的论文，以专题形式涵盖整个中国经济史的核心，后来结集成《中国经济史论丛》两卷本出版，一直是经济史学生的必读书目。傅筑夫又在1978年承接了《中国经济通史》的写作任务，很快就完成了《中国封建社会经济史》，又是两卷本。接着一口气又为这本书续写了三卷，连成连续性的体系。此外，他还完成了一册《中国古代经济史概论》，为《中国经济史论丛》写了一册"续集"。

1983年，傅筑夫先生（右）与郭士浩先生在北京经济学院合影

  许多应得的荣誉也姗姗来迟。1979

年，经南开大学推荐，傅筑夫被评为天津市劳模。同年9月，中国社科院聘请傅筑夫为经济研究所学术委员会委员。1980年6月，被选为天津市第六届政协委员会委员。1980年11月，九三学社天津分社对其进行表彰。1982年5月6日，教育部高教司一司致函中国社会科学院，明确傅筑夫的《中国古代经济史概论》为高教文科教材。1983年12月，任九三学社中央顾问。1984年5月，被评为北京市教育系统先进工作者，是当时最高龄获奖者。

由于晚年的过分劳累，傅筑夫终因心脏病猝发，于1985年1月11日在北京逝世，享年83岁。

独树一帜

傅筑夫从不随波逐流，因而观点也显得有些"另类"。据说，搞中国经济史研究的同行对傅筑夫的学术观点并非全部都赞成，但有几点是绝大多数同行所佩服的：他自成体系，构成一家之言；他的古文、外文好，经济理论和欧洲经济史基础好；掌握资料多。这些条件同时集于一人身上是极为难得的，正是基于这些原因，尽管有人与他观点不同，也不便和他争论。

代表傅筑夫基本观点、基本理论的是九本著作。这就是《中国经济史论丛》上、下、续集三本，《中国古代经济史概论》，《中国封建社会经济史》共五卷。

《中国经济史论丛》（以下简称《论丛》）原本是汇编了11篇关于中国经济史的论文，还有2篇外国经济史的论文作为附录，分成上、下两册出版的。上下册初由生活·读书·新知三联书店于1980年出版，1988年连同续集一并由人民出版社出版。傅筑夫经过多年研究发现，"在中国经济史上存在若干与其他国家有显著不同的重大问题和特殊问题"。上下两册便是这些"重大问题和特殊问题"的专题论文，续集是在撰写《中国封建社会经济史》的过程中触及一些理论问题，又不便纳入相关章节，于是写成了相对独立但有一定相关性的共计9篇专题论文。《论丛》三册共汇编了22篇专题论文，集中了傅筑夫在经济史，特别是在中国经济史方面理论、观点的精华，是他的独立体系的核心内容。

《中国封建社会经济史》则体现了傅筑夫坚持独立见解、不人云亦云的特点。因为经济通史分卷，首要考虑的就是经济史的划分问题，傅筑夫强调社会经济的发展阶段不宜按照朝代划分，因为经济现象不同于政治事件。政治事件的发生和结束，有固定的起讫时间，但经济现象往往源远流长，其产生发展都有一个漫长的演进过程，不但不宜标以具体的年月日，而且也不能划分为一个固定的时期。总的社会经济结构在长时期内又没有本质的变化，可知做质的划分是不可能的，便只有做量的划分。

傅筑夫认为，从西周初年开始，是典型的封建制生产方式的产生和确立时期，这是有充分的科学根据的；这种典型的生产方式只能维持到东周初年，因为从战国时期开始，作为社会经济基础的土地制度改变了——以土地自由买卖为主要形式的土地私有制度代替了世袭领地和计口授田的井田制度，社会经济结构形态由领主制经济变为地主制经济，剥削关系由领主通过人身依附关系对农奴的剥削变为地主通过租佃关系对佃农的剥削。所有这一切都是从春秋末年到战国时期逐步形成和确立起来的，如果说春秋到战国时期是这一切变化的产生时期，秦至西汉便是这一制度的确立和巩固时期，从此直至近代，在两千多年的漫长岁月中没有再发生任何大的变化。

傅筑夫特别指出，在典型的封建制度于东周初年陷入崩溃之后，虽然当时的社会经济结构中出现了若干成分的资本主义因素，并起到了足够大的破坏作用，从而造成典型封建制度的崩溃，但是却又没有足够的力量建立一个资本主义的生产方式，故变化后的社会基本上仍是一个封建社会，但又不是原来纯粹的封建社会，其中夹杂着一些资本主义因素，因此傅筑夫将战国以后的封建制度称为变态的封建制度。虽然这一漫长的历史时期并没有本质上的变化，但是中国经济呈现出明显的波动，而且这种波动还具有一定的周期性，尽管波动周期的长短是不规则的，即整个社会再生产成为一种由兴旺和繁荣到停滞、破坏和崩溃的周期状态，每隔若干年即循环一次。在两千多年的漫长时期中，这样巨大的经济波动发生了好几次，其具体情况是每个少则一百年，多则两三百年。当社会经济逐步由兴旺繁荣而臻于所谓极盛时，便因内在的和外在的多种破坏力量的冲击和煎迫，而停滞、衰退、凋敝直至彻底崩溃下去，然后又慢慢地恢复重建，并在原有的基础上再走向兴旺繁荣。由于社会经济的基本矛盾没有改变过，经常随着固有矛盾而发展，并逐步由缓和走向尖锐，因此社会经济周而复始地波动不止。按照历次经济波动的情况，傅筑夫又将余下的经济时期划分为战国末年到汉末、两晋南北朝到隋初、唐朝、两宋、辽金元、明朝到鸦片战争等六个时期，这构成了《中国封建社会经济史》的七卷框架。

不同于《论丛》和《经济史》的专著性质，《中国经济史概论》（以下简称《概论》）采用的是宏观经济学的方法，围绕着一个中心问题从不同方面做分析，这个中心问题就是：中国的经济社会为什么发展得如此迟滞，以致从古代到近代呈现一种长期停滞不前的状态。

傅筑夫认为这其中最主要的原因是：地主经济的残酷剥削，小农制经济的自身弱点及其对经济发展的消极作用，多次巨大的经济波动，妨碍了经济的正常发展。

傅筑夫认为，中国历史上的土地买卖、土地兼并经历了2000多年，成为每一个历史时期社会动乱的总根源，历代的统治者对此一筹莫展。从整个社会来看，土地的集中过程是社会总资本的消失过程，这是与欧洲历史发展方向完全相反的。对比了英国的圈地运动与中国的土地兼并后，傅筑夫指出，这两者都形成了大地产，但造成的结果却完全相反，前者是资本主义发展的历史前提，后者是走向资本主义严重的发展障碍。

从战国到近代，历经2000多年，我国社会经济的基本形态结构是小农经济，小农经济的形成是我国土地兼并的必然结果。这与欧洲的情况也恰好相反：英国的圈地运动形成的是大地产和资本主义经营；而我国小农经济的基础十分薄弱，生产条件十分恶劣，它的长期存在是造成商品经济不能高度发展的一个重要障碍，因而也是社会经济不能发展到资本主义阶段的主要原因。傅筑夫用大量的史实论证了早在春秋末年至战国时期，随着土地制度的变化出现了雇佣劳动，但当社会出现了大量雇佣劳动的供给时，由于没有或很少有变形的发达的城市工业，因而社会上没有同时出现对这种雇佣劳动的需要。没有相应的劳动力购买者，因而这种剥削不是资本主义的产生过程，而仅仅是一种封建性的掠夺，掠夺的结果是普遍性贫困。甚至鸦片战争之后，小农经济仍然使外国廉价的机器制造品长期打不开中国市场，以此顽强地抵抗着外国资本主义的冲击。

傅筑夫用宏观研究的方法，剖析了中国封建社会的全过程。论证和刻画了2000年中几次巨大的经济波动，即秦汉到三国时期的三次大波动，魏晋南北朝时期的大破坏和大混乱，隋唐五代时期社会经济的反复波动，宋代社会经济的局部波动和元代的大倒退，并指出了造成社会经济波动的主要原因还是小农经济的软弱性及天灾和战争等。

傅筑夫在经济史领域独树一帜，因为他自己形成了一套思想体系，他以对马克思主义思想不仅是经济思想而且是哲学思想的深刻理解和娴熟掌握，特别是以对马克思《资本论》长达半个世纪的研究为统帅，凭借训练有素的古文和外文工具，以大量的第一手资料、史实为依据，提出了自己的一些重要概念，形成了自己的研究方法。

方显廷：经济学研究"中国化"的开拓者

胡光明　刘中伟

方显廷（1903—1985），浙江宁波人，著名经济学家。1921年前往美国伊利诺伊州威斯康星大学预科学习，后转至纽约大学获经济学学士学位，耶鲁大学经济学博士学位。1929年受聘于南开大学，任社会经济研究委员会（1931年后改为经济研究所）研究主任兼文学院经济学系经济史教授。

近代中国经历了数千年未有之变局，现代学科和学术思潮也逐渐在中国大地的土壤中生发出来。诸多经济学人筚路蓝缕，参与和主导了中国经济学的奠基和发展，方显廷无疑是这一时期最杰出的经济学家之一。费正清在其《伟大的中国革命》一书中提到了近百位现代中国人的名字，其中属于严格意义上的经济学家只有方显廷与何廉两位；当今学界更称马寅初、刘大钧、方显廷与何廉为民国四大经济学家。方显廷的经济思想，深植于中国近代经济史的发展脉络；方显廷的学术经历，也承载着百年南开经济学派的历史辉煌。

一个经济学家的早年成长

几乎所有的学术史都昭示，家庭背景、教育经历、社会环境、政治变动、生活际遇乃至个人性格都影响着一个学者的成长。方显廷早年的家庭、求学和工作经历正是他成长为青年经济学家的真实写照。

1903年，当时的中国正处于自鸦片战争以来"在世界共同体中的地位处在最低点的年代"，方显廷在这一年出生于宁波一个普通商人家庭，在父母八个儿女中，他最为年幼。本应优渥的童年生活，方显廷却接连遭受家庭变故的打击。1906年他3岁时家里遭遇大火，一切尽化为灰烬。7岁时，父亲病故，家业衰败。他在家乡只是读完了私塾，14岁那年不得不在亲戚介绍下到上海厚生纱厂当了学徒。当时厚生纱厂的经理是著名民族企业家穆藕初先生，他同时也是工厂里学徒们的师傅。这时的方显廷并没有因人生跌宕而气馁，他勤劳工作、求知若渴，利用业余时间补习英语、阅读书籍，还积极学习当时有关棉纺织的先进技术，以提高专业知识水平，所以只做了半年学徒，就被调到办公室工作。其间，他工作出色，深受穆藕初先生赏识和认可。1920年，穆先生全费资助方显廷到上海南洋公学附属中学学习，并在一年后又资助他赴美国威斯康星大学留学，就此改变了方显廷的人生轨迹。

1921—1928年，方显廷在美国用三年时间修完大学预科和商学院经济系的全部课程，随后进入耶鲁大学攻读经济学博士学位。这一选择既与他曾经从商和做工的经历有关，更在于他发展民族工业、振兴中华的个人理想，并由此奠定了他从事经济学研究的坚实基础。

方显廷在纽约大学和耶鲁大学学习期间，接受了严格的西方经济学训练，功底十分深厚。方显廷在耶鲁大学师从著名商业史教授克莱夫·德埃（Prof. Clive Day），研究经济史。其间，他以"英格兰工厂制度之胜利"为题撰写博士论文，经过认真的研究调查，方显廷查遍了华盛顿国会图书馆、纽约市立图书馆等其他图书馆，补齐了耶鲁图书馆藏书中的遗漏部分，收集到所需的相关资料。在博士论文中，方显廷将1840年前后英国工业结构的传统分法即"个体镀金工、家庭生产制及工厂制度"的措辞改为"手工艺人、商业雇主制及工厂制度"。这种分类主要突出了商人雇主在工业化初期的作用，工厂制度的胜利实际上也就是工厂组织取代商人雇主制度的胜利。这篇博士论文不仅可以看成是工业经济史研究的成果，而且也被认为是企业组织理论的一项突破。方显廷这一更为精确的描述，颇具独创新见，后来被《欧洲经济史》教科书所接受，赢得了国外学术界的好评。

1924年，方显廷刚刚在纽约大学毕业，他结识了此后终生的益友和兄长何廉。当时，资助方显廷留学的穆藕初先生因投资受损，不能再继续为他提供学习费用，方显廷不得不四处打工，勤工俭学。其时，何廉正在耶鲁大学撰写博士论文，当得知方显廷的困境后，他不仅帮助方显廷获得了助学贷款和奖学金，并为他推荐了工作机会。更重要的是，何廉还介绍他加入了中国留美学生爱国团体——成志会。后来中国许多学界知名人士，如余日章、张伯苓、王正廷、朱友渔等均为该会会员，他们通过联合有智慧、有才干、有正确志向的个人组成兄弟会，以服务国家和社会为己任。方显廷曾在其回忆录中坦怀述志，认为这是他归国后放弃高官厚禄，投身教育事业，为祖国培育经济建设人才的思想渊源。

当时，在张伯苓、何廉等人推动下，南开大学的经济学科开设较早，广受重视；1919年起先后建立了商学院、经济学系和社会经济研究委员会，并于1930年合并设立经济学院。1931年，南开大学成立经济研究所，成为中国首个专门开展经济研究和培育人才的学术机构，何廉担任所长，主持日常行政事务，制定政策决策，开展对外联络，多方筹措资金；方显廷则担任研究主任，主要负责研究所的教学研究工作。此时的方显廷用他自己的话说，"为了一所资金短缺而正在挣扎着经受诞生之苦和艰难成长的（南开经济）研究所，你必须以十倍的努力和日以继夜的工作促它建成"。

在何廉、方显廷的共同努力下，研究所尽管工资不高，但由于获得美国洛克菲勒基金会和太平洋关系协会的拨款支持，有力推动了人才吸引和学术研究的开展。其间，陈序经、李卓敏、陈振汉、杨叔进等一大批留学英美名校、学养深厚的著名学者来到南开经济研究所，经济学科队伍日益强大，学

20世纪30年代初摄于南开大学。左起：丁佶、方显廷、杨石先、陈序经

术平台不断广阔。此外，方显廷归国时还从美国带回四千册图书，加上何廉和其他同人带回的图书期刊，南开经济研究所的藏书之丰富，位居全国之冠。截至1936年年底，中外文图书达到2.04万册，期刊杂志600余种。

20世纪二三十年代，中国的经济学研究刚刚起步，正面临着如何借助国外有关理论解释和分析中国实际的难题。张伯苓校长认为，"吾人可以断定，中国大学教育，目前之要务即'土货化'"。为此，他提出南开的经济学研究"中心目标即在完成一国本国化之经济学"。而南开经济研究所的口号就是要把经济学"中国化"。这时身为研究主任的方显廷，亲自动手，先后编写经济史、经济地理、土地制度、农业合作、工业及劳工问题等各门课程的讲义，一改当时照搬西方经济学的陈旧讲授，用西方经济学的研究方法，结合中国经济的现实情况，向学生实践式地传授知识和应用。

南开经济研究所自成立之日起，在方显廷负责主编之下，出版了各种中英文版期刊，如：《南开统计周刊》（中英文版）、《中国经济月报》（英文版）、《经济统计季刊》（中文版）、《南开社会经济季刊》（英文版）以及著名的《南开指数》年刊（中英文版）。其中，方显廷在领导《南开指数》的研究和编纂工作中，涉及内容包括天津批发物价和生活指数、天津手工业者家庭预算调查以及天津外汇兑换率指数等，"南开指数"是当时中国唯一完整的物价指数。从这个意义上讲，其地位和作用是独特的和无可取代的。

此外，南开经济研究所自1929年出版的所有涉及中国工业系列专论文章和刊物，方显廷都亲自打样校对，并指导分送到国内外的一流图书馆，直到今天仍能在美英许多图书馆找到这些文章。同时，研究所在抗战爆发前还培养了两届经济学研究生，成为中国近代第一批经济学专业高层次人才。就此，南开经济研究所因其卓越的教学研究成就，被国际社会认可为中国一流的经济研究机构。

1937年，正值南开经济研究所如火如荼发展之时，抗日战争全面爆发。7月29至30日，日寇放火焚毁了南开大学校园。方显廷不得不化装改扮离开天津，就此踏上颠沛的南开工作与生活之路。方显廷先后参与了西南联大的筹备工作，并在南京、汉口短暂带领研究所工作人员参加了全国军事委员会农业调整委员会的工作。1938年，方显廷被任命为西南联大法商学院院长，但尚未就任即临危受命，受南开委托赴贵阳主持华北及农村建设协进会的工作，继续推进抗战前开展的"大众教育运动"实验，推动提升国民教育水平和推广卫生健康知识。1939年夏，南开经济研究所几经辗转迁至重庆，方显廷又重返研究所主持教学和研究工作。

在重庆的几年间，在方显廷的主持下，从1939年至1946年，研究所先后培养了七届研究生，连同战前培养的两届研究生，共培养了59人，大多成为日后经济学界和经济史学界的著名学者，如北大的陈振汉先生和赵靖先生，曾任南开大学校长的滕维藻先生，曾任南开大学经济学院顾问的钱荣堃先生、宋则行先生，曾在中国社会科学院近代史研究所工作的黄肇兴先生，曾任武汉大学副校长的著名历史学家吴保安先生，曾任中国国际关系研究所所长的勇龙桂先生，以及杨学通、杨敬年、刘君煌、杨叔进、崔书香、王正宪、陶大镛、陶继侃、李建昌等。可以说，方显廷的一大历史功绩就是他培养了第一批本土中国经济学者，从而与何廉先生并称为"中国现代经济学教育之父"。

与此同时，方显廷在重庆期间还不断以《中国经济之研究》《中国战时经济之研究》《战时中国之物价与生产》《中国战后经济之研究》为题，编辑出版了大量关于中国经济、战时和战后重建、开放方面的著作。但是限于战时的环境，这一时期，方显廷改变了采取实地调查和研究的模式，更多转为经济政策和宏观经济问题的研究。

1941年8月至1943年12月，方显廷应美国洛克菲勒基金会的邀请，前往美国访学。方显廷在哈佛大学以客座研究员的身份从事研究工作，其间，他尤其注意研究有关凯恩斯的经济学说和理论，并专门为南开经济研究所筹集了一批凯恩斯经济学说的最新著作。此外，方显廷还积极利用学术研讨场合，介绍了战时的中国经济情况，并在美撰写出版了《战后中国之工业化》一书。1942年，为了战时的工作需要，也为了积累回国后开展经济重建的经验，方显廷受美国经济作战委员会对敌工作部负责人詹姆斯·舒美克邀请，到对敌工作部中国情况小组担任首席经济分析员。当时，调查分析研究亚洲国家经济状况，战后中国经济如何重建，正是该组织的主要研究项目之一。

1944年2月，方显廷回国担任中央设计局调查研究部主任，并带领南开经济研究所的部分研究生和工作人员开始编制《战后五年经济规划》。《战后五年经济规划》从1944年10月开始制订，到1945年12月完成，成为抗战后恢复国内建设的参考指引。抗战胜利，百废待兴，由于南开大学和南开经济研究所的复建工作短时间无法完成，为此，1946年，何廉在上海成立私立中国经济研究所，作为南开经济研究所的上海分所。方显廷担任执行所长，着力围绕宏观经济问题展开研究，并创办了《经济评论》期刊，编辑《上海市场每周调查》和《上海每周批发物价指数汇编》等文献资料。

1947年年底，由于方显廷对经济问题研究的诸多造诣，他被联合国亚洲及远东经济委员会聘为经济调查室主任；自此，方显廷基本结束了自己在南开经济研究所的工作和任务。伴随国内外时局的变化，方显廷又先后在曼谷、台北和新加坡等地工作，再也没能回到南开，但他始终将后来的工作视为南开教学和研究的延续，"南开成为他一辈子的情结"。

开启经济学研究"中国化"的时代

方显廷作为民国期间最著名的经济学家之一，其历史地位既在于他的学术功底深厚、学术经历丰富，更在于他在20世纪30年代成功开启了西方经济学研究"中国化"的时代，而且一生致力于将西方所创立的经济学"中国化"。他指出："如果可以将'口号'这个词使用到学术问题上的话，特别是考虑到所谓'制度化'的因素，那么南开经济研究所的口号就是要把经济学'中国化'。"

方显廷是最早用西方经济学方法研究中国现实经济的学者之一。1929年来到南开伊始，他就开创了用计量方法研究中国社会经济问题的先例，方显廷曾说："四千余年来中国人一直是以近似值的观点，而不是以量的精确性来观察事物。"因此，他明确提出："南开经济研究所的愿望是：通过统计数字的收集、编纂和分析，以数量来表示国内的经济情况。"这些工作实际上就是他着手将经济学"中国化"的第一步。他之所以极为注重实证研究和实地考察，就是因为当时的中国缺乏最基本的个案研究资料和数据，更谈不上全面可靠的连续性统计数据；而要从中国国情出发，建立相应的经济理论，首先就要从实证研究、从研究个案入手，只有在微观和个案调查研究积累到一定量的情况下，构建宏观理论框架才有可能。

1951 年方显廷在英国剑桥大学

1929—1937 年，方显廷所撰写的《天津地毯工业》《天津织布工业》《天津针织工业》《天津棉花运销概况》"华北乡村织布工业与商人雇主制度"等文章和著作，都是在广泛社会经济调查的基础上完成的。为此，他曾在回忆录中写道："我发现为三四年级学生讲授好三小时的经济史课程不难，但是要充分准备一份关于天津地毯工业的报告却需要投入大量的时间。"尽管这项研究在方显廷从事之前已由南开大学的其他研究人员做过，方显廷却认为："但是所收集到的情况完全不够充分。我不得不多少重新开始这一工作。首先，对这一工业进行概括的了解；然后，到天津不同地区亲自去参观那些用手工编织地毯的作坊。"由此，注重实证研究和实地考察的思想也贯穿了方显廷的一生。

由于受到严格的西方经济史学训练，方显廷回国以后，他的主要研究领域转向了中国近代工业史和中国近代地区经济发展史，成为中国近代经济史学研究的主要开拓者。在 2011 年商务印书馆整理出版的《方显廷文集》（六卷本）中，有半数以上的内容是中国近代工业史和中国近代地区经济发展史方面的著作，就当时而言，方显廷的这一系列专业著述，可以说是中国近代经济史研究的奠基之作。其中，1934 年由国立编译馆出版的《中国之棉纺织业》是方显廷的力作，也是第一本对中国棉纺织业进行系统研究的学术著作，资料翔实、分析透彻，尤其是在该书中专门论及中国棉纺织业发展中所遇到的阻力以及今后的发展前途等章节，至今对了解中国棉纺织业历史都有着重要参考价值。这反映了方显廷对国民经济中这一重要产业的远见卓识。

20 世纪三四十年代，在中国内忧外患加剧的紧迫背景下，学术界对推动中国工业化发展的讨论达到一个高潮。此时的方显廷深知在中国这样一个以传统农业为基础的大国实行工业化，必然要关注中国农村。1933—1936 年，方显廷从对河北省高阳县的乡村小工业调查入手，广泛走访华北城乡地区，先后撰写了"华北乡村织布工业与商人雇主制度""由宝坻手织工业观察工业制度之演变"《华北工业企业之兴衰》等著作和文章。这些研究同方显廷的博士论文有相当的密切联系，因为正如前文提到的，方显廷早期在其博士论文中用商人雇主制度作为工业化初期的分类形式之一代替了传统的分类方法中的家庭作坊制。商人雇主制度使工业化初期的商人雇主的作用更加突出，反映了商人资本通过活跃城乡经济和以供给工具和原料、订货和包销等手段成为乡村工业的实际控制者，从而也说明了华北地区乡村工业与工厂制度的建立还存在一定的差距。可以说，方显廷一生执着于以中国的工业化作为他对祖国发展之理想，并且他对于在中国这样一个贫穷落后的国家如何实现工业化这个重大问题的认识，随着时间和环境的变化，也不断有所发展和深化。方显廷在1933—1935年先后发表"中国工业现有困难的分析""吾人对于工业化应有之认识"《中国之工业化与乡村工业》等一系列著作和文章，着力刻画近代以来中国工业化生产兴盛和演变的基本面貌以及发展缓慢的原因，主张扶植民族资本，坚持农工并重，避免外资的引进对于民族资本的伤害。1937年抗战全面爆发后，鉴于日寇侵略对中国工业基础的严重破坏，方显廷转而提出必须以现代工业为中心，实现各个领域的工业化，要借助外资的力量，协以推进中国的工业化进程；同时特别强调乡村工业和城市工业要分工合理，兼顾并重，坚持"我国工业不能不走回乡村之路"，农业现代化是中国工业现代化的基础和主要动力之一。方显廷的这些观点无论当时还是以后，都是一种真知灼见；没有对中国农村经济的深刻了解，是不可能对中国如何实现工业化有如此清醒认识的。

  1928年12月，方显廷学成归国，回到上海，被国民政府实业部长孔祥熙聘为国家经济访问局局长，当时月薪达到600元。但是经彼时已是南开教授的何廉介绍，方显廷毅然放弃局长之职和三倍于南开教授薪金的丰厚待遇，接受了张伯苓校长的邀请，于1929年2月北上天津，踏上了经济学研究和教学之路。方显廷在回忆录中这样写道："我做出了我毕生事业的抉择，愿为教育工作尽我之所学，而不是在政府和商业圈子里消磨今生……通过教学和研究工作来了解我的国家，以便我能最后证明自己对于祖国和人民的价值。"此时的方显廷先生年仅25岁，是南开大学最年轻的教授之一，在这片土地上，方显廷开创了事业，组建了家庭，与南开结下了剪不断的情缘。

激情奋斗的南开岁月

1929年7月，方显廷与妻子王静英在南开完婚。他们的婚礼是在南开大学行政大楼礼堂举行，主持人是方显廷的同事、成志会成员、著名历史学家蒋廷黻。此后，他们的四个孩子相继在南开出生，南开教工居住区柏树村的一所平房也成了他们最初的家园。这里珍藏着这个小家庭的温馨，更是方显廷事业的起点。方显廷在自己的回忆录中曾写道："在南开的岁月，是为事业奋斗的岁月。那是忙碌而又激动的岁月……是我事业得到满足的源泉。那些年是我毕生最出成绩的岁月。"

初到南开的方显廷，虽然主要讲授欧洲经济史课程，但除了对欧洲经济史继续进行研究外，他的主要研究领域转入了中国近代工业史和中国近代地区经济发展史，并着手把华北地区的经济发展作为研究重点，进行天津地毯工业调查。方显廷始终坚持严谨的学术作风，每逢调查他都亲自参观访问，以求获取第一手资料，随后集中分析，撰写报告，甚至达到执着沉迷、废寝忘食的状态。据当时的《大公报》报道，方显廷甚至放弃新婚假日，在新婚之日的第二天清晨，仍"像往日一样往学校木斋图书馆，继续撰写他尚未完成的调查报告"，《南开逸事》中有人写文章称其为"一架不休止的机器"。1929—1937年，方显廷在南开校园的八年时光，是他个人研究事业的顶峰。他先后出版中文著作12部，外文著作13部；发表中文论文和文章37篇，外文文章12篇，内容涉及城市工业、乡村手工业、农业和农村经济、经济史等多个方面。

与此同时，方显廷对于农村经济的自身发展研究也倾注了大量心血。1934—1936年，他发表了"中国农村经济之复兴""中国之土地问题与土地政策""中国之合作运动""论华北经济及其前途"等文章对中国农村经济的衰落及其特殊性进行了分析，并围绕土地问题、农业改良和发展合作组织三大方向，提出了一揽子复兴农村经济的建议。例如农业环境改造、农业技术改进、农业合作社和农民银行的政策建议多有被政府吸纳，但鉴于国内环境与政治腐败未能有效施行，收效有限。

此外，1933—1936年，方显廷先生还参与了中国经济学界关于中国经济性质的大讨论，与大多数学者基于政治立场的各种观点不同，他从经济发展的演变过程出发，在"中国经济之症结与统制"一文中提出，"我国经济之两大特征——中古式与半殖民地式，……欲图改造与复兴，自应对症下药，急图谋现代化自主经济之建设"。方显廷所谓中古式经济主要是指传统落后的一面，半殖民地式经济指现代经济中受外国支配的一面。二者"相互为因，而造成百年来濒于绝境之经济组织"，准确地从经济史视角对当时中国的经济形态做出了客观定性。在此基础上，方显廷提出双管齐下的解决之道，"一方恢复国权，建立自主政体，一方开发资源，建设近代经济"。也就是，谋求民族独立和发展现代经济是中国走向富强的必然出路。这一理念，与近代以来中国有识之士的总体追求一脉相承。

1983 年 12 月方显廷在瑞士日内瓦

抗战胜利后，方显廷的经济观点和政策建议主要反映在中国的经济重建问题上，他先后撰写了"中国战后经济问题研究""现代中国的经济研究""中国经济危机及其挽救途径""胜利后的中国经济"等一系列文章，他的基本思路依然是中国必须早日实现工业化。在 20 世纪 30 年代他是这样主张的，20 世纪 40 年代后半期他仍坚持这一观点，并在其主导制订《战后五年经济规划》过程中予以了体现。

此外，把凯恩斯经济学介绍给中国学术界，是方显廷 20 世纪 40 年代的贡献之一。1936 年 2 月，凯恩斯的代表作《就业、利息和货币通论》正式出版。西方经济学界普遍认为这是一场双重意义上的"凯恩斯革命"，既是经济理论的革命（以有效需求不足理论代替新古典经济学的均衡论），又是政策意义上的革命（以国家对经济调节的政策代替传统的政府不干预经济的政策）。抗战期间，方显廷在重庆主持南开经济研究所工作时，专门设置研究生的培养方向为经济理论和货币问题。随后在美访学期间，他广泛与美国经济学家接触，更深入地了解到"凯恩斯革命"的影响，并就此在美国设法为研究所筹集了一批关于"凯恩斯革命"的最新书籍，通过海运和滇缅通道，几经周折运回重庆。此后，南开大学始终在研究当代西方经济学理论与政策方面位居国内高校前列，这同方显廷的历史功绩密不可分。

方显廷从中国的国情出发，将主要研究对象定位在中国经济问题、中国近代经济史和经济思想史，并为政府的经济政策提供证据和建议，研究领域涉及经济形态、机械工业、乡村工业、农村经济、货币金融和经济体制等诸多方面。更令人敬佩的是，方显廷率先在国内开启了经济理论、经济史研究、统计学三者并重和交融的研究方法，并以其惊人的勤奋和执着，成为南开乃至全国最多产的经济学家之一，为后来经济学界研究中国经济发展史、思想史奠定了坚实的基础，成功开启了我国近代西方经济学理论研究"中国化"发展的新舞台。

持久不变的人生追求与学术品格

纵观方显廷先生的学术生涯和人生际遇，可以说，个人经历与历史时代的结合成就了他辉煌的学术事业。在他留学归国至离开大陆之前，极少离开过学术研究岗位。即便在华北农村建设协进会、中央设计局调查研究室工作期间，他也以学者身份同南开经济研究所同人一道，用学术研究及其成果来进行服务。这大概是那个时代许多学者的共性特征。

方显廷对他所研究的经济问题，总是要追溯其历史渊源和发展脉络。他既对西方经济史有专门的研究，编写过《近代欧洲经济史讲义大纲》；又对西方经济学说史比较熟悉，李嘉图、哈耶克、凯恩斯、米塞斯、庇古、马歇尔、费雪、卡塞尔、罗宾斯、奈特等经济学家以及西方经济学中的名词、概念都曾出现于他的论著当中。这些都有助于他从更开阔的学术视野来看待中国经济问题，也有助于他将西方经济学的研究方法特别是计量方法运用于具体问题的研究之中。

从 1929 年回国工作到 1946 年离开南开经济研究所，方显廷始终是一个研究中国经济问题的经济学家。他不仅是当时学术界涉猎范围最广、发表论著最多者之一，而且对中国经济问题提出了诸多不同于他人的洞见。也正因如此，基本上实现了他本人以及南开大学倡导的"土货化"学术理念。以方显廷为代表的南开经济研究所的创始同人们的开拓性研究，成为南开经济学派的重要标志，也是中国现代经济学的重要源头。

同样，南开作为一所私立大学，正因有方显廷、何廉等的躬身努力，开创了南开重视实际调查和实证研究的独特学风，在当时的学术界得以独树一帜，与国立的北京大学，教会的辅仁大学、燕京大学，以及作为留美预备学校的清华大学，并列为中国第一流高等学府。

而从 1947 年进入联合国机构工作，到 1971 年自新加坡南洋大学退休，方显廷从研究中国工业化转而放眼整个亚洲和远东地区，致力于不发达国家的经济发展研究。在联合国亚远经济委员会任职的 18 年间，他足迹遍及整个东南亚地区，努力寻求这些地区和国家的经济发展之路，特别是他先后撰写"新加坡经济发展的策略""亚洲及远东地区工业品出口的发展"等一系列文章，并在新加坡工业化的推进过程中发挥了重要作用，这使他成为当时国际上极少数既有经济理论又有经济实践的著名经济学家之一。

更重要的是，方显廷作为一位从贫穷落后的国家中走出来的经济学家，还是一位坚定的爱国者。他利用编辑《亚洲及远东经济年鉴》的机会，自 1953 年起，将新中国的发展变化通过透彻和客观的介绍，传递给国外经济学术界。同时，他还专门撰写了"1949—1953 年中国大陆的经济发展"一文，肯定了中华人民共和国成立后经济变革的积极作用，引发了国外经济学术界的强烈反响。

纵观方显廷的一生，他对于事业始终勤奋努力、执着追求。只要认真阅读方显廷在其人生各个时期的著述，就会感受到他对学术的执着，惊人的勤奋和治学的严谨。他作为那个时代的读书人，对图书有着深切的爱好。当年他曾拿出自己勤工助学的全部积蓄，先后购买了四千余册图书，回国后悉数捐赠给南开经济学院图书馆；也曾历尽艰辛，不远万里，募捐凯恩斯经济学说的图书，补充战时南开图书参考资料的不足。如今，这些图书依然完好地保存在南开图书馆内，尽管历经半个多世纪的风雨沧桑，但在每本书扉页上方显廷的签名，依然清晰如故。

方显廷对待他人温良克己，备受崇敬。方显廷的女儿露茜曾回忆道："父亲为人宅心仁厚，天性宽容，从不苛求，凡事与人为善；而自己则总是隐忍不发，委曲求全。严于律己、宽以待人是父亲对子女的家教；他以自己的言行，默默地影响着我们兄弟姐妹的为人处世。"而何廉在回忆起自己这位终身挚友时则说："方在南开从 1929 年一直待到 1948 年，1948 年他转到联合国远东经济委员会任研究主任。在这 20 年间，他是我最亲密的益友良师，南开经济研究所的发展很多应该归功于他的博学的贡献。"何廉是方显廷一生的挚友和兄长，两人在事业上配合默契，相得益彰。

陈振汉、崔书香访问瑞士时摄于日内瓦。
前排左起：罗妮、崔书香、陈振汉、方显廷；后立者为谢强

方显廷对于学生则谆谆教诲，关爱有加。每次有学生遇到困难，方显廷虽然自己也并不宽裕，却总是解囊相助。抗战期间，尽管生活艰苦，他也经常将学生们带到家中，为学生们准备饭菜，帮他们"打牙祭"，弥补战时生活清贫之苦。1937 年，方显廷还与其他当年受穆藕初先生资助留学的同学们共同出资建立"藕初奖学金"，用以奖励大学读书的青年，作为穆先生培养学子的永久纪念。此外，在重庆时，他的研究生勇龙桂由于思想进步，被当局以"通共"为名加以迫害，几近要被开除。方显廷挺身而出，仗义执言，使勇龙桂渡过难关，为之后的新中国培养出了这位知名国际经济学者。

一个时代拥有一个时代的学者，方显廷正是中国现代经济学研究和教学的主要奠基人，开启了中国经济学和经济史研究发展的新篇章，也在南开大学的历史上留下了浓墨重彩的一笔。慎终追远！借用纪辛先生对方显廷先生的一句评述:"中国经济学界和经济史学界的后起者,不能忘记曾为中国近代经济发展研究做出过如此贡献的这样一位学人,不能忘记他曾经培育了中国经济学界和经济史学界许多学者。"这就是方显廷。

参考文献:

《方显廷回忆录》,商务印书馆 2006 年版。
《方显廷文集》(六卷本),商务印书馆 2011 年版。
《何廉回忆录》,中国文史出版社 2012 年版。
纪辛,"经济学人方显廷",《中国经济史研究》2007 年第 7 期。
李金铮,"'土货化'经济学:方显廷及其中国经济研究",《近代史研究》2016 年第 4 期。
"何廉、方显廷　战火中推进经济学中国化",《人民日报》2015 年 7 月 27 日。
"熊性美:南开大学经济研究所八十五周年感言",人民网 2012 年 9 月 8 日。
"我的人生历程与经研所的五位老师——何廉、方显廷、张纯明、李锐、陈序经",南开大学校史网 2013 年 10 月 20 日。

陈序经：中国文化学与民族学的先行者

邱 实

1937年7月30日下午2时，四颗炮弹划破天空，自海光寺击中木斋图书馆，立即燃起大火。百余名日军骑兵和数辆满载煤油的汽车旋即闯入南开大学校园，陆续点燃秀山堂、思源堂、图书馆、教授宿舍及临近民房。连日来已经饱受轰炸之苦的天津市民，看到八里台一带浓烟蔽日，火光冲天，全都哀叹不已。南开大学校园自此惨遭日寇蹂躏，财产损失高达法币300万元。

陈序经教授在天津的书籍、手稿和重要调查资料全部惨遭毁弃。但他立即响应张伯苓校长等的召唤，成为第一个抵达长沙的临时大学学者。

陈序经，著名社会文化学大师、社会历史学家和教育家，20世纪中国教育史、文化学史不可忽视的标志性人物之一。他长于南洋，学于西洋，三度任职于学府北辰南开大学，历任经济研究所研究主任、南开大学教务长和副校长，是张伯苓的左膀右臂和准接班人。他乐善好施，儒雅而善辩，曾掀起三次全国性论战，也能吸引海内学人投奔。他的一生经历充满传奇。

琼商之子，向洋而立

陈序经，字怀民，1903年9月1日出生在广东文昌县（今海南省文昌市）清澜港瑶岛村（又名洋头村）一个普通家庭。家谱记载，其先祖宋代时从福建莆田迁来海南。他小时候，家中还保留着明代先祖的一把古琴。

文昌一带土地狭小而贫瘠，居民们过着闯海的生活，男人出海捕鱼，女人在家织网。陈序经的祖父1872年出海捕鱼，落海不归。陈序经的祖母当时25岁，怀有身孕，就这样独自把遗腹子养大成人。因为陈序经的两个哥哥先后夭折，祖母对他格外疼爱。

因为家贫，陈序经的父亲陈继美只读过一年半的私塾，然后去商铺里当店员。没想到，他天生具备理财头脑，对账目过目不忘，乃至店里以他的记忆来对账本。他于是获得老板器重，担任文昌均和安商行、新加坡锦和商行的经理，凡是他料理过的店铺都生意兴隆。陈继美继而开设自己的商铺，在南洋收购房产和种植园股份，捐资建设清澜新城。他从一贫如洗，到成为成功的商人，全靠自己的勤劳和智慧。

文昌清澜港，在陈继美的时代日益成为南洋贸易的小型节点。陈序经的童年就是望着络绎不绝的各国帆船度过的。他经常听父亲讲述在越南、新加坡、马来亚、菲律宾各地的见闻，甚至智斗海盗的故事。他从小就对海洋各国有所认识，并对商贸能促进繁荣和技术进步，有着切身的体悟。

身为商人，陈继美从不吝啬，仗义疏财。他教育陈序经："我生来一文都没有，能做到有人向我借钱是荣幸的事。至于还不还，就不必去操心了。"而他最舍得花钱的，就是对儿子的教育。

但少年陈序经记性不好，又常常逃学，在私塾读了一年多，连《三字经》的四分之一都背不下来。私塾先生对陈继美抱怨："你这孩子实在太笨，用斧头打开脑子装书进去怕也没有用，最好将来跟你做生意。"算命先生则更是肯定地说："假如你的儿子能用笔杆谋生，我就不做算命先生了。"

陈继美教导儿子："当数目字为活字，当为图画，当为艺术来看。数目字可以分析或联系，当为一种游戏，这样你就容易记得住。"陈序经母亲早逝，三妈（三叔的遗孀）则发挥了关键作用，她力主让陈序经转入县城的学校，并经常鼓励他，每日督促他在八仙桌油灯下完成作业，激发他对学习的兴趣。没多久，陈序经竟然考取班级第一。这令陈继美啧啧称奇。

1909 年，6 岁的陈序经就随父亲到新加坡读书三年；1914 年进文昌县模范小学。入学三星期，陈序经就能仅用两小时写成千余字的"华盛顿论"作文，被先生当作范文张贴。1915 年起，他与父亲在新加坡一同居住三年，就读于华侨小学和中学。1919 年，在亲戚们的建议下，回广州上学。陈继美后来重金聘请补习教师，教授陈序经学数学和英语。经过半年，原本拒绝陈序经入学的岭南大学附中告诉陈序经，他可以跳级直接就读初中三年级！

一路走来，父亲对陈序经读书不计成本的投入，是他成才的基石。从新加坡回国前，父亲嘱咐陈序经，"切勿想在国内做官""切勿想回南洋做生意"。后来见陈序经学有所成，他又补充道："靠自己的学问做个教授。"

疏财问道，美雨欧风

1922 年，陈序经考入基督教浸信会在上海的学校沪江大学生物系就读。但他不愿入教，又在 1924 年转入复旦大学社会学系学习，用三年时间读完本科，开启社会学学者的生涯。1925 年获学士学位后，他即经新加坡渡海前往西雅图，赴美国伊利诺伊州立大学研究生院，攻读政治学，辅修社会学。

在伊利诺伊读书期间，他通常早上 5 点前就起床，挑灯苦读。他把"天将降大任于斯人也"这段话作为座右铭，用毛笔写在照片背面。1928 年，陈序经以论文"现代主权论"获得博士学位。从攻读硕士到博士毕业，陈序经用了仅仅两年多时间，是一般人所需时间的一半。在芝加哥等地，陈序经还结识了广东省政府主席林云陔的两个儿子。

1926 年，弟弟陈序伦在上海游泳时溺亡，陈序经成了唯一能继承家业的人。陈继美从此对做生意心灰意冷，觉得求财没有意义，告诉序经，在国外再读十年书也可以供给，给了他三倍于所需的费用。有一次，参观福特汽车厂，职员热情向他推销漂亮的小汽车。他只说，不错，但我没钱买车。陈序经用度节俭，钱多用来买书，还经常周济经济困难的留学生。

同年，陈序经的堂兄病故。他曾为了躲避债主清算，将槟榔屿一座橡胶园转给陈继美，此时估值已百万元新加坡币。陈继美打算把橡胶园无偿转给陈序经的堂嫂，发电报征求序经的意见。不到三个小时，他收到了儿子两个字的回电："交回。"陈继美大喜过望，请来三十多位朋友大吃大喝。朋友们不解，一再追问何喜之有，陈继美才说："我很高兴，因为我的儿子不爱财。"

陈继美父子交还橡胶园，在南洋商界传为佳话。人们都知道陈序经不当官，不贪财，不做生意，一心为教育。日后无论他为公为私筹款，人们都乐意帮忙。后来陈序经赴欧留学，堂嫂还赠送了头等舱船票。

1928年夏，学成回国的陈序经，来到广州岭南大学文理学院社会学系，任助理教授。一年中，他谢绝了出任广州教育局局长的邀请，并邂逅了广州商贾之女黄素芬。为了追求高挑清秀的黄素芬，陈序经颇费心思，甚至把自己三妹从海南迁到广州，在黄素芬教课的小学班上就读。1929年8月，这对才子佳人在新加坡完婚，500多人出席了婚礼。

1929年9月，在父亲的主张下，陈序经夫妇再度启程，赴德国留学。陈继美为他此行变卖了一座椰子园的一半股份。陈序经到德国柏林大学学习政治学和主权论。一年后，他又到基尔大学世界经济研究院学习经济学。其间以英文写作了《新政治》，中文写作了《霍布金斯的社会学》《东西文化观》等著作。他曾每天用十多个钟头研究主权可分论，就连国家戏院每月一次送来的入场券也抽不出时间使用。他常和魏玛德国的左派来往，还收藏有精装德文原版《资本论》。

1931年，陈序经离开欧洲时，已经能够掌握英文、德文、法文和拉丁文，对全球大势、东西方文化的差异，也有了更深刻和宏阔的认知。社会学和经济学的思维方式，让他对"中国文化的出路"问题，给出了迥异于文史学者的答案。

陈序经回到岭南大学哲学系任教，致力于中西文化比较研究。谁也没想到，一向儒雅谦谨的他，即将掀起中国学界持久不息的风暴。

北上南开，西化救国

陈序经抵达南开大学时，一场由他掀起的全国大论战，也被他从岭南一路烧到京津,直到他主持南开经济研究所多年后,争论仍未平息。

早在1932年,陈序经就想将即将定稿的《中国文化的出路》送给父亲作为60大寿的礼物。谁知那年暑假,陈继美在取出膀胱结石的小手术中感染而猝然去世。陈序经痛感中国医术不精,埋下了创办医学院的心结。父亲离世,他也无意留在广州。

上海、北京等地大学争相聘请他。但陈序经对公立大学从无好感,而对张伯苓校长"苦干硬干蛮干"、办学几十年如一日的精神,早就钦佩不已。南开学风之优良严谨,他也早有耳闻。故而,陈序经拒绝了北京大学的聘请,北上加入中国人自办的顶尖大学——私立南开大学。

1934年夏,陈序经北上南开大学,就任经济研究所研究教授,兼任社会学教授。他前一年在广州掀起的"文化问题论战",也经由南开大学辐射到全国。

1933年12月29日晚,30岁的陈序经应邀在中山大学大礼堂发表"中国文化之出路"的主题演讲。他严词驳斥了主张恢复中国儒家旧文化的复古派和主张调和中西文化的折中派论调,鲜明提出"全盘西化"论。在他看来,"西化"即代表现代化、世界化,表达更为清楚;用"全盘"而非"适当",是为不给折中派留下余地,也是种矫枉过正。

两天后,该演讲内容刊登在《广州民国日报》上,引起学者激烈讨论。左翼的经济史观派的张磬教授批评陈的言论是"毒瓦斯烟幕弹机关枪";受国民党陈立夫支持的《文化建设月刊》发表"中国本位文化建设宣言"("十教授宣言"),批评他不要"盲从""以俄为师"。陈序经的支持者则有留洋和在岭南的同窗。

陈序经态度的谦和,丝毫不影响他在学术问题上的好辩和好胜。他撰写了十余篇反驳的文章,到南开大学后,又在《独立评论》《大公报》等北方报刊刊文,令胡适、张东荪、梁漱溟、辜鸿铭,以及谢扶雅、张君劢等海内外学界耆宿,都参与了这场大辩论。

1935年5月,陈序经在天津的《大公报》做出总回应说,他的"西化"既包括社会主义文化也包括资本主义文化,此二者皆是西洋文化,于科技、工业及文化上均无任何差别。马克思主义观点和国家主义观点,都不足以反驳中国需要全方位学习西洋文化(现代化)的观点。"所谓国情,在积极方面既不能适应此时此地的需要，在消极方面又是阻止外来文化的惰性，我们主张全盘西化，正是要破除惰性与适合需要。""文化乃人类的创造品，民族的精神固然可于文化中见之，然他的真谛，并不在于保存文化，而在于创造文化。过去的文化是过去人的创造品，时境变了，我们应当随着时境而创造新文化。"陈序经提倡的"西化"，正是今日中国广为认可的工业制造、市场经济、科学精神和个体价值。

城乡殊途，舌战群儒

在南开的第一年，陈序经献给父亲的《中国文化的出路》终于完成出版。他的第一个儿子出生，以出生地起名为陈其津。

1936年，再三推辞下，陈序经就任南开大学经济研究所研究主任，主持计划研究。此时的南开经济研究所，经由何廉、方显廷等的努力，已经初具规模。丁佶、林同济、吴大业、袁贤能、鲍觉民、丁洪范等名师云集，他们都成了陈序经日后的挚友。

1936年4月，陈序经在《独立评论》发表"乡村建设运动的将来"一文，扬旗挑战新儒家代表梁漱溟的乡村建设运动，再次引发全国性大讨论。当时，梁漱溟等在山东邹平成立乡村建设研究院，开展乡村建设的社会试验，提倡以农立国，回归乡村，希望修复传统中国的村社组织和礼教秩序。河北、广东、四川、江浙等各地都开始乡村建设试验，一时追随者众。陈序经的反驳，建立在对河北各地乡村的田野调查的基础上。他毫不留情地戳穿了乡村建设理论的幻梦："农村或乡村的建设，主要是看农业是否发达，可是农业是否发达，又要看工业是否发达。"农耕需要机械，肥料依赖化学工业，农产品运输需要交通工具，一个急剧现代化的世界，农业亦亟须现代化，绝不可能从单纯的"农业文明"里发展出高度文明。

论战双方几十篇文章往来。陈序经在"乡村文化与都市文化""乡村建设一途径"等文章中，继续批驳了梁漱溟等，指出"以农立国"只能是一种愚妄和幻想，建议"以工业为前提，以都市为起点""要极力去发展工业，以吸收农村的过剩人口"。

乡村建设论者的桃花源，后来在日本侵略者的铁蹄下不攻自破。中国人要想不当亡国奴，依靠的是飞机大炮、机枪坦克和严密的动员体系，绝非锄头大刀、乡约自治和晴耕雨读的闲散作息。以陈序经的观点看，日本之强盛，正是因为工业、军事方面的"全盘西化"；日本之败落，也是因为文化、政治方面的"西化不足"。

日寇摧毁南开时，陈序经在天津的书籍、手稿和重要调查资料，包括从欧美带回的几大箱书籍全部惨遭毁弃。妻子匆忙携三个孩子南下，家中衣物、家具也无暇顾及。陈序经当时正在广东顺德考察蚕丝工业，备感痛心之余却也没有时间过多思虑。

陈序经从顺德北上南京，接到南下的妻儿，将他们送往南洋。一听到将成立联合大学的消息，他又第一个赶到长沙，与杨石先、黄子坚等为临时大学筹备校舍。由于战局恶化，他再随师生西迁往云南蒙自和昆明。

弦歌不辍，再问西东

35岁的陈序经，在蒋梦麟和梅贻琦的再三坚持下，出任联大法商学院院长，也是整个西南联大最年轻的院长。他同时还兼任张伯苓校长设在重庆的南开经济研究所的职务，在昆明和重庆两地往返。妻儿经海陆辗转，被安置在重庆南开中学柏树新村。每次陈序经飞抵重庆时，张伯苓总要派车来接。

敌机每日轰炸昆明和重庆，却不能炸断陈序经的研究写作。他每天4点半起床，写作到7点，吃完早餐，防空警报就响了。这样日复一日，竟然积累出300多万字的手稿。这些"战时文字"占了他一生著述文字的近一半。其中的200万字的"文化论丛"，日后结集为20册的《文化学系统》，是为陈序经开创文化学学科体系的观点基石。当时，文化学在西方已有博物学做根基，而中国学者从未听说过这样一门学科。陈序经在联大首开文化学课程，将文化学建设为独立学科，其内容包括不同国家文化观之比较、关于中国西化的不同学说、东西文化比较、南北文化比较等。第二次世界大战之后，西方学界方出现与此类似的历史社会学（或称比较政治经济学）研究；

直到冷战后，方兴起国家转型研究、发展型国家研究。陈序经触及的文化学研究课题，可谓相当超前。

在联大期间，陈序经也未切断与南洋和世界的联系。他前往暹罗等多地进行华侨和社会学的研究，先后写作了《暹罗与华侨》，驳斥亲日的暹罗当局的"大泰主义"反华观点；继续撰写《南洋与中国》《越南问题》等，收集西南民族志材料；整理完成《疍民的研究》《乡村建设评议》《全盘西化论》，发表《利玛窦的政治思想》等。西南地区是中国的偏远边疆，却又是先接受西洋先进文化的地域，这里成了陈序经的研究沃土。

1944年8月，应美国国务院邀请，陈序经前往美国讲学一年。为了避开敌机和海上封锁，他冒险通过飞虎队员飞行的"驼峰航线"，越过喜马拉雅山脉的重重高峰。机上二十多人，只有陈序经和驾驶员、电信员一样不用吸氧。他在美国主讲中美关系和国共合作，并在耶鲁大学教授主权论，还得以访问各大城市，并在爱因斯坦的办公室和他谈话半小时。

智者乐水，生长海边的陈序经素喜水景。西南联大法商学院恰在蒙自城南湖边，"南湖的水真像沧海一粟"，陈序经每天早起绕湖，眺望云烟缭绕的远山，心连浩瀚。回忆起那段岁月，家境优越的陈序经记得的，也是物价飞涨、食不果腹，但他眼前有一湖明镜，心中盛一片汪洋，就是他感慨的"联大精神"。

光复南开，论战胡适

1945年10月，陈序经与朱自清等十位教授联名致电国共双方，主张国内民主和平。过去几年，他坚持以无党籍身份担任院长，拒绝参加国民党中央的出国前培训，又以"不改行"为由，拒绝宋子文要他出任的泰国大使官衔。不党、不官、不商，以学报国，是遵循父亲的训示，是他一生的圭臬。

1946年，南开大学复校。张伯苓迫于资金压力，只好答应政府改南开为国立。陈序经深受张伯苓器重，自觉帮助南开复校，义不容辞。

重建校园经费困难，急需资金。曾经，陈序经向天津的几家银行的朋友打了一通电话，钱竟然就借来了。张伯苓甚是诧异，问他用什么担保。陈序经淡淡地答道："没有担保，靠朋友交情。"这都是陈家父子多年乐善好施，名声在外得来的报答。张伯苓惊喜地称赞道，办私立大学，一要能找钱，二要能找人，现在你都能做得到了。

陈序经除了继续兼任经济研究所所长、政治经济学院院长，还升任南开大学教务长。陈序经不但主持教学、研究、招生，细心巡视重建后的学生宿舍，更积极筹建南开大学医学院，以便让类似父亲手术失败的悲剧不再重演。一批在河内的南开大学图书被日军运往日本，也是经过他交涉，从东京直接运还天津。陈序经身为张伯苓的左膀右臂，为南开复校立下莫大功劳。

内战正酣之际，教育界也因资源分配问题陡起波澜。1947年，北京大学校长胡适提出大学教育"十年计划"，建议"在第一个五年，由政府指定北京大学、清华大学、中央大学、浙江大学、武汉大学做到第一等地位"。作为商人之子，陈序经坚信私营者才能创造公益，才能给予学术独立和自由，而国立大学往往为政客所操弄，肥一党之私。早在岭南大学任教时，他就参加过教育问题的大讨论，主张教育彻底现代化和加强职业教育，强烈反对压缩高等文科法科教育，甚至对胡适的老师杜威、大哲学家罗素的观点也敢严厉批驳。近年，他更目睹国民党对中山大学、北京大学的肆意插手。胡适提出的教育"分肥"计划严重触怒了陈序经。

9月，他发表"与胡适之先生论教育"，激烈反对教育资源分配不公。他指出，这个所谓发展大学教育的"十年计划"，"只能说是政府的言论，而非社会的公论"。"专仰政府的鼻息，以讲求学术独立，从学术的立场来看，是一件致命伤的事情。"在"公论耶私论耶"一文中他说："国立大学，固然可以成为政治上的党派人物所利用，而不得其公，国立大学也可以成为教育上的学阀所利用，而不得其公。所谓国立者，公立者，在这种情形之下，只是假公济私而已。反之，私立大学，虽名为私，固未必是为私，除了一些办学以敛钱的外，办教育总是为公。"

1948年，岭南大学反复延请陈序经去就任校长。陈序经则完全没有考虑，还当着张伯苓的面坚辞。反而是张伯苓先想通了。他和岭南约定，陈序经此去只算是"借两年"，每年要回南开三四个月。他还宽慰陈道，南开、岭南，都是"南大"，此去也不算离开。

张伯苓的这一放，竟造成中国教育史上一场奇观。

聚气岭南，遗稿北乡

谁知，陈序经抵达广州不到半个月，即受到张伯苓的急电，要他去南京，有要事相商。原来，张伯苓被教育部逼迫就任考试院院长，希望指定陈序经继任南开大学校长。陈序经说自己资历尚浅，不及何廉先生。但张伯苓认为何廉长期在外，难以主持大局。谈到第三天，张伯苓才勉强答应何廉继任，而电报一发出去，他又后悔起来。

从 1948 年 8 月 1 日出任校长，到 1952 年夏岭南大学被取消，陈序经缔造了中国教育史上一段传奇。因为他的优容雅量久负盛名，也因为时局风雨飘摇，他以一己之力，把二三十位海内知名学人"抢"到了广州，其中还有如陈寅恪、姜立夫、王力、梁方仲、荣庚等各学科的大师。短短一年多，偏僻的岭南大学跃升为国内顶尖学府，并延续了中国学术文脉。陈序经礼贤下士，兼收并蓄，毫无学科成见，对本土学者和海归学者敬重如一，坚持教授治校。他聘请的北方名师，成为广州解放后的学科带头人。他南开医学院的未竟夙愿也得以实现，岭南大学医学院达到国内最佳水平。他在岭南的学生端木正回忆说："陈校长……勤奋治学，清廉自守，品德高尚……他自己是研究社会科学的，但他的好朋友遍及各个学科，理工农医，各方面的学者都把陈序经视为知己。"

学人的雅量、商人的精明，在陈序经身上合为一体。物价飞涨的情况下，陈序经用开学时收到的学费购入物资储存，需钱用时再卖出增值，保证了学校工资照发。就像张伯苓校长夸他的一样，一个善于筹钱的校长，才让教师安心。

岭南大学被取消后，陈序经成为中山大学历史系教授，历任中大副校长、暨南大学校长等职。

1964 年，陈序经突然被调回久违的南开大学，担任分管卫生的副校长，实则无事可管。

由于社会学、政治学、文化学学科均被取消，陈序经将一腔热情投入古史研究，尤其是继续开拓了西南少数民族史和东南亚诸国史。他在中山大学主持筹建东南亚研究室，之后又赴云南德宏芒市、西双版纳等地考察，陆续撰写约250万字的书稿，包括《东南亚古史初论》《西双版纳历史释补》《中西交通史稿》《东南亚古史初论》《越南史料初辑》等。他写成的扶南（柬埔寨）和老挝两本古史，印刷仅1000册，西哈努克亲王来华时，还曾托人要去这两本书，称之为"难得的史籍"。

1966年年底陈序经一家被赶到狭小的地下室居住，饱受折磨。1967年2月16日，陈序经在被批斗时因心肌梗塞而猝然逝世，年仅64岁，遗留下未完成的近百万字的《匈奴史稿》。

《匈奴史稿》的写作准备，早在陈序经留学德国时即开始。他注意收集欧洲对于阿提拉匈人帝国的史料，也发现中西方史料不通，导致对匈奴民族大迁徙这一改变人类历史走向的进程缺乏整体认知，汉文古籍中的匈奴记载也没能转化为社会学方法的分析。

1979年5月，南开大学为他昭雪平反并召开追悼会。5月26日，广东省政协为其举行骨灰安放仪式，陈序经魂归故里。

1989年，南开大学用70周年校庆的拨款，终于将陈序经遗著《匈奴史稿》出版面世。《匈奴史稿》将匈奴西迁视为渐进而统一的历史过程，博采中西方史料和各家观点，运用历史社会学分析，是迄今为止分量最重、资料最多、涉及面最广、学术水平较高的匈奴史研究著作。近年来，历史学界发生"内亚转向"和"欧亚转向"，注重游牧国家在世界史中的地位，都绕不开匈奴史。陈序经又一次遥遥领先了时代。

同事回忆他，说他既能静坐书斋，又能考察田野，关心疍民、华侨的苦境；学生回忆他，说他虚怀若谷、平易近人；朋友回忆他，说他坚持独立、刚直不阿；儿子回忆他，说他刻苦惜时，办公不忘治学。

陈序经属于最后一批具备西学素养和跨文化身份的社科学术大师。他兼具文人修养和管理天赋，一生秉持独立自由。从留学美欧到三场论战，从创文化学到开拓民族史，从恢复南开到聚气岭南，他的一生满载着20世纪中国文化转折的印痕。

参考文献：

陈其津，《我的父亲陈序经》，广东人民出版社 1999 年版。
南开经济研究所，《南开经济研究所所史》。
张晓唯，"陈序经最后二十年的沉浮"。

季陶达：经济思想史研究的开路人

邱 实

季陶达（1904—1989），浙江义乌人，著名经济学家、经济思想史学家。1927—1930年，先后在莫斯科东方大学、中山大学学习。回国后在北平中国大学、东北大学、西北大学、山西大学等校任教。1949年起任教于南开大学，后担任经济学系主任兼经济研究所所长十余年。著有《英国古典政治经济学》《约·斯·穆勒及其〈经济学原理〉》等，主编《资产阶级庸俗政治经济学选辑》，译有大量俄国经济学著作。

经济学的核心课题是什么？经济学家们各有学说，此消彼长，争论不休。如何把水火不容的各家经济学说引介到中国呢？面对这个经济金融体制几度剧变的国家，一位经济学家又该如何自处？如何在三四十年代用马克思主义抨击官僚资本？如何在五六十年代讲授西方经济学说的原文？如何在80年代直指《资本论》原文的错误？这样的经济学家，需要汇融中西的学识、海纳百川的气度、追求真理的执着、批判斗争的勇气。

在南开大学历史上，就有这样一人，临危受命主持经济学科，既坚持了马克思经济理论的批判精神，又包容着各种西方经济学说的传播和讨论，促进中国经济学研究推陈出新。他就是南开大学原经济学系主任、经济研究所所长——季陶达。

儒门英才遇新学

许多年以后，与眼疾搏斗了一辈子的季陶达教授，还会回想起第一次进中学图书室的那个下午。"真像是刘姥姥初进大观园一样。"在那之前,他最熟悉的,还只是孔孟之道和加减乘除。

1904年4月22日,这个乳名叫季青弟的孩子,出生在浙江省义乌县城西七里的碧楼村。全家务农,只有八分田地,全靠租种地主的地为生。他自幼体弱多病。满周岁时还不能独立迈步,脑袋左摇右晃,不能正常直立。7岁刚上学时,他连发高烧,卧床半年多,才从伤寒症中死里逃生。兄弟姐妹原来很多,却只有他和大他12岁的哥哥活了下来。

母亲唯恐青弟再死去,常把青弟带在身边。不识字也不会讲故事的母亲,却在空闲时教青弟学数数和算账。从一数到一百,换算斤两,干支纪年,都是些最朴素的数学和计量知识。季陶达日后出众的数学天赋,也要归功于在农妇母亲的膝头度过的悠长光阴。

七岁时,他以"季流泉"的族名,入私塾接受启蒙。总共七八年的私塾时光,教他时间最长、对他影响最大、他最感激的,是牛老师。牛老师考秀才落榜,但自信"四书五经"的才学不输给秀才们。"人一能之,己百之;人十能之,己千之;虽愚必明,虽柔必强。"牛老师教他背诵的许多经典诗文,后来都被遗忘了,唯独这两句,被季陶达铭记于心,成了他一生治学的信条。"这几句话,是治笨的良药。并且实行起来,对我自己来说,也颇见效。"

这两句话是讲学习方法,却也是算术。牛先生不但教国文,也教加减乘除、平方立方、最大公约数和最小公倍数。今日初中数学的不少内容,季陶达在私塾就学会了。在高小、中学上代数课时,他可以不再听老师讲课,只低头自学。每当老师故意叫他去黑板解题时,他也能正确算出。老师很无奈,只能把他调到最后一排,让他安心自学。

这看似顺利的学业,背后是全家人务农的血汗付出。哥哥已经有了两个女儿,全家七口人要养活。季陶达考上中学后,父亲将仅有的四斗粮典当出去,借了50元供他上学。季陶达除了英文、数学外的教科书也无钱购买,只能趁同学不用时借来自学。父兄咬紧牙关的样子,令他于心不忍。他清楚了自己的阶级归属,也决定学有所成后,要为父兄一样的穷苦人做一番事业。

在金华中学时,他遇到了对他一生影响最大的人——留美硕士、农学家陆费执,时任英文老师。他慷慨应允帮季陶达介绍工作,缓解学费困难。这工作就是——看管中学部的图书室,每天三小时,月薪八元。1924年8月,等不及开学才兼职的季陶达，拿到钥匙，提前走进了图书室。

"真是大开眼界啊！"密集的书架排列着闻所未闻的书名，以及当世名家的文集，令他目不暇接。从此，他把大部分课余时光留给图书室的藏书。

他第一次读到了荀子的"性恶说"，但还不知道亚当·斯密的"理性的利己者"假设；他在没人时畅快朗读老子《道德经》，但还不知道"无为而无不为"与"看不见的手"有何关系；他读到林则徐的"师夷长技以制夷"，着迷于胡适和陈独秀谈论的"德先生"与"赛先生"，翻遍辞典，才确定"赛先生"原来就是科学。他相信，只有科学能帮助贫苦的家庭，解救积弱的祖国，而这时，他还不知道政治经济学或科学社会主义。

1925年夏，季陶达中学毕业，不甘心回家务农，他再获陆费执老师帮助，到其兄长陆费逵经营的上海中华书局工作。这时，上海"五卅惨案"发生了。

革命书生多歧路

青春年少的季陶达（此时大名季外方），已经得过两三次严重的眼病，视力很差。他做化学实验时曾把半个试管的自制硝酸倒在了自己手上，几何作图也不准。为此，他竟然放弃尺笔，熄灯后躺下闭目冥想中作图，居然神奇地解开了难题。

而眼病却也令他邂逅了一生的爱侣。1924年暑假，季陶达在杭州时眼病发作，无钱看病。同班同学孙锡洪寄给了他7元钱救急。他一问才知，原来出钱的不是孙锡洪，而是他的姐姐孙亦民。她正在新昌当小学教员，一直听说弟弟有个同学没钱买书却成绩优异，素未谋面却先救人于水火。1925年中学毕业那个暑假，孙亦民、孙锡洪姐弟去北平投考大学，路过杭州。这是季陶达与孙亦民初次相见，可以想象，在季陶达表达谢意时，二人一见倾心。因为此后不久，分别在上海和北平的两人，开始鱼雁传书，互诉衷肠，相约共度余生了。

季陶达在上海中华书局编辑处数学部门当助手。工作是编写中学《数学》《代数》《几何》《三角》等书的习题详解，正合季陶达深造数学的心意。每月工资16元，不仅解决了个人生活，还可以贴补家用。每天上班工作六小时，午休两小时和下班时间，季陶达也用来学习深造。

他初到上海时，"五卅运动"正如火如荼，他就读的中学召开了6000人参加的声援大会，还产生了中共支部。中共总部就在上海。革命的潮水从珠江涌来，季陶达逐渐接受中共的革命宣传，满目是"好景不长，国事日非"，从立志科学救国转向投身革命实践了。工作才一年多，他于次年10月离开上海，到衢州参加了中国共产党，唱着"打倒列强除军阀"的歌曲，前往北伐前线做宣传。北伐军占领杭州后，季陶达被派往杭州总工会担任秘书。

4月12日这天清晨，几个黑衣警察守在总工会门口，住在这里的季陶达和其他工作人员全部被捕了。蒋介石叛变革命，开始捕杀共产党人。

六七个人挤在拘留所的一间小房子里。但季陶达离家在外，没有亲人探望。有的人被关押不久就获得保释。他认识到，必须改名才有脱险的希望，趁机悄悄传话给一同被捕的人，不要叫他大名季外方，而叫他族名季流泉。幸运的是，他的高小同学也一同被捕，并且有人准备保释他。季陶达暗中传话给同学，请他托人将自己一并保释出去。过堂时，季陶达只回答自己叫季流泉，做抄写工作的。他这才终于逃过屠刀，重见光明。

季陶达立即找到杭州总工会的老领导，转入地下继续工运工作。4月底5月初，他和另一位义乌同志被选为为杭州工人代表，从上海乘船去汉口出席全国劳动大会。船至九江突然不再前行，两个人直脾气上来，当即下船，渡江北上，靠两条腿长途步行到了上海。

此时国共合作濒于破裂，暗流汹涌。季陶达又被派到长沙，在工运大会上轮流上台宣讲，痛斥蒋介石叛变，宣讲国民革命一定会成功。

5月21日凌晨，长沙城枪声大作。季陶达和同志睡在楼板上，天亮时同行的上海同志已无踪影。驻扎长沙的许克祥所部发动兵变，镇压长沙的共产党和工农组织。季陶达再次命悬一线。

再三思量，季陶达和同志决定避开武长铁路，向南经株洲到安源找到工会组织，再沿山间小道绕南昌回汉口。到达安源后，安源的同志劝他们不要再向东，而是为他们联系上了铁路工人的内部交通车。两人坐着火车内部车厢回到武汉。终于赶上全国劳动大会。

两次遭逢反革命事变，季陶达两次死里逃生，两次一头扎进山间的羊肠小道。那崎岖的路途，正像是他革命和学术生涯的隐喻。

风雪红都取"西经"

大革命失败后,上海一片白色恐怖。1927年10月,在浦东从事地下工运的季陶达,被中共选定去苏联进修。船只午夜起航,季陶达由于记错了日期,早到了一天,等了一夜仍未开船,早晨下船时与一对宪兵擦肩而过,再次险遭不测。他留在船上的毛毯也被搜走。

他和同志乘船从上海抵达海参崴,在飞雪连天的冬日,沿铁路横穿西伯利亚。到莫斯科时,漫天皆白。季陶达随即与其他共产党人在莫斯科东方大学登记入学,还有了一个俄文名字。

东方大学是苏联共产党为培养亚洲各国革命干部而成立的。这里不但有中国人,还有日本人、印度人、伊朗人、朝鲜人,他们都是共产党员,为了发展世界革命而走到这里。季陶达被中途编入一个班级。课程有俄文、世界经济地理、苏维埃建设、国际工人运动史、政治经济学。全部用俄语授课。靠着班长和同学们的辅导和翻译,季陶达吃力地学会了俄文,总算慢慢跟上了课程。

就像年少时,老师无法满足他对数学的求知欲一样。又有一门课程,让在莫斯科的季陶达如痴如醉,只嫌老师讲得太慢了。这就是政治经济学。他借来中文版《政治经济学》和考茨基著的《马克思经济学说》自学,仍然未能满足。因为这些书中都未包含《资本论》第二、第三卷的内容。直到后来买到拉彼图斯、奥斯特罗维季扬诺夫合著的《政治经济学》第四版,才读到马克思主义政治经济学的全貌。

在苏联的学习并不平静。就在他初到莫斯科时,支持中共武装反抗国民党的苏共领袖托洛茨基,被斯大林开除出党,苏联上下掀起反托派斗争。东方大学中国班学员,有些是像季陶达一样的国民大革命者,却因托派问题受到牵连。学生遂与校方发生激烈矛盾。经米夫、王明等人建议,苏联方面决定,将东方大学中国班并入中山大学。中大是专为培训中国革命者而设的,学生都是中国人,但未必是党员或团员。1928年暑假后,季陶达转入中山大学学习,见到更多志同道合的朋友,其中包括前高教部副部长刘子载、复旦大学前副校长李铁民,以及后来给他帮助最大的章友江。

留学生活是紧张而辛苦的。虽然过了困难时期，每天吃的仍然是面包和土豆。江南温柔乡的记忆涌上心头。季陶达又开始给孙亦民写信，排解独处异乡的孤寂。但他也在信中表示，不能给这个女孩任何承诺，因为七尺之躯已许国，他是个"此身非我有"的人，将来回国做什么、如何生活，都不是自己能决定的。他无比矛盾地写信说，请孙亦民另找对象，不必等她。但每次孙的回信说：一定等他回去。这份温柔的信念，也支撑着独处雪国的季陶达。

1929年，中大的书摊，意外为季陶达打开了新世界的大门。他翻到一本苏联经济学者鲁平著的《经济思想史》，翻开目录便惊叹不已。他第一次见到马克思经济理论之外广阔的经济学说世界，除了马克思批判继承的亚当·斯密和李嘉图，还有马克思批判过的萨伊、马尔萨斯，乃至闻所未闻的历史学派、奥地利学派、边际效用学派等等。季陶达立即买下书自学。他把书中内容分享给同学，同学都觉得新鲜，还鼓励他把书译成中文。

季陶达的翻译生涯就这样开始了。他不断求教俄文好的同学，下课追不上老师，就去请教管理图书馆的老妇人，反复求教。这样吃力地翻译了近一年后，季陶达把原书和译文寄给在北平读书的孙亦民姐弟。

1930年春课程结束，季陶达与十几个人被分配到印刷厂实习。又逢"中东路事件"，他们被学校裹挟去黑海沿岸、外高加索三国，参观斯大林故乡、巴库石油基地等。直到10月入冬，他才登上火车再次穿过漫天飞雪的西伯利亚，回到海参崴，再用苏联给的假护照穿过国界。行至哈尔滨，季陶达终于不堪相思之苦，向同行人吐露，希望能绕道北平，看望孙亦民姐弟。同行者很理解，两人交换了联络地址，就此告别。谁想，这一别竟是永诀。

"倚桡独赏西山影"

在北平，季陶达与异地恋五年的孙亦民终于团聚了。但他数次写信给上海的同志，均杳无音信，甚至遭到退信。此时位于上海的中共总部正执行"左倾冒险主义"，处境岌岌可危。季陶达失去了与组织的联络。

历经大革命的失败和白色恐怖，以及苏共党内路线斗争的残酷，26岁的季陶达决定不问政治，回到他的书生之路上，著书且为稻粱谋。他把全部财产——苏联发的10元美钞交给老同学孙熙洪，同他们结伴过活。"既然已失去党的关系，着急也于事无补，我就在此继续翻译《经济思想史》。"

三个月后，他的第一部译著——鲁平的《经济思想史》完成了，却一时无处出版。他密切观察美国的大萧条，写出了万余字的文章评论这场世界经济危机，没有报刊接受，只在一家小报发表，换得五六元。他意识到，仅靠爱人孙亦民的关系，卖文为生，太不现实。

1931年2月，他谋得长春自强中学的国文兼历史教员一职。他走上讲坛，处处以恩师牛老师为榜样，因材施教，讲课间隙穿插讲些《马氏文通》的文法、茅盾的《子夜》，活跃学生思想。上数学课时，他不让学生看课本，而是先讲清每个定理的条件和目的，开导学生如何达到目的。学生们备感新奇，也觉得这样能学到分析解决问题的方法。

这年暑假，他与孙亦民终于完婚，在中山公园请北平的熟人朋友吃一顿西餐。耿直和孤僻的季陶达不擅长人情应酬，婚礼仪式全由孙氏姐弟张罗，席间完全由妻子敬酒，季陶达只陪大家一道吃，他对这场简约的婚礼非常满意。

9月18日这天，季陶达去车站买票准备回长春，只听报童大喊："日本帝国主义侵略东北了！""九一八"事变已爆发，季陶达只好辞去教职。

一家人再陷困境时，他获得中山大学同学章友江的接济。章友江从清华毕业，曾留学美国，当时是北平民国大学高中部主任。多亏章的推荐，季陶达先后在华北大学高中部、汉中的陕西省立五中任教，后又在北平中国大学、朝阳学院、东北大学兼职任课，教外文和经济。

他翻译的《经济思想史》于1932年在好望书店出版，得版税60多元；后来一边授课一边翻译，译成拉、奥二氏《政治经济学》第七版和第八版，自行刊印，作为教材。他潜心学术，广购书籍，开阔眼界，重审各家经济学说，力图研读原文，相较短长。这才发现，严复先生翻译亚当·斯密的《国富论》时，偷工减料、自由发挥的地方真不少。

在为第一本书署名时，一直自称季流泉的他，忽然想起陶渊明，想起牛老师教他的《桃花源记》《五柳先生传》，想起陶渊明的政治失意，复返自然而别开天地，于是欣然署名"陶达"二字。"陶"者，采菊东篱下，悠然见南山；"达"者，不以物喜，不以己悲。二字将千古文人失意而不堕其志的意境，全然脱出。

远离政治风暴，潜心教书翻译，北平时期的季陶达，不正像一位隐士吗？他寄情山水，还以"陶达"之名，创作了多幅写意长卷。这些画描绘的皆是，远山玉黛，枫竹相映，大江潮涌，一叶孤舟，用色清秀，淡泊中透着细腻和渴望，似是坎坷羁旅所见。其一题诗曰：

> 翠岫丹林隔浦分，
> 蘋洲荻港待鸥争。
> 倚桡独赏西山影，
> 数点寒鸦破白空。

1935 年，他被北平大学女子文理学院聘为副教授，学生们都叫他"陶先生"。

登坛指点"货币战"

1937 年 6 月，因左眼角膜炎在同仁医院住院一个多月后，季陶达刚刚出院，却发现日本侵略者已经兵临城下。

季陶达和孙亦民携四个儿女，千里辗转回到浙江义乌碧楼村。所幸村子闭塞，并未遭受践踏。10 月初，身在西安的章友江发来邀请，催促他尽快回校任课。

学校还在。北平大学同一道西迁的北平师范大学、北洋工学院组成西安临时大学；不久日军逼近风陵渡，轰炸西安，学校又迁往汉中城固县，改名西北联合大学。在抗战烽火中，西北联大与西南联合大学、重庆中央大学、华西协和大学一起，保持中国文脉不绝。四者中，又以西北联大条件最为艰苦。

季陶达携妻儿向西，沿旧路再到汉口，赴汉中乘车辗转到西安。他们很快又随全校 1300 余名师生，长途跋涉五百多里，奔波于秦岭群山之中，步行 20 天，始到汉中。然而，学校合并并不顺利，国民政府又粗暴干涉，安插亲信，排挤左翼学者。季陶达在北平大学的老同事许寿裳、沈志远和章友江等被强行解聘，乃至激起学潮。所以，尽管西北联大经济系人才济济，但季陶达的工作并不顺利。

秋季开学时，季陶达发现自己原来担任的经济学和货币银行学被剥夺，多出一门经济政策课，却不被告知，就大发雷霆。在经济政策课第一课，他没有讲课，而是向同学们演讲，说明自己为什么不能上这门课。"既然是学校聘请的，当然不能是谁的奴隶……如果我无原则地随人支使，只知服从，那么我就不配当教授，不是一个独立而有自己思想的人，而变成了一只摇尾乞怜的哈巴狗！"一年后，他这两门课获得恢复。

当时的学生穆嘉琨回忆说："教货币银行学的季陶达教授，讲课内容是马克思的剩余价值论，上课不带粉笔或纸片，娓娓而谈，出口成章，引人入胜。"但在国民政府看来，教授马克思经济理论是难以容忍的。校长赖琏暗使汉中军阀祝绍周给季陶达寄来警告信，说他上课不务正业，好谈课外事。季陶达也严词回信道，上课所讲全是课程内容，有学生笔记为证。

1945年下半年，轴心国相继战败，以美元为中心的国际货币"布雷顿森林体系"建立。季陶达以此为题，在西北大学破天荒地举行了第一场公开学术报告会，题目就是"货币战争"。一时听众如云。两个小时里，他从资本主义的发展，讲到货币作为各资本主义国家之间的斗争工具，揭示资本主义发展不平衡的必然性，最后明确预言道："只要资本主义还存在，以后货币战争还会不断发生的。"很多学者认为他太悲观，他笑而不语。

随着美苏对立加剧，内战阴云密布。西北大学掀起反苏浪潮，引发学生抗议。季陶达等六人联名发表意见书，表达对当局的不满，竟然夫妻双双被解聘。这时，山西大学校长徐云生聘请季陶达赴太原任教，还请他兼任经济系主任。季陶达曾诚恳请辞，但最终还是接下他的第一份行政职务，并主动增开会计、统计两门课。终于有时间专心任教，他把主讲的经济思想史的内容扩展，向上延伸到古代，向下延伸到20世纪初的新古典经济学大家马歇尔，并发表评论马歇尔理论的专题论文。

1948年，季陶达随校回到阔别十余年的北平。此时国民政府推进金圆券改革，但缺乏黄金储备，很快又演变滥发纸币。与章友江、沈志远等老友重聚时，有人说货币体系快到崩溃的边缘了。而季陶达说，不是快到崩溃边缘，而是已经开始崩溃了。他当即应约写出《中国货币问题》《金圆券已崩溃》等论文，揭露金圆券的欺骗和掠夺实质，让大家放弃幻想。

因为季陶达在马克思主义货币理论方面的影响，他被新成立的中国人民银行编辑室聘请，翻译苏联、东欧金融学论著。这些书滋养了一大批新政权金融干部，为稳定全国金融秩序贡献了力量。

群英会初执牛耳

1949年8月，季陶达接受"学府北辰"南开大学的聘请，同妻子和七个儿女来到天津。

此时的南开大学财政经济学院，下设财政、经济学、货币银行、工商管理、会计统计等系和经济研究所，在院长袁贤能领导下，傅筑夫、鲍觉民、杨敬年、滕维藻、陶继侃、钱荣堃、王赣愚、余新民、丁洪范等济济一堂，灿若群星。而他们的共同特点是，多数有留美英经历，秉持西方经济学，特别是马歇尔、凯恩斯的研究范式。这对留苏、坚持马克思政治经济学范式的季陶达，可不轻松。

季陶达蒙袁贤能好意约请，和南开诸位教授新友吃饭。读书人之间的交流，切磋辩难，在所难免。谁知浙江老乡、会计统计系主任丁洪范，突然给了季陶达一个下马威："敢问陶达先生，效用递减规律是不是客观事实？"

"原来是一出'鸿门宴'！"季陶达心想。边际效用递减规律，19世纪下半叶由三位经济学家独立发现，史称"边际革命"。后来的西方经济学家都承认了这一规律。然而，"边际效用"是把商品价值建立在人的主观感受上的，这就同马克思的"劳动决定商品价值"和剩余价值论不可调和。马克思的理论是为了揭示阶级剥削本质，认为西方经济学家都是"资产阶级的辩护士"。剑已出鞘，季陶达不能不招架。

"对！"他说，"三岁幼儿，如果他或她的饭量吃一个馒头就饱了，是不会再吃了。不但是人，连狗和猫也如此。如果捧着效用递减不放，最好去研究狗啃骨头学！至于经济学，它不研究这个，而是要研究人与人的经济关系、生产关系和剥削关系的。"

这顿饭后，季陶达与丁洪范的学术之争愈演愈烈。但其背后是经济领域的意识形态领导问题，有人主张让政治经济学完全取代（西方）经济学课程。1950年，两人在一场大会上再次爆发激烈辩论。丁洪范认为，政治经济学与（西方）经济学二者不可偏废，（西方）经济学"技术部分还有可取之处"，可以解决许多应用性问题。他主张二者结合，并将之比喻为"二马（马克思和马歇尔）结婚"。季陶达当即拍案而起，尖锐批评说这纯属谬论，说丁这是否定马克思主义。数十年后，与会的杨敬年、钱荣堃对这场大辩论仍记忆犹新。

如今观之，季陶达对丁洪范的批评可谓是纯粹学理上的范式之争。

1954年3月，财政经济学院六个系的理论部分归并入政治经济学系，并改名经济学系；其他六系作为应用学科，调出南开大学。因为是少数留苏的经济学家，季陶达被任命为新经济学系主任，统辖南开所有的经济专业。无论他如何恳辞说"我不是当系主任的材料"，仍然难以摆脱此公务。

50年代，季陶达发表了"赫尔岑与奥加略夫的经济思想"一文，出版了《社会资本再生产与经济危机》。1957年他还受人之托，发表了"恩格斯逝世后马克思主义的发展"，和南开大学其他教授一样，这是从学理上与雷海宗先生商榷的文章。

守中流而纳百家

1958年，南开大学经济研究所恢复。季陶达兼任经研所所长，但工作上难以兼顾。次年，周恩来总理回访母校，还专门到经济研究所，希望学者们既要为人民公社等新事物多做调查研究，也要研究世界问题，重视经济统计。

在季陶达领导下，经济研究所下设三个研究室——政治经济学（负责人为陈炳富）、世界经济（负责人为陶继侃、陈荫枋）、经济史（负责人为郭士浩、闫光华），另有资料室和办公室，各项研究工作也逐渐走上正轨；人民公社、启新洋灰的项目、开滦煤矿调研项目成果迭出；出版了《南开经济学报》，季陶达任主编；组织翻译了哈耶克的《物价与生产》、勃朗里的《工业试验统计》等。

60年代初，季陶达出版了《英国古典政治经济学》和《重农主义》两部专著，在新中国学术界最早系统阐述了英法两国的古典政治经济学及其与马克思经济理论的关系。尤其前者，系统评述了威廉·配第、亚当·斯密和大卫·李嘉图的基本观点和局限性，指出"马克思完成了政治经济学的革命"。该书被不少高校经济学专业列为必读参考书，几经再版。

1960年春，季陶达的讲坛也难以平静了。上级指示让一些"尚未学过"经济学说史课程的同学和几位教师，检查他的讲义。连续几个月，季陶达与两位同事接受同学们的审查和提问。结果是"尽量删！删！删！"不顾学科本身的完整，斩头截尾，删得只剩马、恩、列、斯。季陶达愤愤不平，也只能服从领导和"群众意见"。待邻近暑假，副主任陶继侃带回北京的文科学部扩大会议的新精神——经济学说史要"补课"，被删掉的古典和西方经济理论又可以讲了！这样，炎炎三伏天，季陶达看着补课的同学们一手记笔记，一手拿手帕擦汗，只怪自己当初没能坚持到底。

这份躲过删节的《经济学说史讲义》，共四册80万字，是我国第一部系统完整的经济学说史课程教材。同时，季陶达还选编了约20万字的教学参考资料。这些极大帮助了南开和其他高校的教学。

为摆脱对苏联教科书的依赖，陶继侃还建议，编选自己的西方经济学说选辑。季陶达当即答应下来，并提出这不能还从俄文著作转译，要直接从英、法、德文原著翻译，请组织各语种专家一起搞吧。就这样，由季陶达牵头，王赣愚、杨敬年、孙兆录、傅筑夫、钱荣堃、陈国庆、孟宪扬，以及刚挨过批斗的丁洪范，九位强强联手，共同完成了《资产阶级庸俗政治经济学选辑》，1963年交由商务印书馆出版。

这是中国第一部完整的西方现代经济学原著选辑，大大开阔了学生的视野。"庸俗政治经济学"是马克思对李嘉图以后的西方经济理论的称呼。书中选纳翻译了马尔萨斯、萨伊、詹姆斯·穆勒和约翰·穆勒、英法阶级利益调和论、德国新旧历史学派、边际效用论和奥地利学派、约翰·克拉克和马歇尔等共14位经济学家的原著精华。对于解放后无中译本的，都尽可能根据原文版本选辑和翻译。季陶达参与所有选段的复选工作和对罗雪尔《政治经济学原理》的初选。他撰写前言和每部著作精选的编者按，公允评判了各家理论的历史地位和局限,及其与马克思经济学说的矛盾处,例如马歇尔"均衡价格论"与马克思"劳动价值论"的对立。可见,季陶达绝非固守一家之言的教条主义者,他坚持博览百家原著,才做出科学的论断。

同时,季陶达的团队还与中国人民大学、北京大学的同事,共同参与了鲁友章、李宗正主编的《经济学说史》教材,其上册于1965年出版,被季陶达称为"我国第一部完整的经济学说史教科书"。没想到,下册的出版,让季陶达盼了近20年。

烟雨林蹊任平生

1966年"文革"开始后,季陶达被打成"反动学术权威",失去教职。他1927年出席劳动大会时两次绕路、1930年滞留北平,都成了罪状。"只有被批斗审讯之日,更无学习钻研之时。"妻子孙亦民,时任天津市政协常委、南开大学居委会主任,也遭到批斗虐待,于1970年11月11日含冤去世。

季陶达在天津孤苦一人,生活无法自理。1972年他离校去北京幼女季梅处休养。直到粉碎"四人帮"后,季陶达终于感到大快平生。

1979年,经校系协调,商调季陶达长女季云从兰州来天津照料其生活,他才得以重返南开园。此时他已年逾古稀,患有高血压、耳聋症等,却仍然壮志不减当年,渴望培养经济学说史的研究生,研究《资本论》第一卷第二版跋文中悬而未决的问题,以及政治经济学如何为"四化"建设服务的问题。长女季云回忆,季陶达每天按时坐在办公桌前伏案书写,酷暑严寒,笔耕不辍,没有星期天,没有寒暑假,只有工作日。

季陶达根据多年研究,将资产阶级政治经济学(西方经济学)发展分成五个阶段。第一阶段从威廉·配第到亚当·斯密,是建立阶段;第二阶段,大卫·李嘉图标志着古典政治经济学发展到顶峰;第三阶段是交替期,约翰·穆勒的学说标志着古典政治经济学的破产,同时,以萨伊和马尔萨斯代表的"庸俗经济学"取而代之;第四阶段,马歇尔的"均衡价格论"集前人之大成；第五阶段，即以凯恩斯为代表的政治经济学。这五个阶段，恰恰与英国资本主义从崛起、鼎盛到没落的轨迹相一致。尽管术语名称几度变换，这个分期法如今已经是学界共识。

根据这五段分期法，季陶达要分别写出专著，以图贯通整个西方经济学说史。第一、第二阶段在"文革"前已有专著《英国古典政治经济学》，第四阶段也有专题论文"评英国经济学家马歇尔经济理论"。针对第三阶段，他用五年多时间，翻译出版了28万字的车尔尼雪夫斯基著的《穆勒经济学概述》，撰写出版了22万字的专著《约·斯·穆勒及其〈政治经济学原理〉》。对于前者，季陶达说，在1954年授课时没能找到车尔尼雪夫斯基的原著，而今译出这部书，算是给同学们"还债"；对于后者，季陶达说是要纠正自己之前将小穆勒归入"庸俗经济学家"的错误，肯定他是最后一位"古典派"，赞赏他对工人阶级的同情。

其间，他为同人的《经济学说史（下册）》《政治经济学垄断资本主义部分》出版撰写书评，发表纪念恩格斯诞辰和马克思逝世的文章，探讨现代西方经济学的"投入产出分析法""人力资本"概念对社会主义经济建设的适用性。"这个概念本身是从根本上否定马克思经济学说的理论武器，虽然从实践上看似有可供参考之处。"

他更以多年研究心得，连登两篇文章指出《资本论》四卷中都有不同程度的错误。"可能有人会指责我，你大概老糊涂了，或者是在发烧说梦话……同志们，我虽然老迈了，但头脑还是清醒的。理应以有限的余年，对党做点有益的工作……提出马克思的著作中有错误，目的是为了更好地学习和研究马克思主义。"

1984年，季陶达重新加入中国共产党，曾担任天津市经济学会会长等职，荣获国家"著名经济学家"称号。他还在《人民日报》刊文"改革高等院校教学制度的几点建议"，提出废除学年制，认真实行学分制，允许学生选修外系课程，得到师生拥护。此外，他闲暇时一直喜读《红楼梦》，还在《红楼梦学刊》刊文，讨论八二年本二十三回中宝、黛、钗的灯谜归属。

对于第五阶段，他为纪念凯恩斯逝世40周年和《通论》发表50周年写了"凯恩斯是一个什么人？"，肯定说"一百年来，有哪位经济学家的声望和势力能和凯恩斯相抗衡？"，也一针见血地指出，驳倒凯恩斯经济理论的，是美国经济"滞胀"的现实。但原计划于 1990 年完成的专著《凯恩斯及其经济学说》却未能实现。

1989 年 11 月 17 日，季陶达猝然离世。

季云回忆，父亲临终前视力严重衰退，仍借助放大镜坚持写作，最后两篇文稿，行距宽窄不一，文字弯曲不齐，字迹难于辨认。他仍用惊人的毅力与病魔抗争，在研究上用尽最后一丝精力。

同事魏埙回忆：季陶达为人刚直正派，严于律己，宽以待人，光明正大，不徇私情；工作兢兢业业，从不居功自恃；对于各种歪风邪气、玩忽职守的现象极端憎恶和反对，以此赢得了人们的称赞和尊敬。

季陶达自己回忆说："我在这 70 多年所走过的道路是极不平坦的，全是崎岖的山间羊肠小道。"那是他从事工运时辗转长江的路，他抗日烽火中跋涉秦岭的路，也是他著书立说、与时俱进的路。

他逝世前一个月，南开大学经济学院楼群落成。如今，经济学院设有"季陶达经济论文奖"，激励后进学生，纪念这位一生坚持真理、勇于批判的南开经济学家。

参考文献：

季陶达主编，《资产阶级庸俗政治经济学选辑》，商务印书馆 1963 年版。
南开大学办公室编，《南开人物志·第二辑》，南开大学出版社 1999 年版。
南开大学校史研究室编，《南开学人自述》，南开大学出版社 2004 年版。
南开大学经济研究所编，《日就月将：南开大学经济研究所八十年》。

巫宝三：中国国民收入研究第一人

陈争平

巫宝三（1905—1999），原名巫味苏，中国经济学家。江苏句容人，1932年入南开大学经济学院，后入社会调查所从事研究工作。1934年起在中央研究院社会科学研究所工作。1936—1938年留学美国，获哈佛大学硕士学位。1938—1939年在德国柏林大学进修。1947年再度赴美国进修，1948年获哈佛大学博士学位。中华人民共和国成立后，历任中国科学院经济研究所研究员兼副所长、代理所长、经济思想史研究室主任，中国社会科学院经济研究所研究员、顾问、学术委员会委员，《经济研究》编辑委员会顾问，北京大学兼职教授，中国经济思想史学会名誉会长，外国经济学说研究会副理事长，中国民主促进会中央常委，中国人民政治协商会议全国委员会委员，北京市政协副主席。他还担任《中国大百科全书·经济学》编辑委员会委员。1999年2月1日在京因病去世，享年94岁。

求学于国内外一流学府

巫宝三年轻时努力求学于国内外一流学府,1925 年入吴淞政治大学,1927 年入南京中央大学,1930 年转入清华大学,1932 年毕业于清华大学,同年入南开大学经济学院。1933 年,他经过同学汤象龙介绍,进入陶孟和主持的北平社会调查所从事研究工作,1934 年并入中央研究院社会科学研究所(中国科学院经济研究所前身)。1936—1938 年巫宝三被中央研究院派往美国哈佛大学学习,从著名教授柏拉克学习农业经济理论,曾听过熊彼特主讲经济理论课。1938 年在硕士毕业同时,通过博士学位初试,准备的博士论文题目是"农业国家经济发展理论"。

在哈佛大学期间,巫宝三结识了在蒙特霍留克大学攻读西方戏剧学的孙家琇女士。孙家琇于 1938 年夏在哈佛大学剧本创作班学习时,写了抗日的独幕剧《富士山上之云》。巫宝三硕士毕业后,到德国柏林大学进修。时值抗战,巫宝三希望能尽快回国参加抗战,于是中断哈佛博士学业。孙家琇女士也放弃攻读博士机会,到了柏林与巫宝三结婚,一同回国。回国后,巫宝三在昆明的中央研究院(竹安巷 4 号)工作,孙家琇先在西南联大工作,1942 年转到武汉大学外文系工作。

抗战胜利后,1947—1948 年,巫宝三接受罗氏基金资助,再度赴美进修,完成博士学位论文"中国资本形成与消费支出(1933)"。巫宝三通过在国内外一流学府努力学习,逐渐成为一位学贯中西,学识渊博的经济学家。他随后回国,任职于中央研究院社会科学研究所。

关于中国近代"三农"研究

巫宝三强调经济学理论应当与本国实际相结合,他早期主要从事中国"三农"诸多问题研究。他认为当时中国还是个不发达的农业国,与发达工业国经济结构不同,主张在充分调查研究基础上分析中国农业农村经济各方面实际问题。他曾经先后发表"句容农民状况调查"(《东方杂志》第 24 卷第 16 期），"中国粮食对外贸易，其地位、趋势及变迁，1912—1931"（国防设计委员会参考资料第二号），"河北省农村信用合作社放款之考察"（《社会科学杂志》第 5 卷第 1 期），"民国二十二年的中国农业经济"（《东方杂志》第 31 卷第 11 期），"定县主义论"（《独立评论》第 96 号），"乡村人口问题"（《独立评论》第 134 号），"我国农业政策之商榷"（《新经济》第 3 卷第 8 期），"农业与经济变动"（清华大学《社会科学》第 3 卷第 1 期），"论我国农业金融制度与货币政策"（《金融知识》第 1 卷第 4 期），"平均地权与地尽其利"（《经济建设季刊》第 1 卷第 3 期）等论文，出版《福建省粮食之运销》（与张之毅合著，由商务印书馆出版），《农业贷款与货币政策》（为社会科学研究所社会经济问题小丛书第 2 种）等专著，多是在深入调查研究基础上分析中国农业经济问题。其中，"农业与经济变动"这篇论文分析了在工业化国家和农业占主导地位的国家中，农业在国民经济中的不同地位及影响，曾获中央研究院杨铨社会科学研究奖。

开创中国国民收入研究

巫宝三从 1942 年起，开创中国国民收入研究。他认为，研究经济学理论要联系中国经济实际，而要认清中国经济结构实际情况，又必须进行系统深入的国民所得（国民收入）研究。这类基础性研究中国以往从来没有做过。他决定要敢为天下先，开创这方面的研究，以将中国经济研究推进到一个新阶段。

由于中国过去这类研究基础极为薄弱，"此工作庞大，涉及各业各门的经济活动，断非在短时间内一人之力所能完成"，必须有团队合作共克难关。巫宝三吸收汪馥荪（敬虞）、章季闳（有义）等五位经济学新秀组成了研究团队。为了使团队研究更好地展开，他发表"中国国民所得估计方法论稿"（《华西大学经济学报》第 1 卷第 1 期），又撰写了《国民所得概论》一书（1945 年由正中书局出版），系统介绍了国民所得（国民收入）的意义、估计国民所得的方法、国民所得估计的应用及其限制等，以为进一步进行中国国民所得的科学估算做理论与方法的准备。

鉴于中国过去经济统计基础极为薄弱，巫宝三领导的团队先选取 1933 年作为中国国民所得科学估算的年份。他们在战时条件下不惧艰险地多方搜集中国各地经济统计资料，不辞辛劳地进行去伪存真的资料整理审核工作，以及分门别类估算工作，在此基础上做总结，终于在1947年出版了由巫宝三主编的《中国国民所得（1933）》（上、下册）一书，这是中国研究本国国民收入的第一部著作，是一部开创性研究成果。

巫宝三在《中国国民所得（1933）》一书中，使用了增加价值法，即将1933年中国国民经济大致划分为农业、矿冶业、制造业、营造业、运输交通业、商业、金融业、住宅、自由职业和公共行政等十类，通过分别估算各业（类）所生产的货物或劳务的增加值（从各业生产总值中减去生产原料和维持资本不变费用等所得净值）来计算国民所得。这种方法实际上就是在用生产法计算国民收入，并可以水到渠成地分析国民收入的产业构成。《中国国民所得（1933）》还用消费及投资法估计消费总值，用可支配国民收入减去消费总值推出投资总值，进而分析国民收入的支出结构。《中国国民所得（1933）》也估算了收入构成，分析了劳动所得与财产所得的分配情况。可以说，在现代国民收入核算中被广泛使用的生产法、收入法和支出法，均在《中国国民所得（1933）》一书中得到不同形式的合理使用。

《中国国民所得（1933）》是中国国民收入研究的开山之作，得到国内外学界高度重视及好评。例如，美国哈佛大学的费正清教授认为此书是"对中国国民所得现有的最详备的估计"。巫宝三后来又以科学态度对《中国国民所得（1933）》进行了认真的修订，并主持编制1936年、1937年、1946年中国的国民所得（详见《社会科学杂志》第9卷第2期）。在联合国出版的《国民收入统计1938—1947年》中收录了巫宝三团队所提供的有关数据。

引进现代经济理论，研究中国物价与金融等问题

巫宝三对引进现代经济理论，研究中国物价与金融等问题也做了不少贡献。他曾经翻译外国学者奥伯利昂所著《农业经济学》（1935年由商务印书馆出版）、斯拉法所著《用商品生产商品》（1963年由商务印书馆出版），并与杜俊东合译《经济学概论》（1937年由商务印书馆出版）。他还与孙世铮、

胡代光合著《经济计量学》（1964年由商务印书馆出版），是为中国较早的经济计量学专著。

在抗日战争时期，巫宝三发表了"论目前的货币、物价与生产"（《时势类编》第64、65期），出版了《战时物价之变动及其对策》（为社会科学研究所社会经济问题小丛书第5种）等，为稳定物价支援抗战献计献策。

中华人民共和国成立后，巫宝三在承担中国科学院经济研究所行政工作的同时，也在《新建设》等杂志发表文章为新中国物价稳定献计献策。

1955年，巫宝三在《经济研究》发表"关于我国过渡时期经济法则的作用的几个问题"，提出国家要"依据经济法则决定经济政策和指导实际行动，而经济法则借国家的经济政策获得发生作用的充分广阔场所"。1957年，巫宝三为了更好地推动中国经济学科的发展，与陈振汉、徐毓枬、罗志如、宁嘉风、谷春帆等同人，座谈经济学的现状及今后发展方向问题。他们批评了当时相当普遍地滋生于经济工作中的经验主义、教条主义和官僚主义倾向。座谈的结果，由陈先生主笔，写成"我们对于当前经济科学工作的一些意见"，就如何对待马克思主义经典著作问题、经济建设工作必须遵循客观经济规律、如何对待西方资产阶级经济学的问题，以及改革我国政治经济学课程问题等提出了中肯的建议。

关于经济思想史研究

20世纪50年代以后，巫宝三把更多的精力用于经济思想史的研究，可谓中国经济思想史学界泰斗。在经济思想史研究方面，他强调要从编辑经济思想资料入手，在详细占有第一手资料的基础上，对思想家的经济思想逐个进行专题研究，然后再在进行综合系统的研究的基础上，编写出有关各个时期的专著。这反映了他脚踏实地、严肃认真的治学精神。

巫宝三与冯泽等合编出版了《中国近代经济思想与经济政策资料选辑（1840—1864）》（1959年由科学出版社出版）。巫宝三主编了《中国经济思想史资料选辑》先秦卷（1985年由中国社会科学出版社出版）、两汉卷（1988年由中国社会科学出版社出版）、三国至隋唐卷（1992年由中国社会科学出版社出版）、宋金元卷（1996年由中国社会科学出版社出版）、明清卷（1990年由中国社会科学出版社出版）。他也主编了《古希腊、罗马经济思想资料选辑》（1990年由商务印书馆出版）《西欧中世纪经济思想资料选辑》（1998年由商务印书馆出版）。巫宝三为编辑经济思想史资料，可谓皓首穷经。

巫宝三发表了"侈靡篇的经济思想和写作时代""管子轻重学说的渊源、基本思想和基本概念""管子的货币、价格学说和政策"等《管子》研究系列论文，撰写了专著《管子经济思想研究》（1989年由中国社会科学出版社出版，可谓《管子》研究的扛鼎之作）。他指出，《管子》是我国古代文化遗产珍品，《管子》如同其他古代思想家的学术思想一样有其精华部分，例如"仓廪实而知礼节，衣食足而知荣辱"的思想，发展农业生产力的思想，"相地而衰征"的思想等，至今都仍然闪烁光辉。《管子》一书在学术思想上所涉及的方面很广，其内容很富特色，其影响亦很深远，要认真研究它在学术思想上的贡献和在实践中所起的作用。

巫宝三还主编《中国经济思想史论》专题论文集、《先秦经济思想史》专题论文集等，并发表"中西古代经济思想比较研究绪论"（1983年）、"先秦租赋思想的探讨"（1985年）、"司马迁'法自然'的经济思想"（1985年）、"中国古代经济思想对法国重农学派经济学说的影响问题的考释"（1989年）、"论中国古代经济思想史研究主要方面及其意义"（1991年）、"管仲相地而衰征的历史意义和理论贡献"（1993年）、"简论中国经济思想史研究的三个主要方面"（1994年）、"唐代重商思想的兴起"（1997年）、"中国古代地租和田赋思想的演进"（1998年）等论文。他认为各个时代和各个思想家的经济思想，大抵包括三个方面：一是作为经济思想基础或出发点的哲学思想，二是对于各种经济问题的见解、主张和政策方案，三是对于各种经济现象和问题内在、外在关系的分析。中国经济思想史研究工作者的任务，就是继续前人披荆斩棘做出很多研究成果的努力，深入探索，揭示客观史实，剖析其中意义，使中国经济思想史这门学科建立在对象明确、内容丰富、意义肯定的基础上，从而为弘扬中国固有文化和丰富世界经济思想做出应有的贡献。巫宝三的上述见解对于中国经济思想史研究的发展具有重要意义。

巫宝三提倡中西经济思想史的比较研究，认为这样可以鉴别彼此的异同，充分论述中国与西方经济思想发展的各自特点。例如，他指出，公元前7世纪至公元前1世纪这个时期的古代中国和古希腊、古罗马经济思想既有共同点，也有不同点。

共同点主要有：

1. 经济学都还没有成为一门独立的学科。
2. 都很重视农业生产。
3. 大多古代思想家对工商业都抱着轻视的态度。
4. 商品交换、货币、市场、价格等经济学说和思想都早已产生。

不同点主要有：

1. 古希腊、古罗马思想家们论述的农业经济是奴隶经济，农业劳动者是奴隶；而中国孔子、墨子等思想家则以君子与小人或野人对称，但小人、野人和一部分国人都主要指负担封建租税和徭役义务的农业劳动者。

2. 古希腊、古罗马思想家论农业的主要内容，是关于农业经营和对于奴隶的管理；而中国古代思想家重视农业生产的论述，主要是旨在加强封建国家的经济实力，讲个别农庄经营事情的很少。

3. 古希腊、古罗马思想家虽然有轻视工商业的论述，但他们的论述并未成为实际政策；而在古代中国，从商鞅起"抑商"已成为封建国家的一项重要政策，抑商的思想和政策对工商业的发展有很大影响。巫宝三还就富国思想、租税思想、货殖思想等进行了见解独到的中西比较研究。巫宝三的中西经济思想比较研究，体现了他学贯中西的学术素养，得出了一系列令人耳目一新的观点，拓宽了经济思想史研究思路，提升了经济思想史研究的意义。巫宝三曾先后应邀去联邦德国、加拿大等国访问讲学，介绍中国古代的经济思想，交流关于各国经济思想史研究的经验。

参考文献：

《中国当代经济学家传略》，辽宁人民出版社1986年版。

《巫宝三集》，中国社会科学出版社2003年版。

吴太昌、张卓元、吴敬琏、厉以宁、刘伟主编，《影响新中国60年经济建设的100位经济学家》，广东经济出版社2009年版。

巫宝三，《中国国民所得（一九三三）》，商务印书馆2011年版。

王赣愚：求索中国政治革新之路

李旭炎

王赣愚（1906—1997），原名王家茂，字贡予，祖籍江西，生于福建省福州市。

王赣愚出生于一个小职员家庭，幼时家境比较艰难。7岁入私塾读书，9岁在福州鹤龄英华书院学习。1925年考入清华大学政治学系，课余从事译作。1929年参加公费留美考试，被选派到美国哈佛大学留学，获政治学硕士和博士学位；旋即又去英国伦敦大学和德国柏林大学短期进修、访问。1933年年底回国，在南京中央政治学院任教授。1935年来南开任教。1937年南开大学遭日军轰炸，王赣愚随校南迁昆明，后被熊庆来校长聘为云南大学教授。1941年又返西南联大政治系任教，直至1946年联大结束。1946年他应聘到美国州立华盛顿大学政治系、远东系执教。1949年再度回国后，长期任教于南开大学，先是担任财经学院院长，1952年院系调整后任经济学系教授，1985年后任国际经济系教授。

王赣愚作为一名著名学者，长期潜心于政治学和经济学两个领域的教学研究工作，并有较深的造诣。根据时期的不同，他关注的学科也有所不同。中华人民共和国成立前，他基本侧重于政治学领域；中华人民共和国成立后，政治系被取消，他转向经济学的教学和研究工作。

大学求学时期，王赣愚思想活跃、勤奋好学，尤对政治学有浓厚的兴趣。当他还是清华二年级学生时，就参加了由世界书局主办的全国英文论文竞赛，名列榜首。他经常为当时的《国闻周报》《大公报》星期论文栏撰稿，并撰写了大量政治学研究论文，陆续发表在《东方杂志》《民族》等刊物上。在美、英、德三国的学习和进修，使他如虎添翼，眼界大开，熟悉、了解了西方的文化政治背景。如果说勤奋和聪颖为他在政治学方面取得成就打下了坚实的基础，那么南开大学优越的学术环境则为他的成长创造了良好的条件。

著名物理学家吴大猷曾经说过：南开在教育上的成就不在于一味强调延揽现成的人才，更重要的在于借伯乐识才之能，聘得年轻学者，予以适宜的研教环境，使其继续成长，卒有大成。20世纪30年代，一批刚刚留美回国的青年学者，都想在事业上有所贡献，他们对学术环境看得比较重要。南开的薪水虽低，但专心致力于学术研究的学者，都认为有利于自己的前途。当时报载：南开"教授待遇虽不优，而能奋勉从事；有的教授在职十年，其他大学虽以重金邀约，亦不离去"。王赣愚就是以这样的眼光与抱负来南开任教的，被聘为政治学系教授时刚进而立之年。当时南开的政治学系有较为深厚的基础。从学校建立起一直是文科的一个重点，历年来虽经数次科系变动，但以政治类课程为主的学系始终弦歌不辍，而且非常活跃，学术气氛颇为浓厚。正如一篇介绍该系的文章中写道：在这里，"你可以自由地研究各种政治思想、制度、人物和现象，你可以听到卢梭、孟德斯鸠的学说；你可以明了英美的政治，也可以明了苏联的制度；……你可以清楚过去的演变，也可以判明未来的进程"。著名的学者余文灿、孙启镰、胡理（美籍）、徐漠、沈仲端、肖公权等曾先后执教该系，其中不少是有声于时的学者，其学术文章，均已驰誉海内。处在这样的学术环境中，王赣愚的学术抱负得以施展。他开设的课程有中国当代政治问题、政治学原理、比较政治、国际法、国际关系、西洋政治思想史等，这些课程讲解了国家的起源及性质，政治的分类及异同，尤其比较详细地用比较的方法研究了英美等国的政体现状，从而拓展了该系的授课内容。由于才学得以发挥，加之当时校长张伯苓处处创造"家庭学校"的气氛，如新教师到校，召开茶话会，每到放假学校宴请全体教职人员，以酬谢一年之辛劳，一切融融和畅。这一时期是王赣愚最为愉快的时期之一。

1937年南开遭侵华日军轰炸，被迫南迁，与清华、北大合组西南联合大学。王赣愚即先到达云南，与龙云、缪云台等相识，做了一些中间工作，为建立西南联大付出了一定的心力。1941年，王赣愚复返西南联大政治系任教。尽管环境恶劣，仍在政治学方面取得丰硕的成果，与张奚若、钱端升两教授被称为"西南联大政治系三杰"。

西南联大设有文学、理学、法商、工学、师范等 5 个学院 26 个系，全校教师 350 人左右，约占当时全国国立大学教师总数的 9%—10%，集中了中国自然科学和社会科学界的一大批精英。政治学系隶属法商学院，系主任为张奚若（后为崔书琴）。在此期间，王赣愚除以前开设的一些课程外，还与钱端升合作讲授了中国政治制度等课程。教学研究之外，还积极在各种讲座、演讲活动中，纵论时势。当时的法商学院经常举办时事政治方面的演讲，如 1944 年主办宪政问题系列演讲，历时两月有余，内容包括宪政与政治、经济、文化、教育等方面；1945 年又主办了"战后的中国"系列讲座，对战后中国的国防、政治、经济、人口等问题展开讨论。在中国国际同志会云南分会举行的"现代问题"演讲、女青年会举办的国际问题系列讲座中，他进行了"自由主义的危机""印度政治与中国前途""美国经济状况""法德政治制度"等演讲，受到学生的欢迎。

西南联大期间也是王赣愚在学术研究上的丰收期。1941 年，他的《中国政治改进》出版，该书系以前发表过的论文整理而成。在书中，王赣愚认为，任何国家要想在政治上有长足的进步，先决条件是国家统一。抗战是除旧革新的大时机，在政治上尤其应从观念到习惯上，进行自我检讨。他说："我国政治向来失之于法者少，失之于人者多，因此谈政治改造者，对法固应重视，而对人更不容疏忽。"在此基础上，他阐述了中国政治制度的特点，对于根深蒂固的封建主义影响进行了批评，同时也评析了国民党中央政府与地方政府，以及人事行政方面的种种弊端。接着，《中国地方政府》(*The Local Goverment of China: A Study of the Administrative Nature of Local Units*，1945 年)、《新政治观》(1946 年)、《民治新论》(1946 年)和《民主独裁和战争》(1947 年)等专著先后出版。《中国地方政府》是他用英文撰写的著作，对秦汉至国民党统治时期的中央政府和地方政府的历史变迁做了详尽的阐述，认为中国历代政府的主要弊端是中央集权程度高，权力过分集中影响地方自治发展；主张孙中山的均权思想，合理划分中央和地方的权力。该书的出版在西方国家引起较大反响，至今国外许多研究中国政治制度的学者仍在引用书中的观点。后三部专著通过介绍美、英、法等国的政治制度，分析了当代政治的哲学背景及特点，阐述了民主政治与独裁政治的对立，抨击了法西斯独裁政治，并指出国民党政府在中国实行独裁政治是没有前途的。这些政治学著作的出版奠定了王赣愚在中国政治学领域的学术地位，也是他政治学思想成熟的一个标志。抗战胜利后，王赣愚于1946年应聘赴美讲学，同时兼任复校后南开大学的政治系主任（未到职，由陈序经兼代）。1949年1月，天津解放。8月，王赣愚放弃国外优越的生活条件，再度回南开执教。当时南开政治学系已撤销，他被任命为财经学院院长兼经济研究所所长，并被选为校务委员会委员。中华人民共和国刚成立，百业待举，教育界也面临着教育体制、教学内容、教学方法等繁重而又艰巨的改革任务。他积极参加，推动了财经学院的各项改革。

南开大学财经学院是一个有较长历史、基础雄厚的学院。最初为商学院。后改为政治经济学院。解放后，为适应国家经济建设的发展和培养财经干部的迫切需要，更名为财经学院，设有政治经济系、财政系、金融贸易系（后分为金融系和贸易系）、会计统计系（后分为会计系和统计系）、企业管理系、经济研究所和贸易专修科。通过一系列改革，财经学院明确了对学生进行理论与技术并重的训练，培养学生以马列主义的立场、观点及方法处理实际财政经济问题的能力，造就具有高度文化水平、掌握科学技术业务和全心全意为人民服务的高级建设人才的任务。该院各系围绕这个任务开展教学研究活动，比如当时称财经系为"新中国理财能手的保姆"，金融贸易系为"高级金融人才的源泉"，会计统计系"精打细算、实事求是"，等等，其与国家经济建设的紧密结合略见一斑。为了更快地培养出大批国家经济建设急需的人才，当时中央贸易部特委托财经学院创设一个华北最大的培养贸易人才的贸易专修科，王赣愚亲自担任主任。此外，王赣愚还兼任经济研究所所长，该所是南开历史最悠久的研究机构，早已驰名海内外，自1935年始基本每年招收研究生，是培养高级经济人才的基地。王赣愚兼任所长期间，亲自讲授马列名著选读等课，培养出一批著名的经济学家，如谷书堂、熊性美、李竞能、何自强等。

1952年院系调整，王赣愚从大局出发，积极参与了此项工作，作为"京津高等学校院系调整南开大学筹备委员会"13位委员之一，为南开的院系调整做出了自己的贡献。此后，他还兼任天津市司法局局长。

一个已过不惑之年的人，尤其是在某个领域已有成就时，改变学术方向是较困难的，既有年龄的限制，又有功名所累，要有前功尽弃的准备。王赣愚勇敢地面对现实，适应形势的需要转攻经济学，并取得了显著的成果。他先后开设了马列主义基础、国家与法权、政治经济学史、当代资产阶级经济学批判等课。他结合教学需要，积极进行科研，撰写教材和论文。其中与季陶达、纪明山等教师合编的《政治经济学史》，由于选材面广，分析深刻，成为当时国内唯一的资料较完整的教材。在讲授当代资产阶级经济学批判的教学过程中，他以联邦德国为代表的新自由主义思想和以美国罗托斯为代表的经济成长论为讲授重点，引起经济学界的关注。在此基础上，他撰写了小册子《西德新自由主义》和长文"经济成长阶段论"，对当时盛行的所谓不发达国家经济发展最后必然导致资本主义的观点和传统的自由主义思潮进行了严肃的批判，维护了马克思主义经济学的理论基础。此外，他还撰写了"我国宪法草案的人民民主性质""批判社会科学领域中的唯心观点"等大量学术论文，发表在国内的报刊上。

党的十一届三中全会以后，王赣愚焕发了青春。他对当代经济的发展给予了极大关注。他认为，当代国际经济有一个明显的特点——既分化，又联合；我国要建立新的经济体制，要配合政治的变化，以政治扶持、促进经济的发展，政治推动经济，经济是基础。先后撰写了"资本国际化与跨国公司""国际经济法初探"等论文。1983年，他不顾年迈，率领天津部分专家学者赴闽考察，提出许多宝贵的建议，受到有关部门的重视。

王赣愚为人正直，平易近人，特别关心青年学者的成长，对培养研究生工作认真负责。1986年，在他80岁的时候，还认真备课，为国际经济系的研究生班讲授国际经济法。他学识渊博，讲课内容充实，经常有校外人员前来听课，或者邀请他到校外去讲课。由于年龄的缘故，他终于体力不支，晕倒在讲台上。

［本文原载于《南开人物志》（南开大学出版社1999年版），有删节］

刘朗泉：中国近代商法史的权威学者

侯欣一

从南开大学到东吴大学

刘朗泉，商法学家。刘朗泉祖籍福建福州，1908年7月生于浙江杭州。江浙一带既是近代中国经济的中心，也是新文化的中心。刘家家境一般，属典型的城市工薪家庭，一家人全靠其父在商务印书馆工作的工资为生。刘朗泉爱读书会读书，1915年入小学，1921年入中学，1925年北上天津入南开大学读书。南开大学是民国时期国内最著名的私立大学，创办于1919年，由著名的教育家严范孙出资，张伯苓管理。刘朗泉入学时，学校虽然创办不久，学生总数不超过500人，但整个学校却充满着朝气。"教员之间意气相投，气氛十分融洽，除去讲授中文课和中国文学课的教师外，所有的教员都

是从留美学生中延聘的"，教学水平很高。南开大学给刘朗泉创造了良好的读书条件，他如鱼得水，拼命吸纳新的知识。遗憾的是1928年其父失业，刘朗泉学业难以为继，被迫休学，经表兄郑振铎介绍到上海美专教书，养家糊口。郑振铎在民国时期的知识界、文化界以及出版界有着广泛的影响力。工作之余刘朗泉再次考入东吴大学夜校部攻读法科，半工半读。

东吴大学法学院坐落在上海，是民国时期国内法学教育办学质量最好的几家之一，师资、图书，乃至教学管理均属一流。东吴大学法科的夜校部学制为五年，前两年为预科，第三年开始系统的法学教育。报名条件是初中毕业即可。为了扩大生源，东吴大学法科同时规定已有一年以上大学教育经历，且成绩合格者可以直接报考夜校部三年级。夜校部开设各类课程总计90门左右，仅民商事法律方面的课程即有中国民法总则、中国民法债编、中国民法物权编、中国民法亲属编、中国公司法、中国票据法、中国海商法、中国保险法、中国破产法、中国民事诉讼法、中国强制执行法、英美契约法、英美侵权法，等等。因而，就教学质量而言，夜校部的培养计划与日间班的培养计划差别不大。东吴大学夜校部的规定似乎就是为刘朗泉量身定制的，他极为珍惜这来之不易的读书机会，刻苦读书。加之他有较为丰富的社会阅历，因而对法律的理解较之那些从学校到学校的高中毕业生更为深刻。三年后刘朗泉顺利毕业。从1925年进入南开大学读书，到20世纪30年代初毕业于东吴大学，刘朗泉不仅收获了大学文凭，还形成了独特的复合型知识结构。他受聘回南开大学任教，担任讲师。

写作《中国商事法》教材

南开大学自创办以来坚持"文以治国、商以富国、理以强国"的办学理念，虽未设法科，但对商科却极为重视，不仅办有商学院，侧重于普通商科、会计、银行等专业学生的培养，还在文学院下设有经济学系，强化经济理论的教学。20世纪30年代南开大学更是将商学院与经济学系，以及社会经济研究委员会三个独立的教学研究单位合并为经济学院，由著名经济学家何廉执掌之。此外，还成立了经济学院董事会，邀请了一些工商界和教育界名流担任董事，由社会名流颜惠庆任董事长。

何廉上任前后走访了国内几乎开办有经济学专业的所有大学,发现当时的中国高校教学中存在着一些共性的问题:一是不重视教材的编写,使用的教材基本上是直接从国外引进的,教材无法反映中国的知识和问题;二是教师的工资大都按课时计算,导致教师很少从事研究,每日忙于上课,较少从事科学研究;三是学生专业分得过细,知识结构不合理。为此,何廉决定对课程进行改革,强调经济学学科的中国化,编写适合中国学生使用的教材,同时扩大学生的知识面。

刘朗泉于此时加盟了南开大学商学学科。据统计,1937年南开经济学商学学科共有教师和研究人员32人,其中教授、副教授10人,除何廉外,还有方显廷、陈序经等一批名家,且基本上都是从国外名牌大学毕业的,可谓人才济济。此时的中国高等教育与欧美以及日本的名牌大学相比尚有不小的差距。刘朗泉不但没有留学的经历,还是东吴大学夜校部毕业的,就学历而言在教员中当属最低者。

工作在这样一个群体里,刘朗泉自然压力不小。何廉的改革给他发挥自己知识复合的优势提供了机会。他从1932年秋季起在经济学院开设中国商事法的课程(1934年春,中华民国教育部则以南开大学经济学院不合《大学组织法》的规定为由,不予备案,指令加以改组。南开大学不得不将经济学院名称撤掉,恢复商学院,把全校所有的经济学和商科专业统合在新的商学院之下),抗日战争爆发前南开商学院的学生最多时已达到170多人,要想让这些学生发自内心的接受一位老师绝非易事。

传统中国重农轻商,并没有真正意义上的商事法律。晚清推行新政始承认商事活动的正当性,制定商事法律,对商人和商业活动加以鼓励和保护。此后,主要由从国外移植而来的商事法律、商法学在新的法律体系和新的法律知识体系中一直占据重要地位。到刘朗泉在南开大学讲授中国商事法的时候,坊间已有了几种商法学的教材,如王效文的《商事法概论》(1931年)、《商法原论》(1931年)等。但这些教材是为法科学生编撰的,传授的知识也基本上是从国外移植而来。商学院的学生没有法学基础,因而,现有的教材都不太适合。为了讲好中国商事法课程,刘朗泉认真备课,深入研究,亲自动手编写讲义,并根据教学效果不断对讲义进行修改。经过几年的试用,讲义逐渐成形,于抗战前的1937年以教育部大学丛书的名义由商务印书馆公开出版。

刘朗泉编写的《中国商事法》教材在内容和体例上大胆创新,自成一体。

教材本着"民商合一"的体例，取广义商事法的概念，以中国商事现行法、法律解释、判例以及中国民间习惯为依托，兼采各家学说，将民法（债编为主）、海商法、公司法、保险法、票据法，乃至商标法、著作权法、破产法等部门法的知识融合为一体，类似于中国商事法的"百科全书"，大大方便了使用者，也体现了作者学识之渊博和驾驭各学科知识之能力。《中国商事法》体例上分绪论和本论两部分，绪论五章（包括权利义务之观念、法律之观念、私权之主体及客体、私权之得丧变更、商事法之意义），本论七编三十二章（第一编从事商业之人，下设商人、商业使用人及商业学徒、代办商三章；第二编商业组织，下设总说、个人资本、合伙、公司四章；第三编商品，下设商品之标识、商品之专利二章；第四编商事权义之发生，下设契约、代理、票据三章；第五编海事权义之担保，下设物上担保、对人担保二章：第六编有关商事之契约，下设买卖、特种买卖、互易、交互计算、租赁、借贷、雇佣、承揽、委任、居间、行纪、寄托、仓库、运送、承揽运送、海上运送、保险十七章；第七编破产与和解，下设总所、和解、破产三章），从私权和法的一般概念入手，层层递进，最终落脚到商事法上。内容之外，刘朗泉还力求打通法学和商学之学科界限，除介绍商法知识，还介绍中国现实生活中的各种商业行为，以及中国的商事习惯，阐扬法理，解释法条，宣传法意，树立法权，融多种功能于一身。作为教材准确传授相关领域的专业知识固然重要，但如能坚持正确的价值观，树立权利至上的理念则更为重要，《中国商事法》教材就是如此。如果学生能按照该教材的章节一章章读下来，并读懂的话，会起到很好的学术训练效果。不仅如此，教材行文简洁流畅，用语准确，但又无其他教材文字之晦涩，令人耳目一新，在编写中国自己的法学教材方面做了积极有效的探索。据南开大学经济学教授熊性美介绍，该教材出版后，深受各方喜爱，除国内一些大学使用外，在银行等商业机构也大受欢迎，取得了巨大成功。

遗憾的是，该教材出版不久抗战即全面爆发，南开校园毁于日军炮火，南开大学被迫南下。刘朗泉没有随学校去湖南，而是携家眷辗转南下回到江浙养家渡国难。抗战后先后在南京金陵女大、上海沪江大学、东吴大学法学院等校任教，讲授商事法、民法、中国文学、汉语等课程，学术上再少有建树。中华人民共和国成立后任教于中学，1979年从江苏丹阳市教育局退休。1995年辞世，享年87岁。

杨敬年：中国发展经济学的开拓者[①]

关永强

杨敬年（1908—2016），湖南汨罗人，汉族，曾先后担任南开大学校务委员会委员、天津市财经委员会委员、南开大学财政学系主任、经济学系学位委员会主任、国际经济贸易系教授等职务，并任中国对外经济合作学会常务理事，天津市国际经济学会、财政学会、外国经济学学会、翻译工作者协会顾问，天津市政治学学会名誉理事长等，享受国务院政府特殊津贴，被牛津大学圣体学院授予荣誉院士名衔，入载英国剑桥传记中心《澳洲和远东名人录》《21世纪2000个杰出的知识分子》，美国马奎斯世界名人传记中心《世界名人录》《亚洲名人录》。

杨敬年是当代著名的经济学家和翻译家，南开大学财政学系的创办人。他在全国最早引入和讲授发展经济学，他编写的《西方发展经济学概论》和《西方发展经济学文献选读》是我国发展经济学的经典教材；他翻译的《国富论》和《经济分析史》等经济学名著在学术界广受赞誉，陶冶了一代又一代的经济学人。

[①] 本文撰写过程中主要参考了杨敬年先生的自传《期颐述怀》（南开大学出版社2007年版）和他的《人性谈》等相关著述。

生平简历和工作情况

执着追求的四十年

1908年农历十月十七日，杨敬年生于湖南省湘阴县（今汨罗市）大荆乡一个贫苦农民的家庭，幼年时因父亲外出不归，主要由外祖父黎贞（字葆初）抚育长大并启蒙读书。少年的杨敬年曾与外祖父和诗一首，以畅其志："胸中一天地，心花亦作茵。况当上巳日，洗涤益清新。坚若苍松节，朗如白石筠。提笔学造化，酝酿太和春。"

1922年，在叔祖父杨志高的资助下，杨敬年得以到岳阳县城第一高等小学读书，毕业后又考入湖南省立第一师范学校。1925年，经家人介绍，杨敬年与李韵兰女士结婚。婚后由于生计所迫，他曾休学一年，在家乡的初等小学任教，这一年他既要教书，又要抚养刚刚出生的儿子杨修慧，深感心力交瘁，偶然读到梁启超《新民说》中的四篇文章"论自尊""论自由""论冒险进取"和"论毅力"，大受鼓舞。初中毕业后，他继续报考中央军事政治学校第三（长沙）分校，被录取为步兵科学生。由于擅长演讲，他还被推举为宣传队员，并醉心于共产主义思想。正在此时，发生"马日事变"，长沙驻军许克祥宣布反共，杨敬年愤而离校，赴湘乡参加农会，因无法与组织取得联系，只好在湘阴和岳阳教了两年高小。

1929年夏，杨敬年决定走出湖南，赴上海投考劳动中学，却因年龄太大而未被录取，于是在南京先后进了两个短期学校，直到1932年才考入中央政治学校大学部行政系学习。大学期间，他参加中国文化协会举办的读书会，读到的王星拱的《科学概论》，张东荪的《哲学》，冯友兰的《中国哲学史》，夏曾佑的《中国古代史》，陈恭禄的《中国近代史》，周鲠生的《国际法》，王世杰的《比较宪法》和G.D.H.柯尔的《世界经济与政治》等几部书，给他留下了深刻的印象，也对他后来多学科的研究视野产生了深远的影响。

在中政大期间，杨敬年经常订阅《大公报》，尤其爱读其中由南开大学经济研究所主编的《经济周刊》。因此，1936年大学毕业后，他并没有像其他同学一样进入仕途，而是选择报考南开大学经济研究所，被录取为第二届研究生，学习地方行政专业。经济研究所的学制两年：第一年学习科学方法论（陈序经）、地方政府（张纯明）、行政学（张金鉴）、财政学（王海波）、地方财政（李锐）等五门专业课程，除科学方法论集体上课外，其余均为导师个别指导；第二年实地考察和撰写毕业论文。所内师生关系密切，老师常请学生在家中吃饭，研究生也和老师一样每天到位于木斋图书馆地下室的经研所办公室上班。

杨敬年入学时正赶上欢送经研所创办人何廉先生赴任国民政府行政院政务处长，由方显廷先生继任代理所长。方显廷治学素以严谨认真著称，是当时中国工业化、经济发展和经济史领域最具影响力的经济学家之一。杨敬年作为经济研究所第二届研究生的代表，经常与方显廷先生见面交流，在求学、做人、做事各方面深受其熏陶和影响。

"七七事变"发生时，杨敬年正在浙江考察地方行政和财政，随着战事的蔓延，考察无法进行，只好回汨罗老家。正当这时，他接到了方显廷先生连续发来的三封电报，邀他去贵阳工作。老师的关心令他深受感动，于是1938年携全家来到贵阳，在何廉、方显廷领导下的中国农村建设协进会工作。此后不到一年，经济研究所的另一位老师张纯明先生从重庆来信，以更加优厚的待遇邀他去行政院工作，经过方显廷先生的劝勉，杨敬年决定转赴重庆，在行政效率促进委员会担任调查员。1940年，应时任农本局总经理的何廉之请，杨敬年又到三民主义青年团中央团部和农本局人事室工作。1941年农本局被取消后，由经研所同学黄肇兴和老师李锐介绍，杨敬年还相继担任过资源委员会钨业管理处总务室人事课课长和财政部秘书处荐任秘书等职。在此期间，他一直不甘于沉沦仕途，始终不懈努力，勤于学习，终于在1944年考取了中英庚款董事会第八届留英公费生。

1945年8月，杨敬年和其他庚款留英学生一起从重庆出发，历时一个多月，于10月间到达英国，随后进入牛津大学圣体学院攻读哲学博士（D.Phil.）学位，着重于研究政治制度，属于牛津社会科学（Social studies）的政治学哲学经济学（PPE）专业。由于成绩优异，只经过两个学期的试读，他就通过考核转为研究生（advanced student），跟随全灵学院的公共管理教授惠尔（K. C. Wheare）研究英国中央政府各部职权的分配问题。经过两年多的刻苦研究和在英国财政部的深入访谈，杨敬年完成了博士论文"英国中央政府各部职权的分配（与美国和英属自治领的比较）"（"The Distribution of Functions among the Central Government Departments in the United Kingdom, with Some Comparison of the United States of America and British Dominions"），随后顺利通过答辩，于 1948 年 6 月获得牛津大学哲学博士学位。

在牛津读书期间，杨敬年还曾被推选为牛津中国学生会主席和留英中国学生总会主席，并于 1946 年率领由留英学生组成的中国学生代表团到布拉格参加世界学联成立大会，还曾与部分在牛津和剑桥学习的中国学生共同发起和组织学术团体"民社"，研究探讨如何实行民主政治和社会主义。

艰苦磨炼的三十年

1948 年 10 月，应时任校长的恩师何廉先生之邀，杨敬年回到南开大学，担任政治经济学院政治系教授。解放前夕，面对可以继续出国从事研究的机会，杨敬年认为自己是贫农出身，全靠投考公费才能一直读书，对新中国有朴素的阶级感情，在中央军事政治学校长沙分校时也曾申请加入共产主义青年团，因而决定留在天津迎接解放，为新社会一展所长。

1949 年 1 月天津解放，南开大学由军管会聘任的校务委员会管理，杨敬年担任校务委员，兼天津市财经委员会委员。随后，他又受命创办财政系并担任首任系主任，不仅努力延聘师资，完善课程培养方案，而且与中央财政部订立合同共同办学，为新中国培养了一批财政人才。与此同时，和其他知识分子一样，为改造思想，从头做起，更好地为人民服务，杨敬年还努力自学俄文，先后翻译了三部苏联学者的经济著作，并以优秀的成绩获得了马列主义夜大学的毕业证书，还到广东南海县参加了七个月的土改工作。

1952—1954 年院系调整，南开财经学院七个系八个专业被合并为经济学系政治经济学一个专业，杨敬年和其他几位同事被编入新成立的财经研究室，但并没有固定的研究方向。其间，他曾与潘源来、李建昌和岳毓常等同事一起接受了中国近代经济史资料丛刊编辑委员会委托的中国近代盐务史资料整理工作，整理出的大量资料在三十年后才得以《中国近代盐务史资料选辑》为题出版。

1957 年 8 月，杨敬年被错划为"右派"分子。1958 年 8 月又被法院错误地以历史反革命罪判处管制三年，同时剥夺政治权利三年，在南开大学经济学系的资料室接受劳动改造。在此期间，杨敬年多次遭受批斗，大量外文藏书被全部抄走，夫人李韵兰女士于1974年因脑溢血而半身瘫痪，他唯一的儿子杨秀慧也于1976年因急病去世。面对这一连串的打击，杨敬年后来回忆说："当时使我能恢复心理平衡的，只有三个法宝，都是毛主席亲自送的。一个是不着急……三年管制，就当是害了一场大慢性病，既来之，则安之……一个是他所说的变坏事为好事。我要把强迫我去做的事情，如学习、劳动，变成我自己主动要做的事情，从中获得实实在在的好处……一个是他所说的'战略上藐视敌人，战术上重视敌人'，我深信我能战胜管制所带来的一切艰难困苦，但我还是要抱小心翼翼的谨慎态度。"[①] 当时的杨敬年曾写下这首诗，以抒胸臆："十年如逝水，半百转蹉跎。顽体欣犹健，雄心信未磨。丹诚贯日月，浩气凛山河。大地寒凝肃，春华发更多。"

他坚信通过时间的检验，中国共产党和中国人民必定会给予他公平的对待，而在当时那种情况下，他只能把全部心力投入工作中，"应当做什么就做什么，能做什么就做点什么"[②]。除了经济学系和资料室的日常工作，杨敬年还参加了《资产阶级庸俗政治经济学选辑》一书的选作和翻译工作，1962—1964年为政治经济学专业学生开设"资本主义国家经济基本知识"课程，先后翻译了《帕特曼报告》《英国议会》《白劳德修正主义批判》《1815—1914年法国和德国的经济发展》《经济分析史》《不稳定的经济》《美国第一花旗银行》《垄断资本》和《银行家》等大量经济学和政治学重要著作，并于1974—1979年对南开大学受国务院委托翻译的近二百万字联合国大会和安理会记录进行审核定稿。

潜心奉献的二十年

1979年3月，杨敬年的错划"右派"问题得到改正，恢复了政治名誉，撤销了因"右派"问题定为历史反革命的结论以及给予管制三年和行政降级降薪的处分，并调到经济学系世界经济教研室工作。已经年逾古稀的杨敬年

---

① 杨敬年，《期颐述怀》，南开大学出版社2007年版，第87页。
② 同上书，第88页。

终于得以恢复了教授的名义，此后又从四级教授晋升为三级教授，并享受国务院政府特殊津贴。对此，杨敬年回忆说："然而我觉得我还是我，只不过我现在是一个堂堂正正的大学教授，能名正言顺地从事科学研究工作而已。"①他还赋诗一首，来表达自己的心愿：

> 盈巅白雪不知愁，
> 一片丹心步陆游。
> 蜡炬春蚕功不灭，
> 迎来光热遍神州。

从 1978 年开始，杨敬年给大学生、研究生和青年教师开设经济专业英语课程，直至 1994 年完全退休为止。他一方面从英国《经济学人》等杂志选读学术性较强的文章，自己编印讲义；一方面用萨缪尔森的《经济学》作为原版教材，使学生从一开始就能接触到外国通行的经济学文献的文体，迅速提高阅读外文专业文献的能力，同时也丰富了经济学的知识。有些后来在国外深造的同学反映，深感在一年中花费在这门课上的时间和精力获益极大。

杨敬年先生这一时期更大的学术贡献体现在发展经济学领域。

1981 年，杨敬年就出版了《科学·技术·经济增长》一书，为引进发展经济学做了思想准备。1982 年，他在全国大学中率先开设发展经济学课程，后来又陆续给研究生、大学四年级学生和世界银行援助的三届助教进修班讲授此课，并应国家教委高教司副司长季啸风之邀，先后编写了《西方发展经济学概论》和《西方发展经济学文献选读》两部教材（列入国家教委第二届普通高等学校文科教材编写计划），为发展经济学在中国的建立与发展奠定了基础。其中，《西方发展经济学概论》一书的撰写历时五年，三易其稿，出版后大受好评，荣获国家教委第二届普通高等学校文科优秀教材奖。杨敬年也应邀在国家教委的《文科教材建设》杂志上发表"编写《西方发展经济学概论》一书的体会"一文，将自己对西方发展经济学的看法和编写符合中国需要、具有中国立场的发展经济学教材的经验毫无保留地分享给了学

---

① 杨敬年，《期颐述怀》，南开大学出版社 2007 年版，第 99 页。

界的同人。为了使中国发展经济学能够与国际前沿接轨，杨敬年在1985年和1987年两次接待美国耶鲁大学著名发展经济学家古斯塔夫·拉尼斯教授来南开讲授发展经济学。其中，第二次还通过世界银行援建项目在南开设立讲习班，杨敬年担任主持人，拉尼斯主讲，林毅夫翻译，由各大学选派教师参加学习，大大推进了发展经济学在中国的发展。

在发展经济学的理论研究方面，杨敬年承担了国家教委"七五"哲学社会科学重点科研课题"第三世界国家经济发展理论与实践综合分析"，撰写了"论经济发展的十大关系"一文，系统性地阐述了自己对经济发展和发展经济学的看法；同时还发表了"论发展经济学的对象和方法""经济发展与国家财政""论教育对经济发展的贡献"等多篇学术论文。他还从1981年起招收发展中国家经济方向的研究生，到1994年共培养研究生20名，其中几位就曾将拉尼斯和费景汉合著的发展经济学名著《劳力剩余经济的发展》一书译成中文出版。当时中国培养研究生尚在初创阶段，杨敬年曾在《学位与研究生教育》杂志上发表"如何指导硕士研究生学习"一文，总结分享他在研究生教育教学方面的经验。

在此期间，杨敬年还在79岁时光荣地加入了中国共产党。他曾说："我感到这是我一生最大的幸福。我40岁时得到牛津大学博士学位，80岁时成为共产党员，都花费了四十年的时间，才能实现自己的夙愿。但牛津博士只是求学的顶峰，共产党员才是做人的顶峰。"[①]

1994年以后，杨敬年完全离开了教学科研工作，得以潜心探索，希望能够找到一根红线，把过去所学的东西串联起来，加以温习、整理，使之融会贯通。人性问题既是一个永恒的问题，又是一个现实的问题，它和发展经济学，和中国当前的经济发展，都有直接的、密切的联系。于是他用两年多的时间撰写了《人性谈》一书，将自己平生所学熔于一炉，从哲学、科学、政治、经济、伦理等角度对人性进行了深入剖析，出版之后大受好评。

在90岁那年，杨敬年还完成了他的最后一部译著——亚当·斯密的《国富论》，作为"影响世界历史进程的十本书"之一出版。与《国富论》的其他译本相比，杨敬年的译本有着鲜明的特色，不仅完全采用了现代语言，通俗易懂，而且在正文之外，还译出了英国著名经济学家同时也是《国富论》

[①] 杨敬年，《期颐述怀》，南开大学出版社2007年版，第150页。

研究专家坎南所作的全部页边提要和注释，并附有全书各编的导读，可读性强。出版后极受读者欢迎，迅速成为了学术畅销书，十多年间连印16次，发行十多万册。

安宁祥和的晚年

1998年1月，夫人李韵兰女士去世后，杨敬年一直和孙子杨华一家在一起，生活安宁而祥和。除了接待经常来访的友人、同事、学生和慕名而来的记者外，晚年的杨敬年将大部分的时间都用在了读书上，经济、政治、历史，无所不至，他尤其爱读冯友兰的《中国哲学史》和《贞元六书》。即使是在百岁以后由于黄斑性病变而接近失明的情况下，他仍然每天坚持背诵古文、收听新闻和锻炼身体，经常通过有声阅读器收听图书，每周还和身在美国的学生邹玲探讨中国哲学。2016年，他还当选了国家新闻出版广电总局主办的年度"十大读书人物"。

在100岁时，杨敬年完成了27万多字的自传《期颐述怀》，回顾平生，广受各类读者的欢迎，出版后八年间连续加印了四次。105岁时，他又重新整理近年来自己对权力分配不平等和收入分配不平等这两个人类社会根本问题新的思考，修订再版了《人性谈》，在初版基础上增补一万多字。

2011年3月，为表示对《国富论》中译本的感谢，亚当·斯密母校格拉斯哥大学的校长拜访杨敬年并致送亚当·斯密的肖像和《国富论》手稿影印件。2016年6月，牛津大学圣体学院授予杨敬年"荣誉院士"名衔，杨敬年为此专门录制答谢视频，进行5分钟的英文演讲，视频在牛津大学圣体学院网站播放。

2016年9月4日，杨敬年先生病逝于天津，享年108岁。

主要著作和学术观点

主要著作与学术观点

杨敬年1948年在牛津大学完成的博士论文题为"英国中央政府各部

职权的分配（与美国和英属自治领的比较）"，考察了英国政府机构的整体结构及其各部门的职权划分，从政府运行效率的角度，分析了政府机构设置的依据、运行平稳程度及存在的问题，对部门间职能划分的合理性以及机构重组等提出了独到的见解；此外，还参考美国及英属殖民地政府机构设置的具体做法和特点，并比较分析了与英国政府机构设置的差异。根据导师惠尔（K. C. Wheare）的评语，论文达到了牛津大学博士论文"必须对知识做出原始贡献"和"适于出版"两个要求，当时圣体学院院长理查德·利文斯通爵士（Sir Richard Livingstone）拨出专款，由杨敬年的道德导师威尔逊博士（Dr. C. H. Wilson）请人润色文字，准备出版，后由于长期音讯隔绝，遂无下文。

《科学·技术·经济增长》，天津人民出版社1981年出版。书中首先论述了科学技术进步是加速经济增长的关键；接着阐明了科学技术进步对经济增长的贡献，介绍了具体的计算方法；然后分析了科学技术进步与经济增长的相互关系；最后阐述了科学技术进步在未来世界经济增长中所肩负的使命。本书的出版为引进发展经济学做了思想准备，表明在经济发展方面，国外确实有值得我们学习的东西。

《西方发展经济学概论》，天津人民出版社1988年出版。本书是杨敬年在发展经济学领域中的代表作，采取实事求是的态度，辩证唯物主义的观点，去粗取精、去伪存真、由此及彼、由表及里的方法，以及发展中国家的立场，出版后颇受好评，曾获国家教委普通高等学校文科优秀教材奖。全书54万字，分为总论、资金、战略和综合四编，共12章，全面介绍了经济发展、发展经济学、经济发展理论、用于发展的国内资金、用于发展的国外资金、技术发展、农业发展、工业发展、贸易发展、人力发展、发展计划与市场调节、国际经济新秩序等问题。作为我国第一部成熟的发展经济学教材，为了向学界同人分享经验，杨敬年还在书末附录了自己编写《西方发展经济学概论》的体会。

《西方发展经济学文献选读》，南开大学出版社1995年出版。全书共61万字，作为高等学校文科教学参考书，与《西方发展经济学概论》是姐妹篇，编辑体例相同，可以互相补充，但又独立成书。选录文章60余篇，均由杨敬年自行翻译，内容完整。读者手此一编，可以对发展经济学的主要问题和最新发展一目了然，获得比较全面深刻的理解。

《人性谈》，南开大学出版社 1998 年初版，2013 年修订再版。本书是杨敬年先生晚年在反思平生所学的基础上完成的集大成之作，记录了他从哲学、科学、经济学和政治学角度对人性这一永恒话题的思考，包括从科学的角度看人、人性剖析和人性与社会三编。书中的主要观点包括：人为万物之灵，除了有感情之外，还有智力，能创造；人性就是需要，就是欲望，需要、欲望、情感、冲动是行为的动机和目的，而理性只是情感的奴仆，是为实现行为的目的服务的；善就是所有的人的需要和欲望的满足，作为人的行为动机的仁义礼智，显然会导致善的行为，而作为人的行为动机的名利权势，则可能并且常常导致恶的行为，由于人有这两类不同的情欲，所以人性既是善的，又可能是恶的；人在征服自然界方面已经取得了辉煌的成就，而在处理人与人的合作方面则瞠乎其后；人与人的关系分为政治关系、经济关系、伦理道德关系等，政治关系中的核心和两难问题是权力分配问题，经济关系中的核心和两难问题是收入分配问题，迄今为止，人类在解决这两个问题方面还是不免常常出现顾此失彼、畸轻畸重的局面；在伦理道德方面，要针对人性的现实，通过教育、公众舆论、个人修养和社会制度，发扬人性的善的趋向，抑制和转移人性的可能致恶的趋向。

此外，杨敬年的主要学术论文还包括："发展经济学的对象和方法"，载《南开经济研究》1988 年第 6 期和 1989 年第 1 期；"第三世界国家经济发展中的十大关系"，载《南开经济研究》1992 年第 5 期；"经济发展与国家财政：泛论发展中国家财政"，载王亘坚、梁尚敏主编《财政理论探新》，吉林人民出版社 1986 年出版；"论教育对经济发展的贡献"，载《南开教育论丛》1987 年第 4 期等。

其中以"第三世界国家经济发展中的十大关系"一文最能代表杨敬年先生对发展中国家经济发展和发展经济学的观点。他根据第三世界国家近半个世纪经济发展的理论和实践，提出并分析它们在发展道路上所遇到的关系全局的普遍存在的十对矛盾：经济增长和经济发展（发展目标）、平衡增长与不平衡增长（资源配置）、农业发展与工业发展、进口替代与出口促进、物资资本与人力资本、技术引进与技术开发（发展战略）、外延增长与内涵增长（生产、效率与就业）、经济计划与市场调节（经济管理体制）、发展潜力与发展实绩（发展的关键因素）、发展经济学与单一经济学（中国发展经济学的建立）。在此基础上，他结合中国的具体实践，提出了自己对这些矛盾的解决方案，希望能够借此使经济发展的道路变得更加坦荡，有助于将第三世界国家从落后引向发达的彼岸。

其他研究成果

杨敬年先生的主要译著包括俄文三种和英文九种，按时间顺序如下：

〔苏〕科伦诺德，《经济核算制原理》，十月出版社 1953 年出版；

〔苏〕《苏联地方税捐》，财政部《财政半月刊》连载，1956 年；

〔苏〕《苏联国家预算》，由教育部组织，译成后未能刊行；

〔英〕詹宁斯，《英国议会》，笔名蓬勃，商务印书馆 1959 年出版；

〔美〕福斯特等，《白劳德修正主义批判》，笔名杨延生，生活·读书·新知三联书店 1962 年出版；

〔英〕克拉潘，《1815—1914 年法国和德国的经济发展》，由傅筑夫约译、杨敬年译完，以傅的笔名傅梦弼出版，商务印书馆 1965 年出版；

〔美〕维克托·佩洛，《不稳定的经济》，以政治经济学系名义，商务印书馆 1975 年出版；

〔美〕莱因斯多夫、埃特拉，《美国第一花旗银行》，以政治经济学系名义，商务印书馆 1976 年出版；

〔美〕巴兰、斯威齐，《垄断资本》，以政治经济学系名义，商务印书馆 1977 年出版；

〔美〕马丁·迈耶，《银行家》，商务印书馆 1982 年出版；

〔美〕熊彼特，《经济分析史》第二卷和第三卷前两章，商务印书馆 1992 年、1995 年出版（2001 年台湾左岸文化事业有限公司出版繁体字本）；

〔英〕亚当·斯密，《国富论》，陕西人民出版社 2001 年出版。

此外，1974—1979 年六年间南开大学经济学系和经济研究所每年承担翻译联合国大会和安全理事会正式记录的工作 30 万字，系所老中青教师全体参加翻译，由杨敬年最后审校定稿。杨敬年还组织王月等研究生翻译了费景汉、古斯塔夫·拉尼斯的《劳力剩余经济的发展》并亲自校对，华夏出版社 1989 年出版。

治学方法和经验

杨敬年先生生前曾将自己治学的经验教训总结为五点，兹录于下。

第一，要有宽广的学问基础。杨敬年从政治系到财政学系和经济学系，从翻译到发展经济学，晚年还在哲学与社会科学交叉领域撰写了《人性谈》，学术方向的变动不可谓不大。之所以能有这样的作为和成就，首先要归功于他宽广的学问基础。他曾多次指出，现代科学的细分对于学生特别是社会科学的学生而言并不全是好事，过度细化的科目会妨碍学生学习相邻学科的知识，也很难以全面的眼光来看待复杂的社会和经济问题。他回忆起自己的求学和治学历程：在大学就读行政系时，就学习了政法财经文教各方面的几十门课程，大学三四年级时参加中国文化学会的读书会又精读了十部不同学科的名著。他经常怀念求学时期的南开经济研究所，谈起何廉先生创办经研所时所仿照的就是英国伦敦政治经济学院，目的在于建立一个社会科学交叉互动的综合性研究机构，当时何廉是财政学，方显廷是经济史，陈序经是社会文化学，而张纯明是政治学理论，张金鉴则是行政管理，这种多元化的学术气氛给当时在南开读书的杨先生留下了深刻的印象。在牛津大学期间，他就读的是政治学哲学经济学专业（PPE），学习了三个学科的相关知识。正是这种综合的学术背景为他以后的研究工作打下了坚实的基础，使他能够在客观需求的风云变幻中站住脚跟。

第二，要有过硬的语言功底。文字是传达思想的工具，要能写流畅的中文文章，要有一门精湛的外文修养，才能搞好学问。杨敬年小时随外祖父读四书五经，至13岁已经文理清通。大学四年，又规定每年要读一部中文名著和一部英文名著，考试及格才能升级及毕业。后来又在英国留学三年。因此有较好的中英文基础。此外，他还曾自学俄文，翻译过数部俄文著作。

第三，要有严肃认真的治学态度。不论是读书、教书、写书、翻译或办学，都必须严肃认真，一丝不苟，否则就是自欺欺人，误人子弟。

第四，要有不断追求的治学精神。永远不满足于已经取得的成绩。杨敬年认为求知和创造是人类的天性，他自己年轻时之所以多次放弃进入政府或留在政府工作的机会，而要去苦苦追求学习，最重要的动机就是要充分发挥自己的天赋聪明才智。充分发挥其心的知觉灵明，就是尽心。人知性则可以使此性完全实现，使此性完全实现即是尽性。

第五，要有健全的体魄。杨敬年先生直到百岁以后，仍然坚持每天学习和锻炼。他曾提到"身体不好，学问再好也无从发挥。俗语云，健康的精神寓于健康的身体。萧伯纳却说，健康身体是健康精神的产物。我同意萧伯纳的意见"[①]。

---

① 原文参见杨敬年，《期颐述怀》，南开大学出版社2007年版，第179—180页。

鲍觉民：国难砥柱，厚学宗师

楚义芳　吴浙

生平简介

1909年8月3日，鲍觉民生于安徽省巢县（今巢湖市）。幼年在巢县读小学，中学就读于南京东南大学附属中学（现南京师范大学附属中学），1929年因成绩优秀被保送进入国立中央大学地质地理气象学系，1933年大学毕业，同年受聘于天津南开大学。鲍觉民踏进南开大学，就给经济学系本科生讲授经济地理，讲课受到学生的好评和系主任何廉的赞赏。由于鲍觉民工作勤奋，教学认真，两年后晋升为讲师。

1937年春，鲍觉民征得校方同意，参加中英庚款留学考试，考试成绩优异，考取庚款留英公费生。临行前，校长张伯苓送别，要求鲍觉民学成后一定回南开。

1937年秋，鲍觉民赴英国伦敦大学政治经济学院，师从曾任国际地理联合会主席的著名地理学家斯坦普教授（Prof. Laurence Dudley Stamp）。1940年，以"中国运输地理研究"论文，获经济地理学博士学位。同年冬，鲍觉民回国，受聘于昆明西南联合大学，担任经济地理学教授。

"五十年前到南开任教的回忆",《南开大学校刊》1983年10月25日

从 1942 年至 1945 年日本投降,在西南联大繁忙的日常教学之外,鲍觉民还专门负责中缅印战区中国远征军译员训练班,从初期的教员、主任秘书很快擢升为总务长,直至训导长(少将级)。抗战胜利后,1946 年春,鲍觉民随战地服务团回到南京。1946 年 6—9 月,任国民政府参议。

1946 年 9 月至 1947 年 3 月,鲍觉民应英国文化委员会的邀请访问英国,以亲身经历,在伦敦、牛津、剑桥、曼彻斯特、伯明翰等 15 所大学做演讲和座谈,讲解中国战胜日本的历程和原因,以及战后中国社会经济发展的新态势,并同时从经济地理的专业角度,演讲"中国土地利用""中国人口问题"等专题。

1947 年 7 月至 1948 年春,鲍觉民担任南开大学训导长。1948 年春至 1949 年 3 月,鲍觉民转任南开大学政治经济学院院长,兼任南开经济研究所

中英庚款公费留学生证书，1937年6月10日

所长。1949年3月以后直至逝世，鲍觉民一直在南开大学任教，其间，1956年还曾兼任北京国际关系研究所研究员。

从1952年开始，鲍觉民就因"严重特务嫌疑，可能有现实活动"，被"留校察看"，在"文化大革命"期间，鲍觉民更是屡屡受到冲击。1978年，跟许多老一辈知识分子一样，鲍觉民获得平反，并成为九三学社的成员。1981年5月，经过深思熟虑，鲍觉民提出加入中国共产党的申请。

1982年和1988年，鲍觉民作为中国地理学会的代表团成员，参加了分别在巴西和澳大利亚召开的国际地理大会。1985年，已经76岁高龄的鲍觉民加入中国共产党。

1978年获得平反以后，鲍觉民历任南开大学台湾研究所所长，天津市政协委员，天津市人民政府咨询委员会副主任，全国大洋洲经济研究会副会长,中国地理学会理事,中国地理学会人文地理专业委员会主任,《人文地理》杂志主编等职务。

重要活动及主要贡献

理论联系实际,服务经济和社会建设

鲍觉民认为,经济地理是一门需要真正"脚踏实地"研究的学问。早在受聘到南开大学工作之初,鲍觉民就利用每个星期日的上午,骑自行车考察天津的街区和城郊。年复一年,他对天津的大街小巷和周围村落都了然于胸。在此基础上,他对天津城市聚落的兴起和天津城市发展的研究日渐深入,成为国内外研究天津地理的资深学者。

鲍觉民深刻理解经济地理学对中国社会经济发展的重要性,因此利用一切可能的机会考察中国和世界其他地区的经济地理环境。他在伦敦大学的博士论文"中国运输地理",就是在考察京沪、京广、陇海等铁路沿线的基础上完成的。1940年鲍觉民回国时,欧洲战场激战正酣。即使在如此危险的情况下,他还是利用航线更改的机会,访问了几内亚、南非等地,最后从新建的滇缅公路回到昆明。这次历时两个多月,途经欧、亚、非三洲的旅程,为其日后的研究与教学奠定了坚实的基础。直到老年,鲍觉民的行走也没有停止。1970年,年过花甲的鲍觉民依然同年轻人一起,背着行李跋涉几个月,参加千里野营拉练,正是这种脚踏实地的执着,铸就了鲍觉民一生理论联系实际的治学精神。

重视对现实实际问题的研究,积极倡导地理学为经济建设和政府决策服务,一向为鲍觉民所强调。事实上,鲍觉民的大量研究工作都是在实地考察的基础上完成的。抗日战争前后,鲍觉民在对四川省和云南省进行实地考察的基础上,完成了两篇著名的论文:"成都平原之水利"和"云南省呈贡县落龙河区的土地利用"。抗战胜利南开大学复校以后,鲍觉民在对天津进行实地考察的基础上,完成了"天津港口发展之地理背景""天津都市聚落的兴起和发展""天津城市地理的特征及其前景""环渤海经济区在亚太地区的战略地位"以及《天津》等论文和专著。

为中国远征军训练译员，倾力投入抗日战争

"一寸山河一寸血，十万青年十万军。"在中国人民抗日战争进入殊死搏斗的最后时刻，1941年12月，根据《中英共同防御滇缅路协定》，国民党政府开展知识青年从军运动，征集知识青年十万人，编组中国远征军。中国远征军作为抗日战争时期中国入缅对日作战部队，计9个师10万余人。

在中缅印战区中国远征军队伍中，有一支青年学生军人译员，他们负责中美军官的翻译与联络工作。而对这些学生军人译员的培训，从1942年春天就开始了。训练的主要基地，就是位于昆明的中国远征军译员训练班，亦称昆明战地服务团译员训练班。

从1942年至1945年3月，在西南联大繁忙的日常教学之外，鲍觉民被抽调出来，专门负责中缅印战区中国远征军译员训练班。初期鲍觉民是英文教员兼主任秘书，由于他兢兢业业倾力投入，很快被擢升为训练班总务长，最后担任了训练班的训导长（少将级）。在训练班培养的众多学生军人译员中，就有日后在1978年改革开放之后，成为南开大学新一代学科领军人物的熊性美、何自强等干才。

正是由于鲍觉民以自己独特的方式，倾力投入中国人民的抗日战争中，抗战胜利后，当年的导师斯坦普教授通过英国文化委员会，盛情邀请鲍觉民访问英国。1946年春，南京英国驻华大使馆官员致信鲍觉民："奉英国文化委员会伦敦总部电示，邀请先生于1946年前往英国访问数月……请接受这一邀请，并于最近期内在南京通知我。近日将有详尽之通知寄上，如能前往，请告知我何时动身。至于护照问题，先生可径向南京外交部申请。最后并请做好免疫及种痘等准备工作。"

1946年9月至次年3月，鲍觉民访问英国，以自己的亲身经历，在英国15所大学讲解中国战胜日本的历程和原因，展望战后中国社会经济发展的新形势，并从专业的角度，演讲"中国土地利用""中国人口问题"等。

时年七旬高龄，依然引领学科发展

当历史的巨轮驶进20世纪70年代末，中国迎来了改革开放的新时期。

从 1952 年鲍觉民开始受到冲击，到 1978 年获得平反，26 年过去了，此时鲍觉民已是 70 岁高龄。国家发展迎来重大转折，鲍觉民同其他老一代知识分子一样，备感振奋，热情投入。1981 年，鲍觉民招收"文革"后的首届经济地理硕士研究生。1982 年，鲍觉民作为中国地理学会的理事，参加在巴西召开的国际地理大会。1983 年，鲍觉民跟何自强一起，招收国内首批攻读旅游地理方向的硕士。1985 年，鲍觉民开始指导首届博士研究生，专业是经济地理，但是授予的是经济学博士学位。1988 年，鲍觉民参加在澳大利亚召开的国际地理大会。

与此同时，鲍觉民担任了许多重要职务：南开大学台湾研究所所长，天津市人民政府咨询委员会副主任，全国大洋洲经济研究会副会长，中国地理学会人文地理专业委员会主任，《人文地理》杂志主编，等等。

在鲍觉民的直接指导与引领下，南开经济地理团队培养出来的许多学生在国内地理学界、经济学界、政府咨询机构等逐渐脱颖而出。他们活跃在经济地理、旅游地理、政治地理、城市和区域经济等领域，成为新时期南开经济地理的传承人。

余新民：国内工商管理系的拓荒者

马宇平

余新民是我国著名的经济学家、民进会员。原籍安徽省黟县，1911年生于天津。幼年时入天津西开小学接受教育，1924年考入南开中学就读。

1930年，余新民从南开中学毕业，同年考入南开大学商学院，学习会计与银行学，1934年毕业。在上海中国银行总行大学生培训实习班结业后，被派至天津中国银行外汇部工作。

1938年8月，余新民赴美国留学，在宾夕法尼亚大学沃顿商学院主修国际贸易学，1940年获经济学硕士学位。先后在美国信托公司和纽约银行工作两年后，进美国路易斯安那州立大学研究生院，主修工商管理，1945年获经济学博士学位。

执掌南开工商管理系，与国际先进知识接轨

哥伦比亚大学著名教育学家约翰·杜威、孟禄（Paul Monroe）和中国知名学者胡适、郭秉文等共同创建了非营利民间文化机构"华美协进社"。1945年，余新民进入纽约华美协进社任社长助理。

当时在纽约治病的南开大学张伯苓校长与吴大业教授向余新民抛出橄榄

校，希望他回南开任教。

余新民欣然答应。在他看来，自己在美国主修经济学和工商管理学，学习美国先进的经验和理论，理应回国为祖国的经济发展做出贡献。"我很希望回到祖国，也更希望能回到我的母校南开大学任教，以报答母校对我十年来的培养和教育。"

抗日战争胜利后，西南联合大学解散，南开大学回天津复校，1946年南开大学开始招收新生并复课。经历抗日战争磨难，八里台原有校舍毁灭殆尽，只能分而治之，文学院在六里台（北院）上课，政治经济学院（后称财经学院）在甘肃路（东院），理工学院在八里台（南院）。

复校后，法商学院改称为政治经济学院，下设政治学系、经济学系、商业管理系（后称工商管理系）、货币银行系、会计统计系。工商管理系在全国各大学中为首创，并首先开始把美国的企业管理内容引进中国来。

1947年，余新民回国，被南开大学财经学院聘为会计学教授。1948年出任南开大学财经学院工商管理系主任。1958年，调任天津财经学院（当时为河北财经学院）工作。余新民到系任教后不久，就从袁贤能教授手中接过帅印。

据南开大学工商管理系1951届学生罗明锜回忆，余新民从美国回南开大学任教，正值年轻有为、年富力强的时期，既具有丰富的经济管理学科知识，又怀着报效祖国献身教育的豪情壮志，身上积累了张伯苓的教育思想、理念和南开人的工作作风，深受学生爱戴。

余新民任系主任后，主要讲授工商管理学和会计学课程，对美国企业管理的内容特别是将泰勒的科学管理的理论做系统的介绍，开设如劳动定额、动时研究、生产管理等课。

在余新民的组织下，南开大学工商管理系在国内首开先河，设立了动时实验室，介绍和研究当时美国流行的泰勒式管理方法。泰勒被誉为"西方管理学之父"。据介绍，上世纪50年代，中国在苏联的影响下，机械制造、纺织工业、化工、轻工业等各行业开始采取上述管理体制，并且取得了良好的效益。动时实验室内设有车床、各种工夹量具及各种仪表、投影仪等。同时为配合教学做了许多教学挂图，如厂房布置图、工艺流程图等，国内买不到的就动员同学们画。时任院长袁贤能引以自豪地介绍，"如果有人来参观，就先到这个实验室来"。这样的实验室在当时各大学中实为罕见。

南开大学工商管理系 1952 届毕业生宁培治曾回忆，余新民先后邀请归国的向子刚和崔克讷教授都是沃顿商学院的管理硕士，在教学上带来很多发达国家有关企业管理方面的新鲜知识和经验。"在我印象中，如动时研究和应用统计方法来控制质量等知识是非常新颖的，对于以后的工作给予了一定的启发和帮助。"

1952 年工商管理系取消，余新民任部门经济研究室主任，主要讲授工业经济课程，直至 1958 年调离南开。

在完成教学任务和系里工作的同时，他撰写国际贸易、会计等方面的论著。如《中美贸易之发展》，对鸦片战争前后到抗日战争时期的中美贸易往来中主要产品的变化进行了详尽的分析，并且预测了战后中美贸易发展的新趋势。在"外汇会计"一文中，他具体阐述了银行中外币会计处理与汇率变化的会计核算形式与核算方法，同时提出外汇波动所引起损益的处理方法。为华美协进社出版的《学术建国丛刊》第二期所撰写的"中国桐油出口"一文，探讨了中国桐油的特点、价格、盛产分布情况、出口价格、国际市场的变化和产品用途的发展。为了提高桐油质量和扩大出口数量，在科学种植、深加工、改善经营方式等方面提出建议。

从教南开十年，严师与益友

著名经济学家、南开大学经济学院教授熊性美与余新民有过短暂的师生之谊，他在南开经济研究所读研究生时，余新民是企业管理系的教授兼系主任。后二人在南开大学成为同事。

在熊性美的印象里，余新民是个谦谦君子，讨论问题总是平心静气，分析辩论，从不急躁张扬，遇到教研室开会的不同意见或争执，他常以和事佬的面目出现，使事情顺利解决，大家心悦诚服。余新民有着"平易近人的学者风范，温文尔雅中蕴藏的学者涵养与睿智"。余新民进出南开园骑一辆三枪牌自行车，身着西装上衣，虽不打领带，但是给学生们以服饰整洁、谈吐从容的印象。

余新民关心学生和同事。熊性美回忆了两件"琐事"：一件是余先生观察到青年教师喜欢打网球，便主动把自己的球拍送给他们；另一件，看到宿舍灯光太弱，送来几个灯口和灯泡，改进照明系统。

余新民认为，对于一个教育工作者来说，能否处理好师生关系是教育能否成功的一个很重要的环节。他主张教师要同学生经常接触。

在课上，余新民总会将上课时间尽量留出一部分与学生们进行交流，鼓励学生们多提问题，养成独立思考的能力。学生回忆，余新民讲课时从无虚词妄语，而是字斟句酌，条理清晰。

50年代初期，财经学院设在甘肃路，余新民与学生们生活在一起，一起上课、吃饭，课后一起讨论，促膝长谈。余新民常常以自己在南开中学就读的经历来启发学生们积极参加社会实践、拓宽视野。为此，他经常带学生下乡考察。学生们不仅学到专业知识，更重要的是，从余新民身上学到优良品质。

据资料记载，1951年春，南开大学组织师生开展抗美援朝宣传活动，余新民带着系里的老师和学生们一起参加。工商管理系1948级学生刘玉岭曾在题为"下乡宣传，就是教育自己"的文中记录道：这次下乡宣传，管理系百分之九十以上的同学都以极严格的纪律参加了宣传队伍，老师们也以系主任余新民先生为首全体热情地加入了我们的行列。余先生在所有宣传小队中走的路最远，但他并不说"累"字，而且还是跟同学们一道访问、开片会，数快板。老乡们说："大学老师也来下乡宣传，真是想不到啊。"

"余老师的美式英语堪称一绝，他不仅生活英语、专业英语运用自如，还通晓方言俚语，他的这些过人之处，也使学生们羡慕不已。"工商管理系1954届毕业生周鸿宾回忆。

但同时，他在教学和研究上要求严格，一丝不苟。他要求学生，不仅要对国内的变化、改革予以关注，更要对国外新的经验和技术及时学习和研究。

在周鸿宾的印象里，余新民知识渊博、阅历丰厚、学术超前。在教学上，余新民将美国企业管理内容、泰勒科学管理的理论融入教材中，并结合国内实际情况加以讲解。

"余老师是留过大洋的大教授，但是非常平易近人，有问必答，鼓励多问，不端架子。"周鸿宾坦言，学生们都愿意和余新民接近，自己当过企业组织与管理计划课的课代表，有时见到余老师同系里青年教师在教研室讨论教学的内容时，余新民非常愿意听取青年教师的意见，青年教师也尊重他的指导意见，气氛和谐、活跃、民主。

南开大学工商管理系1954届学生段大康曾在文里写道，面对犯错误的学生，余新民"以仁慈的爱心、温煦的态度、细腻的方法了解事实及思想情况。使其正确面对问题"。在学生初来天津人地两生的情况下，余新民四处奔走为其解决生活和学习上的困难。

1954年，财经学院七个系经过"系科调整"，实际缩减为一个经济学系，包括政治经济学、会计学、统计学三个专业。为了服务于这三个专业，经济学系成立了一个部门经济教研室，余新民任主任，熊性美任教研室秘书。在课题研讨或是课程、活动安排中，余新民总保持着平心静气的态度，坚持为人师表、实事求是的原则，让教学科研在50年代大跃进的特殊时期平稳顺利地进行。

专注事业，辛勤耕耘

1958年，余新民调到天津财经大学（当时为河北财经学院）任工业经济教研室主任，1979年任天津财经大学经济研究所副所长，并先后担任中国企业管理协会理事、天津企业管理协会副会长、天津市科学技术协会顾问、天津市中小企业厂长研究会顾问等职务。同时还为北京机械工业部、北京吉普公司、北京内燃机厂、吉林省延边市、中日合办的天津企业管理培训中心、天津市管理干部学院、天津市经济管理干部学院等多家单位与企业管理培训班授课，为中国培养了一批优秀的企业管理人才。

作为天津市工业经济与工商管理界的专家，余新民参与国家每年召开的工业、交通会议。他一面介绍国外的先进经验，一面为中国经济发展献计献策。

为适应中国经济的需要，余新民的学术研究重心转向与社会主义四个现代化建设和经济体制改革密切相关的问题上来：一是社会主义生产的经济效益问题。60年代初，余新民就潜心研究工业经济效益问题。1960年，他在财院科学报告会上宣读了题为"试论工业的经济效益"的论文，受到了理论界和实际部门的重视。1979年以来，先后发表"论提高经济效益""再论工业生产的经济效益""工业生产要重视经济效益"等文章，阐述了提高经济效益对实现四个现代化、加速我国工业发展的重要意义。明确提出提高效益的关键是生产的产品要物美价廉，满足消费者的需要。不了解市场、盲目生产，不会产生好的经济效益。余新民认为，要提高经济效益，必须调整国民经济结构特别是工业结构：合理利用资源，按照专业化协作原则改组工业结构，保护竞争，促进联合，加快技术改造与技术创新，改善企业经营管理。

二是工业改组与联合的问题。针对过去我国经济管理体制单纯采用行政手段，企业成为行政机关的附属物，没有生产经营自主权的弊端，余新民教授主张组建企业性质公司，改革我国的工业管理体制。1980年他就与关白、孙智钵合写了"天津试办企业性质公司的由来与发展"一文，提出建立企业性质公司应该遵循自愿互利的原则，并且要把经营权基层化，充分发挥企业的积极性，同时要采取多种联合形式，注意讲求专业化协作的经济效益。而后，余新民又陆续撰写了工业改组与经济体制的文章。

三是企业经营管理的问题。作为《中国企业管理百科全书》的编委，参加并负责《中国企业管理百科全书》财务、成本管理与经济核算篇的编纂和审定工作。他还审编了《国营企业经理、厂（矿）长国家统考工业企业管理基本知识复习参考题解》（《经营与管理》增刊）、《实用十八种现代化管理方法教材》等书。同时，针对我国企业管理的实际问题撰写了多篇论文，其中与强志源同志合写的"我国工业企业管理的基本经验和新的任务"一文，获天津市第二届哲学社会科学优秀成果三等奖。

古稀之年再出发

1983 年，余新民响应党中央提出的智力支边、支援少数民族地区的号召，参加了民主建国会中央及工商联合会组织的讲师团，宣传党的政策，介绍现代化企业管理，被评为个人先进代表。

同年，由中宣部和国家经济委员会委托中国企业管理协会组织编写《中国企业管理百科全书》，袁宝华担任编委会主任，副主任委员由叶林、马洪、华罗庚等五人担任，聘请包括余新民教授在内的 35 人为编委会委员。并聘任余新民教授为财务、成本与经济核算篇分编委的主任委员，由岳曙耕、陈炳权、羡绪门等人执笔编写条目。

1985 年 10—11 月，74 岁的余新民应邀访问瑞士和英国。在瑞士日内瓦召开的贸易论坛会上，他做《中国对外贸易发展问题》的报告。在曼彻斯特商学院、伦敦商学院，他介绍中国企业管理的特点、改革开放后中国经济体制由计划经济向社会主义市场经济转变的情况等。

年逾八旬，余新民仍笔耕不辍，研究中国的经济体制改革等问题。他翻译了大量国外经济与企业管理的书籍，其中包括《简明不列颠百科全书》中经济条目和英国洛克耶教授《生产管理实践》一书部分章节。受国家经委的委托，主编了"企业现代化干部必读"丛书的第一册《现代企业管理概论》和《英汉、汉英企业管理词典》。

1985 年，74 岁的余新民应邀访问瑞士和英国，并在瑞士日内瓦召开的贸易促进会上做《中国对外贸易发展问题》的报告。回国后笔耕不辍，翻译和主编了大量经济与企业管理方面的书籍。

他曾任中国企业管理协会理事，天津市政协委员，天津市人民政府咨询委员会第一、第二、第三届副主任委员，天津市科技协会顾问，天津工业经济协会理事，天津市中小型企业厂长，经理协会顾问等职。

2006年，1950—1954届企业管理系校友在南开大学商学院大楼聚会，杨敬年、余新民、申泮文三位耄耋之年的教师也到场。余新民说，尽管自己年事已高，但对祖国的进步仍感到兴奋不已。尽管自己已经95岁，但还是要看到2008年北京奥运会、2010年上海世博会。他的这番话让到场的学生印象深刻。一张照片定格了2006年师生的相聚。

2011年12月29日，余新民与世长辞，享年101岁。

▋参考文献：

《余新民纪念集》。

程永明，"走访余新民教授"。

刘君煌：中国农业经济学的开拓者

胡光明等[①]

刘君煌（1911—1990），农业经济学家，湖南辰溪人。1933 年毕业于武汉大学经济学专业。1935 年考入南开大学经济研究所，是经济研究所首届研究生，也是中国本土培养的第一批经济学研究生，师从南开经济研究所创立者、著名经济学家何廉、方显廷教授，专事土地制度和农村经济学习和研究，1937 年获南开大学经济研究所经济学硕士学位。1942—1946 年曾先后在东北大学、贵州大学和西北大学任教。1947 年后任南开大学经济研究所教授至退休。

求学南开，意气风发

1927 年 9 月 10 日，南开大学成立南开大学社会经济委员会，1931 年改称南开大学经济研究所，这是中国高等院校第一个专门从事经济社会调查和研究的学术机构。20 世纪二三十年代，中国的经济学研究起步之初，面临如何运用现代经济理论分析研究和解决中国实际经济问题的难题。并且张伯苓校长要求南开的经济学研究"中心目标即在完成一国本国化之经济学"。为此，南开经济研究所确立了把经济学"中国化"的发展目标。何廉先生受聘担任研究所首任所长。在他的支持帮助下，当年南开经济研究所开设的研究生专业有土地问题、合作经济、地方行政、地方财政和经济史等与中国经济现实密切相关的学习研究方向，主要特色就是理论联系实际，实现经济学

---

① 参与撰写本文的作者包括：胡光明、陈剑波、郭万达、梁宇丹。

"中国化"。经济学的"中国化",不但体现在教材内容方面和科研课题方面,更重要的是体现在人才培养上,开创了经济社会调查研究和研究生教育相结合的先河。

1935年,刘君煌报考了南开大学经济研究所的研究生。他经济学基础扎实,学习刻苦努力,顺利地通过了各门考试,以优异的成绩步入南开校门,师从何廉、方显廷教授,开始了他的求学深造之路。

中国是个农业国,当时从事农村建设事业是学者报国的方式之一。在武大学习时刘先生就一直关心和关注中国农村和农业的发展问题,特别是土地和地租更是对当时中国政治经济具有重大影响的问题。来到南开,他毫不犹豫地选择了土地问题作为自己的专业方向,没想到这一选择就成为他一生学习、教学和研究的方向。

刘君煌入学后,在何廉和方显廷两位导师共同指导下,致力于运用现代经济学理论研究和解决中国的具体问题。后来何廉受南京国民政府邀请前去就职,方显廷承担起他全部学业指导任务。他跟随方显廷先生围绕经济史、经济地理、土地制度、乡村合作、工业和劳动力问题进行深入细致的学习和研究,理论功底和研究能力日趋扎实,并开始独立开展一些论文写作、教材编写、数据统计和文献翻译工作。在学期间的1935—1937年,刘君煌先后于《大公报》的《经济周刊》专栏发表了"中国小农经济之结构与得失(上下)""今年我国之土地改革与土地整理""山西倡办土地村公有之经过""吴县租佃问题""开封之花生市场"等一系列通过实地调查研究的文章。这些调查研究报告既涉及宏观土地经济问题,又关注微观市场和地方土地使用,在土地问题研究中已具宽广的视角和研究深度。刘君煌逐步成为那一时代青年经济学者中代表人物。

南开大学经济研究所对研究生的培养初始首要着重理论的学习和探索,然后从事与专题有关的社会调查与实践。在理论与实践结合优良学风的熏陶下,刘君煌先生形成了一生重实地考察的研究风格:背着行李卷,带着干粮,走出学校,经常在田间地头或直接住到老乡家里做调查研究,在此基础上开展理论分析,完成论文和研究报告。在此期间,刘君煌先后参与了南开经济研究所对新式工业和旧式手工业的调查,如《中国之棉纺织业》《天津针织工业》,重点开展了对乡村赋税、财政等问题的调查,如《河北省定县之田赋》《河北省定县之田房契税》等华北土地经济等方面的调研。这些研究的重点不在于纯经济理论探讨，而在于根据理论深入研究中国实际情况，讨论和分析如何解决当时经济面临的具体问题。这也正是南开经济学"中国化"的具体体现。这些详尽周密的调查分析，至今仍是国内外学者研究近现代中国经济与社会发展的重要历史记录和参考资料。此时，方显廷先生带领南开同人共同完成了中国第一部现代经济政策研究论著《中国经济之研究》，由长沙商务印书馆出版。刘君煌先生作为主要作者之一撰写的"近年我国之土地改革与土地整理"收入其中，其观点中肯，理论缜密，数据翔实，得到教授们一致认可，奠定了他在我国近代土地经济研究中的领军地位。

1937年，刘君煌先生历经全国八省市的调查研究，完成了关于土地问题研究硕士毕业论文，经校内外专家小组严格评审，顺利通过答辩，被授予经济学硕士学位。刘君煌因其出色的学术能力和成就被邀请留校任职，开始了他在南开长达半个世纪的教学研究生涯。

抗战烽火，学术报国

正当意气风发的刘君煌先生留校之际，1937年7月7日"卢沟桥事变"爆发，中国再次陷入战火之中。在南开大学遭日本军队大轰炸中经济研究所也受重创，张伯苓校长紧急召开校务会议，拉出了一份必不可少的各科学术骨干名单，以备战争结束学校工作能够继续运转，同时决定当年暑假开始南迁工作。此时的刘君煌先生不得不中止刚刚获得的教职工作，跟随学校开始南迁的颠沛之旅。但他没想到这次离开天津一走就是10年，直到1947年才得以重回南开老校园。

1938年春，日寇已窜犯整个华中和华南，北大、清华和南开三校在昆明以国立西南联合大学这一新校名正式开课。刘君煌先生则在新成立的法商学院任教工作，陈序经博士出任当时的院长，而此时的方显廷先生则转赴贵阳暂时接任迁至那里的华北农村建设协进会秘书长一职。

1939年夏，在何廉和方显廷先生的努力下，南开经济研究所在重庆沙坪坝现重庆南中学内得以重新启动，刘君煌先生被调回参加研究生的教学和研究工作。尽管国内抗战局势十分艰难，但刘君煌先生笔耕不辍，研究之余仍为各大报刊撰稿，开启了学术报国的征程。"允公允能，日新月异"是张伯苓校长 1934 年为南开订立的校训，既表达了南开人要拥有"爱国爱群之公德，与服务社会之能力"，又表达了南开人要与时俱进，每天每月都要有所创新，鼓舞南开师生为民族的振兴和社会的发展贡献力量。

在那个战火纷飞的年代，刘君煌先生通过潜心的教学和研究，为当时中国农村经济现实问题谋解决之道，努力为未来经济发展做政策思考。刘君煌先生这一时期的研究方向主要集中在土地制度构建与土地制度比较、地方土地政策以及未来中国宏观农地问题与改革方案上。在昆明西南联大期间，他密切关注战时后方土地政策问题并提出见解和方案，先后撰写了"论云南之闲置土地买卖"和"青岛之土地制度"两篇文章。其中，对云南地方政府闲置土地买卖政策进行检讨和批评，强调战时保证土地流转交易的重要性，同时对土地改革、土地重划、预留用地、市区设计和打击投机的具体办法和手段提出了政策主张，在当时乃至今天的土地经济研究与土地管理中都具有重要借鉴意义；文章还对德国占领中国青岛期间的土地制度改革进行了梳理，对其合理经验建议采纳，首次提出政府在土地利用中的调控作用，强调保持市场交易买卖和政府宏观调控并举，将凯恩斯主义经济思想与中国经济实践相结合，创造性地提出把财政转移支付手段应用于政府与农民的土地买卖中，开中国公共土地经济学政策之先河，极具现代意义。两篇文章影响甚广，得到国民政府重视。刘君煌不为时局所迫，文章中还大胆提出个人见解，对战时政府政策明确表达个人立场，在文中他写道："云南的限制土地政策，不仅不宜实行，并且不必实行……我们实在不敢赞同，因此政府施政更要特别审慎……尚盼当局加以考虑。"体现了刘君煌先生作为学者不畏权势、关注民生的良知和风骨。其间，刘君煌先生还坚持乡土调查研究习惯，分别走访调研，撰写了极具特色的"广西瑶人之土地制度"和"田赋征收实物问题之检讨"，险入广西大瑶山深处，调查少数民族土地利用经验，对土地私有政策与集体共有政策做了梳理比较，借助实地调查，开展小农经济理论批判；针对战时当局加大实物征收农业税款政策向上陈情，提出实物征收与货币征收应合理平衡，保证战争供给与国民需求并举，推动政府政策调整。刘君煌先生既着力理论又注重与实际相结合，在搭建符合中国国情的农业经济理论体系的同时，针砭时弊，以实地调研为基础，为执政当局出台政策把关，提高了经济政策制定的科学水平。

此外，刘君煌先生着眼中国农村经济长远发展，撰写了"中国农地问题与阎锡山氏之土地村有计划"一文。文中批评当地政府推行的土地村有计划，详细论述了中国农地的症结是土地所有权和土地使用问题，即现代意义的小农经济问题。为此，他比较了当时俄国、罗马尼亚和爱尔兰开展农地改革的优劣情况，据此对山西地方政府推行土地村有计划，脱离中国农村实际和拖累农业发展发表不同意见，提出"中国今日应采之农地改革方案"：一是政府统一购买私地（或发行土地债券），整备重划，扩大生产规模，分期租售给农民使用，改良佃制，实现农民收入增加和生活改善；二是政府把握农地利用的调控权，减少小农经济的土地利用模式，加大农村基础设施建设，建立土地银行，适时对农地转化利用提出政策方案。土地问题历来是各国经济发展之根本，刘君煌先生提出的这些措施，通过政府赎买地主土地转售或转租给农民以实现平均地权，不啻于"民国版"的农村土地制度改革方案（此后台湾地区的土改基本遵循了这样的思路：政府以70%实物土地债券按10年付息偿付，30%为公营事业股票赎买地主土地，而后低价转售给农民），具有十分重要的政策意义。令人遗憾的是，抗战胜利，内战重启，本已凋敝的中国，内耗甚大，国力不堪重负，刘君煌先生提出的农业土地改革方案已不具备实施的政治经济条件。尽管如此，刘君煌先生战后土地制度改革的思想，尤其是关于"土地所有权和土地使用问题，即现代小农经济问题"的理论描述和政策建议，却为后人开展土地经济研究留下了宝贵的财富，也成就了他作为"中国近代土地经济问题研究先驱"的重要历史地位。

1942年，刘君煌先生离开了研究所工作岗位，颠沛中，辗转分别在抗战南迁的东北大学经济系、贵州大学农业经济系和西北大学商学院出任教授，支持和协助这些学校经济学科和商科的建设发展，同时主讲农业经济课程。

1946年，抗战胜利后，他回到了阔别已久的天津，重回南开校园。此时的南开，在1946年4月10日正式被国民政府确立为公立大学，实现了张伯苓校长重建的愿望。刘君煌先生同陈序经、吴大业、袁贤能、丁洪范、鲍觉民、滕维藻等一大批老教授和经济学者纷纷回到南开，重新开始了他们在南开经济研究所的工作。

潜心治学，淡泊无悔

重回南开的刘君煌先生，之后再没有离开过南开校园，自此一生躬身笔耕，甘于奉献，投身于平凡的三尺讲台和他那张斑驳的书桌，行走在乡间路上。1947年，他开始担任新成立的南开经济学院教授，也是南开培养的第一批经济学研究生中唯一继续留校任教的教授。在中华人民共和国成立前，刘君煌先生接连发表文章，阐述和提出中国农业经济发展和改革的方案和政策。他先后发表"中国农业经济的趋势""论中国农业机械化""中国租佃制度之研究"等文章，明确提出了中国要由自给的小农业向商业化的大农业发展、由原始农业向科学农业发展、由地方经济农业向国家经济农业甚至世界经济农业发展、由物物交换农业向货币交换农业发展等重要论述，由此推进中国的"农业现代化"。这一系列观点及其相应的政策主张，表达了先生对国家强盛和民族复兴的渴望，反映了刘君煌那一代经济学者对新中国农业经济发展的期待。令人惊喜和振奋的是，中华人民共和国成立后的第一次全国人民代表大会，确立了新中国要实现工业、农业、交通运输业和国防四个现代化的任务；1956年，党的八大更是将"农业现代化"作为"四个现代化"之一的重要内容写入了《党章》，确立了新中国发展农业经济的根本方向和历史任务。新中国执政者的系列农业方针政策无不与刘君煌先生关于自给小农业向商业化大农业、地方经济农业向国家经济农业向世界经济农业发展，最终实现现代化农业的学术思想一致。先生后来为此也甚感欣慰。

动荡岁月，刘君煌也从未将自己置于国事之外，始终以学者的视角关注时局变化。1947年在他撰写的"金融风潮与广州经济"一文中，已透露出他对当时国民政府实施经济政策的严重不满，对其政策忽视百姓生计、保护投机和资本家买办利益的行为有所不齿。出于学者的正义理性，他呼吁并提出了相应的经济政策方案，以期政府能够维护民生，稳定经济。这时的刘君煌先生与许多中国知识分子一样，翘首以盼，期待一个新的中国出现。共和国成立后，刘君煌先生继续保持在南开潜心于研究，教书育人，同时也不断地塑造新思想、新思维，学习马克思经济思想，以便更好地适应新时期经济学的教学和研究。很快，刘君煌先生扎实的理论功底显现出来，他在这一时期发表的"旧中国社会改良主义者小农经济'稳固'论的理论谬误及其阶级本质"是其代表作。此外，在"试论农业现代化中的几个农业经济理论问题""关于农业互助合作的两次谈话简介""西辅大队的经济发展""论我国农业中土地的社会主义公有制"等文章中，刘君煌结合新中国农业经济和政策的具体实践，梳理和形成了一系列适于新中国的农业经济理论和政策主张。

然而，在1957年的"反右"运动中，刘君煌先生与傅筑夫、杨敬年、任振威、王承基等教授一起被打成"南开大学右派小集团"，被错误地划为"右派"分子。随后他被罢免教职，下放基层劳动改造，饱受严厉批判和残酷斗争长达22年。在这段昏暗的岁月中，刘君煌先生没有气馁，也没怨天尤人，一边劳动一边收集资料做编译工作。其间，刘君煌先生与其他南开经济研究所的同人，历经十余年时间共同完成了启新洋灰、开滦煤矿、永利久大等企业史和近代盐务史资料的编辑，整理留下了一段中国近代企业发展的完整历史记录，这些记录补充了北方基础工业的资料空白，至今在相关研究领域中仍发挥着重要作用。

直到1979年，刘君煌先生才摘掉"右派"分子的帽子，重新回到南开经济研究所从事研究和教学。此时的中国吹响了改革开放的号角，刘君煌先生虽然年届古稀，但仍然以极大热情投入研究和教学中。他再次打好行囊，带上干粮，从华北到江南，实地考察调研新时期乡镇企业如何发展的新课题。1980年在《天津农业经济》创刊号上，刘君煌先生发表了"论乡镇企业的发展"，结合新时期农村发展实际，对改革开放后各地蓬勃生发的乡镇企业如何发展提出了自己的观点和看法，贡献了自己的绵薄之力。1985年，刘君煌先生先后被聘为中国农业经济学会理事、天津市农业经济学会会长等职。在继续学术研究的同时，不顾年迈体弱坚持带研究生，为国家培养人才。

刘君煌先生一生严谨治学，学术报国，淡泊名利，潜心研究农业经济尤其是土地问题，矢志不渝，安心于书桌，奔走在乡村田野，理论分析与实地调查相结合，取得了丰硕学术成果。这些成果对制定农业政策、发展乡村经济有重要参考价值，为中国农业经济学尤其是土地制度研究做出了重要贡献。

参考文献：

丁长清、慈鸿飞，《中国农业现代化之路——近代中国农业结构、商品经济与农村市场》，商务印书馆 2000 年版。

《方显廷回忆录》，商务印书馆 2006 年版。

"名家十日谈：南开大学国内首创培养经济研究生"，《天津青年报》2003 年 12 月 15 日。

"何廉、方显廷 战火中推进经济学中国化"，《人民日报》2015 年 7 月 27 日。

"熊性美：南开大学经济研究所八十五周年感言"，人民网 2012 年 9 月 8 日。

"我的人生历程与经研所的五位老师——何廉、方显廷、张纯明、李锐、陈序经"，南开大学校史网 2013 年 10 月 20 日。

陈振汉：求索真知，报效祖国

陈争平

陈振汉（1912—2008），浙江诸暨人，曾获哈佛大学文学硕士、哲学博士学位，为北京大学经济学院教授，是中国著名经济学家、教育家。他于1929—1935年在南开大学经济学院学习，1941—1946年在南开经济研究所工作，1947—1948年兼任南开大学教授。

从南开到哈佛

1929年，陈振汉还是一个来自江南的17岁少年，考入位于天津的南开大学，先在预科学习，预科两年毕业后直接升入由著名经济学家何廉、方显廷教授组织建立的南开大学经济学院。在南开大学特有的严谨、开放、活跃的学校氛围中，陈振汉一面努力学习充实自己，一面学以致用，探讨中国社会经济发展之路。现存有两篇他在南开大学学习期间公开发表的论文：一篇1933年发表在《大公报》上，介绍美国技术政治主义运动，并批评其重技术轻经济的错误；另一篇1935年发表在《政治经济学报》上，是在方显廷教授指导下收集大量资料，在此基础上研究当时浙江合作事业（以农村信用合作社为中心）发展的意义、实况、主要困难等，并探讨解决方案。从这两篇论文可以看出，经过何廉、方显廷教授等人的培养，年轻的陈振汉已有研究中国社会经济发展实际问题的旨趣，并具有较为厚实的经济学功力及开阔的学术视野、严谨扎实的学风。

1935年，陈振汉从南开大学毕业。同年考取了清华大学公费留美学习经济史。1936年秋他赶赴美国，进入哈佛大学文理研究生院经济系学习。哈佛大学是美国最古老、声誉最隆的高等学府，这里荟萃着世界最著名的专家教授。在经济系就有例如熊彼特、汉森、阿希尔、哈伯勒等著名教授。哈佛大学学风浓郁，在经济学方面主张经济理论、经济史和统计学并重，这种学术取向以及教授们的渊博学识都对陈振汉有很大的影响。陈振汉在哈佛大学三年多的时间里，先后获得文学硕士、哲学博士学位。经济史学家阿希尔教授是他的博士论文导师。通过在哈佛大学的学习，陈振汉坚定了这样的经济学研究理念，就是要在经济史研究中体现出经济学家的理论水平和理论抽象能力，反对为搜求烦琐史实而治史；他认为经济史研究应该注重历史统计资料的科学分析，主张经济史的理论论证都应该有统计的根基。

1939年11月，陈振汉完成了他的博士论文"美国棉纺织工业的区位：1880—1910"，其中"美国棉纺织业成本和生产率的地区差异，1880—1910"部分，发表于美国最早且学术地位很高的刊物《经济学季刊》(*The Quarterly Journal of Economics*)。美国棉纺业高速发展的地区，在南北战争之前是在工业技术发达的新英格兰和大西洋沿岸中部各州，但内战之后却逐渐转移至南部（战前蓄奴的各州）。这便引发了一个重要的发展经济学问题：地区经济发展究竟主要由技术优势推动还是主要由区位优势推动？陈振汉在对美国，尤其是新英格兰地区及皮德蒙特地区有关棉纺织业企业数、产值、生产技术水平、棉花运输成本及空气湿度、利息、税收等历史统计资料细致分析基础上指出，1880—1910年由于种族隔离等原因，劳动力在南北之间的流动远不是自由的，而资本在南北之间的流动相对自由，于是导致了更先进的技术随资本流入南部各州，并与当地的廉价劳动力相结合。美国南部棉纺织业在内战之后超过北部的发展速度，主要得益于远比北部更廉价的劳动力，其次也得益于在被称为"后发优势"的技术上超过了北部各州。他认为一个国家工业发展应当重视不同工业行业的最优区位变化问题。

返回战火连天的祖国

陈振汉获得哈佛大学博士学位后,急于用所学知识等为祖国服务。当时日本侵略军正在中华大地上肆虐,天津早已沦陷,母校南开大学已在昆明与北大、清华合组西南联大坚持为国育人。1940年4月,战时国内条件十分艰苦,陈振汉仍然应何廉与方显廷之邀,放弃国外安宁生活,经历坎坷,冲破封锁,从美国取道越南来到当时已迁陪都重庆的南开经济研究所工作,1942年又兼任中央大学教授。

这一时期,陈振汉的研究工作主要是在区位经济学和社会经济制度及政策研究方面。他发表了"工业区位的理论""战前工业区位的评价""战后工业中心的区位"等一系列区位经济学论文,讨论工业的集中与分散、合理区位的决定等关乎当时中国工业化的至关重要的问题,在当时政界、学界与工商界有较大影响。他还发表了"战时经济的统制与放任""中国政治传统与经济建设政策"等一系列社会经济制度及政策研究论文,显示了其严谨扎实、求索真知的学术品格。

抗战胜利后,1946年中央大学迁回南京,陈振汉则北上任北京大学教授。他在北京大学讲授比较经济制度课程,介绍了社会主义经济制度,这在当时是一个需要很大勇气的创举。1947—1948年,陈振汉兼任燕京大学、南开大学教授,并在中央研究院社会研究所(今中国社会科学院经济研究所前身)兼任研究员。他继续在一些国内重要学术刊物上就比较经济制度、财政问题、货币问题、经济计划、区位理论等发表了不少论文。他抨击国民党政府"在战时军政措施和战后接收时期所表现的自私无能",告诫国民党政府不要"企图以党派之私,颠倒科学结论上的是非",显示了他不惧白色恐怖、仗义执言的人品和一个爱国学者求索真知的使命感。

中国经济学界头号"右派"分子

1948年年底,北平解放的前夜。在去留的大局上,陈振汉先生同北大法学院院长周炳琳和一些进步教授相约坚留北平。北平解放后，陈先生出任北大法学院中国经济史研究室主任，开始选编《清实录》《东华录》等经济史资料，为进一步开展清代经济史研究奠定基础。1950年9月至1951年8月，陈振汉先生任中共中央《毛泽东选集》英译委员会委员，参加具体翻译工作。1951年9月至1952年8月，陈先生去广西参加土改工作。1952年院系调整后，陈先生任北京大学经济系代理主任、民盟北京大学支部副主任委员等。1955年任中国科学院《经济研究》编辑委员会委员、经济研究所兼职研究员。1955年秋，北大经济系以明清经济史为研究方向招收三名研究生，陈振汉先生任导师。在此期间，陈振汉先生倾注心力协助整理《清实录》资料，取得了初步的成果，并于1955年在《经济研究》上发表重要论文"明末清初（1620—1720年）中国的农业劳动生产率、地租和土地集中"，体现了他把经济理论、历史、统计三者相结合的学术风格，在国内外学术界引起较大反响，被认为是一篇有很高学术价值的文章。

1957年5、6月间，为了响应中共中央"大鸣大放"号召，为了更好地推动中国经济学科的发展，陈振汉先生几次邀集北大经济学教授徐毓枬（民盟）、罗志如（民盟）、中国科学院经济所副所长巫宝三（民进）、中国人民银行总行干部学校副校长宁嘉风（九三学社）、邮电部副部长谷春帆（民革）等同人，座谈经济学的现状及今后发展方向问题。他们批评了当时相当普遍地滋生于经济工作中的经验主义、教条主义和官僚主义倾向。他们注意到，在这三种错误倾向的联合作用下，经济学家们既难以正确对待西方经济学，也难以正确对待马克思主义经济学，于是形成了实践与理论两相分离的状况。座谈的结果，由陈先生主笔，写成"我们对于当前经济科学工作的一些意见"一文。"意见书"就如何对待马克思主义经典著作问题、经济建设工作必须遵循客观经济规律、如何对待西方资产阶级经济学的问题，以及改革我国政治经济学课程问题等提出了中肯的建议。"意见书"指出，不能照搬苏联模式，"由于我们没有能够掌握或根本不知道应当有客观经济规律，我们的财政政策和设施，不是搬运过来的苏联成案，即是老一套经验"，并提出"马克思主义最本质的东西是实事求是，随着社会实践的发展而发展。泥古不化本身是违反马克思主义的"。"意见书"还提出了对西方经济学应该"先透彻研究后，考虑是否可以批判地加以吸收利用的问题，而不要预先存着一无可取的想法对之采取一棍子打死的态度"等一系列深刻见解。为使中国经济学家们能够切实研究本土社会实践中涌现出来的经济问题，也为了经济学的中国化，他们提出了一些切实可行的建议。例如，他们建议政府尽量减少被列入"保密""机密"或"绝密"类别的研究资料，呼吁定期公开发表生产统计、物价指数、生活费指数以及对外贸易统计。今天我们重读这份带有独特意义的历史文献，不能不对陈振汉和其他几位教授的真知灼见和胆识表示敬意。

但是1957年的这一"意见书"改变了陈振汉先生的命运。本来是响应"大鸣大放"号召，坦诚向党建言，讲真话，讲实话，却成了"引蛇出洞"后中国经济学界影响最大的"右派"言论。当年的《经济研究》第5期全文刊发了"意见书"的第一次稿（原稿）、第一次稿（修正稿）和第二次稿，同时组织火力进行激烈批判，诸多经济学界名流群起而攻之，来自同行、同事、学生的明枪暗箭齐发，形成了一百多页的《经济学界反右派斗争专辑》。《人民日报》《光明日报》《大公报》等纷纷发表文章，并把"意见书"当成是"反党反社会主义科学纲领的具体化"，是"资产阶级经济学的政治阴谋"，而陈振汉则是"章罗联盟在经济学界的反共急先锋"。为这几千言的建言，陈振汉先生付出了非常沉重的代价。他被划为"资产阶级极右分子"，被打成中国经济学界头号"右派"分子，撤职降薪。45岁，年富力强、功力深厚的经济学家，在一生中最富有创造力、最有可能做出更大贡献的时候，却被剥夺了著作和讲课的权利，不得不整天写检讨。

在陈振汉先生22年的"右派"生涯中，正是他的妻子——中央财经大学崔书香教授，开朗坦荡，忠诚坚毅，以巨大的信任和坚韧的隐忍，在生活中和精神上给予陈先生极大的扶持和慰藉。

陈振汉先生被打成中国经济学界头号"右派"分子后，被撤职贬入北大经济系资料室做编译工作。他心爱的学生厉以宁毕业后也留在经济系资料室当资料员。师生俩身居充满书香的资料室，闹中取静，广泛涉猎中西经济学名著和几十种国外经济学期刊，讨论切磋比较经济制度等问题。这不仅使青年厉以宁得以进一步充实知识，拓宽视野，也使得饱受不公正批判、"检讨等身"（崔书香教授语）的陈振汉在患难中得到一些心灵安慰。

"文革"中，陈振汉先生又被下放到江西南昌县鲤鱼洲农场劳动改造。

直到 1979 年，陈振汉先生才摘掉戴了 22 年的"右派"分子帽子，重新回到北大教学与科研岗位。

经济史学的里程碑

在恢复工作之后，陈振汉先生尽管已近古稀之年，但还是以"只争朝夕"的精神开始了他钟爱的教学和科研工作。他招收了中国经济史、外国经济史两个专业的硕士研究生，开设了经济史学概论、经济史名著选读、中外经济史专题等课程。

1981—1982 年，陈振汉先生应聘至德意志联邦共和国西柏林自由大学东亚研究所任客座教授，讲授中国近代经济史。

1982 年陈振汉先生回国。同年被授予全国第一批中国经济史专业博士生指导教师资格，招收博士生。他继续明清经济史的研究和史料整理工作。

陈振汉先生编写的《经济史学概论讲义初稿》，就"经济史是什么""经济史研究的目的""经济史研究的方法""经济史学兴起以前的西方商业、农业和财政史著述""经济史学兴起的时代背景"等问题做了较详尽的讨论，又分别论述了英、美、法、德、比利时和瑞典的经济史学发展情况。他强调对资本主义的研究"主要是马克思辩证法的运用"，并呼吁加强经济史资料搜集整理工作。陈振汉先生编写的《经济史学概论讲义初稿》，是中国第一部系统讨论经济史学理论和历史的专著，可以说是中国经济史学发展的一个里程碑。

1986 年，在中国经济史学会成立大会上陈振汉先生做了关于外国经济史研究的流派和观点等主旨发言，又发表"我国历史上国民经济的发达和落后及其原因"论文，显示了经济史学一代大家的学术视野和功力，得到学界同人好评。

"《清实录经济史资料》整理"项目是陈振汉先生和几位同事从上世纪 50 年代就开始进行的科研项目。无论从编选历时之长，还是规模之宏巨来看，在经济史资料中，这部书都罕见其匹，这也是中国经济史学发展的一个里程碑。1989 年《清实录经济史资料》第一辑《农业编》由北京大学出版社出版，陈振汉先生并在《北京大学学报》（1985年第六期）上发表长篇论文"《清实录》的经济史料价值"，对这部卷帙浩繁的清代史资料进行介绍和整体评价。2005年，93岁高龄的陈振汉先生抱病参加了北京大学经济学院主办的《清实录》研讨会，这是他最后一次与学术界同人集体会面。

陈振汉先生一生求索真知，一心报效祖国，遇坎坷而不失志，鞠躬尽瘁于学术研究与中国教育事业，学术成果丰硕，桃李满天下，在经济学和经济史学领域做出了卓越的成就。

陈振汉先生的主要著述有《社会经济史学论文集》《经济史学概论》《步履集》《工业区位理论》（合著）和《清实录经济史资料：顺治—嘉庆朝1644—1820》（农业编）（合编）等。

参考文献：

《中国当代经济学家传略》，辽宁人民出版社1986年版。
陈振汉，《社会经济史学论文集》，经济科学出版社1999年版。
陈振汉，《步履集》，北京大学出版社2005年版。
吴太昌、张卓元、吴敬琏、厉以宁、刘伟主编，《影响新中国60年经济建设的100位经济学家》，广东经济出版社2009年版。
王曙光，"回首苍茫人生——陈振汉先生的人生与学术"，《北京大学校刊》2004年第3期。

陶继侃：潜心治学，风范长存

张志超

陶继侃先生（1913—2002），祖籍浙江嘉兴。父亲早逝，幼年随母亲移居北京舅父处，在北京完成中学学业。1931年考入北京大学经济系。1935年大学毕业后，同年考入南开经济研究所。1947年赴美国丹佛大学和威斯康星大学进修，专攻国际经济学和财政学。全国解放前夕，相继接到南开大学代校长何廉先生，和接任何廉的杨石先校长的邀请，于1949年9月回到南开大学执教。全国解放后，被评定为三级教授。1956年加入中国共产党，是天津市第一届、第二届、第三届政协委员。陶先生自1991年起享受国务院颁发的政府特殊津贴，其传记被收入英国剑桥国际传记中心主编的《世界名人录》（*Who's Who*）。

陶继侃先生长期在南开大学工作，一直致力于南开大学的经济学科建设、发展工作：曾任南开大学财政系副主任、主任；1956年高等院校院系调整后，历任政治经济学系副主任、经济研究所副所长、经济学系副主任、经济学系世界经济教研室主任等职务。上世纪70年代改革开放之后，陶先生的社会兼职主要有"中国美国经济研究会"总干事、"中国世界经济学会"理事、"天津市经济学会"理事长。在这半个多世纪中，他与南开大学同风雨，共沧桑，桃李无数，为霞满天，是一位受到后人敬仰的我国著名的经济学家、财政学家和教育家。

一

陶继侃先生在南开大学经济研究所读书期间，深受经研所治学风格的影响，从实际出发，着重研究中国问题。他的毕业论文题为"中国的地价税问题"，就是在其对当时国内主要地区进行了广泛社会调查后撰写而成的。针对旧中国混乱不堪的税收和货币制度，青年时代的陶继侃还撰写了有关借鉴西方税收、货币理论进行探讨的文章，发表在当时的天津《大公报·经济周刊》上，在学术界崭露头角。特别是其在1936年撰写的"财政与地政之研讨"一文（刊载于《浙江财政月刊》1936年第6期），即使是大约70年之后，也仍然被我国经济史研究工作者所引用。

1937年陶继侃作为南开大学经济研究所第一届硕士研究生毕业。当时正值抗战全面爆发，南开经济研究所迁往重庆。陶继侃受南开经济学院院长何廉之邀，赶赴重庆。针对当时物价飞涨，百姓困苦的状况，写出针砭时弊的文章"物价膨胀、通货膨胀与膨胀循环"，发表在重庆《大公报》，并被桂林《大公报》和其他刊物转载。

抗战时期，陶继侃先在重庆南开经济研究所工作，后在财政部钱币司工作，并在重庆大学兼职授课。1944年，重庆建业银行成立。该行实际是共产党人龚饮冰任总经理的红色地下金融机构。当时何廉先生是建业银行的总顾问，受何廉推荐和龚饮冰的邀请，陶继侃先生担任建业银行成都分行经理，后改任重庆分行经理。在建业银行期间，他在龚饮冰领导下积极为革命筹集资金，提供物资，做了许多有益的工作。

1947年，陶继侃到美国进修，就读于丹佛大学经济系研究院。后因慕名当时世界著名财政学家格鲁斯而转到威斯康星大学，在财政学研究领域继续深造。1948年，南开大学的代理校长何廉先生由美返国途中，和当时还在美国读书的陶继侃、杨叔进、桑恒康等人谈话，希望他们学成后回南开教书，加强南开的师资力量。1949年，中华人民共和国成立前夕，陶继侃先生面临两种职业选择：或是从美国直接到联合国工作，或是回国参加高等教育工作。陶继侃先生选择了后者，决定回国，以期走教育兴国之路。

1949年回国后，陶先生先是在湖南大学任教，被聘为湖南大学经济系教授。1949年8月4日,长沙和平解放。陶继侃和湖南大学经济系讲师胡代光、周林三人作为进步教师代表参与了学校接管工作。1949年9月,陶先生接到南开大学杨石先校长的电报,邀请他回到南开大学任教,担任财政系副主任兼财政学教研室主任。陶先生欣然应邀,再次回到天津,从此在南开大学任教,长达50余年。

二

解放后,陶继侃在科研工作中的重点,也是针对现实工作中提出的理论问题进行理论和实际的探讨。在上世纪50年代,针对当时经济工作中一度出现的忽视经济规律的倾向,陶先生撰写了"论价值规律在我国经济生活中的作用"等论文。

从上世纪70年代中美两国关系出现缓和,特别是"文革"结束后我国开始实行对外开放政策时起,陶先生便将自己学术研究的重点集中在两个方面:"西方国家财政"和"美国经济"。在这一时期,他针对现代西方经济中出现的新特点、新问题,及时主编了《经济危机问题讲话》《战后帝国主义经济几个问题》等书,并撰写了"战后美国经济增长速度及其前景估计""西方宏观经济调节对财政政策的运用""国家垄断资本主义及其对资本主义的影响""试论我国'七五'计划时期的世界经济形势""国家干预对当代资本主义经济危机的作用""美国现阶段经济周期的特征及其发展趋势""美元危机和围绕着美元危机的斗争""现代西方财政政策与宏观经济调节""国际税收与国际的税收协调""从美国当前税制改革的剖析兼论税收发展的新趋向""西方关于财政赤字的理论与当前财政赤字的困境"等学术论文,在学术界有广泛的影响。这一时期他组织编写和撰写的教材主要有《中国社会主义经济问题》《世界经济概论》《当代西方财政》等。其中《世界经济概论》一书对许多重大国际经济问题(如经济全球化、国际分工和国际贸易、国际直接投资和跨国公司、国际货币体系、世界通货膨胀、国际经济一体化等),现代国际经济关系的各个方面(如劳资关系、经济增长与经济发展关系、区域经济关系、发达国家与发展中国家关系等),以及支配国际经济关系发展变化的主要因素（如科学技术革命、经济周期和经济危机、发达国家宏观经济调控和国际经济协调等）等，都进行了程度不同的探讨，或者给出结论，或者对其发展趋势予以科学估计和预测。至于对于那些存有争议的问题，本书也进行了初步分析，给学生们深入研究这些问题提供了很好的启示和方法指南。作为专业课教材，该书被国内高校广泛采用。并经国家教委评定为"九五"国家级重点教材。1986年获天津市哲学社会科学优秀成果一等奖。1988年获国家教委高等学校优秀教材二等奖。

另一部在学界有广泛影响的教科书是其编著的《当代西方财政》，该书曾被国内许多高校财经专业使用，并被教育主管部门列为"大学世界经济丛书"之一。该书1993年由人民出版社出版，34万多字，分4编25章。该书以财政功能、财政支出、财政收入、税收体系分编为体系，对当代西方财政的理论和实践及其在市场经济中的作用，做出了精辟、透彻的理论剖析，同时也提供了翔实的实际情况阐释和统计数据分析，给学生研究现代公共财政诸多重大问题提供了系统知识和科学方法，是一本很好的大专院校经济系本、专科学生的适用教材，对涉外经济工作者和财政税务工作者也具有实际的参考价值。陶继侃先生编著的这些专业教科书，不仅填补了国内相关教材的空白，而且还体现了西方经济学理论本土化（中国化）的特色。值得一提的还有，1997年，陶继侃已是84岁高龄，仍与自己的学生合作，编写完成了《当代西方国家税收》教科书，于1998年由山西经济出版社出版发行。该教科书和前面提到的《当代西方财政》一书一并成为讲授西方财政学的重要教材。

三

陶继侃先生在长达50余年的高等教育工作中，勇于开创、探索教育规律，坚持因材施教原则，为南开大学经济学科的发展，特别是为世界经济专业的建立、完善与发展做出了积极贡献。1959年5月28日，周恩来总理视察南开大学经济研究所。陶继侃先生当时任经济学系副主任兼经济研究所副所长并主持系里及所里的日常工作，当面向周恩来总理汇报了教学科研工作。周总理勉励教师和研究人员要继续把经研所办好，不仅要研究国内经济问题，还要加强世界经济问题的研究。当时的中国，与西方世界正处于敌对状态，与西方国家几乎不通音讯。但是周总理仍然关注着世界经济问题，意识到中国经济的发展不可能完全孤立于世界之外。周总理的指示，不仅为陶继侃先生研究世界经济问题指明了方向，而且也为当时的南开经济学研究拓宽了研究视野，激活了南开经济学研究人员的学术新思路。

1959 年 5 月 28 日，周恩来总理视察南开大学经济研究所，陶继侃先生当面向总理汇报教学科研工作

此后，陶先生在创建南开大学世界经济专业方面投入了大量的精力和心血，被誉为"南开大学世界经济专业的创始人"。上世纪 60 年代初，陶先生便积极投身到筹建南开大学世界经济专业研究机构的组织、建设工作中。首先，在当时的经济学系下设立了世界经济教研室，并亲自担任教研室主任；随后，为开展常规的教学科研活动做了相关的各项准备工作。不过，世界经济教研室的教学科研工作在"文革"期间被迫中断。直到"文革"后期，根据高教部提出的培养世界经济专门人才的要求，（被迫中断的）创建世界经济专业的筹备工作才得以恢复。陶继侃先生当时已近古稀之年，仍然带领有关教师不辞劳苦地遍访对外贸易部、对外经济联络部、中国银行、外交部、新华社、国际贸易研究所等部门，一方面按照用人单位的要求，设计人才培养目标和课程体系，一方面根据实际情况确定学生应有的专业知识水平和外语水平等等。

1975年，南开大学经济学系招收了世界经济专业第一批学生，当时教学工作中遇到的最大难题是专业教材一片空白——没有现成的教材，国内研究资料甚少。于是，陶继侃先生一方面多方设法从国外自费购买了有关国际经济方面的书籍作为第一手参考资料，另一方面也让在美国的亲属不断提供诸如产值、物价、就业等经济信息以充实国内教材的编写内容。在不断收集国外经济发展数据，并查阅了大量的学术研究文献的基础上，陶继侃先生亲自主持并带领有关教师展开了世界经济专业课程的教学工作和教材编写工作。他在开创性的探索中，一面授课，一面不断进行教材编写，将个人学术研究成果持续地融入教学中，融入教材编写中。例如，在安排国别经济课程方面，他在当时国内高校找不到一本主讲美国经济的专业教科书的情况下，通过广泛收集资料，撰写了题为"当代美国经济简明教程"的讲义（未正式出版），供南开大学世界经济等专业学生阅读使用。据（1975年入学的）首批世界经济专业学员、现已经退休的李志毅老师回忆：记得刚上大学时，学完政治经济基础课以后，第一个给我们讲专业课的老师就是陶老。陶老讲"美国经济"，其讲课特点是边授课边写板书，语速不急不慢，给人以娓娓道来的感觉，尤其是对一些专业术语的解释，均能做到由浅入深、深入浅出、举一反三、条理清晰、用词严谨、通俗易懂。

后来，国内一些院校得知陶先生编写的简明教程很受学生好评，便通过某些途径索取。同行认为，陶先生的讲义稿言简意赅、重点突出、结构严谨、文笔流畅，是上世纪70、80年代国内高校内部使用的美国经济讲义中的精品之作。当时国内一些高校也在相继创建世界经济专业，一些高校通过各种渠道获得陶先生的讲义，作为参考并编写各自的讲义或教科书，颇受各界好评。

上世纪70年代末80年代初，国内一些知名大学开始建立世界经济专业并着手研究国别经济问题，南开大学也不例外。不久，陶先生便受任在原经济学系世界经济教研室的基础上，组建相对独立的世界经济专业。为了取得"他山之石可以攻玉"的效果，他首先把原先世界经济教研室大部分教师分组派往吉林大学、北京大学、复旦大学、厦门大学等高校进行考察。在取得他人办学经验后，结合南开大学的实际，于1977年将原先的南开大学经济学系世界经济教研室升格为（相对独立的）南开大学经济学系世界经济专业。1978年该专业开始招生，首批招收本科生20名。该专业在1978年后，每年均按下达的招生比例招收一定数量的本科生。1985年以后，该专业从经济学系中独立出来，成立了国际经济系，陶先生带领原经济学系的世界经济专业全部教师一并转入新成立的国际经济系工作，使得南开大学成为全国最早创立且为最有实力的（系建制的）世界经济专业的几所大学之一。

陶先生除了曾担任过南开大学经济学系、南开大学经济研究所的领导职务外，在诸如中国世界经济学会、天津市世界经济学会、中国美国经济学会，以及中国经济学团体联席会等学术组织里均有任职。这使他在承担繁重的教学、科研工作之余，又为发展、繁荣我国的（官方与民间的）社会经济研究活动奉献的自己的才智与精力。据已经退休的杨灿英教授回忆，1978年成立的中国美国经济学会就是经包括陶继侃先生在内的国内几所知名高等院校和研究机构的美国问题专家提议，由当时的国家计委经济所牵头，得到国家民政部批准建立的全国性、学术性、非营利性的社会组织。陶继侃教授，受南开大学委托，出席了当年的筹备会议并在筹备会议上做了重要发言，阐明了有关主张，得到会议代表的认可。中国美国经济研究会成立大会暨第一届年会于1979年在成都召开，陶先生被选为该学会的理事。此后，在中国美国经济研究会基础上，成立了世界经济学会，陶先生任该学会的理事。陶先生在80岁退休前一直关注着这两个学会的工作，每届年会都要提交自己的学术论文，为推动世界经济学的研究，为推动国别经济的研究做出了相当的贡献。

四

陶先生一生处世稳健、持身严谨，不仅淡泊名利，而且安于平淡生活，其一生中一贯践行了老子的人生哲学——"吾常怀三宝：一曰慈，二曰俭，三曰不为天下先"。

陶继侃先生作为世界经济教研室主任，以身作则，多次被评为优秀教师。勤恳教学,数十年如一日,不仅组织、指导教师、学生撰写学术论文,编写教材,而且亲自动笔,耐心地帮助他们修改稿件。尤其是对年轻教师,更是尽心尽力,言传身教,甚至把自己多年写的教学讲义和卡片资料都无私地传给了年轻教师。上世纪90年代,年近80岁的陶继侃先生,仍然以主编身份,带领国际经济系的全体教师编纂、出版了内容多达700多页的《国际经济手册》一书(天津人民出版社1991年版),该书出版后颇受广大读者好评,为当时在我国广泛传播、传授有关世界经济知识,为积极推动改革开放工作均发挥了重要作用。

陶先生一贯力行艰苦朴素、勤俭持家的原则,从不追求奢华,也从不铺张浪费。平时家中饭菜比较简单,几盘青菜而已。饭后如有剩菜,倒上开水笑言靓汤一碗。陶先生对穿衣打扮从无要求,常年穿着一双布鞋、一套中山装来往于校内教学楼、教研室。家中用的也大多是几十年前的旧家具,室内也一直是水泥地面。他经常教育子女要"君子安贫""无欲则刚""好好读书为国家做事"。其子女们都学有所成,在各自的工作岗位上做出优异成绩。

陶继侃向来视名利、地位如草芥,认为追求这些东西毫无意义。有几件事足以表明他一生"淡泊明志,宁静致远"的高风亮节之学者风范。例如,"文革"结束后,绝大部分干部都官复原职,但是陶先生却毅然辞去了系里的职务,只是保留世界经济教研室主任一职。对他来说,最大的乐事莫过于"得天下英才而教育之"——潜心做学问,不遗余力地安心教书育人。又如,原在湖南大学和陶继侃一起参加过学校接管工作的那位同志写信给陶先生,提到他只要证明自己于1949年8月参加革命工作,即可得到离休干部待遇。而陶继侃则认为,自己退休时的工资已经够用,不必再要求离休待遇,因此也没有找任何人开什么证明。不仅如此,陶先生还把多年存款及"文革"后补发的工资一万多元全部交了党费。再如,陶继侃先生在教学、科研工作中甘当孺子牛,始终保持高度的责任感,坚持献身学术、教育兴国的信念。他退休后把家中所有的中外文专业书籍都赠给系里,为南开大学经济学科的教学科研和建设发展做出自己最后的贡献。

前不久,年近90岁的南开大学退休教授殷汝祥先生在受访关于陶继侃先生生平事迹时讲道:陶先生是我国资深经济学家、教育家。于学于人,皆深受国内经济学界与世界经济学界敬重。先生治学严谨,敬业育人,授课条分缕析，深入浅出。至于财政学研究，在国内，先生堪称山斗。先生一生不沽名，不钓誉，淡泊人生。先生为人不趋炎，不附势，胸襟磊落，洁身自好。先生待人谦和，不以资历傲人，虽青年学子，也视如朋辈，不吝教诲。纵观陶先生一生所作所为，堪谓"雅量高劭、风鉴明远"。

殷汝祥先生上述所云，是对陶先生一生的最好总结。陶继侃自幼励志献身于学术事业，坚持教育兴国的信念，殚精竭虑，努力为国家培养人才。陶先生的高度社会责任感，以及他孜孜不倦的治学精神，永远值得人们景仰与敬佩。

▋ 本文根据以下资料和文献编辑而成：

陶继侃先生子女对陶先生生前生活、工作和其他活动所做的文字回忆。
《南开人物志·第二辑》，刘雪梅撰稿的"陶继侃"一文，1999年。
南开大学经济学院的网页"经院先贤·陶继侃先生"。
百度网站有关"陶继侃"词条。
2002年5月南开大学校、院领导在"陶继侃先生追悼会上的悼词"。
陶继侃先生生前部分同事、学生的回忆内容。他们是原南开大学经济学院大洋洲研究室主任殷汝祥先生（90岁），原南开大学经济学院院长、国际经济贸易系主任薛敬孝先生（82岁），原南开大学经济学院国际经济贸易系教授杨灿英先生（76岁），南开大学世界经济专业第一期学生、原南开大学图书馆采编室主任李志毅女士（66岁），南开大学世界经济专业第一期学生、原南开大学国际经济贸易系教授刘重力女士（68岁）。

崔书香：美哉大仁，智勇真纯

陈异颖

崔书香，女，1914 年 3 月 30 日生于天津，原籍河北省故城县。2006 年 5 月 31 日在北京病逝。我国著名的统计学家。1929 年考入南开大学两年制预科班。1935 年 7 月毕业于南开大学商学院，获得南大经济学学士学位。1935 年秋至 1936 年夏就读清华大学经济系研究生。1936 年 9 月至 1937 年 8 月在美国威斯康星大学农经系学习，获硕士学位。1937 年 9 月至 1940 年 2 月在美国瑞德科夫学院（哈佛女校）经济系学习，获硕士学位。1940 年春回国。1940 年至 1946 年任重庆大学教授，讲授统计学、货币银行学。1947 年至 1948 年任燕京大学教授。1948 年至 1952 年任辅仁大学教授，讲授统计学、经济学、经济思想史。1952 年 9 月起先后任中央财经学院、中央财政干部学校、中央财政金融学院、中央财经大学教授，从事统计学的教学和研究工作。兼任中国国民经济核算研究会常务理事、外国经济学说研究会理事、北京市统计学会常务理事、中国投入产出学会顾问。1993 年起享受政府特殊津贴。

崔书香教授是一位在学问上孜孜不倦的进取者。自 1978 年改革开放以来，崔书香教授主要从事国民经济核算体系、投入产出分析、国民生产总值的国际比较等经济统计的研究和教学工作，翻译出版了多部著作，包括里昂惕夫《投入产出经济学》、联合国《国民经济核算体系》和卡梅尔《应用经济统计学》等，组织翻译出版托马斯《货币、银行与经济活动》，并发表过多篇有关投入产出、国民经济核算、国民生产总值国际比较方面的理论文章。是改革开放以来把国民核算体系和统计学前沿理论最早引入我国的学者。崔书香教授的专著《国民经济核算》《外国经济学说讲座》等，都是当时在我国经济学理论界和实务界具有轰动性效应的著作。崔书香教授在统计学理论研究方面具有很深的学术造诣，在学术界和统计学界具有很大影响，享有很高的声誉。

同学少年,南开体魄

在崔先生书桌的抽屉里,一直珍藏着一本小小的签名册。黑色封皮上用烫金字体写着英语"Autographs"(签名册)。这本签名册经历了数十年的沧桑、战争、动乱和迁移,里面许多内页的装帧线已经断裂,能保留至今弥足珍贵。更为珍贵的是里面所保存的内容。大部分的内容都是20世纪30年代崔先生从南开大学毕业前后,她的同学所给她的临别赠言。这些赠言凸显了那个时代中国有志青年、知识女性所肩负的历史使命、理想抱负,也反映出南大进步的教育理念和社会责任感、使命感。下面就是其中的几位同学写给崔先生的毕业赠言原件。令人遗憾的是崔先生生前没有对这些同学的来历与身份进行过介绍或说明。时隔多年,现在只能通过南大校友会去搜寻这些30年代的南开校友了。

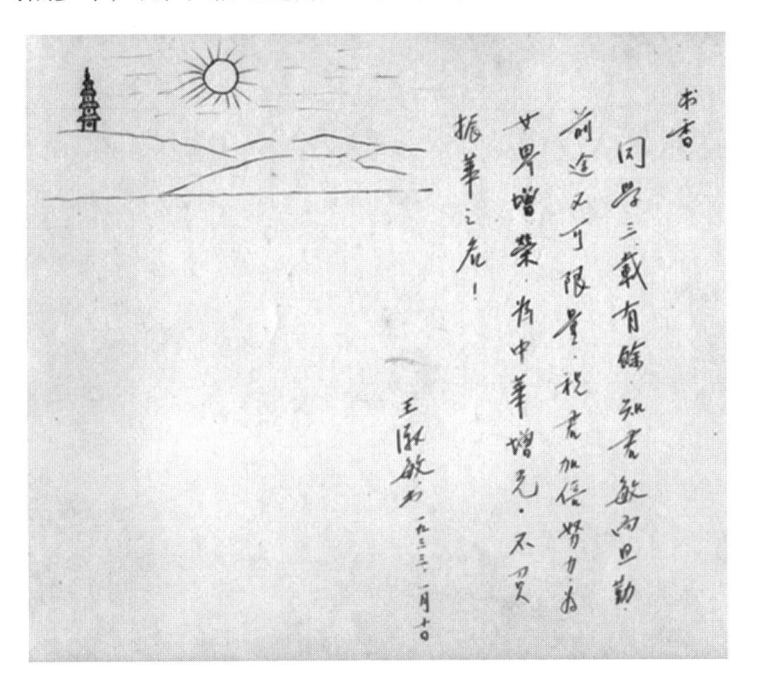

南开独特的教育氛围培育出的年轻人,具有共同的思想理念,这使他们成为一辈子的朋友。崔先生最好的朋友都是她在南开求学时代的同学,包括她的丈夫陈振汉,以及叶逸芬、林筠因、陆祖桐等。得益于南开的体育教育,几位老人晚年阶段身体都相对较好。他们不仅一直保持联系,一度还经常在中山公园等地一起聚会合影。叶逸芬、林筠因、陆祖桐校友都晚于崔先生仙逝，均有95岁左右的高寿。崔先生本人在接近90高龄时，还会独自一人乘坐出租车外出。有时出租车司机会在出发前询问她的年龄，为了不给司机太大压力，崔先生总是风趣地说："我下车时再告诉你！"

漂洋过海，赴美求学

1936年崔书香随当时的恋人，后来的丈夫陈振汉先生一起乘船远赴美国求学。到美国后，陈振汉先生在哈佛大学攻读博士学位，崔书香先生则独自去了威斯康星大学，在那里攻读农经系硕士学位。1937年结婚后，崔书香转学到瑞德科夫学院（哈佛女校），用两年时间通过了四门功课的统考。据崔先生生前回忆，在哈佛念书时，老师只提供参考书，没有讲义，教学方式和当时国内高校完全不同。

当时的留学生活十分清苦，来自中国的留学生们都是边打工边学习的。当时美国规定最低时薪为 0.35 美元，这些钱正好可以够他们吃顿饭。为了节省，崔先生到外面吃饭时经常点一种名为 Chop Suey 的炒杂菜，因为这一个菜就可以做到营养均衡，不用再吃其他菜了。以至于 80 年代每次接待美国来华的访问学者时，崔先生总要问现在的饭馆里还有没有 Chop Suey 卖。由于对 20 世纪 30 年代美国的物价记忆犹新，她还要再问一下当前在美国喝一杯咖啡要多少钱。听完回答后，再以有些神气的口吻说："我那时五分钱就可以去喝咖啡。"异国他乡的求学时光里，精神食粮的丰富让他们又感觉无比地幸福。不但哈佛图书馆的书库允许他们随便进出，美国华盛顿的国会图书馆也向他们敞开大门。

在美国留学时，崔书香教授和丈夫陈振汉进一步加深了同中国一大批留美同学之间的联系和友谊，这批留美同学回国后大都成为各个领域中新中国科技和学术的带头人。其中同为南开同学的郭永怀先生和夫人李佩就成了他们的终身挚友。郭永怀先生 1956 年回国后，崔先生和陈先生经常前往中关村郭先生的住宅拜访。

除了同中国同学的交往外，在美国留学期间他们还结识了著名历史学家、汉学家费正清（John King Fairbank），并和他结下了深厚的情谊。当时，崔先生的家和费正清家同在距离哈佛园很近的 Winthrop 街道。费正清曾到他

在美留学期间，中国同学郊游时的合影

们的住处来看过，还曾自己开车邀请崔陈夫妇到新罕布什尔他岳父家的别墅去度假。这种友谊在抗战期间的重庆又得到了进一步的延续和加强。当时崔先生在重庆大学教书，费正清也于1942年来到重庆工作。老友相逢，崔先生夫妇经常与费正清夫妇聚会。尽管他们之间的联系因为众所周知的原因中断了数十年，1982年费正清仍然专门邀请崔先生夫妇访美，但因"胡娜事件"未能成行。他们之间书信往来一直没有间断，直至费正清1992年去世。

辗转回归，报效祖国

1940年春，崔书香先生同刚刚取得哈佛大学经济学博士学位的丈夫陈振汉先生一起辗转回到祖国。当时美日太平洋战争尚未爆发，在上海的西方国家租界还在，所以崔先生和陈振汉先生首先从美国坐船到上海。然后从上海绕道香港、越南，再从陆路进入昆明。最后又辗转抵达战时首都重庆。随着艰辛的归国抗战的历程，一双拳拳爱国心，终于得到报偿。

崔先生于1940—1946年任重庆大学教授，讲授统计和货币银行学。在重庆生活期间，崔先生还结识了很多民主人士，其中包括著名诗人柳亚子先生。柳亚子先生在1949年初夏应毛泽东主席邀请，从香港北上北京参加建国大业，其间曾在崔先生北京东城的韶九胡同家中留住十日。为此柳亚子先生还写下了以下诗句称赞崔先生的干练："赠崔书香、陈振汉夫妇：崔娘干练真无匹，陈子温文最有情。韶九胡同留十日，髯翁快绝冠平生。"（详见《柳亚子文集》，六月六日在韶九胡同有作二首。）

中央财经大学是崔书香教授任职时间最长的地方。学校始建于1949年11月6日，创办之初由财政部主管，历经中央税务学校、中央财政学院、中央财经学院、中央财政金融学院等发展阶段，1996年更名为中央财经大学。院系调整后，1952年9月起崔先生先后任中央财经学院、中央财政干部学校、中央财政金融学院、中央财经大学教授，从事统计学的教学和研究工作，同时兼任中国国民经济核算研究会常务理事、外国经济学说研究会理事、北京市统计学会常务理事、中国投入产出学会顾问。"文革"后期，崔先生曾到国家财政部研究室工作一段时间，1993年起享受政府特殊津贴。崔先生在当时是中财唯一一位拥有海外求学经历，并且拥有两个美国大学硕士学位的学者。

1977年，中央财政金融学院在停办了十年之后开始复校之时，百废待兴。在学校创立初期，崔先生主要教授基础课之一的统计学。由于师资力量不够，她曾经一个人要教三四门课，包括经济思想史、西方经济学、货币银行等。崔先生认为，在学校发展初期，更重要的问题是高质量教师队伍的培养和在关闭数十年后如何能迅速与国际接轨。面对这些挑战，崔先生首先想到的是如何利用自己的渠道帮助学校免费获得国际财政金融资讯和培训方面的资源。1982—1987年期间，崔先生促成了学校与世界银行的合作协议，在中央财政金融学院校园里建立了为期五年的世界银行培训中心。由世界银行出资并定期派出各领域里的经济专家到中心授课。通过这种方式使我们国内高校的老师以及部委的经济干部有机会学习到最前沿的理念和实践案例。同时也为中财培养了自己的师资和英语人员。中财复校后，师资短缺，知识老化。对此，崔先生用她与北大的特殊关系（家住在北大，受聘给北大学生上过统计课，受聘参加北大硕士研究生的答辩评委会）推荐并帮助中财引入了不少北大毕业的经济学研究生，他们也是77级、78级北大的本科生，其中包括刘姝威等。此外还为中财推荐引进了在数理统计方面小有成就的潘省初老师。潘老师后来也是国家特殊津贴获得者。

1992年7月25日，崔书香和陈振汉与著名经济学家、当时世界银行负责人、前哈佛大学校长拉里·萨默斯教授合影

风雨大浪，乐观人生

崔先生在世 92 年，一直保持乐观纯真的心态和清醒的头脑。在她 80 高龄以后，总有人要好奇地问她多大年纪了。她很少会把自己的年龄直接告诉对方，而是以不同的方式让人去猜想。常用的回答方式是："我是一个经历了两次世界大战的人。"（崔先生生于一战爆发的 1914 年）她的回答除了要提示自己的年龄外，也暗示了她所经历的风风雨雨。

从崔书香先生出生的 1914 年开始，她一生经历了太多的不平静。解放前的军阀混战、通货膨胀、贫富差异、国民政府的腐败让她选择了留在大陆。人民政府与各民主党的真诚合作和对高级知识分子的政策，让她感觉到新中国欣欣向荣，生机勃勃，安定团结。她一生所最希望看到的是一个人民能安居乐业、没有战争和内乱的和平社会。

对于 1957 年以前的那段时光，崔先生是非常留恋的。尽管 1957 年陈振汉先生因六教授的"我们对于当前经济科学工作的一些意见"而被打成"右派分子"，蒙受降级、不能授课、下放劳动改造之冤屈，崔先生对陈先生还是不离不弃，坚信是非曲直总会搞清楚的，不会因一天下雨就担心天天要下雨。她认为，该做的事情还是要做，社会总是会进步的。

1965 年，崔书香教授跟随中央财政金融学院到湖南武冈参加了为期一年的"四清"运动。1966 年爆发的"文化大革命"很快也冲击到了崔先生的家庭。1966 年 8 月就被北大红卫兵抄家。但崔先生并没有把这些身外之物放在心上。每天该干什么还干什么。1968 年因自己的留美经历、资本家出身、"反动学术权威"等诸多罪名，崔先生被中财的红卫兵组织关进了设在中财校园内的"黑帮"营里面写"交代"材料和"思想改造"。每个月家属可探视一次，可以带一些换洗的衣服和食物。

1969 年，崔先生随中财的教职工到设在河南信阳马集的五七干校劳动直至 1971 年年底返京。在干校期间，除了干农活和生产劳动以外，一有时间她总爱教那些在干校的学龄儿童英文。时至今日，这些从干校回来的孩子还会说他们的英文是崔先生教的。崔先生后半生感到最为快活的事件和时光莫过于粉碎"四人帮"、"文革"结束、1978 年年初标注为"科学的春天"的全国科学大会的召开、恢复高考、改革开放、中央财金学院复校和投身于中财教育事业发展的80年代。

朴素人生，"经济学家"

尽管崔先生富家出身，"文革"前三级教授，每月享有177元的薪金，但一直保持着对己简朴、对人宽厚大方的生活方式。买香蕉时，她总是挑选熟透了的，回家马上要吃掉，按堆卖的最便宜的香蕉。鸡蛋也是买外皮破裂或打碎的处理鸡蛋。她总是说，除了搁不住，其他都一样。据崔书香先生的儿子回忆，由于节约，邻居半开玩笑地说："你妈妈就是一个地道的经济学家。不知道什么是经济，看看她就行。"还有一件事情是在国务院发展研究中心工作的李善同研究员讲述的。一次，年已80多岁崔先生前往国务院发展研究中心谈事情，是自己让保姆陪着坐公交车去的，这让李善同研究员大为吃惊和不解。便问道，您为什么不坐出租车过来。崔先生的回答是："我这样不是也一样过来了吗？坐公交车过来我可以至少节省20—30块钱。我用这些钱，补贴给我的阿姨，效益不是更大吗！"这番话诠释了经济中"经世济民"的核心理念。

对于自己的阿姨，崔先生一直视为自己的亲人、家人。在她们不能再在家里做保姆时，崔先生一直按月给她们发放一定的薪金直至她们去世。崔先生自己从不购买金银珠宝、首饰等贵重用品，也不买名牌名表。至于为什么，崔先生曾开玩笑地说："用不着买名牌和真的金银首饰，我戴的手表、几块钱的塑料首饰别人都以为是真的或名牌。"此话一点不假。

相濡以沫，伉俪情深

崔书香先生以15岁的花样年华考入南开大学预科班，在那里结识了同班的陈振汉先生。1937年，崔书香、陈振汉夫妇在美国芝加哥登记结婚。此后携手数十年，同甘苦共患难。在陈振汉教授所有生平介绍中，几乎无一例外都会提到他的贤内助崔书香先生；在陈振汉先生所有学生关于老师的回忆文章里，也都会提起豁达风趣，与陈先生伉俪情深的崔师母。

作为一辈子的伴侣，崔书香先生开朗坦荡，忠诚坚毅，在陈先生22年的"右派"生涯中，她以巨大的信任和坚韧的隐忍，在生活中和精神上给予陈先生极大的扶持和慰藉。在家人眼中，崔书香先生和陈振汉先生的爱情可谓是传奇和典范。正如崔先生在生前曾经写道的那样，"我们70多年，不只是婚姻，更是友谊和患难与共的关系。我们的思想一直是相通的，彼此有深刻的理解"。

两位老人在90高龄之后身体渐渐不好。尤其是崔先生罹患癌症之后。但是，崔先生还是在坚持着照顾爱人的起居。后来家人担心她休息不好，要求两人分房居住。两位老人会在晚上临睡前互相送对方到卧室，来来回回很多遍。冬日午后，两位老人在阳台上晒太阳取暖，他们为了让对方多晒到一点阳光，会彼此挪动谦让许久。崔先生和陈先生牵手而行的背影，永远留在亲人的记忆中。

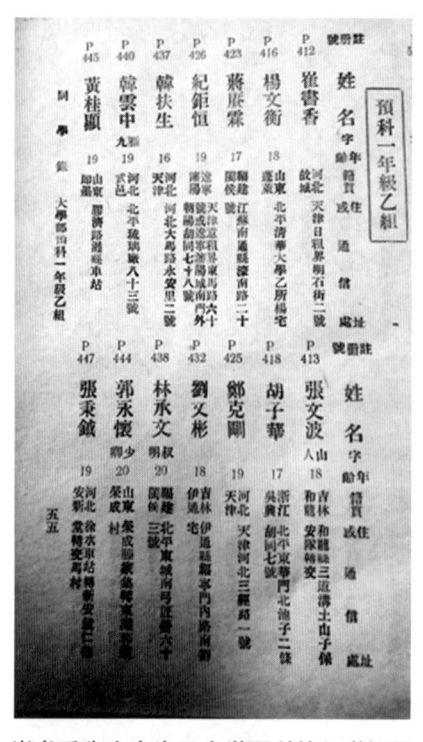

崔书香先生在南开大学预科的入学记录

倏忽百年，南开情缘

2019年正值南开大学百年校庆，崔书香先生也已经离世13年了。斯人已逝，音容宛在，情缘永驻。崔先生在生前曾经留言说，希望把骨灰撒在渤海里。因为，那里有她深厚的情愫和感谢。就像南开校歌开篇唱的那样：

> 渤海之滨，白河之津，巍巍我南开精神。
> 汲汲骎骎，月异日新，发煌我前途无垠。
> 美哉大仁，智勇真纯，以铸以陶，文质彬彬。
> 渤海之滨，白河之津，巍巍我南开精神。

陈国庆：学高为师，品正为范

陈 平　范小云

百年南开，南开百年！南开大学自 1919 年以来，就一直与中华民族同呼吸、共命运，刚毅坚卓，弦歌不辍。其中，是一批又一批南开学者心系国家，潜心问道，追求学术，教诲学子，终其一生贡献于三尺讲台，贡献于中国之强盛，历经坎坷，百折不挠，浇筑出南开大学百年之根本，构成南开之魂。金融学教授陈国庆（1915—2005）就是其中的一员。

初出茅庐，载誉学界

1915 年 11 月 5 日，陈国庆出生于福建闽侯。他美好的中学时代是在南开中学度过的，正是那段在南开中学求学的经历，埋下了最初的因缘际会，使他多年之后重新回到了南开大学的怀抱，为南开奉献了自己的一生。

1934 年从南开中学毕业后，陈国庆以优异的成绩考入了清华大学经济系，师从我国当时著名经济学家陈岱孙先生和袁贤能先生，从此开始了其在经济学道路上一生的探索和追求。清华四年的学习为陈国庆后来对凯恩斯思想理论的研究奠定了坚实的学术基础。

1938年毕业后,勤勉好学的陈国庆又追随袁贤能先生考入天津达仁学院(袁贤能为时任院长)攻读研究生。1939年年初,他所撰写的"新经济理论与新货币理论"在《燕京大学报》上发表,这是他学生时代写的一篇有分量的论文,初步显示出其卓越的理论研究实力。

随后在1940年,陈国庆研究凯恩斯经济理论思想的专著《凯恩斯货币理论及其演变》问世。该书写作于20世纪30年代末,是我国最早研究凯恩斯金融理论的学术专著,将凯恩斯的三部经典著作《货币改革论》(*A Tract on Monetary Reform*,1923)、《货币论》(*A Treatise on Money*,1930)和《就业、利息与货币通论》(*The General Theory of Employment, Interest and Money*,1936)进行了详尽的阐释,分析了其理论的内在逻辑,理清了凯恩斯思想脉络的发展延续。该书尤其是对《通论》的学术价值有了突破性认识,这在当时现代经济学研究相对落后的中国,已实为难得;而由一名在校的青年学生实现了这种突破,更为难得。此书的出版曾引起国内外经济学界的广泛关注,凯恩斯本人曾为此亲笔致函青年陈国庆,盛赞陈国庆在东方从事这项研究工作的难能可贵精神和在研究中所取得的成就,并将其新书《如何为战争筹款》(*How to Pay for the War*)赠送给陈国庆以示致意。可惜,凯恩斯的亲笔信在"文革"期间被抄走,后经多次寻找,终不知去向,实为憾事。

著述等身,博学通达

研究生毕业的陈国庆先后执教于中国大学、达仁学院、中央财经学院(今中央财经大学)和津沽大学。1950年转入南开大学,并扎根于此。他把对南开的爱都倾注在南开的教学科研当中。在长达半个多世纪的时间里,陈国庆始终与南开休戚与共,风雨同舟。

1957年,陈国庆被错划为"右派",与夫人程明林被一起下放到天津西郊区9年。但是,陈国庆和当时众多耿直的知识分子一样,虽遭受不公正待遇,却从没有放弃对知识和真理的追求。

自五六十年代开始,陈先生开始着手翻译世界经济学名著。直到1979

年"右派"改正后，陈国庆得以回校继续任教。他顾不得个人所曾遭受的委屈，为解决当时国内学术研究上西方经济学学术文献匮乏的问题，他迅速投身于世界经济学名著的翻译整理和出版工作中，先后翻译了弗里德里希·冯·维塞尔（Friedrich Freiherr von Wieser）的《自然价值》（商务印书馆1982年出版）、J. L. 汉森的《货币理论与实践》（中国金融出版社1988年出版），并和杨敬年先生等合译了熊彼特的《经济分析史》（第3卷）（商务印书馆1996年出版）。为了把国外最新、最有用的金融学知识引进我国，陈国庆还及时摘译了近10种外国经济学名著的许多章节，发表在有关刊物上，供我国金融学界学习参考。正是陈国庆勤勉努力的治学精神和对于经济学研究的不懈追求，才有了经济学译著的累累硕果，这些工作为我国改革开放初期引入西方经济学、促进中国与世界经济学界沟通交流做出了突出贡献。

20世纪80年代，我国实施改革开放，为借鉴国外先进理念和技术，特别是为给我国建立现代金融制度提供更好借鉴，国家组织出版了"资本主义国家金融制度"丛书。鉴于南开国际金融在国内的地位，南开大学金融学系承接了这个国家"七五"计划重点项目的编写工作，陈国庆负责的是英国部分。在没有互联网的时代，陈国庆通过书信与英格兰银行建立起密切联系，获得了大量一手资料，在做了极其深入的调查研究和比较分析之后，陈国庆写出了《英国金融制度》一书。该书不仅从内容上对英国的金融制度的特点做了翔实的介绍分析，而且从写作的体例上也是对以往模式的一种突破，成为我国学习和研究英国金融制度的经典文献，为我国的金融体制改革提供了有力的理论支持。

陈国庆还十分重视理论研究对国家政策的先导性作用。20世纪70年代和80年代，陈国庆开始研究国别经济，特别对大洋洲经济做了深入研究。短短几年内，写出了《战后澳大利亚经济》《澳大利亚金融制度》《战后澳大利亚经济统计手册》3本专著，以及专论澳大利亚经济的论文10余篇。正是有了这样深厚的研究积累，1984年在得知时任国家领导人要出访澳大利亚的时候，陈国庆仅用了七天工夫，连夜写成研究报告"澳大利亚矿业中的外国投资——兼论我国对澳矿业投资问题"，着重建议中国应该开始收购澳大利亚铁矿等矿产资源。该报告由专人送到北京，直接交到国务院发展研究中心，受到了相关领导的高度重视和很高评价,并被国家教委列入《高等学校哲学社会科学研究优秀成果选编》,属该委精选的 24 篇佳作之一。当时,中国的经济环境是强调吸引外资,基本忽视了对外投资问题。陈国庆彼时大力倡导对外国投资,视野独到,充分体现了理论联系实际、勇于开拓创新的治学精神和浓浓的家国情怀。

可以说,改革开放初的十年,是陈国庆一生中收获最丰的十年。虽当时他已年届六七十岁且体弱,但其出版的著作、译作颇为丰硕,并多次获得天津市哲学社会科学优秀成果奖;除此之外,还发表了"论资本主义国家中央银行的独立性""论用货币供应量作标的和货币总量的选择""论西方工业国对金融体系放松管制"等 30 余篇论文。可谓"晚风习习香正浓"!陈国庆在努力弥补逝去的时间,他把全部精力倾注在了教学科研当中,真切地体现出了"春蚕到死丝方尽,蜡炬成灰泪始干"的无私奉献精神。

到 90 年代初,面对国际上新的金融形势和我国改革开放后金融业的发展状况,已经是 80 多岁高龄的陈国庆敏锐地觉察到我国也必须进行金融工程领域的研究。但当时比较普遍的一个观点是金融工程在国内用不上,所以不重视。于是陈国庆提笔写了一篇"金融工程简析"的文章,对国外已经比较流行的金融工程学做了简要的介绍、分析、评价,这是国内第一篇有关金融工程的文章,并特别提出国内的金融学专业应该开设金融工程这门课。文章在国内引起了很大的反响,被多处转载,澄清了国内对这个问题的认识。可以说,我国现在金融工程领域的研究和发展与陈国庆当年所做出的先驱性的努力是分不开的。

陈国庆因其学术成就,不仅在国内享有盛誉,而且在国际上,由于他的著述甚丰、见解独到,也被广泛认可。陈国庆分别被英国国际传记中心和美国传记研究所选入他们所编译的三种世界名人录,又曾被英国国际传记中心邀请担任国际传记协会研究员和英国传记中心顾问委员会委员。

淡泊名利,倾力南开金融学科建设

陈国庆不仅学术成就斐然,而且行政能力同样十分出众。他在清华大学读书期间十分喜爱体育运动，虽然身高不足一米六，却是学校足球队和排球队的成员，但其主要工作是担任干事（领队），负责联系、协调、组织与其他球队的交流比赛工作。他做事有条不紊，深得清华内外同学的信赖。也正是因此，他与同为一个足球队的主力前锋钱伟长学长结下了终身之缘。到80年代初期，钱伟长出任校长组建上海大学时，他看中陈国庆的学问和能力，希望调陈国庆担任上海大学经济学院院长，此事却被陈国庆婉拒了。改革开放伊始的陈国庆视学术为生命，视南开为家园，一切待遇和位置，都比不上加快建设南开大学经济学科更为重要。

彼时，受国内大规模院系调整运动的冲击，南开大学经济学科规模急剧缩小。20世纪50年代，原南开大学经济学院的七个系中有六个被并入天津财经学院，只留下了经济学系。南开经济学科一片凋敝之象。

80年代初，南开大学决定恢复重建金融学系，陈国庆、钱荣堃、王继组三位先生全身心投入到了金融学系的重建工作中，三位先生为南开金融学系的重建倾注了无数的汗水和心血，并成为重建后最早的三位金融学博士生导师。

1986年，在国家教委组织的全国高校金融类研究生综合评比中，中国人民银行研究生部的货币银行学方向被评为第一，国际金融方向被评为第二，而国际金融方向争得头名的则是南开大学金融学系。当时，南开金融学的师资力量在全国高校中是最强的，在很长时间内，全国一共只有六位国际金融学的博士生导师，而南开荣幸地拥有其中的钱荣堃、陈国庆、王继祖三位教授。可以说，在短短的时间内，重建后的南开国际金融在国内金融研究领域具有了无可争议的领先地位，后来又在国内金融界不断创造出辉煌成绩，这都与三位教授的不懈努力密不可分。

执着杏坛，育桃李无数

陈国庆热爱教育事业，爱学生，关心学生。自执教南开大学以来，陈国庆先后在金融贸易学系、贸易系、经济学系和经济研究所任职，从事多方面内容的教学工作，先后开设商品学、国内贸易、国际贸易实务、大洋洲经济、西方货币银行学、世界经济、国际金融、比较金融制度等多门课程。他讲课一贯坚持使用最新教材，并注重内容的系统性、逻辑性和创见性，而且十分强调理论联系实际，力争使其所教授的理论和世界最前沿接轨、和实践接轨，因此深受学生的欢迎。

陈国庆的执教生涯一直持续了近60年。经过这近60年教学经验的积累，他形成了对于培养学生的独到见解。他认为，本科生应该"扎实基本功，开放视野，发现问题，并寻求解决的办法"；研究生可以放开一些，自由选题，自主研究，对事物形成独立的看法；博士生则应有对于事物更为深刻和有创新意义的观点。陈国庆从1980年起培养硕士生，从1987年起招收博士生，他指导研究生深入而细致，尽心竭力教他们如何读书，如何搜集资料和写作文章。他培养的研究生的学位论文，屡被评为优秀论文；他们中不少人考取并得到了资助出国深造的机会，留在国内的工作也十分出色。陈国庆因此获得天津市培养研究生优秀教学成果奖。

陈国庆在耄耋之年仍伏案为博士生审改论文，并且在博士论文上的修改笔迹十分清晰、鲜有涂改。偶然的机会，陈国庆的夫人揭了秘，原来他每次审改学生论文时，必先通读两遍，读第三遍时才动笔书写修改意见！

现在南开大学金融学院的图书馆还保存着陈国庆生前的全部藏书和写作

与工作手稿。陈国庆指导过的每一篇博士和硕士研究生论文，都有完整的论文原文、修改意见、评阅意见等材料，有些甚至保存有完整的学生出国推荐信、政审材料。那些稿纸不少已经又薄又脆，但上面陈国庆工工整整的蝇头小楷却愈加清楚。对于每博士论文，陈国庆甚至还复印保存了所有外审专家寄来的博士论文评阅意见。这样的一丝不苟、这样的全身心投入，真正堪称研究生导师中的典范！

陈国庆家住在南开大学八里台校区北村不大的教师公寓里，摆设很简单，没有什么起眼的家具，一台电视机算是值钱的东西了。在坐了三四个人就略显局促的客厅兼书房里，除了先生的书桌和几把旧椅子，就是满眼的书和资料，多而不乱。很难想象，就是在这样的环境下，先生带出了那么多优秀的学生，写出了那么多重要的学术著作！

90年代初，北村的电路老化。炎炎夏日的夜晚，先生和师母不停地擦着汗、扇着扇子。先生家里安了空调，却只在白天学生到家里讨论问题时打开，晚上是不开的。先生说是担心空调负荷大导致突然断电，会影响到楼里青年教师备课！多好的先生啊！陈先生这种严谨务实的治学态度和崇高的人格魅力、道义精神深深地影响和感召着他的学生们！

陈国庆非常关爱学生们。对学生而言，陈国庆不仅是一位要求严格、可以传道授业解惑的长者，更是一位和蔼可亲、在生活中关心疼爱他们的父亲。先生心里装的满满的都是学生，学生遇到困难时，他也很着急，总是想方设法帮助学生渡过难关，这样的例子可能每个学生都能举出很多。先生不大的公寓，是学生们最喜欢去的地方。先生跟师母都十分热情好客，对每一位学生都跟对待自己的孩子一样，先生的家永远为他的学生们敞开着。学生们愿意到先生家里，不单是请教学术上的问题，更愿意找先生和师母聊聊天、谈谈心、话话家常。陈先生和师母不仅记得每一位学生的名字，更能够对一些细节如数家珍地娓娓道来。所以，尽管很多学生身处天南海北，但只要想到先生和师母，心里就会感到很温暖。先生喜欢吃西餐，很多学生都是随先生和师母在天津五大道上的成桂餐厅或小白楼的起士林体验了人生第一顿西餐。先生也喜欢做饭，经常请学生到家里改善生活。先生做的烹大虾色香味俱佳。先生还坚持每天自制酸奶，几十年从不间断！一如他的为人和学问，一丝不苟！

伉俪情深，大爱永存

陈国庆和夫人情深相伴一生，是同事朋友和学生们心目中的楷模。夫人程明林毕业于辅仁大学外文系，退休前在南开大学图书馆工作。陈国庆90岁高龄时，依然耳聪目明，记忆力也很好，每天晚上要先为夫人打完蚊子，安顿好她睡觉，自己才安心上床。

陈国庆与夫人从相识、相知再到相伴，风雨春秋里一路走来，旁人们看到的是一对历尽沧桑、洗尽铅华的白发老人。每当夕阳西沉的时候，新开湖边、马蹄湖畔，伉俪相携绕行在霞光余晖中，成为数十年来很多南开师生们心中美好的记忆。

世人所追求的"执子之手，与子偕老"的爱情理想，在陈国庆与夫人身上得到了完美的体现。他们结婚60周年纪念日那天，家里挤满了学生们送的鲜花，在鲜花簇拥下，夫人拿出60年前陈国庆写给她的小诗，动情地朗读了一遍；而陈国庆，则拿出了夫人送他的白色真丝手绢，那手绢整整齐齐、干干净净！在场的学生们无不幸福地感受和分享着这世间最美好的存在！

两人膝下无子。2005年，陈国庆在去世前立下遗愿，将其与夫人勤俭一生的几乎所有积蓄10万元捐献出来，设立了陈国庆奖学金。这是南开在校教师个人捐款设立学生奖学金的首笔基金，这也是他和夫人近一生积累的财富。

可以说，陈国庆以其毕生精力彰显出老一代知识分子为了中华民族复兴而殚精竭虑的精神。他们在社会进步中，体现出思想者的努力；在人生的坎坷颠沛中，显示出个体的精神力量。陈国庆一生致力于教育事业的崇高节操，是南开精神的无声写照。2006年，陈国庆生前弟子、美国加州州立大学富乐顿分校（California

State University-Fullerton）金融学教授、保险研究中心主任鲁维丽向陈国庆奖学金又捐赠4万元，作为奖学金的延续。获奖的学生们纷纷表示，获得陈国庆奖学金，不仅是物质上的奖励，更是精神上的洗礼！

  2015年，在陈国庆诞生100周年、逝世10周年之际，南开大学在金融学系、风险管理与保险学系的基础上，成立了金融学院。陈国庆的弟子们秉承先生的教育理念、弘扬先生的伟大人格和道德风范、继续先生的事业追求，在金融学院捐资设立了"陈国庆教授纪念基金"，并以这种纪念大家共同的授业恩师的形式，搭建起和母校之间长久互动的发展平台，推动南开金融学科发展，完成先生的夙愿。迄今为止，该基金通过购买捐赠最前沿的英文图书、资助优秀学生国际化交流、资助一年一度的金融学院学术节等方式，继续着先生永远的金融教育事业。

桑恒康：南开交通经济研究所首任所长

刘秉镰　刘维林　金红

桑恒康教授（1915—1997）生于中国河北省故城。1939 年毕业于中国清华大学经济系，获得学士学位。1943 年毕业于南开大学经济研究所，获得经济学硕士学位。1944 年赴美国求学，其专业为理论经济学，1946 年获得哈佛大学经济学硕士学位，1947 年获得哈佛大学经济学博士学位。此后长期担任联合国经济和社会事务部运输司高级经济专家，在此期间，曾任非洲发展银行高级顾问、联合国援助苏丹交通部总顾问、美国支援叙利亚交通发展规划项目总经济师、美国圣若望大学客座经济学教授、美国新泽西理工学院客座教授。

改革开放之初，中国急需经济学人才，桑先生是最早回到母校讲学并亲自参与创建经济学科建设的海外经济学家。1978 年从联合国退休以后，他多次往返中美之间，在南开大学、清华大学、天津大学、复旦大学、西南财经大学、中国人民银行金融研究所等处讲学，曾担任河南省交通厅顾问、河北省交通厅顾问、天津交通委员会顾问以及国内一些大学的兼职教授（研究员）。1985 年被聘为南开大学客座教授，应邀在南开大学经济研究所创办运输经济专业。1987 年 6 月在经济学院党委书记、第一副院长李万华先生和另一位老先生张亦审的协助下，南开大学正式成立交通经济研究所，桑恒康先生担任第一任所长。

交通经济研究所初创之时，教学和科研条件都极为艰苦，没有办公经费，没有师资队伍，甚至连一间独立办公室都没有，只有一张安放在其他办公室的办公桌。尽管如此，桑先生将争创国内一流乃至世界一流的研究所定为目标，不顾自己年事已高，四处奔走，邀请国内外的顶级专家到南开授课，力图将国外最新的交通经济研究成果与实践经验引入国内，与中国的国情相结合并将此传授给学生。为了解决教师来源问题，桑先生跟学校申请将他指导的五名研究生留在学校，成为交通所的第一批青年教师。他鼓励青年教师埋头科研，认真教学，并且建章立制，推动所内各项工作的规范化、制度建设，反复告诫师生要学会"做人、做事、做学问"——做人为先，后做事，再做学问，为了国家、民族、人类和科学事业的发展与进步敬业奉献。为了解决资金短缺问题，桑先生寻求各资金来源对学科建设的支持，通过联合国、福特基金会等渠道筹集运转经费，筹建了图书资料中心和后来的计算机房。

桑先生在主持交通经济研究所工作期间，主张经济学研究应与国家和社会发展的现实相结合，缔造了交通经济研究所济世经邦、服务社会的优良传统。他带领研究所师生先后完成了"三门峡黄河大桥经济可行性论证""310国道开封至洛阳高速公路工程可行性研究""北京至深圳107国道郑州至许

昌段高速公路可行性研究""2000年中国交通运输发展战略目标选择"等20多项国家及省、市级重大项目的研究课题，获国家科技进步三等奖、省部级一等奖。撰写了英文版专著《中国的交通运输问题》和 Project Evaluation: Techniques and Practices for Developing Countries 以及中文版专著《投资项目评估》。鉴于桑恒康教授对国家的杰出贡献，1993年国家外国专家局授予他"友谊奖"，时任总理李鹏亲切接见了他。1994年桑恒康被天津市人民政府授予"海河荣誉奖"。

桑先生晚年罹患癌症，但75岁高龄的他对南开的任何人一直守口如瓶，而是更加争分夺秒地为南开工作，一边忍受着癌症的折磨和化疗的痛苦，一边一如既往地每年两次往返于中美之间。每当回到南开后顾不上休息转天就开始繁忙的工作，从课程设置、师资培养到教材编撰都要亲力亲为，还为研究生开设西方经济学、企业后勤学、专业外语、城市交通经济学等多门课程。许多南开的师生们都非常关心他的身体，他却始终没有透露自己的病情，一直隐瞒大家说只是感冒而已。1995年4月，他为了修改八名硕士研究生近40万字的毕业论文劳累过度，引发肺炎，高烧39.9°C，在医生劝说下才同意休息，仅卧床10分钟后就陷入昏迷，被送进医院苏醒之后念念不忘的仍然是所里的工作，想办法为所里购置计算机和开设计算机操作课程。桑先生的夫人和子女打来电话要求他返美治疗，他认为交通经济研究所正值需要他的时候而没有同意。后来为了减少南开大学的医疗费用支出，才返美接受了十几天的治疗，之后又再次返回南开工作，并且自己承担了往返的机票。

即使是在美国治疗期间，桑先生还抱病造访美国交通问题研究的最高学府——麻省理工学院的交通问题研究中心（Center for Transportation Studies）并和美国交通问题专家约瑟夫·萨斯曼（Joseph Sassman）会谈，在生命的最后时刻还在为交通所的未来奔波、劳碌。临走时，桑先生还一再鼓励当时从交通所毕业到麻省理工学院继续深造的校友努力为交通所、为南开做些工作。1997年5月，已经无法走路的桑先生最后一次回到南开，布置了研究所下一步的工作，参加完硕士毕业生的答辩会，坐着轮椅离开了他为之奉献了生命最后12年的母校。8月13日，桑恒康在美国波士顿逝世。

在桑先生病重期间，在美国的校友曾经问过桑先生为什么对南开师生封锁他得病的信息，桑先生看似轻松地回答："别吓着孩子们。"当他知道自己时日无多的时候，他选择抱病给他南开的孩子们上课；而在身体无法再支撑下去的时候，他才回到家人身边。桑先生回到美国家里后，跟家人说的第一件事就是，学校里的事都安排好了，可以安心了。桑先生两个女儿在美国是颇有成就的医学专家，桑先生和家人是应该知道癌症患者要避免过度劳累的。桑先生还是毅然选择用生命的最后精力继续做事情，而不是像大多数人一样选择延长生命。

桑恒康先生一生严谨治学，学贯中西。1986年，他在国内首次开设交通基础设施项目评估的理论与方法课程，并与国家计划委员会合作起草国家项目评估的方法与参数，对推动我国投资决策科学化起到了重要的作用。1988年他撰写的 Project Evaluation：Techniques and Practices for Developing Countries 在纽约出版，同年中文版《投资项目评估》在北京出版，引起巨大反响。该书总结了国际上通行的主要项目评估方法，理论结合实际，在比较了各种评估方法优点和不足的基础上，提出了一个适用于发展中国家的综合评估方法的程序和实践步骤。该书尤其强调中国和其他发展中国家在采用国际上通行的各种评估方法时，一定要结合本国的实际情况，只有这样，才能取得最好的社会和经济效益。该书是最早将投资评估方法引入中国的著作之一，桑先生也是中国投资项目评估方法研究的重要先驱。

1991年，桑先生历经十年完成的《中国的交通运输问题》专著出版，该书被誉为"经济学园地一部拓荒之作"。书中系统阐述了中国交通的过去、现状和未来，用发展的观点去把握动态中的中国交通运输业。书中将交通运输部门置于整个社会经济活动当中，论述了交通与经济发展、交通与经济政策、交通与体制改革等宏观方面的分析研究，并一一讨论了交通体系内五种运输方式的经济、技术情况以及各种运输方式之间的协调与发展问题，多层次、多角度对交通与经济的关系进行了系统的论述。书中运用了大量的统计数字和文献资料，立足世界视野，结合中国实际看待中国的交通运输问题，指出世界银行等权威机构当时对于中国交通形势的误判，还在经济区位、交通布局等方面提出了不少独到的见解。此外，他还在《经济学家》《武汉大学学报》《天津交通》《群言语》等杂志发表学术文章十多篇。在三峡工程进行可行性研究阶段，桑先生还向国家领导人建言献策，完成数千字的政策建议。

桑先生是中国交通经济学科的重要奠基人之一，他从经济视角研究交通问题，开创了交通经济研究的学术方法论的先河。国内外通常把交通问题作为工程学科，绝少跟经济学挂钩。只有具有超强的经济学家背景和将发展中国家交通与经济发展结合的实践经验的桑恒康，才会有魄力在20世纪80年代中期创造性地将两个学术研究跨界结合。桑先生同时强调交通经济学的社会价值体现在解决中国问题的实践应用上，他一直鼓励学生理论和实践相结合，很多学生进入国家部委或央企成为中国交通经济战略决策的践行者。桑先生也是最早将后勤学（Logistics）介绍到中国的先驱，为未来物流学和供应链管理在中国的大发展奠定了基础。

桑先生在他生命中的最后十年中，怀揣报国之志，呕心沥血创办交通经济研究所，是南开学子爱国报国情怀的鲜明写照，是南开大学"知中国、服务中国"传统的传承与弘扬，他留给南开的是永恒的高尚精神，南开人对他心存的是永久的崇敬和怀念。在南开成立百年之际，桑先生创建的南开大学交通经济研究所以及在此基础上发展起来的经济与社会发展研究院，业已成为我国区域经济、产业经济、交通经济和物流学科的研究重镇，国内领先的应用经济研究平台，颇具影响力的人才培养基地，为国家培养600多位杰出学子和5000多位社会精英，成为南开大学科研、教学、管理体制机制创新的试验区及高水平国际学术交流窗口。

2007年，在交通经济研究所建所20周年时，桑恒康先生的夫人回到南

开大学捐献出自己积蓄的 1 万美元设立"恒康交通发展基金",用于交通经济研究所学科建设;同时,交通所校友师生还共同为桑恒康先生雕铸一座紫铜半身塑像,以弘扬桑先生爱国、爱南开的无私精神。2018 年春节前夕,桑恒康先生的子女又捐助 1 万美元,与交通经济研究所和经济与社会发展研究院的校友师生的捐款一起,在南开大学教育基金会设立"恒康教育发展基金",以这种形式纪念南开交通经济学科的开创者,完成先生的夙愿。迄今为止,该基金通过资助国际国内重要学术会议、资助国际知名学者讲学及学术交流、资助优秀学生海外交流等方式,继续着先生永远的交通经济教育事业。

桑先生用他的知识、智慧、经历甚至生命身体力行地教导我们"做人、做事、做学问"的真谛。桑先生生命最后 12 年在南开的辛勤耕耘是南开百年历史上的精彩瞬间。南开不应该忘记桑恒康!交通经济研究所的历届学子都将永远记住先生和"做人、做事、做学问"的教诲。

雍文远：社会主义政治经济学的探索者

徐昂　韩汉君

雍文远先生生于1916年，1939年4月加入中国共产党。1943年毕业于重庆中央大学经济系。1945年毕业于南开经济研究所，获硕士学位。1947年赴美留学，次年在美国威斯康星大学经济系获硕士学位。回国后，历任上海商学院教授、院务委员会委员，上海财经学院教授、系主任。1958年转入上海社会科学院经济研究所，任研究员、研究室主任、博士生导师。1979年后，先后参加编写《政治经济学辞典》《中国大百科全书·经济学卷》，主编《经济大辞典·政治经济学卷》出席国家哲学社会科学"七五"规划会议，参加国家哲学社会科学基金评审组工作。发表论文100余篇。论著（包括合著和主编）有《资本、利息和货币流通》《社会主义制度下价值规律的作用》《商品经济与社会主义》《政治经济学教材（社会主义部分）》《社会必要产品论》《双重运行机制论》等。

雍文远先生长期在政治经济学领域进行学术探索，理论联系实际，为中国的社会主义政治经济学研究做出过许多贡献。1961年，他和姚耐主编的《政治经济学教材（社会主义部分）》，是我国经济学界在"文革"前公开出版的第一本社会主义政治经济学著作。改革开放以后，主持并积极开展商品经济、经济体制改革等领域的实地调研和理论研讨，对上海社会科学院经济学研究的发展起到重要作用。1985年，他主编了国家"六五"规划重点课题——《社会必要产品论》。1986年，该研究成果获中国孙冶方经济学基金著作奖。他是上海地区政治经济学学科创始人之一。1991年，雍文远先生获国务院科研突出贡献政府津贴证书。2008年，获上海市学术贡献奖（终身成就奖）。1989年、1995年先后出访美国、俄罗斯。1985年离休后，任上海社会科学院经济研究所顾问、上海市经济学会名誉会长。

开拓马克思主义政治经济学研究

1916年10月，雍文远教授生于四川省渠县，弱冠之年即怀忧国忧民、图强励精之志，因而勤奋好学，刻苦攻读。1937年11月，雍文远考入重庆中央大学经济系。从此，他开始了钻研经济理论的学术生涯。

1939年，在国民党反动派制造的反共高潮的白色恐怖中，年仅23岁的雍文远秘密地加入了中国共产党。入党后，他曾先后担任重庆中央大学地下党新支部宣传委员、总支宣传委员，代表重庆沙磁区委，负责联系重庆中央工业职业专科学校、南开中学等单位的地下党支部，参与领导重庆市沙磁区爱国学生的抗日救亡运动。

1943年8月，雍文远考入西南联合大学的南开经济研究所攻读研究生课程和硕士学位。他在硕士论文"庇古和凯恩斯就业理论的比较研究"的前言中写道："资本主义比之封建主义来说，造成了庞大的生产力，但另一方面又造成了富裕中的贫困，造成了广大的饥饿人群。"在结束语中，他又指出："唯失业问题不产生于社会主义社会，而独产生于资本主义社会，可见问题的本质与资本主义制度有不可分割的关系。"

雍文远获得经济学硕士学位后，于1945年10月至1946年9月，受聘为重庆中央设计局资金组副研究员；1946年10月至1947年8月，他又受聘为上海中国经济研究所研究员。

1947年秋,雍文远抱着亲身观察资本主义社会经济情况的愿望,远渡重洋,前往美国,在威斯康星大学经济系就学。当时的课程设置大都是他在南开经济研究所攻读硕士学位时已经读过的,因而有时间和条件大量阅读课程以外的书刊。其间他系统地掌握了马列主义的基础理论。一年中,他如饥似渴地阅读了英文版的《资本论》《反杜林论》《国家与革命》等马列主义原著,以及在纽约出版的《华侨日报》(该报经常转载新华社新闻稿和《解放日报》社论)、延安出版的《群众》杂志等。他在美国威斯康星大学写下的硕士论文"马克思的失业理论",就是他刻苦学习和钻研马列主义原著的结果。

1948年夏,人民解放战争的炮声震撼了祖国大地,也传到了太平洋的彼岸。雍文远毅然决然放弃了继续深造的机会和舒适的生活环境,在美国各地进行了一番考察以后,于1949年1月回到了上海,迎接解放。

1949年3月,已在上海商学院任教授的雍文远,同上海地下党组织取得了联系,积极参加了迎接解放的艰苦工作。与此同时,他还与当时同样处于地下的民盟成员合作,筹办了地下进步刊物,发表了"论国际形势的两极分化",积极宣传社会主义思想和中国共产党的立场观点。

1949年8月,上海商学院成立校务委员会,雍文远任校务委员会委员,并兼秘书处主任。1950年,上海商学院改为上海财经学院,取消了校务委员会,改行院长制。孙冶方任院长,姚耐为副院长,雍文远任总务处主任。这期间,他还曾先后兼任该校的财政金融系主任、政治经济学教研室主任等职。

在从事繁重的教学管理工作和科研工作的同时,雍文远还承担了大量的社会工作和学术活动。先后担任过上海市教育工会文教部干事、上海市北区大专院校教育工会主席、上海市新经济学会理事、上海市财政金融学会常务理事。此外,雍文远还继续认真研究马克思主义的基本原理,并试图探索社会主义经济建设中的规律性问题。在50年代前期和中期,他发表了一系列经济论文。1958年8月,院校调整,雍文远从此一直在上海社会科学院经济研究所从事社会主义经济理论的研究工作。

建设社会主义政治经济学学科

马克思主义基本原理是中国特色社会主义理论的发展基础。雍文远在学习所谓西方经济学和马克思主义政治经济学的时候，两者在他脑海里形成了强烈的对比和冲突，促使其写了"马克思对失业问题的剖析及其理论模型"和"评罗宾逊：《论马克思的经济学》"。前一篇论文，从资本主义失业问题这一角度来解读马克思的《资本论》，不仅是因为马克思对资本主义失业问题早已从经济制度上做过深刻分析，还因为这便于结合评论西方世界当时喧嚣一时的所谓"凯恩斯革命"。而后一篇论文则对英国罗宾逊夫人所写的《论马克思的经济学》做了评述。

1949年后，中国的大学课堂里改用苏联编写的政治经济学。雍文远感到资本主义部分的矛盾分析引人入胜，而社会主义部分平铺直叙，没有矛盾分析，令人索然寡味。时值1958年，正当大家苦于如何解决这一问题的时候，也正是毛泽东同志《关于正确处理人民内部矛盾的问题》发表一周年的时候，雍文远写了"《关于正确处理人民内部矛盾的问题》对社会主义政治经济学的重大启示"一文，认为社会主义政治经济学的对象、任务、研究方法，都应依据人民内部矛盾的理论来一番彻底改造。这是他试图用矛盾分析方法来改进社会主义政治经济学的最早想法。

此外，他在1956年还写过一本《借贷资本利息和货币流通》小册子（新知识出版社），对资本主义的借贷资本和利息、借贷资本运动的信用形式、股份公司和虚拟资本、信用制度下的货币流通做了研究。

1959年11月，中共中央宣传部召开各省市政治经济学（社会主义部分）教材编写会议，提出了突破政治经济学教科书的传统理论框架、总结和反映我国自己的革命和建设经验、丰富和发展马克思主义政治经济学等方面的指导思想。

之后，雍文远与姚耐、蒋学模等一起，在中共上海市委宣传部的指导下，组织了上海的部分经济理论工作者，集体编写了一本《政治经济学教材（社会主义部分）》。这是我国自解放以来自行编写并正式出版的第一本社会主义政治经济学教科书，1961年由上海人民出版社公开出版。此书约有20

万字，1963年再版，先后九次印刷。这本教材的社会反映很好，认为"在一定程度上吸取了'大跃进'急躁冒进的教训"。

当时，苏联科学院经济研究所编著的《政治经济学教科书》（第三版）在各社会主义国家的经济理论界仍然有着很大的影响。与之相比较，雍文远等主编的这本《政治经济学教材（社会主义部分）》具有如下特点：

第一，研究了生产资料所有制方面的社会主义改造的新鲜经验，分析了我国社会主义改造如何避免了苏联农业集体化过程中"左"的偏向，从而使这本社会主义政治经济学教材带上了中国自己的特点。第二，增设了"人们在生产中的相互关系"这一章，在论述了生产资料社会主义公有制的形成和形式以后，马上提出了"社会主义制度下人们在生产中的相互关系的性质"问题。用矛盾论观点和发展论观点研究人们在生产中的相互关系，在一定程度上克服了苏联教科书中所宣扬的形而上学论点。第三，在论述社会主义社会中的商品关系时，避免了传统的"特种商品生产"概念，同"商品外壳论"划清了界限。第四，增设了"社会主义的工业和农业"一章，根据我国社会主义建设的经验，阐述了"农业是国民经济的基础，工业是国民经济的主导"这一重要的基本原理，揭示了忽视农业和轻工业、片面强调优先发展重工业的历史教训。

1978年12月，党的十一届三中全会号召全党工作的着重点应该转移到社会主义建设上来。党的这一号召调动了各方面建设社会主义的积极性，也激发了广大社会科学工作者开展科学研究的热情。正是在这一历史条件下，雍文远写下"科学社会主义与空想社会主义"和"在资本主义文化成就的基础上建设社会主义"两文，主要阐明了生产落后与社会主义绝不相容，要划清科学社会主义与空想社会主义的思想界限；"正如列宁所说的，不应拒绝学习外国先进科学技术和好的管理经验，要在资本主义文化成就的基础上建设社会主义。"

1979年、1980年，社会生产大发展的客观要求冲破了生产资料公有制单一结构的束缚，出现了个体所有制和私营经济。这种以社会主义公有制为主体的多层次所有制结构，是与生产力发展水平上的多层次结构相适应的。但有人认为这是退回到了新民主主义社会。雍文远写了"从所有制结构看社会主义发展的阶段"一文，指明中国不是退回到了新民主主义社会，而是正确地进入了"社会主义初级阶段";而且还必须经过中级阶段,才能过渡到社会主义高级阶段,即《哥达纲领批判》所说的那种社会主义社会。这是我国理论界较早论及社会主义初级阶段的文章,也为以后社会主义政治经济学的编写提供了时代的依据。以后,他又写了"社会主义初级阶段的基本矛盾"一文,分析了这一基本矛盾和它的多种表现形式以及其中的主要矛盾,认为必须正确处理这些矛盾,才能推动社会主义初级阶段继续向前发展。1994年,雍文远与孙怀仁主编的《经济大辞典·政治经济学卷》由上海辞书出版社出版。

孙冶方奖获奖成果——《社会必要产品论》

《社会必要产品论》是雍文远教授的代表作之一,出版于1985年,次年获得中国经济学最高奖项——孙冶方经济学著作奖。在这项国家"六五"期间重点科研项目中,雍文远首次提出了"社会必要产品"(即 $V+M$)是社会主义的基本经济范畴和经济运转核心的观点。经过我国经济20多年发展的实践,这一观点被证明是有生命力的。

1983年3月,在国务院全国经济学科规划小组召开的规划会议上,雍文远提交的"社会主义政治经济学"研究计划被列为全国"六五"期间重点科研项目。这一年的4月9日,同经济学科国家规划领导小组签订了"议定书"。由于"社会主义政治经济学"是在经济理论领域拨乱反正中的重大项目,同时承担此项目的还有四家:中国社会科学院经济研究所所长许涤新、中央党校政治经济学研究室主任王珏、黑龙江大学校长关梦觉、四川社会科学院院长林凌。

政治经济学课题列入国家规划以后,雍文远把他所在工作单位上海社会科学院经济研究所政治经济学研究室的主要力量都投了上去。在课题组内,雍文远邀李鸿江、袁恩桢作为他的副手,成员还有王志平、曹麟章、童源轼、钱世明、张继光、罗宗、王国诚、朱懋庸、龚金国、杨建文、周建明等中青年研究人员,共14人之多。

政治经济学研究室主任也是编书组负责人雍文远教授,满怀激情,深感是改革开放迎来了理论的春天,终于可以按照自己的观点进行理论研究了。始点经济范畴(经济细胞)、基本经济范畴(运转核心和全书红线)和全书的体系构思,是雍文远在从事社会主义政治经济学理论探索过程中牢牢抓住的几个重要环节,也是他最后形成"社会必要产品论"的三大支柱。

此书的写作大纲,基本上是根据雍文远教授多年来酝酿的思路而成,当然也经过大家的充分讨论而加以丰满。在酝酿写作大纲期间,雍文远、李鸿江与袁恩桢一起,还去无锡参加过一次"六五"规划社会主义政治经济学承担者交流编写思路与方法的会议,以吸收其他编写组的有益想法。

《社会必要产品论》1985 年由上海人民出版社出版,该书提出的观点在学术领域的原创性有:1. 突破了从革命与所有制开始,以抽象的规律体系为结构的苏联式的传统框架,提出了以商品分析为起点,由生产、分配、流通、消费所构成的社会主义政治经济学新体系。2. 构筑了社会主义政治经济学新的经济范畴:十分大胆地以商品为社会主义政治经济学的始点范围,即把商品作为社会主义经济的细胞;把(V+M)即把生产过程中所创造的全部新价值,作为社会主义的基本经济范畴,从这里显示社会主义商品经济的自身特点;把资金作为社会主义经济的主体范畴,因为整个经济活动需要资金运作。这三大经济范畴提出,为当时的社会主义政治经济学研究体现了新的生气。3. 提出了双重经济运行机制概念。如社会目标与企业目标相结合的双重目标机制,物质激励与精神激励相结合的双重激励机制,计划调节与市场调节相结合的双重调节机制等,认为社会主义经济或者说社会主义商品经济的运行机制都是双重的。

《社会必要产品论》提出的原创性观点对学术研究、学科建设做出了重要贡献。1. 它是改革以来,也是建国以来,我国社会主义政治经济学研究首获经济学大奖的作品,从而获得了理论界的极大重视与影响。2. 社会主义政治经济学的研究以商品为起点,为细胞,这一观点获得了理论界的极大关注,此后各地编写的政治经济学教材,很多也是从分析商品开始。3. 基本经济范畴概念的提出,曾一度引起了理论界的研究热,究竟是以 V+M 还是 M 作为社会主义经济的基本经济范畴,曾引出激烈争论。4. 双重运行机制观点,一度成为理论界的美谈。

该书以商品为社会主义经济细胞与研究起点的观点,从理论上进一步论证了社会主义商品经济或市场经济的扎实基础。此后，上海人民出版社1990年出版的《双重运行机制论》提出的双重运行机制理论，是《社会必要产品论》的继续深入，对社会主义经济的现实运行，特别是把握经济运行的正确方向，发挥了重要的指导作用。

从实践中来，到实践中去

社会主义政治经济学是一门实践的学科。在雍文远等老一代学人的培育下，上海社会科学院经济研究所逐渐形成了紧跟现实问题、注重实地调研的研究传统。早在"大跃进"的年代，有人指责当时的经济研究所脱离实际。于是，以雍文远为组长的13人调查组就去了河南省汝南县光明人民公社，开展实际调查。雍文远等人蹲点三个月，亲眼看到了推行极左路线，刮"共产风"的严重后果：敞开肚皮吃饭，不久就没有东西吃了，不得已而天天吃红薯，许多人脸都浮肿了。三个月的调查实践使雍文远和调查组的其他同志了解了社会主义建设过程中的实际情况。他们在调查报告中明确地提出：中国农村在实行人民公社化后仍然存在着许多不容忽视的问题，还存在着"五大关系、三大矛盾"的社会问题。

从河南回上海后不久，雍文远又不辞劳苦，再次带队赴浙江农村调查经济问题。浙江作为沿海省份，历史上商品经济比较发达，即使在极左路线干扰下，价值规律对农业生产的调节作用，仍然不以人们的意志为转移地顽强表现出来。其中浙江富阳县的里山和灵桥两个公社属于半山区，商品率达到50%；桐庐县的新登公社是山区，商品经济更发达，商品率达到90%。此次调查获得了大量有价值的第一手材料，调查组写下了关于浙江省桐庐县新登人民公社和富阳县里山人民公社商品经济问题的两个调查报告，着重阐明了发展商品经济的必要性，强调了价值规律在社会主义条件下对社会生产的重要调节作用。

1959年4月，中国科学院经济研究所和上海社会科学院经济研究所联合在上海召开了社会主义制度下商品生产和价值规律问题的全国理论讨论会。这是在孙冶方的建议下召开的全国第一次经济理论研讨会。雍文远向讨论会提供了在浙江省所做的两个农村经济调查报告，并且在会上做了关于"价值规律对生产的调节作用问题的一些看法"的发言，针对当时把价值规律对生产的调节作用只局限于私有制条件下自发地发生的论点，阐明了他的不同看法。基于上述认识，雍文远还写出了"商品生产还要发展"一文。结合黄逸峰副所长赴苏北农村人民公社的调查、王惟中对上海市国营工商企业的调查，全所形成了11万字、共六份具有较强说服力的关于不同地区、不同行业及所有制的调查案例报告。在此基础上，由姚耐所长亲自领衔，撰写出3万多字的论文"试论社会主义制度下价值规律的作用"。

此次会议形成了"在计划经济条件下，价值规律仍然存在，并发挥着调节作用"的理论共识。《人民日报》对这次全国经济理论讨论会做了如下的报道："对这些问题开展学术讨论，对于从经济关系上正确处理人民内部矛盾，调动城乡人民建设社会主义的积极性，对于人民公社的巩固和公社内部生产关系进一步完善和发展，对于进一步提高国民经济计划管理工作的水平，有着重大的意义。对于依据马克思主义的价值学说，从理论上总结我国社会主义建设的经验，提高我们的理论水平，也有积极的作用。"1961年，姚耐、雍文远、汪旭庄还共同撰写出版了《论社会主义制度下的价值规律的作用》（上海人民出版社）。

1961年，在孙冶方的带领下，雍文远参加了对上海国棉一厂的调查，写了"经济体制改革问题的可贵探索"一文。在调查中，雍文远等看到的国有企业被国家管得很死：原本应该用于简单再生产的折旧基金也要上交；基本生产资料统归国家计划分配，企业之间只得私自进行物物交换；机器使用长达三四十年不予更新，认为是社会主义制度的优越性；没有成本利润核算，解释为"只算政治账，不算经济账"。

广泛的调查研究和理论探讨，对于雍文远形成自己对社会主义经济问题的基本看法，有着十分重要的影响。他在后来回顾说："要说学术思想的发展，这段时期对我自己的教育最大。它使我看清了搞社会主义不能只有一股热情，还要尊重客观经济规律，尊重科学。在这个方面，我们从事经济理论研究的人抱负着重大的责任。"

随着社会生产的大发展，在经济体制改革的新形势下，我国由传统社会主义计划经济体制逐步向社会主义市场经济体制转轨。1983年10月，《社会必要产品论》编书组在上海、广州、武汉和北京等地举行了写作提纲的座谈讨论，又在广州、深圳、武汉、贵阳、昆明等地开展了实地调查，为该书的具体写作提供了现实依据。据雍文远先生回忆，当时中国处于体制改革的启动阶段，很多学术问题属于社会主义政治经济学学科建设上的重大理论问题，学术界的理论准备还欠充分。因此，深入的实地调研为学术研究提供了一手的真实资料，尤为重要。

此后，雍先生又写了"创建有中国特色的社会主义经济模式"和"我国经济改革的实践和理论问题"两篇文章，探讨了这一转轨的客观必然性和所包含的理论问题。1991年，雍文远、袁恩桢又合写了《商品经济与社会主义》一书，由上海社会科学院出版社出版。此书的中心是分析商品经济与社会主义的相融性，指出商品货币关系是内在于社会主义经济基础之中的。

"路漫漫其修远兮，吾将上下而求索。"对真理的掌握固然重要，但对真理的进一步追求则更可贵。雍文远教授已于1985年离休，但在思想解放的春风吹拂下，在神州大地改革开放的过程中，他仍以更充沛的精力进行着不懈的努力。1987年起，他任经济学博士研究生指导教师，先后培养了16位博士研究生；与此同时，他又着手主持全国"七五"社会科学研究重点项目"社会主义经济运行机制研究"。老骥伏枥，志在千里，雍文远的晚年正逢中华人民共和国成立以来最好的历史时期，他立志在有生之年为建设有中国特色的社会主义、为丰富人类思想宝库，再多贡献一些自己的力量。

参考文献：

江苏人民出版社编，《我的经济观——当代中国百名经济学家自述4》，江苏人民出版社1992年版。

雍文远，《雍文远文集》，上海人民出版社2005年版。

杨建文，"雍文远——社会主义政治经济学的探索者"，《上海经济研究》1995年第8期。

钟祥财，"《社会必要产品论》的理论贡献与实践意义"，《上海经济研究》2005年第11期。

易梦虹：南开大学国际经济系创始人之一

佟家栋

易梦虹（1916—1991），生于贵州省贵阳市，是南开大学国际经济系教授、国内外知名学者。易梦虹1937年考入武汉大学经济学系，1942年毕业获硕士学位。1949年7月在美国威斯康星大学获经济硕士学位。学成回国后，易先生（1949年12月）在中国人民银行总行计划处、国外业务处任研究员，并兼任《外汇日报》及《外汇旬刊》常务编委及副总编辑，同时兼任北京大学经济系的统计教学工作。1951年受聘于南开大学，他曾先后任贸易专修科主任、理论统计教研室主任、经济学说史教研室主任以及世界经济教研室主任等职，是世界经济教研室以及后来的国际经济系创始人之一。

易梦虹先生学识渊博，教学经验丰富。在他从教的40多年中曾开设过统计学、工业经济概论、国内贸易经济、经济统计学、中国近代经济思想史、世界经济（西欧部分）、世界经济统计、国际一体化经济学、熊彼特经济分析史等九门课程。他开设的课程广受学生的欢迎。

易先生科研成果丰硕。曾出版的专著有：《中国近代经济思想史》（上、下卷）、《中国近代经济思想资料选辑》（上、中、下三卷）、《西欧共同市场》《世界经济概论》等著作及译著《经济分析史》。他与赵靖先生合作撰写的《中国近代经济思想史》（上下册）至今仍然是该学科领域的扛鼎之作。他负责编写的《西欧共同市场》是"文革"后我国对欧共体的最早研究成果之一。多部教材获得教育部和天津市教学成果奖。

易先生撰写的学术论文近百篇，多篇文章获优秀成果奖。易梦虹知识领域广博，尤其是在经济学、国际经济一体化等学科更有很高造诣，他是将国际一体化经济学引入中国，并作为硕士研究生课程长期开设的第一人。这也奠定了易先生在依据现代西方经济学，特别是国际一体化经济学分析当代区域经济一体化实践中的地位，使他名副其实地成为西欧经济方向的学科带头人和著名专家。此后，他又陆续撰写了许多有关西欧共同市场及西欧各国经济的论文，是我国欧共体研究的开拓者之一。易梦虹先生特别注重适应国家对经济学，特别是国外经济学研究的需要。1976年，唐山大地震后不久，他接到农业部的任务，要求对欧洲共同体的共同农业政策进行系统研究，为中国农业政策的制定服务。易先生勇于担当，在地震棚里，他完成了对欧洲共同农业政策的研究。他是中国第一个介绍欧洲共同体的共同农业政策的学者，阐述和分析了欧洲共同农业政策的价格机制及记账单位、汇率机制。由于易先生在比较短的时间内圆满完成了农业部交给的任务，受到中国农业部的表彰，也奠定了易先生在欧洲共同体共同农业政策研究方面的权威地位。易先生还是国内率先比较系统地阐述和分析了欧洲货币体系及其前景的著名学者，同时易梦虹先生还由欧洲货币体系的研究引发了对国际货币体系的前景的研究，特别指出了区域性的货币体系对国际货币体系的重建的重要性。易梦虹先生对欧共体同发展中国家之间的关系做了深入研究，主持编写了"欧洲经济共同体同发展中国家的经济关系"论文，被天津市经济社会发展研究中心作为内部参考资料刊在《决策参考》第48期上，为领导决策提供理论参考依据。易梦虹先生所做的这些研究为我国开展与欧共体的经济贸易关系提供了很有价值的参考意见。由于他的博学多识，易梦虹先生被收入了英国剑桥国际传记中心的《大洋洲及远东地区名人录》。

易梦虹先生不仅是国内外的知名学者，同时也是一位热爱祖国、拥护中国共产党、热爱社会主义的活动家，曾任民盟南开大学支部委员、主委，民盟天津市委委员，民盟中央联络工作委员会委员等职务。

1991年5月易先生因突发脑溢血，不幸病逝，享年75岁。

易梦虹先生给学生授课

钱荣堃：中国国际金融学科的开拓者

钱荣堃传记小组[①]

钱荣堃（1917—2003），江苏省无锡市人，汉族，全国"五一"劳动奖章获得者（1996），曾先后担任南开大学经济学院金融学系教授、首任系主任，图书馆副馆长，经济研究所副所长，经济学院顾问等职务，并曾担任国务院学科评议组（经济学）特约成员，首创国内引入国际MBA教学模式。

钱荣堃是当代著名的国际金融学专家，在国际金融组织体系、国际货币体系、货币理论、汇率理论、汇率制度和人民币汇率政策等方面有着深入的研究，提出了很多开创性的政策建议。其主编的《国际金融》教材长期以来是我国国际金融的经典教材。他创办了我国第一个国际金融硕士点和博士点，是国务院学位委员会MBA学位设计委员会主任，并被誉为"中国的MBA之父"。

生平简历和工作情况

钱先生一直跟自己的弟子和学生说，自己是小职员的孩子，早年家里很穷，但是他坚持读书，最后父母亲把他供养到读高中。

钱先生喜欢音乐。可以说，他在家里是放着音乐做研究的，也可以说他

[①] 由马晓军执笔撰写。

在研究之余会听一段音乐，放松自己。钱先生家的书桌后面，是一个放满磁带的书柜，每当写文章看书累了的时候，就会挑一盘磁带放一放，然后闭着眼睛享受音乐或戏曲带来的快乐。这些磁带分为三大类：评弹、西洋古典和京剧。这三种爱好，恰暗合钱先生人生的三段历程：先生年少时在无锡读小学和初中，喜欢上了评弹；青年时留学英国，爱上了西洋音乐尤其是交响乐；学成回国后生活在北方的天津，由此与京剧结缘。先生家的贝多芬、巴赫、舒伯特、施特劳斯等西洋古典音乐的磁带应该是收集最全的。他每次出国，都会带回一些磁带，补充自己的音乐库。

评弹篇：江南才子，名师引路

先生幼年在无锡读小学和中学。初中二年级时，发生了"九一八"事变。先生和同学们一起到南京参加了京沪学生请愿团。回到无锡后，写了一篇文章，题为"公理强权说"，寄给了《上海报》，几天后《上海报》就以社论的形式发表了这篇文章。无锡一所中学的老师把文章印发给学生作为课文。后来在弄清作者是一个14岁的初中学生时，引起了轰动。在无锡县立初级中学毕业后，先生进入无锡庆丰纺织公司，先是见习生，三年后当上车间工作人员，每天工作的时间长达12个小时，还要上夜班。1936年秋，到南京东方中学读高中。1937年秋，抗日战争爆发，钱先生跟着学校去了重庆。1938年夏，高中毕业后考上了重庆大学商学院会计系，后来又转到银行系学习，从此与金融结下了终生的缘分，持之以恒，钟爱一生。

钱先生在重庆大学学习期间，重庆大学聚集了当时很多知名教授。钱先生跟从留学美英法三国、获美国威斯康星大学经济学硕士、时任重庆大学校长的叶元龙教授学习经济学；跟从著名会计学专家丁洪范教授学习会计学；跟从密歇根大学毕业、号称"中华民国四大经济学家"之一的刘大均教授学习经济学和统计学；跟从耶鲁大学经济学硕士和哥伦比亚大学经济学博士、著名经济学家马寅初教授学习货币银行学；跟从美国西北大学经济学硕士、曾任驻瑞士日内瓦国际联盟"中国国联代表团"经济专员的杨荫溥教授学习中国金融论；跟从伯明翰大学商学硕士、著名会计学家朱国璋教授学习成本会计和公司理财；跟从石毓符教授学习会计学。马寅初教授的人格和风骨，成为钱先生一辈子的楷模，每每提起，他都发自内心地佩服。

在重庆大学期间，钱荣堃担任了重庆大学经济学社社长，该社是由马寅初先生倡导设立的，并由马寅初先生担任名誉社长。1940年3月，马寅初先生曾在国民党陆军大学对100多人的将官班演讲，大会上，马寅初先生猛烈抨击孔祥熙和宋子文大发"超级国难财"，要求首先把孔、宋撤职，并将他们的不义之财充作抗日经费。这次演讲，钱荣堃先生全程陪同，并做了演讲记录。在回程的车上，马寅初对钱荣堃说："如果我在前方对将士们做这种演讲，他们很可能赞成我的主张。他们愤而起来兵谏，孔、宋就可能下台。"

钱荣堃先生是当年的学霸。他在大学三年级时，参加了全国经济学系和商学院学生学业考试，一共有经济学、会计学和货币银行学三门课程，他考了全国第一名。

1942年夏，钱荣堃自重庆大学银行系毕业，报考了当时高等学府南开大学经济研究所硕士研究生，学习了两年。当时国内许多大学都不招收研究生，南开大学经济研究所是当时非常少的培养硕士研究生的著名学府。南开大学经济研究所拥有一批学风严谨、造诣颇深的教授。学风浓郁的南开校园，在那个动荡的年代里为学子们提供了一个良好的潜心研究场所。

1944年，钱荣堃取得了硕士学位，之后曾先后任中央设计局货币银行组专员和上海证券交易所专员。

1946年，钱荣堃放弃了国内优厚的工作机会和待遇，报名参加了第九届中英庚子赔款公费留学考试，在发榜时"金榜题名"。庚款留学考试是全国的精英选拔赛，每届只录取十几人，而其中经济类学科每届只录取一到两人，考试难度非常大。

交响篇：庚款赴英，伦敦求学

钱荣堃先生于1946年考取中英庚款公费留学生，1947年进入英国伦敦经济学院（London School of Economics and Political Science）成为博士研究生。伦敦经济学院是英国著名学府，师资力量很雄厚，著名经济学家和政治哲学家、最著名的奥地利学派代表人物哈耶克，国际经济学专家詹姆斯·米德，一般均衡理论创始者约翰·希克斯都在该校任教，他们也都获得了诺贝尔经济学奖，这奠定了钱荣堃先生良好的经济学、金融学功底，使他受益终身，也为他日后的教学与研究奠定了坚实的基础。

在伦敦经济学院读书时，钱荣堃的导师是赛耶斯（R.Sayers）教授。赛耶斯是当时著名的货币银行学专家，曾经写过一本教材《银行学新论》，正是因为这本教材，钱荣堃早在国内读研期间就与导师赛耶斯结缘。在南开大学经济研究所读硕士期间，钱荣堃就与同学汪祥春一起翻译了赛耶斯的名著《银行学新论》，该书于 1947 年由正中书局出版，被很多高校经济系指定为教材或参考书，而此时钱荣堃尚未赴英国留学。到了 1958 年和 1978 年，钱荣堃和汪祥春翻译的这本教材又由正中书局在台湾地区两度再版发行。

英国大学每年分为三个学期，每个学期只有 8 周，一年时间仅有 24 周授课，而放假的时间长达 28 周。伦敦经济学院坐落在伦敦的市中心，没有围墙，但楼很紧凑，校园很精致，在这样一个地方上学，对人的思维也是一个精致的训练。学院放假期间并不停学，学生有充足的时间自主学习，而上课的时间，则有很多时间用于讨论。在伦敦经济学院攻读博士期间，钱荣堃每个月要与导师见一次面，导师布置了大量的阅读书目和小论文，见面期间，则与导师讨论并由导师批改论文。

在伦敦经济学院求学期间，钱荣堃领略了当时经济学和金融学风云人物的风采，浸泡式地汲取了各位大师的学术精华，而且正是在伦敦经济学院的讨论式学习、交流式思考中，在获得知识之外，钱先生得到了他一生极为推崇的"读书、讨论、写作"这种英式教学方法的真髓，并持之以恒地用在自己的教学和对学生的指导上。他总是引用培根的话来教育自己的学生：读书使人充实，讨论使人机敏，写作使人精确。这种精神贯穿在他自己的人生中，同时也教化了学生。

京剧篇：学府北辰，金融复兴

1949 年中华人民共和国成立，很多海外学子怀揣报国立业的志向，纷纷回国加入到建设新中国的宏图大业之中，钱先生也加入了回国报国的行列。1950 年秋，钱先生回到了祖国，先是在广州岭南大学担任经济系副教授，后于 1951 年春到南开大学任教，在金融学系担任货币银行学的教学工作。

但当时中国正在学习苏联，实行中央集中领导的计划经济。在计划经济体制下，金融的作用大大受限。到 1953 年进行院系调整时，南开大学停办了金融系，钱先生被调到南开大学图书馆任代理馆长。"文革"期间一直参加政治运动或下乡劳动，当有人知道他是马寅初的学生时，要求他批判马寅初，但钱荣堃先生一直拒绝给自己的老师马寅初写大字报。直到70年代末钱荣堃才重新回到教学岗位，在经济学院任教。学生们从来没有听到他对这段经历有过抱怨，而是以只争朝夕的精神投入到教学和科研工作中。

1982年，在钱荣堃的倡导下，在中国人民银行、中国农业银行、中国人民保险公司的支持下，教育部同意南开大学重建金融学系，钱荣堃担任了间断28年之久的首任系主任，并承担国际金融方面的教学工作。

在办学思路方面，钱荣堃先生基于长远发展和现实条件，创新了传统培养模式，他主张先办国际金融专业的硕士研究生点，因为有了优秀的硕士毕业生，就有了本科生的师资，招博士生也有了可靠的生源。所以，他于1979年在南开大学开办了国内第一个国际金融硕士研究生点，通过硕士研究生承上启下，在1983年又开办了国内第一个国际金融博士生点，直到1985年才开始招收国际金融专业的大学本科生。在短短几年的时间内，南开大学就有了金融学本科、硕士生点和博士生点，拥有钱荣堃、陈国庆、王继祖三位博导和一批教授、副教授的师资队伍。如果循常规先招本科生，需要很多年后才能有本、硕、博全系列的教学体系。1987年国务院学位委员会组织专家评议硕士研究生的质量，南开大学国际金融专业的硕士研究生培养被评为第一名。1988年国家教委组织专家评议全国重点学科，南开大学国际金融专业被评为该专业全国唯一的重点学科。

1983年钱荣堃作为南开大学与加拿大的约克大学、拉瓦尔大学、麦克马斯特大学的交流项目负责人，先后选送数十名学生到加拿大留学。还在南开大学开办了三期工商管理硕士（MBA）班，由加拿大上述三所大学派教授到南开上课，称为"南开-约克模式"。后来许多大学都采取这种模式培养硕士研究生。1989年他受国家教委和学位办公室的委托，草拟了中国式工商管理硕士MBA学位方案。这个方案之后在10所大学内试办。为了培养好国际金融专业，为国家改革开放和金融发展服务，钱荣堃先生决定开办国际金融师资班，利用暑假期间，请国内外知名国际金融专家学者给国内各高校的国际金融教师授课，他自己也亲自授课。该班共举办了三期，深受各地国际金融教师的喜爱，很多人现在已经成长为国际金融专家，成为教学和科研岗位的中坚力量。1991年他负责与加拿大几所大学协商在南开大学举办中加双方联合培养博士中心，培养国际贸易、国际金融、国际市场三个方面的博士生。这些办学模式的创新，具有开创性和战略性，对当时人才培养和教育改革起到了巨大的促进作用。

由于钱先生在教学科研方面的突出贡献，上世纪 80 年代起他被选为中国金融学会常务理事、中国国际金融学会常务理事、华北西北国际金融学会副会长、国务院学位委员会学科评议组（经济学）成员。他在各地讲学，受聘为复旦大学、东北财经大学、汕头大学、南京大学的兼职教授。

2003 年，钱荣堃病逝于天津，享年 86 岁。

主要著作和主要学术观点

国际金融教材

国际金融的教材首先从教学大纲启动。上世纪 90 年代初期，国家教委高等教育司组织编写和审定了"高等学校财经类专业核心课程教学大纲"，一共是 11 门核心课程，其中包含了国际金融。国际金融作为其中的一门核心课程，教学难度比较大，因为国际金融在西方并没有成为一门独立的学科，而我国解放前的大学亦遵循西方习惯，并未开设独立的国际金融课程。国家教委之所以将国际金融设定为核心课程，是基于我国对外开放不断扩大的现实，是为了培养适应对外金融的理论和实践人才。

国际金融这门课程的教学大纲由钱荣堃担任主编，陈平参加编写，全国有 10 多位国际金融的专家教授参加审稿。该教学大纲由四川人民出版社出版。大纲出版后，钱荣堃进一步吸收了各方面的意见，对结构和内容进行了调整，以此作为框架，编写了《国际金融》教材。《国际金融》教材由钱荣堃主编，陈平、马君潞参与编写，由四川人民出版社于 1994 年出版。

1994 版的《国际金融》教材以马克思主义立场、观点和方法为指导，贯彻理论联系实际的原则，反映和体现了中国特色，注重本学科基础理论、基础知识的介绍及基本技能的训练，吸收本学科最新的比较成熟的研究成果，反映本学科的发展方向，体现改革精神。

1994版的《国际金融》教材形成了国际收支、外汇、汇率、国际储备、国际金融市场、国际资本流动、国际货币制度、国际金融机构的八章结构，并将中国的对外金融问题分别纳入有关各章来论述。应该说，这本教材是我国国际金融学科发展过程中的一个重要里程碑，是国际金融教材领域的经典之作。

主要学术观点

1. 对国际货币体系的理论提出了新的见解。70年代，以美元为锚的布雷顿森林体系崩溃，国际货币体系进入了浮动汇率阶段。先生从新的角度去认识国际货币体系，认为应该从主导货币、汇率体制和国际收支如何调整三个方面综合考察国际货币体系。这样做可以全面地分析国际货币体系的运转。他用这种见解考察了100多年来国际货币体系的演变，并指出了它的发展趋势。他在这方面的研究成果，深受人们的称赞。

2. 对美元国际货币地位的变化做了全面分析。他提出要以美元在国际货币体系中的三种重要职能，即计价单位、交易手段和价值储存手段三方面的变化来考察美元国际地位的变化。在三种职能中，美元的地位仍然远远超过日元和马克，但日元和马克的地位不断上升。长期看来，会出现一种新型的复合货币充当国际间主导货币；复合货币的要求是价值比较稳定。

3. 对美元汇率变动的因素提出了新的观点。1973年实行浮动汇率以来，美元的汇率变动频繁而剧烈。他对1973年以来美元汇率的变动做了全面深入的分析后，认为对汇率的变动应该做短期、中期和长期的分析。在短期内，影响美元汇率的因素很多，许多政治的、经济的因素会影响美元汇率。在中期（一年以上）内，美国与国外通货膨胀率差异、利率差异、经常项目收支、货币政策、投机活动和中央银行干预市场等因素都可以影响美元汇率的变动。在长期内，美元汇率则由经济增长率、劳动生产率和通货膨胀率所决定。

4. 对人民币汇率问题做了深入研究，认为在发展商品经济和外贸体制改变之后，汇率的作用将扩大。在汇率安排方面，他分析了钉住制和弹性制的利弊，主张我国以实行有限弹性汇率制为宜。在汇率水平方面，他分析了国内外物价水平差异和我国物价不合理因素之后，主张必须研究人民币汇率的理论均衡汇率，这种汇率不能在市场上找到，但可以研究。找出能真正反映人民币对外购买力的汇率，然后再考虑我国经济战略的需要。汇率政策可以实行高估或低估政策。他反对高估汇率和对出口进行大量补贴的办法。提出要使汇率充分发挥经济杠杆作用。

其他研究成果

承担了国家"七五"社会科学重点科研项目"资本主义国家金融制度比较研究"的研究工作，并出版一套丛书，对加拿大、英国、美国、德国、日本等国的金融制度进行比较研究，成为当时国际金融教学与研究的典型著作。他与马君潞合写的《加拿大金融制度》一书已于1991年出版。

1986年起他担任"国外金融论著译丛"的主编，翻译出版了一批国外的金融理论、实务、历史和教科书，深受各方面的欢迎，对研究国际金融起到了奠基性作用，让学生以最短的时间可以尽可能地学习到国际金融前沿理论和政策实践。

治学方法和经验

钱先生曾经说过，他早年在南开大学经济研究所和伦敦经济学院读研究生时在治学的态度和方法上受益匪浅。

1. 他认为治学之道，首先要有宽厚的基础。这种基础包括以下几个方面：（1）文化基础。即语文、外语、数学。没有这个基础谈不上学好和研究金融这门学科。（2）理论基础。既要学习马克思主义理论，还要学好西方经济学理论。西方国际金融学科的理论基础是西方经济理论，必须打好这方面的基础，才能对它进行正确分析和评价。（3）工具基础。即要学好会计学、统计学、计量经济学和计算机应用。不具备这些工具，谈不到进行科学研究。（4）专业基础。即与国际金融学科有关的货币银行学、财政学、国际贸易等。

2. 在学习方法上，他经常对学生要求把读书、讨论、写作三者结合起来。光是上课听讲下课读书是不行的。他引证英国学者培根的一句话："读书使人充实，讨论使人机敏，写作使人确切。"他曾写过一篇文章，提倡这种学习方法，受到各方面人士的重视。

3. 在治学态度方面。他一贯主张"不唯书、不唯上、只唯实"的实事求是的科学态度。他说："在 50 年代根据斯大林的错误论断认为战后资本主义国家的经济不可能再发展了。这种论点在国内流行一时而无人敢于反对。根据某一理论权威人士的错误看法，认为资本主义国家的经济危机是越来越严重、越来越缩短了。国内不少人都随声附和这种错误论点。到了"文化大革命"时这种唯书、唯上的恶劣学风达到了顶峰。他非常钦佩他在大学时的老师马寅初先生的"不唯书、不唯上"的勇气，写出了《新人口论》那样的科学著作。他宁肯在 30 年内不发表一篇文章，也不愿去写那种唯书唯上的违心的文章。这一点，博得了许多人的赞赏。

他对研究生的要求严格，要求他们不争名利、不求一时，而是要以实实在在的工作成果，建立长远的功业。这取得了显著的效果。这些研究生毕业后无论从事教学、研究工作或实际工作，都表现很好。

钱先生在生活上非常关爱学生。每次学期结束时，他都会邀请研究生到家里聚餐，每次餐桌上必有炸猪排，这是钱先生在英国的时候学会的菜，每次的酒水都必有青岛啤酒，想必是钱先生最爱的酒品。师生轻吟浅酌，相互交流思想，其乐融融，令学生们时时想念钱先生，这大概就是大师的生活风范。

杨叔进：经济发展理论和策略研究的大家

袁 安

杨叔进博士（1917—2001）出生并成长于中国，曾长期在联合国和世界银行任职，从事发展中国家尤其是亚洲地区发展中国家的经济发展理论以及贸易、财政等领域公共政策的研究和咨询，是上世纪国际经济发展领域知名度很高的美籍华裔经济学家，在中国改革开放初期对中国改革开放政策的形成和发展也产生了广泛影响。

1941 年杨叔进以优异成绩考取南开大学经济研究所，师从毕业于加州大学伯克利分校的李卓敏先生专攻货币理论和经济周期，获得经济学硕士学位。南开大学经济研究所是当时高等院校中唯一一所招收经济学硕士研究生的学校，师资实力雄厚，有多位留学英美名校学成归来精通西方现代教育理念以及西方经济学实证和数量研究方法的经济学者，在中国现代经济学史和教育史上曾取得了许多开创性和先驱性的成就。在良好的学术氛围中，杨叔进不仅学习到了经济学的最新理论，而且养成了注重社会调查和统计分析、理论联系实际的研究作风。在此和之后留在南开经济研究所工作期间，杨叔进就开始发表论文阐述其研究成果，如 1942 年 10 月的"凯恩斯的价格理论"以及 1943 年 11 月的"充分就业理论与我国战时经济政策"。在"凯恩斯的价格理论"一文中，他试图将凯恩斯的理论应用于中国战时经济政策，认为政府可以运用凯恩斯式的需求管理政策，如采取减少非国防的花费、通过鼓励战争债券的购买等政策，增加资本积累，提高战时产出。在"充分就业理论与我国战时经济政策"一文中，他运用凯恩斯经济理论分析中国战时经济政策，认为如果经济还未达到充分就业，则增加需求可以提高产出和就业，但如果经济已经达到充分就业，则过剩的需求只会提高物价水平。他同时还相信控制货币供应量能够影响总需求，但认为这一理论不适用像中国这样一个金融体系不发达的农业经济国家。从这些文章我们不仅可以看到杨叔进深厚的学术功底和良好的研究能力,而且可以看到杨叔进十分关注现实经济问题,注重将西方现代经济学理论应用于中国经济政策的研究。

1946年杨叔进先生赴美国威斯康星大学继续深造,1949年获威斯康星大学国际经济学博士学位。之后他开始了40多年担任联合国和世界银行经济学家的职业生涯。

1950—1963年杨叔进先生作为顶级经济学家任职于联合国亚洲及远东经济委员会(ECAFE,联合国亚洲及太平洋经济社会委员会前身,联合国经社理事会下属五个区域委员会之一),他在联合国亚洲及远东经济委员会最后的职位是经济调查事务部首席经济学家,负责联合国年度出版物《亚洲和远东经济调查》的编撰和出版。在此期间,他还进行了区域经济发展和规划的多项研究工作,并服务于ECAFE的多次重要会议,其中包括ECAFE委员会的系列会议、亚洲规划者会议、经济发展和规划工作会议,他还代表ECAFE参加了多次国际会议,其中包括原关贸总协定GATT的多次会议。他前后主持过亚洲15个国家的一系列官方咨询访问,并曾担任菲律宾和泰国政府的经济顾问。

1963—1982年杨叔进先生转而任职世界银行,先后担任世界银行亚洲部、政策计划部、项目审核部的高级经济学家。他主持和参加了世界银行在亚洲和非洲的一系列活动,其中包括世界银行在埃及、肯尼亚、印度、巴基斯坦、韩国、坦桑尼亚等国家和中国台湾地区的经济发展项目。80年代初中国敞开国门开始了改革开放的进程,杨叔进先生作为出生和成长于中国的华裔经济学家,积极参与了联合国和世界银行的中国项目。1983—1986年杨先生作为世界银行经济发展学院和联合国发展项目的协调人主持了中国经济管理和项目计划培训项目。

杨先生还是一位经济学领域的教育家。他不仅在美国曾执教于世界银行经济发展学院和马里兰大学,在上世纪八九十年代中国急需经济学人才的时候,他也积极投身中国的教育事业。杨先生是上海财经大学、中央财经大学和东北大学的名誉教授,同时他还曾担任复旦大学顾问教授,多次在这些学校授课和举办讲座。

最值得一提的是杨叔进先生70岁的时候出任南开大学国际经济研究所所

长。1987年,中国急需国际经济方面的研究人才,在原南开大学校长滕维藻等人的推动下南开大学国际经济研究所成立,李卓敏先生推荐杨先生出任南开国际经济研究所第一任执行所长(1987—1993年)。当时的中国刚刚集中精力开始经济建设,生活和工作条件都比较艰苦。但南开是杨先生的母校,杨先生对南开怀有深厚的感情。他不顾自己年岁已高,毫不犹豫地投身到了南开国际经济研究所的创建中。他频繁奔波于中国和美国之间,倾其多年研究工作的学识和经验,亲自参与南开国际经济研究所的研究生培养方案的拟定。同时他还以其多年对发展中国家经济发展的考察和研究,结合中国改革开放的需求,制订南开国际研究所的科研和出版计划,为八九十年代的中国改革开放建言献策,在八九十年代中国的改革开放中产生了广泛的影响。他还克服种种困难,凭借其在联合国和世界银行长期积累的知名度和影响力,组织了多次贸易政策和经济发展的高级学术研讨会议,邀请了当时美国一批知名的国际经济领域的教授学者来到刚刚打开国门的中国,向中国学术界介绍国际经济学和经济发展最新理论和实践,与中国学术界和政策研究机构探讨发展中国家经济发展的理论以及贸易、财政政策的经验教训。杨先生工作认真严谨、视野开阔,他高水准的要求为南开国际经济研究所的发展奠定了良好基础,为中国的改革开放和中国经济学教育和研究做出了贡献。

1987年夏,南开国经所第一任办公室主任骆春树(左一)、滕维藻教授(左二)、杨叔进教授(左三)、熊性美教授在南开大学新开湖畔

杨叔进先生论著广泛，他中后期产生过广泛影响的主要专著有：由复旦大学世界经济系编译组编译的《经济发展理论和战略》（江苏人民出版社 1989 年第二版）、《南朝鲜的外贸政策和工业化过程》（三联书店上海分店 1988 年版）、《中国：改革、发展与稳定》（中国发展出版社 2000 年版），以及在国外出版的 *International Trading System and Developing Countries* 和 *Manufactured Exports of Asian Industrializing Economies and Possible Regional Cooperation*。在这些论著中他提出的经济发展的主要观点和对中国改革开放的主要建议可以综述为：倡导制订全面的经济发展计划，并认为确定基本目标是编制全面发展计划的首要任务。他认为人口众多的国家增加就业是国民收入增长之外另外一个最重要的目标。杨先生有关全面计划的论点，曾被联合国采纳，作为经济发展的行动建议。

杨叔进先生重视国际贸易对经济发展的作用，倡导从动态的角度来权衡贸易政策的作用。他提倡发展中国家根据自身的发展情况制定不同的贸易发展战略。他很早看到了进口替代的局限性，由此主张在进口替代达到一定阶段后应该转而推行出口导向战略，改善国际收支，促进生产率的提高。同时他还积极倡导发达国家采取更为自由化的贸易政策，向发展中国家开放市场，促进发展中国家的经济发展，并认为这样也能为发达国家的现金技术和资本货物提供更广阔的市场。

杨叔进先生重视实物资本对经济发展的积极作用，认为技术进步和人力资本只有和实物资本结合才能对经济增长做出贡献。

杨叔进先生同意货币政策对经济发展的积极作用，但他从许多发展中国家实际经验中得出教训，认为财政货币支出只有集中于有效率的投资项目，使得有效供给增加，才能缓和通货膨胀的压力。

杨叔进先生提出在经济发展过程中应该关注价格机制在协调产销和降低成本方面的作用。他也看到发展中国家存在的价格扭曲，认为项目评估应该剔除价格扭曲，这样才能最有效分配资源。

杨叔进先生为中国改革开放提出设立加工出口区的设想，提出重视小工商业和服务业，认为中国应及早发展能源和交通基础设施建设。

杨先生认为社会主义的基本要求是公正，核心的内容则是机会均等，独占和垄断与公平竞争原则是与公平相矛盾的，因此垄断及不正常手段的使用要有法律的限制。杨叔进先生倡导市场的竞争机制以及资源（包括人力资源）的自由流动，倡导利用法律保证市场公平运行，认为政府过多参与或管制，容易引起独占或垄断，导致贪污腐败和寻租行为。

这些都是杨先生在亲自参加多次调查、经历发展中国家多年发展历程、经过深刻思考研究后得出的研究成果。回顾杨叔进先生的这些真知灼见，我们可以看到杨先生经济学者的大家风范和拳拳爱国之心。中国经济经过四十年的改革开放现在已经雄踞世界第二大经济体的地位，这里有杨先生这一代经济学家做出的很大贡献。中国现在已经开启改革开放和经济发展的新时代，面对国际、国内错综复杂的新情况、新问题，重温杨先生的观点，我们仍可以得到很多启示。

参考文献：

杨叔进，《经济发展的理论和策略》，江苏人民出版社1983年版。

范家骧，"杨叔进著《经济发展的理论与策略》介评"，《经济科学》1985年第1期。

"计划经济向市场经济的过渡——高级经济学家杨叔进先生访谈录"，《经济导刊》1993年第2期。

滕维藻：开拓创新，振兴南开

冼国明　张　鸿

滕维藻（1917—2008），字镜江，江苏省阜宁县人。他是中国共产党的优秀党员，中国民主同盟盟员，共和国老一辈卓越的教育家和经济学家，国家级有突出贡献专家。继张伯苓、杨石先等之后，滕维藻担任南开大学校长，为南开大学的发展、为祖国的科学教育事业奉献了毕生的心血，做出了杰出的贡献。

1917年1月12日，滕维藻出生在江苏省阜宁县一个农民家庭。由于无力供养六个孩子上学读书，他的父亲决定让天资聪颖、成绩优异的滕维藻继续读书。1929年，滕维藻进入江苏省盐城县立中学学习。1932年，滕维藻考入江苏省立镇江高中师范求学。1935年，滕维藻从镇江高中师范毕业，先后在江苏省宝应县芦村小学和南京实验学校任教。1937年夏，滕维藻考入浙江大学农学院农业化学系，一年后转入农业经济系。1937年7月7日，日本帝国主义发动全面侵华战争。浙江大学被迫内迁。滕维藻随学校辗转浙江、江西、湖南、广东、广西、贵州六省，行程2600多公里，终于1940年2月来到贵州遵义。滕维藻先后在梁庆梅、吴文晖、陈豪楚等教授的指导下，在经济学和农业经济学方面打下了扎实的基础。1942年年初，滕维藻领导和组织了浙江大学师生大规模的"倒孔"游行抗议活动，滕维藻因此被国民党政府拘捕。当时浙江大学竺可桢校长和校方提出严正交涉，并多方营救，滕维藻被无罪释放。后来，滕维藻在"缅怀竺可桢校长"一文中动情地说："他在国步艰危之际、凶焰猖獗之时，犹能主持正义，爱护青年。其甘冒风险、保护师生安全之崇高风范，余则更有亲身之感受。抚今思昔，感慨万千。"

1942年，滕维藻在浙江大学毕业，随即以作文考试第一名的成绩考上了西南联大研究院设在重庆的南开大学经济研究所做研究生。南开大学经济研究所是当时国内著名的经济研究机构之一，师资阵容强大，教学科研水平一流，并十分重视对中国经济问题的研究。所长何廉教授及方显廷等著名学者均致力于经济学中国化，提倡运用西方经济学的分析方法，调查研究中国的经济问题。这种注重研究中国实际问题的治学方法，对滕维藻产生了重大的影响。在吴大业和叶谦吉教授指导下，滕维藻撰写的题为"经济进步和经济变动中的农业与工业"的硕士论文，就是研究分析资本主义国家工业和农业的关系，探索包括中国在内的落后国家实现工业化的道路。

两年的研究生生活，他在西方经济理论、经济学说史、世界经济史和经济学的数学分析等方面刻苦钻研，注意汲取世界先进的经济学思想和理论，并思考中国经济发展问题。1944年，他在《大公报》上发表"工业化与农业"一文，反对钱穆提出的"以农立国"的主张。滕维藻认为中国不能以农立国，应借鉴西方的先进理论，走工业化道路，促进中国现代化。在当时，钱穆已在国内享有盛名，滕维藻则初出茅庐，他们的论战引起了当时经济学界的重视，滕维藻开始在经济理论界崭露头角。1944—1945年，滕维藻先后在《财政评论》《中农月刊》《新经济》等经济学重要期刊上发表多篇评介西方金融货币学说和讨论工业化理论的文章。其中，"英国的圈地运动与工业革命""19世纪欧洲大陆的农民解放与工业化""苏联计划经济中农业对于工业化的作用""战后工业化的资本需要与内资的供应""中国农业的远景""农业特性值理论分析"等文章，紧紧围绕农业国家的工业化问题进行研究，这些研究与中国战后的前途、命运和历史选择密切相关，因而具有强烈的现实意义。

1944年，滕维藻圆满完成了学业，取得硕士学位。毕业后，他应聘到曾以奖学金资助他的上海商业储蓄银行做经济分析工作。上海商业储蓄银行当时的董事长是陈光甫先生，他是一位有眼光、有抱负的银行巨子，在财政金融界有很高威望，被誉为"中国的摩根"，他创办的上海商业储蓄银行是民国时期中国最大的民营银行。陈光甫非常欣赏见深识博、勤勉谦逊的滕维藻，有意把他培养成为未来的银行家。但是，滕维藻在母校和恩师的召唤下，毅然放弃了优厚的待遇和银行家的前程，于1945年秋回到南开经济研究所担任方显廷教授的助手，帮助他培养研究生。从此，滕维藻开始了在南开大学的教学研究生涯。

1945年抗战结束，滕维藻随南开大学经济研究所回到天津，在政经学院金融贸易系担任讲师。1948年被破格晋升为副教授，不久晋升为教授。

中华人民共和国成立初期，面对革故鼎新的艰巨任务，滕维藻以高度的政治热情投身于南开事业的发展，与杨石先校长、吴大任教务长等一道，为南开大学贯彻新的教育制度做出了不懈的努力。

1950年9月，滕维藻被任命为南开大学财经学院金融贸易系主任。1951年，金融贸易系扩充为金融系和贸易系，他任金融系主任。1952年院系调整后，他兼任南开大学的副教务长。1954年，滕维藻兼任科学研究科科长。1960年10月，滕维藻兼任文科教研处处长兼党委宣传部部长。1961年11月，滕维藻兼任教务处处长。他对于"大跃进"以来忽视高等教育质量，不按办学规律办事，频繁搞运动的做法非常不满，并积极参与纠正这种错误倾向，努力贯彻党中央"调整、巩固、充实、提高"的八字方针和《教育部直属高等学校暂行工作条例（草案）》（简称《高校六十条》）的精神，为南开大学办学方针重新回到以教学为中心的轨道上来做出贡献。

"文革"期间，滕维藻遭受迫害，被作为"重点人物"进行错误批判。他因在解放前担任学校安全委员会情报部负责人，被诬蔑为"特务"。他努力贯彻八字方针和高校六十条，被认为"执行路线有问题"。他主持制定的《南开大学学则》被称为打击工农兵学员的黑学则。他翻译西方经济学名著，被指心怀叵测，借西方学者之口攻击社会主义制度。滕维藻蒙受冤屈，被扫地出门，甚至被绑架关押，遭到殴打。但是，滕维藻在危境中仍坚持实事求是，不向恶势力低头。尽管他被诬蔑为"黑帮分子""反动学术权威""走资派"而受尽摧残和凌辱,然而他却从来没有违心地写过落井下石、陷害同志的"证明材料"。他坚信党的领导和社会主义光辉前途,对南开大学的事业仍初衷不改。

1957年后,受"左倾"路线影响,在"大跃进"的形势下,产生了违背教育规律、打乱学校教学秩序、进行错误的学术批判等问题。滕维藻坚持原则,关心同志,为了保护同志有时不惜个人承担风险。1959年"反右"时,有个同志因为社会关系等问题错误地受到批判,在决定处分时,滕维藻投了唯一的反对票。

1958年和1959年,毛泽东主席和周恩来总理先后来南开大学视察,滕维藻陪同在他们身边。周总理来南开时,滕维藻不但向总理汇报工作,还当面聆听了总理的教诲。周总理强调了教学的中心地位,明确指示教育与生产劳动相结合,教育是主导方面,学校的主要任务是教学,学生的主要任务是学习,这个主导方向不能动摇,不能变。周总理的话使滕维藻深受教育与鼓舞。1960年,滕维藻在北京出席文教群英会,周总理在人民大会堂主持了盛大的宴会。在周总理接见大会主席团时,滕维藻向他说:"南开大学师生问候总理健康。"总理微笑着对滕维藻说:"我记得你,你代我向南开师生们问好!"这亲切话语,使滕维藻感受到周总理对知识分子的无限关怀和殷切希望。

1976年10月,"文革"十年浩劫结束,拨乱反正成为饱受"文革"之苦的南开人的强烈愿望。1978年8月19日,经中共天津市委批准,南开大学成立揭批查运动领导小组,滕维藻任揭批查运动办公室主任。滕维藻等人顶住了当时巨大的压力,做了大量深入细致的工作,在思想上对四人帮的"两个估计"予以彻底批判和纠正,同时还冲破"两个凡是"的教条主义的束缚,在政治上对"文革"中强加在教师头上的诬陷不实之词予以澄清,在组织上对近600位在"文革"期间乃至之前历次政治运动中被错误打击、迫害的教师和干部予以平反昭雪和落实政策。这些举措在校园内树立了正气,凝聚了人心。曾为"文革"重灾区的南开大学出现了安定团结的局面。这些工作受到人们的赞扬。正如魏宏运教授所说的,"全校600多人的人格重新受到尊重,人际关系、日常生活恢复正常。那一时代过来的人,永远记着滕公等人的功绩。对滕公来说,那是他一生中最忙碌、最艰辛的时期"。

党的十一届三中全会像春风一样吹遍了神州大地，中国进入了生机勃勃的新时期。平反后的滕维藻以高度的责任感和满腔的工作热情投入学校的教育改革发展事业。根据中央指示，学校领导班子进行了调整。1978年增补滕维藻为中共南开大学委员会委员、常委。1979年10月，经党中央批准，滕维藻被任命为南开大学副校长。1981年10月，滕维藻被党中央任命为南开大学校长。1982年9月，经教育部党组决定，校长滕维藻代理中共南开大学党委书记。党的信任、人民的重托，更加激发了他强烈的事业心。为把学校工作重点转移到以教学科研为中心的轨道上来，为把南开大学建成教学和科研两个中心，滕维藻做出了积极的努力。当时我国教育事业和南开大学正处于百废待兴、改革发展的新的历史时期，滕维藻认真贯彻党的知识分子政策和"双百"方针，主动适应社会现代化建设需要，充分发挥综合大学的优势，推动南开大学事业的发展。他根据党和国家的方针政策，结合学校实际情况，提出了"加强基础、着重提高、发挥优势、补充短线"的办学方针，对学校的学科建设，特别是形成南开大学文理并重和比翼齐飞的学科特色做出了重要贡献，使南开大学迅速发展成为一所包括人文社会科学、自然科学、医学、管理科学、工程技术科学及艺术等多学科的综合性大学。滕维藻在南开大学的发展史上做出了不可磨灭的贡献。

文科教育对我国现代化建设具有重大意义。为了适应经济建设的需要，全面提升南开大学综合实力，为"四化"建设培养各学科的高级人才，滕维藻主张充分挖掘南开大学潜力，采取稳步发展文科的方针，逐步调整文科专业结构，在加强基础性学科的同时，积极发展应用性学科，适当增加经济、管理、政法专业学生的比例，以适应国家的迫切需要。滕维藻提出的关于建设和发展大学文科教育的指导思想，完全符合后来由国家教委颁发的有关文件的精神，显示了他卓越的创新意识和前瞻性眼光。

在滕维藻的主持和决策下，南开大学新增文科10系，即法学系、管理学系、社会学系、金融学系、旅游学系、政治学系、图书馆学系、东方艺术系、会计学系、国际经济系。新建博物馆学、法学、旅游外语、经济管理学、金融学、社会学、价格学、旅游经济管理、图书馆学、思想政治教育、编辑学、保险学、农业金融、审计学、逻辑学、管理信息系统、房地产经济、行政管理等专业，这些新专业大部分是国家急需的应用性专业。南开大学文科建设走在了全国高等学校的前列。

滕维藻作为一所综合性研究型大学的校长，他所关注的不仅仅是人文社会科学的发展，而是如何适应世界科学技术发展的新形势，按照世界一流大学的标准，把南开建设成为一所真正意义上的综合性大学。他倡导文、理科"平衡发展，比翼双飞"，在改造传统学科的基础上，支持交叉、边缘学科和高新科技类学科的建立和发展，为南开大学形成文理并重、基础宽厚、突出创新与应用的学科特色奠定了基础。

短短几年内，南开大学增设了分子生物学、生物物理、高分子化学、计算机、电子学、系统科学、环境科学等新兴学科，在国内率先成立了高分子化学、分子生物学、现代光学等研究所。1983年，南开大学将"计算机科学和系统科学这两门学科紧密结合起来"，创办了计算机与系统科学系，这种做法在国内外"尚属少见"，可谓是"南开特色之一"。同年，南开大学建立国内综合性大学中第一个环境科学系。1984年，南开大学为适应电子科学技术发展的新形势，设立电子科学与技术系。这些举措是南开大学学科建设面向"四化"、面向世界、面向未来所采取的重要步骤，对南开来说，是具有开拓性和战略意义的工作。

在滕维藻与全校师生的共同努力下，南开大学迅速由原来的9个系、16个专业、2个研究所，发展为21个系、49个专业、10个研究所，南开大学的规模、层次、结构、质量都发生了重大变化。南开大学由1952年院系调整后的一所文理大学又重新发展成为包括自然科学、技术科学、医学、人文社会科学、管理科学和艺术学的名副其实的综合性研究型大学。

滕维藻以教育家的远见卓识，积极引进著名外籍华裔教授来南开开办新的高水平的研究机构，迅速提高国内学术研究水平，培养具有国际视野的高层次人才。这是南开大学又一项开风气之先的创举。1984年，经邓小平亲自批准，教育部聘请著名美籍华裔数学家陈省身担任南开大学数学研究所所长。陈省身成为改革开放后中国引进的第一位外籍高层人才。在改革开放初期，聘任外籍专家担任中国研究机构的负责人，在国内还没有先例，来自传统用人观念和用人制度的阻力可想而知。在滕维藻、吴大任、胡国定等人积极筹措、几番奔走下，才最终使陈省身这位在国际上享有盛名的学术大师担任南开数学研究所所长。在陈省身的带动和努力下，南开数学研究所培养了一批享誉国内外的中青年数学家,大大促进了中国纯粹和应用数学的发展,有力提升了南开大学乃至中国在国际数学界的地位。

为了加强对中国改革开放的研究,滕维藻考虑在南开建立一所专门研究世界经济和中国对外开放和发展的研究机构。1987年11月,经教育部批准成立南开大学国际经济研究所,邀请南开校友、世界银行高级经济顾问、美籍华人杨叔进担任国际经济研究所所长,香港中文大学创校校长李卓敏担任名誉所长,使该研究所在学术研究、人才培养方面得到国内外同行的高度认可。聘请精算大师、美籍华人段开龄,将国际上精算科学的教学和研究引入南开,开创了我国精算教育的先河。聘请著名物理学家、诺贝尔奖获得者、美籍华人杨振宁在南开数学所内创建理论物理研究室。著名交通经济学家、前联合国高级经济学家、美籍华人桑恒康被请来南开,创办运输经济专业,并创建交通经济研究所并担任第一任所长;该所培养了12届74名硕士研究生,填补了我国运输经济专业研究生教育的一项空白。

南开大学这种通过积极引进国外智力,立足中国培养国家急需的高层次人才,提升学科水平和科研能力的做法,被誉为"南开模式"。今天,许多学校正在实行的从海外吸引人才回国的道路,正是滕维藻等老一辈教育家在30多年前开拓的道路。

此外,滕维藻还邀请一批国内著名专家学者来南开任教。例如,特聘社会学家费孝通任南开兼职教授,开办面向全国的社会学专业班;聘请老一辈法学家李光灿组建南开大学法学研究所。通过这一系列举措,南开大学的师资力量、学术水平和国际影响力大大地提高了。

通过对外交流,滕维藻掌握了世界高等教育发展趋势,他瞄准世界一流大学水平设计制定南开大学的学科布局和人才培养战略,提升学校的办学水平和实力。他将世界顶尖大学的优秀教育思想与学校实际相结合,加快了南开大学各项改革的步伐。在短短几年内,南开大学在学科建设、教学科研、师资队伍、人才培养和学校管理方面均有突破和创新。

在南开大学国际交流史上,值得浓墨重彩大书一笔的是南开大学与加拿大约克大学等三所大学开创了联合培养管理高级人才的"南开-约克"模式。这一模式被当时的教育主管部门和媒体誉为"高校对外开放的范例"。1982年,加拿大国际发展署(CIDA)决定与中国开展管理学教育交流与合作项目，目的是培养中国管理学教育的师资。当时的国家教委决定南开大学等八所高校参加这个项目。由于南开大学在中国高校中率先恢复了管理学科，并获得良好声誉，加拿大方面指定南开为中方几所高校的牵头单位。滕维藻抓住这一机遇，于1982年10月至11月间，率领中国大学管理学教育代表团访问加拿大，考察了28所大学，并就中加两国大学在管理学教育方面的合作交流同加拿大大学联合会进行了探讨。1983年2月，在充分考察研究的基础上，南开大学在国内率先与加拿大约克大学、麦克马斯特大学、拉瓦尔大学签署合作协议。双方在南开大学开办工商管理硕士（MBA）研究生班，由中加双方教师以双语授课，其中10多门课程由加方大学委派的教师来南开讲授，教材也由加方大学提供。中方的项目主任是经济学院钱荣堃教授，加方的项目负责人是约克大学工商管理学院院长劳斯顿教授。整个项目由滕维藻主管。同年9月，工商管理硕士（MBA）研究生班开班，招收首批学生33人。

1985年5月，在有中加两国政府教育部门官员和有关专家参加的上海国际会议上，南开大学这种国际化的教育模式，以及与国外高校联合培养管理学人才的做法，被誉为"南开-约克"模式。1986年，该合作项目第一期取得圆满成功，双方进行第二期合作，合作内容除继续联合培养硕士研究生、互派学者、互派留学生外，还开展了博士生培养的合作，这一合作模式因而得以深入发展。

南开大学与约克等三所大学的合作项目为国家培养了一批急需的管理人才，同时也培养和提升了南开大学自己的管理学、经济学师资队伍。这一项目依托国际合作发展国内高校学科，创造了不出国留学的先例，是改革开放后中国现代管理教育的重要开端。"南开-约克"模式以立足国内、投资少、效益显著等特点，很快受到各方面的重视，并加以推广。南开大学从而对推动中国高等教育的改革开放做出了有益的探索和重要的贡献。

滕维藻多年来积极参与我国教育改革，热心探索建设有中国特色的社会主义高等教育体系的途径。他曾经当选为天津市党代会代表、天津市人大代表，为国家教育事业发展献计献策。在我国学位制度建立后，他长期担任国务院学位委员会学科评议组成员，是经济学科评议组的召集人之一。当时的经济学科评议组既包括经济学，也包括管理学，他和评议组的成员一起，精心谋划学科建设和布局，为我国高等院校的经济学和管理学的建设和发展做出了杰出的贡献。与此同时，他先后发表多篇文章，总结经验教训，提出改革建议，对我国人文社会科学教育事业和学位制度的建设，泼洒了大量的心血。1984年，英国剑桥国际传记中心将滕维藻收入《国际当代对社会有杰出贡献名人录》。

滕维藻是我国世界经济学研究的开拓者，国际企业（跨国公司）理论的奠基人。20世纪60年代，滕维藻开始致力于国际经济问题研究。1963年，根据毛主席提出的要加强研究外国社会和经济问题的指示，经周总理的筹划与批准，由滕维藻负责在南开大学建立起一批研究世界经济和外国问题的机构。其中，他主持开展的大洋洲经济研究工作，填补了我国在该领域的空白。同期，他翻译出版了英国经济学家弗里德里希·哈耶克的《物价与生产》（上海人民出版社1958年版）、《通向奴役的道路》（商务印书馆1962年版）等世界经济名著，产生了相当大的影响。1975年，他主持和撰写的《澳大利亚经济》一书出版，受到国内学术界、外交部门及澳大利亚学者的重视。

20世纪70年代初，滕维藻瞄准国际学术动向，开始从事跨国公司的研究。这是他在我国经济学和国际问题研究领域中又一项开拓性工作。在"文革"尚未结束，国家还处于被封闭的状态下，开创性地开展世界经济研究，是需要创新精神和理论勇气的。在滕维藻的带领下，南开大学逐步形成了一个研究跨国公司的学术梯队，在该领域的研究成果和学术地位得到国内外同行的公认。1978年，以滕维藻、陈荫枋为主撰写的《跨国公司剖析》一书由人民出版社出版，填补了我国世界经济研究领域的一项空白。该书以马列主义、毛泽东思想的立场、观点和方法，讨论了跨国公司形成与发展的原因，剖析了跨国公司的性质、特点及其在世界经济发展中的作用以及引发的各种矛盾和斗争，是我国经济学界第一部系统研究跨国公司的专著，受到了各方面的重视，并成为大学世界经济统编教材中有关章节的理论基础。

进入20世纪80年代，滕维藻对跨国公司的研究有了新的进展。他先后在《中国社会科学》《世界经济》《红旗》《南开学报》《经济导报》（香港）等重要刊物上，发表20余篇论文。这些论文中的一些观点是对他20世纪70年代有关跨国公司理论研究的重要发展。这些论断独到而深刻，受到国内外有关学者的重视。例如，他与郑伟民合撰的"资本国际化与现代国际垄断组织"(《中国社会科学》1982年第2期),指出区分民族托拉斯和康采恩与国际托拉斯和康采恩的主要标志,不是它们的所有制形式和资本的国籍,而是它们在参与从经济上瓜分世界时所占的地位和所起的作用。该文全面深刻地论述了战后资本国际化与现代国际垄断组织的特征和它们产生与发展的经济和政治原因,具有重要的学术价值和现实意义。该文获得中国经济学界的最高奖"孙冶方优秀论文奖"。1991年,滕维藻和陈荫枋主编的《跨国公司概论》由人民出版社出版,这是继《跨国公司剖析》一书之后关于跨国公司研究的又一力作,不但具有很高的学术价值,而且为世界经济学科教学提供了一本高水平的教材。该著作于1995年获得国家教委首届人文社会科学优秀成果一等奖。

鉴于滕维藻在跨国公司研究领域的卓越成就,联合国聘请他为跨国公司委员会高级顾问,前后连任两届达五年之久。滕维藻是担任此职的第一位中国专家,在担任这一职务期间,他参加了"跨国公司行动指南"等一系列重要国际文件的起草,在国际舞台上为捍卫发展中国家利益,建立公正合理的国际经济新秩序做出了重要贡献。

滕维藻还在我国的经济发展和开放战略研究等方面进行了开拓性的工作,为党和政府有关改革开放的相关决策提供依据。在我国改革开放初期,他力主我国对外贸易形式应该是"内向策略"与"外向策略"并存,有条件的"进口替代"与"出口替代"兼用。这个建议对促进中国对外开放的顺利发展起到了非常重要的作用。

滕维藻是南开大学世界经济学科的奠基人之一。20世纪60年代,他首先在南开大学组织世界经济的教学与研究。1964年,滕维藻担任经济研究所副所长,将该所原来下设的世界经济研究室扩为美国经济研究室和大洋洲经济研究室,滕维藻带领一批教师进行了一系列开创性的研究工作。1978年,滕维藻任经济研究所所长,在研究所增设日本经济研究室,并定期出版《大洋洲经济资料》等刊物。1982年,经国务院批准,南开大学世界经济学科成为南开大学首批获批授予博士学位的学科,滕维藻成为当时我国为数不多的有资格指导世界经济学博士研究生的经济学家之一。为了适应新形势下对外经济贸易发展的需要,在滕维藻的提议下,南开大学世界经济专业改为国际经济专业。1985年,国际经济专业从经济学系分出,成立国际经济系。南开大学成为全国第一个设立国际经济系的高等院校。1987 年，在国家重点学科首次评审中，南开大学的世界经济学科被评定为国家重点学科。

在滕维藻的决策和主持下，经教育部批准，南开大学于 1987 年正式成立国际经济研究所，并聘请早年毕业于南开经济研究所、曾任世界银行高级经济学家的杨叔进博士担任第一任所长，南开校友、曾任香港中文大学创校校长的李卓敏教授担任名誉所长，原南开经济研究所所长熊性美教授担任执行所长。该所是国内较早的专门研究国际经济理论与政策的研究机构，下设国际贸易研究室、跨国公司研究室、国际经济法研究室、综合研究室、亚太经济研究室。经过滕维藻、杨叔进、熊性美等老一辈学者的不懈努力，南开国际经济研究所很快便在国内相关研究领域确立了领先的学术地位。南开大学国际经济学科结构得到优化，师资队伍也进一步扩大，形成了理论研究与现实问题研究紧密结合的特色。

1992 年，在国际经济研究所跨国公司研究室的基础上，南开大学成立跨国公司研究中心。2000 年 9 月，该中心被教育部批准为"人文社会科学国家重点研究基地"，成为我国最有影响的跨国公司研究机构之一。跨国公司研究中心成为南开大学世界经济学科的一面旗帜，这与滕维藻的开创和奠基作用是分不开的。

滕维藻不但是南开大学世界经济学科的奠基人，而且为这门学科在中国的发展做出了许多开创性的工作。1974 年 12 月，滕维藻出席国务院科教组召开的"高等学校世界经济研究问题座谈会"，参与讨论如何有计划地推动世界经济研究。党的十一届三中全会确定对外开放为我国的基本国策后，我国世界经济研究迎来了前所未有的机遇。当时我国高校中该领域的教学与研究处于百废待兴之中，为了促进世界经济学科的发展，滕维藻与老一辈世界经济学专家钱俊瑞等倡议并组织建立中国世界经济学会，推动我国世界经济的教学与研究工作发展。1980 年，中国世界经济学会正式成立，钱俊瑞当选为会长，滕维藻担任副会长，滕维藻为学会工作倾注了大量心血，对我国世界经济学的建立和发展起到了关键性的作用。

1986 年，滕维藻主动要求从领导岗位上退下来，先后担任南开大学顾问、校务委员会委员、教师职务评审委员会副主任、校学术委员会和专业技术职务评聘委员会主任、第三届南开校友总会理事长等职务。他仍以振兴南开的使命感和责任感，热情关心学校的建设和发展，关心并支持新的党政领导班子的工作，团结广大知识分子，对凝聚人心、团结力量、促进学校发展发挥了积极的作用。

"老骥伏枥，志在千里。"不再担任学校行政领导职务的滕维藻仍以满腔的热情，辛勤地耕耘在教学科研的园地，继续为祖国的科教事业奉献着全部心血。1986年，他被任命为南开大学国际问题研究中心主任。10月，他作为大会主席，主持召开"跨国公司在世界发展中的作用与中国开放政策国际学术讨论会"，会议广泛邀请国际著名学者，齐聚南开讨论中国的改革开放政策，为当时中国的改革开放政策提出了许多重要的政策建议。同月，他担任全国哲学社会科学世界经济学科规划小组成员，参加全国哲学社会科学"七五"规划会议。1991年9月，滕维藻受聘日本爱知大学名誉教授。他是爱知大学授予此项称号的第一位外国学者。他在致答词中说："这不仅是爱知大学给我个人的荣誉，也是爱知大学对南开大学、日本人民对中国人民友好情谊的生动体现。"

党和人民没有忘记滕维藻为社会主义教育事业做出的突出贡献。1990年，经国务院批准，滕维藻享受政府特殊津贴。1991年，他被评为国家级有特殊贡献的专家。1996年，南开大学隆重举行庆祝滕维藻80华诞及执教南开50周年活动，表达南开师生对他的崇敬之忱。

2008年2月14日，滕维藻因病逝世，享年91岁。时任中共中央政治局常委、国务院总理温家宝，国务委员陈至立委派工作人员打来电话表示哀悼，敬送花圈并对其家属表示亲切慰问。天津市领导同志专程到南开大学吊唁，亲切慰问家属。时任教育部部长周济、科技部副部长程津培等国家有关部门、有关省市负责同志以各种方式表示悼念。南开大学师生也举行了各种哀悼活动。3月6日，学校隆重举行滕维藻同志追思会，表达南开师生对滕维藻的爱戴和怀念之情。

2009年，为了缅怀滕维藻献身教育事业的功绩，南开大学在经济学院楼前敬立滕维藻铜像。塑像中的滕维藻面容慈祥，仿佛正关切地凝望着这片他曾经工作、学习，并深爱着的土地。

王正宪：打造"商界黄埔军校"①

王正宪，1917年3月生于湖南省长沙市。民盟中央经济委员会委员。清华大学经济学学士，南开经济研究所硕士，1945年秋以第八届留英庚款公费生资格赴英国剑桥大学攻读博士学位，通晓英、法、俄、德四种外语。

曾任南开经济研究所助理研究员（1941—1944年），岭南大学经济系教授（1949—1952年），中山大学经济系教授（1952年），中山大学地质地理系经济地理教研室教授（1953—1982年），中山大学管理系主任（1983—1985年），中山大学管理学院院长（1985—1989年）。

曾任中国世界经济学会大洋洲经济研究会副理事长，中国地理学会世界地理专业委员会委员，中美经济合作国际学术讨论会中方经济学家委员会委员，英国皇家经济学会及美国国际企业经营学会（AIB）会员，美国佩斯大学全球商业战略研究所（IGBC）学术网络成员。被列入英国剑桥国际传记中心（BC）和美国传记研究所（ABI）所编的14种世界名人录。

他生于乱世，却切实是那个时代的宠儿和骄子：他拥有优渥深厚的家世、中西合璧的教育，先后就学于清华、南开、剑桥；他满腹学识，曾师从大家李卓敏和垄断竞争经济学学派创立人琼·罗宾逊夫人；他通晓四国外语，风度翩翩，卓尔不群……然而与那个时代许多知识分子一样，当他满怀赤诚回到故国，却遭遇国家命运的风云巨变，时代巨轮的滚滚激流……他怎样去直面那一肩风雨？他如何在古稀之年依然痴心不改重书未竟的梦

---

① 李学柔、邱忠平、司徒尚纪、吴能全、王晓阳口述，李灵杰、张乐、彭楚裔整理。

想？……榕荫沉思，秋风不语。他给我们留下执着治学的背影，他让独立自由的思想穿越时代常青；他让许多的人感到精神如此匮乏，亦令后来者追思不尽。本文记者将带您一道访问他的同事、学生、亲人，穿越历史的迷霭，去触摸那颗不曾远去的伟大心灵。

赤子之心，爱国之志

王正宪先生出生于湖南长沙一个传奇般的大家庭，是家中最小的男丁，排名第十，3岁失母，10岁丧父，幸有兄长抚养资助。父亲王达，乃革命先烈黄兴的莫逆之交，常怀"革命救国""教育救国"思想，曾任中路师范（即湖南长沙第一师范前身）监督（校长），为徐特立先生的前任。兄长王正己毕业于北洋学府（北京大学前身），主张"工业救国"，后从事土木工程建设。另一兄长王之，毕业于清华大学，后被国民政府选送至美国西点军校深造毕业，力主"军事救国"。第二次世界大战期间，担任国民政府派驻西南太平洋盟军总部首席联络参谋，后官至国民政府将军，代表中国政府以第四官员身份随何应钦出席日本投降协议签署仪式。

1944年2月，抗战即将胜利结束，中国面临着重整山河的建设局面。这一年，王正宪考取了留英庚款公费生资格（国民政府每年仅有两个经济学名额），于1945年8月怀着"经济救国"的理想，赴剑桥大学攻读经济学博士。于1949年国内即将解放时，放弃国外高薪聘请，偕同夫人回国。

"风华正茂"——"IN OUR PRIME OF LIFE"，是王正宪先生晚年将留英时期的照片整理成册后所做的题注。淡淡的四个字总结的是一段粲然的人生经历，更涵盖了一份难言的岁月情怀。

李学柔（管理学院原副院长、代理院长）：王正宪教授的求学履历在中山大学校史上都是比较少见的；他懂四种外语，讲得一口标准流利的英文，那些往来的知名人士，和他一交谈，人家马上说你讲的是牛津英语。

吴能全（管理学院教授）：他在南开大学时就非常出色，当时他是在南开经济研究所攻读硕士（同在西南联大求学的汪旭庄后来提到，他对王正宪的学习成绩很佩服）。当时他的导师是著名经济学家李卓敏，李卓敏日后创办了香港中文大学，担任首任校长；我校管理学院成立后，还欣然担任名誉院长。他在剑桥的两位导师，P. 斯拉法院士和琼·罗宾逊夫人，尤其是琼·罗宾逊夫人，与凯恩斯齐名，是著名的"剑桥三剑客"之一，创立了垄断竞争经济学学派。因此王正宪教授堪称接受了相当正统一流的经济学教育。

司徒尚纪（地理科学与规划学院教授）：王正宪教授英文方面的造诣，在彼时中山大学众多教授中恐怕鲜有出其右者。据说在外语学院中（翘楚）当属王宗炎教授，而在外语学院之外便是王正宪教授。中华人民共和国成立之初及其后相当长一段时间内，一些重要的涉外文献文件，乃至相关的英语学术著作的翻译、审订等，王教授都是一位主要的参与者。

王晓阳（王正宪先生的儿子）：事实上父亲的古文也是相当不错的，《古文观止》中的很多文章，他都能背。他少时受过私塾教育，私塾老师常教之以文天祥、岳飞等民族英雄故事，鼓励他学习圣人之道。后进入雅礼中学，这是耶鲁大学在华开办的教会学校。他与我母亲结识在重庆。当时因战乱，南开大学及南开中学都迁往重庆，他在南开经济研究所从事研究，我母亲则在南开中学教授数学。当年母亲拒绝了很多高官追求，最终选择了父亲就是看中他为人严正，读书勤勉，有着严谨的治学态度和严格的为人准则。

吴能全：1949年，王正宪老师回到了国内，时年32岁。当时博士学位都没有拿，因论文还没来得及做完，但岭南大学陈序经校长写信让他赶紧回来，并到香港亲自迎接他。彼时岭大预备开设经济系学科，急需人才。我还记得他讲过，他回国后根据屠能的区位理论反对在广州建立钢铁厂，但没有成功。

注：1948年12月，年方31岁的王正宪撰写"A Note on Farmer's Comsumption and Its Stablizing Nature"一文，于1950年8月发表于哈佛大学主办的《经济统计评论》(*Review of Economic Statistics*)杂志，显示了他非凡的学术才能和天赋。1949年他一回国就直接受聘为岭南大学教授，同年曾主持岭南大学西南经济研究所工作，主编广州的物价指数。

王晓阳： 1949年父亲匆忙回国也可以说是源于一颗赤子之心、一份爱国之情。当时中华人民共和国就要成立了，担心成立后有可能一时回不来，便决意赶在这之前回国。所以放弃了完成论文获得学位的机会，先落脚到了广州。抗战期间，父亲与陈序经先生曾在西南联大共事过几年，陈先生时任南开大学政治经济学院院长，而我父亲担任研究员，是他的下属。1948年8月1日，陈序经先生出任岭南大学校长，父亲便在他的邀请下前来岭大执教了。

注：一同回国受聘的还有其夫人潘孝瑞，剑桥大学数理统计科毕业。

风云突至，荣华褪尽

"他只能把相当精力放在译著上"

1952年，全国高校模仿苏联模式进行院系大调整，岭南大学取消了经济系，第二年王正宪去了中山大学地理学院经济地理教研室。当时，他所教授的西方经济学科目（经济学原理，如马尔萨斯人口论、凯恩斯改良主义就业理论等）已成为批判对象。自1950年起，在一场场接连不断的运动中，王正宪先生因为特殊的家庭、求学、就职背景，数十年间不断检查检讨，思想改造，接受审查，直到拨乱反正、改革开放。

司徒尚纪： 改革开放前，由于社会主义建设尚处于摸索阶段，我国很多经济决策与经济学原理相背离，作为一个真正有学问的人，王正宪先生当然有自己的看法。可惜在那种时代大背景下，他只能把主要精力放在译著上。

中华人民共和国成立后举国学习苏联，大家都必须学俄文，这对于他是一种很大的挑战，但他很快就可以讲俄文了，而且水平比较高。他后来翻译了相当部分俄语的学术著作。他学俄语很用功，所有零碎时间都用起来。那是在60年代，有一次，他跟我们说：

"很奇怪，坐公交车时见到的中大学生，没有一个在读外语的。"

王晓阳：那时候王宗炎教授就住我们家对面，有一次两人因为一个英文单词的用法争起来，王教授急了，回家去拿来字典，告诉我父亲这个词是怎么来的，该怎么用。后来父亲告诉我说，王宗炎教授这样的人才是真正做学术的，追根究底，每一个词都要知道来源。

注：王正宪先生通晓英俄法德四种外语，曾翻校俄文书刊200万字（包括卡列斯尼克，《普通自然地理学原理》上中册，高等教育出版社、地质出版社1955—1957年出版；道布罗夫，《英国经济地理》，商务印书馆1959年出版），翻校英文文献约100万字（包括《巴布亚和新几内亚地理》，商务印书馆1975年出版；《西萨摩亚》，商务印书馆1977年出版），联合国文件20万字。所译文献涉及自然地理、经济地理、经济学、统计学、城市规划以及一般文件。

王晓阳：那时候学校都是教俄文的，父亲说不行，英文还是要学，他每早都叫我起床念英语。他生活很有规律，每早五点就起床，六点半就叫我起来跟着广播学英语。那时候我家占地最多的就是字典了，每次搬家都大批大批地搬字典。记得当时家中有很多写着俄文的小卡片，他总是随身携带，就是这样利用空闲时间学习俄语。

"你可以把伽利略烧成灰，但地球还是在转动！一定不能放弃学习！"

记者：他对学生要求严格吗？

司徒尚纪：当时经济地理系某硕士生的毕业论文王教授就没有给他通过。他的标准是很高的，他刚到岭南大学教书时，学生期末考试必须70分以上才算合格。

那时有些他认为平庸的人成了博导，他就说这样的人也可以做博导？很惊讶。他认为博导应该学问渊博，水平要很高。他觉得老师指导学生，得有一桶水才能给学生一滴水啊。后来我也当了博导，我就会不停地反思，是不是达到了这个标准，有没有符合王老师的要求。我也希望学生能够像当初的我们一样受到老师学术、人格的双重影响。

记者：王教授给了您很深的影响啊！

司徒尚纪：是的。我1962年进中大就认识他了，从那时候起我们一直都有来往。因为"文革"我曾离开中大去外面劳动、工作，唯一没有中断联系的就是王老师。

我一进地理系就听说王正宪教授以治学严谨、精通数种外语而著称。他给我们开的几门课，像统计学、工业经济与工业地理、经济地图等，多不是他原来的学术专长。但他很快成了这些学科方面的专家。我在中大那五年上了他三门课，学到了不少东西。以后我出去了，很坎坷，做过仓库管理员、报矿员、农校采购员等。尽管当时没有条件从事学术活动，但他经常来信，告诉我专业是不能丢的，告诉我们知识是有用的、不败的。你可以把伽利略烧成灰，但地球还是在转动！一定不能放弃专业、放弃学习，一个国家、一个社会在这种现代化背景下，是不能不靠知识的。

正因为他的不断鼓励，1978年政策允许报考研究生的时候我就马上报了名。后来我们同在一个教研室，我当时学的是历史地理专业。几十年一直受到王老师的教育。他总是提醒我，只学俄文不行，还是要学英文。我考上研究生后回来，王老师就把他50年代用的俄英字典及建国初在海外买的字典都送给我，现在还摆在我的书架上。他一直都很关注学生的成长与发展。

"很正直的一个人，从不弯腰，不为别人的意志左右"

"他是很有远见的，他对学科的把握超过了其他人。"

"他知道……只有科学与学术是永恒的。"

司徒尚纪：他是很正直的一个人，从不弯腰，不为别人的意志左右，就是那句话："独立之精神，自由之思想。"不光我受到他的影响，连我的孩子也不例外。小的时候经常带她去王老师家，去了就是问小孩读了什么书。后来小孩去中央戏剧学院读戏剧文学，研究生毕业后她要做自由撰稿人，市委宣传部、电视台要她都不去。

王老师就说这样好,这样才有骨气,有个人的追求。

记者: 看来王教授特别注重精神的独立和思想的自由。

司徒尚纪: 是啊。在地理系的时候,他备课很认真,而且特别注重独立思考和启发式教学,不会直接告诉你答案。有件事我到现在还记得很清楚,当时他出了这样一道课后题:美国政府 50 年代出了白皮书,说美国兵在朝鲜战场的死亡率是百分之二,而每年全国的死亡率也是这个数字。但美国民众却很不满意。他问:这是为什么呢?为什么美国政府的解释站不住脚呢?然后王老师并不直接解释,而是要你思考。后来听他说是为什么呢,因为美国本土包括所有的民众,有老人,有小孩,有很多自然死亡的,而去朝鲜的都是壮丁,这个比例就高了,两者怎么能相提并论呢?这就是统计学上的基本概念。统计的对象不同,基数不同,使得政治上可以掩盖真相。你看多少年过去了,我都老了,仍记得王老师是这样讲统计的,印象依然那么深刻。

虽然王教授的主业不是地理,但他很有学科眼光。就我们学科来说,70 年代国外已流行计量地理,就是将数学运用到地理学上,精密地表达地理现象。现在它已发展为地理信息系统了,就是 GIS。可那个时候国内还在用文字描述地理现象,它没有数学作为支撑就显得很单薄。那时候国内还在搞运动,很多人对这个学科的前景和方向感到迷茫,王教授凭借他深厚的学术底蕴,根据国外的学术动态和成果,不止一次地讲,要引用计量地理这个方法,给学生开计量地理课程,用这种技术研究工业发展和布局,而不能仅凭经验和感觉。这说明他是很有远见的,他对学科的把握超过了其他人。类似这种事很多。

注:1958—1966 年王正宪先生参加编制《广东省地图集》,担任副主任,并任其中《广东经济地图集》主编。该图集曾列为国家计经总局协助指导的重点省区地图集,1972—1973 年出版,分几种合订本(列不同密级),具有广泛使用价值,为制图学术界所肯定。1979 年获广东省优秀科研成果一等奖。

记者: 王教授在"文革"中的遭遇是怎样的?

司徒尚纪：受苦喽！因为他的过去，特别是在海外的经历。过去几十年国家各种运动不断，每当运动来了，他免不了要受到冲击，但他不会曲意迎合，而是保持个人的意志和立场。他很正直，讲话不会躲躲闪闪，丁是丁，卯是卯。

王老师学过社会统计，他知道古今中外的政治运动很快就会烟消云散，只有科学与学术是永恒的。他从不去介入这些。他对事情的看法成熟而坚定，在历次运动中都尽量保持距离。"文革"初期，到处可见大字报，揭发所谓反动行为，进行表态，他从来没写过这种。我记得只看到他的一张大字报，叫"这是否文字狱？"，很小，贴在老地理系报告栏。他那篇大字报讲什么呢？就是讲他认为这种情况是文字狱。但他用的是疑问语气，而不是咄咄逼人。他引用清沈德潜改自《论语·阳货》而因之获罪的诗句"夺朱非正色，异种也称王"，间接批判"文革"初期对干部及"反动学术权威"的批斗，以此警示。此时运动才刚开始，这就是他的勇气和胆量啊！那时别人都懵懵懂懂，跟着上街，他能冷静地看透、看清这种运动的不正常。

他说："对于一个人来说热爱祖国、热爱家乡是最基本的，时时记住是祖国这片土地养育了我们，报效祖国是我们每一个人的义务。"

"彬彬有礼，很有绅士风度，毕竟是吃过洋面包的人啊"

记者：据说王正宪先生生活很朴素。

司徒尚纪：是，他家里几乎没有什么摆设，他不会去追求什么奢侈品。他喜欢旅游，他的拐杖就是一把雨伞，说这是两用的！总是自带干粮和水，带很少东西，生活很节俭。

还有单车，他和他爱人潘老师有两部单车，都是当年从英国带回来的，修了又修，牌子是"三支枪"，一直跟着他，足足用了40年。平时去教研室或买菜都骑着的，直到不能骑了就放在家门口。

平时的生活用品也都是旧的，没什么特殊的地方。不过在正式场合他还是很讲究的，彬彬有礼，毕竟是吃过洋面包的人啊。这成为我们那个时代一些人心里的向往!

记者: 有令您印象深刻的细节或是……

司徒尚纪: 有!读书的时候,他把在剑桥大学读书时的照片给我们看。那时我们这些泥腿子,到他家里,他就给我们讲外面的故事,我们倍觉新鲜,就觉得要有所追求。那时候现在的梁銶琚堂是一片草地,定期放映电影,王老师每个礼拜都穿戴整齐,西装革履地和太太一起去看电影。那时候我们就想以后要像王老师一样受人尊重,有绅士风度,才不枉是中大出来的学生。

他的谈吐、待人接物、在公共场合的出现,都带着英国绅士的烙印。待人有礼貌,注重形象,很有修养。像讲话,如果你不了解他可能会觉得有些疏远,但他不是盛气凌人,而是有一股正气在身,感召他人。

也是这种气质,使他在政治上屡屡受到不公正的对待和冲击,去干校劳动过,成了"牛鬼蛇神",(最后)风风雨雨都挺过来了。

烈士暮年,壮心不已

1985年,中山大学管理学院成立,王正宪出任首任院长。烈士暮年,壮心不已,他不顾年迈多病,以超乎寻常的目光与远见,高屋建瓴,精心谋划,呕心沥血,日夜劳碌。

如今,绿草如茵的逸仙大道旁,管理学院大楼静静矗立,它定然铭记着27年前,那位就任于古稀之际,奉命于草创之间的老者,是他为中大管理学院"打造商界黄埔军校"建构了最初的蓝图。

一个大专生,怎么能陪厅长出国当翻译呢?这不是(当时的)管理学院教给他的吗?

李学柔: 管理学院为什么几十年来能相当稳定地发展前进呢?这里面一定有不寻常的东西在起主导作用。王正宪教授年近70承担起创建管理学院的重任,他常说:"为建立这个学院折寿五年。"我认为管理学院能有今天，王正宪等老一辈先生厥功至伟。

首先，他为学院留下了团结向上的好作风。他为人正直，治学严谨，作风正派，没有官僚架子，没有歪门邪道，没有腐败行为，不趋炎附势，不搞帮派，与老师们团结共事。这种作风影响至今，为管理学院的发展创造了良好的内部环境。

其次，他充分利用自己的海外资源，为学院引进海外人才和国际管理知识，奠定学科架构。在他任内建立起企业管理、审计、酒店管理三个本科和硕士研究生专业、一个外经会计大专。当时学院师资十分缺乏，又没钱，但每个学期都有数名外籍教师任教。其中最出名的有两个：一个是美国里根总统财政部司局级官员，叫施于民，是华人；还有一个是美国某管理学院前院长威廉斯和夫人。都上了一年多课，所以管理学院甫一成立就用英文上课。连大专生都不例外。2012年有个85级会计大专的学生给我打电话，说要给我们某基金捐200万，就是这个学生毕业以后分到财政厅，过了一两年竟然能陪厅长出国当翻译。可见虽然管理学院初期老师少，水平也不是很高，但培养出来的学生却是很优秀的。这正是源于王正宪老师在学院建立之初所形成的良好的办学策略和方针。建院初期学院的办学资金大部分来自海外捐赠和国内的合作者；也是在他的领导下，学院财务获得何氏基金会和其他捐赠方的高度信任和支持。

可以这么说，改革开放之初，他为创建一个具有时代精神并领先前沿的管理学院做出了开创性的贡献。

"只三年工夫就把中大管理学院这个品牌变成全文科院校中最好的管理学院"

邱忠平（管理学院原党委书记）：管理学院建设之初有三大困难：一、没有钱，学校经济专业老师的工资和备课的纸笔没有经费支持；二、师资缺乏，仅有二十几个教师，经济学、会计学、统计学等学科老师都不足，课都开不出去；三、没有图书资料和教学设备，上课的课室都没有，办公的地方原在社会学系，后来搬到数学楼二楼，更谈不上图书馆、实验室。但王正宪教授说："国家需要人才,我们工作再困难,也要迎着困难上,一定要把管理系办好。"

虽然硬件设施跟不上,软件条件也有所欠缺,但并不影响他以长远的目光指导管院建设,严谨办学。对于学生严格要求,招生把关录取,回来要汇报录取学生的情况。他要求学生一定要学好西方经济学和经济学概论,要会讲流利的英语,学生在宿舍里要求用英语交流。并且要求学生要为国家富强而读书。

他说,对于一个人来说热爱祖国、热爱家乡是最基本的,时时记住是祖国这片土地养育了我们,报效祖国是我们每一个人的义务。

他还说做人要具备四种情感,即对国家要有感情,对家乡要有乡情,对父母要有恩情,对朋友要有友情。

对于老师,他亦以世界名校标准来要求:一方面聘请外籍教师,特别是名教师前来任教指导;另一方面,对教师讲课也严格要求,要有科学性、时代性,要联系实际、生动易懂。他经常讲,我们的学生将来要走遍全世界,要做外国人的生意,所以一定要向外国人学习,要懂英语,要懂西方经济学理论,要与世界接轨。

他虽是民主人士,但十分拥护党的领导,支持党的工作。我和他共事几年,他跟我说:你是党总支书记,做党的工作,我是系主任,管理教学,在工作中要相互支持;工作中,我不瞒着你,你也不要瞒着我。在实际工作中,我们合作得很好,大家相互尊重,有商有量。他在退休时对我说了一句话:"我们是最佳搭档。"

吴能全: 他从1985年任职到1988年,只三年功夫就把中大管理学院这个品牌变成全文科院校中最好的管理学院。作为学院的创建者,他有着一套独特的发展模式和策略。

首先是国际视野,狠抓英语教学。早在80年代初期,我们读书那时,他选用的教材就是原版书,像萨缪尔森的《经济学》和金德尔伯格的《国际经济学》,让学生尽早接触国际一流的学术思想。其次是现代化手段,做好信息化教育,当时在计算机方面,软件学院都没有我们做得好,他很注重科学方法和手段的教育。

再有就是务实与创新。务实就是能针对老师的实际情况,量力而行;创新就是早早提出国际企业经营与管理的课程建设,把我调入管院就是为了开设这方面的课程。记得王教授选用的英文教材是罗伯克（S.H.Robock）和西蒙斯（K.Simmonds）写的 *International Business and Multinational Enterprise*，中文教材是李兰蒲在香港出版的《国际企业论》。1988年3月他就创办了国内第一份商学院院刊《管理评论》（见第1卷第1期，副标题是国际企业经营特刊）。

记者：吴老师您作为改革开放后经济系招收的世界经济方向的第一届研究生，对于王正宪教授的教书育人，有哪些感受？

吴能全：说一下我们当年入学考试的题目吧，他出了这样一道题："一户人家着火了，人民币、外汇券、债券、有价证券还有其他实物，全被火烧了，问哪样对个人财产有损害，哪样既对个人又对国家有损害，哪样对国家有利而对个人有害等等。"一层层的，出题很活呀！他的目的是考学生对知识的活学活用；如果答得好，就加倍给分。听师母说，有一次期末考试，他足足花了三天时间出考题。现在哪有这种教授？

他治学是相当严谨的，并且也这样严格要求学生。他在"论撰写经济学科学位论文的几个关键问题"一文中的看法，可以说是其治学理念的精华。说一篇论文，首先要有创新，一定要富有原创性；第二个就是分析技术上的优越性或数据资料上的独特性；第三是对知识的真正贡献。如果三者都能达到，就可以认定是一篇优秀论文。他的这套既简单又严格的评价标准，不仅指导我写出优秀论文，我也这样要求自己的学生，发表了不少优秀论文。

"大经济学家，大教育家，可以用这两个称号来形容他"

吴能全：他还有一个观点，也影响了我一辈子，那就是结合中国的实情来进行经济学、管理学的研究。当时很多人自觉不自觉地崇洋媚外，多是写外国的东西或用中国的数据套用外国的理论，但受他的熏陶，我们基本上都是研究中国的现实问题。像我的硕士论文就是写我国利用外资的，另一个同学研究的是海南经济开发区，还有个同学则写我国的汽车工业。这些研究都受到政府和学界的高度重视，不仅研究成果能早早在国家级优秀刊物上发表，而且对我们找到好的工作和日后发展产生了重大影响。我一直要求我的三十多个博士也挑选国家亟须发展或国内企业亟待解决的问题展开研究，独自坚持了十几年，终于迎来了开花、结果的时候。

我觉得我的导师非常有智慧，不但是个大经济学家，更是个大教育家。

他最大的本事是因材施教，能根据不同学生的情况制定一个完备的培养方案。他招的第一届世界经济研究生，都是工农兵学员，加上我一共三人，两个只念过初一，一个念过高一，均没什么数学基础。他给我们开了18门课，包括微积分、概率论、数理统计等等，大部分属于补课性质，并规定"反正你们和本科生一起读，没有这些分数，你就自动淘汰"。像我连平面几何都没有学过，起码学了解析几何，你才能读懂微积分呀。所以第一年过年，我就没有办法回家，因为不及格呀，开学补考再不及格就要遭淘汰！后来我明白了，没有他给我们开列的那些课，我们就没有办法展开研究乃至做到今天。现在学经济管理，都要会数学、统计学。就这样，我们三个没有读过正规大学的学生，经过他两年多、三年的训练，现在有两个当了教授，一个做了企业家。其中朱家健同学，在创业前还当过岭南学院的副院长。从中可以看到他在教育方面的功力。

记者：看来，王正宪教授不仅培养了您这样优秀的经济学学者，更传播了一种经济学研究方法，您是传承了他这一派的学脉呀！

吴能全：确实是种传承，像我之前就是个小学生，初一嘛，都没受过多少教育，他把我们这种水平的人锻造提升成为一名学者。我现在还记得将论文初稿给他看时的样子：先是将我批得一塌糊涂，再是告诉我论文标准，最后才提出改写意见。我第二稿给他，他便推荐将理论部分在中大学报上发表，当时我还没毕业，很多教师都发不上去。第三稿给他，他不仅将我的硕士论文当成管院的样本文章，而且还积极推荐我到南开攻读博士。

我的博士导师南开大学校长滕维藻先生、北大陈岱孙先生和武汉张培刚先生在生前不同场合都表达过，王正宪教授是真正融会贯通中西经济管理知识的杰出人才，他尤其知道怎么用西方理论和方法解决中国实际问题。我比较好地继承了他的这一优良传统，如果自大一点地说，我还有所发展。因为我和我的博士们已经写出有关我国发展模式的经济理论和我国企业管理的独特模式（上下协同演化论），这些成果正在国内外一流刊物上陆续发表。

此外，我还对他的二三事有印象。像在交友上，他不会只局限在专业领域交流，很愿意跨学科交朋友，认为经济管理专家必须是复合型人才。（他曾说："除了会计学，他什么财经管理课都喜欢上。"）他和历史系专门研究经济史的梁方仲教授关系非常好。第二件是他的节俭（略）。第三件就是他还会讲一口流利的广东话。湖南人嘛，讲广东话干什么？他说他要本土化，和当地人、老百姓打成一片。所以我现在也学会了广东话。我要求我的学生除英语外，二外就是广府话，还要学潮汕话、上海话。学生问我为什么？我说："眼下中国大多数有钱人都讲这几种方言，你连富人的语言都听不懂，那你搞什么商科。"这就是从我的导师那里学来的，既要国际化，又要本土化，适应当地的环境。

知名学者华中科技大学经济学院孙鸿敞教授曾著"评王正宪所著《经济学与中国经济发展》"一文（载于《江汉论坛》2003年第1期），文中讲道：

《经济学与中国经济发展》论文集收录了王正宪教授1980—1999年期间撰写的部分论文，讨论涉及当代经济学的性质、研究方法、在我国的适用范围等问题，以及中国经济发展的现实问题，是一部颇具特色的著作。

"引论"是一篇对社会主义经济建设三大历史教训的总结，文章指出："应当承认，在改革开放以前的我国，在苏联以及其他社会主义国家，过去的社会主义建设基本上是失败的。"他认为，"有三大历史教训必须记取：忽视经济发展，否定市场经济，以及不承认有经济科学的存在"，并直率地批判了曾经风靡一时的教条主义和经验主义，在时间、空间两方面都具有博大的视野和深刻的思维。

在"经济学"这个部分中,作者对当代经济学的教学方针做了多方面的探讨。他在行文中跨越了基础理论、经济史、经济思想史、发展经济学与国际经济学的界限,融会贯通地把它们放在一起讨论,显示了一种高屋建瓴的气概,对于重新认识教条主义的危害,以及何谓"庸俗经济学"提出了自己的见解。并专文强调指出,发展经济学正是我国经济学界必须重视和研究的。

在"中国经济建设"这一部分,他列举了推行计划生育、建立统一的国内市场,以及人力资源开发三方面的问题,指出像我们这个跨越资本主义社会直接走上社会主义道路的国家,在现代化过程中尤须注意克服封建意识的流毒。

对于我国学习东亚"四小龙",搞外向型经济的发展战略他并不认同。而是认为尽管经济特区对创汇、对引进国外先进技术与管理经验有一定贡献,但对解决我国剩余劳动力的就业问题仍有很大的局限性。像我们这样一个十多亿人口的大国,具有丰富的资源和广阔的市场,主要应面向国内。另一方面,他认为面向国内,采取"广义的进口替代战略",可以最大限度地减少国际资本主义经济波动对我国的影响。

在研究西方经济学方面,他强调既要善于做到洋为中用,又要避免对国外经验的生搬硬套。他特别提到凯恩斯以通货膨胀政策救治资本主义周期性危机的事例,列举了我国现实条件与西方根本不同之处,认为决不能采取通胀的办法来解决我国的经济问题。

上述种种深刻洞见多为2008年全球性金融危机发生后中国的最新经济发展转变战略所验证。其论述精辟,观点鲜明,烛照现实,一些于改革开放之初所做的论述即使今天看来依然具有战略指导价值。

王晓阳:其实父亲终其一生都未曾忘记过"经济救国"的理想,只是在他年富力强的前60年里时运不济,憾未能偿。因之改革开放后,当国家需要时,他虽已届高龄,仍义无反顾,倾尽全力。这是一个契机,也是他一生为之追求的理想。

结语:"如果要概括一下父亲的特点,那就是学识渊博,英语很好,要求严格,生活规律到近乎古板,十分节俭,喜欢看书、旅游、听古典音乐,很正直,不说大话、空话、假话。"在短暂的回想后,王晓阳先生这样总结。

没有赞美,没有荣耀,平淡却又如此不凡:一位情系家国的学者,一位淡泊儒雅的绅士,一个诚实正直的大写的人。2004年9月10日教师节这一天,他静静地走完了坎坷不凡的一生,永远离开生活了近半个世纪的康乐园,然而他的学识、精神,他的品格、气质,终将与康乐园同在,在这里沉淀、生发,在这里一代代传承下去……

(本文原载于《中山大学报》)

刘光第：光风霁月，大义清流

王广谦

刘光第出生于1917年10月，湖北省仙桃市人，是我国著名经济学家。他先后毕业于重庆大学和西南联合大学。中华人民共和国成立之初，亲历了上海金融业的接收与改造，为新中国金融制度的建立和国民经济快速恢复做出了重要贡献。之后，他全身心地投入到探求国家富强之道的学术研究与教育事业中，成果卓著，桃李芬芳。特别是改革开放之后，他满腔热情参与到经济金融改革的理论与政策研究之中，发表了一系列具有重大影响的研究成果，提出了许多政策建议并被国家有关决策部门采纳，是改革开放初期最活跃和最有影响的经济学家之一，为推动经济金融改革和社会主义市场经济体制建立奉献了自己全部的心力。刘先生是我大学时期的老师，是我学术成长道路上最重要的引路人之一。在我的心中，刘先生是一位循循善诱、品格高尚的好老师，一位潜心学问、慎思明辨的学者，一位具有强烈家国情怀的知识分子。

抗战烽火中立志学术救国，研习探求民富国强之道

刘先生出生于职员家庭，自幼喜好读书与思考，有很好的古文功底和文化学养。日本侵华战争全面爆发后，中国军队先是不抵抗，后是节节败退。他深切感受到偌大的中国被日本所欺，皆因中国虽大但积贫积弱所致，救国的根本之路在于尽快使中国富强起来。面对日军不断向内地侵入、祖国山河支离破碎的景象，1939年，他从武汉辗转来到重庆，考入重庆大学商学院学习富民强国之道。当时马寅初先生担任商学院院长，给学生讲授货币银行学和中国金融论两门课程。记得刘先生曾跟我说起，马先生的第一堂课就说中国的问题在于贫、弱、愚、私，根本的出路在于使中国富强起来，经济学就是探求富强之道的，希望同学们在这国难当头的时候，能够怀着这样的爱国热忱来学习经济学。马寅初先生的一席话使他激动不已。马寅初先生强调学习要理论联系实际，对中国经济和财政金融问题要做深入的调查研究，才能获得有创见的知识。刘先生说，我们这一代人就是抱着知识救国的愿望和马先生教我们的方法学习和研究经济学的，希望你们也能这样做。

刘先生求学期间的学习环境是非常恶劣的。由于日军对重庆实施战略轰炸，他们不能正常上课，每天都要跑几次防空洞。虽然如此，马寅初先生对学生要求还是非常严格，鼓励他们不管环境怎样艰苦，都要努力抓紧时间学习。他本人也以身作则，在进防空洞时总是带着书，在微弱的灯光下阅读。每当看到这种情形，同学们都深受鼓舞，从他身上汲取无形的力量。大多数同学在这样艰苦的环境下完成了全部课程圆满毕业，获得商学学士学位。

1943年秋，立志继续深造、怀揣着盖有刘大钧院长印章的本科毕业证书，刘先生来到享誉中外的西南联合大学南开经济研究所报到。这个学术机构由耶鲁大学博士毕业生何廉先生创办于1927年秋，其主旨是"为我国社会经济问题做实际解决之准备，兼谋我国社会科学之发展"，坚持将西方经济学理论和方法与中国经济实际相结合、教学与研究相结合两个原则，培养经世济民之才，探究中国社会经济问题，首创中国物价指数，在学术上取得了累累硕果，声名远播。研究所从1935年开始招收两年制硕士生，至1948年前后共计招收培养了11届60名研究生，他们中绝大多数人都在推动中国迈

向富强文明的历史进程中卓有建树。刘先生是第七届学生，同届同学还有陈志让、雍文远、张本懿等三人。彼时研究所师资力量雄厚，以伦敦经济学院模式培养人才，给学生们授课的不但有经济学系的老师，还有包括陈序经、张纯明等政治学、社会学名师，学科交融，兼容并包，极大地拓展了学生的知识结构与眼界。和在重庆大学读本科时一样，研究所师生关系密切，感情深厚，老师们教书育人，常请学生到家里吃饭，探讨解惑学业、人生与社会等问题。

1945年秋，刘先生以优异的成绩毕业，获得货币银行专业硕士学位，论文题目是"瑞典学派之货币理论与货币政策"。据研究所研究主任方显廷先生回忆，受1936年英国经济学家凯恩斯出版《就业、利息和货币通论》后兴起的"凯恩斯革命"影响，1940年前后，研究生培养方向重点从实际领域诸如土地制度与改革、乡村合作、地方政府和财政转向经济理论与货币问题。这篇论文是他后来成为货币金融大家的奠基之作。论文指导老师是后来在北京大学任教的著名经济学家陈振汉先生。陈先生的妻子、也是毕业于哈佛大学的崔书香教授当时亦在研究所任职，后来她先后在燕京大学和辅仁大学任教，1952年院系调整时转入中央财经学院（中央财经大学前身）。巧合的是，1953年刘先生从上海调入北京，在中央财经大学与崔书香教授成为亦师亦友的同事。硕士毕业前，刘先生曾想到国外大学攻读博士学位，然而并不富足的家境需要他尽快参加工作以补贴家用的现实让他打消了这个念头。毕业离开南开时，老校长张伯苓先生、经济研究所何廉和方显廷等诸位先生坚毅卓绝的办学精神已内化于刘先生心中。

1939—1945年的六年间，刘先生以顽强的毅力和勤勉寻求到了学术救国、富民强国之道。他曾说过，那六年，在很多博学多闻、古风犹存的先生身上不但学到了科学知识和救国富民之术，也深为先生们发自内心的爱学生、爱学术、爱国家的品格和精神所感染，尤其是马寅初先生的铮铮风骨，对他影响很大。

为准确了解刘先生在重庆学习时期的具体情况，我曾委托我的同事杨禹强博士查阅了中央财经大学和重庆市档案馆保存的刘先生的档案。档案中有一份当时在江苏省水利厅任职的大学同学丁星钰先生1952年提供的政审材料"关于刘光第情况的介绍"，这份材料写道："刘光第在大学读书期间，是同班中最用功的一个,平时不大过问政治,但在思想认识上是比较中肯的,为人颇富于正义感。例如当时马寅初先生展开与四大家族的斗争所发表的言论,他是非常拥护和赞扬的,马先生被捕,他非常愤慨与同情。及释放回到重庆歌乐山家中闲居后,他时常和一些同学去看马先生,同时也很希望马先生重回到重大商学院来领导青年、领导学习。只可恨当时反动政权不准许这样做,以免扩大影响,所以他当时很为马先生抱不平,他对马先生那种威武不能屈的人格,是极端钦佩的。"

亲历经济领域的"淮海战役",为新中国金融事业的良好开端培养了最初一批宝贵人才

1945年9月,刘先生研究生毕业后,经所长何廉先生介绍,到重庆中央设计局货币银行组任研究员,并在沪江大学和重庆求精商业专科学校兼任教员。1947年8月,他离开重庆到上海,先后任上海证券交易所调查研究处统计室主任、上海中国经济研究所副研究员。1949年5月上海解放,刘先生于7月调入中国人民银行华东区行担任研究员、计划科科长,身处上海金融业接收改造的第一线,亲历了由陈云同志领导的"两白一黑"战争(即大米、棉纱、煤炭战争)。此役大捷,被毛主席评价意义"不下于淮海战役"。刘先生用自己所学的系统经济金融知识,为迅速稳定财政金融和恢复经济秩序做出了重要贡献。时隔30年,当我进入大学读书时,刘先生还跟我们说起这场险象环生、惊心动魄的战役,他赞叹陈云同志高超的经济领导才能,对国民党统治时期恶性通货膨胀、物价飞涨、民不聊生的状况深恶痛绝。在中华人民共和国成立之初的国民经济恢复时期,他满腔热情地投入其中,为朝气蓬勃的新中国建设倾注了全部热情和力量,特别是为新中国金融制度的建立贡献了自己的智慧和才华。这一时期,他还在上海《经济周报》兼任总编辑,在上海财政经济学院(上海财经大学的前身)兼任副教授,在《解放日报》《大公报》《中国金融》等报刊发表了多篇有关经济金融方面的学术论文,并出版了专著《货币管理》。他的著作和论文在学术界引起广泛关注,为新中国金融制度建立和货币金融管理提供了重要理论支撑。

1953年，新中国开始第一个"五年计划"的经济建设，金融事业发展迫切需要一大批专业干部，刘光第先生因其系统深厚的经济金融学理论功底和成功的金融实践经验，于当年3月调入北京，任教于中央财经大学前身之一的中国人民银行总行干部学校，担任政治经济学组长。先后主讲货币制度和货币管理、政治经济学及经济学说史等课程，为新中国金融事业的起步开拓培养了最初的一批宝贵人才。1958年，中国人民银行总行干部学校与中央财政干部学校合并成立中央财政金融干部学校，1960年在此基础上成立中央财政金融学院，直至1996年学校更名为中央财经大学，刘先生一直在这所学校潜心学术研究，精心教书育人。即使在"文革"下放河南劳动期间，他也在很困难的情况下坚持学术研究，不忘初心，勤奋耕耘。在这一时期，他集中研究了苏联计划经济体制下的经济金融政策和实践效果，梳理了西方经济金融理论的成果，特别是紧密结合当时中国的经济金融状况，投入更多精力用于马克思主义政治经济学理论研究，其著述的《政治经济学》（资本主义部分）作为高等院校教材使用，出版印刷30余万册，还发表了多篇学术论文。这一时期的潜心研究和持续不断的深入思考，使他在"文革"结束后成为推动经济改革最有影响的第一批理论先锋之一，也是他后来给我们上课时深入浅出、纵横捭阖、引人入胜的重要原因。

改革开放浪潮中尽显峥嵘，卓越学术成就为富民强国贡献力量

　　党的十一届三中全会拉开了中国改革开放的大幕，刘光第先生虽年过花甲，但他像朝气蓬勃的年轻人一样以极大的热情和勇往直前的精神投身于经济体制改革和金融体制改革的理论与政策研究之中，迎来了他学术创作的高峰期。在改革开放初期，我国理论界关于经济体制改革的研究出现一片繁荣景象，但许多问题争议很大，反对改革的声音也不小。刘先生以坚实的经济学理论基础，从客观的经济规律和社会发展的总趋势出发，论证经济改革的必要性和迫切性。从农村联产承包到城市经济改革，从改革试点到全面改革，从"计划经济体制"到"计划经济为主、市场经济为辅"，再从"有计划的商品经济"到"有中国特色的社会主义市场经济"的论证中，刘先生都发表了他的创新观点，是推动这一进程的重要经济学家之一。

面对改革开放后经济体制的重大转型，他以极大的理论勇气投入学术研究，创新成果不断涌现。先后在《中国社会科学》《经济研究》《金融研究》《人民日报》《光明日报》等发表了几十篇学术成果，相继提出了宏观经济价值管理说、人民币价值基础说和金融市场发展战略论，在学术界、理论界和实务部门中都产生了重大影响。如在货币信用的理论问题上，改革初期不少学者把货币信用问题作为一个部门经济来看待，认为国家对经济的管理主要还是要靠实物指标直接管理；刘先生特别论证了货币在经济管理中的地位与作用，在专著《论中国宏观经济价值管理》中提出了"国民经济货币化是我国经济体制改革的主线"以及"宏观经济管理应由实物管理为主转向价值管理为主"的观点，引起学界和决策部门的高度重视。宏观经济的价值管理首先是一种总量管理，其目标是实现社会总供给与社会总需求的平衡。实行以价值管理为主，就是要把货币和货币资金的运动作为经济管理的主要内容，着力通过对货币和货币资金的计划、分配和调控，间接地实现对社会生产、交换和分配的调控。刘先生的宏观经济价值管理说强调了货币、银行在国民经济运行中的作用，为中央银行运用货币政策调控社会总需求提供了理论基础，对建立系统的中央银行间接调控体系发挥了重要作用。

再如，从计划经济走向社会主义市场经济，必然会有一个经济货币化的过程，在这个过程中要保持货币的相对稳定，就必须正确认识人民币的价值基础，而长期以来学术界对金币流通规律和纸币流通规律的解释是模糊的。1980年，刘先生与焦玉兰教授在《金融研究动态》上发表了"论纸币和黄金的联系"一文，明确提出"人民币价值的基础不是商品，也不是商品价格的综合指数，而是黄金"的核心观点。他们认为：纸币流通不能按纸币流通规律的作用进行，而必须按金币流通规律的作用行事；金币流通规律与纸币流通规律既有联系，又有区别；在纸币流通条件下要自觉地使纸币流通符合金币流通规律，以实现稳定币值、稳定物价的目标。1981年，刘先生将这篇论文进行了扩展和完善，由《中国社会科学》杂志公开发表，成为这一学术领域的经典文献。这一研究进一步清晰了人们对马克思货币理论的认识，丰富了货币理论，对经济宏观管理部门制定正确的货币政策和物价政策提供了理论支撑。

随着我国经济体制改革的逐步深入，20世纪90年代我国金融市场起步阶段出现了许多令人担忧的问题。刘先生发表了一系列论文，如"当前我国股票市场存在的问题及股市发展战略选择""关于发展中国证券市场的几个问题""对发展我国金融市场的几点看法"等，提出应按照金融市场的发展规律，有顺序地发展我国金融市场体系：优先发展货币市场，再发展资本市场；在资本市场中，应优先发展债券市场，再发展股票市场；在股票市场中，应着重发展与实质投资相关的一级市场，再发展二级市场，二级市场的发展应以提高证券的流动性，为一级市场创造良好环境为目的，而不应脱离一级市场单纯追求交易量；无论是债券市场还是股票市场，都应先发展现货市场，再有限制地开放期货市场。刘先生的观点在我国金融市场发展过程中起到了积极的引领作用。

1993年，他主持了国家社会科学基金"八五"重点课题"中国货币政策及其宏观调控体系研究"，对改革开放以来的货币政策理论和实践进行了系统研究，搭建了宏观调控体系的总体框架。

刘光第先生的经济思想是以货币金融为主线的。他对现代市场经济中金融的核心作用、货币稳定的内在基础、金融机构经营与实体经济的密切关联、资本市场发展的顺序与资源配置、经济金融体制的运行和宏观调控等方面的精深研究显示了强大的理论逻辑和真理性力量，是我们的宝贵财富。

在改革开放初期的十几年中，刘光第先生还积极活跃于各种学术论坛，他经常参加国家体改委、国务院发展研究中心、中国人民银行等组织的金融体制改革、货币政策、金融形势分析等方面的座谈会，是国家经济决策部门和改革的智库机构经常邀请的经济学家之一。上世纪80年代，中国金融学会恢复活动后，他担任常务理事。1993年中国城市金融学会成立，他是首届常务理事和学术委员会委员。他对经济改革和经济运行中的宏观政策特别是财政金融政策提出的重要建议，许多都被采纳；他为中国经济改革与发展贡献了全部智慧与才华。

儒雅简静谦谦君子风，关爱学生关心学科浓浓家国情

作为中央财经大学最知名的教授之一，刘先生身上传承着中国优秀知识分子特有的儒雅、简静和谦逊的气质，温润如玉又有风骨。

关于刘先生的为人，杨禹强博士在中央财经大学档案馆保存的刘先生档案中看到一份政审材料，是他的故交、南开大学钱荣堃教授在1957年1月提供给单位的。这份"关于刘光第同志的某些情况"中是这样评价的："刘光第在重庆大学和南开大学研究所学习期间比我低一级。根据我的了解，他是一个好学不倦、不问政治、自命清高、自以为超越政治超越党派的知识分子。他不喜欢也不善于钻营，不善于逢迎，在旧社会没有得到什么好处。他的作风也比较正派，有人说他是老夫子。"

这位他同学眼中的"老夫子"，在"文革"结束、改革开放之初，面对着强烈渴求知识的我们，像许多重获自由的老师一样，恨不得将身上所有知识一下子都传授给我们。我1979年来北京读书时，他给我们上政治经济学和中国社会主义经济理论课程；研究生阶段，他讲授中国经济改革专题。他的课学理性和思想性都很强，能感受到他对中国经济改革的强烈责任感。他的教学方法不是照本宣科，而是启发学生思考问题，对教学中的一些难点，总是鼓励和引导我们多发言，大胆表达自己不同的观点；课堂上气氛活泼，效果很好，很受同学们欢迎。课余时间，像那些重庆大学和西南联合大学的先生一样，他经常来学生宿舍看望我们，特别愿意与那些爱学习、爱思考的同学探讨学问和人生、社会问题。当时的学术气氛很浓，同学们对改革开放都充满了极大的热情。

那时的中央财政金融学院校舍还没有完全收回，条件非常艰苦，友谊楼东侧那间能容纳200人的第一教室排满了一场接一场的学术讲座，推动经济改革的第一代经济学人大多都在此做过讲座，有薛暮桥、陈岱孙、于光远、吴大琨、刘国光、张卓元、杨培新、刘鸿儒、吴敬琏、厉以宁等，也有一批活跃的中青年学人。除他自己演讲、主持或点评外，刘先生每次都坐在第一排，笔记本上记录得密密麻麻。那时，刘先生已是国内最有影响的经济学家之一，但他仍保持着谦谦君子风。他在发表自己意见的同时，也非常注重倾听其他专家的观点，不但对同辈学者的观点极为尊重，而且对年轻一代学人

的观点更为关注，不时流露出赞许的目光。

刘先生非常关心学生成长，在同学中有口皆碑。在我的成长过程中，刘先生给予了特别的教导和鼓励。在学习他的课程时，他还组织了一些小组讨论，我是参加最多的学生之一。1981年，李克穆、何绍华等1978级师兄发起组织了复校后的第一次论文竞赛，由学生组成的组委会对提交的论文进行初评，然后由学校的著名专家复评，我的论文就是刘先生评阅的，成为六篇获奖论文之一，并被刚刚创刊不久的学报正式发表。在读研的三年时间里，由于我们第一届研究生只有财政学和货币银行学两个专业六个学生，刘先生对我们的关心指导就更多，他还经常约我们到他家讨论问题。那时，经常有崭露头角的年轻学者从全国各地前来向他求教，后来成为中国人民银行总行金融研究所所长的秦池江、曾任西南财经大学校长的王裕国、曾任中国人民银行货币政策司司长的戴根友等就是我在他家中初次相识的。1986年我研究生毕业后留校任教，同时借调到国务院经济研究中心做咨询研究，与刘先生一同参加学术活动的机会就更多了。1992年我评教授时，他是我的推荐人之一，对我的嘉许和奖掖至今激励着我不懈奋斗。他的学术和为人，令我极为钦佩。

刘先生十分关心学科的发展。他经常说，一所优秀的大学必须有一流的师资、一流的学生、一流的学科，西南联大在那样艰苦的环境中办学，之所以誉满全球，原因即在于此。由于中央财政金融学院复校时只有财政、金融、会计这三个专业，刘先生在当时的政治理论教研室。他多次呼吁扩展学科，特别是理论经济学科。他认为，没有理论经济学的支撑，应用经济学很难达到一流水平。他多次与闻潜、孙开镛、汤国君、张淳等教授，还有陈昭和我等商议，向学校提出建议成立经济系。认为中央财政金融学院的前身中央税务学校和中央财政学院在1952年全国院系调整时，与北京大学、清华大学、燕京大学、辅仁大学这四所大学的经济系科合并成立的中央财经学院，当时的理论经济学是全国最强的，形成了很好的理论经济学传统，有坚实的基础，应该尽早建设理论经济学学科。由于当时校舍还没完全收回，条件实在不允许，迟至1995年承担理论经济学科建设任务的经济系才得以成立。可以告慰刘先生的是，经过20多年的建设和发展，学校的经济系已发展成为有重要影响的经济学院，一大批潜力巨大的青年经济学家正在迅速成长。

虽然刘先生的故交钱荣堃先生评价他"不问政治"，但那是指在特殊的年代和环境中，其实刘先生内心深处始终激荡着浓浓的家国情怀。我校文化与传媒学院王强教授在"斯人风景旧曾谙——中财大几位名师小记"中曾提到,"在上世纪80年代,刘先生与我们一些年轻人一样地指点江山,激扬文字。90年代初,小平同志南方讲话传达后,先生同我说,中国共产党就是伟大,小平同志就是英明"。

尾　声

1996年4月2日下午,刘先生在他工作的书桌旁突发心脏病,经抢救无效,永远地离开了我们。书桌上面的大稿纸上呈现的是他刚刚完成的《中国货币政策及其宏观调控体系研究》书稿的最后一页,稿纸还散发着墨水的清香,钢笔的笔帽还没有插好。在八宝山第一告别室举行的追悼会上,闻讯从四面八方赶来的亲朋好友、专家学者、青年学生、领导同事排成了长长的队伍,在悲伤的哀乐声中,一一向这位面容安详似酣睡的赤子做最后的道别……

今年初,我和几位同志一同去看望他的夫人郭凤琛阿姨,她仍住在学校家属院6号楼,这栋楼是上世纪80年代初盖的,当时叫"教授楼",其实每户建筑面积只有70多平方米。刘先生在世时,我经常去他家。家中的陈设基本没变,特别是那间书房完全保持着刘先生生前的样子,紧挨窗台的书桌还放在那里,桌上的台灯仍在,接待了许多学生以及从各地前来拜访的青年学者及亲朋故交的沙发还是那样摆放着,那些铅字印刷已尘封了21年的珍贵书籍还是满满地排放在靠墙那一排老旧的书柜里。郭阿姨用这种方式怀念刘先生,保存他们温馨的回忆。当我说起学校想整理出版《刘光第全集》和《刘光第学术人生画册》以纪念先生百年诞辰,郭阿姨说:刘先生在世时经常说到大家对他的关心,他心里很感谢大家。他去世后,你们还出版了他的《经济学文集》,就不要再搞纪念仪式了,他不愿给大家添麻烦。

一生探求民富国强之道,爱学生、爱学术、爱国家——这是刘光第先生留给我们的共同财富,我们永远怀念他!

（本文原载于《文心》第十期）

宋则行：中国外国经济史学科主要奠基人

韩 毅

本文是我为纪念恩师宋则行先生百年诞辰而作。虽然文章的酝酿、构思和资料准备历时已久，却是利用2017年的"双节"假期集中撰就。几日来，伴随文稿的写作，先生的学术成就跃然纸上，恩师生前的教诲及与我相处的情景也浮现脑海、历历在目，缅怀之情伴随键盘敲击而流淌……先生学贯中西，融汇古今，虚怀若谷，谦逊达人，道德文章，高山仰止。诚望此文，既能比较全面地总结先生对外国经济史研究做出的学术贡献，也能"管中窥豹"地彰显先生的品格风范。为我国的外国经济史学发展史，留下"道德文章"的绚烂一笔，也为我国外国经济史学界的年轻后辈，留下一份可资继承发扬的学术财富与精神遗产。

我国经济学界的同人们大多都知道，宋老师[①]的学术研究领域非常宽泛。作为英国剑桥大学的经济学博士（1948年获得，导师为著名经济学家皮耶罗·斯拉法和琼·罗宾逊教授）、英国皇家学会终身会员，几十年波折起伏的学术经历，令他在外国经济思想史、西方经济学、马克思经济理论、社会主义经济理论、世界经济和外国经济史等诸多研究领域，都卓有建树。关于

[①] 在跟随宋先生学习、共事近20年的时间里，已经习惯于在正式、非正式场合称他为"宋老师"，改口称"先生"或"教授"，总有些敬而远之的感觉。本文在叙述中保留了原有习惯。

宋老师在其他几个领域的学术思想及贡献，杨玉生、李平、张凤林等师兄先后多有概括与论述，①而有关宋老师在外国经济史研究领域的情况，迄今却鲜有较为系统、全面的记述与总结。作为宋老师唯一的专门从事外国经济史教学与研究的学生，我觉得自己有责任、有义务把宋老师在外国经济史（包括世界经济史）研究方面的情况，做一个比较全面、系统的梳理和总结，也以此文纪念先生的百年诞辰。

宋老师是我国外国经济史学界老一辈学者的代表性人物，是这一学科的主要奠基人，曾任我国外国经济史学会的首任会长，深受这一学科领域广大同行们的尊敬与爱戴。在外经史的学术圈里，大家都尊敬地称他为"宋公"。

宋老师与外国经济史的"不解姻缘"

为了追溯宋老师与外国经济史最初的学术"姻缘"，我曾查阅资料，访问学长，终于在李平师兄写的《宋先生往事杂忆》和宋老师的夫人肖端清女士晚年写的回忆录《风雨人生》中找到了答案。

说起宋老师与外国经济史的不解"姻缘"，还真的是颇具历史的戏剧性。

从宋老师的学习经历看，他绝对是经济学理论的"科班"出身：1935—1939年在国民政府的中央政治学校大学部的经济系接受本科教育；1941—1943年在南开大学经济研究所攻读硕士研究生，专攻西方经济学；1945—1948年留学英国，在剑桥大学攻读博士学位，"成天埋首于马歇尔、庇古、凯恩斯、琼·罗宾逊和希克斯等人的著作"。但是，一直接受西方经济学系统训练的宋老师，又怎么会转行从事外国经济史的研究并在这方面取得如此骄人的成绩？以李平师兄的推断，"除了个人天资和努力外，总该有一点与早年求学经历有关的东西"。②结果，他真的从宋老师夫人回忆录的记述中证实了自己的判断：宋老师在南开大学经济研究所攻读研究生时，虽然所学专

---

① 参见杨玉生等编著，《宋则行生平与经济思想——纪念宋则行诞辰一百周年》，辽宁大学出版社2017年版。
② 李平，"宋先生往事杂忆"，见杨玉生等编著，《宋则行生平与经济思想——纪念宋则行诞辰一百周年》，辽宁大学出版社2017年版。

业为西方经济学,但是,他硕士论文的指导教师居然是1939年获得美国哈佛大学经济史专业博士学位、后来大名鼎鼎的经济史学家陈振汉先生![①]不承想,这被尘封了70多年的历史片段,竟然引出了宋老师与外国经济史的最初牵连!仿佛在冥冥之中有一只命运之手,预先安排了宋老师与外经史的这段"姻缘巧合",想来真是令人唏嘘感叹!至于在几十年后宋老师在外国经济史研究方面已经成绩斐然,陈振汉先生与宋老师二位师徒是否曾经为这段神奇的经历而感慨不已,我们就不得而知了。

然而,我们所说的宋老师与外国经济史不解"姻缘"之戏剧性,还远非至此。因为,完全出乎我们意料的是:宋老师正式踏上外国经济史的教学和研究之路,竟然是他情非所愿,而完全是一桩被"拉郎配"的"包办婚姻"!

根据宋夫人的回忆,宋老师是在1952年由东北统计局调入东北财经学院经济系,开始从教生涯并受命担任政治经济学教研室主任的。由于当时的政治气候和宋老师的特殊身份(留学英国、有海外关系、地主家庭出身),他在东北财经学院政治经济学教研室的工作环境并不十分理想。不过,对于宋老师这样一心从事经济学教学与研究而别无他图的学者来说,倒也没什么大的影响。因此,到东北财经学院最初的几年里,宋老师潜心于《资本论》和马克思主义政治经济学的研究,并开始运用西方经济学和马克思的经济理论分析解决现实中的问题。时至1957年,"反右"风潮来临,尽管他满腔报国热情,尽管他谦虚谨慎、言行有节,却仍然无法躲开政治命运的逆转。有一天,宋老师回到家对夫人说:组织上调他到经济史教研室去教外国经济史课程了。理由是:他不是中共党员,教政治经济学不合适,当政治经济学教研室主任就更不合适了。[②]虽然宋老师平静地接受了组织上的这一安排,也曾对家人表示他很喜欢外国经济史这门课程。但是,可以确定无疑地看出,转入经济史教研室从事外国经济史的教学与研究,并非宋老师本人情之所愿。毕竟,从大学、研究生到博士阶段,学习、研究的都是经济学理论,而且,政治经济学教研室的几年教研经历也正让他的经济理论研究"如鱼得水"。

[①] 哈佛大学是世界上第一个设置经济史专职教授的大学。陈振汉先生的博士学位论文是"美国棉纺织工业的区位:1880—1910",论文导师是国际著名经济史学家阿希尔教授。

[②] 肖端清,《风雨人生》(内部出版物),2002年。

然而,"政治气候"和"组织安排"导致的突然变故,竟在宋老师不情愿的情况下"包办"了他与外国经济史几十年的不解"姻缘"。令所有的历史当事人和旁观者都始料未及的是:这一看似偶然却又必然的变故,不仅在一定程度上改变了宋老师后来的学术发展道路,也在很大程度上影响了我国外国经济史学科建设和学术研究的发展轨迹!

宋老师对外国经济史(包括世界经济史)研究的学术贡献,集中体现在他与樊亢先生等人共同主编的三部著作上。下面,分别予以述论。

《外国经济史(近代现代)》(三册本)的学术贡献

在我国,外国经济史研究应该是起步比较晚的。由于当时特殊的国际政治环境和国内普遍排斥西方的意识形态,时至20世纪60年代,我国的外国经济史在学科建设、高校教材建设和学术研究方面,都还比较落后。当时,虽然全国一些高校陆续开出了外国经济史课程,但是,师资力量缺乏,专任教师更少。授课教师所能做的,也只是完成基本的教学任务,少数院校也尝试着编写一些供内部使用的教学大纲、教材和教学参考资料等。在学术研究方面,主要是翻译出版一些国外(主要是苏联)的著作,而中国人自己撰写的著作还非常少见。

1961年,高教部和中宣部成立了专门的高校文科教材编选计划机构,组织国内高校和科研院所的专家学者编写全国统一的高校教材。这个编写计划内容庞大,包括了哲、经、文、史、教育、外文等几大类,共几十种,外国经济史教材被列入其中。在高教部的组织下,除了宋老师外,中国社会科学院的樊亢研究员、吉林大学的池元吉教授、武汉大学的郭吴新教授等十几位专家学者,应招组成了外经史教材的编写队伍,由樊亢先生和宋老师担任主编。经过几年的集体协作攻关,编成了一部70多万字的全国统一教材。1965年1月,这部《外国经济史(近代现代部分)》由人民出版社分三册出版发行。[1]

---

[1] 外经史圈子里的同行们都习惯地称这部书为"三分册"。1990年,该书又补充出版了第四册。

具体来说，外经史三分册的学术贡献主要表现在以下四个方面：①

第一，开创性地以马克思主义为指导思想和理论方法从事外国经济史研究。在外国经济史（三分册）写作与出版的那个年代，马克思主义作为无产阶级的世界观，是进行社会主义革命和建设的指导思想以及从事社会科学研究必须遵循的理论方法，其大一统的核心地位是毋庸置疑的。但是，在具体的社会科学研究中应该如何运用马克思主义的理论方法为指导，却是当时我国社会科学工作者所面对的共同问题。而在这方面，外经史三分册的作者无疑做出了非常积极的思考、探索和努力，也取得了开创性的成就。从外经史研究对象的定义，到外国近现代经济史的历史分期，再到研究框架和内容体系的确立，一直到对外经史所涉及的一系列重大问题的分析，都体现了马克思辩证唯物主义和历史唯物主义的原则和方法。应该说，外经史三分册是我国学者首次运用马克思主义的思想、理论和方法，系统进行外国经济史研究的成功范例。

第二，科学地定义了外国近现代经济史的研究对象。作为国内第一部系统阐述外国近现代经济史的统编教材和专门性著作，本书开宗明义地指出了外国近现代经济史的研究对象："阐明英、美等资本主义国家资本主义经济发生、发展和衰落的历史过程、规律性和具体特点，阐明殖民地半殖民地国家在外国资本统治下经济的演变，和它们反对外国资本压迫和剥削的斗争。"② 应该说，作者的这一认识，是建立在对外国近现代经济史所处历史时代世界经济发展的总体趋势和基本性质的深刻认知和宏观把握的基础之上的。

从人类历史发展的总体趋势看，外国近现代经济史所涉及的历史时期，属于资本主义的历史时代。因此，资本主义（国家）经济的产生、发展和衰亡的历史，当然是外国近现代经济史的重要研究内容。但是，这并不能成为"西方中心论"和"大国沙文主义"存在的理由。从世界经济发展的全貌看，一部外国近现代经济史，不可能仅仅是资本主义（国家）经济的发展历史。因为，"随着资本主义的发展，资本主义统治了整个世界，'资本主义已经成

---

① 原来我手中的外经史三册本是作者对 1965 年版做了修改、补充之后于 1980 年出的修订版。为了保证对第一版内容"原汁原味"的理解和评介，我曾颇费周折寻觅 1965 年版。不成想，居然在孔夫子旧书网以 38 元的低价淘到了这套书，幸哉！

② 樊亢、宋则行主编，《外国经济史（近代现代部分）》，第 1 册，人民出版社 1965 年版。

为极少数先进国对地球上大多数居民实施殖民压迫和财政扼制的世界体系'。在这个体系中，一方面是少数'先进'的资本主义国家，另一方面是被这些资本主义国家剥削和掠夺的广大的殖民地半殖民地"①。

基于上述认识，作者明确地给出了以下结论："要反映资本主义世界经济发展的全貌，既要阐述主要资本主义国家的经济史，也必须阐述亚洲、非洲、拉丁美洲国家沦为殖民地半殖民地经济及其以后社会经济发展变化的历史。"② 应该说，作者将亚、非、拉美殖民地半殖民地国家和地区的经济发展纳入外国近现代经济史的研究范畴，不仅克服、批判了"西方中心论"和"大国沙文主义"的错误思潮，也加深了我们对外国近现代经济史所处历史时代总体趋势和本质特征的把握和认识，同时，也极大地丰富、拓展了外国近现代经济史的研究范围和研究领域。

第三，对外国近现代经济史进行了科学的历史分期。由于各国经济发展的水平、速度各不相同，资本主义关系产生的时间并非整齐划一，本书作者将外国近现代经济史的上限定为各国资本主义关系的产生。关于下限，则考虑到我国高校设课分工的需要，将其设定到1945年第二次世界大战结束。③ 在此基础上，作者把这一时期世界资本主义的发展进程划分为16世纪至19世纪70年代的资本主义确立和上升发展时期、19世纪70年代至1918年的帝国主义形成时期和1918—1945年的资本主义总危机时期三个大的历史发展阶段。对外国近现代经济史进行这样的历史分期，虽然有着鲜明的时代特征和一定的历史局限性，但是在当时的历史条件下，已属难能可贵。因为，关于资本主义的发展趋势和历史命运，马克思主义经典作家都早已有明确定论。其观点和结论在当时是不容置疑和更改的。

尽管如此，外经史三分册在历史分期上还是做出了新的创新和突破。例如，当时被我国经济史学术界奉为"圣典"的由苏联著名专家波梁斯基撰写的《外国经济史（资本主义时代）》和《外国经济史（帝国主义时代）》，对

---

① 樊亢、宋则行主编，《外国经济史（近代现代部分）》，第1册，人民出版社1965年版。
② 同上。
③ 当时，在我国高校经济系课程体系中，第二次世界大战以后的世界和各国经济发展状况，是由世界经济课程负责介绍的。这样的断限，虽然在当时有课程内容衔接的特殊考虑，但是，作为一部外国经济史（近现代）的通史类著作，未免有被"腰斩"之嫌，令人遗憾。

资本主义历史的论述断限是从 16 世纪至 1917 年"十月革命"。① 对资本主义经济发展历史所做的分期，是将其划分为 16 世纪至 1760 年的"资本主义产生"、1760—1871 年的"资本主义胜利和扩张"和 1871—1917 年"帝国主义"三个历史时期。

应该说，与波梁斯基的历史分期相比，外经史三分册的历史分期就显得更为科学、合理。首先，波梁斯基历史分期的下限止于 1917 年的"十月革命"，对外国近现代经济史的阐述只相当于外经史三分册的前两个时期，这就给"十月革命"之后的内容人为地造成了一个空白。其次，按照波梁斯基的历史分期，外经史在时间和内容分布上是很不平衡的：在时间上是"前长后短"，内容上是"前少后多"，总的倾向是过于"厚今薄古"。比较而言，外经史三分册的历史分期，无论在时间上还是在内容上，都分配得比较均衡、合理。再次，对资本主义不同发展阶段本质的认识更加深刻。这主要体现在对 1918—1945 年资本主义总危机时期的历史阐述与总结上。外经史三分册作者依据丰富、翔实的历史资料对资本主义总危机的基本特征的概括总结，对资本主义总危机的历史演进和演进阶段的划分，对总危机时期资本主义各国垄断资本和国家垄断资本主义的发展，对殖民地半殖民地经济的畸形发展和帝国主义殖民体系的危机的论述，都相当地精辟而富有创意。

第四，科学地构建了外国近现代经济史的宏观框架和内容体系。通常，外国经济史的编写者在建构其宏观框架和内容体系时，除了要做好历史分期之外，大都还要面对如何处理世界经济总体发展状况与各国经济发展的具体情况和特点之间的关系问题。这是一个整体与局部、共性与个性的问题。这个问题处理不好，就会在宏观架构上出现失衡。因此，必须避免两个极端：在世界经济越来越紧密地联系成一体的资本主义时代，全然不顾世界经济一体化的发展趋势，将各国经济的发展与世界和其他国家经济发展完全割裂开来，即"只见树木不见森林"，无疑是不可取的；相反，如果只关注世界经济的总体情况、发展趋势及其规律性，忽视了对每个具体国家或地区经济发

---

① 波梁斯基所著的《外国经济史（封建主义时代）》和《外国经济史（资本主义时代）》分别在 1958 年和 1963 年出版了中译本。而其在 1973 年和 1975 年出版的两卷本《外国经济史（帝国主义时代）》，却没有被翻译成中文本。（感谢我的老同学、中国社会科学院俄罗斯东欧中亚研究所郑羽研究员为我提供了该书俄文版的相关信息！）

展特殊性的认识,即"只见森林不见树木",就完全违背了"外国经济史"的研究宗旨,同样也是不可取的。

我们可以看到,外经史三分册的作者比较好地处理了这个问题。在考虑构建外国近现代经济史的宏观框架和主要研究内容时,他们采取了"分期和列国相结合的编写体例"①。具体说就是:首先,在对整个外国近现代经济史进行历史分期的基础上,将16世纪至1945年的各国经济史内容按三个历史分期分成三编;其次,在每一编中,首先设一章"概述",对这一特定历史时期世界经济演进的总体进程、特征、规律和发展趋势,做出宏观的、概括性的论述,以此作为展开各个国家和地区经济发展具体内容的背景和基础;最后,按照选取的国家和地区,分别阐述各国各地区的经济发展、特点和规律。应该说,这样的宏观框架和内容体系,比较好地解决了外国近现代经济史内容体系中宏观与微观、整体与局部的关系问题,令读者"既见森林又见树木",既能把握世界经济发展的大势,又能知晓各国经济发展的特点和细微。也正是因为如此,一部具有400多年时间跨度、涉猎十几个国家和地区的外国近现代经济史,做到了中心线索清楚,逻辑层次分明,宏观微观兼顾,内容详略有度。令人叹为观止!

外经史三分册之所以能取得如此之高的成就,原因是多方面的。不过,宋老师作为该书的主编之一,他十分看重并反复强调的,是"集体协作"这种组织形式和力量。在1990年宋老师和樊亢先生共同写的"外国经济史研究的回顾与展望"一文中,他评价这部书"初步建立了一个外国经济史(近现代部分)的体系,同当时苏联或其他国家的同类著作比起来,从基本观点、系统性、全面性来说,还是比较好的,显示了集体协作编书的优越性"②。后来,我们外经史学会的一些年轻人酝酿编写新的外经史教材时,宋老师也曾对我说:"你们现在编书,在组织队伍和人力方面的条件可能无法与我们那个时候相比:那时,只要组织上一号召,就能把全国最优秀的师资集中起来,全力以赴干这一件事儿。"

应该说,宋老师反复强调"集体协作"的作用和力量,一方面是他一贯

---

① 李毅、贺力平,"樊亢先生访谈录:希望有更深入、更好的世界经济史研究",《学问有道:学部委员访谈录》,方志出版社2007年版。

② 宋则行、樊亢,"外国经济史研究的回顾与展望",《中国经济史研究》1990年第1期。

的谦逊作风使然,另一方面,确也真实地反映了当时"上级领导组织,集体协作攻关"的力量和效率。有人在总结中央集权体制的优势时曾说过,这种体制可以运用行政手段集中调配全国的优势资源,去完成一些自由配置资源条件下难以完成的特殊项目和任务,叫作"集中力量干大事"。在计划经济时期,我国用这种方式干成的大事,最典型的应该就是"两弹一星"了。如果从社会科学学术研究的角度来列举集中全国力量干成的大事,外经史三分册的问世,当之无愧会名列其中。

外经史三分册的编写和出版对我国外经史学科发展产生了极为深远的影响,不仅体现在它对我国外国经济史学科建设、教材编写和学术研究方面所做的重大贡献,还体现在它对我国外经史研究队伍形成方面所具有的重大意义。对于后者,樊亢先生在对她做的《访谈录》中做了很好的说明:"我想特别谈谈的是:在出书以外,三年的编书工作,培养了一些青年教师在业务上的成长。而作为核心人员的宋则行、郭吴新、池元吉三位教授和我,则通过这次写书成为学术上可以敞怀讨论切磋的诤友,在以后的三十多年中又多次合作,共同完成学科建设方面的多项工作。"①

诚如樊亢先生所言,特殊的历史时代和特殊的带有政治任务性质的编书工作,把当时分散在全国各高校和科研院所的外经史的顶级专家集中起来,形成了一支"空前绝后"的强大的编书队伍。三年多的编书工作中,他们团结一致,精诚合作,同心合力,协作攻关,不仅高质量地完成了外经史三分册的编写工作,而且锻炼了外经史的学术队伍,培养了业务上的新生力量。尤为重要的是,在这三年的合作编书的过程中,逐渐形成了我国外国经济史研究的学术中坚与核心团队:宋老师、樊亢先生、池元吉先生和郭吴新先生。他们不仅是学术界的大师级人物,同时也是道德修养方面的旗帜和楷模。正是因为如此,他们才能"成为学术上可以敞怀讨论切磋的诤友",并连续三十多年密切合作、多次共同完成外国经济史和世界经济史等重大攻关项目。他们深厚的学术底蕴、精诚的合作精神和彼此之间真挚、纯洁的友谊,为众人广泛称道,被经济史学界传为佳话,成为外经史学科蓬勃发展的

---

① 李毅、贺力平,"樊亢先生访谈录:希望有更深入、更好的世界经济史研究",《学问有道:学部委员访谈录》,方志出版社2007年版。

文化保障和精神动力，也成为外经史学界后辈应该继承发扬的一笔宝贵的精神遗产!

外经史三分册的编写经历，也确立了宋老师作为外经史学科主要奠基人和学术核心的地位，赢得了外经史同行们的共同敬仰和尊重。作为宋老师的学生和外国经济史学会的成员，我有机会接触到外经史学界的诸多前辈和同行。通过与他们的接触和交流，我深深地感受到他们对宋老师的敬仰与爱戴，感受到宋老师在学术界的崇高威望。宋老师平日待人和蔼可亲，谦逊祥和，但是，我经常见到一些学术界的"大腕儿"和"名人"，甚至从我们年轻人私下交谈中听说到的"学霸"，都在宋老师面前毕恭毕敬，无不表露出发自内心的敬仰之情。

我曾经疑惑不解：性格谦逊而又平易近人的宋老师，是如何赢得了如此高的威望和众人的尊敬呢？吉林大学池元吉先生曾亲口对我讲过的一段话，或许道出了这个问题的个中缘由："宋公身为学问大家，但他平易近人，没有'学霸'派头。他讲话发言语调平和，甚至听起来有些呆板，但是，其内容却极具哲理和逻辑，而且切中要害。在大家就某个问题产生分歧、争执不下的时候，他总是能发现问题的核心环节和关键所在，并引导大家找到解决问题的最佳途径与办法。"我终于明了：宋老师是依靠他深厚的学术功底和超凡的人格魅力，才赢得如此之高的威望和众人尊敬的！

《主要资本主义国家经济简史》的学术贡献与现实意义

1973年，由宋老师和樊亢、池元吉、郭吴新和朱克烜诸位先生共同主编的《主要资本主义国家经济简史》(以下简称《简史》)由人民出版社出版发行。这部书从内容上说，基本上是外经史三分册的延承，[①]但是，其在社会上及至国际上产生的影响，却远远超过了外经史三分册。《简史》出版后至1992年，已经由出版社连续印刷了14次，印数达36万册。1988年，该书获得了国家教委全国优秀教材一等奖。在国际上，也在日本、法国、英国（疑

---

① 1997年修订版补充撰写了第二次世界大战后至20世纪80年代的内容。

为美国，原出处如此。见本书1997年版"编者的话"）翻译出版。1975年，日本亚纪书房出版了日文译本。1977年，法国的百年出版社出版了法文译本。1991年，美国的夏普出版社出版了英文译本。

《简史》之所以能在社会上引起这么大的反响，除了它的学术价值外，恐怕与当时国内的政治、经济形势有着直接的关系。从1973年《简史》第1版问世到1997年修订版的出版发行这20多年的时间里，无论是国内还是国际上，政治、经济形势都发生了巨大的变化。我们国家结束了"文化大革命"，并于20世纪70年代末开始实施"改革开放"的基本国策。而无论是对内实施由计划经济向市场经济过渡的经济体制改革，还是对外实施"请进来，走出去"的开放政策，都需要我们同原来并不熟悉的西方国家打交道，或者说需要向人家学习先进的东西。这就在国内社会各个阶层产生了强烈的了解西方国家社会的客观需要，包括西方国家的政治、经济、社会、文化等各个方面的情况。而《简史》的出版和再版恰逢其时。如果说，《简史》第1版出版时在现实层面的初衷，主要还是为了"更加深刻和具体地认识资本主义制度的内在矛盾，……树立马克思主义世界观，增强社会主义和共产主义必然取代资本主义的信念"[①]，那么，到了20世纪90年代中叶，它的现实意义已经明显地转变为"有助于我们汲取历史的和国外的经验和教训，加速社会主义经济的发展"了。对此，《简史》作者曾旗帜鲜明地写道："由于资本主义已有几百年的发展历史，有比现存社会主义国家更高的生产力，它们在组织社会化大生产上，在发展商品经济上，在发挥市场机制和国家调节的作用上，在以追求经济效益为目标的企业管理上，在积极参与国际劳动分工和国际交换上，在发展和利用先进的科学技术上，都积累了丰富的经验。这些经验虽然都深深地打上了资本主义的烙印，但对于把经济建设放在一切工作中心位置上的社会主义国家来说，是有借鉴意义和参考价值的。"[②]

如此看来，《简史》的成功，除了其内容的学术性以外，也是历史研究为现实服务的一个极为成功的范例。

[①] 樊亢、宋则行、池元吉、郭吴新、朱克烺等编著，《主要资本主义国家经济简史》，人民出版社1997年版。

[②] 同上。

《世界经济史》（三卷本）的学术贡献

1989年，由宋则行、樊亢主编的《世界经济史》由经济科学出版社出版发行（1998年修订再版）。作为国家"六五"计划哲学社会科学研究项目的最终成果，这部著作的出版在学术界产生了重要的影响。武汉大学的傅殷才教授评价这部书是"我国经济科学的一项开拓性研究"。他认为："《世界经济史》以辩证唯物主义和历史唯物主义为指导，客观地分析了资本主义生产方式（生产力与生产关系的统一），研究它的活动规律和发展规律。"[①]

记得1995年秋季的一天，宋老师把我叫到他家，嘱托我为这部《世界经济史》写一篇书评。作为世界经济史领域一个初学未成的年轻后辈，接到宋老师交给的这样一个艰巨的任务，真心感到有些"诚惶诚恐"。面对我的担心，宋老师用信赖的目光看着我说："不用顾虑，放开手脚，客观评价，大胆地写！"文稿写成之后，我拿去交给宋老师，心情忐忑地看着他审阅我的文稿。宋老师阅过文稿后对我说："写得不错，只是有点儿过誉了。"随后，文稿由他转送《中国经济史研究》编辑部，并在1996年第1期上发表出来。现在重读20年前的这篇书评，感觉还是比较全面、客观地总结了《世界经济史》的科学价值和学术意义。现摘录要点如下：

1. 该书所取得的最大成就，是它科学地界定了世界经济史的特定研究对象、内容与范围，并据此构筑了世界经济史学科的完整体系和宏观框架，使世界经济史成为一门新的独立的学科分支，从而实现了我国经济史研究的一大历史性突破。

该书作者科学地揭示了形成为有机整体的"世界经济"与世界各国各地区经济的本质区别：第一，"世界经济"是一个特定的历史范畴，是人类社会生产发展到一定历史阶段的产物。第二，"世界经济"是建立在资本主义生产方式的基础之上，随着资本主义生产方式在全球的不断扩张而逐渐形成的。它不会也不可能在前资本主义生产方式下出现。第三，"世界经济"是在国际分工与世界市场的基础上，由各国各地区经济形成的有机整体。

[①] 傅殷才，"我国经济科学的一项拓性研究：评宋则行、樊亢主编的《世界经济史》"，《世界经济》1995年第8期。

"资本主义生产方式在地域不断地扩大发展成为世界经济体系,以及它随着社会主义生产方式的诞生、成长和发展而逐步解体,在同一过程中国际经济关系的发展和变化,乃是考察、理解和把握迄今为止世界经济史全过程的中心线索。"根据这一中心线索,作者将16世纪以来的世界经济史划分为四个历史时期。《世界经济史》一书正是根据上述的研究对象、中心线索和历史分期,分四篇系统地阐述了世界经济产生、发展和演变的历史过程,揭示了这一历史过程的本质、特点和规律性。

毫无疑问,《世界经济史》一书的问世,标志着世界经济史作为一门独立的学科分支已经在我国建立起来,从而实现了我国经济史研究的一个历史性的突破。

2. 该书所取得的另一个突出成就,是它在创造性地运用马克思主义世界观和方法论指导经济史研究方面,为我们提供了一个不可多得的成功范例。

第一,着重领会马克思主义的精神实质,把马克思主义作为世界观和方法论,去指导经济史研究。恩格斯讲过:"马克思的整个世界观不是教义,而是方法。"因此,着重领会精神实质,注意掌握思想方法,是在经济史研究中坚持马克思主义的关键所在。而《世界经济史》一书的作者,较好地做到了这一点。通读全书,我们即可深深地感到,马克思主义在这里不是只言片语,不是某些具体观点或结论,更不是一成不变的警句或格言,而是被当作认识客观事物、总结自然规律的世界观,作为分析问题、解决问题的思想方法,作为评价历史、预测未来的原则应用于作者的整个研究过程,渗透在全书每章每节的字里行间,构成了一部《世界经济史》的灵魂。

第二,掌握历史唯物主义的核心与实质,灵活准确地运用辩证法的基本原则与范畴从事经济史研究。在这方面,《世界经济史》一书同样为我们树立了成功的典范。作者在谈到本书的创作原则时即指出,"在研究历史过程时,要坚持辩证的方法,考察总体的联系,才能避免片面性……离开辩证的观点,将无法全面描述这种关系,也体现不出世界经济的特点"。而此方面的实例,在书中可谓不胜枚举,俯拾即是。

第三,尊重客观历史事实,一切从实际出发,在实践中坚持和发展马克思主义,社会存在决定社会意识,认识来源于实践,这是辩证唯物论和历史唯物主义的最基本观点。《世界经济史》一书的作者则坚持以历史事实为自己立论的根本出发点,强调"史实、客观经济发展过程,是第一性的,只有在对客观经济过程和其他历史条件进行详尽考察的基础上,才有可能得出结论,做出结论"。这不仅表现在作者写作本书时,始终坚持了"先史后论"、"据史立论"和"论从史出"的原则,更为可贵的是,对一些经典作家已有定论而历史发展的实际情况又与之不符的问题,也能本着尊重历史、实事求是的原则,对其重新进行分析与评价。

3. 除了上述成就外,本书在学术上还有以下特点:

第一,史论结合,融为一体。

第二,宏观与微观,两者兼顾。

第三,古今中外,厚薄适度。[①]

恩师虽已驾鹤西去,其精神风范却长存于世,永存我心!

---

① 韩毅,"评世界经济史",《中国经济史研究》1996年第1期。

汪祥春：中国产业经济学首批开点博士生导师

卢昌崇

这篇文章的初稿是 2008 年写的，适逢汪祥春先生 90 大寿，发表在《经济学家茶座》第 4 期上。这是我送给先生的生日礼物，当时的心情是十分愉快的。

我与先生除了师生情分外，还有另外两层关系。一层是，我们同在东北财经大学计统系工作过十余年。有段时间，他任系主任，是我的上级。院系调整我到工商管理学院执教后，又在一起共事三年。后来他到经济学院任教。一层是邻居。这要分为两个阶段。第一段在山下大院，我住 3 栋，他住 9 栋，历时三年。我有时帮他拿拿报纸、送送书信……他间或地委我做些杂事。第二段住晨光园小区，前后楼，恰好相对。我住 6 层，先生住 4 层。我在厨房里可以望见他家的客厅，不时地看见他踮着碎步，到阳台拿取东西或走动。空间距离近了，加之浸淫有年，心理距离更近，"来往"自然更多起来。某年秋天，先生问我是否喜欢吃烤地瓜。我说喜欢。过两天，先生来电让我去一趟，原来先生买了一台烤地瓜机。秋天正是地瓜上市的季节。先生将已经包好并装入塑料袋的地瓜塞在我手里，一边说："我最近经常烤，乐意吃以后让你儿子来拿。"刚出炉的地瓜，热乎乎的，皮微焦，瓤金灿灿的，好吃极了。那年冬天,我家经常能吃上烤地瓜。

毕业之后,我每年都要给先生安排一点儿礼品。这是一件很犯难的事儿,因为先生所好不多。对了!他好西洋音乐。可送过两轮之后,就没啥名曲儿可送了。有两年马马虎虎地觉得他好茶。于是送茶。有一次,他不经意地跟我提起有个妹妹在徽州,每年春季都给他寄送黄山新茶。临走还送我一袋品尝,还说,若喜欢,就让他妹妹每年多寄一份。看来,他的茶叶有专供渠道,也不好再送了。于是再改为土特产。什么猴头儿、榛蘑、野生木耳、野生猕猴桃,一一送过,连庄河的大公鸡都送过。某年,朋友送我一件夹克衫,颜色太深,我不喜欢。拿去送他,一穿还算合体。先生乐呵呵地收下。后来还真见他穿过两年。总之,我送的礼品多是些上不了台面的东西。于他,许是添了"麻烦";于我,算是心到神知吧!

先生在指导我治学过程中,有件事感铭至深。早年,师兄弟们博士论文的英文摘要多由我完成。一次,先生跟我说:"英文写作要尽可能查阅英英辞典。这样,用词会更准确、精道。"还送给我一套韦氏大辞典,英英的,上下卷。打那以后,我着实在英文写作方面下过一阵子功夫,而且,为师兄弟们翻译论文摘要时再也不敢粗枝大叶了。有次,一位师弟的英文摘要未假我手。先生看过后说:"让卢昌崇给你润润色嘛!"而后再拿给他看,他笑着说:"这个才对头。"师弟私下里跟我说:"老卢,都是让你给'喂'的,一换手他就觉得味道不对。"回头想想,师弟说得不无道理。是契合,是感应,也许,更多的是一种路径、模式和风格惯性使然吧!

2011年11月2日,13:30,先生撒手人寰,享年93岁。很突然,没遭罪。家人和弟子们一时难以接受。人都说,这是先生修来的福报。

先生走了。我再也吃不到他亲手烤炙的地瓜,再也听不到他的谆谆教诲了。由于多年养成的习惯,我现在仍不时地站在厨房里向他家张望,可再也看不到他的身影了。每逢此刻,思念就会攀上心头,不绝如缕,缱绻难收。

今天,一番修补完善,我又捧献出这篇文章,但却成了悼念先生的祭文。阴阳两隔,心情哀痛。

愿先生的灵魂安息!

在美丽滨城的东财园,清晨或黄昏,总有一对老人手拉着手悠闲地散步。老先生个头不高，衣着简朴，黑发依旧，步履坚定；老太太个头儿似乎更矮些，精神头儿却巾帼丝毫不让须眉：俩人都洋溢着青春的活力。老先生是国内外颇有影响的经济学家汪祥春教授，人们尊敬地称他"汪老"；老太太是汪老的夫人——刘孟筠教授。汪老是我的恩师，我们背地里称他为"师父"，是这篇文章的主角儿。

师父的履历并不复杂。他生于1918年，浙江省黄岩县人，产业经济学专业博士生导师，政府特殊津贴获得者。1939年毕业于中央政治大学经济系，同年就职于浙江省财政厅，从事税务工作。1942年考入西南联大南开经济研究所学习；1944年以近12万字的毕业论文《利息理论的发展》获得硕士学位。1947—1949年在美国威斯康星大学和芝加哥大学留学，师从经济学大师奈特（F.H.Knight）、弗里德曼（M. Friedman）等学习经济、价格和就业理论。中华人民共和国成立后先后在东北统计局、东北计划统计学院、东北财经学院、辽宁大学、辽宁财经学院、东北财经大学任职或任教，被多所大学聘为兼职教授。

但师父的求学经历却步履趑趄，一波三折。他所掌握和创造的精神财富，学贯中西，令我辈高山仰止；他教书育人的道德风范，名垂校史，令我辈瞠乎其后。今年是师父的90大寿，师兄弟们推举我写篇东西把师父"隆重地"推到读者面前，以为祝贺。有掌声？嘘……轻点儿！我师父可是个怕羞的人。为尊重读者计，以下我将顾不得忌讳而直呼其名，失敬之处还望师父担待。

求学：一路深浅迎朝阳

一个人的生命轨迹往往不是事前设计的结果，而是多种因缘际会的巧合涂画而成。1935年，汪祥春高中毕业，考入国立中央政治大学。国立中央政治大学是民国时期国民党培养党政干部的最高学府。[①] 在当时，一旦进入中央政治大学，就意味着这个人步入了飞黄腾达的仕途，所以追逐者众，竞争

---

① 1927年蒋介石定都南京后，把黄埔军校从广州迁到南京，并改名为中央陆军军官学校，专门培养军事人才，把培养党政干部的职能从中分离出来，另建学校承担，于是才有了国立中央政治大学。

格外激烈。但是，汪祥春瞄准这一学校的理由却有点"另类"：他于仕途并无兴趣，但这里免费吃喝，每月还发3块大洋零花钱！要知道，在当时，3块大洋于贫寒之家来说可不是小数目。

在上海市立敬业中学高中部学习时，年少的汪祥春十分喜欢工科，毕业后的理想也是考一所理工类大学。但是，高中毕业时，父亲病逝，使原本并不富裕的家境雪上加霜。此时，汪祥春面临着人生第一次选择：是报考自己喜欢的理工类大学还是进吃穿住用全部公费的中央政治大学？前者虽是他的最爱，但学资昂贵，犹如一只猛虎拦在校门，无奈只好选择后者。初入中央政治大学时，他所学的专业并不是经济学，而是统计学，原因是数学好。汪祥春回忆道："那次，我数学考了100分！"然而，经过大约一个学期的学习，汪祥春却转到经济学专业。理由是"我发现经济学比统计学有趣味，也许更有利于'修身，齐家，治国，平天下'"。就这样，汪祥春开始了他的经济学之路。

成功的道路总是曲折的。汪祥春凭着"兴趣"和"谋划国计民生"的宏大志向跨入了经济学门槛，毕业后首先走上了仕途。1939他被分配到当时的浙江省财政厅，任龙泉县税务局局长，一年后转为财政厅视察。在当时，这可是一份令人眼红的工作。但是，汪祥春却又做出了一个令很多人困惑的选择——辞职，考研。主要缘由有两个：一是不擅仕道，难以施展谋划国计民生的抱负。工作中上下对他都"不满意"：他上不肯媚官，拒绝送礼；下不肯扰民，常拒送礼人于门外。如此一来，上司没实惠，下级没希望，两者就都给他"划叉"。于是他开始厌倦官场，心生去意，但去意并不很坚决：官虽不想做，但养家糊口的重担已落在肩头，岂可一推了之？促成他决然告别官场的是第二个因素。他的两位大学同班好友宋则行和杨守敬先生已经先他一年考取了西南联合大学南开经济研究所的研究生，两人向他频送"秋波"，极尽"怂恿"之能事，再度燃起了他的求学欲望。

1942年，汪祥春终于做通了母亲和兄长的工作，获得了家人的理解和支持，重新打点行囊，辗转万里，克服了抗战中难以想象的困苦和交通障碍，从浙江抵达重庆，考进了西南联合大学南开经济研究所，攻读经济学硕士学位。当时的南开经济研究所名家云集，教研水平很高；货币理论大师费雪的学生何廉任所长，延揽了李卓敏①、陈振汉、吴大业等一批一流学者承担教研任务，可谓盛极一时。教师全部用英文授课，指定了许多英文原版的经济学名著，如马歇尔的《经济学原理》、罗宾逊的《不完全竞争经济学》、张伯伦的《垄断竞争理论》、凯恩斯的《就业、利息和货币通论》、希克斯的《价值与资本》等。这对刚刚入校的汪祥春来说，难度虽大，但甘之若饴。在西南联大南开经济研究所的几年里，凭着坚强的毅力与学劲，汪祥春不仅打下了坚实的经济学理论基础，而且大大提高了阅读和消化专业英语书刊的能力。

1944年，汪祥春以近12万字的论文"利息理论的发展"获得硕士学位。论文中的"费雪的利息理论"一章，曾发表在当时重庆出版的《金融知识》刊物上。作为经济思想史料，这篇文章即便今天展卷研读，也仍有一定的学术价值。在读研期间，汪祥春还与同学钱荣堃一起翻译了英国著名经济学者赛耶斯（R.Sayers）的名著《银行学新论》，译作在《金融知识》上连载。该书于1947年由正中书局出版后，被很多高校经济系指定为教材或参考用书，1958年和1978年正中书局在台湾地区又两度再版发行。

由于在读期间学业出色，硕士毕业后，汪祥春曾获得过有"两份工资"收入的"肥缺"。一个是任南开经济研究所助理研究员，另一个是在当时的中央设计局从事经济研究工作。后来，又应老师方显廷教授之邀，到上海中国经济研究所参加《经济评论》的编辑工作。机缘可遇而不可求，"衣食无虞"，正想一试身手、大干一场时，另一个诱人的机会又悄悄地出现在他面前：国立中央政治大学有五个公费留学名额，为时三年，奖学金总额5000美元。"5000美元还是比两份工资多的。"汪祥春遥想当年先幽默地说，然后强调，"美国的经济学大师多，要学的东西更多啊。"汪祥春是个顾家的人，从

---

① 李卓敏（1912—1991），广东省番禺区人，教育家、经济学家、工商管理学家。他是香港中文大学首任校长，并曾发明垂扇检字法，将之应用于他撰写的《李氏中文大字典》内。李卓敏1930年毕业于金陵大学（1952年合并于南京大学），后赴美留学，1936年获加利福尼亚州大学伯克利分校经济学博士学位。次年回国，先后任南开大学、西南联合大学、中央大学（1949年更名为南京大学）教授。1945年后，任中国善后救济总署副署长、中国善后物资保管委员会主任委员。1951年赴美国，任教于加州大学伯克利分校并担任国际工商系主任。1963年受聘香港筹办香港中文大学，并担任香港中文大学首任校长。现时香港中大的李卓敏基本医学大楼就是以他命名的。1978年离任后，返美国加州大学母校任荣誉教授，闲居以读书、著述自娱。1991年在伯克利寓所去世，时年80岁。

奖学金中先拿出1000美元留给母兄支用，而后以中央政治大学第三名的成绩，带着"短斤缺两"的盘缠，于1947年踏上了留美求学之路。我曾和他半开玩笑地说："看来，民国时期留学生奖学金的支付制度漏洞很大，跑冒滴漏很多哦！？"他先是哈哈大笑，既而喃喃地说："一走好几年，没了工资收入，家里怎么办？"

留美的第一站是威斯康星大学，由先前已在美留学的同学杨守敬帮忙申请。一学期之后，汪祥春转入"大师更多"的芝加哥大学。

在芝加哥大学，汪祥春选修了不少著名经济学家开设的课程。如奈特（F.H.Knight）的经济理论、弗里德曼（M.Friedman）的价格理论与多马（E.D.Domar）的收入与就业理论。回忆起芝加哥大学的求学经历，汪祥春幽默地评价："奈特是个坏老师，弗里德曼是个好老师。"他回忆说，奈特当时的名气很大，但讲课晦涩难懂，有时敷衍了事，还喜欢向学生"兜售"自己编印的小册子，赚点儿零花钱。弗里德曼课讲得好，考试题目也很有意思，每个都很小，但都是经济学的"命门"；给学生打分更"绝"：他不给学生判分数，而是像梁山泊好汉排"座次"那样给所有的学生"排名"。在弗里德曼这种特殊的考试"制度"中，汪祥春一次排第十名，一次排第四名，他不无得意地说："都是不错的名次。"

有一年我"东施效颦"，暗地里（因为这种考核方式在我国的考试制度不被认可）想学学弗里德曼的"绝活儿"。但学不来。一是工作量太大，须阅毕全部卷子才能给出相对排名；二是拢拢试卷，发现并列排名的太多。回头想想看，都是试题太大"惹的祸"。看来，这弗里德曼"同志"不仅学问做得好，教书方法科学，态度也端正。难怪汪祥春说他是好老师。至于奈特，我们现在已经知道：他思想湛深，极具启迪，被尊称为"芝加哥大学的先知"；经他直接指导的学生就有五个是诺贝尔经济学奖的获得者：弗里德曼、斯蒂格勒、布坎南、萨缪尔森和贝克尔，个个都是泰山北斗。也许是奈特站得太高：我们仰求于大师，无异于"问道于盲"，若大师俯就我们又宛如"对牛弹琴"。难道大师与学生之间真的就没有沟通渠道吗？这是我们每一个以"传道，授业，解惑"为己任的学者，都必须思量和解决的问题。

按当时芝加哥大学的学制要求，一般三年之内即可取得博士学位。但是，已经学习了两年（威斯康星的学分转入芝大），即将进入博士论文创作之际，汪祥春在遥远的异国听到了"新中国呼唤"的声音。1949年，他从报纸上得悉全国迅速解放的消息后，再一次面临一个影响深远的抉择：继续完成博士学位还是回国效力？他给时任哥伦比亚大学教授、原南开经济研究所所长的何廉写信征询意见，得到的答复是暂且不要回去，拿到博士学位再说，并且承诺为他申请更多的奖学金。但是，汪祥春最终还是选择了回国。

多年以后，当人们问起，没拿到芝加哥大学的博士学位、提前回国效力是否后悔时，汪祥春只是淡然地说："这是一个'态度问题'。祖国已经解放，你为什么还要留在国外？"或许，这就是那一代学人特有的家国和价值情怀吧。汪祥春和宋则行是大学同班同学，住同一个宿舍，上下铺，研究生是上下届。两人当时在学业上你追我赶，互不相让。毕业后相互砥砺，采长补短，友谊持续了近70年。2003年宋则行逝世时，汪祥春亲书挽联："年少与伴每逢抉择问君取，耄耋长别再有疑难向谁说？"闻者唏嘘，无不动容。有一次，师父在谈及宋则行先生早年留学剑桥，师从琼·罗宾逊夫人，携博士学位归且多有建树、影响甚巨时，追忆往昔，不胜感慨。他的感慨是对老友的怀念，还是触动了因归国心切而放弃博士学位的心弦？我们不得而知。

顺便提一句，因与师父之间的特殊关系，我们也有机会多次聆听宋则行老师的教诲。有一件小事令我们感铭至深。宋则行老师是英国皇家经济学会的终身会员，这可是个大荣誉！在一次来我校博士论文答辩后的小型座谈会上，我们问及这个问题。不想宋老师竟淡然一笑："没什么了不得的，那时交5英镑就能成为终身会员。"我慨然：大师就是大师，于嬉笑之间就这么轻易地把一款大荣誉化简为5英镑。我暗忖：这老头儿，忒实在，你不主动"招供"谁知道？

治学：叩问国计为民生

满腔热情的汪祥春回国后首先投身于东北地区的革命工作。从1949年到1952年，他先是在东北统计局主持东北统计表格的审查工作，后来主要从事贸易统计工作。由于工作需要，1952年，汪祥春被调到东北计划统计学院任教。几经院系调整，1959年再次转到地处大连市的辽宁财经学院。在此期间，汪祥春在比较困难的条件下，坚持科研工作。在《经济研究》上发表的两篇论文引起了较大反响。一篇是"关于经济指标的权数问题"（载该刊1956年第6期），主要内容是关于编制经济指标时，如何选择权数（或称同度量系数）。这在当时的统计工作中，是一个有争议的重要问题。论文发表后，引起统计学界的热烈争论，由此而在有关刊物上引发的论文有几十篇，后来由《统计工作》编辑部编成一本专集出版。另一篇是"我国农业生产的计划管理问题"（载该刊1965年第4期），主要探讨国家如何对集体经济的农业生产进行计划管理的问题。该文对当时的农业生产计划工作产生了一定促进作用。1966年的"文化大革命"开始后，尽管是一名大学教师，汪祥春的教学和科研工作也只能陷入停顿、无所作为。1978年以后，汪祥春虽然已年逾花甲，但身心健康，在改革开放春风的吹拂下，精神振奋，干劲倍增，学习和工作争分夺秒，在教学和科研上又梅开二度，收获频频。

除了在产业经济学和西方经济学领域的建树外，汪祥春科研工作的重点一直集中在谋划国计民生方面，主要有以下三部分。

价格体系以及价格体制改革。在计划经济体制下，我国的价格体系极不合理。"文化大革命"十年中，价格基本冻结更加剧了这种不合理状态。1984年，《中共中央关于经济体制改革的决定》明确指出：价格体系的改革是整个经济体制改革成败的关键。而要改革和理顺价格体系，必须正确解决决定价格的客观因素问题。1984年，汪祥春和张振斌合写的"价格既要反映价值，又要反映供求关系"一文，论证价格既要反映价值，又要反映供求关系。以今天的眼光看，该文论点未尽彻底，但在当时，对突破价格决定的价值论还是起到了相当大的作用。记得该文在《价格理论与实践》1985年第2期刊出后，引起较大反响，被读者评为该刊1985—1987年发表的全部论文中十篇优秀论文的第一名。价格体系不合理同价格体制的不合理有密切关系。过去长期以来，我国价格管理体制的特点是权限高度集中，管得过多，统得过死，价格形式只有国家定价一种。1987年，汪祥春在《经济研究》第10期发表了"略论国家指导价格"一文，对国家指导价格的作用、基本形式、适用范围、定价原则等问题做了颇有新意的探讨，对一些学者不甚正确的看法进行了辨析，令人耳目一新。

宏观经济管理。1989年，汪祥春与傅晓声共同主编的《国民经济计划管理》

一书出版。当时,我国面临的一个重大新课题是如何在社会主义商品经济条件下,对国民经济运行进行计划管理,该书是一个可贵的探索。同年,汪祥春与宋则行共同主编《社会主义经济调节概论》。该书把调节活动作为系统过程,研究了调节目标、调节手段、调节依据、调节者和调节对象以及调节结果等诸要素的相互关系,从而为探索调节手段的有效运用提供了若干新思路。除此之外,汪祥春还对宏观经济问题中的经济增长、通货膨胀、宏观调控手段、计划体制改革等问题进行了深入研究,提出了许多独到的见解。

住房制度改革。住房制度改革是我国国民经济中的一个重大问题。汪祥春对此进行了一番较为深入的研究,发表了多篇文章。1988年,他在《人民日报》发表了"关于公有住房私有化的探讨"一文(载《人民日报》1988年10月3日,该天是世界住房日),该文是重点纪念文章,引起了房改主管部门的重视。1990年,他又写了"合理的租价比例是住房制度改革的关键"一文(《经济研究》1990年第7期),对此问题做了进一步探讨。1998年,为确保实现当年经济增长的目标,当时经济学界一般认为应当积极推进城镇住房制度改革,促使住房建设成为新的经济增长点。然而,当时城镇居民购房需求不旺,其根源一是在于居民不愿买,二是在于居民买不起。之所以不愿买,是因为房租与房价的比例太低,买房不如租房。之所以买不起,是因为房价与家庭收入的比例太高。针对这种情况,汪祥春写了"理顺房改中的两大比例关系"一文(载《财贸经济》1998年第10期),指出在我国目前情况下,年房租与年房价的合理比例大体为1∶10,而公房的实际租价比例特别低,为促进居民买房,就必须提高实际的租价比例;在发展中国家,房价一般为家庭年收入的三至四倍,而我国当时约为八至九倍。为提高居民购房能力,一是要降低房价,二是要增加居民货币收入,推行住房分配货币化。

时光飞逝,白驹过隙。2008年,汪祥春步入人生的第90个年头。如今的他,尽管体力、视力等身体状况大不如前,但依然坚持抽时间看看书,想想问题。综观汪祥春的学术研究成果,价格问题一直居于核心地位;即或现在年事已高,价格方面的文献仍然须臾不离案头。有人比喻,抓住了价格就相当于牵住了西方经济学的"牛鼻子";看来这个"牛鼻子"他是终生牵定了。当前,环境污染严重、油价飙升,这也同样引起了他的关注。他告诉我，目前正在思考"资源与环境经济学"问题。活到老，学到老，关注国计民生，深入开展研究，是汪祥春留给后学的一个重要启示。

传学：桃李不言下自蹊

曾有人问汪祥春，从教以来最大的收获是什么？汪祥春高兴地回答："桃李满天下。"是的。自1979年在首批教授职称评审中获评教授、1986年成为全国产业经济学首批开点博士生导师以来，汪祥春共招收30名弟子，已有20多人被评聘为博士生导师。毕业生中，有的成为各自专业领域或行业的国内翘楚，如著名经济学家、中央党校周天勇教授，教育部"长江学者"、中国人民大学郭庆旺教授，中组部万人计划哲学社会科学领军人才、中国科学技术信息研究所赵志耘教授，中国期货业协会专职副会长兼秘书长李强教授；[1]更多的则成为推动东北财经大学经济学、管理学等学科发展与创新的"中坚力量"。学生有"出息"，老师当然会高兴。人们最感兴趣的是，汪祥春用什么"招法"培养出那么多优秀的学生。

入门严。汪祥春招收的学生，虽然毕业后分布在教育、企业、政府等不同部门，但入学时都是清一色的高校青年教师，既无高官，也没大款。其间，有很多高官和大款通过各种"门路"前来"拜师"。汪祥春通常只问一句："他能安下心来上课、做学问吗？"

强化基础理论训练，经年研习西方经济学。在汪祥春教授看来，西方经济学是经济管理类博士生的"基本功"。基本功不牢固，经济学大厦就建不稳。为此，自20世纪80年代初期，他一直给学生开设西方经济学课程。在当时的背景下，西方经济学还是"意识形态"禁区，"公然"给学生开设这门课要顶着一定的压力；尤其是1989年，有关部门曾委婉地建议他停授这门课，但他唯学是问，我行我素。为了保证英文教材的与时俱进，汪祥春四处"淘书"：使用过的原版经济学教科书不计其数，嘱咐自己的学生从北京图书

---

[1] 2018年是汪祥春教授诞辰百年，东北财经大学举办了隆重的纪念活动。其间，设立了"汪祥春讲席教授基金"，校友和社会各界捐赠踊跃，不一时即近200万。这四位师兄弟热心奔走，奉献尤多。

馆整本地复印、从美国购买或函邮，亦如同家常便饭。2000年我自美国访学归就曾为他买过一本曼斯菲尔德（E.Mansfield）的《微观经济学》。先生知道美国的教材贵，嘱我复印即可，而我正犯愁回去给他带点儿什么礼品好，岂能放过这个自我"表现"的机会？

要求严。曾有一个学生上课迟到了几分钟，他只说一句"你看现在几点了？"，"唬"得这学生课后连忙找师兄讨教怎么补救。有个学生忘了交作业，他电话打过去轻声地问一句："你最近挺忙啊？"这学生连忙晚上10点多钟把作业送过去。还有一个学生在大连市某刊物发表了一篇文章，被他看到，叫过去，只一句"这样不入流的刊物你也投稿？"，这学生以后再也不敢"为发表而写文章"了。博士论文指导过程更严。一个同学的论文中数学公式很多，他让学生将文中所有的数学公式都推导一遍拿给他看，还指出若干处错误。年终岁尾的"汇报"让人更"难受"。按要求，每个学生都要把自己一年来的研究成果列个清单交上去。如果成果少或滥竽充数，这"年关"就不好过。恩师从严要求已经使我害上了"后遗症"：每有电话来，我都会下意识地站起来，毕恭毕敬地回话，仿佛老师就在面前。一次，我家"领导"跟他不经意地提及此事，他笑得前仰后合，还连说几个"好"字。①

督验得法，激励玄巧。由于给学生指定的教材与读物都是英文原版，为促进学生学习以及检验学习效果，他起初要求学生对指定内容提交"英文摘要"。但是后来发现有学生"偷懒儿"——没有真正理解所学内容，只是从原文中"断章取义"或"照猫画虎"地摘抄。于是，他要求学生提交"中文摘要"。这一招儿果然见效：学生再也不敢偷懒儿。其实，想偷懒也偷不成。不读懂原文，怎么能写出中文摘要、提出问题？到现在，我才明白过来，这也是师父多年以来坚持"游击战""打几枪换一个地方"、频繁更新教科书的一个原因——不如此中文摘要就会成为相关中译本教科书的一个缩写。

---

① 说出来有些不雅，我师父还有个绰号叫"祖宗"，是我家"领导"给起的。因为师父的话于我就是"最高指示"，丁是丁卯是卯地执行，从不打折扣。"领导传令"时每喊"你祖宗的电话"，我于是便一溜小跑地接电。妻妹们也常以此揶揄我，问我年幼的儿子："你爸爸的祖宗是谁？""汪——祥——春"儿子奶声奶气地回答。于是妻妹们大笑。这故事原本仅限于我家内部，向宋则行先生学习，今儿主动地"供"出来，由全国人民"取笑"。

巧妙地激励学生，更是汪祥春让学子们念念难忘的为师之道。学生多，基础不一样，论文创作遇到的困难也不同。当学生在论文创作中遇阻时，汪祥春总是喜欢跟学生说："博士论文也是个学习过程，别灰心，'有利的情形往往存在于再坚持一下之中'。"当学生因创作碰壁、信心受挫时，他也总有"妙招"让学生恢复自信。"帮我来修理一下电器吧。"一个学生回忆道，"实际上，只要简单地摆弄一下就好了。但老师一夸，我就有了成就感与自信！"若长时间没有论文发表，他就会把你喊过去，拿一篇师兄弟才发的高端论文给你看，并让你写一篇评论指出其文的优点与不足。才进师家只一会儿的工夫，被"传唤者"就如芒在背，薄汗青衫透。

围着学生转，甚至给学生"打下手"。学生的专业背景杂，"队伍"不好带。大方向是产业经济学，但论文选题各异，有的侧重产业经济理论，有的侧重企业管理，还有的侧重财务理论。汪祥春在与学生讨论论文选题时向来都是围着学生转，从不强拧瓜；不懂的就急用现学，边学习，边讨论，边指导。终生学习，持续更新，是汪祥春治学的一大法宝。例如，年逾八旬后，他还请人教他学电脑！有个学生拟以"经济效益"为题展研博士论文，几天之后被老师叫去，塞给几张便笺，说要关注 EVA 方面的研究动态。再过几天，又塞给他一个小本本，这学生看了以后感动得不知所以——老师竟帮他做了详尽的相关论文摘要；拿着跑到图书馆，按图索骥，检索查看，果然应有尽有，到现在都还一直受用。

上面说的都是些平凡小事，并不是什么英雄壮举。但一滴水能够折射阳光，平凡小事往往更能透析出伟大的精神。我想，一名好老师，除了渊博的学识、求真务实的精神外，能够循循诱导，因材施教，再懂一点管理学生的艺术，也是非常重要的。这，也许就是汪祥春教授教书育人的秘诀之一吧！

魏埙：现代资本主义经济理论经济学家

李罗力　佟家栋　王瑞平

魏埙，生于1919年2月河北省安新县，经济学教授、博士生导师、经济学家，中国政治经济学领域的著名专家、学者，是国内研究《资本论》和现代资本主义经济理论的经济学著名专家之一。

现代资本主义经济理论经济学家

魏先生早年毕业于北京大学，获得法学学士。1950年在津沽大学参加工作，任秘书处主任。1952—1957年任南开大学经济学系政治经济学教研室副主任。1956—1958年南开大学办公室主任。1958—1972年任南开大学经济学系政治经济学教研室主任。1972—1984年任南开大学经济学系主任。曾任经济学系学术委员会和学位委员会主席以及南开大学学术委员会和学位委员会委员。

魏先生长期从事马克思主义政治经济学的教学与科学研究工作，是国内政治经济学领域的著名专家、学者。他长期从事《资本论》的研究工作，对西方马克思主义研究也颇有建树。后又根据教学科研的需要，研究并讲授西方经济学。魏先生自1950年任教，至2003年招收最后一名博士生，为党的教育事业勤奋工作了半个多世纪。

在长期的教学科研工作中，魏先生主讲的课程有，政治经济学原理、资本论（第一卷、第二卷、第三卷）、西方经济学原理（微观经济学、宏观经济学）、西方马克思主义研究、西方经济学流派。作为长期教学经验的总结，魏先生先后主编和参与了多部教材的编写和出版，主要有：《政治经济学》（北方本），《中级西方经济学》（上、下两册）（主编，山西人民出版社1991年、1992年版），《现代西方经济学教程》（上、下两册）（编者之一，南开大学出版社1992年版，2001年版），《〈资本论〉的理解与启示》（全三卷），为政治经济学和《资本论》的教学做出了突出贡献。

魏先生科学研究态度认真，勤于钻研。主要的学术贡献是，在上世纪50年代后期，和谷书堂教授一起，提出了对马克思《资本论》中劳动二重性的理解——"价值法则在资本主义发生与发展各个不同阶段上的作用"（《南开大学学报（经济科学）》1955年第1期），引起学术界的广泛关注和讨论。随后，以著作形式出版了《价值规律在资本主义各个阶段的作用及其表现形式》，连续再版三次，引发了马克思主义理论的深入探索，对马克思主义理论在社会主义建设实践中的应用起到了引导作用。

魏先生高度关注对当代资本主义经济的研究。1972年在美元体系垮台前夕，经过多年潜心研究，他出版了研究专著《美元霸权地位的垮台》，对当时国际货币制度的发展及存在的问题给予了透彻的马克思主义分析。他对当代资本主义制度的主要国家展开系统的深入分析，结合1973—1975年危机，指出了主要资本主义国家经济的畸形发展和问题，先后出版了《战后日本经济的畸形发展》（商务印书馆1973年出版），《垄断·财团·大公司》（人民出版社1974年出版），《垄断资本主义的过去与现在》（主编，山西人民出版社1992年出版）和《当代资本主义经济探索》（主编，河北人民出版社1994年出版）。魏先生先后发表的"关于垄断价格问题"（《南开学报》1980年第1期）和"再论垄断价格问题"（《南开学报》1986年第5期）对垄断价格在当代资本主义社会的表现形式进行了深入研究，是迄今为止研究该问题的权威之作。

魏先生的这些研究对当代资本主义的本质和运行特征展开了全面、深入、系统的探索。为研究《资本论》的理论体系，使南开的《资本论》研究更加开放，视野更加广阔，魏先生率领他的团队，系统地研究了西方学者对《资本论》的研究，1990年出版了《评当代西方学者对马克思〈资本论〉的研究》（中国经济出版社）。围绕马克思主义经济学在社会主义理论和实践中的应用，魏先生大胆探索，实事求是，先后出版专著《中国社会主义经济发展论》（主编，河北人民出版社1989年出版）和《现代经济学论纲》（主编，山东人民出版社1997年出版），对经济学理论如何应用并指导社会主义理论和实践发展努力探索，为社会主义政治经济学理论的形成和发展不懈追求，贡献自己的力量。

魏先生的兢兢业业、严谨治学，赢得了学术界的广泛赞誉。《评当代西方学者对马克思〈资本论〉的研究》，获孙冶方经济科学著作奖、吴玉章哲学社会科学著作奖、全国高等学校人文社会科学研究优秀成果著作一等奖；《中国社会主义经济发展论》，获全国哲学社会科学优秀著作"光明杯"三等奖；《〈资本论〉辞典》，获1988年中国图书奖；"马克思主义经济学与西方经济学"，获天津市哲学社会科学优秀论文一等奖；《〈资本论〉的理解与启示》，获天津市优秀社科成果二等奖；《现代经济学论纲》，获天津市哲学社会科学优秀著作荣誉奖。在教学科研领域，魏先生；同样获得广泛赞誉。《政治经济学》（资本主义部分），获国家教委优秀教材一等奖；"政治经济学教学的改革"，获国家级优秀教学成果一等奖。由于魏先生长期从事一线教学并高度重视教学质量，他赢得了广大学生的尊敬和爱戴，获得了多方面的荣誉称号。1993年获得全国优秀教师称号，并被授予全国优秀教师奖。1994年获得"君安-南开"科学家奖。多次获得南开大学"优秀共产党员"光荣称号。

魏先生在学术领域非常活跃，并享有很高的地位。他先后担任全国综合性大学资本论研究会顾问，天津市经济学会会长，在多所大学担任兼职教授。由于魏先生在天津学术界的水平和声誉，曾担任天津市高校职称评定委员会副主任委员。他多才多艺，书法水平很高，曾担任天津市书法协会主席。

魏先生十分关心学生的学业，为了鼓励学生从事科学研究活动，他发起并出资设立"魏埙经济科学奖励基金"。他亲自认真阅读学生们提交的作品，每次都对其中的优秀作品给予点评，即使是本科生未发表的论文，也以极大的热情予以评论和鼓励。10多年来，从他手中接过奖励证书和奖金的学生、教师已近百名。上世纪80年代中期以后，魏先生教学科研工作十分忙碌，再加上行政职务、社会兼职等，其时间之紧张是可想而知的。然而，遇有学生登门求教或磋商学问，只要他没有紧急任务，总是来者不拒，毫不吝惜自己的时间和精力。拜访者中，有博士生、硕士生，也有本科生，还有一些慕名而来、素不相识的求学者和研究者。

魏先生青年时代在燕京大学读经济系，曾系统地接受西方经济学的教育，后又钻研马克思主义经济学，英语基础又好，学生时代就开始发表译著。他读过短期的物理专业，数学基础也好。他利用熟练的中外文和数学工具，不断探索新的理论。因此，他学贯中西，文理兼通，他的学术素质和深厚功底为我国经济学界所少见。他一生追求真理，淡泊名利，潜心钻研学问，学术造诣高深。在学术研究上，他坚持马克思主义，主张与时俱进，反对教条主义；重视理论联系实际，勇于进行理论创新；他学风纯正、治学严谨，恪守学者的诚实和良知，不说假话，不随风倒，自然显现其真实的学术才华和成就。

魏先生是一位优秀的马克思主义经济学家。他坚定地信仰马克思主义，毕生致力于马克思主义经济学的研究。他以科学求实的态度开展学术研究，既旗帜鲜明地捍卫马克思主义经济学的科学理论，又紧密联系实际不断发展马克思主义经济学，他关于劳动价值论的研究、关于马克思《资本论》的研究、关于垄断资本的研究、关于马克思主义与西方经济学的比较研究，均具一定的原创性，取得了突出成就。这不仅奠定了他在中国经济学界的地位，也为南开经济学在全国领先地位的确立奠定了基础。

魏先生一生淡泊名利，朴素平实，默默奉献，不事张扬。谈起好人坏人的标准问题时，他说："我信奉一个原则，如果一个人取自社会的很少，而给予社会的却很多，那就是好人。"这个道理简单明了，他以自己86年的一生证明了这个道理，他给予学生、贡献于社会的太多太多，取自学生和社会的太少太少。他无愧"一代宗师"的称号。他是一位善良的人，是高尔基所说的那种大写的"人"。

魏埙2004年与世长辞，享年86岁。

书法家魏埙

魏先生不仅是经济学大师，而且是毋庸置疑的书法大家。

魏先生书法属于"潘体"，这是国内书法界大家公认的事实。潘体是指潘龄皋书法体。潘龄皋（1867—1954）、字颐山、颐珊，一字小泉，号锡九，后以号为字，又号梦增，别署葛城居士，直隶安州城内西角村人（今河北省安新县安州镇西角村，安州古称葛城，又称濡阳）。潘龄皋清光绪年间翰林，居官30多年，历任知县、知州、知府、巡警道等职，民国政府建立后又任布政使、甘肃省省长、中央人民政府人民革命军事委员会参议等要职。潘之书法造诣颇高。民国时期已有"南谭北潘"之称。当代著名书法家张旭光老师曾总结了潘体之特征："潘龄皋的作品中可读出二王帖学的一脉的承传，能看到颜真卿的宽厚，杨凝式的精致，苏东坡的峻迈，米芾的劲建，还有赵孟𬘫、董其昌的流畅与清雅。"郭沫若对潘体也赞许有加。

那么魏先生的书法老师是不是潘龄皋呢？魏先生与潘龄皋有什么样的交集往来呢？

潘魏同乡，魏先生父亲与叔父与潘同辈且有往来，安新界内书法者皆习潘体，应该说魏先生的父辈也是习潘体，魏先生曾亲口给我讲他小的时候给叔父研磨执纸、耳濡目染中爱好上了书法。从时间上讲，潘老1922—1938年辞官返乡，也正是魏先生在安新求学就读时期，我目前没有直接的史料可以印证魏先生曾经向潘老求教书法，但是从安新县文史资料的一段记载中可以看到潘魏相识而且有密切交往："一次他（潘龄皋）问魏埙（安州人，当时在北平读书，南开大学经济学任教）治国之道，魏说：'治国之道，首要的是顺乎民心；得民心者昌，失民心者亡。'他（潘龄皋）赞成此说。"我们目前还没有找到魏先生父亲与叔父与潘龄皋的交往史料，但从上述文字可以推断出：一、潘魏在安州是有交往，交往中因为潘老大于魏先生五十岁，应该是属于师生关系，那么魏先生应该就书法曾求教于潘老；二、潘老很器重魏先生，而且就一些国事曾与魏先生讨论。我同学密友书法爱好者杨继明先生（祖籍安新县，南开83社会学硕士研究生）曾告诉我，他曾在史料中看到过潘老对魏先生的评价，潘老高度认可魏先生的学识，也认为魏先生是最有前途的书法学生。

魏先生生前总跟我讲，"临帖习字，有益身心，你要多花时间与精力于此"。每年魏先生来深圳过冬时总要带一幅字给我，而且还送了我龟形砚台，无言地推动我练字。我把先生送我的字"淡泊以明志，宁静以致远"，还有一个大字"达"（取达观之意）挂在我的书房。我一直把先生的书法当作情感价值来对待，通过字来寄托对魏先生教导之恩的怀念与尊敬。直至有一天，我的一位书画收藏朋友访书房，巡视我的收藏后直指魏先生的书法说："这才是真正的好字。"后来我自己也开始练习写字，临各种碑帖，对书法有了一点粗浅的体会，越来越感觉魏先生书法的造诣之高。我也开始临潘龄皋帖，临魏先生的字。我认为魏先生的字出自于潘体但也有自己的风格，形成了以潘体为基本的自己一格的"魏体"，具体地讲魏先生的书法特征有：第一，笔笔圆润，外柔内刚，结构严整，自然灵动；第二，用笔变化多端，丰富内敛，偶尔露金刚；第三，结构稳健，端庄儒雅，不激不厉，形散神聚；第四，凝厚平和，有骨有肉，但没有大起大落，四平八稳。

魏先生晚年曾担任天津书法协会主席，实是名至所归。随着时间的推移，魏先生在历史上的地位，一方面是在经济学领域发展性地运用马克思学术思想解读当代资本主义的结构性发展与趋势，另一方面是将潘体发扬光大，且创造出自身独有的书法风格。马克思与潘龄皋是魏先生学术与书法生涯中两个最有影响的人物，魏先生则是影响我人生最重要的导师。

先生之风

几十年来，魏埙先生矢志不渝地坚持对马克思主义经济学的研究，在《资本论》研究、价值理论与垄断价格理论研究、现代资本主义经济理论研究、马克思主义经济学与西方经济学比较研究等多个方面都取得了卓越的成就。早在50年代中期，先生在他与谷书堂教授合写的论著中，首次在国内提出"社会必要劳动第二含义"和"两重含义的社会必要劳动共同决定价值"的命题，从而引发了关于价值规律问题的第一次国内学术大讨论，这一问题迄今仍是经济学界常论不衰的话题。80年代初期，先生又致力于垄断价格问题的研究，紧密结合现代资本主义实际，对垄断价格和垄断利润范畴提出自己创新的独立见解，由此引起了国内学术界关于垄断价格问题的又一次讨论。在此前后，先生还从事了价值到价格"转形"问题的研究，是较早将国外对这一价值理论的研究及争论介绍到国内并对此问题进行独立研究的少数几位经济学家之一。1984年先生主持了在南开大学召开的关于"转形"问题的全国学术讨论会，把这方面的国内研究推进到了新的水平。先生的这些成果，大大促进了我国经济学界关于马克思价值理论的深入理解和研究，也使他成为全国经济学界著名的马克思主义经济学家之一。

与孙冶方、薛暮桥、于光远、马洪和国内其他一些经济学家等相比，先生并不是一个在国内外公众中十分著名的人物，但是他的一生勤于耕耘，勇于探索，苦心钻研，硕果颇丰，为我国经济理论的发展和建设做出了重要和独特的贡献。

先生一生颇有成就，但之所以知之不众，其中一个很重要的原因是他具有高尚的品格，勇于奉献，甘为人梯，从不计较个人的名利得失，也从不把著书立说放在个人奋斗的首位，而是把自己毕生的精力和心血主要投入到教书育人和经济理论的学科建设上。先生的这一品格至今在南开大学经济类学科传为佳话，成为后生学子学习的榜样，闪现出耀眼的光辉。

我是改革开放后先生培养的第一批硕士，先生对我的教诲和培养，为我以后走入社会发挥才干奠定了扎实深厚的专业学识基础。然而我认为，对我来说更加难以忘怀的是，先生以自己的品格给了我上了人生更重要的一课，他的思想观念和言行成为我最生动最直接的榜样，他的影响力和感染力至今仍然是我不断前进的动力。

先生的品格对我影响至深，首先在于他对事业的忠诚、认真与执着。我在师从先生读书时，先生已经年过六旬，对于这样一个在学界已硕果累累而且当时还要繁忙于系主任工作的老教授来说，完全可以不用为我们两个学生（还有一位是目前国内著名的金融专家金岩石）费那么大的精力，何况当时刚刚开始恢复招收研究生，学校在研究生的教学内容和教学管理上都不像后来那样统一、正规和严格。但先生对我们却没有一丝的懈怠，对每一次授课、讨论、考查他都绝对地一丝不苟：先生要我们读的书或准备的思考题，他自己都认真地读过和思考过；我们在与先生讨论中所提出的一时没有获得解答的问题或争论的问题，先生在下一次讨论中都会认真地给予解答或提出自己的见解；我们所写的每一份读书报告和课程作业，他都要做非常认真的批改，甚至标点符号都不放过；我们进入写硕士论文阶段后，他更是不辞辛苦，不厌其烦地一次次地给我们指导，与我们讨论，为我们把关。正是在先生这种品格的影响下，我们都形成了良好的敬业精神：尽心尽力、尽职尽责、尽才尽德地从事自己的工作，追求自己的事业，办好每一件自己应办之事。

其次是他孜孜不倦，不唯书，不唯上，追求真理的科学态度。80年代初，在我们师从先生学习《资本论》时，国家刚刚改革开放，我们像当时许多年轻人一样，思想比较活跃，对于国外不断传播过来的各种理论和思潮非常敏感，而且直接带到我们《资本论》的专业学习中，甚至会在读书和讨论时对《资本论》的一些重大观点进行质疑。先生从不拘泥于书本的理论教条，也不会因为我们的"不轨"言论而批评指责我们，更不会武断地要我们按书本理论条框去抠去背。他总是非常认真细致地与我们一道分析、比较和讨论各种观点。对于《资本论》中不少根据当时情况所做出的与今天现实不符或不适合的观点和结论，先生都敢于大胆地指出来，敢于进行扬弃性的研究，这在当时意识形态框框和理论禁区仍然非常盛行，大家都小心翼翼不敢越雷池一步的情况下，是非常难能可贵的。正是在先生这种科学态度的指导下，我们更深刻地理解了马克思主义经济理论的精髓，理解了马克思主义经济理论的科学本质。而且在先生品格的影响下，我们都形成了不断接受新思想、新理论，刻意进取创新的思维习惯，形成了既坚持马克思主义经济学的原则方法又从实际出发实事求是的科学态度。

第三是他平易近人的博大胸怀和诲人不倦的奉献精神。先生身为资深教授，知识渊博，声誉卓著，但却极其平易近人，诲人不倦，是南开大学经济学系公认的"好人"。我们在跟随他读书时，每次上课都在他家中，先生完全是用启发式教学和讨论式教学，特别是先生与我们共同讨论问题时，一点架子都没有，完全平等地与我们讨论和争论，有时甚至会脸红脖子粗地大声激烈争论起来。我在师从先生期间，深深体会到，先生非常尊重学生的人格，非常注重引导学生独立思考，非常注意调动学生读书和研究问题的积极性，而且循循善诱，关怀备至，体贴入微，真正是青年人的一代良师益友。

先生在事业上不仅为了经济学科建设和提高改进教学管理而花费了很多宝贵的时间，而且在为青年学者铺平道路方面也付出了很大的精力。在他的一生中，相当一部分时间是用来为学生、青年教师和青年学者们指导论文和修改论文的。先生执教50余年，为国家、为社会培养了大批经济学人才，可以毫不夸张地说，解放后在南开大学经济学系学习过的人，几乎都受过先生的教诲。他们中有些人已作为资深教授光荣退休；有不少人成为全国知名的学者，成为理论界、教育界的中坚，支撑和建设着中国的经济学大厦，担当着培养下一代经济学子的重任；还有不少人在政府、企业和社会团体中担任要职，直接运用所学知识为国家发展和社会繁荣发挥着重要的骨干作用。先生为别人铺路，为别人创造发展的机会和条件，却牺牲了自己很多著书立说的宝贵时间和精力。这种甘为人梯，无私奉献的精神，充分体现了老一代教育家的博大胸襟和高尚师德，为我们树立了学习的典范。

先生性格开朗、儒雅豁达。一生潜心于教书育人，研究学问，淡泊名利，不谋身外之物，不为个人私利所烦恼。先生的一生虽然并无可歌可泣轰动视听的壮举，但却于平凡中处处闪耀着崇高的光辉。

先生晚年酷爱书法，并已达到颇具造诣的水平。我虽不懂书法，但也能看出，无论先生的蝇头小楷，还是条幅行草，均自成一体，极具骨力与神韵。先生的书法达到如此功力却鲜为人知，未能跻身著名书法家的行列，实在令人遗憾。这大约也是先生一生牺牲自己，甘为他人铺路奉献的另一体现。

至今，我的办公室里还挂着先生赠我的手书苏东坡文句的大字条幅，其内容为"谋事易，做事难；做事易，成事难。善其始而图终"。我想苏东坡的这段话一定是先生特别欣赏的，所以才写出来给我以鞭策和鼓励。然而我从这个条幅中，更加看到先生做人做事的准则与志向。先生的这一精神将永远鞭策我"善其始而图其终"。

先生用自己一生的言行，为后人们竖立起令人钦敬的丰碑！

先生永远活在尊敬和热爱他的人们心中！

陈荫枋：中国世界经济和跨国公司研究重要奠基人

陈靖涵

平凡的一生，非凡的时代

陈荫枋教授是中国著名的经济学家，是中国世界经济和跨国公司研究的重要奠基人之一。

陈先生 1919 年 6 月 20 日出生在河北廊坊。后随父母移居北平（现为北京）并在那里上了小学和中学。1937 年日本发动全面侵华战争，正值先生中学毕业。在中华民族最危急的时候，先生满怀爱国热情和对侵略者的仇恨毅然投笔从戎，拿起武器参加了轰轰烈烈的抗日战争。

1941 年，陈先生考取了西南联合大学经济学系，千里迢迢南下昆明求学，希望以科学救国。在战火纷飞的年代，先生在极其艰难的条件下以全优的成绩出色地完成了学业，于 1945 年毕业于西南联大经济系。同年先生与西南联大的同班同学刘森年女士结为伉俪，并进入国民政府坐落在昆明的中央银行工作。

1949 年他赴美国特拉华大学经济学系深造，主修经济统计学。两年后以优异成绩顺利获得经济学硕士学位。陈先生视祖国为母亲，具有

强烈的爱国主义精神。1951年,当先生在美国顺利完成研究生学业后,便毫不迟疑地放弃了美国优厚的工作及待遇,义无反顾地回到了百废待兴的祖国,参加了振兴中华民族教育的伟大事业。他来到南开大学经济研究所任教,之后便一直在南开大学工作,直至1998年79岁高龄时退休于南开大学国际经济研究所。

由于陈荫枋教授执教成绩卓著,上世纪50年代便晋升为教授,80年代成为中国最早期的世界经济博士研究生指导教师,先后为国家培养了一大批高质量的硕士生和博士生。陈先生涉足于世界经济、经济统计学、农村经济等领域的研究,后期的研究视野聚焦于跨国公司领域,硕果累累,是在中国和南开大学开创世界经济学科和跨国公司研究的主要奠基人。他主编的《跨国经营财务管理》,与滕维藻教授合著的《跨国公司概论》《跨国公司剖析》,是中国关于跨国公司研究的奠基之作,在学术界和实践中产生了广泛而深远的影响。

上世纪80年代我国改革开放初期,陈荫枋教授作为我国世界经济领域的学术领头人,以中国经济贸易部代表团成员身份,赴联合国进行跨国公司调研,同美国学者合作对跨国公司的理论及其应用做出了具有世界影响力的推动与贡献,为中国经济的发展献计献策。陈先生始终坚信,跨国公司研究对中国经济发展有着不可替代的作用。我国改革开放以来取得的重大成就,完全证实了先生这一见解的正确性。

陈荫枋教授毕生从事教学科研工作,勤勤恳恳,教书育人,桃李满天下。他视科学研究和人才培养为生命,具有严谨的治学精神和对学生浓烈的关爱之心。先生待学生如子女,既传道授业,严格要求,晓以大义,又关怀备至,体贴入微,动之以情。如今,先生指导毕业的研究生已遍布全国乃至世界各地,有的在学术界和高校成为著名专家学者、高校领导,有的作为政府公务员成为国家栋梁,有的在企业成为著名的管理者和企业家。

陈荫枋教授在南开近五十载,至精至诚,呕心沥血,为中国经济学及南开经济学科的发展付出了他毕生的精力和热情,做出了不可磨灭的贡献。在陈先生等一代学者的默默耕耘下,南开大学跨国公司研究一直走在全国的前列,并于2000年被国家教育部批准为全国重点研究基地,国家"985"工程科技创新平台和国家哲学社会科学创新基地。

陈荫枋教授为中国的教育事业鞠躬尽瘁，孜孜工作，贡献出全部的聪明才智，留给国人宝贵的精神财富和学术遗产。陈先生的一生是一位中国知识分子平凡、伟大、光辉的一生，他的身上体现着中国知识分子几乎所有的高尚品质和优良传统。陈先生永远是南开的一员，南开为曾拥有陈先生这样品格高尚、治学严谨的教授而骄傲。

学术造诣，服务社会

陈荫枋教授既是中国世界经济和跨国公司研究的重要奠基人，又是在经济统计学、美国经济研究、农村经济等领域颇有声望的学者，是一位基础扎实、知识面很宽的大学问家。陈先生发表了多篇论文，多为创造性的研究成果，发表在国内顶级经济学学术期刊及权威报刊上，其中具有很高影响力的专著三篇，论文数十篇，使他成为跨国公司以及世界经济学科享有盛誉的著名学者，我国最早、最优秀的研究跨国公司的专家之一。

早在上世纪60年代，陈荫枋教授就曾在《人民日报》和《天津日报》上发表了扎实的科研型成果，例如"战后美国对外经济扩张的方式"（《天津日报》1963年1月）以及"战后美国国外投资变动的趋势"（《人民日报》1964年1月）。

从70年代开始，陈荫枋教授开始致力于跨国公司的研究。其中，1975年，他与滕维藻教授等人撰写了我国第一部关于跨国公司问题系统研究的专著《跨国公司剖析》。该书讨论了跨国公司形成与发展的原因，剖析了它的性质、特点及其在世界经济发展中的作用。这本书于1978年出版后，受到各方面的重视，其中一些观点成为全国大学世界经济统编教材中有关章节的理论基础，使用至今。他和滕维藻教授主编的《跨国公司概论》于1991年2月由人民出版社出版，在1995年荣获教育部优秀成果一等奖及国家教委首届人文社会科学优秀成果一等奖。

2000年，他又主编了《跨国经营财务管理》专著，对跨国公司财务管理的各个环节做了全面而深入的阐述，在学术界和企业国际化经营的实践中产生了广泛及深远的影响，荣获天津市社会科学优秀成果奖及南开大学人文社会科学优秀研究成果奖。

陈荫枋教授虽然早年接受过美国大学系统的经济学教育,但身为一个中国经济学家,他的研究以中国经济的发展为基本出发点,对中国和其他发展中国家的利益予以更多的关注,对西方经济学的理论进行调整性的应用而从不照搬。他一贯认为,西方经济理论多从发达国家的角度理解与跨国公司有关的经济问题,而像中国这样的发展中国家必须从自身的利益出发来对具体问题进行具体分析,对西方学者提出的理论和观点切不可盲从,中国学者的任务是根据中国自身的利益来考虑跨国公司的影响和作用。陈先生这一立场始终如一,无论是在发展中国家将西方跨国公司视为洪水猛兽的上世纪60—70年代,还是后来跨国公司成为各国座上客的80—90年代,都从未动摇,展现了先生严谨的治学态度和令人折服的学者风骨。

陈荫枋教授对跨国公司与世界经济发展二者之间的关系尤其有独到见解。早在上世纪80年代陈先生就指出,"分析当代最大最重要的跨国公司可以发现现代跨国公司所具有的基本特征:

第一,它们都是一个或数个部门中居于垄断地位的大企业或企业集团,与一般的国内垄断企业不同的基本点就在于它们是"国际化"的企业;

第二,它们实行'全球战略',就是说它们有全球性的战略目标,并且有全球性的战略部署;

第三,在公司体制内部实现'一体化',也就是在公司体制内部(总公司、分支机构、子公司)做到彼此密切配合、互相合作,形成一个整体。跨国公司虽然拥有形式多样的附属机构和子公司,而且分布在世界各地,但由于实现了内部一体化,它们就能像一个被严密控制的单一企业那样,位于被国界分开的许多市场,在几个国家政府之下从事经营"。

先生多次指出,"对于一个发展中国家,跨国公司的直接投资并不是必然地会成为'工业化'的动力。事实上跨国公司对国民收入最低的国家投资兴趣很小。对于那些它们愿意投资的国家,它们对东道主国家经济发展的贡献很大程度上取决于它们的经营策略和东道主国政府的指导政策。为促进经济发展和很好地合作,跨国公司与东道主国,特别是发展中国家,双方之间相互了解和相互适应很重要"。

陈先生将上述观点在上世纪80年代一次重要的国际会议上宣讲交流,得到美国哥伦比亚大学王念祖教授及哈佛大学经济学教授维特索斯的首肯。维特索斯在会上对陈先生说："在这次会议上，只有我们两人的观点完全吻合。"王念祖教授及维特索斯教授都对陈先生在跨国公司领域的研究成果给予高度评价。

崇高品德，言传身教，为人师表

陈荫枋教授是道德的典范，为人的楷模，具有令人仰慕的高尚情操。陈先生是大学问家，但他高深而低调，敬业而不张扬，谦虚谨慎，实事求是，追求真理，治学容不得半点含糊。他待人热情诚挚，正直谦和，襟怀坦荡，淡泊名利，不趋炎附势，不奴颜婢膝，为人容不得半点虚假。陈先生是最好的合作者，他从来是宽容大度，永远保持儒雅之风，视名利如无物，真正是为人师者。正因如此，凡与陈先生共事者和相识者，上至百岁老人，下至年轻学子，无不对先生的高尚人格佩服备至。正如大家所说，"先生犹如昆仑，巍巍不知多高"。

南开大学经济学教授、博导，英国牛津大学博士，我国经济学界元老之一的杨敬年老先生曾这样评价陈荫枋先生："陈荫枋教授为人忠厚谦和，淡泊名利，与人为善，是一位真正的学者。他那温和的笑容、心平气和的姿态，是一个尊敬的长者所独有的气质。先生待人热情诚挚，温文敦厚，久而弥真，充分展示了他的高尚的人格魅力。他关心同事，从不仗势凌人，而是如同朋友一般，在半个多世纪的相处中，我们可以随处感受到他为人善良的高风亮节。先生一生淡泊名利，为人相交至诚至真。是一位善良、和蔼可亲的长者，语间更多的是平和、智慧、内涵和颇富学识的修养。"

南开大学校原副校长、著名经济学教授、博导、国家教育部学科评议委员会委员逄锦聚教授说："陈荫枋教授是我最敬仰的著名教授。我1981年入南开大学经济研究所学习，上陈先生讲授的统计课，并多次亲耳聆听陈先生的谆谆教诲。先生的为人、为事、为学，给我深刻的教育和影响，使我终身受益，永志不忘。先生德业双精，人品高尚，热爱国家，对事业精心，对同事热忱，对家庭负责，对学生充满爱心，是一个完人。"

南开大学经济学院原院长、著名经济学教授、博导、国家教育部学科评议委员会委员薛敬孝先生道："陈荫枋先生对我在学术上的帮助和教育非常大,是我的一位好老师。陈先生是世界经济学科的元老,在上世纪80年代中期他已是博士生导师。我长期以来一直经常向陈先生请教,不论是跨国公司问题还是美国经济问题,不论是世界经济理论问题还是统计上的一些问题,只要我搞不清或拿不准的,我就向陈先生请教。他总是虚心地和我讨论,耐心地听我的看法,从不吝惜时间。在1990年我成为博士生导师后,陈先生经常向我传授如何带好博士生的经验。在与陈荫枋教授交往的多年中,我深深感受到他的正直与谦和。在做学问方面他是个大学问家,他高深而低调;他在工作方面是个楷模,他敬业而不张扬。"

南开大学国际经济研究所原所长、著名经济学教授、博导熊性美先生曾动情地说:"我同陈荫枋教授在南开大学结成了长达半个世纪共事的情谊。在工作上,陈先生一贯坚持实事求是的治学态度,对浮夸、形式主义很讨厌,而且坚决抵制。我想最能体现陈先生实事求是的事就是,在60年代的时候,陈先生参加人民公社调查的项目,这是当时周总理办公室交办的任务。在那个社会浮夸风盛行的年代,陈先生坚持实事求是,通过实际调查写出了符合实际的报告,出色地完成了任务,不禁让人赞叹先生出淤泥而不染的高风亮节。""在生活中,例如,1958年秋大跃进时,陈荫枋先生在农村做调研时,当时热水供应很不容易,他为一名当时被打成"右派"的老师每天晚上到处去求得一点热水给他,以缓解痔疮的痛苦。须知,在当时的政治环境里,许多人对"右派"避之唯恐不及。陈先生的勇气,一份心意,一份人文情怀,使我印象深刻,铭记不忘。我认为陈荫枋教授的人品特色,除了严谨务实的学风,还具有朴实的工作和生活作风。一个人一时一事保持朴实也许不太难,但一生一世始终坚持朴实的作风,无论是在承受强大政治压力的岁月,还是在改革开放以来提供多种机会同时布满人生陷阱的时代,就十分难得了。我终生以陈荫枋教授为榜样自勉。"

南开大学国际经济研究教授、著名经济法学教授、博导高尔森先生说:"陈荫枋先生是我这一生中有幸遇到的最好的一位良师益友。在经济研究所和国际经济研究所相处的十六年,使我深深感到陈先生是仁厚的长者,他为人正直,待人真诚,乐于助人。在国际经济学方面,陈先生给了我很多帮助。先生常常将艰深的理论娓娓道来,真使我感到胜读十年书。按说,陈先生与我是同事,而非师生,但我却一直把他看成我的老师,因为,我缺失的知识大多是从他那里获取的。陈先生心口如一。例如，1979年下半年，我完成了有关拉丁美洲技术转让的论文，虽然辍笔二十年，自己却以为这篇文章还过得去。送给陈先生审阅时，不料却受到了批评，有的话还说得比较重。当时，我虽然暗下埋怨自己成篇草草，但同时又觉得先生有些过过分，并担心日后难以相处。1980年上半年，我完成了一篇有关专利制度的论文。吃一堑，长一智，在这篇论文上，我是下了功夫的，但仍然担心陈先生会挑剔。没有想到陈先生在看完论文后笑逐颜开，十分高兴地说：'这篇文章写得太好了。'当时，前后两次书稿的情景闪电般地掠过我的心头，我深切地认识到陈先生是心口如一的好人！心里有什么就说什么。在当今的社会里，太难得了！与他相处，可以信赖，可以推心置腹，他正直、真诚。"

教书育人，桃李天下

对于学生，陈荫枋教授既是博学多才的导师，也是和蔼可亲的长者。他授业解惑从不居高临下，学生可以来自校内校外，先生总以平等和平常之心待之。即使学生有了过失，先生在批评教育时也从不呵斥，注重言传身教。学生们的体会是，想起先生时的那种感觉"就像是山间一条小溪清澈地流过，太阳照在上面，点点的碎金在欢快地跳跃……心里是静静的、暖暖的"。

陈荫枋先生的弟子、南开大学泰达学院原院长、南开大学跨国公司中心主任、南开大学经济学教授、博导、国家教育部学科评议委员会委员冼国明教授代表陈先生的弟子们说：

> 让我们终生难忘并受益，并且以后时间愈久品之愈深愈醇的，就是先生待人的那一份谦和平淡。就是这一份谦和平淡，成为先生吸引我们这些学子的最弥足珍贵的品质，它凝聚了先生待人处事的一片真诚，却恰恰是最为难得的。先生是难得当面赞誉学生的。就我所知，在我的师兄弟妹中，几乎很难听到先生当其面或与他人赞誉某位他的学生，但是时间久了，你就会慢慢品味出先生对你的赞赏和关心。这是先生的风格。

先生并不是一味的好好先生，他有很强的原则性。记得我们几位先生的同门硕士同学那年报考博士，统计学试卷是先生出的，也是先生改的。我们以为博士生入学考试，考的应该是比较难的那些课程内容，因此对于那些属于基本概念和方法的内容，几乎都没有去看，因此在答题时回答得都似是而非，都不准确。我们以为先生会高抬贵手，但是没有，我们都没有及格，都没有被录取，而且那一年我们这个方向上一个都没录取。从那以后，我们才明白，做事马虎不得，而且最主要的是要掌握最基本的知识和方法，这是基本功。现在我也做教师多年，我还体会出，先生当时那样坚持，其实是顶着很大压力的。

先生最反对的事之一就是浮躁，最提倡的事之一就是唯真，不论是做人还是做学问都是如此。在我做研究生以及随后留研究所任教并和先生成为同事的那些年，这一点给我很深的体会。上世纪80年代初，社会上各种思潮涌动，也是一些人借以扬名之际。先生并不反对参加当时的各种大讨论，但他告诫我们的则是切勿追求那些虚名和浮名，这些虚名是经不住历史检验的。事实上也正是这样。以后，每当我们在学术上小有进步和所得，并因此自我欣赏时，仿佛总会听到先生的敲打。正是来自先生的这些耳提面命的教诲，使得我们这些学生一辈子也不敢轻易自我陶醉，因为每当我们有这样的念头，我们总会自觉地想起先生的教诲和良苦用心。先生亲身经历过曾经弥漫我国的那些浮躁年代，深知深植于我们这个民族灵魂中的那种浮躁及其危害，才对那种浮躁的风气和学风深恶痛绝，并且也希望他的学生们不要沾染上。

先生总是告诫我们，写文章要经得住几年之后，甚至几十年之后人们的推敲。当时我们只是认为这是先生对我们的一种高标准的要求。现在，当我们也成为学生们的导师时，也整天在忙碌着完成诸多的科研项目时，我们才感觉到，做学问必须像先生当年所要求的那样，否则很难有学术的进步。而要做到这一点就必须求真和唯真,不随波逐流,人云亦云。在上世纪90年代,引进外资已成为各级政府的时尚,唯有先生坚持,不要忘记跨国公司作为垄断资本的追求利润和压制民族工业的本性。这一点现在已开始显现,并为国内各界所重视。先生的这些言论当时和者甚寡,却体现了先生对跨国公司本质属性的深刻认识,以及作为知识分子的风骨和坚守。

先生一直在付出,无论是做先生的学生,还是以后做先生的同事,我们没有看到先生向单位和他人要求过什么,都是先生在为他人付出,并且是无怨无悔地付出。很多人都记得当年先生为了培养一批统计学人才,最后累得便血休克,到医院抢救才保住生命。而给我印象最深的是当我知道先生住院的消息后,到医院看他,先生见到我,如白纸一样的脸上又浮出我所熟悉的从容和淡定的微笑。正是在南开结识了陈先生,使我们这些学子为我们当初选择南开而终生引以为荣为幸。先生不仅以他的学识和才华,也以他的操守和风格,为我们树立了终生的榜样。

陈荫枋先生对学生呕心沥血,倾注了一生的精力。他对待教学非常认真,花大量的时间备课,授课条理清晰,由浅入深,深受学生欢迎。带研究生更是不遗余力,对每个研究生的论文都逐字逐句检查修改。学生们的点滴进步都凝聚着先生的心血。陈先生的弟子陈舜(云南省副省长)、蒋殿春(南开大学经济学院副院长、南开大学国际经济研究所所长、教授、博导)、邱立成(南开大学经济学院副院长、教授、博导、全国政协委员)等共同缅怀先生如下:

先生常常这样告诫我们:一件事既然决定做,就一定要把它做好。中途会有很多意想不到的困难,但就是因为这样最后的成果才更有价值。半途而废是最要不得的。治学容不得半点虚假。

先生教导我们年轻人应当博览群书,涉猎的范围要广。先生告诫我们,要研究当代跨国公司问题就一定要学好数学、统计和会计等课程。先生不仅指导世界经济、跨国公司与国际直接投资方向的研究生，还指导一批数学基础好的经济统计方向的研究生。他告诫我们数学是经济学中重要的工具，良好的数学知识和逻辑思维能力是经济学研究中的必备。先生在指导学生时注意充分发挥他们的特长，从选课到论文题目的确定，都照顾到他们的特点。先生叮嘱我们不要过早地试图写文章，也不要羡慕其他同学这样做，学习的早期主要任务是打好基础，培养逻辑思维能力。先生的指导对于我们后来拓展到管理领域多视角地研究跨国公司与直接投资的问题起到了决定性的作用。

先生待我们这些懵懂初学者从来都不是严厉的，但要求却是严格的。他要求我们把图书馆里关于跨国公司方面的著述至少要通读一遍。先生对学问的追求孜孜不倦，80年代至90年代南开图书馆收藏的经济类书籍几乎都有过他阅读的记录。先生经常自己到图书馆去翻阅我们借阅的记录。如果你没有按照要求完成规定的任务，先生也不是一脸不高兴，而是和蔼地、面带笑容地告诉你下次好好准备，或者抓紧时间完成，让你真觉得有愧疚感。就这样，我们几乎翻遍了南开大学当时馆藏的跨国公司方面的所有书籍，写下了多篇读书笔记或感想，至今还从中受益。

先生指导学生有两大特点，一是不论是否是自己的学生，学生请教他，他总是认真细致毫无保留地指导；二是学生在他的指导下发表文章，他从不挂名。这两点充分体现了他的高尚品德。

再以先生上世纪90年代对复旦大学世界经济专业的硕士生龚利平的帮助为例。龚利平的毕业论文是写有关跨国公司与东道主国经济关系的，为此他当时专门走访了陈先生。先生在百忙之中抽出大量时间接待他这个素昧平生的青年。他不仅细心听了龚利平的观点，而且给龚利平做了深刻的点拨，使龚利平得到了许多启示。过了几月后，龚利平的优秀毕业论文发表在当年复旦大学的刊物《世界经济文汇》上。龚利平感激地说："我的成功，离不开在千里之外的陈荫枋教授的指点之功。"

再以对武汉大学法律系硕士研究生余劲松的帮助为例。1983 年，余劲松为写跨国公司的法律问题的学位论文来南开向陈先生求教。陈先生对这位素不相识的外校学生不仅给他资料，而且详细讲解。20 多年过去了，余劲松早已是博士、教授、博导，当过武汉大学法学院院长，并且是著名跨国公司法律问题专家。余劲松说："这么多年来。我一直非常感谢陈先生当年对我这个陌生的外校学生的真诚帮助。"

在陈先生指导下，上世纪 90 年代，当时身为先生博士生的蒋殿春同学与先生在英国大学任教的女儿陈靖涵博士共同写了一篇国内房地产市场 90 年代中期陷入萧条的理论分析文章。在整个过程中，先生在各方面给予了许多指导，特别是关于文章的理论基础——哈耶克的经济周期波动理论，先生帮助殿春和靖涵加深了对该理论中关于"迂回生产方式"和"非对称调整路径"等关键概念的理解。在文章初稿出来之后，他又多次参与讨论，提出了一些非常好的修改建议。所以殿春和靖涵都一致认为这是三人共同的研究成果。但是，等到投稿时，陈先生坚决不同意署名。他谦逊地说他仅仅是提了一些建议，参与讨论更是一个老师应尽的职责，如果因此就署名不仅有借别人成果沽名钓誉之嫌，而且也不符合其作为一个教师的本分。当先生看到殿春和靖涵发表在英国 *Urban Studies* 杂志第 35 卷上的英文文章时非常开心。

陈先生的弟子们深情地回忆说：

> 和先生在一起的日子，常常给人是一家人的感觉。先生和师母待学生如子女，不论是学业还是生活，都是先生和师母所关心的事情。我们无论遇到什么困难都可以和先生和师母说，而且总能得到睿智的回答。和先生和师母在一起聊天，常常是天南海北，纵横数十年。从他们口中，我们知道了南开的种种趣事，知道了当年先生在抗战期间还当过兵，也知道了他们当年在西南联大时虽然贫困，但却充满希望和各种乐趣的学生生活。他们二老谈锋甚健，说到人生万象，往往是一语中的，妙不可言。有些名言至今还在我们同学中流传。每年一度的在先生家里的饺子宴大家都是要去的。吸引我们的不仅是那些饺子，更是先生和师母给我们营造出的家庭的气氛。先生带的每个研究生即将毕业时，陈先生和师母都要将他们请到家

里来，亲自下厨，为其祝贺并送行。

先生谦和平淡的风格，也深深影响了我们这些弟子们。认识先生这么多年来，先生的弟子之间也都保持着一份特殊的亲情和友情。为人处世的风格也大都相差无几。相识相聚在先生门下，大家都受到了先生的影响，久而久之，大家都不约而同地接受了先生的教诲。先生之人品，山高水长；先生之情意，永志不忘。

现今，先生的学生桃李遍天下。先生带出来的博士之一，南开大学国际经济研究所所长蒋殿春教授以一册《高级微观经济学》卓立于国内高校，又以一册《跨国公司与市场结构》表述了他对先生精深学术的继承和发扬。

钟情南开，寄语未来

德行有如江河流水，永无止境。我们时常会自然地想起同陈荫枋先生在一起的时光。一点一滴的回忆，都会给我们无限的安慰和长长的解说。陈荫枋教授以其既平凡而又辉煌的一生留下了一位经济学人永载史册的足迹。想起先生时，就想起我们为了纪念他在南开园里一同种下的那棵小松树。那是先生精神的化身：坚韧，宽厚，豪情，克己，爱人……这些精神将春风化雨伴随南开人一生。南开大学殷汝祥教授为纪念陈先生而作的诗句，是对先生品格最好的评价：

赤子海外归来日，
报国拳拳入校门。
传道未计名与位，
授业何曾问米薪。
朴素衣衫尚节俭，
儒雅谈吐贵精神。
勤奋治学尊严谨，

诲人不倦善循循。
学子求知每相问，
不惜辞费指迷津。
立论精当多灼见，
甘居幕后不争春。
红烛一枝献余烬，
光焰点点启后人。
松竹高洁知上品，
梅菊厚德自芳芬。
君之仁心如温玉，
君之情操似兰馨。
君之学识可传世，
君之风范当长存。

陈炳富：中国现代管理学的开拓者之一

周戌乾　龙海军

陈炳富（1920—2010），安徽人，中国著名管理学家、教育家，南开大学商学院的缔造者，中国现代管理学的开拓者之一。陈炳富在管理学科的人才培养和科学研究中的成就，为这门学科在中国的创立和发展奠定了基础。

他被曾推选为中国管理科学研究会学术委员会主席，其业绩先后被收入剑桥国际传记中心出版的《大洋洲及远东地区名人录》《国际业绩卓著男士名录》和《国际杰出知识分子名人录》。他曾兼任南开大学加拿大研究中心主任，中国管理科学研究会学术委员会主席，欧洲国际市场学会常务理事、国家协调员，美国传记中心顾问，英国剑桥国际传记中心名誉顾问。陈炳富是中国管理科学奖第二届学术奖获奖者。

陈炳富为我国管理学科的发展做出了历史性贡献。他强调建设具有中国特色的管理学科，以一个战略家的远见卓识，提出了我国管理学科发展的"四个结合"，即理论与实际结合、不同学科结合、古今结合、中外结合。正是他富有先导性的办学理念，催生了中国第一个称为"管理学"的大学管理科系，衍生了"南开-约克模式"这一崭新的办学模式。他是我国最早倡导MBA教育的学者之一，为我国MBA教育的发展做了大量富有开创性的工作，为南开大学MBA教育的长远发展奠定了坚实的基础。他还在国内管理学界率先提出应当开展企业伦理学教学与研究，并组织出版了《企业伦理》和《企业伦理学概论》。

一

陈炳富于1920年12月出生于安徽和县，少年时代家境贫寒。他学习刻苦认真，学业成绩优异，从 1934 年在县立初中上学起，曾多次获得奖学金。1938 年，就读于湘西高中。1940 年，他考入内迁于贵州湄潭的浙江大学外文系，转考入昆明西南联合大学经济系学习，1945 年毕业。1946 年冬，他到南开大学任教，曾先后在经济研究所、经济学系、管理学系任助教、讲师、副教授、教授。1980 年，陈炳富任新创办的南开大学商学院前身南开大学管理学系主任。

陈炳富早年在西南联大求学时便倾向革命，参加进步读书会，学习马克思主义经济学。当时他主编的壁报《论衡》和《经济论衡》曾经常发表进步言论，受到校内师生的注目。

早在上世纪 40 年代末 50 年代初，陈炳富在"指数"理论，"指数"的恢复、编纂以及编制方法、公式的论证方面，发表了十几篇研究文章。50 年代初，他转入经济效果问题研究，他的"关于工业产品品种变动对成本影响指数的几个问题"（《统计工作》1957 年第 3 期）一文曾引起国内学术界的讨论。他在上世纪 60 年代写的"社会主义经济效果研究中的几个问题"（《天津日报》1963 年 1 月 9 日）一文，把用最小耗费取得最佳收益问题作为经济学研究的中心内容进行阐述。他指出讲求经济效果不能仅局限在生产领域内，"还应包括国家管理机关、文化、教育、卫生等事业部门"。文章后来被上海人民出版社和中国展望出版社分别选入《解放以来有关经济效果文选》和《建国以来有关经济效果文集》。70 年代末，他重提旧论，并写信给中国科学院，呼吁成立专门的研究机构，最终促成"技术经济研究所"的诞生。

1980 年，南开大学授命陈炳富筹备建立企业管理系。他说："不能叫企业管理系，应该叫管理学系！"此时，管理学在中国还很新鲜，还有人不承认有这么一门独立学科。他四处游说，使中国有了第一个大学管理学系。

进入 80 年代，随着改革开放的深入和国家对管理学科的需求日渐显现，陈炳富的才华方得以充分施展，并取得丰硕的成果。他说："中国有悠久的管理史，但现代化管理始于改革开放。改革开放给中国带来许多新的管理问题，新问题的解决需要与之相适应的新的管理思想。我的最大心愿就是建立一门有中国特色的现代管理学。"

他追求创建具有中国特色的现代管理学的理论体系和方法：通过中外比较研究，把国外先进的、适合国情的经验学到手，通过古今结合，体现一种民族精神、民族文化的特点，体现中国成功的管理实践，从而造就培养和指导中国自己的管理专家。

二

陈炳富看到开放后的中国在培养管理人才方面做了种种尝试，但还远远不能满足需要。于是，他不失时机地与来访的加拿大几所大学商定共同培养现代化管理人才。此后又陆续与美国、日本及欧洲一些高校建立关系。他讲中国传统的管理思想，外国专家讲西方的管理思想，让莘莘学子吸吮着东西方文化撞击而酿成的琼浆。这种中外合作培养管理人才的举措，被称为"南开-约克模式"，在国内开启了中外合作办学的先河。

1981年，陈炳富在瑞典参加"中国-欧洲技术与工业政策"国际学术会议，他宣读的论文"论科学技术与经济发展"受到与会代表的称赞，被列在会议论文集的首篇。瑞典隆德大学校刊曾发表文章给予高度评价。1987年他在加拿大、美国考察、讲学，先后做了"中国经济管理体制改革"等多个领域的学术演讲，引起美国和加拿大学者的浓厚兴趣。讲学期间，他还参加了欧洲国际市场学会，被推选为该学会当时唯一的亚洲理事。

陈炳富非常重视古代管理思想研究。上世纪80年代初，他开始将《孙子兵法》与古代管理学结合起来进行研究。1984年年初，应中国科学院第五次学部委员大会的邀请，他在会上做了题为"要开展中国管理史研究"（《南开大学学报》）的学术报告。在报告中，他列举大量事实，指出在古代和近代，我国有许多管理实践与管理思想值得探讨、研究、总结。当时的《瞭望》杂志以"从《孙子兵法》说到中国管理史"为题编发了他的报告，在海内外学术界引起较大的反响。在对中国文化重新估价和反思的历史背景下，在被人忽视的一隅，陈炳富开始了中国古代管理思想的研究。他笔耕不辍，连连发表功力深厚、多有新意的著述："现代化管理与《孙子兵法》"、"从《孙子兵法》说到中国管理史"、"孙子的全局系统观"《中国军事艺术——兵法谋略在当今社会之应用》……在中国军事科学院组织编纂的包括14个分册、数百万字的《孙子兵法大全》中，陈炳富承担了《经营管理》分册的编写。

陈炳富还与国外学者开展国际合作，1987年在加拿大做学术交流期间，做了"《孙子兵法》与现代管理"的演讲，并与加拿大学者陈万华教授（Professor Luke Chen）合作撰写了《〈孙子兵法〉及其在管理中的一般应用》。这是一部英文版读物，由复旦大学出版社在1989年正式出版。该书比较系统地阐释了中国古代兵学对现代经济与管理方面的巨大启示作用，推动了中华文明在世界范围的传播。

上世纪90年代初，陈炳富与日本著名《孙子兵法》研究专家服部千春博士进一步研讨了《孙子兵法》在管理领域的应用。服部千春博士于1990年10月应陈炳富先生邀请到南开大学做了"用兵法思考经营管理"的讲座，并且受聘为南开大学客座研究员，后又被聘为南开大学"中国古代兵法研究会"顾问。多年来，服部千春得到陈炳富许多帮助，并在1996年获得南开大学文学博士学位。日本中国友好协会全国总会会长平山郁夫赞誉称："此举在日中友好交流史上堪称一个里程碑。"在诸多有关中国古代兵法学术交流场合，服部千春博士念念不忘与陈炳富的多次交往和深厚友谊，以及陈炳富对他的热心帮助。

三

陈炳富思想敏锐，视野开阔，勇于创新，治学严谨，善于合作，不唯名利，颇具大师风范，得到广泛的认可和尊重。1980年以来，他主持完成了16项国家和天津市重点研究项目，先后出版专著、教材、译著、工具书30余部，发表学术论文100多篇。其中《通俗实用经济效果学》（中国科普出版社1983年版，当年被选为全国读书活动的10本推荐书之一），《英汉现代工业管理词汇》（天津人民出版社1982年版），《管理成功要诀》（美国哈佛名著选编，天津科技出版社1984年版）等书在现代化管理中发挥了作用并得到同行专家的好评。由他任总主编的"南开大学管理系列教材"和"南开大学现代管理译丛"，对国内管理学科的发展起到了很大的推动作用。

理论联系实际是陈炳富治学的特点。他是我国较早提出研究经济效益的学者之一。1978年，他曾建议中央有关部门组织领导全国经济效果（即经济效益)的研究工作和成立相应的研究机构。根据现代化管理的特点和要求，他倡导经济管理与技术相结合的研究方法，并在教学和科研中做出了一定成效。从1979年起，他主持举办过多期"成本管理研究班""技术经济研究班""引进技术可行性研究班"，为全国培训了上千名高级技术经济和管理人才。他参加的上海30万吨乙烯工程可行性研究论证曾得到国务院、上海市政府的表扬。

陈炳富十分重视管理学科的协调性和知识的广博性。他认为，管理学是一门应用科学，也是一门横跨自然科学、技术科学和社会科学的综合性学科，管理不仅与社会制度、经济制度有关，还和经济发展情况、文化科学水平以及民族的风俗习惯和传统有很大关系。因此，把管理单纯看作是经济活动的管理往往不能奏效，必须各学科协同攻关。而作为研究者或管理者，则应当具备广博的知识、才能与各学科"对话"，协调各方力量。

陈炳富还认为做学问既要"入乎其内"，又要"出乎其外"。"入乎其内"就是要钻进去，进入学科的深层次，也就是要专；但这还不够，还要能"出乎其外"，就是要跳出所研究的学科，要站在数个相关学科的高度，站在一个更大的系统上，才能对所研究的问题，有一个科学而系统的全面了解，才能获取真正有价值的研究成果。

此外，陈炳富的教学理念和教学方法亦能与时俱进，教学过程中十分重视学科的协调性和知识的广博性。他认为，管理学是一门应用科学，也是一门横跨自然科学、技术科学和社会科学的综合性学科。因此，他招收的管理学研究生，有学经济的，也有学理工、技术的，还有学中文、历史的，在组织学生开展研究的过程中，能充分发挥各学科特长。

陈炳富长期活跃在教学第一线，在培养人才方面做出了贡献。他先后为本科生、硕士生、博士生开设了企业伦理、孙子兵法与企业管理等10多门课程。他还与加拿大学者共同培养了被誉为"南开-约克模式"的硕士生班的30多位研究生。1990年，与朱镕基同志开始联合培养战略管理方向的博士研究生。1990年招收了国内第一个美籍博士生。他对待青年学子平易可亲，诲人不倦，因此深受学生们的爱戴，他的学生把他称为"尊敬的师长和挚友"。陈炳富有着一以贯之爱护学子的仁者之心，他在一首自题诗中写道："桃李芬芳乐何如，而今年迈意不孤。芸芸学子争相问，一片冰心在玉壶。"经他亲自指导的硕士、博士遍布海内外，且大都在管理学科和其他领域做出了突出的贡献。

陈炳富不仅教学生知识，更传授做人的道理。他结合南开"允公允能，日新月异"的校训，提出了"智圆行方"的育人理念，并亲自撰写了具体阐释这一理念的48个字："管理学子，重任在肩；敬业乐群，勇往直前。茹古涵今，通权达变；执经问难，推本溯源。允公允能，行方智圆；光前裕后，立地擎天。""智圆者无不知也，行方者有不为也。"

陈炳富先生（左）与学生张文中在一起

陈炳富还热心帮助和指导中青年教师，带出了一批骨干教师。他在退休后仍关心我国管理教育的发展，曾在病床上给时任国务院总理的朱镕基写信，就加强我国高校管理学科师资队伍建设等问题提出建议。

四

2011年4月22日，中国管理科学学会在北京中国科技会堂举行第二届管理科学奖颁奖大会，鉴于陈炳富在中国古代管理思想和管理伦理研究领域的重大贡献，授予他管理科学奖（学术类）。尽管此时离他辞世已近五个月，但该奖客观公正地体现了陈炳富先生的学术建树以及赢得的赞誉。

陈炳富自1998年因眼疾渐离教学工作，直至2010年年底前，曾长期卧病在家，学生、门人曾不断上陈府探视拜访。

陈炳富于2010年12月26日17时12分在天津逝世，享年90岁。数日内海内外各地陈门弟子数十人冒严寒自发赶往津门为自己的先生吊唁送行，场面殊为感人。朱镕基亦专门向陈炳富敬献花圈并向亲属表示慰问。

在2011年4月17日举行的"陈炳富先生追思会"上，陈炳富博士生任学锋深情地说:"我1995年入学,师从陈炳富先生读博士。陈先生从管理思想和人格魅力方面都给我很深的影响。我们要把先生的思想传承下去,更好地服务经济和社会的发展,也希望南开大学商学院不断发展,能够培养更多的人才。"

陈炳富博士生杨庆山也在追思会上说:"陈炳富先生的学术思想和教育理念是一笔宝贵财富,对此进行总结研究,是商学院和学校的一项重要工作。陈先生是一位教育家,他对中国管理学科建设做出了巨大贡献。陈先生是一位思想家,对重大问题总能有正确的认识。作为学生,能跟随先生学习是一件非常幸运的事。值得欣慰的是先生桃李满天下,他培养的学生在政界、商界和学术界都有很多杰出代表。把先生的精神、思想总结发扬光大是南开人义不容辞的职责。"

陈炳富博士生张玉利在自己的悼文中提及:"先生在我国改革开放和经济转型的过程中恢复创建了管理学系,并使这个以学科名称命名的系一开始就突出了学科交叉、理论与实践联系紧密的特点,既关注现代化发展的需要也注重古代管理思想的挖掘。'南开-约克模式'的创建以及大批学生的外派,使南开的管理教育一开始就强调国际化。"

陈炳富博士生齐善鸿也在怀念文章中谈道:"印象深刻的是,先生一直倡导'大管理'的管理学理念。他认为企业管理只是整个管理中的一部分,整个社会各个行业,乃至个人和人生,都是需要管理的,这就是先生的'大管理观'。先生一直坚持将管理作为一个学科的建设思想,坚定地认为只有在研究中把管理学这样一个学科建设起来,才会真正为管理学赢得地位和尊严,才会通过管理为社会和人类做出真正的贡献。这些思想,深深地影响着我们这些弟子的思想,也是我们此生矢志不移的目标。……也许,一个有着使命感的伟大学者的思考是很难超越的。陈先生所确立的管理教育方针和智圆行方的管理准则,一直引领着我们研究的基本方向。"

曾任南开大学商学院院长、天津财经大学校长的李维安教授在"缅怀一代管理名家陈炳富先生"一文中指出,陈炳富先生"通过中外比较研究,引入国外先进的、适合国情的经验,致力于创建能体现一种民族精神、民族文化特点的,具有中国特色的现代管理学的理论体系和方法,为管理学科开辟了新的研究领域。陈炳富先生以一个战略家的远见卓识,提出了理论与实际结合、学科结合、古今结合、中外结合'四结合'的观点，四个'结合'既是管理学科的办学思想，更是指导中国特色管理学研究的基本原则和思路。"

陈炳富的硕士生张文中在怀念文章中表示："陈先生十分注重创建中国管理学科的方法论建设，提出了中国管理学建设要和中国传统智慧、国际先进理论以及管理实践相结合的思想。陈先生身体力行，致力于开展国际交流，在研究和教学中积极采用英文原版教材，并请外籍教师直接用英文授课。他创办了与加拿大约克大学联合培养研究生的新模式。这些做法在 80 年代初是很有开拓性的，吸引了众多的学子竞相报考。他对学生始终充满激情，对大家在学业上、生活上的各种问题，总是耐心细致地释疑解惑。"

陈炳富曾经的同事韩经伦教授赋诗缅怀陈炳富先生，诗曰："中国管理开新河，一代宗师闻名遐。弟子三千皆豪俊，先生含笑九泉下。"

宋承先：西方经济学的引路人

余 翔

宋承先（1921—1999），四川省青神县名人。1944年7月毕业于武汉大学经济学系。1947年7月获南开大学经济研究所硕士学位。1951—1987年在复旦大学经济学系任教，历任讲师、副教授、教授和博士生导师。1987—1994年任华东理工大学工商经济学院院长。1994—1999年任上海财经大学教授。作为经济学学者，其经济学思想和研究成果主要体现在他所著的大学经济学教科书《现代西方经济学》中。在教科书中，宋先生总结概括了当时西方经济学的要点，并且深入地评析了西方经济学和马克思主义经济学的差异。宋承先的书被人称为西方经济学的辞典，内容比较全面，基本上包括了经济学方面的所有知识，被很多高校用作本科生的教材和研究生的入学考试教材。

宋先生的弟子、现任复旦大学经济学院院长的张军依稀记得，最早是在学校橱窗的展览中"认识"了名教授宋承先先生。在他眼中，后来成为他硕士、博士导师的宋先生，"很严谨""很有个性""学富五车""不幽默""和他交流并不觉得comfortable"。回顾30年前在宋先生那里受到的教诲，"课堂可能已经忘了，但老先生做学问的精神和简朴生活我一直记得"。

学生们

能在 1984 年考上宋承先先生的研究生，复旦大学经济学院教授、原院长袁志刚认为自己很幸运。1982 年从杭州大学毕业后，他被分配到舟山中级人民法院工作。当想好要回到学校继续深造时，他决定既然要学当代经济学，就要找最好的老师，宋先生是最佳人选。

上世纪 80 年代初，刚刚从"文革"走出来的中国大学，经历了与世界几乎隔绝和无法维持正常教学的十年，极度缺少能够教授当代西方经济学的老师。上海之外是北京大学的厉以宁教授和张培刚教授，1980 年他们合著了最早系统介绍西方经济学的教科书《宏观经济学和微观经济学》。在上海就是 40 年代从哈佛经济系回国的陈彪如先生以及宋承先先生。在经济体制改革风起云涌的 80 年代，越来越多的人意识到西方经济学的重要意义，宋先生的研究生总是报考的大热门，能成为考上的三个人之一，也是外校的唯一一个，"不容易"，袁志刚说。

在宋先生这里他们接受了与当时其他复旦经济系的研究生颇为不同的教育。

宋先生指导的 1987 级硕士、上海市政府发展研究中心研究员张明海还记得第一次听宋先生课的情形。那是 1987 年的 9 月，天气还留着夏天的燥热，坐在一教一楼的教室，还能听到窗外的蝉鸣声。张明海的心情却没有这么轻快，事实上，他正试图艰难地跟上宋先生的思路。宋先生吸烟，上课时也常常右手擎烟，左手托着代替烟灰缸的烟盒，讲课的思路也像烟雾一样散开。他常常提到一种理论，给出一些精辟的评判，又瞬间去讲另一个似乎并不相关的经济学家，也并不完全按照教科书的顺序和范围。

"老先生是很有深度的，听他上课要课外多读书，保证知识的存量，自己能思考宋先生为什么会从这一点跳到另一点。"浙江大学经济学院前院长、现任金融研究院院长的史晋川曾是宋先生指导的 1981 级硕士。在他的记忆中，宋先生的话中常有机锋，他还记得在评论货币主义学派和新古典综合学派在财政政策重要还是货币政策重要这一问题上的分歧时，宋先生点出关键之处在于对货币流通速度是否稳定的看法不同。这句话如同画龙点睛之笔，使整个脉络变得清晰起来。

除了讲授的课程，宋先生还根据前沿的西方经济学理论和中国经济的现状，给研究生开出多门专题讨论课，其中包括经济发展理论、福利经济学、激进经济学和通货膨胀。讨论课的地点时常变化，张军就总在自己的寝室等着宋先生过来授课，宋先生带着手写的讲义，上面有各种颜色笔写的密密麻麻的批注。同学们围坐在桌子旁边，宋先生讲到得意处，还会敲敲桌子，示意学生看讲义。

张明海在研二去往人民大学参加为期一年的中美经济学研究生培训班，也称福特班，这个由福特基金会和国家教委合办的项目先在人大开设，1987年拓展至复旦，到1995年的十年间培养了最早的一批直接接触西方前沿经济学理论的学者。

尽管录取严格，福特班却永远不缺少宋先生的学生。宋先生要求研究生尽可能阅读英文文献，在专题课讨论前一定要先研读该主题的经典文献。

当时的很多文献都来自宋先生的私藏。在"文化大革命"的十年中，宋先生是少有的能通过复旦世界经济研究所和美领馆等渠道获得国外研究文献的人，尽管不是在国外受的教育，宋先生一直坚持学习英文，更新知识。看到好的论文，他就会自己保存下来，再印给学生。这样与西方接轨的经济学训练给了宋先生的学生更多机会，也激励学生认真提高英文，为在世界各地求学打下基础。

专题课上讨论的问题常常能成为学生论文的来源。学生们研究的方向很多，并不都和宋先生一致，但宋先生思虑长远，改革开放需要哪方面的研究，他就会积极介绍给学生，现在执教于美国创价大学的陈鸿仪就在宋先生的建议下开始研究国际贸易。

受宋先生教诲的远不止他的研究生，他受邀去各个大学开设西方经济学的讲座，翻译西方名著，出版教科书……他首先在复旦大学恢复开设外国经济学说史和当代西方经济学课程，大受欢迎。1980—1981年，中华外国经济学说研究会成立不久即举办大型的国外经济学说讲座，每周一次，共60讲，全面而系统地评介国外经济学说，宋先生和北京大学范家骧教授共同主讲增长经济学部分，每次都有数百人参加。

他培养出的学生们也迅速成为中国西方经济学研究和教学的中坚力量。陈鸿仪1979年入学，还没有毕业就被邀请去讲授宏观微观经济学和国际贸易的课程。在宋先生的研究生中，大量学生选择了从教，除了部分留校，很多将现代西方经济学和"宋派"学术思想带到国内外各个高校。

宋门弟子以素质齐整、院长频出著称。他指导的四位81级硕士蔡江南、符钢战、金重仁、史晋川在当时即有"四大金刚"之说。他向国内输送了近十位经济和管理学院院长。第一届研究生舒元1994年成为中山大学岭南学院院长，带出了一批南方经济学家。他的学生中，问鼎中国经济学界最高奖项的比例也是最高的。例如蔡江南、符钢战、袁志刚先后获得孙冶方奖，史晋川、张军先后获得张培刚奖。张军还与林毅夫、樊纲获得百万奖金的中国经济理论创新奖。

"尽管你不能说所有人都是宋先生的学生，但是毫无疑问，不仅仅是复旦，第一批中国改革开放后受教育的西方经济学学者的成长离不开宋先生的努力。"袁志刚说。

潜心学术

在《八〇年代：中国经济学人的光荣与梦想》一书中，作者总结了几位出生于1920年以前，又在改革开放初期发挥了重要作用的经济学家，认为他们对共产主义事业的忠诚和对科学真理追求之间时有矛盾。

但在宋先生这里，马克思主义经济理论和西方经济理论并不对立。在早年经济思想史扎实的学习中，马克思经济思想被置于整个西方经济学脉络中考察，这帮助宋先生深入了解了马克思经济思想产生的前提条件和之后西方经济学的分化。

既通西方经济学，又通马克思主义政治经济学，谓之"双通"。复旦大学在1977—1983年出版了一套《资本论提要》，前三卷由资本论专家张薰华与洪远朋老师写作，关于剩余价值学说史的第四卷则由宋先生执笔。

20世纪50—60年代，宋先生专注于西方经济学理论的引入，写作了数部评价西方经济学的著作，包括《马尔萨斯经济理论的批判》（上海人民出版社1955年出版），《论重农主义》（上海人民出版社1958年出版），《资产阶级经济危机理论批判》（上海人民出版社1962年出版）等。

改革开放之后,他开始系统介绍西方经济学中可以借鉴于建设社会主义市场经济体制的学说和方法,先后出版了《增长经济学》《当代外国经济学说》《西方经济学名著提要》等书,同时还在积极翻译外国经济学著作。

《现代西方经济学》(上册)1988年出版,这是宋先生倾注极大心血编写的一本教科书。宋老师自道:"本书如有任何特点的话,是在适当的地方,用对比分析的形式,陈述了我学习马克思《资本论》的一些心得体会。"并不视西方经济学为资产阶级糟粕,也不认为马克思主义经济学非科学,宋先生给予的是同情之理解。

宋先生去世后,他的学生许强2005年修订出版了本书的第三版,在前言中,许强说出了自己的难处:"坦诚地说,以马克思的观点来批评西方经济学,我不够宋先生的百分之一。"

1988年,宋先生68岁,年岁日增,身体抱恙,但他希望尽快写就《现代西方经济学》(下册),完成包括现代西方经济学的两大组成部分宏观经济学和微观经济学的系统论著的心情更加急切了。

20世纪90年代中期,张明海常常在下班后的夜晚到宋老师在复旦第七宿舍的家中拜访。他记得宋老师书桌上总是摊开一大堆稿子,桌子玻璃下还压着纸条,简单地记着国外某个经济学家的生卒年月。

"宋老师答应要送下册给我们,但我们知道宋老师年岁已高,不好意思再提这本《现代西方经济学》(下册)。"但宋老师自己对张明海说:"我像胡适之一样,著书只有上册,下册总是出不来。我那本下册也总写不完,不知什么时候出了。但出了一定给你们!"1994年,《现代西方经济学》(下册)还是出版了,规模比上册更添10万字。

在女儿宋慧毅的记忆中,父亲总是在那一方靠北的斗室中伏案写作的,每次回家,映入眼帘的总是背影。在这种高强度的思考和写作中,宋先生一直保持着一种规律的生活,晚上九点钟入睡,早上七点钟开始写作,每到饭点,夫人做好饭摆上桌,宋先生的思考告一段落了,就出来吃一点东西,然后返回去继续工作。

1997年,77岁的宋先生仍对书做了修订,添加了公共选择理论、信息经济学等前沿内容。《现代西方经济学》初版发行后20年间已经累计售出近一百万套,帮助了大批希望学习现代经济学的学子。

20世纪80年代，中国经济学家深刻参与到中国的经济体制改革中，急剧变动的社会经济环境每时每刻都在给经济学家提出新的问题。宋先生也开始利用自己所掌握的理论来对经济运行过程中产生的问题发表自己的见解，提出有效的对策。

在学术上，宋先生是自信的。从60年代开始，宋先生与人民大学的卫兴华老师展开了多次笔战，议题包括价值决定与供求关系、货币流通规律、需求与社会必要劳动时间等。80年代，宋先生针对中国经济改革的现状和政策发表了大量论文，其中相当部分关注通货膨胀这一重要问题。宋先生坚决反对通货膨胀是由于需求膨胀、投资饥渴和货币超量发行造成的，是"需求拉上"型的，对经济发展有害；而认为中国并不是匈牙利经济学家科尔奈所说的短缺经济，通货膨胀则是潜在生产力逐渐释放后的结果，是为了发展经济必须付出的代价。此外，他还强调价格改革在整个经济改革中的先导作用，主张应当允许一定的财政赤字。

这些论文中的28篇后来作为专著《过渡经济学与中国经济》，由上海财经大学出版社于1996年出版。在书中，宋先生回顾十年前的写的论文，自述"现实的发展证明我是正确的"。

但在真理面前，宋先生是绝没有傲慢的。陈鸿仪还记得，每次课上有学生提出的某些问题宋先生无法当堂回答，他从不装懂或者含混过去，而是非常诚恳地告诉学生："我也没有答案。不过你可以从某某经济学家的某部著作中去找一找。"有时候，学生已经把自己过去问的问题忘记了，他却会在某一次课上告诉这个学生他找到了问题的答案，并给以详细的解释。

在读研期间，史晋川阅读斯拉法名著《用商品生产商品——经济理论批判绪论》时，认为一处翻译有误，并与宋先生讨论。该书译者是剑桥大

20世纪80年代宋先生在家中

学毕业的经济学大家巫宝三先生，起初宋先生还不相信巫宝三先生会犯错，但听完史晋川的详细解释之后，宋先生也认为可能有误，于是鼓励史晋川写信给巫宝三先生说明。巫宝三先生果然也欣然接纳。

宋先生的学术旅途并不孤单，他参与发起了"中华外国经济学说研究会"，并在上海成立分会担任会长。和学生在家中讨论的时候，他也总爱提一提自己的朋友们，有同样毕业于武汉大学的谭崇台教授、也在经济系的《资本论》专家张薰华老师、南开经研所的学长宋则行……

在武大和南开的日子

青神，属四川眉山，以祭祀蚕丛氏"青衣而教民农桑，民皆神之"得名。山民多植桑养蚕，宋先生生长于此。张明海还记得一次吃饭时，宋先生提起了自己的家乡："蚕宝宝一身是宝。一亩桑园和后续加工的劳动产值，大概抵得上 10 亩粮田所能创造的粮食。我小时候家乡家家户户养蚕，我们读书的钱都是从这里面出来的。"

父亲是中学数学教师，母亲和姐姐则打理家里的二十余亩山田，植桑养蚕的收入支撑着宋先生完成学业。

抗战期间，武大西迁四川乐山，也招收了更多的川籍学子，宋先生 1941 年考入国立武汉大学法学院经济学系。

时局动荡，迁校之路也并非平坦，难免人员流散。但武大西迁至乐山市，仍有教授 104 人、讲师 13 人、助教 4 人随校入川。1939 年后，为保证师资质量更是陆续增聘了近百名教授。

生活艰辛，师生也大多极清贫，但教学和研究工作仍有条不紊地进行，不仅如此，武大还积极延请愿意来华的外国学者来武大讲学，宋先生也就是在这里完成了自己的大学教育。

1944 年毕业后，宋先生进入南开大学经济研究所，三年后获得硕士学位，是当时国内能授予的最高学位。

南开经济研究所前身是 1927 年建立的社会经济研究会，1935 年开始招收研究生，至 1948 年先后招收了 11 届研究生。如今查阅经济研究所的研究生名单，上面还清晰地写着：第九届（民国三十四年秋入学）；宋承先；籍贯四川青神。

南开大学经济学院在1930年初汇聚了众多从国外名牌大学得到学位回国的学者，有博士学位者占老师的一半以上。在其教学中，即要求深入学习西方经济理论，也极重视考察中国经济实况，鼓励师生进行社会调研。抗战后，南开大学、清华大学与北京大学在昆明成立西南联合大学，唯有经济研究所因创始人何廉在重庆政府任职的缘故在重庆重建。老师虽有流失，但何廉仍任所长，方显廷、李卓敏、陈振汉等老师也仍旧授课。

根据资料记载，宋先生就读时的研究生第一年主要接受基础学科训练，包括近代经济理论、经济思想史、高级统计学、社会科学方法等。第二年则从事专门学科研究，并开始撰写论文。宋先生为何选择"经济进步与经济恐慌"为硕士论文题目，我们已经不可得知。但这两年无疑为宋先生日后的研究打下了坚实的基础。

南开大学经济研究所培养的11届研究生总计不过60余人，其中就培养了滕维藻、杨敬年、黄肇兴、宋承先、宋则行等一大批经济学家。

不拘小节的"老夫子"

宋先生上课的时候的几个动作，现在史晋川还记得清楚："老先生一激动先挽袖子，一直挽到上面。开始想问题了，就站在讲台上头朝天花板拍脑袋，同学在下面都只好忍住不笑。"

到了可能要下雨的天，宋先生随身出门带一把长柄伞，有时就把弯曲的柄挂在自己衬衫的后颈上。

"远远的看到有伞晃来晃去，我们就觉得一定是宋先生了。"袁志刚说，"但当时宋先生人真的非常好，对学生尤其好。"

那是1988年冬天的一个午后，袁志刚去敲宋先生在七舍的家门，这次他想要宋先生帮他写一封出国读博的推荐信。宋先生一直在，但凡学生有什么事情，也不预约，都是直接找到家里来。他敲门，过了一会门开了，宋先生还没把外套穿起来，原来宋先生正准备午睡，已经躺在床上了。天气寒冷，屋内也没有暖气，问明缘由，宋先生也丝毫没有愠色，慢慢把衣服都穿好，就坐下来斟酌起推荐信来。当时的画面袁志刚一直难忘。

宋先生的家是学生们常去的地方，改论文也往往在这里。史晋川还记得自己常常下午三四点到宋先生家中，一讨论起来，宋先生就忘了时间，常常已经是六点多了，学生也不敢提醒，只能等宋先生想起来："你们还是要吃饭呀，你们去吧！"大家才各自散去。

1990年，宋先生转去华东化工学院，跟着他的研究生张明海也常常穿过上海市区从东北角（五角场）到西南角（梅陇）去看宋先生，聆听宋先生的指导。"宋师母招待我们熏肠，这是我记忆中最好吃的熏肠。宋老师说是四川家乡特制的。吃饭的时候，宋老师有时会聊聊家乡和自己，我们听着，在熏肠的美味中不知不觉把添加的饭吃完了，很想再添一碗。"

在女儿宋慧毅眼中，宋先生是最典型不过的"老夫子"。学术上极认真，生活上却不拘小节。但母亲和父亲有种默契，对宋先生生活上的略显笨拙，甚至别人看来难以理喻的事情，两人总能理解、磨合。她还记得母亲说过的一件事情，那是50年代母亲刚来上海不久的时候。

"父亲陪母亲去四川路逛街，父亲不愿意进商店，就在门口等着，等母亲从商店出来，发现父亲不见了，他竟然是自己乘车回去了。原来父亲见母亲迟迟没出来，到里面转了一圈也没找到人，就走了。"

母亲跟她讲述时的语气中并没有嗔怪："商店门口就是车站，这是我们下车后进的第一家商店，我自己回去了。"相识于青神，一同长大，宋先生夫妇相伴几十年的情感也是旁人难以体会的。

1990年宋先生与夫人在美国

父亲过世后，宋慧毅才从母亲那里看到了一件一直压在箱底的旗袍，这是父亲为了给母亲一个惊喜，悄悄地拿着母亲的衣服比尺寸去裁缝店做的新衣。

宋先生清瘦，书生气，看起来宜静不宜动。但一件事让宋慧毅记得非常清楚。

那是1960年左右，弟弟只有五六岁的时候，家里养了一只猫，是弟弟最好的玩伴。一天，这只猫爬上了树，又继而跳上了离树冠不远的二层楼房顶上。上去容易下来难，猫左看看，右看看，既不敢往树上跳，也不敢往地上跳，着急得在房顶上喵喵大叫。看到这一幕，弟弟也急得大哭起来。

父亲找了根长竹竿，一头拴了个菜篮子，想让猫跳进篮里。可是篮子与房顶还有一段距离，猫不敢跳，此时，听着弟弟的哭声，父亲情急之下爬上了树，第一个树杈不够高，又接着爬上了第二个树杈，直到把篮子伸到了房顶。猫儿轻松地爬进篮子，弟弟破涕为笑，全家皆大欢喜。

这时候，少年的宋慧毅想的是，有父亲在，就没有办不到的事！

（本文原载于复旦大学经济学院刊物《仙舟客》
2016年6月10日，略做修改）

张隆高：西方管理学、管理思想的领路人

王刚夫

张隆高教授（1921—2006），江西上饶人。张隆高教授数十年如一日，全身心从事管理学的教学和科研任务，呕心沥血，辛勤耕耘，为我国管理教育的发展做出了重大贡献。他曾经担任中美大连培训中心中方教务长职务达六年之久，为我国的改革开放、发展中国的现代化管理培养了大批优秀人才，促进了我国管理学科的发展。他著述颇丰，最先将管理经济学引进到国内管理类教学中。他编写的《管理经济学》一书畅销全国，曾多次再版，被当时许多院校选为教材。他学识渊博，学风正派，全面关心学生的健康成长，在教书育人上做出了突出成就。作为管理学学科带头人，张教授担任南开大学管理学系国际企业管理教研室主任，在国际企业管理学科建设方面身体力行，多次赴外地高校学习交流，回校后着手编写新版教材，使国际企业管理成为南开管理学科的一个重要研究方向。在组建国际企业管理专业中，他承担了教材建设、课程规范、教学计划的实施等重要工作，教研室五六名教师共承担了十门课程，同时主持国家博士点基金、国家自然科学基金项目和市级重大科研项目多项，并试点推行案例教学法，受到学生们的欢迎。

张隆高教授1944年从当时迁到四川乐山的武汉大学经济系毕业后，考入了重庆西南联大（南开大学）经济研究所研究生，于1946年研究生毕业。从此，张隆高教授与南开结下了不解之缘。张隆高教授毕生从事经济学、管理

学的教育和研究工作，在经济学、管理学诸多领域著述颇丰，颇有建树，特别是在改革开放初期为恢复管理学教育和人才培养做出了巨大贡献。

张隆高教授 1946 年从西南联大（南开大学）经济研究所研究生毕业后，先在上海的一家研究机构工作一年，之后于 1947—1949 年，转赴美国明尼苏达大学研究生院攻读博士学位，开始了一段留学生涯。尽管远在国外学习，张隆高教授仍时刻关注着国内局势的发展，1949 年年初，当他得知解放战争节节胜利，新中国曙光即将到来之际，便毅然决然地中止了在美国的博士学业，于中华人民共和国成立前返回国内投身到新中国的建设事业之中。先是在北京华北人民革命大学（简称华北革大，即后来的中国人民大学前身的一部分）政治研究院学习马克思主义的基本理论，受教于范文澜、艾思奇等马克思主义理论家和当时党的高级领导干部。1950 年华北革大毕业后被分配到沈阳工作，先后在东北统计局、东北计划统计学院、东北财经学院、辽宁大学工作，直至 1986 年 1 月调入南开大学。数十年的高校从教生涯，张隆高教授一直潜心研究，笔耕不辍；虽然教学和科研环境时常变化，但即便是在"文革"期间政治运动多的情况下，他仍坚持经济管理方面的研究。

据张隆高教授回忆，1940 年他就读于武汉大学经济系，当时武汉大学由于抗战迁到四川乐山，所以他是在乐山读的武汉大学，直到 1944 年毕业。抗战后，南开大学迁到昆明与北京大学、清华大学合并为西南联大。但当时南开中学迁到重庆沙坪坝，西南联大（南开大学）的经济研究所（简称经研所）就在南开中学里面。因为当时在重庆国民政府任职的何廉是经研所所长，所以经研所迁到重庆。张先生是 1944 年夏报到，成为经研所的研究生。他特别谈到南开大学经研所的特色是重视实际调查（这一点对以后张先生的学术生涯产生了重要影响），但在重庆则没有了调查条件。好在当时和国外联系还是很紧密的，可以看到最新的国外期刊，当时马歇尔、凯恩斯、希克斯的西方经济理论已经介绍了进来。经研所中教师有何廉、方显庭、陈振汉等老前辈，另外还有若干兼职教授。开设课程有经济学、统计学、经济思想史、经济史（外国经济史）；因为许多教师具有国外留学背景，所以开设课程和国外硕士的课程基本是相衔接的。招生是面向全国的，但是在抗战时期实际上只能是在非沦陷区招生。所有课程都有教科书，但学生很少，张先生这 1944 级班只有四个人，1943 级班也只有四个人，1942 级滕维藻、钱荣堃这一班人数较多，有七八个人，最后能坚持到毕业的人数则更少。见下图西南联大（南开大学）经济研究所1941—1946年期间毕业研究生名录（来源：昆明西南联大展览馆）。

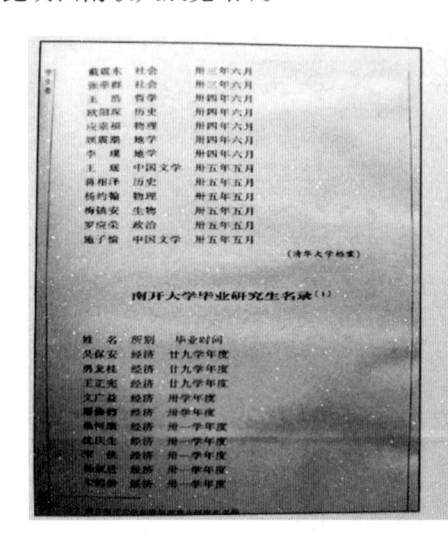

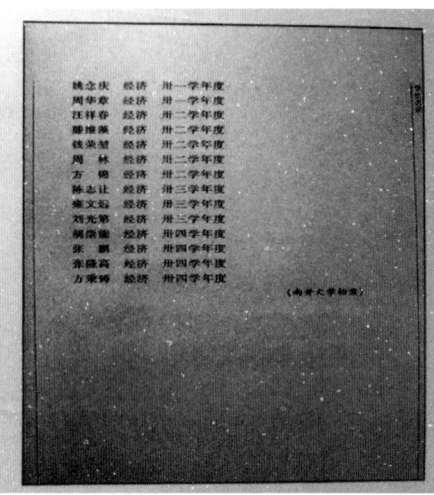

张隆高教授具有国内外经济学教育的良好背景，在此基础上，他一直致力于管理学教育，是国内较早开展管理学教育和研究的少数学者之一。他特别谈到改革开放之初的1978—1979年期间，我国开始引进美国的管理经验。1979年，时任国务院副总理邓小平同志应卡特总统邀请访问美国，中美两国政府签订了《中华人民共和国国家科学技术委员会和美利坚合众国商务部科技管理和科技情报合作议定书》。由美国商务部和国家科委、经委、教育部联合在大连创办中国工业科技管理大连培训中心（时称中美大连培训中心，现在称中国大连高级经理学院），当时在大连工学院（即现在的大连理工大学）院长屈伯川的支持下设在大连工学院，其任务主要是对大中型企业的厂长（经理）、政府工业与科技管理部门的干部以及大专院校从事企业管理的骨干教师进行现代企业管理知识的培训，由当时的国家科委、经委、教育部共同组成的委员会领导。1980年8月，中美两国政府关于大连培训中心的第一个五年合作计划开始启动，主要培训对象为国家大中型企业的厂长经理，培训方式主要是半年到十个月的"精缩MBA"项目和三个月左右的专题研讨班。1979年张隆高教授从辽宁大学借调到大连培训中心开展中心的筹备工作并任中方教务长，培训教师主要是美国的一些教授，在此期间，张隆高教授主要讲授管理经济学，在教学的同时也向外国教授学习。中美大连培训中心是我国改革开放后引进国外先进管理思想、理论和经验的第一个窗口，培养了中国改革开放后的第一批管理人才。1984 年，中美两国政府签订了关于大连培训中心的第二个五年合作计划，在继续开展高级经营管理人员短期非学历学位教育的基础上，扩大合作培训范围，新增了面向企业经营管理后备人员的工商管理硕士（MBA）学位教育项目，先后有五届共计 216 人获得了 MBA 学位。大连培训中心成为中国工商管理教育培训的先驱，中国 MBA 教育的发祥地。当时南开大学也有若干位老师参加培训，后来成为管理学科的骨干教师。张隆高教授在管理教育战线上勤奋耕耘，在管理学科发展的重要时期为新中国的管理教育事业做出了重大贡献，为我国的改革开放、为推进我国管理现代化培养了大批优秀管理人才。他的《管理经济学》一书是为中美大连培训中心学员培训所编写，后来畅销全国，曾数次重版，被众多院校用作教材。

1986 年年初，张先生调入南开，成为南开管理学科的带头人之一，为南开管理学科的发展发挥了非常重要的作用。与张先生一起工作的教师和他所培养的学生都对他的治学精神、学术造诣、严谨学风等多方面给予了高度评价。下面就韩经纶、戴昌钧、范秀成、孙更杰和刘乃岳等师生对张先生工作和生活的回顾进行简要的引述。

韩经纶（南开大学教授）回忆：1986 年，张隆高教授回到南开大学经济学院管理学系任教。20 世纪 70 年代末 80 年代初，陈炳富教授临危受命，负责南开大学恢复和筹建管理学科的工作，组建管理学系。当时，我国高等教育百废待兴，千头万绪，恢复和建立管理学科更是困难重重，究竟从何抓起？众说纷纭，莫衷一是。当时，陈炳富教授高瞻远瞩，大胆决策，抓住解决教学科研人员短缺这一事关全局的主要矛盾。在滕维藻校长等学校领导的大力支持下，陈先生力排众议，排除万难，千方百计从四面八方引进和组建了一批不同学术背景、具有学术专长又热爱管理学科教学科研的老中青三结合的教师队伍。在此背景下，张隆高教授是被破格引进南开大学管理学系的著名教授。

张隆高教授学识渊博，通晓古今，学贯中西，中英文造诣均极为深厚。他四十余年如一日，在管理学科方面积累了丰富的教学和科研工作经验。先生为人正派，生活朴素，学风严谨，行事低调；严于律己，待人真诚；关心同事，热爱学生，在师生中享有极佳的口碑。张先生对管理学系的教学和科研的发展做出了极大贡献，尤其是对管理学教学和科研工作的国际化发展高度重视，并做出了突出贡献。就在他进校不久，在他的大力倡导下，在企业管理教研室的基础上，南开建立了新的国际企业管理教研室和国际企业管理研究方向，教研室由张隆高教授（任主任）、韩经纶教授（任副主任）、戴昌钧教授、范秀成教授、孙更杰、张志刚、赵宗礼等诸位教师组成。在他的组织和带领下，在很短的时间内，就开设了一系列有关企业国际化经营的相关课程，如国际企业管理概论、国际商务、国际贸易、国际市场营销和国际会计等课程。当时，国内有关企业国际化经营方面的图书资料十分贫乏。张先生在教学之余，把大部分时间和精力都花了在图书馆查阅有关外文书刊和资料上。半年之后，用于国际企业管理研究方向的主要教材之一《国际企业管理概论》教材面世，填补了当时国内企业管理教材领域的空白，并在教学过程中受到学生们的欢迎。还有，张先生多年来专注于对美国著名管理学理论巨擘、现代管理学一代宗师彼得·德鲁克的专门、深入、系统的研究，发表了一系列有关德鲁克的生平、著作以及管理思想和方法等的研究成果及论文，在学界和企业界引起极大反响。直到今天，我们仍然可以在网上检索到张先生有关德鲁克的研究成果。曾经到过张先生家里的师生们都曾见过，在张先生的书架上排满了有关德鲁克的各种版本的管理学著作。也有不少老师和同学从他那里借过相关图书和资料。他不仅本人对此怀有极大的研究兴趣，而且通过不同方式影响着一大批对此有兴趣的同人和学生。他曾经多次把自己研究德鲁克的心得体会讲给学生们听，并给研究生举办过多次学术讲座，受到了学生们的热烈欢迎和一致好评。

戴昌钧（现东华大学教授）回忆：我是"文革"后 1979 年恢复研究生教育第一届获得数学专业理学硕士学位的毕业生，1981 年毕业后有幸从事管理专业的教学和科研工作，成为南开管理专业的第一批教师。

1981年我国刚刚恢复管理学科不久，可以说是百废待兴。基于深厚的学科基础和较强的师资队伍，南开的管理学科很快在全国高校中名列前茅。其间有两位教授的贡献卓著，功不可没。

其一是陈炳富教授，他凭借对管理科学的深刻认识，广罗不同学科背景的人才，创建了南开的管理专业，并与中国科学院、复旦大学、西安交大等单位共同获得了国家自然科学基金管理学科第一个重大项目（资助强度达250万元），为我国管理学科发展奠定了基础。

其二就是张隆高教授。他1986年来南开任教，曾留学美国，中华人民共和国成立后，响应号召毅然回到祖国，后来曾在中美大连培训中心任中方教务长。听说他要来南开，当时大家都十分期待。他到南开后很快就领衔创建了国际企业管理专业，我成为其中的一员，经常能聆听到他富有见解的指导，并参与了他主编的《世界著名跨国公司实用手册》。他严谨的学风，对年轻教师的严格要求以及亲切关怀至今让我记忆犹新。在他的引荐介绍下，我加入了民主同盟。如今，每当我参加民盟的各种活动时眼前就会浮现他当时对我殷殷期待的目光。

张隆高先生还是国内最早开设管理经济学这门课程的教授，出版了管理经济学自编教材和翻译国外经典教材各一部，这两部教材很长时期成为那个时期管理经济学课程的经典教材。可以说，张隆高先生是我国把经济学知识引入到管理决策领域的第一人。我1986年去美国进修，其中一个任务就是学习管理经济学这门课程。回国后接任此课程的教学任务，得到他许多细致的指导。他自编的那本教材深刻地阐述了将微观经济学原理应用到企业决策的原理和思想，一直成为我偏爱使用的教学参考资料。

1995年，我作为引进人才调至东华大学（当时名为中国纺织大学）工商管理学院工作，曾很荣幸地邀请到张隆高先生到管理学院做了一次学术报告和学术交流。他宽广的眼界、深厚的知识积累以及深睿的学术思想获得了东华大学听众的热烈好评。

范秀成（现复旦大学教授）回忆：我是管理学系1985级的硕士研究生。庆幸入学当年赶上张先生调回南开工作，因而有幸聆听了先生开设的管理经济学。管理经济学的基本架构来自微观经济学，是服务于企业决策的经济学。由于张先生早年毕业于南开经研所，后曾留学美国，故而有着深厚的经济学功底。在中美大连培训中心担任过教务长期间，张先生将管理经济学这门课程引入国内，翻译和编著了国内最早的管理经济学教材。我本科是学物理的，对管理经济学中的机会成本、边际分析这些概念很感兴趣，对于最优化思维和建模分析觉得很亲切，逐渐对经济学产生了浓厚兴趣，后参加了福特班的学习，领略到经济学的博大精深。我在南开18年的教学经历中，曾为本科生、MBA和EMBA主讲管理经济学课程，长期用的是张先生编写的教材。张先生所授知识成为我在南开教书育人的基础、安身立命的本领，师恩没齿难忘。我曾协助李国津老师在南开举办过不止一次MBA管理经济学教学培训班，由此可见，张先生在20世纪80年代开创性的工作对国内MBA管理经济学的教学产生了深远影响。

综上所述，张先生学识渊博，学风正派，治学态度严谨，可见一斑。然而在对待学生方面，既严于律己，又勤于教人，对学生循循善诱，诲人不倦，在教书育人上做出了突出成就。他全面关心学生的健康成长，在学业上严格要求，勤于施教，秉承南开经济研究所理论与实际并重的传统，既重视理论基础学习，也重视理论与实践相结合，培养学生既要掌握理论，也要亲身实践；同时在思想政治上关心和严格要求学生，在重大政治事件面前，他以个人当年留学美国的亲身经历，现身说法，阐明坚持党的领导、坚持社会主义制度、坚持改革开放的重大意义。张先生的学识渊博使学生们深受感动并受益匪浅。

孙更杰、刘乃岳两位是张隆高教授培养的硕士研究生，对于张隆高教授的言传身教，谆谆教诲深有体会。

孙更杰回忆：我是1982年知道张隆高先生的，那时我刚本科毕业，出于对国外经济学、管理学等诸方面的兴趣，购买了一套由中华外国经济学说研究会编纂的国外经济学讲座丛书。该丛书由全国40余名当时知名的专家学者完成。其中就有张先生的管理经济学的专题研究。那是我第一次接触管理经济学，颇感兴趣。未承想我1985年就读研究生又师从张隆高先生。张先生人格高尚，治学严谨，著作颇丰，知识渊博。除了理论研究外，张先生特别注重与实际的结合，紧贴改革开放以来经济发展的实际，抓住了外资企业现状及发展研究的方向，前后主持了国家自然科学基金项目和天津市关于外资企业管理运营和绩效的重大课题。我曾与张先生一起跑遍了全国几大经济特区走访了数十家外商投资企业进行调研，搜集了丰富的一手资料，为更好地完成课题研究打下了坚实基础。有时我单独去其他城市调研，张先生都会把当地的他的亲朋好友介绍给我，请他们帮忙联系相关部门和企业，甚至吃住都安排在他们家中。可见张先生待人之真诚，以及对学生之爱护。

刘乃岳回忆：早期读过张先生的一本管理学方面的著作，便萌生了报考张先生研究生的想法。张先生最早担任中美大连培训中心的中方教务长，为最早引进西方管理科学的学者，为国家培养了大批高级管理人员，学生中有后来成为国家领导人的。先生是个知识十分渊博的学者，对管理学有很深的造诣，为当时少有的精通西方管理学说的学者。1988年我考取南开大学经济学院中加班，有幸成为先生的学生。张先生大部分时间都用来读书教书。当时中加班虽没有先生的课程，但先生总是会把我们师兄弟三个人叫到家里，和我们讲述管理学最新的动向趋势。当时接触先生，感觉先生除了对知识的讲解外，一般不苟言笑，是一个严肃的长者。当时听说先生对学生要求极其严格，治学极其严谨。我的硕士毕业论文是在先生的指导下进行的，当时我的题目是关于中外合资企业管理现状的调查，是先生一个大项目中的子项目。先生对调研要求是每到一个企业，都要拿到企业的详细数据资料，并做出详尽的分析。当时调研了环渤海湾近百家不同类型的中外合资企业，真正体会到先生作为一个学者的严谨。

1997年，我考取了熊先生的博士研究生，先生知道后，便让我住到先生家前一栋楼的空余的房间，和先生便有了更多的接触和了解。先生是江西人，早年毕业于南开大学经济研究所，后留学美国，中华人民共和国成立前回国，是离休干部。先生生活十分简朴，除了读书写书，好像没有任何其他爱好和兴趣。从住进了先生家，先生每天都会到我房间了解我的学习情况，晚上都会看我是不是及时睡觉，甚至对每天是否按时吃了师母给我准备的水果都要过问。每次去看先生，先生总在他的书房，在晚年依然如此。一个校领导曾和我说过，你能跟张先生读书，是一种福分。在西方管理学领域，提到中国的学者，都知道张隆高先生。在我博士毕业的时候，离开先生的家，先生和师母都含泪拉着我，不让我离开。那一刻，我不仅看到了一个治学严谨的先生，更认识了慈父般的长者。

在研究生培养中，张隆高先生在科研中十分注重实际调查，这正是当年南开经济研究所的办学特色。张隆高先生培养了20多位研究生，大部分的研究方向和学位论文是关于当时改革开放中亟待面对的问题，密切结合国家改革开放的需要，如三资（外资独资、合资、合作）企业管理方面的问题。张先生治学严谨，重视理论联系实际，很多研究生对天津乃至改革开放前沿的沿海城市开展过实地考察和调研，获得了第一手资料，并通过对原始资料进行认真分析后撰写出学位论文，由此培养学生不是就理论谈理论，而是理论联系实际的作风和方法。张先生培养出来的研究生毕业后成为各个领域的实干家。

我是1987年师从张先生的。因我是在职研究生，虽然除了上课与先生的接触不多，但对于先生的谆谆教诲和严谨的学风还是深有感触的。先生的课是管理经济学，由于我是工科本科毕业，对于管理经济学中量化的概念十分感兴趣，也学得很认真，但在最后的课程考试中分数与其他课程相比却不高。过了一段时间和先生谈到此事，他说你的分数已经算高的了，可见先生对于学生要求之严格。由此我认识到考试只说明你的一时成绩，并不能代表你完全掌握一门知识，要掌握好一门知识需要下更大的功夫。关于要求学生联系实际做研究方面，先生对于我这个在职生也有着一样的要求。做硕士论文期间，先是在天津，后来到上海、广州和大连对政府管理部门和三资企业开展调研，掌握第一手资料，因此在后来的论文撰写中能做到有理有据。先生的严谨学风成为我后来工作的样板和榜样。

直到1992年离休，张先生已逾70高龄，仍笔耕不辍，坚持进行美国企业史、德鲁克管理思想两个课题的研究，并和德鲁克先生时有书信往来。2005年《美国企业史》由东北财经大学出版社出版。在德鲁克的管理思想研究方面，于1999—2003年期间在《南开管理评论》上发表了若干篇文章。在文章中先生提出管理不能只注重经济效益最大化，还要注重社会责任等其他一些方面，指出即使在西方也不是仅仅注重经济效益。他对管理学教育进行了深入分析，指出了以前马克思主义经济学的方法、苏联的一些管理方法和后来引进的西方管理方法（如工业管理、商业管理）的差别，认为工业管理比较注意方法、分析技术以及运筹学的应用，商业管理主要注重理论。他还指出，经济学、管理学不能称为科学，而是一种行为、一种艺术，而国外一些经济管理类杂志基本看不到文字，几乎都是数学公式，这就走偏了，国际上已在纠正这种趋向。因为经济行为、管理行为是人的行为，不能完全量化。他谈到虽然德鲁克数学很好，也做过很多数量的工作，但也比较反对这种完全量化的趋势。

张先生在生活中即平凡又低调。据张先生子女回忆，在张先生子女心中，父亲和蔼可亲，为人宽容，几乎没有发过脾气。家务事都是母亲在操持，父亲主要的时间、精力都用在了看书、研究、写作上，当然在母亲生病期间，父亲也会下厨房做一些简单的饭菜。生活中的他也爱运动，羽毛球、乒乓球都会一些，因为视力的原因，所以经常的运动就是游泳、散步。"文革"期间，和许多知识分子家庭一样被抄家，父亲被关进牛棚，下放劳动，还养过猪。在面对生活中一些不公的待遇时，他们从来没有听到过父亲半点怨言，他们眼中的父亲诚实、善良、仁慈、宽厚，在学术上又非常严谨认真，有自己的主见。

还有一件小事值得一提。作为老一代学者，除了学识、人品值得我们后学崇敬外，他们的团队精神也值得我们学习。当年，校、系两级工会组织对教职工的文体生活非常关心，经常组织大家参与各种文体活动比赛，如集体舞比赛（类似现在的广场舞）。张先生当时已年近70，按规定可以不参加，但是为了集体荣誉，他还是坚持练习并积极参赛。他的动作虽然略显生硬，但那种认真学习、努力坚持的精神真的令师生感动。

结语：我作为撰写张先生生平成就的执笔人，实在是受宠若惊。虽为张先生的学生，但与先生接触时间尚少，对于先生的一生贡献只能管中窥豹。通过与张先生共事的几位教师、他培养的几位学生和他的家人接触以及他们所提供的文字材料，通过搜集先生的档案资料，逐渐对先生的各个方面有了一个大概轮廓，但距离真正反映先生经历的重大事件、取得的重要成就还相差甚远，现仅就各方提供的材料和本人粗浅的理解完成此文。由于本人才疏学浅，尚不能对张先生的一生成就给予学术上的评价，疏漏不足错误之处在所难免。敬请读者不吝赐教，批评指正！

这里要特别感谢韩经纶教授、戴昌钧教授、范秀成教授、李国津教授，我的两位师兄弟孙更杰、刘乃岳，以及张先生的家人张农等和学校档案馆的大力支持！感谢他们（特别有的老师已是耄耋之年）在百忙之中给予的帮助！

郭士浩：南开经济史学科的承前启后者

赵津　郭阳　谷云

郭士浩，1921年7月生于天津市。1945年毕业于天津工商学院，并留该校任教。翌年，南开大学由西南联大迁津复校，即转入南开大学财经学院会计学系任教。1953—1956年作为研究生到中国人民大学学习，在著名经济史学家傅筑夫和历史学家尚钺的指导下，攻读中国经济史。毕业后，回到南开大学经济学系任教，从事中国近代经济史的教学和研究工作。1958年加入中国共产党。历任南开大学经济学系讲师、副教授、教授，曾担任经济学系副主任，经济史及经济学说史教研室主任，校、系学术委员会委员，学位委员会第一经济分委员会委员等职务。1989年在中国经济史学会成立大会上，当选为第一届中国经济史学会理事。1986年被国家教委批准为博士研究生导师，并享受政府特殊津贴待遇。1993年1月19日因病逝世，享年72岁。

郭士浩先生是一位从旧社会走入新中国高校的第一代教师，他的青年时代经历了战乱、动荡与半殖民地的屈辱，和同时代许多人一样，面对国内战争与日本侵略的内忧外患，在理想与现实的矛盾中愤愤、无奈、纠结、彷徨、挣扎，靠勤奋读书立命安身。临近而立之年迎来了中华人民共和国的建立，其崭新的社会政治与生活，新型的大学教育宗旨和时代要求及磨炼，使他从一个旧式知识分子逐步转变成社会主义大学的教育工作者，成为信仰共产主义的中国共产党党员，从一名普通的教师成长为国家建设栋梁、教育阵地

的带头人和学生导师。特别是改革开放之后，花甲之年焕发出青春活力，潜心基础理论教育，为中国经济史学振兴和南开经济史学科建设与繁荣呕心沥血。他博观约取，厚积薄发，精益求精的学术品格与育人风范不愧为一代名师。一生没有耀眼的光辉和傲人的光环与头衔，他就是一位兢兢业业、博学识深、谦谦温润、持志涵养、教书育人的资深教授，他的经历代表着那个时代众多知识分子所走过的年华岁月，是20世纪多数中国知识分子品格的缩影。

发奋读书用知识改变命运

郭士浩先生1921年7月出生在天津。祖父是一个小业主，其父为长子，从小在茶庄学徒，工作之余到补习学校学习德文，先后在德国医生诊所做翻译和津浦铁路公司做职员，后来和朋友合营开办了一家小型西药房和洗染店，他的母亲和大姐在为店内工人做饭的同时也兼洗衣服。郭士浩先生清楚地记得幼年时其父常骑着单车，他坐在车前，车后是衣筐，驮着他到空旷之处晾晒母亲洗过的衣服，经常地饿着肚子一等就是大半天，幼小的心灵感受到了生活的窘迫。父亲深感自己文化不高，就把希望寄托在哥哥和他身上。其兄幼年进入私塾学习英文，考入刚刚成立不久的天津工商学院，成了家里第一位大学生，也成为他和姐姐们的榜样，给全家开启了一条靠读书改变生活命运的道路。在他小学毕业时，其父生意倒闭失业，家庭生活一度拮据，幸亏其兄毕业后供职天津交通银行，家中的生计靠哥哥的收入支撑。家庭收入的不稳定与生计的艰辛使得父亲脾气极为暴躁。面对丈夫的火爆，性格温和的母亲只能默默地以泪洗面。因先生在家中排行最小，所以母亲最为宠爱，不让他干家务活儿，他望着心酸哭泣的母亲，自幼便总是暗暗立志发奋读书工作，让母亲以后少流泪，少发愁。就是这样，出生于一个虽没有什么积蓄但勉强可以维持的普通贫民家庭，先生先上了三年私塾，10岁的时候考入了私立七十四中小学四年级，开始了新式教育，两年后因为搬家，转入广东小学六年级。在这里，学校的教育对他产生了较大影响，学校的设备、漂亮的礼堂、音乐课上的钢琴和彬彬有礼的新同学都让他眼界大开，从而更加热爱学习。小学毕业时因为成绩优异，学校允许他免费升入中学,转入该校初中部。为了突破英、法文的单词识字关,他利用学校暑假躲进家里阁楼集中背记。时值"七七事变",为防止侵华日军轰炸城市而实行防空灯火管制,家家门窗都被厚厚的布帘遮住避光,里弄巷子的亭子间里密不透风,让人挥汗如雨。由于频繁反复的翻阅,手指间的汗渍把他心爱的英法字典页边角都捻出了累累的窟窿,而功夫不负有心人,几个月后,原先只谙熟语法但因生词过多而艰涩的英、法语阅读能力一下变得豁然开朗,流畅自如了。初中毕业后又以优异成绩获得该校高中免费入读资格,虽高二时曾一度咳血以致休学几个月,但仍考入北京辅仁大学外语系(1940—1941年)。因抗战爆发,辅仁大学外语师资缺乏,只上了一年觉得课程不尽如人意,他曾想转学燕京医学预科,由于错过考期,改考天津达仁商学院(1941—1943年),后又转学到天津工商学院会计财政系(1943年冬—1945年秋)直到毕业,优秀的学习成绩让他获得留校在工商学院会计财政系做助教的工作。他从中学时期就被认作是守规矩爱学习的好学生,一直到大学,在这期间他唯一喜欢的就是读书,遍览中西文化典籍,奠定了他日后博学通识的基础。他从教会学校里喜欢上了西洋文学,宗教中的故事开启了他对历史的兴趣。年幼时体弱多病加之父亲封建固执的性格、横暴虐待母亲及逼着哥哥和不喜欢的人结婚等家庭矛盾在他稚嫩的心灵上留下了创伤,他厌恶封建家长式作风,心里抵触但无力抗争,使得少年时代的他性情变得有些敏感、忧郁,只有躲避起来读书才能聊以安慰。中学时代他很喜欢读《大众生活》《观察》上的时评文章,对邹韬奋等人很是崇拜。天津沦陷时期,他对日本人侵略行径的仇恨之心、敌对意识虽很强烈,但也只能忍辱偷生在沦陷区里,和当时一些青年一样,扎到故纸堆里。因对国民党政府的失望,便向往着欧洲文化和生活的美好,靠文学、艺术还有音乐去认识世界,麻痹苦闷的内心。到了大学阶段更是一心扑在所学的财经知识上,系统地学习了西方经济学以及财会应用技术。此外,对西方文化的欣赏和羡慕,让他在趣味与志向上都偏爱西方思想学说,关注纯粹的学问、抽象的论法、超阶级的民主人性,孤傲清高地把自己关在一个小天地里生活。现代学校的教育特别是大学的学习阶段,让他更加清楚意识到只有读书才能改变现状,个人奋斗就是挣脱束缚、摆脱命运的唯一途径。他逐渐背离了自己的家庭,思想意识及行为方式也不再有城市小业主和市民的作风,开始变得更加西化,思想上逃避现实、厌恶现实的粗糙,一度到宗教哲学和艺术音乐上寻求精神寄托。他曾在《文学杂志》上发表过一首诗《袖珍字汇》，流露出他当时的心境，诗文如下：

> 我用"生命"租来一本袖珍字汇，
> 贪婪地吞噬着每一个字，
> 用孩子般的热心。
> 我从里面读到"山""川""日""月"
> "星辰""宇宙""声音""颜色""形状""观念"……
> 我从"美"字读到"丑"字，
> 从"善"字读到"恶"字，
> 从"爱"字读到"恨"字，
> 从"生"字读到"死"字，
> 最后我读了末了一个——"神"。
> 然后契约满了，我把字汇交还给上帝，
> 并且请他收留我的灵魂，
> 因为我曾如此艰苦地跋涉过他的经典。

从"小资青年"到社会主义大学教育者的蜕变

1945年9月，这一年24岁的郭士浩大学毕业留在工商学院任助教，当他还沉浸在抗战胜利的喜悦而踌躇满志地进行着个人规划之时，1946年国共和谈破裂，全面内战爆发。尽管战火还没有蔓延到这个大城市，但国民党政府从上到下空前的贪污腐败、纲纪废弛，再加上通货膨胀、经济危机日益严重，让他忧心忡忡。他在留校任助教的日子里，生活上依然有压力，内心更是有着找不到方向的孤独。他所在的工商学院是天主教会的大学，校园里虽是平静如水，但时代的动荡和外界的纷杂更增加了他的惶惑、苦闷。学校里的外国教师曾建议他去法国留学，对法国文化的痴迷，凡尔赛宫、巴黎博物馆以及大量的西洋文化让他一度萌生了去法国留学的念头。而与此同时，令他喜出望外的是恰逢南开大学从西南联大北归复校，他的前辈学长介绍他来南开大学任教，于是在 1946 年秋天他就被调入南开大学财经学院会计统计系（后为企业管理系）做助教。在南开大学，他接触的人和工作环境让他非常满意，这里的学术气氛很符合他的性情，优良厚重的学术水平与传统，闻名遐迩的学界翘楚、群星济济的学术人才，丰富多彩的校园文化与社团活动，活跃民主的思想氛围，以及南开一直秉承的爱国、敬业、乐群、创新的精神……这一切都让他感觉新鲜，顿觉觅到了鱼水般的归宿。从这一天开始，他便根植于南开，潜心在这里成长、耕耘、研究、育人直到生命最后。他在南开大学参加了几个朋友圈，结识了许多新挚友。外语系的刘荣恩副教授是他的引路人，引荐他认识了许多年龄相仿、志同道合的年轻教师。他经常参加"北院新诗社"活动，聆听卞之琳、李广田、邢公畹等名家学者讲座和指导，诗文会友、聚会研讨；在财经学院与滕维藻、陈炳富、张涛、周基堃等先生趣向相投，过从甚密；他还时常找从巴黎大学来南开的法文教授罗大刚先生借书、聊天、请教：这些人都成为影响他一生的挚友。20 世纪 40 年代后期中国处于战争时局，是中国社会实现新旧交替的大变革时期，其间政治力量、经济状况、社会地位迅速变动，社会各阶级和阶层的社会心态十分复杂。战争、动荡、污浊的现实使知识分子们不愿与世俗为伍，竭力保持着人格的某种独立性，不甘于平庸却又难有作为，社会地位骤降的同时更要承受精神嬗变的苦痛。相比选择逃避、顺时应势或甘于沉寂委琐生活的人，"坚守"也成了知识分子最珍贵也最难得的品质，这些都可从他的诗作《净土》中窥之一二：

> 给我一块净土，
> 让我好好地活着，
> 爱我的邻人，爱自己。
> 给我一块净土，
> 让我好好地盖一所房屋，
> 为了别人，为了自己。
> 给我一块净土，
> 让我好好地活，
> 好好地工作，
> 而没有遭受毁灭的疑惧。

1946—1948年期间，他在助教会计学、财政学之余，潜心诗文，在《大公报》《益世报》《文学杂志》等报刊上发表了不少现代诗歌，与当时已久负盛名的当代诗人卞之琳、袁可嘉、废名（冯文炳）、穆旦、何其芳、臧克家、朱光潜、林徽因等人的作品同期同框。他在大学毕业时曾写下：

> 在我还是孩子的时候，
> 我牵着母亲的手，
> 踏上叫作"智慧"的路；
> 当时的惊喜是不可言喻的。
> 现在临到我来到终点了。
> 我懂得了什么呢？
> 我的胸膛可以敲成鼓响，
> 还和生来一般愚蠢！
> 想想，人生的路，
> 也是这样。
> 夕照里徒然，飘着苍发；
> 盈眶的老泪，也只是告诉你，知道了愚蠢的聪明……

还有《地球仪》：

> 是被嘲笑，
> 又像是解嘲。
> 不能自提于地面，
> 却对着地球沉思。
> 同温层与海底潜水的探险者有福了，
> 我不能忘记的是苹果皮的比喻。
> 阿特拉斯，你扛累了吧？
> 几时，像脚夫卸下货物，
> 从你肩头滑落一颗流星。

一向严谨讲求文字精致的他，这一时期发表的作品中透着一种反传统的精神，看似有些任意的分行间，文字选择略显大意的诗风中，在那个时代，却"以诗情的粗犷为生命活力的唯一表现形式""以技巧的粗劣为有力"体现了内心的舒张。他的诗中极浓厚的现实主义色彩里有同样浓厚的理想主义的气息，带有浓郁的时代政治文化色彩，有"知性与感性的融合"，表达的是当代人在当代生活中所感受的当代情绪。而这种"政治的伤感性"里充满深重的忧患意识和浓烈的感伤郁愤情绪，流露出苍凉悲壮的气息。在"反饥饿、反内战、反迫害"的口号声中，学潮激荡，祈求和平的呼声此起彼伏，这些文字对学生运动表达出深切的同情与共鸣，代表了处于当时政治的腐败和黑暗中的大学里大多数知识分子的心境——心灵深处时时泛起的漂泊、惶惑和焦虑感，找不到出路，又无限期盼着曙光。摘选小诗两首：

一

看过罗丹"沉思者"的雕像，
乃恍悟智慧与忧郁的关系。
于是夜夜
我收回放出去的桥梁，
守着一角黄昏
——像一只蜘蛛
在忧郁的中心等待，
等待智慧触网的那一阵战栗。

二

在书桌前放一盆菊花，
终日我们互相凝望。
谁都不说什么，
于是我有着一个愿望。
我希望将来
有一个爱人，
像你我
互相凝望。

> 谁都不说什么，
> 听着窗外的秋风秋雨，
> 心上有着忧愁的默契。

1949年1月末天津解放，旋即中华人民共和国成立。新社会全新的政治形势，让从旧中国体制下走来的他体会到从未有过的新鲜，感受到万千新气象，视野豁然宽广，充满着希望与期待。他看到了社会秩序的迅速恢复，人民生活安定了，市政改变了，工作人员的态度完全不同了，老百姓的建议被采纳，过去的贫民区出现了电影院、文化馆……所有这些身边的变化都引发了他很多感触，而过去因为自我封闭，他对于外界接触很少，对于群众集体活动多少有些不适和犹豫。1950年抗美援朝保家卫国，学生们激情踊跃报名参军。他在日记中写道"……那天正刮着黄风，大街上敲锣打鼓、意气风发的豪迈精神令我深受感染。走在群情振奋、欢送壮行的队伍中，我受到很大震动，感觉到集体的力量和朝气。"在南开大学的财经学院里，党员教师谷书堂、伏义琴等人经常与他聊天，讲时势社会，谈理想人生，对他的思想转变起到很大作用，极大地开辟拓宽了他观察思考的视野。1951年9月他主动报名要求下乡土改，到广东南海县参加土改社教工作队，并在清匪反霸之后，帮助农民建立乡村新政权。他目睹白发苍苍、衣衫褴褛的老太太排队参加投票选举，这些当年被欺负被侮辱的人，有了选举的权利，贫雇农选出了自己的代表，普通的百姓能够当家做主。9个多月的下乡让他彻底改变了从前的认识，对中国社会政治运动的态度也发生了变化。土改归来，他积极参加学校的思想教育运动。党组织找他谈话，帮助认识问题，还让他参加党的组织生活会。这一年多时间的观察、学习、锻炼、参与，让他自己都感觉到完全变了个人。一次全系大会上他积极发言："大家都说我变了，我想会是的，我们每个人都在改变着，因为客观大环境变了，总会推动我们每一个人进步，但问题在于我们现在只是随波漂流向前，而时代的今天要求我们的是主动地向前游泳。我一直认为一个人真正的改变应该是感情上的改变，正像毛主席所说的，对工人、农民和劳动者的态度。我以前很喜欢西洋古典音乐，最初对秧歌小调很接受不了，在下乡宣传抗美援朝时，不知为什么听起来突然接受了、领会了、喜欢了！以前遇为难事情总是躲避，总是让，不愿意争，现在想通了！"1953 年在滕维藻、易梦虹等人介绍下郭士浩加入民盟，同时积极参加共产党同情小组活动，在周围共产党员的帮助下，他积极向中国共产党组织靠拢并提交了入党申请。

1953 年 9 月教育部在中国人民大学开办经济史专业的研究生班，他被选调赴人民大学读研究生，师从傅筑夫、尚钺等教授研习经济史（同期同门中与他相交甚密的同学王方中、陈振中、赵德馨等后来都成为中国经济史学科的振兴者和带头人）。在这里他系统学习了中国和世界通史以及历史与经济学理论，尤其对史料的搜集与分析成为他一生科研所擅长的起点，为之后的国民经济史以及中国近现代经济史的教学和研究打下了坚实的基础，并且成为持之以恒的事业。研究生学习期间，他在数位历史学和经济史学大师指导下写成"唐代的庄园"（载于《中国封建经济关系的若干问题》，三联书店 1958 年出版）。1956 年 9 月回校后归入经济学系，他开设了国民经济史、中国古代经济史和中外经济史比较等课程。其课程中对要素生产力、经济史史料学内容丰富翔实的讲授赢得了师生好评。但因为随后的政治运动，他的课上内容也被一些学生批评指责为只讲生产力而不讲生产关系，重事实轻阶级斗争等。在那个特别强调政治挂帅的年代，他能够把政治思想教育与学术研究融为一体，坚守本分，坚定信仰，坚信组织，坚持学术研究和教书育人。1958 年 12 月，郭士浩正式成为中国共产党党员，从此他一生跟着党走，为党的教育事业奋斗终生。

他性情温和、为人坦诚，在重大学术政治是非面前总是泾渭分明，坚持原则，绝不趋炎附势，对歪风邪气毫不迁就妥协；他深入体恤工农，从不以明贤自居而高傲自大，践行了一名真正的学者、共产党员的铮铮傲骨与高风亮节的品行，始终以身作则，以教育为己任，堪为时代师表。

1960 年，郭士浩晋升为副教授，他主讲的中国古代经济史课程从此时开始一直到他离世，成为经济学系精品课程。同时，他的研究方向开始转向近现代经济史特别是北方民族企业史料的整理和研究。即使在五六十年代的曲折发展时期，他也与经济学系和经研所的同事们一起，进行了启新洋灰、开滦煤矿、永利久大等企业史资料和近代盐务史资料的编辑工作，这些资料书在后来的企业史以及相关领域研究和教学中发挥了重要的基础性作用。70 年代初，面对"文革"造成的国家工作全面停摆，中外统计资料匮乏的局面,开始重新恢复运转的原国家对外经贸部决定从各财经高校抽调出一个编写小组,编写一本《世界经济统计汇编》,以补遗长年的信息缺失,为逐步开始的对外经贸交往提供基础资料依据。郭士浩先生有幸参加了此书的全部编写工作。他们抽调翻阅了大批原版的世经、国际贸易与国际金融文献期刊年鉴,依照时间、国别、产业部门分别归纳梳理,同时按照东西方的不同经济理论模式框架进行折算对照、比较概括。在此工作中,他的经济学、经济学说史和会计统计方面的学识得以充分发挥。那时的微型计算机还未得到普及,大量的繁复数据计算工作全是在挥汗如雨的环境中利用简陋的手摇或电动计算机人工完成的。这本基础资料书还未正式出版就被上呈到了国务院有关部门,在当时与主要西方国家协议通商的会谈中发挥了重要作用。

重视调查和搜集资料的优良作风,在后来也为南开经济学系所始终传承。70年代以后,他经常带学生深入企业实地调查,到田间地头访谈亲历者,把课堂搬到了社会,搜集到许多珍贵的经济史料。1976年前后,他与经济学系及经济研究所的几位教师一同赴唐山开滦煤矿做调查,深入到当年企业亲历者老矿工之中进行访谈,在企业档案馆中查找搜集到很多一手资料。同年唐山大地震,这些资料大部分不幸被毁。80年代初,为完成人民出版社的约稿,他又重新整理,当时采访的老工人大都已殉难,很多资料几乎是从头开始。经过几年的艰苦补集编撰,终于书成了《旧中国开滦煤矿工人状况》(人民出版社1985年出版)。

1982年郭士浩晋升为教授,成为经济史学科的带头人,同时兼任经济学系副主任主管教学工作,他为培养经济学基础人才呕心沥血、殚精竭虑,正是他这样的新中国第一代学术权威与资深教授们的勤奋努力,奠定了八九十年代经济学系的辉煌。

博学精专的经济史学大家

郭士浩教授长期工作在教学科研第一线,为建立、巩固和发展南开大学经济史学科硕士点、博士点做出了重要贡献。60年代末以后他一直兼任着经济学系经济史与经济学说史教研室主任职务,当时该教研室人才济济,而80

年代初学科调整，傅筑夫先生借调到北京经济学院，易梦虹调入北大，李竞能调任人口所，李宏硕组建台湾经济研究所，随着几位资深教授调离，教研室重新调整，当时分别担任课程讲授的是：外国经济史是卢鹤纹、赵秀清，中国经济思想史是陈文华、关玉惠，西方经济学概论是孙裕生、张世晴，外国经济学说史是冀有江、纪明山、鲁明学，中国经济史是郭士浩、张励声、赵津。当时的经济史和经济学说史仍有一支强大的教研队伍。

80年代中，他领衔南开经济史学科申报并获得国内第一批具有经济史博士学位授予权单位（也是当时全国高校唯一的经济史博士点）。80年代初，他前瞻性地预见到未来经济史学科发展趋势，率先在南开经济史年轻教师以及新招收的硕士、博士生中设定了中国近现代经济史方向、中华人民共和国经济史方向、世界经济史方向和中外比较经济史方向研究，有意识地朝着各个不同方向培养人才和储备力量，为后来学科繁荣稳定打下了坚固基础。

在学术研究方面，他延伸了中国已故著名经济史学家傅筑夫教授对中国经济史的研究，将重点从古代转向近代，研究中展现了深厚造诣，成果篇篇堪称经典，极富开拓性。他先后撰写或主编的研究专著有：《启新洋灰公司史料》（三联书店1963年出版）、《世界经济统计简编》（三联书店1974年出版）、《旧中国开滦煤矿工人状况》（人民出版社1985年出版）、《旧中国唐山物价史资料》等。较有代表性的论文有"唐代的庄园"（载于《中国封建经济关系的若干问题》，三联书店1958年出版）、"从启新洋灰公司看旧中国水泥业中的垄断活动"（载于《经济研究》1960年第9期）、"启新洋灰公司兼并湖北水泥厂始末"（载于《中国经济史论文集》，中国人民大学出版社1987年出版）、《早期开平煤田的开发》（载于《南开学报》1980年第6期）等。这些学术成果受到经济史学界国内外同行的普遍重视和好评，其中不少观点及资料经常为中外相关研究者所采纳和引用，具有相当广泛的学术影响。

1988年起从事对旧中国化学工业、中国北方最大的民族资本集团之一范旭东企业集团的调查研究工作，该项目列入国家教委博士点科研规划。他在古稀之年仍率领着弟子们奔赴各地调研、搜集一手资料。1988年他先到北京化工部抄写了全部档案目录，翌年10月他带着两位博士生来到地处偏僻的陕西商县，在化工部保存档案的658所查阅该企业档案资料。早在20世纪60年代初，郭先生就开始了这项工作，当时他带领一位助手在化工部档案馆里阅卷，挑选出有用的案卷后，聘请了三位字迹工整、工作细心的抄写员，把选出的档案内容一字不差地抄写在卡片上，大约抄写了几百万字，"文革"中这些卡片难逃劫难，损失了大部分。这次来商县，主要任务是做补充。每当翻到曾经被抄过的卷宗，居然发现当年他留下的标记，惊讶和喜悦溢于言表，每一天他都在兴奋中度过，忙碌着查找和复印档案资料，看不出一丝疲惫。1990年暑假又带着学生赴青岛调查范旭东企业集团分支永裕盐场的史料。他不顾年高体弱，始终忘我工作，一边指导硕士、博士研究生，一边整理范旭东企业集团的档案资料，直至1993年1月病逝。他生前计划先出版久大精盐公司的档案汇编，进一步补充资料后，再出版永利化学工业公司的档案汇编，最后的目标，是出版一部对范旭东的"永久黄"企业集团整体性研究的专著。

壮志虽未酬，学脉有后人，他的博士生赵津教授继承了郭先生的遗志，率领着自己的十余位硕士生、博士生，历经十余年矢志不渝的坚持，以9个立项，10篇硕士博士学位论文、博士后出站报告，28篇公开发表的论文，"永久黄"团体档案汇编——《久大精盐公司专辑》《永利化学公司专辑》《中国化学工业的奠基者："永久黄"团体研究》等5部档案汇编书籍和2部专著，2项省部级获奖超额完成他的夙愿，足以告慰恩师。

在长期的教学科研中，他把自己几十年来对经济史学研究的深厚功底和治学经验倾注在对学生的教学里，凝聚在课题和项目研究上，形成了他自成体系的研究范式，在治学态度和研究风格、方法等方面都留下了宝贵财富。后人评价他的学术风格：

治学态度上扎实严谨。在研究工作中十分重视资料工作，以达到言必有据。他肯于直接做艰苦细致的基础资料的收集处理工作，特别是对第一手档案资料的占有尤为重视。当编辑《启新洋灰公司史料》一书时，"在堆积如山的档案中，细心剔选"（见《红旗》杂志对该书的书评）；在编写《旧中国开滦煤矿工人状况》一书时，他反复奔走于各地，遍访开滦矿区的退休矿工，做到"寻根问底，花费了大量的劳动和时间"（见人民出版社对该书的介绍）；在收集范旭东企业集团史料过程中，他不顾年事已高和患有严重的心脏病，带领博士生们翻山越岭，长途跋涉，深入陕西商县调阅化工部保存的大批有关史料档案。

史与论的高度有机结合。既重视史料，以史料为立论依据；但不唯史料，简单局限于史料罗列，而是善于从史料中归纳概括出应有的结论，发现验证出相应的内在规律。在发现旧中国民族工业中存在垄断活动和垄断组织时，对这种垄断组织产生的条件，它的性质及其地位、作用等做了深入的剖析与阐述；在编写《启新洋灰公司史料》时，一反通常史料书编年史循时间年代的流水体例，而是按理论与逻辑的体系进行归纳，以问题为经，以时序为纬，着眼于澄清问题，而不是对史实的平铺直叙。

从中国历史的实际出发，不套用既有的模式或成例，而是依照中国历史的特殊形态，探讨中国历史的特殊规律。在研究中国封建社会的庄园经济时，将中国的封建庄园与欧洲中世纪的庄园做了严格的区分辨识；在研究中国近代经济史时，同样依循这种思维，探索半封建半殖民地社会形态下的旧中国资本主义生产方式发生、发展的特殊规律。

研究方法上，基本是从微观或中观入手为主，深入梳理剖析特定时空条件下某些典型的企业或行业，既有对整体时代经济的全面把握，又能凭借对微观个体问题的深入分析阐述，昭示解决宏观的现象规律与问题。通过生动地解剖麻雀，观察探求带有全局性的内在本质特征，这样的研究方法翔实而不繁屑，脉络清晰而又言之有物。他的研究风格重视系统分析，高屋建瓴，从更高的时空与问题层次来把握事物的实质，谋篇运筹。他对经济史学研究方法、研究成果以及对学术精益求精的学术态度业已成为经济史学研究的典范。

知行合一，育人师表

郭士浩先生具有深厚的文史修养造诣和经济学理论逻辑功底，学术研究讲求学问严谨、思维缜密、言文事出有据。做事更是条理清晰，道德躬行，以身立教，用自己的言行潜移默化地影响学生。在传授知识的过程中，教会学生如何先做人再做事，强调不断地陶冶、修炼、修养德性，形成一种自我约束、自我修养。他这样要求学生，自己更是率先垂范，作风严谨，"知行合一"体现在他的教书育人中。他不仅自己始终坚持给本科生授课，还鼓励支持年轻人大胆登台，每有年轻老师讲课他都亲自听课，指导把握讲课内容和技巧，亲自示范，循循善诱，鼓励创新。他教授学生知识，不仅让学生学会，更强调让学生会学；他善于根据学生的不同特点和差异，因材施教，个性培养，激发学生的主动性和特长发挥。他的弟子们从他身上所感受到师德师范就像文化一样深入到骨髓中，进入到血液里而品格化、气质化，成为他们生命的一部分。

凭着对事业的高度责任感与对专业的执着，他身体力行地教育青年后生树立正确的职业道德与稳固的专业意识，淡泊名利，善于耐心坐长周期的专业冷板凳。在80年代市场经济影响下，校园里很多教师和学生对基础学科、理论学科有轻视和动摇的倾向，他从历史、国家、社会、未来发展的眼光，用自己的经历和体会教育学生坚守和坚持。

他待学生无论是学业学术还是个人生活都如自己孩子般呵护关爱，学生家里的事情他也一样地上心牵挂。他关心关爱生活困难的同事、学生。同事患病住院，他不仅看望，还经常安排家人送饭。有学生深切地回忆自己读书时因家在遥远的外地，大学四年成了郭老师家里的常客，感受到家的温暖。他对家人孩子也一如对学生般地严肃、规范教育，他重视传统而不守旧，严格而不苛刻，慈爱但不娇惯，完全是育人心念。郭先生的夫人薛恩玉老师是南开大学历史系周恩来研究室的教师，近40年来与郭老师相濡以沫，互帮互学，勤俭持家，他们的家里朴素无华，整齐洁净，子女孝顺，父母慈爱，非常和睦温馨。郭老师的儿子郭阳当时正在南开大学人口研究所工作，在郭老师的督促指导下一起和学生阅读经典并参与课题研究。80年代中期电脑刚刚开始普及，郭阳凭借其熟练的计算机技术，使用数据库汇总了不少文献资料。儿媳陈效勤是长征医院皮肤科的医生，她在学术氛围浓厚的家庭熏陶下，闲暇之余也经常参与资料整理和文档誊写，同时也增加了许多历史事件和学术研究方面的知识。孙女郭盼是郭老师的掌上明珠，从她出生的第一天起，郭老师就给她写日记，记录着她的每一点成长、每一段故事，充满爷孙的欢喜和长辈的慈爱与期盼。恰如有言自在无言中，教育很多时候并不是说教，而是日常的为人处事、言谈举止潜移默化的传递，教育者应该是无论是对家人或是学生都能做到表里如一的无言的示范。古人讲的修身、齐家也正是郭士浩先生毕生的修养准则。

大家都知道郭老师喜欢买书藏书，几个房间的书柜上都整齐地分门别类摆放各样的书籍，很多书上都有他读时加入的书签标注，书桌上的稿纸笔记间总是那端秀工稳的字迹。他能写出一笔非常隽秀的钢笔字，许多学生的论文稿上都有他工整似书法蝇头小楷般的批改和修正意见……

他学贯中西，对中国传统文化的精髓有着深入的了解、热爱与追求，多才多艺，文采飞扬。他还十分热爱西方古典音乐，家里收集了全套贝多芬曲目和不同时期的古典名曲，不仅是一种怡情，他还常常给学生们谈自己对古典艺术的领悟和体会，讲作品的时代背景和艺术表现方式，把美育融入他的教育之中，从艺术欣赏中寻找学问的真谛。他特别爱清洁，家里永远干净整洁，所有物品安放得井井有条、一尘不染，色调也十分和谐雅致，简单朴素中透着讲究，这和他的做事做人风格十分吻合。他为人谦和儒雅，虚怀若谷，正直善良，不趋炎附势，不羡慕虚荣，恪守高尚情操。他践行的"知行合一"首先把"致知"建立在"致良知"上，体现了中国知识分子的清逸气质和风骨。

1992年秋，他招收了最后一位博士生，那时他心脏衰弱，已经出现腿肿，但他依然坚持为博士生讲课、设计论文题目。在他生命最后时日，还审阅学生的博士论文，学生论文初稿上的批注，字迹仍旧一丝不苟。直到他去世的前一天，他还到书店买书，与同事电话交流商议学科发展的事情。

他就是这样一位博学又严谨专注、资深且谦逊平和、敬业并与时俱进的大学教授，在平凡的教育岗位上从事着基础学科的教学和研究工作，为南开的教育事业和经济史学科的发展贡献了自己的光与热。

借用范仲淹题《严先生祠堂记》赞颂严子陵高风亮节的诗句，以无限崇敬的心情作为对郭士浩先生的怀念："云山苍苍，江水泱泱，先生之风，山高水长。"

李文光：慢工习艺，谦和为师

刘 杉

李文光（1922—2014），辽宁省辽阳县人，毕业于日本东京帝国大学文学部社会学科，曾任南开大学国际经济研究所教授，研究方向为金融、日本贸易和跨国公司，熟悉日语、英语、德语三门外语。

建校100年的南开大学有一个传统，对年长的教授尊称为先生。南开的先生个性迥异，但不知是先生塑造了南开的性格，还是南开的气质影响了先生，求真务实、谦和低调，成为南开先生的重要特质。

我在南开大学世界经济专业取得了学士、硕士和博士学位，其间得到众多先生的传授和教诲，受益终身。南开先生群星璀璨，研究生们常常把自己的导师叫作"我的先生"。

我有先生有两位。

一位是硕士生导师李文光先生，一位是博士生导师薛敬孝先生。薛敬孝先生治学严谨，学术成果丰硕，同时具有领导才能和改革意识，其在20世纪80年代创建的南开大学国际经济系，成为一个传奇，引领了当时国内高校国际经济学科的教学改革方向。他指导了我的本科论文和博士论文，塑造了我的学术品格。

李文光先生是我的硕士生导师。他是一位更老的先生，在第二次世界大战结束前毕业于东京帝国大学。上世纪80年代的南开经济学院，拥有一批在中华人民共和国成立前留学欧美名校的教授，而留学近邻日本的教授则为数甚少，在我的记忆里，似乎只有李文光先生一人。

日本"一高"学生

李文光先生1922年7月18日出生在辽宁省辽阳县一个叫作丁香村的地方。从档案资料看，李文光先生在1939年3月到12月就读于当时的长春留学生预备学校，由此可以推断出，他的家境应该不差。在顺利完成小学和中学学业后，准备留学日本。1939年的东北，还在日本统治之下，李文光先生如何选择了留学日本这条路，他没有和我聊过，但作为一个普通的青年学生，谋求工作出路和前程，应该是他自然的选择。

1940年4月，李文光先生进入日本东京第一高等学校学习。东京第一高等学校并非高中或中专，而是东京帝国大学的预科，在"一高"学习两年后，大部分学生可以进入东京帝国大学深造。

据历史记载，彼时的东京帝国大学是日本最高学府，在亚洲大学排名中名列第一，在世界高校排名中名列第十。进入东京帝国大学攻读学位，是日本年轻人的梦想，只有东京帝国大学的学生，日后才有机会问鼎最高政治职位，而日本最优秀的政治家和官僚精英也大多毕业于这所帝国大学和改名后的东京大学。

日本的帝国大学简称"帝大"，帝大的学生被尊称为"帝大生"，帝国大学在日本国内一共建有七所，为日本最顶尖的综合性国立大学。这七所帝国大学是日本在明治维新后陆续在国内建立的，这些象征着国家最高荣誉的大学，具有浓厚的帝国主义色彩。日本政府对帝大学生的日常服饰等有特殊规定，直到大正年间，日本天皇都会出席帝国大学的毕业典礼。除了在日本本土的七所帝国大学，日本还在占领地建立了京城帝国大学和台北帝国大学，这两所大学现在分别称为韩国的首尔大学和中国的台湾大学。

据历史资料，日本在海内外建立的九所帝国大学，先后历时60年，其中东京帝国大学是日本第一所帝国大学。1886年，日本颁布《帝国大学令》，东京帝国大学随之建立。日本投降后，为消除军国主义影响，帝国大学更名，"帝国"二字被删除，东京帝国大学更名为东京大学。

帝国大学当时实行预科制，在完成两年预科学习后，再到对应的帝国大学学习三年，完成本科学业。

李文光先生考入的东京第一高等学校，正是东京帝国大学的预科。东京第一高等学校简称"一高"，这个东京"一高"，并非东京市内的"一高"，而是日本七所帝国大学预科排名第一，对应东京帝国大学的高等学校；而所谓的"二高"，则是日本东北帝国大学的预科，"三高"为京都帝国大学的预科，"二高"全名为仙台第二高等学校，"三高"全名为京都第三高等学校。

在日本人眼里，一提到"一高""二高""三高"……就是权力地位和荣华富贵的代名词，这些学校的学生，即未来的"帝大生"，也就是日本未来的国家精英，是国家的领导阶层。东京第一高等学校最早建立，学制最初为二年，后改为三年。如果不另外选择学校或者特别挑专业，学生完成"一高"学业后，基本确保升入东京帝国大学。东京"一高"现已改制为东京大学教养学部，相当于欧美的文理学院，主要教授人文社会学科和科学学科。

东京"一高"实行全住宿制，原则上学生住在"寮"。李文光先生据说住在同学大竹喜彦家里。大竹先生后来获得医学博士学位，他对中国态度友好。薛敬孝先生去日本访学时，李文光先生曾把大竹先生介绍给他，而大竹先生则对薛敬孝先生热情相助。

李文光先生完成在"一高"的学业后，升入东京帝国大学文学部社会学科深造，按照文学部的学科分类，李文光先生应该学的是社会学。1944年9月毕业后，李文光先生回到长春。

第二次世界大战后，帝国消亡，帝国大学亦不复存在，但更名后的东京大学延续了帝国大学的学术传统，保持了世界著名学府的地位，毕业生也都拥有强烈的荣誉感和校友情结。我在跟随李文光先生读研究生期间，时任日本驻华使馆的大使、公使和一个参赞，都毕业于东京大学文学部，他们把李文光先生请到北京一起吃饭，向他表示敬意。

学人岁月亦蹉跎

李文光先生在东京帝国大学读书期间,第二次世界大战已经接近尾声,日本军国主义还在垂死挣扎,很多日本学生不得不放下学业,被迫上战场做炮灰。李文光先生是幸运的,他完成了学业,并顺利回到家乡工作。而回国后的李文光先生,经历了自己国家的大时代变迁。

1945年日本投降后,国民政府军队接管了东北的大城市。李文光先生从1946年6月开始在长春中央日报社做记者,一年后,转入长春大学文学部外文系担任讲师,教授英语课程。英语是他在东京帝大学习的第一外语,第二外语是德语,他能够熟练进行德语阅读和书面翻译。

1949年1月,天津被中国人民解放军攻占,这个北方的经济中心急需城市管理人才。这年5月,李文光先生进入中国人民银行天津分行工作,从此开启了他的经济实务和经济研究工作生涯,并在这座城市扎下了根。李文光先生在中国人民银行工作了整整九年时间,在他的履历表上,他的职务一直是行员。

李文光先生曾经对我说,在某个政治运动期间,他因与另一个有历史问题的人同名而受到牵连,遭到过审查,好在最后搞清楚了事实真相。

在"大跃进"年代里,金融专业不如国际贸易重要,有过海外名校留学经历,并掌握三门外语的李文光先生在1958年5月调入中国机械进出口公司天津分公司工作,在从事了五年外贸工作后,1963年1月,李文光先生进入南开大学经济研究所开始学术工作,直到退休。

与南开的很多海归先生不同,李文光先生长期在金融和贸易领域工作,拥有丰富的实践经验,这为他的经济研究工作提供了宝贵的感性认识和进行理论总结的机会。遗憾的是,与其他海归先生的命运相似,由于随之而来的"文化大革命"让科研工作瘫痪,李文光先生也只能跟着政治运动荒废学术生命。在"文革"后期,教学工作有所恢复,先生们也开始把精力投入到教书育人上。1971年,第一批工农兵学员入学,南开经济研究所和经济学系组织了一个日语短训班,时间两个月,大约有30人参加,每周两三次课,由李文光先生讲授日语基本知识。当年的青年教师薛敬孝先生也参加了这个班。据他回忆,很多人无法坚持下来,参加学习的人越来越少,但薛敬孝先生坚持下来了,并在短训班结束后开始自学。薛敬孝先生有语言问题就向李文光先生请教，而李先生则给予耐心的解答。李文光先生成为薛敬孝先生的日语启蒙老师，二人并由此成为忘年交。而薛敬孝先生则因为一直坚持日语学习，在改革开放后，成为第一批公费留学生，赴日学习现代经济学，奠定了他成为一个优秀经济学家的人生。

李文光先生随后也开始了科研工作，涉及美国对亚非拉的关系、日本对外贸易等。从他的科研成果看，不免带有特殊年代的时代特色。他先后撰写了15篇论文，包括"战后帝国主义对世界咖啡的控制和掠夺""战后帝国主义对世界橡胶贸易的控制和掠夺""战后帝国主义对全球生产、贸易的控制和掠夺""粮食自给对亚非拉的重要意义""日本农业情况及其内外政策""六十年代以来日本对外贸易结构的变化及今后的变化趋势""日本经济危机问题""世界石油问题"等。他还翻译过"日本结构改革论"等文章。

李文光先生在做日本经济研究工作期间，重点参与了三本书的集体编写工作。这三本书分别为1973年商务印书馆出版的《日本经济的畸形发展》、1974年人民出版社出版的《垄断·财团·大公司》和1977年商务印书馆出版的《国际石油领域的反帝反霸斗争》。

李文光先生还参与了日语版《〈资本论〉辞典》的翻译工作。薛敬孝先生留学日本归国后，经济学系主任魏埙先生安排他主持翻译日文版的《〈资本论〉辞典》。薛敬孝先生当时找了两位日语系教师一起工作，先由他们初译，薛敬孝先生再进行通审和专业把关，最后由李文光先生做总校。

李文光先生对南开大学跨国公司研究工作也做出了重要贡献。南开大学是中国研究跨国公司问题的重要基地，现有的南开大学跨国公司研究中心属于教育部人文社会科学重点研究基地。早在1973年，著名经济学家滕维藻教授即开始了跨国公司研究，在国内开创先河。作为日本经济问题专家，李文光先生则和南开经研所张岩贵教授共同组织了日本跨国公司研究，并撰写了《日本的跨国企业》一书，这本书于1993年8月由中国经济出版社出版发行。

在改革开放初期，日本企业投资成为中国重要的外资来源，日本产品成为中国消费者追逐的对象，当时拥有一台日本产电视机，是很多中国家庭的梦想。日本产品的质量标准和企业管理方式，也成为中国企业学习的榜样。日本跨国企业在管理方式和内部化分工方面，与欧美公司大不相同，研究透日本企业，对改革开放后的中国具有重要意义。李文光先生主编的这本书在绪论中写道，日本跨国企业这一特殊群体，它们同样分为垄断企业和非垄断企业，但这两类企业在业务、资金、技术间的联系，往往比欧美大跨国企业与小跨国企业的联系要密切得多，因而有必要将日本大跨国企业和小跨国企业作为一个整体予以探讨。

这本书对日本跨国工业企业、综合商社、跨国银行和非银行金融机构做了全面系统的研究，并研究了日本80年代对华直接投资的特点。这对于招商引资的中国政府和后来走出去的中国资本，都具有理论借鉴意义。

经济学家滕维藻先生亲自做序，并对研究成果做了积极的肯定。他表示，这本书是国内第一部较详细、深入论述日本跨国公司的书，"该书不仅有助于我国学术界拓宽对跨国公司的研究层面和深化关于跨国公司的理论探讨，同时对我国引进外资和制定对外资企业政策亦有一定的参考价值"。

他同时写道："南开大学国际经济研究所（以前为经济研究所）从事跨国公司问题的研究，屈指已十有八年。李文光教授是我国此项开拓性研究工作最早参与者之一。多年来，在教学任务较重和体力较差的情况下，他仍然笔耕不辍，实属难能可贵。但愿他和他所培育的青年同志们，今后在日本国际企业的研究方面能有更多的作品问世。"

谦和为师，精心育人

我的两位先生，如果说薛敬孝先生是严师，李文光先生则如慈父，他对学生的呵护和培育慈祥柔和，如滴水润土。

我1986年本科毕业于南开大学国际经济系，同年报考了南开大学经济研究所世界经济专业研究生，报考专业方向是中外经济关系，导师是熊性美教授。当时我考试成绩名列前茅，不过熊性美先生并没有直接录取我，而是和我谈话，说李文光先生没有招到合适学生，问我能不能转到李文光先生那里，可以学习日语，研究中日经济关系，由他们两个人一起带我。那时南开的世界经济专业是热门专业，南开经研所又是国内大学最有名的经济研究所，招生条件严格，学日语的学生专业课考试处于劣势，因而日本经济专业不容易招到合适的学生。我当时受到熊先生的鼓励，又想到可以多学一门外语，就决定跟随李文光先生学习日本经济。不过日后才明白，我并没有语言天赋，别说多学一门日语，就连学了多年的英语都难以过关，这是后话。

1986年9月开学后，我和本科同班同学张继红师妹一起开始了日本经济学习。李文光先生要求我们学日语，同时他也亲自教我们学专业日语。

李文光先生那时住在天津小白楼地区起士林餐厅隔壁的一座小洋楼的顶层，楼道不宽，木楼梯爬起来显得陡峭。他到学校上课不方便，每周我们都是骑自行车到他家上课。李文光先生给我们讲授日本经济，同时也会找到一些日语文献，教我们专业词汇，有时也提供一些英文资料，耐心指导我们阅读。如今过去30多年了，所学的日语词汇基本忘光了，但上课时的情景历历在目。有时下课晚了，李文光先生会留我们一起吃饭，每次都是他亲自下厨。做饭时，他会穿着围裙并戴上一顶帽子。李文光先生是个老派先生，生活讲究，头发有些稀疏，但是梳得一丝不苟。我猜想，也许是怕油烟污染头发，所以他炒菜时会戴上帽子。在他家里，我第一次吃到了清炒茭白，感到很新鲜，这在天津人的菜谱里很少见到，所以印象深刻。以后每次吃到茭白，就会想起李文光先生。

我结婚时，李文光先生送了我一个日本产的领带夹，送了我太太一个蝴蝶胸针，很精致，我们很喜欢。

三年研究生时间很快过去，临近毕业时，李文光先生安排我到外经贸部的国际贸易研究所日本室实习。年轻时桀骜不驯，不守规矩，有时没有请假就跑回学校几天见女友，现在想起来真是荒唐。

毕业时，李文光先生希望我能够留校，和他一起搞亚太经济研究，我因为是独子，父母都在北京工作，而且当时有点心高气傲，不想窝在学校里啃书本，所以辜负了先生的期望。毕业后，我每年都能在元旦时收到他的明信片，温情问候和殷殷嘱托跃然纸上，一直到他病重无法写字。

我的两位先生影响了我的职业生涯，我学会了低调谦虚做事，真诚正直做人。毕业后我几乎每年都会去看望李文光先生和薛敬孝先生。每次见到李文光先生，他都很高兴，分别时也不舍得我离去。他对我和家人关心备至。一次我临时打电话说去看他，到学校后，我先到超市想买点东西带给他。刚进超市，突然看到李先生的背影，他在食品架前认真挑选着东西，我没有打扰他，然后跟随着他回到家。我敲门进屋后，他告诉我，他去超市买了一点儿童食品，让我带给女儿。他的那种神情，就像爷爷疼爱孙女一般，这个场景深深印入我的心田。每次见面，他会和我聊很多事情。他喜欢瓷器，他会告诉我哥窑的开片之美，还会聊到日本文化，聊到中日关系。虽然腿脚不便，但他每次都会从三楼走下来送我到路口。临别前都会对我说："我保证，一定要长寿。"

南开的先生们大都长寿，因为他们都心地单纯善良。李文光先生 92 岁时因白血病离世。在他去世前不久我去看他，他拉着我的手还说一定要克服病痛，早日康复。从老先生身上我体会了人性之美和生命的动能所在。

我的脑海里永远留有这样一个记忆，在南开飘满落叶的大中路上，走过一位身材单薄但腰板挺直的老先生，脚步有些拖沓但频率很快，年轻人不一定能够赶上。

这就是我的先生，头发永远梳得整整齐齐，低调谦和、温文尔雅的李文光先生。

赵靖：中国经济思想史学科奠基人、中国管理思想史学科主要开拓者

张亚光

赵靖（1922—2007），山东济南人。中国经济思想史学科的奠基人、中国管理思想史学科的主要开拓者。1983年起任北京大学经济系（经济学院）教授，1991年10月获国务院政府特殊津贴。先后担任中国经济思想史学会副会长、会长、名誉会长。1964年主编出版中华人民共和国成立后第一部系统研究中国近代经济思想史的著作《中国近代经济思想史》；1986年出版《中国古代经济思想史讲话》和《中国古代经济管理思想》；1993年主编出版《中国经济管理思想史教程》；1987年开始主持撰写《中国经济思想通史》，历时17年出版1—4集和续集，完成了对中国古代、近代经济思想发展脉络最为全面的梳理和剖析，被誉为"20世纪中国经济思想史研究的鸿篇巨制"。专著多次获得国家级、省部级奖励。主编的《中国近代经济思想史》分别荣获全国优秀教科书一等奖和北京市哲学社会科学优秀成果著作一等奖；《中国经济思想史述要》作为"北大名家名著文丛之一"出版，获北京市哲学社会科学优秀成果著作一等奖；《中国经济思想通史》获第六届国家图书奖提名奖；《中国经济管理思想史教程》获国家教委优秀教材一等奖。

成长经历

20世纪二三十年代，中华大地灾难深重，内有军阀混战，外受日寇侵凌，国无宁日，民不聊生。1922年9月16日，赵靖出生于山东济南。6岁时，在旧军队里担任军官的父亲病逝于战乱之中，留下他兄妹三人随母亲到处奔波。在艰辛的岁月里，赵靖读完了小学和初中。

1937年，赵靖进入济南的齐鲁中学读高中。齐鲁中学是教会学校，一些不愿意为日本侵略者服务的爱国教师纷纷来此授课，不少爱国的学生也聚集在这里。课堂上，教师以各种形式宣传抗日爱国主张，学生们深受教育，群情激愤。正在读高一的赵靖回想起自己9岁时的一天，他放学回家看到母亲（当时是一名小学教员）正在和几个同事边读报边流泪，上前询问，才知道"九一八"事变爆发，中国的东三省被日本人占领。从此，亡国之痛深深记刻在少年赵靖的心中。数年过去了，国难仍在加剧，在这危急存亡之际，如不发奋学习，既愧对家中父母，更何以报效祖国？他懂得了手中书和笔的分量，在高中时期就成为一名出类拔萃的学生，各门功课都名列前茅，为进一步深造树立了信心，打下了良好的基础。

1941年9月，赵靖高中毕业，由于成绩优异被保送到燕京大学经济系学习。来到燕大不久，太平洋战争爆发，学校停课，赵靖被迫返回家乡。因为是从北京回来的大学生，他成了日本侵略者及其走狗眼中的抗日嫌疑犯，三天两头受盘查，面临着随时可能被捕的危险。赵靖只好跟着一个商人，打扮成他的徒弟，向内地逃难，准备前往甘肃投奔哥哥。一路的艰辛跋涉，经过宝鸡时偶然发现一则基督教青年会的通告："原燕大复校成都，内迁学生可到青年会报到。"就这样，赵靖到了成都，先借读于华西大学，燕大在成都复校后又复归母校学习。

在燕大期间，除了阅读经济学专业的书以外，赵靖还博览了大量的文史书籍，包括多种子书集成、二十四史、《资治通鉴》，等等。这让他开阔了思路、扩展了知识面，对他后来研究中国经济思想史很有帮助。

1945年7月，赵靖从燕京大学毕业，考上了当时在重庆的南开经济研究所的研究生，立志走学术研究这条道路。研究生还未开学，抗战就胜利了，南开经济研究所于次年迁回天津。赵靖在天津度过了一段紧张的研究生生活。第一年他潜心攻读经济理论、经济数学、经济思想史等多门课程，并泛读和精读结合，浏览了许多中外经济学书籍，刻苦钻研，孜孜不倦，连星期天也不休息。第二年，他开始撰写研究生毕业论文"美国制度学派的经济思想"并顺利通过了答辩。

1947年6月，赵靖研究生毕业，在南开大学经济学系讲授国际汇兑课程。1948年7月，转至燕京大学经济系任教，主讲经济学原理、财政学等课程。北平解放后，赵靖开始系统、深入地学习和研究马克思主义经典著作，不仅做了详细的笔记，还写下了不少心得体会。不久之后便主讲马克思主义政治经济学课程。另外，还开始以马克思主义为指导进行财政学课程体系的改革。1952年，全国高等学校进行院系调整，赵靖到了北京大学经济系。从此开始了长达半个世纪的中国经济思想史的拓荒与研究工作。

主要研究领域和成就

探索新知，请缨上阵，推动中国经济思想史学科创建

赵靖在大学和研究生学习期间，对经济学及西方经济思想有着相当系统的学习和掌握。然而面对经济学教科书中满目的舶来品，他发出了这样的疑问："为什么经济系的课程讲的都只是外国的东西？中国有几千年的历史，有悠久的文化，难道中国人自古就只知过经济生活而不思考经济问题，就没有经济思想吗？"怀着这样的疑问，赵靖找到了甘乃光、唐庆增等相关学者的著作如饥似渴地读起来；读完之后，却感到茫然不得要领，书中体系的支离与逻辑的牵强，使渴望寻求新知的他颇为失望。

事实上，旧中国的经济学界，存在着严重的民族虚无主义：一些人受帝国主义殖民奴化思想的影响，认为中国经济思想遗产贫乏，没什么研究价值。只有极少数学者对中国经济思想史进行过研究论述。而由于解放前历史条件的限制，这些学者虽然也出版、发表了一些专著和论文，却始终没有写出过一部完整的中国经济思想通史，在搜集和整理资料方面也缺少较为扎实

的工作，一支稳定的专业研究队伍更无法形成。中国经济思想史作为一门独立的学科，基础还没有完全建立起来。

初到北大经济系的几年里，赵靖一边讲授马克思主义政治经济学，一边进行学术研究。他尝试用马克思主义的立场、观点和方法来探讨中国经济问题。1956年生产资料所有制的社会主义改造基本完成之后，中国经济思想史学科进入了奠基时期。这时，赵靖作为这门学科的开拓者之一，深深感到：对于我们祖国无比丰富的经济思想遗产来说，中国经济思想史的研究工作起步太迟了，基础太薄弱了。披荆斩棘，奋起直追，加快学科的建设步伐，让中国经济思想的宝贵历史遗产，大放光芒于全世界，是中国学术界庄严的历史责任。同时，他还深刻认识到：在中国经济思想史这块无限广袤的荒原上，要进行科学的开垦和耕耘，就必须以马克思主义的政治经济学理论和唯物史观为指导，这对一门新学科的建设来说，意义更为重大。

到了20世纪50年代末，赵靖已经系统掌握了马克思主义的经济学理论，并能娴熟地运用马克思主义辩证唯物主义和历史唯物主义方法研究具体学术问题。最关键的是，他从马克思主义理论中找到了研究中国经济思想史的科学方法，再加上他深厚的史学功底，转向中国经济思想史的研究已经是水到渠成的事情了。当时的高教部副部长、著名经济学家黄松龄来北大视察，认为北大有着深厚的文学和史学传统，作为全国高校的领头羊，应当在刚刚步入正轨的中国经济思想史研究领域有所作为。赵靖主动请缨上阵，勇敢地挑起了这副重担，在国内率先开设了中国经济思想史课程。从1959年开始，赵靖正式将自己的教学和研究转到中国经济思想史领域，以后再没有改变过。

循序渐进，集中突破，引领中国近代经济思想研究方向

赵靖深知研究中国经济思想史是一项复杂而长期的工作，为此，他制订了明晰的规划。他先从近代入手，分别研究了中国近代史上几个关键人物的经济思想，如严复、冯桂芬、康有为、谭嗣同、包世臣等，并写成专文发表在《学术月刊》《经济研究》《北京大学学报（哲学社会科学版）》等刊物上。这些文章是赵靖运用马克思主义理论方法研究近代社会和近代经济思想的开山之作。

在撰写文章的同时,赵靖开始按照高等学校文科教材办公室的计划,与易梦虹一起主编《中国近代经济思想史》教材。经编写组集体讨论,由赵靖执笔写了"中国近代经济思想史的几个问题"一文,以仇成文的笔名发表于 1962 年 5 月 18 日的《人民日报》上。这篇文章对中国近代经济思想史研究的指导思想、理论体系和主要观点等问题做了初步系统的阐述。在此基础上,《中国近代经济思想史》于 1964 年 9 月至 1966 年 2 月分上、中、下册,由中华书局先后出版。这是解放后国内出版的第一部关于中国近代经济思想史的系统的、完整的教材。

在中国近代经济思想史的研究中,赵靖逐步形成了自己的治学特点,即以马克思主义的经济基础与上层建筑相互关系的原理和毛泽东思想中关于中国近代的社会性质、中国革命性质、中国文化革命的历史特点的理论以及其他有关中国近代半殖民地半封建社会的理论为指导,从中国近代经济思想的历史实际出发,密切联系中国近代的社会经济条件和阶级状况进行研究,以阐明中国近代经济思想的主要特点,揭示它的发展规律性。

赵靖在研究中指出:1. 中国近代经济思想史的研究对象应该是旧民主主义革命阶段中的经济思想;2. 中国近代社会经济主要矛盾在经济思想领域的反映集中在三个根本性的经济问题上——外国资本主义或帝国主义经济侵略的问题、封建土地所有制和封建主义剥削奴役的问题,以及民族资本主义发展的问题;3. 中国近代经济思想的两个思想来源是既从中国古代,也从西方资本主义国家获得思想材料;4. 中国近代直接的经济思想材料相当丰富,经济思想比较发达,在许多经济问题上,已形成了较为系统的经济学说体系,但还没能成为一门独立的科学。

上述这些开创性的理论见解,基本上确立了中国近代经济思想史的研究方法和原则方向,为中国经济思想史学科奠基工作做出了重要的贡献,在今天的中国近代经济思想史研究中,仍然有着很重要的学术指导意义。

持之以恒,独辟蹊径,创新中国古代经济思想研究模式

赵靖在中国近代经济思想史研究方面取得丰硕成果的同时,对中国古代经济思想史的研究工作也已开始。十年动乱中,赵靖的学术研究被迫中断。在严酷的形势下,他不计较个人的得失,心中仍然想着应为国家和人民多做工作，在中国经济思想史这块刚刚垦殖又遭荒废的学术园地上继续进行辛勤的耕耘。"四人帮"被粉碎后，随着拨乱反正时代的到来，赵靖进入了事业上的全盛时期。他在从事中国古代经济思想史的教学和研究工作中，勇于创新，独树一帜，获得了大面积的丰收。

赵靖在中国经济思想史的研究中尤其重视历史唯物主义和辩证唯物主义方法的运用和具体化，并逐渐形成了一套较为科学完善的方法论体系，即从社会经济的状况来揭示经济思想的性质和社会内容，重视政治制度和哲学、道德、艺术、宗教等意识形态同经济思想的相互关系和影响，考察经济思想本身的纵向联系和横向联系，了解已有的思想史料对特定时期、特定国家经济思想发展的影响，做到史与论的紧密结合。这一方法论体系也成为北京大学经济系"以史论见长"的优良学风传统的主要代表。

赵靖对中国古代经济思想的研究模式进行了较为深入的分析和探讨。以往有学者试图用西方经济思想史中的"商品-资本"模式来论述中国古代经济思想，对此赵靖表达了自己不同的看法。他认为，把人们对"商品-资本"范畴的认识的发展作为中国经济思想史的一个侧面来考察是可以的，但把它作为中国古代经济思想研究的中心却是不行的。如果这样，就不可能对中国经济思想发展的历史过程得出科学的认识。那么，研究中国经济思想史究竟应采用什么样的模式呢？赵靖决心闯出一条新路，从中国经济思想的实际内容出发，来建立新的研究模式。

赵靖指出：封建主义生产是一种以生产使用价值为经济目的、自然经济占主要地位的制度。封建地主土地所有制是中国封建经济制度的基础，地租和赋役是封建社会中剩余劳动分割的两种主要形式。在封建社会中，对任何经济问题的探讨总不免这样那样地涉及地产和地租、赋役的问题，一切经济思想的代表人物和一切有关著作、文献，都不免直接、间接地接触到地产和地租、赋役的问题。因此，研究中国古代经济思想史，必须抛开西方经济思想史按"商品-资本"各有关范畴的发展来研究的模式，建立"地产-地租、赋役"的理论结构，才能正确地揭示中国古代经济思想发展变化的条件和规律。赵靖还指出：对中国近代经济思想史和现代经济思想史，也同样要从中国近代、现代的历史条件出发，采用适宜的研究模式，而不宜照搬西方经济思想史的"商品-资本"模式。赵靖这些与众不同、独辟蹊径的新颖观点，在中国经济思想史学界受到了普遍重视，人们各抒己见，畅所欲言，活跃了学术空气，对学科建设和发展起了重要的推动作用。

贯通古今，鸿篇巨制，攀登中国经济思想史学术高峰

赵靖在研究中国古代经济思想史的过程中，已经着手从多方面为"撰写一部从古至今的中国经济思想通史"做准备。1986年出版的《中国古代经济思想史讲话》深入地探讨了中国古代经济思想史的研究模式、历史分期、理论体系等问题。《中国古代经济思想史讲话》出版之后，赵靖立即成立编写组，开始撰写《中国经济思想通史》。编写组的成员都是赵靖不同时期的学生，在他的带领下，师生精诚合作17年，先后出版了《中国经济思想通史》（以下简称《通史》）和《中国经济思想通史续集——中国近代经济思想史》，形成了北京大学中国经济思想史学科的治学特色与学术风格。

《通史》第一、第二、第三、第四卷分别于1991年、1995年、1997年、1998年由北京大学出版社出版。2002年，赵靖牵头对原书进行了全面修订，把原四卷合为一部书，并正式命名为《中国经济思想通史》修订本。全书共分13编85章，系统整理并论述了自夏、商、周三代至1840年第一次鸦片战争4000余年间中国传统经济思想的形成、发展和演变的历史，并在此基础上深入探索了支配中国传统经济思想发展变化的规律。1996年，赵靖承担了中国社科基金"九五"规划的重点项目——《中国经济思想通史续集》，其撰写成果在2004年7月由北京大学出版社出版。《中国经济思想通史续集》是《中国经济思想通史》的续编，研究自1840年第一次鸦片战争至1925年国民政府成立以前中国近代半殖民地半封建社会经济思想发展变化的历史。

从研究的广度和深度上看，《通史》是目前中国经济思想史领域内最为全面、系统的著作。《通史》对史料的发掘、整理是迄今为止最为丰富精到的。《通史》创造性地确立了中国古代经济思想史所特有的范畴，如宏观方面的善因论、轻重论、富国论、庶富论，微观方面的地主治生之学、商人治生之学等；还有一些是某一时代所特有的范畴，如南朝货币思想、北朝均田思想、唐代赋税思想、宋元纸币思想等。这些范畴的提出体现了经济思想的中国特色。

《通史》首次正式提出中国古代经济思想史所特有的研究模式，即"地产-地租、赋役"模式,并对其进行了理论论证;首次提出中国近代经济思想的主题是发展,而发展又包含发展前提和发展道路两大问题。《通史》已不限于力求客观地介绍、解释和评析前人的思想,而是要在深入探索传统经济思想和近代经济思想发展变化的内在联系、找出其发展规律的基础上,形成作者贯通于全书的理论、方法、思想脉络和体系。

《通史》的出版在中国经济思想史研究史上竖立起了一座新的里程碑,得到了包括陈岱孙、张岱年、陈振汉、任继愈、吴承明等在内的众多学者的赞誉。学者们一致认为,这是目前中国经济思想史研究领域最全面、最系统、内容最丰富、具有最高水准的权威性的大型学术专著,是在前人基础上又超越前人的鸿篇巨制,它不仅把中国经济思想史的研究推上了一个新的高峰,也必将对中国经济思想史学科的发展产生积极的影响,起到重要的带动和推进作用。它的问世标志着中国经济思想史的研究已步入成熟的阶段。

博学多思,与时俱进,拓荒经济管理思想史研究新领域

赵靖还是中国经济管理思想史研究的拓荒者和奠基人之一。1984年,当时的国家经委召开了一次关于"中国古代管理思想和管理现代化问题"的座谈会,赵靖应邀做了题为"中国古代经济管理思想论略"的学术报告。这次学术报告开启了赵靖对中国经济管理思想的探索和研究。

1985年,赵靖发表"学一点中国古代的管理思想为管理现代化服务",该文是他在学术刊物上发表的第一篇有关中国经济管理思想史的研究论文。他分析了中国古代的管理思想对管理现代化具有重要的借鉴作用和指导意义,指出要创立中国特色的管理科学,必须尽量利用已有的思想资料。

1986年,赵靖撰著的《中国古代经济管理思想概论》由广西人民出版社出版,该书首次以"富国之学"和"治生之学"的发展为线索对古代经济管理思想进行梳理,是国内第一部系统论述中国古代经济管理思想发展的专著,为中国古代经济管理思想的研究建立了一个科学、系统的理论模式。

1986年发表的"中国近代经济管理思想遗产中的珍品——纪念孙中山诞辰120周年"则是赵靖研究中国近代经济管理思想史的开端。研究中国近代经济管理思想比研究古代更难成体系,尽管如此,赵靖还是尽其所能地做出了两大开创性贡献:一是对重要历史阶段和历史人物的经济管理思想进行了系统阐述。比如,针对孙中山的国民经济管理思想,赵靖将"救贫防不均"作为孙中山国民经济管理的战略目标,这既是对维新变法运动的继承和发展,又体现了对广大劳动人民和社会主义的同情,为了实现这个战略目标,孙中山选择的国民经济管理模式是国家干预主义。二是对近代民族实业家的经营管理思想进行了概括和总结。如,张謇的利润积累思想、成本管理思想、供销管理思想、人事管理思想、精神管理思想;穆藕初的计划及运筹思想、人才思想、制度建设思想、销售思想,等等。

除了对中国经济管理思想的直接史料进行研究之外,赵靖还对中国历史文献中经济管理思想的间接史料进行了深入剖析,以期对现代经营管理提供一定的借鉴和启发。为此,赵靖先后撰写了"《管子》和企业经营谋略""《孙子兵法》在经营管理方面的价值发现""论《老子》和企业竞争中的以弱胜强术""诸葛亮的'隆中对'和现代经营决策""孔子的管理思想和现代经营管理""《孙子兵法》——经营管理教科书""《老子》管理哲学的启示""《三国演义》中诸葛亮的管理艺术""谈孔子的管理艺术"等一系列文章。

1993 年,赵靖主编的《中国经济管理思想史教程》由北京大学出版社出版。该书是为了配合中国经济管理思想史的教学而出版的一部教材,同时也是赵靖自 1984 年从事中国经济管理思想史研究以来重要成果的系统总结,该书的出版赢得了广泛好评,并于 1995 年获国家教委优秀教材一等奖。

学无止境,笔耕不辍,开辟传统文化学术研究新境界

"学无止境"是赵靖最喜欢的一句格言,充分显示出他在学术道路上不满足现状、不固步自封、锲而不舍、不断进取的精神。

20 世纪 80 年代末期,在对中国经济管理思想史做出重大开创性贡献之后,赵靖再接再厉,开辟了中国经济思想史内一门新的分支学科——人口思想史。

其时赵靖在北京大学人口研究所讲授"中国人口思想史"已有数年,但因忙于《中国经济思想通史》和《中国经济管理思想史教程》的撰写一直没有时间发表正式论著。1995 年,赵靖撰写"庶富关系论——中国传统人口思想的核心"一文,详细考察了中国数千年有关人口问题的思想观点。他认为,"求庶"论在传统人口思想中居于主流地位,在这种主流思想的引导下,各种增殖人口的主张以及如何处理人口与生产、赋役之间关系的思想就构成了中国传统人口思想的主要内容。在非主流的经济思想中，赵靖还考察了"求庶"论的反对论——人口过剩论以及"众农夫"论和"生众食寡"论、"任地待役之律"和"食民有率"论、"民材"论等颇具特色的人口思想。

1999年，赵靖又在《燕京学报》（新七期）上发表了"中国传统人口思想探微"，该文以更为丰富的史料深化了以前的研究。这两篇文章是赵靖在中国人口思想史研究领域的开拓性研究成果，深化和丰富了中国经济思想史的研究内容。

赵靖曾经将自己的文集命名为《学术开拓的主要路标》，在一系列辉煌的路标中，《经济学志》有着特殊的地位。

1993年，由萧克将军任会长的炎黄文化研究会主编的《中华文化通志》面向国内外公开招标，共分一百志，计三千万字。其中唯独《经济学志》长期无人中标，组织者慕名请赵靖担此重任。此时的赵靖虽已年逾古稀，但为了把中国传统文化发扬光大，毅然接受了邀请。

经过一年多的拼搏，《经济学志》于1998年出版。令人欣喜的是：赵靖打翻了自己几十年来形成的研究思路，不是像叙述经济思想那样按照纵向的历史顺序来展开，而是按照横向的范畴来营造经济学志的理论体系，把中国经济思想史的观点和看法，上升到学理的高度，使之概念化、范畴化、理论化。上篇按"富国之学"的体系，下篇按"发展之学"的体系，以学为纲、以史为目构建起新的理论框架。

《经济学志》的撰写完全突破了近百年来中国经济思想史以人物为中心的研究框架，具体的历史事实和抽象的经济范畴在这里首次得到了较完美的结合，中国历史上繁杂多变的经济思想在这里真正形成了一以贯之的体系，它和《中国经济思想通史》一样，在中国经济思想史研究史上竖立起了一座巍巍丰碑。包括《经济学志》在内的百卷巨著《中华文化通志》于1999年荣获第四届国家图书奖荣誉奖。

领携后人，桃李芬芳，留驻一代宗师风范

赵靖长期工作在教学科研第一线。无论是给本科生还是给研究生讲课，他都以内容丰富、逻辑严密、旁征博引、表达生动的风格，给学生们留下了深刻的印象。他精心指导攻读博士、硕士学位的研究生，认真拟订博士生和硕士生的培养计划。他要求研究生要有正确的指导思想和学风，鼓励研究生独立思考，着重通过撰写论文、整理史料等实践训练，培养和提高研究生观察、分析和解决问题的能力。

赵靖胸怀坦荡，待人诚挚，多次为一些中青年学者的著作写序，热情扶掖后进，极富长者之风。对中青年教师的业务进修，他关怀备至，诲人不倦；对他们所提出的疑难问题，循循善诱，有求必应。尤其是他毫无保留地奉献出自己的研究心得和体会，与中青年教师相互切磋，共同探讨，合作发表论文。

在担任中国经济思想史学会会长期间，他为学会工作呕心沥血，无私奉献，竭力从事于组织和推动中国经济思想史的研究工作。在赵靖的领导下，学会的规模和影响力不断扩大，其中不但包括为数众多的中国经济思想史专业研究人员，而且许多非本专业的研究爱好者也纷纷入会，在全国范围内形成了一支较为强大的中国经济思想史研究队伍，有力地推动了中国经济思想史研究的繁荣和发展；在具体工作中，他还开辟了不少新项目，如设立本学科研究生奖学金、出版文集、奖励优秀学术成果等等，发挥了团结凝聚人心、鼓励鞭策青年学者的效果，为学会工作奠定了坚实的基础。

赵靖终其一生致力于中国经济思想史的研究和探索，创立了"自成体系"的研究模式，在总结前人的基础上开拓了中国经济思想史研究的新阶段，开创了中国经济思想史和管理思想史研究的新局面，他作为中国经济思想史领域内最早的开拓者、一代宗师的杰出代表是当之无愧的。赵靖的学术成果将成为中国经济思想史学界的里程碑，而其学术精神将激励后人为中国经济思想史的研究开创更加辉煌灿烂的明天。

聂宝璋：中国近代航运史研究先行者

朱荫贵　李春伶

聂宝璋，1922年10月出生，河北蓟县（时属天津）人。中国社会科学院荣誉学部委员，经济研究所研究员、博士生导师。1944年肄业于天津工商学院国际贸易系，1945年转学昆明西南联合大学商学系，1949年获南开大学经济研究所硕士学位。1949年9月被分配到中央研究院社会研究所，中华人民共和国成立后在中国科学院哲学社会科学部经济研究所工作，1978年中国社会科学院成立后迄今一直在该院经济研究所从事中国近代经济史研究。1986年被评为博士生导师，并曾任南开大学兼任教授。1953年参与集体编写《中国近代经济史统计资料选辑》。随后着手中国近代航运史、洋行买办史及外国在华洋行史的研究。其著作《中国买办资产阶级的发生》（1979年）、《中国近代航运史资料 第一辑 1840—1895》（1983年）、《中国近代航运史资料 第二辑 1895—1927》（合编，2002年）出版后，中外学者曾撰文给予较高的评价。聂宝璋曾系统地写出19世纪各个阶段外国在华洋行史的研究论文，先后发表于《近代史研究》（1981年）、《历史研究》（1984年、1987年）。其他主要论文有"川江航权是怎样丧失的"（1962年）、"十九世纪中叶中国领水主权的破坏与外国在华轮运势力的扩张"（1987年）、"轮船的引进与中国近代化"（1988年）等。

成长经历与主要学术成就

学术训练与研究近代中国经济史的缘起

聂宝璋1941年从北京市立一中毕业后，考入私立天津工商学院。时值日本侵略者对沦陷区的统治日益加紧，出于对侵略者的愤恨和青年学生的爱国热忱，1944年年初他毅然弃学，辗转到大后方。1945年年初就读于昆明西南联合大学。翌年抗战胜利，西南联合大学复校，遂转读于天津南开大学。1947年毕业，获学士学位。同年考入南开经济研究所，师承经济学家滕维藻，专业方向为数理经济学。1949年毕业，获硕士学位。毕业后，参加华北人民政府举办的大学毕业生暑期学习团，结业后即分配到南京中央研究院社会研究所（中国社会科学院经济研究所前身）任助理研究员。在历史学方面，聂宝璋深受其叔父宋史专家聂崇岐的影响，特别是聂崇岐参与的燕京大学《引得》编纂工作，让聂宝璋深刻领悟到史料编纂对历史研究工作的重要性。

1953年，为编写《中国近代经济史》，探寻半殖民地半封建中国社会发展的经济规律，中国科学院经济研究所由严中平主持开展了"中国近代经济史参考资料丛刊"（以下简称"丛刊"）的编辑工作。除了严中平外，还有徐义生、姚贤镐、孙毓棠、汪敬虞、李一诚、宓汝成、聂宝璋、李文治、章有义等十位学者参与编选工作。聂宝璋有幸成为编辑小组的成员之一。聂宝璋很早就注意到在中国的沿海沿江水域有外国轮船出现，进而有较大的外国轮船公司出现并垄断中国航运业，这一历史发展过程激起了中国的反应，于1872年成立了轮船招商局，开启了中国自有航运业的发展。基于这样的观察和认识，聂宝璋把航运史方面的资料编辑工作作为自己的主要研究方向。1955年，聂宝璋参与编辑的"丛刊"第一种《中国近代经济史统计资料选辑》由科学出版社出版。该书是"经济研究所第一部集体编纂的专业工具书"[①]，该书作为"丛刊"中工业、农业、手工业、对外贸易、外债、铁路、航运七种资料的总纲具有重要的指导作用。该书自出版以来，广受关注，引

---

① 汪敬虞，"《中国近代经济史统计资料选辑》重版序言"，《中国近代经济史统计资料选辑》，中国社会科学出版社2012年版。

用率极高，已是中国近代史和经济史研究工作者的必备工具书（该书中个别有问题的统计数据已被后来学者进行了修正）。

《中国近代航运史资料》的编辑出版

关于"丛刊"编辑工作，严中平曾说："经济史资料工作是个体劳动，我们的办法是由一位，至多两位负责一个经济部门史资料的收集和编辑工作，有那么几个人，就编那么几个部门的资料。经过两三年至四五年的工作，先后编出一批部门经济史资料的定稿或初稿，当时中国近代经济史的教学和研究工作正在闹资料饥荒，为适应那种迫切需要，我们这些半路出家的人，只好一面学习经典理论，一面收集资料。我们理论水平之低是不需多说的，就是在资料方面，我们也只查看了某些著作和报刊，搜罗得不够广泛，至于档案，基本上没有利用。这都是我们所出资料的很大局限性。不过，我们毕竟编出那么几本资料汇编，质量虽不算高，力气却花了不少。这些资料汇编对当时的资料饥荒是起过一定解救作用的，对于我们自己，也是进行研究的一项基本功。……我希望青年充分注意这项基本功，对人对己，这都是绝对不可逾越的一个工作程序，轻视、嫌烦，都是不行的。"[①] 在这个思想指导下，按照研究计划，聂宝璋与其老师北京大学经济系陈振汉教授一起着手收集中国近代航运史资料。不料在1957年的政治风暴中陈振汉未能幸免，被误划为"右派"，工作被迫中辍。此后，聂宝璋亦被错划为"现行反革命分子"，丧失了从事研究工作的条件。紧接着，1971年聂宝璋在下放河南息县干校时突发心肌梗塞，险些丧命。

面对生命和事业的双重打击，聂宝璋没有放弃和退缩，他不改初心，坚持隐忍，十年如一日，进行身体锻炼和学术研究，逐步恢复健康并等待学术春天的到来。十年动乱结束后，聂宝璋迎来了自己的学术高峰时期。1979年下半年起，聂宝璋重新开始搁置多年的航运史资料的收集整理工作。经过三年多的紧张劳动，终于编辑成书，是为《中国近代航运史资料 第一辑 1840—1895》。此书分为上下册，1983年11月由上海人民出版社出版，全书计达117万字。不唯如此，聂宝璋在年迈之时与朱荫贵合作继续进行《中

---

① 严中平，《科学研究方法十讲》，人民出版社1986年版。

国近代航运史资料》第二辑的编辑工作。两人合编的《中国近代航运史资料第二辑 1895—1927》于 2002 年由中国社会科学出版社出版，该书体例与第一辑相同，同样也分为上下册，全书计达 119 万字。至此，经过近半个世纪的努力，经济研究所 1953 年开始的"中国近代经济史参考资料丛刊"编辑工作终于画上句号。这是中华人民共和国成立后第一次较大规模按经济部门搜集、整理近代经济史资料的结果。这套"丛刊"已成为中国近代史经济史研究工作者不可或缺的参考资料。2016 年 3 月科学出版社已将"丛刊"进行了整体再版，计 8 种 26 册，1300 余万字。

《中国近代航运史资料》是继中国近代工业史、农业史、手工业史、对外贸易史和铁路史等资料书之后的又一部大型经济史资料书。外商引进的轮船是资本主义各国从事海外殖民地掠夺的有力工具。外商在华航运势力的扩张，在很大程度上表明外国在华经济势力的扩张。轮船的引进，对中国封建社会政治经济必然产生深远的影响，因而对中国近代航运史研究的意义远不限于航运业本身。然而，国内对中国近代航运史的研究十分薄弱，见于成果的文章不多，专著更少。各有关部门保存的大量珍贵的早期航运史档案，至今未见整理出版。相比之下，国外近年来却开展了规模可观的档案资料的收集编辑工作，出版了多种有关中国近代航运业的文献资料，发表了不少论文专著。甚至长江线旧式木船及旧中国的河道管理等更为专门问题的研究，国外也有著作出版。台湾地区也曾出版有关中国早期轮船经营的论著。因此，《中国近代航运史资料》一书的问世，可以说填补了中华人民共和国成立以来中国近代经济史研究中的一席空白。①

《中国近代航运史资料 第一辑 1840—1895》辑录的是第一次鸦片战争到甲午战争期间中国近代航运史的资料。全书共五编，凡十七章。绪编两章，是作为背景资料辑录的，主要反映第一次鸦片战争以前外国船只在中国沿海的窜扰活动，轮船在中国领水的出现，以及中国木船在沿海、南洋等航线经营贩运贸易的沿革及情况。第一编三章，主要辑录了19世纪40—60年代以暴力掠夺为特点的西方资本主义侵略者对中国航权的破坏及其船运势力扩张的资料。第二编四章，则以19世纪60—90年代外国在华轮运势力的进一步扩张和国际轮业垄断资本的入侵为主要内容。第三编六章，则集中辑录了轮船招商局的创办及其初期发展阶段的资料。第四编两章，分别辑录了中国木船运输业的衰落与中国民族资本轮运业产生的历程。该书各个编章节目，均按不同历史阶段及主要问题分门别类进行编辑。《中国近代航运史资料 第一辑 1840—1895》，是聂宝璋在30年的时间中断续收集资料、沙里淘金、付出极大精力的心血结晶，特别是在十年动乱期间，他在研究条件尽失及身患重病的厄境中，依然发奋治事，不肯中辍。录入书中同读者见面的文字虽仅117万言，但征引的文献却在200种以上，摘抄的原始资料当以千万计。所选辑的资料，大都出自档案、函牍、笔记、奏章、报章等多种文献，又涉及英语、俄语、日语等多种语言。此外，聂宝璋还尽可能地根据录入的文字资料，制成统计图表，使读者一目了然，得到明确的数量概念。其所用功力，自不待言。

《中国近代航运史资料 第二辑 1895—1927》作为合编的工作成果，保持了第一辑的体例与规范。两辑之间是连续的、贯通的，只是历史时段不同而已。在内容上第二辑分为帝国主义、轮船招商局及民族资本轮运业三个部分，这构成第二辑的三编。第一编为外国在华轮运业，这一编共设置五章。前四章辑录的是外国轮运势力不同阶段扩张的形势，第五章则是外国轮运业资本对中国进出口贸易的控制及其收益。第二编为轮船招商局，这一编设置四章。其中三章为招商局不同阶段的发展进程及业务经营，别置一章为招商局的垄断地位，用以进一步探讨这家轮运企业的独特性质。第三编为民族资

---

① 思毅，"中国近代经济史研究中一席空白的填补——评介聂宝璋编《中国近代航运史资料》"，《南开经济研究所季刊》1985年第4期。

本轮运业，这一编共设置六章。前四章均以不同阶段民族资本轮运业的发展历程为主题，第五章则集中展示民族资本难以发展的症结，第六章反映民族资本轮运业发展过程中与木船及铁路的关系。

《中国近代航运史资料 第二辑 1895—1927》征引文献也在 200 种以上。篇幅虽略高于第一辑，但依然只出版了摘抄原始资料的一少部分。通过这两辑史料汇编，研究者可从各个不同历史阶段的航运业资料汇编中获得中国近代航运发展的清晰脉络。聂宝璋是一位经济学者，但他继承了中国史学的优良传统，治学态度极为严谨，对所征引的资料反复校勘，即使是一个标点符号或一个页码错误也决不肯放过。他这种严谨的治学态度保证了《中国近代航运史资料》作为史料的可靠性。2004 年，凌耀伦在《中国经济史研究》第 2 期发表了书评，他认为"可以相信这套资料集的出版，必将对中国轮船航运业和中国资本主义发展的相关研究，以及对中国近代经济史研究领域的深化扩展，起到积极的推动作用"，对"探求中国社会经济传统中绵延不绝的活力，把握中国社会的经济发展规律"具有相应的参考价值。[①]

《中国近代航运史资料》虽然是一部资料书，但聂宝璋在该书的前言中及章节标题、材料编排上，同其过去发表过的关于航运史研究的专题论文（例如"川江航权是怎样丧失的"（1962 年）、"十九世纪中叶中国领水主权的破坏与外国在华轮运势力的扩张"（1987 年）、"轮船的引进与中国近代化"（1988 年）等）一样，表明了他对航运业乃至这一时期整个中国经济发展历史的一系列重大问题的基本观点。聂宝璋在序言里指出："由于西方资本主义势力的入侵，中国由封建社会开始走上半殖民地半封建社会的道路。中国社会的阶级关系及经济结构都经历着前所未有的剧烈变化。其影响所及，牵涉到各个行业。和工业、农业、贸易等行业一样，航运业的发展不能不受半殖民地半封建社会经济总的发展趋势的制约，作为部门经济，它也和工业、农业、贸易等行业一样，又必然有其发展的特点和发展过程。不探察研究各个部门经济不同的发展过程与特点，也就难于科学地归纳整个中国近代经济史的发展规律。"[②]

---

① 凌耀伦，"读《中国近代航运资料》第二辑"，《中国经济史研究》2004 年第 2 期。
② 聂宝璋，《中国近代航运史资料 第一辑 1840—1895》序言，科学出版社 2016 年版。

聂宝璋认为，西方侵略者依靠暴力手段，既破坏了中国的航权又攫取了中国的土货贩运权。在这里，外商的保险行号起了不容忽视的作用，通过保险控制中国引水权，打击中国旧式运输业，从而在第二次鸦片战争后外国在华轮运势力获得迅速的扩张。

中国自己的近代轮运企业，是在外国轮运势力已经垄断了中国江海航线的条件下出现的，它以后的发展始终未能摆脱后者的垄断。从轮船招商局创办的前前后后，大致可以看出在错综复杂的阶级和民族矛盾中，中国近代社会经济演变的进程。至于中国民族资本小轮业的出现与发展，则走了一条十分崎岖而曲折的道路。虽然早在19世纪50年代就有个别华商投资于轮运业，但在中外反动势力的重重压迫下经历近半个世纪，才得以以小轮公司的形式正式出现。在对大量历史资料整理研究的基础上，聂宝璋认为，对外商强行引进的轮船，既要看到在外国侵略势力扩大中国市场中它所起的核心作用，也要看到它对中国封建经济结构以及封建政治、文化各方面所起的深远影响，否则就是不全面的。它对中国封建社会经济结构的冲击及其对中国近代航运业产生的促进作用，不是一眼可以望穿的。轮船是由外商强行引进的，因而在中国并不是如资本主义国家那样是应产业革命过程中的需要而产生、发展的。中国的封建社会经济远未达到这个阶段。从航运业进行考察，可以看出，"从中央到地方到处都能通过轮船体现出明显的封建经济体制对资本主义的'异体排他性'"。聂宝璋进一步强调，在中国资本主义的发展历程中，"封建主义的反动性丝毫不亚于帝国主义的侵略性"。[①]

洋行买办问题的研究

洋行买办是中国近代航运业发展的伴生现象，它不局限于航运一个经济部门，在工业、手工业等其他经济部门也有出现，这一点聂宝璋很早就注意到了。他认为，在中国近代经济史这门学科中，洋行买办问题的研究，是十分重要的课题。其所以重要，是因为买办是半殖民地社会所特有的阶级。在旧中国国民经济中，买办经济日益占有不可忽视的地位。因此，早在20世纪50年代初参与编辑《中国近代经济史统计资料选辑》一书时，他即开始注意

---

① 聂宝璋，"轮船的引进与中国近代化"，《近代史研究》1988年第2期。

这个问题。在1957年的政治风暴中陈振汉被误划为"右派",两人合作的中国近代航运史资料收集整理工作被迫中辍,聂宝璋遂转而全力研究近代中国买办阶级问题。由于长期积累,他在短短的几年之间即完成专题论文三篇,但直到十年动乱后才得以补充修改,汇集成书,是为《中国买办资产阶级的发生》,1979年由中国社会科学出版社出版,并于1984年再版。

在这部著作中,聂宝璋对买办阶级的发生、发展和演变过程进行了系统的研究。他认为,第一次鸦片战争以后外商可以自由雇用买办与公行时期的买办在性质上有着根本的不同,中国近代社会的买办乃是侵略势力扩张的产物。在方法上,他从买办职能的发展变化着手,具体地分析论证了在早期外商势力急剧扩张中洋行买办从雇员身份进入,再由兼营商业到独立商人的发展变化进程。充当买办者,不仅需要保证金、营运资金,往往还开设自己的商号,同洋行联手经营,有时还为洋行经销经购,包购包销。因此,洋行离不开买办,买办也离不开洋行,买办与洋行的经济势力大体取得同步发展。到第二次鸦片战争以后,随着洋行势力的大扩张,买办商人开始以一个阶层的力量崭露头角,在很多重要的领域里,都能察觉到买办活动的踪迹,特别是在商品流通领域里,19世纪后期一个"买办的商业高利贷剥削网"已经开始形成。

这部书出版以后,很快引起国内外学术界的关注。1982年第6期《天津社会科学》上,傅筑夫以"进一步加强经济史研究"为题发表文章评论说,《中国买办资产阶级的发生》一书,"是以丰富的中外文资料为基础进行深入分析、潜心研究的科学成果,对中国近代经济史研究工作的开展,无疑起着良好的作用"。在《读书》1984年第9期,徐盈撰写的"旧时代的新研究"一文指出,聂书"早已引起国际的重视"。确实,此书问世以后,欧美及日本学者反应良好,例如日本学者黑田明伸在《东洋史研究》第40卷第1号发表评论说:"聂先生着眼于金融,颇具卓见。""以旗昌轮船公司为对象所做的个别经济的分析,可以说为今后的研究方向做出了前驱性业绩。其他方面的论述,多数也超过了目前的水平。"(此文已译载于《经济学动态》1982年第5期)

洋行史的研究

洋行,作为中国近代航运业发展过程中另一个伴生现象,是聂宝璋另一个重要研究领域。多年来，他在这个领域进行了辛勤的耕耘。在长期的研究实践中，聂宝璋深切感受到在中国半殖民地深化过程中深入研究洋行问题的重要性——在华洋行势力的扩张同封建社会经济的发展、经济结构的变化以及政治、文化各方面都有着千丝万缕的联系。洋行问题的研究恰恰是中国近代经济史研究有待开拓的领域。在这方面，聂宝璋系统地写出19世纪各个阶段外国在华洋行史的研究论文："19世纪中叶在华洋行势力的扩张与暴力掠夺"发表在《近代史研究》1981年第2期，"19世纪60年代外国在华洋行势力的扩张"发表在《历史研究》1984年第6期，"1870年至1895年在华洋行势力的扩张"发表在《历史研究》1987年第1期。通过这些研究，聂宝璋分阶段地、系统地论证了在华洋行势力扩张的过程和特点。

聂宝璋认为，到鸦片战争前夕，广州公行形同虚设，对洋行商人的猖狂活动，特别在走私贩毒方面，已经无力约束、管制。鸦片战争后五口通商时期，公行制度被迫撤销，洋行势力急骤扩张，但商品贸易并未能打开局面，暴力掠夺是这一时期洋行势力扩张的主要特点。到第二次鸦片战争以后，航运及同它直接、间接联系的码头、仓栈、保险、银行、船舶修造的各种行号企业纷纷创办起来，他把这一时期的洋行区别于此前以暴力掠夺方式暴发起来的"商业大王"，概括为在华洋行商人的第二代。第二代外商势力扩张的基本特点就是轮船运输体系的建立，在这个体系中，由洋行母体离析出来的各个独立企业逐步形成独立的行业，各个企业间的"交叉投资关系"中，开始出现洋商资本垄断集团。这些都为在华洋行势力的进一步扩张奠定了基础。

进入70年代后，在华洋行势力的扩张又进入了新的阶段，为适应新情况，洋行经营方向与方式都有了变化。投资领域的扩大、资本的集中、由商品输出向资本输出的转换、由商业领域向政治领域的渗透，都是值得注意的动向。同时也应看到，截至甲午战争，洋行商人不断遭到封建经济结构及政治体制的阻碍，难以为所欲为，例如上海洋行商人对上海织布局染指的企图，始终未能得逞。

聂宝璋的这些论述，有些是对流行观点提出质疑，有些则是发前人所未发的论证。将近一个半世纪的在华洋行势力扩张史的研究，给人以清晰的脉络和轮廓。他对洋行史的研究，不能不说是对开拓中国近代经济史研究的贡献。

治学心得与教书育人

治学心得

几十年来,聂宝璋在自己的研究岗位上做了大量的工作。他之所以能够有上述贡献,是同他严肃认真的学风和扎实严谨的史料功底分不开的。他常讲,搞科学研究就要有科学精神,所谓科学精神,就是严肃认真,一丝不苟。有时碍于主客观条件,做到这一点并不容易,因而科研工作者需要有一颗科学的良心,执着地追求科学的真理。科研工作者要对得起科学,这就是科学的良心。但是科研又是一个无底洞,每个人的能力都是有限的,因此,科研工作者经常保持谦虚的态度是至关重要的。或许是因为他恪守科学良心的精神与谦虚谨慎治学态度的缘故,他在科研成果中体现的严谨作风,颇受学术界的称道,而他自己却常常不满足于已有的成就,并且以近乎挑剔的态度去反思自己过去的研究。对给他带来重要学术声誉的《中国近代航运史资料》,他认为自己虽然做了一些工作,但还很不够,如果能对第二辑再做些修订会更好。他说,科研工作者要有自我否定的勇气。他毫不讳言自己在学术研究中也曾受到"左"的思潮的影响,因而在著述中不无"否定一切"的痕迹。他认为,在学术领域中政治与科学是两个不同的范畴。他曾表示在他的《中国买办资产阶级的发生》一书中,就有些问题需要重新考虑,只有实事求是才能使自己的研究成果经得起时间的检验。

中国社会科学院经济研究所经济史研究室素来以重视史实而颇获好评。聂宝璋就一贯强调资料工作的重要性。他常说,无扎实资料功底的研究,是无源之水、无本之木,只能成为"一风吹"的过眼烟云。他从他叔父聂崇岐的教诲中获益良多:"研究工作者切不可轻视资料工作",资料的收集、整理与编辑,"好汉子不愿干,赖汉子干不了"。这些教诲对聂宝璋影响深远。实践证明,编辑一部专题资料集并不是轻而易举的。编辑专题资料集首先需要对大的历史背景有一定的把握,要把握某个研究方向可能存在史料的线索,航运史资料的编辑是根据"在中国沿海沿江出现轮船—出现大轮船公司—外轮公司垄断中国航运业—激起中国反应—成立轮船招商局"这一观察线索展开史料收集工作的。接下来，编辑专题资料集不仅需要广泛的涉猎、去粗取精、去伪存真的功力，而且它同研究工作一样需要有一个反复消化、提炼问题的过程。另外，在实践中选好有代表性的资料收集切入点也很重要；航运史资料收集过程中，初期选择民生公司作为切入点就对后期的资料收集工作很有帮助。对个人来说，编辑资料是引向深入研究的条件与阶梯，对社会来说，又是"修桥补路"为人提供方便的"善举"。因此，保证资料书的质量是首要的前提。为此，在编辑《中国近代航运史资料 第一辑 1840—1895》时，为挖掘资料，聂宝璋二下江南，赴上海面壁经年，逐日检阅盈室累案的中外早期报纸期刊、档案卷宗。在编辑《中国近代航运史资料 第二辑 1895—1927》时，他不顾年老有病之身，为获"真经"，又四处奔波，远至东北哈尔滨和号称火炉的武汉，都留下了他的足迹。凡收集到的资料，他均一一细细审阅，反复比较裁定后方才收用，力求尽量完善。无怪乎《中国近代航运史资料》出版以来，好评不断，并且能够再版。

教书育人与对年轻人的希冀

热心助人和奖掖新人是中国老一辈优秀知识分子的优良传统，聂宝璋也同样如此。从1982年起，聂宝璋开始招收硕士研究生，同时还应南开大学兼任教授之聘为之代培研究生。1986年，国务院学术委员会通过他为博士生导师。1988年起，他开始招收博士生，为国家培养专门的研究人才。除此之外，他还热心帮助社会上求助的陌生人，还在《中国近代航运史资料》第一辑出版以前，很多单位和个人即不断洽商参考利用。他常常收到其他单位和许多素不相识的人的求教信，对于这些信件，他总是认真对待，有问必答。在繁重的工作和抱病的情况下，他还常常给素不相识的青年人解答问题，修改论文。一次为一个素昧平生的青年人提出的修改论文意见竟达数千字之多，连错别字、标点符号都细细改正，知者无不敬佩。《中国近代航运史资料》第一辑出版后，对一些科研单位和个人特别是各省市港口史、江海内河航运史编写工作的请求解答问题，聂宝璋更是多次给予指导和帮助。对于自己多年辛苦收集的资料，他常常慷慨无私地提供给别人使用。有感于经济史研究的不景气局面，他总想通过自己的努力去扶持帮助那些有志于此的年轻人。

聂宝璋从不把自己的观点强加给自己的学生。相反，他不仅要求学生不受他的著述中的观点的限制，而且鼓励学生在认真研究的基础上有所创新。他常说，在师生之间要彼此尊重，学生在某些方面超过先生，这是先生的荣誉。

聂宝璋为人耿直，嫉恶如仇。他非常关心国家的建设，对社会上的不正之风、官僚主义深恶痛绝。他对某些"徜徉"于不同学术机构之间、只为谋取个人私利却无学术产出的所谓"能人"，极其鄙视。他十分厌恶等级制度，非常钦佩经济研究所所长孙冶方同志"不唯书、不唯上"的知识分子优良品质。对于不利于国家建设的现象，他在力所能及的范围内秉笔直陈，不计个人得失。

聂宝璋执着学术，淡泊一生。他今年94岁，虽然或有"羡万物之得时、感余生之行休"的感叹，但依然过着简朴、安然的生活。他耳聪目明，虑淡物轻，每天坚持读书看报，笑嘲自己是当年"中国近代经济史参考资料丛刊"编辑小组"硕果仅存"的一位。对于执着一生的经济史研究，聂宝璋始终认为经济是物质基础，决定上层建筑。经济问题搞不清楚，整个社会的问题就不可能搞清楚。所以，从这一意义上说，经济史的研究是基础性的科学研究，政治史、军事史、社会史等各方面的研究都离不开经济史的研究。中国始自19世纪60年代的工业化进程发展到如今已成为人类发展史上一个非常重要的成就，从经济史的角度去研究总结中国独有的发展变化规律是经济史学科重要的发展方向。作为一位"90后"的老学者，聂宝璋希望年轻人要超越前辈的研究工作，希望他们在经济史学科中大有作为。

杨鲁：中国价格改革的重要参与者

戴国庆　廖英敏

杨鲁（1924—2010），山东烟台人。1943年秋考入北京大学法学院经济系，1946年转入南开大学经济学系，曾是当时南开学生运动主要领导者之一，1947年毕业。后在北平几家报社任经济记者。解放后在中共北京市委政策研究室等单位工作，"文革"中受冲击。1981—1985年任国务院价格研究中心理论价格测算办公室主任、国务院价格研究中心副总干事，负责为价格改革做准备的理论价格测算的实际组织工作及其他改革方面的研究。1985—1993年任国务院发展研究中心顾问。是北京南开校友会80年代重建后第一任会长。

出生至"文革"结束

杨鲁，原名杨尧田，曾用名鲁农。男，汉族，1924年3月21日（农历二月十七）出生于山东省烟台市福山县（现福山区）诸留杨村一个还算殷实的家庭。其父一生务农兼经商，但经营不善兼经营环境恶劣（捐税浩繁），买卖赔钱，加上本人一些问题，家里土地逐步卖掉，由其母并雇一个长工打理。其父本人在北京做买卖，不懂农业，回乡后仅管理果园，但家庭经济总体上是入不敷出。不足部分全靠变卖家产支撑。

1928年，为避土匪绑票，4岁的杨尧田（杨鲁）随其叔父、婶母移居烟台，入私塾。因天资聪颖，深得其叔父喜爱。1934年，随其叔、婶移居韩国仁川。其叔父先后做过教员和中医，最后在仁川中华商会当秘书（时称"书记"），其堂兄在商行当店员。杨尧田在仁川上小学，因成绩优异，屡次跳级，1937年小学毕业。因成绩优异，其叔父承诺尽全力负担尧田以后上中学的费用。据杨鲁本人回忆，因"勉力供给"其上学费用，致使其叔父家庭"生活拮据"。

1937年夏天，时年13岁的杨尧田考入烟台志孚初中。九月入学后，加入了一个读书会（据杨鲁后来判断，该读书会有可能是中共党员组织的），开始读一些进步文艺书籍和杂志，参与爱国社团活动。当年11月，因日军侵入山东，烟台福山沦陷，学校解散，有些年纪大的同学参加革命了，他因年纪小，只好回到家中。1938年夏，仍回志孚中学读书，继续读进步书籍。他回忆说："当时崇拜鲁迅，受巴金影响很大，自命为革命家，要做文学家。只知道要打倒日本帝国主义，但没有实际行动反抗。"1940年从志孚中学毕业，同班的有张彭（后曾任北京市副市长）、刘佩弦、陈世菡等人，张锡山（后改名为贾铤，解放后在中央统战部工作）比他低一届。

1940年，杨尧田考上北京汇文中学（后改为北京第九中学），其间，他继续读进步书籍，和张锡山、刘佩弦等同学互相影响，但未参加过实际革命活动。1943年高中毕业后，回老家和姜彦结婚。在此期间，阅读了毛泽东的《新民主主义论》，他深感佩服，完全接受文章的思想主张。

1943年，考入北京大学法学院经济系，当时他的想法是"希望先把学问学好，今后从事建国工作"。因为家庭经济困难，他于1945年春又到中华新闻学院短训班读书，7月，入中华通讯社做实习记者。"八·一五"日本投降后，参加《新平日报》做编辑，写过一些短论，反对美国的侵略和蒋介石政权的腐败。10月底，该报社关门。

1946年春，他和张锡山等同学组织北平临时大学"壁报联合会"和《北平学生报》，任主编。

1946年7—10月，到张家口参加中共晋察冀中央局城工部举办的学生训练班。其间，1946年9月1日，在张家口由贾铤（张锡山）、韩伯平介绍加入中国共产党（候补期三个月，当年12月1日转正）。

1946年10月，杨鲁转至南开大学经济学系读大四。入学后，他立即在南开组织学生自治会，任首席常务理事。党内受刘芳庭领导。又担任南开"抗暴运动"（应该是抗议美军强奸北大女学生沈崇事件）委员会主任委员。1947年春，任南开大学学生自治会经济学系代表会主席。5月，在南开大学组织"民青",并任"五二〇""反饥饿、反内战、反迫害"大游行总领队,"六二""反饥饿、反内战、反迫害"委员会秘书处干事。"五二〇"大游行时,他打大旗走在队伍最前面,被国民党反动派军警打得头破血流。1947年夏在南开大学经济学系毕业。

1947年秋返回北平,先入《益世报》任代理编辑,10月1日入《平明日报》(傅作义的机关报)做经济记者兼经济版编辑,后转为专职记者,同时兼北方贸易行经理。其间先后撰写70多篇文章,报道北平各方面经济情况,实际是用公开方式为我党提供北平经济情报。1947年10月至1949年1月,任中共北平文委新闻界地下支部委员。与同在《平明日报》工作的傅作义的女儿傅冬菊当时是同事,但当时因为都是单线联系,彼此并不知道对方的真实身份。

北平解放后,1949年2—4月,杨鲁任中共北平市委民营报纸小组组长。4—6月,任中共北平市委宣传部宣传科干事。

1949年6月至1957年7月,先后任中共北京市委政策研究室财金组、工商组、财经组干事、副组长、组长。其间,1951年冬至1952年春,曾参加中央土改工作团到江西进贤县进行土改,任一个村工作队的队长。

1957年7月至1960年9月,任中共北京市委办公厅秘书。据其子女回忆,其主要工作是负责和时任中共中央政治局委员、北京市委第一书记彭真在北京市的工作有关的业务。

1960年年初,因替原北平地下党一位同事的父亲(曾为我党做过一些工作)改写申诉材料,受到党内严重警告处分("文革"后处分被撤销)。

1960年9月至1961年9月,北京市东郊农场苇沟猪场场长。

1961年9月至1964年2月,中共北京市委研究室财贸组干事。

1964年2月至1967年4月,北京市物价委员会委员兼办公室主任、党组成员。

"文革"开始后,杨鲁受到冲击,被列为彭真"黑线"人物,定性为按敌我矛盾处理,多次被批斗抄家,屡次被打得头破血流。在学习班接受监督和繁重的"劳动改造"。例如,在冬季每天用冷水反复刷洗墙上的"大字报",刷洗厕所,致使患上严重的关节炎。

邓小平恢复工作后,他和其他一大批干部境遇得到改善。1975年8月至1979年5月,他先后在北京市朝阳区仪表螺钉厂、标准件六厂任调度员、副厂长,他用自己拥有的经济管理工作经验,帮助这些企业改善经营管理,其中一家还被评为北京市"工业学大庆"先进单位,他曾代表企业在市级会议上介绍经验。

在国务院价格研究中心

"文革"结束后,1979年6月至1981年8月杨鲁同志恢复工作,任北京市物价局副局长、党组成员、顾问。

1981年9月至1984年11月,杨鲁同志调任国务院价格研究中心理论测算办公室主任,1984年11月任国务院价格研究中心副总干事。

国务院价格研究中心是在中国进行经济体制改革的大背景下应运而生的。党中央十一届三中全会提出了要实现"经济体制改革和经济现代化"的目标,当时认为,价格改革应成为经济体制改革的"牛鼻子"和"突破口"。在改革准备过程中,我国曾邀请号称捷克斯洛伐克"经济改革之父"的著名经济学家奥塔·锡克来华讲学。奥塔·锡克特别强调价格改革的必要性,他具体介绍了捷克斯洛伐克"先调后放"的做法。他认为可以用投入产出表,模拟市场供求关系,计算出各种产品比较接近市场供求关系的一套"合理"的价格。根据计算出来的结果全面调整价格,可以保证最终价格放开时对经济和社会的震动比较小。奥塔·锡克的建议受到国务院领导的重视。

为此,1981年7月,国务院常务会议决定成立国务院价格研究中心,由薛暮桥、马洪负责,定位为国务院和中央财经领导小组领导下的研究、咨询、审议、设计解决我国价格改革方案的临时机构。主要任务是:组织有关部门、研究机构测算理论价格;调查研究物价问题,提出若干全面解决物价问题的设计方案;同时组织各方面专家、学者对各种方案进行分析、比较,选择最优方案。

1981年9月份,国务院价格研究中心正式成立并开始工作,薛暮桥(时任国务院经济研究中心主任)兼任价格研究中心总干事,马洪(时任国务院经济技术研究中心主任)、刘卓甫(时任国家物价总局局长)兼任副总干事。下设理论价格测算办公室,杨鲁为主任。办公室下面设综合、农产品价格、矿产品和原材料价格、重工加工产品价格、轻纺产品价格、交通运输价格、商业服务价格、秘书行政八个组。

国务院价格研究中心成立后，首先邀请国内外专家对"理论价格"的理论基础进行了探讨，提出了作为社会主义商品经济中价值转型的近似值的理论价格构成的模型，还组织了数学和计算机专家根据投入产出法设计测算理论价格的数学模型和电子计算机程序。

当时提出测算理论价格的目的有三个方面：（1）测算出一套合理的各主要产品的参照价格，与现实价格比较得出偏离程度；（2）提出价格改革方案，并测算各种方案对国民经济各主要部门、人民生活及财政收支的不同影响；（3）为以后国民经济宏观管理提供一个有效工具。

为使理论价格能较客观地反映我国商品价值的形成过程，必须依据我国企业实际的商品生产成本、物资消耗、资金占用等有关数据并经过电子计算机进行测算。这些数据除了利用已有的企业财务决算和统计数据外，有些数据如生产各类商品的物资消耗和资金占用数据还需要企业专门计算填报，后一方面过去在国家层面并没有统一的统计标准，也从来没有做过类似调查。在广泛讨论的基础上，价格研究中心设计了测算商品目录、调查企业名单和企业财务成本调查表，拟订了测算理论价格的工作安排，并先后在全国物价局长会议和中国价格学会年会上广泛征求意见，进行了大量、详细的测算准备工作。

之后，从1982年开始，经国务院批准，在全国进行了1981年度和1983年度理论价格的财务成本调查工作。据原价格研究中心秘书行政组负责人林伯勤同志回忆："这项工作（企业财务成本调查）是在北京先行试点，中心派出数十名人员到各地具体讲解、培训，按照确定的企业名单具体落实后进行的。由于财务成本调查这项任务很复杂、艰巨且紧迫，大企业至少5人，小企业至少都是3人来参与。先后有6000多家企业的2万多人参与了这项工作，保证了财务成本调查工作的如期完成。"

在两次财务成本调查工作的基础上，对获得的大量数据经过认真的审查和汇总，利用设定的理论价格数学模型和电子计算机程序，进行了1981年、1983年全面、系统的价格体系测算，计算出各种理论价格体系和100种关系国计民生的重要商品价格体系的理论价格，并与现实价格进行了比较，模拟了可供选择的若干种价格改革方案。

在此基础上，1983年年初，国务院价格中心开始编写"我国价格体系和价格管理体制改革的总体设想"和几个分报告，首次提出价格改革的总体方案。总体方案从总结分析我国物价的基本现状入手，提出了价格改革的指导思想和应遵循的原则，价格体系改革的重点和范围，价格管理体制改革的方向和内容，以及实现价格体系和价格管理体制改革需要的条件，提出了可行的政策建议。在研究和设计总体方案的过程中，首次使用了理论价格测算的结果和参数，对价格体系提出了较为全面、系统的构想。总体方案提出，根据国民经济发展战略要求和价格体系存在的问题，价格改革应在三个领域有序进行：一是以提高一次能源、矿产品价格为中心的工业品出厂价格、交通运输价格和建筑产品价格的改革；二是以解决价格补贴为中心的流通领域的价格、公共事业收费及房租的改革；三是以提高粮价为中心的农产品收购价格的改革。方案中测算了各类产品调整的合理幅度和影响，并对"七五"末期或"八五"初期的价格体系进行了预测，对未来价格管理方式提出了改革方向。设想在"六五""七五"期间，基本完成价格管理办法的改革，总的改革方向，是逐步减少国家统一定价的比重，增加浮动价格商品的比重。1983年10月，研究报告初稿提交国务院常务会议，受到肯定。1984年价格研究中心完成了1983年度理论价格测算工作，1985年根据两个年度的测算数据和结果，形成了"中国理论价格的研究及其应用"和"若干测算结论及100种商品现实价与理论价格比较"两篇研究报告，呈交国务院。国务院非常重视这两份研究报告，并要求继续研究"七五"时期价格改革方案。

杨鲁同志是从开始就参与国务院价格研究中心组建的元老之一。据原价格研究中心秘书行政组负责人林伯勤同志回忆，在价格研究中心工作期间，杨鲁积极参与了关于理论价格测算的上述各项工作。尤其值得一提的是，理论价格测算中最为繁重、琐碎但又极其重要的基础数据的调研和收集整理工作主要是由杨鲁同志主持进行的，从企业财务成本表的设计、调查商品表具体品种种类的确定，他都亲自参与，并与各方面专家反复商量讨论。对参与调查企业人员进行培训、最后调查数据的核实，以及最后研究成果和报告的审定，他都事必躬亲，付出了极大的心血。在这方面他起到了重要的、不可替代的作用。同时，他对于价格研究中心内青年研究人员的培养和研究工作的安排也付出了极大的心血。

前排左四刘卓甫（时任国家物价局局长、国务院价格研究中心副主任），
左五杨鲁，左六路南（时任国家物价局物价研究所所长、
价格研究中心理论价格测算组副组长）；第二排左五刘丽，
左六廖英敏；后排左三林伯勤，左五马凯

在国务院发展研究中心

1985年6月底，国务院经济研究中心、国务院技术经济研究中心、国务院价格研究中心等三个中心合并为国务院经济技术社会发展研究中心（1990年1月更名为国务院发展研究中心），国务院价格研究中心整编制合并进入新的中心，成为价格组，年轻的田源同志任组长。杨鲁同志出任中心顾问组五个顾问之一，两任总理先后签发聘书。因为工作需要，他和中心其他几位顾问任职较长，直到70岁才终止。

在担任顾问期间，杨鲁同志工作负荷很重，他主要负责价格改革方面的工作，对价格组撰写的所有研究报告都认真提出意见和修改建议，并亲自担任了"中国煤炭价格政策研究""中国石油价格政策研究""中国第三产业发展研究"等课题组组长，也较早地开始了我国城镇住房制度改革的研究。

杨鲁同志非常关心年轻同志的成长，对年轻同志付出了极大心血。

1983年，武汉大学年轻的硕士、教师田源被借调入价格研究中心工作，很快表现出较强的工作能力。杨鲁同志基于对优秀年轻干部的关心与信任，在听取各方面意见的基础上，代表价格研究中心向上级打报告，破格晋升田源成为价格研究中心常务干事。在第二年国务院三个研究中心合并成为国务院经济技术社会发展研究中心后，田源成为党组成员、常务干事、价格组组长，是当时最年轻的正局级干部。

现任物美集团董事长的张文中 80 年代在南开大学读硕士期间，对石油价格改革有自己的想法，经南开大学老师介绍，在国务院发展研究中心见到杨鲁。杨鲁非常支持他进行石油天然气价格改革研究，除了与他深入探讨该研究该如何进行，还帮他开介绍信，以便能到国家有关部门进行调研，获取相关数据。这对于一名普通的在读研究生是多大的帮助啊！张文中硕士毕业后进入国务院发展研究中心，马上成为"中国石油价格政策研究"的主要执笔者。他认为之前研究生时期的调查和研究打下了很好的基础。

现在专业从事企业咨询的王育琨回忆说："1985 年进入国务院发展研究中心，我不会写考察报告。费了九牛二虎之力，写出一页纸的报告，德高望重的老杨就可以给我改出三页纸来。这样反复了十几次，我终于会写报告了。我原来不懂如何主持大课题研究，从开始设计到最后成型，都是老杨手把手指点我。我后来出任世界银行中国住房和土地改革项目顾问，老杨更是一个字一个字帮我改出一系列研究报告。后来老杨和我出版了一本专著《中国住房改革的现实与选择》，获得吴敬琏和周小川的高度评价。"

现任银河证券党委书记兼董事长的陈共炎回忆，他从北大毕业刚进国务院发展研究中心时，所写研究文章、为领导起草的讲话稿难免有一些"学生腔"，不符合要求，经杨鲁同志耐心认真辅导，他终于掌握了相应的规范，为以后的相应工作奠定了基础。

可以说，80 年代中期进入价格组的十几位年轻人（包括我们二位笔者），个个受到过杨鲁同志孜孜不倦的教诲，每篇文章、每个标点符号他都认真改过，这些年轻人都感到受益匪浅。曾在价格研究中心办公室工作的刘丽曾回忆了这样一件事："记得有一次，我被老杨派到印刷厂去校对密级加急文件，整整一天待在那儿，守着那篇稿子。我一页一页地反复校对着每一个字儿，眼睛脖子累得酸痛也不敢停歇，要赶在下班前结束。我又用自行车驮着一大捆文件，往回赶到办公室。老杨抽出了一份文件，认真地看着看着。筋疲力尽的我刚要喝水休息，突然，老杨大声冲我喊道：'怎么这种小问题还能出现呢？为什么你不改正呢？'我被老杨的大声吓了一跳。他快速回屋取出他的原稿，指给我看。我分辩道：'你写得字迹不清，难以辨认。意思都差不多嘛。'老杨生气了，他把文件摔在了桌子上，指着文件说：'马上重印！这是呈报给总理的报告，不能有半点失误！'望着他那将军式的严酷命令，我意识到了严重性，顿时心里像是堵了一块东西，冒了一身的冷汗。看到老杨发火的神情，我没有再说什么，提着大捆的文件，急冲到楼下，骑上自行车，立即返回印刷厂重印去了，那天加班一直到夜里……那一晚，我反思了很久，在这样的高层机构里工作，就是要在关键时刻有责任担当，我不再原谅自己。'给总理的报告，不能有半点失误'成了我以后工作中的一个标准，任何文件从我手里过目，我都用此标准来严格要求。我没有再被'惩罚'过。再以后，'很仔细、认真、严谨'的字眼儿和我拴在了一起，又曾被老杨表扬过无数次。"

在国务院发展研究中心担任顾问期间，杨鲁也很热心南开北京校友会的组织和建设工作，投入了大量精力，花费了大量心血，重建了南开北京校友会，深受在京南开校友的欢迎和母校的认可，并出任了新一届南开北京校友会会长。

据也参与组建南开北京校友会的国务院发展研究中心研究员李国强回忆，"经过几年的校友组织活动，他克服没有经费、没有专职人员的困难，亲自主持编辑出版了"文革"后第一部"南开在京校友录"，他还向企业家校友寻求赞助和支持，请一些南开校友出力承担具体工作，为校友相互之间和与母校之间构建起了密切联系、增进友情、交流互助的平台，奠定了之后南开北京校友会的组织基础。后来杨鲁同志患病在家不便出行，仍然牵挂校友会建设，为校友会健康发展推荐理事会人选。张文中校友后来接任了会长。杨鲁同志主持开展南开北京校友会活动中，让大家相聚一堂，心情特别舒畅。相互交流，无拘无束，一片真诚。还积极接待外地来京南开校友，让大家感到南开北京校友会的热情和温暖。杨鲁同志请南开老校友给大家讲张伯苓、周恩来的南开故事，强调发扬南开'允公允能，日新月异'校训精神和爱国爱校的优良传统，让南开人不断体会南开精神，把南开精神一代代传承下去"。

杨鲁（左）与本文作者戴国庆的合影

在对待同事和下级方面，现任某外资企业负责人的黎艳阳在北京市价格学会曾是杨鲁的下属，她回忆说："老杨的性格耿直，从不兜圈子，所以非常容易相处。他不仅发问，也会给出可操作的建议。所以尽管被他批评，却常常愿意与他亲近，不知不觉就将他视作自己的长辈。偶尔也会与他争论，如果有道理，他会表扬。遇到老杨表扬时，我都得意一阵子。有时也会与他开玩笑，老杨很幽默，从不怪罪，顶多说个：没大没小。就自己先哈哈大笑，他笑起来非常有感染力，学会里的同事们都喜欢他。"

在工作和个人利益问题上杨鲁同志更是以身作则，充分体现了共产党员的楷模示范作用。很多年轻同志都印象深刻。

1989年，杨鲁同志在国务院发展研究中心被评为研究员。

1993年杨鲁同志从国务院发展研究中心离休。

离休后，杨鲁同志仍心系发展研究中心市场流通部（原价格组改名，后又改名为市场经济研究所）的研究工作。据时任市场经济研究所副所长的任兴洲回忆，1995—1996年，杨鲁同志还经常到所里指导工作，并建议市场所多到西部等欠发达地区调研，为西部振兴多做实事，并表示他也愿意更多参与。

90年代中后期，杨鲁同志就被诊断出罹患癌症，但他不顾年事已高，仍以坚强的毅力和晚期癌症顽强斗争了17年，在和病魔做斗争的同时还坚持学会了刚刚进入家庭的计算机操作。同事们前去看望他，他总是表现出乐观、积极向上的态度和精神，使看望他的人都深受感动。

2010年4月1日杨鲁在北京病逝。在病重时，他已把自己的大部分藏书和杂志都捐给了家乡的一所大学图书馆。临终前，他坚持"不给后人添麻烦"的理念，一再叮嘱子女，去世后不告诉亲友、同事，不搞任何告别仪式，直接火化，骨灰也不保留，交由殡仪馆处理！真可谓坦坦荡荡，终了一生！

王继祖：先生之风，山高水长

郝建平等①

王继祖先生（1924—2011），祖籍河北省邢台市，1924 年 10 月出生于内蒙古五原县。1953 年在美国伊利诺伊大学获经济学博士学位，1954 年回国从事教学、研究工作。曾任南开大学金融学系教授、博士生导师、金融学系主任，曾兼任天津市咨询委员、天津市外贸学会副会长、天津市金融学会副理事长。

先生终其一生，潜心问道，严谨治学，为推动国际经济和国际金融的研究做出了突出贡献；执着杏坛，著书讲学，为祖国金融事业培育了众多杰出人才；胸怀高远，视野宽阔，倾力拓展南开金融的国际交流渠道；宅心仁厚，诚以待人，悉心帮助后辈晚学提高学术水平。

先生之风，山高水长。

心怀祖志，单步负笈

先生的祖父年轻时家境贫寒，在黄河后套地区凿渠引水，垦荒兴农。经其一生努力，竟使后套地区变得渠道纵横，田畴相连，桑麻遍野，而他本人也成为闻名遐迩的水利专家。民国年间，协助政府治理淮河、开发西北，被

---

① 参加编写本文的王继祖先生的学生还有：赵智文、秦启岭、翟金林、董彦岭、张大威、骆克龙、周伟、周召辉、郑天涯。

民间奉为"河神"。长辈为先生起名"继祖",期待他能够秉承祖父之志,掌握本领,造福一方。

先生不负所望,勤勉好学,在包头读完小学、初中,以第一名的成绩考入北京育英中学(高中),毕业后被保送进入燕京大学物理系。但入学不久,因战争之故,燕京大学被迫封闭,先生于1942年秋辗转至重庆,就读中央政治学校(现台湾政治大学前身)经济系,从此与经济学结下了不解之缘。

1948年,先生获得密苏里大学(现密苏里大学哥伦比亚分校)录取通知书,转年抵达密苏里州,开启赴美留学的历程。初到美国,身后是多年饱受战乱之苦的故土,眼前是世界上最发达的强国,两者之间巨大的差异让先生深感震撼;同时,也暗下决心:要想未来能够对祖国有所作为,"造福一方",必须抓住珍贵的留学机会,学到先进的经济思想。当时的密苏里大学已是百年强校,学术方面声名显赫,学习条件比国内高校优越很多。先生一头扎入教室和图书馆,课余时间阅读大量参考书和论文,打下了扎实的经济学理论基础。1951年先生获得硕士学位,随后又申请攻读伊利诺伊大学商学院经济学博士。伊大是美国名校,其商学院具有极强的实力,为全美一流水平,学术要求也更为严格。先生选修了法文、德文两门外语和八门专业课,课程和论文的压力很大,经常在图书馆"开夜车"。有时头疼很厉害,不得不随身准备一些阿司匹林片,必要时服用以便舒缓头疼。1953年,先生以二战后东南亚贸易为选题,完成了毕业论文,以优异的成绩获得博士学位。在伊大期间,先生在学业上刻苦上进,在生活中又性情随和,所以,深受教授和同学喜欢,结交了很多朋友,为日后先生在南开大学金融系拓展国际交流渠道奠定了基础。

勤耕南开,重塑金融

先生学成之时,新中国百废俱兴,蒸蒸日上,周恩来总理号召正在国外的知识分子、专家教授回国服务。1954年,先生取道日本、菲律宾返回祖国,参加社会主义建设。按照组织安排,先后在河南医学院、北京国际关系研究所、解放军外语学院等单位工作,1962年调入南开大学经研所,从此扎根南开。

南开大学经研所是一所在国内外享有盛誉、历史悠久的高层次经济研究机构,先生在这里从事世界经济研究,恰好专业对口,学有所用。在时任所长滕维藻教授带领下,先生与陈荫坊、陈国庆、钱荣堃等同事一起承担外贸部的研究课题,先后就美国进出口、非洲加纳的可可价格等问题进行专项研究,得到好评并落实到外贸政策。

不久,"文革"爆发,先生与许多具有海外学习背景的教师一起受到不公正待遇,被下发到大苏庄砖厂劳动。

改革开放后,先生回校任教,迎来了学术上的黄金时代。1980年晋升教授。

80年代初,因国家急需大批高端金融人才,南开大学在人民银行支持下复建金融学系,先生和钱荣堃、陈国庆全身心投入金融学系的筹建工作中。1982年,金融学系正式成立,招收首届本科生,钱荣堃先生担任首任系主任,先生随之调入金融学系。

1984—1992年,先生担任金融学系主任,为重塑南开金融做出了卓越贡献。

一是建立新的专业。金融学系于1982年成立之初,只有货币银行学专业。先生上任后,立刻落实与农业银行、人保公司的合作协议,创办农村金融专业、保险专业和国际金融专业,于1985年开始招收本科生。至此,金融学系具有四个专业,在校本科生超过千人,成为南开大学最大的系之一,为中国金融事业发展培育了大批高端人才。

二是打造尖端专业。1986年,在国家教委组织的全国高校金融类研究生综合评比中,南开的国际金融专业独占鳌头,被评为唯一的国家级重点学科,其硕士研究生培养质量排名第一。同年,由国务院学位委员会审核、批准为博士学位授予专业点。钱荣堃、王继祖和陈国庆三位老先生倾注了无数的汗水和心血,在短短的时间内,重建后的南开国际金融在国内具有了无可争议的领先地位。

三是推动国际交流。先生胸怀高远,视野宽阔,倾力拓展南开金融的国际交流渠道。首先,坚定推动中外联合办学。钱荣堃先生首创了中国和加拿大约克大学等三所学校联合培养MBA学生的"南开-约克"模式,继而又创办了中加联合培养国际金融博士班,借用国外的学术力量发展金融学系的国际金融专业。先生作为系主任,成为合作办学项目组织者、实施者。其次,采取请进来措施。先生凭借海外朋友关系，先后从伊利诺伊大学、特拉华大学等邀请八名教授来系里讲学。外籍教授既为研究生讲学，又为本科生授课，当他们为本科生授课时，研究生则担任翻译和助教，这使得研究生的专业知识和外语水平都得到了很大提升。再次，采取走出去方式。先生接受国外大学邀请，出国访问并讲学，足迹遍布美国、英国、法国、德国、丹麦，宣传中国的改革开放政策，介绍经济发展和学术研究状况，增进相互了解，深受欢迎。

四是活跃学术气氛。先生主持组建了货币银行学、国际金融、农村金融和财政贸易四个教研室，并建立三级学术梯队。教研室定期组织学术报告、教学研讨、授课观摩，学术梯队充分发挥传帮带作用，学术氛围十分活跃，教学、科研水平明显提高。先生宅心仁厚，提携后辈，在中青年教师中培养了一批学术新秀。

慎思明辨，博学通达

先生最大的爱好就是读书，最崇尚的事业就是教学。先生说："教师不是蜡烛——燃烧了自己，光就熄灭了；教师其实是种子——他不会消失了自己，而是转化出了茁壮的禾苗和丰收的果实。"

先生为研究生主讲两门课程，其一是国际经济学，另一门是西方货币银行学，通常采用英文原版教材。先生准备好教案和大量参考资料，但讲课时从不照本宣科，甚至不看教案。他特别注重对模型的分析、推衍，解析其背后的理论基础和思维逻辑。他时而盯着学生提出问题，引发思考，时而仰头叙述，深入浅出，娓娓道来。先生的授课面向金融学系研究生，但经济学院其他系所的学生常来蹭课，课堂经常被挤满，受欢迎程度可见一斑。虽然年事已高，且腿脚不便，但先生始终在讲台上站着讲课。此外，先生幼时留下耳疾，听力弱，讲课嗓门大，一堂课下来蛮累的。学生搬来椅子，请他坐着讲课，他总是摇摇头，笑笑说："不习惯。"这些情景给学生留下了很深的印象。

先生非常赞同钱荣堃先生"不唯书、不唯上、只唯实"的治学态度，但他认为，要想做到"不唯书、不唯上、只唯实"，首先必须"多读书"，只有博学方能明辨，只有明辨方能通达。在指导学生毕业论文时，先生从不预设论文题目或规定范围条框，而是要求大量阅读，调查研究，运用所学知识，自主研究问题，读书的范围和数量不达到一定程度，是不允许开题的。先生不仅要求多读书，而且要求读原著，读原著有助于准确理解理论的内涵，有助于独立思考，避免人云亦云。

先生对学术研究非常严谨，时常告诫弟子，只有把问题研究透彻了，才有发言权，才能发表论文。在审阅学生的毕业论文时，除论点、逻辑、结构之外，先生特别关注论文所援引的理论是否出自原著，引用的数据是否来源于官方或权威机构，采用的事例是否经过核实。对学术研究的严谨态度是那一代老前辈们的共同特点，钱先生、王先生、陈先生曾约定，每人至少隔一年才招收一名博士研究生，其做法根源于对学生负责、对学术负责的严谨作风。

在先生眼中，行政、商业方面的成就是一件"平常的事"，做学问才最有价值。他最关心的是他的学生有没有好好做学问，一旦听说某位学生在学问上取得了成就，会高兴好多天，也会在一段时间内持续向其他弟子提及、夸耀。就连在实业界工作的弟子来看望他，先生也总是问："最近又研究什么了？"先生还叮嘱说："学问是大事，别的都是小事。你看我，过去做系主任，行政事务很多，但我还是抽时间读书写文章，才有了点小成绩，做学问得勤奋才行。"

确实，先生一直勤奋地做学问。80年代初至90年代中期，先生在55岁至70岁之间却迸发出学术上的青春活力，先后撰写、翻译了七部著作：

《帕特曼报告》（选译），商务印书馆1980年出版；

《地区间贸易和国际贸易》（译著），商务印书馆1986年出版；

《国际金融市场》（译著），中国金融出版社1992年出版；

《美国金融制度》，中国金融出版社1994年出版；

《国际金融市场》，南开大学出版社1994年出版；

《国际金融概论》，中国经济出版社1994年出版；

《世界经济概论》，天津人民出版社1995年出版。

在此期间，先生还在《金融研究》《世界经济》《南开经济研究》等核心期刊发表了"凯恩斯主义与弗里德曼的货币理论分论""现代西方利率理论浅探""现代汇率理论浅探"等30多篇论文。

先生的学术研究主要集中于国际金融和世界经济领域，卓有建树，富有开创性。先生所翻译的《帕特曼报告》被认为是对于第二次世界大战以后美国经济权力集中所做的最为详尽的考察，是当时研究美国金融垄断资本必备的资料；先生所翻译的《地区间贸易和国际贸易》是诺贝尔经济学奖获得者贝蒂尔·奥林的代表著作，奠定现代国际贸易理论基础的经典之作，至今仍被国内出版社不断再版；先生所著《美国金融制度》是南开金融承担国家"七五"社会科学重点科研项目"资本主义国家金融制度比较研究"的研究成果，是研究国别金融的典范，也是当时研究美国金融乃至全球金融的必读之作。在中国金融改革开放、走向世界之际，先生的研究成果提供了有力的理论支持，也为后人的理论研究奠定了基础。

70岁以后，先生身体日渐虚弱，精力大不如前，教学工作基本取消。但先生依然关注学术前沿动态，依然坚持指导学生，依然笔耕不辍，先后又发表了"东南亚金融危机后的发展""美国货币政策调整的若干新动向"等近20篇论文，并在81岁高龄主编了《国际经济金融若干前沿理论问题研究》（南开大学出版社2005年出版）。活到老，学到老，研究到老，先生留给我们的不仅仅是理论知识，还有对学术孜孜不倦、执着追求的精神财富。

2011年5月9日，先生离去，淡然而从容。

音容宛在，精神长存

先生一生没有留下轰轰烈烈的壮观场面，没有留下催人泪下的豪言壮语。晚年，常有文化机构相约采访、树碑立传，先生淡泊名利，皆以腿脚不便为由，婉言谢绝。但先生以宽厚之胸襟、坚韧之毅力，书写了教育、研究之篇章，诠释并践行了南开之精神，这一切都已悄然注入到每一位弟子的血液中。先生虽去，音容宛在，精神长存。

先生去世后，学生周伟曾创作了一首七律来纪念他：

忆恩师王继祖先生

笑对人间万千事，平生只喜览群书。
求学志远出寒漠，布道声隆越雅庐。
铁骨消磨归国后，柔心呵护起航初。
痛失文曲倾盆泪，犹信笔耕师玉虚。

这首律诗言辞朴实，却表达了学生们对他的深切缅怀和无尽思念。

唯愿天堂中有一张五尺书桌，有一张三尺讲台，先生依然平静而舒畅地读书、写作、讲学。那爽朗的讲学声就是天籁。

贾秀岩：中国价格理论研究奠基人

王国文

贾秀岩（1925—2011），天津人。南开大学经济学系教授。我国价格学科学术带头人。荣获天津市"七五"立功奖章，享受国务院政府特殊津贴。曾任原国家物价总局所属中国物价函数学院副院长，中国价格学会常务理事，全国高校价格教学研究会会长、顾问，天津市人民政府咨询委员会委员，天津市南开区人大代表。

贾秀岩先生是我国著名的价格学专家，在价格学领域有着深厚的造诣。他先后发表学术论文 200 余篇，出版理论专著 20 余部，一些专著还获得了国家级奖或填补了国内学术领域的空白。他主编的《价格学原理》长期以来是我国价格学领域的经典教材，曾获得国家教委优秀教材奖。

进入经济领域 开创价格学科

说起贾先生从事经济类学科的研究还有一小段故事。贾秀岩先生自幼勤奋好学，特别是中学时期，学习成绩优异，被保送升入天津津沽大学。可是他自己并不满足，经过考试，被北京一所知名的医科大学录取。然而由于当时那所医科大学的变故，开学后很长一段时间都没有正常上课，无奈只好返回天津，就读于津沽大学，从此使他与医学擦肩而过。

1949年，贾秀岩先生在天津津沽大学会计财政系毕业后留校任教，由于教学优秀，时任该系系主任的李宝震教授对他十分赏识。1952年随着全国高校院系调整，贾秀岩随津沽大学商学院并入南开大学，并在南开大学经济学系任教。在此期间（1952—1955年）曾被南开大学推荐到中国人民大学会计专业研究生班学习，并以每门功课满分5分、连年全班第一的优异成绩毕业。

研究生毕业后，贾秀岩先生在南开大学经济学系主要从事会计学方面的教学工作，先后讲授过会计学原理、财务会计、农业会计、成本会计、审计学、经济活动分析、经济活动监督与检查等课程。

从1962年开始，贾秀岩先生转为主要从事价格学方面的教学与研究工作。对价格学的教学研究，是从参加编写《新中国物价史》开始的。1962年，贾秀岩先生主动找到当时担任国家计委副主任、全国物价委员会主任的薛暮桥同志，建议编写《新中国物价史》，得到了薛暮桥同志的大力支持。在编写《新中国物价史》过程中，贾先生从国务院所属的各部委到国家档案馆进行了极其细致和广泛的资料搜集，并进行了系统的整理和消化吸收，为后来从事价格学的教学与研究工作奠定了扎实的基础。同时也培养了贾先生务实求真、注重结合实际的治学风格。

1982年，为配合我国价格改革开放的新形势，在贾先生的倡导和积极努力下，南开大学经济学系创立了价格学专业，这是国内高等院校开办的第一个价格学专业。由于当时建系时人手少，而且大部分教师都没有接触过价格学领域，因此贾秀岩教授承担了大量且繁重的教学任务，创建性地为学生开设了价格学原理、部门价格学、新中国物价史、西方价格学、价格理论与实践、物价统计学等专业课程。没有教材，他就自己亲自编写、油印给学生。他一周为本科生上课多达30多课时，承担了极其繁重的工作量。

1983年，在编写《价格学原理》一书时，正值酷暑，那时候家里还没有空调。为了如期完稿，年近60岁的贾先生开着电风扇，汗流浃背，笔耕不辍。当时的这一场景，曾被南开大学出版社的编辑和研究生亲眼所见，大家都为老先生的拼搏精神所感动。

严谨治学，滋兰树慧

在几十年的教学科研过程中，贾先生一贯重视教书育人。在贾先生看来，治学思想和治学方法是做好教学科研工作的根本，是教书育人的基本保障。这里主要以贾先生培养研究生的治学思想和治学方法为例来介绍他的治学思想和治学方法。

教书育人，德智并举

80年代初期，我国恢复高考后，当时能够考入南开的本科生和研究生都是经过筛选的优秀青年，是国家未来发展的希望和栋梁，是社会进步和发展的骨干力量。他们肩负着我国改革开放的重大的历史责任。因此，在他们的学习和成长道路上，不仅需要坚实的专业基础知识、较强的实际工作能力，还必须有良好的思想品德和政治素质。为了不辱使命，将学生们培养成既能够干事业，又具备良好道德品质的人才，贾秀岩先生确立了自己的治学思想：既教书又育人，坚持德育、智育并举。

在教学方面，贾先生既注重基础理论的教学，又紧密联系实际，不断优化课程内容，用最新的研究成果更新、完善和补充教学内容，使学生能够运用唯物主义的立场和市场经济的观点去思考，理解所涉及的专业理论和实际问题，从而增强了教学的针对性和有效性。

在育人方面，贾先生独创了一套虽不成文但行之有效的制度，即对在校生的谈心制度和对毕业生的联系制度。

1. 对在校研究生分阶段针对性的谈心制度。经过总结多年的工作经验，贾先生发现研究生从入学到毕业，在不同的学习阶段所关注的问题焦点不同，且具有一定的规律性。在入学后的初期阶段，大多数同学关注的是如何适应研究生学习和生活问题；其后进入中期阶段，大多数同学关注的是如何写好毕业论文的学术问题；而最后一个阶段里，大多数同学关注的是未来的工作定位和生活问题。贾先生认为这毫不奇怪，因为存在决定意识。不同阶段存在不同的想法很自然。而且每个学生进入不同阶段的时间点也不完全相同。于是贾先生就根据研究生所处的不同阶段，有针对性地进行谈心，并将谈心经常化、制度化。这样做不仅加强了与学生之间的有效沟通，对每个学生出现的问题及时给予学习和生活上的帮助，也增进了师生之间的思想交流和感情交流，还加强了学生之间的相互团结，从而为搞好教学和研究工作提供了可靠的思想保障。

2. 对已经毕业的研究生的联系制度。由于贾先生与所带的研究生感情甚笃，毕业后的研究生绝大多数都与贾先生保持着密切联系。学生们无论在工作上取得了成绩，还是在生活中遇到了困难，都愿意找贾先生聊一聊，向先生倾诉和讨教。贾先生也是不遗余力地给予关心和帮助，将对弟子们的爱延续到了终身。记得我研究生毕业初到深圳，由于自己的疏忽丢掉了行李。当我身无分文、到南开西南村 21 栋贾先生家的时候，他拿出了一个存折，让我赶紧拿去先用，说这是无期、无息"贷款"。这件事让我没齿难忘。得益于先生的厚爱，在之后的家庭和事业发展中，随时得到教诲，受益终身。受益的学生们自然都把贾先生当成家长、人生导师，然而贾先生在学生面前，总是谦逊地说，与学生们的沟通也使他自己得到了充实，从学生身上也学习到了许多东西。比如一些专业资料的采集和提供、在工作过程中出现的一些实际问题的反馈，成为贾先生教学和科研工作的有用参考。甚至有时候贾先生还通过毕业生的"现身说法"，解决了在校研究生和本科生专业课教学中所遇到的一些问题。

由于贾先生坚持了以人为本、既教书又育人、兼顾德育智育并重的治学思想，先生所带的研究生们对不断提升自己的专业素质和思想素质都时刻铭记于心，见之于行。绝大多数研究生都成为所在单位的业务骨干和栋梁之才，为国家和社会做出了突出的贡献。

注重言传身教，用科学严谨的治学态度影响学生

身为教师有责任在业务能力上、品德修养上和工作作风上引导学生不断进步。在这当中，作为教师的榜样作用起着极其关键的作用。通常，研究生在刚入学阶段，都对导师存有敬畏心理。所谓"敬"，就是慕名而来；所谓"畏"，就是对导师还不熟悉。因此往往"敬而畏之"。经过不断的接触后，师生之间逐渐有所了解，增进了感情和思想交流，从而由敬畏进入到了信任阶段。可见，导师的言行对学生以后的学习和工作影响很大。正是深知这一点,贾先生治学中的科学严谨态度和以身作则的风范对学生们影响至深。

尽管贾先生的教学科研任务十分繁重,但他总是加班加点地备好每一门课程、讲好每一堂课,让学生从导师身上感受到认真严谨和勤奋向上的事业心、责任心;尽管贾先生的教学头绪和社会活动比较多,但贾先生从来都是准时上课,让学生从导师身上学到遵守时间、尊重他人的严谨作风;尽管贾先生的日常时间安排得很满,但对于多次学校研究生会请他为全校研究生做专题报告,贾先生都从不拒绝;尽管做报告没有任何报酬而且多是占用周末休息时间或是晚上,贾先生不仅毫无怨言,而且认真准备到深夜。贾先生所做的每场报告都是座无虚席,甚至礼堂的周围都站满了听课的学生。每次讲座都收到了很好的效果,博得广大师生的一致赞誉。许多研究生说:"从贾老师身上不仅学到了知识,而且学到了认真严谨、任劳任怨、无私奉献的良好品德。"

正是由于贾先生把育人寓于教育过程的各个环节,通过潜移默化的影响,贾先生所带的研究生大多传承了先生的优良作风。1985年,贾先生带着研究生到深圳进行调查研究。5月下旬的深圳天气已经很热了,晚上蚊虫很多。但由于课题多、任务重、时间紧,每天都是夜以继日地工作。白天贾先生带着学生去调研、搜集资料。晚上则汗流浃背地整理资料、编写报告。当时深圳市物价局领导到贾先生的住处去看望先生,看到这种情景,感到非常吃惊,不由得连声赞叹道:"来我们这里进行市场调研的单位很多,但是从未见过向你们这样的干劲,的确叫人佩服。"在这次调研活动中,贾先生身先士卒地带领学生做好了调研工作的每一项任务,使这些研究生们不仅从调研中丰富了理论知识、锻炼了实践能力,也培养了他们认真严谨、肯于吃苦、脚踏实地的治学精神,对学生影响非常深刻。

平易近人,注重教学相长

多年来,贾先生在同研究生的接触中从不以师长的尊严自居,而是以朋友般的态度对待学生、教育学生、培养学生。无论是课上还是课下都是如此。比如在课堂讨论中,先生从不以"权威"自居,总是认真听取每一位学生的发言,坚持以平等、科学、严谨的态度进行讨论,坚持以理服人,从不将自己的观点强加于人，积极倡导"百家争鸣"的学风。贾先生的这种科学、严谨、民主的治学理念，不仅培养了学生们良好的学习风气，也培养了学生们良好的学术品德，提高了学生们的理论修养。

每当贾先生发现研究生在发言中有独到见解，并能在基本理论指导下提出大胆创新的观点和想法时，贾先生总是予以充分的肯定。在通过一段时间的深入思考，再进行多次的研究和论证，达到比较成熟和完善时，贾先生就会将这些新的内容纳入到以后的教学和研究中，做到教学相长。

因材施教，注重能力培养

优秀的教学，不仅需要科学的治学思想，而且还需要科学的治学方法——因材施教。贾先生认为：每个人都是有差别的，各有所长，各有所短。因此，在培养研究生的过程中要对他们每个人的基本情况有所了解，以便因材施教。基于这一理念，贾先生在每一届研究生入学后，都会通过多种途径了解他们的家庭、个人经历、兴趣爱好、学习特点，以及本人的知识面和以往的学习成绩等，甚至包括他们的外语水平、写作能力、社会交往能力和分析问题能力，并从中分析出每个学生的特点和不足，以便在今后的学习和科研过程中扬长避短，因材施教。比如，有的学生是外语类转入的，没有数学基础，贾先生就要求补齐微积分、概率论和数理统计的知识；有的学生是从理科转入的，经济方面的知识不足，贾先生就有针对性地让他们补课，多了解一些相关的经济理论和基础知识；对调研能力较差的同学，贾先生就为他们创造条件进行实地锻炼；对有一定写作能力的同学，贾先生就鼓励他们多动手写文章和体会，一旦成熟，就帮助他们在有关的学术期刊上推荐发表；对写作能力差的同学，贾先生则采用"逼上梁山"的办法，让他们多写多练，不断提高他们的写作能力和自信心。总之，用贾先生自己的话说就是：对研究生采取因材施教的方法进行培养，是一条行之有效、事半功倍的好方法。

除了安排必要的课堂学习之外，贾先生还注意培养学生的自学钻研和独立研究能力。这主要体现在以下两个方面：

一是注重课上专题研讨。贾先生会给每个学生分配专题，在先生的指导下独立搜集资料，进行整理和分析，写成书面材料，在课堂上逐个演讲讨论。在实践过程中，往往在讨论一个问题时，又派生出一个或几个新问题，既要不断地解决问题，又要不断地提出问题。通过这种方式，较好地培养了研究生们独立思考、深入分析、善于解决问题的能力，对提高他们的理论水平和科研能力起到了积极的促进作用。

二是注重让学生参与导师的课题研究。在贾先生进行科研项目的过程中，他总是把研究生们纳入项目中来，分配给他们一些力所能及的科研任务，带领他们进行深入细致的分析和研究，使得他们的科研能力得到较大的提高。比如，在贾先生编写我国第一部《物价大辞典》和为原国家计委调查组起草"价格改革方案"的过程中，都曾进行过积极尝试，收到了良好的效果。既提高了研究生的科研能力，又拓展了他们的理论知识，也对加快项目的完成起到了积极的作用。

理论创新，建树卓越

价格领域，三个第一

贾秀岩先生经过多年辛勤耕耘，在我国价格学领域做出了十分卓越且富有成效的贡献，其中包含了一些开拓性和创新性的工作。概括起来可谓是取得了三个国内第一。

一是根据当时天津市政府的经济发展战略，于1980年主持筹建了天津农贸市场物价指数的编制工作。这是国内最早的农贸市场价格指数，也为后来的价格改革提供了很好的分析数据和参考依据。

二是根据我国价格学领域的改革发展需要，于1981年主持筹建了国内第一份价格专业理论刊物——《价格理论与实践》。这是国内最早的价格学刊物。该刊物创办出版至今，已经成为国内经济学术界的核心期刊。

三是根据当时我国改革开放的形势发展需要，于1982年在南开大学主持筹建了全国第一个价格学专业，培养出我国第一代价格学专业人才，包括本科生和研究生，这也是国内高等院校中最早开设的价格学专业，为后来多所院校开设价格学专业提供了样板。

文科领域,全市唯一

在南开大学价格学专业建立后,贾秀岩先生在学科建设方面做出了突出贡献:

一是在专业课程的设置与建设方面,建立起完整、科学的课程设置体系。这是当时全国最健全的价格学科课程体系,也成为后来其他院校学习的典范。

二是在价格学专业教材建设方面,编写了一整套价格专业系列教材。这是当时国内最完整的价格学科专业教材,为国内价格学科的教学和基础理论建设填补了空白。

三是在专业之师资队伍建设方面,逐步建立了完整的梯形师资队伍,这里的很多人都成为我国价格学领域的骨干力量。

此外,贾先生还在1989年我国举行的第一届教学优秀成果评奖中,先后获得了"南开大学教学优秀成果一等奖""天津市教学优秀成果一等奖",以及"第一届国家级教学优秀成果奖"。为南开大学争得了荣誉,也是天津市当年文科领域唯一获得的国家级教学优秀成果奖。这些荣誉的获得,都是对贾先生在科研方面做出的卓越贡献,以及所培养的研究生质量在社会上获得了良好的声誉的肯定。

理论建树,独树一帜

求真务实是贾先生一贯的治学风格。他在注重实际的同时,不断把实践成果提炼并升华为理论,从而在价格学理论方面也颇有建树。比如,贾先生从商品价格与货币价值的相互关系的实践中,先后提炼出这两者的"二元函数论""系列相关论""市场依存论"和"利益消长论"等理论;从价格总水平的历史演变中,提炼出"走势趋刚性"的理论;将价格与货币的关系升华为"价格是币值的倒影"的理论;将价格与供求的关系升华为"价格是供求关系的砝码"的理论。

这些理论的创新和提炼,不仅经受住了市场实践验证的洗礼,也逐步被国内多所院校同行们充实到他们的理论著作、科研项目和实践授课之中。这些理论的完善与拓展,是贾先生对我国价格学科的理论体系建设和完善做出的突出贡献。

科研成果，填补空白

贾秀岩先生将自己的毕生精力都投入教学与科研工作中。年逾古稀的他依然笔耕不辍，先后发表了论文 200 余篇，出版了理论专著 20 多部，其中代表作有：

1.《价格学原理》，南开大学出版社 1984 年出版，先后印刷了十几次，获得国家教委优秀教材奖，也是我国价格学最基础的理论教材，并被列入全国高等院校文科推荐教材。

2.《物价大词典》，河北人民出版社 1988 年出版，获得天津市社会科学优秀成果奖，是中华人民共和国成立以来第一部大型价格学工具书。

3.《民国价格史》，中国物价出版社 1992 年出版，填补了我国价格史学领域的空白，该专著曾经获得我国第一届"薛暮桥价格研究奖"。

4.《期货交易指南》，中国财经出版社 1994 年出版，是我国最早的大型期货交易实用工具书。

5.《企业税务会计》，南开大学出版社 1997 年出版，是国内第一部有关税务会计的专著。

6.《会计实践模拟》，南开大学出版社 1999 年出版，是填补国内空白的创新类教材。

社会荣誉，荣耀南开

被国务院法制局誉为"南开模式"

由于贾先生在制定《价格法（草案）》的过程中，理论基础扎实，法规起草体系的创新被国务院法制局誉为"南开模式"。

1987 年，依据原国家计委的要求，国务院法制局开始着手制定《中华人民共和国价格法（草案）》。当时，原国家物价总局邀请南开大学以贾先生为首的价格学专家参与此项工作。经过协商，确定编制两份《价格法（草案）》（即由国家物价局组织全国物价系统人员和南开大学分别编制一份），并约定在编制过程中互不通气，以防止雷同。为了完成此项任务，南开大学校组成了以贾秀岩教授为首的编制小组，由贾先生提出了整体行动方案：第一步，发挥小组成员具有英、日、法、俄、塞等几个国家外语背景的优势，把一些西方国家有关价格法规的资料进行搜集整理，并翻译成中文；第二步，对当时执行的《物价管理暂行条例》在执行中存在的不足和问题进行认真研究，并整理成报告，进行系统梳理；第三步，根据以上资料和报告制定《价格法（草案）》的框架，并反复推敲、讨论和修改；第四步，框架初步确定后，进行项目分工，分头执笔，逐个汇总，集体论证，并反复修订；第五步，由贾先生统筹全稿，再集体讨论，直至最后定稿；第六步，由贾先生执笔写出《价格法（草案）》的编写说明，即逐条写明为什么设定该词条，为什么如此表述等等。

最终形成的全部成果包括：1.《中华人民共和国价格法（草案）》；2."对《价格法（草案）》的编写说明"；3.翻译出的国外有关价格法的相关资料；4."关于《物价管理暂行条例》执行中存在的问题和不足"的报告；5."需要进一步研究和讨论的几个问题"的报告。共计约20万字。

以贾先生为首的编制小组如期保质地完成了《价格法（草案）》的起草工作，而另一份草案迟迟拿不出来，一拖再拖，影响了验收的进度，最终也没能提出来。最后，国务院法制局主持验收的只有南开大学提出的《价格法（草案）》。

除了提供了以上五种有关资料外，还由贾先生在会上做了特别说明。经过讨论、提问、答疑后，《价格法（草案）》被顺利验收通过。在验收总结会上，主持验收工作的国务院法制局的负责人说：南开大学编制的这份《价格法（草案）》的做法很有启发性，即从深入调查研究、广泛搜集基础性资料入手，逐步推进，最终定稿。以往编制的经济法规缺少这一个环节，因此占有的基础资料十分有限，看来这是一个缺陷。今后，再制定有关经济法规时，都要按照"南开模式"进行，即从占有大量国内外基础性资料入手，有利于保证法规成果的最终质量。

被高校同行誉为"南开电脑"

贾先生在讲课和做报告时，除了内容丰富、数据资料翔实、深入浅出之外，在讲授方式和技巧上，也有自己的特点。这就是从不看讲稿，即便是涉及上百个数据，也都倒背如流，堪称一绝。贾先生认为只有不看讲稿的讲授才能口语化，才能深入浅出，通俗易懂，才能把内容讲活，才能使整个讲课或报告更加生动活泼，引人入胜，层层推进。因此，贾先生的这种方式在校内外赢得了广泛的赞誉。

在校内外，贾先生讲课和做报告的范围很广，听课人数众多，社会影响力和知名度很高。除了听过校研究生会组织的报告会的同学们外，校内各个系、研究所、教研室的老师们，学校各级领导干部，绝大多数都听过或看过贾先生的授课或报告。南开大学原副校长王大燧、翁心光，原校党委纪检书记姚跃，以及原校工会主席李国骥等，都分别在市委党校高干学习班上或其他场合听过并看过贾先生做的报告。原校党委书记洪国起在一次会议上曾经说过："我从多渠道所反馈的情况看，我校贾老师所做的报告非常精彩，非常受欢迎，真正讲出了南开大学的专家水平。"

有的时候讲课或做报告的内容涉及几十个或上百个数据，贾先生也同样牢记于心，不看讲稿，并做到倒背如流。有的同志曾经对此有所质疑。后来，再一次听贾先生做报告时，该同志在台下拿着物价数据统计资料边听边核对，由于这些数据丝毫无误，这才口服心服。久而久之，贾先生脱离讲稿的讲授方式和技巧被广为传播，后来高校的同行们因此给贾先生起了一个"南开电脑"的美誉。

贾秀岩教授把毕生精力都奉献给了南开大学的教学和科研工作。他为南开大学的改革发展，为我国价格学理论研究做出了卓越的贡献。不仅为我们后人留下了宝贵的精神财富和研究成果，也为铸就百年南开增添了浓墨重彩的一笔。

谷书堂：当代中国政治经济学理论研究泰斗

陈宗胜

谷书堂（1925—2016），山东威海人，著名经济学家、教育家。1946年考入南开大学经济学系学习，毕业后长期在南开大学从事经济学教学与研究，历任南开经济学系主任助理、党总支书记，南开经济研究所常务副所长、所长和经济学院院长等职。谷书堂毕生致力于马克思主义政治经济学和社会主义经济理论研究，在政治经济学基本理论和社会主义商品经济、价值理论、分配理论以及社会主义政治经济学理论体系的建设等方面，进行了开创性研究并卓有建树。其发表的论文和出版的著作多次获得国家及省部级奖励。1995年获教育部"全国优秀教师"称号。曾入选《中国世纪专家》《中国知名科学家学术成就概览》等名人传记。2012年，获南开大学"荣誉教授"称号和"特别贡献奖"。

谷书堂小传

1925年10月18日（农历九月初一），谷书堂生于山东威海，父亲为渔船驾驶工，母亲为家庭妇女。童年谷书堂于七岁进入当地天主教办的威海海星小学（现在改名为鲸园村小学）读书。1938年小学六年毕业时威海被日本占领，时局动荡，更因当地中学距家较远、费用也较贵，由伯父送到邻村读一年私塾。1939年春节后由在威海一家渔业公司做经理的舅父领去烟台，并资助进入当时的烟台市立芝罘中学（现为烟台一中）读书。1942年初中毕业并直接保送上高中，后为参与抵制日本教官进校开展的军训而随他人转入北京第九中学（现在的汇文中学）。高三入学体检时查出肺结核病，被迫休学转回家乡烟台市立一中边治疗边学习。

1945年高中毕业后与同学一起赴北京考大学，报考了北京大学、北京师范大学和中国大学，被北京大学经济系录取。在因生活困难而回家等候开学期间，国家及家中发生了几件大事，这改变了谷书堂的人生轨迹。一是日本投降了，许多人怀着新的期冀开始了新的思考和等候；二是胜利后第二年1946年春节过后，谷书堂舅父一家随其工作的渔业公司搬到了青岛。于是，谷书堂与同乡一起骑自行车经烟台辗转到达青岛。不幸的是谷书堂的父亲在此渔业公司期间因驾驶渔船失事起火而过世，因此渔业公司愿意资助他上大学。于是谷书堂又从青岛再赴北京考学，被三所大学录取，分别是朝阳学院、在青岛的山东大学，以及西南联大的南开工商管理系预科。10月份南开发榜，他选择了刚刚复校并改为公费的南开大学，并最终在补习了外语后到天津再度考试，顺利入学南开工商管理系，并于1947年转入南开经济学系。

1947年复校不久的南开大学，其校舍和教室几乎被日本人全部炸毁，仅有千疮百孔的两座教学楼、一座临时图书馆，以及男女学生楼，男生宿舍楼在当时的六里台北院。满眼战争遗迹的南开校园却给了谷书堂不一样的感觉。他可以选择多位教授开的课程，文科生则必须选修一门自然科学课，学生来自全国四面八方，可自由组织社团，等等，他从这些具体做法中感受到焕然一新的气象。他从不逃缺任何正常课程，开始也没有参加任何政治组织，后来利用课余和自习时间参加了俄罗斯小说文艺读书社，加入了专唱进步歌曲的"南星合唱团"，经人介绍成为中国民主青年同盟即后来的共青团员，与同学一起躲避1948年国民党制造的"八·一九"大逮捕，义无反顾地参加当时风起云涌的罢课示威学潮，等等。谷书堂回忆说，经过在这个环境的洗礼，"我的生活也有了新内容和新的追求目标"，"我的生活态度、人生观都有了显著提升。所以，我一直热爱和留恋这一段大学生活"。

1950年谷书堂大学毕业。按时任天津市委宣传部领导要求，他曾到市委机关短暂工作两个月。后因工作需要重回南开大学做政治理论教员，并于1951年调任经济学系教师，后参加国家高教部在燕京大学（现在北京大学校址）举办的政治经济学师资培训班，接受苏联专家授课一年。1952 年被评为讲师，并于 1955 年开始与魏埙教授合作发表学术文章。1956 年谷书堂评为副教授，但因政治运动而中止。同年修改了与魏埙合作文章出版了单行本，引起学界广泛关注并成为立名之作。1957—1959 年参与教育部组织的政治经济学大纲编写，继续与魏埙教授合作发表有关价值规律的文章。

1959 年庐山会议后的 11 月份，谷书堂在"反右"运动中曾作为重点批判对象，被免去经济学系党总支副书记职务，定为犯"严重右倾错误"。1961 年到天津郊区王庆坨公社和霸县的堂二里公社进行农村调查。1962 年到北京参加黄松龄主持的"农村调查研究"，参加中国社科院经济所主持的"生产价格论"讨论。1963 年继续与多位学者研究价值决定与价值实现问题，并在校内准备生产价格文章参加讨论。1964 年启动招收副博士研究生，后因"文革"而中断；应邀参加旨在批判孙冶方生产价格论观点的双周座谈会，接受教育；参加社会主义教育运动和"四清"运动接受教育和批判。此后十年没有发表文章和讲课。

1979 年，改革开放轰轰烈烈开始。已经 54 岁的谷书堂受命担任南开经济研究所第一副所长兼党总支书记。1983 年又经国家教委批准担任新一届南开经济学院院长。从此，才真正开始了他为中国政治经济学理论研究、经济学教育事业做贡献的大好岁月。1995 年在谷书堂 70 寿诞时，我作为时任所长协助徐振方教授组织校友和学生，编写了一本关于谷书堂的学术传记——《一个经济学人的足迹》。其中总结了谷书堂自改革开放后所做的主要贡献：一是领导了经济研究所和经济学院的总体工作；二是长期主持编写了本科生政治经济学教材；三是推动和组织了硕士、博士研究生培养工作；四是尝试编写符合研究生水平的经济学理论教材；五是撰写发表一系列经济学理论著作和学术文章。我将在后文中专门介绍。

在大量行政事务性和理论研究工作中间，自改革开放后，谷书堂还参加了大量学术研究会议，其不少理论观点都是通过参加各种会议而发表的。他持续多年多次参加的会议，是教育部支持下高校自己组织的社会主义经济理论与实践研讨会及由中国社会科学院经济所召开的各种会议。如 1984 年他参加了深圳市委组织的一次会议，肯定了特区改革开放积极效果，为一些老干部放声痛哭江山断送的怀疑提供了"澄清剂"。1987年参加了国务院发展研究中心召开的股份制改革会议，他以"马克思主义的本质是什么"一文支持了股份制改革试验案例；1989年他参加了中共中央在人民大会堂召开的"纪念十一届三中全会召开10周年"的会议，参会论文"按生产要素贡献分配理论"引起广泛关注；1990年参与了杭州召开的关于商品生产讨论会，他以"社会主义商品经济论纲"一文，打破了当时国内出现的否定改革的气氛；1997年访问英国期间，他到著名国际政治研究所介绍中国经济体制改革总体情况，替中国驻英大使完成了一次应去而又不方便去的急难任务。

谷书堂于2000年后离休。但他实际上不离不休，2000年后几个出版社把他发表的大量丰硕的学术论文，先后收集在三个论文集中。他的许多论著先后获得国家级及省部级奖项，为中国经济学界树立了榜样。但是在各种奖项中，他最感安慰的是2012年暑假前夕，由南开大学校方颁发给他的荣誉教授和特别贡献奖。他认为，自1946年进入南开学习，1950年开始在南开工作，到2000年后真正休息，他的生活、学习、工作有67年是在南开园中度过的，"也可以说我的人生的大部分都是在南开度过的"。所以当有了学校代表社会和组织对他的这个评价时，他内心真正"得到了一定的安慰"，"似乎也可以对家人、亲友有一个肯定的交待"。2014年出版的《不平坦的治学路》一书记录了他的这些心迹。

2016年3月27日，谷书堂因病医治无效而永远离开了我们，享年91岁。他的仙逝使中国社会少了一位为改革开放鼓与呼的先贤，经济学界少了一位理论研究大师，南开大学少了一位经济学教育领路人。在他去世一周年之际，谷书堂的各界弟子和同事为其在南开园中竖立了纪念雕像，出版了《永远的怀念》纪念文集，记录了他仙逝后社会各界对他的怀念、追忆，特别是他在中国经济学研究和教育方面的各种贡献。

谷书堂的主要理论贡献

谷书堂教授作为国内著名经济学家，在经济学理论的许多重要方面都做出了重要探索性贡献。他作为成名很早的经济学家，善于独立思考，敢于创新，不愿人云亦云，总是力求实事求是反映社会主义实践的客观发展规律。其中主要理论贡献体现在他关于价值规律、商品经济、要素分配等三大理论探索中。

关于价值规律的理论贡献，主要体现在由他主发起的三次关于价值规律的大讨论中。关于价值规律所涉及的两种含义的社会必要劳动时间与价值决定的关系，是我国经济学界内部长期争论的一个问题。20世纪50年代、60年代和80年代，我国经济学界围绕这一问题曾开展过三次较大规模的讨论，谷书堂教授既是三场大讨论的发起者之一，也是主要观点的代表者。这三场大讨论，为我国社会主义市场经济体制的最终确立奠定了必要的理论基础。

所谓价值规律的两重含义，简言之，是指马克思在《资本论》中论及与价值决定相关的社会必要劳动时间有两种：第一种含义是指，"在现有的社会正常的生产条件下，在社会平均的劳动熟练程度和劳动强度下制造某种使用价值所需要的劳动时间"（简称为必要劳动Ⅰ）；第二种含义是指，社会总劳动时间中为满足一定社会需要应分配于某一生产部门的总劳动时间（简称为必要劳动Ⅱ）。三次大讨论的核心，是围绕哪一重含义的必要劳动时间决定价值而展开的。有三种代表性观点，有人认为是必要劳动Ⅰ决定的，必要劳动Ⅱ只决定价值实现，即所谓"实现说"；有人认为必要劳动Ⅰ必须要服从必要劳动Ⅱ，最终是必要劳动Ⅱ决定的，即所谓"决定说"；有人认为两重含义必要劳动都决定价值，即所谓"共同决定说"。谷书堂教授坚持后一种观点，认为生产社会所需要的某种商品总量所耗费的时间，即第二种含义的社会必要劳动时间，是整个社会必要劳动时间的不可分割的内容，它在商品价值决定中同必要劳动Ⅰ一样，都有直接的基础作用。今天看来谷书堂教授等人的观点可能更具科学性。但是我们这里姑且不谈争论各方的对与错，仅就由谷书堂等人引发的这三次大讨论本身而言，具有重要的理论意义和现实意义。

经过这样的三次大讨论，我国经济学界不仅对两种含义的社会必要劳动与价值决定的关系问题有了比较全面的理解，而且对与此相关的许多经济学理论问题，如价值规律的内容和作用形式、时间节约和按比例分配规律与价值规律的关系、市场价值与价值的异同、两种不同的供求关系对价值决定的影响、农产品的价值决定和虚假的社会价值问题等，也都有了一些新的认识，从而使我国政治经济学的教育与研究提高到一个新的水平。不仅如此，国内很多著名的经济学家都参加了这场争论，其人员之广、文章数量之多，都是前所未有的。而且参加讨论的人，大都公开指名道姓，有来有往，开诚布公，坦诚相待，形成了百家争鸣的浓厚学术气氛，这也培养和锻炼了一批理论经济学的新秀，从而为以后经济学的发展开创了一个平等探讨、百家争鸣的好范例。

  如果从我国改革开放后建立社会主义市场经济体制的角度看，这场争论的实践意义更大。大家知道，在我国和苏联长期以来实行的计划经济体制下，整个社会的生产基本上都是由统一计划自上而下地调节的，不管这些计划是否反映了实际的社会需要，生产者只要完成了计划指标，生产出来的产品无论成本多高，无论是否具有社会使用价值和符合需要量，都一概按照其实际生产费用计算"产值"，其中自然包含了大量的所谓无法实现的"价值"。"实现说"从一定意义上看，正是这种计划经济体制在理论上的一个反映。而无论是"决定说"还是"共同决定说"，作为对"实现说"的批评和否定，在实际上也就是对传统的计划经济体制的批评和否定。特别是谷书堂教授等坚持的"共同决定说"，强调两种社会必要劳动共同决定价值，从而确定了供求因素在价值决定中的同等重要的作用，揭示了价值形成的内在机制，这无疑对于改革不合理的价格体制，实现由计划价格机制向市场价格机制的转化，都具有重要的指导意义。而且，就其强调社会需求和社会总劳动按比例分配这一点而言，对于合理配置社会总资源，改革和完善宏观调控体系，也都不无借鉴意义。特别是根据中共十八届三中全会全面深化改革的精神，要发挥市场在资源配置中的决定性作用，根据要素市场的供求关系配置资源，根据产品市场需求决定有效供给，其核心就是要遵循价值规律，包括其所包含的两重必要劳动的含义。

  关于商品经济及市场经济理论观点，主要体现在他改革开放后发表的一系列文章中。1980年前后中国改革开放开始，但经济体制改革的理论基础是什么，当时在社会各界的认识并不一致，甚至相互矛盾的认识都是存在的。1979年，谷书堂教授发表了"论价值规律在社会主义商品经济中的调节作用",指出社会主义经济是公有制基础上有计划的商品经济,由此他成为我国较早明确提出我国经济具有商品经济性质的经济学家。在同年提交全国价值规律讨论会的论文"重新认识社会主义经济中的商品生产和价值规律"中,他提出了全民所有制企业之间的"商品关系论",从而为论证公有经济也是商品经济提供了有力论据。以后他结合价值规律的探讨,又多次探讨了中国公有制经济的商品属性和市场性质。

到 80 年代末期,针对当时理论界出现的否定公有制经济的商品经济性质的倾向,谷书堂教授系统阐述了公有制经济与商品经济的内在联系,指出公有制经济与商品经济并不是两个相互矛盾的经济体,而是分属于不同序列的经济范畴。公有制决定经济体的制度性质,而商品经济不属于某种经济制度所特有,而是一种可与多种经济制度相结合的生产、交换方式,因此中国经济体制改革必须坚持商品经济的市场取向。这种观点与 90 年代初邓小平关于计划与市场讲话的观点,与随后的党的十四大报告的基本观点是完全吻合的。

在谷书堂教授看来,商品经济就是以市场为前提的,只有市场的存在才能有商品的生产、流通、交换,因此商品经济就是市场经济。所以,在 1992 年党的十四大报告明确提出社会主义市场经济体制,将我国经济体制改革推进到一个崭新阶段之前,他早在 1988 年撰写《社会主义经济学通论》和《政治经济学(社会主义部分)》的修订中,已经使用了"社会主义市场经济"的概念。1992 年以后,他则更加系统地陆续发表和出版了一系列相关文章和著作,进一步阐述他对商品经济及市场经济的看法,更深入地探讨了社会主义市场经济的一系列重要问题,如关于市场经济与有计划商品经济的联系,关于市场经济与公有制度的关系,关于中国经济选择市场经济的客观基础,关于市场经济与计划调节的结合关系,关于发展市场经济、建立社会主义市场经济体制的途径等。所有这些理论观点都为中国经济体制改革与开放提供了有力的理论指导。

按生产要素贡献分配理论的提出,是他对改革开放实践的总结。自上世纪 80 年代改革开放以后,随着我国计划经济体制向市场经济体制的转变和多元所有制结构的形成,在分配领域也出现了多种分配方式。除了公有制经济中实行按劳分配以外,个体劳动者通过合法经营既获得劳动收入,又得到一定的资产和经营收入;当企业发行债券筹集资金时,债券所有者就会凭债权取得利息;随着股份经济的产生,还出现了股份分红;在私营企业雇工经营中,企业主会得到部分非劳动收入。概括起来,所有这些收入分配形式,不过是按劳动分配收入和按非劳动要素分配收入,既包括公有制经济中的按劳分配,又包括个体劳动者和私营企业中的雇佣劳动者的收入,还包括经营管理者作为劳动者所获得的部分收入;非劳动收入既包括资本收入即利润、利息、股息、红利、债息,又包括土地所有权收入租金,本质上都是各种非劳动要素所有权的体现。

于是,我们党的十三大(1987年)提出社会主义初级阶段实行按劳分配为主体,多种分配方式并存。但是,这里的"按劳分配为主体的多种分配方式",仅仅是对社会主义初级阶段收入分配方式的一种直观描述。而这种多元的分配方式的概括性规定是什么?其中每一种分配方式的彼此之间的联系又是什么?这些问题引起了经济学界的热烈讨论,争论的焦点是如何从理论上阐明以按劳分配为主的多种分配形式,特别是如何看待非劳动要素参与分配,如何对社会主义初级阶段的分配原则做出统一的理论概括。谷书堂教授"按生产要素贡献分配"的理论,就是在这个背景下提出的。

早在1984年中央提出"有计划的商品经济"后,谷书堂即在次年召开的第一届全国高校社会主义经济理论与实践学术研讨会上,做了按劳动贡献分配为主线的大会发言。此后,他进一步从多种所有制并存的市场经济现实出发,考虑到其他生产要素同样对财富的创造做出了贡献,理应根据各自的贡献进行分配,进而形成了"按各种生产要素贡献分配"的思想。

他关于按要素贡献分配的理论思想的核心,是认为社会主义初级阶段的个人收入分配原则应该是按各种生产要素的贡献进行分配,其中包括劳动的贡献和非劳动要素的贡献,比如工资、利息和利润、地租,是根据劳动、资本、土地对财富的创造所做的贡献而进行分配的结果,而在现实中各种要素所得报酬的量是由要素市场的供求关系决定的。应当说,这一理论概括,与我国当前处于经济发展的初级阶段,从而必须实行公有制为主导的混合经济体制的现实是一致的。因而,这样概括的分配方式一定能够推动、促进社会生产力的发展。

谷书堂教授的理论研究成就、教育思想和教学成就远不只以上所述,他的毕生努力和贡献还有相当部分体现在他对社会主义政治经济学体系的研究过程中。如果说政治经济学社会主义部分的理论体系，是一座正在建设的理论大厦的话，则谷书堂教授就是为这座大厦绘制蓝图的设计大师，也是为其增砖添瓦的工程泰斗，对政治经济学理论体系的探索和贡献，正是他自己在不断进行政治经济学理论研究和探讨的过程中实现的。

与谷书堂先生的师生情

我是谷书堂教授指导的第一位博士研究生，所谓"大弟子"是也。若从上世纪80年代初我师从谷书堂教授学习算起，如今也是近40年了；每每忆及当年追随谷书堂教授读书学习的情景，仿佛就在眼前。

在"文革"结束并恢复高考制度后，我是通过统考进入南开大学的第一届本科生，即通常说的"77级"。那时，南开大学经济学方面只有一系一所——经济学系和经济研究所。77级人才济济，学习气氛浓厚，入学不久在同学们的努力下，就办起了一张当时全国大学生中唯一的创新性报纸《经济初学》，那可是我发表经济学论文处女作的处女地，听说至今这份报纸还在办着，而且越办越红火。记得当时报头是请著名学者于光远先生题写的，而其他学者的题词中就有谷书堂教授的鼓励和支持。那时谷书堂教授是在南开经济研究所位于南开大学高高的苏式教学主楼的六楼办公，我和几个同学结伴跑去他办公室里找他，他是用钢笔在空白纸上写下了他的祝词，鼓励我们好好学习经济学知识，语言朴实无华，连同他笑嘻嘻的和蔼样子、积极支持的态度，令我印象深刻。

当时，南开大学经济学系的本科课程，除了数学、哲学、历史、外文之外，主要就是学习马克思的《资本论》。由于马克思经常提到共产主义的第一阶段社会主义，所以系里面的老师不时地组织，有时也是学生们自己邀请系外的教授，比如经济研究所里研究现实问题的老师给同学们搞些讲座。我记得就是那时候，在课堂上第一次见到谷书堂老师，他当时讲授的什么内容不记得了，只记得第一次留下的印象是，说话严谨，表情严肃，似乎不苟言笑。意外的收获就是，从他几乎没有多少改变的口音我断定与他一定是胶东同乡，讲座结束时我的鼓掌是特别起劲的。

在本科的较高年级，就是学习社会主义政治经济学了。我们先后听过朱光华、蔡孝箴、郭鸿懋、杨玉川、杨镇安、张仁德、王述英、吴国存教授的讲授，几位教授都是从自己的角度尽可能地给我们介绍社会主义的历史。我当时的感觉是社会主义政治经济学是不够完善的经济学理论，逻辑上和理论体系上，都是不系统的。但是，另一方面，社会主义经济学研究的就是中国的事，就是我们身边的事，这又让我感兴趣，即它激发并培养了我研究和探索现实问题的兴趣。

到本科学习的后期，在教授队伍中即加进了谷书堂教授等更多来自经济研究所的老师，这进一步提高了我学习研究社会主义政治经济学的热情。谷书堂教授讲授的是《政治经济学（社会主义部分）》"北方本"，即社会主义政治经济学北方教材，是与蒋学模教授编写的"南方本"教材相呼应的。这部书的理论体系，不是资本主义政治经济学的简单模仿——这是当时很多人的尝试；也不是中国制度政策的简单汇编——这是当时另一些人努力做的工作；而这部书是努力探索社会主义特有的内在逻辑，并以此来编排全书的体系和内容，因此当时赢得了广泛的赞誉。通过听课和阅读，我这颗年轻的心，似乎找到了今后努力的方向，有了也参与其中做些事情、进行研究的想法，也产生了要重点研究现实经济问题的冲动。

1981年我本科毕业准备考研。由于本科时逐渐培养起的对现实问题的兴趣，我就准备报考社会主义经济学方向。而谷老师是专门研究社会主义经济学的，在这一方面影响很大，发表文章、出书都很多，于是我萌生了报考他研究生的念头。那时谷书堂教授与滕维藻校长、钱荣堃教授等这些前辈的办公室都在主教学楼六楼，每次经过主教学楼时，我都会不自觉地向主楼的六楼望去，我当时想法很简单，心想着六楼就是一个更高的学术殿堂，谷书堂教授他们是这殿堂的主人，他们所在的高度如同他们的研究水平一样，跟着他们一定能学到知识。后来，我如愿考上了谷老师的硕士研究生，成为了他众多弟子中的一员。

硕士毕业后，为扩大我的研究视野，培养宏观观察能力和敏感度，谷书堂教授和当时所长熊性美教授专门联系，安排我到国务院经济研究中心工作，熟悉中央高层战略思维。在那里我与李山泉、岳冰等同伴一起在吴敬琏先生的领导下，为当时的中央高层领导胡耀邦、赵紫阳、张劲夫、田纪云等写内参报告，有不少报告得到领导的肯定与认可。

1986年国家恢复博士招生制度。是年下半年，我经过一番的艰苦努力，考取了谷书堂教授的博士生，成为他的博士开山弟子。自从取得博士读书资格后，我一边在经济研究所从事研究和教学工作，一边致力于博士课程学习。谷教授当时兼任中国宏观经济协会的副会长，经常从政府部门和大企业请一些熟悉实际情况的领导和专家，来学校为师生讲课，如国家发展改革委的房维忠主任讲中国的计划体制改革，天津市经委主任朱大年等讲授工业企业的运行情况等，他们既了解实际情况又有很好的理论素养，因此使南开学生培养起一种不同于北大、清华学生的更加务实的素质，受益匪浅。

20世纪80年代后期，中国改革重点从农村进入城镇，各种工业改革机制、办法推出，涉及许多人利益，矛盾日益突出。价格闯关，经营承包，税收分成，工人下岗，收入差别扩大。如何应对挑战？在一些青年学者，包括中国社科院的朱嘉明及经研所的杜厦、金岩石等的努力下，天津创办了《中青年经济论坛》这一引导性的学术杂志，我作为杂志办公室主任参与其中，一时成为全国青年学者趋之若鹜的圣坛。国家体制改革委的青年领导，利用体制优势举起改革旗帜，多次召开全国体改研讨会，周其仁、杜鹰等成为风云人物、意见领袖，各种社会思潮纷争，治国大纲并起。

这时我的博士论文选题也在进行中，以什么为主题目，我设想出了很多选择，最后与谷教授商定，围绕收入分配为主题进行研究。这是当时改革中的难点、热点问题，亟须回答；也是有一定研究基础的课题，国外的研究方法已比较成熟。我经过大量阅读、梳理、研究，按照现代经济学通行的"针对问题—提出假设—统计验证—对策建议"的思路，借鉴国际先进方法和理论，依据于公有制经济的基本条件，提出了"公有经济收入分配倒'U'曲线"的假设，并运用中国统计数据和国外文献数据，部分借助天津市统计调查大队的资料，进行了较为严格的证明。

这一理论很快得到谷书堂教授的认可，并很快通过了由国内一流专家组成的答辩委员会（其成员有戴园晨、魏兴华教授等）的答辩，并得到他们的高度评价；随后，这篇论文被当时代表中国学界前沿水平的上海三联书店选中出版。

在读博士期间，随着读书范围的拓宽、专业英语水平的提高、选修课程的增加，我的研究兴趣也逐步超出了政治经济学，特别是当我选听了老一代经济学家、英国剑桥博士杨敬年先生的发展经济学课程，并且大量阅读了他指定的英语原文书籍后，我的视野再次拓宽。发展经济学研究的是二元经济转换，研究是一个农业国如何转变为现代工业国，如何从低收入水平的落后经济上升到中上收入水平的发达经济。我第一次听后，觉得眼前豁然开朗：这不正是中国目前的情况吗，这不研究的就是中国经济吗？因此我花费大把时间，如饥似渴地学习发展经济学理论。

我在博士论文（"经济发展中的收入分配"）中全力吸收了发展经济学的营养，其中题目中"经济发展中的……"就是明显的借鉴。我暗暗确定了今后的研究方向。因此博士毕业后，我就征得谷老师的同意，在他和杨先生以及好友林毅夫博士的推荐下，在福特基金的支持下，申请到美国耶鲁大学做访问学者和博士后研究。在那里的两年多时间里，我无心浏览新英格兰地区的旖旎风光，几乎全部时间都泡在它博大的图书馆里面了，还不时地利用他们邮寄的方便，从别的联网图书馆寻找约定的书籍。可以说两年多的时间里，我把与我论文相关的主要书籍和文章——尽管非海量，也无需云计算，但还是量很大——都努力浏览过一遍，结果使我研究的自信心大增。文献中没有与我类似的观点的记录，那就确定了我关于"公有经济倒'U'理论"的创新性，或正如我的博士后合作导师拉尼斯教授所首称的"陈氏倒'U'理论"，也诚如谷书堂教授所说是"填补了经济学在这一研究领域的空白"。从那时起，收入分配问题就成为我长期研究方向，也是我研究成果最多的领域；我的一些观点在学界和实际部门，都还是产生了较大的正能量和正影响的。

谷书堂教授作为教育大家，特别重视年轻人才的培养和锻炼。比如，我的硕士同学逄锦聚，是来自山东胶南县农村的，有丰富的实践经验和管理才华，经过三年硕士学习后，在很年轻时就被谷书堂教授推荐到学院担任副书记、副院长，以后又到学校担任副校长，这在当时也是需要一些勇气的。我的博士师弟唐杰，专长于数量经济分析，留学回国后与我搭班子做副所长，正干得风生水起之时，受改革开放大势影响，提出要前往深圳参加实际工作，谷老师为成就其事业毅然放行，后来唐杰成为深圳市的副市长。在谷老师的学生中这样的例子很多，考虑到在职培养的学生，这样的例子更是不胜枚举。

我自己的成长发展过程也是一个例子。当年我30多岁从美国耶鲁大学博士后研究完成归来，谷老师考虑再三从事业未来出发，把南开经济研究所所长这副担子直接从他的肩上交给了我。南开大学经济研究所（以下简称"经济研究所"）创建于1927年，在国内享有盛誉。它的所长一职历来都是由有着辉煌业绩的资深学者担任的。如第一任所长当时由耶鲁大学经济学博士何廉先生担任，之后的继任者有著名经济学家方显廷、陈序经、王赣愚、季陶达、陶继侃，南开指数至今仍在国内外享有盛誉。改革开放后的所长则由校长滕维藻先生兼任，再后来是熊性美先生、钱荣堃先生，谷书堂先生是第七任所长。这些学者都是各个时代的一流经济学专家。我担任第八任所长，无疑是"亚历山大"（压力山大）。

但是我理解，这是谷书堂教授作为老一代学者的信任与嘱托，我必须接受并全力干好。所幸始终有谷书堂教授的指导，自从1993年我担任这一职务后，与几位同事倾全力工作，在学术成果、师资培养、经费争取等方面，还是取得了些许成就，应当是没有辜负谷书堂教授的期望和厚爱。

谷先生的为人与治学，教书和研究，追求与理想，脾性及风格，一直是我们学生辈学习的榜样。他不仅仅是一位令人尊敬的先辈师长，也是一位值得深交和信赖的朋友。谷老师一直都是谆谆教诲、孜孜不倦地教育着他的学生，给学生以亲人般的关怀，结下朋友般的友谊。我们从谷教授身上学到的，不仅仅是一些经济学理论和观点，更学到了他科研教学的风格，教书育人的方式，做人处事的风范，为人行为的模式。谷先生和他那一时代的老一辈经济学人一样，都具有着很相似的优秀品质和执着的人生追求。他总是教导学生们要以国家大业为重，淡泊个人名利，做一个正直坦诚、对社会有用的人，要学会互谅互让、容忍、和谐。他是这样说的，也是这样做的。

后来我先后到天津市发改委、天津市政府任职18年，始终做得扎扎实实、卓有成效。可以说为人民，为天津，为国家的改革开放、社会建设做出相当的努力和贡献，严格遵守党纪国法、为官底线，政绩政风、道德人品，也颇为上下左右所认可和称道。因此，我心坦然、豁然，也应当说是亲身实践了谷老师一贯倡导的堂堂正正做人，勤勤恳恳做事，理论源于实践又必为实际服务的宏愿。

总而言之，我作为谷先生的学生，为能够得到这样一位政治经济学泰斗的指导，总是感到很幸运。我的同学们每个人谈起曾经作为谷书堂教授师门的学生，都是一脸的自豪，一生的骄傲。

参考文献：

学群，《一个经济学人的足迹——谷书堂教授学术生涯纵横谈》，天津人民出版社1998年版。

吴太昌、张卓元，《影响新中国60年经济建设的100位经济学家》，广东经济出版社2009年版。

谷书堂，《谷书堂文集（上、下卷）》，经济科学出版社2009年版。

张卓元等，《20世纪中国知名科学家学术成就概览（经济学卷，第一分册）》，科学出版社2013年版。

柳欣、常修泽，《不平坦的治学路》，山西出版传媒集团山西经济出版社2014年版。

逄锦聚、陈宗胜，《永远的怀念——谷书堂纪念文集》，南开大学出版社2017年版。

熊性美：国际经济学大家与诲人不倦的师者

唐杰　张诚　方方

熊性美先生祖籍江西丰城，1926 年出生于北平，2015 年 7 月 8 日凌晨逝于天津南开园。先生是我国著名经济学家、教育家，一生担任过很多重要学术职务，主持南开大学经济研究所和国际经济研究所工作 14 年之久，是我国国际经济学科的重要创始人之一。

享有"南开四大才子"之誉的熊先生，自青少年时代既秉持家学，以英文天赋惊动四方。早在上世纪 80 年代初，有美国学者来校讲座，先生主持兼做翻译，其优雅举止与精准口译不仅令学生们大开眼界，连外教也误以为先生曾生活并毕业自美国名校，其时先生还未出过国门。追溯渊源，其才华光芒或许更多传承自生父熊佛西——中国戏剧界泰斗级人物。熊佛西一生创作了 27 部多幕剧和 16 部独幕剧，有 7 种戏剧集出版，并撰写了理论专著三种，历任多所戏剧学校校长、教授。上海戏剧学院有一座以熊佛西命名的楼，就是为了纪念上戏第一任院长熊老先生。

卓越的英文天赋和渊博的专业学识使得熊性美先生在我国高校的国际学术交流中发挥了非常重要的作用，其中包括早期的沿海开放城市培训项目、南开-约克交流项目等等。在当时的国内学术界，熊先生是为数不多的以博大胸怀、宽广视野看世界、看中国的大学者，为我国经济学的国际交流领域做出了难以用语言描述的巨大贡献。他为南开、为其他高校引进过众多的国际大师来华交流，送出过成百名学子远涉重洋负笈欧美学习现代经济学。先生曾任中美经济教育委员会中方委员、中国世界经济学会副会长、中国美国经济学会常务理事和副会长、中国国际贸易学会顾问等职务，走访过数十个国家、数十所国际著名大学，曾获得美国总统荣誉印章，被列入20世纪世界2000位卓越学者。

谈起熊先生的宽广格局与胸怀，就不得不提及其高尚品德与为人，而这一切与其母朱君允女士的毕生教育与影响难以分开。朱君允女士出生湖南望族，毕业于美国布林莫尔学府，英语说得标准、漂亮，教育观念也颇为西化，同时她中式学养深厚，填词作文极见功底。而其性格也是集合了东西方美德之长，既有传统中国女性的坚忍、刚强、勤劳、善教，又不缺乏新女性的开明、对平等自由的追求，有这样一位中西学兼优，堪称伟大女性的母亲言传身教，可想而知子女所受影响之大。熊先生对母亲情深意厚，每忆起母亲生平种种，言语神情间充满敬佩与感恩。关于先生母亲朱君允，生活·读书·新知三联书店曾为她出版过一本传记《灯光，永远的灯光》，此书与张允和的《最后的闺秀》、董竹君的《我的一个世纪》等被归为一个系列，同为民国往事，名门沧海。

得益于如此深厚的家学渊源，熊先生一生成就非凡，并成为学以致用的典范。他曾历任第七、第八、第九届全国政协委员。他著作等身，但从不以学问创见自诩。先生平生最喜爱的词汇是教书带学生。作为教育大家，先生名下弟子虽不算多，但以受过先生教诲为一生之荣誉的学子却不胜其数。先生实乃当之无愧之师者！

令公桃李满天下，何用堂前更种花

尊师是中华文化的传统，为师有教也是千古话题。历来学生写先生者难免会先入为主。熊先生是为师之楷模，首推"爱学生"三字，这不是笔者的个人感受。上网看到1988级经济研究所硕士方方的文字，泪水顿出眼眶。引来如下：

熊性美教授并不是我的导师，甚至没直接给我上过课，但毕后师长中联系最多的除了导师就是他了。当年我荣幸地被国家教委"相中",指令性分配偏远地区,因出发前在校"磨"日子,囊中甚是羞涩。熊教授拿着五百元钱来找我,那时的五百元够我半年的生活费,虽执意未收,但这份情从此铭记在心。

前些天打电话得知熊教授因一场大病正在休养,师母许老师说病危通知把远在异国的两个女儿都召回来了。我大惊,当下约了好友前去探望。

已届 84 岁高龄的熊老师依然健谈,忆起当年和我比赛投篮的经历,我则说起在他家大饱口福的感觉,一切恍若昨天,心自戚戚。时间最是无情,老师老了,我们也不复年轻。

在网上还看到记者范静撰写的记者手记,其中有一段话也很有同感:

(谈教育)"我一生最高兴的事情就是为国家培养了一批人才。"熊性美先生说,自己刚开始当老师的时候,他的老师滕维藻先生每天上完自己的课就跑去熊先生的课堂,坐在后面听课。下课后评点哪些地方讲得好,哪些地方还需要改进。从那时起,先生也保留了这个习惯,对学生课堂认真负责,对年轻教师给予无私指点。在熊老看来,没有任何一个人是万事精通的,老师可以回答不上来学生的问题,但是一定要和研究生一起讨论、一起看书、一起寻找答案,这需要大量时间和精力。因为常常熬夜工作睡不了多少觉,那段时间他的身体状况越来越差。可是,熊性美先生说:"作为老师,学生的评价非常重要。有人说,只要有勇气向前就行,我看不行。教育是一门学问,要有方法,一方面专业要精通,另一方面人品要有道德底线。"我问熊性美先生,此生可有遗憾?他说,遗憾当然有,但他最高兴地是,他可以自豪地说,他给国家培养了一批人才。

我离开母校 20 余年,与先生亲情和师生情却日渐浓郁。先生曾说过,你不出自我名下,但确实算是我的学生。故有谓之曰,在南开,同出自谷先生和熊先生名下者只有唐杰一人,一生中能得到风格迥异、成就斐然,又是 60

年至交的两位大师耳提面命、精心指导实乃人生幸事。

我与先生相熟悉大约是大三时的下半学期,至2015年7月8日,长达32年。少不更事时就上前去与先生讨论问题,再往后是时常到先生家聊天。考研究生时因喜欢做实际研究,就报考了工业经济方向,导师张宣三教授在中国社会科学院工业经济所工作不能常来南开,因此跟着先生学习的时间更多些。从先生处学到的终身受用的基本功就是写摘要、做卡片,读一篇文章就是一张卡片。先生说过,这是个磨刀不误砍柴工的笨办法。手持一张卡片能够合乎逻辑地叙述出一篇文章观点,才能算是读了。卡片越来越多,先生会要求分类,分成不同的主题,评价同一个主题,不同学者持不同观点采用不同的论证逻辑得出相同或不同结论,何者更值得借鉴等等。我相信不是我自己,选过先生科研方法论课的同学都曾从中受益。

30多年过去了,走过很多地方,换了很多工作岗位,几百张卡片一直保存着,先生教的方法无论在实际工作中还是教书做研究时一直在用。对现实敏锐观察,扎实地做出假设,不虚妄,不跳跃,遵从理论逻辑和实践逻辑去验证假设,最后提出结论。

善歌者,使人继其声;善教者,使人继其志

1995年开始南开大学曾经在深圳探索试验经济学博士研究生教育,短短十年培养了240余名经济学博士,为深圳经济社会发展和高等教育发展做出了不可磨灭的贡献。在大学校园外成批培养博士研究生,在教育史上没有先例。南开大学高度重视,进行了积极大胆但稳妥精细的探索,成立了由谷书堂、熊性美和薛敬孝教授为正副组长的联合导师指导组。导师指导组集中了南开大学四个全国重点学科的奠基人,其中,滕维藻教授早在而立之年就已经成为国内著名的经济学教授,是世界著名的跨国公司问题专家,世界经济专业的奠基者之一。改革开放初期,他以花甲之年担任南开大学第三任校长,面对十年"文革"后仅余一系一所的经济学专业,制订了适应改革开放需要大力发展经济学专业的长期规划,经济学专业遂在南开园得到了迅速恢复和发展。南开大学导师组继往开来、善于求新,在教学改革创新方面率先

进行了一系列富于远见的探索。其时，先生年届七旬，但为此倾注了极大的心血，长期奔波于津深两地之间，亲力亲为主持面试，主持制订教学计划，主持设计培养方案，形成集国内外优秀大学之所长的培养经济学博士的教育体系。

2000年年初，先生主持，已故的柳欣教授参与，对于南开大学经济学科在深圳的探索进行了系统总结：

第一是在全国最早实行了博士生教学"五统一"的体制。南开大学在全国首次形成了统一导师组、跨学科统一招生、统一命题、统一基础课、统一培养标准的"五统一"博士生培养体系。这一创新改变了我国经济学专业划分过细、教学标准不统一、知识更新慢的状况，对于完善我国博士生教育培养体系有积极的借鉴意义。南开大学的实践表明，中国经济学教育的发展要着重于突破50年前简单模仿苏联教学体制所造成的危害，要发挥多学科的综合优势，统一培养标准，形成制度化、规范化的博士生教学培养体系，这是我国经济学教学和研究走向现代化的基础性工作。

第二是建立符合经济建设需要的教学体系。长期以来，我国经济学教学存在着两种偏向：一是片面强调理论研究和教学为现实经济服务，不注重研究经济运行的客观规律和经济决策的理论依据，简单地注释经济政策使经济研究过于简单化、经济研究成为应景之作而失去了应有的尊严；二是片面强调经济学发展的学院化气质，过于形而上而不研究经济学教学研究赖以生存的土壤——不断发展的经济活动与不断变革的经济制度。经济学教学和研究远离丰富多彩的实际生活，不能从理论上予以总结，极大地遏制了我国经济学的发展，至今也仍然是理论经济学发展明显滞后于快速发展的改革开放现实的重要成因。导师组有针对性地设计了除了外语、政治理论、导师专业课外的七门共同基础课程，包括宏观经济学、微观经济学、货币银行学、国际经济学、发展经济学、经济计量学、经济学前沿问题讲座。在基础课程教学中，强化基础理论教学，强调运用经济学理论解释重大现实问题的能力和前瞻分析能力。

第三是确定符合时代要求的博士生培养目标。南开大学曾经是中国著名经济学家的摇篮，著名实业家、银行家的摇篮，90年代以来，南开大学为我国新兴的证券、投资银行业和保险业输送了大量的人才。在不太遥远的未来，中华民族将实现摆脱贫困的梦想，中国将成为世界经济、政治和军事强国。为祖国的改革开放现代化事业培养一大批具有全球战略眼光的高级经济管理人才，是中国高等院校义不容辞的历史任务。深圳是全国各高校毕业生汇集之地，一大批经济学理论基础好、实践经验丰富的硕士毕业生，已经成为或正在成为所在单位、部门的高级管理人才，南开要为他们提供深造的机会，以现代经济学理论对他们进行规范化的培养和训练，使他们具有成为优秀国务活动家和著名企业家的知识储备。

第四是探索培养目标与培养方法体系相结合。南开大学导师组和研究生院密切配合进行了多方面的探索：在招生阶段实行笔试和面试七三开的加权分制，是一项很有代表性的改革。经过几年的探索，导师组初步形成了比较规范的面试程序，综合考察考生是否具备与培养目标相符的远大的经济战略眼光和精细的技术和能力。面试的深度和广度远远超过笔试。在深圳博士生的录取中，笔试高分的考生往往会因为缺乏对重大经济问题的观察和思考，没有准确地把握经济学的分析方法而不能被录取。在培养阶段强调将条件假设、理论推理运用于课堂讨论、课程论文、开题报告这样三个环节，明显提高了博士研究生对重大问题进行严密、精细分析的能力。

第五是坚持严格的教学管理。一所大学要成为世界著名大学需要进行多方面的努力，严格教学管理和质量评估制度是最基本的环节。相对而言，"出门容易、入门难"是中国建设世界一流大学需要解决的基础性问题，其难，在于观念更新，更在于制度建设。南开大学导师组着力于从制度建设上解决这一难点。严格的资格考试是国际著名大学广为采用的制度，一所大学资格考试的难度越大，通过率越低，博士生的水平就越高，学校也就越有名。深圳博士生教学的"五统一"，为标准统一的博士生资格考试奠定了基础。

先生主张，南开大学在深圳的经济学博士生的培养目标，应当包括四条基本标准：一是对现代经济学理论体系的掌握程度，重点是有关基本概念、重要命题的理论争论及对经济政策的影响；二是现代经济学理论与现实经济活动的关系，重点是现代经济学在中国的适用性及条件分析；三是要熟悉世界经济及中国经济面临的重大战略问题、代表性观点和人物；四是基本掌握将实际经济问题转换为模型，进行规范逻辑分析的现代经济学方法。先生主持设计的经济学博士生培养体系不仅是深圳教学试验的指南，不仅在南开大学校园各院系中广泛推广,也成为现代化建设引入现代经济学,并以中国实践为支撑实现本土化的重要指导方针。

问渠哪得清如许,为有源头活水来

先生一生执教 60 余载却历久弥新,是活到老学到老的典范。先生治学极其严谨,一生都是从理论中学习,从实践中学习,力求格物致知与知行合一统一。

从早期的中国产业发展到全球经济周期研究,从外资外贸研究到我国对外开放整体战略的探索,从细微到宏观,从具体观点到框架结构,形成了相对完整的理论体系。这既依赖于先生的勤勉治学、极扎实的经济学理论基础,也来自于先生所特有的知识更新能力和知识更新速度。即使在退休以后,先生仍旧保持着持续了几十年的学习节奏,每天按时阅读最新的中英文报刊,按事先安排好的研究规划进行研究工作,还不定期地召集国际经济研究所的博士生就一些经济社会热点问题进行讨论。

我来深圳工作多年后,还按先生要求几次回校参加讨论,重温先生主持家庭学术沙龙的研讨氛围。2012 年 11 月在庆祝南开大学国际经济研究所成立 25 年、先生执教 60 周年的庆祝仪式上,86 岁高龄的先生做了题为"关于中国崛起及有关模式问题若干研究的评述"的演讲,毫无疑问这是当年极具挑战性、亟须厘清的重大理论与实践问题。先生系统总结评述了中国崛起和中国模式的相关研究成果,指出中国崛起是经济、政治、社会和文化的全方位崛起和繁荣,是一个非常复杂的系统工程。先生高度评价中国奇迹但对中国模式保持着学者的谨慎,提出了关于中国崛起及有关模式的方法的探讨,指出应该用大历史的视角探索制度突破,要高度重视环境和资源利用的可持续发展,实现经济增长方式转型,化解一些迫切需要解决的社会问题,如贪污腐败,贫富分化等,使中国的崛起真正有利于人民福祉。今天读来仍有振聋发聩之感。

先生曾连任三届全国政协委员。今天重读先生在全国政协会议的发言和提案,都为先生高度的家国情怀和对国家经济社会发展具有的强烈使命感所感动。先生对社会公平、可持续发展、科技与创新发展始终给予高度关注,特别重视民营企业创新发展。这些发言与提案之于一位全国著名经济学家是以完整的经济学思考为基础参政议政，也是发掘经济学研究教学新方向，为学生提供了把握经济学研究方法的案例。

我现在还保存着先生于2003年年末在综合开发研究院给经济学博士生们所做的有关人民币汇率形成机制的演讲稿，根据录音整理的文字稿近两万字。作为国际经济学大家，先生回顾了汇率理论形成、发展、演变的过程，核心假设与逻辑框架，讲述了主要国家经济发展与汇率政策的关系，对我国汇率形成机制进行了深刻分析，以深刻的理论洞察力指出，加入WTO对我国经济发展极为重要，但只是我国融入国际经济的初级阶段，建立中国特色发达完善的市场经济体系与进一步加大对外开放的关系会更加紧密，要更多地引入市场机制，逐步降低对人民币汇率的人为干预，人民币从强制性结售汇转向有管理的浮动及至可自由兑换是对外开放的需要，也是中国经济真正强大起来的内在要求。先生从国际经济政治博弈角度提出，要高度关注中美贸易不平衡，要高度重视中美贸易不平衡的固化，要努力寻找中美间双赢的办法，要居安思危，准备好迎接美国的贸易战。15年过去，先生严谨的逻辑分析过程，极准确的前瞻性预见得到了验证。这是经济学逻辑的力量，是一位经济学大家以理论为基础，从现实出发穿越历史的洞察力。

诗境何人到，禅心又过诗

著名国际经济学家薛敬孝教授回忆说：

> 熊先生没有直接教过我，但也是我的老师。我和熊先生共事始于1975年，当时正值石油危机引起的世界经济危机。当时的经济学系和国经所还是"文化大革命"期间组织了一个研究的小组，我和熊先生都参与了这个小组，并且在这个小组的共同努力下出版了一本书叫《世界经济讲话》，由人民出版社出版，在国际上有一定的影响，因为当时中国几乎没有出版什么书。我在与熊先生的合作中受益匪浅，他的治学态度、学术功底、研究方法等等都给予了我很

大的启发和很好的帮助。熊先生知识渊博，他在经济学理论、世界经济理论甚至经济史等各个方面都有很好的研究。熊先生年事已高时，为了出版经济研究所几位老师曾经做过的开滦煤矿调查的文稿，还到美国进行了若干的调查研究，最终出版了数百万字的巨作。

先生自己是这样回顾这部巨作出版历史的：

> 我们南开经济研究所一直以来的传统就是对中国经济的调查研究，即使在五六十年代的曲折发展时期，经研所的老师仍然与经济学系的同事们一起，进行了启新洋灰、开滦煤矿、永利久大等企业史资料和近代盐务史资料的编辑工作，这些资料书在相关领域中都发挥着十分重要的基础性作用，南开经研所的名字也将随着它们而长存。值此经济研究所85周年之际，我想应当记下他们的名字，让我们未来的南开经济研究所人能够了解和铭记这段历史。最早倡议进行企业史料编纂的是滕维藻先生。参加启新资料编纂的是郭士浩、阎光华、孙兆录和朱秀琴老师。参与开滦煤矿资料翻译、整理和编写的人员较多，包括谷源田、俞启孝、阎光华、熊性美、朱秀琴、潘源来、郭士浩、丁长清、龙吟、唐维霞、刘佛丁、丁世洵、伏义琴、刘君煌、彭贞媛、李文光、王健、孙永安、张励生和经济学系1973届的学生，尤其是当时带队去开滦并打开工作局面的宫克勤老师，还有给予我们热情支持的开滦煤矿及其档案馆的领导郑宝成、刘秉钧和刘裕福先生，与我们一起从事翻译和整理工作的开滦煤矿的工作人员黄国祥、张海若、张立兴、李静恩、王永成、王惠敏、朱遂人、易连山、化春萍、李建坡和倪瑞林等同志，以及外单位为我们提供无私帮助的严中平、吴承明、聂宝璋教授和朱宗凤先生。参加近代盐务史资料编辑和整理的有潘源来、李建昌、杨敬年、岳毓常、刘佛丁、汤仁、丁长清、李宝珠和朱秀琴老师。

在网上看到一篇与这段历史有关的文章，作者未知，文章名为"丹青难写是精神"。

《开滦档案史料集（1876—1912）》收集编纂过程中，得到了河北省档案馆、国家图书馆、国家地质资料馆、开滦集团公司档案馆等单位的大力支持，尤其是得到了南开大学出版社和熊性美教授的鼎力支持。熊性美先生主编的《开滦煤矿矿权史料》由南开大学出版社出版，书中以相当篇幅呈现了张翼在英国伦敦打官司的档案史料，而这部分档案史料的原件是英文，熊性美先生他们组织力量进行了翻译，是迄今为止最权威的中文译本。在我们向南开大学出版社和主编熊性美先生提出请求后，熊先生和南开大学出版社当即慨允。这样，我们就省去了大量艰巨的重复性劳动，加快了本书的编纂进度。

春蚕到死丝方尽，蜡炬成灰泪始干

在我的记忆里，先生清癯轻灵，飞身上自行车的姿态充满着活力。先生临终前两年，曾多次重病住院，真的一下子就老了，但先生不老的是精神。离终前两三个月，我曾前去探望，先生还忙着编纂《方显廷文集》。虽然身体已极度虚弱，但依旧乐观；虽然笑声失去了惯有的穿透力，却依然爽朗。不想此一别即成永诀。

虚怀若谷、大度包容、燃烧奉献、一生光明的先生千古！

李竞能：南开人口与发展经济学奠基人

李新中

李竞能先生（1927—2016）1950 年毕业于南开大学经济学系并考取南开经济研究所硕士研究生，1952 年毕业留校任教，长期从事经济史、经济学说史的教学与研究工作，1979 年创立南开大学人口与发展研究所并任所长至 1993 年。1986 年被国务院学位委员会评为全国第一个人口经济学博士点博士生导师。1988—1989 年曾在美国布朗大学、斯坦福大学、东西方中心从事研究。经常参加国际学术活动，多次参加联合国人口专家研讨会，参加过国际人口科学联盟第 19 至第 23 届大会，曾任国际人口科学联盟第 23 届人口大会国际组委会成员、中国社会科学基金经济组评议员、国家计划生育委员会第一至第四届专家委员会委员、中国人口学会副会长。先后参与主编《人口学概论》《人口经济学》《人口理论教程》《中国人口丛书》等教材和专著，主编《当代西方人口学说》和《天津人口史》等，并在国内外发表"中国人口城市化模式和发展道路研究""人口增长对中国经济发展、资源和环境的影响""论社会主义市场经济下的人口控制""亚太地区人口、农业粮食保障和乡村可持续发展""21 世纪上半叶中国人口经济发展面临的挑战"等论文 80 余篇。1999—2001 年独自完成和出版《现阶段中国人口经济问题研究》《人口经济理论研究》和《人口理论新编》等著作。

颠沛流离，北上求学

李先生出生在广州，客家人，祖籍广东省大埔县洲瑞乡赤水村。父亲李加勉，字改之，坚信三民主义，是孙中山在广东大学演讲时的两个记录员之一，先为李济深的幕僚，后为余俊贤部属。母亲区佩琼，出身于广州大家庭，祖上是满族旗人，育有12个子女，李先生排行老大。

李先生童年在广州外祖母家度过，家境优裕，喜欢音乐，喜欢唱歌，曾经为东北义勇军募捐在校内唱歌。1937年抗战爆发，打断了学校生活。为了躲避日本飞机轰炸，外婆和母亲带着孩子离开广州，先逃亡到清远乡下，又逃亡到陈村。日军扫荡广州四郊，一家又走水路逃亡，挤在一条船上，上有日本飞机扫射，下有土匪打劫，经新会、斗门到了澳门，半年后又逃到香港。在香港的日子，李先生看到逃难的人住满街头，印度警察、英国差人每天在街上鞭打苦力，是穷人的地狱、富人的天堂；他上学途中还曾被"傍水"（抢钱）。1941年12月太平洋战争爆发，英国兵自夸一个顶三个印度兵，一个印度兵又顶三个日本兵，实际上却不堪一击，先是九龙陷落，接着香港投降。日本兵不仅在街头残杀中国人，而且入室抢劫财物，强奸妇女，使李先生深切体验了中国人做亡国奴的惨痛。由于李先生的父亲被日本人列入逮捕名单，全家又逃离香港，在东江游击队的保护和带领下走了四天共六百里路，回到广东大埔家乡。初中三年级下半年李先生在姑姑家寄住期间，表兄经常灌输进步思想，还学唱抗日歌曲《延安颂》《太行山上》等。

1943年潮梅大旱，一家人又长途跋涉去重庆。李先生在重庆国立第二华侨中学上学期间，生活很艰苦，吃的是发霉的平价米和干蚕豆泡开后煮成的菜。1944年日军一度逼近重庆，李先生写了他人生第一首古体诗表达在这种形势下的忧国心情："夜中不能寐，辗转乡思侵。极目山河变，何时日寇擒？闻鸡英杰舞，抚剑老龙吟。杜宇悲春尽，声声动客心。"

1945年抗战胜利后，李先生随父到南京准备考大学。在南京生活了不到半年，李先生看到国民党当局仍然沉迷于抗战胜利，大小官员过着灯红酒绿、纸醉金迷的生活，他曾在诗中感慨地说："笙歌不绝秦淮夜，遍地哀鸿恸国魂。"当时各个大学分别招生，报考西南联大的据说有几十万人，只招千数人。"当时中山大学校长答应让我读该校先修班,我不愿被人骂为走后门,所以坚持到南开大学来,这也是我和南开的缘分吧。"

1946年9月,李先生只身到天津上学。当时南开强调一年级是通才教育,李先生还按自己兴趣读书,哲学考试得93分,题目是"什么是真理?怎样寻求真理"。李先生回忆说,最有意思的是袁贤能教授讲的经济学概论。他是美国纽约大学的经济学博士,常常在课堂上谈他的留学生活逸事,妙趣横生,考题也出人意外,如梅兰芳的面孔是不是商品?如果全国劳动者少了一条手臂对地租有什么影响?二年级傅筑夫教授讲的中国经济史,围绕中国资本主义经济为什么没有发展起来以及中国工业革命为什么没有兴起,分析得引人入胜。

李先生当时一心想读书出国留学,可是学校里风潮不断,经常罢课游行。1948年春,国民党的败局已成,家里要李先生回广州读书,而李先生决定留在南开大学完成学业。有一件事对李先生留下等待"解放"很有关系:他在上铺找到一本《老残游记》,看了几页,发现里面原来是毛泽东的《新民主主义论》。1948年冬,李先生参加了进步社团南开新闻社出版大字简报的活动,每天把偷听来的新华社战报用大字的形式张贴出来,很受欢迎。万没想到,后来在"文革"里这段历史却成为被审查的重点。1949年年初,天津终于解放。

初露头角,运动加身

天津一解放,南开大学就在当年2月复课。李先生感到自己对马克思主义理论知之甚少,必须努力补课。除了选修资本论选读、社会发展史、社会主义思想史、新民主主义经济政策等新课外,他力图读遍当时所能找到的中、英文版马克思、恩格斯著作。1949年李先生参加了天津大学生暑期学园,学业结束时筹备建立天津市大学生新民主主义青年团,被选为筹备委员。1949年年底他主动参加天津市土改补课工作,地点在李七庄宁家房子。1950年暑假毕业,李先生决定走学者之路,并如愿考进南开经济研究所,同班同学有12人,是旧南开经济研究所学生最多的一班,也是最后一班研究

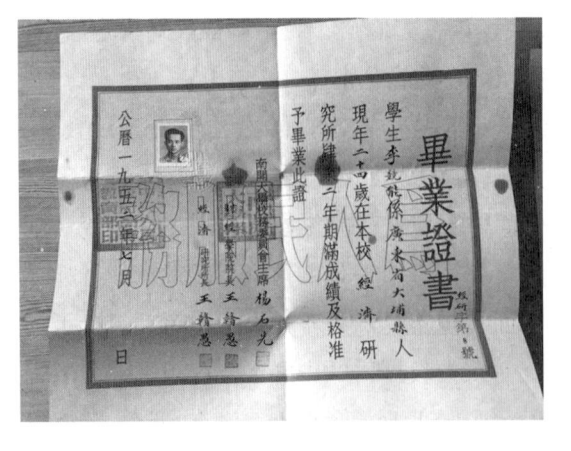

生。李先生师从傅筑夫教授,研究马克思、恩格斯的社会经济形态理论,完成了题为"马克思恩格斯论社会经济形态"的毕业论文,获得导师好评。1952年从研究所毕业,与同班何自强、熊性美、周丽生留校工作,李先生被分配到经济学系讲授中外经济史。外国经济史课采用莫斯科大学的教学大纲,李先生临时学俄语,在两周内把大纲翻译成中文,备课两周就上课。由于时间紧迫,资料又缺乏,有时通宵备课到清晨立即讲课。

1953年组织上安排李先生到中国人民大学教师研究班进修三年,被选为中国经济史研究生班班长,同班约有20来人,有的已经是副教授。其间因为人民大学请傅筑夫教授讲中国经济史,把李先生又调回南开代替傅先生讲课。后来,傅先生因为曾任《民国日报》主笔而受审查,李先生在傅先生讲稿的基础上用教研室的名义于1955年发表论文"中国封建社会内资本主义因素的萌芽",登在当年的《新建设》杂志。后来又用傅先生和李先生两个人的名义由上海人民出版社出版小册子。虽然在经济史的教学与研究方面已经初露头角,但李先生在1956年初又服从组织安排再赴中国人民大学进修经济学说史,师从苏联专家莫斯科大学经济系教授尼·康·卡拉达耶夫博士。李先生当时正在写"太平天国的经济思想与经济政策"书稿,准备作为博士论文的题目。这期间,李先生认识了终生的良师益友李宗正教授,李教授笔名"石再",意即"实在",几次在李先生厄难时施以援手。

李先生在学术思想上一贯追求学术民主、学术自由,对教条主义深恶痛绝。当时正被看作"科学的春天",一派"百花齐放,百家争鸣"的景象,李先生也沉醉在学术研究的气氛之中,有两本书稿已经列入出版计划。埋头于写作,却不知风暴即将降临。1957年开始整风、"反右"运动。他把写书作为躲避运动的象牙塔，结果差一点被打成"右派"。虽然如此，李先生在1958年冬被派到学校农场"劳动锻炼"。李先生被分到园田队学种菜，劳动第一天双手都起了泡，园田队长教他们不但要苦干还要会巧干，要掌握正确的方法。李先生不仅学会了种白菜、番茄、茄子、辣椒，还学会了打阳畦、盖温室，还曾经捣粪两个月。随后又逢"大跃进"，常常被派去在半夜零下20摄氏度打稻子，在严寒里干得满身大汗，或者连干两班16小时推"轱辘马"，把泥土从大坑底运到田上来。

从1959年到1960年，一批批劳改的人离开了农场，而李先生继续锻炼，这不能不提到他的一篇论文引起的风波。1959年10月初，李先生利用国庆节三天假期修改论文"论洪仁玕的《资政新篇》"，并寄给《历史研究》。当杂志征求学校意见时，有人说李先生在劳改时还不忘名利，已无可救药。因当时政治气氛转缓，也有老历史学家对李先生的论文予以肯定，结果该文还是发表在《历史研究》1959年12月第一篇。这是李先生最先发表的独立研究成果。

1960年4月李先生终于被调回南开经济学系，续任经济学说史助教。学校正搞教学改革，教研室正批判季陶达教授主编的教材，负责人是从没有学过经济学说史的学生。李先生回忆说，当时的舆论是青年教师比老年教师进步，学生又比青年教师进步。在这种思想指导下编写新教学大纲，其"左"不问可知。"这次教学改革使我认同这样的说法：尊师的前提是重道，不重道不可能尊师。"随后举行了文科教材会议，决定重新编写各门文科教材。在这种情况下，李先生被调北京参加编写经济学说史教科书。这本教材由中国人民大学经济学说史教研室承担，主编是卢友章教授，副主编是李宗正教授。李先生负责写马克思、恩格斯创立无产阶级政治经济学部分。李先生在1962年9月的《光明日报·经济学》副刊上发表了"马克思劳动价值论的创立过程"，1964年在《南开大学学报》社会科学版上发表了"马克思剩余价值理论的创立过程"。同年初完成了《马克思恩格斯创立无产阶级政治经济学》的教材初稿。李先生还利用到各校图书馆收集资料之便，查阅和收集了大量中国近代经济思想史资料，为今后有关研究打下了坚实的基础。

第二春天，再创新路

1977年，李先生重新恢复因"文革"而中断的马克思经济学说的教学研究工作，完成了所承担的马、恩部分的教材修订，随后到北京为傅筑夫先生在北京经济学院的硕士研究生讲《资本论》经济史专题，很受学生欢迎。1978年8月参加《政治经济学词典》经济学说史部分编写工作，同组都是经济学说史方面国内一流专家，有陈岱孙、张培刚等老教授。工作完成后，李先生又参加了《中国大百科全书》经济学卷中国经济思想史部分和社会学卷人口学部分的编写工作，在中国社会科学院经济研究所阅读了近几十年的西方经济理论著作，特别是"文革"期间出版的英文书刊，着重阅读西方马克思主义学者如保罗·斯威齐的论著。这期间前后发表了两篇论文：先是1978年发表在《经济学动态》的"论西方经济学界关于马克思经济学说的论述"，意在表明马克思主义经济学说必须发展才能跟上时代的步伐；另一篇是1979年发表在《经济研究》上的"清末欧美资产阶级经济学的传入中国"，这是在1962年收集的资料的基础上完成的研究成果，弥补了"文革"期间被剥夺从事研究的权利所造成的空白。李先生在1978年被提名为副教授，1982年获批提升。

改革开放后陆续恢复了实事求是之风，也打破了对人口研究的禁锢。数以千万计的失业人口和短缺经济的存在，使人们不得不承认中国当时已经存在着极其严重的人口问题。早在1956年，李先生已经关注中国人口问题。1978年应第一届人口理论讨论会的要求，李先生与人合写了一篇论社会主义人口规律的文章，后来以"论社会主义人口规律和中国现代化建设"为题，发表在《南开大学学报》1980年第一期。

1979年11月李先生创立了南开大学人口研究室，任室主任，正式改行人口经济学研究。研究室从最初只有李先生一个专职研究人员，发展到全国知名的人口经济研究机构。1980年教育部召开16所大学人口研究机构规划会议，李先生奉命参加，并获得学校批定人口研究室编制。中国人口研究处于初创阶段，李先生提出的"门户开放，共同繁荣"的主张，得到许多人口研究机构的赞同。李先生作为副主编积极参加两本人口学教科书的写作，一本是由河北大学人口室主编的《人口学概论》，一本是由北京大学人口所主编的《人口经济学》，这两本书先后在 1981 年和 1983 年出版。1980 年李先生还被邀赴南京参加太平天国研讨会，34 年后重游旧地，物是人非，他有感而发，写诗一首以纪行："读史留心兴与亡，石头城内论洪杨。行云默默流东海，归燕呢喃觅旧梁。白鹭洲前观冷暖，秦淮水畔悟沧桑。人间多少悲欢事，秋月春花应断肠。"

1980 年秋在北京召开国际人口圆桌会议，由五大洲知名人口学者介绍世界人口研究情况，李先生深感人口研究已经落在人后，必须急起直追。1981 年春国际人口科学联盟在马尼拉召开第 19 届大会，中国有五位人口学者被邀参加，李先生是成员之一。李先生历来遵循实力政策，深知南开大学人口研究要想独树一帜，必须有自己的专长和实力。1982 年李先生开始着重研究人口城市化问题，认为中国的人口问题主要是农民问题，而农民在国家经济发展中的出路主要是非农化和城市化。李先生参加了中国人口学会的筹备，从第一届被选为理事直至 1998 年退休。1982 年李先生参加《中国人口》丛书编写工作，任《天津人口》主编，后来又任丛书副总主编，积极实施"共同繁荣"人口研究的方针。1983 年李先生被提升为人口经济学教授。这期间，先后有中山大学经济系、中国社会科学院经济研究所和人民大学经济系向南开大学提出调动李先生，南开大学都没有放行。

通过几年努力，南开大学终于成为联合国人口基金第二期援助单位，获得约 25 万美元资助。1984 年经教育部批准南开大学成立人口研究所，李先生出任所长。在由研究室扩展为研究所的过程中，李先生深感人才是关键，必须自己培养人口研究人才，于是开始招收硕士研究生。李先生对研究生的要求比较严格，制定的学风格言是"勤奋、严谨、求实、创新"，这是李先生一贯的治学态度，一向对"唯上""唯书"脱离实际的空论十分反感。李先生曾以诗表达此意："官房学派最堪悲，敢于创新方有为。深入调研求实际，樊笼打破任鹰飞。思而不学多疑义，学而不思泯是非。海阔天空需落地，违心高论四维危。"

1985 年国际人口科学联盟在意大利佛罗伦萨举办第 20 届人口大会，在联合国人口基金的资助下，李先生参加了由高校五人组成的中国人口学者代表团，提交的论文是关于中国城市就业问题，会后还访问了设在巴黎的法国人口研究所。意大利和法国的文化美景，使李先生看到了文艺复兴时代的辉煌，认为中国应当把世界文化的精华都加以吸收，人口研究也不应例外。在教育部的批准下，李先生和一些中国人口学者参加了国际人口科学联盟。

李先生在1985年年底被聘为中国社会科学基金经济组评议员，与刘铮教授、田雪原教授组成三人小组负责审定人口学方面研究专案及其归属。李先生还和刘铮教授合作主编《人口理论教程》，该书于1985年由人民出版社出版，满足了大学的人口理论教学需要。随后李先生又参加刘铮教授主持的《人口学辞典》编写工作，该书于1986年仍由人民出版社出版。这两本书与《中国人口丛书》都是在中国人口普查资料的基础上完成的，为中国人口研究打下了坚实的基础。此外，李先生还在巫宝三先生要求下写了约4万字的"先秦人口经济思想"一文。

1986年南开大学人口研究所被国务院学位委员会审定为人口经济学博士点，李先生被审定为人口经济学博士研究生导师，并被南开大学聘为校学术委员会成员、学院的学位评定委员会和职称评定委员会成员。南开大学人口研究所的专职人员也发展到十人左右，南开的人口经济研究事业乘改革开放之风得到迅速发展。李先生还被聘为天津人口普查工作顾问，应邀参加了天津市咨询委员会和国家计划生育委员会的人口专家委员会，并参加了许多调查研究活动以及相关的专家会议。

1987年中国主办联合国"人口城市化与城市人口问题国际会议"，这是中国人口学界第一次国际盛会，到会有40多位外国学者和90多位中国人口研究机构负责人与知名学者。会上李先生做了主旨报告，题为"1949年以来中国人口城市化的回顾、考察与展望"。同年，李先生还成功申办并负责主持社会科学"六五"重点研究专案"中国人口城市化主要模式和发展道路研究"。此外，在天津人口学界的努力下，《中国人口·天津分册》在1987年出版。

国际视野，心系南开

1987年，李先生接到美国福特基金资助访美的通知，作为高级访问学者访问美国一年，并已联系好布朗大学、斯坦福大学和美国东西方中心等接待单位，计划由东到西了解美国情况。1988年开始赴美，首站是位于东部罗得岛的布朗大学人口研究与培训中心，主任是S.哥德斯坦教授。在布朗大学期间，李先生有机会和多国学者交流，并用英语做学术报告。为了观察美国人的生活，李先生在圣诞节特意到一个美国家庭访问。1988年11月李先生到韩国仁川参加关于中国东北与韩国西南的经济关系的研讨会，做了"中国东北经济发展"的发言，受到韩国学者的欢迎。随后飞到印尼参加国际人口科学联盟大会，会议主题是如何开展人口学教学，李先生做了"结合研究专案培养研究生"的发言。返回布朗大学后，李先生当年冬访问纽约大学奥本尼分校社会学系，做了关于"中国人口政策"和"中国乡村的工业化"的学术报告，随后访问联合国人口司，做了"中国人口城市化的发展"的报告。在提交了"论小城镇的发展对中国人口城市化的作用"的工作报告之后，李先生于1989年1月离开布朗大学前往俄亥俄大学社会学系，开始在美西行。同月还访问了位于洛根的犹他州立大学和位于盐湖城的犹他大学历史人口研究中心，随后应邀到明尼苏达大学讲学，介绍了中国人口政策和人口学研究情况。

应美国科学院院士著名社会学家K.戴维斯的邀请，李先生于1989年3月参加了讨论人口与可持续发展问题的斯坦福会议，做了书面发言"人口增长对森林滥伐和水土流失的影响"，受到会议的重视，被选入会后出版的《资源、环境与人口》专著。同月，受现代化理论创始人美国科学院院士A.英格斯教授的邀请，李先生成为斯坦福大学胡佛研究所访问学者入住该校。3月底到巴尔的摩参加美国人口学会的研讨会，介绍了中国人口转变情况。4月回到斯坦福大学和刚从中国来的夫人会合。6月，李先生被邀请参加美国教授中东和平研讨团，到以色列访问两周。以色列之行使李先生对中东和平抱悲观态度，因为双方都把自己的领土要求提高到历史和宗教的高度。从以色列回美后又接受加州理工学院的邀请，到该校了解人口史研究的新方法。同年7月赴夏威夷美国东西方中心，并在9月访问印度，参加国际人口科学联盟第21届新德里人口大会，提交了有关"中印人口经济比较研究"的论文。10月又应邀参加阿姆斯特丹人口城市化会议，在会上做了题为"中国的结构性、区域性经济变动及其对人口城市化的影响"，此文后来载入牛津大学出版社出版的会议文集。在访印期间，李先生曾往返新加坡，获得和在香港时同样的印象——中国人有能力治理好自己的国家。

李先生回到夏威夷以后立即面临抉择，是继续留在美国还是回中国。李先生还是决定返回天津，这不仅因为中国知识分子有爱国的传统，而且他深知在美国所以受优待，主要是由于他在中国的学术地位。李先生返津，出乎一些人的意料，却得到人口学界绝大多数人的信任，1990年被选为中国人口学会常务理事。李先生一方面继续完成自己所承担的研究课题，另一方面继续培养人口经济学硕士、博士研究生。

1990年《天津人口史》出版，受到国内外专业人士的重视，因为其中有极其珍贵的人口历史资料，例如天津旧租界的人口资料、旧天津的人口生命表等。同年，李先生还抓紧做"京、津、沪三大城市人口研究""中国人口城市化的主要模式和发展道路问题研究"等专案的结项工作，日程十分紧张。

1991年年初，李先生应邀参加澳门会议，讨论中国传统文化与人口问题的关系，做了"生殖崇拜与中国人口发展"的报告，根据大量历史资料，说明中国自古以来存在着生殖崇拜，后来演变为传宗接代思想，影响中国人口增殖。报告发表在当年《中国人口科学》第三期，后被选入《中国计划生育全书》。1992年1月李先生应邀到联合国总部参加人口司和人口活动基金举办的人口专家会议，讨论人口增长对可持续发展的影响问题。他在会上提交了"中国人口增长对经济发展和环境的重要影响"一文，被收入联合国出版的《人口、环境与发展》专著中。1992年，李先生主编并出版了《当代西方人口学说》，这是南开大学人口与发展研究所集体努力的产物。全书尽量利用当代西方人口学说的最新成果，导论部分评价了西方人口学说的源流和发展的主要阶段，接着详细论述了当代西方的生育和生育率理论，死亡和死亡率理论，以及迁移理论，人口自然结构理论，家庭人口学和婚姻、家庭理论，其后评介了当代西方控制人口增长理论、适度人口理论、人口转变理论。这本书填补了学科空白，满足了研究生教学需要，后来成为大学考研参考书，而且它的出版唤起了南开人口所同事们的研究热情。1992年10月国家人口普查办公室举办中国1990年人口普查国际讨论会，李先生发表了"对1990年第四次人口普查所得中国大陆总人口数字的评价与分析"一文,随后又参加国家计划生育委员会举办的中国生育节育抽样调查北京国际研讨会和海峡两岸人口学者研讨会,与台湾地区来的学者进行了学术交流。

1993年年初,人口研究面对一个重要问题需要解答:以往认为实行计划生育的经济动因是计划经济,现在经济体制改革由以计划机制为主转变为以市场机制为主,如何理解计划生育的经济动因?李先生在《中国人口报》上连续发表三篇文章,说明把计划经济作为计划生育的经济动因不够深入,根本动因是人口发展和经济发展必须相互适应,建议今后计划生育工作应当社会化、社区化、家庭化。在国家经济研究所举办的人口与经济发展专家研讨会上,李先生发表了"从不同地区统计指标序数的变动看人口增长对人均国民收入的影响"一文,受到与会中外专家的好评。

李先生在中国人口学会的主要任务是对外联系国际学术活动,尤其是加强与香港、台湾地区人口学界的联系。1993年9月李先生参加了国际人口科学联盟在加拿大蒙特利尔举办的第22届大会,会上主要和香港、台湾地区人口学界讨论如何定期进行学术交流的问题。初步决定在海峡两岸轮流举办人口研讨会。在蒙特利尔,国际人口科学联盟理事会决定,1997年第23届大会在北京召开,李先生被中国人口学会选派为参加联盟第23届大会国际组委会的三个代表之一,1995年被选为中国人口学会副会长,主要负责学会的国际学术交流活动。退休之前,李先生的国际学术交流活动相当频密:1994年6月在加拿大卡尔加里举办的国际迁移历史研讨会,提交了关于1840—1900年和1901—1940年中国外流移民的历史状况的论文;1994年8月,亚太经社会在泰国清迈举办的分析人口和可持续发展的关系的专家会,提交了"亚太地区人口、农业/粮食保障与可持续发展"的报告,把制度因素加入理论模型;同年11月,联合国教科文组织在泰国曼谷举办的社会改革管理研讨会。经过不懈的努力,促成海峡两岸学术交流的事终于有了实际的结果。1995年香港科技大学涂肇庆教授主办了海峡两岸人口学者首次会议,气氛相当和谐。台湾地区学者也承诺尽快在台北举办海峡两岸人口学者研讨会。李先生还邀请港、台学者参加1997年在北京举办的国际人口科学联盟第23届大会。1996年冬,李先生应邀参加在国际人口科学联盟总部举行的第23届大会国际组委会会议,审定专题会设置及其主持人,并尽量为中国人口学界争取可能获得的位置。

1997年在北京举办的国际人口科学联盟第23届大会是中国人口学界举办的规模最大的人口学术会议,到会的中外人口学者约有一千多人。这次大会是国际人口学界对中国人口研究的一种肯定,也是对中国计划生育工作的一种肯定。

1998年3月李先生在退休之际发表了两篇带有前瞻性和反思性的文章。一篇是1998年中国人口学会大会上题为"21世纪上半叶中国人口理论研究面临的挑战"的报告(《中国人口科学》1998年第4期)。文章展望了21世纪中国人口的发展,认为人口规模仍将不断扩大,对就业、经济、社会、资源、环境都会形成巨大的人口压力,中国仍然面临许多严峻的人口问题,这是对人口理论研究的严重挑战。中国在人口研究上虽然已经取得很大成就,但仍然任重道远,需要处理好四种关系:人口研究的实用性和科学性的关系;坚持基本原理和理论创新的关系;独立自主与批判吸收西方人口学说合理成分的关系;立足本国和面向世界的关系。同时,针对那种急功近利忽视理论的倾向,呼吁应当把理论研究和实证研究、对策研究相结合。另一篇是发表在《南开大学学报》(2000年第3期)上的"社会主义市场经济的考察与反思"。

教书育人,师生情深

由于过度紧张和劳累,李先生在1993年夏辞去南开大学人口与发展研究所所长职务,专心从事教学与研究。李先生并没有闲下来。首先是培养研究生。从1990年年初到退休,前后培养人口经济学博士研究生15名,博士后研究生1名。对博士学位论文,李先生要求很高:第一,要掌握充分的统计资料和第一手资料;第二,要有自己的理论模型或者理论框架;第三,在此基础上要进行实证分析。最重要的是立论明确,观点鲜明,要以天下为己任。李先生曾以诗表达此意:"浩气凝毫天下事,呕心沥血结奇葩。删繁就简三秋树,立异标新二月花。提笔应知肩担重,行吟莫怕脚踵麻。画龙定要点睛妙,百炼千锤方不差。"虽然达此境界颇不易,但是李先生认为应当树立这种目标。他认为做好学问一定要具备观察、分析、归纳总结和表达四个基本能力。学生们前期的博士学位论文以分析人口增长对经济发展的影响为主,中间多论中国城市化和农民出路问题,后期注重人口与可持续发展的关系,其中几篇论文已出版为专著。

几位他的第一届研究生追忆说,李先生治学严谨,我们每一篇作业、论文,李先生都认真全面点评,其高度有时候超过了我们的理解力和接受程度,以至于有同学现在还略有委屈地说"我是学渣,朽木不可雕","上学的时候,李先生从来没表扬过我,尽是挨批了"。现在回忆起来,李先生的批评太宝贵了,受用终生。李先生80大寿和我们研究生入学30年返校聚会,是追忆亲爱的李先生的另一段感悟。毕业后每个同学都有不同的经历,有坎坷有不顺。李先生把每一个同学放在心上,挨个给予掏心掏肺的教诲:"你要在现在的工作条件下,胆子再大点儿,步子再大些""生活总有各种各样的不如意,开朗活泼一些"等等,温暖慈爱如父母。

一位学生回忆起一件趣事:在中山大学召开的年度学术会议上,李老师第二位出场,他走到话筒前,把手伸到西服口袋里左摸右摸,最后无奈地伸出手说忘带稿子了。他首先一字一句地提到了要讲的一个主题和七个要点,听众都在担心这么多细节,不会讲着讲着有遗漏吧?再看李老师,不急不慌,一个个逐项展开,30分钟内准确地阐述了论文内容与架构,完全没有遗漏,而且有理有据,逻辑清楚,生动形象,大家听得特别投入。回去路上我问李老师稿子是不是找不到了?李老师一笑,顺手从西服兜里摸出发言稿说,其实稿子一直在这里,只是我不拿出来,因为我要让大家记住,南开大学的老师有水平,记忆力好,内容好,不用稿子照样讲得很好。

一位学生说,李先生作为无党派人士,一生不好官、不为官,但也公允地要求我们"研究问题要大胆,发表意见要慎重",既提出学者以天下为己任的良心和原则,也充满保护晚辈的恻隐之情。将先生一以贯之的思路稍加梳理,不难发现,对严厉的一胎化政策,先生是不以为然的。他特别不赞成经济衰败赖人口的特色理由,当然也不主张人口对经济的红利无限大。

另一位学生回忆说:"84年到南开和其他五位同学入到先生门下,第一次感觉到了研究团队是什么样子。开会的时候，因为钢笔墨水堵了，按照乡下人的习惯使劲朝地上甩，笔倒是通了，但是在水磨石地板上留下一串墨水点，被先生狠狠地批了几句，委屈得流泪而搞得大家好尴尬。先生如父亲的感念竟是这样生根下来的。""报考的是社会学系，等来的竟是人口所的录取通知，尽管全然不知人口学是什么玩意，还是感谢这纸通知给我生命带来的转变。先生让我这个痛恨数学的人在人口学这个专业建立了应有的信心，他给予过的赞扬现在还能够记忆如新，对一个几乎只背负过负面体验的人，我完成阿德勒所述的'自卑的克服'这个生命任务肇始于先生。后来成为一个学人的生涯也是先生的'设计'，桩桩件件在生涯道路分叉的时候发生的大事，背后都有先生的心血。

1997年夏，在集中精力审改博士学位论文之际，李先生突发急性胰腺炎，住院期间继续和研究生讨论论文修改意见，完成了论文的审定。这次住院主要靠研究生们看护，李先生感到非常欣慰。

李先生的学生们对他是尊敬加关心，很多人时常打电话问候，所里的同事们更是时常关照，学生们从外地来津也经常去家里看望。一对学生夫妇专门买了电脑、大屏幕电视送到家里。李先生血压高，一位学生在美国定期给李先生买药寄药，十几年未间断。

不忘亲情，拜祭父母

1977年李先生收到舅舅从香港的来信，方知母亲已于1974年逝世，曾含泪写诗表达哀痛之情："季世多离乱，一家骨肉分。石人沉大海，青鸟起孤呻。梦里依稀泪，天涯落拓身。九州一统日，清酒奠慈芬。"1984年发生了一件最令李先生痛心的事，经过几年的审查，有关方面终于通知他可以去香港和父亲见面，不料噩耗传来，父亲心脏病发去世，父子终无缘相见。李先生按其父80生辰咏怀诗原韵和诗一首以纪："淡泊无为任发皤，忧民忧国剑横磨。春心难托鹃啼少，蝶梦易迷别恨多。对酒当歌朝露叹，闻鸡起舞老龙哦。楼空倚月诗魂在，桃李芬芳忆逝波。"

1989年10月，李先生在访美外出开会期间，终于实现访问台湾的愿望，在桃园机场受到台湾的弟妹和亲属们全体热烈欢迎。在台湾最重要的事是拜祭双亲，李先生从1946年以后就与双亲隔海相望，无缘相见，在双亲墓前心情的沉痛不问可知，写下《敬奠双亲墓·步丁巳原韵》："游子来天外，亲情难割分。劬劳愧未报，棠棣止孤呻。梦绕关山月，心仪玉树身。哀思盈五内，香烛祭清芬。"李先生还到他父亲曾经任教的卓兰中学参观，领会父母当年的清苦生活。

守望发妻，不离不弃

1953年，在组织的安排下李先生认识了夫人陈士芳，当时她是河西区教育局普教科的普通干部。李先生回忆，结婚时需要负担100元采办新被褥等，那时每月工资只有56元，还在学习，筹不够钱，幸亏收到29元稿费才凑够数。两个人一起度过63年风风雨雨，也享受了改革开放带来的好日子。金婚之时，李先生有感而发："雨骤风狂五十秋，相濡以沫复何求。"

李先生的夫人1987年股骨头骨折，之后虽然一直行动不便，仍在李先生的照料下伴随先生出访了美国、澳大利亚、中国香港、英国等地。2000年年初，夫人查出腰椎陈旧性骨折，在学生的建议和帮助下去广州住院手术。其间李先生一直在旁陪伴，白天照顾吃喝，晚上在附近小旅馆守候，有时候还在病房守夜。

2006年起,夫人瘫痪在床长期住院,后面几年更因脑萎缩不能说话直到完全没有意识。十几年间,李先生全力照顾老伴。开始时每天去医院守望,到最后几年自己也行动不便,但还是坚持每周一到两次去医院看望,对夫人说话,念叨家常。李先生一直注重保养和锻炼身体,最后几年不便出门,就每天在客厅里转圈走路,说这样才能坚持照顾完老伴。

高龄退休,笔耕不辍

1998年3月,作为国务院学位委员会评定的博士生导师,李先生以71岁高龄获准退休。他曾步《三国演义》开篇词"临江仙"原韵写词一首:"七十年华随逝水,无心追慕英雄。豪情壮志已成空,青衫热泪在,血染杜鹃红。傲骨难标官史上,两袖寒彻清风。孤星冷月几相逢?落花悲世事,香透梦魂中。"

退休后,李先生仍然笔耕不辍,把空闲时间用来写书。完成的第一部专著是1999年由中国人口出版社出版的《现阶段中国人口经济问题研究》。这部书是李先生在1994年以来给研究生上课的讲稿基础上几经修改完成的,后获中国人口学会专著类一等奖。该书不仅系统评介了现代西方生育经济学的观点,而且论述了人口压力下中国经济发展所面临的主要问题以及社会主义经济转向市场经济对人口发展的影响,还探讨了社区建设和人口经济问题的综合治理,并且较早系统论述了人口与资源、环境、可持续发展的关系问题。

李先生还做了总结性的工作。一是从以往所写的约70篇人口论著中节录出18篇有新意的段落,汇成《人口经济理论》一书,由南开大学出版社2000年出版。二是为《中国人口五十年》所写的论述中国在1949—2000年间的"人口科学研究进展"。李先生花了大量心血,综合写成以下专题:1949—2000年中国人口研究发展的主要阶段及其特点;人口研究重点(上),包括控制人口增长、生育与生育率、死亡与死亡率、人口素质、人口老龄化、女性人口、人口迁移与城市化等;人口研究重点(下),包括人口和经济发展、人口资源、环境与可持续发展等。

上述编写工作完成后,李先生又主动承担两本教材的修改工作。第一本是由刘铮教授任主编、李先生任副主编的《人口理论教程》，以《人口理论新编》为名由中国人口出版社在 2002 年出版。该书约 43 万字，不仅补充了到 2000 年为止的人口研究新材料，更重要的是将主导思想由"两种生产理论"提升到可持续发展理论，在体例和观点上有不少创新。第二本是 1991 年出版的由李先生任主编的《当代西方人口学说》，改名为《现代西方人口理论》于 2004 年出版。不仅补充、增加了许多截至 2000 年的新观点、新材料，比如增加了专论现代人口城市化理论的一章，而且对现代西方人口理论的发展做了深层分析，如现代西方人口发展理论主流概述、生育和生育率分析的视角变化等，具有一定的创新性。该书还系统论述了西方可持续发展理论的进程。

完成上述两本书的修订工作以后，李先生一度集中精力写《人口经济学新编》，并完成了微观人口经济学部分。鉴于现代社会出现了严重的人性危机，李先生转而撰写《人性新论》，并于 2006 年年初完稿。该书分三篇：第一篇人性导论，论述了人性的本质和内涵、人性与本能的区别以及人性和兽性的对立、人性的来源、人性和阶级性的关系、人性价值判断和人性认识论等；第二篇人性史论，评介了古今中外有影响的思想家的人性观点，重点是儒家的人性思想，也评述了近代和现代思想家的人性思想；第三篇人性今论，着重阐述了现代社会人性危机，特别是核战争威胁，拜金主义，贪污腐化和黄、毒、黑泛滥等，进而探讨解决人性危机问题的必由之路，提出要建立"大同社会"，实现"人性复归"，就必须消灭贫富对立，实现共同富裕，同时提高全民科学文化素质，实现科学发展观，建立民主、自由、平等、博爱社会，消除战争威胁，实现和平与和谐。

李先生经常忠告年轻人谨记"莫等闲，白了少年头，空悲切"。他认为，立志做一些有意义的事回报社会并不难，难的是通过什么具体途径达到目标、实现目的。这既关乎个人有无实力，又涉及客观环境是否允许。年过古稀以后，李先生领悟到生命极其短促，年华转眼即逝。如何在有生之年过得比较轻松：一是精神要有寄托；二是生活力求平淡，少私、寡欲、知足、无求；再是对生命用加法而不用减法，不为自己倒计时，而是活一天就多赚一天。最后，用李先生的《八十自咏》做结语："七十古来稀，如今并不奇。八旬犹忘老，百载寿仍期。体健情常乐，心宽事易齐。笔耕磨岁月，藏竹蕴禅机。朝看水东逝，暮观日落西。逍遥方自在，何必觅灵犀。"

殷汝祥：大洋洲经济研究的开拓者

赵瑞安　李荣林　陆燕

在璀璨如星的南开大学老一辈经济学者中，有一位谈吐儒雅、风度翩翩、治学严谨、淡泊名利的老先生，一直在默默地耕耘，为大洋洲和澳大利亚经济问题的研究和国际交流尽心竭力地贡献着自己的才智，赢得了广泛的声誉和敬仰，他就是殷汝祥教授。

殷汝祥1952年始任教于南开大学，先后在经济学系、马列主义教研室、历史系、经济研究所、国际经济研究所、国际经济贸易系从事经济研究和教学工作。殷汝祥教授是国内世界经济研究领域的著名经济学者。曾任南开大学大洋洲研究室主任、澳大利亚研究中心主任、中国大洋洲经济研究会秘书长、中国世界经济学会理事和亚洲太平洋学会理事、中国澳大利亚研究学会副会长。1992年起享受国务院特殊津贴待遇。退休前为南开大学国际经济贸易系教授。

求学篇：亲历"亡国"之痛，学贸易，攻马列

殷汝祥祖籍山东黄县，出生于天津市。祖父殷寿民，行伍出身，曾任皖北镇守史，晚年在天津市区购置一三层小洋楼，以后便定居于此，紧邻国民党第29军军长宋哲元的寓所。父亲殷锺珊，曾任职安徽临淮海关。1928年

农历六月十三日，殷汝祥诞生在这座小洋楼里。父亲是独子，与祖父母共同生活，这个大家庭共有七口人，父亲、母亲、祖父、三个祖母和殷汝祥。祖父对殷汝祥甚是溺爱，经常带他到附近的天华景戏院看戏。在学业上，祖父对殷汝祥要求亦是甚严，幼年即入读私塾。诵读唐诗、《龙文鞭影》、《板桥道情》，读时音韵铿锵。九岁始插班转入现代小学，开始接受正规教育，课余仍喜诵读五代、两宋之词，尤其喜爱南唐李煜词。

1937年7月7日卢沟桥事变后，日本侵略军进攻天津。7月29日数十架日机对天津总站、东车站、市政府、电话局、邮务总局及南开大学等地施行狂轰滥炸，7月30日天津沦陷。中小学及大学教育受到日军践踏，殷汝祥所在的大家庭一夜之间破落，亲历"亡国"家破之痛。殷汝祥中学就读于天津工商附中，日本侵略者强制在校学生学习日语，强制学生上日本军训课，让学生练习拼刺刀。日本军人穿着军服、佩带着军刀为学生上课。天津这座中国北方重镇，包括外国租界，事实上已沦为日本法西斯的殖民地。该校历史课教师张锦光（国民党党员）无故被日军逮捕，还有多名师生被捕。日本投降后，由于国民党打内战，天津物价飞涨，民不聊生。天津工商附中是一所法国教会办的学校，学制为初中三年，高中三年。殷汝祥的六年中学时光都是在此度过的。

1947年，殷汝祥中学毕业后考入天津工商学院国际贸易系学习。在校期间，殷汝祥学习勤奋，成绩优异，尤其是经济史、贸易理论课程，均获满分成绩，深得老师的喜爱。殷汝祥不仅专业学习好，而且对文史兴趣浓厚，诗词书法功底深厚。他的小楷刚柔相济，奇正相错，骨肉匀称。1951年年底毕业时，由于各方面表现出色，学院将殷汝祥留校，做系主任助理。天津工商学院在解放后更名为天津津沽大学。1952年国家高等院校调整时，津沽大学一分为三：财经类学科并入南开大学；工科并入天津大学；文科并入河北大学。殷汝祥随学校调整转入南开大学经济学系外贸教研室从事教学工作。

为了加强对青年教师的培养，1953年，南开大学派遣殷汝祥赴中国人民大学马列主义研究班进修两年，专业为中国革命史。中国人民大学具有光荣的革命传统，被誉为人文社会科学高等教育重镇。马列主义研究班的学员来自高校教师、机关和部队干部。学员住在简陋的灰色平房里，白天听大课，晚上小组讨论，一个小组有10个人左右，讨论时辩论非常激烈，小组成员一起吃饭，非常团结。朱德、徐特立等老一辈革命家和教育家都为学员做过报告。历史学家何干之主讲中共党史，哲学家萧前讲授哲学，俞明仁教授讲授政治经济学，清史专家戴逸讲授中国近代史、联共党史。

殷汝祥非常感慨地说："人民大学的学习，对自己的影响最大，不仅获得了广博的专业知识，而且培养了自己革命的人生观和正确的世界观。老老实实做人、踏踏实实做事成为自己终身的座右铭。"

殷汝祥在回忆中国革命史班时作诗一首：

> 回首前尘忆旧时，追寻真理获新思。
> 同窗辩读承薪火，四海耕耘播灼知。
> 乐道安贫遵古训，修身立命贵坚持。
> 天公教我强筋骨，清白不负老恩师。

治学篇：不要人夸颜色好，只留清气满乾坤

1955 年自中国人民大学马列主义研究班进修结业后，殷汝祥回到南开大学，在马列主义教研室、历史系从事过几年教学，讲授过哲学和中共党史等课程。后回到经济学系和经济研究所从事经济研究与教学工作。在此期间，讲授政治经济学、国际投资学、国际关系学、大洋洲经济专题等课程。1987 年经济研究所分设国际经济研究所及交通经济研究所。殷先生带着大洋洲经济方向的研究生转至国际经济系。殷先生潜心科研，一丝不苟，默默耕耘，在他身上体现着中国知识分子的优良传统和儒雅之风。他对国内和南开大学在澳大利亚问题，特别是澳大利亚经济问题的研究方面贡献良多，是南开大学大洋洲研究室、中国大洋洲经济研究会和南开大学大洋洲研究中心的重要创始人，享誉国内和澳大利亚学术界。

主持南开大学大洋洲研究室工作。对世界经济问题的研究是南开大学经济问题研究的一个重要领域。1964 年，根据国家关于加强我国对世界政治和经济问题的研究的精神，政府有关部门对高等学校开展世界经济研究的地域范围做出具体部署，南开大学承担了开展大洋洲问题研究的任务，并且成立了大洋

洲研究室。殷汝祥出任研究室主任。大洋洲研究室是我国高等学校内设立的第一个从事大洋洲问题研究特别是大洋洲经济问题的研究单位。1979年，南开大学恢复受"文革"影响而中断了的关于大洋洲的研究工作。在殷先生的倡导下，经济研究所加强了大洋洲资料室建设工作，购置了大批国外有关大洋洲研究的书籍及期刊。数年之后，大洋洲资料室的藏书及期刊数量居国内第一位。殷先生十分重视经济统计在研究中的基础作用，主持编印了《澳大利亚经济贸易统计资料》（上、下册）、《新西兰经济贸易统计资料》，上述两部经济贸易统计资料得到中央贸易部门的好评。殷先生还编印了《大洋洲研究》《经济研究资料》（内部交流资料）。参与了《澳大利亚经济》（人民出版社1985年版）的编著，这是国内高等学校编写的全面介绍澳大利亚经济的首部著作。

出任中国大洋洲经济研究会秘书长。1980年，在国内一些知名学者的呼应和支持下，为了将全国从事大洋洲问题研究的工作者组织起来，相互切磋交流，共同推动这一学术领域的研究，决定成立中国大洋洲经济研究会，并将研究会的秘书处设在南开大学国际经济系的大洋洲研究中心（前身是大洋洲研究室）。殷汝祥教授出任研究会的秘书长。秘书处除组织举办中国大洋洲经济研究会的学术年会外，还编印《大洋洲研究通讯》供有关学术单位参考，以促进学术信息的交流。大洋洲经济研究会的成立受到澳大利亚和新西兰有关部门的关注和重视。澳中理事会主席专门访问了大洋洲经济研究会，并邀请研究会的负责人赴澳大利亚进行学术访问。

出任南开大学澳大利亚研究中心主任。在澳中理事会和澳大利亚使馆的支持和帮助下，1992年12月，在原大洋洲研究中心的基础上成立了澳大利亚研究中心。殷汝祥教授出任中心主任。殷先生说，提升中国关于澳大利亚的研究水平，需要一批研究专家，需要培养一大批研究人员，仅有几个人做研究是不够的。澳大利亚研究中心成立后，殷先生组织其培养的研究生及其他方面的研究力量，编写出版了《澳大利亚研究文集》《澳大利亚贸易指南》《澳大利亚投资指南》《澳大利亚金融知识》《今日澳大利亚》《澳大利亚历史年表》《澳大利亚市场经济体制》，编译出版了《澳大利亚国际收支统计体系》等著作。此外还编印出版了《澳大利亚研究》季刊（1992—2002年）。这一系列研究成果，确立了南开大学在澳大利亚经济问题研究领域中的重要地位。

1996年，南开大学澳大利亚研究中心主办了第五届中国澳大利亚研究国际学术讨论会，受到国内外专家好评。殷先生心胸宽广，积极支持国内其他大学开展澳大利亚研究。2009年，牡丹江师范学院成立澳大利亚研究中心时，殷汝祥教授赠送了部分图书资料表达支持。

世界经济研究的先行参与者之一。南开经济研究所在世界经济，尤其是跨国公司研究方面，在国内外具有广泛的影响。殷汝祥教授与滕维藻教授、陈荫枋教授等合作开展跨国公司研究，参与了《跨国公司剖析》的撰写，该研究成果在国内具有开创性。殷汝祥教授长期从事世界经济方面的研究，著作有：《国外农业经济》《当代南北经济关系》《各国农业劳动力转移问题研究》《国际市场大观》。大洋洲经济是世界经济密不可分的一部分，殷汝祥教授在大洋洲经济方面的研究成果包括：著作——《澳大利亚研究文集》《富饶的南方大陆》《澳大利亚市场经济体制》（合著）；论文——"澳大利亚的能源问题""战后澳大利亚矿业的发展""东亚危机对澳大利亚亚太战略的影响"等，其中"从东亚股汇风暴看APEC"一文被收入《中国财政金融大辞典》和《让历史告诉未来》（"新华文献丛书"）等书，并被"中国改革丛书"编委会评为一等奖；主要调研报告——《美国经济问题研究》《我国参加亚欧会议的战略意义》等。此外，他还主编了《澳大利亚研究》（季刊）和《大洋洲研究》，前者被澳大利亚国立大学收藏，后者被收入澳大利亚国家书目；编译出版了《澳大利亚缩略语词典》；校译出版了《家庭在整体经济中的作用》；并参加了《世界经济百科全书》《亚太经贸事典》《中国大百科全书——外国经济史卷》以及《世界经济黄皮书》等工具书的撰写。

中澳文化交流的使者。在殷汝祥教授的主持下，南开大学在大洋洲和澳大利亚问题的研究上产生了重要的国内外影响，他是当之无愧的中澳文化交流的使者。1982年和1992年，殷汝祥教授受邀赴澳大利亚进行学术访问。1994年6月12日，澳大利亚联邦政府副总理布赖恩·豪及夫人访问南开大学，并参观澳大利亚研究中心。外交部副部长刘华秋、南开大学校长母国光等热情接待布赖恩·豪及夫人一行。在澳大利亚研究中心，殷汝祥向布赖恩·豪及夫人一行汇报了澳大利亚研究工作主要成果。

到南开大学访问的澳大利亚学界人士有澳大利亚国立大学校长约翰·克

劳福德爵士、澳大利亚国立大学副校长哈里斯教授、墨尔本理工大学副校长戴维·维尔莫斯教授、澳大利亚国立大学国家发展研究中心布赖恩·布罗根教授及阿德莱德大学华安德教授等。

澳大利亚驻华大使馆长期以来对南开大学开展澳大利亚研究工作高度重视，对研究成果的出版提供资助。南开大学澳大利亚研究中心非常感谢澳大利亚驻华大使馆提供的支持和帮助。澳大利亚驻华大使馆多任大使都访问过南开大学澳大利亚研究中心，其中包括费思棻、雷涛乐、邓安佑、郜若素、石励等。澳大利亚驻华大使馆文化参赞梅卓琳、博贝特、康丹等先后访问过澳大利亚研究中心。澳洲广播电台中文部主任龙约翰、编辑陆杨等到南开大学澳大利亚研究中心做过采访。

育人篇：落红不是无情物，化作春泥更护花

殷汝祥教授作为老一辈经济学者，重道敬业，勤勉治学，谦虚谨慎，淡泊名利。他长期从事本科生政治经济学、国际投资学等专业课程教学工作，在上世纪80年代初开始指导世界经济大洋洲经济方向的硕士研究生，桃李满天下。

殷先生指导研究生，一是强调相关学术专著的阅读，二是强调对原始经济统计资料的"占有"。殷先生有时在经济研究所大洋洲资料室为研究生上专题课程，现场为研究生列出要读的书目，一次专题课开出的英文原版书单多达10本左右，要求研究生对前人的研究成果进行学习、消化、吸收。对原始经济统计资料的重视是经济研究所的传统，殷先生在此方面可谓有过之而无不及。做殷先生的学生，南开大学图书馆有关澳大利亚社会经济统计方面的资料书籍基本上要看个遍。

殷先生治学崇尚严谨，对学生培养非常有耐心。凡是研究生送给他看的论文，无论长短，他都会从头到尾一字不漏地看完，并进行批改。他要求研究生的论文不能有一丝一毫的文字差错、数据差错及引用差错。他对研究生提出："论文的每一句话都要反复推敲，不能妄谈。"

有一次，殷先生在家为研究生上澳大利亚经济专题课，两位研究生争论

起来，一位说澳大利亚人是懒惰的，另一位说是勤劳的。殷先生当时就指出，不能轻易下结论，要用事实和数据说话。他说，澳大利亚的劳工组织非常强大和发达，反对工人加班，雇主不敢让工人加班，要研究一下澳大利亚人的工作时间等才能下结论。后来这两位研究生研究发现：澳大利亚人工作时间较短，而且人口的劳动参与率较低。

为了培养学生的研究能力，殷先生鼓励研究生在各类期刊发表论文。殷先生的一位研究生写了一篇澳大利亚贸易方面的论文，送给先生审阅，两天后当这位研究生取回论文时发现论文上被修改得密密麻麻。这位研究生深受感动，没有想到殷先生这么负责任，修改得这么细致，文字要求这么严格。在殷先生的精心指导下，该研究生几易其稿，论文最终公开发表。殷先生经常对研究生说："文章如脸面，容不得斑点，一字入文章，九牛拔不出。"殷先生对科研工作认真严谨踏实的态度和精神，对学生的学习和工作产生了深远影响。

殷先生鼓励学生开展创新研究，开拓新领域。弟子赵瑞安完成的《澳大利亚金融知识》（编著），弟子李荣林完成的《澳大利亚国际收支体系》（编译），弟子陆燕完成的《对外贸易实务》（编著），都具有一定的影响。

殷先生非常谦和，平易近人，对学生充满爱心。经常在家里为学生授课，遇到午饭或晚饭时间就留学生在家吃饭。即使没有课程，周末也经常请研究生到他家里做客，嘘寒问暖，询问有什么兴趣爱好，毕业后有什么志向。殷先生尊重学生自主择业。一位成绩优异的研究生即将毕业时，殷先生希望他留校从事研究工作，这位研究生说想从事些实际工作，殷先生不仅没有阻拦而且支持其到经济部门工作。

殷先生也有严肃的一面。一是论文必须过关。关于写论文，殷先生强调四个字：调、统、阅、思。即调查研究、统计分析、文献阅读、独立思考。二是外语必须过关。过不了这两关，就是过不了"导师关"，是不能毕业的。殷先生经常复印一些澳大利亚经济研究方面的国际学术论文让学生翻译，检验和促进研究生提高外语水平。一位研究生入学时英语听力、口语一般，经过艰苦的英语强化学习，后来英语水平非常出色。在校期间受到殷先生的严格要求，毕业后在工作上受益匪浅。有多位弟子翻译了国外经济贸易金融方面的著作。

家庭篇：泰岳山雄存远志，湘江水碧育桑麻

殷先生有一个三口之家。妻子是南开经济研究所主管学生工作的行政管理人员，我们习惯称呼龙老师。早期，在南开学生的语言中有一个习惯，称教授为先生，称行政管理人员为老师。在经济研究所没有不认识龙老师的，龙老师成为了同学们共同认知的符号，一般学生并不知道她的全名龙敬昭，但这一点不妨碍龙老师在经济研究所和经济学院的知名度。作为殷先生的弟子，有幸有更多机会见到龙老师，并能见识龙老师的厨艺。印象最深的是龙老师做的红烧带鱼，色香味俱佳，带着湖南菜特有的辣味；糖醋排骨也是一绝，色泽红润，脆酥香甜。

龙老师经常用带有湖南音调的普通话说："所有学生都是我的孩子。"经济研究所的同学们都把龙老师当作慈祥的妈妈。

南开经济研究所具有重视社会经济实践调研的传统。上世纪 80 年代正处于改革开放的初期，经济研究所要求研究生利用暑假到沿海对外开放城市及南方经济发达省市及农村进行调研。乘飞机在那时是个稀罕事，能够乘飞机去南方调研更是令人兴奋。一位研究生怀着忐忑的心情来到龙老师的办公室，申请乘坐飞机去南方，龙老师问清调研的题目和时间安排后，语重心长地说："乘坐飞机易，完成论文难，希望你能做出有价值的调研论文。"说完之后就在审批单上签了同意。这位同学第一次乘坐了飞机，在调研期间倍加努力，调研结束后写出了一份颇有新意的调研论文，并公开发表了。龙老师的慈爱中更多地蕴含着一种坚定认真的信念。

殷先生是如何认识龙老师并走到一起的，一直是一个谜。耄耋之年，两位老者由天津移至北京，客居女儿家。一次在春节探望先生和师母时，斗胆问起了先生的恋爱故事。殷先生自豪地说，龙老师是他大学同校同专业低一级的同学，湘妹子，泼辣性格，运动健将，文艺活跃分子，在参加学校文艺活动时两人认识，终成眷属。龙敬昭湖南人，出生于长沙。父亲龙秉刚，年轻时以优异成绩考取官费留学日本，专业电机工程。学成后回国，是长沙颇有名气的电机工程师。祖父在农村拥有些土地，十分节俭，家庭剩余钱财主要用于供养子女读书。龙敬昭自幼好学，先入私塾，后入西式小学，初中

高中均就读于湖南私立协均中学,由于战事,随学校辗转多处方完成学业。1948年高中毕业考取天津工商学院国际贸易系。1952年毕业后,分配至北京,先是在华北行政委员会工作,该委撤销后,转到商业部办公厅工作。在西单辟才胡同临时安家。1956年调入南开大学人事处工作。1965年南开大学成立留学生办公室,主要面对越南招生,为越南培养抗美战争急需的教员、干部及医院管理人才。龙敬昭任办公室副主任。1966年5月后,龙老师随殷先生一起被下放到天津南郊劳动改造。1971年因教学需要,殷先生回南开大学授课。直至1976年,龙老师才回南开大学经济研究所,负责研究生招生和研究生管理工作。20世纪80年代,南开经济研究所在国内经济改革理论创新及对外开放理论研究方面走在国内大学前列,经济类研究生招生人数亦名列前茅。龙老师经常深入学生宿舍,询问学生生活情况,鼓励学生参加各类文体活动。在篮球、足球、排球等比赛等活动中,经常能看到她为学生加油鼓劲的身影。

20世纪80年代,南开大学与加拿大约克大学联合培养研究生,创造了有"国内留学"之美誉的"南开-约克模式",龙老师凭借丰富的学生管理经验出色担任过培训班主任。从1985年起,受国务院特区办委托,南开大学连续举办了10多期对外开放城市领导干部培训班,简称"市长班",为我国沿海开放城市培养了一大批高层次经营管理人才。龙老师是"市长班"的主要管理者之一。

殷先生与龙老师育有一女,名殷晓玲。与同龄人有三五个子女相比,他们生育的子女的确少了,但是他们培育的子女却是不计其数的。今天,我们领悟了龙老师那句"所有学生都是我的孩子"的真正含义!

殷先生的家庭是圆满的。恰如殷先生在其《学步集》"赠敬昭"中所言:

> 昔日京西度岁华,香山红叶灿如花。
> 舟移北海双楼影,巷居辟才一小家。
> 泰岳山雄存远志,湘江水碧育桑麻。
> 三生还续今生梦,举案当炉共享茶。
> 同命沉浮六十年,如烟往事怯情率。
> 姻缘沽上今生契,寄居京华两地笺。
> 夏雨侵荷擎翠盖,冬梅压雪展红妍。
> 相期白首枫林路,耄耋回眸忆并肩。

梁尚敏：经世济民、知行合一的财政大家

许建国　杨灿明　刘尚希

梁尚敏，1928年10月生于湖南省涟源市，我国著名财政经济学家、教育家。1947—1951年于南开大学经济学系、财政系攻读本科，1951年被中国人民大学免试录为财政系研究生，毕业后留校任教。1978年调入湖北财经学院，历任财政金融系财政教研室主任、财政金融系主任、财税研究所所长等职务。曾担任中国财政学会常务理事兼副秘书长、武汉市第八届人大代表、中央财政管理干部学院特聘教授、中国管理科学研究院财政经济研究所副所长等。先后赴美国、日本等国讲学和交流，享受国务院颁发的政府特殊津贴。因对我国财政基础理论和财政学科发展的突出贡献，2017年中国财政学会授予梁尚敏教授"中国财政理论研究终身成就奖"。

求学名校，初露锋芒

1928年10月，梁先生出生于湖南涟源。天资聪颖又勤勉好学的他于1940年进入百年名校湖南长郡中学就读，在此完成初中、高中学业。长郡中学浓厚的学习氛围深深影响着梁先生，让他从中学时代起就养成了认真读书、勤奋刻苦的好习惯。梁先生曾讲，即使在抗日战争最艰难的时期，学校

集体搬迁，自己仍然坚持每天早上六点起床，到附近小树林背诵英语单词，日复一日的坚持，让当时的他达到了一寸半英汉词典倒背如流的水平。梁先生印象中，长郡中学的老师不仅有名气，而且要求十分严格，布置的作业无论谁做得不好，都会受到严厉批评。在这种环境下，梁先生一刻不敢放松自己，每天刻苦读书。凭借自身的努力，中学时代就出类拔萃的他获得了校长鲁立刚先生的赞许，毕业时为他题词："锲而不舍，金石可镂。"

1946 年，梁先生高中毕业，他以优异的成绩考入了湖南大学水利工程系。就读一年后，因自觉不是自己心中的名校，他毅然决然重新参加高考。1947 年，梁先生顺利进入全国最有名的南开大学经济学系攻读本科，在南开度过了美好的大学时光。初入南开学府，梁先生便被这所名校严格而不失活泼的学风所吸引，不仅让他增长了见识，而且为他打开了通往学术之路的大门。不经意的闲谈中，梁先生得知，时任财政系主任的杨敬年先生是英国牛津大学毕业的博士，曾在英国财政部工作，又是自己湖南同乡，便主动找杨先生请教。后来在杨先生的动员之下慕名从师，转到财政系学习，从此梁尚敏先生走上了财政学理论研究的道路。

本科学习期间，梁先生除了喜欢钻研学习，写作也是他的一大爱好。当年的《光明日报》《人民日报》等中央报刊上已然能见到他公开发表的文章。求学之余，梁先生还积极参与校团活动，作为校学生会成员之一，主管南开大学新闻社，他与夫人正是在新闻社相识结缘。南开四年，对梁先生来说是一生难忘的经历，收获了学业，收获了爱情。

1951 年，梁先生以综合排名第一的优异成绩被中国人民大学免试录取为财政学研究生，师从鼎鼎大名的苏联财政学专家鲍德列夫。在人大读研期间梁先生潜心求学，为自己树立了更高的学术目标，并为之不断努力。同时，苏联专家的悉心指导，也让梁先生开拓了研究视野，为以后的学术生涯打下了坚实基础。

回顾自己的求学时代，梁先生曾说："我觉得有磨难并不是坏事，我们应该有清醒的认识，正确对待磨难。每个人的成长历程都不可能是一条直线，而我们所遇到的考验正是助推成长的利器。"梁先生以自己的亲身经历告诉我们，学习要坐得了冷板凳，吃得了苦中苦，方能不负韶华，有所收获。

严谨治学,笃行致远

梁尚敏教授作为财政学领域的理论先驱,提出了许多著名的财政学研究观点和论断,为这一重要经济学科的发展做出了卓有成效的贡献。回顾梁教授的研究成果,他始终坚持立足国情,以实事求是的态度分析财政现实问题。他敢于跳出就事论事的圈子,将理论与实际相结合,着眼于财政对经济社会全局的影响研究财税政策,为我国财政体制建设建言献策。梁尚敏教授对财政分配、财源建设、财政机制等问题,均有独到见解,他的很多学术观点入选《古今中外名人论财政》(中国财政经济出版社1999年出版),被誉为"十年来财政理论界主流派代表人物之一"(《湖北省社会科学界名人》第1卷)。梁尚敏教授曾完成《宏观财政改革的理论与实践》《中国市场经济中的财政问题研究》等专著5部,主编《财政学》《区域财政经济学》等教材15部,主编《中国非税收入的理论与实践》《减轻农民负担对策论》等专题著作6部,先后发表学术论文50余篇。论文和著作多次获全国财政学会、财政部、湖北省一、二、三等奖。

梁尚敏先生曾说过:"作为一名财政工作者,或者财政监督工作者,必须关心全球、全国的发展,时刻关注国际、国内大事,要有全球化的眼光和视野。既要站得高看得远,又要有解决实际问题的能力,这才是国家需要的人才。"在后来的研究期间,梁尚敏教授发现很多人研究问题仅是浮于表面,就事论事停留在研究对象本身,不能以一种更为全面而深入的视角探寻事物本质,综合考察问题。因此,梁先生在做研究期间,更注重从实际出发,以全球化、系统化的角度钻研问题。

梁先生曾提出财政分配的"五论""五化"理论。"五论"是指财政分配的过程论、机制论、体系论、均衡论、模式论。"五化"则指财政分配的社会化、一体化、区域化、综合化、规范化。梁先生指出,社会主义财政运行机制是从动态方面去认识财政分配系统……国家应自觉地按照经济规律、财政规律的要求,遵循分配系统的内在机理,充分发挥运行机制积极作用的结果。"我国推进的财政改革,也就是改革财政运行机制,即创立条件,将运行机制体系的整体功能全面发挥出来,从而理顺分配关系,推动生产力的发展和社会财富的增加。"由于对财政运行机制的深入探讨，梁先生在财税学术界也有"梁机制"之称。

改革开放以后，梁尚敏教授较早地提出了综合财政论，该理论强调对社会总财力的分配，尤其强调对预算外资金的规范，是"大财政"思想的集中体现。梁教授认为，综合财政是国家对社会总财力的分配管理，强调对预算内、预算外、银行信贷等相关可用财力在全面综合的基础上实行总体配置。当时由于法制不健全、财政管理不严等原因，预算外资金一度出现规模失控、监管失调的局面。他曾指出，改善这种状况，要加大预算外资金从体制到管理的改革力度，实行综合治理。一方面，在当时预算外资金的基础上，继续清理整顿，采取"规范一批、转换一批、合并一批、取消一批"的办法，综合分流预算外资金，使其正本清源。另一方面，在预算外资金的管理上，采取多种模式或运行方式，实行综合改革和制度创新。因收费项目名目繁多，我国非税收入也面临着管理不规范等问题。为此，梁教授提出了分流而治、分源而治、分类而治、分级而治的管理办法，这些方法成为解决该问题的有效措施。

在深入探讨综合财政理论的基础上，梁尚敏教授创建了综合财政学这一新兴交叉学科，还出版了《综合财政概论》等著作，拓宽了财政学理论研究的领域。2014年新《预算法》出台后，我国全口径预算管理体系正式以法律的形式确立。而早在20世纪90年代，梁教授的研究就体现了这种思想，其前瞻性不言而喻。

梁先生重视理论与实际的结合，他主张要到实际生活中发现问题，解决问题。被广泛认可的梯级财源建设理论，就是他在深入基层调研的基础上提出来的，他还先后发表文章"论财源及其结构的合理化""按照新的经济运行机制建设梯级财源""财源建设综论"，从财源的良性循环、时空分布、结构优化方面进行了阐述。他指出，财源的形成表现为不同层次、结构和过程。财源按其规模大小、效益高低、新老程度、时空分布等综合排列呈有序的梯级状态，简称梯级财源。梁尚敏教授针对我国区域发展不平衡问题，提出应从国情、省情、市情、县情、乡情出发，对现有财源的整体结构进行纵向、横向对比，并从中选择最合理的要素配置，为构建效益高的财源结构做出科学决策。梯级财源建设思想，在湖北省襄阳市得到应用，并取得了显著的社会经济效果。这一做法，在1988年7月的全国财政会议上，得到了国务委员兼财政部部长王丙乾的肯定，并得以进一步推广。梯级财源理论，也被有关部门作为一种战略进行研究。

关于如何有效发挥财政在宏观调控中的作用，梁先生认为要注重结构调整，正视并增强财政承受能力。他指出，应通过合理运用财政政策、优化产业结构、创新财税制度等方式建立起平衡、稳固的国家财政。财政承受能力是国家在一定时期经得起市场经济快速变化考验的财政实力。梁先生认为，我们既要重视财政承受能力的提高，又要通过宏观调控手段，协调好财政承受能力与企业、人民群众承受能力之间的关系。另外，我国价格、工资、信贷、税收等各项改革也应估量财政承受能力，做到改革与财力两者相匹配。换言之，改革可以带来财力的充裕，但大多数情况下，没有财力作后盾的改革却是寸步难行。面对错综复杂的全面经济改革，宏观调控的任务相当艰巨。在估量改革与财政承受能力的相互关系时，应注意财力留有余地。时至今日，"财政承受能力"思想对于各地方政府如火如荼开展的城市化建设，仍具有相当大的借鉴意义。

著名的宋代理学家朱熹曾道："直谅朴实，处事不苟。"这正是梁先生的治学之道。在当前纷繁复杂的社会状态下，梁先生求真务实、笃行致远的学术精神熠熠生辉。作为学术后辈，我们不仅要学习梁先生的专业研究成果，更要学习他治学的严谨态度与开阔的学术视野。

春风化雨，桃李芬芳

"宽严相济，爱生如子"是梁先生众多弟子对他的评价。做学问，梁先生兢兢业业；作为师长，梁先生培养学生更是倾尽全力，为祖国培养了一大批优秀人才，成为各个领域的中流砥柱。国务院原副秘书长丁学东、中国财政科学研究院院长刘尚希、山东大学校长樊丽明、武汉大学原副校长吴俊培等都是梁尚敏先生培养的杰出弟子，梁先生亦师亦父般的谆谆教导成为他们最难忘的青春回忆。

关于教导学生，梁先生曾讲："我所培养的学生，除了学习上教给他们真东西，教育他们为人处世也很重要。要做一个符合国家需要的、正直的人，敢于说真话，真抓实干，这是我对他们的检查标准。"在梁先生看来，培育学生不单单是传授给他们知识，引导他们树立正确的人生观、价值观、世界观同样重要。因此，梁先生教育学生更注重理论联系实际。学习上对学生要求严格，课堂外他关心学生生活，鼓励他们走出校门，开展实践调研。他是弟子们心中的严师，更是他们的人生导师、成功道路上的引路人。2017年是梁尚敏先生90岁寿辰，40多位国内外弟子聚首武汉为梁先生庆祝，向恩师表达祝贺的心意诚恳而热烈。学生代表发言时，曾激动地说道："毕业30年后的今天，我们依然对梁老师有如此深深的感念和敬重之情，那是因为，曾经在我们学习、工作、生活最为艰难、最需要帮助的日子里，梁老师用他那慈父般的爱心温暖过我们。"

梁先生为了培养理论基础扎实、综合能力强的学生，积极探索教学模式改革路径。他认为，为人师不仅仅是上课、下课，培养优秀人才，需要的是面对面指导，做到因材施教。因此，梁先生大胆提出本科生导师制，这在当时也是全国高校本科生教学阶段的首次尝试。实践证明，本科生导师制是非常成功的制度，它让每一位教师都清楚地认识到自身的教学责任与教学目标，深入到学生的日常生活中与他们沟通交流，答疑解惑。这种培养模式有利于学生的全面成长，培养了一批批优秀的财经人才。

除了上面提到的本科生导师制之外，梁先生还倡导实行"财金通才"的制度，打破了以往专才教育的框架，更加侧重综合能力的培养。对于新入学的学生不再划分具体专业，而是按照"大财金"口径，统一制定培养方案，第二学年结束学生可根据自身特点、偏好选择专业就读方向，在后两年的学习中集中攻读专业知识。学生一方面具备了扎实的理论基础，另一方面在广泛接触了财金知识后也能找到真正适合自己学习的专业方向。

同时，为了进一步提高教学质量，梁先生在全系范围内推行"教师选课、学生选拔"的模式，以竞争机制激励广大教师重视课堂教育，自己更是以身作则，身体力行为青年教师树立榜样。梁老的弟子，湖北省统计局副局长、我国公车改革推动者叶青回忆道："梁老师给我们上的课至今印象很深，当时他讲财政分专题来讲，分了十个左右的专题，逐一解读。从这个问题的历史、现状、数据、问题、对策等展开，深入浅出。这也影响到我现在的研究风格，我的《中国公车改革之路》一书就围绕'公务用车'这样一个题目进行古今中外的研究。"梁尚敏教授推崇的教学改革与培养模式，与当前诸多高校人才培养机制改革思路不谋而合。梁先生作为师者科学探索、高瞻远瞩的教学眼光着实令人称赞。

梁先生大胆改革教学模式，严抓教学质量，为学生创造良好的学习环境，其目的就是希望学生能在学校里学到真本事，提高专业能力。走出学堂，梁先生更加关心学生生活，侧重培养学生的实践能力。原中南财经政法大学财政税务学院院长陈志勇回忆道，恩师梁先生经常到寝室检查他们的生活情况，或在他办公室甚至家里询问他们的状况，同学中不少人都是他家的常客。他声音洪亮，常挂在嘴边的是"专心读书，认真研究"，常问的问题是"最近读什么书了？研究什么问题了？"他精力充沛，没有睡午觉的习惯，不时在中午时分就来到他们寝室，把他们从午睡中唤起，关心生活状况，交流学习进展，攀谈学术思想及发展。梁先生身体力行关怀着每一位学子，用慈父般的爱心默默温暖着他们。

"纸上得来终觉浅，绝知此事要躬行。"梁先生叮嘱学生不仅要在学校用心学习专业知识，更要敢于走出象牙塔，到真实的社会中去考察走访，如此做学问才能融会贯通，学以致用。梁先生鼓励学生"走出去"用双脚丈量世界，用双眼去发现问题，用双手去实践真知。他常常亲自带队，率领弟子深入基层开展调研，手把手指导学生如何制订调研计划，如何走进调研单位，怎样发现调研问题和获取一手的资料，以及如何撰写调研报告、形成调研成果。

中南财经政法大学庞凤喜教授回忆起学生时代，经常到各地调研的实践经历仍历历在目。一到暑假，她就跟随老师同学一起奔赴各地，围绕财政热点问题进行调查研究。在硕士学位论文写作前，梁先生鼓励同学们广泛搜集研究素材，搞好调查研究。梁先生专门为她联系了省水利厅的一个领导，在恩施调研期间她受到恩施州财政局的周到安排。在那里她还收集了大量民族地区的政策及政策存在的问题。围绕调研写成的研究报告，发表在《财政研究资料》上，并且获得了80元的稿酬。庞教授说："当时的研究生生活费仅50元一个月，科级干部工资也不过60来元，这算是学生时代获得的一笔巨款，尤其是这是笔者第一次文字变成了铅字，所以，记忆特别深刻。"这些难忘的回忆在以后的日子里都激励着他们不忘初心，牢记梁先生当年的指导与教诲，在更宽更广的研究道路上砥砺前行。

三尺讲台比奉献，呕心沥血育桃李。梁尚敏先生是受无数人尊敬和爱戴的老师，他是弟子们心中的引路人，是后辈青年教师的楷模，是先进思想教育的先行者！

克己奉公，德厚流光

20世纪80年代，梁尚敏先生开始担任中南财经政法大学财税系"一把手"，作为行政领导的他廉洁奉公，体恤下属，从不为自己谋私利，坚持做到"权为民所用，利为民所谋"。有几件令人印象深刻的"小事"：《财经大辞典》编撰出版后，梁先生作为财税篇的主编，一分钱稿费也不多拿，尽可能多地把稿费分配给一线参编教师。那些年，系里办班创收的资金量比较大，但系办公室的同事们说，梁老师从未报销过一张个人单据。在研究确定创收分配方案的会议上，他曾明确提出，收入分配必须向教学任务重、科研成果多、管理业绩突出的一线青年教职工倾斜，自己和其他系领导只能拿中位奖，不能拿一等奖。

梁先生品行高洁，对钱对物看得都比较淡。他一心扑在工作上，全身心地投入学科建设。改革开放之初，"孔雀东南飞"，不少知识分子下海，高校教师资源严重匮乏，学科建设成为了一大难点。作为领导的梁先生为了凝聚队伍、留住人才可谓殚精竭虑。他致力于打造多种事业平台，为青年教师创造各种培养机遇，将自己努力争取到的机会让给青年教师，让他们有更多的发展机遇。在梁先生的不懈努力下，终于带出了一大批优秀中青年骨干教师，为财政学科建设贡献出了巨大力量。

梁尚敏先生作为学校财政学科建设的领头羊，工作起来从来都是认真严肃，一丝不苟。但是私下里，他确是一位处处关怀下属的好领导。他以慈父般的爱心和责任感，关心着青年教师的疾苦，切实为他们解决生活上的实际困难和后顾之忧。20世纪80—90年代毕业留校的青年教师，大多属于"已婚族"，上有老、下有小、收入低、负担重。梁老师看在眼里，愁在心上。为此，他一手抓学科建设，一手抓办班创收。几年时间下来，他硬是将财税系建设得红红火火，教职工的收入也年年看涨。

当时的青年教师们都住在筒子楼里，一间房，公共卫生间，楼道里煤炉做饭，条件甚是艰苦。计划经济年代，煤气罐更是稀缺用品，青年教师大多希望能改善生活环境用上煤气罐。梁先生同样看在眼里，默默记在了心上。为了教师们的生活福利，梁先生亲自跑去武汉市税务局，请求他们给予帮助。在梁先生的争取下，没过多久他真的为教职工"扛回"了六罐煤气，解决了教职工的做饭问题。叶青教授曾讲："当时是福利房时代，在高校只有通过分数排队才能够分到旧房子。由于自己是双胞胎孩子，家里人多，急需增加房子面积，梁先生得知情况之后，专门为我争取到一套一室半一厅的房子。最后虽然还是差"临门一脚"，我们一家还是感激不尽。"

大到学科建设，小到煤气罐、分房子这种生活琐事，梁先生作为一名行政领导，时时刻刻都践行着为人民服务的宗旨，履行着一名党员干部的责任。梁先生从来没有说过什么豪言壮语，但是他以自己的一言一行，诠释了一个学术带头人的宽广胸怀与高尚人格。

先生为人豁达开朗，热情奔放；为学求真务实、笃行致远；为师宽严相济，诲人不倦，为官克己奉公，志洁行芳……先生为人、为学、为师、为官实乃吾辈学习之楷模！先生虽已驾鹤西去，但为学术晚辈留下了宝贵的思想成果和精神财富，先生永远活在尊敬和爱戴他的人们心中。

蔡孝箴：紧扣国家时代脉动，求解城市发展命题

江曼琦

他执教五十余年，默默耕耘，呕心沥血，提倡学科理论创新，不仅推动了我国政治经济学理论体系的发展，并且是中国城市经济学科的启蒙者和引路人，被世人评价为我国城市经济学科"执牛耳者"。

生平：蔡孝箴（1929—2014），江苏泰兴人。我国著名的城市经济学家、政治经济学家。曾任南开大学经济学院副院长、中国城市经济学会常务理事等要职。在执教南开大学期间，开创了南开大学城市经济学科，并且是我国城市经济学科的奠基人之一。

师承：曾先后在天津工商学院、中共中央马列学院学习，并接受了艾思奇、胡绳等理论名家的教诲。

核心理念：坚持政治经济学原则，力保中国城市经济学特色

教育实绩：呕心沥血不期修古，谱写南开经济新篇章；开创南开大学城市经济学科，奠定了我国城市经济学科建设的基础，使南开大学城市经济学科处于全国领先地位。

蔡孝箴，生于1929年2月，江苏泰兴人。在南开大学执教五十余年，先后担任经济学系助教、讲师、副教授、教授、博士生导师、中共南开大学经济学系支部书记、经济学系副主任、经济学系主任、经济学院副院长、校务委员会委员、校学位委员会委员及经济学第一分学位委员会主席、校学术顾

问。并在校外兼任全国哲学社会科学学科规划经济理论学科评审组成员,中国城市经济学会常务理事,天津市人民政府咨询委员会委员,天津市社联常委、天津市经济学会副理事长,天津市城市经济学会副会长、顾问,天津市环渤海经济研究会副理事长、顾问等职务。

蔡孝箴教授是我国著名的城市经济学家、国内高等学校城市经济学科的创始人和学术带头人之一,在我国城市经济学界和经济学研究领域具有重要影响,他主导开创了南开经济学研究的学科发展新方向,使南开大学经济学系成为我国城市经济学科建设起步最早的单位之一。蔡孝箴教授品德高尚,治学严谨,学识渊博,平易近人,诲人不倦,乐观豁达,受到国内经济学界特别是城市经济学领域的广泛尊敬和爱戴,是中国优秀知识分子的典型代表和楷模。

命运多舛,结缘南开

8岁时,其父远去西北从事水利工作,不久抗战爆发,联系中断;10岁时,其母病故。兄弟姐妹生活失去了依靠。然而,在强烈求知欲的驱使下,蔡孝箴凭着顽强的毅力坚持求学,以优异成绩毕业于泰兴襟江小学和延令中学初中。1944年,他来到天津,投靠其在启新洋灰公司任高级职员的伯父,求学于天津浙江中学高中。1947年毕业后,考入法国天主教会学校天津工商学院工商管理系。1950年,工商学院改为国立津沽大学,工商管理系改为企业管理系。在此期间,他亲眼目睹了人民解放军解放天津,感受到中华人民共和国成立给中国人民带来的前所未有的希望,他将个人的命运与国家、人民的命运更紧密地联系起来。1950年6月,蔡孝箴同志在津沽大学加入了新民主主义青年团。1951年毕业后留系任助教兼系秘书。1952年7月,蔡孝箴同志加入了中国共产党。1952年院系调整,津沽大学商学部全部并入南开大学,他入经济学系,从此开始了作为南开经济人的执教生涯。同年夏,经组织推荐,去中国人民大学马列主义研究班政治经济学分班进修,以为日后从事理论教学做准备。1953年年初,由中国人民大学选送至中共中央马列学院进修政治经济学,有缘接受艾思奇、胡绳等理论名家的教诲。1955年夏毕业后,回南开大学经济学系任教。

匠心铸就南开师魂，默默耕耘政经花开

自任教以来，蔡孝箴同志曾长期从事政治经济学教学与研究工作，为本科生、研究生主讲过政治经济学、经典著作选读、社会主义经济理论专题研究等课程。除教学以外，他十分注重研究中国社会主义建设中的实际问题。早在1956年，他和当时同在经济学系任教的谷书堂老师撰写了"论物质利益原则及在我国农业初级生产合作社中的运用"的文章，发表在当时的校刊上，这是我国最早运用物质利益原则来考察中国经济建设实际问题的文章之一。在此领域，他主编出版了《政治经济学（社会主义部分）》（天津人民出版社1987年出版）、《社会主义经济理论与经济体制改革研究》（与谷书堂教授共同主编，陕西人民出版社1987年出版）、《科技进步与经济发展》（天津市"八五"哲学社会科学规划重点项目，天津人民出版社1996年出版）等著作。此外，蔡孝箴教授的贡献还在于对我国政治经济学课程的教学改革与教材建设做了许多有益的工作。1989年，南开经济学系受国家教委高教司委托，由蔡孝箴教授主持，提出了关于政治经济学教学改革的意见和关于政治经济学教科书理论体系的意见两份报告。1990年，作为负责人之一，协助国家教委高教司组编出版了《当前政治经济学教学的若干理论问题》一书，作为高校政治经济学课程的重要教学用书。1993年，蔡孝箴教授参加了国家教委社科司组编，吴树青主编的政治经济学教科书的编写工作。该书于1997年获国家级优秀教学成果一等奖、国家教委优秀教材一等奖。

初心未改奠定城经大厦之基，开拓创新引领都市研究热潮

城市经济学科是城市经济学、城市土地经济学、城市环境经济学、城市交通经济学、城市房地产经济学、城市经济管理学等交叉学科或边缘学科的总称。在西方发达国家也属新兴学科。党的十一届三中全会以后，随着国家经济发展战略的转变，城市的重要作用日益突出，深入研究城市经济问题成为社会主义现代化建设和经济管理体制改革的迫切需要。蔡孝箴教授的研究

和教学工作重点转移到城市经济学上来。从1980年开始，在国内最早在经济学本科生中开设城市经济学系列课程，1990年在经济学系的经济学专业内设立城市经济与管理专门化，1992年开始招收房地产经营与管理专科生，1994年经国家教委批准设立房地产经营与管理本科专业；也是从1980年开始，招收城市经济方向硕士研究生，1990年被批准为全国第一个城市经济学硕士学位授权点，1994年又成为第一个也是当时唯一拥有该方向博士学位授予权的单位。南开大学城市经济学科成为我国城市经济学科建设起步最早的单位之一。1997年，蔡孝箴教授主持申报的"南开大学城市经济学科硕士点博士点的系统建设"的教学成果获天津市优秀教学成果一等奖、国家级优秀教学成果二等奖，奠定了南开大学城市经济学科在国内的领先地位，也成为他学术生涯中最靓丽的风景。至1998年，该学科方向累计培养出专科生136名，本科生152名，硕士研究生133名（含校外研究生），博士研究生3名。至此，南开的城市经济学科在全国处于领先地位，一座中国城市经济学之大厦屹立于渤海之滨。

蔡孝箴教授对学科发展的贡献首先体现在他身体力行，在教学和科研上进行了一系列开拓性的工作。出高水平的研究成果，是他在学科建设中努力追求的首要目标。一方面，他紧紧抓住学科发展的规律，在学科前沿不断探索，完成了一批有代表性的成果。其中，1980年首发于《南开学报》的"略论经济中心的含义"一文，是国内对这一问题最早进行深入探讨的文章之一，后被《新华文摘》转载。他特别重视对我国沿海中心城市作用的研究，撰写了"关于进一步发挥沿海中心城市作用的几个问题""略论沿海中心城市与内地的经济协作""论我国沿海城市经济发展战略""我国沿海地区对外开放模式比较""从我国沿海地区经济发展比较看京津联合"等一系列论文。"关于进一步发挥沿海中心城市作用的几个问题""中国社会主义建设道路与中心城市""论我国沿海城市经济发展战略""中国城市土地市场的若干理论问题"等分获天津市社会科学优秀成果三等奖和二等奖。他在建设部主办的"92中国房地产和房地产业"国际研讨会提交的论文"现阶段中国房地产经济的若干问题"，先后被《中国房地产》《城市》《建设论坛》《特区经济》等多家刊物转登，成为学科前沿问题讨论的标志。另一方面，他特别注意具有中国特色的城市经济学整体建设。他认为西方城市经济学虽然有许多可借鉴之处，但它在理论上还不成熟，由于国情不同在实际运用上它对中国也有很大的局限性。因此，他投入大量精力于城市经济学基本理论与实践的系统研究，先后主持完成了《社会主义城市经济学》《城镇房地产经济研究》《房地产市场研究》《城市经济学（修订本）》等国家教委项目。1990年主编出版的《社会主义城市经济学》一书，立足中国，借鉴西方，理论上有创新，特色鲜明，产生了较大的社会影响。该书先后获中国城市经济学会与中国城市经济、社会发展研究会联合评选的优秀学术著作奖、全国"光明杯"优秀学术著作三等奖、天津市哲学社会科学优秀成果二等奖、国家教委优秀教材一等奖，成为当时国内城市经济学科最有影响、最具权威性的基础教材。1998年，他主编出版的国家教委重点建设教材《城市经济学（修订本）》，以新的视角对聚集经济、规模经济、城市土地利用与城市空间经济结构、城市经济增长、城市发展与城市化等一系列基本问题，运用新的理论分析工具，进行了深入的理论研究，勾勒出新的城市经济学理论框架，并对中国的现实问题进行了深入研究。

知中国，服务中国，是南开经济学人信奉的准则。蔡孝箴教授在开拓和深入城市经济学科理论研究的同时，还十分关注中国城市经济发展的特色和特殊发展规律，在理论探索的基础上，积极为中国特色社会主义城市经济管理体制改革和城市经济建设服务。从1984年起，他就连续多年担任了天津市人民政府咨询委员会委员、天津市社联常委、天津市城市经济学会顾问、天津市环渤海经济研究会顾问等职务，为天津市及环渤海城市经济发展提供高水平咨询服务。

诲人不倦桃李满园芬芳，超脱自我甘为才俊人梯

培育高质量的人才，是蔡孝箴教授努力追求的重要目标。早在上世纪70年代，即城市经济学在西方发达国家成为独立学科后不久，他就在经济学系为本科生开设了城市经济学讲座课程；1980年以来，为硕士生、博士生开设了西方城市经济学著作选读、社会主义城市经济专题、西方城市土地经济学著作选读、社会主义城市土地经济专题、城市经济学研究、空间

经济研究等课程。在教学中，他特别强调两点：一是研读原著，二是理论联系实际。他反复向学生强调，科研就是站在前人肩上攀登，唯认真研读原著，才能站稳脚跟。在此方面，他对学生近乎苛刻，要求学生大量阅读原著，写好读书报告。例如，学习西方城市经济学，要求必读的书目就包括美国的米尔斯、沃纳·赫西，英国的杰克·哈维，日本的山田浩之等人的原著，学生起码要写五篇读书报告，每部一篇加上综合比较一篇。他带的研究生，寒假春节期间捧看原著的大有人在。因此，他直接培养的学生，大多具有扎实的理论功底，具备很强的发展后劲。城市经济学科是一门应用性很强的学科，对于每个基本问题所提出的理论和方法，都只是作为解决实际问题的工具。他认为，我们可以不赞成他们的某些理论、方法和对策，但应当赞成他们的研究工作的明确目的性。也只有不断研究现实问题，才能积累足够的素材，为城市经济学科基本理论的完善和发展打下坚实的基础，为教学提供丰富而鲜活的营养。同时，很多应用性课题的研究过程，就是学生参与社会实践的过程，与教学本身有着直接的关联。学生结合课程，对中国现实问题进行的科研不断结出累累硕果，多篇硕士毕业论文被评为南开大学优秀毕业论文。

　　蔡孝箴教授不仅对学生孜孜不倦，对于青年教师，他更愿意超脱自我甘为人梯。他建议本学科教师研读马克思主义经典作家的有关经济论著，如《资本论》第三卷中对资本主义地租的论述这样的与城市经济学科教学科研密切相关的内容。在他的影响和带动下，教师们在教学科研实践中都能自觉地运用马克思主义的立场、观点和方法，在学习与借鉴西方城市经济理论时能明辨是非。另一方面，他鼓励大家思想解放、勇于开拓进取，认为这同样是教师应具备的基本素质。他本人更是身体力行，采取上党课、座谈、谈心等多种方式引导学生。老一代知识分子忧国忧民的爱国主义精神引起学生的强烈共鸣，成为经济学系进行革命传统教育的极好方式。坚持不懈的政治思想建设造就出一支政治立场坚定、作风严谨正派的教师队伍，保证了教学科研各项工作的顺利进行，也赢得了学生的由衷钦佩，为各项教学措施的落实打下了坚实的基础。他重视挑选优秀青年充实教师队伍，从外单位物色和从本系选留了一批优秀硕士毕业生，在知识结构上体现了城市经济学作为交叉学科的特点和需要，促进了学科发展；而且通过多种途径为提高青年教师的业务水平创造条件，包括陆续推荐他们赴美、英等国家深造，对于开拓视野、促进城市经济学科同国际接轨起了很好的作用，从而建立起了一支完整、精干的学术梯队。

呕心沥血不期修古，谱写南开经院新篇章

蔡孝箴教授不仅醉心于科研教学事业，他同时致力于推动南开经济学院管理体制变革创新。蔡孝箴教授任职经济学系系主任的十年间，经济学系的各项事业蓬勃发展。乘教育改革的东风，1984年到1994年，是南开大学经济学系改革力度最大、发展最快的十年，也是成果最多、变化最显著的十年。这十年中，在拨乱反正、恢复正常教学秩序的基础上，经济学系的专业设置得到调整，课程体系一次次更新，学科建设进一步发展，科研领域硕果累累，师资队伍的素质大幅度提高，对外学术交流频繁，各类毕业生的素质有了进一步提高。这些成绩，与作为系主任的蔡孝箴同志的精心筹划、大胆设计、热情推动是分不开的。

第一，创新专业设置。1984年，以蔡孝箴为主任的新班子上任伊始，在调查研究的基础上，经济学系在全国综合性大学中第一个提出将政治经济学专业改为经济学专业，从而拓宽了专业口径，把培养目标由以理论工作者为主改为实际工作者与理论工作者双元目标，适应了社会对理论研究人才和实际工作人才的双重需求。这一提议在1985年4月获得了国家教育部的批准。当时，在极左思潮残余尚存的情况下，这种率先行动是冒了相当大的风险、需要一定的胆识和远见的。与此同时，经济学系将世界经济专业改为国际经济专业，并于1985年主动提出将国际经济专业从经济学系独立出去单独建系，为国际经济贸易学科的发展提供了更广阔的空间和自由度。与此同时，经济学系在调整原有专业的基础上，也积极发展社会急需的新专业。价格问题是市场经济的核心问题，价格双轨制出现后，社会上急需价格学专业人才。1983年，经国家物价局委托和教育部批准，经济学系建立了价格学专业，1983—1993年，共培养包括硕士生、本科生、大专生等各类价格学专业人员500人，该专业在国内高校价格学专业中一直处于领先地位。早在1984

年，经济学系就开始酝酿和建设部土地局联合建立房地产经济专业，1994年在房地产业迅速崛起的大背景下，这一计划终于得以实施，经济学系设置了房地产经营与管理专业。在保证理论人才培养计划的同时又一次增加了应用型专业人才的比重，拓宽了学生的社会适应面。

第二，创新专门化设置。在经济学专业里设置专门化，也是经济学系在专业改革方面所做出的大胆尝试。专业设置是需要相对稳定的，但社会需要的变化却是经常的，常常出现人才需要的某种热点。专门化的设置，就是为了解决这个矛盾。专门化不等于专业的划分，但带有专业划分的倾向和性质，它是根据社会需求热点和本系所具备的条件，通过几组定向分流课程，让学生获得更多的发展个人志趣的机会。从1989年开始，在经济学专业先后设置了城市经济与管理专门化、市场营销专门化和理论经济学专门化等三个方向。

第三，加强对外交流。蔡孝箴教授不仅带领一班人在教学科研的实践中扎扎实实做好工作，而且非常重视对外宣传，及时将本系成熟的做法总结提炼，积极向新闻单位提供线索。比如始于1983年的本科生社会实践教学，《人民日报》1985年11月14日做了长篇报道并配发了评论。1985—1987年，《中国教育报》多次对经济学系的教学科研工作进行了报道。《南开周报》曾在头版头条总结宣传经济学系大力推动启发式教学的有益探索。此外，《中国高等教育》杂志也对南开经济学系的工作做过专门介绍。蔡孝箴教授任职系主任期间，大力推动国际学术交流发展，其间共派出留学人员和访问学者15人次，分别派往美国、英国、日本、苏联、南斯拉夫、加拿大、澳大利亚、波兰等国家。同时，积极邀请国外著名学者来系讲学，这些学者分别来自美国的哈佛大学、耶鲁大学、芝加哥大学，日本的东京大学、一桥大学，乌克兰基辅大学，波兰的华沙大学，南斯拉夫的萨格勒布大学等。经济学系还分别与日本一桥大学、英国曼彻斯特大学、乌克兰基辅大学签署了合作协议和联合培养研究生的协议。同时，蔡孝箴教授本人也做出了应有的贡献。1986年，他应加拿大约克大学、麦克马斯特大学和拉瓦尔大学的邀请，作为南开经济学院代表团成员赴加拿大进行工作访问，并应多伦多大学亚洲研究中心邀请做题为"中国沿海开放地带"的学术报告。1990年，应美中经济学教育研究会邀请，作为中国七校（北京大学、中国人民大学、复旦大学、南开大学、厦门大学、武汉大学、吉林大学）经济学院院长代表团成员，赴美国科学院、哈佛大学、哥伦比亚大学、密歇根大学、密歇根州立大学、斯坦福大学、加州大学伯克利分校等单位，就经济学教育问题进行交流与研讨，并访问了一些州政府官员和州议会议员。1992年，应乌克兰基辅大学邀请，赴基辅参加国际学术会议并在会议上做了题为"中国的经济学教育"的报告，同时应基辅大学经济系的邀请举办了以"中国的对外开放与利用外资"为主题的学术讲座。这些活动，扩大了南开大学经济学科在国外的影响。

一代大师，风范永存

蔡孝箴教授在政治经济学、城市经济学研究领域进行了长期的创新性研究，发表了大量颇具影响力的研究成果；长期坚持教书育人，注重学生经济学理论素养的培养和实际问题研究能力的提高，造就了一大批优秀经济理论和城市经济学专业人才，桃李满天下；同时，他高瞻远瞩规划学科发展，培养师资人才梯队，在国内外吸引人才，成为南开经济学人的旗帜和楷模，为南开大学经济学科的发展，特别是为城市经济学科、区域经济学科的发展做出了奠基性、开拓性贡献。2012年6月，南开大学授予蔡孝箴教授"特别贡

献奖"和"荣誉教授"特别奖,以表彰他对南开大学的卓越贡献。

2014年3月1日,一代大师永远离开了他热爱的事业。但是他的精神一直在一代又一代的城市经济学者中间传承。为了更好地传承蔡孝箴教授无私奉献、艰苦奋斗的精神,蔡孝箴教授的弟子们在南开大学成立了"蔡孝箴城市经济学奖学金"。本着发掘优秀学者、鼓励学术创新的理念,鼓励学生们从事城市经济学领域的科学研究。在蔡孝箴教授的感召下,南开城市经济学科的老师和学生们不仅传承了大师精益求精的钻研精神,更继承了大师爱国爱校的家国情怀,争创国际一流的城市经济学科。

李宏硕：中国大陆台湾经济研究先行者

张敬庭

李宏硕教授，1929 年 2 月生于福建南安，1948 年考入上海暨南大学，1949 年并入复旦大学经济系，1950 年转入南开大学经济系，1952 年毕业，1955 年中国人民大学研究生毕业。毕业后一直从教，曾任南开大学经济学系教授，南开大学台湾经济研究所所长、博士生导师，复旦大学天津校友会副会长，暨南大学天津校友会会长，中华外国经济学说研究会理事、天津分会会长。

知名社会活动家

李宏硕教授是知名的社会活动家，他 1982 年加入中国致公党，1985 年加入中国共产党。他是全国政协第六届学术委员会委员，天津市第十、第十一、第十二届人大代表，第十一、第十二届市人大常委会委员，中国致公党中央委员，致公党第八届、第九届中央宣传部副部长，天津市委副主委，还兼任全国统战理论研究会常务理事、副秘书长、天津分会副会长、全国台湾研究会理事、天津海外联谊会理事。

致力于台湾经济与外国经济学说教学与研究

李宏硕教授致力于台湾经济与外国经济学说的教学与研究领域，是国内外知名台湾经济问题专家。

每个学术领域都有一些闪亮的人物，应该说，无论是人格方面，还是学风、治学方法以及他的学术成就，李宏硕教授就是这样的人物。李宏硕教授不仅在政治经济学、经济学说史的研究方面取得了杰出成就，他在台湾经济、两岸经济关系以及两岸经济比较研究方面的教学及研究方面更是做出了具有开创性的贡献。

以李宏硕教授为首的一批受过良好经济学训练的学者的参与，深化了大陆对台湾经济、两岸经贸关系和两岸经济比较的研究，填补了这一领域的空白，扭转了过去对台湾经济仅止于情况了解而无真正学术研究的局面。今日两岸经贸关系之密切，历史上所未有，这里就有李宏硕教授的心血。他承担国家及省级以上科研项目7项，科研成果5次获奖。"台湾经济与西方经济理论"（1991）和"西方经济理论现状与趋势"（1992），曾获天津市级一、二等奖，并荣获国务院特殊津贴。

1989年，南开大学在中国内地首次招收研究台湾经济方向的研究生，李宏硕教授作为学科带头人，远见卓识，为国家培养了第一批研究台湾经济的专门人才。他指导了台湾经济研究方向硕士研究生16人、博士生9人、国内访问学者3人。

李宏硕教授还频繁地主持或出席海峡两岸和国际学术会议，受到多方面的赞扬和肯定。1993年和1995年两度应邀赴台出席两岸经贸研讨会。1993年，全国台湾研究会致函南开大学，表彰他在全国台湾研究会各项活动中的积极作用，说"贵校台研所李宏硕教授是全国台研会所依托的重要学术带头人之一，李宏硕教授积极参加全国台研会在境内外组织的学术会议和内部政策研讨会，提供了高质量的论文和对策建议。特别是在台港澳与海外学者参加的学术会议中，李教授屡屡发挥作用"。《人民日报》、天津日报、中央电视台、香港《经济导报》及台湾《中国时报》《工商时报》等媒体也曾对其进行过专访。

实事求是,不断进取,积极创新

李宏硕教授的学风非常有特点,无论是调研报告,还是公开发表的文章,无论对自己,还是对学生,都要求实事求是,不断进取,积极创新。

在台湾经济和两岸经贸关系的研究中,在李宏硕教授的带领下,首次将比较利益、国际分工等理论系统地引入研究中,对两岸关系研究的发展做出了重要贡献。李宏硕教授一生在学术上总是努力走在前面,他不仅有深厚的经济学基础,而且对国际关系、政治学也有很深的涉猎。他常说,社会本是个整体,只是为了更精确的研究,学术把它做了人为的分解,真正的研究不能见树不见林,在做微观分析时不能忘记宏观的把握。这是作学问者的一个相当高的境界,值得我们敬佩,更值得我们学习。李宏硕教授的一生是光辉的一生,是有成就的一生,是带动下一辈人的一生。

高峰：奋进在建立马克思主义的资本主义宏观经济学之路

蒋雅文　孙寿涛　张彤玉

高峰教授1933年9月出生于武汉，1951年参加工作，1956年考入中国人民大学政治经济学系，1960年9月毕业后分配到南开大学经济学系任教至今。他曾于1984年和1991年作为富布赖特访问学者分别在美国坦普尔大学经济系和马萨诸塞州立大学经济系做研究工作。1988—1991年他曾任南开大学经济学系副主任，后来长期担任南开大学经济学系资本主义政治经济学教研室和现代资本主义经济研究室主任，兼任中国《资本论》研究会副会长。高峰教授主要讲授政治经济学、《资本论》、当代资本主义经济理论问题、现代西方马克思主义经济学著作选读等课程。[①]

学术理念和研究方法

高峰教授很早就确立了马克思主义信仰和社会主义信念，少年时即自

[①] 刘凤义曾撰文对高峰教授的主要学术成果（资本有机构成理论、一般利润率下降趋势理论、垄断资本理论、当代资本积累的若干问题、虚拟资本的性质、发达国家经济增长方式的演变和企业并购等方面）做了详细介绍（刘凤义，2008），刘志阳曾基于自身经历撰文对高峰教授的治学风格、学者风范和高洁人品进行介绍（刘志阳，2013），为免重复，这里我们主要从指导思想（学术理念和研究方法）和学术新见（学术成就和学术影响）两个方面介绍高峰教授的学术贡献。

觉投身到实现中华民族伟大复兴的革命事业。1946 年至 1950 年年底,他在汉口博学中学(即现在的武汉第四中学)读书。1949 年 4 月武汉解放前夕,他参加了中共地下党外围组织新民主主义青年联盟,解放后转为共青团员。1951 年 1 月,仅差半年高中毕业时,他由组织安排参加工作,曾先后任职中共武汉市硚口区党委宣传部干事、中共武汉市机械工业党委宣传部干事、武汉市洪山区政府文教科副科长,从事了长达五年多的基层实际工作。

改革开放初期,高峰教授就对我国马克思主义经济学和《资本论》的教学与研究工作的成就与不足进行反思。他深感我国早期的《资本论》研究过于偏重对经典著作的解读,结合经济现实进行的理论探讨则做得很不够。脱离实际的倾向使理论本身显得贫乏和缺乏解释力,也不利于马克思主义经济理论的发展。他主张,要反思和继承马克思主义的传统和方法,充分吸收现代经济学的有益成果,重视实证考察和长期统计资料分析,坚持结合现代资本主义经济中的实际问题进行研究,丰富和发展马克思主义理论。

反思马克思主义传统和方法

高峰教授认同和肯定中华人民共和国成立以来形成的马克思主义传统和方法。他认为,长期以来,我国在政治经济学(包括资本主义政治经济学)的普及、教学和研究方面确实取得了很大成绩,需要我们坚持和发扬;但也必须承认存在着一些亟待我们认真考虑和努力改进的严重问题。

第一,资本主义政治经济学的现实感不强,对现代资本主义经济中的许多重要现象缺乏解释力。长期以来,在资本主义政治经济学教学目的上,比较强调帮助学生正确理解政治经济学基本原理,理解马克思主义经典作家的有关著作,为以后的学习打下牢固基础。在这种思想指导下,教学内容偏重于自由竞争资本主义阶段,现代资本主义经济的分量较少。后来虽有所调整和改进,加强了对垄断资本主义经济的分析,但两部分仍未形成一个统一的理论体系,实际教学中大多还是分两个阶段来讲。学术研究上,多数人集中于对原著特别是《资本论》的注解,以及围绕原著有关内容在理解上不同所引发的一些争论,真正结合当代资本主义重大现实经济问题展开深入的理论研究的则相对较少。

高峰教授主张,为在学术上避免陷入低水平重复,并避免教学内容脱离实际，推进理论的丰富和发展，必须重视对资本主义现实经济问题的研究，从根本上把教学与研究的基点放在现代资本主义经济的重要理论问题上，并在传授基本原理时突出体现在原理中的基本方法，使学生掌握分析现实问题的科学武器。现代资本主义的许多重要经济现象需要我们去解释，例如：物质生产领域和生产工人相对缩减条件下日益增长的商品价值和资本利润的源泉；现代市场经济条件下纸币的本质、职能与经济作用；生产自动化和信息革命对资本主义劳动过程及整个社会经济生活的影响；垄断大公司的发展及其经济后果；生产社会化引起的所有制和资本主义关系的重大变化；资本积累过程中若干基本变量的长期变动趋势；当代资本主义条件下经济危机和经济周期的特点与内在机制；资本主义经济的长期波动与资本主义经济制度的历史演变；跨国公司的兴起在世界资本主义经济中的作用；资本主义发达国家与不发达国家的经济依存和矛盾；不发达资本主义国家的经济发展道路；等等。只有对这些重大实际问题给予科学解释，才能加深对现代资本主义经济规律的认识，彰显马克思主义政治经济学的生命力、解释力，提高我们处理对外经济关系的自觉性。同时这也有利于推动我国社会主义经济的建设与改革：这些研究一方面可以使我们更充分地认识社会化生产和市场经济的一般规律性，提高我们的经济调控和管理水平；另一方面可以使我们更深刻地了解资本主义经济的特殊性及其固有的矛盾和弊病，减少我们在社会主义经济建设中的失误和盲目性。这样，资本主义政治经济学将大大加强其现实感，提高其认识世界和改造世界的功能。为此，他特别强调要改变资本主义政治经济学教科书传统的两阶段写法，把垄断前部分和垄断部分打通，形成一个完整的更为科学而严谨的理论体系。他本人和他指导的学生围绕着这些重要的经济现象在这些专题研究上做了大量基础性工作，涌现出一系列重要成果。[1]

第二，理论原理主要局限于经典作家的著作，没有充分吸收一百多年来马克思主义和现代经济学在理论上的重要发展。高峰教授认为，马克思主义经典作家，特别是马克思和列宁，关于资本主义经济的著作，都是紧密结合资本主义现实，大量吸收当时经济学发展的最新成果而写出的。但一百多年

---

[1] 高峰教授主编的《现代资本主义的经济关系和运行特征》一书，就是这些成果的呈现之一。

来世界资本主义经济发生了重大变化,在这一过程中,各国的马克思主义学者都在努力运用马克思主义的立场、观点和方法,研究变化了的实际情况,不断运用新的理论和方法来丰富马克思主义经济学,出现了一批具有理论深度和广泛影响的著作。如希法亭的《金融资本》、布哈林的《世界经济和帝国主义》和《帝国主义与资本积累》、斯威齐的《资本主义发展论》、巴兰的《增长的政治经济学》、巴兰和斯威齐的《垄断资本》、布雷弗曼的《劳动与垄断资本》、曼德尔的《晚期资本主义》、谢尔曼的《经济周期》、鲍尔斯等的《荒漠国土的未来》等。这些著作及其他论著中包含的理论观点和分析方法,其中许多已被历史实践证明是正确的,并对现实具有一定的解释力,但却未能进入我们的教科书和理论视野。至于西方学院派经济学许多有价值的理论和方法,更是被当作异端邪说而拒之门外。他认为,这是资本主义政治经济学在教学内容上显得既单薄又脱离实际的重要原因之一。

第三,理论分析上偏重传统的逻辑推理,缺乏全面系统的实证资料,也很少运用现代经济学的新的研究方法。高峰教授明确指出,长期以来,我们的资本主义政治经济学一直沿用《资本论》的理论结构,分析方法也基本上未能超越马克思时代的水平,主要采用的是一种逻辑推理的方法,而现代经济学普遍采用的模型分析、计量分析、统计分析等则很少体现。这使政治经济学与现代西方经济学相比在具体分析方法上显得很陈旧。《资本论》中的实证资料是极为丰富的,而我们的政治经济学教科书中的实证资料却大多零散或过时,缺乏系统而全面的统计分析,这也削弱了理论本身的现实感和说服力。

高峰教授认为,缺乏实证分析的经济理论,必定是苍白无力的。马克思对资本主义经济运动的考察可归结为两方面:一是其运行机制,二是其发展趋势。前者具相对静态性质,后者具长期动态性质。资本主义的经济运动规律也可相应分为运行规律和发展规律两类。这些经济规律支配资本主义经济过程的内在必然性,必然会通过各种经济现象得以表现,并可以通过实际经济资料加以证实。特别是资本主义经济的长期发展规律,会表现为若干基本经济变量的长期变动趋势,更需要用长期统计资料加以证明。而且随着资本主义经济条件的变化,一些经济发展规律的作用形式或强度也会发生变化,这也需要用长期统计资料加以检验。但长期以来,国内经济学者很少有人从事这方面研究,客观原因是这类工作的难度较大,主观原因恐怕还是对实证分析的重视不足。对资本主义经济中的一些基本变量,如资本集中程度、实际的垄断程度、资本积累率、工人的实际工资和可支配收入、剩余价值率、资本技术构成和价值构成、生产能力利用率、实际的失业人口、一般利润率、不同阶级的收入差距、资本输出和商品输出、对不发达国家贸易和投资的实际利润、对不发达国家的实际经济控制,等等,我们大多缺乏全面、系统而可信的长期统计数据。因此,必须加强统计分析方面的研究工作,这是加强理论联系实际的一个重要方面。

以上三个方面,反映我国资本主义政治经济学教学与研究中存在的主要问题,必须通过转变学风和研究方法加以克服。高峰教授认为,只要我们树立正确的认识和指导思想,坚持从当代资本主义现实出发,重视长期统计资料分析,充分吸收国内外经济学者的研究成果,对资本主义经济理论问题进行深入探讨,在加强研究的基础上改进教学,我们的资本主义政治经济学理论必将得到不断的丰富和发展,其科学性和生命力也将得到更充分的发挥。

力倡借鉴现代经济学研究中的有益成果

高峰教授力倡借鉴现代经济学研究成果。在肯定需要借鉴西方学院派经济学(主要是主流经济学)对我国的宏观经济建设、微观经济建设有用的内容同时,于西方主流经济学在国内学界影响甚嚣尘上之时,他更加强调要下大力气吸收借鉴西方马克思主义经济学研究成果。他认为,及时追踪译介国外的马克思主义经济学理论成果,可以作为解毒剂,帮助我们充分注意西方资本主义市场经济中的很多矛盾和问题,对我们发展马克思主义经济学,对我们今天建设中国特色社会主义都很有意义。

第一,西方马克思主义经济学家的科学精神值得我们学习。高峰教授多次指出,在资本主义主流经济学占绝对统治地位的环境中,西方很多马克思主义学者坚持马克思主义的传统、立场和方法,很不容易。因为在西方的大学教马克思主义会受到一定的压力,左派力量仅在少数大学有一定影响。他们在研究上的科学精神突出表现在,他们既坚持马克思主义传统而又不拘泥于马克思的个别语句或结论。马克思主义思想史上,经济学家的思想非常丰富,大量的经济理论探讨是经济学家做出来的,这些探讨应该写入马克思主义经济思想史中。

第二,西方马克思主义经济学家探讨的问题本身具有重大现实意义。高峰教授指出,西方马克思主义经济学家对现实问题有较深入的研究,首先是对资本主义经济体系中一些重大经济问题的研究,包括发达国家和发展中国家。他们在对发达国家经济问题的研究中,力图探讨资本主义经济的内在规律,力图揭示资本主义经济中的问题和矛盾,包括资本主义市场经济甚至是一般市场经济所固有的问题和矛盾,其中不乏很有深度的成果。比如美国马克思主义经济学家谢尔曼,80年代中期就出版了《宏观经济学》,对新古典主义、凯恩斯主义和马克思主义做比较研究。1990年他出版专著《经济周期》,探讨资本主义经济周期的内在机制。这是国外马克思主义经济学著作中论述周期最深入的一本。另外,对长波、对劳动过程、对企业的内部关系特别是管理层和工人的关系等,国外都有大量著作,研究得很深入,这些东西对我们绝对是有重要意义的。除了对发达国家,他们对发展中国家也有很深入的研究,比如说南北关系、发达和不发达的关系;其中不乏一些合理因素和正确结论,对我们也有参考价值,因为中国也是发展中国家。西方马克思主义经济学还探讨社会主义的一些问题,特别是苏联解体的原因等问题。虽然其观点不一,但同样对我们有很强的现实意义。

第三,西方马克思主义经济学家的研究方法(设计变量)值得借鉴,对我们很有帮助。高峰教授指出,国外马克思主义经济学家大多是学西方经济学出身,了解和掌握西方经济学的研究方法。他们大都很优秀,有很强的社会责任感,学西方经济学觉得不能解释资本主义现实,才转向马克思主义。所以他们的研究方法比西方主流经济学更为严谨和科学,在进行理论探讨的同时非常重视实证分析、经验分析,而且灵活地运用到对资本主义经济关系的分析中。有些学者如鲍尔斯等,不仅对经济过程进行定量分析,还试图通过设计一些经济变量,对制度关系的变动进行定量分析。这对我们非常有借鉴意义。我们国内的论文,议论、推论较多,但用事实来证明则很缺乏。

在学术研究中,高峰教授提倡理性包容。即使是反驳性的文章,他也明确表示不能采取简单扣帽子或直接批驳的方式。搞大批判,是他一直反对的方式。他强调,哪怕真理在手,对于错误的观点也要采取从理论、学理上讲清,用经验资料证明的方法,力图以理服人,用证据服人,用比较服人。他多次强调,中国的理论界应形成更宽松的学术环境,打破禁锢,更加解放思想,切实地遵循"马克思主义不是教条,而是行动的指南""马克思主义并未穷尽真理,而是开辟了认识真理的道路""实践是检验真理的唯一标准"等科学论断去推动学术探讨和学术研究。他尤其强调,我们要摒弃过去那种以正统马克思主义自居的心态,不要总以为外国的马克思主义学者都是非正统的,对他们的著作一概采取否定或批判的态度。实际上,许多西方左派经济学家遵循马克思主义的传统和方法,进行着严肃的科学研究。他们联系实际紧密,思想束缚较少,理论思路开阔,观点可能有对有错,但对许多理论问题的探讨要比我们深入得多。我们也应抛弃过去那种对西方学院派经济学盲目排斥的态度。现代西方学院派经济学已经发展到非常精细的程度,论著浩瀚,学派林立,大多数研究具有很强的现实感和对策性。因此,对西方学院派经济学也要认真研究,吸收其正确的观点和方法,借鉴其丰富的实证资料。丰富和发展马克思主义政治经济学,必须充分研究和吸收现代经济学的研究成果。在此基础上,我们更应紧密联系现代资本主义实际,进行独立研究,为丰富和发展马克思主义经济理论做出自己应有的贡献。

学术新见和学术影响

高峰教授很早就确立了研究工作的指导思想:"从当代资本主义现实出发,重视长期统计资料分析,吸收国内外经济学家的研究成果,对基本理论问题进行深入探讨。"在这一思想指导下,他做出了丰硕的研究成果,有着深远的学术影响。他曾获得孙冶方经济科学论文奖、全国高校人文社会科学研究优秀成果一等奖和二等奖、吴玉章奖金优秀奖、天津市社会科学研究优秀成果二等奖等学术奖励。退休后,他仍笔耕不辍,新作迭出,并于2012年获南开大学"荣誉教授"称号和"特别贡献奖"。

资本积累理论与现代资本主义,既是高峰教授早年一本专著的书名,也是他一生学术努力的主题。他比较早地认识到,马克思的资本积累理论具有宏观分析和动态分析的特征,但它与西方学院派(特别是其主流派)

宏观经济学和增长经济学在出发点、理论基础和方法论上均有根本区别。所以他较早地向学界提出以马克思的积累学说为基础"建立马克思主义的资本主义宏观经济学"的任务。他本人持续不懈地为完成这一目标而努力着，在许多理论问题上提出创新性见解。限于篇幅，我们仅介绍他最为重要的学术新见：一是资本积累问题上的高峰假说，二是长波理论研究中的若干创见。

资本积累理论的"高峰假说"

高峰教授在资本积累理论与现代资本主义研究上，既有结合马克思主义经济思想史对马克思资本积累理论内容（特别是资本有机构成理论、相对过剩人口理论和一般利润率下降趋势规律理论）的科学把握，又有结合现代资本主义实际进行的理论分析和实证分析。他坚持运用马克思的资本积累学说来研究资本主义经济的长期发展与演变，提出制度-市场二元假说作为资本积累过程演变的一种可能的理论解释。从思想史看，这一制度-市场二元假说可以命名为"高峰假说"，可谓改革开放以来中国学者在马克思主义政治经济学领域的重要创新。

所谓制度-市场二元假说，意指由资本主义生产方式的基本矛盾所决定的资本积累过程中的基本矛盾——资本主义生产与资本主义制度、资本主义生产与资本主义市场的矛盾——所要解决的两个问题，即制度问题和市场问题。资本积累过程的基本矛盾是资本主义经济发展与演变的直接推动力。任何长时期的资本积累缓慢与停滞，必然是资本主义的制度问题和市场问题空前尖锐化的结果；而长时期的资本迅速积累，则必须有资本主义制度的重大变革和世界市场的大规模开拓作为前提条件。资本主义经济的演变就是在这一矛盾运动中实现的。这一解释框架将资本主义生产方式的基本矛盾（生产力与生产关系的矛盾运动）具体化了：以技术革命为基础的社会化生产力发展到一定程度，既要求通过制度变革来突破制度约束，又要求通过扩大市场来摆脱市场约束；而制度变革和市场开拓则反过来促进资本主义经济的发展。正是在矛盾运动的反复中，资本主义实现了它的经济增长和经济演变。因此，与资本主义经济演变同时发生的世界市场的周期性扩大，不应简单视作推动资本主义经济发展的外生因素，单纯归因为某些偶然性事件；它在很大程度上是由资本主义制度变革推动的，因而对资本主义经济系统来说是内生的。

这一假说为资本积累机制的解释搭建了一个更为科学而全面的框架，与现有的两种重要的西方左派理论均有所不同。垄断资本学派（Monopoly Capital School）在正确分析现代资本主义垄断特征的同时，从资本生产的剩余不断增长而剩余吸收日益困难这个中心命题出发，把市场和实现问题提到首位；但它完全忽视资本主义制度变革的作用，而把资本主义经济从19世纪后期以来的几次长期迅速发展单纯归因于"划时代的发明"和"战争及其后果"等所谓"外部刺激"。这种解释显然缺乏说服力。而社会积累结构学派（SSA School）则正确强调了资本主义制度对资本积累的影响，深入分析资本主义制度结构的演变在萧条长波和扩张长波更替中的作用；但它没有把实现问题提到应有的高度，没有突出世界市场的结构性扩大是资本主义扩张长波的先决条件。这是其理论的一个重大缺陷。而制度-市场命题则弥合了这两个学派的不足，对资本积累过程和资本主义经济的发展与演变提出了一个更完全的理论解释。

高峰教授对资本主义经济长期发展与演变的研究，更体现在他对长波现象的理论研究和实证分析上。在他2018年的最新作品《论长波》中，他进一步提出技术-制度-市场三元框架，来解释长波的内在机制。

长波问题上的"新见"

高峰教授长期关注长波（或称长周期）现象和长波理论，通过他的教学和研究将长波理论研究纳入到马克思主义经济学研究的范围。在他的引领下，这一领域受到理论界的广泛关注。[①] 他在长波问题上的新见，既表现在解释框架上，也表现在对具体的第四次和第五次长波的特征分析上。

1. 确立长波内在机制的技术-制度-市场三元解释框架。

由康德拉季耶夫开创的长波理论，不在西方主流经济学家的视野之内，但却是非正统经济学家经久不衰的研究课题。尽管仍有怀疑论者，但越来越

---

① 通过其扎实的研究成果和教学活动，高峰教授引领和开创新的研究领域，拓展马克思主义政治经济学的研究范围。至少有两个研究领域是与他的倡导和引领分不开的：一是长波理论研究，二是劳动过程研究。限于篇幅，对于后者我们从略。

多的学者承认，资本主义发展中确实存在着与古典经济周期不同的长达50年左右的长期经济波动，包括20多年经济迅速增长的长波上升阶段和20多年经济相对停滞的长波下降阶段。长波的上升和下降阶段，分别包含着两到三个连续的古典经济周期；上升阶段的快速增长和下降阶段的低速增长，是分别作为若干个温和的周期或若干个剧烈的周期的连续运动而表现出来的。长期波动与周期波动虽然有这样的联系，但它们的内在机制并不完全相同。在经济运行中，由于供给因素和需求因素的影响，劳动份额、能力利用率和原材料相对价格的规律性变化所引导的利润率的提高和降低，即可导致投资的上升与下降和生产的扩张与收缩。

思想史上，对长波内在机制的不同解释形成三种影响较大的长波理论：一是熊彼特开创的技术创新的长波理论，主要强调一定时期重大技术创新群集的出现所带动的投资高涨，以及技术革命潜力用尽后所导致的投资衰落，是推动经济发生长期波动的基本原因。二是曼德尔构造的马克思主义的长波理论，认为由若干基本经济变量所制约的利润率的上升和下降，是导致经济长期波动的主要力量。同时他强调促使经济转入长波下降阶段的经济因素是内生的，但经济转入长波上升阶段必须依赖外生因素的推动。三是社会积累结构学派的长波理论，强调有利于资本积累的特定制度环境（即社会积累结构，SSA）的形成和衰败在经济长期波动中的决定性作用，认为特定社会积累结构的形成和衰败都是内生的经济过程，与不同社会积累结构的更替相伴随的是相继的长波，并形成资本主义发展的不同阶段。这个学派也受到马克思主义传统的深刻影响。

高峰教授认为，三种长波理论所着眼的重点显然不同：技术创新理论强调技术变量，曼德尔的理论强调以利润率为中心的经济变量，社会积累结构学派强调制度变量。在他看来，这三种不同解释，与其说互相对立，不如说互相补充。经济增长的直接推动力是投资，投资率和积累率的高低是制约经济增长率高低的决定性因素。长波上升阶段迅速的经济增长总是和较高的投资水平相联系，长波下降时期缓慢的经济增长则通常是投资水平低下的直接结果。这一点已被无数实证分析所证明。因此，应把投资或资本积累增长速度的变化置于长波分析的中心地位。依此不难看出，上述三类变量均与投资率的长期变化直接相关。具体言之，长波上升时期较高的投资率和资本积累率的形成至少需要四个条件：一是来自上升的利润率和由此而产生的乐观的利润预期所形成的强大的投资动力。二是旺盛的投资需求，这来自技术革命和创新群集所形成的一系列新的生产部门，以及技术革命所推动的传统生产部门深刻的技术改造。三是有利的投资环境即特定制度条件，这意味着制度结构的某些重大变化，这是任何长时期的投资高涨所必需的。四是投资的市场需求，较高的积累率要求国内外市场扩大，以满足巨额投资所生产的大量产品的实现条件。这些产品如果不能被市场消化而实现其价值，资本家就不能获得利润并维持较高的投资率。上述三种理论对这一点虽有涉及但并未突出强调。反过来看，长波下降阶段较低的投资率和资本积累率，则是由于投资动力、投资的物质基础、有利的投资环境以及市场需求这四个基本条件的缺乏。因此，经济长波的内在机制，并非取决于上述三种理论所分别强调的单一因素，而是由社会经济生活中与投资直接相关的多种基本因素共同决定的，我们可以以积累率为中心，围绕技术-制度-市场三个方面来观察长波的基本特征。显然，这一框架更为科学而全面，有其独特的理论优势。

依据技术-制度-市场三元框架，高峰教授着重对第四次长波的下降阶段和之后五次长波展开研究，新见迭出。

2. 明确第四次长波的下降阶段和第五次长波的存在。

思想史上，对二战后50—60年代资本主义国家经历的第四次长波上升阶段，绝大多数长波学者几无争议，但对此后的发展则观点不一。许多学者认为，从70年代开始资本主义经济进入长期持续的长波下降阶段，直到20世纪末，并延续到2008年的全球性金融危机。

基于技术-制度-市场三元框架和严格的实证分析，高峰教授认为，在50—60年代的经济繁荣（即第四次长波的上升阶段）以后，美国经济增长并非处于持续的下降趋势，而是经历了一个新的长期波动。经过1973—1982年大约10年的增长率减速（第四次长波的下降阶段），从80年代早期开始了新的增长加速时期，直到2007年金融危机爆发。从20世纪80年代开始的经济增长重新加速，应看作是进入了一次新的长波上升阶段（即第五次长波的上升阶段）。正是80年代开始的信息技术革命（技术）、新自由主义倾向的制度调整（制度）和经济全球化（市场），推动了资本主义国家的这次重大结构转换，使之进入新的长波上升阶段。[①] 2008 年发生的金融-经济危机形成此次长波的转折点，开启了长波的下降阶段。这种转折的必然性在于有利于扩张长波的各种因素逐渐向不利于积累的方向转化。正是此次扩张长波及其特征，决定了 2008—2009 年的金融-经济危机并非一次单纯的周期性经济危机或一般的金融危机，而是一次形成长波转折点、开启萧条长波阶段的结构性大危机。一些西方左派学者将其称为"大衰退"（The Great Recession），从而与单纯周期性的衰退或危机相区别。

更重要的是，美国和资本主义世界在这场"大衰退"结束后，并未出现通常的周期性高涨，而是进入一个相对停滞时期，即"长期萧条"，充分说明这场"大衰退"确是一个转折点，开启了此次经济长波的下行阶段。资本主义世界由"大衰退"开启的长波下行阶段，已被许多学者称为"长期萧条"，其形成并非偶然。它同样是扩张长波时期所积累的一系列结构性矛盾尖锐化的必然结果。从技术基础的结构性矛盾来看，以信息技术为中心的第三次工业革命对经济的积极作用已逐渐消退，而新的技术革命高潮还未到来，整个社会缺乏带动生产率和投资迅速增长的技术动力。从制度基础的结构性矛盾来看，新自由主义制度结构对资本积累的主要积极作用已转化为消极作用，而新的有利于资本积累的制度结构还未生成，无法解决目前积累过程中不断加剧的深层矛盾，促进利润率全面回升，以带动投资和经济迅速增长。从市场基础的结构性矛盾来看，经济全球化的世界市场开拓效应已转化为更严重的全球生产过剩，而新的全球市场扩张又面临强大的政治、社会阻力，无法解决当前严重的有效需求不足问题，为积累和经济更快增长提供市场条件。

3. 辩证预测资本主义经济的未来趋势。

高峰教授指出，资本主义国家要走出"长期萧条"、开始新的扩张长波，就要看上述三个基础性的结构矛盾得以解决的时间和程度，真正实现深层次的结构调整与转换。资本主义经济从 2007 年开始爆发金融-经济危机至今已有 10 年，从 2009 年下半年走出危机进入复苏阶段也已 8 年，资本主义的结构性矛盾解决得仍不理想。从技术基础、制度基础和市场基础三方面的结构

[①] 高峰教授也坦承，他在 2002 年的论文"'新经济'，还是新的'经济长波'？"中提出美国进入新的扩张长波，但当时认为此次长波始于 90 年代，从而以为扩张长波还会有一个较长时期的发展。事实证明这个判断是错误的。

性矛盾来看，主要资本主义国家在进入复苏阶段 8 年后，仍未出现显著的调整与转换，形成走出"长期萧条"的基本条件。

他预测道，从美国等发达国家结构性矛盾的缓慢调整观察，此次萧条长波可能还要延续一个时期，具体年份难以预测。当然不论时间长短，资本主义经济也不会永远处于衰退或萧条状态。随着第四次工业革命高潮兴起，对资本积累相对有利的制度结构逐渐形成，以及全球市场进一步扩大，一个新的长波上升时期终将到来。技术基础方面，工业革命的逐渐发展是肯定的，但制度结构的调整目前看来还具有较大的不确定性。以中国为代表的新兴市场经济体正在迅速壮大，其他一些第三世界国家也在逐渐发展。发达资本主义国家今天比过去任何时候都更依赖国外市场。而新兴工业化经济体和发展中国家的经济增长和市场扩展，有可能为发达资本主义国家转入一次新的扩张长波提供有利的市场条件。

资本主义经济是在经济周期和长期波动中发展和演变的。预料资本主义当前的萧条长波终将转化为新的扩张长波并非断定资本主义将在长期波动中永世长存。其实，从近几十年全球经济政治的实际演进来观察，世界资本主义经济呈现出明显的衰败趋势。高峰教授辩证地强调，我们应该把趋势和波动区别开来，趋势是体现在波动过程之中的。即使是在 1983—2007 年的长波上升阶段，美国等发达国家也在相对趋于衰落。同战后"黄金时代"经济社会稳定繁荣相比，美欧日等发达国家和地区已不可同日而语。由于近几十年以"金砖国家"为代表的新兴市场国家兴起，世界经济形势进入 21 世纪后已开始发生重大变化，全球经济体系从"中心-外围"的两极格局，正在逐渐演变为"发达国家-新兴市场经济体-其他发展中国家"的三元格局。有些学者否认这种变化，那是闭眼不看现实。美国带领发达国家掌控世界经济政治霸权的时代可能将一去不返。而在世界经济政治格局的演变中，高峰教授一如既往地强调，社会主义中国的崛起具有特别重要的意义。

结　语

高峰教授多次坦承，虽已离休，已年届 86，但他从没有老人心态。只要身体状况允许，他仍会继续其感兴趣的研究工作。在几十年的学术生涯中，他秉承着始终一贯的指导思想，即遵循马克思主义的传统与方法，从当代资本主义现实出发，认真吸收现代经济学的有益成果，重视长期统计资料分析和经验证明，对现代资本主义经济的基本理论问题进行深入探讨。在这一思想指导下，他致力于资本积累与现代资本主义基本经济问题的深入探讨，并以其系统的著述和创新性见解，达成了其早年树立的"建立马克思主义的资本主义宏观经济学"的任务，对我国理论经济学的发展做出了重大贡献。

参考文献：

高峰，《资本积累理论与现代资本主义——理论的和实证的分析》，南开大学出版社 1991 年版。

高峰，《资本积累理论与现代资本主义：理论的和实证的分析》（第 2 版），中国社会科学文献出版社 2014 年版。

高峰，"马克思的资本有机构成理论与现实"，《中国社会科学》1983 年第 2 期。

高峰，"关于资本主义政治经济学教学与研究的若干思考"，《当代经济研究》1999 年第 2 期。

高峰，"'新经济'，还是新的'经济长波'？"，《南开学报》2002 年第 5 期。

刘凤义，"高峰教授的政治经济学研究"，《高校理论战线》2008 年第 8 期。

刘志阳，"高峰教授——师者楷模"，《学术评论》2013 年第 6 期。

高峰，"论长波"，《政治经济学评论》2018 年第 9 期。

刘茂山：开创中国精算教育之先河

刘津

刘茂山，1935年出生于辽宁营口。南开大学教授、博士生导师，中国资深金融保险学者和教育者，中国金融学科终身成就奖获得者。1992年起享受国务院特殊津贴。

刘茂山1956年9月至1961年8月就读于南开大学经济学专业。1961年8月至1982年4月在南开大学经济学系任教，任教研室主任。1962—1963年在中国人民大学经济学研修班学习。1982年5月至1996年7月在南开大学金融学系任教，先后任副教授、教授、博导以及副主任、主任。1996年7月至1999年8月任南开大学风险管理与保险学系首任主任。兼任天津市金融学会秘书长、天津市投资学会副会长、中国金融学会理事、中国保险学会理事、中国金融和保险教材编审委员会委员、中国金融和保险学术委员会委员及中国人寿集团、中国人保集团、中国再保集团、中国平安、太平洋保险集团等单位博士后工作站专家指导委员会委员。共培养110多名硕士生和35名博士生，2002年退休。

2016年8月8日，中国人民银行原副行长、中国证监会首届主席刘鸿儒在刘茂山荣获2016—2017年度"中国金融学科终身成就奖"颁奖典礼上说过这样一段话："中国改革开放之初，国家急需大量从事金融业的专业人才；学校急需学者、教授将西方成熟的金融理论和实践经验与中国的实际情况结合起

来,并形成具有中国特色的金融理论,进而指导中国金融业的发展并培养自己的高端金融人才。这是一个艰辛、漫长的探索、钻研过程,这一历史赋予的重任落到了诸如刘茂山教授这一代具备承上启下能力的专家、学者身上。"

刘茂山正是在改革开放时代下应运而生的中国金融、保险业理论、教育界的传承人。

刘茂山是一位具有接纳新生事物并能够洞察新事物发展趋势的、极富前瞻思想的、有改革创新精神的学者。早在改革开放初期,刘茂山发表了"论沿海经济中心的战略任务""沿海开放城市经营证券和证券市场开放问题"等文章,积极主张我国实行改革开放的方针、政策。这些文章受到天津市委、市政府的高度重视,当时的市委主要领导人还特别要求市领导干部认真研究、学习。1981年,深圳刚刚被国家确定为经济特区,刘茂山作为以谷书堂带队的天津市经济特区考察团成员之一,被派往深圳对经济特区的建设、发展进行考察。

80年代中期,正值我国全面恢复保险业之初,"保险业在国民经济发展中的地位和作用"以及"保险业如何发展"等问题亟待从理论层面给予明确和指导。

刘茂山的"保险商品论""保险市场论""保险发展论"及"国际保险论"等论述,系统阐述了"保险是商品"的理论观点,同时明确了发展保险业的重要意义以及保险在金融体系及国民经济发展中的重大作用。这是我国改革开放之初和保险业恢复之后最早从理论上系统阐述"保险属性"的论文,在当时的金融界产生了广泛影响,为我国保险业的健康、快速发展奠定了理论基础。刘茂山也由此被认为是我国经济、金融领域较早提出并主张对外开放、经营证券和证券市场、发展保险商品和保险市场等观点的学者之一,是新中国保险学科理论体系的创建者之一,是我国保险、精算事业发展的推动者之一。作为身处巨大变革时代的学者,刘茂山亲身经历了国内金融、保险业的改革开放、经营模式的转换过程,见证了中国金融、保险业经历的艰辛及逐步发展并由弱到强直至辉煌的全部历程。

1982年主持恢复、重建南开大学金融学科

1982年5月,正值改革开放初期,国家急需大批高端金融人才。为此,

中国人民银行指派身为南开校友的教育司司长方磊与南开大学商讨培养金融专业学生的事宜。经多次磋商后双方决定：南开大学复建金融学系；中国人民银行出资250万元人民币协助南开大学恢复、重建金融学系，并从1982年秋季开始，南开大学每年为中国人民银行培养100名本科生和20名硕士研究生。复建的金融学系由钱荣堃担任首届系主任，党支部书记由张俊文担任，刘茂山任系常务副主任，负责筹建的全部日常工作。

那段时间里刘茂山总是来去匆匆，带领几位参加复建工作的同事随时现场办公。受当时条件的限制，学校只能为复建金融学系拿出5000元人民币作为启动经费，最初的办公室设在第四单身宿舍一楼的两间房子里。由胡彦明、朱凤祥、姜秋萍以及肖多立等人组成的团队，分别负责系行政、教务、财务及学生工作，并由他们协助刘茂山共同开展金融学系的复建工作。

建系的工作千头万绪，但最为艰难的莫过于组建师资队伍、制订教学计划以及落实当年的招生计划等项工作。刘茂山办公室里常常亮至深夜的灯光，印证了那段艰辛创业的岁月。

组建一支由德高望重、有学术地位、有能力的专家、教授所组成的师资队伍，是南开金融学系复建成功的关键之一。钱荣堃的影响和威望，为南开金融学系师资队伍的组建提供了得天独厚的条件。据此优势，刘茂山又先后多次前往大连的辽宁财经学院、北京中财院、天津财经学院等国内多家知名财经院校联系、聘请财政、货币银行专业的教师。这支短时间内迅速组建起来的以钱荣堃为首的高水平的师资队伍为金融学系年内招生计划的实现提供了强有力的保证，也为金融学系日后的发展打下了坚实的基础。

1982年9月，停办了几十年的南开金融学系，在大家共同努力下终于复建成功，并迎来了首届100名本科生。刘茂山为这100位学子开讲了第一门课程——政治经济学。这一课亦成为了82级100名南开金融学生的永久记忆。

1984年创建南开大学保险学科

1984年9月全国金融工作会议期间，中国人民保险公司副总经理苑华和中国人民保险公司教育部总经理欧阳天娜找到刘茂山，探讨由人保出资委托南开大学金融学系建立保险专业、培养保险专业学生的可能性事宜。刘茂山立刻意识到这是发展南开金融学科的大好机会，并连夜请示校长滕维藻。滕维藻审时度势，当即授权刘茂山代表南开大学与中国人民保险公司商讨此事。

经过多次磋商，双方终于在1984年年底签订了《南开大学与中国人民保险公司协作办学协议》。协议规定：由中国人民保险公司出资320万元人民币和20万美元外汇指标，用于修建教学楼和购买教学设备；南开大学自1985年起，每年为人保公司培养60名本科学生和10名硕士研究生。协议一经签署，筹建工作随即展开。

刘茂山通过多方努力，于1984年8月提前招收了黄启平、李祥林两名硕士研究生，创立了南开大学保险学科，并由此填补了南开大学学科建设史上的空白。南开大学从此成为全国率先建立保险学科的为数不多的几所大学之一，南开金融的发展史上又增添了浓墨重彩的一笔。

1999年，经国家教育部批准，刘茂山开始招收国际保险专业的博士研究生，南开大学也因此成为国内唯一能够招收国际保险博士的学校。南开大学的保险学科也由此跃居全国保险学科建设的领先地位。作为南开大学保险学科的创建者，刘茂山为南开大学学科的发展做出了巨大贡献。

开创中国精算教育之先河

回顾历史，至1988年为止，南开大学乃至全中国的高等院校都未曾设立过精算学科。然而，这一历史终因1987年发生在南开园里面的事情而改写。

1987年6月，南开大学校长滕维藻在随教育部组织的考察团访问美国高校期间，与时任Temple大学风险管理及保险系教授的段开龄相识。段开龄以北美精算协会理事的身份向滕维藻表达了希望协助中国建立精算学科的意愿，但并没有明确表示跟南开合作。

回校后，滕维藻找到刘茂山并征求他对建立精算专业的意见。刘茂山早在1985年在香港考察保险市场及国际产寿险业发展情况时，就接触到了精算业务，并对精算在保险经营中所起到的重要作用有了一定的认识。如今听到滕维藻说到这样的机会，顿时激动不已，当即将此事承接下来并主动与段开龄取得了联系。但是，当时段开龄并没有将南开大学作为唯一的合作伙伴，他一直在与北京、天津、武汉、郑州等地的一些院校商讨联合培养精算人才的事宜。为了争取联合办学的机会，刘教授主动与美方，特别是与段开龄保持联系，详细介绍南开金融学系的情况，邀请他们到南开走访，表达南开希望与北美精算协会合作的最大诚意。

精诚所至，金石为开。在学校有关领导的大力支持下，在刘茂山的不懈努力下，历经将近一年时间的磋商、谈判，北美精算协会和南开大学双方终于达成一致意见并签署合作协议。

合作协议的主要内容包括：双方联合在南开大学培养精算专业研究生，段开龄为该项目的美方负责人，刘茂山为中方负责人，双方共同组织、实施该项目；学制为三年，每三年为一期，首次签约三期，第一期招生15人；美方负责提供前来南开讲学的精算专业的师资并负责论文辅导，中方负责授予学位、提供配套基础课程的师资并负担美方人员的国内住宿及差旅费用。

1988年9月，首批包括李秀芳、卓志、傅安平在内的15名精算研究生如期报到，所设课程全部顺利开课。就这样，全中国第一个精算学科在南开大学创立了。它的诞生开创了中国精算教育的先河。

随着南开大学与北美精算协会合作的不断深入，刘茂山又先后于1991年创立南开-SOA（北美精算学会）资格考试中心；1994年在国内首先创立风险管理学科和风险管理师（LOMA）考试中心。

1999年10月20日，时值北美精算协会成立50周年纪念日，应北美精算协会邀请，刘茂山代表南开大学赴美国参加纪念活动。参加此次盛会的有来自世界各地的近500名代表。刘茂山在会议期间向与会者汇报了北美精算协会与南开大学联合以"南开-SOA"形式为南开大学培养精算人才的经历以及南开大学精算教育发展的情况。与南开大学签署联合办学协议的北美精算协会前任会长英格拉汉姆在会上充分肯定了这一联合办学的形式，高度赞扬了南开大学领导者的远见卓识，同时代表北美精算协会对具体组织和实施这一协议的美方负责人段开龄和中方负责人刘茂山给予表彰。

作为组织和实施上述项目的实际负责人，刘茂山在创建中国精算新学科和培养精算人才方面做出了突出贡献。

学术探讨、理论研究的贡献及荣誉奖项

刘茂山自任教于南开大学经济学系以来，一直从事教学、科研工作，辛勤耕耘，从未间断。这段期间，他先后出版《社会主义初级阶段金融市场》《保险学原理》《保险经济学》《国际保险学》《保险发展学》等五部著作，发表论文近百篇以及一部《刘茂山文集》，获各类省部级奖励10余项。代表南开大学所承担的重点科研课题主要有："中国社会主义初级阶段金融市场""欧美社会保险制度比较研究""中国社会经济保障系统工程体系研究""我国失业保险制度研究"等。

2008年5月9日，在中国精算师协会成立大会暨精算与风险管理国际研讨会上，为表彰刘茂山对中国精算事业做出的突出贡献，中国精算师协会授予刘茂山"协会荣誉会员"称号，中国保监会副主席和中国精算协会会长共同为他颁发了荣誉证书。

2014年7月15日，刘茂山荣获2014年度"中国金融教育终身贡献奖"。中国保监会副主席魏迎宁为其颁奖并宣读颁奖词。获奖证书中写道："刘茂山先生长期从事金融研究与教育事业，对中国金融现代化做出重要贡献。"

2014年11月21日，南开大学召开保险与精算校友代表大会，一致主张成立刘茂山教育基金会，并通过了刘茂山教育基金会章程。22日，南开大学举办保险学科30周年庆典，刘茂山教育基金会揭幕。基金会成立后的第一笔支出是为风险管理与保险学系全体在校生购买每人30万元的重大疾病保险。

2015年12月20日，中国保监会向刘茂山致80寿辰贺信，感谢刘茂山对保险业做出的贡献，对刘茂山在保险教育与理论研究方面取得的成就给予高度赞誉，并代表中国保险学会向刘茂山颁发了"授予刘茂山教授为中国保险学会终身荣誉会员"的聘书。

2016年8月8日，刘茂山荣获2016—2017年度"中国金融学科终身成就奖"。鸿儒金融教育基金会名誉理事长、中国证监会首任主席刘鸿儒，天津市副市长阎庆民共同为刘茂山颁发获奖证书和奖牌。"中国金融学科终身

成就奖"由鸿儒金融教育基金会于2010年设立,目的在于表彰优秀金融学科带头人在金融学科建设中的突出贡献。

借鉴国外保险经验,探索引进多种保险形式

保险本身是舶来之品,学习了解国外经验,是发展国内保险业的重要途径。南开保险学科建立之后,为实地了解国际保险市场运作情况,1985年11月至1986年5月,南开大学和中国人民保险公司联合派遣刘茂山赴香港对中资在港公司进行了为期半年的考察。

在此期间,刘茂山考察了中国人民保险公司香港分公司、太平保险公司、中国保险公司、中国再保险公司、中国人寿保险公司香港分公司等。中保集团香港管理处于葆忠主任和中国人寿香港分公司欧阳天娜总经理特别聘请时年已逾八旬、中国保险集团总顾问席乃杰老先生利用每周六下午休息时间为刘茂山讲授保险理论、传授保险实践经验,其中包括精算在保险业,特别是寿险行业定价中的应用。此次考察所获得的保险业务实际操作及管理经验使刘茂山对保险理论与实务有了更加深入的了解,特别是对精算业务对保险业发展的重要意义有了一定的认识,对于随后的理论研究及教学发展都起到了推动作用。

1993年9月,刘茂山受中国金融学会委派前往新加坡参加亚太地区金融研讨会,并在全体大会上作了题为"中国金融的特点及其发展规律"的学术报告。随即又在当地考察新加坡金融、保险市场和精算教育情况。考察中发现,新加坡职总英康保险合作社(NTUC INCOME Insurance Cooperative Limit of Singapore)的合作保险模式有别于其他的商业保险经营方式,于是决定对其进行重点考察。

在长达三个月的实地考察中,刘茂山对其公司的性质、经营模式、管理架构及业务流程管理等方方面面进行了深入、细致的了解、学习,并且与英康保险合作社总裁兼国际合作保险联盟主席陈钦亮相处长达三个月之久,共同探讨合作保险的特点及其与中国保险市场之结合的可能性等问题。这期间,将合作保险形式系统、完整地介绍到中国来的想法已经在刘茂山的思想中形成。

为进一步探讨这种可能性,他分别于1993年10月7日及11月3日在新加坡《联合早报》上发表题为"中国保险市场将吸引外资"和"新加坡合作

保险对中国具有特殊意义"的文章，在介绍中国保险市场现状的同时，全面阐述、分析了合作保险在中国开展的可能性。这两篇文章在新加坡产生了一定的反响，为此刘茂山还受到了新加坡教育部次长默默尔先生的特别接见。回国后，刘茂山又专门为《南开经济研究》写了题为"新加坡考察报告"的文章，重点介绍新加坡合作保险的性质、特点，并呼吁国家有关方面重视合作保险对于丰富国内保险市场的重要作用。

1994年年初，时任中共中央政治局常委兼中华全国总工会主席的尉健行看到刘茂山在新加坡《联合早报》上发表的文章及后续关于合作保险的介绍文章后极为重视，认为合作保险也适合中国工人大众的保障需求，于是责成有关部门组成以刘茂山为首席顾问，以上海总工会主席为团长的中国工会考察团赴新加坡职工总会、国际合作保险联盟总部以及新加坡职总英康保险合作社等单位实地考察合作保险事宜。考察回国后，由刘茂山主笔代表考察团向中华全国总工会及尉健行主席呈交了考察报告，并建议在中国试行开办合作保险。全总采纳了这个建议，并以上海等地为试点，在全国总工会内部以职工保险互助会的形式，尝试开展了互助保险业务。

如今，合作保险形式已经被大众普遍认可，合作保险主体已经遍布国内市场。从合作保险理念被引进国内，到2015年1月23日《相互保险组织监管试行办法》的颁布实施，再到今天多个相互保险经营主体在国内被正式批准成立，历经了整整25年之后，合作保险事业在国内终获成功。刘茂山被认为是合作保险事业在中国成功发展的重要推动者之一。

2018年11月，在南开大学建校100周年前夕，同时也是刘茂山从教南开大学60周年之际，中央电视台为展示改革开放40年中国金融保险所取得的辉煌成就，特别邀请刘茂山录制影像资料。

拍摄现场，83岁高龄的刘茂山精神矍铄，神采奕奕。他围绕着经济学院的群楼步行一周，又在主楼前站立许久，对这个曾经伴随自己工作直到退休的"伙伴"表现出恋恋不舍之情。仰望着这座雄伟的建筑，回想起当年自己为筹建这片楼群所付出的心血和汗水，感慨万千，激动不已。他对着记者采访的话筒，发自内心地说道：

"我热爱南开，为能够在南开奋斗一生而感到自豪！相信未来的南开一定会更加灿烂辉煌！"

罗肇鸿：国际经济学研究的卓越追求者

林振淦

罗肇鸿（1936—），广东省梅州市大埔县人。1957年9月考入南开大学经济学系政治经济学专业。1962年9月进入中国人民大学经济系攻读研究生。毕业后分配到中国社会科学院世界经济与政治研究所工作。

1980年10月至1982年11月赴英国伦敦政治经济学院和牛津大学学习，在彼得·威尔斯教授和弗拉基米尔·布鲁斯教授的指导下学习比较经济学。1985—1993年担任中国社会科学院世界经济与政治研究所副所长，1985年晋升为研究员，同年被国务院学位委员会评为博士生导师。曾任中国苏联经济学会（1993年后改为东欧中亚经济学会）副会长、会长，世界经济学会常务理事，中国未来研究会常务理事和国际学术交流部主任，2018年12月被选为学会监事会监事长。从1994年起担任《太平洋学报》编委、副主编至今。曾任中国社会科学院研究生院国际学部主任。担任过国内一些高校的兼职教授。1989年被国务院授予有特殊贡献的专家称号，享受国务院特殊津贴。

一心想当化学家却迈入经济学门槛

罗肇鸿就读的高中是广东省立大埔中学，当时是县里最好的中学。上中学时对化学课极感兴趣，一心想当化学家。但天不遂人愿，高考体格检查发现视力不适合学习理科，不得不改为考文科项目，但不知道学什么。班主任老师极力推荐报考经济学专业。老师的理由很简单，第一个五年计划刚开始，经济建设需要经济学人才。再说报纸上刚发表过消息，罗元铮在苏联获得经济学博士学位。那时候对博士是很崇敬的。班主任对他说，既然文科成绩不错，可以去试试报考经济学。就这样，在不到一年时间改考文科。误打误撞，改变了人生轨迹。机缘巧合，当年崇敬的罗元铮博士上世纪80年代也调到世界经济与政治研究所工作，两人竟成了同事。罗肇鸿曾对罗元铮说起当年班主任对他说的话，罗元铮天真地笑出声来。

到了南开大学才发现，在经济学系为学生授课的大多是全国知名教授，比如讲授政治经济学的有魏埙、龙吟教授，经济学说史有季陶达教授，外国经济史有傅筑夫教授，西方经济学有钱荣堃教授，等等。罗肇鸿暗自庆幸自己到了名师荟萃的地方。

在南开大学学习期间对他影响最深刻的一件事就是他无意中读到了王国维在《人间词话》中所说的一个振聋发聩的观点。王国维说，做大学问和成就大事业必经过三种境界。这就是第一境界"昨夜西风凋碧树，独上高楼，望尽天涯路"；第二境界"衣带渐宽终不悔，为伊消得人憔悴"；第三境界"众里寻他千百度，蓦然回首，那人却在灯火阑珊处"。第一境界是指认清目标，确定方向。第二境界是指刻苦钻研，废寝忘食。第三境界是有所发现，拍案而起，抒发收获的喜悦。文中只字未谈学问事业一类大道理，却借喻情侣相思相恋的深情，把做学问成就大事业的艰苦历程描绘得淋漓尽致，入情入理，惟妙惟肖。此后几十年罗肇鸿都笃信和践行这个道理。

攻读研究生，苦读马克思主义经典著作

毕业前罗肇鸿参加了中国人民大学经济系研究生招生考试，幸运地被录取了。指导导师是黄松龄和宋涛老师。人生经历发生了一个大转折，不是直接参加工作，而是为今后深入从事学术研究打下更坚实的基础。

在研究生学习期间，精读马克思主义经典著作是重要课程。黄松龄老师

是人民大学副校长兼中央党校顾问，平时接触较少。主要是宋涛老师指导学习。宋老师对学生要求很严格，读经典著作必须逐章逐节读下去，还要写读书笔记。而且时不时还会抽查提问，回答不好自然要挨批评。甚至发生过有一位同学在考核列宁《国家与革命》这篇著作时答得不好而遭淘汰的事情。同学们普遍感到压力很大，不得不夜以继日，苦读苦记。罗肇鸿后来说：现在回想起来还真要感谢宋老师的严格要求，使得同学们有机会认真地读完指定的经典著作。比如，用一个学期的时间通读马克思的三卷《资本论》，仔细领略了马克思一丝不苟的科研作风以及严密的思维逻辑。大学时在学习政治经济学时也粗略地看过这部著作（主要是该书第一卷），但老实说没有读懂。经过研究生阶段的学习，才初步理解了马克思对资本主义社会从具体到抽象，再从抽象到具体的分析，把资本主义社会从产生到灭亡的过程阐述得既严密又透彻。

研究生课程除了经典著作以外，黄松龄教授讲授的社会主义经济学专题讲座，高鸿业教授的西方经济学，项堃教授的西方财政金融，李宗正和林森木教授的经济学说史等几门课程都给罗肇鸿留下了深刻印象，为其以后从事研究工作打下了良好的基础。

1966年4月，罗肇鸿被分配到中国社会科学院世界经济与政治研究所工作。

出国留学进修比较经济学

教育战线在改革开放之后采取的重大措施是对外派遣留学生。"文化大革命"期间罗肇鸿利用研究所外文报刊多的有利条件，自学英语，当时并不知道有什么用处。但是，时来运转，正好碰上邓小平同志指示要外派留学生。1980年10月，罗肇鸿被派往英国伦敦政治经济学院在彼得·威尔斯教授指导下学习比较经济学。第二年根据威尔斯教授的建议转到牛津大学在弗拉基米尔·布鲁斯名下继续学习比较经济学。布鲁斯原是波兰著名经济学家，后因支持华沙学生运动为当局所不容，只好移居英国，在牛津大学执教。他是既懂社会主义计划经济又懂资本主义市场经济的教授。上世纪80年代曾多次访华，在改革开放之初对我国经济改革提出过许多有益的建议。

当年出国留学确实开阔了罗肇鸿的眼界，让他学得了不少新鲜知识。以比较经济学来说，当时在国内没有专门机构从事这方面的研究，个人研究者也是凤毛麟角。但在西方，开设比较经济学课程比较普遍。在奥地利就有久负盛名的比较经济研究所。罗肇鸿在伦敦经济政治学院与牛津大学两位教授的指导下，阅读了许多比较经济学的著作。他感到茅塞顿开，原来经济体制可以分解为各个组成要素，比如所有制、激励机制、决策机制等等。这些机制在各种经济体制中各具优势，可以互相借鉴和组合，择优选取。这就是比较经济学存在的核心价值所在。这也是他这次出国留学的重要收获。

1982年11月罗肇鸿结束在英国的学习回国。这时发生了一个小插曲。罗肇鸿有一位叔叔在马来西亚，回国前他到马来西亚驻伦敦大使馆咨询，是否可以在回北京途经马来西亚时停留几天，看望叔叔一家。马来西亚使馆回答，若要入境马来西亚必须是非共产党员，提交最近和在马来西亚亲属五封通信的原件，还要提交从伦敦回北京的机票复印件等等。由于条件不具备只好作罢。谁曾料想到，如今中国是马来西亚的最大贸易伙伴，两国交往是如此紧密，中国公民可以落地签证入境。他们堂兄弟之间在北京和马来西亚当地也曾数次相聚。有一种换了人间的感觉。

进入研究所领导班子

罗肇鸿1985年被选中进入中国社会科学院世界经济与政治研究所浦山所长的领导班子，担任副所长。这一年晋升为研究员，同年被国务院学科评议组评为博士生导师，1986年开始招收博士研究生。

1979年中国经济学界为配合改革开放在无锡举办有关价值规律作用的大型学术讨论会。罗肇鸿提交了一篇题为"苏联经济学界关于商品生产和价值规律作用的观点演变及其教训"的论文。此文在1986年获得中国社会科学院优秀调研报告奖。论文主要论述苏联长期以来视价值规律为异己，认为它同社会主义经济是不相容的，但在经济困难时期又不得不利用价值规律，以刺激生产，缓解经济困难。一俟经济形势好转，便又千方百计限制甚至想要消灭价值规律。虽然斯大林1952年在《苏联社会主义经济问题》中承认价值规律的作用，但着重点依然是利用价值规律，而不承认它是经济中固有的。

罗肇鸿亲自主持或参加过多项国家社会科学重点研究项目，包括"七五"计划国家社会科学重点研究项目"苏联东欧国家经济改革的理论和实践"，"八五"计划国家社会科学重点研究项目"苏联东欧剧变、独联体前景和世界格局"以及国家科学技术委员会软科学研究项目"技术进步与产业结构变化"。这最后一个项目曾获国家科技进步二等奖和国家计划委员会科研一等奖。

罗肇鸿已经在国内外发表论著200多万字。主要有个人专著《高科技与产业结构升级》（1988年），《国外技术进步与产业结构变化》（主编，1988年），《世界市场经济模式综合与比较》（主编，1994年），《世界经济调整与改革的新浪潮》（主编，1990年），《国际经济学》（主编，2000年），《跨国并购：特点、影响与对策》（主编，2006年）。

在研究所罗肇鸿负责外事和杂志出版工作。世界经济与政治研究所外事活动比较多，出访和接待来宾的任务相当繁重。研究所有好几个刊物，包括《世界经济》《世界经济与政治》《国际经济评论》《世界经济调研》《世界经济年鉴》《世界经济译丛》、英文版《世界经济与中国》等等。在这期间，罗肇鸿协助时任苏联东欧国家经济研究室主任后来很快调任中国社会科学院科研局副局长的梅文彬同志筹备成立苏联经济研究会，梅文彬任会长，罗肇鸿任常务副会长。与此同时，受学会委托，罗肇鸿和人民出版社韩忠本同志共同努力筹备出版学会刊物《苏联经济》，最终促成刊物的出版。

退休后依然在学术领域耕耘

自从退休以来罗肇鸿教授每年都会接受几所大学如北京大学、中国人民大学、南开大学、北京师范大学的邀请参与其博士论文评阅和博士论文答辩工作。他认为，参加博士论文评阅和参加论文答辩既是对社会的回馈，也为自己提供了一个极好的学习机会，可以拓展学术视野，熟悉学术动态。对于从事学术研究的人来说，脱离了学术资讯和学术动态，不能吸收新的知识，不能拓宽学术视野，抱残守缺，学术生命就会枯萎、凋谢。一名博士研究生，用几年时间来熟悉文献，进而梳理和归纳文献，形成自己的观点，写出几十万字的学术论文，实属不易。对阅读者而言，无异于为自己提供了增加知识的机会，肯定是一件好事。他坦承，自己这几年在国际金融、国际贸易和投资、国际分工新格局、世界价值链的分布等方面有了一些新知识，绝大多数都是从博士论文得来的，应该深深地感谢这些博士生们的辛勤劳动。

参加学术活动也是他退休生活的一个重要领域。在经济学界，学术讨论会的主题往往都是当前最为关心和迫切需要解决的问题。一场学术讨论会有主旨发言，有讨论交锋，且不说自己发言前要做好准备，就是纯粹当听众，也会有很多收获，对于激活思维能力、增加对论题的感性认识绝对有好处。所以，只要受邀又有时间他一般不会放弃机会。

中国社会科学院有一个好的传统，专门设立一项基金，供离退休老同志继续发挥余热，延长学术生命。2010年罗肇鸿申请了一项科研基金，题目是"发展低碳经济提升中国经济竞争力"。为此他花了一年时间专门撰写了一份内部调研报告。

退休后的另一项活动是参加学术讲座。国家数字图书馆推广工程数字资源联合建设公开课项目邀请罗肇鸿做了两次讲座。讲座录音经审查通过后常年挂在网上供读者点击观看聆听。第一次讲座的题目是"让老百姓享受更多的改革成果"。第二个讲座的题目是"哲学社会科学工作者首先要树立'道路自信''理论自信'和'制度自信'"。他在报告中除了讲三个自信以外一个核心思想是，作为社会科学工作者应该通过宣传和调研工作提出防止出现"塔西佗陷阱"的制度安排的建议。习近平同志提醒全党同志注意这个问题，社会科学工作者应该有所行动。所谓"塔西佗陷阱"是指公权力机构如果失去民众的信任，无论是做好事说好话还是做坏事说坏话都会被认为是做坏事说坏话。这种状况极易引发群体性事件。社会科学工作者在这方面应该也是可以有所作为的。

除此之外，他还应邀到社科院研究生院做专题讲座，比如"中国的崛起和体制韧性"的讲座。他指出，中国体制韧性主要表现在人口众多，市场广大，具有全球最完整的工业体系，采取包容性发展战略，等等。这样的体制具有强大的抗压能力，外部敌对势力是很难搞垮我们的。

罗肇鸿还应邀到社科院老干部局和世界经济与政治研究所向离退休干部

做有关中美贸易摩擦问题的报告。他对这个问题的讲解很受欢迎。他的报告深入浅出，语言生动，明确指出中美贸易摩擦的本质。他认为，中美贸易摩擦是表象，实质是霸权国家和崛起国家的博弈。美国容不下追赶上来的中国与他平起平坐，必然要运用一切手段对中国进行打压围堵。在美国，政界和精英不分党派都对中国崛起有一种焦虑感，担心霸权不保，所以从国家战略层面上把中国定位成竞争对手。对华政策也从过去的接触转化为限制和阻遏，极力阻止中国向世界价值链高端攀升。美国的对华政策已经发生了根本变化，中国对此必须有思想准备。主要的应对之策应该是始终坚持改革开放，做强自己，广交朋友。中美的博弈一定是长期的，要做好长期博弈的思想准备。他的观点得到广泛的认同。

薛敬孝：国际经济教育领军者

刘杉　杨光

薛敬孝（1937—），南开大学经济学教授、经济学家、教育家。河北省张家口市人，毕业于南开大学经济学系，改革开放初期留学日本。孙冶方经济科学奖获得者，"国家有突出贡献的中青年专家"，获授南开大学特别贡献奖、荣誉教授。创建南开大学国际经济系，为南开在这一领域的教学水平引领国内同行打下坚实基础。

1978年，中国开始了改革开放，国门逐渐打开，但如何与神秘的外部世界进行交往，是一件头疼的事情。亟待发展的中国不仅需要资金和技术，更急需能够连接世界的国际性人才。南开大学，民国时期中国经济学教育的领先者，在中国对外开放的这个历史性时刻，迎来了重新焕发光彩的机会，率先担负起培养外向型人才的重担。

1985年，南开大学创建国际经济系，一下子拥有了当时最时髦、最吸引人的系名，一批尖子生和高考状元入学，让南开大学国际经济系成为一代天之骄子的摇篮。创建国际经济系的薛敬孝当年还是一名副教授，在他的带领下，国际经济系很快形成课程设置先进实用，教师结构老中青合理搭配，老一代海归学者撑起大旗的规范化教学体系，成为当时南开大学社会科学学科最亮眼的一个招牌。这一时段的薛敬孝，不仅在理论研究上收获硕果，更成为改革开放后国际经济学科教育的改革者和领导者。

从爱好理科到转考文科

薛敬孝高中就读于张家口一中，这是当时张家口市最好的中学，也是省立重点中学。那时的张家口是华北地区重要城市，也是一个繁华的大城市。在"学会数理化，走遍天下都不怕"观念的影响下，中学生薛敬孝喜欢理科，而且学习不错，他的偶像是科学家詹天佑、居里夫人。在初中时，有一段时间他还热衷于和几个同学一起好奇地讨论永动机。不过，年轻人的生命轨迹常常被时代所牵引，而充满情怀的人更容易融入时代的潮流。一本书改变了薛敬孝的人生。

薛敬孝读了方志敏《可爱的中国》，他被革命者的理想和献身精神所吸引，价值观也慢慢发生了改变。薛敬孝认为，哲学、经济学才是建设新中国最重要的学科，于是果断改学文科。

对于高三学生薛敬孝而言，哲学和经济学都是他理想的专业。但考前改变专业方向，政治课程某些理论的抽象思维方法，对于薛敬孝是一个很大的难题。在报考大学志愿时，薛敬孝的第一志愿是北京大学哲学系，第二志愿是南开大学政治经济学系，应该说，薛敬孝进入南开大学读经济学也是缘分。对南开的印象来源于一次偶遇。薛敬孝的父亲是商人，薛敬孝少年时曾经在北京居住过一段时间。当时他偶然见到一位同乡，这位大哥哥其时就读于南开大学，薛敬孝被他的谈吐、气质和服饰所吸引，认定南开大学是一所好大学。读高三时，薛敬孝看到政治经济学的学科介绍是培养经济学家的，所以他在第二志愿填了这个专业。

1957年，薛敬孝从张家口一中考入南开大学政治经济学系。没有成为哲学家的薛敬孝，开启了经济学家的人生。薛敬孝入学的这一年，正是中国政治运动进入高潮的年份，政治经济学系的学生薛敬孝，不仅学习经济学，也不得不接触政治，学业更是出现反复。1958年，高校扩大招生，由于缺乏教师，学校决定让一部分学生提前毕业做教师，薛敬孝就是其中之一。1960年

7月7日，薛敬孝提前毕业，正式报到成为一名助教。不过到了冬天，由于国家政策开始收缩，这些年轻的助教又被改称预备教师，到了第二年，又重新回班成为学生继续学习。1962年，薛敬孝正式毕业留校，成为南开大学政治经济学系的一名教师，跟随经济学家魏埙先生从事垄断资本主义和帝国主义理论研究有20余年。

薛敬孝读书期间的这种反复，与其说是个人的人生经历，不如说是那个时代的缩影，中国经济经历了从狂躁快跑到三年困难时期的变化，弱小的个体只能随着大时代的潮流起起伏伏。

1971年南开大学开始复课，招收工农兵学员。1972年年初，在坚决要求下，薛敬孝如愿以偿回到了教学岗位。1978年，薛敬孝被滕维藻教授推荐到中国社科院世政所临时工作，在经济学家于光远指导下，参与由经济学家仇启华主持的关于当代垄断资本主义的专著撰写工作。半年时间后，薛敬孝突然接到南开大学经济学系通知，让他尽快返校，此前经济学系已经为他报名参加南开大学和神户大学合作的"神户班"学习。1980年经过学校的专业和外语考试，薛敬孝到大连外国语学院留学生预备部学习日语。半年后，以高分数通过全国考试，顺利获得留学日本资格。在填报志愿时，薛敬孝选择了日本一桥大学。

对于一个自学日语的中年人而言，通过留学日语考试并不是一件简单的事情。1947年薛敬孝在北京志馨小学读书时学过一点英语，中学之后改学俄语，1972年中日邦交正常化后，经济学系组织了一个日语短训班，由留日学者李文光先生教授。薛敬孝开始对日语感兴趣，并尝试自学。当时中央人民广播电台有日语讲座，从假名开始，薛敬孝试着跟读，一下子就学进去了，后来坚持一边跟着收音机学语法，一边花费大量业余时间背单词。南开经济学系原党总支书记杨文佐回忆说，当时学校组织教师去农村劳动割稻子，中间休息时，薛敬孝悄悄躲到没人地方背单词念日语。其长子说，他们小时候，父亲就经常在早晨起床后或做饭时背诵日语课文。天道酬勤，改革开放后，薛敬孝的日语终于派上了用场。

1981年4月，薛敬孝开始了留学生涯，到一桥大学跟随藤野正三郎先生学习经济周期理论。这一段留学经历，让薛敬孝学习了用现代经济学方法研究经济问题，成为他学术生涯的重要转折点。1983年3月他按时回国工作，年底薛敬孝被任命为南开大学经济学系副主任。转过年来，薛敬孝又突然被通知，学校常委会已经研究通过，让其担任新建的学校师资处处长。不过，此时的薛敬孝沉迷于理论研究，放不下他从日本带回来的 12 箱资料，他坚辞不接行政职务。校领导无奈接受了他的请求收回成命。后经济学院决定让薛敬孝筹备建立国际经济系。1987 年薛敬孝获得教授职称，1990 年经国务院学位委员会学科评议组批准为博士生导师。

再生产和经济周期理论研究获得成就

从 1973 年开始，世界经历了两次石油危机，进而引发世界性经济危机。1975 年，南开大学经济学系和经济研究所组织了一个经济危机研究小组，组员有陶继侃、熊性美、张士元和薛敬孝。薛敬孝由此开始了对经济危机和经济周期理论的学习和研究。当时课题组出了一本小册子，书名叫《经济危机问题的讲话》，在那缺少书籍的年代，此书还被翻译成英文。此后，薛敬孝自己又单独出版了一本关于经济危机的小册子。这两本书对战后经济危机的论述，都把"危机频繁、周期缩短"放在了重要位置。这一论点是 20 世纪 60 年代末到 70 年代初，中共中央文件对西方经济定的基调，是一个不容置疑带有浓厚政治色彩的论断。随着研究深入，薛敬孝发现问题并非那么简单，与之相反的观点不断酝酿成熟。"文革"结束后，随着思想禁锢的解除，薛敬孝发表了改变国内理论界对周期认识的一篇论文。这篇名为"战后资本主义国家周期性经济危机更加频繁了吗？"的文章，由薛敬孝与仇启华联合在《世界经济》杂志 1979 年第 4 期上发表。文章认为，由于存在中间性危机，所以马克思讲的由固定资本更新决定的经济危机并没有频繁发生，经济周期也没有缩短。此观点一出，立即在经济学界引起了持续数年的一场大论战。1984 年，薛敬孝在《社会科学战线》第 4 期发表了"固定资本更新和经济周期"一文，与老一辈经济学家吴大琨先生商榷，进一步从机械的耐用年限、资本折旧、固定资本更新周期和设备投资周期角度，用定性和定量相结合方法，说明与马克思阐述的周期性经济危机相联系的经济周期并未缩短。为了进一步论证两种经济周期的不同，1985 年，薛敬孝在《南开经济研究》

创刊号上发表了"中间性危机和短期波动",把马克思讲的中间性危机和西方经济学中的短周期联系在一起,并对短期波动的内在机制进行了探讨。除了对西方经济学中传统的库存投资调整进行论述外,还提出了工具、车辆、器具等设备更新是短周期的物质基础,战后加速折旧强化了短周期,弱化了以设备投资为物质基础的经济周期。此后,"耐用消费品副类和再生产周期理论"在《南开学报》1985年第5期发表,论述了耐用消费品作为一个生产部门的出现,引起再生产结构的变化,而耐用消费品的耐用年数构成耐用消费品的生命周期,从而成为短期波动的另一个物质基础。该文受到学术界的肯定,并在1986年获得孙冶方经济科学奖。

薛敬孝对于周期的研究,在很长一段时间是结合再生产理论展开的,这一研究方法得益于季陶达、魏埙两位先生的指导。这两位前辈经济学家认为,马克思研究再生产理论是为了研究经济危机,再生产理论是研究经济危机的基础。当然,薛敬孝能够采用定量方法研究周期问题,也得益于他对现代经济学的了解和掌握。薛敬孝在日本留学时的导师藤野正三郎先生正是一位研究金融学和经济周期的专家,他的《日本的景气循环:周期变动的理论·统计·历史分析》一书曾获日本文部大臣奖。在一桥大学学习两年,让薛敬孝接触到西方经济学理论。他除了学习一般课程和研究经济周期外,几乎把全部业余时间放在了研究再生产理论和实证上。薛敬孝思考的一个问题是,在两大部类的关系中,第Ⅰ部类优先增长是否是一个普遍规律。他认为,必须用定量分析对定性结论给出证明。薛敬孝用长期历史统计数据进行了经验分析,用微型计算机对各种假设条件进行了100年的模拟分析,他得出的结论是,在再生产公式既定的条件下,由于两大部类内部相互制约的作用,第Ⅰ部类和第Ⅱ部类会以交替优势的速度发展。薛敬孝把这一研究结论发表在1984年第4期《南开学报》上。这篇名为"两大部类的对比关系及其发展趋势"的论文,在1986年获得了天津市第二届社科优秀成果一等奖。

在再生产理论和经济周期关系上,薛敬孝还特别注意到了非物质资料生产即服务业的重要性。1988年,薛敬孝在《南开学报》第4期发表了"论战后经济周期变形"一文,薛敬孝以美国经济战后走势为研究对象,认为战后到20世纪末,以1975年为界,之前表现为设备投资周期和短周期二者波幅均等化倾向。之后表现为两种周期的暂时并轨及短周期的暂时消失。1989年

3月该文被日本学者翻译成日文发表在关东学院大学经济研究所年报上。

薛敬孝对经济周期研究一直保持浓厚兴趣，在此期间，薛敬孝还发表了多篇很有见地的有关经济周期的论文。2008年金融危机之后，他于2009年7月在《南开学报》发表了"当前世界金融-经济危机的性质及原因——基于理论、历史和现状的比较分析"，认为引起危机的直接原因是金融因素，而当时实体经济调整的因素尚未成熟。因此美国次贷危机爆发一年多之后才形成了金融与实体经济共生的危机。

薛敬孝对再生产和经济周期的研究系统深入，学术成果丰硕并具创新性，在20世纪80年代即得到国内经济学界的认可，成为知名学者。

创建国际经济系，确立南开学科地位

南开大学是国内较早设立世界经济专业的大学，具有系统的学科设置和丰富的教学经验。为了支持国内对国际化人才的需要，1984年夏天，在时任南开大学校长滕维藻支持下，经济学院和经济学系决定正式筹建国际经济系，并成立了筹备组，当时担任经济学系副主任的薛敬孝出任筹备组组长，王继祖和张强为筹备组成员。1985年1月5日，南开大学正式下达批文成立国际经济系，薛敬孝任系主任，南开大学成为首创国际经济系的国内大学。把经济学系的世界经济专业分出来单独建系，不仅仅是专业细化，而是着眼于为国家培养外向型人才，因而国际经济系需要建立一个相对全面的国际经济学科的教学体系。长期以来，世界经济专业教学以世界经济理论和国别经济为主，偏重于培养理论型人才，这种学科建制显然已经无法满足社会需要。

国际经济系建系不久，从国外留学回来的物理学家母国光出任南开大学校长，母国光经常召集校内的海归教授开会，讨论如何改革教学方式，将行之多年的苏联式僵化教育制度逐步改变成更为现代化的教育方式。薛敬孝的改革想法自然得到母国光的支持。薛敬孝对课程方案进行了大幅度调整，注重培养应用型人才。在教学中既重视基础理论，同时也强调实务操作。除原有的世界经济概论和国别经济外，加强了国际贸易、国际金融等理论课程，还增加了国际贸易实务、国际投资、国际市场营销、国际经济法等当时很稀有的课程。这使得学生既掌握了坚实的基础理论知识，又能适应社会发展需求。教学体系中还强化了西方经济学等基础课程，特别是加强了数学和英语等工具性课程。

尽管经费有限，薛敬孝还是专门聘请了高水平的英语和数学教师任教。多名来自美国、加拿大的高水平外教和南开大学外文系最富经验的教师对学生强化英语和数学课程。薛敬孝在学校支持下还筹得30万美元世界银行贷款，举办了四期国际经济理论全国师资培训班，鼓励本科生去听课，提高英文水平。英语课程不仅有基础英语，还开设了听力和写作课程，每周达到8学时。学生英语、数学能力迅速提高，便利了与国际接轨和与国外的交流。特别值得一提的是，1986年开始的全国大学英语四级和六级考试（CET-4和CET-6），国际经济系连续多年一次通过率高达100%，优秀率也在80%以上，在全校一直名列前茅。由于学生英语成绩突出，国际经济系名声大震，令校内师生和国内同行刮目相看。

留学经历让薛敬孝认识到数量分析对经济学科的重要性，他在提高学生外语和数学水平的同时，提出让理科学生转到国际经济系学习，以尝试改变生源结构，培养具有数理基础的经济学人才。1985年建系第一年，就有大约20名理科生转过来，他们分别来自物理系、数学系、化学系、计算机系等。国际经济系还允许外系学生前来选修相关专业课，修满一定学分，即可获得经济学和其原专业的双学位。与此同时，他把招生范围由只招文科生扩展为文、理科学生兼收，从而进一步提高了入学门槛。

聘请外教、转系、双学位等成为当时国际经济系教改的几大亮点，这些改革得到学校认可，后来均被列入学校改革方案中。此外，薛敬孝还改变教学方式，引入国际一流大学普遍采用的讨论课方式，让学生们在课堂上自己讲，老师引导和启发，同学互相提出质疑与补充。这种方式提高了学生的表达能力和思维能力，让学生们能够接触各种前沿理论，深受学生喜爱，也收到良好效果。这种讨论课从1985年入学的本科生开始，计学分。1986年后，薛敬孝将这种方法引入研究生教学中，并一直坚持到他2008年退休。

国际经济系毕业生因良好的素质和各种能力，大都进入对外经济领域工作，并很快成为骨干力量。

薛敬孝还将教学与科研工作结合起来。日本留学经验让薛敬孝认识到定量分析和定性分析相结合的重要性。在科研过程中，薛敬孝认识到自己数理基础薄弱的局限性，他决定与时任南开大学计算机与系统科学系主任的王翼教授合带硕士研究生，实行双导师制，双方分别招生，但研究方向一样，实行交叉学科培养，毕业生可以分别获得经济学硕士或理学硕士学位。经过合作培养，李坤望等五名学生成为经济学功底扎实、数理基础雄厚的优秀人才，还写出数篇优秀的硕士论文。李坤望取得了理学硕士学位后成为薛敬孝的博士生，现在李坤望教授已经成长为"长江学者"。在薛敬孝和王翼的合作过程中，他们还主持了国家教委"七五"重点科研项目"资本主义经济周期"，硕士生的论文也都有计划地纳入这一课题。其成果于1992年由人民出版社出版，1995年获得国家教委首届人文社会科学优秀成果一等奖。

薛敬孝担任了两届系主任，在他的带领下，国际经济系在各个方面都做了富有创新意识且卓有成效的探索，在学生规模、教学质量、科研水平、师资队伍、学生素质、组织工作、对外交流等各个方面都取得了骄人的成绩。

1994年年初，薛敬孝承接谷书堂教授出任南开大学经济学院院长，其时的经济学院为南开大学唯一的学院，下设包括管理学科在内的六个系和六个研究所。薛敬孝集中精力抓以人才为中心的学科建设工作，并促进各系领导班子和学术带头人年轻化。在1995年教育部组织的"211"大学评估中，以北京大学吴树青校长为组长的评估组给了南开经济管理学科以高度评价。

组建国际商学院与创立 APEC 研究中心

1994年4月，母国光校长召集滕维藻、谷书堂、薛敬孝三位教授开会，言及两会期间李岚清副总理找他谈话，希望把天津外贸学院并入南开大学。经讨论，他们认为应接受李副总理的安排，之后便开始了论证和筹备工作。当时由24位教授组成了论证会，由薛敬孝主持。会议开了三次，会上提出两个方案：一是乘势将经济与管理按学科分开，打乱两校界限，保留经济学院成立管理学院；二是把国际经济系、管理学系和国际经济研究所分过去和外贸学院合并为国际商学院。薛敬孝和绝大多数教授主张前者。但是学校最后确定了第二方案，由薛敬孝任院长。1994年12月30日国际商学院正式挂牌成立。1997年教育部下达了新的学科目录。薛敬孝根据目录力主把经济学院和国际商学院按照经济学科和管理学科重新组建，这也正符合学校的计划。借此机会薛敬孝提出辞去一切行政兼职，专心搞学问。在薛敬孝做了一届院长后的1997年年底，学校批准了他的辞职请求。在任期间，薛敬孝除去协调各方面的不同意见和工作安排外，主要抓了学科调整和重点学科建设，成立了以高尔森为所长的国际经济法研究所，特别是组建了APEC研究中心。APEC研究中心是为落实"亚太经合组织领导人教育倡议"而设立的。当时外交部与外经贸部、国家教委协商，选择一所大学建立APEC研究中心，相关官员一致认为南开大学最有实力做这件事情，最终南开大学APEC中心在1995年3月底获批成立。中心成立时，母国光校长的想法是聘请一位资深外交家担任主任，时任国际商学院院长的薛敬孝兼任执行主任，宫占奎任执行副主任。实际上很长时间主任一直缺位，由执行副主任宫占奎主持日常工作。薛敬孝和宫占奎带领团队开始了探索如何将APEC研究中心建设成名副其实的国家级智库的工作。国家教委通过正式文件给研究中心规定了四大任务，包括为我国参加每年一度的APEC领导人非正式会议和APEC部长级会议提供政策咨询；协调中国的APEC问题研究，并在研究中起到示范和组织作用；开展同APEC其他成员的研究中心合作研究；举办高层次的培训活动。中心相继聘请了外交部、外经贸部以及与APEC问题有关的部委领导人为兼职教授，如时任外经贸部副部长龙永图、外交部礼宾司司长张业遂、中国APEC高官王嵎生大使、商务部国际司副司长李恩恒、中国国际问题研究中心副总干事何方等多人。这些兼职教授指导中心的研究工作，为中心提供资料信息，使中心的研究紧密结合国家外交政策、经贸政策，为国家提供有价值的、可操作的咨询报告。APEC研究中心每年为外交部提供相关咨询报告，并为国家领导人参加会议提供政策建议。在薛敬孝主持下，中心完成了国家社科基金"八五"重点项目"APEC与中国"，成果之一由山西经济出版社出版，书名为《APEC研究——方式·运行·效果》。这本书全面分析了APEC所涉及的贸易投资自由化、便利化及经济技术合作问题，提出了中国在单边行动计划和经济技术合作集体行动中的对策，运用CGE可计算一般均衡模型，分析了APEC的福利效应，评估了APEC贸易自由化对各个成员经济体在出口和产出方面的影响。根据该成果的研究，国家社科基金办公室以"成果要报"形式三次上报有关领导,为中国参加 APEC 上海会议提供了资讯。该项目在 2002 年获得教育部第三届人文社会科学优秀成果一等奖。虽然薛敬孝的学术领导能力得到公认,但他依然迷恋科研,在 1997 年和 1998 年,薛敬孝两次提出辞呈,1998 年年底学校最终批准了他的请求。

作为改革开放后南开经济学科的新一代领军者,薛敬孝为人正派宽厚,学术作风严谨,在学术成就和学科建设方面均取得突出成就,1988 年被人事部授予"国家有突出贡献的中青年专家"称号,1992 年享受国务院特殊津贴。

薛敬孝严谨的学术作风和科研教学创新精神,对年轻教师起到潜移默化的影响,同时薛敬孝竭尽所能,不遗余力培养年轻教师。已是"长江学者"的李坤望教授说:"薛老师不仅自身学术造诣高,学识渊博,而且拥有博大的学术胸怀。在学科建设上不保守,积极吸收国际先进的学科知识和研究方法。不破不立。他积极引入国外智慧,提升国内人才培养水平,为当时的年轻教师和学生创造与国外先进经济学接轨的宝贵机会。在提携年轻教师和指导研究生方面,薛老师不仅言传身教,而且虚怀若谷,甘当人梯。他总是说,希望年轻教师和自己的学生能够超越老师,站在前人的肩上。"

薛敬孝有一个幸福的家庭,夫人陈桂兰女士文雅智慧,曾是南开大学校医院医生,相夫教子,关爱学生,里里外外一把手。两人育有二子,家教严格。长子薛军子承父业,在日本从教近 10 年之后回归南开担任经济学教授、博士生导师,继续从事经济学科研教学工作。次子薛岩,在英国获得经济学博士学位,现在香港一家金融机构担任高管。

薛敬孝现任教育部社会科学委员会委员,他担任过国家社科基金国际问题研究学科规划与评审组成员、中国世界经济学会副会长等职。2012 年 6 月,南开大学授予薛敬孝特别贡献奖、荣誉教授称号。

参考文献:

《天津社会科学名人传略》,南开大学出版社 1998 年版。
陈洪主编,《南开学人自述》第三卷,南开大学出版社 2017 年版。
"历史回顾——南开大学国际经济贸易系",南开大学网站。

刘佛丁：南开经济史国家重点学科奠基人

王玉茹

刘佛丁（1937—2000），笔名何立、思毅。福建闽侯人，1937年11月5日生于北京。1963年毕业于南开大学历史系，留任南开大学经济研究所经济史研究室，历任讲师、副教授、教授。1981年起任经济史研究室主任，1983年起指导中国经济史专业硕士学位研究生。1990年经国务院学位委员会审批成为中国经济史专业博士生导师。1991年起任中国经济史学会理事。1993年起任中国经济史学会近代经济史专业委员会副主任。1992年起享受中华人民共和国国务院颁发的政府特殊津贴。1985—1988年任《南开经济研究所季刊》主编，1988年起任《南开经济研究所年刊》主编，1990年起任《南开经济研究》主编。先后担任南开大学经济史学科学术带头人、南开大学经济研究所学位委员会主席。2000年4月27日因心梗再次发作在天津逝世，享年63岁。

天资聪慧，人生多磨难

刘佛丁出生在一个多子女的大家庭，家有兄弟姐妹八人，上有四个哥哥、两个姐姐。解放前一家人的生活靠曾经先后在奉天（今沈阳）农业试验场、大沽造船所、东北政委会等处做财务工作的父亲的薪金供养，解放后哥哥姐姐先后参加工作，家庭生活条件比较富足。先生1945年9月至1957年8月先后就读于北京师范大学附属小学和附属中学，1957年9月考入南开大学历史系中国古代史专业，1963年以论文"豳风七月的历法和成诗时间"毕业，就职于南开大学经济研究所经济史研究室。

据大学本科同窗刘泽华先生回忆："佛丁十分聪慧，又非常用功，是我们年级的出类拔萃者。""入南开之始，学生干部都是临时指定，佛丁被指定为三班班长……佛丁为人十分谦和，认真负责，人情味很浓，说话简要得体，很受同学们的欢迎，在大家熟悉之后选举时，又被选为班长。……世界史课讲到印度佛教，大乘教派以菩萨为最高境界。佛丁因名字中有'佛'字，加上他的'菩萨'之心，不知哪位同学奉他为'大乘'，于是这个雅号很快流行成他的称谓。"修炼成菩萨都要经过三灾八难，他的一生至少经历了两个，第一个劫难是大学期间不幸于1960年染上肺结核，他不得不休学治疗，好在他家的经济条件比较富足，住进了亚非学生疗养院。休学一年，再回校时只能跟从下一个年级于1963年毕业。第二个也是真正的劫难是1976年的唐山大地震。他当时在开滦煤矿从事企业史的档案整理和原始史料的发掘工作。当时他住在三层楼的顶层，整个小楼坍塌了，他被坍塌的房顶压住，开始还有一点空隙，随着频繁的余震，身子被压得越来越紧，好像被铁箍紧紧缠住，呼吸也逐渐感到困难，虽然熬到了一丝晨光，但已没有求生的希望，脑子变成一片空白，生命已到临界线，突然听到有人呼喊：有人吗？有人吗？顿时使出最后的力气回应：这里有人，请来救助！当被救出时，眼前看到的是望不尽的瓦砾，那时既无情感恩，也没有眼泪，头上流血不止，人已木然……在朋友圈子中，有人说他已经遇难，有的说下落不明。当朋友们听说他回到南开园时，纷纷前去看望，当时头上还有纱布缠绕，说起话来仍有些恍惚。事后大家都说他"命大"。

勤奋耕耘，领军南开经济史学科

大学期间刘佛丁先生就关注了"通史"和"通典"中有关经济史的史料，以及正史中重要的本纪和列传，比较牢固地掌握了基础课的内容。配合中国土地制度、中国古代史专题等课程的学习，对先秦的史料做了比较广泛和深入的钻研，为了撰写毕业论文"'豳风七月'的历法和成诗时间"，阅读了诗经的重要注本、解放前后的有关论文，并且学习了一些音韵学、古代天文和历法的知识。中学六年和大学三年的俄语课程学习，他通过课外阅读俄文版《苏共党史》《世界通史》等，俄语水平达到了听、说、读、写都精通的程度。在政治课和马列主义理论的学习中，他阅读了《政治经济学批判》《经济学-哲学手稿》《资本论》《国家与革命》《家庭、私有制和国家的起源》《俄国资本主义发展》《反杜林论》《资本主义以前社会各形态》，以及感兴趣的经济学和自然辩证法方面的书刊，打下了扎实的理论基础。

本科毕业到南开经济研究所从事经济史研究工作后，刘佛丁先生即开始进修资本论、中国近代经济史、英语等课程，为将从事的研究领域进一步拓展专业知识基础。在参加开滦煤矿企业史调查的社会实践中，先生开始运用所学理论研究一些实际问题。"文革"期间，得暇专攻英语，检阅国内外各种教科书，逐步能阅读专业书刊和浅易文学读物，还从事了一些翻译习作，为改革开放后的国际学术交流打下了较好的基础。改革开放后，他通过读原版书、请知名的外国学者讲座、向出国学习回来的同事请教等多种途径，对传入的现代西方经济学理论和方法继续孜孜以求。他对每一项研究工作都一丝不苟，严格对待。上世纪 90 年代，萧克老将军组织编著百卷本《中华文化通志》，分十典，每典十卷。先生的大学同窗刘泽华教授也名列其中，任"制度文化典"主编。这项工程是由民间组织、发起，资金来自社会捐赠。百卷作者实行招标筛选，但也不排除各典主编瞄准作者聘请。制度典中有一卷《工商制度志》，当年佛丁先生并没有投标，不过在刘泽华先生看来，他与他带领的团队是最佳人选。于是登门请佛丁先生出山，但他很忙，颇为犹豫。过了一些天，刘泽华先生又登门恳请，言明如何写，一切由他去安排。后来百卷本作者开过几次会，他都准时出席，予以积极的支持，并按时交稿。对他的认真负责的精神，老同学刘泽华从内心深深表示敬意。

自 1963 年本科毕业开始做经济史研究，他先后参与了开滦煤矿企业史的调查、中国资本主义发展史的研究；主持了教育部博士点基金"近代中国的市场发育与经济增长"、国家社科基金"近代中国的经济社会"、百卷本《中华文化通志》之《工商制度志》等科研项目；主编和参编了《解放前开滦煤矿工人阶级状况》、《旧中国开滦煤矿的工资制度和包工制度》、《中国近代盐务史资料选辑》（主编，四卷）、《民国盐务史稿》、《中国资本主义发展史》（第三卷）等著作；发表论文30余篇，涉及民族资本和企业史研究（7篇）、盐业史研究（5篇）、中国经济发展与制度变迁研究（11篇）、经济史理论、方法与述评（6篇）；发表书评、学术人物述评10余篇。

刘佛丁先生1981年起担任经济史研究室主任的工作，不仅是学科研究工作的带头人，而且注重研究方法的探讨和创新，聘请学界专家学者来南开探讨经济史的研究方法，为研究生开设科研方法论课程，使南开经济史学科的科研和教学的发展与国际先进水平保持密切的交流，在国内一直居于领先地位。

科研工作和教学之外，刘佛丁教授先后担任《南开经济研究所季刊》（1985—1988年）、《南开经济研究所年刊》（1988年）的主编，1990年起接任《南开经济研究》主编。他宽厚的性格、对新的思想和研究方法所持的开放态度，为《南开经济研究》的发展和建设做出了卓越的贡献。他任主编期间，《南开经济研究》在历届全国核心期刊的评定中均被列为重要核心期刊，在经济类核心期刊中排名居前；在天津市第三届优秀期刊评选活动中，《南开经济研究》获优秀期刊奖。作为南开大学经济学院的院刊，《南开经济研究》为南开大学经济学科的建设和发展起了重要的作用。

筚路蓝缕，构建中国近代经济史研究新框架

刘佛丁性格沉稳、待人谦和，学术视野开阔，有着独特的学术个性和豁达的胸襟，对新的思想、新的研究方法所持的开放精神就像一面旗帜，在国内外都产生了一定的影响。他对中国近代经济史学的最大贡献是：从20世纪80年代初开始，集中近10余年的时间，倾注全部心血和精力，以全新的方法构建了用经济学理论研究中国近代经济史的理论框架。他在从事中国近代经济史研究之初就深感对研究领域的宏观了解和理论准备的重要，虽然他是历史学出身，但自进入经济研究所工作以来就注重经济学理论的学习和提高。1987年5—8月他应邀赴美国宾州大学讲学，更感到中国经济史学研究在方法论上与国际同行的差距。他对新的理论和研究方法孜孜以求，注意跟

踪经济学和其他社会科学理论的进展，大胆借鉴吸收西方最新的理论成果。他认为："对于经济史研究的创新，发掘和整理资料的作用固然不可忽视，但更重要的还是理论和方法的引进、应用。因为无论是资料的选择和编辑，还是数据的归纳和重组，都是要在某种理论和方法的指导下进行的。""在熟练掌握和运用马克思主义的历史唯物论和经济学理论的同时，不断引进世界各国经济学和其他学科的理论和方法用于分析我国的经济史也是十分重要的，因为只有借助于不断发展的理论和手段，才能打开眼界，开辟研究的新领域，找到解决问题的新途径，提高经济史研究的水平，使认识得以深入，赋予这一学科以活力和生气。"他还认为："呼唤新的理论和方法固然需要，但不能止于介绍和引进，更应着力于应用，以求有所发现。"（《经济史学创新的关键在于新理论和方法的引用》）他不仅是新理论和新方法的倡导者，更是一个身体力行的实践者，为开拓中国经济史学的新境界立下了筚路蓝缕之功。他在生命的最后时刻还完成了长达14000字的论文"齐波拉经济史学思想评述"。

他主持完成了多项国家社会科学基金和国家教委（教育部）博士点基金项目，他对中国近代经济发展、周期波动、市场的发育及制度变迁等方面的研究都取得了突出的成就。他一直关心并在着手进行中国近代经济史统计资料的推算和编制工作，他在《近代中国的经济发展》一书中对1850年、1887年、1914年中国国民收入的估算和构建的新经济史框架，填补了这一研究领域的空白，被国内外同行广泛引用。1996年11月他应邀赴日为日本一桥大学经济研究所承担的日本国文部省重点课题——亚洲历史统计做了"关于中国近代国民收入研究的现状和展望"的专题学术报告。他主持的国家教委博士点基金项目和国家社科基金项目的研究成果《近代中国的市场发育与经济增长》《近代中国的经济发展》等被国际同行称为"无可类比的名著，可以称作是展示了中国近代经济史研究新方向的开拓性研究"。在此基础上，他先后指导的"总需求的变动趋势与近代中国经济发展""近代中国旅游发展的经济透视""经济发展中的货币需求""近代中经济发展中的国际资本流动""中国近代证券市场的效率分析""中国近代企业组织形态变迁研究""民初中国对日贸易论""近代中美贸易关系的经济分析""对外贸易的经济效益研究""近代中国经济发展中的财政政策（1927—1937）"等用经济学理论研究近代中国经济史的系列博士论文，使他毕生致力于构建的运用经济学理论研究近代中国经济史的宏观框架更加丰满。以这些全新的研究成果为基础，他主编了《中国近代经济发展史》教材，被列为教育部经济学专业主要课程教材。

刘佛丁教授为人诚实、耿直，从不媚俗趋炎附势，对学生和后进，则是诲人不倦，尽力提携。他淡泊名利，与世无争，对事业则是孜孜以求，追求学术真谛执着而热忱，对各种困难和窘境都能以达观的态度坦然面对。例如，1993年中国经济史学会理事会换届，他被推选为近代经济史专业委员会主任，这意味着他可以同时出任中国经济史学会副会长，但是他却把专业委员会主任的职位让给上海社会科学院经济研究所的沈祖炜；他的理由是年轻人更富有活力，应该给他们更多的机会，他坚持自己只做专业委员会的副主任。他广交国内外学术朋友，应邀赴美国和日本讲学，赴香港参加国际学术会议，他的学术思想与人格风范赢得了国内外学术界的高度赞誉。

学问精勤，诲人不倦

经济史教学与教材建设

刘佛丁毕生致力于中国近代经济史的研究和教学工作，是国内外知名的经济史学家，为中国近代经济史的繁荣与发展做出了卓越的贡献。他不仅是一位良师，更是学生们的益友，他培养了博士和硕士研究生10余人，在给研究生讲课和指导学位论文时，注重因材施教，总有一种根据每个人的素质和条件帮助他们选择好研究方向的义务感，毫不吝啬地把他的思路和未发表的见解提供给学生。笔者的硕士学位论文"开滦煤矿的资本集成与经济效益分析"就是先生考虑笔者具有扎实的经济学理论基础，而将他20世纪70年代在开滦煤矿调查积累的档案资料提供给笔者使用，这篇硕士论文获得南开大学首届优秀学位论文一等奖。在他去世前两年，先生说他在中国土地所有制的问题上有些思考，但是他没有精力去完成了，让笔者在硕士研究生中物色一位，把他的思考传授下来。当时笔者指导的硕士研究生张岸元已经在《经济研究》上发表论文讨论中国的三农问题，于是推荐他前去讨教；与先生的三次交谈，形成了张岸元的硕士学位论文"农业租约选择的微观经济分析"的基本研究框架。刘佛丁先生经过10余年的努力，他与他指导的硕士、博士研究生运用经济学理论从宏观到微观，全方位、多角度地研究中国近代经济的发展，取得了一系列高水平的研究成果。南开大学经济史学研究在国内外经济史学界独树一帜，被誉为"南开学派"。

他作为经济史学科的主要领导者之一，使南开大学成为中国近代经济史研究的重要基地，1993年被列为天津市高等学校重点学科，在他去世的第二年2001年成为全国经济史学科中唯一的国家级重点学科。在取得丰硕的研究成果的同时，他非常注重教学和教材建设。1971—1972年担任经济学系本科生的中国近代经济史和中共党史教学工作期间，他即开始在编写讲义和讲稿过程中深入钻研一些问题，取得了较好教学效果。1973年他参加编写的中国近代经济史讲义，后由学校铅印作教材（20万字），笔者1978年进入南开大学经济学系读本科时仍在使用，该教材当时被很多高校翻印。人民出版社认为该教材概念准确、简明、清楚，同意出版，他与经济学系郭士浩教授一起对教材进行了修订后出版。

改革开放后，刘佛丁致力于运用经济学的研究方法构建中国近代经济史的研究体系，这一创新也贯穿于他的研究生教学和教材建设中。他主编的《中国近代经济发展史》，是国内第一部以经济学理论构建分析中国近代经济发展史的全新框架体系的中国近代经济史教材，1999年由高等教育出版社出版；这是该出版社在十余年没有出版中国经济史教材后推出的一部全新体系的教材，一经推出就获得了学术界广泛的好评，在高校本科和研究生教学中广泛使用。

治学方法与经验

在1997年12月上海教育出版社出版发行的，国务院学位委员会办公室编写的《中国社会科学家自述》中，刘佛丁先生写道：

> 上大学时，一位著名的经济学家来南开讲学，他说："对初做科学研究的青年来说，最重要的是选好题目，因为课题的选择，往往

决定今后的研究方向。教师的学术水平高低，就看他兜里是否总有一些题目，可以随时拿出来供学生选择。"大学毕业，我到研究所工作后，开头几年，常为科研选题苦恼。那时总想：要是有一位导师给我一个现成的题目该多好！可实际上，古今中外得到名师指点功成名就者固然不少，但多数人恐怕还是靠自己在崎岖的道路上不断地总结经验，从而寻找到一条既符合科学自身规律，又符合本人特点的研究途径。

30多年间，我一直研究中国近代经济史，工作大体上循着由典型企业、村镇到行业、部门到对旧中国经济做宏观分析的途径进行。

我参加的第一个科研项目是开滦煤矿企业史的调查。那时搞什么课题不是由自己决定的，而是研究所领导分配的。初到开滦煤矿，面对浩如烟海的档案卷宗，真如堕五里雾中一般，不知什么东西有用，什么东西无用。当时我想，为什么有些名学者到了一个企业或村镇，只用了不长的时间，就收集到必要的资料，并取得相应的科研成果，而我们有些研究人员陷入烦琐的资料堆中，经年累月难以自拔？差别就在于我们的眼力不够。而所以眼力不够，是由于缺乏对某一研究领域宏观的了解和理论准备。不把开滦煤矿放在旧中国经济发展的背景下而孤立地加以考察，怎么能看出问题呢？于是我不再满足于仅仅按照调查提纲的项目被动、机械地收集资料，而是把注意力转移到那些通过微观的事例可以说明全局性规律的问题上来。比如，通过包工制度的变化过程看半殖民地半封建旧中国帝国主义与封建势力的相互关系，利用开滦丰富的劳工档案记录和统计数据，分析旧中国工人阶级的贫困化问题和劳动力市场的形成等，这些问题的研究后来都取得了有影响的研究成果。

70年代中期，我有机会参加许涤新、吴承明先生主编的《中国资本主义发展史》一书的写作。写作的过程对我来说也是向老一辈经济史学家学习的过程。在讨论中，他们提出的一些研究课题，初看起来似乎很一般，没有什么意思，但后来的事实证明，一些年轻学者沿着他们的思路搞下去都取得了有价值的、成系列的研究成果。

有些课题虽然中途遭遇困难，但峰回路转，最后还是达到柳暗花明的境界。

由于经验的积累和注意不断更新自己的知识结构，尤其是注意跟踪经济学和其他社会科学理论的进展，视野开阔了，观察事物的层次也提高了，不再感觉没有研究的题目可供选择，而是叹息时间和精力所不及；每到这时，我总是难以忘怀过去走过的路，所以在给研究生讲课和指导学位论文时，我总有一种为他们出题目，并根据每个人的素质和条件帮助他们选择好研究方向的义务感，毫不吝啬地把我的思路和未发表的见解提供给他们。

一般说来，我还是主张青年人做研究工作从比较具体的题目做起，这样脚踏实地，容易驾驭，待积累了一定的经验和成果后，再选择较宏观或抽象的课题，以期在更广泛的领域中有所贡献。我走这样一条科研的路线虽然是不自觉的，但回顾起来，总认为可能对多数人是适合的。

这正是刘佛丁先生一生经济史研究和教育生涯的真实写照，也为后来者指明了一条通往成功的学术之路。

张仁德：中国比较经济学学科主要奠基者

贾根良　朱全景

张仁德，1939 年生于河南安阳，南开大学经济学院教授，长期从事政治经济学、俄罗斯中亚经济、比较经济学和公司经济的教学与研究。张仁德教授不仅是我国比较经济学学科的主要奠基者之一，而且也是国内外"新比较经济学"概念的最早提出者和"中国特色新比较经济学"的开拓者。张仁德教授 1962 年毕业于南开大学经济学系，1965 年于中国人民大学研究生毕业，1965—1974 年执教于暨南大学，1974 年回南开大学经济学系任教，1980—1984 年在南斯拉夫萨格勒布大学进修并获得经济学博士学位，1988 年晋升教授，曾多次荣获南开大学优等奖教金和南开大学滨海学院"创业奖"。张仁德教授主持多项国家社会科学基金重点和一般项目、教育部人文社会科学基金项目，多项研究成果被国家社科基金评为优秀项目或荣获省部级优秀奖。张仁德教授曾任南开大学经济学系副主任、南开大学滨海学院经济管理系主任、国内多家大学特聘教授以及中国经济发展研究会会长、中国东欧中亚经济研究会副会长、天津市仲裁委员会委员等职，现任中国经济发展研究会名誉会长、中国新兴经济体研究会顾问等。

如果说南开大学百年历史上的大家灿若星汉，张仁德教授就是比较经济学研究的那颗巨星。他不仅是我国比较经济学领域的四位代表性人物之一，

而且也是"新比较经济学"概念的最早提出者和"中国特色新比较经济学的先行者"。从 1957 年考入南开大学，他已经在南开大学学习和工作达半个世纪之久。

家国情怀，发奋读书

1939 年 1 月，张仁德出生于洹河边的古城安阳，今年正好 80 岁。祖上是农民，父亲来到这个小城市经商，经营着一个小金店，前店后场，生活还算殷实。可是，和中国千万个家庭一样，日本侵华战争改变了这一切。1937 年 11 月，安阳沦陷，市民纷纷逃难，而父亲却舍不得丢下千辛万苦积累下来的这个小作坊，被日军吊起来毒打后，很快就去世了，当时张仁德才只有一岁。这种家仇国恨深深地烙在他幼小的心灵上，家国情怀成为他发奋读书的不竭动力。由于聪明好学，受到老师的喜爱，他 8 岁时，也就是小学二年级时，老师推荐他在学校举办的纪念抗日战争胜利一周年的大会上面对全校师生进行演讲。

张仁德的幼年时代是日军侵略、灾难频仍的年代，加之父亲早逝，家道中落，致其家庭生活极其贫寒，养家糊口的重任就落到了大哥和母亲身上。大哥由原来的少主人变为打工者，在换了主人的金店做工；母亲只能靠缝补衣服、做针线活贴补生活。二哥和他在同一所小学读书，学习极好，但在小学毕业后，就不得不承担起养家重任，天刚蒙蒙亮就去沿街叫卖烧饼油条。面对如此艰难痛苦的现实，他小小年纪就暗自下定决心，立下读书报国、改变家庭命运的志向。直到 1949 年 5 月安阳解放，这种生活贫穷、世道动荡的局面才告结束。

如果说张仁德的幼年时期充满惆怅、饥饿和痛苦，那么，他从 1951 年开始的中学时期却是快乐无忧和充满阳光的。在这个时期，他所受到的爱国主义、集体主义和共产主义信仰的教育给他留下了极深的印象，至今回想起来仍历历在目。初中时的班主任朱先觉先生爱他的每一位学生，有一位同学重病住院，他每天都前去探望并召集全班同学报告他的详细病情。有一次，当讲到这位同学病情危急时，朱老师竟掩面而泣，全班同学禁不住哭成一片，并纷纷提出要为这位同学献血来挽救他的生命。这件事让他认识到个人的命运和集体息息相关。高中时期，班主任唐憬老师带领学生建立了一个以苏联青年女英雄名字命名的班集体——"卓娅班"，让他们阅读《卓娅和舒拉的故事》、奥斯特洛夫斯基的《钢铁是怎样炼成的》等。他至今依然记得，卓娅在凛冽寒风中英勇走向法西斯刑场的情景，尤其记得《钢铁是怎样炼成的》这本小说中的那句名言："人的生命是宝贵的，它属于人只有一次。人生应当这样度过：当他临终回首往事时，不因虚度年华而悔恨，不因碌碌无为而羞耻。他可以很自豪地说，我的整个生命和全部精力都已献给世界上最壮丽的事业——为人类的解放而斗争。"自那时起，他就牢牢记住这句名言，并以此指导他整个的一生。

1957年中学毕业后面临选择大学和专业。张仁德最初想报考理工类的专业；当时正是新中国工业化起飞的年代，为工业化献身是他多年的愿望。他曾经写下四个美术字"电气工人"作为美术课的作业交给老师，因为列宁说过："共产主义就是苏维埃政权加全国电气化。"但是在体检时却被查出色盲，他痛苦万分，立即写信给卫生部询问有关色盲与报考志愿的关系，答复是只能报考文科和理科中的数学，并附寄一份有关色盲的医学材料。如何选择志愿就成为一个难题。首先选择哪所学校纯属偶然，一位同学在夜里说梦话时喊了一声"南开"，张仁德就认定这一定是所名校，便决定报考南开大学。他的一位好朋友宋兆武听家长说南开经济世界闻名，于是，他们决定一起报考南开，最后如愿以偿。他未曾想到，这一偶然的决定不仅使他同南开终生结缘，而且，他的一家都成了"南开人"：张仁德大学快毕业时，热心的大姐将本系二年级品学兼优的女生吴国存介绍给张仁德相识，他们后来于1966年结为伴侣。吴国存留校后先后在经济学系、人口所和商学院任助教、副教授、教授，两个女儿也都毕业于南开大学。

1957年，张仁德考入南开大学经济学系。张仁德入学时，南开经济学系的主要课程是马克思主义政治经济学。该课主讲教师是著名经济学家魏埙教授，魏先生当时已是副教授，毕业于燕京大学，政治经济学、西方经济学和英语的功底都非常好，这使魏先生可以从不同的角度研究和讲授政治经济学。魏先生身体一向极好，2004年7月参加学生论文开题时精神矍铄，85岁高龄仍然对政治经济学的理论娓娓道来，不乏新见，可惜，一个月后突发心脏病去世。在魏先生的追思会上，以研究社会主义商品价值规律闻名于世的经济学大家谷树堂教授说，马克思关于"社会必要劳动第二含义的概念"最先是魏先生发现的。魏先生为人极好，学生每逢过节包饺子，都会到他家借工具，他与张仁德亦师亦友的关系就是从那时建立的。魏先生突然去世，张仁德教授悲痛欲绝并撰写悼念文章，登载于《南开大学报》，称魏先生是一个"大写的人"。

政治经济学理论高度抽象，即使如魏先生那样高水平的教授来执教，学生们在短期内也不得其门而入，张仁德作为大学一年级的学生也不例外，只能每天到图书馆抢座位，苦读马克思的原著，广泛阅览参考读物，才慢慢得以理解和消化。1958年，党和国家强调教育要与生产劳动相结合，经济学系决定让张仁德所在班级到天津郊区新立村公社进行现场教学100天，与农民同吃同住同劳动，在实践中授课、调查、读书和讨论，用这样的方式认识现实，学习理论。接着，还到河北省安国县、徐水县等地进行农村调查，撰写调查报告。在这个时期，虽然参加工农业实践活动占比多了些，但他认为收获还是很大的。1960年，张仁德还被抽调出来做助教一年，后又跟班上课一年。这样，大学本科五年，张仁德实际上做了四年学生、一年老师。此外，张仁德在中学和大学时还热衷于文体活动，被同学们推举为文艺骨干，曾担任班文体委员、团支部宣传委员、系学生会文艺委员等职务，组织大家参加有益于身心健康的活动，他与同班几个同学编写的歌曲《我们是春天的花朵》曾荣获天津市大学生文艺汇演优秀作品奖。

1962年大学毕业，张仁德考取了中国人民大学的研究生，他们是新中国第一批社会主义政治经济学专业的导师制研究生，就读于老一辈经济学家黄松龄和宋涛系主任名下。研究生实行淘汰制，当时学生共6名，淘汰1名，病退1名，"幸存者"4名，张仁德是"幸存者"之一。黄松龄原本是新中国高教部的副部长，可他却辞去行政职务，专任教职，组织研究生和青年教师研究社会主义经济。宋先生对学生要求极其严格，一入学便发给人手一份的书单，包括马克思、恩格斯和列宁的许多经典原著。考试一律采取口试方式，考题也是抽签决定。宋先生亲自担任主考教师，就连列宁"论所谓市场问题"一文中再生产理论模型数学推导中某一数字错误都要问到，如果不知道就被视为不及格，就有被淘汰的风险。张仁德研究生毕业论文选题是"论我国体力劳动与脑力劳动的差别及其缩小途径",论文指导教师是我国著名马克思主义经济学家卫兴华教授（时任讲师）。经过半年时间的社会调查，大量阅读文献以及对文献笔记进行整理和思考，夜以继日地写作，论文终于完成。经卫老师首肯后，宋先生阅后给予很高评价并推荐给《教学与研究》杂志发表。后杂志因"文革"停刊，论文亦未能公开问世。

1966年春研究生毕业后，张仁德被教育部分配到暨南大学经济系任教。1974年，在家庭两地分居八年之后，张仁德回到母校南开大学任教。1978年改革开放后，张仁德在研究苏联东欧经济改革理论和实践时，特别想到这些国家看看他们的社会主义到底是什么样子。1980年，机会终于到来，他申请赴南斯拉夫留学并被教育部批准。这年年底，他乘机飞往贝尔格莱德，刚一落地，使馆就派人接他去克罗地亚共和国的萨格勒布大学。本来是两年研修，后经他的导师尤林教授建议攻读博士学位，国内外的一切手续很顺利，这样，就用了三年时间完成必要课程和论文答辩，于1984年1月被授予经济学博士学位。"南斯拉夫的留学经历对我后来转向比较经济学研究至为关键。"许多年后张仁德教授平静地说。张仁德在萨格勒布大学夜以继日地阅读当时社会主义经济改革的最新外文文献，而他的导师则精心安排他的学习和生活，不仅在学术上为他答疑解惑，还关心他的生活，给他买书，解决市内交通费和到外地出差开会的费用，给他创造条件利用度假走进普通百姓家采访和体验日常生活等等。他常说："我一生能遇到魏先生和尤林教授亦师亦友的两位老师是我人生之大幸。如果要问如何为人师表，那就应以我师为范。"三年里，在尤林教授指导下，他对社会主义商品经济进行了深入研究，并以"社会主义与市场"为题完成了博士论文。1984年1月，张仁德回到南开大学继续任教，他是改革开放后最早获经济学博士学位回国的少数人之一。

辛勤教研，上下求索

1974年，在回南开大学任教后不久，应《红旗》杂志约稿，张仁德同贾秀岩、高峰老师一起食住在杂志社大院，在苏星主编指导下，苦苦写作多日，终于完成"正确认识我国的商品制度"一文，以南开大学名义发表于《红旗》杂志上,并由中央人民广播电台全文播出。接着,他作为主笔之一参与编写了内部使用教材《政治经济学(社会主义部分)》一书。没想到,这本尚未公开出版发行的教材流入某些高校后在经济学界引起强烈质疑和批判。这给张仁德这个刚露头角的年轻经济学人重重一击,但同时也给他以有益的反思:真正的问题是通向社会主义经济之路究竟应该怎么走。这种反思给了他很多教益。1978年,具有划时代意义的十一届三中全会掀开了历史的新篇章,社会主义经济体制改革之路究竟应该怎么走又成为摆在人们面前的新课题。

在当时的我国,如何改革高度集中的经济体制是中共中央和经济学界关心的主要问题,而我国与东欧绝大多数国家一样,最初建立的体制在某种程度上都是在模仿苏联模式基础上建立起来的。但从20世纪50年代开始,以南斯拉夫为代表的东欧社会主义国家就已经相继对苏联模式进行了改革,取得了明显的发展绩效,因而很自然地就成为我国改革开放之初效仿和借鉴的对象。从1978年9月到1979年12月,我国对南斯拉夫、罗马尼亚和匈牙利密集地多次派出考察团,其中,南斯拉夫因其特立独行的社会主义改革形象,比较早地获得了中国共产党出国考察的青睐。与此同时,学者们对苏联和东欧国家的经济改革也展开了研究。在当时,社会主义经济条件下如何发展商品经济的问题,以及如何解决积累比重过高的问题是人们十分关心的问题,张仁德教授针对这两个问题,经过深入研究,发表了"苏联各个时期关于商品货币关系和价值规律作用的理论"(1979)和"南斯拉夫积累和消费关系的现状和问题"(合著,1979),为国内学者和政策制定者认识和借鉴苏联和南斯拉夫的经济改革经验提供了不可多得的文献。

为了能够对南斯拉夫"社会主义自治市场经济"进行深入研究,张仁德教授在南斯拉夫进修、攻读博士学位和实地考察,度过了三年多紧张和艰苦的岁月。留学南斯拉夫归来后,他创立了南开大学比较经济学教研室,并发表了一系列研究论文:"南斯拉夫经济学家关于社会所有制和市场理论的探索与论争"(1984)、"工资制度的改革与南斯拉夫经验"(1986)、"按劳分配理论与南斯拉夫实践"(1987)、"评南斯拉夫经济滞胀与自治制度"(1988)、"南斯拉夫经济模式的发展及未来"(1990)。并在比较研究的基础上,发表了"公平原则与东欧改革"(1988)、"评苏东近年来经济理论的新进展"

（1989）、"苏东国家经济改革对我们的启示"（1989）和"原苏联东欧国家改革失败的原因与教训"（1993）等系列论文，为我国经济改革提供了借鉴，丰富了改革理论的思想资源。

20世纪80年代中期，西方比较经济学的著作开始被介绍给国内经济学界，其中最早和具有代表性的著作有两本：1984年翻译出版的阿兰·G.格鲁奇的《比较经济制度》和1985年翻译出版的埃冈·纽伯格和威廉·达菲等著《比较经济体制——从决策角度进行的比较》。张仁德教授在吸收、借鉴西方比较经济学并进行创新研究的基础上，日后成为了"比较经济学在中国的代表性人物"之一（章玉贵教授语），我们随后对此将专门加以说明。但从当时的情况来看，中国的比较经济学无疑起步于对苏联东欧经济改革和改革理论的比较研究，这种比较研究在当时是人们最感兴趣的政治经济问题。显而易见，中国的比较经济学是因解决经济体制改革的迫切问题而诞生的。那么，为什么张仁德教授对这些问题情有独钟，从而成为其早期探索者呢？南开大学经济学系的刘骏民教授曾经在张仁德教授80华诞庆祝会上感慨地说：在我国改革开放的初期，张老师之所以孜孜不倦地对苏联东欧经济改革经验和改革理论进行研究，之所以能成为我国比较经济学研究的代表人物，原因就在于他怀抱着一颗忧国忧民和为中国经济体制改革探索道路的赤子之心，这恐怕是现在的年轻人难以理解的。

1992年，以邓小平南方讲话和党的十四大召开为标志，我国进入了加快建设社会主义市场经济体制的新阶段。在这一年，国家体改委颁布了《有限责任公司暂行条例》和《股份有限公司暂行条例》，这两个条例对当时全国掀起的"下海"和创办企业的热潮发挥了非常重要的推动作用。面对这种热潮，张仁德教授也在思考着经济学的教学和研究如何更好地服务于我国建设市场经济体制新阶段的需要，他预感到公司经济的发展将成为我国经济发展以及人们渴求新知识的新热点。于是在1993年的孟夏时节，他召集吴国存、霍洪喜两位教授以及青年教师何自力、贾根良和沈天鹰等商讨编写"现代公司经济丛书"并创办公司经济专业的可行性问题。会后，在张仁德教授的带领下，南开大学的十几位教师和青年学者开始编写这套"现代公司经济丛书"。

1993年11月，党的十四届三中全会召开，全会通过了《中共中央关于建立社会主义市场经济体制若干问题的决定》，提出了"建立现代企业制度"

的改革目标。张仁德教授主编的这套"现代公司经济丛书"恰逢其时，于是加快了编写的步伐，并从1994年开始陆续出版发行。这套丛书囊括了公司理论、制度、运作与管理的各个方面，共包括《现代公司经济导论》《公司人力资源开发与管理》《公司理财》《公司投资决策》《跨国公司经营与管理》《企业文化概论》六种，张仁德教授具体负责主编其中的两种。这套丛书出版后非常受欢迎，被许多学校用作教材，在十几年内多次重印或再版，其中，由张仁德教授等主编的《企业文化概论》曾连续印刷达23次之多。在张仁德教授的建议和推动下，南开大学成人教育学院创办了"公司经营与管理"大专班，连续多年招生人数每年都在500人以上，毕业生大都成为公司经理或自主创业者。南开大学因张仁德教授在这方面的贡献授予其团队"教育教学创新奖"。

张仁德教授在现代公司经济研究领域发表了"人力资本、雇佣制度与职工持股问题研究"等20多篇论文。此外，他另一项长期从事的工作是政治经济学的教学与科研，出版了合作主编的《政治经济学》（教材）、《中国社会主义经济发展论》（专著），发表了"现代理论经济学（社会主义部分）的方法论问题"（1985）、"社会主义成本范畴的再认识"（1986）、"也谈中国经济学向何处去"（1999）、"也论物化劳动与价值创造——与钱伯海先生商榷"（2002）和"金融全球化与发展中国家的金融风险"（合著，2003）等论文，出版译著《政治经济学》（俄译中）、《政治经济学中的数学》（俄译中）、《理论经济学》（俄译中）、《东西方价格理论》（塞尔维亚语译成中文）等。但是，在其所有研究领域中，张仁德教授在比较经济学特别是"新比较经济学"的研究上用力最多，不仅发表了大量的学术论文，而且在国内也是出版比较经济学专著和教材最多的学者。

比较经济，卓越贡献

2017年，钱颖一教授在"大百科全书比较经济学专家邀请函"中称赞张仁德教授对我国"比较经济学领域具有卓越贡献"。对于张仁德教授的这种贡献，上海外国语大学的章玉贵教授在其著作《比较经济学与中国经济改革》（上海三联书店 2006 年版）中曾"选取吴敬琏、荣敬本、赵人伟以及张仁德，作为比较经济学在中国的代表性人物"进行研究，简要地评价了张仁德教授在比较经济学方面的学术贡献。章玉贵教授认为，他之所以将吴敬琏、荣敬本、赵人伟"作为比较经济学在中国的代表性人物"，原因就在于他们三人在传播和研究比较经济学方面做出了许多突出的贡献，而且，"作为一个研究比较经济学的学术团队，其所具备的学术影响力是其他学者难以比拟的，而选取张仁德作为比较经济学在中国的代表性人物主要是基于其在这方面所做的扎实的教学和研究工作"。

章玉贵教授的评价是中肯的，张仁德教授虽然不像吴敬琏教授等三人那样声名显赫，但在比较经济学学科建设和比较经济学基础理论等方面的研究在国内却是首屈一指的；尤其是，张仁德教授对新比较经济学在国际上的领先研究是鲜为人知的，贾根良教授甚至将其称为"中国特色新比较经济学的先行者"。章玉贵教授曾这样评价说：张仁德教授"在研究比较经济学的学者中是较少见的……（他）发表了不少有关比较经济学的研究论文，对比较经济学的现状与发展做了较为全面而深入的论述。不过，张仁德在比较经济学研究方面的更大贡献莫过于其在新比较经济学方面的开拓性研究"，他"于 2002 年出版了国内第一部有关新比较经济学研究方面的著作。……中国的新比较经济学研究，由于张仁德的努力而往前推进了一步"。我们首先介绍张仁德教授在比较经济学学科建设和比较经济学研究方面的总体概况，然后再讨论他在新比较经济学方面的开拓性研究。

在比较经济学学科建设方面，张仁德教授的第一个贡献是教材建设。1989 年 4 月，原国家教委高教司在南开大学召开会议，筹备编写一套高等学校财经类专业核心课程教学大纲，张仁德教授被确定为《比较经济学》大纲的主编，并承担了当时国家教委面向 21 世纪教学改革规划研究项目——"比较经济学课程改革"。同年 11 月，国家教委高教司和世界银行贷款办公室在复旦大学召开《西方经济学》《比较经济学》和《发展经济学》教学大纲国际研讨会，本杰明·沃德、戴维·格拉尼克、谭崇台等几位中外专家对张仁德教授主编的《比较经济学》大纲提出了许多宝贵的意见。经过四五年的努力，1993 年，陕西人民出版社出版了张仁德教授主编的比较经济学教材《比较经济体制》。该书出版后，引起了广大读者的兴趣，特别是引起了许多青年经济学家的关注,《读书》《世界经济》《世界经济与政治》和《南开经济研究》都曾先后发表书评,对其进行评论和讨论。该教材在1998年又出版了修订本,并改名为《比较经济体制学》。

张仁德教授在比较经济学学科建设方面的第二个贡献是培养了一大批比较经济研究的专业化人才,曾组建过国内最强大的比较经济学研究团队。例如,在比较经济学人才培养方面,张仁德教授的学生何自力在比较制度经济学、景维民在转轨经济体国家治理模式的比较研究和贾根良在比较与历史创新体制的研究方面在国内都具有比较重要的影响,韩德昌、王昭凤、刘汉民、李建标、梁正还将比较经济学的方法带到企业管理和公共管理等学科的研究中。在比较经济学研究团队方面,南开大学经济学系的比较经济学教研室在鼎盛时期有八人的教研队伍,这是国内大学和研究机构中所仅见的,在我国比较经济学的发展中发挥了重要作用。例如,1994年国内出版了一套共计15册的"世界市场经济模式丛书",南开大学经济学系的比较经济学教研室就承担了其中四本著作的写作,该丛书曾荣获过中宣部、新闻出版署、团中央和原国家教委评选的"优秀青年读物奖"等多种奖项。2005—2012年,张仁德教授带领年轻一代的研究团队在国内对西方比较经济学各流派和西方新比较经济学的发展进行了最全面和系统的研究和评价。

自改革开放以来,张仁德教授在比较经济学园地一直辛勤地耕耘,从1986年到2012年,他没有间断地从事着高等院校哲学社会科学"七五"计划重点项目、国家教委人文社会科学研究项目、国家社会科学基金重点项目及一般项目、教育部人文社会科学基金研究项目等有关比较经济学的课题研究;其中,在其主持的"比较经济学研究"(国家社科基金重点项目)中,张仁德教授对"新比较经济学"进行了开拓性研究;"西方比较经济学的复兴与创新研究"被国家社会科学基金评为优秀研究成果。目前,张仁德教授在比较经济学方面独著、合著和主编的著作及教材计有:《比较经济体制》《东欧独联体国家向市场经济的过渡》《世界市场经济模式的综合与比较》《比较经济体制学》《中外经济转轨度比较研究》《新比较经济学研究》《新比较经济学再研究与构建:评西方比较经济学危机与创新》《张仁德比较经济研究文集》等。

张仁德教授无愧于我国比较经济学学科主要奠基者的称号,但在我国老一辈比较经济学家中，他在新比较经济学方面的开拓性研究却是独有的。在这里，我们需要首先介绍一下"新比较经济学"产生的历史背景。贾根良在"张仁德教授对新比较经济学的开拓性研究与贡献——中国特色新比较经济学的寻根"一文中写道："作为改革开放初期入学的大学生和比较经济学专业最早的硕士研究生之一，笔者对比较经济学在传入我国之后的异常活跃状况仍历历在目，亲身体会了比较经济学对我国改革开放所发挥的巨大作用。"正如北京大学王跃生教授在对张仁德教授的著作的一篇书评中指出的，熟悉上世纪后半叶经济学发展历史以及80年代以后中国经济学发展历程的人都知道，比较经济学或者比较经济体制学在西方各国特别是美国曾经是非常热门的理论；随着中国改革开放，比较经济学在中国也是一时间门庭若市，颇为走红，其盛况绝不亚于后来的新制度经济学和博弈论等。

然而，正当比较经济学似乎进入了其鼎盛发展时期之时，苏联东欧社会主义国家的解体易帜，以及包括中国在内的计划经济国家向市场经济的转轨，使比较经济学研究突然降温。在这种情况下，世界上许多比较经济学研究者误认为该学科已经失去研究对象，纷纷离开该领域转向其他研究，比较经济学文献也由繁荣变得冷清，我国许多高等院校比较经济学课程也不再开设。相当一部分学者认为，比较经济学因苏联东欧的巨变而没有存在的意义了。就连美国比较经济学理事会执行主席艾德·希威特都认为这门学科将走向消亡，他在1989年12月的一次比较经济学常务理事会上说，"我们（指比较经济学家）如今已经成为历史学家"了。但是，张仁德教授经过长时间的思考和研究后，在1993年写道："在当今世界新的形势下，比较经济学不是衰落，更不是消亡，而是正进入新的发展阶段。"1998年，美国《比较经济学》杂志主编伯宁在"比较经济学的转变"一文中也得出了与张仁德教授相类似的结论。

经过十多年的潜心研究，2002年1月，张仁德教授及其研究团队出版了《新比较经济学研究》专著。在该书中，张仁德教授提出了"新比较经济学"的概念，并对其研究对象等进行了界定。贾根良经过文献考证，认为张仁德教授在这方面的研究领先于西方学者：作为集体合作的成果，詹科夫、格莱泽、波塔、西拉内斯和施莱弗首先在2002年4月的一篇内部工作论文、然后在发表于2003年12月的《比较经济学杂志》的论文"新比较经济学"中提出了"新比较经济学"的概念。不仅如此，张仁德教授还做出了不同于西方新比较经济学的创新，这主要表现在以下方面：首先，指导思想和立场不同。与张仁德教授注重马克思主义在新比较经济学研究中的指导地位不同，西方新比较经济学实际上只不过是日裔美国人弗朗西斯·福山在1992年匆匆宣布但在几年前就已承认其错误的"历史终结论"在经济学领域中滞后十年的翻版而已，它将资本主义制度特别是自由竞争的资本主义作为对不同市场经济体制的经济绩效进行评价的最终标准。其次，研究对象不同。张仁德教授认为，新比较经济学的研究对象应当是包括社会主义市场经济体制在内的"当代不同的市场经济体制"，而不能像詹科夫等人在《新比较经济学》中那样只将其定义为资本主义制度多样性的比较。再次，与西方新比较经济学研究范围的狭隘以及理论和研究方法的单一化不同，张仁德教授强调研究范围的综合性以及理论和研究方法的多元化，并身体力行地实现着这一指导思想。最后，在国内外学者中，张仁德教授对新比较经济学的学科体系建设问题做了最深入和最全面的研究。

在对张仁德教授自身学术思想进行研究后，贾根良还以张仁德教授等著《新比较经济学研究》作为样本，归纳出了作为一个整体的张仁德教授研究团队的新比较经济学的五个特征：第一，坚持以马克思主义辩证唯物史观为指导。第二，以解决中国问题为目标。第三，在对西方非马克思主义的非主流经济学如老制度主义学派和新熊彼特学派的研究成果创造性转化的基础之上创造中国新比较经济学的新理论。第四，研究对象比西方新比较经济学更全面。第五，研究范围带有综合性和系统性。第六，兼收并蓄，吸收西方主流经济学新发展的合理成分。在此基础上，贾根良提出"中国特色新比较经济学"的概念，并将张仁德教授称为"中国特色新比较经济学的先行者"，其目的就在于通过对中国新比较经济学的"寻根"，彰显"中国特色新比较经济学"从其发轫之初就具有不同于西方新比较经济学的本土创新，弘扬张仁德教授勇于探索、兼容并包和独立自主的学术精神。

行文至此，我们的耳边不禁响起《南开大学校歌》："渤海之滨，白河之津，巍巍我南开精神……""允公允能，日新月异"铸造了南开经济学"遗世而独立"的学术精神，正是由于张仁德教授这样一代又一代经济学人的"上下求索"，南开经济学才不断地走向辉煌。学术独立是南开经济学在发轫之初就已确立的优良传统，张仁德教授的经济学研究无疑受到了其潜移默化的影响。在南开大学百年校庆之际，我们不禁想起张伯苓老校长在1928年主持制定的"南开大学发展方案"中的谆谆教导："吾人可断言：中国大学教育目前之要务即'土货化'。吾人更可断定，'土货化'必须从学术之独立入手。是故'土货化'者，非所谓东方精神文化，乃关于中国问题之科学知识，乃至中国问题之科学人才。"在今天，我国经济学界最缺乏的是本土化和学术独立之精神，张伯苓老校长的这些话语对中国教育改革特别是社会科学的发展仍具有重大现实意义。

刘玉操：春风化雨润桃李，心血融情育栋梁

李志辉

刘玉操，1940年生，辽宁丹东人。中共党员，南开大学金融学系教授，博士生导师。享受政府特殊津贴。

1960年考入北京大学经济系世界经济专业；1965年毕业后来到南开大学经济研究所从事日本金融和国际金融研究多年；1981—1983年公费留学于日本神户大学研究生院经济研究科，攻读国际金融理论与政策，回国后转入南开大学金融学系任教；1995年赴日本早稻田大学系统科学研究所任外籍研究员；1997年赴日本神户大学经济经营研究所任客座教授。学生时期就读于北京大学经济系世界经济专业，曾接受著名经济学家陈岱孙先生、厉以宁先生、洪君彦先生指导。来到南开大学之后，作为青年教师，不断向滕维藻先生、钱荣堃先生、陈国庆先生和王继祖先生学习请教，进一步提高了自己的能力。

长期从事教学、科研工作，讲授《国际金融》《国际金融实务》《金融制度比较研究》等多门课程，教学质量优秀，曾获南开大学、天津市教学质量、教学成果优秀奖。著有《日本金融制度》《日本金融制度研究》《国际贸易与金融》《国际金融实务》等著作并在国内外发表论文50余篇。

1965年，刚刚毕业于北京大学经济系世界经济专业的刘玉操被南开大学经济研究所的招聘人员选中。当年，南开经济研究所的季仁钧先生去北京大

学提前挑选符合用人条件的学生。凭借自身扎实的专业基础和良好的日语成绩，刘玉操被选中。在对大学毕业生实行国家统一分配制度的年代能够来到南开大学报到上班，对于初涉世事的他来说，无疑是一份莫大的幸运。一踏入校园，他便被这里踏实严谨的学风所吸引，时至今日，每每谈及他对南开最初的印象，他总会脱口而出，"南开大学图书馆学生们聚精会神学习的场景是令我十分难忘的"。自此，意气风发的年轻人便与南开大学开启了一段将近半个世纪的不解之缘。

海外求学经历

1981年年初，刘玉操获得了到日本神户大学研究生院经济研究科攻读国际金融理论与政策的机会，作为改革开放初期政府派遣的留学生，在日本学习两年金融学硕士课程，以国际金融为主。1995年，他赴日本早稻田大学系统科学研究所任外籍研究员，承担"日本金融制度的缺陷研究"课题。1997年，他再次来到日本神户大学，这次是应神户大学的邀请，来该校担任客座教授，为日本学生讲授中国经济改革、金融改革的相关问题。在日本的学习、工作经历对刘玉操的学术研究产生了重要的影响。

通过对日本金融业发展现状及问题的研究，他深入总结日本金融制度及金融政策的优势和缺陷，为改革开放初期仍处在探索期的中国金融改革提出了许多宝贵的意见。例如，进入90年代以后，日本金融领域出现了很多问题：金融机构的不良债权数额巨大，破产事件屡屡发生，经营丑闻震惊世界，银行的信誉受损且国际地位大大下降。针对这一现象，刘玉操指出，这些问题的出现不是偶然的。首先，日本泡沫经济的形成和崩溃是金融业出现问题的根本原因。大量数据表明，日本经济的泡沫现象于80年代末至90年代初达到顶峰，金融资产与房地产价格的变动脱离了经济基础，是一种不直接反映生产活动的资产价格变动，更是社会虚拟资本的过度膨胀和不动产价格的虚假上涨造成的恶果。这种脱离生产力发展水平的金融资产、不动产价格的虚拟增长，必然使经济的繁荣昙花一现。其次，日本的金融机构在这场危机中暴露出其自身在经营方针、经营策略和经营管理上存在着一些问题。

一些金融机构不切实际地扩张规模，并用高利率作为诱饵以达到吸收大量存款的目的，同时过度向房地产领域投放资金、提供贷款。最后，日本的金融改革不彻底。70年代日本曾经历过一次金融革命，主要内容是取消长短期融资限制，证券业务与银行业务可以互相交叉，取消对资本流动的限制及推动利率自由化等等。当时这种对金融制度的改革无疑对日本经济，尤其对日本金融业的发展起到了很大的促进作用。但是，到了90年代，由于生产力达到了更高水平，改革后的金融制度又显得落后，生产力与生产关系的矛盾再次突出，金融业因改革不彻底、金融自由化的深度不够而发展受阻。

这些针对当时日本金融业的分析，即使如今对于解决中国金融业发展方向的问题，仍然很具有时效性。

不仅是学术研究，在教学习惯和教学理念方面，刘玉操也是秉持"取其精华，去其糟粕"的态度，吸收了很多优秀且适用于中国教育、南开教育的内容。刘玉操很喜欢日本高校里 Seminar 的教学方式，教授带着自己的博士生和硕士生坐在一起探讨学术问题，一般是从上午一直持续到下午，午饭由教授为参加讲座的学生们提供盒饭。这样的授课方式拉近了老师与学生们的距离，课堂气氛融洽、热烈，讨论的问题更容易深入。回国后，刘玉操也开始使用这样的教学方式，鼓励同学们在讨论课上畅所欲言，各抒己见，尤其赞赏同学们发表不同意见，提出自己的独立见解，并根据每位同学的发言，指出其中的问题，指明改进的方向，当然，中午时间先生也会请同学们一起聚餐。这种教学方式一直延续至刘玉操退休。

南开建校初期，老校长张伯苓先生也曾到日本、美国和欧洲等地研究教育，通过对各国不同教育模式的比较，他得出这样的结论："中国教育之两大需要，一为发达学生之自创心，一为强学生之遵从纪律心。"刘玉操师夷长技以自强，将先进的研究成果和教学理念带回南开，以此壮大中国之大学教育、南开之大学教育，这正是对老校长办学理念的一种传承。

亲历南开金融学系重建

刘玉操回国时，正值南开大学金融学系重建初期，他遵从学校的安排，从经济研究所调到金融学系国际金融教研室任职，承担国际金融课程的教学工作，同时为本科生中学习日语的学生讲授专业日语课。

如今谈起南开大学金融学系创立初期，刘玉操总是十分感慨。一方面，师资力量、教学力量都十分有限，建系初期事事都要几位老先生亲力亲为；另一方面，分给金融学系的办公场所也十分狭小，非常不利于各种工作的开展。就是在这样艰苦的条件下，几位老先生砥砺前行，陪伴金融学系度过最艰难的岁月。

刘玉操清楚地记得，当时钱荣堃提出的建立国际金融专业的方针就是"先培养硕士"，将培养重点放在硕士上，既利于精细化培养，又能为金融学系的未来积蓄潜在的师资力量。

金融学系于1982年成立之初，只有货币银行学专业。其培养的第一届硕士生在1986年国际金融专业的本科生开始招生时已经毕业，及时充实了金融学系的教学力量。在几位老先生的共同努力下，金融学系取得了飞速的发展。到了20世纪80年中期，金融学系的师资队伍层次和人数得到空前发展，金融学系一度成为南开大学在校学生数最多的系之一。

在学术研究方面，国际金融市场、汇率制度、比较金融制度等领域的研究位居全国前列。同时，老先生们也特别注重国内外联合办学。在钱荣堃的倡导下，金融学系首创了中国和加拿大约克大学等三所学校联合培养MBA学生的"南开-约克"模式，继而又创办了中加联合培养国际金融博士班，借用国外的学术力量发展金融学系的国际金融专业。培养出来的一批批优秀毕业生中既有学术界知名的教授，也有金融业界的领军人物。

2015年，南开大学正式成立了国内综合性大学唯一的金融学院，将原经济学院金融学系、风险管理与保险学系进行整合划归入金融学院。看到南开金融如今的辉煌，刘玉操满是欣慰，然而他也不会忘记自己陪南开金融度过的这些艰辛岁月，这一路的坎坷，也只有真正经历的人才会懂得，那些人、那些事仿佛就在昨天。当问到刘玉操对南开大学金融学系的回忆，他说的最多的一句话就是"我们当时真的都很不容易"。

正如鲁迅先生在《故乡》中所说，"我想：希望是本无所谓有，无所谓无的。这正如地上的路；其实地上本没有路，走的人多了，也便成了路"。南开金融的先驱们就是用自己的勇气、智慧与不屈不挠的精神走出了这样一条希望之路。刘玉操陪着南开金融度过最困难的昨天，见证了南开金融辉煌的今天，也期盼着南开金融有一个更加美好的明天。虽然先生已经退休多年，但这个工作奋斗过半个世纪的地方早已成为他生命中不可或缺的一部分，或是通过新闻媒体，或是通过打听询问，他总在时刻关心着南开金融的动态。正是像先生这样一代又一代勤劳拼搏、无私奉献、视南开大学为生命的南开人前仆后继，才使得南开大学能够历经百年依然屹立于中国顶尖学府之列。

先生的教学理念

刘玉操在南开大学数十年的任教经历中，形成了自己鲜明的执教理念：一是严谨治学，对待学术要做到一丝不苟；二是要正直为人，永葆一颗赤诚之心。

说到治学严谨、一丝不苟，首先，刘玉操感触最深的就是硕士生和博士生论文答辩。从答辩的时长上来说，先生认为，博士生的论文答辩，半天的时间最多只能够完成两篇论文，而硕士生的论文答辩，最多只能够完成四篇论文。因为只有每篇论文答辩的时间得到保证，才能使答辩老师有充裕的时间与学生就论文中存在的问题进行深入的讨论，进而提高论文的答辩质量。他曾多次指出，现在有的学校论文答辩时间过于短，半天时间可以完成四到五篇博士生论文答辩，硕士生论文答辩则更为夸张，完成十五六篇论文的答辩也是有的。这些都会造成学生毕业论文不达标的问题，甚至会产生学术不端行为。对比他在日本留学时，日本的教授每年只招一名两年制硕士生，所以在日本的导师名下只有两名硕士生，而导师名下的三年制博士生不毕业则不能招收第二个博士生。这样，日本的教授每年只指导两名硕士生和一名博士生，这对保证学生的学习质量是极为有利的。他回想起以前自己参加过的论文答辩，老师经常会就学生的论文提出很多尖锐的问题，而且仅针对其中某一个问题就会讨论很久，这种长时间反复的研讨既是对学生论文的打磨，更是对老师和学生研究思路的拓展。在这个奉行"快餐文化"的时代，先生的观点可能不被很多人赞同：有人会认为论文答辩只是流于形式，没有必要浪费过多时间；也有人认为，现在学生的学术水平普遍较低，如果太过较真，会降低通过率，影响导师乃至学校的声誉。但先生却始终一贯坚守自己的原则。正是这一份对待学术的固执使他严谨的治学态度更为凸显，更加令人钦佩。

其次，刘玉操对于学生论文的质量有着很高的要求。通常情况下，为了帮学生修改出一篇好的论文，每篇论文他都要通读一遍，仔细推敲，认真修改。遇到论文中自己不擅长的领域，他会虚心向学生请教，并且阅读相关文献，做到对每一篇论文提出的修改意见都言之有理，言之有据。他非常注重学生论文中出现的文字表述问题，并将此作为评价导师指导论文是否认真的标准。他认为，提交到答辩委员会上的毕业论文中出现论据不够充分、论证不够严谨等问题可以理解，因为学习研究是一个不断认识、不断提高、不断完善的过程。而一旦学生的论文中出现文字表述方面的问题，那么一定要归咎于导师未能仔细审阅自己学生的论文。虽然指导教师并无亲自修改文字的义务，但指出问题，让学生修改成符合写作规范的合格文章却是导师不可推卸的责任。先生严谨的治学态度始终如一，即便现在，虽然年事已高，但每当有学生请他帮忙评阅论文，他也会尽心竭力。他常想，"趁现在还能为学生们做点事，就多做一些，希望能为年轻人多提供些帮助，也希望他们能多多少少受到自己的影响，认真对待自己做的每一件事，对自己负责，对自己的人生负责"。在他的心里，对待学生、对待学术的严谨，就是对自己、对人生的严谨，更是对南开精神的传承。

说到为人正直，一方面体现在对待学生做到公平公正。刘玉操认为，公平对待每一位学生是教师应该遵守的基本准则，要正确看待不同学生之间的差异，做到是非分明，这样才能使学生以一个更加良好的心态去面对自己的不足，进而使他们更好地成长。另一方面体现在他对待事情同样保持一颗正直之心。他相信坚持正直诚实的生活道路，一定会有一个问心无愧的归宿。由于先生有着很高的学术造诣，很多学生都是慕名而来，想要考取先生的硕士、博士，当然这其中也会有个别想走捷径、想取巧的学生。面对这种人，先生总是婉言拒绝，对少数走关系甚至考试中作弊的学生即使有领导打招呼，托熟人说情也坚决不予录取。

先生这样纯粹的人格魅力，影响了一代又一代的学生，先生总是告诫他们，学术水平的高低诚然重要，但是更为重要的是行得端、走得正，希望他们在南开不仅要学到文化知识，更要学到做人的基本原则。正如著名教育家陶行知先生所说，"学高为师，身正为范。教师的道德品质，不仅是规范自己行为的需要，更重要的是用于教育学生的需要。教师职业的特殊在于育人，不仅用自己的学识育人，更重要的是以自己的德育人，不仅通过自己的语言去传授知识，而且要用自己的灵魂去塑造学生的灵魂"。在这一点上，刘玉操先生确实是这样做的。

先生与南开精神

南开大学建立于一个民族忧患的大时代背景下，严范孙先生和张伯苓先生目睹时艰，痛心于国家的衰败，深知创办教育才是中国的出路。早期的南开大学作为一所私立大学，经费来源是一个很大的问题，由于各种投资有限，学校规模一直很小。然而艰苦卓绝的南开人不会放弃，他们勠力同心，砥砺前行，最终将南开大学打造成驰名中外的高等学府。南开大学以优越的学术环境、严谨的科学训练方针以及崇尚务实的精神培养出一批又一批优秀的毕业生，周恩来、陈省身、吴大猷、曹禺等是其杰出代表。1937年7月，正处于成熟发展时期的南开大学不幸惨遭日本侵略军狂轰滥炸，三分之二的校舍被毁。老校长得知这一消息，悲痛欲绝，但他没有退缩，他说："敌人此次轰炸南开，被毁者为南开之物质，而南开之精神，将因此挫折而愈益奋励。故本人对于此次南开物质上所遭受之损失，绝不挂怀，更当本创校一贯精神，而重为南开树立一新生命。"为了能将教育的薪火传递下去，南开大学与北京大学、清华大学组成西南联合大学，继续在那个特殊时期谱写中国教育史上的篇章。

谈到南开精神，老校长张伯苓先生曾将其高度概括为"允公允能，日新月异"，并将这八个字作为南开大学的校训。为了能让学生们更好地领悟这八个字，老校长对南开精神的内核做了深刻的解读："允公是大公，而不是小公，小公只不过是本位主义而已，算不得什么公了。惟其允公，才能高瞻远瞩，正己教人，发扬集体的爱国思想，消灭自私的本位主义。允能者，是要做到最能,要建设现代化国家,要有现代化的科学才能,而南开学校的教育目的,就在于培养有现代化才能的学生,不仅要求具备现代化的理论才能,而且要具有实际工作的能力。所谓日新月异,不但每个人要能接受新事物,而且要成为新事物的创始者,不但要能赶上新时代,而且要能走在时代的前列。"

而当问及刘玉操如何解读南开精神时,他笑了笑说:"我只是一个老师,不能像老校长那样高屋建瓴,在我心里,我一直怀念南开最初给我的印象,所以如果让我来解读南开精神的话,我用这十二个字来概括:老师踏实教学,学生踏实读书。"这十二个字,看似简单,却实实在在地还原了一所大学本来应该有的模样。很难说,在现在这样一个浮躁的时代,又有几所学校能真正做到这几个字所要求的那样。回首先生在南开大学度过的历程,无论是早期在海外留学,抑或是参与南开大学金融学系的重建,又或者是几十年教学生涯中始终如一的治学严谨、为人正直的原则,都体现着他心中的南开精神。

刘玉操从老一辈南开人手中接过这面名为"南开精神"的大旗,奋力挥舞了将近半个世纪的时间,用自己的话语传递着南开精神,也用自己的行动践行着南开精神。最后当问及老先生对南开大学下一个百年的期望时,一直侃侃而谈的老者沉默了许久,才缓缓地说道:我希望不只是南开大学抑或是中国的其他大学,都能停下脚步,重新思考"大学应该是什么样的"这个问题,找回当初老校长办校时最纯粹的初心,然后在此基础上,我们再对未来进行展望。现在的南开与我们那个时代相比,所面临的形势虽然不同,但是南开人的精气神应该是不能变的。总结前一百年,南开大学是成功的,1919年张伯苓老校长建立南开大学,在百年的沧桑巨变中,它不忘初心、脚踏实地,最终成为了中国的顶尖高校之一。那么下一个百年,在一个新的时间节点上,南开人更应该珍惜前人的成果,不辱使命,为南开大学开启新的篇章,争取让南开大学跻身世界一流学府之列。

后 记

为了完成文章的撰写,笔者专门到刘玉操老先生家里进行访谈。先生早早地来到家门口迎接，让人很是感动。访谈的时候，先生侃侃而谈，谈到动情处，也会慷慨激昂或沉默不语，矍铄的精神状态让人无法相信这是一位年近耄耋的老者。先生还特地拿出之前准备好的一些文件或者影像资料，给笔者讲述其中的故事。

　　访谈结束后，先生热情地邀请笔者去他侍弄的小菜园参观，地方虽然不大，却很整齐，种满了各种各样的植物。先生笑着说，我现在只能做一些养花、种菜这样的"闲事"，今天又和你说了一些"闲话"，如此看来，我已经是一个"闲人"了。望着这片小园子，笔者很是感慨：刘玉操先生从一个才踏入南开校园的有志青年，到金融学系重建的重要参与者，再到南开精神的传承者和传播者，最后变成一位"采菊东篱下，悠然见南山"，默默关心着南开的一举一动的老人，这注定是不平凡的一生。虽然先生已多年不在南开任教，但他与南开的缘分未了，故事也未了。

　　刘玉操先生每日用心打理的这个菜园，也正如他心中的那个"老师踏实教书，学生踏实学习"的南开园。

王述英：致力于产业经济学的教学和研究

杜传忠

王述英（1943—），女，籍贯山东龙口市，1958—1964 年在山东黄县一中读初中和高中，1964 年考入南开大学经济学系，专业为政治经济学，1969 年毕业留校，在经济学系和经济学院工作。1988—1993 年任副教授，1993 年晋升为教授，1999 年被聘为博士生导师，2008 年被评为二级教授。1984—1986 年在莫斯科大学经济学系做访问学者，主攻非生产领域经济学，即第三产业，回国后开设了第三产业与城市经济等课程，并开始系统研究第三产业理论，是国内第三产业经济学研究的重要开拓者。

自上世纪 80 年代开始，王述英教授从第三产业切入，开始研究并不断拓展产业经济学的系列问题，致力于第三产业、产业结构、产业组织、产业布局、产业政策、现代物流、政府规制、信息化与工业化、产业全球化等现代产业经济理论研究与实践的研究，并在国内比较早地招收和指导产业经济学方向的硕士研究生（1992 年）和博士研究生（1999 年），开设相关课程。该专业一直是南开大学重点发展的学科及学生报考的热点专业。她曾担任南开大学产业经济研究中心主任、现代物流研究中心副主任、产业经济学教研室主任、中国工业经济学会常务副理事长。兼任河南工业大学等多所学校的兼职教授，黑龙江科技学院专家咨询委员会专家，天津工业大学专业指导委员会委员，天津市规划重大研究课题评审委员会委员等。

教学研究的经历与特点

王述英教授从教近 50 年来培养了大批学生：从本科生到硕士生、博士生、博士后、访问学者；学生有国内的、国外的，还有台湾地区的。她始终把教学作为自己的本职工作，把培养人才放在第一位。一是在 80 年代国内尚没有产业经济学专业的时候（产业经济学专业是 1996 年国家专业调整时教育部正式确立的）就开始涉足产业经济学的教学与研究，并开设相应课程，是南开大学经济学院产业经济学科的开拓者和学术带头人；二是作为博士生导师一直坚持在本科生教学的第一线。

王述英教授对产业经济学的关注源于她在莫斯科大学经济学系做访问学者时的学习。早在 1984—1986 年王述英教授在莫斯科大学做访问学者时，原计划是学习政治经济学发展史，后来知道该大学有一个非生产领域经济学（亦即第三产业）教研室，就转攻非生产领域经济学，回国后开设了第三产业与城市经济课程。自此，从第三产业切入，她开始研究产业经济学的系列问题，并形成系列研究成果。在这期间，她为硕士研究生开设了产业经济学课程，为博士研究生开设了现代产业经济理论和政策课程。据我所知，这是国内高校较早开设的产业经济学课程。

致力于产业经济学的教学和研究以来，王述英教授培养了大批从事产业经济学的教学和研究及实践人才，其中许多人已成为一些行业和单位特别是高校的领军人才。我本人是王述英教授指导的第一届硕士研究生（1992 年），王老师为我选定的硕士毕业论文题目是"西方产业组织理论对我国的借鉴"，这在当时可以说是一个较为超前的题目。从此之后，产业组织理论成为我学术研究的主要领域。

鉴于王述英教授对我国产业经济学教学与研究的贡献，2018 年中国工业经济学会成立 40 周年之际，学会组织编写并在中国社会科学出版社出版《中国工业经济知名学者概览》一书。该书收录了建国以来在中国产业经济学科和研究领域做出开创性杰出贡献的知名学者，介绍他们的生平事迹、主要学术观点和代表性成果，王述英教授被收录进该书。

作为博士生导师，王述英教授一直坚持在教学第一线为本科生上课，并担任社会主义经济教研室主任和政治经济学学科建设负责人。她先后为本科生讲授的课程主要有：政治经济学、中国经济专题研究、名著选读、改革与发展专题等。她的教学特点和治学理念一贯是以学生为本，教学互长互动，讲究教学是一个指导预习、讲授、讨论、答疑的系列过程。在这一过程中她始终贯彻教与学的互动，注重把课堂讲活、内容讲透，教学效果深受学生的欢迎。同时，她十分注重教学经验的积累和教学研究，注重教研室年轻老师教学水平的提高。作为第四牵头人，她曾获得1993年普通高等学校优秀教学成果国家级一等奖，获奖项目是"更新内容结合实际培育能力—经济学系政治经济学的改革与提高"，同时获天津市优秀教学成果一等奖。鉴于王述英教授在教学、科研方面做出的突出成就，1994年她被评为天津市教学楷模，1999年获南开大学优秀教师奖励等。

政治经济学是南开经济学的重点学科，也是凝聚了几代南开经济学人心血的品牌学科。作为政治经济学课程建设负责人，王述英教授和她的同事在新的时期努力把政治经济学铸造成精品课。在2003年度精品课程评选中，她主持的政治经济学被评为学校和天津市精品课程；2004年被评为国家级精品课程。精品课程建设是教育部第二期"质量工程"的重要组成部分，是加强本科课程建设水平的重要举措，对课程建设起着重要示范和引领作用。

王述英教授率领的精品课课程组注重教学研究，先后提出了多个教改创新项目，包括"电教媒体辅助政治经济学研究""面向21世纪理论经济学人才培养模式研究与实践""经济学专业的设置和调整及演进趋势"，等等。在王述英教授的组织、指导下，课程组坚持集体备课，定期开展教研活动和教改成果、教学成果交流，使教学思想更加活跃，教学效果更为显著。由此将该课程组打造成具有一流师资、一流教材、教学内容和手段不断改革创新的高水平教学团队，培养出一大批理论功底扎实、科研分析能力强的政治经济学专业人才。王述英教授率领的政治经济学精品课程团队的长期不懈努力，为南开大学政治经济学学科一直处于国内领先水平做出了重要贡献。

科学研究的经历和主要成果

王述英教授的科学研究大致可分为两个阶段：1990 年前主要研究和讲授政治经济学，主编了《政治经济学原理》《政治经济学（社会主义部分）》《政治经济学教学大纲》《政治经济学学习指导》等多部教材；1990 年后主要研究和讲授产业经济学和物流产业等。在科研方面，她紧跟经济学学科发展前沿，不断拓宽研究领域，在多年研究基础上，形成了产业经济理论和政策的主攻研究方向，并形成了系列研究成果。

主持并完成的国家级和教育部课题

国家社科基金重点项目"信息经济时代的新工业化和产业结构跨越式升级"，2002 年 6 月立项。教育部社会科学博士点基金项目"第三产业发展的国内外比较和中国第三产业发展战略选择"，1990 年立项。教育部社会科学博士点基金项目"产业结构优化目标和机制"，1996 年立项。教育部社会科学博士点基金项目"第三方物流与中国物流配送体系现代化"，2003 年立项。

此外，还有其他级别和部门的课题。

主要论文和著作

王述英教授在《中国工业经济》《经济学动态》《世界经济与政治》《经济学家》《学术研究》《南开学报》《南开经济研究》等刊物发表论文 130 余篇，其中 CSSCI 期刊发表 66 篇，20 余篇被《人大复印资料》《新华文摘》等全文转载或摘录，这些论文大部分是她独著，部分是和指导的研究生合著。另外，她先后主编著作 11 部，副主编、参编、翻译著作 10 余部。

在产业经济学研究领域的代表著作主要有：

主编《第三产业：历史、理论、发展》，南开大学出版社 1994 年出版。这是一部在国内较早研究第三产业的著作。在理论上的创新主要是不仅论述了第三产业的劳动是生产性劳动，而更突出的是以服务劳动的生产劳动属性作为理论基石，确立全书的理论框架，贯穿于第三产业的生产、分配、交换、消费经济运动的全过程；在实践上提出我国第三产业发展的战略和目标模式，即第三产业超速发展的目标。该书是国内经济学界较早系统、深入研究第三产业经济学的著作，其主要价值在于从理论上揭示了第三产业的产业特征、发展逻辑及其在现代经济体系中的重要地位，辨析并廓清了当时经济理论界在第三产业认识方面存在的许多模糊认识。在我看来，《第三产业：历史、理论、发展》一书对当时国内第三产业或服务业经济的研究具有奠基的作用，该书出版后在国内经济学界产生了较大影响。

主编《现代产业经济理论与政策》，山西经济出版社1999年出版。这是一部在国内较早研究产业经济学的著作。20世纪80年代，我国关于产业经济的一些研究或是侧重于理论而忽略政策分析的应用性，或是侧重于政策分析而忽略理论的系统性，本书则把现代产业经济理论与产业政策有机结合进行系统和全面的分析，在许多理论问题上进行了探索性研究，提出了许多富有价值的创新性观点。

另外，王述英教授还主编了多部著作，如：《新工业化与产业结构跨越式升级》，中国财政经济出版社2005年出版；《物流运输组织与管理》，电子工业出版社2006年出版；《产业经济学》，经济科学出版社2006年出版；等等。

产业经济学主要学术思想和贡献

1. 提出信息化、工业化和产业结构升级内在关联的理论分析框架。

王述英教授将现有的工业化归结为宽定义和窄定义两大类，通过比较宽窄定义指出：二者共同点是均强调工业化是一个长期过程，并引致产业结构的变化；不同之处是，窄定义只是限于研究工业本身，而宽定义则将研究范围扩展至整个三次产业，乃至经济的现代化。并且，窄定义只是描述了工业化过程中变化的渐进性以及结构的变化，而宽定义则明确指出应进一步深入分析工业化过程中突破性的变革。发达国家是在实现工业化后进入信息化，今日中国没有必要，也不可能再走传统工业化的老路。王述英教授认为，中国传统的工业化战略导致工业化进程缓慢和产业结构低度化。在信息时代，通过信息技术创新和发挥后发优势，不仅可以实现工业化和信息化并行和相互促进，还可以在产业发展顺序、产业转移和结构转换中，使某些技术和产业突破式发展，打破产业结构常规的渐进式演变，实现产业结构的跨越式升级。这就需要把着力点放在攻克超前的先进信息技术和关键性的战略产业上。这是一种创新的发展思路，在信息化和信息经济时代，这种发展战略是可行的。显然，研究信息化时代的新工业化与产业结构升级问题，不论从世界发展趋势，还是从中国现实出发都具有十分重要的理论和实际意义。

王述英教授认为：应将三者融为一体，通过信息化带动工业化，促进产业结构升级；以新工业化和产业结构升级来培育和推进经济信息化的理论框架，这才是今日中国实现跨越式发展的方向和正确选择。

2. 信息化、工业化与产业结构升级研究的国外比较和启示。

英国是历史上第一个工业化国家，它的工业化发展模式一般被称为"内生型"，它只能在探索中一步一步积累经验，并在失败与挫折中进行调整。应当说英国是在量的逐步积累基础上才达到了质的飞跃，经历了一个相对漫长的过程。然而，从20世纪初开始，被更多的后来者追上并被赶超，逐渐失去世界领先者的地位，成为历史上第一个衰落的工业化国家。它的衰落留给世人很多的启示。

自从19世纪末20世纪初，美国经济持续增长。美国在雄厚的工业化基础上，通过制定科学合理的经济发展战略，采取切实可行的政策措施，紧紧抓住信息化这一历史机遇，运用信息技术对传统产业进行彻底改造，同时积极推进信息产业的发展，使其成为美国经济中的第一大支柱产业，从而使美国的综合国力雄踞世界首位，成为当今世界最强大的工业化国家。

战后的日本作为第二次世界大战的战败国，在战争的废墟上开始其经济重建和发展，仅用20多年的时间就实现了明治维新以来赶超西方列强的宏愿，创造了举世瞩目的经济奇迹，其国民生产总值先后超过英国、法国、德国（原西德）、加拿大和苏联，成为仅次于美国的世界第二经济大国。日本的发展经历给了后起工业化国家以更多的启示与经验。

20世纪60年代中期以来，"巴西模式"和亚洲"'四小龙'模式"相继成为发展中国家和地区具有广泛参照价值的样板。在发展道路上它们分属于不同的发展模式：亚洲"四小龙"属于"出口外向型发展模式"，即"'四小龙'模式"；巴西属于"替代进口型发展模式"，即"巴西模式"。在发展时间上，"巴西模式"在国际上的传扬及影响要比"'四小龙'模式"早一些。但经过近半个世纪的发展，"'四小龙'模式"显然要比"巴西模式"强韧而更具有持久生命力。应该说"'四小龙'模式"给我们更多的是经验,而"巴西模式"更多的是教训。

3. 信息化时代新工业化和产业结构跨越式升级战略构建。

主要内容有新工业化和产业结构跨越式升级战略的含义、目标、重点、机制和途径,实施这一战略的必要性、可能性及政策建议。通过信息技术的创新、后发优势和比较优势,突破产业结构常规的渐进式演进,快速带动产业结构的跨越式升级。经济全球化和以信息技术为代表的新技术创新为实施这一战略提供了历史机遇和现实可能。实施这一战略,必须同时处理好几个方面的问题:新工业化与产业空间布局的关系、新工业化与可持续发展的关系、新工业化与以人为本的发展理念的关系、新工业化与产业全球化的关系、发展劳动密集型产业与产业结构跨越式升级的关系等。

王述英教授提出的"新工业化"和"产业结构跨越式升级"的概念和新思路,主要创新和价值在于:提出并充分论证了信息化条件下的"新工业化"和"产业结构跨越式升级"的理论以及为实现我国产业结构跨越式升级所提出的战略构建。

构建了基于产业结构升级视角的综合分析理论,建立起与研究命题相适应的逻辑分析结构体系。工业化、信息化和新工业化的"化"者,即为事物从一种状态转变为另一种状态的过程,是指一种趋势、一种进程,也可以指由一种特定的力量(包括技术、观念、文化和自然气候等)引起的持续的改造状态,实质上是一个动态的、连续的演进过程,进一步的研究是如何分析该过程的机理。从起源上看,工业化和信息化都与产业革命密切相关;从进程上看,都表现为主导产业的更迭,而新工业化则可以视作工业产业和信息产业两种主导产业更迭时的一种交叠状态;从本质上看,工业化、信息化和新工业化实际上体现了产业结构升级中的某个阶段性的特征。从这一逻辑假定和抽象前提出发,将产业结构升级视作一个连续的动态过程,而将工业化、信息化和新工业化都纳入到产业结构升级这一平台之上来理解。在产业结构升级的常态中,作为产业结构渐进式升级时前后相联的工业化时段和信息化时段,两个不同"化"时段的产业结构特征是不同的,通过比较影响二者产业结构特征的主要因素、运行机制的差异,可以有利于更深入地理解产业结构跨越式升级的特殊时段——新工业化。

这样，基于产业结构升级视角的工业化、信息化和新工业化，均可视作产业结构升级平台上的一系列历史的、逻辑的变化过程和时段，从而能够共享一个统一的一般性理论分析框架。

提出并论证了"产业结构跨越式升级"的概念和理论。产业结构跨越式升级是王述英教授提出的一个核心观点，也是个突出的创新点。以往讲到的跨越，一般是指生产力或社会生产，也有的用于技术跨越上，而用在产业结构升级上，从我们掌握的资料看是王述英教授首先使用和论证的。她首先分析了语义学上的跨越、技术跨越的两个模型，然后基于上述分析框架，推导出产业结构跨越式升级是在产业结构升级中通过系统外变量进行扰动而打破产业结构演化规律进行压缩推进的模式，即采取超前配置产业资源或是几个发展阶段同时推进的发展模式，它是与产业结构渐进式升级的演进方式相比较而存在的一种特殊升级方式。同时，王述英教授还从要素投入角度、工业化发展阶段、产业重点选择及更替规律、产业组织等五个方面深入揭示了产业结构跨越式升级的内涵与特征。

4. 创新性设计了一套测度和评价新工业化的指标体系和"新工业化综合指数"计算公式。

王述英教授提出的"新工业化"就其基本内涵而言，与十六大提出的"新型工业化"是一致的，只是在十六大之前王述英教授申报课题时就提出了"新工业化"概念，两个概念在内涵上可以共用。但在外延上，二者还是有所差异：新型工业化起源于我国信息化带动工业化的路径选择，有所特指；新工业化较之新型工业化的提法更加具有普遍性和一般意义，其内涵更丰富和深刻。明确新工业化的本质，即在工业化中引入信息化，实现工业化与信息化的良性互动，从而顺利完成产业结构的跨越式升级。

工业化和信息化各自均有相对成熟的衡量指标来测度其发展水平，但有关定量研究新工业化水平几近空白。根据对新工业化的定性描述，王述英教授尝试性地提出了一套测度和评价新工业化的指标体系，包括指标体系的设计原则和选取依据、基本指标和衍生指标的分类、新工业化综合指数计算公式的运用，并通过提供可做参考的指标的标准值和权数，说明了计算新工业化综合指数的基本思路。其中的衡量指标包括：反映经济增长的衡量指标、反映产业结构的衡量指标、反映劳动力结构的衡量指标、反映信息化程度的衡量指标、反映技术创新的衡量指标、反映经济效益的衡量指标、反映环境和可持续发展的衡量指标、反映人力资源利用的衡量指标等八类指标。上述八类指标中，前三类主要作为衡量工业化水平的指标，后五类主要反映工业化之所以是"新"的指标。分别确定上述八个指标中的基本指标的标准值，计算出个体指数，赋予一定的权数，再综合计算总指数，由此得到新工业化综合指数，其计算公式为：

$$新工业化综合指数 = \sum \frac{指标值/标准值 \times 权数}{\sum 权数}$$

5. 采用多项指标较为系统和全面地分析和测度了中国当前的信息化水平及信息化和工业化的互动发展。

国际上对信息化水平测算的方法和指标主要有马克卢普法、波拉特法、日本信息化指数法、国际电信联盟法、"七国会议"法、信息社会坐标法、世界银行法、加拿大"信息技术与电信分类"法等，我国国家统计局亦制定了一套指标体系和方法。对我国信息化水平进行测算的工作量极大，国内不少学者进行过相关研究，尤其是国家统计局和国家信息化测评中心的研究最具代表性。总体而言，可以得出以下结论：我国信息化水平逐步提高，自20世纪90年代以来尤其是"九五"以来，我国信息化水平提高迅速，然而，与发达国家相比，我国信息化水平还相当低，处于信息化的初级阶段，即次准信息化阶段，要步入信息化的中级阶段，跨入准信息化阶段乃至现代信息化阶段，还需要较长一段时期的努力与奋斗。

王述英教授从六个不同方面测算出来的结果是：我国在20世纪80年代的信息化水平相当低，达不到发展中国家的平均水平，90年代以来，信息化水平提高极其迅速，这是世界所罕见的。不过，毕竟中国的信息化底子较薄，所能得出的也只是中国目前处于信息化的初级阶段，即次准信息经济阶段，要步入信息化的中级阶段（准信息经济阶段和现代信息阶段），还需要较长一段时间的努力。

从整合的角度来看，工业化和信息化综合性互动，包括三个层次：一是微观层面的个别互动，二是中观层面的局部互动，三是宏观层面的全面互动。这三个层次的互动构成了缺一不可的完整体系，其中中观产业层面的互动是信息化与工业化全面交汇的结合点，将不断促进产业结构升级。工业化与信息化的互动既不是一种并列关系，也不是二者简单组合，而是要以信息化主导着新时期工业化的方向，即信息化带动工业化。其带动不仅仅是信息技术带动工业化发展，更是一种产业结构的全面带动：信息化通过促进企业运营集成系统的高效率、高增长和高效益而形成带动工业化的微观机理，通过生产、竞争、组织和管理全面对传统产业改造，形成带动产业升级的宏观机制。

6. 揭示产业结构演进规律和升级机制。

国内外学者对产业结构动态变化规律进行了大量的考察和研究，总结出了许多经验性结论或称"经验法则"，这包括：封闭经济下论述产业结构之间变动的配第-克拉克定理、库兹涅茨法则，论述产业结构（主要是工业结构）内部变动的钱纳里标准产业结构、工业结构的演变规律，以及阐明开放经济下产业结构演进的赤松要雁形发展形态说和弗农产品循环说。但是这些研究多数囿于对现象进行描述性的一般统计归纳，所得出来的结论多属于发达国家统计性规律，且并没有从理论上做出进一步的合理阐释。上述产业结构演进统计规律以及产业结构演进的立论基础所提出的若干解说，其中比较流行的理论分析包括需求收入弹性和生产率解说、新制度经济学以及演进经济学的解释，前一种解释属于新古典经济学的传统解释，后二者则属于经济学新流派的现代解释。

王述英教授认为产业结构渐进变迁过程中孕育着突变，突变是渐变的积累，突变也为新的渐变开辟了广阔空间，产业结构演进是渐进和突变的统一。在渐进变迁过程中，技术和产业不同阶段之间的不可间断性，决定了后进国在选择和确定主导产业及其群体并发展主导产业及主导产业群时，一方面必须循序渐进，遵循产业结构升级的一般规律，另一方面也可以综合几个主导产业及其群体的优势，在整个产业的某些阶段或者领域发挥后发优势。可以直接吸收、引进和模仿先行国的成熟技术和制度，没有技术-经济范式和制度路径依赖的制约，从而逐步提升本国的比较优势，转换成竞争优势，缩短产业结构升级的某些发展阶段所持续的时间，在比先行国通常更短的时间内完成该阶段的产业结构升级；后进国还可以通过同时完成相互衔接的两个阶段的任务，超常规发展，追赶、逼近乃至超过先行国，实现产业结构跨越式升级。需要注意的是，后发优势只是产业结构的跨越式升级的必要条件，而非充分条件。

7. 提出劳动价值论应从物质生产领域拓展到服务即第三产业领域。

王述英教授早在上世纪80年代后期即提出生产劳动和劳动价值论应从物质生产领域拓展到服务经济领域，是劳动价值论的深化，服务劳动是生产性劳动，是社会财富和价值的源泉，这是服务价值论的新概念。服务的劳动过程和价值创造过程有其特殊性，服务生产与消费同时进行，产品以活动形态存在。深化对劳动价值论的认识，首先要深化对劳动的认识。认为只有物质生产领域的劳动是生产性劳动的理论有局限性，但如何认识和说明服务业的劳动是生产性劳动，学界则论证不充分，或有歧义。生产劳动实践引发理论演变需要重新定义生产劳动，劳动价值论从物质领域拓展到服务领域是经济学的一场革命。服务劳动价值创造过程有其自身特点：第一，有些产品的价值量由个别劳动时间决定。有些产品的生产具有单件性和创新性，不能重复生产和多家生产，如科研成果、著作、绘画、工艺品、音乐等。第二，在价值形成中，脑力劳动和手工体力劳动创造的价值比重大。第三，产品的价值形成具有风险性和不确定性。在精神产品生产中，有些劳动对象和劳动手段是非实体的，有些生产过程与消费过程是同时进行的，有些是对各种自然、社会规律和现象的认识，而认识是有很大差异的。第四，有些产品的价值创造是一次性的，价值实现却具有多次性的特点等。这些观点大大拓展和深化了劳动价值论、生产性劳动等理论的研究，也为20世纪90年代以后我国服务业的快速发展提供了强有力的理论基础和依据。

以学生为本，做学生学业和生活中的良师益友

王述英教授不但在教学科研上做到以学生为中心，在生活上也是学生的良师益友，对学生的关心爱护无微不至，并且这种关心延续到学生毕业以后的工作、生活之中。据我所知，在她指导的研究生中，包括我在内，很多已毕业多年仍与她保持着很密切的联系，及时将工作中取得的成绩向她汇报，有时也将工作、生活中遇到的难题或不如意向她倾诉、坦陈。王老师总是为每位学生取得的进步感到欣慰和高兴，而对学生遇到的困难则给予力所

能及的帮助，并给予学生战胜困难的勇气。仅举一例：王老师有一个日本硕士，由于语言障碍和环境变化学习困难，她总是个别单独辅导，鼓励她，关心她，使她按期毕业。毕业后无论去广州日本领事馆工作还是后来回日本读博士，王老师都是一遍遍写推荐信，从档案馆复印她的成绩单并寄走。该学生非常感激王老师，从2005年至今除了平时的联系外，每年的母亲节必定送花，她把王老师当成了中国的母亲。在王老师身上，"一日为师，终身为师"得到鲜活而真切的体现！

纵观王述英教授50年的教学、科研经历，真正做到了以下几点：一是始终把培养学生放在第一位，把教书育人作为自己的第一要务和本职工作。二是作为学者，她具有深厚的专业基础和科研能力及水平，成果颇丰，始终坚持探索国内外学界前沿问题，不断充实自己。她让学生多读书，首先自己身体力行多读书，在此基础上指导学生多发表研究成果。三是她的学术研究及成果具有很强的现实性和实践价值，注重解决中国的现实经济问题。她不论是讲课，还是写论文、著书或做课题，都注重紧密联系中国经济和社会发展的现实和需要，使自己的研究更有价值。四是坚持以学生为本，教学上以学生为中心，生活中关心爱护每一位学生。

目前，由于年龄原因，王述英教授已从教学岗位上退了下来，但她仍然关注产业经济学领域的最新进展，关注经济学年轻教师的科研、教学及成长，尽自己的努力为南开经济学科的发展做贡献。

常修泽：产权与人本经济学的探索者

宋立　高明华　常欣

常修泽，1945 年生，山东省惠民县人，系南开大学培养并在南开经研所从事学术研究中"历练"出来的经济学者。长期担任南开大学经济研究所副所长（1988—1994年）、经济学教授（1990年起）。1995 年进京，任国家计委（后更为国家发展和改革委员会）经济研究所常务副所长、国家发展和改革委员会学术委员会委员等职。现为中国宏观经济研究院教授、博士生导师，兼任中国经济学术基金（香港）学术委员会副秘书长等职。常先生长期致力于制度经济学领域有关产权理论、人本经济学理论和中国转型理论的研究（简称"产""人""转"）。

在产权理论研究方面：上世纪 80 年代，他在研究国有企业制度改革的基础上，率先提出"建立企业产权市场的构想"（1987 年）；90 年代在南开大学期间主笔四部产权著作，被香港《经济导报》称为"对产权问题素有研究的经济学家"；进京后建议中央"从广义上"提建立"现代产权制度（而不仅是现代企业产权制度）"（2003 年，被吸纳）；后出版包括"天地人产权"在内的《广义产权论》（2009 年）和《所有制改革与创新——中国所有制结构改革 40 年》（主笔，2018 年）；被产权界称为"广义产权理论的创立者"（2010）。

在人本经济学理论研究方面：80 年代在南开大学期间提出建立"社会主义人本经济学"的研究课题（1986 年）；主张"人本高于资本"（1996 年）；进京后建议中央"把人的发展作为独立的完整的指导性理念提出"（2001

年）；后出版《人本体制论》（2008年）和《人本型结构论》（2015年）；被"人发"学界推为中国"人的发展经济学领军人物之一"。

在转型理论研究方面：在南开期间曾提出"四沿"开放战略（1988年）和"我的市场经济观——换体论"（1993年），出版专著《中国："换体"的革命》（主笔，1994年）；进京后，系统提出"中国第三波转型论"（2010年）；出版《包容性改革论——中国新阶段全面改革的新思维》（2013年）；近年以包容性新思维，提出寻求中国之"特"与人类命运共同体之"共"相结合的"特共一体论"，引起学界和政界高层人士的重视。

常修泽教授的学术理论贡献曾被收入《中国百名经济学家理论贡献精要》第2卷（张卓元、周叔莲等主编，中国时代经济出版社2010年版）和《20世纪中国知名科学家学术成就概览（经济学卷）》（张卓元、厉以宁、吴敬琏主编，科学出版社2015年版）。

国际上，入选美国传记研究中心和英国剑桥国际传记中心出版的《国际名人录》。近年多次应邀到海外讲授其"广义产权论"和"人本体制论"等。

成长历程

常修泽，山东省滨州市惠民县姜楼乡常家村人。他的童年时代是在山东老家度过的。10岁那年（1955年春节前），他被在津务工的父亲接到天津求学，先插班于天津市红桥区第九小学（小伙巷小学），后考入天津市第五十一中学。在中学期间，他以学校勤工俭学为素材，写了习作"校园春色"，被学校推荐给《少年文艺》。按照他的理想，要读高中，上大学，将来想当一个作家。但是，后来形势所迫改变了他的求学轨道。

1960年暑假期间他回到老家，亲眼目睹家人和乡亲生活悲惨境况，作为家中六个孩子中的老大，他决定"尽快找一所能够管饭的学校"，以减轻父母的负担。恰好，当时刚刚上马的天津市财经学院（现天津商业大学的前身，校区在西青道，当时该院招初中毕业生，学制五年，大专学历）能提供生活费（每月9元）。于是，他背着父亲进入该校贸易经济系读书（1962年因国民经济调整，该院被调整为天津市财经学校）。

求学深造　受益于南开名师

由于历史原因，常修泽走的是一条"非常规"的求学之路，但在关键阶段遇到多位良师特别是南开大学谷书堂教授等名师的指点。

在天津市财经学院（校）学习期间，得到政治经济学主讲老师张家俊先生（曾参加谷书堂教授主持的政治经济学教材编写）和语文老师李凯源先生（后为中国经济写作研究会会长）的经济学理论启蒙和指导，初步打下政治经济学和财经论文写作基础。

1963年9月，他从财经学校毕业后，被分配到财贸系统工作。翌年，考入天津南开区业余大学中文系，在著名人文学者夏康达先生的指导下，"厚植人文基础，砥砺思想锋芒"，为他从事理论研究奠定了较好的科研思维和人文学科基础。

此后他的学术人生主要是得益于南开大学名师的指点。1974年9月，常修泽由天津市财贸委员会进入南开大学经济学系政治经济学进修班学习，这个班是由教育部委托南开大学主办的，入学条件要求学员学过政治经济学，所以南开大学派出较强的师资阵容：《资本论》原著，由高峰先生讲授；《帝国主义论》原著，由薛敬孝先生讲授；而后半年的社会主义经济理论经典著作选读，则由谷书堂教授讲授。就是这次机遇，使常修泽与著名经济学家谷书堂教授结下此后40多年的师生情缘。

在学习过程中，常修泽就遇到的一些理论问题向谷老师请教，谷老师则把他多年研究经典著作及其思考的问题告诉这位年轻人。例如，谷老师比喻的"一根两苗"问题。所谓"一根"，是指"劳动谋生手段论"。谷老师认为，从这"一条根"上，本应当长出"两个苗"：一个是按劳分配，一个是商品经济。但是，经典作家为什么只讲社会主义条件下的按劳分配，而否认社会主义条件下的商品经济呢？这是一个矛盾。谷老师的这番话，给常修泽内心深处以深刻的教益，促使他开始思考这个问题。

进修班毕业后，常修泽随即参加了谷书堂教授在天津市委党校主持的政治经济学研究班（编写政治经济学教科书）。在这段朝夕相处的日子里，谷老师结合编书，系统阐述了他对社会主义政治经济学理论体系，特别是对商品经济、价值规律理论的看法。研究班持续一年半时间，因地震和其他原因中断，虽然未能编写出政治经济学教科书，但谷老师领着他把社会主义政治经济学里面的"矛盾点"仔细抠了一遍，为日后从事理论研究打下了比较扎实的政治经济学基础。

除谷书堂教授外，在南开大学进修班和经研所研究期间，常修泽还受到诸多学者如钱荣堃、魏埙、熊性美、朱光华、徐振方等先生的教益，增加并拓宽了他的学术维度。

治学路上南开三次"破格"

常修泽的学术成长之路，是与时代的变化和南开大学的包容大气分不开的，其中三次"破格"成为他成长的重要环节。

第一次"破格"：破格录用，滕维藻校长一锤定音

1978年12月，中共十一届三中全会决定：把党和国家的工作重点转到经济建设上来，并实行"改革开放"政策。一个新的时代开始了。

时代的历史性转折把在"文革"中遭到破坏的南开大学经济研究所和遭到批判的谷书堂教授推上历史舞台。十一届三中全会开过不久，谷书堂教授出任南开大学经济研究所书记兼第一副所长（主持全面工作）。面对当时"十年荒废"、人员"青黄不接"的局面，谷书堂上任后大刀阔斧，调整充实研究力量，志在"重振南开经济所雄风"。

基于对常修泽的了解，1979年1月谷先生与常修泽商议调入所内从事理论研究，兼做学术助手。常修泽考虑到南开经研所在国内外的学术影响和自己的大专学历背景，有所顾虑和踌躇，但谷老师坚持向南开大学人事部门申报。学校人事部门在审阅了有关学历材料后举棋不定，必须要报请主管校长定夺。关键时刻，滕维藻先生（时任副校长兼经济所所长）一锤定音——破格录用，从而为他开启了通往经济学学术殿堂的关键之门。因此，常修泽对南开大学怀有知遇之情。

第二次"破格"：破格晋升副教授

常修泽到南开所之后的前八年，主要是四件事：读书、编书、调查、课题研究。

1. 读书。进入研究所工作以后，急需提高理论水平。1980年，谷书堂教授率领的导师组开始招收社会主义政治经济学专业硕士研究生。谷老师也让常修泽在这个班随读研究生课程。

这个班师资力量很强：由魏埙教授主讲《资本论》研究，钱荣堃教授主讲萨缪尔森《经济学》，熊性美教授主讲世界经济专题研究，谷书堂、蔡孝箴、朱光华、贾秀岩四教授主讲社会主义经济理论研究。在两年时间里，他一边工作，一边随读课程。虽然没有学位（只获得一张随读研究生核心课程成绩单），但拓宽了学术视野，进一步夯实了经济学研究的理论基础。

2. 编书。重点是参加由谷书堂、宋则行主编的《政治经济学》（北方本）的编写工作。该书被教育部定为全国文科院校统编教材，后获国家教委优秀教学成果奖。编写过程，使常修泽对社会主义政治经济学的体系结构、理论内涵、重点难点、内在矛盾等等，有了一个比较系统的把握。

3. 调查。1979年9月，常修泽被临时借调到国务院财经委经济结构调查组，参加东北结构调查组，在东北调研了70多天。第二年（1980年）暑假，随谷书堂老师到他家乡威海就"城乡发展一体化"调研，调研报告在《红旗》杂志发表。通过调查，他对中国经济的深层结构及其体制有了更深切的感触。

4. 课题研究。从1981年开始，他参与了谷教授主持的国家"六五"重点科研项目"中国经济体制改革的理论依据研究"（该课题的最终研究成果），形成谷书堂、杨玉川、常修泽合著的《社会主义商品经济和价值规律》（上海人民出版社1985年版）。全国哲学社会科学规划领导小组在"六五"总结报告中，评价此书是"一部带有开创性的学术著作"。此外，他还参与了谷老师主持的国家"七五"重点科研项目《中国计划体制改革研究》（谷书堂主编，杨玉川、常修泽副主编）。

经过上述读书、编书、调查和改革理论课题研究，他的学术水平有所提高。1982年12月被评为讲师，1984年9月有幸参加了具有意义的"莫干山会议"。1985年出任经济所社会主义经济理论研究室副主任，同年被选为天津中青年经济学会会长。1987年5月，任讲师未满五年的他被学校破格晋升为副教授。

第三次破格：破格晋升教授

担任副教授后，按照所里的科研分工，谷老师让常修泽重点从事微观领域理论问题研究。在老师指导下，开始在"人"（人本经济学）和"产"（产权经济学）两个微观基点起步，逐渐进入角色。1988 年他主笔的论文"企业创新论"，获中共中央宣传部、中央党校、中国社会科学院联合授予的"纪念十一届三中全会十周年理论讨论会"入选论文奖，后被《经济研究》选中，在 1989 年第 2 期卷首发表，《新华文摘》转载。从 1989 年到 1990 年，完成了重点科研项目《资产重组：中国企业兼并研究》，被称为"资产重组研究领域的创新之作"。此外，在战略研究方面，1988 年他提出"四沿（沿海沿江沿边沿线）"开放战略，[①] 报中央有关领导参阅。《瞭望》周刊于 5 月 23 日对此做了专题报道，称这一战略构想对中央的沿海开放战略"提出了一些重要的补充和修正意见"。鉴于上述情况，1990 年 12 月经校学术委员会评定和校领导批准，他被破格晋升为教授。

参加中青年学术聚会：在切磋论剑中互动成长

回顾常修泽的成长道路，除了名师指点和南开大学提供历史机缘外，也是与他和众多中青年学者的聚会论剑、互动成长分不开的，具有重大影响的活动主要有四次。

第一次，1984 年莫干山会议：在中青年学界崭露头角

1984 年，是常修泽学术人生中一个具有特殊意义的年份。这一年的 9 月 3 日至 10 日，他参加了在浙江省德清县莫干山举行的中青年经济科学工作者学术讨论会（史称莫干山会议）。这次会议的商议、策划、组织与南开大学经济研究所青年学者有一定关系。1984 年夏，京城青年学者朱嘉明、黄江南、张钢来所进行学术交流，向所里李罗力、杜厦、金岩石、常修泽提到有意召开青年经济学者会议的设想，南开学者表示支持。正是在"从天津回北京的火车上"[②]，北京学者起草了关于召开青年经济科学工作者会议的通知。

会议采取"以文选人"方式，从全国共选出 124 位代表，1984 年 9 月 3 日至 10 日，会议在浙江德清莫干山召开。南开大学经济研究所四位参加，即李罗力、杜厦、金岩石、常修泽，且同时集中到"对外开放组"。会上，他们提出"以扩大开放倒逼全面改革"的"外生性"改革思路。《经济日报》9 月

---

① 该战略主张"四沿联动、重点渗透、东西兼顾、多元开放"。见常修泽、戈晓宇，"论'四沿—渗透型'开放战略"，《改革与战略》1988 年第 4 期。

② 引自柳红，《80 年代：中国经济学人的光荣与梦想》，广西师范大学出版社 2010 年版。

28日在"探讨经济改革中的理论问题——中青年经济科学工作者学术讨论会论文摘登"专版,选登了常修泽的"从蛇口工业区的开发得到的启示"论文。会后,所谓"南开四条汉子"(杜厦、李罗力、金岩石、常修泽)作为一个集体符号,开始在学界崭露头角。30余年后的2017年9月18日,常修泽被推为莫干山研究院首任院长(研究院步入正轨之后,常修泽请辞了院长职务,被聘为莫干山研究院学术委员会联席主任)。在学界,莫干山会议一直被称作"中国改革开放史上重大事件之一"。著名经济学家张卓元主持的《新中国经济学史纲》把常修泽写的"1984年莫干山会议"列为专门一章(第14章)。2018年11月,在纪念中国改革开放40周年前夕,香港凤凰卫视中文台播放了五集电视纪录片《论剑莫干山》,其中有多处采访常修泽的史料,在国内外引起关注。

第二次,1985年天津会议:作为组织者之一参与策划和筹备

莫干山会议后,由京津沪等地中青年朋友发起、天津团市委和南开大学经济学院主办的《中青年经济论坛》(简称《论坛》)于1985年4月15日在天津创刊,这是中国第一家由中青年经济学者创办的经济理论刊物。第一届编委会由36位中青年学者组成,先后由丁望、朱嘉明任总编,常修泽担任编委。1987年,改为南开大学主办,学校下文件:朱嘉明为特邀主编,逢锦聚、姚林、常修泽担任副主编。创刊当月,全国第二届中青年经济科学工作者学术讨论会在天津举行。会前,常修泽被安排担任论文评审组组长,与众多青年朋友一起精心审稿,从2615篇论文中选出125位作者。会议期间,杜厦为大会秘书长,常修泽任基本理论组组长,主持探讨政治经济学的创新问题。会后,与逢锦聚等合作撰写了长篇论文"经济改革与政治经济学的创新",收入朱嘉明主编的《当代中国:发展、改革、开放》一书,并作为该书的代序言。①

第三次,1987年东西部中青年对话会:担任召集人并主持讨论

1987年12月,中共十三大开过不久,常修泽应邀出席了在贵阳举行的中国东西部中青年对话会。东西部朋友推举他担任召集人和讨论主持人。

---

① 朱嘉明、金岩石、常修泽主编,《当代中国:发展、改革、开放》,香港文化教育出版社1987年版。

对话会期间，由共青团贵州省委书记叶小文同志安排，他与时任贵州省委书记的胡锦涛同志内部见面座谈。① 会后，他带队到仡佬族村寨做了实地考察，实地感触到：中国只搞沿海开放战略是不行的，必须要有避免东西板块碰撞的新战略。这是随后（1988年）提出"四沿（沿海沿江沿边沿线）—渗透型"开放战略的原始来源。

第四次，1989年京丰宾馆会议：位列大会十执行主席

1989年3月底在北京京丰宾馆举行的"改革10年：中青年理论与实践研讨会"（史称京丰宾馆会议），是改革30年中两个最重要的中青年经济学者会议之一，常修泽担任大会主席团十位执行主席②之一。在当时特定的环境下，他与主席团诸位成员一起合作，促成了会议的顺利进行，由此他在中青年经济学界的影响进一步扩大。1992年香港《经济导报》把他列为"代表着大陆经济学新一代有实力和潜力的中青年学者"之一。

1995年进京，国家级智库历练升华

常修泽进京与在京南开校友有直接关系。1992年10月中共十四大开过不久，由南开校友、国务院研究室工交司司长郭振英推荐，国务院研究室邀请常修泽来讲"关于我国进一步扩大对外开放问题"（十四大报告录像辅导讲座之一）。在此过程中，郭振英问常修泽是否愿意到他的工交司做研究工作。常修泽坦诚相告："自己破格晋升教授才两年，谷老师对我有恩，他任院长兼所长，我协助老师做常务。倘若现在离开不合适。等两年退了再说吧。"此事就这样挂了起来。

这是一个需要人才的时代，改革开放深入推进为优秀人才提供了一个又一个施展才华、为国做贡献的机会。1995年年初，北京的朋友们再次力邀常修泽进京，为国家效力。此时，为了做好市场经济条件下的宏观经济研究，国家计委决定组建宏观经济研究院。经王梦奎、郭振英推荐，宏观经济研究院筹备负责人林兆木先生向计委领导汇报并与谷书堂教授磋商，决定调常修泽到宏观经济研究院从事经济理论和决策研究。经相关程序，国家人事部于

---

① 王仁贵："常修泽：'人本'发展理论的求索者"，《瞭望》新闻周刊2011年5月9日。
② 大会主席团十位执行主席是：李克强、李源潮、刘延东、高尚全、陈锡文、陈一谘、李湘鲁、陈元、潘维明、常修泽。

1995年8月中旬正式下达调令，9月初进京报到。10月25日，国家计委正式颁发文件，任命常修泽为国家计委经济研究所常务副所长（副司级），主持日常工作。

国家计委经济研究所是宏观院管理的国家计委十个研究所中唯一的综合性经济研究所。该所成立于1975年，前身是小平同志第二次复出后成立的国务院工资理论小组，由时任国务院政治研究室副主任、著名经济学家于光远先生亲自挂帅组建，于光远、薛暮桥、柳随年、桂世镛等著名专家先后担任所长。这一国家级智库机构，给常修泽提供了高端研究的平台，使他多年研究的理论积累得以升华。

此后，他参与了多项国家重要课题的研究，如："社会主义市场经济的基本内涵和主要特征研究"（1996年），为中共十五大报告起草工作提供的内部研究报告，主持人之一，获国家计委优秀科研成果一等奖（2000年）；"建立比较完善的社会主义市场经济体制若干重要问题研究"（2001年），为中共十六大报告起草工作提供的内部研究报告，主持人之一，获国家发展和改革委员会优秀科研成果一等奖（2004年）；"建立与社会主义市场经济相适应的现代产权制度"（2003年），为中共十六届三中全会文件起草组提供的研究报告；等等。

上述课题研究，既为中央决策提供了有关理论和对策参考，也使他得到历练。1998年，常修泽任国家计委学术委员会委员，并兼任中外企业集团研究中心专家组组长。

2011年6月30日，常修泽被延聘到66岁退休，仍保留国家发改委宏观经济研究院和国家发改委经济研究所的学术委员职务，致力于指导所内后生，提携学术新人。

人生新篇章，社会智库再发力

退休后，除了参与组建莫干山研究院和多次参加莫干山春季秋季论坛等学术活动之外，主要担任中国（海南）改革发展研究院的学术委员、博士生导师，以及中国东北振兴研究院专家委员会副主任。与"一南一北平台"相适应，这些年他选择了东北长白山山区二道白河小镇与海南海口两地作为学术基地，潜心于著书立说和冷静思考理论问题。新的学术基地成为他退休不退研,继续探索中国改革发展规律和文明融合的重要舞台,由此开始了他人生新的学术生涯。

学术理论贡献

40多年来,常修泽的理论研究基本形成三条有自己特点的线索:一是产权论;二是人本论;三是转型论。简称"产""人""转"三部曲。

"产":提出广义产权论,把产权扩展到"天地人产权"体系,为"天地人命运共同体"立论

产权论是常修泽在过去40年中花费心血最多的领域。在南开时,经济学界就有"常产权"之称,在长期从事产权理论研究过程中,他兼收中外众家之长,形成了独树一帜的"广义产权理论"。

20世纪80年代:率先提出"建立产权市场"的构想

1987年11月,在全国高校社会主义经济理论与实践研讨会上,常修泽发表了"建立企业产权市场和经营权市场的构想"。① 据中国产权协会《产权导刊》编辑部主任卢栎仁文献检索后认为,"这是在我国国内最早见到的关于建立产权市场的文献"。②

1988年,常修泽在其构想的基础上,主笔完成了系统的"产权市场论"一文。该文提出了"产权也是商品"等一系列观点,为我国产权交易市场的建立提供了理论依据。③1995年,常修泽主笔并带领其研究生撰写的《产权交易理论与运作》一书由经济日报出版社出版,这是国内最早结合中国实际系统阐述产权交易理论与运作的著作之一。北京大学及各地产权交易机构将该书作为培训教材,常修泽被业界称为"中国产权交易市场的培育者之一"。2018年9月,中国产权协会邀请全国产权界人士在井冈山聚会——"纪念中

---

① 该文先在内刊《对策研究》刊载,后在新华社《经济参考报》1988年4月22日公开发表。
② 参见《产权导刊》原编辑部主任卢栎仁先生的"中外产权经济学家研究系列"文章之"创立'广义产权论'的常修泽教授",《产权导刊》2010年第10期。
③ 参见常修泽、戈晓宇,"产权市场论",上海《学术月刊》1988年第12期。

国产权市场创建30周年",常修泽教授应邀到会做学术报告,与会者向这位"中国产权交易市场的培育者之一"致意。

21世纪初期:向中央提出"建立现代产权制度"的建议

20世纪90年代,常修泽主笔完成了四部产权著作,即《资产重组:中国企业兼并研究》《现代企业创新论》(国家"八五"重点科研项目)、《产权交易理论与运作》《中国企业产权界定》。这些著作出版后,在理论界引起很大反响。例如,资深前辈学者、中国人民大学经济系前主任宋涛教授在《人民日报》理论版"书刊评介"栏对《现代企业创新论》发表如下评论:"作者从中国的实际情况出发,运用马克思主义的基本原理,借鉴当代西方国家企业制度研究的有益成分,对中国传统体制下企业制度存在的问题进行了深刻分析,并对于在社会主义市场经济条件下的企业制度创新进行了富有成果的探索。"他认为不仅研究主题创新,而且研究观点创新,"由此形成了一个比较完整的现代企业制度创新理论体系"。香港《经济导报》称常修泽为"对产权问题素有研究的经济学家"。

在以上理论探讨的基础上,2003年5月,常修泽为中共十六届三中全会决定起草工作提供了有关产权问题的基础性研究报告"论建立与社会主义市场经济相适应的现代产权制度"。在这篇研究报告中,常修泽突破狭隘的企业产权框架,初步提出"广义产权"思想,指出不应再局限于狭隘的企业产权制度,建议中央提"现代产权制度"。针对产权内涵,他建议"劳动者的劳动力产权和管理者的管理产权也应纳入产权范围,从而使要素产权体系完整化"。

该报告于当年5月由国家发改委宏观院上报后,中央起草组有关负责同志约见,就现代产权制度的若干重要问题进行切磋,从而为中共十六届三中全会关于建立现代产权制度的决定提供了理论参考。①

2009年:《广义产权论》"开拓产权理论研究新领域"

在2003年初步提出"广义产权论"雏形之后,他进一步从"横向广领域""纵向多权能"和"内核四制度"三方面进行拓展。探讨的理论成果凝结为43万字的学术著作《广义产权论——中国广领域多权能产权制度研

---

① 常修泽,"论建立与社会主义市场经济相适应的现代产权制度",先在2003年5月内部上报,十六届三中全会后《宏观经济研究》2004年第1期公开发表。

究》①，该书全面阐述了他的"广义产权理论"的三大要义：

第一要义——横向上"广领域"产权，即从"物权债权股权知识产权"拓展到"天地人的产权关系大格局"：天——环境产权；地——资源产权；人——劳动力产权、管理产权等。他在扉页的题记中深刻提出："反思全球性金融危机和环境危机，我发现：美国人透支的是家庭资产，中国人透支的是国民资源——从人力资源到自然资源到环境资源……""天地人产权"体系论为"天地人命运共同体"奠定了基础。

第二要义——纵向上"多权能"产权，即从单边"初始所有权"拓展到"多权能"权利体系，包括垄断行业特许经营权、土地经营权、流转权乃至"海洋用益物权"等。

第三要义——内核里"四联动"，即包括产权界定、产权配置、产权交易、产权保护的"四位一体"的制度体系。

《广义产权论》出版后，在学界引起反应。著名经济学家张卓元、高尚全先生等评价《广义产权论》是一部带有开创性的产权理论著作"。②2011年1月《人民论坛》杂志遴选了2010年度经济类十大理论观点，"广义产权论"被列为其中之一。作为《广义产权论》核心观点的"天地人产权论——当代人的发展多维产权探讨"，在《上海大学学报》2011年第3期发表后，《新华文摘》当年第17期全文转载。

2015年9月22日，纪念国家发改委经济研究所成立40周年在北京举行，中央财经领导小组办公室前主任、国家发改委副主任朱之鑫在总结讲话中指出："常修泽建议中央突破'企业产权'的外壳，从'广义'提出'现代产权制度'，引起了十六届三中全会报告《关于完善社会主义市场经济体制若干问题的决定》起草组重视。"朱主任把《广义产权论》列为"国家发改委经济研究所40年发展史学术成就之一"。

熔"人本"与"产权"于一炉：提出"产权人本共进论"

在构建"人本体制论"和"广义产权论"的过程中，常修泽一直在思考

---

① 常修泽，《广义产权论——中国广领域多权能产权制度研究》，经济出版社2009年版。
② 参见张卓元，"开拓产权理论研究新领域"，《人民日报》理论版2009年11月17日；高尚全，"一部带有开创性的产权理论著作——评常修泽教授的新著《广义产权论》"，《中国经济时报》2009年11月27日。卢栎仁，"创立'广义产权论'的常修泽教授"，《产权导刊》2010年第10期。

"如何熔两论于一炉，用之于中国创新实践"的问题。基于长期的研究，针对中国经济改革中关键的国有制改革领域（也是他倾注心血较多的领域），常修泽完成了专著《产权人本共进论》[①]，提出以"产权人权协同共进理论"来推进中国新阶段国有制改革的理论主张。该书被收入2010年出版的"中国改革智库资政丛书"之中。丛书编辑出版者在说明中指出，这是"第一部以产权人权协同发展的理论论述中国国有制改革的专著"。从近年来各地企业接连出现的劳资关系事件来看，"产权人本共进论"具有一定的超前思维和应用价值。

"人"：探索"建立社会主义人本经济学"，构建独到的"人本体制论"，为人的自由全面发展立论

人类经济活动的终极目的是什么？经济学的最高境界在哪里？对这一"经济哲学"问题，常修泽进行了长期的思考和探讨。经长期研究，形成了他的人本经济理论。

1986年：提出"建立社会主义人本经济学"

20世纪60年代初，常修泽在家乡亲眼看到的"大饥荒"一幕，使"人"的生存问题在他内心深处留下烙印。但真正开始研究人的问题则是在20世纪80年代初期。当时国内曾发生一场关于人道主义问题的讨论，引起他的关注。为了探究问题的真谛，他阅读了大量有关"人"的著作。受恩格斯一题词（"每个人的自由发展是一切人的自由发展的条件"）的启发，1986年，在申报高等学校青年社会科学研究项目时，在谷书堂、徐振方、夏康达三位老师的支持下，他提出了关于建立"社会主义人本经济学"的课题申请报告。

课题报告提出，"传统的社会主义经济理论，由于受斯大林非人本主义思想的影响，没有把实现人的全面而自由的发展作为其理论体系的基本原则，严重忽视人在社会主义经济中的主体地位及其价值实现"。他在"课题说明"中点破："促进人的自由全面发展，才是社会主义经济的根本。"基于这一认识，他围绕社会主义人本经济，列出八个部分的理论框架，"在此基

[①] 常修泽，《产权人本共进论——谈国有制改革》，中国友谊出版公司2010年版。

础上尝试建立人本经济学"。①

1996年：提出"人本原则高于资本（效率）原则"

遗憾的是，上述课题申请未获立项，但常修泽这个信念并没有动摇。在正面推进未果的情况下，为使此观点得到推进和深化，他只好选择新的"切入点"。经比较，切入点选在企业创新方面，他试图从企业创新中寻找"人"的位置，这就是在1988年完成的"企业创新论"。此文1988年12月获中共中央宣传部、中央党校、中国社会科学院联合授予的纪念党的十一届三中全会十周年理论讨论会入选论文奖，《经济研究》1989年第2期卷首发表。常修泽应邀参加在人民大会堂举办的纪念党的十一届三中全会十周年理论讨论会。此后他结合改革实践，潜心探讨"人本经济学"的深层理论问题，特别是"人本"与"资本"的关系问题。他认为，这是由计划经济向市场经济转型中的第一位关系。

探讨"人本"与"资本"的关系，他是从探讨人的发展与市场经济关系开始的。1992年，他在《南开经济研究》指出，"行政依附（包括人身依附）""特权"和"封闭"，是"束缚和抑制人的积极性、创造性的主要问题"，而市场经济的"独立性""平等性""开放性"则有利于冲击上述三大障碍，"从这一角度来研究市场经济，可以说它是人的解放和全面发展的必由之路"。②关于"人的解放与社会主义市场经济关系"的观点，被两位作家苏娅、贾鲁生收入报告文学《坎坷十四年》一书。

与此同时，他意识到，同"权力拜物教"一样，"金钱拜物教"也是一条通往奴役人的道路。基于此，他在《经济日报》理论版论述其完成的国家"八五"重点项目成果"中国企业制度创新研究"时（1996年1月），以"山高人为峰"的气概和哲理，鲜明提出了"人本原则高于资本（效率）原则"。他指出："在社会主义公有制经济中，我认为，应当遵循'资本'原则和'人本'原则这两条基本原则。"但是"人本原则……是比效率原则更为深层的

---

① 常修泽，"社会主义人本经济学"课题申请报告（1986年），见《人本体制论》第五章第一节。1994年国家教委社科研究中心编辑出版的《中青年社科教授概览》一书，对常修泽提出的关于"社会主义人本经济学"的主张予以高度评价。

② 石文艳的"关于'人的发展经济学'研究的三个阶段"，把常修泽列为"人的发展经济学"研究第一阶段（1983—1992年）"有代表性的经济学家"，参见《光明日报》2009年9月8日。

原则"。"近年来,有些企业提出'以人为本'的思想,是很深刻、很精辟的。在企业组织制度设计时应能很好地体现这种'人本'原则。"① 常修泽在这里鲜明提出的"人本高于资本",特别是倡导的"以人为本"思想,是其人本经济学的精髓,具有一定的超前性(七年后即 2003 年中共十六届三中全会正式提出"以人为本"的指导思想)。

正是基于这种思想,1998 年在纪念中国改革 20 周年时,在为《中国改革与发展的制度效应》一书撰稿时,他站在历史高度,以"独立的人格力量和自主的经济力量初露端倪"为题,对"中国改革与人的解放关系"做出如下判断,指出:"党的十一届三中全会开辟了解放生产力、解放生产关系,同时也解放人的自身的新纪元。回顾 20 年的历程,最突出的,我认为就是独立的人格力量和自主的经济力量在中国大地的崛起。尽管这种力量还很幼小,还只是'初见端倪',但是它的生命力和影响力是不可估量的。"②

2001 年:建议中央"把人的发展作为指导性理念"

1998 年,北京出版了一部文集《别无选择——北京青年经济学家谈当前经济改革》(中国经济出版社 1999 年版),收入了常修泽的一篇论文"21 世纪初期中国企业创新探讨"③,此文专门分析了"企业创新活动主体的'个性化'趋势",指出"无论是企业经营层还是员工都开始以一种独立的人格力量崛起于经济舞台,这是中国改革开放取得的最突出的成就之一。展望 21 世纪,可以预计,人力资本在公司资产中的比重将显著提高(甚至会超过 50%)。而更重要的是,这里的人力资本,不同于传统的非个性化的人力资本"。该文提出一个新命题:新技术革命的兴起,不仅推动着经济和社会的发展,同时也在重塑着人自身。基于此,他提出"超限制的新人"这一理论命题。④

基于他的"人本"高于"资本"的理论观点和"以人为本"的思想,2001 年,在为中共十六大召开提供的专题研究报告中,针对"中国经济体制

---

① 常修泽,"积极推进企业制度创新",《经济日报》理论周刊 1996 年 1 月 8 日。
② 此文系常修泽为《中国改革与发展的制度效应》一书撰写的"作者感言",见韩志国、樊纲、刘伟、李扬主编,《中国改革与发展的制度效应》,经济科学出版社 1998 年版。
③ 此文原载《经济改革与发展》1998 年第 9 期,《新华文摘》1998 年第 12 期全文转载。
④ "总之,它反映了信息革命所重塑的一代新人的基本特点,就是更富独立性和开放性。在 21 世纪,中国向信息时代的过渡也会使千千万万个企业的创新主体——从经营者到劳动者——得到重塑,我们将更加自由、更加平等、更加开放,这就意味着人格将获得新的解放。"常修泽:"21 世纪初期中国企业创新探讨",《新华文摘》1998 年第 12 期。

改革到底应围绕着什么'轴心'展开"这一问题，常修泽明确提出四点：

1."中国经济体制改革，既要注重先进生产力的解放和发展，也要注重人自身的解放和发展"；

2."推进由'计划人'向'自主人'的转变是中国体制改革的核心"；

3. 前一阶段"我们还没有把人自身的发展作为一个独立的、完整的指导性理念提出"；

4."下一步要从促进人自身发展的角度来研究体制创新问题"。①

该报告（"中国建立社会主义市场经济体制进程的基本判断和改革新阶段的战略思考"，为中共十六大报告起草提供的研究报告）于 2001 年以内部形式上报中央有关部门，为国家形成"以人为本"的理念提供了重要的理论支撑。同时他的理论受到经济学界的重视，《改革》杂志 2002 年第 4 期头条发表该研究报告。经济日报出版社出版的《共享中国——高端专家访谈》一书，以"常修泽：每个人的自由全面发展都关乎社会进步"为题，系统表达了他的"把人的发展作为指导性理念"的思想。②

2008 年：出版《人本体制论》——"人本经济学"奠基作

凝结 20 多年研究"人本经济学"的心血，2008 年，常修泽原创性的"人本导向的体制创新"著作《人本体制论》问世。③ 这是他 1986 年以来探索"人本经济学"的第一部专著。该书以"人本实质论"为核心范畴，以"人的三层含义论"为分析出发点，以"双线均衡"理论为贯穿性线索，着力揭示"三个解放"之间的内在联系和互动过程，在此基础上，阐述中国未来人的发展及制度安排理论架构。书中有新意的观点主要有：

1."双重奴役论"。《人本体制论》开篇题记："在传统的计划经济模式下，人的主体性被集权所压制；在原教旨的市场经济模式下，人的主体性被金钱所侵蚀。"这两段警句，深刻反映了他的关于"双重奴役"的思想：传统的计划经济和原教旨的市场经济都是通向奴役之路。

2."人的三层含义论"。横向上"全体人"（而不是"部分人"或"多数

---

① 常修泽这一专题报告"中国建立社会主义市场经济体制进程的基本判断和改革新阶段的战略思考"于 2001 年先以内部报告形式上报十六大报告起草组，后公开发表于《改革》杂志 2002 年第 4 期。

② 杨林林，《共享中国——高端专家访谈》，经济日报出版社 2007 年版。

③ 常修泽，《人本体制论——中国人的发展及体制安排研究》，中国经济出版社 2008 年版。

人"），强调"惠及全体公民"；纵向上"多代人"（而不仅仅局限于"当代人"），强调"本代公平"和"代际公平"并重；内核上"多需人"（而不是"单需之人"），强调包括人的尊严在内的"高端人本"。

3."人本实质论"。在阐述"自由、人权、平等、博爱等是人类共同追求的价值观"的基础上，他提出两种不同性质的"以人为本"：一种是侧重于从执政者"统治"角度出发的，他称为"人本工具论"；另一种是从"人"自身出发，实质在于人的自身解放和每个人自由的全面发展，他称为"人本实质论"。他主张应抛弃"人本工具论"，树立"人本实质论"。

4."双线均衡论"。他以北欧考察为依据，阐述"市场化和社会公平可以兼容"，并以拉美为借鉴，主张中国必须"在社会公平和市场化两个鸡蛋上跳舞"，寻求"双线均衡"：如打破经济市场化这个"鸡蛋"，中国就可能倒退；如打破社会公平这个"鸡蛋"，中国有可能动乱。而且，特别提出要注意防止两种现象："第一，要经济市场化，但要防止'权贵'；第二，要实现社会公正，但要防止'民粹'。无论是'权贵'还是'民粹'，对中国广大人民群众来说，都是不利的。从拉美国家看，这两种现象是互为依存、恶性互动的：上面越'权贵'，社会越'民粹'；社会越'民粹'，上面越'权贵'，甚至可能会集权。比较而言当前主要是防止'权贵'问题。我们必须看清这一点，保持理性认识。"（见该书第288页）

5."三个解放互动论"。解放生产力，是中国现代化之基；解放生产关系，是中国现代化之源；而解放人的自身，则是中国现代化之本：三者之间具有内在联系和互动机制。

《人本体制论》出版后，《光明日报》把该书作为中国改革开放以来新学科的代表作之一予以介绍，[1]并在综述中把常修泽列为中国"人的发展经济学研究三个阶段"的前沿代表人物之一。[2]

---

[1] 孙明泉，"促进人的自由全面发展，才是社会主义经济的根本——访'人本经济学'的探索者常修泽"，《光明日报》2009年9月8日理论版。

[2] 参见《光明日报》2009年9月8日。另，中山大学学者朱富强认为"关于人本经济学的探索，常修泽做了大量先驱性工作"，参见《学术研究》2010年第4期；国家教育部社科司前司长奚广庆称常修泽"创造性地提出人本导向的体制创新理论"，参见《社会科学报》2010年1月14日；中国改革报理论部主任王森把常修泽列为"人的发展经济学的倡导者"之一，参见《中国改革报》2010年7月5日。

2015：将"人本论"引入经济结构：出版《人本型结构论》

虽然,《光明日报》理论版把人本体制论作为中国改革开放以来新学科的代表作之一,但是常修泽深知,与作为一门"新学科"的要求比,还是有很大差距的:明显的缺结构问题、缺发展方式问题,构不成理论体系。从学科要求看,除人本体制外,人本结构、人本发展方式,是理论体系不可或缺的。

为了真正建立人本经济学学科,"自 2008 年《人本体制论》出版后,(常修泽)就开始构思如何用'人本'思想推进中国经济结构的转型问题,并且预想了书名——《人本型结构论》,以期与《人本体制论》形成姊妹篇"①。2015 年 8 月,安徽人民出版社隆重推出《人本型结构论——中国经济结构转型新思维》(作为"中国经济转型"丛书之一部)。人本型结构六大结构目标即体制支撑包括:在需求结构上,瞄准提高"居民消费率"及相应的"民富支撑";在供给结构(产业结构)上,瞄准与人直接相关的现代服务业和战略性新兴产业;在要素投入结构上,瞄准人的"心灵放飞"和万众创新;在资源环境上,瞄准生态福祉和"环境人权";在城乡结构上,瞄准填平城乡之间"人的制度鸿沟";在区域结构上,瞄准区域人际协调,以避免"板块群体碰撞"。

在中国,结构转型"转到深处是体制",必须真刀真枪地实施"结构性改革",克服两种"本位"("物本位"和"官本位")。唯有此,结构转型才有可靠的制度支撑。

《人本型结构论》出版后,引起学术界和经济界重视。新华网 2015 年 9 月 21 日发表"以'人本型结构论'探索中国新阶段结构转型"一文予以介绍;2015 年 11 月 23 日新华网再发消息"常修泽教授新作《人本型结构论》受热捧 出版两月脱销"。在此背景下,他以书中核心观点为基础撰成长篇论文"论人本型经济结构——对中国新阶段结构转型战略的新思考",在《经济社会体制比较》杂志刊出,并被《新华文摘》全文转载。② 著名经济学家

---

① 常修泽,《人本型结构论》,安徽人民出版社 2015 年版。
② 常修泽,"论人本型经济结构——对中国新阶段结构转型战略的新思考",《经济社会体制比较》2015 年第 5 期,《新华文摘》2015 年第 24 期转载。

张卓元、高尚全先后发表评论。①2016年，该书获"中华优秀出版物奖"。

推进人的发展经济学研究：努力共建中国的"人发学派"

随着《人本体制论》和其他学者相关著作的出版，"人的发展经济学"逐步受到经济学界关注。作为该学科的探索者，常修泽以一个中国知识分子"为天地立心，为生民立命"的责任感，思考未来"人的发展经济学向何处去"的问题。他认为：从现实来说，中国的"人本"还处于"低端"状态，尤其是"人本工具论"仍有市场；从理论来说，许多深层次的理论问题并未触及，学科体系更不成熟。为此，他从三个方面展开工作。

一是组织全国性研讨会。在常修泽等学者倡导下，2009—2017年连续召开了九届全国性的人的发展经济学研讨会。②在这九次会议上，他做主题演讲并主持讨论，推动了该学科的研究。

二是加强国际交流。他与中改院院长迟福林等学者一起，与联合国开发计划署合作，开展《中国人类发展报告》的研究和撰写工作。③他力主用富有人性化特点的HDI（"人类发展指数"）替代GDP，作为主要考核指标。

三是深入探讨人的发展经济学理论体系。2008年全球金融危机的爆发，使他更加深刻地意识到，"金钱拜物教（物本位）"与"权力拜物教（官本位）"两条通往奴役之路都已"接近尽头"，亟须探索新的人的发展经济学的完整体系。针对目前这一领域的不同理论倾向，他主张吸收马克思人本理论、西方人本理论以及中国（儒家）人本理论的精华，熔诸家观点于一炉，建立一个具有更大包容性的中国"人发学派"。同时他还在海内外讲授人的发展理论，以求该学科后继有人。

鉴于其对该学科的贡献，2012年在第四届人的发展经济学研讨会上，常修泽教授和其他三位学者等一起被推为中国"人的发展经济学领军人物

---

① 张卓元，"围绕人调整经济结构"，《人民日报》2015年11月27日。高尚全，"主线独特 立意新颖"，《经济参考报》2015年12月1日。
② 第一届人的发展经济学研讨会于2009年在南宁举行；第二、第三届分别于2010年、2011年在北京举行；第四届于2012年在成都举行；第五届于2013年在北京大学举行；第六届于2014年在南宁举行；第七届于2015年在武汉举行；第八届于2016年在贵阳举行；第九届于2017年在广州举行。
③ 联合国开发计划署驻华代表处等，《中国人类发展报告：惠及13亿人的基本公共服务》，中国对外翻译出版公司2008年11月版。

之一",《光明日报》光明网为此设立"人的发展经济学专版"予以介绍（2012年）。

"转"：探讨体制、发展和文明样式转型，提出"'特''共'一体论"，为"中国第三波历史大转型"立论

40年来，常修泽相继探讨体制模式转型（"换体论"）、开放模式转型（"四沿开放战略"）和发展模式转型（"中国发展模式转型提升论"），在此基础上，前瞻性地提出了中国"第三波转型"理论。

体制转型：提出"'换体'革命论"

早在上世纪80年代初期，常修泽就参加了由谷书堂教授主持的"六五"国家重点科研项目"中国经济体制改革的理论依据研究"，由此进入体制转型研究领域。

1989年下半年后，针对当时理论界出现的怀疑甚至否定社会主义商品经济的倾向，他与谷书堂教授一起在《经济研究》发表了"社会主义与商品经济论纲"，明确提出了与社会制度属性脱钩的"商品经济中性论"，系统阐述了商品经济与社会主义"兼容"理论，坚持了"社会主义商品经济"的改革取向。① 在1989年年底的特定背景下，坚持这种市场取向是有政治风险的，反映了作者的理论勇气。

后来，在深入研究经济体制的过程中，他采用"体"和"用"两个范畴，认为一个社会只能有一个"体"。基于这种理念，于1992年完成了长篇学术论文"'换体'论"。② 之后在该文基础上，主笔出版了专著《中国："换体"的革命》，指出：中国的体制创新，不是在原有经济体制框架内枝枝节节的修补或改良，而是对原有经济体制的根本性变革。从经济运行机制的角度来分析，这实际上是一场"换体"的革命。③

1995年调入北京后，常修泽先后参与主持了为中共十五大、十六大报告

---

① 谷书堂、常修泽，"社会主义与商品经济论纲"，《经济研究》1990年第6期，《新华文摘》1990年第9期转载。

② 参见常修泽，"作为'体'的市场经济与作为'体'的计划经济不能兼容"，《南开学报》1993年第2期；另见常修泽，"'换体'论"，收入薛暮桥、吴敬琏等，《我的市场经济观》（下），江苏人民出版社1994年版。

③ 常修泽等，《中国："换体"的革命》，天津人民出版社1994年版。

起草工作提供支撑的研究报告（第一主持人分别为林兆木、白和金）。在研究报告中，写进了他长期形成的"对公有制和市场经济做'双向调整'""要特别注意按资本分配可能产生的累积效应"以及"深度市场化"等观点。

经过20多年对体制转型问题的深入研究，他系统提出"五环式改革论"：以市场化为中心的经济体制改革、以民主化和法制化为中心的政治体制改革、以公正化为中心的社会体制改革、以价值先进化和多元化为中心的文化体制改革、以生态文明化为中心的环境制度改革。并强调指出，"改革能否突破的关键所在，是能否摆脱既得利益集团中某些'障碍力量'的束缚"。同时他以拉美为借鉴提出，中国当前主要是防止"权贵"问题。①

开放转型：提出"四沿—渗透型"开放战略

早在1984年春，常修泽曾和谷书堂教授等一起赴深圳调查，并对拟议中的经济开发区进行了研究，完成了一部《深圳经济特区调查和经济开发区研究》。② 同年9月，他在莫干山会议上提出"从蛇口工业区开发得到的启示"以及"创办经济开发区"的若干建议。

1987年，他在深入沿海和西部省区调查研究过程中，得出结论：单纯实行沿海地区对外开放，有可能形成外向型的沿海经济和内向型的内地经济不协调的局面。这不仅在经济上，而且在政治上、民族上产生不良后果。为了避免由于东西部发展的不平衡而可能使中国陷入新的"二元经济结构"的境地，他带领研究生戈晓宇提出"四沿（沿海沿江沿边沿线）"开放战略。③ 1988年5月4日，新华社内参《国内动态清样》以"常修泽等建议实行'四沿—渗透型'开放战略"为题刊发（杨继绳报道），报中央有关领导参阅。这一战略构想后被国家吸收到中共十四大"全方位开放格局"的战略部署中。2018年12月18日中央庆祝改革开放40周年大会讲话中，把"四沿（沿海沿江沿边沿线）"开放战略作为中国40年改革开放重要业绩之一。

发展转型：提出"中国经济发展模式转型提升论"

2007年，在探讨体制模式基础上，常修泽承担了"当今世界主要发展模

---

① 参见常修泽，"中国下一个30年改革的理论探讨"，《上海大学学报》2009年第3期，《新华文摘》2009年第20期转载。
② 谷书堂主编，常修泽担任副主编之一，南开大学出版社1984年版。
③ 该战略主张"四沿联动、重点渗透、东西兼顾、多元开放"。见常修泽、戈晓宇，"论'四沿—渗透型'开放战略"，《改革与战略》1988年第4期。

式比较研究"的专题研究任务。课题主要成果"中国经济发展模式转型提升研究",获中央组织部重点调研课题成果一等奖(2009年)。在此基础上,形成了长篇学术论文"中国经济发展模式转型提升论"。[①]

在此代表性论文中,常修泽指出中国经济发展模式从"内在基因"的角度分析存在若干缺陷,需要进一步提升。他主张应聚焦四个层面:一是核心层,由"低端人本"转向"高端人本";二是战略层,实行绿色革命和创新革命;三是结构层,寻求内外、产业、区域、城乡四大协调;四是基础体制层,由经济转轨转向"五环改革"。具体展开,他提出八个方面的转型,即由"低端人本"向"高端人本",由"环资启蒙"向生态社会,由"中国制造"向"中国创造",由出口导向向内外联动,由工业立国向产业协同,由板块崛起向区域协调,由城乡二元向城乡一体,由经济转轨向"五环改革"。该论文在《中共中央党校学报》2010年第4期全文发表,《人民日报》理论版2010年11月26日以"中国经济转型提升的方向"为题在显著位置转载。

着眼中国未来全方位转型:探索"第三波转型理论"

在上述体制模式转型、开放模式转型和发展模式转型的基础上,常修泽从中国现代史的广阔视野,探索性提出"中国第三波转型论"。第一波转型,社会制度转型;第二波转型,经济体制转型;第三波转型,未来中国"整体发展模式转型"。此观点提出后,引起海内外较大反响。新华社《经济参考报》2010年3月12日以"中国正面临第三波历史大转型"为题,用整版篇幅发表访谈内容。香港《文汇报》在中共十七届五中全会背景分析中对此观点进行了报道。

基于上述构思,在《人本体制论》和《广义产权论》出版后,常修泽就开始构思《中国第三波转型论》框架。其思考的核心是"21世纪的中国向何处去"的问题。其基调是:"告别边缘、告别隔阂。走向复兴,走向融合。兴而不肆,融而不阿。"

经过几年的潜心研究,体现该思路的一部理论著作《包容性改革论——中国新阶段全面改革的新思维》已于2013年10月由经济科学出版社出版。全书上见"天光"(世界潮流),下接"地气"(中国实际),中立"人本"

---

① 参见常修泽,"中国经济发展模式转型提升论",《中共中央党校学报》2010年第4期。

(人权制度化），系统阐述了"包容性改革论"的三大要义：包容性思想、包容性制度、包容性运作，形成了比较完整的包容性改革理论体系。全书设总论篇、分论篇和运作篇，其中，在总论篇中提出了"包容性体制总体优越于排斥性体制"等核心观点，在"分论篇"则分别从经济转型、政治变革、社会共生、文明融合、天人合一五个方面阐述他提出的"包容性体制"的改革目标和实现途径。该书出版后被称为"国内首部系统探索包容性改革的著作，中国中长期全方位改革的战略选择"。

2018《经济研究》高端论坛：提出"特共一体论"

当代中国文明与当代西方文明的关系、当代中国文明与当代共同文明的关系是两组命题。2017年11月16日，由中共中央宣传部筹划、中国社会科学院和中国国际交流中心主办的"中共十九大：中国发展和世界意义"国际智库研讨会在北京国际饭店举行。常修泽应邀与会。他在发言中重点阐述了"契合点"，指出"人的全面发展既是中国特色社会主义思想的核心内容，也是西方发达国家主流学者强调的价值理念，在这里，找到了中西文明的最大契合点"。[①] 这触及了第一命题——当代中国文明与当代西方文明的关系。

2018年5月17日，由中国社会科学院经济研究所主办，《经济研究》编辑部承办的"经济研究·高层论坛"在京举行。他在演讲中已推进到第二命题，关于"'特''共'一体的政治经济学"。指出：探索中国特色的社会主义道路，构建中国特色的社会主义政治经济学，这里面的关键字是个"特"字。同时，还要构建"人类命运共同体"，这里面的关键字是"共"字。这就带来一个"特"与"共"的关系问题。他建议把国内中国特色的社会主义研究和国际上构建人类命运共同体的研究结合在一起，把"特"和"共"整合起来探讨，将二者融合起来。常修泽认为，既然是人类命运共同体，肯定是有些人类共同的价值、共同的规律在里面。我们的解释可以和别人有所不同，但无论如何不能说没有人类共同的价值取向。近几年人们回避、否定，个别人甚至批判"人类共同的价值取向"，是不对的。怎么会没有"人类共同的价值取向"？否则，人类命运共同体就没有根基了。此论在《经济研究》

---

① 常修泽，"'不断促进人的全面发展'蕴含人类文明价值"，《经济日报》2017年11月23日。

高端论坛提出后,中国社会科学网公开发表,人民论坛网、爱思想网等多家媒体转载。"'特''共'一体论"为"中国第三波历史大转型"提供了新的理论支撑。

"产""人""转"三个方面的探索,以"广义产权论"为制度根基,以"人本体制论"为经济哲学,以"第三波转型论"为转型方向,初步形成了常修泽比较独特的经济学理论体系。

情系南开:进京后继续为母校做贡献

学术报校:支持学校教学科研活动

在教学方面。常修泽教授于1988年开始招收硕士生。进京后,南开大学继续聘他为经济学博士生导师组成员。1997年1月17日,经过南开大学第五届学位评定委员会第二次全体会议评审,常修泽正式成为政治经济学博士生导师,开始指导博士生。进入新世纪后,虽应中改院与东北大学之邀,专门指导新设的转轨经济专业博士生,但仍然多次参与母校的博士论文评审、答辩和学术讲座等活动。例如,2014年3月,时任南开大学校长龚克教授看了《人民日报》理论版发表的张卓元先生对常修泽新著《包容性改革论》的评介文章后,颇感兴趣,常修泽教授应邀回校给师生做了关于包容性改革论的讲座,获得好评,并将新著赠送校图书馆。

在科研方面,他也多次回母校参加学术研讨会或重要论坛。如,2016年7月28日,由南开大学原副校长逢锦聚教授领衔,"中国特色社会主义经济建设协同创新中心"举办全国性的"政治经济学大讲堂"高层论坛,常修泽教授从长白山二道白河小镇赶到天津,与政治经济学界同人聚会,共同研讨"以人本思想为核心,创新经济学体系"问题。会后,他的关于"人本经济学探索"的报告收入逢锦聚教授主编的《中国经济与世界》一书。

不忘师恩:为母校老一辈学者立传、留芳

常修泽不忘师恩,进京后一直保持与母校老师的密切联系。2011年,国

家有关方面拟出版《20世纪中国知名科学家学术成就概览（经济学卷）》，谷书堂教授被列入其中，这是中国学术界一件大事，也是南开大学的光荣。基于对常修泽的信任和倚重，谷书堂教授向编委会提出由常修泽撰写。尽管当时很忙，但他欣然接受任务，在对老师学术思想进一步体悟的基础上，耗费心血撰写了"谷书堂学术经历和学术思想篇"，被编委会收入该书的第一分册，于2013年由科学出版社出版。

第一分册出版后，南开大学经研所和山西人民出版社于2013年10月商定依此为基础，专门出版一部《谷书堂学术经历和学术思想述评》。时任所长柳欣教授邀请常修泽教授共同主编。然而，"出师未捷"，柳欣早逝，使常教授十分悲痛。为完成这一著述，常教授忍痛独自挑起主编重担，在周云波、王璐两位助理的协助和众多校友的支持下，用整整一年时间主编完成了这部40余万字的《不平坦的治学路——谷书堂学术经历和学术思想述评》。常修泽教授把他与老师四十年的师生情缘，凝结成一副"长联"，高度概括老师的坎坷人生和学术成就：

　　堂堂正正　坦诚处世　屡遭厄运　首遭五九厄运　再遭社教厄运　更遭十年浩劫厄运　岁月坎坷成历史
　　兢兢业业　潜心治学　执著探索　先探价值理论　继探分配理论　再探商品经济理论　学术求真启后人

2014年10月19日，南开大学举行《不平坦的治学路》新书发行式和座谈会，依此庆贺谷书堂先生90华诞。座谈会上，校友们赞扬了此书的学术价值和常教授所花费的心血。

天有不测风云。2016年1月10日上午，在海口西海岸专家公寓著书的常修泽接到师母伏义琴电话，告知谷老师突然患病，住进重症监护室。常修泽闻讯第一时间乘飞机从海南飞到天津。"谷老师，谷老师……您醒一醒，醒一醒，修泽来看您来了！"他赶到重症监护室，看到了他的恩师。此后，他留在天津，多次探视。

2016年3月27日19点56分，著名经济学家谷书堂教授与世长辞，享年91岁。常修泽将其撰写的"谷书堂教授的学术道路及理论贡献"一文，迅速传给国务院发展研究中心的《中国经济时报》，3月30日《时报》用一个多版的篇幅发表了这篇长文，纪念宗师。3月31日，谷书堂教授遗体火化。转天（4月1日），常修泽在《天津日报》发表了"谷老师，让我再看您一眼"，此文情深意切，感动读者落泪。此后，为进一步表达对谷书堂教授的怀念之情，常修泽还应《价格理论与实践》杂志之邀，撰写了"谷书堂教授对价值规律理论的探索与贡献"一文。2018年由逄锦聚、陈宗胜主编的《永远的怀念》一书，由南开大学出版社出版，常修泽发表的上述三篇纪念老师的文章全部收录其中。

对"老师的老师"，常修泽更是崇敬有加。"百岁教授"杨敬年先生是南开大学的传奇人物，比谷书堂教授更老一辈的经济学家。他90多岁时，重新翻译出版《国富论》，在学界传为美谈。2014年，著名编导夏骏先生（《河殇》总编导）拟拍摄一部大型电视系列片《读书的力量》，在应邀录制过程中，常修泽向夏骏编导介绍了杨敬年先生的事迹，引起摄制组重视。经与学校沟通，他亲自带领《读书的力量》摄制组到杨敬年先生家中，对这位时年106岁高龄的《国富论》翻译者进行访谈，留下极其珍贵的历史资料。2016年4月"世界读书日"之际，《读书的力量》在央视纪录频道连续五天播出，好评如潮。此时杨敬年先生已驾鹤西去，但此前具有"抢救"意义的访谈留下了无比宝贵的文献。有观众来信表示："从杨先生身上，我们看到著书的力量和读书的力量！"对此，南开大学和摄制组特意致函常教授表示感谢。

扶植新秀：促进南开学子在京茁壮成长

常修泽不仅尊崇师长，而且关爱学生，尤其是进京以后，运用其人脉和影响，尽力向国家有关研究机构和高校推介南开毕业生。对于在学术上崭露头角的青年学者，他更是努力扶植，助其成长。

例如，新崛起的中青年学者高明华曾是常修泽教授的硕士生、谷书堂教授的博士生。他来北京后，刻苦治学，脱颖而出，在国企改革、公司治理等领域颇有建树，任北京师范大学公司治理与企业发展研究中心主任、经济与工商管理学院教授、博士生导师。常教授对其情有独钟，不但出席其研究的公司指数发布会，而且邀请其参加京城国企改革问题沙龙并做主旨发言。在常教授主持的国家"十三五"出版规划重点图书《混合所有制经济新论》撰写中，特让高明华博士撰写该书的有关篇章。特别是，为纪念中国改革开放40年，有关方面邀请常教授主持《所有制改革与创新——中国所有制结构改革40年》一书的写作，并列入"复兴之路——中国改革开放40年回顾与展望丛书"。常教授再次邀请高明华博士撰写该书的"治理篇"。经过两年多写作、修改，该书于2018年4月23日"世界读书日"问世；5月3日新华社刊发了该书前言和目录；12月5日，《人民日报》理论版予以"新书评介"；年底，该书入选中央组织部"第四届全国党员教育培训教材展示交流活动获奖教材"。这其中就渗透着常教授与高明华博士等合作者的心血。

除高明华博士外，南开出身的青年学者彭丽红（中国人民大学）、祝尔娟（首都经贸大学）、张岸元（东兴证券首席经济学家）等，都受到过常教授的帮助和扶持。

心心相印：以"内部研究报告"的方式为遭遇坎坷的校友"直言"

常修泽积极参加北京南开校友会的学术论坛等活动，与校友会负责人刘禹东、刘越等交往较多。在学术交往中，了解到一些校友情况，并以其自己的方式为遭遇坎坷的校友仗义执言。其中，著名的"张文中案"与常修泽此后的两篇内部研究报告的关系就是一例。

张文中是南开大学管理学系硕士研究生，写硕士论文时曾多次到南开经济研究所讨论问题，与常老师相识。他毕业后由谷老师向当时的国务院价格研究中心负责人杨鲁先生推荐进入该研究中心（后并入国务院发展中心）工作。常老师曾到国务院发展中心市场研究部看望过他，后来，文中同学成为北京物美集团创始人，著名民营企业家。但不幸于2006年遭到诬陷被捕，后以诈骗、单位行贿和挪用资金罪被判入狱十几年。在狱中张文中不断申诉，出狱后依然到处呼号，盼洗清不白之冤。

常修泽对文中同学的遭遇十分同情。在从事"产权在中国"调查研究过程中，常修泽深感"张文中案"不是孤立的、个别的案件，他的另一些学生或朋友，如曾在南开大学经济所进修过的天津华旗集团创始人霍洪敏、云南昆明企业界人士牛彦先生等，也有类似遭遇。他认为，"张文中案"是一起典型的侵害私权的案件。基于此，2016年8月，常修泽撰写了《完善产权保护制度之我见》的内部研究报告，上报国家发展和改革委员会。11月11日，《人民日报》（大家手笔专栏）以"以公平为核心完善产权保护制度"为标题摘发了研究报告的主要内容。当年 11 月 27 日，中共中央、国务院下发了《关于完善产权保护制度依法保护产权的意见》。当天晚上，中央电视台新闻节目播发对常修泽教授的访谈。此前一个月，张文中正式向最高人民法院提出申诉。

2017 年 1 月 10 日，常教授再次向国家发改委提交第二篇内部研究报告——《关于激发和保护企业家精神的七点意见》。7 月 3 日《人民日报》（大家手笔专栏）再以"激发和保护企业家精神"为标题摘发了第二篇研究报告的主要内容。2017 年 9 月 25 日，《中共中央 国务院关于营造企业家健康成长环境 弘扬优秀企业家精神 更好发挥企业家作用的意见》公布。第二天，9 月 26 日，中国改革论坛网将常教授提交的内部报告"予以公开，供研究参考"。9 月 29 日，新华社《经济参考报》以近整版的篇幅转载上述报告，编者按指出："常修泽的报告，对于理解这份重要文件具有一定的参考价值。征得作者同意，本报特刊出报告全文，希望能对读者有所启发。"

当年 12 月，最高人民法院决定依法再审张文中涉产权案件，并最终于 2018 年宣告张文中无罪。年底，北京校友会核心人物刘禹东、刘越等邀请常教授与张文中等南开校友在金融街英蓝大厦聚会，共同庆贺文中同学被平反。由此，张文中与常教授结下深厚友情。2019 年 3 月 14 日"今日头条"刊发"著名经济学家常修泽教授九答民营经济"一文，张文中阅后第一时间转给常教授，并向老师深表敬意。常教授除上述为母校曾经遭遇坎坷的校友"直言"外，还用多种方式"扶危济困"，因而获得校友敬重。

▍参考文献：

李连第、刘英伟，"扎根本土 潜心治学——注重社会主义经济运行研究的常修泽教授"，载《中国经济学希望之光》，经济日报出版社 1991 年版。

张卓元等，《中国百名经济学家理论贡献精要（第 2 卷，常修泽篇）》，中国时代经济出版社 2010 年版。

陈光远，"修炼大'道' 泽惠后人——记著名学者、国家宏观经济资深专家常修泽教授"，载《飞花香远——当代惠民乡贤录》，黄河出版社 2013 年版。

张卓元、厉以宁、吴敬琏主编，《20 世纪知名科学家学术成就概览（经济学卷，第三分册）》，科学出版社 2015 年版。

卢栎仁，"创立'广义产权论'的常修泽教授"，《产权导刊》2010 年第 10 期。

王仁贵，"常修泽：'人本'发展理论的求索者"，《瞭望》新闻周刊 2011 年 5 月 10 日。

逄锦聚：致力于构建中国特色经济学

张海鹏

逄锦聚，山东青岛人，南开大学经济学讲席教授、博士生导师。历任南开大学党委副书记、副校长，经济学院党委副书记、书记、副院长，教育部高等学校经济学学科专业教学指导委员会主任委员等职。现任中国特色社会主义经济建设协同创新中心主任，教育部人文社会科学重点研究基地南开大学政治经济学研究中心主任，全国中国特色社会主义政治经济学研究中心主任，国务院学位委员会马克思主义理论学科评议组召集人，中央马克思主义理论研究和建设工程咨询委员，《马克思主义基本原理》编书组首席专家，国家教材委员会教育部哲学社会科学专家委员会委员等职。长期从事经济学教学与研究，在马克思主义政治经济学基本理论、中国特色社会主义政治经济学、社会主义市场经济与中国经济体制改革、宏观经济运行及调控等方面成果丰硕，培养经济学博士60余名，出版专著30余部，发表论文300余篇，代表作有《政治经济学》《经济波动与经济调整》《马克思劳动价值论的继承与发展》《逄锦聚自选集》《改革开放进程中的中国宏观经济运行与调控》《走向社会主义市场经济》《中国特色社会主义政治经济学通论》等。有十余项成果获国家和部委级奖励，其中任第一主编的《政治经济学》、第一主持人完成的"经济学基础创新人才培养模式的理论与实践探索"和参与主持的"独立办学，紧密合作，创新办学体制和人才培养模式"分别获高等教育国家级教学成果一

等奖，专著《马克思劳动价值论的继承与发展》获中华优秀出版物（著作）奖，《逄锦聚自选集》获天津市哲学社会科学特别奖。2006年获中共中央组织部、中央宣传部、中华人民共和国人事部、科技部授予的全国"杰出专业技术人才"荣誉称号和奖章，2007年应中共中央、国务院邀请参加北戴河专家休假，是中央联系的哲学社会科学专家。其学术成就收入《20世纪中国知名科学家学术成就概览（经济学卷）》。

品格魅力：人民情怀重实践

优秀的品格是做人做事做学问的基础。人民情怀是逄锦聚最为鲜明的品格。凡是与逄锦聚有过交往和交流的人，无论是学生还是同事、朋友，都能从他的演讲、授课和平日接触中，或是通过阅读他的论著，强烈地感受到他身上所具备的浓浓的人民情怀。

2007年，新华社、《人民日报》、中央电视台、《光明日报》等十几家中央媒体先后报道了逄锦聚从事教学和科学研究的事迹，新华社用的标题便是"经济学家的人民情怀"。逄锦聚主张："学习和研究马克思主义经济学，不仅要把握其基本理论、基本观点和基本方法，还要坚定为人民群众服务的立场。马克思主义立场就是人民大众的立场，经济学工作者应当代表广大人民大众的利益，要把为最广大人民谋根本利益作为理论创新的出发点和归宿。"他表示："我从事教学和研究只有一个宗旨——以经济学理论知识为社会服务，为人民服务，为改革开放和现代化建设服务。"

逄锦聚的人民情怀在其发表的文章中有充分的体现。2013年，他在《光明日报》发表"以民为本实现经济体制改革的新突破"一文，指出坚持社会主义市场经济的改革方向，也就是在改革中坚持改革为了人民、为人民而改革的根本目的。2016年他在《中国社会科学》杂志上发表"把握'根'与'魂'开拓新境界"，指出作为中国特色社会主义政治经济学的研究者、教育者，一定要坚持人民是历史创造者的观点，树立为人民做学问的思想，尊重人民主体地位，聚焦人民群众的实践创造，自觉把个人学术追求同国家和民族发展的命运紧紧联系在一起，努力多出经得起历史实践检验、人民认可的研究成果。

逢锦聚的人民情怀来自于他青年时期长期的农村、企业实践和在实践中形成的实事求是的科学精神。逢锦聚年轻时曾经做过农民，种过地，淘过大粪，还做过木工、泥瓦工。回顾这段经历，他说："苦是苦了一点，但我对人生、社会的理解，对农村、农民、工人、企业的了解，以及身体、心理素质的形成，很大程度上得益于此，这为我后来的做人和从事经济学教学与研究奠定了永久性的根基。"他认为，"经济学家不应该只是从书本到书本的教书先生，而应当一生向实践学习，向人民群众学习"。不管怎么忙，逢锦聚每年都找机会深入实践做调查研究，指导学生利用寒暑假深入改革开放前沿地区、贫困地区、农村、企业开展调查研究。早在2001年，在对京、津经济调查的基础上，他和他的同事就撰写了"京津经济一体化"研究报告呈送决策机关，其中关于京津经济统一规划、产业结构优势互补、加快京津间快速铁路和高速公路建设等建议被决策者采纳并付诸实施，产生了很好的经济效益和社会效益，为今天京津冀协同发展战略的实施提供了前期的理论和实践基础。

教书育人：做人做事做学问

立德树人是高校的根本任务，教书育人是教师的本分。逢锦聚几十年与教师职业结下不解之缘，年轻时做过小学、中学、青岛市委党校教师，1984年研究生毕业后留南开大学任教，至今已30余载，他把教学、科研和管理等各项工作统一到为国家培养优秀人才上。他说："经济学是经世济民之学，作为教师，没有任何理由不把毕生的精力献给经济学研究和人才培养。"逢锦聚留教南开第一年就给本科生开设政治经济学（社会主义部分）课，至今仍然为本科生开设讲座，给博士生开设专业课。

逢锦聚从1993年开始在南开大学指导博士研究生，2014年后又同时在中国社会科学院指导博士生。他指导的博士生走向社会后，工作努力，成绩突出，不少已成为现代化建设的栋梁之才。做逢锦聚的学生是幸运的。逢锦聚指导学生的基本理念是"要把做人、做事、做学问统一起来"。他经常告诉学生们：要老实做人、踏实做事、脚踏实地做学问，拒绝浮躁。他认为，无论同学们将来从事什么职业，做人都是第一位。他要求学生走向社会后，为官要两袖清风、一心为民；为商要遵纪守法、勤劳致富；为学要兢兢业业、实事求是。即使是做一名普通的工人或农民，也要踏实认真工作，争取在平凡的岗位上做出不平凡的成绩。他教育学生只有在做人上坚守道德底线和高标准，才能真正地把事情做好，把学问做精。要让做事、做学问经得起时间和实践的检验，要把个人的奋斗目标与国家、社会和人民的需要统一起来。

逄锦聚不仅努力培养自己指导的学生，也积极推动全国经济学教育教学改革。在担任教育部高等学校经济学学科专业教学指导委员会主任的十余年时间里，他和委员会的专家一道立足中国，借鉴国外，探讨人才培养模式的改革、课程体系设置、教学内容改革，制定专业规范，倡导综合素质教育，创办全国性经济学教育教学论坛，每年定期就中国经济学教育教学改革和人才培养中的重大问题进行研讨，有效地推动了20和21世纪之交中国经济学教育教学的改革和发展。同时，还在教育部的支持下，在老一代经济学家工作的基础上，采取得力措施，加强北大、人大、南开等13所高校国家经济学基础人才培养基地的建设，为全国经济学教育教学改革积累了经验，发挥了示范辐射带动作用。为表彰逄锦聚所做的优异工作，2018年在庆祝国家经济学基础人才培养基地建设20周年大会上，逄锦聚被授予经济学基础人才培养终身成就奖。

在担任第六、第七届国务院学位委员会马克思主义理论学科评议组召集人和两届全国高校思政课教学指导委员会主任的近十年时间里，在教育部的领导下，逄锦聚与评议组和委员会的专家们一起，开展全国性学科建设调查研究，深入课堂听课，编制马克思主义理论学科博士点、硕士点建设规范和高校思政课主要课程教学要求，推动教材建设，发挥咨询作用，对推动马克思主义理论学科建设和全国高校思政课改革建设发挥了重要作用。

从1989年担任南开大学党委常委算起，逄锦聚曾在学校领导岗位工作近20年，先后担任副书记、副校长。在担任副校长分管全校教学和文科学科建设工作期间，他与全校师生一道，大力倡导弘扬南开优良传统和学风，开展思想道德素质教育、文化素质教育、专业素质教育和身体心理素质教育，加强对学生能力培养，推动形成了具有南开特色的课堂教学—校园文化—社会实践"三位一体"的育人模式，在高等学校中产生重要影响。在教育部组织的两轮本科教学评估中，南开大学均被评为优秀。《人民日报》曾以"南开学风堪称一流"为题，报道南开大学的学风建设，对南开的教学育人给予肯定，在全国产生了很好的影响。

科学研究：致力构建中国特色经济学

逄锦聚的主要研究领域是政治经济学基本理论研究、经济体制改革研究以及宏观经济运行与调控研究等方面。2004年中央实施马克思主义理论研究和建设工程，马克思主义作为一级学科独立设置。逄锦聚积极参与该工程，在对经济学长期研究的基础上，又加强对马克思主义理论的研究，并把对经济学研究和对马克思主义的研究结合起来，取得了丰硕成果。逄锦聚也成为学术界在政治经济学和马克思主义理论两个学科领域同时有比较深入研究和重要影响的学者之一。

在科学研究中，有两个基本观点是逄锦聚数十年来一直提倡并身体力行的。一是始终坚持问题导向，选取经济社会发展过程中提出的重大理论问题和实践问题进行研究，在充分借鉴吸收国内外已有研究成果的基础上勇于探索、致力创新。二是尊重客观事实、尊重规律。他力主，认识可以而且应该随着实践的发展而不断变化，但是，尊重客观事实、尊重规律不能变，不能随波逐流，违心写文章。

在经济学方法论上，逄锦聚强调，经济学研究一定要坚持辩证唯物主义和历史唯物主义的方法论。认为经济社会是发展变化的，不可能停留在一个水平上，推动经济社会前进的根本动力是生产力的发展和由此引起的生产力与生产关系、经济基础和上层建筑的矛盾。当生产关系不适应或不完全适应生产力发展，上层建筑不适应或不完全适应经济基础发展要求时，改革生产关系和上层建筑就成为生产力发展的必然要求。从这个意义上说，改革是发展的动力，这种动力来自生产关系、上层建筑对生产力发展的反作用。但从根本意义上说，生产力发展是推动社会前进的根本动力，从而也是推动改革的根本动力。生产力的发展永远不会停留在一个水平上,由此就提出变革生产关系和上层建筑的要求,所以改革才有了必要和可能。

劳动价值论是马克思主义政治经济学理论的基石,逄锦聚对此有深入的研究。在他主持撰写并于2005年出版的《马克思劳动价值论的继承与发展》中,在系统阐释马克思劳动价值论基本观点的同时,进一步对在新的历史条件下如何更好地继承和发展马克思劳动价值论进行了阐发。他认为,"马克思劳动价值论虽然是从对资本主义条件下商品生产和商品交换的分析中得出的,但是它包含了关于商品生产、商品交换和市场经济发展最一般、最基本的理论。这一基本理论和其中揭示的市场经济一般规律,也适用于包括社会主义条件下的市场经济在内的一切市场经济"。在此基础上,逄锦聚对价值创造、价值形成与财富创造等基本范畴进行了界定,对生产性劳动和非生产性劳动、科学技术经济增长与价值创造的关系以及剩余价值、剥削与劳动价值论等问题进行了探讨和回答。这些思想和理论探讨,对于如何认识和发展社会主义市场经济极其重要。

逄锦聚的主攻方向虽然是马克思主义政治经济学,但是他始终强调要从整体上研究和把握马克思主义理论,认为只有全面、系统、准确、完整地理解和掌握马克思主义基本原理,才能够在不断发展的实践中,真正以马克思主义为指导,深入开展各项工作。逄锦聚建议,要从马克思主义的形成过程,马克思主义各个组成部分的内在联系,马克思主义的革命性和科学性统一、创新性和实践性统一等方面,把握马克思主义的整体性。

在对改革发展和现代化建设的研究中,逄锦聚比较早地主张要坚持社会主义市场经济的改革方向,并对两种倾向性问题提出主张。他认为,在坚持社会主义市场经济改革方向的问题上,存在两种值得注意的观点:一种是只讲市场经济取向不讲社会主义制度基础;另一种是只讲社会主义而不讲发展市场经济。前者忽视或者放弃了社会主义,虽然可能在某一阶段经济发展了,社会财富增多了,但财富集中到少数人手中,大多数人日益增长的物质和文化需要不能很好地得到满足。后者只讲社会主义而不讲发展市场经济,会使经济发展失去效率,改革走回头路,也不可能达到改革的根本目的。要实现改革的根本目的,就一定要坚持改革开放的正确方向,既不僵化保守,也不改旗易帜,而是坚定不移地走中国特色社会主义改革道路。

逄锦聚密切跟踪改革开放的进程，并注意适时总结经验。早在 1993 年，他就对我国经济体制改革的基本经验做出了初步总结。他认为，坚持党的领导，解放思想；坚持社会主义基本经济制度和社会主义市场经济目标；摸着石头过河，选准改革突破口和中心环节，抓住改革的关键，实施综合配套改革；把改革、发展和稳定紧密结合起来；紧紧依靠人民群众进行改革；这些都是改革取得成功的重要经验。今天看，这些改革的基本经验，仍对我国进一步全面深化改革、推动发展具有重要意义。

在研究中，逄锦聚持续关注计划与市场关系的处理，坚持主张把市场经济的优势和社会主义制度的优势结合起来。在长期对此研究、多有著述的基础上，2019 年 1 月，逄锦聚又在《光明日报》撰文进一步指出，使市场在资源配置中起决定性作用和更好发挥政府作用，是对中国特色社会主义建设规律认识的一个新突破。他认为，市场决定资源配置是市场经济的一般规律，更好发挥政府作用有利于进一步发挥中国特色社会主义市场经济的优势，要把这两方面的作用都发挥好；还要进一步深化经济体制改革，着力加强微观市场主体的塑造，着力完善现代市场体系；要加强和改善党的领导，深化党和国家机构改革，加快政府职能转变。

在宏观经济研究方面，逄锦聚从 20 世纪 80 年代中期开始，几乎每年都围绕当年的国民经济运行情况和发展趋势撰写文章，及时总结和分析我国国民经济运行的基本特征和存在的问题。2003 年，逄锦聚在发表的"论中国经济中长期发展的决定性因素及其基本趋势"一文中写道，21 世纪的最初十年到 21 世纪中叶这段时期内，我国经济有望保持中高速持续增长的态势，他同时提出，要将这种趋势变为现实，关键是要审时度势，大力发展实体经济，适时采取宏观调控措施，充分发挥积极因素的作用，化解不利因素使其向有利的方向转化。

在经济研究中，逄锦聚弘扬南开经济学的传统，力主从中国国情出发，借鉴国外经济学的有益成分，强调本土化、中国化、民族化。针对较长一段时间以来，在经济学教学和研究中出现的过于重视西方经济学，轻视马克思主义政治经济学，中国特色经济学创新不足的情况，2012 年，他在"经济学的使命与经济学人的责任"主题演讲中表示：在经济学教学和学习中，不要迷信西方经济学，而应该从中国实际出发，广泛学习借鉴世界各国的经验教训,创建既具民族性又具有世界性的中国经济学。2014年,他进一步提出:"解决中国经济问题,只能立足中国国情,把马克思主义与中国实际相结合,走出经济学的'中国道路'。""西方经济理论应该借鉴,但不能照搬,西方经济学不应该也不可能作为我国改革开放和现代化建设的指导理论。""解决中国问题,仅靠他国经济理论是不够的。我们需要的是将马克思主义经济学基本原理与中国经济建设具体实际相结合,是中国化、时代化的马克思主义经济学。"同年,在北京大学举办的第28次全国高校社会主义经济理论与实践研讨会上,他明确提出并呼吁:我国的经济学研究者要齐心协力建设具有中国特色、中国风格、中国气派的经济学。

2016年,针对理论界有人认为"世界上只有一种经济学,即西方现代经济学"的认识,以及有人认为只有学习西方国家经济学在国外发文章才是国际化的观点,逄锦聚在《经济研究》杂志发表文章"中国特色社会主义政治经济学的民族性与世界性"指出:否认建设中国特色社会主义政治经济学必要性的主张,从哲学意义上是否认一般性存在于特殊性之中的一般原理,从经济学意义上就是以西方发达国家的主流经济学取代中国特色社会主义政治经济学。实际上,只要看看历史和当代世界实践就不难发现,世界上还没有哪个大国是没有自己的根本理论而靠照抄照搬别国理论而取得成功的。我们在学习西方经济学并运用到实践时,就要立足我国实际,有分析、有鉴别,绝不能不加分析地照抄照搬,更不能把它作为唯一准则,作为我国改革开放的根本指导理论。

针对经济学国际化的片面观点,逄锦聚指出,那些只讲表面不顾本质,只重一面不及其余的经济学国际化观点,多的是盲目崇拜,缺的是中国人的骨气和理论自信。立足当代中国的实践,创新经济学理论,让中国特色社会主义政治经济学走向世界,为人类的共同发展做贡献,这是经济学国际化的应有之义,也是每位经济学学者的责任。今天我们具有了这种现实可能,应该为此而努力。

同年,逄锦聚在《中国社会科学》杂志发表文章提出:发展中国特色社会主义政治经济学,要牢牢立足于当代中国的国情和伟大实践,充分吸收和弘扬中华民族几千年的优秀传统文化,这是中国特色社会主义政治经济学的"根"。必须旗帜鲜明地坚持以马克思主义为指导,这是中国特色社会主义政治经济学的"魂"。要把马克思主义政治经济学基本原理与当代中国实践结合起来，与弘扬优秀传统文化结合起来，与时代特点结合起来，创新发展马克思主义政治经济学，为世界贡献中国智慧。

著书立说：基本理论入教材

逄锦聚不仅重视经济学研究，而且重视教材建设，将所研究的成果转化为教书育人的内容。他说：学校的根本任务是立德树人，科学研究的成果首先要转化为育人的内容。"教师要有一种'教材情结'。为学生编写高水平教材，是天大的事情，也是不可推脱的责任。一部好的教材，让人终身受益，会影响一代甚至几代人。"他这样认识也这样做。上世纪80年代末，他参与由谷书堂教授主持的全国经济学科研究生教材《社会主义经济学通论》的编写，90年代初参与由吴树青教授主持的全国财经类大学生教材的编写。2000年开始作为第一主编主持编写教育部高教司组织编写的面向21世纪教材《政治经济学》。该教材第一版问世后被推荐作为全国高等学校经济学类、管理学类各专业的共同核心课教材，列入"十五""十一五"国家级规划教材，2005年荣获国家级教学成果一等奖，目前已出版发行第六版。

2005年，经过专家严格遴选，逄锦聚作为首席专家召集人主持中央马克思主义理论研究和建设工程的全国大学生思政课教材《马克思主义基本原理概论》的编写。逄锦聚与编书组专家一起，历时三年，呕心沥血。其间，他曾累倒几次住院但仍坚持不止，终于高质量地完成了任务。2007年该教材经中央批准出版发行，为全国高校使用。该教材无论观点和体系都有重大创新，至今已出版七版，为大学生思想政治教育做出重要贡献。在国家举办的庆祝改革开放40周年成就展览中，该书与其他三部思政课教材一起作为高等教育改革开放以来取得的重要标志性成果展出。

2015年开始，由逄锦聚牵头，南开大学15位学者联合攻关撰写《中国特色社会主义政治经济学通论》，该书2017年作为迎接党的十九大召开的重点著作由经济科学出版社出版发行，2018年修订再版。该书坚持马克思主义政治经济学基本原理和方法，立足时代和实践发展的前沿，选取中国改革开放现代化建设和经济全球化进程中提出的重大实践和理论问题进行研究，对28个重大经济问题进行创新性阐释，并尝试以发展经济、满足人民需要为主线，构建中国特色社会主义政治经济学理论体系和话语体系。该书出版后，《人民日报》《光明日报》发表署名文章给予积极评价，在社会产生了良好反响。习近平总书记2019年1月17日视察南开大学时，在校史展馆中翻阅的就是这本著作的修订版。

2007年，逄锦聚被聘为中央马克思主义理论研究和建设工程咨询委员，是当时该委员会成员中教育系统两名成员之一、北京以外地区的唯一一位成员。2017年国家教材委员会成立后，逄锦聚又被聘为该委员会高校哲学社会科学专家委员会委员。在担任咨询委员和专家委员会委员后，他不仅继续编写、修订由自己主持编写的教材，而且肩负起为马克思主义理论研究和建设工程中200多种哲学社会科学教材进行审读把关的重大使命。目前，逄锦聚已经参加了咨询委和专家委组织的200余次教材审议会，审读的教材书稿在书房里摞得比人都高。他说："每次审议、研读书稿，对我都是极好的学习机会。这几年读的马克思主义经典著作比此前几十年读得都要多。十年下来，我等于又上了一遍大学和研究生。"正是在逄锦聚和一批德高望重、学识渊博的学者的共同努力下，一本本高质量、高水平的教材走进课堂，成为学生理解、掌握马克思主义和探索把握经济社会发展规律的知识宝库。

学科建设：多个中心搭平台

逄锦聚1984年留校工作后不久，就教学科研与高校管理"双肩挑"，并一直持续至今。逄锦聚在多年的"双肩挑"工作过程中，不仅把教学科研做得非常出色，而且在高校管理和教育思想研究方面也取得骄人成绩。2005年他参与主持的"独立办学，紧密合作，创新办学体制和人才培养模式"荣获国家级教学优秀成果一等奖；2005年出版了专著《大学教育教学论》；2013年主编《经济学教育的历史使命与改革创新》一书；主持的"经济学基础创新人才培养模式的理论与实践探索"2014年获国家级教学成果一等奖。

不仅如此，逄锦聚在学校领导下，在校内外众多专家学者的大力支持和帮助下，为经济学科发展和教学、研究在南开大学创立搭建了多个高水平的研究平台，使南开大学的经济学科长期走在全国高校的前列。

20世纪80年代中期，时任经济学院副院长、副书记，后为党委书记的逄锦聚，作为当时南开最年轻的中层干部，协助滕维藻、钱荣堃、谷书堂等老一代经济学家积极推进南开大学经济学科的恢复、调整和重建，开展与中国人民银行、农业银行、中国人民保险公司、国家旅游局、物价局等单位的合作办学，受国务院特区办委托举办沿海开放城市领导干部培训班，开展与加拿大约克大学、拉瓦尔大学和麦克马斯特大学合作培养研究生。在短短时间里，南开大学在经济学系、经济研究所一系一所的基础上，恢复重建了管理学系、金融学系，创建了旅游学系，并先后组建了国际经济贸易系、会计学系、人口与发展研究所、国际经济研究所、保险研究所、台湾研究所、交通经济研究所等机构。在不长的时间内，南开经济学学科发展和布局走在全国高校最前列，当时已经具有政治经济学、世界经济学、管理学、金融保险学、国际经济与贸易学、会计学、旅游学、价格学、数量经济学、城市经济学、产业经济学、交通经济等多个学科，经济学院在校生3000多人，成为当时全国综合大学中规模最大的经济学院。在90年代，逄锦聚参与决策建立中国APEC研究中心、跨国公司研究中心、南开大学经济与社会发展研究院等研究机构。

2000年以来，在学校领导下，逄锦聚身体力行，带领学科队伍创建了多个国家和教育部的重点研究机构。2000年创建南开大学政治经济学研究中心，该中心是教育部与南开大学共建、面向全国的人文社会科学重点研究基地。该中心以研究经济学基本理论为特色，选取在当代资本主义和社会主义发展进程中，特别是建设有中国特色社会主义实践中提出的重大理论问题进行研究和探索，力求有所创新、有所突破，是全国唯一以政治经济学命名的教育部人文社会科学重点研究基地。2014年创建中国特色社会主义经济建设协同创新中心，该中心为国家"2011计划"的创新中心。中心由南开大学牵头，核心协同单位有南京大学、中国人民大学、中国社会科学院、国家统计局。中心坚持国家急需、世界一流、制度先进、质量突出的原则，肩负培养经济学拔尖创新人才、汇聚队伍、回答重大理论问题、打造中国特色经济学理论体系话语体系、打造国家高端智库等重要使命。2017年创建全国中国特色社会主义政治经济学研究中心。该中心经中宣部批准，是全国七家同类中心之一。该中心的创立，旨在进一步推进中国特色社会主义政治经济学研究和人才培养，加快构建中国特色社会主义政治经济学的理论体系，更好地阐释经济建设实践中所面临的重大理论和现实问题，为中央决策提供参考，服务我国经济社会发展。在创立这些中心的时候，逄锦聚虽已年近或年逾六旬，但仍受命出任中心主任，带领中青年教师加强建设，取得了骄人的成绩，为国家改革开放和现代化建设，为南开学科发展做出了贡献。

目前逄锦聚仍坚持在教学和科研第一线，为培养经济学高层次人才，为国家强盛、民族复兴和人民幸福贡献才智和力量。

参考文献：

逄锦聚，《逄锦聚自选集》，学习出版社 2008 年版。

逄锦聚，《改革开放进程中的中国宏观经济运行与调控》，经济科学出版社 2008 年版。

张卓元、厉以宁、吴敬琏主编，《20 世纪中国知名科学家学术成就概览（经济学卷，第三分册）》，科学出版社 2015 年版。

李罗力：改革开放的时代骄子

李罗力

李罗力，1947 年 6 月 26 日出生。1977 年"文革"结束恢复高考后考入南开大学经济学系 77 级。大学本科期间又于 1979 年越级考取资本论专业硕士研究生。1982 年 9 月硕士毕业后，留校于南开大学经济研究所担任教师工作。1983 年起任南开大学经济研究所开放经济研究室副主任。1984 年起任南开大学经济研究所副所长。1986 年年底调离南开大学，任国家物价总局物价研究所副所长。

1988 年后李罗力调至深圳工作，历任深圳市政府办公厅副主任、深圳市信息中心主任、中共深圳市委副秘书长，并于邓小平同志南方视察期间兼任深圳市接待办公室主任，亲身经历了这个对于中国改革开放具有特别重大意义的历史时刻。

1993 年年底至 2006 年 7 月李罗力由深圳市委任命担任综合开发研究院（中国·深圳）副理事长兼秘书长。2007 年退休后又于 2011 年创建深圳市马洪经济研究发展基金会，并出任该基金会第一任理事长。2016 年，已退休多年的李罗力又受深圳市民政局委托，创建了深圳市慈善事业联合会，并担任名誉会长兼执行长。此外，李罗力还于 1992 年创建了南开大学深圳校友会，成为深圳市第一个获批的广东省外的全国著名高校深圳市校友会，并担任会长长达 22 年。

李罗力现任综合开发研究院（中国·深圳）副理事长，深圳市马洪经济研究发展基金会创会理事长，深圳市慈善事业联合会名誉会长执行长，南开大学深圳校友会创会会长，广东省决策咨询委员会顾问，深圳市政府决策咨询委员会委员，南开大学兼职教授、博士生导师等。

李罗力曾经担任过的职务还有：中国经济体制改革研究会副会长、深圳市社会科学联合会副主席、深圳市经济学会会长、深圳市世界经济学会会长、深圳市信息行业协会会长、深圳市咨询行业协会会长、深圳市金融信息服务协会会长、深圳市经济协作促进会会长、《开放导报》杂志社社长等等。此外，李罗力还曾经担任了不少上市大企业的外部独立董事。

南开大学的"四条汉子"

李罗力作为"文革"前的老三届毕业生，"文革"十年浩劫期间，当过兵，更在煤矿作为普通工人工作了将近八年。"文革"结束后国家恢复高考，给了他重新入读大学的重要机遇。特别是考上了历史悠久的全国著名重点高校南开大学，更为他今后迈上人生新的发展阶段奠定了重要的基础。

1979年他在入读大学本科期间，抓住了国家仅有的一次放开本科生考研的机会，考入了南开大学经济学系《资本论》研究生专业，师从全国著名的经济学家魏埙教授。在学习期间他不但刻苦钻研，而且勤于思考，融会贯通，努力将理论与实践相结合，并且自学了投入产出等重要经济学专业，最后以优异的成绩获得了经济学硕士学位。

1982年9月李罗力硕士毕业后，留校在南开大学经济研究所工作，并在不久后于1983年担任了新组建的经济研究所开放研究室副主任。1984年南开大学提拔了一批年轻教师担任一定领导职务，李罗力作为"文革"结束后入学的第一批被提拔的年轻教师，担任了南开大学经济研究所的副所长。在担任研究所副所长期间，他根据著名经济学家、南开大学经济研究所所长熊性美教授的要求，经过认真思考和研究，对经济研究所管理模式提出了重要的改革方案，得到了熊性美所长的高度赞赏，被熊教授称为是几十年来我国大学传统研究机构管理模式的重大突破，为南开大学经济研究所进入新的发展阶段奠定了重要基础。

更值得一提的是，李罗力在担任经济研究所副所长期间，除认真和出色地承担和完成所内的教学、研究、管理和改革工作外，还与当时一批中青年经济工作者一道，投身于国家的改革开放大潮。尤其是作为当时国内最活跃的参与改革开放的一批年轻人的代表，参加了1984年在浙江莫干山召开的第一届全国中青年经济工作者改革研讨会，这就是后来作为中国改革开放的一个里程碑载入史册的莫干山会议。李罗力与当时南开大学的其他几位青年教师杜厦、金岩石、常修泽一道参加了莫干山会议，他们根据会议的安排都分在了对外开放组。在长达将近一周的时间里，他们经过充分的讨论、争论甚至激辩，最后提出了有关中国如何进一步开放的重要政策建议报告。由于当时作为南开大学的四位年轻教师在本次会议上有着出色表现，他们被誉为"南开大学的四条汉子"。不仅如此，李罗力、杜厦、金岩石等人第二年（1985年）又在天津发起组织举办了第二届全国中青年经济工作者改革研讨会，不但得到了全国更多投身改革开放的年轻人广泛的参会支持，而且受到了时任天津市委书记李瑞环同志的亲自接见和高度评价。

此外，李罗力还曾经参加了李瑞环同志创办天津开发区的重要研究咨询工作；曾经在当时天津一些老领导的推动下，组织北京、天津和辽宁等地的一些重要研究机构及青年经济学者，首倡和发起创办了当时在全国都颇有影响的"环渤海经济圈"活动；曾经担任当时在国内具有重要影响力的《中青年经济论坛》杂志编委和当时在北方地区有广泛影响的《开发报》副主编；曾经与一些中青年专家一道，承担了改革开放后最早的地区战略规划咨询项目——包头市发展战略咨询课题；曾经在魏埙教授带领下，受国务院特区办委托赴深圳经济特区进行考察，对当时争论很大的有关发行特区货币的问题进行了深入的调查研究，并且写出了结论为"没有必要也没有可能单独发行特区货币"的重要研究报告，此观点被当时的国务院领导所采纳。

总之，李罗力在南开大学毕业后留校任教的几年中，已经成为当时在国内都具有一定影响力的改革开放活跃的代表人物。

最幸运的接待办主任

1986年年底李罗力调任国家物价总局物价研究所副所长。时值中国物价改革最严峻的"冲关"阶段，李罗力根据国家物价总局的要求，组织所内研究人员就当时的国内价格改革形势和任务进行了专项研究，并且写出了"走出困境出路何在"的研究报告。事后证明该报告的研究思路和结论都是正确的，是符合当时实际情况的。

1988年年初李罗力调任深圳市政府办公厅副主任。时值深圳经济特区改革开放风起云涌阶段，李罗力在担任此职务期间不但参与研究、讨论、执行和落实了许多重大施政要项及改革措施，而且对于办公厅自身的办公流程规范化、制度化，政府信息工作的健全、完善与提高以及办公厅审批流程的简政放权改革等等，都开展了出色的工作，做出了重要的贡献。可以说，李罗力当时在深圳市政府办公厅所做的简政放权改革，是我国最早开展的政府转型改革尝试之一。

1990年年底李罗力担任了深圳市信息中心主任。在他担任信息中心主任一年的工作期间里，他锐意改革，雷厉风行，对当时国家信息工作建设采取了很多果断有魄力的措施，提出了很多有价值的建设性意见，并且在一年之内就使当时内部管理混乱、矛盾重重、效率低下、在全国信息机构建设中十分落后的深圳市信息中心，一跃成为国家信息中心队伍中的佼佼者。

1991年年底李罗力担任深圳市委副秘书长兼深圳市接待办公室主任。时值1992年1月邓小平南方视察，李罗力作为第一线的具体领导，不但亲力亲为圆满完成了接待小平同志的工作任务，而且亲身经历和亲耳聆听了小平同志著名的南方讲话。事后，李罗力非常激动地说，在中国各级及各地政府成千上万的接待办主任中，我可能是最幸运的。因为我在中国改革开放最关键的时期——1992年，最关键的地点——中国改革开放的窗口和试验地深圳经济特区，接待了最关键的伟人——中国改革开放的总设计师邓小平，并且亲身经历和亲耳聆听了对于中国改革开放起到关键转折作用的重要讲话。此外，李罗力在担任接待办主任工作期间，不但圆满完成了组织上交办的各项任务，而且对于政府的接待工作也是锐意改革、大胆进取，采取了很多重要的改革措施，为深圳市政府接待工作质量效率和接待队伍水平的提高，以及接待工作的科学化、规范化都开展了出色的工作，做出了重要的贡献。

社会智库体制机制改革创新的弄潮儿

在李罗力长期参与改革开放和担任各级领导工作的经历中,他认为自己在将近13年里领导综合开发研究院(中国·深圳)从小到大,从弱到强,从极端困难到成熟完善,从一个默默无闻的普通新型研究机构发展成为享誉国内外的著名智库机构,是他一生中最重要的成就。

上世纪80年代末期,随着社会主义市场经济体制改革的深入,政府和企业的行为开始发生根本性变化。面对错综复杂、竞争激烈且日益全球化的市场经济环境,各级政府和企业的领导人都越来越深切地认识到,建立具有独立和客观公正地位、能够为政府和企业科学决策提供重要客观咨询意见的智库机构,已经成为历史变革和历史潮流的大势所趋。时任国务院发展研究中心主任马洪、深圳市委书记李灏同志于1989年2月共同发起成立了我国第一家民间性政策研究咨询机构——综合开发研究院(中国·深圳),这也成为中国改革开放史上社会智库建设具有里程碑意义的重大创举。

由于这个在中国改革开放大潮中第一个成立的新型研究机构没有任何可供借鉴的经验,在探索中不断遇到了各种难题。建院五年左右,研究院陷入前所未有的严重困难和严峻挑战:既缺乏年富力强同时又有经验的管理者,又存在领导体制的严重不顺;再加上资金极度匮乏,不但完全没有经费完成基地建设,连工作人员的工资都发不出来,而且还欠了几千万的债务。面对困局,马洪与李灏商量决定,调任一个具有一定研究能力、组织管理经验并熟悉深圳的同志来担任研究院的领导。由于当时深圳市委副秘书长李罗力本身是硕士研究生,同时又曾经领导管理过南开大学和国家物价局的研究机构,再加上他在深圳一定的领导岗位上工作多年,于是他就成为调任这个机构负责人的不二人选。

1993年年底,经深圳市委常委会决定,李罗力调任综合开发研究院副理事长兼秘书长(当时综合开发研究院实行的是理事会领导下的秘书长负责制)。李罗力在上任之前,就对研究院所面临的困难和问题有着深刻的了解。因此他在同意接受这个艰巨任务之前,到北京中南海与马洪理事长进行了一次长谈并提出如何完善研究院管理体制和实现高效执行力的三点建议。李罗力的三点建议得到了马洪同志的完全赞同，为他今后领导研究院打"翻身仗"奠定了根本的领导体制基础。

在理顺了研究院大的领导体制后，李罗力走马上任面临的第一个挑战，就是在政府划拨的土地上如何建设研究院办公设施的问题。当时的情况是，研究院既没有财政投资，也不具备向银行贷款的条件。而且由于建院初期研究院对于基建及投资合作的业务和法律都不熟悉，因此在与别人合作中经常上当受骗，导致官司债务缠身。因此，李罗力上任后所做的第一件事，就是用市场化方式为综合开发研究院银湖基地建设筹集资金。从1994年年初开始建设第一批专家公寓楼到研究院大厦于2002年正式建成期间，李罗力领导研究院基建部门陆续进行了多次成功的筹款工作，不但补缴了政府地价，归还了外单位欠款，还在银湖这片土地上建立起直到现在仍然不失为拥有国内外一流硬件设施的综合开发研究院基地。

在筹建研究院基地的第一批款项到位后，研究院基本上就摆脱了最困难的阶段和最严峻的挑战。之后，李罗力于1994年下半年开始大胆锐意改革，全力整顿队伍，严格建规立制，建立了从行政、财务、人事、文秘、档案到考勤、考核、奖惩、项目管理等一整套完善的规章制度。至此，研究院才开始真正走上了正规发展的轨道，并踏上了探索新型发展道路的征程。

传统的政府政策研究机构是靠财政经费来支持它的生存和运转的，而综合开发研究院作为脱离政府体制，在市场环境中生存发展的新型咨询研究机构，必须靠自己完成具有市场价值的有偿课题来获取赖以生存和发展的经费。这是李罗力面临的最大考验，也是促使他不断推进制度创新的外在动力。

总结研究院成立后所走过的一段历程，李罗力认识到，要坚持市场化的办院宗旨，首先要解决的问题就是如何面向市场、面向社会，寻求自己新的正确定位，并为此克服困难、探索创新，在奋斗中实现目标。明确了自己的功能定位后，在李罗力领导下，研究院从1995年开始就提出了创建一流研究咨询机构的奋斗目标，并不断进行着适应市场要求的制度创新：一是建立人才聘任及人员退出机制；二是建立绩效优先的人才评价机制；三是建立参照企业的成本核算机制；四是营造建设学习型组织的机制和氛围。同时李罗力还注重机构文化建设，提高队伍的综合素质，不间断进行理论学习、开展思想教育，期望员工具有改革开放意识，具有把研究院建设成为一流研究咨询机构的家国情怀，具有讲大局、讲纪律、讲团结的良好品格，这些都对研究院的长治久安、稳定发展起到了重要的作用。

在李罗力的带领下，研究院经历了从自立课题为主到接受委托课题为主，从上门反复游说到客户自己找上门的变化，在努力推销自己的过程中不断创造着市场需求，在积极开拓市场的过程中逐渐建立起自己的信誉和品牌。尤其值得一提的是，综合开发研究院通过在实践中摸爬滚打，锻炼队伍，付出了艰苦劳动和大量心血，摸索出一套为企业提供决策咨询服务的业务框架，包括为企业制定发展战略规划、项目策划方案、改制改组方案，提供项目可行性论证、重大决策项目咨询建议、投资咨询、质量管理体系认证咨询等。最终，研究院成功地探索出一条面向市场的良性发展之路，至今仍然是综合开发研究院区别国内其他高端智库的最鲜明特色。

李罗力在主持综合开发研究院工作13年的时间里，在常务理事会和马洪、李灏的领导下，带领研究院不仅在经济上打了"翻身仗"，而且全院的制度建设、队伍建设和研究咨询、学术交流也达到了一个新的高度。他组织和领导开展了许多重大课题研究，为各级政府及相关部门提交了研究咨询报告，出版了一系列研究成果，对国家制定有关方面的重大战略方针政策，推动国家、地区的改革开放和经济社会发展，推动国际区域经济合作，推动粤港澳台和珠三角的合作，都发挥了积极的参谋助手作用，做出了重大的贡献。

1994年年初，李罗力在接手研究院领导工作后不久，就在新建的专家公寓楼楼顶竖起了"中国脑库"四块大型的霓虹灯广告牌，这在当时是前所未有的大胆举措。这昭示着他要把综合开发研究院领导建设成为中国的顶级脑库——中国的兰德公司这样一个雄心壮志。功夫不负有心人，在李罗力及后来接任的中国著名经济学家樊纲院长领导下，综合开发研究院不断发展壮大，欣欣向荣，到2015年终于被遴选为第一批25家国家高端智库试点单位。

正是由于李罗力在深圳各个工作岗位上的改革创新和出色表现，特别是他在领导综合开发研究院时期为中国社会智库改革创新发展所做出的卓越贡献，2018年他被深圳市创新发展研究院评选为深圳改革开放40年来100个改革开放代表人物之一。

改革征程不停步

2007年6月李罗力退休后，仍然继续尽一切可能为国家的改革开放和经济发展做出自己应有的贡献。他担任了广东省政府决策咨询委员会顾问和深圳市政府决策咨询委员会委员，每年几乎都为各级政府提出诸多具有指导意义和可操作性的政策建议。他还担任了不少上市公司和非上市公司的独立董事和外部监事，把自己的丰富知识和经验运用到企业发展和管理中去。2008年后，他还应内蒙古自治区呼和浩特市有关领导的邀请，组织专家队伍为内蒙古制定区域经济发展战略。

2011年年底，李罗力在综合开发研究院常务理事会的批准支持下，创建并成立了深圳市马洪经济研究发展基金会，并将马洪基金会的主要方向确定为开展符合时代要求的"政府工作民间评价"活动。把一个智库型的公益研究基金会，打造成为评价政府的第三方民间机构，这毫无疑问是李罗力在新时期的又一个重要改革创举。不仅如此，李罗力发还起成立了汇聚深圳各行各业的智者和专才建立起来的新型民间智库平台——深圳市智库百人会，这同样成为新时期作为改革开放窗口和试验地的深圳所诞生的又一全国领先的重大改革举措。

2014年1月起，李罗力领导马洪基金会在深圳创办了对政府工作开展民间评价的"金秤砣奖评议活动"，迄今在深圳已连续举办五届，在全国已连续举办三届。金秤砣奖评议活动作为全国首个以民间的视角去评价政府工作的活动，对十八大后国家"四个全面"战略布局，全面推进社会建设新发展也具有深远的价值和意义，与党中央的治国理念高度一致，是从基层落实中央精神的重要行动，在深圳乃至全国都产生了广泛的影响力，受到了社会各界的支持和赞扬。

同时，从2013年6月至今，李罗力领导马洪基金会每年都召开一届政府工作民间评价论坛，引起了社会强烈反响，包括《人民日报》在内的几十家媒体给予了报道和评价，一致认为这是一个推动政府进步，推动政府与民众进一步结合以及推动公民参与，健全和完善中国民主法治建设的重要创举。

此外，李罗力还领导马洪基金会在树立区域社会组织发展典型、推广区域社会组织先进经验、加强区域社会组织队伍建设、促进区域社会组织整体不断健康发展方面发挥了重要作用。2014年以来，李罗力还领导马洪基金会为推动深圳进一步提高基层治理能力和民生服务水平、促进深圳社区治理体系和治理能力现代化，做出了积极的贡献。

正因为李罗力领导的马洪基金会在短短几年内取得了这样突出的成绩，因而2015年10月获得了"全国先进社会科学组织"荣誉称号，2015年11月获得了"金鹏改革社会创新奖"提名奖的荣誉称号。

特别值得一提的是，2016年李罗力接受深圳市民政部门的委托，根据深圳市民政部门对于慈善领域的重大改革意图，创办了深圳市慈善事业联合会。从2016年年底深圳市慈善事业联合会成立开始到现在，仅仅两年多的时间，深圳市慈善事业联合会已经发展成为一个在全国都具有重要影响力和表率性的慈善公益行业组织。为此，李罗力本人也于2016年荣获了深圳市"鹏城慈善公益创新奖"的光荣称号。

理论与实践相结合的丰硕研究成果

李罗力作为南开大学培养出来的经济学硕士，虽然用大量的时间从事改革开放的各种社会活动和各级机构的领导管理工作，但是他并没有忘记自己学者的本色。尽管他不是坐在学校里教书、搞科研，来形成自己的学术研究成果，但是他博览群书，勤于思考，刻苦钻研，著书立说，努力在实践中使理论与实际相结合，运用自己学到的各种知识，研究如何解决改革开放以及国内外经济发展中的各种问题，形成了大量的研究学术成果，成为中国知名的经济学家和著名的改革开放理论家。

李罗力多年来发表了数百万字的论文，其研究领域涉及中国改革开放研究、中国宏观经济研究、特区与国家综合配套改革试验区研究、深港台经济发展及经济合作研究、中国内地及国际区域经济合作研究、东亚经济发展及合作研究、中国国际战略研究、世界经贸发展及全球化研究等许多重要方面。

不仅如此，多年来李罗力还主持完成了多项重大咨询项目，主持召开了多项重大学术活动和国际研讨会，并亲自撰写和主持编撰了许多重要著作。

永葆南开学子本色

李罗力虽然很早就离开了学校，在各级政府机构和研究机构都工作过，但是他心里永远有母校，永远爱戴和关注着自己的母校。他永远感恩把自己从一个普通的工人培养成为经济学者、使自己走上了人生崭新发展道路的南开大学；永远感恩他的导师魏埙教授以及给他各种关怀、教育和指导的谷书堂教授、熊性美教授、杨敬年教授以及南开大学经济学系和经济研究所的其他老师。

离开学校几十年来，他从未忘自己是南开学子，无论在任何地方工作，他都始终关心南开大学的发展建设，始终希望能够为母校南开大学的发展和建设尽自己的一份心愿和力量。尤其是他到深圳后，努力为母校在深圳的发展做出自己力所能及的贡献。

他于1992年担任深圳市委副秘书长期间，就在深圳创办了南开大学深圳校友会。这是除了广东本地高校之外，在深圳建立的第一个全国性高校的校友分会。南开大学深圳校友会从1992年4月成立之始到2019年已经成功运作了30年，在长期担任会长职务的李罗力和现任会长深圳市昆仑集团周达董事长的领导下，南开大学深圳校友会不但成为所有到深圳来闯事业的南开学子最好的资源支持平台和温馨的校友情谊家园，而且为深圳市各方面的发展建设提供了大批的优秀人才，为深圳市新时期的改革开放做出了重要的贡献。不仅如此，南开大学深圳校友会还为母校南开大学本身在深圳的发展做出了重要贡献。至今，南开大学深圳校友会不但已经被公认为是深圳市各大全国高校校友会中最出色的校友会，同时也是南开大学在全国各地校友会中最优秀、最突出的一个校友分会。

此外，1995年起，他在担任综合开发研究院副理事长兼秘书长期间，就开始与南开大学建立培养在职高级人才的密切合作关系，开创了长达十多年的南开大学在深圳培养博士和硕士的教学项目。他不仅与当时综合开发研究院的副秘书长、后来曾经担任深圳市副市长的唐杰同志，亲自到北京找了教育部的相关领导，为南开大学在深圳培养在职博士争取到了极其宝贵的校外指标名额，而且还直接参与到南开大学研究生院以及熊性美教授、谷书堂教授和魏埙教授等老先生们组成的导师组中,亲力亲为地做了大量辛苦的教学管理和指导的具体工作。他与唐杰同志还受聘于南开大学,共同担任南开大学在深圳的兼职教授和博士生导师,亲自带领和培养在职博士生。

南开大学在深圳的这个培养在职博士和硕士的项目,由于其建立了一系列严谨的入学考试制度、严格把关的教学制度、一丝不苟的论文撰写制度以及包括考勤在内的踏实细致的管理工作,与当时很多在深高校不严格进行教学管理和培养工作,只为扩大招生名额使在职学生能够轻松获得学位学历的教学培养项目,形成了鲜明的对比。因此,南开大学的这个培养在职高级人才项目不但获得了当时深圳政府教育部门的高度评价,而且在实质上也取得了非常丰硕的成果,实实在在地为深圳市培养了大批高级骨干人才。南开大学培养的在职博士、硕士研究生毕业后,很多人都担任了省市各级政府和相关部门的领导,也在企业界、金融界、研究咨询界以及法律、财务等各行各业,培养出了大批重要的专家和骨干。直到今天,虽然这个合作项目已经终止了很长时间,但凡是亲历或了解这个合作项目的人们仍然对此津津乐道。而所有由南开大学培养出来的这些在职博士、硕士研究生,无论他们原来毕业于哪个学校,现在几乎都对南开大学心存感激,真心诚意地把南开大学也看作是自己的母校。在现在的南开大学深圳校友会中,他们已成为热爱南开大学、支持南开大学的一股强大的中坚力量。

李罗力是南开大学最早到深圳的第一批学子。几十年来他在深圳为母校南开大学所做出的努力和贡献,为历任南开大学校领导和在深学子们所交口称赞。完全可以这样说,南开大学能够在深圳取得今天如此的成绩,南开大学的学子们今天能够在深圳各行各业中有这样出色的表现,李罗力功不可没。

李罗力是南开大学培养出来的优秀学生,他在学校以及后来在社会上推动改革开放、推动经济发展的各种出色和卓越的表现,可以说就是南开大学"允公允能,日新月异"校训在新时期的鲜明和生动的具体表现。

李罗力无愧于南开大学的培养和教导。作为改革开放的骄子,李罗力真正成为南开大学经济学人在中国改革开放新时代中的典型代表。

张晓峒：南开大学数量经济学科开拓者

张晓峒

张晓峒，1949年出生，河北滦县人。南开大学经济学院教授，博士生导师，数量经济学科学术带头人。2008—2018年任南开大学数量经济研究所所长。研究领域是数量经济学和统计学。2018年退休。

1997年获日本大阪市立大学经济学博士学位后，立即与南开大学经济学院国际经济研究所时任所长冼国明教授联系，表明回国任教意愿。冼国明教授当即表示欢迎。时任南开大学校长侯自新教授签发邀请函，欢迎张晓峒博士到南开大学国经所工作。1998年2月，张晓峒博士回国，到南开大学经济学院国际经济研究所任教。

1998—2018年，张晓峒教授在南开大学经济学院党委和院领导的领导下，为南开大学建立数量经济学科、数量经济研究所、数量经济学博士点和一支数量经济学专业师资队伍，并建立了完整的数量经济学课程体系和教材体系。

张晓峒教授自2012年连续三届当选中国数量经济学会副理事长。从2012年起担任天津数量经济学会理事长职务。他受聘为吉林大学、首都经济贸易大学和天津财经大学兼职博士生导师，并担任吉林大学、中南财经政法大学、东北师范大学、东北财经大学、天津财经大学等12所大学兼职教授。为南开大学和我国数量经济学科的发展做出了重要贡献。

建立计量经济学完整的课程体系和教材体系

数量经济学在教育部学科分类中属于应用经济学中的第九个分支学科（编号020209）。我国的数量经济学科包括计量经济学、数理经济学、投入产出以及运筹学的部分内容，如规划理论、博弈论、风险分析等内容，但主要是指计量经济学。计量经济学在我国起步较晚。在1980年以前，我国把计量经济学归类于资产阶级意识形态范畴，不允许在大学开设计量经济学课程。

1980年，以美国七位教授来中国社会科学院举办计量经济学讲习班为标志，中国的高等教育界和社会科学学术界正式承认计量经济学是研究经济问题的必备工具，是经济、管理类学生的必修课程。自此，计量经济学在我国重点大学陆续开设起来。当时，对于一般高校而言，由于缺乏计量经济学师资与教材，尚难以开设计量经济学课程。

南开大学早在1984年就开始为经济和管理类硕士研究生开设计量经济学的选修课程。至1998年，主要是聘请国外，特别是美国的教授来南开大学讲学，以讲座形式为硕士生开设计量经济学选修课，本校的教师参与辅导并学习。随着对计量经济学知识的掌握，本校教师开始尝试主讲计量经济学课程。当时参与计量经济学课程教学的有冯燕奇、张灿等老师。由于师资缺乏，还没有能力为本科生和博士生开设计量经济学课程。

张晓峒博士1998年来到南开大学之后，于当年9月首先突破缺失高级计量经济学课程的短板，为国经所和国经系的博士生开设了高级计量经济学课程，受到博士研究生好评。为满足博士生迫切需求，自1999年9月始，经济学院决定把高级计量经济学扩大为全院博士生的必选课程（后改为必修课程）。

1998年7月教育部高等学校经济类学科专业教学指导委员会发布通知，正式把计量经济学列为我国大学本科经济类专业学生必修的八门课程之一。这一决定，极大地推动了数量经济学，特别是计量经济学在我国的发展，由此，我国高校经济类专业本科教学中开始开设计量经济学课程。根据该通知精神，南开大学立即修改本科教学课程设置，把计量经济学纳入到本科生八门必修课程中，并逐步把计量经济学列为硕士研究生和博士研究生的必修课程。当时，冯燕奇、张灿老师负责本科生的计量经济学课程教学任务，张晓峒教授一人负责全部硕士生和博士生每年约 600 人的中级计量经济学和高级计量经济学课程的教学工作。

自 2001 年始，张晓峒教授为全院博士生增开高级计量经济学（2）课程。自 2002 年始，为全院硕士生开设中级计量经济学（2）课程。自 2003 年始，为数量经济学专业博士生开设高级计量经济学（3）和（4）课程。随着冯燕奇教授、张灿教授的相继退休，张晓峒教授又开始参与本科生的计量经济学课程教学工作，亲自为本科生上课。至此，为南开大学经济学院建立起三个层次（本科、硕士、博士）的计量经济学课程教学大纲和课程体系，并对数量经济学专业和非数量经济学专业的博士生提出不同要求，即非数量经济学专业博士生讲两个学期的计量经济学课程（即高级计量经济学（1）和（2），共 108 学时），而数量经济学专业的博士生要修四个学期的高级计量经济学课程（即高级计量经济学（1）、（2）、（3）、（4），共 216 学时）。从而使计量经济学课程体系日臻完善。

为了适应计量经济学在高校的普及、发展与深入，以及对教材的迫切需求，以张晓峒教授为首的团队在繁重的科研与教学工作中挤时间撰写，出版了针对本科生、硕士研究生、博士研究生三个层次的计量经济学教材。此外，还出版了计量经济学软件 EViews 使用说明书和计量经济学工具书等配套教材。

（1）本科生教材，《计量经济学基础》（"十一五"国家级规划教材），南开大学出版社 2001 年出版。该教材自出版以来，已经更新至第 4 版，印刷 33 次，印刷量达 28 万册，是当前国内使用量最高的计量经济学教材之一。对计量经济学在中国的普及起到了有力的推动作用。

（2）硕士生教材，《应用数量经济学》（"十一五"国家级规划教材），机械工业出版社 2009 年出版。

（3）博士生教材，《计量经济分析》，经济科学出版社 2000 年出版。

（4）《EViews 使用指南与案例》，机械工业出版社 2007 年出版。

（5）《英汉数量经济学词汇》，机械工业出版社 2006 年出版。

张晓峒教授团队的其他老师也单独出版了四本教材，从而为南开大学经济学院建立起完整的，规范化的计量经济学教材体系。这些出版物中既包括教材、学术专著，又有计量经济学专用软件使用说明书和专业词汇工具书。

建立数量经济研究所、博士点和一支完整的师资队伍

计量经济学是经济类学生学好经济学知识的三大基础课程［宏观、微观经济学（包括政治经济学）和计量经济学］之一。经济学院在南开大学是一个规模较大的学院，数量经济学专业建设初期只有两三位教师，远远不能适应学院教学和科研的需要。为了有利于数量经济学在南开大学的发展，出于对专业布局的规划，经济学院党委和院领导班子向学校递交了关于成立数量经济研究所的请示报告，并于 2007 年年底在学校党政联席办公会上获得通过，决定 2007 年年底成立南开大学数量经济研究所。经济学院于 2008 年 5 月 8 日举行了南开大学数量经济研究所成立大会和揭牌仪式。经济学院党总支书记张秀珍、院长马君潞、副院长梁琪以及数量经济研究所全体师生出席了大会。

张晓峒教授作为首任所长，非常注重师资队伍建设。通过引进海外归国博士、自留博士毕业生和招收博士后等措施，迅速建立起一支数量经济学师资队伍。其中四人分别拥有美国、英国、日本大学的博士学位，四人分别拥有国内大学的博士学位。这支团队虽然只有九位教师，但在张晓峒教授的严格要求和指导下，为经济学院开出概率与数理统计、线性代数、应用统计学、随机过程、多元分析、时间序列分析以及三个层次（本、硕、博），并区别数量与非数量经济学专业的各类计量经济学 13 门定量分析必修课程。使南开大学经济类各专业本、硕、博学生们定量分析的能力得到大幅度提高。

2001 年南开大学获得应用经济学科博士学位授予权。因为数量经济学是应用经济学下的分支学科，所以，这也就意味着在经济学院建立了数量经济学博士点，拥有了数量经济学专业博士生招生资格。张晓峒教授从 2001 年开始招生，是南开大学第一位招收数量经济学专业的博士生导师。

为南开大学在我国数量经济学界学术地位的提高而努力奋斗

1998 年前，南开大学经济学院与中国数量经济学会的联系不多，在学会

中的话语权较小。张晓峒教授执掌数量经济学师资团队后，意识到，要想提高数量经济学学术、教学和科研水平，除了提升自身的能力之外，还必须加强与中国数量经济学会以及兄弟院校同行学者之间的联系，密切学术交流，共同提高。

为此，张晓峒教授于1999年主动申请加入中国数量经济学会并积极参与学会的各项活动。由于张晓峒教授在科研成果与教材编写等方面取得的突出成绩，在2003年召开的中国数量经济学会常务理事会上被增选为学会常务理事。继而在2012年当选为学会副理事长，并一直连任至今。在2012年召开的天津市数量经济学会会员代表大会上当选为理事长，并一直连任至今。

伴随着教学团队在科研、教学等方面所取得的显著成果，张晓峒教授先后被吉林大学、首都经贸大学和天津财经大学聘为兼职博士生导师，被吉林大学、中南财经政法大学等12所大学聘任为兼职教授。为扩大南开大学在我国数量经济学界的影响，张晓峒教授带领团队在南开大学多次召开数量经济学国际和全国学术会议，邀请国际和国内知名学者来南开讲学。通过与各高校和中国社会科学院数量经济与技术经济研究所的交流，南开大学数量经济研究所建立了广泛的学术联系，其师资队伍在学术上得到很大提高，进一步扩大了影响力。

作为中国数量经济学会副理事长，近年来张晓峒教授坚持推荐有资格的大学，以及在数量经济学领域做出突出贡献的青年学者、教授入会，壮大了中国数量经济学会的学术力量和覆盖面。他在中国数量经济学会框架下积极推动和组织全国范围的数量经济学专业博士生、硕士生培养经验交流会，取得了很好效果。他所做的这一切受到了学会和成员的一致好评，提高了南开大学在我国数量经济学界的学术地位。

对数量经济学理论的贡献

在数量经济学理论上张晓峒教授做出三项主要贡献。

1. 对单位根检验的研究达到国际先进水平。张晓峒教授是系统地把单位根检验概念和方法（见《计量经济分析》，经济科学出版社2000年版）介绍到国内学术界的第一人。业内人士众所周知,是迪基(D. A. Dickey)和富勒(W. A. Fuller)在1976年和1979年首先提出单位根检验概念,并给出DF统计量分布特征和检验用临界值表。继而菲利普斯(P. C. B. Phillips)在1987年用维纳过程推导出DF统计量极限分布表达式。但当时没有人关注DF检验式中常数项和时间趋势项回归系数对应的t统计量服从什么分布。张晓峒教授和他的团队在上述学者研究基础上,于2007年用维纳过程推导出DF、ADF检验式中常数项和时间趋势项回归系数对应的t统计量的极限分布表达式,并用蒙特卡洛模拟方法给出该t统计量分布的百分位数表和分布图。发现分布分别呈双峰特征和平台特征;[1][2] 于2008年以维纳过程为工具推导出DF、ADF检验式对应的F统计量的极限分布表达式;[3] 于2011年用维纳过程推导出DF、ADF检验式对应的LR、Wald统计量的极限分布表达式以及有限样本条件下LR、Wald统计量的分布百分位数表;[4][5] 于2013年考虑在多种结构突变条件下,AODF、AOADF检验统计量有限样本分布特征。张晓峒教授和他的团队围绕单位根检验共发表17篇论文,进一步丰富了单位根检验理论。[6]

2. 对中国经济序列季节调整理论研究做出开创性贡献。尽管在高校曾有学者做过季节调整方法的研究,但以国家政府部门立项的三个关于季节调整理论的研究课题都是由南开大学张晓峒教授和他的团队承担并完成的。2005—2006年,在中国人民银行项目"PBC版时间序列X-12-ARIMA季节调整软件原理研究"中首次为中国人民银行设计出春节效应变量的理论模型。而2009—2011年,在国家统计局项目"中国宏观经济序列季节调整与X-12-ARIMA中国版软件研发"中第一次对中国的移动假日(包括春节、中秋节、端午节)效应、黄金周效应、调休效应等进行了全面系统的处理,完成

---

[1] 见攸频博士学位论文"DF(ADF)单位根检验理论研究",2007年。
[2] 张晓峒、攸频,"DF检验式中漂移项和趋势项的t统计量研究",《数量经济技术经济研究》2006年第2期。
[3] 聂巧平、张晓峒,"ADF单位根检验中的联合检验t统计量研究",《统计研究》2007年第2期。
[4] 张凌翔、张晓峒,"单位根检验中的Wald统计量研究",《数量经济技术经济研究》2009年第7期。
[5] 张凌翔、张晓峒,"ADF单位根检验中联合检验LM统计量研究",《统计研究》2010年第9期。
[6] 见张阳博士学位论文"内生结构突变理论与应用研究",2013年。

了中国季节调整理论假日效应变量模型设计，为中国经济序列的季节调整奠定了理论基础。此外，在国家社会科学基金项目"经济序列季节调整的理论与应用研究"（2010—2013年）中还创新性提出频域季节调整理论。① 这种调整方法的优点是可以对任何周期的序列进行季节调整（而不只局限于月、季度序列），应用范围大大超过美国普查局的季节调整软件 X-13ARIMA-SEATS 和西班牙银行季节调整软件 TRAMO/SEATS，而且调整质量更好。

3. 张晓峒教授是全面系统地把单整、协整、单位根检验、VAR模型、单方程误差修正模型、向量误差修正模型介绍到国内的第一位学者，也是把时间序列 ARIMA 模型引入到计量经济学教材的国内第一人（见《计量经济分析》，经济科学出版社2000年版）。计量经济学学术用语中，如单整（cointegration）、单整的次数（order）、单位根检验（unit root test）、向量自回归模型（vector autoregressive model）、误差修正模型（error correction model）、相关图（correlogram）、偏相关图（partial correlogram）、退势（detread）、离群值（outlier）、隐变量（latent variable）等的中文译法都是张晓峒教授首先提出来的，现在已被学术界普遍采纳。

对我国应用数量经济学的贡献

在应用数量经济学领域张晓峒教授做出三项主要贡献。

1. 为国家统计局于2011年开始正式公布主要宏观经济指标的环比增长率数据，为中国人民银行内部使用金融指标的环比增长率数据做出重大贡献。表现为：①国家统计局于2011年4月份开始正式公布主要宏观经济指标的环比增长率数据。②在完成中国人民银行项目"PBC版时间序列 X-12-ARIMA 季节调整软件原理研究"的基础上出版专著《时间序列 X-12-ARIMA 季节调整——原理与方法》（中国金融出版社2006年出版）。③在完成国家统计局项目"中国宏观经济序列季节调整与 X-12-ARIMA 中国版软件研发"的基础

---

① 见何永涛博士学位论文"季节性时间序列信号提取理论与应用研究"和国家社科基金项目（10BTJ010）"课题研究报告"。

上，为国家统计局专门出版专著《季节调整软件 NBS-SA 使用指南》（南开大学出版社 2014 年出版）。④在做课题过程中为国家统计局培养了一支从事季节调整工作的专业人才队伍，并调整了 41 个宏观经济指标序列。

2. 在承接国家社科基金项目和国家自然科学基金项目之外，还为国务院部委、省级政府管理部门承接过 16 项科研项目，为国家政府部门提供服务，培养专业技术人员，普及定量分析知识，通过课题研究成果为国家经济建设做出贡献。自 2004 年起，分别为国家统计局核算司，中国人民银行调查统计司、货币政策司、西安分行，国家财政部税政司多次提供数量分析方法的培训；为国土资源部信息中心、国家税务总局、交通运输部科学研究院、福建省统计局指导季节调整方法的实际应用；为国家质检总局创建肉类出口企业资质管理系统。

3. 在计量经济学课程中最早使用 EViews 软件开展教学并向全国推广。将从日本带回的 EViews 2 软件无偿提供给经济学院教学、科研和实验室使用。

学术成果和获奖

自 2001 年以来张晓峒教授为国家培养了 32 名数量经济学专业博士，并与南开大学数量经济研究所其他硕士生导师一起培养了 146 名数量经济学专业硕士。先后为南开大学博士生、硕士生、本科生讲授高、中、初级计量经济学课程，加上校外讲学，受益学生在 2.5 万人以上。用过其教材和教学、讲座课件的学生则在 50 万人以上。

张晓峒教授承担的主要科研项目如下：

1. 2010—2013 年，国家社会科学基金项目"经济序列季节调整的理论与应用研究"，项目负责人。

2. 2009—2012 年，教育部项目"时间序列非平稳检验理论与应用研究"，项目负责人。

3. 2009—2011 年，国家统计局项目"中国宏观经济序列季节调整与 X-12-ARIMA 中国版软件研发"，项目负责人。

4. 2006—2008 年，国家自然科学基金项目"面板数据的计量经济理论方法研究",项目负责人。

5. 2005—2006 年,中国人民银行项目"PBC 版时间序列 X-12-ARIMA 季节调整软件原理研究",项目负责人。

6. 2003—2006 年,国家社会科学基金项目"非经典计量经济学理论方法研究",项目负责人。

张晓峒教授出版的关于数量经济学的教材和学术专著如下:

1. 张晓峒著,《计量经济学》,清华大学出版社 2017 年出版。

2.《季节调整软件 NBS-SA 使用指南》(内部出版),南开大学出版社 2014 年出版。

3. 张晓峒著,《应用数量经济学》("十一五"国家级规划教材),机械工业出版社 2009 年出版。

4. 张晓峒著,《EViews 使用指南与案例》,机械工业出版社 2007 年出版。

5.《时间序列 X-12-ARIMA 季节调整——原理与方法》(中国人民银行课题成果),中国金融出版社 2006 年出版。

6. 张晓峒编,《英汉数量经济学词汇》,机械工业出版社 2006 年出版。

7. 张晓峒主编,《计量经济学基础》("十一五"国家级规划教材),南开大学出版社 2001 年出版。

8. 张晓峒著,《计量经济分析》,经济科学出版社 2000 年出版。

9. 张晓峒、大川勉著,*Cointegration and Error Correction—Theory and Application with Mathematica*,日本せせらぎ出版社 1997 年出版。

张晓峒教授所领导团队的其他成员还出版了八本计量经济学方面的学术专著。

张晓峒教授发表的主要论文如下:

1. 张阳、张晓峒、攸频,"含结构突变的趋势平稳过程的虚假单位根研究",《数量经济技术经济研究》2013 年第 1 期。

2. Lingxiang Zhang and Xiaotong Zhang, "Spurious Granger causality between a broken-trend stationary process and a stochastic trend process", *Mathematics and Computers in Simulation*,2011,Vol. 81(8)。

3. 张凌翔、张晓峒,"通货膨胀率周期波动与非线性动态调整",《经济研究》2011 年第 5 期。

4. 张凌翔、张晓峒,"结构突变趋势平稳过程与随机趋势过程的虚假回归研究",《统计研究》2011年第5期。

5. 张晓峒、攸频,"DF检验式中漂移项和趋势项的t统计量研究",《数量经济技术经济研究》2006年第2期。

基于在数量经济学教学、科研工作中取得的成绩,张晓峒教授获得如下主要奖项:

1. 2014年4月被中华全国总工会授予"全国五一劳动奖章"。

2. 2011年获中共天津市委和市人民政府颁发的"2010年度天津市劳动模范"荣誉称号。

3. 2009年被中共天津市委和市人民政府评为"天津市优秀留学人员"。

4. 2017年10月获得中国数量经济学会颁发的"中国数量经济学杰出学者"称号。

刘骏民：虚拟经济理论的开创人和重塑基础经济理论的探索者

张 云

经济学是在现实经济的历程中发展演化的，观察现实经济发展演化的趋势，深入研究其背后那些重大变化，摆脱以往理论的束缚，发现新问题，提出新命题，概括出新逻辑、新理论甚至新的分析框架是经济理论发展进化的主线。在我看来，刘骏民教授就是这样一位身体力行的学者。刘骏民教授十分熟悉马克思理论和西方经济学经典，在此基础上长期思考一些重大经济现象的本源，虚拟经济理论就是其重要理论创新之一。这些理论的创立和贡献充满着天才的光辉。

虚拟经济理论的创立和发展

上世纪 80 年代后期，刘骏民教授开始研究美国证券化背后的原因、日本泡沫经济问题。在其早期的这些研究中，虚拟资本、金融危机等字眼已成为关键词，从字里行间可以明显看出他已经感觉到金融危机正在临近。当 1997 年的东南亚金融危机爆发时，刘骏民教授和成思危教授等少数学者不约而同地提出了"虚拟经济"的概念。刘骏民教授长期坚持研究虚拟经济，经过 30 多年的发展，虚拟经济研究获得了一些重要进展。

将马克思的逻辑延伸到货币虚拟化

刘骏民教授研究虚拟经济是从货币虚拟化的研究开始的，这些研究传承于马克思对货币的研究。马克思认为货币的根源在于商品本身的矛盾，集中表现为个人过程与社会过程的矛盾，这一矛盾导致了一般等价物的产生，并逐渐固定在金银之上。刘骏民教授沿着马克思的基本逻辑进一步指出了货币锚定于黄金之后的新矛盾，即贵金属货币的内在矛盾，用以解释为什么货币最终会脱离金银等贵金属。当商品使用价值和价值的内在矛盾外化为商品和货币的矛盾以后，商品的内在矛盾得到了暂时的解决，却又产生了贵金属货币引起的新矛盾，即货币的社会属性与其寄身于个别使用价值从而受到个别生产过程及其效率约束之间的矛盾。货币作为价值的独立化表现形式，作为衡量社会价值的标准，必然要求其自身应能够超然于一切个别价值之上，而货币却寄身于个别使用价值黄金之上，用黄金的个别价值作为衡量社会价值的尺度。价值是抽象的，也是社会的，但金银的价值却是个别的和具体的，这就是贵金属货币的内在矛盾。它促使货币向着摆脱个别使用价值的方向发展，向着虚拟化的过程发展。刘骏民教授认为金本位最终崩溃的原因也在于此。

美元与黄金脱钩的根本原因并非特里芬两难所说，是因为美元充当国际货币所致，而是货币的职能已经逐渐从价值标准延伸到币值稳定的宏观社会功能上。黄金要成为美元的锚地，就必须规定其含金量，当年规定的35美元1盎司黄金既是美元的含金量，也是黄金的价格。于是维持世界黄金价格长期不变就是金本位能否维持的决定性因素。然而，连牛肉价格都不能控制在长期不变的水平上，何况黄金了。将货币锚定在个别价值上已经不能适应货币的社会功能了，必须摆脱个别价值的束缚。因此，金本位才在工业化初期屡建屡溃，直到1971年美元与黄金最终脱钩。这也是金本位无法恢复的根本原因。货币的社会功能要求其币值稳定，且能够有效地媒介商品交换和各种信用支付，这些社会功能使得货币虚拟化，其本质是更加社会化。货币已经进化为一个复杂的社会系统，包括支付系统、储备及储备资产交易系统、信用系统、中央调控系统，它们重叠在一起成为市场经济中最具魅力也最具风险的组成部分。

概括虚拟经济活动的行为基础

在对货币虚拟化认识的基础上，刘骏民教授提出了虚拟经济行为基础与实体经济行为基础的区别。他提出，实体经济买者是消费者，可以用效用最大化来描述。虚拟经济买者的目的不是消费，不存在效用最大化的消费行为。虚拟经济的买卖双方都是以利润最大化为目的的，虚拟经济活动的市场行为基础是非对称的，是单一利润最大化的。如股市的买卖，买者和卖者都是为了利润最大化。买者和卖者之间的角色并不固定，可以随时转换。买者和卖者的定位更像赌博时押大押小的选择。没有消费行为的购买导致经济运行中不存在边际收益递减规律，也是虚拟经济中正反馈和追涨杀跌规律性现象的行为基础。

刘骏民教授与他的团队一起概括了虚拟经济的典型行为。如重复交易活动，股票二级市场的股票交易就属于重复交易，重复交易本身并不计入GDP，但证券公司和交易所为其提供的中介服务却要计入当年的实际GDP。因此股市的交易额越大，GDP也就越大。汇市、期货、房地产等资产交易市场的交易额已经都是天文数字了，它们创造的货币财富也十分巨大，其中一部分当然就被计入了实际GDP。一些根据价格收取服务费的商业服务会在资产价格上升的时候增加服务，收入增加。房地产开发商的收入，会计师事务所、律师事务所的收入，各类咨询公司的收入多寡都直接与所涉资产价格相关。因此，在资产价格上升的时候，实际GDP就必然上升。收入资本化将一笔收入资本化为一项资产，不但创造出资产，而且其过程还会创造出一大笔中介服务的收入，因为这类中介服务也要计入实际GDP。甚至为某些投机者借新债还老债提供的中介服务也会计入GDP。如果重复交易本身具有虚拟性质，资产泡沫具有虚拟性质，它们衍生的收入也就必然具有虚拟性质，财富瞬间蒸发主要是这些虚拟价值的清零。刘骏民教授指出了这些行为的共性，它们的兴衰与进入的货币数量多寡直接相关。他指出通货膨胀是货币现象，房地产、股票等资产价格泡沫也是货币现象，进而，交易额上涨，新资产创造对货币进入的依赖也被归为此类，于是，虚拟经济又有了一个通俗的界定，它是货币推动的财富创造，与通货膨胀一样是货币现象。刘骏民教授这个工作的重大意义是用事实直接否定了货币中性理论，也从逻辑上彻底否定了货币中性。

刘骏民教授指出，虚拟经济是一种经济运行方式，不是特指某个行业，虽然房地产与金融服务的虚拟经济活动最集中。他说，如果将通货膨胀和泡沫经济以及重复交易等经济现象说成是虚拟经济就容易被接受，而将任何行业，例如金融衍生品交易看作虚拟经济都会有专家告诉你它们是如何必要，如何真实。而虚拟经济研究的困难在于目前尚不能在经济统计部门的帮助下，有一个系统反映纯粹货币现象的数据体系。

概括虚拟经济的基本运行规律

刘骏民教授认为，虚拟经济与实体经济最突出的区别就是定价方式的区别。实体经济是成本定价，是根据过去为现在定价；虚拟经济是预期收入的资本化定价，是根据未来的预期定价。因此虚拟经济对人们的心理因素的依赖超过实体经济。他指出，虚拟经济的心理基础既不存在消费的饱和点，也不存在必要消费量。因为虚拟经济的心理基础是贪欲和恐惧，贪欲没有上限，恐惧没有下限。正因如此，虚拟经济中不存在边际收益递减规律，它被正反馈所替代。失去了稳定性的供求相等是没有意义的，因为"稳定"是经济学家们为供求均衡理论安装的灵魂。在实体经济与虚拟经济的关系研究上，刘骏民教授指出，二者并不存在供求之间那种稳定的关系。

他认为，虚拟经济是以心理定价为基本定价方式，以单一牟利行为支撑买卖的市场，是货币推动的财富创造过程，本质上是价值增殖过程的独立化。当货币进入虚拟经济领域时，资产价格上升，越来越多的金融资产被创造出来，随着资产总价值膨胀，抵押资产也越来越多，进入虚拟经济的货币量增加，虚拟经济活跃。因为虚拟经济交易速度不受物质内容的限制，交易速度（也就是货币流通速度）大幅度提高。货币内生性加强，人们的贪欲心理被聚集成为社会心理，虚拟经济的自我膨胀就会加速。关键的节点在于推动虚拟经济膨胀的资金不是来自实体经济的收入，而是债务，只要有足够的货币总量（货币数量乘以其流通速度）支撑，虚拟经济的自我膨胀过程就可以继续，靠房地产和其他资产价格上升还钱不是问题，但是，一旦资产价格和交易额的虚拟经济指标上升乏力，债务膨胀就会陷入借新债还老债的庞氏债务膨胀，不良资产上升，交易活跃程度下降，相反的过程就会出现。恐惧逐渐成为社会心理，几乎无底线的暴跌往往会引起全面的经济危机。也正因为如此，虚拟经济的膨胀需要警惕。刘骏民教授指出，从短期看，以资产价格上升为主的泡沫经济容易引起警惕，且可以通过政策调整。但由于利润率差异的长期影响，出现低端工业移出本国的"去工业化"趋势和GDP支柱产业从制造业转向金融房地产服务业的"经济虚拟化"趋势则是无法通过政策有效调整的。因为它已经形成了大趋势，政策调整已经属于逆势而为。

国际化视角下虚拟经济与实体经济的关系

从2000年年初开始，刘骏民教授着力研究全球经济虚拟化的逻辑机制和分析框架。他指出，当黄金于70年代非货币化之后，美元就失去了布雷顿森林体系下对外发行的约束，国际货币的发行量完全取决于美联储及美国政府的意愿，取决于美国国内的经济运转情况，世界从此就进入了货币虚拟化时代。这是一个极其关键的转变。

在70年代之前美国是工业化国家，其国际收支状况一直是贸易顺差和金融项目逆差之间的平衡。这是美国工业化时期最重要的特征。美国经济对外交流方式是：美国将美元资金以贷款和援助的形式输出到欧洲和世界其他地方，得到美元资金的国家和地区用美元购买美国的产品、设备和技术，这会拉动美国实体经济的发展。美国于70年代出现了大转折，美元与黄金脱钩，同时废弃凯恩斯主义，开始实行自由化导向的政策，特别是金融自由化的政策。通过金融活动和各种资产创造、买卖以及资产价格膨胀等虚拟经济活动创造的货币财富越来越多，美国人有更多的货币资金去购买各种产品，包括消费品和各类资源。美元是支撑国内虚拟经济活动的动力，也是世界货币，虚拟经济膨胀意味着美国人的货币收入膨胀、购买力膨胀，而不是美国实体经济的生产能力扩张，于是就导致美国国际收支发生完全的逆转。整个70年代，美国国际收支的经常项目出现五年逆差和五年顺差的转变，相应地，其金融项目国际收支也出现了逆转。从1982年起直到现在，美国开始了漫长的经常项目国际收支的逆差时期，也是金融项目长期国际收支顺差时期。美国对外经济交流和美元循环方式也与其工业化时期完全相反。美国通过经常项目国际收支逆差输出美元，境外美元通过购买美国债券和其他金融资产流回美国，以维持美元汇率的稳定。但是这种美元循环方式会推动美国国内虚拟经济的发展，进一步降低美国实体经济在经济活动中的比例。其最大的结果就是将美国从世界的净生产者或产品、设备和技术的净提供者变成了世界的净消费者。同时也将美国从世界最大的债权国变成了世界最大的债务国。

刘骏民教授认为既然实体经济与虚拟经济之间并不存在供求间的那种稳定的均衡关系，那么它们的兴衰必然有另外的规律可循。他推崇成思危的观点：在一定时期内，要维持虚拟经济的介稳状态，虚拟经济系统就必须与外界不断进行货币能量的交换。在全球化的今天，这种资金流动又扩展到世界范围内进行。美国经济及美元主导的国际货币体系并没有崩溃，原因就是中国、日本和中东石油国家等对美主要贸易顺差国将顺差所得美元通过购买美国国债及机构债券的形式或通过其他投资方式回流到了美国，回流的资金滞留在虚拟经济领域，并没有进入美国实体经济，它进一步刺激了美国虚拟经济的活动，并创造收入，美元再次流出购买世界的产品和资源，循环往复。所以，美国实体经济与虚拟经济的不均衡才得以延续。但这种循环一旦中断，虚拟经济运行的介稳态就会被打破，金融危机就是对虚拟经济介稳态的一种强制性调整。刘骏民教授也一再指出，这个逻辑是建立在成思危教授提出的虚拟经济介稳性基础上的，它是第一个从一国国内财富创造的产业结构角度阐述贸易失衡的理论，其重要意义在于它表明：经常项目的国际收支长期逆差或顺差与是否采取浮动汇率制度无关，与其国内需求结构也无关，更与其他国家无关，完全取决于其国内实体经济与虚拟经济的结构。这个结构也可以大致理解为生产物质产品和可消费服务与单纯生产货币收入的虚拟经济之间的结构。只要这样的内部经济结构不变，不管其贸易对手是谁，美国能不能将其搞垮，都不可能改变美国国际收支的基本结构。他用成思危的名字将这个理论命名为"成思危定理"，简称"成氏定理"。

虚拟经济与实体经济的分析框架

成氏定理已经显示出，将整个经济分为实体经济与虚拟经济的分析框架可以得出不同于西方经济学的重要结论。实际上刘骏民教授在最近将虚拟经济的研究命题提升到了一个新的经济学分析框架的水平。这个分析框架的意义非凡。我们都知道，马克思历史唯物主义的核心观点是生产力决定生产关系，这被看作是马克思主义经济学最根本的特征。遗憾的是，至今在全世界关于经济活动的分析中，没有根据这个理论创建的一个可用于实际市场经济的具象化分析框架。马克思将商品看作是使用价值与价值的统一体，将资本主义生产过程定义为物质生产过程与价值增殖过程的统一。这意味着生产力和生产关系，物质内容和社会形式是他经济分析的基本框架。虚拟经济既然是脱离了物质生产的价值增值过程，实体经济与虚拟经济的分析框架就可以视为马克思关于生产力和生产关系框架的延伸。实体经济就是现代市场经济活动的物质内容，虚拟经济则是现代市场经济活动中发展了的社会形式。借鉴已有的经济分析框架，细分虚拟经济活动，结合真实经济过程将它们进一步具象化，就可以形成一个生产力与生产关系的经济分析框架。目前这还处在初步尝试阶段，还需要长期研究及其与实践的磨合。

刘骏民教授认为，当代从理论经济学衍生出的经济分析框架大致有三种：第一种是以一般均衡理论为基本原型的分析框架，强调自由化条件下的供求均衡。第二种是从魁奈的经济表和马克思的再生产理论演化而来的投入产出分析框架（里昂惕夫），在这个供给侧结构的框架中，供给决定着需求，也正因如此没有给金融活动留下应有的余地。第三种是凯恩斯的需求分析框架，它是一种短期分析框架。需求可以脱离供给，消费可以脱离收入，投资可以脱离储蓄，财政支出可以脱离财政收入。因此短期调整既是必要的也是可能的。这三个基本分析框架也被许多学者结合起来使用。除去凯恩斯的框架为货币留下余地之外，一般均衡和投入产出分析框架都没有给货币金融留下空间，后代学者在不改变基本逻辑的情况下硬塞进货币和金融系统，往往牵强，也不好用。虚拟经济与实体经济的分析框架是一个将货币现象与物质过程分开又联系起来的分析框架，更主要的是它从根本上提醒人们，虚拟经济本质上是一个价值系统，与社会制度有着直接密切的关系。这就是具象化的生产力与生产关系的分析框架的意义。刘骏民教授自认为这绝不是一人之力可以完成的任务，所以虚拟经济的研究需要传承下去。

对基础理论的贡献

刘骏民教授的初衷是深入研究经济学的基础理论，虚拟经济研究不过是他最重要的一个切入点。他认为,经济学的基础理论是指价值、价格决定,资源配置,货币,财富创造和经济增长等等。他常说斯密、马克思、凯恩斯这些划时代的大家都是在供求和价格、价值这些老掉牙的关系中发现新问题、构成新思维、形成新理论的。过去如此,今后还是如此。

按照马克思的逻辑重塑资源配置理论

资源配置理论的经典是瓦尔拉的一般均衡理论,它告诉世人价格系统配置资源的机制,帕累托论证了它的效率是最佳。尽管有质疑,但市场经济在资源配置上有优势已经是绝大多数经济学家的共识。在微观经济学中,资源配置过程其实就是价格决定过程,这使刘骏民教授想到了《资本论》对价格,从而对资源配置的理论。他师从于魏埙教授,对《资本论》有极其专业的训练,马克思的理论烂熟于心,在几乎所有经济问题的分析中,他往往情不自禁地想到马克思是怎么说的。马克思认为不是供求关系决定价格,而是平均利润率规律决定价格,供求均衡不过是利润率平均化的结果。资本会从利润率低的部分流向利润率高的部门,从而带动资源和劳动力流动(也就是资源配置),直到形成平均利润率,这种资本带动资源的流动才会停止,供求才会稳定,价格才可以稳定在某一水平上下。美国经济学家张伯伦也在《垄断竞争》一书中指出,供求均衡点仅仅是个界碑,并不是价格决定机制本身。决定价格的是厂商的利润最大化。于是西方经济学教材在坚持供求机制是核心机制的同时将厂商理论融入微观经济学,无形中将平均利润率规律包含在了"所有厂商都获得正常利润"的假定之中。这使得西方经济学的资源配置理论在分析的过程中离真实过程并不太远。但是刘骏民教授指出,要还原马克思关于资本流动配置资源的真实过程,这具有两个重要意义:第一,马克思更明确了资本主义市场经济是资本统治的经济,是资本的利益和力量决定着"生产什么,怎样生产和为谁生产",不是供求决定。不应用消费者的需求(甚至人的本性)来掩盖资本是经济活动决策者的本质。只有这样才能看到这个过程中应该抑制的那些负面影响,而不是用消费者的需求来掩盖资本由于贪婪而造成的灾难。如果真的完全自由化,假药一定排斥掉真药,没有道德的企业会排斥掉有道德的企业,资本不会自发给工人涨工资,只有靠市场外的力量——工人罢工、道德遣责、议会正义人士的斗争和呼吁——才会有最低工资法、工作时间限制、防止污染和其他立法。这些不能用外部性一笔带过，必须明确告诉学生，资本主义市场是在市场自发力量和社会进步力量的共同作用下演化到今天的。第二，马克思强调是资本决定着资源配置的理论，而资本最具代表性的形式就是金融资本，因此强调马克思关于资本流动配置资源的理论会使我们更加重视金融系统、货币系统对资本运动影响，从而重视财政政策和货币政策对资源配置的调节作用。刘骏民教授认为实体经济与虚拟经济的框架也有利于从资本角度建立资源配置模型，因为这样的框架有物质过程的技术进步也有货币金融系统蕴含的风险和潜在危机。

指出经济增长理论的困境与重塑经济增长理论的贡献

当年，南开大学柳欣教授在演讲中经常说，西方经济学全错了。刘骏民教授是他的好朋友，对其理论的意义做出了极高的评价。他说柳欣教授的理论涉及经济学一个最根本的命题：按马克思的术语就是，市场经济到底是一个物质系统还是价值系统？按西方经济学的词汇就是，市场经济系统到底是一个由物质表现的技术系统还是一个由价格和货币表现的价值系统？当年剑桥资本争论最根本的意义也在于此。刘骏民教授对传统经济增长理论的批评和重塑充分表现了他对这个经济学根本问题的清晰答案。

经济增长理论是从生产函数理论延伸而来的。其核心指标是总产品或总产出，它的投入是资本、劳动等生产要素，技术进步决定要素结合的产出效率。总产出的衡量是关键难点，异质品无法相加，于是只能用货币表现的价值量相加。这容易因货币增加导致虚增产出，于是用不变价格统计或缩减指数来打个折以尽量排除货币数量的影响。这样得到的指标虽然会与物量变动更接近，但并不改变统计指标是价值指标的本质。因此增长理论的第一个问题出在用价值指标去替代物量指标衡量经济增长。计量指标的名不符实带来了第二个问题：如果用来加总的指标其实是价格指标，而我们要衡量的是物量，那么技术进步与价值之间的关系是否与其同物量之间的关系一致？马克思认为价格的基础是价值，价值的实体是劳动，无论劳动生产率怎样提高，一定社会必要劳动在一定时间内创造的价值量不变。产量与技术进步成正比，单位价值量与技术进步成反比。于是技术越进步单位产品的价值越低，价格也越低。我们发现事实确实呈现出马克思所说的规律，技术越进步价格越低的现象随处可见。比较理发的价格和电脑价格的变化，再比较它们技术水平的变化，就不难理解这一点。即使不考虑劳动价值论本身是否正确，技术进步与产品价格呈反比的规律是确实存在的。这就是说，如果这个逻辑是正确的，而价格指标衡量的其实是价值，那么技术进步推动经济增长（价值增长）的逻辑就不成立。如果用计算速度做电脑的技术指标，电脑的技术进步就是按几何级数增长的，但是其价格绝对不是。即使用不变价格指标来衡量电脑的物量增长，也丝毫不能反映真实的技术进步，不反映技术进步对物质生产过程的真实影响。人们看到的其实还是价值变动的情况，只不过用缩减指数消除了一部分货币增加对电脑价格上升的影响。这就是当代经济增长理论绕不开的尴尬局面。

刘骏民教授认为，应该承认事实，明确现价加总的量是货币衡量的价值量，它只能衡量价值增长。价值增长既包括物量增长也包括价格增长。他认为经济增长虽然是宏观经济问题，却应该从微观的行为基础开始着眼。经济增长的行为主体是企业。无论是实体经济的企业还是从事虚拟经济活动的企业，追求的都是利润最大化。于是就有两个途径达到这个目的：第一是物量增加，第二是货币价值（价格）上升。他将以制造业为核心的工业经济与虚拟经济分开来考虑。虚拟经济作为货币推动的经济现象前面已经介绍了，这里着重介绍他揭示的实体经济增长的真实过程。在竞争条件下，工业企业追求利润要靠其竞争力，但企业家们对核心竞争力的理解完全不同：有人将技术当作核心竞争力，有人将经营管理效率当作核心竞争力，也有人将人的素质和人力资本的优势当作核心竞争力，等等。这就是说，如果将货币价值增加当作经济增长的实质，那么它的微观基础就是企业的利润最大化，而不是产量最大化，虽然它通常被包含在利润最大化中。经济增长本质就是宏观的价值增值。他认为任何高技术，如果不能产业化就不能推动经济增长，无论是从物量角度还是价值量角度都是如此。只要企业生产规模扩大，物量和价值量都会增长。如果技术扩散增加了同类企业，就会形成产业扩张。随着产业扩张，无论是物量和价值量都会增长，因此经济必然增长。多种新技术同时产业化会形成新的产业群，带动实体经济更大规模的增长。他认为技术、制度、文化不但在企业层面上影响价值创造，在宏观层面上更是如此。法制、行政效率、社会文化、基础科学发展方式以及机构间合作方式和体系等等都直接作用于价值创造。此外,还有纯粹由货币推动的货币收入(也包括真实GDP)创造。没有人按不变价格进行交易,更没有厂商按不变价格决策。还原价值的经济增长,承认经济增长的实际过程是价值的,才能更好地将纯粹货币过程分离出来,而不是将单纯的货币过程止步于传统的"通货膨胀"概念上,资产价格、债务膨胀、重复交易额膨胀等等都是货币现象,它们与通货膨胀一样都是经济增长过程中需要分离出来的部分。承认经济增长就是价值过程,用价值充当物量的一切假象和困惑都会消失。

刘骏民教授认为,经济增长既不是个别过程也不是纯粹的物质或技术过程,它是价值过程,因此本质上就是一个社会过程。按照马克思的理论,所有市场经济中制度因素、文化因素包括货币因素都会直接影响价值创造,而不必通过影响物质生产过程才能导致经济增长。这也就最终摆脱了将经济增长过窄地定义在物量增加上的尴尬:只能用全要素生产率来包裹所有其他因素,并牵强地将其与物量增加联系在一起。他认为科技本身就是人类发展的重要目标,而不论它是不是可以推动经济增长。大量科技不能用来赢利,不能成为推动经济增长的生产力,但它们却是人类进步的基础。核物理学科发展要花费巨大资源,其衍生的核电站技术可以用来赢利并推动经济增长。但它衍生出来的核武器技术却不能赢利,还要消耗大量资源。核物理学科需要发展,核电技术需要发展,核武器技术也要发展。虽然经济学所涉及的是可交易价值,不包括社会价值,但将经济增长理论还原为经济价值增长才是经济增长理论对真实过程的回归。

上文是刘骏民教授部分经济学成果的介绍。他从中国经济改革中悟出的新理论也很有意义,篇幅所限不再赘述。他的研究极具理论意义和现实意义,它们不仅影响着中国经济的实践,还一定会影响理论经济学的未来。刘骏民教授至今没有停止他的研究。他说,他一生只做理论经济学这一件事。至今的一切研究只是为最后完成一个系统的理论铺路。他是一个十分乐观和幽默的人,常常激情四射,妙语连珠。期待他的后续成果,并祝他激情常在。

参考文献：

刘骏民,《从虚拟资本到虚拟经济》,山东人民出版社 1998 年版。

刘骏民,"理解流动性膨胀：美元与国际货币体系的危与机",《第一财经日报》2007 年 8 月 15 日。

刘骏民,"双本位国际货币体系的形成及其历史趋势",《开放导报》2011 年第 2 期。

刘骏民,"经济增长、货币中性与资源配置理论的困惑",《政治经济学评论》2011 年第 4 期。

刘骏民、季益峰,"中国经济转型特征与中国经济运行的独特方式",《政治经济学评论》2013 年第 1 期。

刘骏民,"决定中美经济未来差距的两个基本因素",《政治经济学评论》2014 年第 5 期。

刘骏民、刘晓欣,"经济增长理论创新及其对中国经济的实践意义——兼论如何重开中国经济高增长之门",《政治经济学评论》2016 年第 6 期。

刘骏民、刘晓欣,"虚拟经济的运行方式、本质及其独特分析框架",第十届全国虚拟经济研讨会主题演讲论文。

王健：中国首个股份制银行、深圳证券交易所创建者

吴同新

王健（1950—2011），出生于北京，祖籍天津武清。

1968年9月，内蒙古通辽市哲里木盟科左中旗哈日干吐公社三棵树大队插队下乡。

1974年9月，天津第二印染厂工人。

1978年9月，考入南开大学经济学系攻读世界经济专业本科。

1982年9月，考入南开大学金融学系攻读国际金融硕士研究生。

1985年7月，深圳人民银行干部。

1986年7月，中国银行深圳分行信托投资公司干部。

1987年3月，深圳发展银行副行长，主持工作，法定代表人。

1989年12月，深圳证券交易所筹备组负责人，副总经理，主持工作，法定代表人。

1993年3月，深圳证券交易所副理事长。

先后任深圳证券交易所上市委员会首任主席、中国证监会首届发审委员、中国证券业协会常务理事、深圳证券业协会首任会长、南开大学兼职教授等职。

主要成就：

1. 组建全国首个股份制银行——深圳发展银行，首次按照国际惯例同时发行人民币和外币股票并集中交易。

2. 主持创办新中国第一家开始运营的证券交易所，出任主持工作的副总经理、法定代表人，为中国证券市场的创立和发展做出了开拓性的工作。

3. 出版和发表金融及证券领域的学术专著 10 余部、文章 100 余篇。

哲人说，人生的意义不在于长短，而在于生命的内涵与价值。对个人而言，一生中能做成一件可留存历史的大事，便足矣。而王健却在他并不漫长一生中，做成了两件足以铭刻于史的大事：他主持筹建了中国第一家股份制改造、公开发行股票并集中挂牌交易的银行，又主持筹建了新中国第一家开业的证券交易所。他为中国资本市场的诞生和发展做出了开拓性的贡献，使他成为中国证券史上名副其实的"拓荒牛"。

1978 年恢复高考，仅有初中文化，当过三年知青、八年工人的王健，凭着自己聪颖和异乎寻常的努力，顺利考入南开大学。1982 年大学毕业后，他又选择了读研，师从金融学名师钱荣堃与王继祖。

以 32 岁的高龄读研，王健非常珍惜这来之不易的求学机会，他如饥似渴地学习、研究。作为南开大学金融管理专业的首位研究生，他的导师钱荣堃教授一心希望他留校任教。但他却决定前往深圳，在实干中创立一番功业。

1985 年 7 月，王健获得南开大学国际金融专业的硕士学位后，怀揣着一颗火热的心，来到深圳中国人民银行报到。不久，又转到中国银行深圳分行工作。短短一年多的时间里，王健就表现了他的才思敏捷、胆识过人和极强的创新意识。他运用自己丰富的专业知识结合实际工作撰写并发表了许多很有见地的文章，被称为金融研究的"快枪手"。同时，他还牵头组织了深圳的第一个金融沙龙，把深圳金融业有见识的、能写文章的人组织起来，针对深圳特区金融管理和宏观政策上的一些问题经常进行研讨和笔会；在全国第一个发行了大额存款凭证；帮企业推出了第一张商业本票……把国外的不少新的业务模式引进到深圳，进而相继被全国各地模仿、学习。特区日新月异的建设给了王健无限的激情和创造力，使他以前所未有的速度成长着。

初出茅庐，筹组深发展

1986 年年底，王健的第一个"龙门"开启了。

这年，深圳市委、市政府公开招聘 12 名局级干部。36 岁的王健，由于其扎实的理论功底和从人民银行到专业银行及信托公司的实务经验，再加上组织金融沙龙期间的广泛交流和研究，很顺利地获得了金融业务第一的成绩。在很多人质疑他的年轻和经验时，市委书记李灏拍板，让王健从副科级一下成为副局级干部，并受命组建深圳联合信用银行。

1987 年的深圳，特区内外共有 24 家城市信用合作社。由于体制落后、管理不善、资本金规模很小等导致效益低下、资产不良、抗风险能力极弱，无法满足特区急速发展的金融需求。因此，富有开拓创新意识的深圳市委、市政府就想把这其中的 6 家联合起来，按照国际惯例进行股份制改造，组成一个新的联合信用银行，并进而把深圳办成全国的金融改革中心、股份制改革中心。

王健就在这样风云激荡的背景下，满怀着感激的心情上任了。

首先，王健起草了一套规范运营的组织架构和规章制度。第一次明确提出了由全体出资人组成股东大会，并由股东大会选举产生董事会，由董事会任命经营班子的基本制度。

其次，在内部推行干部全国招聘、竞争上岗的机制。

再次，推出目标责任制，年底考核不合格者下岗。

这些在 1987 年的中国极富改革创意的举措，大大激发了各方面的积极性，提高了银行的竞争力。新的银行，新的面貌，规模和利润接连翻番。

但是，半年多的时间里，这家银行竟然一直没有领到央行的金融业务许可证。

当时，尽管中国已经进行了股份制的一些探索，甚至上海和深圳两地还发行了几只股票，比如上海延中和飞乐，深圳宝安、银湖和三和等，但出于各种考虑，这些股票设计得既像股票，又像债券，不仅保本保息，甚至可以退股。而无论政界、学术理论界还是民间，都对发行股票之事有很大的分歧，对股份制姓资还是姓社的问题莫衷一是。直到 1992 年小平同志南方视察，才对这个问题一锤定音。但那已是五年之后了。

所以，在深圳提出要搞股份制银行时，当时的主管机关非常慎重。为此，王健在李灏书记的支持甚至亲自带领下，一年内三上北京汇报，人民银行总行也慎重地组织各部门和各专业银行开会研究，并派了专门的调研小组来深圳考察，了解情况。最终，由当时的国务委员兼人民银行行长陈慕华亲自向王健宣布，同意深圳将六家城市信用社联合组建为一家股份制银行，给将其命名为深圳发展银行。

1987年12月，全国第一家发行股票的股份制商业银行诞生了。王健担任第一任副总经理，由于没设总经理，所以由王健主持工作，并出任法定代表人。

最初的发展银行，设计股本总额1000万元，每股20元，分为以人民币发行的普通股和以港币发行的优先股，全部股票都可以流通。持有普通股100股以上就可以参加股东大会。股东以其出资为限承担企业的经营风险，分享成果。

经过艰难的推销之后，深发展的1000万股原始股终于全部被认购完毕。中国第一批吃螃蟹的股民诞生了。后来有人做过测算，在此后的30多年里，通过不断的分红和送股，这只代码为"000001"的股票最早的原始股，增值了上千倍。这是当初谁也没想到的。

有了1000万元的股本金，尽管在金融领域里还是微不足道的，但王健这只雏鹰终于可以带领他的队伍摇摇晃晃地起飞了。他们想方设法地吸收存款，绞尽脑汁开展了许多创新服务，实行严格的目标考核，大量吸收了来自全国各地的业务骨干并加以良好的培训，又增加了许多新的网点。严格采取贷款抵押制度，大大提高了贷款质量，并拓展了多种经营业务，比如投行业务、金融租赁业务、咨询服务、大额存款凭证和商业本票业务，还在香港成立了合资基金公司，在海南成立了房地产公司，甚至以贷款入股其他拟上市公司……到1988年年底，发展银行正式开业第一年，利润就比上年增加256%。

第一家股份制银行用靓丽的业绩回答了人们对它的质疑，也回报了那些"吃螃蟹"的人。

在此期间，1988年9月28日，著名经济学家、诺贝尔经济学奖获得者弗里德曼教授在香港经济学家张五常教授陪同下专程到深圳考察发展银行股份制改造和发行股票的情况。最后，他鼓励王健他们说，"你们已经走出了不容易的一步"，同时又提出了几点看法和疑问：

1. 国有控股的股份制公司里，中小私人股东有没有话语权？利益能否得到保证？
2. 没有证券交易所，股票怎么流通？

3. 中国有没有相关的法律，比如证券法、公司法、会计法等等，以作为企业运作的依据？

4. 发展银行的领导班子是政府任命还是股东选举？

5. 董事会和总经理班子的职权如何划分？如何对股民负责？

尽管时间很短，话也不多，但是大师却直指要害，让王健的脑门流出了汗水。因为他明白，这些问题，其实是股票市场运作的基本条件。以后在中国证券市场上一定会反复遇到，难以回避。由此，也给王健带来了深深的思考，并对他接下来的事业产生了巨大的影响。

寄予重望，筹办深交所

王健最知名的身份，就是深交所主持工作的副总经理，积极推动了深交所的创建。这一时期是他人生中最荣光、最巅峰的时刻，也奠定了他在中国证券界的地位。2008 年 5 月，王健接受深圳《晶报》记者专访时表示："深圳证券交易所创立的过程，是一部艰辛的创业史，是一部现代化运作与传统运作的争论史，也是市场运作与行政干预的较量史。"

1989 年 12 月 27 日，深圳市人民政府正式下发文件，任命王健为深圳证券交易所筹备组负责人。

最初的日子，王健这个"光杆司令"口袋里揣着这张任命书，骑着自行车，在深圳四处求人找经费，找场地，借人员，几经周折，费尽心力。好不容易凑了五六个人，在国贸大厦一个废弃的仓库里搭了个没有编制、没有工资的"草台班子"。

最难的是，当时，国内证券交易领域可谓一片空白，没有任何可以借鉴的实际操作经验，只能向海外学习、要经验。为此，王健与另一位筹备组负责人禹国刚（禹国刚于 2018 年 12 月被党中央、国务院授予"改革先锋"称号）率领筹备组花费半年多时间，在香港联交所的支持下，在借鉴国际证券市场，尤其是港、台证交所的各项法规和业务规则的基础上，起草了《深圳证券交易所章程》《深圳市股票发行与交易管理暂行规定》《深圳证券交易所股票上市交易程序及清算制度》等法规和规章制度，共计 30 多万字，汇总成

《深圳证券交易所筹建资料汇编》。对深交所的管理模式、管理法规、管理程序、交易程序和作业流程及市场规划等方面进行了系统的设计。此后，这个文件被称为新中国第一部证交所"蓝皮书"。

"蓝皮书"把公平、公正、公开作为证券管理的基本原则。坚持规范与发展并重，立法当先。

管理体制上，建议成立统一机构统管证券发行和交易，并下设交易所具体负责证券交易，以便于全面协调政府有关部门和专业化管理。

在发展目标上，尽力在最新的白纸上描写最美的图画，超越其他国家，成为世界一流。力求实现交易自动化，交收过户无纸化，通信卫星化。

此后，王健及其团队以"蓝皮书"为指南，一步一步推动深交所组建工作：从深交所注册登记报备，到申请"准生证"，再到正式确定开业时间，等等，王健他们费尽九牛二虎之力，历尽无数周折，"一步一座山，一程一堵墙"，硬是在要什么没什么的环境里，将深圳交易所的筹备工作准备完毕，最终走近那个历史性的时刻。

1990年12月1日，王健亲手敲响了深圳证券交易所开业的钟声。深交所终于开始试营业，王健任深交所副总经理，由于没设总经理，所以由他主持工作并出任法定代表人。

此后，作为深圳证券交易所筹备组负责人、副总经理、副理事长，深交所筹建和发展过程中的标志性人物，王健先后出任的职务和获得的殊荣包括：中国证监会首任上市审批委员会委员、中国证券业协会首任常务理事、深圳市证券交易所上市委员会主席、深圳市证券业协会首任会长、深圳市首届有突出贡献专家、深圳特区十大证券市场风云人物、证券界18周年庆典的"推动中国证券市场杰出人物奖"，等等。

改革开放后中国第一家运作的证券交易所诞生，标志着证券市场朝着规范化、制度化方向发展。深交所既是新中国第一家按照国际惯例集中交易的证券交易所，也是一家发挥特区作为试验田和窗口作用的示范性的证券交易所。在几年的规范发展后，深交所于1993在全球第一个全面实现了交易电脑化、交收无纸化、通信卫星化、运作无大堂化，跳跃式地赶超世界一流水平，其交易系统的技术水平到现在仍处于全球领先地位。

深交所的创建无论从深圳还是全国金融改革开放的角度来说，都是具有里程碑意义的。目前，中国的上市公司已由当初的5家发展到近4000家；日交易额由开业当日仅仅5笔共8000股的成交，发展到上万亿甚至最高超过两万亿元的规模；在证交所交易的金融产品的种类，也由股票、债券延伸到可转债、可交换债、ETF等各种衍生品；整个深沪股市的总市值甚至一度突破70万亿元人民币。

可以说，中国经济的高速发展和经济转型、结构调整离不开证券市场的推动。

举步维艰，唯奋力前行

风光的背后是外人难以体会的艰辛。深交所从成立到发展并非一帆风顺，而是交织着困惑、交锋、阻挠。因为在当时，开设证券交易所，证券集中挂牌交易，按照公平、公正、公开的原则管理，意味着证券商的交易手续费收入会消失，利益会严重受损。此外，由于之前的手工交易和柜台交易透明度差，有些人可利用此弊端大搞黑幕交易，操纵市场，攫取钱财。所以，这些人都坚决反对在交易所集中交易。

另外，当时的深圳市政府证券领导小组虽然成立，但是对其职能并没有明确的法律规定，工作小组根本没有实际决策权。这样的事实必然导致组建工作难以推进。从1990年"蓝皮书"开始，到1991年4月22日得到中国人民银行总行、国家体改委、国有资产管理总局联合批文的下达，经历了一年半的时光，光是深圳证券交易所筹备组与主管机关之间的"协商"，就不知道耗费了多少精力！

除了内部体制机制的不畅，还有来自外部的激烈竞争。当时，与深圳证券交易所同时酝酿的还有上海证券交易所，二者同是中国证券的先行者，但也因此而成为实际的竞争对手。

1990年5月，在相关筹备工作已到位的情况下，王健和禹国刚等人去北京报批深交所开市，但得到的答复是："'深圳证券交易所'这个名字太敏感了，不能批。建议更名为'深圳证券市场'。"王健一听就急眼了："证券交易怎么能跟买卖肉菜一样呢？那边搞个菜市场，这边搞个肉市场，弄个'深圳证券市场'实在别扭！"自小养成的刚正性格，对事业的认真与执着，让王健敢做敢当，甚至为深交所起名这件"无可无不可"的事，都不惜和领导"翻脸"。

无独有偶，同年7—9月间，上海股票市场对于"交易所"一词的呼声也越来越高。在这种情况下，王健他们再次找到分管金融工作的副市长张鸿义，建议采取一个折中的办法，叫深圳证券交易中心，先取得北京方面的同意，让交易中心运作起来，等条件成熟了再更名。在这一迂回的策略下，"深圳证券交易中心"终于获批，并在最后定为"深圳证券交易所"。

对于深交所而言，一个名字便费尽周折，开业之难也就可想而知了。按最初的计划，定于5月13日开业，这样不但能创下全国第一家证券交易所的记录，而且也可以使深圳股市尽早地进入有序化的良性循环。但因为"准生证"办不下来，不得不改到8月18日试营业。等到了试营业的前几天，主管部门又说"北京"不同意开业，只好又再次流产，改为10月13日开业。但就在开业的前几天，主管部门领导赴北京汇报情况后，这一时间再次废止。

就这样，王健他们在一次次的期盼和一次次的失望中，焦虑着、困惑着，也坚守着。在此过程中，上海证券交易所的推进情况不断传来，当年11月20日，在得知上交所已准备于12月19日正式开业之后，有人还特意给他打来电话，略带几分嘲讽地说："老王啊，你想当第一，可人民银行已经批了上海证券交易所。你要加把劲啊。"王健再也坐不住了，他和禹国刚立刻向深圳市委主要领导专程汇报，力谏要在此之前开业。

11月22日，深圳市委书记李灏、市长郑良玉等领导到深圳国际信托投资大厦15楼现场视察深交所的筹备工作，并当即拍板：不管有没有"出生证"，10天后，深交所这个孩子一定准时出生！

1990年12月1日，在尚未拿到"出生证"的情况下，深圳证券交易所开始了试营业。王健作为创办者亲手敲响了深交所宣告正式开业的宝钟，宣告改革开放后中国第一家证券交易所开始运营。

18天后，上海证券交易所才开始集中交易。

此后，对于深交所和上交所孰先孰后的问题，中国证监会首任主席刘鸿儒给出了他的说法：深交所试营业在先，上交所是正式营业在先。这一表述不仅尊重历史，而且符合国际惯例，可算是这一问题的定论。

从谋划成立深交所到宣告试营业，一路走来，深交所成立的每一步都走得极其艰难，甚至开业当天，钟声过后，整个上午无任何报盘交易，空市开盘。后来，他们才得知是有人串通好了，故意要让深交所零成交，造成"空市"情况，好让他们难堪。王健在知道这一消息后，找到他在国投基金部的老部下做了思想工作，才在当天下午完成了深交所试营业的第一笔交易，即深安达成交了5笔8000股，避免了开业首日零成交的尴尬。而这8000股成交量也开创了新中国股票交易的先河。

1991年4月22日，国务院授权中国人民银行批复成立深圳证券交易所。

7月3日，深圳市政府继为深圳发展银行举办开业典礼三年多后，又为深圳证券交易所举行了盛大的开业典礼。国务委员陈慕华携国家体改办、中国人民银行、国家税务总局、国家国有资产管理总局与广东省、深圳市党政主要领导及美国、日本和港澳地区等代表出席。可是奇怪的是，开业典礼时，费了九牛二虎之力却无法让庆贺的氢气球升起来。这是否预示着新生的深交所即将面临着种种压力呢？

遭逢重病，犹以赤胆挽狂澜

深交所的诞生一波三折，它出生以后，仍经历了重重磨难。

当时，由于股市尚处于初级阶段，相应的管理制度非常不健全，先前柜台交易时期潜伏的股市狂热后遗症逐步显露出来。供需严重失衡，交割手段比较落后，场外非法交易盛行，人们对股票的认识也严重不足，证券市场实际上还处于一个混乱的状态中。而恰在此时，《人民日报》驻深圳记者站站长写了一篇内参，揭露了股市中一夜暴富的例子。报道传到了王震以及当时中共中央政治局五个常委那里，引起震动，并引发强烈反应。在这种情况下，深交所开业以后，股市连续暴跌10个月，深圳股市几乎崩盘，震惊全国。巨大的压力笼罩在深圳的上空。

1991年7月10日，深交所召开第一次紧急会议，讨论救市。由于形势紧急，而与会者意见分歧又很大，迟迟不能达成一致。王健异常激动，当场晕倒在会场。在救护车将王健送到医院紧急救治后，王健被确诊为大面积广泛前壁心肌梗塞！这是一种很危险的病症，抢救过程中，医院甚至下了病危通知。

经过20天的抢救，王健终于战胜了死神，度过了危险期。醒来后，王健每天都要不厌其烦地打听交易所的情况，以及股市上的新动向。医生不允许，他就偷偷地问前来探望的工作人员，为思考救市对策而辗转反侧，并憧憬着能尽快回到工作岗位上。

然而，这一次的突发重病留下了终身的遗憾。由于救治手段的不正确，特别是救护车路上的耽搁与后来溶栓剂量的使用不足，导致王健的心尖部位坏死钙化，没有收缩力，心功能大大降低，且不可恢复。

在王健治病期间，8月19日、21日、23日、25日，又连续四次召开"救市"会议，动员机构入市，加强市场的支撑力。但是，收效甚微，股市继续飞流直下。9月5日，深证股市几乎崩盘，股价指数由基日（1991年4月3日）的100点跌至45点，股市市值已由50亿元跌至当日的35亿元。

病床上的王健不顾身体衰弱，与禹国刚分析局势，谋划对策。他认为，必须要尽快止跌，让群众对股市树立信心。而此时，靠市场自身调节已无可能，政府一定要站出来，紧急救市。再往下掉，深圳股市可能会崩盘；一旦崩盘，深圳股市可能就此关门。在他的坚持下，市政府筹资2亿元用于救市大决战，并以深圳股市"调节基金"的名义，于9月7日入市，到11月14日，深证指数创下了收市报136.9点的当年最高纪录，日成交额也于11月13日达到1.1亿元的新纪录。这次被誉为中国政府的第一次救市行动，终于告捷。

此次救市措施是在市场"失灵"的情况下政府干预市场的成功范例，为今后的政府救市提供了参考经验。这一次的危机处理，再一次显示了王健及其团队的专业素养、管理水平以及化解风险的能力。而遗憾的是王健自己却在过度的操劳中，积劳成疾，让他的事业不得不走向始料未及的方向，并最终从"会当凌绝顶"的万丈豪情中隐退，壮志未酬。

鞠躬尽瘁，但为股市献良谋

大病初愈后的王健身体衰弱了许多，稍微累点、激动点就喘不过气来，经常要用氧气。而当时的股市又非常复杂，牵扯方方面面的利益，再加上他性子急躁，很容易再次发病。在这种情况下，为了不影响工作，王健决意从领导位置上退下来，并三番五次地向组织部领导推荐禹国刚当一把手。组织上一开始不同意，他就好几次带着禹国刚一起去找市委领导谈，并以又要做大手术，不能影响工作为由，终于说服了领导，将主持工作的权力交付到禹国刚的手中。也因此，禹国刚对王健的公而忘私一直都充满着钦佩与感谢。

1992年年中，王健辞任了法定代表人，随后改任副理事长。禹国刚正式主持工作。但是每当有大事讨论、决策，无论是主管市长还是禹国刚都还想着让王健参会，很多决策都还要他点头才能确认。就这样，王健又坚持了一年，上半天班，有大事随叫随到。

这一期间，深交所与上交所的竞争也不断升级，两家所都不遗余力地争取上市公司到他们那里上市。这一做法直接导致上市公司质量整体堪忧。与此同时，中国证券市场问题日益凸显：法律法规不全，管理体制不完善，监管不到位，从证券商、上市公司到中介机构甚至包括交易所和登记公司，都缺乏有效监管，上市公司良莠不齐，假货、冒牌货充斥证券市场，客观上导致股市基石被毁。

面对不成熟的证券市场，王健不顾身体羸弱，一方面为交易所的大事把关，一方面笔耕不辍，先后撰写了"上海证券业的气魄与胸怀""深圳股市怎么了""深圳股市与健全股市之比较""深圳证券市场面临的危机、原因及对策""对深圳股票发行市场的几点反思""论证券市场资讯公开制度"等近百篇文章，抨击国内证券市场种种弊端，并提出中肯建议，希望能借以推动证券市场良性发展。与此同时，他还组织深交所的工作人员在一起编书。在他的统筹下，先后编著了《深圳股市》《股票交易技巧》《证券交易手册》《金融研究》《中国股票市场问题争鸣》《股票投资策略》等十几本专业图书，他自己也撰写了《货币政策及证券市场理论与实践文集》一书，内容涉及股票交易系统以及交易程序、交易架构、管理、法律各个方面，侧重于对中国股市的整体研究和认知。这些书的出版，对起步阶段的中国股市、中国股民甚至股票主管机关、券商等都起到了知识启蒙与普及作用。这期间，王健还倡导主办了杂志《证券市场导报》，并亲任总编。他还牵头成立了卫星公司、信息公司、电脑公司等众多的辅助性公司。上述努力，为当时股票信息的发布，股票交易的公平、公正、公开，以及股票交易系统高效和有序发展都做出了极大的贡献。

功成身退，开拓之心永不灭

1994年，王健因身体原因办理了病退，离开了心爱的证券事业。

从1987年到1994年，短短的七年写就了他人生最辉煌的篇章。直到今天，他的事迹还一直为业界所称道和尊崇，他的名字也必将与中国改革发展史紧紧地联系在一起。

尽管离开了证券界，王健的内心，依然时刻都充满着对新事物的敏感和追求。即使从国外治病回来后，他也在惦记着将所见到的新产品、新技术引进到国内来。从澳洲的高性能保温涂料、方便耐用的削水果刀，到日本不加防腐剂的方便面、面条机等等。

1994年，王健受朋友之托组建了一家投资公司，开拓性地把国内的一些公司推到海外去上市。接着，他又联合协和、阜外等国内几家最著名的医疗机构，成立了国内第一家保健俱乐部，力图在最高端的医疗资源和特需者之间建立直接联系。尤其是，他在当时就敏锐地提出了网上咨询和诊疗的设想。20多年后，2018年4月28日，国务院终于正式发文，促进互联网+医疗健康发展。

2006年的夏天，笔者专程去深圳看他。那时他已经不能站立，坐在轮椅上，瘦骨嶙峋但却依然思维敏捷，口齿清晰。回首往事，感慨时局，探讨得失，规划未来……他说："我是个不干事不能活的人，我还有我的志向，我还要利用生命的最后时光，把全国各地保健俱乐部分部搞起来，把VIP名医网搞起来，让更多的人受惠。让更多的名医名院直接在网上为广大的患者服务。"

他在内心祈祷：愿上帝在我有限的生命里再成全我一次！

可惜，由于他的健康状况急剧恶化，这些富有远见的创举，都未来得及深入落实，也未能获得大的成功。让人为之叹息。

坎坷人生，铸就多彩性格

作为中国证券市场的拓荒者、最前线的实务推动者，王健留给历史的背影无疑是光彩夺目的；然而，光环的背后，是他历经挫折的坎坷人生以及由此铸就的多彩的性格。在那个改革开放风雷激荡的岁月里，在深圳这个最富有传奇色彩的环境里，王健找到了最适宜于他的土壤和舞台。

1950年，王健出生在北京，在天津长大。他出生和成长在新中国历史上一个特殊的年代，他的一生就是这一代人悲喜命运的缩影。

他的母亲因营养匮乏和常年积劳成疾于他15岁时患癌症去世。

他的父亲在"文革"期间去世。王健在学校里处处遭受不公。亲戚邻居也大都避而远之。父亲尸骨未寒，痛不欲生的王健就到了内蒙古，开始了三年艰苦的知青生涯。因病回城后，几乎无家可归。为生活所迫，他吃过低保救济，蹬过三轮，捡过垃圾，当过搬运工，几经辗转后才进入工厂当工人，在这个角色上停顿了整整八年。

自小，父母就教导他，无论多难，始终要自立自强。所以他一生好强不服输，学习刻苦，努力要扼住命运的咽喉。而多年艰苦的生活和人情淡薄，又让原本柔弱、敏感、自恋的王健变得坚强起来，成为一名"铁骨铮铮的硬汉"，更造就了他的刚正不阿的火爆脾气。

在早期的证券界，王健是一位极为引人注目的人物。一方面因为他的眼光、胸怀、胆略、魄力、机敏、才干和学识以及由此带来的成就；另外还有他的直率、固执、心直口快，他的不谙世故、不懂变通、不会察言观色、容易冲动、躁怒等。

当时，深圳和上海都想争第一家开业，暗暗地竞争。可是当上海交易所筹备人员来深圳取经时，王健毫无保留地把自己费尽九牛二虎之力起草的"蓝皮书"送给了对方，感动得上交所总经理尉文渊直至多年后还赞叹不已。

他的豪爽和义气使他具有极大的人格魅力，吸引了大批的追随者。可他的一言不合就大发雷霆，毫不留情面，又使他得罪和失去了不少的支持者。

无论公与私，都要分个对错。过于认真，过于固执，不懂得迂回变通。

他是典型的"刀子嘴,豆腐心"。心有不平就会脱口而出,不分场合。过后心里后悔,甚至内疚。可下次再遇到同样的情形,他依然控制不住自己。

他写了很多杂文,针砭时弊,痛批证券市场的问题。记者来采访,他要求原文照发,不得改动。否则就不接待。甚至他自己都承认"都是文章惹的祸"。

尽管对有些领导心存感激,可是当工作上意见不合时,他照样当面撂挑子;餐桌上相谈,气氛正好之时,他竟然谈起证券市场的种种弊端,当面指责证监会不尽职;总理来视察深交所的敲钟平台,他拦住众位省部级高官,不让靠近合影,因为担心人多拥挤,怕出安全事故……

他自己多次坦承:"我这一生就是性格悲剧。"这一点,他在自传《坎坷人生》里也有深刻的剖析和自省:个人修养不够,情商不足。

"我自身还有另一个弱点,就是我非常能和我的下属打成一片,大家关系非常融洽。但是和我的上级往往不会搞关系,不懂得顺势而为。"

"对上级错误的行为、错误的言论,或者是我根本就看不起的领导,我会直接表现出来不满。而且会直来直去,不屑一顾,当场给人难堪……不经意地就得罪了领导或伤了领导的自尊。"

正因自身因为性格缺陷而遭遇了太多的挫折和困境,他才语重心长地呼吁后来人,要学习心理学、社会学,要提高情商,要学会与人打交道……

很多人认为正是因为性格原因,导致他没能在事业上更进一步,甚至也严重影响了他的身体健康。而这也妨碍了极具才干和魄力的王健为中国证券业的发展做出更多的贡献。

今天,斯人已远逝,种种过往,皆已在历史的长河里静静沉淀。得与失、是与非、对与错,只留与后人评说。但无论如何,英年先退、生命早逝都不能动摇他在中国证券史的功勋与地位,也不能遮蔽他对中国股市发展的巨大影响。

后 记

从1991年突发性心肌梗塞开始,到2011年病逝,在人生的最后20年里,

7000多个日夜，王健一直在生病——心脏病、肠癌、骨癌以及各种各样的并发症。一次一次手术，一次一次放疗、化疗，一次一次传说他不行了，但他还是一直坚强地活着。正如他在自传《坎坷人生》中所说的那样，"好像是上苍存心与我开玩笑，磨砺我的意志，考验我的承受力"；

"回首往事，我经历了，我目睹了，我见证了。我已经没有什么遗憾了。我也为我曾经做过的蠢事而后悔，我更为我曾经做过的贡献而欣慰。经历了这么丰富多彩的人生往事，我这一生没有白活；经受了这么多的磨难，我没有被压倒，如此众多的磨砺让我更加坚强不屈"。

在生命的最后时刻，由于癌症全身转移，王健已经不能站立，只能坐在轮椅上，每天只能靠麻醉剂缓解剧痛，维持自己休息和基本的生活，因为麻醉剂的关系，他常常会陷入昏迷，意识不清。但即使这个时候，在面对外人时，他依旧选择微笑：我已经来日无多，但还是勉力坚持好好活着！

天意从来高难问，一生坎坷谁能知？

2011年9月27日，在无尽的病痛中，王健投给这个世界最后的一瞥，带着些许遗憾、些许自足，慢慢合上了他的双眼，把无尽追思留给了证券市场的后来人。

61年的人生，30多年的辛苦遭逢，20多年的病痛折磨，王健的一生却为社会留下丰赡的资本，做出了许多人几辈子都无法做到的业绩，也对生命诠释了别样的精彩。

"天空没有留下翅膀的痕迹，但我已飞过。"泰戈尔的这句诗，或许是对他一生最好的诠注。

刘迎秋：坚定执着，砥砺前行

赵三英

经济学家刘迎秋这个朴实而响亮的名字，不仅为我国乃至国外经济理论界所熟悉，而且为中央和地方政府部门所认同，并广受企业界，特别是民营企业界欢迎与称道。作为刘老师的学生，我应编委会之约在庆祝南开大学百年华诞之际，仅就他数十年来笃定执着深入经济理论学习与研究、脚踏实地不屈不挠为推动我国市场经济发展、高标准严要求倾力培养后生、退休后仍笔耕不辍为推动我国经济中高速增长和高质量发展而坚定执着、砥砺前行的二三事，与大家共享追忆刘老师励志的成功乐趣、共解健康成长的机理、共讨经济发展的逻辑。

南开：青春的向往，一生的追求

早在刘老师的青年时代，因为周恩来总理曾是这所大学的首届学生，因为在这里学成毕业的众多学子成为海内外各个领域的佼佼者，因为这里还云集了大批著名教育家，特别是经济学家，南开大学就成了刘老师向往的一个学养圣地。

1978年年初我国恢复研究生招生制度后，刘老师没有立即选择碰运气式的报考，而是选择了先努力丰富自己的经济学知识、提升自己分析问题解决问题的能力、保证外语水平同时能够达到听说读写均60分水平之后再报考的思路。在这一思想的指导下,在坚持深入研读《资本论》等经典的同时,向他任教的牡丹江师范学院提出了到南开大学进修政治经济学的申请。申请很快获得了批准,不久刘老师也得到了南开大学接受进修的通知。1978年9月1日,刘老师跨进自己向往已久的南开大学大门,开始了师从国内《资本论》和现代资本主义经济理论研究大师、著名经济学家、南开大学经济学系主任魏埙先生的研读过程。在南开大学整整一年的时间内,刘老师跟随魏埙先生系统地、逐篇逐章逐节逐段逐句地深入研习了《资本论》,同时还进修了当时刚刚引入中国的西方经济学最新知识。魏先生发表的有关《资本论》和垄断资本主义问题的研究论著,特别是魏先生与谷书堂教授合著的《价值规律及其在资本主义各个阶段中的作用及表现形式》等经典文稿成了刘老师的必读教本,刘老师从中汲取了大量学术营养。南开大学允公允能、践履笃实、日新月异的校风、学风也深深熏陶了他,为刘老师后来冲破各种阻力报考研究生打下了坚实的基础。

  1984年,刘老师终于迎来了实现自己人生宿愿的历史机遇。他先是以优异成绩考取了教育部委托南开大学举办的教育部首届政治经济学助教进修班,并任该班党支部书记;次年又以优异的成绩考取了南开大学经济学硕士研究生班,师从郭鸿懋教授、顾金吾教授,任该班班长。1987年毕业留校后,刘老师再接再厉考入了南开大学经济研究所攻读经济学博士学位,师从南开大学经济学院院长、著名经济学家谷书堂教授,从此也开始了在一个新的、更高的经济学平台上学习与探索、教学与研究的征程。在谷书堂教授、魏埙教授、张二德教授等一大批著名经济学家的悉心指导、精心培养和教导下,原本在黑龙江经济学界已经初露头角的刘老师,在南开大学更是如鱼得水,不仅知识结构得到了进一步更新,经济学功底更加扎实了,而且开展学术研究的方向更加清晰,方法更加科学坚实。其间,一大批能够站在实践高地和学术前沿的较高质量的学术研究成果陆续发表,其中不乏优秀成果。除了进入南开大学前公开发表的学术论文"对外开放与马克思的国际贸易和世界市场理论"(《牡丹江师范学院学报》1982年第2期,《新华文摘》1982年第12期全文转载)曾荣获黑龙江省第一届(1979—1983年)哲学社会科学优秀成果三等奖外,在南开大学攻读经济学硕士、博士学位期间发表的"钢材市场:问题和对策"(《南开经济研究》1987年第5期,人大报刊复印资料

《物资经济》1987年第6期全文转载）获天津市第三届社会科学优秀成果三等奖、南开大学经济学院优秀成果二等奖；"论社会主义经济运行的新规则及其实现"（《中青年经济论坛》1988年第6期），获"天津市纪念十一届三中全会召开十周年理论征文"三等奖。刘老师的学术进步快、成果多，既是南开大学培养的结果，也是他本人努力奋进的结果。

1992年，党的十四大后刘老师作为特殊专门人才由中国社会科学院引进入京，进入中国社会科学院经济研究所国民经济研究室任副主任，后任宏观经济研究室主任兼所党委委员、工会主席。在中国社会科学院这个大平台上，他紧紧围绕中国特色社会主义经济发展与运行、管理与调控等理论与实践，开展了大量调查与研究工作，公开发表和出版了大量学术研究成果，《经济研究》《中国社会科学》《财贸经济》《中国工业经济》《管理世界》等学术期刊和北京电视台、中央电视台、《光明日报》《经济日报》《人民日报》等新闻媒体，成了他的主要成果发表的平台。因此，他也成为南开学子在北京的一位优秀校友。直到今天，刘老师几乎每年都要回南开，或是出席经济研究所的博士生毕业论文答辩，或是出席南开主办的经济学理论和中国经济发展问题研讨会，或是回母校看望培养教育和指导过自己成长进步的老师，或是驱车到南开看看曾经陪伴自己读书、学习、散步与休息的教学楼、图书馆、研究生宿舍和食堂以及南开中央大道、南开马蹄湖和小花园。

直到今天，当被问及时，他总是说：作为南开学子，南开大学、南开精神以及在南开学习、工作和生活期间所有苦与乐的记忆，都是自己能够始终深入实际、深入社会、深化经济理论和政策研究的重要支撑和后来取得所有进步与成就的无价资本。南开，不仅是他青春的向往，也是他一生的追忆。

学问人生：忧国忧民，求真务实

刘迎秋老师几十年如一日，学术研究领域集中于中国宏观经济运行、发展与政策和民营经济理论与实践，中间有10年时间为推动中国期货市场理论研究、市场建设与发展，刘老师还翻译并公开发表和出版了一大批有关期货交易理论与实务的学术论文与专著，主编并出版了具有清理当时期货理论研究领域存在的术语、概念混乱，主动引领我国期货市场健康发展功能的《现代期货大辞典》。由于工作岗位的调整和繁重的行政工作负担，到1996年，在杜岩、陶琲、吴硕等中国期货市场理论和政策最早的开拓者指导下，他执笔写完并公开发表了中国期货十年总结报告。

从1980年公开发表第一篇学术论文"试论我国现阶段的社会性质"（《牡丹江师范学院学报》1980年第1期，人大报刊复印资料全文转载）开始，到2018年，刘老师先后在《南开经济研究》《南开学报》《经济研究》等国内外学术期刊上公开发表学术论文和理论文章500余篇（其中在《人民日报》发表近50篇），先后在陕西人民出版社、中国经济出版社、台湾五南图书出版公司、人民出版社、中国社会科学出版社、社会科学文献出版社、经济管理出版社等公开出版学术专著（含译著和辞典）近30部。刘老师如此丰硕的高质量研究成果，是我们这些学生望尘莫及的学习榜样，也是我们师门重要的精神财富。

到20世纪80年代中期，刘老师主要承担了行政管理和研究的双重任务。1995年，受中国社会科学院党委委派，刘老师挂职锻炼到内蒙古自治区任呼伦贝尔盟行政公署副盟长，到1996年年底结束挂职锻炼回到社科院经济所。之后于1997年4月调任社科院科研局副局长。从此，他开始了既做行政管理又从事经济理论研究的"双肩挑"式学者生涯。

随着工作面的拓宽、工作任务的增多，时间对于刘老师就越来越显得宝贵、难得了。为搞好学术研究，他长年坚持少游玩、少消遣、少娱乐，甚至将休息日和节假日也用于学术研究工作。也正因如此，与常人相比，除了在经济理论与实践方面拥有丰富知识外，他的知识面常常显得"窄"且"枯燥"，日常言语中也很少"幽默"。与此相反，刘老师公开发表和出版的大量学术成果，包括接受各大新闻媒体记者采访后的文稿，均字斟句酌，一丝不苟，逻辑严谨，有理论，有实践，有高度，接地气，读他的文章常有一种享受的感觉。几十年来，刘老师公开出版和发表的研究成果主要集中在如下几个大的方面：

我国宏观经济运行与调控及其政策参数研究

第一，在借鉴菲利普斯曲线研究方法的基础上，刘老师在其博士论文中较早概括和阐明了"总需求变动的供给效应曲线"(也称"通货膨胀的经济增长效应曲线")及其理论内涵(此文发表在《经济研究》1991年第10期上)。通过大量测算的实证分析,刘老师初步分析并得出了一条与三种不同含义的菲利普斯曲线不同的倒"U"形曲线(即"总需求变动的供给效应曲线",如下图),并由此初步描述和阐明了总需求变动对总供给的影响及其作用机理。

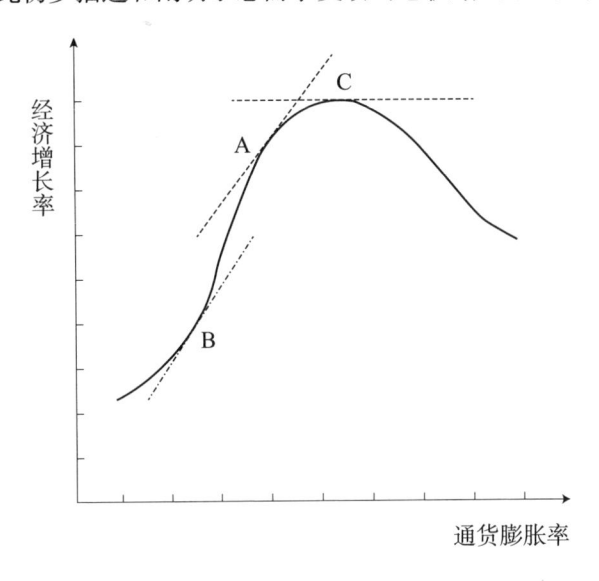

由此,刘老师在理论上较早论证和说明了在市场经济条件下,经济增长与通货膨胀之间存在一种内在平衡协调关系。与菲利普斯曲线相同,这条倒"U"曲线上的每一点都表示经济增长与通货膨胀之间是平衡的;但是,与菲利普斯曲线不同,在这条曲线上,经济增长与通货膨胀间的最优平衡只能是处于该曲线上正斜率较大的那个AB区间,而不可能是其他区间,更不可能是某个固定的点。依经验数据进行分析,他得出了此区间的通货膨胀率大体为3%—6%的结论。在他看来,这一结论具有非常重要的政策含义,即在AB区间内,总供给增长的通货膨胀代价最小,国民福利的改进程度大于因通货膨胀付出的代价,是民众可以容忍的通货膨胀;一旦出现低于A点或高于B点的通货膨胀,总供给增长的机会成本会上升,国民福利改进的程度将小于国民因此付出的通货膨胀代价,民众则会出现不容忍倾向。由此,这个区间也就成了政府实施紧缩性或放松性宏观调控政策的基础性根据。这项长达30万字的学术研究成果在1993年由陕西人民出版社出版后,于1994年获团中央、文化部、广播电影电视部、新闻出版署"首届中国青年优秀图书奖"。

第二，在承袭上述研究路径基础上，借鉴费雪方程，刘老师首次论证和阐发了"中国经济高速健康增长的货币支持边界"。他之所以分析、论证、探讨和阐明这样一个边界，目的仍然是探讨如何通过有效的货币政策参数操作，推动我国经济持续健康平稳较快增长。这项成果由时任中国社会科学院经济研究所宏观室主任刘迎秋执笔，以研究室课题组名义发表在《经济研究》1995年第1期上（"论中国经济高速增长的货币支持边界"）。在这篇论文中，刘老师先是通过对主要市场条件的设定使费雪方程与我国实践近似接轨，然后从支撑我国经济持续较快增长的角度，提出了"货币供给的增长倍数"（MG）概念，进而通过理论实证和统计分析，得出了与当时我国适度经济增长率（即长期平均增长率9.64%±1.5%）相适应的"货币供给增长倍数"为1.77—2.05的结论。后来，在他主笔完成的国家社科基金重点项目《次高增长阶段的中国经济》这一研究成果中，又根据我国加入WTO后的新情况、新实践，计算得出了低倍数为1.95、高倍数为2.43的货币供给调控参数。这项研究成果，一是明确了"货币供给增长倍数"概念，并进一步细化了它的基本内容；二是指出了经济景气循环的繁荣阶段和衰退阶段在运用"货币供给增长倍数"进行宏观政策选择与操作上存在的角度差异和政策作用方向差异，即在繁荣阶段要以以观察M1为基础的"货币供给增长倍数"为主，在衰退阶段要以以观察M2为基础的"货币供给增长倍数"为主，否则就有可能出现宏观政策操作失效等现象。

第三，亚洲金融危机后，为解决好以扩张性财政政策操作保证我国经济继续持续健康较快增长问题，刘老师又深入开展了债务率和赤字率合理边界的研究。其主要成果内涵是，在借鉴前人研究成果的基础上，运用现代经济学理论，首先确立了"三部门经济"条件下债务-赤字模型，进而对我国动态均衡赤字率和债务率及其决定因素进行了分析，得出了《马约》的所谓3%的赤字率和60%的债务率"带有明显区域特性"，不能作为"国际公认的警戒线"套用于我国实践的结论；然后，在分析和揭示我国预算恒等式的基础上，通过统计实证，分析和阐明了与我国经济发展阶段及其均衡目标增长率相适应的赤字率和债务率及其警戒线，即不包括还本付息的"基本赤字率应以2.5%为控制目标，其最高限为3.5%"，包括还本付息的"全额均衡赤字率应以 3.5% 为控制目标，其最高限为 5.5%"，包括还本付息的"全额均衡债务率应以 30%—35% 为控制目标，其最高限为 58%"等等（这项研究成果以"论中国现阶段的赤字率和债务率及其警戒线"为题公开发表在《经济研究》2001 年第 8 期上，英文改写稿发表在美国出版的 Emerging Markets Finance & Trade, Vol. 41, No. 5, 2005 M.E. Sharpe，Inc., pp. 56-74 上）。刘老师的这些分析及其逻辑结论的创新价值，一是以严谨的逻辑、科学的实证，否定了当时学术界关于《马约》提及的"3% 的赤字率"是"国际公认警戒线"的主流观点，对政府决策部门更好把握财政政策的扩张与紧缩起到了积极的参数指导作用，引起了政府部门和学术界的高度重视。

第四，刘老师还分析和阐明了亚洲金融危机后我国经济不会进入低增长阶段，而会进入一个次高增长阶段的结论。这个分析结论是以我国城乡收入差距和地区收入差距较大、人口红利较高、体制改革收益较大、宏观调控能力明显提高等为主要依据，通过实证分析得出的。与此相关，他还进一步分析和阐明了与我国次高增长阶段相适应的"合理消费率"及其区间（应为 61%—65%）、"合理消费增长率"及其区间（应为 6.1%—10%）、"合理投资率"及其区间（应为 35%—39%）、"合理投资增长率"及其区间（应为 18.64%—20.65%）、"警戒失业率"及其区间（应控制在 10% 以内）等一系列宏观调控指标和调控参数。这些成果体现在刘迎秋主笔的《次高增长阶段的中国经济》这一学术专著中，由中国社会科学出版社 2002 年出版后，获第五届中国社会科学院优秀科研成果著作三等奖。近年来，我国政府部门和学术界所提出和阐述的所谓 GDP 增长下台阶，追溯起来，在理论创新上，刘迎秋研究员才是提出这一判断和进行过较为深入的理论分析和逻辑探索的我国经济学界第一人。

第五，在前述研究基础上，刘老师还进一步通过实证研究，分析和阐释了利率、债务率和汇率与经济增长的关系及相关参数的政策含义。这是刘迎秋教授主持完成的国家社科基金重点项目《利率、债务率、汇率与经济增长》的最终成果（中国社会科学出版社 2010 年出版）。在刘老师的带领下，课题组通过实证分析得出了一系列重要结论：我国"投资的利率弹性较低"，"随着城乡居民投资渠道的增加，实际存款利率对消费的替代效应明显增强"，"要实现中国经济的持续较快增长，就必须协调好投资和消费的比例关系";在我国当前阶段"债务率的上升对实际利率的上升有一定的抑制作用","在国债的财富效应作用下,国债债务率上升,既表现为居民财富的增加,又导致居民消费的上升";人民币升值和贬值对经济增长影响作用不同,"实际汇率偏离市场均衡汇率(基本要素均衡汇率)的程度越小,其变动越有助于国民经济的长期增长,反之,则越无助于国民经济的长期增长",因此,"要逐渐过渡到有管理的适度浮动汇率形成机制"等。这些分析结论对于深化理论研究、指导我国宏观经济运行均具有非常重要的参考价值。

我国基本经济制度建设、民营经济发展以及浙江经验研究

首先,早在1980年,刘老师所独立完成并发表的一篇名为"生产条件的分配与按劳分配"(《牡丹江师范学院学报》1980年第3期)的学术论文以及次年与同事合作发表的"论我国现阶段的个体经济"(《牡丹江师范学院学报》1981年第1期,人大报刊复印资料全文转载)和后来陆续在《南开经济研究》《南开学报》《经济研究》以及《人民日报》等报刊杂志上发表的一大批有关鼓励支持引导个体、私营等民营经济发展的学术研讨论文和理论文章,都始终没有离开如何通过深化改革推动我国基本经济制度建设,促进我国经济发展。

其次,刘老师曾多次牵头与地方政府合作开展有关中国民营企业竞争力的调查与研究。从我国民营企业质量和治理结构、品牌、自主创新、人力资本、"走出去"与企业竞争力指数高低之间的内在联系等角度,通过实地调查和研究,先后连续出版了六部《中国民营企业竞争力报告》蓝皮书。这些成果陆续出版后,中央电视台《新闻联播》节目均做了报道,起到了鼓励支持引导好民营企业发展的积极作用。

再次,在2005年启动的浙江省委与中国社会科学院"浙江文化大省建设"合作研究项目中,根据社科院党组的部署,刘迎秋研究员不仅成功担纲了专家组和课题组组长重任,而且在开展"浙江经验与中国发展调查研究"过程中发挥了重要作用。经过一年半的实地调查和深入研究,最后形成了包括一个总报告和五个分报告的六卷本中国国情调研报告重大成果《浙江经验与中国发展:科学发展观与和谐社会建设在浙江》。这项成果正式出版后,2007年1月18日在浙江省举办了首发式和理论研讨会,时任省委书记习近平出席会议并发表了重要讲话,并借用"宝剑锋从磨砺出,梅花香自苦寒来"在充分肯定了这项成果的学术价值、理论价值和实践意义,对课题研究工作给予高度评价的同时强调指出,"这一次的课题调研活动可以说是迄今为止在浙江进行的最具理论权威、规模最大、最为系统的一次对浙江精神的全面总结",起到了总结浙江经验,指导中国未来发展的作用。在这项工作中,刘老师不仅较好地担负起了专家组和课题组组长重任,首先是提出了一个符合我国发展方向和浙江实际的六部分研究框架(科学发展观在浙江总论以及科学发展观与经济建设、与社会建设、与文化建设、与政府建设、与党的建设等),而且在借鉴其他相关研究成果、集中集体智慧的基础上,首次把浙江经济社会发展的突出特点及其经验特征归纳为"经济民本多元、社会包容有序、文化自强创新、政府服务有为、党建坚强有力"等30个字。这30个字的概括,得到了浙江省委、政府领导和部门的充分肯定和高度认可。

最后,退休后的刘老师仍笔耕不辍,为促进民营经济发展、推动中国经济中高速增长和高质量发展建言献策。2013年8月2日,刘老师正式离任中国社会科学院研究生院院长岗位,12月31日正式办理了退休手续。按常理,从此他可以心无旁骛、安闲自得地享受自己的"无官一身轻"的退休后生活了。但是,刘老师却没有做出这样的选择,仍然以"砥砺前行不转头"的精神,积极参加经济问题调查、深入研究理论和政策、参加各种学术活动、笔耕不辍为中国经济持续健康发展建言献策。其间,刘老师不仅继续以第一主持人和项目首席专家身份主持完成了国家社科基金重大招标项目"抓住和利用好本世纪第二个十年我国发展重要战略机遇期的若干重大问题研究——面向未来的我国大国经济发展战略"的研究,并公开出版了长达68万字的《走向经济强国之路:中国经济的"超越"梦想与现实》(中国社会科学出版社2018年7月出版)。这项成果客观深入地分析和阐明了中国经济从大国走向强国所经历的各种波折、经验及教训,指出了中国经济真正实现超越必须面对一系列的困难和问题,超前指出了各种盲目乐观和夸大其词对我国经济长期持续健康平稳发展可能带来的危害,阐明了解决之道和发展之路。在深入开展研究工作的过程中,一大批阶段性研究成果先后通过中国社会科学院《要报》上报党中央、国务院和中央政府有关部门。另有一批成果先后公开发表在《人民日报》《经济日报》《经济参考报》《中国经济时报》《红旗文稿》等中央媒体。刘老师所著"中国经济升级版的内涵和打造路径""我国经济中长期走势怎么看""以制度和技术创新驱动高质量发展""应正确认识供给侧改革与需求侧管理的关系""稳增长、调结构是实现中国制造2025目标的必要前提""加快发展先进制造业是推动实体经济发展关键""建设制造强国加快发展先进制造业""'六稳'做好了经济就能平稳健康发展"等一系列有关宏观经济运行分析和调控政策建议的文章发表后,产生了广泛且深远的影响,很多建议被有关部门采纳。2014年7月15日,刘老师作为专家学者代表,出席国务院总理李克强主持召开的座谈会,就宏观经济运行形势和民营经济发展提出了自己的意见建议。

作为中国社会科学民营经济研究中心主任,刘老师不仅继续坚持与《经济参考报》联合主办中国民营经济发展双月座谈会,围绕党中央、国务院有关部署,开展专题研讨,深化理论和政策研究,引导民营经济持续健康发展,他还作为中国中小企业协会特邀副会长,从2014年到2016年连续对全国性民营企业进行深入调研并出版了三部《中国中小企业发展蓝皮书》,受到社会各界高度重视,成为社会各界了解我国中小企业发展现状、指导我国中小企业发展的重要工具书。

围绕我国民营经济发展问题,刘老师还接受《21世纪经济报道》《中国经济时报》《中华工商时报》《经济参考报》《中国证券报》等报社记者采访,发表了很多旨在为推动我国民营企业健康发展释疑解惑的观点,在《人民日报》《经济参考报》《经济日报》《环球时报》《中国党政干部论坛》《治理研究》《前线》等报刊杂志上公开发表了一大批有助于坚持"两个毫不动摇"、推动我国民营经济和整个国民经济中高速增长、高质量发展的理论文章,包括"发展非公经济就要打破各种形式的垄断""依法治国是民营企业持续健康发展的恒心基石""民营企业要着力用好供给侧改革的加减法""'两个毫不动摇'缺一不可""加快发展先进制造业是推动实体经济发展关键""稳就业的关键是稳企业""习近平民营经济思想的逻辑演进——从'民营经济支柱论'到'民营经济基础论'""民企苦练内功才能迸发活力""中小企业及其高质量发展的路径选择""民营企业要走向更加广阔的舞台""用优质制度供给推动民营企业发展"等。

不仅如此,刘老师还积极关注地方经济,为地方经济发展出谋献策。自

2014年开始,他深入浙江、宁夏、山东、湖北、云南、安徽、福建、黑龙江、河南、重庆等省、市、自治区开展民营经济发展问题调研,先后完成了《中国梦与浙江实践》总报告卷专著和"中国梦的浙江实践:经验与启示""银川模式:速度+效率+质量——新常态下西部民族地区经济快速增长、国民福祉不断改善考察报告""从浙江实践看中国道路自信""浅析步鑫生精神及其时代意义""股份合作制:从路径选择到制度创新""黑龙江民营经济发展:困境与对策上"等研究成果。

鉴于刘老师在民营经济和浙江经验研究方面所做的贡献,他不仅应邀出席了国务院研究室组织的"非公36条"的起草研讨工作,还被聘为中华全国工商联参政议政委员、中国中小企业协会特邀副会长、第四届中国经济社会理事会理事,后来又被聘为中华全国工商联智库委员会委员等。

大力推进和深化了有关新自由主义与中国经济发展的研究

新自由主义是一个进入21世纪以来国内外理论界和实际工作部门广泛重视的新问题。根据领导交办,刘老师作为课题组组班组长积极投身到这项研究工作之中。先是作为主要执笔人(不是最后统稿人),完成了领导交办的《新自由主义的本质》的研究。刘老师在这项研究工作中做出的主要贡献是,深入研读了新自由主义代表人物的论著及国内外相关文献,揭示了什么是新自由主义,解析了新自由主义的代表人物的主要观点和政治倾向,揭示了新自由主义经济理论及其本质等等,并由此明确指出了它服务于美国为代表的国际垄断资本的本质及其反社会主义的理论原则和特征,同时还指出了新自由主义经济理论中我们可以借鉴和运用的有用成分。这项研究成果得到了时任社科院院长陈奎元的认可。此项成果于2007年获中国社会科学院第六届优秀成果学术论文一等奖。

上述研究为刘老师于2009年再次承担领导交办的"国际金融危机与新自由主义理论反思"这项专题研究(并由其主持)奠定了重要基础。为做好这项研究,刘老师进一步深入开展有关文献的收集、研读和分析以及分类甄别等工作,在研究和阐述中他克服了笼统地讲新自由主义和对其简单否定的倾向,着力运用历史分析与理论分析相统一的方法,深入分析并首次提出了新自由主义的三种存在形态,即经济理论、政策主张和社会思潮,以具有强大逻辑力量的分析阐明了新自由主义之所以必然是上述三种存在形态混合体的内在原因和道理。在区分三种存在形态不同含义的基础上，他运用历史与逻辑相统一、内容与现实相一致的分析方法，客观、正面地分析并得出了新自由主义兴衰均源于危机的重要结论，从而较好地解决了如何正确看待新自由主义经济理论中的合理成分和如何更深刻地揭示其政策主张和社会思潮的深层危害等问题，进而较有说服力地分析和阐明了新自由主义经济理论，特别是新自由主义思潮和政策主张给当代市场经济社会发展带来的危害，提出了要对新自由主义的错误经济理论，特别是新自由主义的政策主张和新自由主义的社会思潮给予高度警惕的观点，阐明了我国应从中汲取的经验教训和应当做好的加速推进我国人民币国际化等有关工作。这一研究成果在《经济研究》2009年第11期上发表后，得到学术界和实际工作部门的广泛重视，起到了正本清源、正确引导理论研究方向和有力推动我国经济发展的作用。成果最初定稿上报主管部门后，再次得到领导的高度评价和充分肯定，并作为被选定的三篇"在中央媒体上公开发表"的成果之一。

在研究生教育和培养工作中做出了突出贡献

刘迎秋教授于2003年从社科院科研局调任研究生院，先后任副院长、常务副院长、院长等职，成为一名集学术研究、研究生培养和学校管理于一身的"三肩挑"专门人才。

特别是担任研究生院院长后，认真总结研究生院建设和发展的历史经验和教训，围绕培养高端高质量专门人才这一主题，进一步明确提出了"治理、经营、建设、发展好"研究生院的指导思想，突出强调要围绕国家社会发展、经济建设大局和社科院建设哲学社会科学最高殿堂、当好党中央国务院思想库智囊团的工作目标，以中国化马克思主义为指导，以教书育人和提高学生培养质量为中心，以加强两支队伍建设、完善院系合作机制和强化校园软硬件建设为重点，以制度建设和体制机制创新为突破口，以经营的理念和科学发展的观点，通过认真管理、积极治理、大胆进取，努力把研究生院建设成为党中央、国务院思想库智囊团和哲学社会科学发展后备人才培养基地。

通过持续开展教学评估和优质评奖、学术成果后期资助，提出并实施在读研究生奖学金、在校研究生学术论文评奖及重奖获奖优秀博士学位论文导师等制度，实现了自2007年开展全国优秀博士学位论文评奖以来，虽然每年全国仅评15篇文科优秀论文，但研究生院年年获得优秀博士论文奖或提名奖的优异成绩，为我国人文社科高级专门人才培养和学术研究事业后续发展做出了重要贡献，有力地巩固和提升了社科院在全国的学术领先地位。

刘老师任中国社会科学院研究生院院长期间，恰逢建院30周年。为总结好研究生院建设发展的历史经验，推动研究生院后续发展建设，刘老师在组织领导庆祝研究生院建院30周年的工作中，先后走访了包括邓力群在内的研究生院创办人和李铁映在内的研究生院历届主要领导和专家教授，还走访了分布于中央各部门和全国各省的校友代表，首次组织制定了中国社会科学院研究生院校徽、校训、校歌等。

刘老师在教书育人方面是一个典型的严谨、严格、严肃、认真却又慈祥、和善、待生如子、诲人不倦、甘愿为学生奉献一切的好老师。刘老师累计指导的硕士生和博士生已过百人，接受过他指导或他协助指导的研究生更是成百上千。在这些先后毕业走上工作岗位的学生中，有的已经成长为全国知名学者，有的则成了全国甚至国际上也很有名的企业家，有的则走上了党和国家以及地方政府部门的领导岗位，均成为国家和社会发展的栋梁。我们这些学子，虽然工作岗位不同，但都深受老师的学品、人品影响，不仅都认真做事、诚恳做人，而且都以奋发有为、不负重望、不负老师、不负祖国、不负人民为己任继续勤奋工作在各自的岗位上。

提到刘老师教书育人，我想起与刘老师结下的师生情缘，这个缘始结于2004年年底。当时，我在重庆大学即将硕士毕业，准备报考中国社会科学院研究生院博士研究生。记得第一次给刘老师发邮件，心中充满忐忑与不安，生怕被他拒绝或者是压根就不予回复。但是，令我感到意外且极为惊喜的是，第二天我便收到了他的回复。在刘老师的回信中，他明确表示非常欢迎我报考，但要认真准备、积极应考。其中，最让我记忆犹新、至今难忘的是老师随信对我一篇学术文章的修改及建议。当时我打开邮件，看到整篇文章都被老师逐字逐句做了修改，几乎满篇都是红字，让我顿时对老师一丝不苟的严谨治学精神及其对一个尚未入门学子的细心指导佩服得五体投地！我心里暗自欣喜，终于找到理想中的导师了，并决定非刘老师不考。这篇被老师认真修改过的电子文稿直到现在还保存在我随身携带的电脑里。

刘老师为人正直，从不谋私利。他一贯要求学生将"正为人本，善为命根，勤为生本"作为行为准则，并以身作则。作为国内外知名研究生院院长的他，手中自然握有很大权力，但他从不公权私用。我在入学考试时，由于自己英语基础不好，加上准备不足，以至于考了三次才通过。这期间，老师从未在考试环节对我有任何照顾，每次考试成绩出来，他都是第一时间安慰我，让我继续努力，一面坚持公平公正，一面为我加油鼓劲。而当我正式通过考试被录取为中国社会科学院研究生院博士生后，他找我谈话，跟我说："你经过几年的努力，终于以优异成绩考取研究生院博士生，你的职称也从讲师上升到了副教授，表明你的功底已经很好。入学后，除了补一些短腿课程和需要进一步提高自己的学术研究能力外，你已经达到了一般博士生毕业应有的水平。"他的这次谈话让我永世不忘，并进一步激发了我的学习热情和刻苦钻研劲头。

刘老师学术严谨，决不允许浮夸。对学生学术研究的要求极为严格，一丝不苟。论文指导中哪怕是一个标点错误都要予以指正，学生论文被他修改后处处是修订、句句有批注。记得有一次老师让写的一份材料返回到我们手上时，原稿全被老师认真修改了，几乎都是老师重新构思的内容，这件事被研究生院同学们传为佳话！每当有学生博士论文出版，他都要亲自审阅、亲自作序，在每一个环节上为学生们把关。

刘老师上课认真，细致严谨。尽管老师承担繁重的行政及学术研究工作，对自己教授的课程却从不耽误。记得老师所教授的公共财政学课程教材使用英文原版，是政策系最受学生欢迎的课程之一。老师上课要求虽严格但很有特色，课程开始前学生们必须通读全书，授课过程中还要读完十多本参考书籍，结课后每人上交一篇学术论文，必须达到在国家核心期刊发表的水平。我清楚记得全班90%学生完成的课程论文都发表在核心期刊上了，个别同学的论文被权威期刊录用。这就是刘老师严谨治学、严格要求学生的卓越成效。

刘老师慈祥和蔼，待生如子。虽然在学习上要求严格，但生活中对学生照顾有加。对于家庭比较困难的学生或者是生活上需要帮助的学生，刘老师都予以资助或帮助，让学生完成学业。学生毕业找工作或工作上需要帮助，老师都是积极奔走，为了学生的更好发展不遗余力。恰如他曾填写的一首写己写学生的《虞美人·刀笔生涯》所云："生涯刀笔七十载，跌宕歆荣歹。难得门下诸多才，从政经商执教竞出彩。做人著述真为楷，言语连心脉。为国康泰保民安，无论几多劳苦也开怀。"

刘迎秋老师是我们最敬佩的真正的学者。最后，让我借用刘老师于2018年6月12日修改定稿、描述自己一生的一首《满江红·怀远》结束我的记述：

> 落日熔金，
> 云霞重，
> 童心翻动。
> 怀久远，
> 少年出塞，
> 归来功乘。
> 屯垦戍边约六载，
> 更超卅岁圩年盛。
> 路迢迢，
> 荣辱伴平生，
> 达人径！
> 退休好，
> 心尽静。
> 神如铁，
> 情笙磬。
> 事迁人未远，
> 但求完胜。
> 游宦生涯今再省，
> 起伏跌宕连天恸。
> 观沧海，
> 大志或仍然，
> 谁还梦？

陈争平：探索经济社会现代化发展规律

郝志景

陈争平（1951—），上海崇明人，南开大学经济学硕士，中国社会科学院研究生院经济学博士；曾在南开大学经济研究所、中国社会科学院经济研究所、清华大学人文学院、山东大学经济研究院任教，曾任中国经济史学会副会长、顾问，近代经济史分会会长。长期以来，陈争平专注于经济史研究，取得了杰出成绩。中国社会科学院经济研究所研究员林刚说："陈争平教授师从吴承明、汪敬虞、张国辉、聂宝璋等经济史名家，又善独立思考，不畏艰难，在中国经济史研究领域做出独特贡献。"中国社会科学院近代史研究所研究员虞和平说："（陈争平）以经济学与历史学相结合、计量分析与定性分析相结合的方法进行研究，见解深邃，提出了诸多独到的观点，颇有引人关注之处。其中对现实经济问题的一些建言，以史为鉴，体现了对现实的关怀，亦是其研究中国近代经济史的一大特色。"中国经济史学会前会长董志凯也说："老知青做出大学问，陈争平教授是范例之一。他的经历使其学术思想具有基层平民情怀。他在近代中外经济关系史、企业家史及计量研究等课题上取得了突破性成果。"

入 门

1983年夏，陈争平考入南开大学经济研究所，攻读经济史专业硕士研究生，师从中国社会科学院经济研究所研究员、南开大学兼职教授聂宝璋先生。聂先生是研究中国近代洋行、买办及近代航运史的专家，当时在南开大学讲授中国经济史课程。外国经济史课程则由北京经济学院（现为首都经贸大学）瞿宁武先生讲授。两位先生常住北京，不能长期待在天津。所以他们在课堂上主要讲授中外经济发展历史的主要脉络，至于细节，则在课后布置相关经济史论著，要求学生自学。聂宝璋先生要求经济史专业研究生治学要甘坐冷板凳，追求厚积薄发，要勇于破"四就"（即不要就中国论中国，不要就近代论近代，不要就经济论经济，不要就事论事），努力立"三新"（即新问题、新观点、新材料）。

20世纪80年代，南开大学的学习气氛既开放活泼，又严谨扎实。经济学院时常邀请一些海内外名家，给研究生讲授《资本论》、发展经济学等课程，并经常开设关于中国经济问题及现代经济学理论等内容的讲座。南开大学经济研究所为了充分培养研究生，还拨出经费支持陈争平等人前往中国社科院经济研究所，聆听吴承明等先生的课程，并组织研究生班集体到京访学，与中国社科院研究生院经济系的研究生座谈。南开经研所还派刘佛丁先生带领经济史专业研究生，赴河北高阳调查当地农村土布业、针织业等家庭手工业发展情况。从高阳农村回来后，陈争平写了一万多字的调查报告，经刘佛丁先生修改，以两人合作的名义发表于《河北学刊》1984年第6期。该论文后被日本《近邻》杂志转载介绍。

陈争平因有农村当"知青"等经历，遇事喜欢独立思考，不喜人云亦云。他在南开求学期间，正是实现"四个现代化"理念深入人心之时，国外关于现代化的书籍潮涌而入。陈争平广泛阅读，其中"走向未来丛书"等对他影响很大。他在博览群书之时，也力图结合实践，深入思考现代化的一些重要问题，提出独立见解。例如吴承明先生在讲课时曾说：政治现代化的主题是民主化，经济现代化的主题是工业化，社会现代化的主题是城市化。其他一些前辈学者也有类似提法。陈争平则对"经济现代化的主题是工业化"这一提法产生质疑，认为农业现代化也是经济现代化的主题。当时，天津正在建设引滦入津工程，全城一片叫好。陈争平在根据华北有关地理水文资料进行了冷静思考后，认为这一工程对天津暂时有利，但从全国来看，则可能得不偿失，会加重华北的缺水危机。陈争平认为，与其调水，不如迁厂更为有利。在全国推广安徽小岗村的分田到户经验时，陈争平也不跟风，认为农业现代化还需规模经营，分田并非长久之计。陈争平祖父年轻时，因家贫地少、生计困难，曾在实业家张謇创办的通海垦牧公司做工，通过参加苏北盐垦事业，改善了家庭生活。陈争平结合自己家庭的经历独立思考，认为公司加农户这种形式更有利于农业现代化。他为此还撰写两篇论文，用笔名（因为导师强调要坐冷板凳）投稿。虽然都未发表，但他从此逐步形成与众不同的农业发展思路。这一思路此后被一些地方的实践证明行之有效。比如，陈争平原先插队的洪泽农村，最初也曾学习小岗村，后来则又动员农民将土地租给农垦公司，以此实行规模经营。陈争平在南开求学期间的这些思考，后来写在"近代苏北盐垦事业与农村社会组织创新""张謇所创通海垦牧模式再认识"等论文和《大转型》一书中。

陈争平的硕士学位论文，以近代天津口岸贸易发展与华北市场的流通机制为研究对象。他在研究时将国内外市场联系起来，从商流机制和物流机制两条主线的变化考察问题。最后，其硕士学位论文获得答辩委员会好评，一部分内容发表于《中国社会科学院经济研究所集刊》第 11 集。陈争平学习经济史专业本是出于偶然。在南开的学习使他形成如下理念：社会经济的发展存在规律，数百年的现代化过程尤其如此。要发现和论证这类规律，离不开经济史研究。从此，他对经济史研究有了自觉性和使命感。从南开毕业后，陈争平留校任教。此后，他又出版《民国盐务史稿》（合作，人民出版社 1990 年出版），并参加《开平煤矿》的翻译工作（丁长清先生主持，译稿已经完成，在丁先生处，因故未出版）。

博士生阶段

1989 年，陈争平考取中国社科院研究生院经济史专业博士研究生，师从张国辉先生。当时社科院研究生院规定，培养博士生需要几位老师组成指导小组。陈争平的指导小组由张国辉、吴承明和汪敬虞三位先生组成。三位先生都主张：经济史专业博士生应当精读一些经济学名著。张老推荐马歇尔的《经济学原理》；吴老推荐熊彼特的《经济分析史》；汪老推荐严中平的《中国棉纺织史稿》，并且希望阅读时注意不同版本的比较。起初，陈争平对于这种阅读方式不大理解，后来他逐渐领会汪老的深意，悟到这确是一种助人"长功"的精读方式。陈争平认真读了上述名著，又分别和三位老师讨论，受益很大。

陈争平在向吴承明先生汇报近代经济史专业课学习心得时，着重汇报其对旧中国海关关册有关统计及经济史计量研究的认识。吴老建议他以后在近代经济史计量研究方面多做努力。根据吴老建议，陈争平将博士论文选题定在近代经济史计量研究范围内，最终确定研究近代中国国际收支。但是吴老觉得这一选题涉及面广，难做，并不赞成。他认为陈争平对旧中国海关关册较为熟悉，硕士论文研究的又是近代天津口岸与华北对外贸易，因此建议继续选择关于口岸与外贸的相关题目。汪敬虞、彭泽益、聂宝璋诸位先生也不赞成这一选题。陈争平在张国辉先生的支持下，还是把博士论文选题定为"1895—1930年中国国际收支研究"。他从对清末民初海关统计方法的考察入手，结合前人对近代海关贸易统计值的修正以及其他材料，分四个方面对海关贸易统计值做了修正和补充。在此基础上，他对这一时段中国贸易收支平衡做了新的估计和初步分析；又从无偿转移、外人投资及其收益、劳务收支、平衡项目等方面考察了这一时段中国国际收支有关项目内容的变化，试制了这一时期中国国际收支平衡估计表，分析了这一时段中国国际收支的主要特征及发展趋势；然后从资金供给、工业品市场两方面探讨了国际收支对中国经济近代化的影响。论文答辩时，吴承明先生说，近代中国国际收支早就应该研究，但一直没人做，现在陈争平做了，而且做得很好。吴老这番话被陈争平牢牢记住，他很感激吴老的及时鼓励。吴老也问了一些问题，并建议陈争平把研究对象下限延至1936年。陈争平按照吴老及其他老师的建议，把原论文稿增改为《1895—1936年中国国际收支研究》一书。

近代中外经济关系史与货币金融史

博士生毕业后，陈争平留在中国社科院经济所工作。经济所研究经济史的前辈，多是先做深入的专题研究，再做统揽全局的通史研究。陈争平秉承这一治学传统,在从事学术研究工作初期,主攻近代中外经济关系史专题研究。他曾发表论文"1895—1936年中国进出口贸易值的修正及贸易平衡分析"(载于《中国经济史研究》1994年1期),根据旧中国海关档案等资料,指出清末民初中国海关对进出口贸易值的统计存在缺陷;并根据相关中外文史料,估算了海关没有统计的陆路边境贸易值和走私贸易值,在此基础上修正1895—1936年中国进出口贸易值,重新进行贸易平衡分析。这一论文改变了吴承明、汪敬虞等前辈学者的有关论述,得到两位先生和其他老师的好评。其后,陈争平又陆续发表"近代中国对外贸易条件刍议""1912—1936年中国进出口商品结构变化考略""不平等条约下近代关税制度的形成及其对中国经济的影响""共和国开放三阶段外贸发展特点"等论文,在近代中国对外贸易条件分析、1912—1936年中国进出口商品结构变化分析、共和国开放三阶段外贸发展特点等研究领域又有较大的创新性贡献。1999年,陈争平在日本东京召开的"中华民国期経済統計の推計と評論"国际研讨会上发表《战前50年の中国国际収支表のの作成》,得到与会各国学者的好评。陈争平的个人专著《1895—1936年中国国际收支研究》(中国社会科学出版社1996年出版,2007年再版)亦属填补学术空白的重要成果。2000年,该书获中国社科院第三届优秀成果奖一等奖。这是中国社科院经济片6个所本届优秀成果奖中唯一的一等奖。此后,陈争平又继续进行1895年以前及1936年以后的中国国际收支研究、近代中国国际汇兑研究。他完成的国家社会科学基金项目"近代中外贸易的发展及其对国内市场的影响",结项等级为"优";主编的国家"211"工程建设项目《国际经贸理论通鉴》中国卷近代篇,也得到验收专家组的肯定。

　　陈争平在研究近代中国国际收支时,涉及当时黄金国际流动及黄金货币性问题;在进行中国近代经济通史研究时,也涉及当时钱庄庄票发行、棉花出口商行花票流通等问题。他发现以往研究近代中国货币史的专家都不承认其货币性,以致难以较好理清近世中国错综复杂的货币供求关系。陈争平认为应当试将货币层次理论及广义货币概念用于近世中国货币运动分析,改写中国货币史。他曾在2010年"中国经济的长期发展"国际学术研讨会上发表"近世中国广义货币刍议"论文,后又相继发表"清代货币战争刍议""近代中国货币、物价与GDP估算"等论文。在2018年春清华、北大、南开、中国社科院经济所合办的中国经济史论坛上，陈争平主讲近世中国黄金货币性及私票大量流行等问题，认为彭信威等前辈货币史家主要运用西方近代狭义货币理论分析中国货币史，有成就亦有较大缺陷，主张进一步借鉴现代广义货币概念和货币内生理论考察近世中国货币运动等。同时，陈争平开始进行比较利率史研究，认为这方面的研究将为解决虚实经济关系问题提供重要的历史借鉴。他的这些理念已经引起学界关注。有学者认为这些理念将使中国货币金融史研究出现革命性转变。目前，陈争平正在运用这种思路撰写《中国货币史新论》《比较利率史》等专著。

关于中国近代经济通史

除了大量专题研究，陈争平还开展了中国近代经济通史研究。他在社科院工作期间，资深经济史专家汪敬虞先生正在主编《中国近代经济史，1895—1927》。这是国家社科基金重点项目。因汪老年迈多病，社科院经济所决定由陈争平协助汪老开展工作。汪老对全书文稿审阅细，要求严，文稿一改再改。审改阶段持续两年。他对自己所写的文稿、自己审阅的其他文稿及修改意见，都要求陈争平审阅并提出修改建议。他生病住院及患眼疾时，则要陈争平先看课题组其他成员新交文稿，另纸写上修改建议，待病稍好些时再连同陈争平的修改建议一齐审阅。因为这种一丝不苟的精神，《中国近代经济史，1895—1927》获得学界好评。吴承明先生在《经济研究》发表书评，称赞该书为"金字塔式"著作。该书曾获孙冶方经济学优秀成果奖著作类、第四届吴玉章人文社会科学一等奖、第二届郭沫若中国历史学奖一等奖、中国社科院第四届优秀成果奖一等奖。因陈争平不计名利，尽力协助汪老做好主编工作的贡献，中国社科院党组授予他"中国社会科学院优秀共产党员"称号。其后，陈争平积极参加了《中国近代经济史，1927—1937》项目的研究工作。这一工作成果结项等级为"优"，获第四届郭沫若中国历史学奖二等奖、中国社科院第九届优秀成果奖一等奖。此外，陈争平还主编了《中国经济发展史》（近代卷）、《中华民国史·志·经济卷》。其中，《中国经济发展史》获北京市哲学社会科学优秀成果奖二等奖、第十二届中国图书奖。陈争平与刘克祥合作编写的《中国近代经济史简编》，获第十二届中国图书奖。陈争平主笔编写的《中国近代经济史教程》《中国近现代经济史教程》也受到师生好评。前者获清华大学优秀教材二等奖，后者入选国家"十一五"规划教材。现在，陈争平教授正作为子课题负责人，参加《中国近代经济史，1937—1949》这一国家社科基金重大项目的研究工作。

关于近代经济统计

1997年春，时任中国经济史学会会长的吴承明先生专门找陈争平谈话。他提出，一些发达国家都有较为系统的长期经济统计，而我国在此领域仍是空白。他介绍了英国学者麦迪森（Angus Maddison）的有关成果及日本文部省"COE"项目的情况。他认为尽管"COE"项目也有一些中国教授和留日学生参加，但毕竟是日本的项目，我们应有自己学者做出的中国长期经济统计研究。从事该项工作，需要主持人年富力强，具备深厚的经济学、历史学和统计学理论与知识基础，富有创新精神和攻坚毅力。吴承明先生说，据他多年观察，陈争平在国内中青年学者中具备这样的条件，主张由陈主持该项目。中国社科院近代史所前副所长虞和平教授也认为，最有条件做这一项目者，非陈争平莫属。

1999年，日本文部省"COE"项目中国版完成初稿时，曾因陈争平在近代中国经济统计研究方面的造诣，邀他赴日担任评审专家。此后，陈争平在《中国经济史研究》杂志发表"中国近代经济统计研究的新进展""新世纪经济史学：在多样化发展中注重历史连续性"等论文，提出计划建成一整套近代中国经济统计原始数据库，以及一整套经过学者努力考证、核校、插值形成的近代中国经济统计改进数据库，然后基于 I 系列数据库展开进一步分析，出版多卷本中国近代经济统计研究专著。这是一项规模较大、多学科结合、填补学术空白的基础性研究工作。所建设的数据库及系列分析等将有较大创新意义，为学界在经济学、历史学、统计学等方面后续系列研究提供坚实基石。本项目研究对于国内学者更好地认识国情、制定宏观发展战略、建设中国经济学科及管理学科等都有重要意义，得到了学界好评。为此，15年来陈争平已搜集整理统计表 2000 多个。现在，中国近代经济统计研究这一项目已获国家社科基金资助，列为国家社科基金重大招标项目。陈争平为首席专家。

关于经济社会现代化探索

陈争平立志结合中国经济史和世界经济史研究探索经济社会现代化发展规律，曾在清华大学给研究生开设有关课程，并曾在中国科学院举办的中国现代化研究论坛上发表"东方尼德兰——中国现代化新增长点""新世纪农业现代化新路径探讨"等论文，被收入中国重要会议论文全文数据库，引起学界关注。北京大学教授、全国政协委员王晓秋认为陈争平的观点是真知灼见，将其改为全国政协提案上报。陈争平提出的发展耐盐农业等建议，得到农业部"有重要战略意义和现实意义""有很强的针对性和可行性"等好评。

陈争平认为"政治现代化主题是民主化、经济现代化主题是工业化、社会现代化主题是城市化"的提法是现代化单足结构论，有明显缺陷，主张结合中国现代化历程和世界现代化历程研究提炼出现代化双螺旋结构理论——经济现代化应当有工业化、市场化两大主题，社会现代化应当有城市化、组织化两大主题。陈争平认为，"经济人假设"是经济学理论天空的一大块乌云，关于经济社会现代化发展规律的探索必须驱散此乌云，为此又要吸收人学、社会学研究成果。陈争平认为，马克斯·韦伯的"市场共同体"观念还有很大理论拓展空间，将推动经济学理论的进步。现在他正根据上述理念，结合中国现代化历程和世界现代化历程研究，以工业化、市场化、城市化、组织化四大主题的交织进展为主要脉络，撰写《大转型》（暂命名）一书。

陈争平在回顾自己的学术历程时曾说："70 年代我在苏北农村当知青时，曾参加地方政府因海岸线的东移而组织的修筑新海堤工程，当时所围之滩涂都是'潮上带'。在我们所筑新堤的西面，有近代我祖父他们修筑的'张公堤'；再向西，还有宋代写下'先天下之忧而忧，后天下之乐而乐'名句的范仲淹主持兴建的'范公堤'。当年我在新海堤上曾浮想联翩：我所站立之处，不仅是海陆之交，也是天人之际；'范公堤''张公堤'以及我们所筑的新海堤,就像黄海之滨一道道巨大'年轮',标记着苏北沿海一次又一次的沧桑之变,标记着一代又一代中国人的奋斗史。我瞭望堤外那茫茫一大片延伸到天际的滩涂,憧憬着把它们都变成祖国的良田,向往着黄海之滨能经过我们的努力再增添一道更壮丽的'年轮'。……当我在大学读书读到司马迁名句'究天人之际,通古今之变,成一家之言'时,心里曾激起强烈的'共鸣'。"带着这种深深的使命感,陈争平在经济史探索中主张在多样化发展中注重历史连续性,主张对现实生活中的重大社会经济问题做历史追溯,在近现代史探索中强调现代化史观,为中国经济史研究做出了卓越贡献!

伍晓鹰：寻找经济增长的密码

伍晓鹰

我的南开时代

我的南开时代从 1978 年秋天开始到 1988 年春天出国为止，大致十年。在此期间，我先是完成了南开经济学院本科四年和硕士研究生三年的学习，随后又在李竞能先生领导下的人口与发展研究所工作了三年。应该说，南开十年是我摆脱"文化大革命"时代的政治压抑，告别长达七年"上山下乡"的知识饥渴，依靠大学环境，但在相当程度上自发地完成知识积累和学术启蒙的时代。在基本理论课程学习中，我记得下功夫最大的就是两个领域，一个是马克思主义的政治经济学理论，另一个就是被冠以"西方经济学"的现代经济学理论。我后来一直认为，当时南开对经济学基本理论的重视可能超过了国内所有名牌经济院校。南开不仅重视马克思主义政治经济学原著的教学，而且很早就引进了现代经济学的一些课程。我的硕士课程时期的西方（现代）经济学原理课读的就是萨缪尔森的《经济分析基础》。南开还有一批熟悉西方经济发展、经济思想史和经济史的教授们，像杨敬年先生、滕维藻先生、熊性美先生、李竞能先生等等，是他们向我们这一代经济学子打开了进入现代经济学殿堂之门。虽然这个知识过程通常是间接的，但

它对我们是一个重要的启蒙,让我们第一次了解到现代经济学是如何在市场经济的历史和理论争论中建立和发展的。对现代经济学的偏好,特别是对经济增长理论的浓厚兴趣,不但促使我多年以后进入了具有挑战性的宏观经济测算领域,也使我坚持阅读有关近代经济发展史的著作,希望在理论上和实证上找到一个解释150年来中国崎岖工业化道路的新方法。

坦白地说,本科时我非常喜欢上魏埙先生的《资本论》课,但从来没有对国外国内各种版本的《社会主义政治经济学》教科书产生过多大的兴趣,虽然我非常尊重像谷书堂先生这样的南开学者们在这个领域的毕生追求——对复杂社会现象后面规律性的思考总是令人钦佩的!魏先生的讲授激发了我阅读马克思原著的热情。于是我"不务正业"地从马克思的《1844年经济学哲学手稿》、熊彼特的《资本主义、社会主义与民主主义》、弗里德曼的《资本主义与自由》等等,一直读到哈耶克的《通向奴役之路》。其中多数后来成为我们南开读书会的主要书目。

那真是个可以让爱读书的年轻人发狂的年代。记得当时振奋知识界的一件大事,就是《读书》杂志在1979年4月的创刊号上,作为刊首语发表了李洪林的"读书无禁区"一文。这很快就被大家逻辑地引申为"思想无禁区",成为南开一批志同道合者创立南开觉悟社的宗旨。这个旨在推动改革的思想俱乐部后来几经周折演变成了南开读书会。那几年,对"自由主义""人道主义""存在主义",以及好像刚刚被发掘出来的青年马克思的关于"亚细亚方式""异化"还有"自由人联合体"问题的讨论此起彼伏,刺激了各种各样的新思考。在某种意义上,《读书》可以说是作为自由知识分子的旗帜出现的。

用历史的眼光来看,上世纪80年代正是被独立学者柳红称为"中国经济学人的光荣与梦想"的年代。大批中青年经济学者在改革大潮的推动下,在当时各种棘手的改革问题的挑战下,走出课堂,走进社会,集思广益,激烈辩论,激扬文字,为改革出谋划策。80年代中期那段时间对我以后的学术道路影响极大。在1984年秋天的"莫干山会议"上,众多中青年经济学者提交的旨在推动各个主要领域改革的研究报告和政策建议,通过各种渠道使中央内部主张"实行社会主义商品经济体制"的力量在中共十二届三中全会前夜的关键时刻赢得了博弈。这次会议也标志着中青年经济学者作为一个有时代责任感的知识分子群体的历史性崛起。以后的一系列事件将我从课堂卷入了这个改革大潮中。一年以后，第二届中青年经济科学工作者学术讨论会在天津举行。同时，"莫干山会议"倡导的第一份民间经济学期刊《中青年经济论坛》创立了，编辑部就设立在南开大学。1986年我进入了编委会，成为朱嘉明领导下的编辑部五名编辑之一。今天回顾一下，后来很多有影响人物初露锋芒的文章都是经过我和其他编辑同人的手刊登在《论坛》上的。与这些针对性、实践性很强，具有明显政策导向文章的不断接触，刺激着我的思考，迫使我在现实和理论之间寻找自己的学问之路。

要完整地勾勒出这个时期我的学问之路，还必须提到我们的南开读书会。这个读书会不仅主张自由阅读，也提倡自由思辨。它虽然只是个松散的"阅读俱乐部"，但影响很大。今天来看，它留给历史的一个重要记录就是我和张维平自1986年10月起在《读书》上连载十期涉及九部当时流行的有关经济自由主义问题译作的"对话"。这个"对话"的核心是自由与效率的关系。促成此事，特别是使其能够在一些质疑和压力中坚持下去的，当属"始作俑者"金岩石和热心敬业的《读书》编辑，同时也是南开经济学系毕业的学长贾宝兰。尽管面临着突然卷土重来的意识形态压力，这个"对话"系列还是在1989年3月由生活·读书·新知三联书店以《经济自由主义思潮的对话》的标题作为"读书文丛"的一个单行本出版了。很久以后我才知道这个"对话"的影响远远超出了我们的预期。必须承认，我们先天学养不足。今天回顾那些"对话"，不乏浅薄之处。我们充其量只是结合中国经济改革的迫切需要介绍和诠释了一些思想大家们已有的思想和理论，希望从前人的智慧中找到灵感以冲破樊篱。

我的留学时代

然而，也许是和南开的学术传统有关，我还是希望从那些有着很强政策导向的建议或调查报告中抽出身来，提高自己的学术素养。我向来笃信孔子"学而不思则罔，思而不学则殆"的教诲。这和哲人康德所谓"知性无感性则空，感性无知性则盲"如出一辙。不过，我的学术道路算不上"正统"。

本来以为南开人口与发展研究所的工作可以让我潜心埋头进行有关长期经济增长的研究，但我很快就失望了。这加强了我出国留学深造的想法。1988年春天，我接受了一项联合国发展基金资助的和人口与发展研究有关的一年研究访问项目，被安排到新西兰汉密尔顿的怀卡托大学（University of Waikato）从事研究。我原来的计划是可以靠此项目积攒一些储蓄，支持一年后去北美学习，没想到国内形势的变化迫使我不得不做出其他选择。在联合国有关项目办公室的建议下，我先在怀卡托大学注册了攻读博士学位的研究生，论文委员会由主持国家人口与经济分析研究所（NIDEA）的伊恩·普尔（Ian Pool）教授、经济系的彼得·莱恩（Peter Lane）教授，还有一位研究经济地理的理查德·贝德福德（Richard Bedford）教授组成。然后就是寻找工作以解决收入问题。感谢朱嘉明的帮助和杨小凯的推荐，我很快就得到了一份位于南澳大利亚的阿德莱德大学经济系研究员的工作，主要是参与该系刚刚组建的中国经济研究小组一项澳大利亚国家科研基金资助的关于中国乡镇企业发展的项目。我很高兴，一方面因为这个题目和经济发展特别是其中的农村劳动力转移问题密切相关，可能对我的博士论文研究有帮助，另一方面也因为这个题目涉及了中国经济改革的实际问题，对于一个刚刚在改革大潮的经济学人圈子里摸爬滚打了一阵子的我，觉得有些"驾轻就熟"吧。

就这样，1989年年底，在新西兰生活了一年半后，我搬到了南澳大利亚州的阿德莱德市。从此直到1997年9月离开堪培拉赴香港理工大学任职，我在澳大利亚工作生活了近八年。如果再加上在新西兰的一年半时间，我的留学时代（包括其中参加工作的时间）大致也是十年。这个时期的第一个五年基本上可以算作我的博士论文期间，因为论文的构思从到达怀卡托大学后就开始了。在阿德莱德的第一个阶段，大致有三年半的时间，我的工作时间安排完全是"双轨制"的。说每周7天每天14—16小时工作并不夸张。一方面，我参与经济系克里斯托弗·芬德利（Christopher Findlay）和亚研中心安德鲁·沃森（Andrew Watson）领导的中国经济研究小组的中国乡镇企业研究工作，最终和他们共同编辑出版了《中国乡镇企业》一书（Macmillan, 1994），圆满地完成了那个研究项目。另一方面，我继续我的博士论文的工作，最后于1993年上半年定稿，下半年成功通过答辩。通过论文后，我又在阿德莱德大学经济系做了三年的博士后研究，承担了澳中两国农业部的一个合作项目，通过抽样调查观察改革中的中国农业、农民和农村的经济变化。此后，在澳大利亚最后一年多的时间里，我应邀到澳大利亚外交部的东亚分析小组担任高级经济学家，主要负责中国经济的分析工作。这是我唯一一次担任政府经济学家的经历，可是我很快就发现自己的自由主义学者个性很难适应这种政府部门的"研究工作"。适逢可以得到一个香港理工大学商学院的经济学教职空缺，我于1997年9月离开了澳洲。

  我的博士论文研究的是计划经济时期的劳动就业结构变化的决定因素。这个选题方向一方面和我对强迫工业化条件下资源配置扭曲的兴趣相关，另一方面也和那个联合国人口与发展基金资助的项目方向有关。我对纯粹人口问题的兴趣不大，所以希望通过劳动力问题回到经济问题上来。我刻意把问题复杂化，不但把就业结构变化同时放在城乡结构和产业结构上观察，而且同时考虑供给和需求问题，希望探索一个新研究途径。就业的城乡结构变化通过劳动力城乡之间迁移而实现，这可以归因为产业结构变化，但本质上这是工业化过程对劳动力供给和需求的影响。我并不想描述性地展示这些变化以及它们之间的关系，我的真正兴趣在于影响这个过程的经济政策背后的经济因素。在计划经济条件下，劳动资源配置服从经济计划中的就业计划，通过迁移政策和户口政策贯彻执行，后者连带一系列的居住、食品、教育、医疗等制度安排。在关于劳动力结构变化的讨论中，劳动资源配置政策常常是被作为给定因素出现的。然而，以计划经济条件下劳动力的迁移为例，那些不考虑政策因素或政策成本的所谓"引力-推力模型"或"供给-需求模型"背后的理论不失肤浅。我希望在研究中引进对政策变化的经济学分析，将造成劳动力产业转移以及空间和时间上配置变化的政策影响内生化，探讨其后面的经济因素。首先，我从政府通过强迫储蓄方式推行苏式重工业化战略必然面对的资源约束，从而资源成本压力入手，考虑工农业两大部门的关系。然后，给定潜在劳动力供给因素，讨论不存在市场机制的条件下可能影响潜在劳动力需求的主要经济因素。最后，在实证分析中，我用农业剩余/商品粮以及居民储蓄变化等指标模拟劳动力需求背后的工业投资变化，间接地解释反映劳动力配置政策的"计划就业"变化。再有，在我的微观劳动迁移行为模型中，政策也是作为一个成本因素出现的。

  欣慰的是，在长期艰苦的建立所需变量指标的数据工作之后，对上述理论的实证检验得到了超乎意料的成功。这个博士论文工作把我带进了两个看起来联系不那么紧密的领域：一个探索对非市场机制条件下劳动力空间迁移和产业转移的制度解释；另一个以宏观经济内在逻辑关系为基础，探索如何系统地建立有关生产、收入、储蓄和投资指标，解释中国经济的长期增长和结构变化。虽然以后的契机使我越来越偏重在第二个领域的发展，但我对制度和政治经济学的兴趣并没有减弱。说到这里，必须提到一个和杨小凯有关的插曲，它是我一直没有离开对制度问题思考的一个重要因素。到阿德莱德的第二年，我邀请小凯来经济系讲座。他很关心我的工作和研究。那时我还在如何把劳动政策变化内生化上苦苦求索，他却专注我的题目所涉及的结构问题，并且很快和他的分工理论结合在一起了。记得在送他去机场的路上我们谈得相当深入和兴奋。我从效率开始，小凯则把问题引向了分工。几经讨论后，我们觉得随着理论逻辑线索越来越清晰，制度问题必然成为整个过程的逻辑出发点。从厂商对利润最大化的追求开始，我们追溯到对效率的追求，再从效率追溯到分工，从分工追溯到市场。再进一步，这个逻辑链条让我们从市场追溯到产权，再从产权追溯到人权，从人权追溯到自由，最后必然落实在保障自由竞争市场制度的政治和法律架构上。直到现在，只要是在经济学课堂上，我肯定会不失时机地用这个线索讲解基本的经济发展逻辑。如果切换到政策角度，我强调如果希望从根本上解决创新问题，经济改革必须回到这个逻辑上来。

我以后的学术道路越来越偏向宏观经济测算领域，这和论文写作时涉入很深的数据和测算工作有关。我填补了当时一些重要的计量知识空白，虽然它们对我的经济学思考没有多少直接的帮助。其中两个指标在论文结束后不久就分别在两个重要的学术期刊上发表了：一个指标是中国 1952—1978 年主要经济部门的增加值，也就是 GDP；另一个是同一时期的农村至城市的劳动力迁移指标。我想主要谈谈估计 GDP 的工作。在计划经济体系下，中国在宏观经济统计上采用的是当时苏联使用的物质产品核算体系（Material Product System，MPS），它跟现在普遍应用的国民核算体系 SNA（System of National Accounts）不同。MPS 作为衡量总量经济活动的核算指标体系并不符合经济理论上的要求。例如，与 SNA 体系下的 GDP 指标不同，MPS 的国民收入指标不包括马克思主义政治经济学所谓的"非生产性服务业"，同时 MPS 中的社会总产值指标存在着严重的重复计算。90 年代初，中国国家统计局以建立 1987 年 SNA 原则投入产出表为契机估计了 1978—1991 年的 GDP。到了 90 年代末，国家统计局才将自 1952 年开始的社会总产值序列转换成 GDP 系列。而我的追溯至 50 年代初的 GDP 估计比国家统计局早了很多年。这个工作从 1990 年开始，到 1992 年年初，我就根据官方公布的 MPS 和 SNA 两个不同理论和方法框架下的产出数据，通过计量经济学模型拟合了 1978—1990 年期间 GDP 和 MPS 国民收入之间的关系，并以此推算了中国 1952—1977 年的 GDP 序列。很快，宏观经济测算、增长与收入领域最权威的学术期刊《收入与财富评论》（*Review of Income and Wealth*），接受了我有关这个研究结果的论文，将其发表在该刊 1993 年出版的第 39 卷的第一期上。这对我的确是个不小的鼓励，因为该期刊是国际财富与收入研究学会的会刊，作为该学会创始人的诺贝尔经济学奖获得者库兹涅茨曾担任过它的主编。一年以后的 1994 年，我的另一篇关于如何估计中国 1952—1990 年劳动力迁移时间序列的文章，也被具有百年历史，以伦敦大学亚非学院为基地的《中国季刊》（*The China Quarterly*）发表了。但是，真正让我深入宏观经济测算领域，最终建立了两个独特的中国经济数据库的，是研究世界超长期经济增长的著名宏观计量经济史学家，在国际产出和生产率比较中创立了生产法购买力平价（即成本平价/PPP）方法的安格斯·麦迪森（Angus Maddison）教授。

师从安格斯·麦迪森

没想到我那篇估计中国 GDP 的文章成为我结识安格斯·麦迪森的契机，使我们在 1995 年年底的澳大利亚经济学年会上第一次见面。我们之间的第一次长聊发生在会后随与会者去昆士兰东部原始雨林的远足中。我们从如何寻找"历史的踪迹"，重建历史上经济增长的轨迹谈起。越是遥远的历史，数据越不完整，甚至自相矛盾。我们经常看到对同一历史有着不同的叙事，所依据的要么是事件和人物的故事，要么就是完全不同的数据。麦迪森说不能随便相信一个故事，一个事件，或者几个零散数据拼凑起来的"事实"，我们需要的首先是逻辑，是一个在空间和时间上一致的逻辑。他说，面对数据我们应该做的实际上是一种"历史侦探"工作。侦探之所以可以根据"蛛丝马迹"还原事实，依靠的就是逻辑。午饭小息时，他笑称自己是"历史的福尔摩斯"。我们很快地就无所不谈，我的"数据侦探"职业生涯就这样在不期之中开始了。

我逐渐深入到麦迪森所谓历史数据的"经济学逻辑"中。慢慢领悟到这个逻辑实际上就是宏观经济学关于财富的生产——也就是收入的生产——和使用的理论框架及其微观基础。麦迪森虽然喜欢大量阅读经济史著作，但他认为将传统经济史学的方法简单应用到经济增长的研究中是不可取的。原因是它过于微观，过于追求细节了，因此将自己囿于某个时间或空间点上，割断了历史的延续性。传统经济史学还倾向忽略微观经济活动在宏观经济层面上的反映，忽略宏观经济指标之间内在的逻辑联系。所以只有理论才可以帮助我们在貌似零碎的数据、信息和故事中找到线索，重建背后的逻辑链条。这个思想深刻地影响了我此后的学术生涯，推动我不断追求"有理论的测算"。

我们后来长达近15年的学术合作的起点，就是利用中国工业主要产品产量数据重新估计中国工业增长。在写作博士论文的时候，我根据MPS产出和SNA产出之间的函数关系估计了中国的GDP。而麦迪森提出的问题是，如果MPS的数据本身就有问题怎么办？根据当年对苏联和很多东欧集团国家MPS数据的观察和研究，他提出中国数据完全可能因类似的制度环境、理论错误、方法不当和数据造假而出现严重的扭曲。我们的问题是如何重建一个独立于官方工业生产指数的新的工业生产指数。要实现这个"独立性"首先要绕过计划经济条件下扭曲的价格。麦迪森提到冷战时期美国经济学家们曾尝试用主要工业产品产量数据研究苏联的实际经济增长表现，抛开了"计划价格"。在这个启发之下，我们开始尝试使用中国官方发布的主要工业产品数据建立工业生产指数。

被很多新想法刺激着，我的工作进展得很快。我们首先将筛选后的200多种主要工业产品/产品组1952—1995年的产量指数按照1987年投入产出表的行业体系进行分类；然后，用对应的1987年产品价格使每个产品产量指数价值化以得到总产值序列，从而实现了行业内产品加总，并在此基础上建立了分行业物量指数;最后,我们以投入产出表行业产值总量作为1987年基期控制总量,从而使各个行业物量指数在基期年等于投入产出表给定的行业总产值。这里,我们假定无法通过"主要产品"观察到的产值和可以观察到的产值变化是一致的。而且,我们也假定增加值变动与总产值变动一致,也就是说,增加值率不变。我们这个不得不服从很多假设条件的尚显粗糙的工业生产指数,却取得了两个意想不到的结果:一方面,在正常年份,我们的指数几乎完全复制了官方的工业生产指数;另一方面,在经济受到外部冲击的年份,我们的指数预示生产下降的实际幅度可能会远大于官方的工业生产指数给出的幅度。这个结果不但符合我们所预期的"数据的政治经济学表现",也支持了麦迪森的观点:"重要的不是细节,而是逻辑。"在反复改进特别是放弃了很多限制性假定后,这个非官方中国工业生产指数发表在2002年《收入与财富评论》的第48卷第2期上。必须提到的是,以后的多个改进版本,特别是麦迪森过世后我通过费雪指数法链接的多基期(引进多个投入产出表权重以解决消费者/使用者替代偏差问题),并采用非固定增加值率调整后的指数,并没有推翻我们根据最初结果所得到的结论[见《中国经济期刊》(*China Economic Journal*),2013]。

在这个新的工业生产指数基础上,麦迪森加上了他使用中国统计当局向联合国粮农组织提供的数据对中国农业产出所做的重新测算,再加上他对中国部分所谓"非物质服务业"产出的估计,同时接受了官方对其他部门产出的估计,重新建立了1952—1995年中国1987年不变价GDP时间序列,这个结果成为他初版于1998年的《中国经济的长期表现》一书的分析基础(该书2007年的修改版后来由我和马德斌译出,在上海人民出版社出版)。说到这里,必须提到麦迪森对中国"非物质服务业"产出的重新估计。所谓"非物质服务业"是指排除了那些直接延伸或连接物质资源开采和使用(加工、制造)的服务业(如交通运输、邮政通信、批发零售,等等)后所剩下的服务业(如金融保险、律师、会计、教育、医疗、科研、政府管理,等等)。根据文献中记录的大量实证研究,这部分服务业劳动生产率增长的速度非常慢,或者基本上是不增长的。就是说其产出的变化完全取决于劳动投入的变化。可是根据中国官方统计,改革后"非物质服务业"劳动生产率竟然难以置信地以每年5%的高速度增长。麦迪森认为官方统计在这里既有方法上的错误，更有数据造假的可能。依据一个看似很强的零劳动生产率增长假说，麦迪森重新估计了中国"非物质服务业"GDP。后来，我在改进"麦迪森-伍方法"时发现，排除了外部冲击因素后，改革之前中国"非物质服务业"劳动生产率的平均年增长率的确就在零值左右。此外，我也对人均收入大致相同的 1993—2012 年的中国和 1970—1990 年的韩国进行了比较研究，结果完全支持了现有文献，也支持了零劳动生产率增长假说（韩国的"非物质服务业"劳动生产率年平均增长为 –0.1%，而中国却高达 6.2%。见一桥大学经济研究所《经济研究》期刊，65 卷第三期）。

最近几年我对这个评价和修正中国官方 GDP 的"麦迪森-伍方法"前后进行了几次改进。虽然从方法论上可以说它更加科学了，但是，从结果上看，这些新的努力只是加强了我和麦迪森较早的三个基本结论，那就是，官方的增长率估计掩盖了外部冲击，平滑了年度波动，高估了平均增长率。我始终认为我们的估计结果更接近中国经济增长表现的事实，因此更有助于决策者判断经济问题的性质，使宏观经济政策更有的放矢。

探索建立"增长实验室"

如何量化制度因素对经济发展的影响，特别对是中国经济发展的影响，一直是我自南开求学以来的主要问题。结识麦迪森后，我开始接触到他所领导的格罗宁根增长与发展中心采用他首创的生产法购买力平价进行的国际比较研究。我觉得要估计制度的影响，需要给中国经济找到一个可以反映制度差异的可度量的参照系。但是，这并不简单。和自然科学一样，经济科学也需要进行有控制的实验。我们需要一个"增长实验室"。在这个实验室里，必须控制经济发展阶段和参与比较的经济体与随时间外移的技术边界的距离。这些都涉及数据约束。我从中美制造业的劳动生产率比较开始，以美国为参照系观察中国战后追赶美国的表现。重建中国工业生产指数时和麦迪森反复深入讨论的投入产出表加强了我对产出数据的系统性思维，包括从产品到行业，从行业到部门，再到整个经济的数量逻辑关系。根据同样的逻辑，我开始整理不同来源、不同所有制、不同分类和覆盖的混乱的就业数据，通过概念框架确定如何有逻辑地填补数据空白、解决结构断裂、重建上下层次的关系等等。这样，我初步建立了和二维行业-产出矩阵相对应的二维行业-劳动就业数量矩阵。

在生产率的国际比较中，麦迪森的生产法购买力平价或者更准确地说成本平价方法，要优于通常的市场汇率方法。因为它可以同时考虑参与比较的各个经济体内部的非贸易品成本的影响。它对数据的要求相当严格，需要来自同一工业普查的详细产品产量和市场价值量数据。官方统计无法满足这个要求。我于是使用重建工业生产指数时整理出来的主要工业产品数据，将其与一组详细的生产者价格数据相对应，替代了单位价值量。为了与美国1987年工业普查数据相匹配，我使用了1987年价格，并且采用1987年投入产出表解决从产品到行业，再到部门的分层加权问题。

我的结果显示，以美国制造业为100，中国制造业"可比劳动生产率"水平从1952年的3.0提高到1997年的7.6，就是说，这45年的年平均复合增长率只是2.1%。但是重点还在细节上。我发现，在1958—1990年这个时期，这个相对值长期停滞在4.5。换句话说，尽管始于狂热的"大跃进"，这个时期中国制造业的劳动生产率并没有实现对美国的任何追赶。这违反了通常观察到的，距技术边界较远的后进经济体增长速度要快于先进经济体增长速度的事实。这恰恰说明制度缺陷很可能是遏制中国劳动生产率增长的重要因素。一个鲜明的对比是，在1990—1997年期间，中国制造业的相对劳动生产率却以每年高达7.8%的速度增长，从相对美国的4.5提高到7.6。正是在这段时间里，邓小平的南方视察，扭转了改革停滞不前的局面，推动了向社会主义市场经济模式的转变。显然，又是制度因素起了非常重要的作用。

完成这项中美制造业的比较研究之后，我觉得如果把战后中国大陆和台湾这两个经济体的制造业相比较，可能会更好地说明计划经济制度和市场经济制度的差异可能对生产率产生的影响。根据麦迪森全球数据库，以1990年价格国际元（GK international dollars）计算，中国大陆1991—1997年平均人均GDP为PPP\$1,957，这与中国台湾地区1961—1970年平均人均GDP水平PPP\$1,893非常接近。如果在比较中将这两个经济体锁定在其可比期，那就意味着我们可以大致控制经济发展阶段，提高对制度因素的解析。于是，我和一个合作者以美国为基础连接了对应的中国大陆和中国台湾地区制造业行业数据，估计了这两个经济体的成本平价，计算了两者的相对生产函数。结果显示，就整个制造业而言，以台湾1961—1970年水平为100，大陆1991—1997年平均劳动生产率水平为81，但是人均资本存量水平却是123。这个非常不对称的结果说明了大陆的效率明显低于台湾。再以冶金和机械这两个早期工业化阶段的重要行业为例，大陆和台湾的劳动生产率水平大致一样，但是前者的人均资本存量相当于后者的300和170。同样以台湾TFP水平为100，大陆相对台湾的TFP水平由1961—1970年的47下降到了1991—1997年的29。这符合理论预期，那就是市场经济制度在效率上要明显优于计划经济制度，虽然60年代的台湾经济还在一定程度上受到政府的管制。

我一直有兴趣通过量化中国工业化过程，研究政府或制度因素对增长和效率表现的影响。很多实证研究发现，同样是计划经济的20世纪50年代，不管从产出还是从TFP增长率上看，似乎都优于计划经济晚期。有人猜想这可能归因于苏联援助，但是我根据史料和文献否定了这个猜想，转向关注战前的工业发展。我开始探索如何将麦迪森的战后中国产出序列延伸到战前，先延伸到民国初年，然后再延伸到中国工业化的开端，即19世纪60年代开始的"洋务运动"。

我的第一个尝试就是将我的战后工业生产指数和章长基早年建立的一个1949年以前的工厂工业生产指数链接起来（John K. Chang, Edinburgh University Press, 1969）。结果，这条始于1912年的"中国百年工业化曲线"虽然经历了多次巨大的冲击，却表现出惊人的路径依赖特性和超高的增长速度。中国工业生产百年趋势增长速度达到了年平均7.6%。而处在可比发展阶段的美国（1840—1943年）和日本（1865—1968年）的百年工业生产趋势增长速度几乎一样，大约年平均4.4%。中国的工业化速度超过先行者美日速度70%以上。应该注意到，日本的百年工业化并没有表现出明显的路径依赖特点。如果仅就战后工业增长趋势来看，日本的速度实际上接近了中国速度。对中国工业化来说，战争虽然表现为巨大的冲击，但并不是毁灭性的。太平洋战争爆发后的冲击最为严重，但战后的恢复极为迅速。这反映了战前及战时积累了相当的经济和技术能力以及人力资本能力。我认为就是这些能力强有力地支撑了1949—1952年的恢复和第一个五年计划时期的增长。而战争、革命、"大跃进"、大饥荒、改革等等都没有导致新的工业增长路径。这主要应该归因于政府的作用。政府选择有利于迅速实现"赶超"的经济部门，以低资源成本和高利润支持这些部门的高增长，这就促使其他资源也流向这些部门。由此产生的利益集团维持并强化了已有的资源分配格局，支撑和不断发展着已经建立的路径。

这个"中国百年工业化曲线"所揭示的路径依赖也许还有它更深的含义。完全由于这个曲线的契机，曾和小凯共事多年现在澳门大学经济系任教的孙广振和我一见如故，愿意和我一起深入探讨后面的逻辑。广振在钻研斯密的分工理论上颇有造诣，思想史的脉络比我清楚，微观基础也比我扎实。他的投入鼓励了我去尽快完成相关的工业化数据工作。这个曲线的初稿和我的重新思考发表在亚当·西尔马伊（Adam Szirmai）等人一部关于工业化的论文集中（Oxford University Press，2013），修改后的中文版发表在《比较》第75辑上（2014）。

探索对全要素生产率的制度解读

虽然迄今这些研究结果已经很明显地揭示了制度因素的影响，我并不想很快就跳到结论，因为我对这个"增长实验室"仍然不满意。我希望找到更好的方法绕过量化政府因素的困难。我考虑，因为政府的意图往往通过产业政策以及相应的制度安排贯彻到特定的行业中去，我们可以通过研究经济内部不同行业的增长和生产率表现，分析政府对经济的影响。对所有的行业而言，它们所处的社会、政治、经济的一般环境都是一样的，但是个别行业和政府之间的"距离"，或者换个相反的角度看，和市场之间的"距离"，却是不一样的。系统的行业数据还有助于进一步控制我们的实验，观察同样行业内部是不是完全可能因为所处产业链位置、所有制形式、企业规模或地理位置的不同，在增长和效率上的表现不同。此外，还有一个与此相关，但很重要的问题。那就是，因为资源不但会由于行业之间效率不同而流动，也会由于政策不同或行政干预不同而在行业间重新配置，所以，我们不能只研究部分行业，排除其他行业，或者不能只研究工业部门，排除服务业、农业和建筑业部门。虽然行业分类越细越可以减少行业内部技术和组织上的异质性，但是一个内在逻辑统一的数据库首先应该满足的是对整体经济的全覆盖。所以，我到日本一桥大学经济研究所任职后所做的第一个努力，就是将原来包含 24 个行业的中国工业生产率数据库扩展到整个中国经济。在综合考虑了中国经济的行业分类标准和将来国际比较的需要后，我对这个数据库制定了 37 个行业的分类标准。

我是在 2009 年接受了日本一桥大学经济学终身教授职位，离开香港，加入了麦迪森所谓的"象牙塔"，即一桥大学经济研究所。这个研究所早年因经济学家大川一司等人在哈佛大学教授库兹涅茨（Simon Kuznets）的新古典宏观经济核算框架下建立的日本《长期经济统计》系列，并在此基础上对日本长期经济增长所做的研究，而享有国际声誉。库兹涅茨当时曾多次造访日本，亲自来研究所指导《长期经济统计》的基础数据工作，特别是其中的收入推算工作。早在 20 世纪 90 年代末，麦迪森就介绍我认识了时任所长尾高煌之助先生，并参加了他和齐藤修以及深尾京司监修的《亚洲长期经济统计》的中国卷中有关战后工业经济增长的推算工作。加入一桥大学五年之后，我带着一个年轻的穿行在统计数据、理论逻辑和"中国故事"之间的研究生团队，将我的工业行业数据库发展成为第一个中国经济全行业的生产率数据库，使系统分解中国经济行业根源的增长核算模型第一次有了数据基础。

这个数据库是按照"KLEMS 原则"建立的（KLEMS 代表参与任何产品或服务生产过程所需要的资本、劳动、能源、中间材料和服务的投入的英文字头）。该原则强调根据新古典经济学理论框架测算要素投入和中间消耗投入，它始于 60 年代由哈佛大学经济学教授乔根森（Dale Jorgenson）和格瑞利克斯（Zvi Griliches）共同倡导的在生产率研究中将理论、方法和测算统一起来的原则。其重要性在于，因为 TFP 在增长核算中是作为"余值"出现的，是没有成本的，所以任何对要素和中间投入成本增长的低估，都会夸大 TFP 的增长。此外，乔根森和格瑞利克斯还提出了 TFP 增长消失假说。他们认为，在一个充分竞争的发达市场经济体中，如果准确地计算了投入增长，TFP 增长将消失或接近消失。这是一个对生产率理论的革命性思考，不应该肤浅地和实际经济情况相混淆。在概念上，一个完善的市场经济不存在因为资源错配和激励不当导致的效率损失问题，也不存在因制度缺陷导致的负外部性问题。或者说，任何外部性都可以被迅速地内部成本化。如此，就不会出现因克服低效率或得益于制度改进的正外部性而出现的 TFP 增长。这个观点含有非常清楚的新古典经济学逻辑。它深刻地启发了我。我认为，如果在测算上可以完全实现从异质投入向同质投入转化，并将后者完整地计入投入成本，同时假定计算误差是随机的，那么制度就应该成为解释在非充分竞争条件下 TFP 变化的唯一因素。制度的改善可以导致效率的改善，促进正外部性对产出增长的贡献。同理，制度缺陷也可能造成效率恶化和负外部性增加，导致产出损失。这样一来，同样的逻辑也可以解释为什么充分竞争条件下不会出现 TFP 下降。

有了这样一个以 KLEMS 原则建立起来的"中国经济全行业生产率数据库"，在乔根森模型的基础上，我将各个行业根据其与政府/市场的"距离"进一步分组，采用多马权重的加总以考虑行业之间通过投入产出关系影响的 TFP 变化。这样就可以放弃总量生产函数中隐含的"所有行业面对相同要素成本"的强假定，不仅可以较准确地估计行业自身的 TFP 增长表现及其对整个经济 TFP 增长的贡献，也可以估计行业或部门间要素重新配置对 TFP 增长的影响。

虽然我们的数据还有各种缺陷，但是低估投入从而高估 TFP 增长的可能性已经被大大地降低了。从这个意义上说，我们第一次可以如此接近对全要素生产率的制度解释。最新的结果显示，在我们可以覆盖的整个 1977—2017 年时期，中国 TFP 年平均增长 1%。对于一个通过制度改革推动市场经济发展的发展中经济体来说，这个 TFP 速度有些过低了。而且，正如前面提到的，如果官方统计的确高估了产出增长，实际 TFP 增长速度还会更低。但是 TFP 在不同时期的变动的确可以大致反映改革力度和制度环境的变化。中国经济最好的 TFP 表现出现在农业改革和乡镇企业崛起的 1977—1984 年期间，年平均增长高达 4.1%（根据麦迪森的估计，这样的 TFP 增长只是在战后日本高速发展时期出现过）。可是，在 1985—1991 年期间 TFP 却出现了大幅度减速，仅仅维持在年平均 0.6% 的增长率。可以说，前期农业改革带来的正外部性对 TFP 增长的影响此时已近耗尽。刚刚起步的工业改革因引进价格双轨制对现有制度和经济结构提出了严重挑战。计划体制中嵌入的市场因素虽然刺激了短缺产品的增长和效率改善，但也鼓励了严重的制度寻租和导致新的资源配置扭曲。

在1992—1996年期间，伴随邓小平南方视察出台的一系列改革措施，TFP增长比上期提高了一倍，达到年平均1.2%。在随后的1997—2001年期间，虽然经历了亚洲金融危机的重创，整个经济的TFP增长速度继续上升，达到年平均1.5%。但是，在加入WTO之后的2002—2007年期间，TFP增长没有继续上升反而开始减速。这完全可能和这个时期愈演愈烈的地方政府GDP竞赛有关。地方政府一方面竞争性地以压低的土地、资源、环境和劳动成本招商引资，另一方面依靠"土地财政"推行城市化，导致资源配置效率下降。全球经济危机爆发后，地方政府更加依赖巨额基建投资以维持增长，遂使效率下降问题进一步恶化。危机后TFP增长一直停留在负区间，其中2008—2012年期间每年下降速度高达1.6%，2013—2017年期间有所缓和，但每年下降速度仍然达到1.1%。

不同时期、不同行业组别的TFP增长贡献进一步加强了我们对中国全要素生产率的制度理解。正如我们所预期的，距离市场最近的成品和半成品制造业对TFP增长的贡献最大，在整个时期中平均每年贡献1.8个百分点，远超过1%的整体经济TFP增长率。就是说，这个部门实际上在补偿因能源、建筑业、服务业的低效率所造成的TFP损失。其中能源和包括政府在内的公共服务业距离政府最近，它们的TFP表现也最差。行业组别间如此正负悬殊的效率表现说明经济中存在着严重的资源错配和导致这种错配的制度障碍。

资本重新配置只在改革初期的1977—1984年期间明显提高了TFP增长率。20世纪80年代中期以后，资本重新配置对TFP增长的贡献基本上消失了。以后资本重新配置的TFP增长效果一直保持在负值。其中，中国加入WTO以后的2002—2007年那段期间最严重，因资本错配平均每年损失TFP达1.1%。这恰恰可以支持我前面的判断，即地方政府在加入WTO之后日益加剧的增长竞争扭曲了资源配置，降低了资源使用效率。张五常先生一向以来大加赞许的"县级政府竞争"也许建立了某种增长机制，但它在本质上是损害整体经济TFP的。相比之下，中国的劳动市场一直保持了对TFP增长的正贡献，这既和劳动力市场的高度灵活性有关，也和劳动者缺乏集体议价权、缺乏公平的合约保护有关。当然，在存在严重资本错配的情况下，这种较高效率的劳动资源重新配置改善了资本回报，尽管这并不能改善整个经济的结构扭曲问题。

这是我的经济研究生涯迄今得到的最有政策指导意义的分析结果，它可以有力地支持近年来中国政府着力进行的结构改革，但同时也挑战了过多使用行政手段解决结构问题的做法。在强烈追求学问动机的驱使下摆脱了实际政策讨论30年后，我的"学问之路"又把我重新带回了政策讨论中。我想，这并没有事与愿违，因为它在延续着我们这些80年代经济学人的"光荣与梦想"。

结　语

在安格斯·麦迪森先生生命的最后15年，我有幸和他一起工作并且成为挚友。虽然他已经离开我们将近十年了，但对我来说，我们之间的讨论甚至争论从来没有间断过。每当我挣扎于数据的困境中，是他的"数据精神"促使我坚持寻找逻辑的解决方案。完全可以说没有这样的精神支持，我很难完成"中国经济全行业生产率数据库"。数据的精神就是科学的精神。欧洲文艺复兴以来近代科学的进步离不开对数据的搜集、整理、存储和公开发表。数据的科学精神还在于它必须是公开透明的、可追溯的、可重复的，从而可检验的。社会科学实验的难度绝不应该成为绕过数据困难的托词。麦迪森曾反复说过，让数据工作公开透明，就是从一开始就让它准备接受挑战和质疑。任何质疑，不管是"恶意"的还是"善意"的，对一个真正的科学研究者来说永远是建设性的。和任何好奇心驱动的科学探索一样，对经济数据探索也是一条不归路，这在本质上否定了任何机会主义的态度和做法。

安虎森：开拓空间经济研究新方向

颜银根

他为人谦和、热情，他求学勤勉、孜孜不倦，他治学严谨、一丝不苟。40 余年兢兢业业坚守教学岗位，30 余年脚踏实地潜心科研。他，就是南开大学经济学院经济研究所教授、博士生导师安虎森先生。

漫漫求学路，铸就坚毅品格

先生 1952 年 10 月出生于长白山脚下的一个小山村——吉林省安图县石门乡舞鹤村。先生的父亲曾参加支前担架队，跟随东北野战军参加过辽沈战役，并荣立三等功一次；叔叔和哥哥同为东北野战军第 43 军 156 师战士，参加了辽沈、平津、渡江战役以及抗美援朝战争，先后不幸壮烈牺牲在抗美援朝战场上。"红色基因"让先生的家族在当地享有极高的威望，这对先生而言，既是压力，也是动力。

"红色基因"的耳濡目染，时刻提醒和鞭策着先生，使其在思想上不断要求进步、政治上不断提高修养。先生不负众望，从年少时就开始崭露头角，学习成绩名列前茅，始终是同龄人中的佼佼者。小学和中学每年均被评为"优秀学生"，并先后被评选为乡县"优秀少先队员"；1965 年 9 月，先生加入了中国共产主义青年团，并担任班级团支部书记、校团总支委员；1968 年 8 月，回乡参加农业生产活动，先后又担任了大队团总支书记、民兵连指导员等职务。因为在农村期间的各种优异表现，先生于 1972 年 3 月作为第一批"工农兵大学生"被推荐进入了延边师范学校数学专业进行学习。在大学期间，先生表现优异，并于 1974 年 7 月光荣地加入了中国共产党。

大学毕业后，先生被分配留在当地的一所中学担任数学教师。本以为要在这个岗位上贡献一生，但对知识的渴求并未让先生止步，从此开始了筚路蓝缕的求学之路，也不断开启了先生人生的新篇章。

高考恢复后，有着丰富知识储备的先生，于 1978 年顺利考入了东北师范大学地理系，毕业后就职于延边大学。一心探求真知的先生并未满足现状，1992 年又再次考入东北师范大学地理系攻读博士学位，师从著名的经济地理学家陈才教授。读博期间，先生于 1992 年 11 月到 1994 年 4 月期间，远赴美国匹兹堡大学进行了为期一年半的访学。1996 年，先生从东北师范大学获得理学博士学位，并于当年进入南开大学经济学博士后科研流动站开始博士后研究。两年的博士后研究，先生的学术成果斐然，于 1998 年 10 月顺利出站，并于当年获得了南开大学的教授职称。从此，先生将自己的青春奉献给了南开大学经济研究所。

持之以恒终成名家，引领区域经济新方向

持之以恒的坚毅品格，促成了先生如今在区域经济学研究领域的学术成就。然而，先生真正开始学术研究，却起步较晚。虽然从 1982 年开始先生就接触到了地理学研究，但是直到上世纪 80 年代后期才开始学术研究。因其在语言上的优势（先生精通英语、日语、韩语）和知识结构的丰裕，先生早期主要针对朝鲜半岛经济展开研究，并先后在《东北亚研究》《延边大学学报》《人文地理》等刊物上发表了一系列有关朝鲜、韩国的经济发展和经济地理的学术论文。同时，在 1990 年出版了我国第一部深入分析韩国经济发展路径的著作《南朝鲜经济的腾飞》。因为先生在这个领域的深耕细作，也为先生赢得了"半岛通"的响亮名号。

1992—1994 年，先生赴美国匹兹堡大学访学。访学期间，先生接触到了区域经济学的研究，这也成为先生学术生涯的重要转折点。也就是从这一时期开始，先生开启了研究区域经济学的大门。在访学的过程中，先生发现区

域经济学与以往的经济地理学、人文地理学无论是在理论体系上还是在研究范式上，都迥然不同。有着良好数学背景和严谨思维的先生，深深地被区域经济学的研究范式与逻辑结构所吸引。区域经济学家胡佛的《区域经济学导论》对先生的影响颇深，促使了先生下决心将个人的研究方向从地理学研究转向经济学研究，然而这种学术转变，并非一帆风顺。

访学归国后，先生将原本设计的博士论文进行了重大修改，论文的基本理论已从原先的经济地理学理论视角切入转变为区域经济学理论视角切入，博士论文也从地理学论文修改为经济学的博士论文。因为博士学位论文的重大修改超出了学科范畴，先生的学位论文起先并没有得到其博士导师的认可。为此，先生不得不将完稿的经济学属性的学位论文再一次重新修改为地理学属性的学位论文。虽然经济地理学与区域经济学之间有密切的学科交叉，但是从经济地理学的思维范式向区域经济学的思维范式转变并非易事。而正是因为这种艰难的修改历程以及后期的专注，先生更加充分地掌握了区域经济学和经济地理学两种不同学科的理论内涵及研究范式。这段经历也成就了先生，使其成为国内从地理学转向经济学研究非常成功的学者。同时，也为先生后来在区域经济学理论研究与实证领域取得突破性进展奠定了坚实的基础。对于先生的这种学术转变，后来有些国内的地理学者，戏称先生为"地理学叛逆者"。

1996年获得理学博士学位后，先生进入国内经济学重镇南开大学经济研究所系统地从事经济学博士后研究。同年，先生以原来的博士学位论文为基础，出版了《区域发展理论研究》一书。两年后先生博士后顺利出站。经过1992年到1998年六年的磨炼，先生终于从地理学的研究范式成功蜕变为经济学的思维模式，并开启了后来20多年的区域经济学和新经济地理学理论研究的历程。1997年国务院学位委员会把城市经济学和经济地理学两个专业合并为区域经济学二级学科后，先生更加坚定了从事区域经济学研究的信心。2000年，先生与郝寿义教授合作出版了当时颇为著名、而且影响颇深的区域经济学本科教材《区域经济学》（经济科学出版社）。

在从事区域经济学研究时，先生发现当时国内可参考的区域经济学著作和参考书甚少。为了改变这种学术困境，先生于1999年开始从事国外区域经济学著作的翻译工作。历时三年，国内区域经济学重量级的译著《区域和城市经济学手册·区域经济学》（第一卷）在经济科学出版社出版。即便是在日本一桥大学访学期间，先生也没有忘记区域经济学教材和参考书的翻译工作，废寝忘食地开展《区域和城市经济学手册·应用城市经济学》（第三卷）的翻译和修订工作，这种忘我的工作精神也曾感动了日本同事，该著作于 2003 年由经济科学出版社出版，同样在业界引起了不小的反应。成名后，先生更是不忘使命，致力于翻译国际高质量的学术著作，先后出版了《经济地理学：区域和国家一体化》（经济科学出版社 2011 年出版）、《演化经济地理学：生产区位与欧盟》（经济科学出版社 2012 年出版）、《区域发展的公共政策》（经济科学出版社 2013 年出版）等一系列译著。

2001 年，先生赴日本一桥大学访学，这也成为先生在学术研究上的又一重大转折点。访学期间，先生接触到了克鲁格曼的新经济地理学，再一次被新经济地理学优美的数学模型和严整的逻辑结构所吸引。先生曾经担任过延边师范学校柳泽龙教授领衔的自编教材《数学分析》的三名编写组成员之一，具有扎实的数学功底。新经济地理学优美的数学模型，对先生有着"天然"的吸引力。先生全身心地投入到新经济地理学这一新兴学科中去，并进行了大量的模型推演和模型的尝试构建工作，身体力行地反复推敲。这也为他回国后进一步深入开展新经济地理学研究夯实了基础。

2002 年 9 月，先生访学归来。结合着有关新经济地理学新的思考，在区域经济学领域，先生先后出版了一系列畅销的著作，包括《区域经济学通论》（经济科学出版社 2004 年出版）、《区域经济学（第二版）》（经济科学出版社 2004 年出版）、《空间经济学原理》（经济科学出版社 2005 年出版）、《空间经济学教程》（经济科学出版社 2006 年出版）、《新区域经济学（第二版）》（东北财经大学出版社 2010 年出版）、《产业转移、空间聚集与区域协调》（南开大学出版社 2014 年出版）、《新区域经济学（第三版）》（东北财经大学出版社 2015 年出版）、《区域经济学（第三版）》（经济科学出版社 2015 年出版）。即便是在做心脏搭桥手术及休养的几年中，先生仍笔耕不辍。

在《新区域经济学》（东北财经大学出版社 2008 年出版）一书中，先生尝试着构建包含规模收益递增和不完全竞争、区际非均衡力以及循环累积因果律、市场开放度强化要素流动性、经济增长方式选择和结构优化的内生化、产业份额决定国民收入地区分配、二元结构与城乡联系在内的区域经济学理论框架，以此来解释区域经济学现象。在《新经济地理学原理（第二

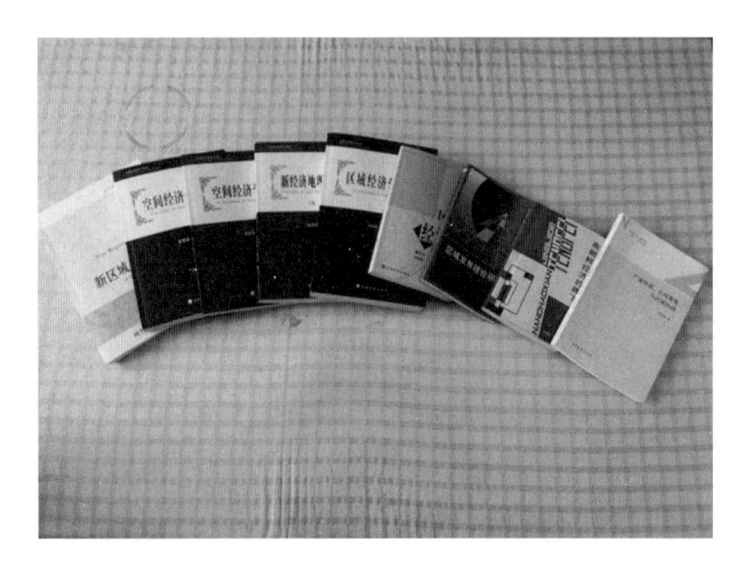

版)》(经济科学出版社2009年出版)一书中,先生系统地介绍与阐述了新经济地理学的典型理论模型与政策分析讨论,并进行了适当的理论拓展与创新。2018年4月,由先生任主编的马克思主义理论研究和建设工程重点教材《区域经济学》正式出版,这本教材凝结了先生将近七年的心血和汗水。

这些重要的译著与畅销书,是先生在区域经济学领域的潜心研究与思考的结晶。在新经济地理学领域的深耕细作,为先生赢得了赞誉,从此先生又多了一个"中国新经济地理学第一人"的美名。

诲人不倦树榜样,赢得桃李芬芳满天下

一沓一沓的修改文稿,一板一板的数学推导,这是先生的工作日常。每每看到先生在黑板上挥汗如雨地推导数学模型、充满激情地讲解时,作为学生的我们心中充满了无限的感激。对课程的循循善诱、对学生的谆谆教导,先生用自己的切身行动为学生们树立了榜样,也成为学生心目中最为尊敬的老师。

在我求学的那段日子里,先生潜心新经济地理学理论的传播与阐释。由于模型需要大量的推导工作,先生一直坚持着传统的板书教学。再加上先生微胖,经常是汗流浃背。我们这些弟子对于课程内容的掌握,几乎都是在先生手把手的引导之下完成的;同样,这种"待遇"也惠及了每一个选修先生

课程的学生。先生也因此经常入选南开经院最受爱戴的老师。

先生对于学术的要求近乎苛刻，这也培养了弟子们的严谨作风。对于博士生的培养，先生有良好的设计规划：博士第一年，先生要求学生认真学好基础课和专业课，打好坚实基础；博士第二年，要求广泛地阅读本领域文献，掌握论文和课题的撰写；博士第三年，要求大家安心撰写毕业论文。尽管常年主持各项国家级和省部级纵向课题，先生几乎不会让博士一年级的学生参与课题，也不会让三年级的学生再为课题的事情而烦恼。在先生看来，低年级学生需要更多的时间来掌握本学科的基础知识，高年级学生则需要更多的时间去开拓属于学生自己未来的研究方向。正是得益于先生的精心安排，师门中鲜有延期毕业的博士生。而正是先生的严苛要求，使得学生具备了扎实的学术功底，学生们在博士毕业后也几乎都在全国的"985""211"高校和专业的财经院校或国家部委等高端智库中从事教学和科研工作，并且在毕业后的短短几年内都能获得国家级的课题等，成为各个高校和科研单位的中坚力量。

众所周知，著作的翻译工作相当繁杂，过程是漫长的，对大多数人而言，甚至是痛苦的，稍有不慎就会背上"骂名"。为了能更好地把握学科前沿，介绍先进的学科思想，先生对优秀的译著乐此不疲。先生时常跟弟子们说，国外一些优秀的著作我们需要不断的吸收和汲取，这样中国的区域经济理论才会得到不断的完善，相关的理论知识才能广为流传。我们不能因为译著在很多高校不算科研成果而放弃这项工作，如果我们都不去做这项工作，那么谁来推动中国区域经济理论的发展。为此，先生付出了极大的心血，用心良苦；弟子们也在翻译优秀著作中迅速成长。

每次翻译专著时，先生都会主动要求翻译前面一二章节，力求整体把握文章思路结构。在翻译过程中，先生更会对有疑问的句子和数学公式与弟子们讨论，乃至多次跟国外原作者沟通以求精准。对于翻译中的一些细节问题，比如人名等更为慎重，多次参阅《世界人名翻译大辞典》等权威资料中的人名翻译，进行逐个检查。翻译完毕后，先生都会对全书校稿，并进行大幅度的修改。虽为学术译著，但先生依然态度认真，争取要做到每一部译著都能达到"信、达、雅"，以便给读者带来良好的阅读体验。

名声在外，登门拜访者自然络绎不绝。先生生性热情奔放，这无形中给他增添了不少"工作量"。对于慕名而来者,抑或请教,抑或讨论,先生从不推诿。正是由于先生的这种谦和,先生又多了许多"非入门弟子",他们常年和先生探讨学术问题、保持往来;先生从来都是一视同仁,待他们如弟子。

为了促进经济学的空间研究与新经济地理学的传播,从 2007 年开始,先生连续十余年为南京师范大学空间经济学博士研究生开设为期一周的课程。连续一周的课程,对于年近花甲的先生无论是心力还是体力都是巨大的挑战,但先生始终坚守三尺讲台,赢得了师生们的尊重。除了南京师范大学,先生还是云南师范大学的特聘教授、云南财经大学的讲座教授,并作为"东北师范大学外聘高级专家学术领军人才(全职)"被引进到东北师范大学。先生还经常赴同济大学、上海财经大学、新疆大学、西南民族大学、东北师范大学、山西财经大学等国内高校开办一个星期左右的新经济地理学和区域经济学理论课程,先生用自己的学术魅力吸引了一批又一批的新经济地理信徒。

关切区域发展现实,踏遍大江南北

世界是不平的,经济是块状的。区域经济发展差距自古以来就存在,大到国家之间,小到村落之间,区域发展差距问题无处不在。为了探寻区域发展差距的根源,先生多次带领着弟子们远赴云南、广西、新疆、西藏、内蒙古、陕西、甘肃、重庆、吉林等地区,深入基层农村进行田野调研。"知中国、服务中国"是每位南开经济研究所人不会忘记的使命,更是先生对门下每位弟子的殷切要求。尽管新经济地理学等属于理论经济学的范畴,然而先生非常强调经济理论和社会实际的结合。为此,每年暑假,先生都会带领学生奔赴祖国各地开展社会调查研究。

犹记得,2013 年 6 月,先生带着弟子前往甘肃省平凉、庆阳、环县开展关于转移支付与区域协调发展的社会调查。临行前,先生就调研的主题、计划召开了一次会议,并对弟子们此行的调研任务进行了详细的分工。调研中,针对有关转移支付、城镇化建设、土地流转等多个问题与当地相关部门进行了充分的交流,掌握了第一手资料。记得刚结束在平凉的调研,先生就带领着弟子们赶往庆阳。当天,安顿好之后已是天色渐晚,但是旅途劳顿的先生仍饶有兴致地带领弟子们实地考察民情，给弟子们普及当地的风土人情、历史掌故等，以此来加深弟子们对调研地的了解，并试图探究地区经济发展差距形成的现实原因。每每讲解地区发展时，先生总能用他人文经济地理的背景从地理条件、人文风俗、思想观念等方面的差异来解释我国中西部地区与沿海地区存在巨大的经济发展差距的原因。通过社会调研，既让弟子们明白"纸上得来终觉浅，绝知此事要躬行"的道理，同时也丰富了弟子们将所研究的领域与社会实际相结合的宝贵经验。真正教会了弟子们更好地"知中国、服务中国"。

类似的社会调查研究，先生几乎每年暑期都会组织。所以这些年下来，先生带领着自己的弟子，走遍大江南北。在行走中，完成了一次又一次的实践教学：在云南省的禄劝、大官、水富，实地调查精准扶贫的情况；在安徽蚌埠、芜湖以及广西的凭祥、东兴，深入调研我国产业的空间转移；在新疆阿拉山口口岸、霍尔果斯口岸中哈经济特区，考察特殊经济区的作用机制；在河南郑州、开封，考察中部地区崛起和区域经济政策的实施效果……从这些社会调查里，大家都汲取了极其丰富的对课题、论文研究有益的知识，同时也为先生心系国家社会经济发展的胸怀所折服。不仅是在每年的暑假，基本上每次跟随先生参加的学术会议期间，先生都会专门地抽空带领我们了解当地的经济发展、产业结构以及风土人情等。久而久之，大家都在这个极具特色、营养丰富的"第二课堂"上，学习、成长，不断地完善自我。这期间的受益，惠及弟子们的终身。

始终秉持理论结合实际的理念，先生主持了国家社科基金重点项目，国家发改委、教育部人文社科等多项国家级和省部级项目。每做一个项目，先生都要带领着弟子们走出校门进行调研，结合调研内容，再进行认真细致的思考，并结集成文。近年来，先生在国内的权威期刊公开发表了一系列既有理论基础又有实证研究的规范性的研究成果，并提出了富有价值的政策建议。比如在《管理世界》《世界经济》《江苏社会科学》等刊物中发表了一系列关于政府补偿的研究；在《经济学（季刊）》等期刊发表了关于转移支付的观点；在《财经研究》《南开经济研究》等发表了关于城市化与工业化关系，以及城市规模和竞争合作的研究；在《南开学报》《中南财经政法大学学报》等发表了关于中部崛起的研究；在《财经研究》《世界经济研究》等发表了关于贸易自由化的研究。先生的著作影响力较大，多次加印；先生的论文影响力也丝毫不弱，累计引用量高达数千次，是国内区域经济学领域为数不多的高引用学者。

后　记

悉闻恩师入选《传承——南开经济百年百人》，师门顿时雀跃。回顾与恩师过往，个个心存感激之情。"拳拳赤子、学界旗帜、治学严实、仁爱家长"是弟子们对恩师的评价，"博学、严谨、坚守、朴实、激情、纯真"是弟子们给恩师贴的标签。作为中国当今最为著名的区域经济学家之一，恩师入选乃实至名归。

师门人才济济，而我德识浅薄。得知由我来撰写恩师的生平简介，我不胜惶恐。先生向来淡泊名利，如何撰写，使我一时颇感茫然。在南开读博期间，对于恩师过往，虽多有所耳闻，但实际并不十分清楚，甚是惭愧。为了此次撰文，与恩师有过几次畅谈，更觉恩师令人敬畏。

构思本文时，往事历历在目。2008年10月，我慕名前往拜访恩师，初识恩师，便被恩师的人格魅力深深吸引。次年，报考恩师的博士研究生，但因初试单科成绩未上线而不能被正常录取。我与恩师虽素未相识，但恩师却顶着巨大的压力极力将我破格录入门下，从此改变了我的人生轨迹。虽不才，本人博士期间在恩师的悉心指导下也有幸获得南开大学"优秀毕业生""优秀研究生奖学金"（西南联大奖学金）、"三好学生"等荣誉称号，没有辜负恩师的殷殷期望。凡此种种，类似情况，不胜枚举。先生对弟子们的恩情数不胜数，但先生从未祈求回报，却始终如家长一般无私，只愿我们都能活出自己的人生精彩。

弟子们毕业后，恩师也总是不忘关怀。每次见面或者电话谈话时，恩师如父亲般挨个盘点弟子：哪个弟子该评职称，哪个弟子又结婚生子……恩师又总是语重心长，担心弟子们毕业后被行政事务、横向课题以及超额的教学任务缠身而无心科研。此种恩情，使得即使毕业十多年，弟子们也仍愿围绕恩师膝下。恩师一直醉心学术，即使于去年从南开退休，仍不愿放下自己的学术研究。退休后又作为"东北师范大学外聘高级专家学术领军人才（全职）"被引进到东北师范大学，继续坚守科研岗位。近期还在编写《中国大百科全书》（空间经济学分册）、《高级区域经济学》等专著，且计划翻译两本译著。相比于恩师的勤勉、笔耕不辍，弟子们实感惭愧。

撰写此文时，承蒙师门邹璇、朱妍、高月媚、徐杨、周亚雄、何文、吴浩波等相助，在此一并表示感谢。当然，文责自负。在与师兄弟姐妹交流中，回顾往事，个个兴奋不已，均对恩师的感激之情无以言表。我想，恩师用他的爱护学生、专研精神、关心国情教会了我们什么是"为人师表"、什么是"持之以恒"、什么是"关注民生"。而这，也将成为我们一生的财富，并传承下去。

郝寿义:"知中国,服务中国"的践行者

马洪福 曹清峰

郝寿义1952年出生于河北河间,1982—1984年在南开大学经济学系攻读经济学硕士学位,1987—1991年在南开大学经济学系攻读经济学博士学位,1991—1993年在美国芝加哥大学经济系访问、做博士后。研究回国后,历任南开大学经济学系主任,南开大学经济学院副院长、院长,校长助理,南开大学校学术委员会委员;南开大学城市与区域经济研究所教授、博士生导师,城市与区域经济研究所学术委员会主任,南开大学中国城市与区域经济研究中心秘书长;曾任第一届国家土地管理局教育指导委员会委员,国家建设部高等教育工程管理专业评估委员会委员,城镇化专家委员会委员,享受国务院政府特殊津贴;北京大学、天津大学、河南大学兼职教授等职。因工作需要,曾兼任天津市城乡建设管理委员会副主任,天津市规划和国土资源局常务副局长;天津市滨海新区管理委员会副主任、人大常委会常务副主任,天津市滨海新区综合发展研究院院长、荣誉院长等职。现任中国区域科学协会副会长,中国区域经济学会副会长,区域经济50人论坛正式成员等职。郝老师长期从事城市与区域经济管理、规划、土地和房地产经济管理等领域的研究,取得了丰硕的研究成果,培养经济学硕士、博士、博士后等近百余名。主持国家社会科学基金、国家自然科学基金、世界银行以及省部级课题多项。先后在《经济研究》《地理学报》《数量经济技术经济研究》《南开经济研究》《经济科学》等刊物发表学术论文两百余篇,主编、

参编有关学术著作、研究报告四十余部。代表作有《土地经济学概论》《中国城市化快速发展期城市规划体系建设》《区域经济学原理》《区域经济学》等。其中,《评当代西方学者对马克思〈资本论〉的研究》和《多元混合经济论——华光陶瓷集团案例分析》分别获得全国高等学校人文社会科学研究成果一等奖（1995 年）与孙冶方经济科学著作奖（1991 年）和首届蒋一苇企业改革与发展学术基金奖。

致力于经济研究的中国化,"知中国,服务中国"是南开经济学人信奉的准则,被南开经济学人代代传承。"知中国"就是要以中国历史、中国社会为学术背景,以解决中国问题为教育和科研目标,强调结合中国实际研究中国国情,即开展"中国化的经济研究"。"服务中国"是要运用先进的理论和方法,解释中国经济社会发展现象,指导中国发展实践。郝老师在四十余年的学习、教学和科研中,秉持"知中国,服务中国"之志愿,通过实地调研、直接参与政府规划与开发等,努力在实践中知中国,把握中国经济发展的内在规律。坚持运用马克思主义经济理论和方法,致力于构建符合中国特色且能与国际接轨的区域经济学基础理论,并应用于解释和指导中国特色区域经济发展实践。

潜心南开求学，扎根马克思主义经济理论研究

郝老师出生于中华人民共和国成立初期,成长在相对贫穷困苦的 20 世纪 60 年代。受外部社会环境的影响,郝老师能接受的学校教育资源相对有限,教学条件也相对较差。但是,郝老师仍未放弃对学习的热爱,一直坚持学习报国的伟大志向。即便在那些动荡年代,郝老师依然坚持读书学习。1982 年考取了南开大学经济学系硕士研究生。20 世纪 80 年代,以马克思主义经济理论为主的政治经济学是南开大学的重点学科,该学科集聚了国内众多优秀的专家学者。郝老师师从著名经济学家魏埙教授,在攻读硕士和博士研究生期间,深受魏埙教授治学扎实、严谨的学风的熏陶。郝老师硕士研究生的方向是现代资本主义经济,在魏埙教授及高峰教授等亲自指导下,郝老师逐字

逐句逐段攻读了马克思的《资本论》《剩余价值学说史》及亚当·斯密、大卫·李嘉图等西方经济学家的经典原著,并做了大量的读书笔记。这为郝老师系统掌握马克思主义经济理论和方法打下了坚实的基础。在此基础上,郝老师完成了硕士毕业论文"在现代科学技术高度发展条件下劳动对资本的隶属关系",并在《南开学报》《南开经济研究》等刊物上发表了"科学技术高度发展条件下劳动对资本的隶属关系""科学技术革命与现代资本主义经济结构的变化"等多篇论文。随后,郝老师同魏埙教授一起参加了《评当代西方学者对马克思〈资本论〉的研究》的课题研究,该课题研究成果1991年获得孙冶方经济科学著作奖,1995年获得全国高等学校人文社会科学研究成果一等奖等奖项。

在南开攻读硕士研究生的这段经历,使郝老师认识到无论做什么领域的研究,一定要扎扎实实地研读经典文献,并重点把握其所运用的研究方法。与今天的"短平快"研究相比,这种潜心于经典文献学习的扎实学风,让我们真正感受到"做学术"与"做学问"之间的差距。

党的十一届三中全会后,中国改革开放的重心由农村转向城市,郝老师在攻读博士研究生期间,在魏埙教授和蔡孝箴教授指导下,结合中国改革的实践,对马克思主义土地经济理论进行了深入系统的研究,并将其与西方最具有代表性的城市土地经济运行理论、市场学派理论、制度学派理论进行了系统的比较研究。在此基础上,提出了具有中国特色的社会主义城市土地经济运行理论,完成了其博士学位论文"现代西方城市土地经济运行理论比较研究"。在此期间,郝老师取得了一系列研究成果,发表了多篇论文。1987年在《经济研究》发表了"论社会主义制度下土地的商品经济属性"一文,随后陆续出版了《土地经济学概论》《房地产经济学概论》等著作,获得了较大的社会反响,成为第一届国家土地管理局教育指导委员会委员。

魏埙教授是郝老师学术之路的启蒙老师。郝老师回忆说,魏埙教授在学术研究中旗帜鲜明地捍卫马克思主义经济学的科学理论,又紧密联系实际与时俱进地发展马克思主义经济学。其科学严谨、实事求是、追求真理的学术态度是学问之道,也是南开经济学人"知中国,服务中国"的必备素养。在魏埙教授等南开大学老一辈经济学人的提携下,郝老师潜心南开大学十余载，扎根马克思主义经济研究，努力掌握了马克思主义的研究方法，为其后来的学术之路与学问探究打下了坚实的理论基础，助力其践行"知中国，服务中国"。正所谓"工欲善其事，必先利其器"，郝老师今天取得的成就，离不开其孜孜不倦的求学精神、潜心研读经济学经典的务实态度。

远渡海外留学，探求国外理论前沿

20 世纪 80 年代，随着我国经济发展战略的转变，城市和区域的重要作用日益突出，深入研究城市和区域经济问题成为社会主义现代化建设和经济管理体制改革的迫切需要。南开大学于国内最早在经济学系增设城市经济学专业，时任南开大学经济学系主任的著名经济学家蔡孝箴教授开设了城市经济学系列课程，作为系主任助理的郝老师，积极协助蔡孝箴教授建设城市经济学的硕士和博士点，该建设成果获得了天津市优秀教学成果一等奖、国家级教学成果二等奖。郝老师还积极参与了蔡孝箴教授主持的《社会主义城市经济学》的编写工作，该书获得全国高等学校教材优秀成果一等奖。在城市经济学的教学和科研中，蔡孝箴教授既鼓励研读马克思主义和西方的经典原著，追寻学科发展轨迹，又主张与前沿理论学者加强交流，在学科前沿不断探索，还要求一定理论联系实际，避免生搬硬套。这对郝老师产生了很大的影响。

在运用马克思主义经济理论研究中国城市经济问题的过程中，郝老师阅读了大量西方前沿的理论文献，开始尝试探索能够解释中国特色的城市和区域经济学理论基础。然而，受限于国内有限的学术资源，郝老师于 1991 年赴美国芝加哥大学经济系访问并做博士后研究。在此期间，郝老师积极学习国外前沿的理论知识，并同国外专家、教授探讨中国城市与区域经济问题。在研究与探讨中，郝老师再一次认识到中国发展具有特殊性，无论在经济规模、经济体系还是经济制度等方面都存在其特殊性，如何解释我国的区域发展特色，构建符合中国特色且能与国际接轨的区域经济学基础理论，是一个需要从理论与方法上进行全面创新的问题。

为了实现这一目标，郝老师留学期间阅读了大量的文献，较为系统地学习了西方区域经济学理论。回国后，郝老师积极组织南开大学一批优秀的区域经济学研究者，于1999年出版了《区域经济学》一书，系统地归纳和梳理了国内外的许多研究成果，试图构建一个较为完整的理论框架。该书出版后在国内受到国内区域经济学界的欢迎，几乎国内所有设有区域经济和城市经济专业的高等学校都把该书作为或者列为本专业硕士研究生和博士研究生专业必修课的教材或参考书，并被全国人大推荐为人大代表参阅书籍。同时，面对国内外区域经济领域不断涌现的新的现象和问题，尤其是90年代我国区域非均衡发展战略引致的区域问题，中国区域经济学界尚未将其抽象到理论层次。郝老师开始思考应该用什么样的方法将中国区域问题理论化。他一方面从其熟悉的马克思主义理论体系进行思考，探寻如何将马克思主义抽象方法应用于区域经济学研究，探寻区域经济学的微观起点；另一方面积极跟进国外前沿研究方法。其中，《区域和城市经济学手册》是国外较为系统归纳和梳理已有文献研究的丛书。《区域和城市经济学手册》的价值就在于它全面地反映了区域和城市经济学的研究内容、研究方法、研究方向以及最新研究成果。郝老师组织了南开大学区域经济学中青年学者对《区域和城市经济学手册》（第1—5卷）进行了翻译；其中，郝老师亲自主持第2、第4、第5卷400多万字的翻译工作。该套丛书的翻译获得区域经济学界的大力赞赏，为我国区域经济学者研究中国问题提供了重要的文献参考。

郝老师一直坚持要善于运用前沿的研究方法探究中国的问题，主张学习一种经济学理论，更重要的是学习其研究方法，不能盲目地套用其研究成果。他始终坚持"学贯中西、为我所用"的原则，知中国国情，运用中西经济学理论，服务于中国特色社会主义经济发展。通过海外留学及其对国外前沿研究的把握，郝老师及其团队开始从中国区域经济发展的实际出发，探究具有中国特色的区域经济学基础理论。

理论联系实际，构建中国特色理论

一脉相承南开经济学人开展"中国化经济研究"的"知中国，服务中国"的宗旨与学术精神，与系统扎实的马克思主义理论基础、坚信马克思主义适用于中国国情的信念相融合，助力郝老师构建符合中国特色且能与国际接轨的区域经济学基础理论。

2004年《区域经济学》第二版出版，郝老师认为研究已经有了很大进展，但尚未能提炼出系统的区域经济理论体系。面对国内外区域经济领域不断涌现的新的现象和问题，为能够对区域经济学形成系统的理论认知，借助于南开大学"985"工程区域经济国家哲学社会科学创新基地平台，在已有的研究队伍基础上，郝老师进一步整合南开大学一些长期从事区域经济学基础理论研究的中青年学者组建了区域经济学理论创新研究团队。同时，由于兼任天津市城乡建设管理委员会、天津市规划和国土资源局等的领导职务，郝老师得以直接参与政府规划和城市建设的实践。郝老师敏锐发现城市规划存在错位规划、规划成功率低等现象，宏观规划难以达到预期。特别是，改革开放以后，有一些新的工业区的形成和发展都不在城市规划的范围之内。经过调研，郝老师发现微观经济主体的区位选择在工业区形成的过程中具有重要的作用：在市场经济条件下，微观经济主体会根据利润最大化或效用最大化原则选择区位，区位上经济主体的聚集，最终引致一个区域的形成。

在实地调查和反复研究的基础上，郝老师及其团队将区域经济发展的实际问题不断进行抽象，升华到理论层面进行更一般的思考和研究。这既保证了研究有坚实的实践基础和依据，也保证了应用经济学符合源于实践、回到实践的要求。郝老师长期潜心于马克思主义经济理论研究，打下了坚实的理论基础。他深谙《资本论》的抽象研究方法，将其运用于指导和解释中国区域问题。基于长期实践中的认知，郝老师尝试将马克思主义抽象研究法应用于区域经济学研究，将区位抽象为区域的最微观细胞，详细地阐述了区位的丰富内涵，以及区域微观主体对区位的选择，如何形成聚集，进而形成区域的历史和理论的逻辑。在此基础上，他进一步分析了区域发展、区域政策和区域治理等问题，探究了区域经济的微观基础，并形成了系统的研究成果。该成果就是2007年由上海人民出版社出版的"区域经济学丛书"（《区域经济学原理》《区位的经济学分析》《区域经济发展动力与动力机制》《中国区域经济不平衡与协调发展》《区域主体与空间经济自组织》《区域协调组织与区域治理》）。《区域经济学原理》是这个系列研究成果的高度概括，是从中国区域经济发展的实际出发，在国内外前沿研究成果基础上的一次大胆创新，构建了符合中国特色且能与国际接轨的区域经济学基础理论。

《区域经济学原理》及其系列丛书受到国内区域经济学界的广泛赞誉。中国科学院院士陆大道、中国社会科学院学部委员陈栋生等专家认为："《区域经济学原理》丛书形成了一个结构严谨的分析框架和学科体系，重视经济学方法和方法论的使用，并结合了中国区域经济发展的实际，落脚于现实区域经济问题的解决，是对推进我国区域经济学学科建设、发展、成熟有着积极作用的高水平的学术著作。"南开大学蔡孝箴教授认为："《区域经济学原理》这部著作在深刻把握区域经济问题的症结所在的基础上，构建了大量原创性理论，这对于我国区域经济理论的研究具有填补空白的作用，也体现了作者深厚的学术功力与赶超国际学术前沿的勇气和努力。"其还认为该成果不仅在国内处于领先地位，在国际上也处于领先地位。《区域经济学原理》一书被评为高等学校科学研究成果奖（人文社会科学）三等奖。

躬身发展实践，指导区域经济发展

郝老师深信并坚持用实事求是的态度知中国，用马克思主义理论和方法服务中国。承继南开先贤的教学和科学研究的理念，郝老师注重深入实际区域经济发展实践，了解区域经济的现实需求和困境，并将其抽象到理论层次的研究，再回到指导区域经济发展，践行着"知中国，服务中国"的实践第一的学术精神。躬身社会发展数十载，郝老师不仅通过实地调研了解中国城市和区域经济发展实际，并从理论上尝试用马克思主义经济理论及其研究方法构建能够解释中国特色区域和城市经济的基础理论，还躬身我国特色区域经济发展实践，做出自己的贡献。

攻读硕士研究生和博士研究生期间，郝老师积极参加各种调研活动。在此期间，郝老师有机会参与了学校组织的深圳调研，亲身了解深圳房地产发展、物业管理等相关现状。在调研过程中，郝老师认真对比了国外房地产、物业与我国的区别，研究发现国外房地产市场主要是市场机制发挥作用，政府不参与房地产管理，市场运行主要以微观物业管理为主。然而，我国则主要以政府宏观调控为主，政府承担着物业管理相关的事务。基于此，郝老师对中国物业管理的市场化进行了深入的研究，发表了十余篇文章，并出版《物业管理通论》一书，该书是国内学者较早结合中国房地产发展实际提出物业管理的著作，对中国房地产市场化运作提供了一定的理论指导。

同时，郝老师还对企业和城市发展问题进行了深入的实地调研和研究，把握其内在的经济规律，升华为能够解释中国经济发展问题的理论，并应用于指导具体的发展实践。在企业层次上，郝老师参与了华光陶瓷集团的上市方案研究，是国内较早进行多元混合经济研究的学者。他组织了南开大学一批中青年学者，并亲自带队去集团调研，研究成果著成《多元混合经济论——华光陶瓷集团案例分析》一书，并获得首届蒋一苇企业改革与发展学术基金奖，具有较强的影响力。在城市层面，在兼任天津市城乡建设管理委员会副主任时，郝老师深入天津市城市建设系统一线进行调研，了解天津城市建设中存在的问题，并与国内其他城市进行对比。在此基础上，郝老师创新性地提出城市竞争力概念，并指导现任职于中国社会科学院的倪鹏飞教授开展城市竞争力研究。倪鹏飞教授通过深入的研究，提出了著名的"弓弦箭"理论模型，城市竞争力研究在全国乃至全球获得了认可。

在兼任天津市规划和国土资源局常务副局长时，针对天津城市规划中存在的问题，郝老师进行了深入的调查研究，编写了《中国城市化快速发展期城市规划体系建设》一书，以识别中国城市化是否进入快速发展阶段作为研究的出发点，全面系统阐明了中国城市化快速发展的识别、动力机制、路径选择等基本问题。通过剖析中国城市化快速发展的基本特征，及其对中国城市化快速发展及城市规划产生的广泛影响，提出了适应中国城市化快速发展期的城市规划体系的任务和框架，以及各种具有较强可操作性的对策和路径。该书被评为天津市社会科学优秀成果二等奖。

改革开放以来，我国通过设立经济特区、沿海开放城市、高新技术开发区等特殊经济功能区形式，促进了我国区域经济的快速发展，但是也带来了不平衡发展的问题。兼职天津市滨海新区管理委员会副主任、人大常委会副主任、滨海新区综合研究院院长等职期间，郝老师通过参与滨海新区的开放开发建设实践，对于特殊经济区进行理论创新。他认为特殊经济区不仅是区域经济增长极，还是制度的试验田，制度创新是特殊经济区的重要属性。基于对我国特殊经济区形成与演变的经验总结，郝老师在《区域经济学原理》中对中国特殊经济区形成与演变的基本特征识别、理论解释进行了较为系统的概括。为了更好地服务滨海新区的建设，在天津市委的直接领导下，作为首席专家，郝老师组织天津市及滨海新区的有关单位、高校和科研院所，针对滨海新区开发开放和综合配套改革亟待解决的重大理论和实际问题，完成了63个兼具理论和实用价值的研究报告，及时为相关领导提供决策咨询，对提升滨海新区开发开放水平，起到了重要的支撑作用。出版了《滨海新区开发开放与区域发展》《滨海新区开发开放与产业发展》《滨海新区开发开放与社会管理》《滨海新区开发开放与综合配套改革》《滨海新区开发开放与涉外经济》等一系列著作。不仅对推进滨海新区的开发开放实践起到了良好的作用，也对全国国家级新区的建设实践产生了重要的影响。郝老师主持研究的《国家综合配套改革试验区研究》一书被评为天津市社会科学优秀成果一等奖。

解释现实和指导现实是检验一个理论好与坏的根本标准。郝老师运用马克思主义经济理论研究方法，在土地与房地产经济、城市与区域经济等领域取得的研究成果，被证明能够更好地解释中国特色区域经济，且为区域经济发展的实践提供了较为系统的理论指导。

严谨教书育人，打造一流学术团队

作为南开人，郝老师始终坚持"允公允能，日新月异"的南开精神，承继魏埙教授、蔡孝箴教授等南开经济学先贤坚持马克思主义经济理论、重视理论联系实际、勇于理论创新的学术作风，以及扎实严谨治学、兢兢业业、甘于奉献的教书育人精神。郝老师致力于培养经世致用的区域经济学人才，打造了一支遍布企业、政府、大学及研究机构多元分布的区域经济学研究团队，积极践行"知中国，服务中国"的南开准则，并将南开经济学人的学术精神传承下去。

郝老师具有扎实严谨的教学和学术态度，在具体的教学和科研中，郝老师多采取精读经典文献、开展小组讨论的方法。尤其在博士生理论教学中,他摒弃传统的"大水漫灌"式授课模式,安排学生自己先精读文献,并将阅读笔记、心得和存在的疑问共同讨论,这加深了学生对所学知识的理解和把握。博士生的区域经济学课程采取了"滚动开发"和"双向互动"的原则,根据多年的研究积累,郝老师设置了区位、区域、区域发展、区域经济微观基础、区域政策和区域治理等专题,每级学生选择相关专题重点研究,所有的阶段性研究成果又成为下一届学生进行深化研究的基础。十余年来,郝老师坚持采用这一方法进行博士生区域经济学课程的教学,并将相关的专题作为博士论文选题和博士后的重点研究内容,积累了大量的研究材料,对国际前沿研究文献的把握也越来越深入和及时,先后形成了30余篇博士论文和博士后出站报告,打造了一支具有较高区域经济学研究能力的团队。

学高为师,身正为范。郝老师不仅具有渊博的知识,还具有高尚的品质。严于自律、淡泊名利、宁静致远、甘于奉献的品格影响着我们每一个学生,无论学术界还是政府都对郝老师有着较高的赞誉。受南开大学先贤良好的学术作风的影响,郝老师严于律己,始终恪守学者应有的良知和诚实,坚持追求真理、反对假学术,这充分显示了其真正的学术态度。郝老师具有淡泊名利、宁静致远的豁达胸怀,能够真正地投身于学术研究中,达到忘我的境界。

郝老师十分关心学生,甘于奉献自己。郝老师对于学生的生活和工作中遇到的困难,积极给予帮助,践行着良师益友的优良品德。在学术研究中,坚持理论联系实际是郝老师做学术与学问的一贯作风,其极力提倡学生深入区域经济发展实际,了解区域经济的现实需求和困境,反对闭门造车。郝老师积极为学生创造机会参与实地调研,并耐心指导学生理论研究。在教书育人的过程中,郝老师潜移默化地将坚持马克思主义、重视理论联系实际、勇于理论创新的南开经济学先贤的学术作风传承给学生。郝老师还甘于奉献自己宝贵的时间和精力,对于学生的学术疑惑进行乐此不疲的解答,不辞辛苦地修改学生论文。每一届学生最深的体会就是毕业论文稿子里的各种修改意见,甚至具体到每一个标点符号、每一个错别字,这充分体现了他扎实严谨、甘于奉献的精神。

"知中国,服务中国"是南开经济学人信奉的准则,郝老师始终通过在教书育人和学术研究上的"三个坚持"践行这一准则，传承南开经济学人的学术精神。郝老师的学术之路与中国改革开放相伴随，研究具有较强的时代特色。其研究主题的变化，见证了我国区域发展不断涌现的新问题和现象，同时也进行了许多创新性的研究。郝老师在艰难困苦的年代毅然坚持学术报国，玉汝于成于探索中国特色区域经济学基础理论中，他的学术精神值得我们认真学习和借鉴。虽已年过花甲，郝老师依然保持对学术的热爱和追求，仍希望能够为进一步完善中国特色区域经济学理论基础做出自己的贡献。几十年如一日，郝老师始终坚持马克思主义研究方法，坚持理论与实际相结合，坚持长期团队合作，致力于构建符合中国特色且能与国际接轨的区域经济学基础理论，他是坚定运用马克思主义研究方法研究中国特色区域问题的探索者。

臧旭恒：永攀科研高峰的"泰山挑山工"

陈 浩

古语有云："师者，所以传道授业解惑也。"传道、授业、解惑，生动诠释了臧旭恒教授奋斗、进取、奉献的一生。臧旭恒，南开大学经济学博士，现为山东大学特聘教授、博士生导师，第十届孙冶方经济科学奖获得者，山东省首届"泰山学者"特聘教授，享受国务院特殊津贴专家，山东省社会科学突出贡献奖获得者。

臧教授曾任山东大学经济学院院长、《山东大学学报（哲学社会科学版）》主编兼编辑部主任，现为产业经济研究所、消费与发展研究所所长，国家重点学科产业经济学首席学术带头人，《产业经济评论》主编。他多年以来一直笔耕不辍，在《经济研究》《哲学研究》《经济理论与经济管理》《中国工业经济》等国内外学术期刊上发表论文 150 余篇。主持国家社科基金、国家自然科学基金和省部级科研项目 20 余项，其中国家社科基金重大项目一项，教育部重大攻关项目两项。科研成果先后获得孙冶方经济科学奖，全国"普通高等学校人文社会科学研究成果奖"一等奖一次、二等奖两次，山东省社科优秀成果一等奖两次、二等奖和三等奖十余次。

臧教授多年以来一直潜心科学研究、学科建设和人才培养工作，同时兼任中国消费经济学会副会长、中国经济发展研究会副会长、中国工业经济学

会产业组织专业委员会副主任、山东经济学年会理事长、国家社科基金学科规划评审组专家,任清华大学、南开大学、山东师范大学、辽宁大学、中国海洋大学、山东财经大学、青岛科技大学等高校兼职教授。

如此多的职责、如此多的著述、如此多的荣誉,向我们传递出的是一个矢志奋斗、敢于拼搏的攀登者形象,是一个虔诚学术、经世济民的学者形象,是一个教书育人、不忘初心的师者形象。"踏遍青山人未老"的臧旭恒教授,如今依然激励着一批批的青年学者献身学术,依然孜孜不倦地追求着学术的前沿与真理,依然不辞辛劳地指导着学生破浪前行。如此师者,止于至善,足称新时代永攀科研高峰的泰山挑山工。

路漫修远,矢志奋斗

臧旭恒教授的求学和科研历程,是一部传奇、励志的人生日记。从军人到学者、从机关到大学、没有本科经历而直接攻读硕士、从博士直接到教授,每一步前进、每一步权衡、每一步选择,在众人惊叹和质疑的目光中,臧教授以独特的人生轨迹,向我们传递了一位成功学者不懈奋斗、敢于拼搏的"大道"。

1953年11月,臧教授出生在沂蒙山老区的一个普通家庭,年仅17岁的他怀着从军报国的理想应征入伍,光荣地成为了中国人民解放军某军火箭炮兵团的一员,从此真正地开始人生成长之路。五年的军旅生涯,臧教授主要负责通讯报道工作,这个时期他采写的大量文章被《人民日报》《解放军报》、新华社、中央人民广播电台等多家新闻媒体刊发或转载,脚踏实地、埋头苦干使他赢得了个人三等功以及军政治部的嘉奖。部队的紧张生活,并未妨碍臧教授不懈奋斗的意志,"当时唯一的想法就是多读点书",广泛涉猎了政治经济学、哲学、历史和高等数学等方面的书籍。日积月累,厚积薄发,潜移默化形成的严谨工作态度、扎实文字功底、初步的知识体系无疑为其以后的学术生涯打下了较好的基础。

1976年春,结束军旅生涯的臧旭恒教授复员回到地方工作,进入山东省劳动厅担任秘书。也正是在这个时候,臧教授开始较多地接触到现实中的经济问题，加之对我国改革开放的使命感，激发了他对经济学这个学科的浓厚兴趣。臧教授在工作之余开始有意识地广泛阅读经济学以及哲学、历史等相关学科的名著，《马克思恩格斯选集》《资本论》《列宁选集》以及凯恩斯的《就业、利息和货币通论》、康德的《形而上学批判导论》、熊彼特的《经济分析史》，等等，都是他的案头书，学思践悟，常学常新，日积月累中孕育着未来其成为经济学家的"必然"。

1982年秋，浓厚的兴趣、多年的积累、巨人的肩膀，加之"能够为国家的经济发展出谋划策"的使命感和责任感，臧教授逐渐迈入经济学的殿堂。虽然并未上过大学本科，但经年累月的积累已为其学术生涯的展开奠定了足够的基础，攻读硕士学位已然水到渠成。怀着矢志奋斗的韧劲，怀着敢于拼搏的拼劲，在众人不解和惊叹的目光中，臧教授毅然放弃了省劳动厅秘书这个"铁饭碗"，以第一名的成绩进入山东大学经济学系攻读硕士研究生，在经济学家林白鹏教授的直接指导下，完成了自己在学术领域的第一次整合。在三年硕士阶段的学习中，他将多年来自学的大量内容体系化，并逐步形成了自己的理论框架，学术研究迅速成熟。1985年夏，臧教授以优异的成绩获得经济学硕士学位，留在山东大学任教，主要讲授政治经济学与《资本论》。

1991年秋，经过六年的教坛耕耘，臧教授逐渐摸索到了自己学术研究的主体脉络，但也使他感到在这一领域还有更广阔的天地需要去闯荡，"我想要继续学习，继续读书，继续充实自己"。臧教授再次做出让人意外的选择，放弃副教授的评聘机会，报考了经济学博士研究生，被我国著名经济学家、南开大学经济研究所谷书堂教授和朱光华教授收入门下。学界泰斗的指导、志同道合的同门、氛围浓厚的环境，为臧教授的学术研究提供了良好的条件和广阔的空间。不断的学习和讨论中，臧教授脚踏实地、去粗取精，取得了一系列重要研究成果。他读博期间撰写的探讨公有制与市场经济兼容性问题的学术论文相继发表在《南开经济研究》和《南开学报（哲学与社会科学版）》上，在学术圈产生了积极的影响，日后为人津津乐道的"谷门三杰"之一由此开始了长风破浪的征程。

1993年12月，臧教授以优异的成绩获得南开大学经济学博士学位。他的毕业论文"中国消费函数分析"是我国较早系统研究论述消费函数的学术专著，在评审和答辩的过程中，得到了著名经济学家胡代光、刘方棫等老一辈经济学者的高度评价。论文于1994年由上海三联书店和上海人民出版社联合出版,在学术界引起了很大反响,被誉为这一领域中开创性的、填补空白的高质量科研成果。该书荣获全国"普通高等学校第二届人文社会科学研究成果奖"二等奖,至今仍被引用。

博士毕业后,臧教授又一次在人们惊叹的目光中,选择回到母校山东大学任教。天道酬勤,仅半年后的1994年5月,没有副教授任职经历的臧旭恒被山东大学破格聘为正教授,同时被任命为山东大学消费与发展研究所所长。2001年,臧教授以产业经济学学科带头人的身份与同事们共同努力,为山东大学申请到了产业经济学博士点。2003年秋,他开始担任山东大学经济学院院长一职。次年,作为应用经济学学科带头人,他与同事们一道申请到了应用经济学博士后流动站,山东大学经济学院的学科建设有了新的飞跃。在他任院长期间,山东大学经济学院拥有了国家重点学科产业经济学、应用经济学博士后流动站,应用经济学一级学科博士学位授予权,博士生招生专业7个,硕士生招生专业10多个。臧教授还十分重视学术梯队的培养,鼓励青年教师到外校,尤其是知名学校攻读博士或短期进修,在他的筹划下,2004年山东大学经济学院出台了《经济学院选派优秀中青年教师赴国外名校进修的规定》,在课程安排、岗位津贴等多个方面鼓励中青年教师到国外名校进修。

进入不惑之年的臧教授,着眼于我国改革开放和经济发展过程中的重大现实问题,大量高质量的学术文章见刊,并先后承担了国家社科基金重大项目和重点项目、教育部重大课题攻关项目等多项课题。2002年国家社会科学基金项目最终研究成果《居民资产与消费选择行为分析》荣获第十届孙冶方经济科学著作奖;2010年国家社科基金项目的最终成果《新经济增长路径——消费需求扩张理论与政策研究》由商务印书馆出版;2012年教育部哲学社会科学研究重大课题攻关项目最终成果《转型时期消费需求升级与产业发展研究》获全国"普通高等学校第七届人文社会科学研究成果奖"一等奖。时至今日,臧教授虽然已届退休年龄,但老骥伏枥、志在千里,其追求学术前沿的脚步从未停止,2017年更是捷报频传,先后承担了国家社会科学基金重大项目、国家自然科学基金面上项目和山东省自然科学基金面上项目三项课题,在从心所欲之年开启了供给侧结构性改革、异质性消费者行为与经济增长内生动力的新研究。

回顾臧旭恒教授波澜壮阔的人生旅程，可以说他走出了一条不畏艰险、矢志奋斗之路，诠释了一种敢于拼搏、先苦后甜的上进精神。"宝剑锋从磨砺出，梅花香自苦寒来"，这种不懈奋斗、敢于拼搏的奋斗者形象，正是臧旭恒教授传授给我们的最宝贵的"大道"，为我们新时代的学术青年树立了榜样。

虔诚学术，经世济民

"尽力做到最好，为经济发展出力"是臧旭恒教授坚守一生的学术信仰，立足科学的理论与方法，解决现实重大问题，以授经世济民之业，是他不曾动摇的学术追求。

臧教授自1984年开始从事产业经济理论和消费经济理论研究，早期曾参与承担了相关领域国家社科基金"六五""七五"计划两个重点项目，是国内较早系统研究产业结构升级和消费者行为与消费函数理论的学者，具有扎实的理论基础和丰富的科研经验。凭借坚实的积累、深入的思考、矢志的坚守，臧旭恒教授形成了丰富厚重且极具启发的学术思想，集中表现在关于居民资产与消费行为选择的研究、关于扩大消费需求长效机制的研究、关于新经济增长路径的研究、关于异质性消费者与经济增长内生动力的研究四个方面。

关于居民资产与消费行为选择的研究

臧旭恒教授在20世纪90年代末就开始关注居民消费、收入、储蓄、资产等变量之间的关系，并对居民资产与消费选择行为进行了深入研究。在对居民资产进行界定的基础上，对居民消费与资产变动情况进行了长期追踪研究，着重分析了居民消费和资产选择行为、居民资产和消费发展趋势等。近年来，随着微观调查数据库的发展，臧教授注重分析微观家庭居民资产配置中流动性、收益性以及不确定性差异对于居民消费行为的影响，尝试从异质性消费者角度解释中国居民当前的消费行为。

代表性成果《居民资产与消费选择行为分析》（上海三联书店、上海人民出版社 2001 年 11 月出版）获第十届（2002 年度）孙冶方经济科学著作奖。该书首先分析了居民资产选择行为的影响因素，并探讨了居民收入对资产选择行为的影响、居民资产选择行为与储蓄动机的城乡差异等；其次，从收入、利率、价格、货币供应量等方面探讨了影响居民消费行为的因素以及消费水平与结构的决定；再次，分析了居民在投资与消费之间的选择替代行为，分别从理论与实证上对居民投资-消费选择行为及其影响的非收入因素进行了分析。最后，根据前三部分的分析，对居民资产和消费的变动趋势进行了预测。该成果得到了学术界的广泛关注，卫兴华、谷书堂、林白鹏、蔡继明、黄泰岩、周立群等专家学者都对该成果进行了评介，给予了充分肯定。

臧教授在该领域的一些研究成果先后发表在《经济研究》《经济学动态》《南开经济研究》《南开管理评论》等学术刊物和国内外学术研讨会的论文集中。近年来开始结合微观调查数据，更加细致地考察居民家庭消费行为差异，尝试从家庭资产结构配置角度，挖掘居民消费潜力，如论文"家庭财富、消费异质性与消费潜力释放"（《经济学动态》2016 年第 3 期）、"家庭资产结构与消费倾向：基于 CFPS 数据的研究"（《南方经济》2016 年第 10 期）。

关于新经济增长路径的研究

臧旭恒教授在中国转轨时期的特殊制度背景下，从扩张消费需求角度，探讨了中国新经济增长路径。研究中强调经济增长"三驾马车"中应突出消费的重要性，认为中国经济转轨时期消费需求是拉动经济的主导因素，消费需求对市场竞争具有引导作用，能够使资源得到更有效率和更为集约的使用，中长期来看，有消费需求支撑的投资效率也会提升。并且根据中国国情，着重从国民收入增长率、居民收入增长率、居民收入分配结构、人口年龄结构、资本市场价格的变化、通货膨胀、社会保障制度等七个方面探讨中国改革开放以来，尤其是 2000 年以来储蓄率持续走高并维持在一个很高水平，而居民消费增长落后于经济增长的原因。

主要代表性成果为《新经济增长路径——消费需求扩张理论与政策研究》（商务印书馆 2010 年出版），获第六届教育部普通高等学校人文社会科学研究优秀成果奖二等奖，为国家社科基金项目"市场开放条件下消费需求扩张政策的选择与有效搭配——新时期扩大内需的政策研究"的最终成果，并被评定为"优秀"。该书研究了经济增长过程中有关消费需求的诸多问题，对中国高储蓄、低消费现象给予了解释，分析了收入差距扩大、预防性储蓄和不确定性因素等对居民消费需求增长的显著影响，探讨了资本市场发展、保险及社会保障制度的建立、人力资本投资等对居民消费行为改变的重要影响。认为居民消费需求中公共消费支出显著扩大，而政府公共性收入增长有助于满足不断增长的居民公共品需求。

此外，臧旭恒在该领域的10多篇研究成果发表在《经济学动态》《经济理论与经济管理》等国内权威、核心期刊上。其在该领域的相关研究成果得到了专家学者的充分肯定，引起了学术界的广泛关注和普遍认可。

关于扩大消费需求长效机制的研究

臧旭恒教授长期以来关注我国居民消费需求增长落后于经济增长的典型事实，从城乡居民的消费行为特征入手，将当前背景下影响我国居民消费需求的各种因素归纳为消费能力、消费预期与消费环境三大因素。在厘清三大因素对消费需求的内在作用机理的基础上，有针对性地提出了建立扩大消费需求长效机制、促进经济良性增长的政策建议。

首先，紧扣当前我国经济转型实践，研究致力于将国际上消费经济领域最新的研究成果与我国经济发展中的重大现实问题相结合；其次，紧跟经济发展动态，较为系统地分析了近年来日益引起学界关注的中产阶层崛起、家庭金融的扩张、网络消费的繁荣、消费者权益保护等新兴问题对居民消费需求的影响；再次，充分考虑到了到我国经济体制变革（资本市场发展、住房体制改革、卫生医疗体制改革、教育体制改革、社会保障体制改革等）所导致的经济结构的不稳定。数十篇研究成果已经发表在《经济研究》《经济学动态》《南方经济》《南开经济研究》《经济评论》等国内权威、核心期刊上，如"家庭资产结构与消费倾向：基于CFPS数据的研究"得到了专家学者的一致好评，在完善已有研究的同时，为后续研究提供了有益的参照，得到了普遍的认可。近期的另一项标志性成果《建立扩大消费需求长效机制研究》，是教育部哲学社会科学重大攻关项目的最终成果，已由经济科学出版社出版。

臧教授在该领域的研究对经济实践具有重要的指导意义。如建立居民收入增长机制，增强居民消费潜力；进一步完善国民社会保障体系，改善居民消费预期；加强消费引导，优化消费环境，改善居民消费条件；促进我国网络市场健康发展；优化居民家庭资产结构；合理调控房地产市场，充分发挥住房资产的财富效应等扩大居民消费的长效机制，对政府制定相关政策具有指导意义。

关于异质性消费者与经济增长内生动力的研究

随着中国特色社会主义进入新时代，臧旭恒教授敏锐地捕捉到我国社会主要矛盾的变化所赋予居民消费的新定位，紧紧抓住经济发展不平衡、不协调的矛盾，以消费者异质性作为切入点，通过建立与中国经济事实相符的理论分析框架，对相关问题进行深入探讨。从宏观初次分配和微观家庭资产结构两大视角，从动态和静态两个维度，探究家庭财富对消费者异质性的作用机制，进而在特定的经济增长路径和增速目标约束条件下，深入研究了由家庭财富导致的消费者异质性对居民消费潜力释放的影响。

2016年3月，他在《经济学动态》上发表论文"家庭财富、消费异质性与消费潜力释放"，探讨了消费者异质性产生的机理及其对经济增长路径的影响，并对我国消费者异质性的程度进行了估计。研究发现，我国约有33.57%的居民为不同于传统消费理论中同质性消费者的"非李嘉图式"消费者，该类消费者的存在也会显著影响政府内需调控政策的效果，而通过削弱金融垄断，降低资产交易成本，大力发展普惠金融，能够有效释放居民消费潜力，实现"投资-消费"的良性扩张。10月，他在《南方经济》上进一步发表论文"家庭资产结构与消费倾向：基于CFPS数据的研究"，构建了一个双资产消费决策模型，并实证研究了家庭资产结构对消费倾向的影响。整体来看，家庭流动性较高的资产占比提升有助于提高家庭的平均消费倾向，流动性较高的资产占比每增加1个百点，家庭的消费倾向增加0.11个百分点；随着家庭流动性较高的资产占比的增加，其对消费的促进作用也会显著增加。通过提高资产整体的流动性，降低金融服务费率，有助于扩大居民的消费需求。

尽管国内对于异质性消费者行为的研究尚处于初级阶段，臧教授在该方面的研究已经为该领域的研究奠定了良好的理论基础，并且为相关此类研究构建了基本的框架体系，引起了学术界的关注与重视。

不忘初心，教书育人

"当老师就是我的职责，对所有的学生，我都尽我全力。"解学生之惑，是臧旭恒教授坚守始终的教书观和事业观，诠释了一位德高望重的师者不忘初心、教书育人的敬业精神。

从1985年硕士研究生毕业留校开始，至今已逾35年——三十载春华秋实，三十载一以贯之。1994年先后担任硕士生和博士生导师以来，臧教授培养了一批又一批的学生，至今已指导硕士研究生80余人、博士研究生40余人，许多成为重点高校、政府部门、企业部门中的学术骨干和中坚力量，可谓"桃李满天下"。"以前和学生年龄差距还小，现在就很大了"，流逝的是时光，不变的是历久弥新的师生情。

"一日为师，终身为父。"臧教授始终全心全意地尽着"师父"的职责，关心学生的科研，关心学生的身心，关心学生的生活。面对慕名而来的莘莘学子，他坚持一视同仁并"有教无类"，尽最大努力，给予每个学生施展才华的机会；面对参差不齐的学生团队，他坚持严格要求但又"君子不器"，利用现有的资源，给予每个学生选题研究的空间；着眼于整个团队的建设与发展，他坚持召开课题讨论会，带着学生参加各种学术会议，在实践中不断提高学生的能力；遇到遭遇家庭和生活困境的学生，他又及时关心，伸出无私的援手，帮助学生渡过难关，重新振作……凡此种种，不胜枚举。正因为有了臧教授如父亲般的关怀与教诲，臧门就宛如一个大家庭，每个孩子如沐春风，备感荣耀，都在老师的感染下为不辱师门而奋斗拼搏，追求卓越。

除了对学生的指导，臧教授始终认为讲课是教师不可推卸的本职工作，为此他一直承担着繁重的教学任务，为本科生、硕士生、博士生先后开设了不同层次的专业课程十余门。他将扎实的学术功底与深入浅出的教学方法结合，一条条枯燥的理论变成一个个生动的故事，一个个分散的知识链接一桩桩现实，收到了很好的教学效果，也得到了各届学生的一致好评。在保质保量完成教学任务的同时，他还从教学需要出发，主持编写了《产业经济学》教材，这本教材已经再版五次，被国内多所高校采用为专业教材，第四版成为普通高等教育"十一五"国家级规划教材。

见微知著，臧教授还积极担任了本科生的班主任。在这项看似大材小用的工作上，他投入了相当大的热情与精力，平时只要有时间和机会，他便会通过电话或者直接与学生面谈的方式，帮助班里的学生解决专业知识学习和生活中遇到的各种问题，为他们的专业学习提供更细致的指导，包括参考书的选择、专业基础的打造、不同学习阶段学习规划的制订等等。如今的臧旭恒教授，依然坚持在教学一线，和学生之间的相处模式也非常随和，通过课堂提问的方式鼓励学生互动讨论问题，在平时的教书中注重与学生的交流，"最重要的是要激发同学们的兴趣，这样才能更好地将知识传授给学生"。对学生来说，他既是一名老师，可以启迪学术发展，也是一位如父如兄的亲人，可以敞开心扉交谈。

为加强与国内外同行交流，臧教授先后去过美国、意大利、英国、澳大利亚等国家和我国的香港、台湾地区，"主要去看一下不同国家大学学者的研究生活，看他们对同样的问题分别采用什么样的方法应对"。1996年夏，他作为美国加州大学（圣克鲁斯）客座研究员、富布赖特访问学者，从事"不确定情况下的储蓄-消费选择与相关的宏观经济政策"课题的研究；2001年1月，他到意大利帕维亚大学进行了为期半年的访问研究；此后2002年、2008年他又分别以高级访问学者、访问教授的身份到英国伦敦大学玛丽女王学院和澳大利亚昆士兰大学进行了访问交流；2016年又到我国台湾东吴大学进行了为期两个月的讲学和学术交流。多国访学交流的经历，不仅使臧旭恒教授开阔了眼界，也让他认识到了国内外经济学教学科研发展的不同状况，为国内教学科研的展开提供了有益的启示。

习近平总书记说："不忘初心，方得始终。"作为伴随新中国成长起来的师者、伴随改革开放成熟起来的学者，臧旭恒教授以其不懈奋斗、敢于拼搏的奋斗征程，虔诚学术、经世济民的责任意识，不忘初心、教书育人的奉献意识，一以贯之地传奋斗拼搏之大道，授经世济民之宏业，解学生弟子之困惑，是激励我们不负时代、牢记初心、矢志奋斗、不断进取、追求卓越的榜样。

陈宗胜：知行合一的经济学家

秦海林

陈宗胜（1954—），山东省乳山人，汉族，曾先后担任南开大学经济研究所教授、所长，天津市发展和改革委员会副主任，天津市政府副秘书长和南开大学中国财富经济研究院院长等职务。陈宗胜是中国著名经济学家，先后荣获2002年度（第十届）孙冶方经济科学奖和2017年度（第八届）中国经济理论创新奖，以及其他多项奖励。丰富的履历表明，作为一名学者型官员，他不仅理论学养深厚，思想观点自成一家，而且还在行政管理与项目运作方面积累了丰富的实践经验，在学以致用方面堪称学界楷模。

陈宗胜教授著作等身，是当代中国特色社会主义政治经济学研究领域的优秀代表。他主要研究中国经济发展中的收入分配问题，同时广泛涉猎经济增长、体制改革、贫困、劳动就业和通货膨胀等领域，并且在每个领域都取得了突出的成就，在国内外产生了广泛影响。

生平传略及工作情况

从乡村到军营

上世纪 50 年代中,陈宗胜出生在山东省乳山市的一个小山村野母鸡屯。屯子不大,大约有一百多户人家。该村距离《苦菜花》故事发生地及作者冯德英的故乡官上冯家村大约七八里地,人杰地灵。在屯村里,他们家算是当时乡下的小康之家。他的父亲是当时公社医院的医生,后来曾长期担任院长。母亲务农,曾是村里面的赤脚医生,高小毕业,算是当时农村的知识女性。兄弟四人,他排行老大,根据当时的政策他们都是农村户口,随母亲定居农村。虽然有父亲较为稳定的收入来源,但是家庭生活依然不宽裕,子女众多,年龄都小,不但不能参加生产劳动,反而会耗费父母大量时间、精力来照料。在这种环境下生活成长起来,作为一名农家子弟,撒种、间苗、犁地、播种和收割等农活,都是他的拿手好戏,并在用牛驴犁地这个项目上特别有心得。在发展经济学的博士课堂上,每当他讲授二元经济问题时,就会回忆起在农村劳动的往事,不由自主地在讲台上模仿表演犁地的场景,一手扶犁,一手扬鞭策牛,惟妙惟肖,忘情投入。

童年时的陈宗胜在母鸡屯村读完小学四年级,五、六年级转学到邻村湾头高小读书,学业成绩优秀。1967 年他在前年考试通过的基础上被村里推荐到当时的公社所在地南黄镇第五中学继续上学。"文革"期间,教学秩序荡然无存,幸运的是南黄镇第五中学却相对安静,一些任课老师在学工学农的工作中仍然非常敬业,不但认真备课上课,而且还学以致用,带领同学们做些农业化学小实验。当时陈宗胜的化学老师就带着同学们试制 920 生长素,居然在学校简陋的实验室里取得了成功。瓜果蔬菜一旦涂抹上 920 生长素,就长势迅猛,尤其是紫色的茄子,长得又大又长,给他印象非常深刻。这也让年轻的陈宗胜首次亲眼目睹了科技的神奇力量,在潜意识里产生了对科学知识的更高憧憬。正是这些老师的认真负责,为陈宗胜打下了较为扎实的数理化基础,在 1977 年"文革"结束后恢复高考的考试中助了他一臂之力,一举登榜。为此,他总是师恩难忘,时不时地念及中学老师的恩德,难得的爱岗敬业，助他迈出了人生最重要的一步。

1971年中学毕业时，当时有人说陈宗胜被推荐到当地县政府当秘书。当他怀着幸运的心情兴冲冲地赴县城报到后，却被分配到政府招待所当服务员，是唯一的男服务员。后来听说秘书工作被人顶替，虽然觉得有些不甘也奈何不得，况且服务员好歹也是一份正式工作，有稳定收入，而且招待所生活条件很好。半年后工作调整，上级以男性不适合做服务员为由，将他调到县物资局工作。干了几个月木材钢材销售后，就受命协助一个工程师盖局里的办公楼，其间在建筑工地上吃了不少苦头。

到了1972年10月，征兵工作开始了。青年陈宗胜开始面临人生的第一次重大选择：是继续当时的工作——应当也是不错的，还是应征参军，到外面打拼和开阔眼界？几经深思和犹豫，在他父亲的支持和鼓励下，他决心外出参军，到一个全新的陌生世界去闯荡一番。1972年年底，青年陈宗胜应征入伍到中国人民解放军青岛警备区，开始了他十多年的军旅生涯。在此期间，他不仅成为单位标兵，入党和提干都较同年入伍者先一步，而且还在部队内部政治学习中初步接触到了后来成为终生职业的政治经济学。总的说来，他这几年军旅生活大大开阔了眼界，是充实的，并有很大收获。

1977年10月份，中央政府宣布恢复废弃十年的高考制度，这给广大青年提供了改变命运的新机会。按当时的规定和鼓励政策，全国各个行业的青年均可以在职报考大学，部队官兵可参加驻地高考。根据陈宗胜的平时表现和水平，领导安排他参加青岛地方考试。由于中学有比较扎实的数理化功底和政治学习所培养的读写能力，虽然当时考试前后他正在医院住院治病，但是经过简单的复习准备，结果顺利通过考试，陈宗胜成为解放军青岛警备区28名参考者中唯一上榜者。虽然这一次差一点又被人顶替，但最终还是取得了上大学的资格。

于是，年轻的陈宗胜又面临人生的第二次重大抉择：是去上大学读书继续学习，还是在军队继续刚刚开始并且似乎也很有前途的事业？作为一名热血青年，在齐鲁故国、孔孟之乡儒学思想的熏陶下，他希望读书上学做一名年轻有为的文化人，即使毕业后仍回部队工作，也应当做一位有文化的高素质军人。这样的考虑和抉择一如既往地得到了他父亲的支持。所以，最终他选择求学读书，进入了他过去想都不敢想却梦寐以求的南开大学经济学系，学习政治经济学专业。

从南开到耶鲁

1978年1月冬季里，初到南开的第一印象，使年轻的陈宗胜颇感失望。1976年里氏8.6级的唐山大地震严重波及天津全市，灾后重建艰难进行，到处都是破破烂烂的临时棚屋，干燥寒冷，尘土飞扬。南开大学校园内也是一片凋零，主楼塔尖倒塌，教室墙壁开裂，周边搭满了临建棚。触景伤情，一时他觉得这次的选择可能是大错特错了。离开山清水秀、红砖绿瓦的青岛，来到这个破败的地方，与天津作为直辖市和南开大学作为著名学府的声誉太不相吻合了，可能真是不值得了。但是，春节后一正式上课，他就疑云顿消了。充实新颖的课程内容、别开生面的教学方式和老师们举手投足间的学者风范，一下子就征服了他空荡荡的心，让他感受到了学术的魅力和名校的风采，入学报到时的郁闷之情渐渐消失，躁动不安的情绪重新恢复平静，他暗自下定决心要将南开作为人生旅途的新起点。

此后，年轻的陈宗胜在南开大学接受了从本科到硕士、博士研究生的完整经济学教育，并获得博士学位。在著名经济学家谷书堂先生的指导下，他不仅接受了经典的马克思主义政治经济学的熏陶、社会主义政治经济学的教育，而且伴随改革开放的步伐还接触到了方兴未艾的现代经济学，开始将实证分析方法融入政治经济学的研究之中，并在他的博士论文"经济发展中的收入分配"中，完成了个人的经济学研究范式的彻底转型，确定了实证分析、计量分析的研究偏好与风格。

在博士学习期间，陈宗胜有机会选修著名经济学家杨敬年教授开设的现代发展经济学课程。杨先生领读的英文原版研究生高年级教材，使陈宗胜对经济发展中的收入分配问题有了全新的认识，并随后在当时来南开暑期班讲学的耶鲁大学拉尼斯教授的引领下，站到了发展经济学的国际学术前沿。博士毕业后，他随即到耶鲁大学进行了为期两年半多（1991—1993年）的博士后研究，不仅让他有机会聆听大师教诲和广泛涉猎收入分配的前沿文献，而且能够有机会与美国学者进行面对面的频繁交流，让自己的研究成果接受最严格的批评，并且得到拉尼斯教授等多位著名学者的认可，称其关于公有经济分配的曲线为"陈氏倒'U'曲线"。这意味着,他在南开形成的理论观点、研究风格与套路是能够经受住国际学术界的检验的。这促使他坚定了此后继续采用现代经济学的实证分析方法,研究中国实际经济问题的决心和特点。

从学者到官员

完成学业归国后,陈宗胜博士年富力强,在谷书堂教授和前辈学者的支持下,直接接替谷书堂教授担任南开大学经济研究所第八任所长。在所长任内,他勇于管理创新,引进了耶鲁等大学广泛实行的双周讨论会,矫正了同事间老死不相往来的病俗,让所内活跃的学术交流成为常态,这已成为经济研究所的基本学术制度之一;他还引领研究范式的转型和研究方法的创新,不仅推介将实证分析、数量方法作为中国政治经济学的基本研究方法,而且身体力行,带头实践。上世纪90年代末,陈宗胜教授组建所内青年学者团队,对中国经济体制市场化进程进行测度研究,发表了系列论文,出版了多部著作,在国内外理论界和国内体制改革实际部门产生了广泛影响,并获得孙冶方经济科学奖。遗憾的是,由于他随后调到天津市政府工作,分身乏术,致使这项研究在南开校内没有持续下去,但其广泛的影响力导致学术界随后多位著名学者参与其中,产生了不少高绩效的系列研究成果,后来也都获得同样的"孙冶方经济科学奖"。

学而优则仕。正当陈宗胜教授在学术上干得风生水起之时,又不得不面临他人生的第三次重大选择。1996年年底,天津市组织部门学习外地经验,拟从高校选调干部,陈宗胜也在其列。虽然中国的读书人自古以来就有"修身齐家治国平天下"的济世情怀,陈宗胜也不例外,但此时他还真的有些犹豫不决:一方面他在学术研究方面自称还只是"才露尖尖角",需要巩固,经济研究所担任所长的工作也是初步有些起色;另一方面,到政府工作需要协调方方面面,他似乎感到有些难以适从,并且长期指导他的恩师谷书堂先生的态度也是既支持又不十分坚定。后来南开大学领导与组织部门协商可以先挂职试试,即使正式上任也可以兼做教授及研究学术。经过几次三番的如此议论,在拖了半年多后,他才依依不舍地离开了蛰居多年的书斋,履职经济实际部门新岗位。到天津市政府工作之后,陈宗胜先是担任三年天津市发改委副主任，后升任市政府副秘书长，为官前后长达近 20 年。

在此期间，他先后协助四届市政府有关领导，主管天津的高新技术、WTO 工作、财政和金融工作等等。他制订了天津市首个高新技术产业规划，起草了天津经济新时期的"三步走"战略，提出了天津作为中国第三增长极的战略构想，规划并推动了天津市金融创新、财税政策等方面的改革，参与和推动了渤海银行的建立以及一系列股权基金、租赁公司的成立，推动天津市成立股权投资基金协会，协助把天津打造成私募基金集中地、金融租赁大本营……这些工作成效显著，直接助推了天津新时期作为中国经济第三增长极的快速发展和经济结构转型升级，得到同事的高度认可和社会各界的广泛赞誉。

与此同时，陈宗胜教授真正做到了没有放弃他挚爱的经济学学术研究。在政府任职最初几年期间，他坚持按时亲自给学生们授课，后因政务工作繁忙时间实在不允许，他就专注指导博士研究生，因为指导博士生的时间可以灵活安排。他经常在周末和下班后为博士生上课和举办学术讲座，而且学术创新的活力丝毫不减当年，《管理世界》《经济研究》和《中国社会科学》等权威期刊，仍旧在不断地刊发他的论文。在南开经济研究所 95 周年的所庆大会上，南开大学一位校长不无感慨地说："宗胜教授虽然在人事程序上离开经研所好多年了，但是却始终没有丢掉学术研究，感觉时时刻刻都与我们在一起。"他长期坚持"双肩挑"，为天津经济发展和南开学术研究做出了双份贡献，付出的辛苦实为常人所不能，其坚忍不拔的毅力令不少人为之赞叹。可见，陈宗胜教授真正实践了南开经济研究所创建者们在上世纪 20 年代提出的办学宗旨："知中国，服务中国。"

陈宗胜教授在市政府副秘书长的位置上一干就是 16 年。一些同事和朋友们概括他这期间的工作状况为近 20 年"三不变"，即职务不变、级别不变、名片不变。他协助的领导一个个晋升，周围同事一茬茬更新，虽然其间他也曾有过几次提拔安排的信息，但实际上他却依然原地踏步 16 年。有不少人好意提醒他"灵活些"，他却始终坚守着知识分子的清高、为人的单纯正直、心态的坦然豁达。但是年龄不饶人，人生几个 16 年？他也曾时感惆怅，但总体上还是知足的。他有时诙谐地说，作为曾经的一名军人，服从上级组织安排应是天职。另外，他认为更为重要的是，在这个岗位上，他有幸参加了天津市最为辉煌的改革开放年代，有机会参与了全市一系列重大经济工作决策，领导和实施了一系列重点经济项目，为天津人民和社会，为天津及全国经济发展做出了一系列实实在在的贡献。这是任何一个从事经济研究的学者都梦寐以求而不可得的，因此对于组织上的安排，他不仅没有丝毫怨言，反而是真实地心存感激和满足的。诚然，回首过往，他不仅有理由为自己的成就感到骄傲，而且也为自己为人为官严守底线的操守而自豪。他作为一名学者型官员，一名官员型学者，理论联系实际并在实践中干成事情，真正做到了名副其实的知行合一。

从宦海返学界

"梁园虽好，非久恋之地也。"宦海打拼20载后，在2017年年初，陈宗胜怀着恬淡、愉悦的心情，借着退居二线的机会，全职返回到了南开大学经济研究所，重续研究生涯，再干教育事业。

返回南开大学之后，学校为他成立了南开大学中国财富经济研究院，并任命其担任名誉院长，随后是院长。然后，他带队访问并加强了与国际一流学府耶鲁大学的学术交流、合作研究，并定期派出访问学生；成功召开了2017年"中国收入分配50人论坛"学术讨论会；主编完成了中宣部确定的唯一一套庆祝改革开放40周年重点图书——《中国改革开放全景录（天津卷）》，在习近平总书记2019年1月17日视察南开时得到了展示；特别是带领研究团队，隆重推出了一部140万字的收入分配巨著——《中国居民收入分配通论：由贫困迈向共同富裕的中国道路与经验》，一经出版便得到学术界的高度评价，一些著名出版人和经济学界大咖、经济学家都给予了高度赞扬，如陈昕、洪银兴和甘犁等业界知名学者，认为其将"陈氏倒'U'理论"由假说变为科学，林毅夫教授则认为此书可与法国经济学家皮凯蒂的《21世纪资本论》相媲美。

为了跟踪、参与和支持新时期精准扶贫工作，他近两年开始重点关注与收入分配密切关联的贫困问题。他不辞辛苦，甚至带病前往，先后多次带队考察新疆南疆、河北承德、甘肃、青海等多个贫困地区，深入各个贫困村庄、农户，体验贫困农牧民的生产生活，积极关注贫困地区的转移就业、产业扶贫、移民扶贫等等反贫困问题，近距离地记录和考察扶贫效果。经过前后两年的艰苦工作，初步建成了新疆和田地区转移就业的反贫困数据库，并撰写了一批智库考察报告，得到多位省市领导的批示转发，引起有关领导机构的广泛关注。

他现在无官一身轻，无所拘束，身体康健，思想前沿，在学术交流和媒体互动上也比较活跃。重归南开之后，他先后在京沪等地的多所著名院校举办学术讲座，同各地师生分享他的最新研究成果，尤其是多次应邀在全国各地举办关于中国居民收入分配现状报告会、经济形势分析会、供给侧改革理论探讨会等等。他还主动利用互联网来扩大学术影响力，多次在凤凰财经等知名传媒上，就国有企业改革、中美贸易争端的影响等与嘉宾和读者互动交流。不容置疑，这些活动都大大地提升了南开经济学科甚至是南开大学整体的品牌形象。

主要经济学学术成就

陈宗胜教授在发展经济学领域辛勤耕耘40余年，著作等身，先后在《中国社会科学》和《经济研究》等期刊上发表论文300余篇，由三联书店、格致出版社和经济科学出版社等知名出版社出版专著30多部。他的学术研究是多方面的，涉及多个领域和主题，但最主要的学术成就集中体现在如下几个方面：

公有经济收入分配倒"U"理论（"陈氏倒'U'曲线"）

中国居民收入分配问题，既是陈宗胜教授学术生涯的始发站，也是他毕生经营的学术主题。为此他锲而不舍，皓首穷经，义无反顾。在这个领域，他率先在国内使用了实证分析和数量方法，研究经济发展中的收入分配问题，在国内外学术界首次提出了公有制条件下的收入分配倒"U"曲线，即"陈氏倒'U'曲线"。

陈宗胜教授在读博士期间开始接触发展经济学，并对经济发展中的收入差距问题产生了浓厚的兴趣。他是1986年考取南开经济研究所谷书堂教授的博士研究生的，入学后的第二年开始选修杨敬年教授主讲的发展经济学课程。杨教授是牛津大学博士，直接采用国外高年级研究生使用的英文原版教材教学，一下子就把博士生们带到了国际学术前沿。通过这些学习，陈宗胜了解到一系列发展经济学理论，如"大推进理论""贫困恶性循环理论""人力资本理论"等等，也接触到后来对他影响很大的库兹涅茨倒"U"曲线。在博士学习期间，他有机会参加了教育部在南开大学举办的发展经济学暑期培训班，该班的中方负责人就是杨敬年教授，外方负责人是国际著名发展经济学家拉尼斯教授，而给拉尼斯教授做翻译的，则是刚刚在耶鲁大学完成博士后研究的林毅夫教授。在培训课上，陈宗胜被拉尼斯教授用板书在黑板上详细讲解的二元经济理论深深吸引，心领神会，并由此萌生了自己博士论文选题的初步想法，即研究经济发展中的收入分配问题。

改革开放中收入差距拉大的社会现实，激励陈宗胜教授开始思考收入差距的变化规律问题。在传统的计划经济思维的支配下，收入分配的绝对平等被视为天经地义，似乎是社会主义制度优越性的集中体现，但是改革开放的启动却又不可避免地导致收入分配差距拉大甚至一定程度的两极分化。这在当时让人民群众在心理上很难接受，觉得辛辛苦苦三十年，一夜回到解放前。正是在这种背景下，公平与效率的两难选择又一次提到了议事日程，无可避免，必须直面它。

在理论灵感与现实需求的双重刺激下，陈宗胜教授开始思考一个问题，即社会主义改革开放过程中的收入差距轨迹，究竟是直线形的、波浪形的，还是倒"U"形的，抑或是没有什么规律？库兹涅茨倒"U"曲线明显是基于私有经济条件的，那么在公有经济条件下是否会成立呢？可能有什么变化？这些都不得而知，很难妄下断言。

在库兹涅茨倒"U"曲线的启发下，陈宗胜教授立足于中国经济制度和收入分配制度，从劳动差别、劳动供求、剩余生计比和两部门结构转换等因素入手，运用数理逻辑，证明在公有制经济的发展过程中也会出现收入分配差距的先拉大后缩小现象。这便是"陈氏倒'U'曲线"理论的核心内容。

"陈氏倒'U'曲线"理论能够在中国经济学的理论创新中占有一席之地并非一帆风顺，也是历尽艰辛。虽然在博士论文答辩中，答辩委员会对公有经济倒"U"曲线的原创性做了充分肯定，但是文章发表后的非议却是铺天盖地，不仅在教授职称评审中有人质疑他的理论曲线缺乏现实基础，没有扎实的实证支持，而且学校外部的批判更是上纲上线，甚至有人含沙射影地指斥这个曲线理论与库兹涅茨倒"U"曲线存在某种阶级关联。

但是他基于分析研究的理论自信，始终保持着清醒的头脑，凭着一股韧劲和对公有经济收入差距变化趋势的深刻洞察，锲而不舍地完善着"陈氏倒'U'曲线"理论。随后几年，他不仅针对经济发展过程中收入分配差距拉大和持续拉大的现象，提出了倒"U"曲线的梯度变异理论，而且还把混合所有制这一制度变迁现象纳入了模型假定之中；并从此走上了"陈氏倒'U'曲线"的实证检验之路，持之以恒地利用《中国统计年鉴》，年复一年地检验倒"U"曲线的真实性，前后持续了大约30年。他在基于博士论文出版的《经济发展中的收入分配》一书中，初步检验了"陈氏倒'U'曲线"，但是受时间和样本的局限，还不能说证实了倒"U"曲线的成立。该书在1991年、1994年和2014年多次修订再版，在各界读者中影响深远。2002年他与周云波教授合作出版了《再论改革与发展中的收入分配》一书，其中全部使用统计计量方法测度中国收入分配的总差距、城乡差距和行业差距等，但是主要是证实了在经济发展中收入差距在拉大，即证实了倒"U"曲线的前半段，而没有发现缩小的迹象。但他在随后进一步的实证研究中发现，中国居民的总体收入差距终于在2008年前后越过顶点，转而开始逐步下降，而且这个下降的总趋势一直持续到现在。因此可以说，中国改革开放后的经济发展事实和收入差别变动轨迹，基本证实了公有经济倒"U"曲线理论的成立。这一研究成果是他在2018年出版的《中国居民收入分配通论》一书的重大理论贡献之一。

弹指一挥间，30多年过去，"陈氏倒'U'曲线"的理论模型和预测被证实，切实让陈宗胜教授踏踏实实地舒了一口气，坚持求证求索的心情变得更加愉悦。这项长期持续的重大理论研究成果，为他从政界重返校园后赢得国家"经济理论创新奖"奠定了扎实的基础。回顾30年的研究轨迹和心路历程，他或有如梦如幻的感觉，对于自己的执拗与坚持，既感到自豪，又暗自庆幸不已。

"陈氏倒'U'曲线"由假说证实为科学，其实践价值是不言而喻的。它的成立，意味着邓小平"先富带动后富，最终达到共同富裕"的战略决策是正确的。在这个过程中，为了最终实现共同富裕，在初期阶段通过拉大收入差距来提高经济效率和做大蛋糕，是完全有效并可行的，也是可以接受的。

"陈氏倒'U'曲线"虽然受启发于库兹涅茨倒"U"曲线理论，但是理论逻辑、制约因素、模型推导和实证检验，则完全是陈宗胜的创新之见；它是基于公有制经济的原汁原味，所以是完全有别于库兹涅茨倒"U"曲线的新曲线理论，不是简单的翻版和照搬。当然，他自己的自信也经历了一个过程。在耶鲁的两年半时间里，他利用耶鲁图书馆的丰富藏书和图书邮借渠道，如饥似渴地浏览了关于收入分配的全部主要文献，穷其根底，终于发现关于公有经济收入分配倒"U"曲线理论，在此之前国际学术界尚无人触及，的确是他的原创。这让他获得了极大的自信。特别是，其间博士后导师拉尼斯教授在审阅他递交给耶鲁经济增长中心的学术报告时，充分肯定了这项研究的独创性，不无幽默地说道：公有经济倒"U"曲线完全不同于库兹涅茨曲线，从制度根源、模型分析到实证检验都是纯粹的"陈氏倒'U'曲线"。当时同期访问的胡鞍钢博士感到颇受启发，特地在纽约一家报纸上撰文推介中国经济学家陈宗胜的"陈氏倒'U'曲线理论"和中国的改革开放实践。

近年来，陈宗胜教授探索收入分配格局变化的脚步愈益深入。他从二元经济制度入手，探讨了当前中国收入分配格局的变化过程，发现中国当前的收入分配格局正在从金字塔形向葫芦形演变，虽然比较金字塔形格局，"葫芦形"也是进步，但还远没有达到人们理想的"橄榄形"。他指出，葫芦形收入分配格局的主要决定因素是中国的城乡二元经济制度以及由此导致的较大城乡差距，所以这不是通过收入再分配即可直接解决的问题，而是农村经济增长与发展的短板问题。倘若不能及时改革二元经济制度，推动经济发展来改变葫芦形的收入格局，中国下一阶段的发展就很有堕入"中等收入陷阱"的可能。因此，如果他的忠告能够得到有关部门的足够重视，就可以顺利实现理想的橄榄形分配格局。

公有主体混合经济理论

在20世纪80年代中后期，随着社会主义市场经济体制改革深入推进，非公有制经济在国民经济中的比重越来越高，这在社会上引起了一定程度的惶惑。很多人到深圳后放声大哭，痛心地担忧社会主义经济制度是否已经发生了根本性的变化。这些疑虑放慢了刚刚起步不久的改革开放步履。

为了破除这些疑虑，虽然早有邓小平提出的著名的"黑猫白猫论"，意在实用主义地支持民营经济的发展，但是这仍然需要提炼，需要概括出一般的经济学原理。对此，通过考察80年代民营经济发展的典型案例，如傻子瓜子和海尔等，陈宗胜教授提出了中国在社会主义初级阶段所有制改革的目标模式，应该是建立"混合经济"，即公有制居于主体地位，私人经济、个体经济、外资经济、国家资本主义经济等共同存在、融合生长。他认为，不同所有制经济不仅可以在整个国民经济的大范围内混合，而且在微观的企业内部也可以小范围地混合。据此，不同所有制企业之间的兼并和收购行为就顺理成章、合理合法了，如海尔和娃哈哈就是通过并购国有企业发展起来的，这不仅没有妨碍公有制经济的主体地位，反而提高了整个宏观经济的资源配置效率。

更进一步，他的思想还有深化。他试图摒弃将所有制简单直接与意识形态挂钩的传统观念，认为社会制度的性质既取决于一定规模的生产资料所有制，也取决于政权的性质和执政党的性质，是几个方面共同决定的。他总结世界各国不同所有制经济的发展规律发现，一定性质的生产资料所有制的规模，既制约社会制度性质也影响经济效率，具有两面性。比如公有制经济达不到一定规模，可能制约社会制度的性质发生变化，但如果超过某个规模又可能导致经济效率下降；另一方面，如果私有经济规模太小就可能导致社会经济效率低下，但超过某个规模又可能导致社会制度性质发生改变。所以，在我国的社会主义初级阶段，不同性质的所有制经济的规模具有双重制约，需要均衡把握。

他的这些思想已经明显突破传统观念，很有理论创新价值，对现实也有很强的社会价值，很值得我们学界认真研究。所以他认为，从资源配置效率角度看，在一定程度上可以将公有制和私有制视为两种不同的资源配置手段，它们在不同场合发挥不同的资源配置效率，因此，任何一个经济体都不应该排斥这两种资源配置手段，从而主张中国经济体制改革的发展方向应该是混合所有制经济。他以世界各国的所有制改革历史为借鉴，提出建立公有制经济具有相对优势的混合经济，建议国家根据公共品的需求水平下调国有经济的规模和比重，在确保公有制相对优势的前提下实现二者间的匹配与均衡。

对于这些理论推断，近年来陈宗胜教授还进行了深入的实证分析，他基于统计计量测度证明公有制经济在我国仍旧占绝对优势地位，向混合经济改革的空间相当大。他认为，一种性质的生产资料所有制经济的地位，不能以生产资料的运用结果做判断标准，而只能用它拥有的生产资料的规模来作为判断标准。换句话说，一个企业的所有制性质不是看它创造了多少产值，解决了多少劳动就业和贡献了多少税收，而是应该看它支配了多少生产资料，如土地、资金、厂房、机器设备、道路设施和资源型资本等。在具有正外部性的公共品部门，情况更是如此。按照这个思路，他与高玉伟博士共同努力收集数据进行测度，结果显示近年我国公有制经济在国民经济中还占据着绝对优势地位，离公有制经济占相对优势地位的混合经济状态，还有很大一段距离，而这个距离就是改革的潜力和空间。

陈宗胜关于混合经济这项研究结论在社会各界产生了广泛影响。邓小平的"黑猫白猫论"就是混合经济的形象表述，他在1992年的南方讲话中，则从管理体制角度清晰地描绘了混合经济的样子，即计划多一点，还是市场多一点，并不决定一个经济体的社会制度性质。陈宗胜关于公有主体混合经济的思想业已载入新中国经济思想史。在张卓元教授主编的《新中国经济学史纲（1949—2011）》中如实记录下评价并认为，"陈宗胜教授较早地将我国所有制改革的目标模式概括为一种'混合经济'"，"强调指出，这种模式不是私有制居相对主体的混合经济，而是公有制居相对主体的混合经济。在党的十五大上，公有经济为主体、多种所有制经济共同发展，被正式确认为社会主义初级阶段的基本经济制度"。2017年，中共十九大报告进一步明确提出要求并指出，应当"深化国有企业改革，发展混合所有制经济"。

经济体制市场化程度测度理论

我国自上世纪80年代初启动的经济体制改革的基本方向就是市场化，但是市场化进程本身却一直缺乏研究，没有多少人关注。在20世纪90年代后，中国经济体制市场化已经不是有无的问题，而是高低的问题，各种争议可谓众说纷纭，很难用一个客观的尺度来判断孰是孰非。为此，陈宗胜贡献了中国经济市场化进程测度理论及方法、指标和结果。

早在攻读博士学位的后期，陈宗胜教授就萌生了测度市场化的想法，并跟谷书堂教授讨论了初步的研究设想。但是，由于学生时代的条件有限，这个朦胧的研究创意没有得到贯彻落实。从耶鲁归国后，陈宗胜教授担任南开经济研究所所长，很想有所作为，所以市场化的测度工作就在谷书堂教授的大力支持下，轰轰烈烈地铺展开来——以经济研究所青年学者集体攻关的方式，运用计量方法研究中国的市场化。这项工作以前在国内只有零星研究。陈宗胜教授在《中国经济体制市场化进程研究》一书中用不可辩驳的测度结果证实，中国经济体制市场化水平在20世纪末已经达到60%。他首先从理论上阐释了经济体制市场化的含义，讨论了经济体制的各个组成部分、各部分的具体特征、反映各具体特征的指标等等。然后，基于国际比较，综合运用社会总产值流量构成加权法、投入要素价格几何加权法、三次产业构成加权法、GNP构成综合加权法和市场参数简单平均法等五种思路，设计了市场化的测度方法和指标。在具体的测度中，同时兼顾经济体制主要构成部分的市场化和主要产业部门的市场化，不仅给出了经济体制市场化的综合测度结果，而且还进行了分省和分行业的市场化测度。

这项成果在1999年甫一出版发表，就在国内外学术界产生了轰动效应，被大家誉为"新南开指数"。在接下来的几年里，各地发改委和体改所纷纷去人去函，直接上门讨教研究思路和测度方法，邀请陈先生去当地指导市场化测度工作。在国外英文版一发行，迅即占领了各大书店最显眼的位置，美国国会图书馆和耶鲁等常春藤大学的图书馆也竞相推介，被称为"了解20世纪末中国发生事情的最好作品"。

在实际部门工作中，这项研究成果的现实影响力也让他很受鼓舞。当时，在2000年前后，我国对外开放领域的重要工作是争取尽快加入WTO。所谓"入世"谈判的最大障碍，就是中国经济不被WTO主要成员作为一定程度的市场经济，而是仍作为计划干预经济。这实际上忽视了中国改革开放的成效。但是要说明中国经济经过几十年改革开放已经达到基本市场化，则必须有扎实的事实和数据依据。陈宗胜的研究客观上正好满足和适应了这一国家需要。根据陈宗胜教授的测度结果，中国经济的市场化水平在20世纪末已经达到60%，即已经整体上属于市场经济国家，此后若干年更有提高。这有力地回应了英美等国对中国市场经济地位的挑衅，为中国在2001年加入WTO特别是其后落实WTO的各项优惠措施，提供了坚实的理论支持。

正如大家预期的，这项成果很快就获得了孙冶方经济科学奖（2002年度）。客观地讲，这项研究主要是得益于陈宗胜对中国经济体制改革的制度设计的深刻理解和对数量分析技术的娴熟运用。当然，研究团队的精诚合作也是功不可没的。每当有人提起他因此项研究曾经获得孙冶方经济科学奖时，他总是不厌其详地解释，这不是他一个人的功劳，而是他与当时辅助他工作的几个副所长，以及所内多位年轻学者集体努力的成果。对此，曾经的南开副校长逄锦聚教授等人赞不绝口，说他不仅为官做得好，学问做得好，而且学风也挺好。

老师对我和其他学生的关爱

陈先生不仅学术理论研究成就斐然，而且对青年学生、对年轻人才爱护有加，培养指导有方，既是学生学业发展的良师，又是学生工作生活的益友。我和我的同学们都有深深的体会、切身的体验。

公平招生，我幸运及第

回想当年考学时，我作为一名跨专业考生，来自地处偏远的新疆大学，居然成功考取了陈宗胜教授的博士生，让我感到非常幸运和自豪。我庆幸自己居然没有受到歧视，因为在当年参考的竞争者中，无论在专业背景还是在人际关系等方面，不少人都远胜于我。陈先生在招生录取中，是真正公正无私地给我了一个改行深造的机会。

2003年5月，我在新疆大学中文系攻读中国现当代文学硕士学位，通过平时浏览经济学等其他学科的发展，临近毕业时突然萌生了转行从事经济学研究的念头，并希望有机会追随一位名师。隔行如隔山，作为一名文学硕士生，我对经济学界几乎一无所知，于是我便在互联网上搜索国内各家高校的知名经济学家招收博士生的情况，最终确定了对陈宗胜教授研究方向的浓厚兴趣，并决定联系试试。

那时候社会上流传考博必须要与导师有某种关系，否则可能都是白搭，我身边这样的案例也的确为数不少。我私下心里也忐忑不安，觉得自己与陈先生素不相识，对经济学也可以说是一窍不通，又不是名校出身，还要跨专业报考，肯定会被导师一口拒绝。但是当我怀着忐忑不安的心情致电陈先生，询问是否招收跨专业考生时，没想到陈先生不仅没有嫌弃，没有丝毫犹豫地明确回答说"招收"，而且说明"鼓励跨专业报考"，所有考生机会均等，公平竞争，而且还非常关心我的学习状况，非常亲切地问我都看了哪些经济学书籍，嘱咐我认真备考。虽然电话上的交流只有两三分钟，寥寥数语，然而陈先生的问话给我的印象却非常深刻，让我对复习考博满怀希望，在一瞬间坚定了我跨专业考博的决心与信心，开始系统地学习从本科到硕士的经济学课程。现在想想，倘若陈先生当时拒绝了我，我可能今生都不会再与经济学有缘了。在这个关键时刻，真的是陈先生暖心的只言片语改变了我的人生道路。

在专业面试中，陈先生注重通过临场表现来考查候选生的专业素养和发展潜力，而不是以出身为据和因人废言。在考博的面试环节，主考官就是陈先生以及钟茂初教授和周云波教授。在简短的英语口试后，周云波教授让我放松些，不要紧张，然后假定他们都是非专业人士，让我用自己的语言介绍一个发展经济学模型，让他们都听懂。我便介绍了刘易斯的二元经济模型，并在陈先生的引导下对中国的城乡差别与农村剩余劳动力转移等现实问题做了一些应用分析，基本理解正确。然后，陈宗胜教授又问我知道科斯定理吗？由于比较疲惫和紧张，我没有反应过来，就实事求是地说不知道。但是，陈先生对我的表现总体上还是比较满意的，说明自学能够达到这个水平已经很不容易了，并当场表示希望我能够到南开来学习。我当时真是有些喜出望外，受宠若惊。我知道报考陈先生博士生的学生门庭若市，而我居然能够当场得到他的肯定。于是，考前害怕面试受歧视的想法瞬间释然。陈先生的公平大度和对我的表现的赞扬，让我觉得即使落榜，也不枉此行。

后来我担心自己不是专业学生而可能交白卷的笔试，也顺利过关了。根据南开大学研究生院的录取政策，我也进入了录取范围，但是按当时条件只能是自费名额。对此我当时并没有犹豫，但陈宗胜教授考虑到我老家位于四川西部农村地区，经济实力有限，他又专门到研究生院按有关政策以支援西部大开发的名义，为我争取了一个公费读书的名额。对此学生每每忆记，都心存感激。

因材施教，为我量身定做

我作为博士研究生入学之后，陈宗胜教授对我因材施教，刻意栽培，使我能够顺利如期正常毕业。我虽然顺利考上了博士，但是经济研究规范与套路对我来说，却是相当地陌生的。比如说，经济分析技术和数据处理是经济学研究的基本功，但是我在这方面却实在是基础太差。为了让我迎头赶上，陈宗胜教授要求同学们特别是我坚持"述、评、论"的练习，循序渐进。即首先用自己的语言"复述"前人的理论，其次是用自己的看法"评议"别人的观点，再次是创新"立论"自己的理论观点。为了鼓励我按他的要求做，他还现身说法，说这个方法是他的老师谷书堂教授教他的，他试验的结果表明是很有效的。我于是"循规蹈矩"，谨遵他的要求做下去。

遵循他的要求，在博士研究生的一、二年级，我每周都写读书笔记，从简单的复述到规范的论文，不间断地写了两年，共完成四十余篇笔记、心得、论文习作，定期通过邮件发给陈先生审阅批改。陈先生虽然那时公务在身极其繁忙，却每次都牺牲休息时间不厌其烦地详细批阅，对于每一点进步都不吝赞扬，热情洋溢地鼓励我坚持写下去。

从零开始，进行"述、评、论"的练习是非常枯燥乏味的；从纯文字叙述到尝试使用数据和数学模型的过程，是异常痛苦和艰难的：若无陈先生的鼓励，我可能很难坚持下来。我的第一篇经济学论文发表于《财经科学》。投稿后两周，编辑部来电话通知我文章已录取，并告诉我修改内容和格式。这真是让我喜出望外，不敢相信这篇读书笔记也能够在规范的学术期刊上发表，而且录用速度这么快。我真的觉得，这都应该归功于陈先生指导有方。

让我觉得汗颜的是，虽然我在学术研究上并没有什么突出表现，但是陈先生总是将我打拼的学习过程，作为后届博士研究生的学习榜样。他总是说，既然我从零开始经过努力，能够写出规范的经济学研究论文，那么别的同学更没有任何理由可以懈怠和畏缩不前了。真有别的同学向我讨经，这让我非常地诚惶诚恐，我觉得自己做的远远没有达到老师的要求。无论如何，我就把这作为陈老师对学生的鼓励吧。

任劳任怨，尽心尽职尽责

在我的博士研究生学习过程中，陈宗胜教授身兼数职，各项政务工作繁杂多样，但是他从来没有耽误对我和同学们的指导，付出的心血可能比别的在校导师还要多得多。

在课程教学上，由于政府工作无法分身，他总是不得不牺牲下班和周末的休息时间，给大家补课。慕名前来听课的同学门庭若市。他每次都认真备课，不厌其烦地跟同学们互动交流，无论多么细小琐碎的问题，他都听得津津有味，并给同学们以耐心解答，从不拒人千里之外，从不因自己是著名经济学家和政府官员而有丝毫的架子和排场。

在课后，陈宗胜教授经常利用节日聚会和不定期的小范围交流，了解我们同学的学习状况和研究进展。好多次都是他利用休息时间，叫上我同学张庆、管晓明和我，与他一起讨论交流，询问我们的生活和家庭情况，了解我们在研究什么问题以及研究的进展和疑难。并且他总是在充分肯定的条件下给我们当头棒喝，对症下药地给我们提出各种批评意见和改进方案。

在博士论文写作中，从选题到定稿的各个环节，陈宗胜教授都一丝不苟，毫不懈怠，全程监控。在选题前两个月，陈先生给我们两个建议：一是整个暑假什么都不干，只研究中国统计年鉴，熟悉经济数据；二是放开思路，不一定非要跟随他研究收入分配不可，只要有好的话题就行，因此我最后的选题是二元财政与经济增长。在写作中，陈先生常常与副导师罗润东教授和周云波教授一起交流学生论文的进度、成果和问题等。每次交流就是一个小型的学术报告会，首先一名博士生汇报论文工作，然后是接受同学和副导师的质疑，陈先生最后点评和总结，指出下一步的努力方向。通过高频率的内部交流，不仅在博士生之间建立了工作竞赛机制，而且也锻炼了我们的演讲能力，促使我们想方设法在15分钟左右完整清晰地介绍自己的研究内容。对此他提示我们：不论内容多复杂，都要努力做到用几句话说清楚；否则，就是思想不成熟，自己没有搞明白，需要继续努力琢磨。

正是得益于他这种敬业精神和严谨求实的工作作风，我和我同级的同学们都在规定期限里正常毕业，而相比较，当年南开大学博士生正常毕业的比例不足50%。

一日为师，终生难忘师恩

尊师重教是中华民族的传统美德。一日为师，终身为父，是指学生在伦理道德观念和实际生活中，应该像对待父亲一样尊重自己的老师。但是，陈宗胜教授曾解释说，在他的观念里师生关系应当是互相的，为师一日，即一旦身为人师，就得像父亲爱护子女一样关照自己的学生，负责到底。而我在做他的学生时，真正受惠颇多。一日为我师，当终生难忘师恩。

在博士学习期间，陈宗胜教授不仅倾力指导、培育我，而且在博士毕业前还关心我的工作安排，对我给出留在京津地区的建议，并似乎做了相应的准备工作。但是，我当时因为前女友是维族姑娘的缘由，不得不返回到新疆去促进民族大团结，支援边疆建设。他虽然对此感到很遗憾，但还是支持我的做法。当我返回到新疆生产建设兵团石河子大学报到时，正是盛夏时节，新疆军垦农场的庄稼一片苍翠，浓绿得像化不开的油漆，绵延千里，无边无际，满眼里尽是如诗如画的景观和丰收的希望。于是我满怀诗意地给陈先生发短信说："陈老师，新疆这里的田野犹如一片绿色的大海，碧波万顷，横无际涯。"陈先生马上回复我说："那好啊！那你就跳到这海洋里尽情地去游泳吧。"寥寥数语，充满了温馨和关爱，让我终生难忘。

在新疆的几年里，我们师生仍旧保持着较为经常的联系。除了节日问候之外，每逢我回到天津，都要登门拜访打扰陈老师。尽管他总是公务繁忙，却也总会抽出时间接待我，在面谈中也总是非常关心我的工作和生活，耐心地询问我正在研究的课题情况，不时地进行富有针对性的评点和指导，给我以茅塞顿开之感。

新疆发生了"七五事件"之后，一则出于安全的考虑，二则是家庭因素，我决定离疆回津工作。当我向陈先生表达了这个想法之后，他感到很高兴，他觉得我的研究方向与研究成果符合天津工大的学科发展需求，便向我现在的工作单位天津工业大学推荐了我。最终，我幸运地被天津工业大学经济学院录用了。离别三年后，我又回到了母校所在地天津，回到了我的老师身边，从此我可以更多地得到陈老师的指导，朝夕受教。

这么多年以来，即使博士毕业已经多年了，陈宗胜教授仍旧不忘在学术上提携和关照我。在新疆工作期间，他一直把我作为他研究生团队成员，让我有幸参加了他主持的《中国二元经济结构与农村经济增长与发展》的撰写工作。重返天津之后，陈先生又吸纳我加入了他的国家社科基金重大招标课题的研究团队，定期不定期地组织我们进行学术交流，最终推出了一部巨著《中国居民收入分配通论：由贫穷迈向共同富裕的中国道路与经验》，而且我的名字也居然在作者之列，让我觉得不胜惭愧。在 2018 年，陈先生又吸收我加入了他最新的 RCT 扶贫实验课题组。他筹措资金带领课题组前往新疆和田地区开展干预性经济学实验，采集微观调研数据，带我进入了一个学术新天地。

近几年来，陈宗胜教授在专心研究的同时，不忘薪火相传，把对他学生的关爱延伸到学生的学生，甚至是学生的学生的学生，即第三、第四代。他与周云波教授在南开经济研究所给博士生开设了专门研讨课，定期交流学术成果和研究心得。他特意吩咐有关人员，让在天津高校工作的同门及其所带研究生一同参与研讨，共享经济研究所的学术资源，营造了一个三代、多代同堂的学术环境和氛围，令学界同人羡慕、赞叹不已……

师恩难忘，纸墨有限。陈宗胜教授对我和其他同学们的关爱，真是不可胜言，唯有铭刻五内，化作人生动力，做出成就以示报答。衷心祝愿陈先生永葆青春，学术事业百尺竿头，再进一步，更上层楼。

参考文献：

陈宗胜，《经济发展中的收入分配》，上海三联书店 1991 年第 1 版，上海三联书店、上海人民出版社 1994 年第 2 版，格致出版社、上海三联书店、上海人民出版社 2014 年第 3 版（修订版）。

陈宗胜、吴浙、谢思全，《中国经济体制市场化进程研究》，上海人民出版社 1999 年版。

陈宗胜，《收入分配及发展经济学的其他主题——我评别人与别人评我》，天津社会科学院出版社 2001 年版。

陈宗胜、周云波，《中国二元经济结构与农村经济增长与发展》，经济科学出版社 2008 年版。

张卓元，《中国经济学史纲（1949—2011）》，中国社会科学出版社 2012 年版。

柳欣、常修泽，《不平坦的治学路》，山西出版传媒集团山西经济出版社 2014 年版。

陈宗胜，《中国居民收入分配通论：由贫穷迈向共同富裕的中国道路与经验》，格致出版社 2018 年版。

陈宗胜，"混合经济——论所有制改革的目标模式"，《南开经济研究》1987 年第 3 期。

陈宗胜,"从军营中走出的经济学家——陈宗胜自传",《生产力研究》1997年第5期。

李实,"对收入分配研究中几个问题的进一步说明——对陈宗胜教授评论的答复",《经济研究》2002年第7期。

谷书堂,"中国居民收入分配理论与实证研究的一部新作——推介陈宗胜、周云波著《再论改革与发展中的收入分配》一书",《经济研究》2003年第8期。

李全,"用倒'U'大调演奏中国市场化进程的新乐章",《决策与信息》2006年第2期。

陈宗胜、薛平强,"运用现代经济学研究中国现实经济问题——陈宗胜教授访谈",《学术月刊》2008年第2期。

杨敬年,"中国二元经济问题研究的一部新作——评陈宗胜等著《中国二元经济结构与农村经济增长和发展》",《经济研究》2009年第8期。

陈宗胜、高玉伟,"关于公有经济收入差别倒'U'理论的讨论与验证",《经济社会体制比较》2012年第2期和第3期。

王玉茹：经济史的学术人生

赵劲松

王玉茹（1954—），天津人，汉族，教育部"马工程"首席专家，南开大学英才教授，南开大学经济史研究中心主任。担任中国经济史学会常务理事、近代经济史专业委员会副会长、中国商会史学会理事、天津南开校史研究中心理事（副理事长）、天津欧美同学会（留学人员联谊会）理事、天津市日本经济学会理事等职务。科研成果曾先后获得天津市第五、第七、第八、第十、第十一届社会科学优秀成果二、三等奖，教育部第二届人文社会科学研究优秀成果奖。

王玉茹是当代著名的经济史专家，在近代经济增长、价格史、企业史等方面都有着深入的研究，其主编的国家"十一五"规划教材《中国经济史》（高等教育出版社 2008 年版），自出版以来已经成为中国经济史研究领域的经典教材，在此基础上编写的《中国经济史》（高等教育出版社 2019 年版）也是全国唯一的马克思主义工程重点教材。

生平简历和工作情况

结缘南开中学

先生是土生土长的"南开人",南开中学任教,到南开大学硕士、博士、教授、博导,一生和南开有深厚情缘。

先生出生在津门普通的工人家庭,幼承庭训,立志成为工程师报效祖国。1966年小学四年级,时值"文化大革命"爆发,不得不中断正常学业,直到1968年秋得入南开中学念书,在复课和闹革命的不断转换中开始了初中生活。南开中学学风优良,史学大师何炳棣曾在学术传记《读史阅世六十年》中评述,"南开是一所很好的中学,而且可能是近现代世界史上最值得钦佩的爱国学校","在世界教育史上已赢得光辉不朽的一页"。南开学校的创建人张伯苓先生创校伊始就注重德智体群的全面发展,主要目的在培养学生服务国家社会的能力,所以自始即提倡组织团体、发展各种课外活动。先生自小体现学霸气质,尤擅工科,因课业出众1971年春入选南开中学电子班,参与了南开中学电子车间组建工作,和二十几名师生一起,经过半年多的试验生产出了三极管,先生也与电子班的同窗一道接待了首批来中国学校参观的外宾,这也是南开学校培养学子"经风雨、见世面"能力的体现。

在电子班学习期间,先生已经展现了良好的组织和表达能力,结束电子班的学习和劳动回到班级后,在化学课任课教师因病不能授课时,先生作为学习委员毛遂自荐登上讲台为同学授课讲解"酸碱盐"。时任南开中学教务主任的安同沛先生慧眼识才,1972年12月先生中学毕业时,得安同沛主任力荐留校工作。1973年获得入天津市教师进修学院进修的资格,不过原本进修数学的先生,却阴差阳错被安排到了政教系,这个安排直接影响到了先生后来的大学专业抉择。

1977年,中华大地数十万学子迎来了恢复高考制度的一刻。已经在南开中学任教五年的先生当时决定参加高考。彼时先生是教学骨干,且担任初中一年级的班主任,教学任务十分繁重,只能在上课间隙、没有课的时间补习欠缺的知识。为提高命中率,初中毕业的先生不得已放弃了钟爱的理工科,高考志愿填报了南开大学政治经济学系和历史系，凭借惊人毅力和坚韧的意志力坚持复习之后，最后被第一志愿——南开大学政治经济学系所录取，日后从事了经济和历史两个专业的交叉学科——经济史方面的工作，不得不说命运中有种机缘巧合。

自此，先生与南开的缘分从南开中学始，到入南开大学，至今已经延续了 48 年有余。

致敬经典：从政治经济学到经济史

先生是中国恢复高考制度后的首批大学生。先生所在的南开大学政治经济学系 77 级，亦是藏龙卧虎，人才济济，学习气氛十分浓厚。

先生大学时期的主修课程是政治经济学、《资本论》、经济学说史。各路英才共济一堂，研读马克思主义经典，对《资本论》的学习尤为认真扎实。也正是得益于本科期间对这部将经济学内在逻辑抽象得最精深的著作的透彻研读，使得先生日后在接触任何西方经济学流派时都十分得心应手。

在南开修读期间，系统的经济学理论训练课程中就有经济史课程。先生第一次接触经济史时，恰逢经济史学大家傅筑夫先生回南开讲学，听者众多而教室有限，学校不得已以广播形式向学生播放录音，先生则是为数不多聆听傅老当面授课的学生之一。也正是这段经历，影响了先生的学术兴趣，本科毕业时便选择了中国近代工业化问题作为论文题目，这也是先生对经济史问题有兴趣的缘起。

南开素有重视经济调查之传统，经济研究所最为突出。先生在校学习期间，即参加了由经济研究所丁世洵教授主持的解放前天津棉布小批发行业的调查，受到了进行调查访谈的严格训练。因其表现出色，丁老决定将先生纳入门下。然而就在先生本科毕业前半年，丁老不幸因病离世，使得先生于四年后再获机会进入经济史专业学习。

名师引路，入经济史学殿堂

本科毕业之后，先生入天津商学院执教政治经济学。以努力进取为人生态度的先生，在执教三年之后，决意回到南开重新从事所钟爱的经济史专业。1985 年，先生经过研究生入学考试，得入南开大学经济研究所名家刘佛丁门下学习经济史。

80年代中期,京津两地经济史研究大师云集,学术气氛浓厚。北大有陈振汉,社科院有吴承明、巫宝三、张国辉、聂宝璋等,可谓群星璀璨。彼时,我国经济史学科的研究方法,主要由描述史学的范式主导,与国际经济史学界的交流也相对较少。刘佛丁教授尤其强调用经济学理论研究经济史,这一主张使得南开经济史研究颇具特色和深度,可谓经济史研究的"南开学派",也奠定了南开经济史学科当之无愧的国内一流学科之基础。

先生本科期间的经济学训练背景使得他在经济史研究之路上如鱼得水。入学一年后,先生便以"论两次世界大战期间的经济发展"一文崭露头角,颇得刘佛丁先生器重。在刘佛丁教授的引荐下,先生得以利用暑假时间在北京遍访名家,收集相关统计资料,完成此文的后续修改及写作。每每念及此事,先生皆感念于刘佛丁教授知遇之恩。

1988年,先生以开滦煤矿档案资料为基础,完成了硕士学位论文"开滦煤矿的资本集成和经营效益分析"。先生的论文答辩委员会委员之一、美国著名经济史学家托马斯·罗斯基(Thomas Rawski)教授(美国匹兹堡大学)对该文赞誉有加,认为该文"作为博士论文也是不错的"。后该文被译成英文发表于国际亚洲学研究一流杂志 *Modern Asian Studies* 第28卷第1期上(英国剑桥大学1994年2月出版)。

如果说与经济史名师们的交流奠定了宽厚的研究基础,国际化的学术训练则拓展了先生的学术视野。硕士毕业后先生留校工作,1989年10月底,由美籍经经济史专家顾琳(Linda Grove)教授引荐,先生作为访问学者赴日本上智大学和早稻田大学进行中日两国近代化的比较研究,研究成果以"Dual Structure and Economic Growth: A Comparative Study on the Modernization of Japan and China, 1880s—1930"为题发表在 *The Social Sciences Review* 第36卷第3期(早稻田大学1991年3月出版)。此两份重量级英文作品,开启了80年代国内学者在国际经济史学界发声之先河,也为先生的学术声誉奠定了良好基础。

1991年回国之后,准备攻读博士的先生已是经济史后起新秀。虽然开始系统研究经济史时已过而立之年,可谓起步很晚,但先生却凭借超乎寻常的努力和持续的钻研精神,得到了前辈们的肯定。当年9月,先生作为关门弟子拜入时任中国经济史学会会长、经济史学界泰斗吴承明门下开始博士学习，此后三年，在学贯中西的吴老的熏陶之下，学问精进。1994年便写成博士论文"相对价格变动与近代中国的经济发展"并通过答辩。据先生忆及，答辩委员会阵容中外学术名家荟萃，由时年82岁的北京大学陈振汉教授担任答辩委员会主席，86岁的南开大学杨敬年教授、77岁的中国社会科学院吴承明教授、74岁的中国社会科学院张国辉教授、57岁的刘佛丁教授、46岁的蒂姆·怀特（Tim Wright）教授（英国谢菲尔德大学）为答辩委员会委员，先生均受教于各位前辈学人，也传承了他们的学术志业。

兢兢业业，共谱南开经济史华章

先生于1988年硕士毕业留校任教后，全身心投入经济史的教学和研究工作之中。当时南开经济研究所由刘佛丁教授主持经济史学科，先生便全力投入开展一系列研究工作。南开大学经济史学科是我国恢复学位制度后第一批获得博士学位授予权的学科之一，1993年被确定为天津市重点学科，为国内经济史学科培养了大批优秀人才。先生留校工作以后，先后参与研究生课程设计、培养方案制定等教学工作，同时在科研上也丝毫不放松。

先生很早就意识到了学术研究国际化的重要性，于1997年获得国家留学基金首批资助再度赴日，到一桥大学经济研究所做访问学者，参加了尾高煌之助教授领衔的"亚洲历史统计"项目的合作研究。八九十年代的日本经济史学界，学者普遍重视历史资料统计，研究风格细致。"亚洲历史统计"是日本国文部省重点支持项目，研究对象涵盖亚洲所有国家，在研究过程中需要处理大量数据和历史资料。南开经济史学科重视经济理论的传统，结合历史统计学大放异彩。先生作为该项目唯一来自大陆经济史学界的学者，与众多国际经济史学界的优秀学者建立了学术联系，为日后南开大学经济史的国际化打下了良好合作基础。也正是由于这一年研究工作的积累和学术同行的广泛交流，1998年先生获得了世界经济史年会资助，赴西班牙首都马德里出席世界经济史学会第12届年会，登上了国际经济史学的最高学术舞台，成为最早打开中国经济史研究国际视野的学者之一。此后，先生应邀出席了2002年在阿根廷首都布宜诺斯艾利斯召开的第13届世界经济史年会，并于2009年、2013年、2015年和2018年都分别应邀作为世界经济史年会分组主持人出席

1998年8月28日出席在西班牙首都马德里召开的第12届世界经济史大会的中日学者合影，左起：史志宏、速水融、斋藤修、王玉茹

第15—18届世界经济史年会，一次次带领学生、国内同行在国际经济史学界发声。2008年9月，更应美国经济史学会邀请，赴纽黑文出席美国经济史学会2008年年会，并在美国耶鲁大学、哥伦比亚大学、加州大学伯克利和尔湾分校、哈佛燕京学社访问讲学，扩大了南开经济史学科的国际学术影响力。

在中国问题日益受到世界学界关注的今天，以国际化视角开展本土化研究，一直成为先生秉持的研究理念。也正是锲而不舍的学术精神，为南开经济史学科积累了宝贵的学术资源。

教学与科研并重

2001年，先生与经济学院的经济史学科同人整合全校经济史学的研究力量参与全国重点学科的角逐，多年的积累终于结出硕果，2002年南开大学经济史学科被确定为全国唯一的重点学科；2005年在先生牵头下，南开大学经济史研究中心成立，作为国家重点学科南开大学经济史学科建设的平台，该平台在继承和发扬南开经济史学科优良传统的基础上，保持了南开大学经济史研究在国内外的广泛影响与领先地位。

先生也在南开经济史学科的教学影响力上投入很多精力。2006年，先生整合九所科研机构和院校（南开大学、中央财经大学、山西大学、社科院、西南财经大学、中南财经政法大学、中国政法大学、复旦大学、北京大学）的经济史教学力量，将其与刘佛丁教授合作创建的运用经济学理论研究近代中国经济发展的框架扩展到中国经济通史研究，成功地申报了国家"十一五"规划教材《中国经济史》，2008年年初推出了这部编写思路、内容、编写队伍组成等全新的教材，被国内众多院校选为经济史课程教材。2011年，先生以此为基础，申报了全国第三批马克思主义工程重点教材《中国经济史》，2017年完成教材编写和教育部评审，报国家教材委审查，于2019年年初出版，在全国高校推广使用。从2005年开始，南开大学与多所院校合作的理论经济学科经济史教育教学研讨会已经召开了多次，南开大学经济史学科无论在经济史研究领域，还是在经济史教学和教材建设中都发挥着国家重点学科的示范带头作用。在经济史人才培养方面，先生强调国际化、重科研训练。担任中国经济史研究中心主任期间，先生引进国际知名教授作为兼职博导，共同指导博士生，保持了南开经济史博士生训练的高水准；2016年，先生创办南开-格拉斯哥经济史 workshop，定期举行两校合作研讨会，搭建了高水平的国家化学术交流平台。

虽年过花甲，先生目前仍全身心投入经济史学科的教学和研究当中。对于经济史学科出现的新方法、新动态，也保持着高度关注，可谓一生精进，后学垂范。

主要著作和主要学术观点

主要著作和教材

先生主要著作有：《中国近代的市场发育与经济增长》（与刘佛丁合著）、《近代中国价格结构研究》、《近代中国的经济发展》（与刘佛丁等合著）、《工商制度志》（与刘佛丁等合著）、《中国近代经济发展史》（与刘佛丁等合著，任第一副主编）、《制度变迁与中国近代工业化——以政府的行为分析为中心》(与刘佛丁等合著)、《增长、发展与变迁——中国近代经济发展研究》《世界市场价格变动与近代中国产业结构模式研究》(合著)、《近代中国物价、工资和生活水平研究》等等。

译著有马克·库克森著，《经济思想的力量》(The Power of Economic Thinking)(与陈纪平合作)；顾琳著，《中国的经济革命：二十世纪的乡村工业》(A Chinese Economic Revolution: Rural Entrepreneurship in the Twentieth Century)；滨下武志著，《中国、东亚与全球经济：区域和历史的视角》(China, East Asia and Global Economy: Regional and Historical Perspectives)；马立博著，《虎、米、丝、泥：帝制晚期华南的环境与经济》(Tigers, Rice, Silk, and Silt: Environment and Economy in Late Imperial South China)。

在经济史教材建设上，早年先生与先师刘佛丁教授合作推出之《中国近代经济发展》一书，自出版以后很快重印四次；在此基础上编纂的《中国经济史》教材打通了古代、近代到当代的经济发展，将先生所参与形成的利用经济学理论分析宏观经济发展的框架做了进一步延伸；此后，以此书为基础，先生领衔编写的国家马克思主义工程重点教材《中国经济史》，也即将付梓印刷，在全国推广使用。

主要学术观点

1. 运用经济学理论和经济统计、计量方法研究近代中国宏观经济发展。先生运用近代中国的经济指数资料特对战前中国的经济增长进行了统计分析研究，重新评估了国民政府统治时期的经济运行情况，最先提出了两次时间大战期间是旧中国经济发展的最好时期的观点。该论文经《中国经济史研究》杂志发表，立即引起了国际经济史学界的注意，被收录于1992年由麦克米伦公司出版的由著名汉学家蒂姆·怀特编辑的 The Chinese Economy in the Early Twentieth Century: Recent Chinese Studies 一书中，先生也是这本改革开放初期中国经济史学研究成果的论文集收录的论文中最年轻的作者。作为初出茅庐的年轻人，能够提出反传统的观点，离不开先生独立思考、思辨求真的治学态度，也更体现了南开包容、自由的学术风气。

2. 利用价格机制研究中国近代市场发育，尤其关注经济指数的研究。先生对近代中国生产要素市场进行了开拓性研究，通过资本、劳动和土地价格的变动，研究了近代中国的资源配置和市场机制的作用，填补了研究空白。其研究指出，生产要素相对价格的变动造成了国民收入在劳动、资本和土地之间分配比例关系的变化，较高的地租率和土地收益率与投资于工业的相对不稳定性不利于国民收入剩余转化为产业资本，决定了中国的资源配置向传统农业倾斜的状况很难改变，这使中国近代产业结构优化的速度落后于西方工业化国家和日本。这一结论，在今天读来仍然充满了洞见。

3. 对近代中国存在工农业产品剪刀差的论点提出质疑。先生收集了大量近代中国物价资料，通过对近代各类商品价格变动趋势进行分析，得出了近代中国农产品价格上涨快于工业品价格的发展趋势，通过实证分析得出了更令人信服的结论。

4. 通过相对价格（地区差价、季节差价等）变动对近代中国市场发育程度进行了研究，解释了近代中国区域市场差异大、市场不统一、整体发育程度不高的原因。

5. 重新定义了近代中国经济发展的中长周期波动。先生运用近代中国物价指数、外贸指数、生产指数等经济指数统计资料，依据经济周期波动的状况对近代中国的经济发展阶段重新进行了划分。

6. 重新推算了近代中国的城市批发物价指数，对收集并重新编制近代经济指数资料开展了大量惠泽后人的基础性工作。

7. 2008年美国的次贷危机引发了全球经济萧条，在美访学的先生以敏锐的学术洞察力，率先对现行的公司制度——股份有限责任制度提出质疑。2010年9月夏季达沃斯论坛在天津举办之际，先生在天津电视台《先行一步》节目为"发展的新伦理，增长的正义"发声。2013年年初发表"投资环境与企业的社会责任：有限责任制度发展的历史反思"对金融危机背后的原因进行探讨。

8. 其他研究成果。先生除了在物价史研究上造诣颇深之外，在宏观经济发展、企业史、金融史等领域的相关研究也硕果累累。例如，主持国家社会科学基金规划项目"世界市场价格变动与近代中国产业结构模式研究"；主持教育部博士点基金项目"中国近代企业制度研究"；参加国家清史纂修工程《清史·典志·商业志》研究；参加编写炎黄文化研究会资助百卷《中华文化通志》之一《工商制度志》；编写中国企业家协会资助项目《中国企业史》"近代企业史"部分。参加国家哲学社会科学研究基金课题"制度变迁与近代中国的工业化";主持教育部社科基金规划项目"制度的包容与变迁:比较经济史的视角";承担南开大学研究生课程建设立项——金融史。这些项目之外,也有很多跨国合作的研究项目。例如,独立承担日本住友财团研究资助课题"中日近代股份公司制度变迁比较研究";参加日本鹿儿岛国际大学资助国际合作研究项目"东亚资本主义形成史研究",并承担子课题"中国资本主义形成史以及与东亚国家的比较研究";参加日本国文部省资助南开大学与日本名古屋学院大学合作研究课题"有关中国的多学科体系研究";独立承担日本铃溪学术财团研究资助课题"中日近代股份公司制度产生和发展比较研究"等等。

2016年,先生以此前对指数研究的积累,承担了国家社科基金重大项目"近代中国经济指数的整理及数据库建设",利用近年来越来越多的数据资料,结合飞速发展的数据处理方法,建立公开数据库,体现了先生推动经济史学科发展的拳拳之心。

治学方法和经验

2004年年初吴承明先生为先生的学术论文集《增长、发展与变迁——近代中国经济发展研究》所作序言中指出:"王玉茹教授是中国新一代的经济史学家。她于20世纪80年代开始研究中国近代经济史,是从资料比较集中的个案,即企业史入手的;80年代中期,转入宏观经济增长与发展的研究;上世纪末,又致力于制度史的研究。这种由微观到宏观,由经济到包括政府行为和文化传统的制度史的研究,是适应当时的学术潮流的,对一位青年学者的成长来说,也是十分有益的治学途径。"

先生的学术之路见证了经济史研究范式的两次较大转变:一次是从描述史学转向结合经济理论研究历史;另一次是大数据出现之后"量化史学"的流行。在数次谈及研究方法的场合,先生不厌其烦地强调了史料真实、可靠的重要性,以及尊重历史、不能裁剪历史以适应方法的基本底线。这体现了一位学者对待科学的求真精神——做研究不媚俗、不浮躁,坐得了冷板凳,也经得起鲜花和掌声。这也使得先生的学术风格兼容并包、适应性强。

先生承吴承明先生观点，认为史无定法，需要根据史料发展出适当的研究方法。作为成熟的学者，应能接受不同的方法和观点，这才是学术争鸣、共同进步之基础。先生的这一思想，也与南开自由的学风密切相关。

先生提携后学，对于后辈所需要的帮助，总是不惜代价施以援手，甚至将自己积累的研究资料毫无保留地相赠。对于研究生的选题，先生坚持从学生具有的基础条件，以及对学术问题关注的兴趣出发，因为有兴趣才能专注，具备相应的专业基础条件才能把握要研究的课题，从而保证高质量地完成论文。在培养后学上，先生强调因材施教、循循善诱。先生认为，作为一名教师、某一领域的专家，鼓励创新、扶植新人是一种义务和责任。专家的权利是神圣的，不是一种私利，行使专家的权利应该有一种宽阔的胸怀、客观科学的态度，不能仅仅以自己的好恶为判断标准。

先生不仅善做学问，也懂得生活，虽已过花甲之年，无论对学术还是对生活，依然满怀激情、抱有好奇心。对于新兴起的通信工具微博、微信都能加以很好的利用，和学生之间也毫无代沟。先生门下弟子众多，调皮的学生们便会经常借毕业或是节日之借口到先生家品尝家宴。先生厨艺上佳，韩国留学生对她的创意菜——玫瑰排骨念念不忘。先生尤其擅长做红烧黄鱼和饺子，从和面到准备好馅料不超过30分钟，弟子们七手八脚也会参与劳作，虽然作品经常惨不忍睹，但先生也从不嫌弃。北方飘雪时节，先生家里常温暖如春，师生欢聚一堂、其乐融融。天南海北的弟子们总能在研究学习之余，在先生处享受到师门温暖。

先生为人坦荡，有君子之器、布衣之风；为学精进有恒，永不止歇。为人为学，皆我南开精神之真实写照。

冼国明：国际直接投资研究领域的领军者

杨锐　严兵　杜光玮

冼国明教授，1954年出生，祖籍山东文登，成长于安徽安庆。70年代下乡插队当过知青，后回城当工人，1977年恢复高考后考入南开大学经济学系，1982年本科毕业后考入南开大学经济研究所世界经济专业攻读硕士研究生，硕士毕业后留校任教。1986年师从著名经济学家滕维藻教授攻读世界经济专业博士研究生，1991年毕业于南开大国际经济研究所世界经济专业，获得经济学博士学位。1993年晋升教授，1994—1995年美国哥伦比亚大学高级访问学者。历任国际经济研究所副所长、所长，南开大学研究生院副院长，教育部人文社科基地南开大学跨国公司研究中心主任，泰达学院院长，南开大学校长助理，南开大学学术委员会副主任；兼任中国世界经济学会副会长，"十三五"国家发展规划专家委员会委员，国务院学科理论经济学学科评议组成员（2003—2013年）。1994年获国务院特殊津贴，1999年获南开大学优秀教师一等奖，2000年入选国家人事部百千万优秀人才第一、第二层次。冼国明教授长期致力于跨国公司与国际直接投资领域研究，是国内该研究方向的领军人物。

学科建设

国经所的兴盛凝聚了几代前辈的心血，90年代初冼国明教授从老一辈手中接过国经所的大旗之后殚精竭虑为之添砖加瓦。当时国经所面临着新老交替的关键任务,他想尽各种办法,动员包括蒋殿春、戴金平、盛斌、李荣林、葛顺奇、周爱民等一批优秀青年教师留校,并吸引留学日本归来的张晓彤博士来国经所任教,迅速建立起一支优秀的科研教学团队。他积极利用各种渠道和资源,安排这些青年教师通过富布赖特、福特项目以及教育部公派出国留学项目,到哈佛大学、哥伦比亚大学、京都大学等名校做访问学者或博士后研究,并要求他们积极参与所在学校的学术活动和选修博士研究生的高级经济学课程。随后,他根据这些青年教师之所长,在国内较早地引入高级宏观经济学、高级微观经济学、高级计量经济学等博士研究生基础课程,倡导运用数学模型、计量方法等数学工具开拓新的科研方向、积极借鉴西方培养经验调整优化学生课程设计等等,这些举措进一步夯实了国经所的传统优势和发展潜力,直到今天国经所的师资力量、研究生培养质量在整个经济学院都属于佼佼者,放在全国同类院校更是不遑多让,国经所培养的一批优秀博士在国内很多高校任教,成为所在学校世界经济学科的学术骨干力量。冼国明教授除了严格加强研究生的基础理论和方法训练,同时还要求学生们理论联系实际,研究世界经济为中国经济服务,因此国经所毕业的学生在社会上有着高度的辨识度和知名度,只要开口演讲、做PPT展示,一定能让人识别出自南开国经所。一些在国经所学习过的学生们在回忆当时的学习生活时,共同的感受是国经所的博士生不容易读,课程重、要求高,而且除了教材以外还有大量的文献和专著需要读,其他系所的同学到了晚上多在新开湖边聊天,唯有国经所的同学还在图书馆或宿舍看书写读书报告,写博士论文更是要绞尽脑汁,要读大量的英文文献,否则是过不了关的。不过他们也非常感谢在南开国经所经受的严格训练,使得他们既具有扎实的学术功底,更有着开阔的眼界和批判性、发散性的思维,使他们终身受益,能够在不同的工作岗位上做出优异的成绩。

世界经济学科是南开大学经济学科传统的优势学科,滕维藻教授等在上世纪60年代在国内首先开展世界经济研究,并聚集了杨叔进、熊性美、薛敬孝、陈荫枋、蒋哲时、李文光等一批著名学者,在国内外学术界产生很大影响,在1987年教育部首次重点学科评估中南开世界经济学科名列国内高校世界经济学科第一。自冼国明教授90年代初接手国经所的领导职务以来,一方面继承了滕维藻等先生倡导的理论联系实际，研究世界经济要为中国经济服务的传统，另一方面又积极开拓新的研究领域，在研究方法上，不仅坚持马克思主义的研究方法，同时积极借鉴和学习现代经济学的理论和方法，重视经济理论模型和计量方法在研究世界经济和中国开放经济中的应用，在当时国内高校的世界经济研究中起到了引领的作用。同时，在冼国明教授的带领下，南开世界经济学科一批优秀中青年学者成长起来，在国内学术界发挥了重要影响。在此后历次教育部学科评估中，南开世界经济学科始终名列全国高校第一，这在南开的各个学科中是很少有的。南开世界经济学科也成为支撑南开理论经济学的主要力量，并且对其他相关学科如国际贸易、金融学等起到了重要的支持和促进作用。

跨国公司研究是南开经济学科传统的特色研究领域，自滕维藻教授在上世纪70年代开创跨国公司研究以来，南开在该领域的研究具有重要的学术影响力，同时也为我国上世纪80年代以来改革开放的政策研究做出了积极的贡献。冼国明教授继承和发扬了南开在这一领域的学术研究传统，在他的努力下，南开大学跨国公司研究中心在2001年成为教育部百所人文社科重点研究基地之一。该中心成立以来，围绕着有关跨国公司和国际直接投资的研究发表了众多高水平的研究专著、论文和研究报告，主持翻译了联合国贸发会议历年的《世界投资报告》，参与了多次国家有关部门有关外资问题的重要咨询活动。中心广泛开展学术交流活动，每年召开国际投资论坛，成为国内高校该领域研究的主要学术活动平台。近年来在冼国明教授的主导下，中心进一步拓展学术活动范围，在经济学院的支持下，联合清华大学、复旦大学，召开了亚洲国际经济学论坛，邀请欧、美、日、新加坡以及我国香港地区高校的从事国际经济学研究的学者参与论坛的交流活动，在国内学术界产生了很大影响。

不断开拓新的研究领域是一个学术机构保持学术活力的重要因素。长期以来，跨国公司研究中心和国经所大部分师生的研究都聚焦于FDI，其优势在于使得这一领域的研究越来越细、越来越深入，但研究范围过窄的弊端也逐渐显现。如何开拓新的研究领域是近几年冼国明教授思考最多的问题。在冼国明教授的倡导下，国经所师生开始在南南合作、全球经济治理、全球价值链、人民币国际化、境外产业园区、数字经济等方面开展研究，并取得了一些重要的研究成果。

除了理论研究，冼国明教授认为国经所发展的另一个重要方向是智库建设。冼国明教授反复强调国经所的研究要接地气，要结合中国经济实践展开研究，在面对改革开放的重大实践和政策问题时，国经所师生要发挥智库应有的作用。在这方面，冼国明教授率先垂范，在上世纪末和本世纪初中国加入世贸组织过程中，他和国经所的师生们积极开展中国加入世贸组织的研究。在一次中央调研组邀请国经所几位教授座谈中国加入世贸组织问题时，冼国明教授积极主张中国应积极尽快加入世贸组织，冼国明教授和国经所其他教授的意见得到了中央调研组的高度评价，认为南开国经所教授们的意见加强了中央关于中国应积极加入世贸组织的决心。在本世纪初，国内舆论界和学术界关于中国引进外资的利弊产生了很大的意见分歧，很多人认为外国跨国公司通过收购国内企业，对国内产业和企业发展产生了负面影响，主张应限制外资进入。冼国明教授则认为改革开放以来中国的外资政策效果是积极的，我国不仅不应限制外资，还应进一步扩大对外资企业的开放。除了在一些重要的研讨会上陈述自己的主张外，冼国明教授还应时任国务院副总理吴仪同志的邀请，到中南海参加座谈会，讨论中国引进外资政策的利弊问题。在这次座谈会上，每个专家只给15分钟的发言时间，但冼国明教授发言时，吴仪副总理破例给了45分钟时间，冼国明教授利用理论和数据比较详细地分析了外资企业在我国经济发展过程中的积极作用，建议我国政府进一步扩大开放吸引外资。座谈会结束后，吴仪副总理专门和冼国明教授握手并感谢他深入细致的分析和政策建议。冼国明教授担任了"十三五"国家发展规划专家委员会委员，为"十三五"规划和政策的制定积极提供意见。为了增强国经所师生对现实世界经济和中国经济的了解，冼国明教授发起了主要针对重大现实问题的国经所午间学术讨论会，几乎场场爆满。为了鼓励大家理论研究联系实际，中心在经费并不充裕的情况下，每年拿出专项经费鼓励大家做这方面的研究。

冼国明教授还在其他方面促进国经所的发展。资金瓶颈是国内高校科研机构普遍面临的发展障碍。优秀师资的引进、软硬件科研环境的建设、学术交流活动的开展以及对科研活动的激励都需要充足的资金作为后盾。为了满足日益壮大的跨国公司研究中心和国际经济研究所的发展需要。在几经深思熟虑之后，冼国明教授和时任所长的蒋殿春教授商量决定以成立校友基金会的方式，借助国际经济研究所毕业校友们的力量来为国际经济研究所的发展开辟新的资金来源。为此，冼国明教授不仅积极与国际经济研究所的毕业校友建立广泛联系，而且多次与学校管理部门和政府相关机构进行沟通和协调。在冼国明教授和蒋教授的不懈努力下，2011年11月，经天津市民政局批准注册，南开菁英教育基金会正式挂牌成立，并在成立之初便接受六位国际经济研究所校友的一次性捐赠700余万元，成为支持国际经济研究所后续发展的有力保证。此后，在南开大学的多次捐赠活动中，都有国经所和冼国明教授学生的身影。2016年成立的南开智德基金会是南开历史上第一个过亿元的捐赠项目，捐赠者周海冰就是冼国明教授指导的博士研究生，该基金的目的之一就是支持国经所的发展。

除了国际经济研究所和跨国公司研究中心外，冼国明教授还将大量精力投入到南开大学泰达学院的发展建设中。泰达学院是南开大学和天津经济技术开发区合作共建的新型学院，作为泰达学院的创始院长，2000年泰达学院建院之初，冼国明教授就以为南开大学和天津经济技术开发区建设搭建高水平学术平台和人才培养平台为目标，突出教学与科研的创新性和前沿性，强化产学研一体化的办学方向。经过十多年的实践，泰达学院逐渐摸索出一套以高起点、综合性、研究型、开放性为办学指导思想的办学模式。

经过十多年的发展，泰达学院成立了应用物理学院、生物技术学院、软件学院、膜分离技术研究开发中心、微电子芯片设计中心等一批具有国际先进水平的教学科研机构，并建立起以推动国家和地方经济进步、服务社会发展为宗旨的产、学、研相结合的研发创新体系，聚集了一支年富力强、具有创新和奉献精神的研究团队，成为南开大学科研创新最活跃的机构之一。承担100多项国家和省部级研究项目，在国内外各类核心期刊发表论文累计超过550篇，其中发表在Nature、PNAS等国际权威刊物上的论文达数十篇；申请并获得国内外专利100多项。拥有教育部"长江学者"特聘教授5人。

自2004年开始，泰达学院开始建立工业工程、物流管理与工程、国际商务等本科专业，由于是新办专业，教师全部是新招聘的博士。针对这种情况，冼国明教授十分重视本科生课程体系建设和年轻教师的培养，采取导师制等方式带动本科生尽快熟悉本专业的理论和方法，吸引学生尽早参与年轻教师的科研活动，鼓励本科生撰写英文论文参与各种国际学术会议。同时，学院采取多种方式培养本科学生的综合素质，包括由学生自我组织的各种社团活动，学院安排的学生实践实习活动，每年定期举办国内高校学生参与的青年节，邀请企业界高管担任本科生校外指导老师，和国外以及我国港澳台地区高校建立本科生交流项目等。泰达学院图书馆吸取国外高校图书馆的做法，制定各种措施方便教师和学生利用图书馆进行学习和研究，图书馆甚至还允许学生们订购他们想要阅读的图书和教材。泰达学院图书馆的这些制度为同学们学习提供了很大便利，以至于很多在泰达学院学习过的同学在回忆时都提到泰达学院图书馆，认为那是世界上最好的大学图书馆。经过几年的努力，泰达学院培养的本科生具有了良好的素质，在毕业时很多同学申请到欧美名校以及国内名校攻读博士和硕士研究生，选择就业的同学也找到了满意的工作岗位。由于在本科生培养方面的创新和取得的成效，泰达学院被教育部批准成为本科生培养体系创新的试点学院。

在冼国明教授的带领下，泰达学院像一条连接起高校和社会的"快速路"，源源不断地把南开大学的学科和智力资源输送到地方经济开发开放建设战场的前沿阵地，成为南开大学在新时期继续传承弘扬"知中国、服务中国"理念的示范区。十多年来，泰达学院的发展受到了上级领导的高度关注和充分肯定。温家宝、李岚清、张立昌、陈至立等领导多次视察泰达学院，并对学院工作给予了高度评价。2005年6月26日，时任国务院总理温家宝同志亲临学院视察，温总理指出："南开大学在新区办泰达学院很有必要，这所学院很有前途。我希望我们南开大学泰达学院越办越好。"

学术研究

冼国明教授多年来一直从事世界经济和跨国公司等领域的研究，始终坚持科学的态度和严谨的学风，紧密联系现实问题。任教30多年来，承担过国家社科基金重大项目、教育部重大攻关项目、教育部人文社科重点研究基地重大项目等国家级重大课题十余项，在《经济研究》《管理世界》《世界经济》《经济学季刊》等权威期刊发表论文数十篇，曾获安子介国际贸易优秀成果奖和天津哲学社会科学优秀成果奖。冼国明教授的学术研究主要集中在以下领域：

关于跨国公司和当代国际分工的研究

冼国明教授系统地研究了国际贸易理论、跨国公司理论，并利用马克思有关社会分工和企业内部分工的论述，以及西方经济学交易成本的理论，对跨国公司和当代国际分工的理论进行了解释。他指出，跨国公司内部国际分工是企业内部分工发展到一定阶段的产物，其发展改变了当代国际分工的内容、性质与形态。跨国公司作为企业内部分工的组织与协调机制，导致了跨国公司国际生产体系的迅速发展。冼国明教授的这一成果丰富和发展了马克思主义经济学有关国际分工的理论。世界著名跨国公司专家、美国哥伦比亚大学王念祖教授认为这个思想奠定了社会主义国家坚持长期开放政策和参与国际分工的基础。我国著名跨国公司专家滕维藻教授认为，冼国明教授有关对外直接投资理论的研究使中国学者在此领域的研究接近和达到了国际先进水平。这些学术观点集中体现于冼国明教授的专著《跨国公司与当代国际分工——对企业内部国际分工的剖析》中。

关于外资政策的研究

冼国明教授系统总结了二战后发展中国家实行的吸引外资政策，他认为发展中国家外资政策经历了三个发展阶段，即外资优惠政策阶段、投资促进政策阶段和加强关联政策阶段。第一代引资政策主要是外资优惠政策，即利用包括各种财政的、金融的优惠措施等，作为吸引外国直接投资的政策，这个政策很容易被各国所竞相仿效。第二代引资政策就是各国在吸引外国直接投资时，有针对性地根据本国的要素条件所形成的产业政策，以及根据政策所确定的产业目标，选择外国跨国公司伙伴，然后通过一系列的措施来吸引这些跨国公司到本国投资。因此，对一个国家和地区来说，在采取政策优惠以后，还要提供一个非常优良的基础设施和便利的商业环境以达到促进投资的目标。第三代政策的特点是有目标有计划地发展当地的配套企业，将其作为吸引跨国公司以至某个产业群的跨国公司来本国投资的重要手段。通过产业配套吸引外资，并由此促进外资企业与本国企业的关联是第三代引资政策的重点。在市场机制发展较弱的发展中国家，单纯依靠市场机制难以形成有效的关联，因此，发展中国家政府应当积极推动本国企业和跨国公司建立关联。据此，他认为我国必须尽快制定加强本国企业与外资企业关联的政策，以促使跨国公司的知识、技术和管理经验的转移，促进我国相关产业群的发展并最终提高我国企业竞争力。这一观点提出后得到当时学术界和有关政府部门的高度重视。

FDI 与中国国际竞争力研究

冼国明教授主持并完成了教育部重大攻关课题"跨国公司与中国国际竞争力"的研究。该课题从技术溢出效应、产业结构升级、出口竞争力等多个层面研究了外资对我国经济发展和企业国际竞争力的影响，主要内容包括以下几个方面：

外资的技术溢出效应。外资的溢出效应是研究外资对东道国经济影响的关键变量，该研究在理论和实证层面证实了外资通过示范、关联和竞争等途径对我国内资企业的生产率、技术创新产生了溢出效应，这种溢出效应在产业和地区层面都表现出明显的差异性。其中，内资和外资企业的技术水平差距、内资企业在研发方面的投资、企业所处的行业特征以及相关产业政策都会对外资的溢出效应产生显著影响。该研究的政策建议是，我国应实施"以竞争换技术"战略，应该从培养内资企业的竞争力入手，建立公平的市场竞争环境，通过内外资企业之间的竞争，促使外资加快新技术的引入，并通过技术的竞争和示范效应，在内外资企业之建立良性互动的技术进步机制。

外资对我国产业发展的影响。该研究首先通过构建理论模型考察当跨国公司生产率水平高于内资企业，且与内资企业同时在产品市场和要素市场展开竞争时，外资对东道国产业发展的影响。研究发现，跨国公司对内资企业正的生产率外溢使竞争效应减弱，负的生产率外溢使竞争效应增强，而跨国公司的出口更有利于东道国的产业发展。在利用数据进行实证研究时发现，随着中国加大对外开放，外资对中国产业结构的影响和对产业集聚的推动作用变得更加强大和显著，因此，外资通过促进产业集聚和技术溢出效应等途径，推动了我国的产业结构升级。

外资对我国出口竞争力的影响。该研究通过构建垂直专业化指数与技术复杂度指标，对中国各行业的出口竞争力进行了全面测算，并考察了外资对我国出口竞争力的影响。中国制造业的出口竞争力来源于两个极端行业，即低技术制造业和高技术制造业，中国这两类行业的出口占世界的份额都已经超过了其他任何国家和地区；但如果从增加值贸易的角度来测算，中国出口竞争力的提升程度要远低于贸易总额所显示的水平，我国的比较优势并没有从低技术行业转向高技术行业。这表明外资虽然推动了我国出口竞争力的提升，但也在一定程度上造成了我国出口竞争力变迁的路径依赖。其政策建议是我国企业应加强技术创新研发的投入，提升我国在全球价值链中的地位。

关于多边投资框架的研究

在 2001 年 WTO 多哈部长会议召开之前，冼国明教授预见到制定多边投资框架是其主要议题，而这将会对各国外资政策制定的空间产生重大影响，因此组建了课题组进行研究。研究结果表明，建立全球多边投资框架需要考虑到各国投资管理体制的动态性，以及跨国公司和东道国之间复杂的法律和契约关系，并特别需要考虑发展中国家的发展目标。2002—2004 年，WTO 启动新的国际投资规制的谈判议程，并先就七项议题准备谈判（投资者定义、透明度、准入与开业控制、非歧视性待遇、例外条款、争端解决机制、发展条款）。当时我国政府面临的紧迫问题首先是是否参与多边投资框架的谈判，其次是针对七项议题，我国需要采取什么谈判策略以及理论和现实依据。冼国明教授对此开展了一系列深入研究，认为积极参与多边投资框架谈判符合我国的长期战略利益，并针对七个议题的谈判策略和选择都明确设计了上、中、下方案并提交给商务部。与此同时，冼国明教授和课题组成员在学术期刊上发表了一系列论文，研究多边投资规则框架及其主要内容的意义，引起了国内国际经济学和国际经济法学学者的普遍关注。

关于中国对外直接投资理论及其影响的研究

1. 发展中国家对外投资理论研究。中国是发展中国家，因此中国的对外直接投资具有发展中国家的普遍特征。该研究把发展中国家的对外直接投资分为两类：发展中国家对发达国家的逆向投资，即学习型对外直接投资，和发展中国家对其他发展中国家的投资，即竞争策略型对外直接投资。随后通过建立模型进行分析，说明发展中国家企业对发达国家逆向投资主要是为了获取先进技术或管理技能，以加速企业自身的技术积累。从短期看这种投资有可能导致亏损，但从长期看这种学习型投资加快了发展中国家企业的技术积累过程。通过前期的学习型对外直接投资，发展中国家企业可以加强技术积累的速度和效果，并加强了企业所拥有的所有权优势，随后则通过在其他发展中国家的竞争策略型投资，进一步巩固"OIL"结构和市场份额。2. 中国企业对外直接投资动因研究。研究表明，中国企业对外直接投资具有三方面的动因。首先，中国在对外开放过程中延续了其他东亚国家和地区的发展策略，着重开放发展工业尤其是制造业，由于制造业附加值高且高度可贸易，故而为技术空间转移和扩散的主要载体。随着中国外向型制造业不断发展，中国企业技术和资金实力不断增强，生产率不断向国际前沿水平收敛，中国企业对外投资的意愿也不断增强。其次，随着中国劳动力市场的刘易斯拐点到来，劳动力成本必然上升，同时土地、环境等要素成本也在上升，推动企业对外投资。最后，由于金融市场扭曲和国内市场分割，企业成长的空间受到限制，这也促使企业走出去。3. 中国对外直接投资增长的路径分析。利用二元边际方法分析表明，中国企业在发达国家是以集约边际方式扩张，而在发展中国家则以广延边际方式发展。4. 对外直接投资与国内技术进步。研究表明，对外并购对国内企业生产率的提升有显著影响，这种影响在不同行业有显著差异，企业的规模、资本密集度、研发水平等对并购的生产率效应有显著影响。在发达国家的直接投资有显著的生产率效应，在发展中国家直接投资的生产率效应不显著。5. 对外直接投资与国内就业和收入分配。在就业方面，从理论上分析了不同投资动机的对外直接投资对母国就业的影响机制，然后利用微观企业层面数据，研究了中国企业对外直接投资对母公司就业人数的影响。结果表明，中国企业对外直接投资对国内就业产生了显著的正向促进作用。同时企业对外直接投资次数越多，对国内就业的促进也越明显。其促进效应并不受企业所有制类型、投资目的地收入水平的影响。在收入分配方面，利用中国数据的实证研究表明，在控制了各种对工资产生影响的因素（产业、地区、企业、工人素质）后，对外并购投资加大了我国企业劳动力收入的不平等。

双向国际投资的战略协调研究

冼国明教授主持了国家社科基金重大项目"引进外资与对外投资两大开放战略的协调机制与政策研究"。冼国明教授认为,在面临当前国内外新的发展格局时,构建我国"引进来"和"走出去"两大开放战略的协调机制和政策,需要在国家层面和国际层面予以考虑,也就是说,新时期的两大开放战略协调机制和政策应包含国家政策协调和国际协调两个层面。在国家政策协调层面,需要分析和总结两大开放战略的经验与教训,并结合产业结构升级、技术创新、出口增长、国际竞争力提升、就业增长以及经济可持续增长等经济发展总体目标,分别从国内准入政策层面、监管政策层面、产业政策层面、税收政策层面、金融政策层面、国际投资流向层面、地区平衡发展层面、法律法规层面八个维度提出新时期我国引进外资与对外投资政策的协调措施。在国际层面,冼国明教授分析了国际投资体制的发展新趋势,以及我国在参与国际投资新规则领域的进展,分析了我国积极参与高标准的国际投资规则的利弊得失,并提出了参与国际投资新体制的战略和对策,为构建新时期两大战略协调机制和政策确立新的国际协调体系。

关于对外开放和国内要素市场扭曲的研究

要素市场扭曲是发展中国家普遍存在的问题,扭曲的存在会对经济发展和开放的各个方面产生影响。冼国明教授分别从投资、出口、外资流入三个方面探讨了要素市场扭曲的影响,研究发现:1. 在投资方面,要素市场扭曲与中国投资之间呈倒"U"形关系,要素市场扭曲过高或过低都不利于地方投资,此外要素市场扭曲对中国投资的影响存在明显的区域差异性。2. 在出口方面,要素价格负向扭曲促进了中国企业出口。这意味着:中国出口奇迹离不开要素价格负向扭曲的影响;中国企业将国内"生产要素应得"通过低价出口形式转移给了国外消费者;贸易规模扩大、贸易结构优化的同时,更应注意贸易利益分配。3. 在外资流入方面,中国劳动力市场扭曲通过降低工资水平促进了外资的流入,但劳动力市场扭曲也意味着投资风险的提升、劳动力就业意愿以及资本边际产出的降低,从而抑制了外资的流入。因此通过干预劳动力市场来压低工资从而吸引更多外资的做法并不一定有效。

学无止境

早在 80 年代中期，还在读博士的冼国明教授就开始为研究生开设微观经济学和宏观经济学课程，那一时期打下的坚实的经济学理论基础使得先生日后能够不断更新自己的知识库，跟踪国际经济学前沿理论进展。与所里年轻教师相比，冼国明教授在对最新文献的把握和对研究热点的敏感度方面毫不逊色。国经所师生都有一个共同的感受，不论你和冼国明教授聊哪方面的研究，很少有他不了解的领域，而且在和他讨论的过程中总能受到新的启发，或者扩宽了研究视角和领域。

冼国明教授已过花甲之年，至今仍坚持亲自为博士生上专业课，和学生们一起"啃读"国际经济领域权威期刊的最新文献。国经所里的学术研讨会，他也是场场必到。几乎每天晚上，如果你经过经院高层，抬头总能看见 12 楼最西侧的办公室亮着灯。经院的保安换了很多茬，但用不了多久都和冼国明教授熟悉了，因为每天晚上保安到 12 楼巡查时经常会听见的是那句"不用锁门，我再工作一会儿"。在南开举全校之力创"双一流"的大背景之下，仍活跃在教学科研第一线的冼国明教授，还在为南开经济学科"双一流"建设贡献着自己的力量。

参考文献：

冼国明，《跨国公司与当代国际分工》，南开大学出版社 1991 年版。

冼国明、杨锐，"技术累积、竞争策略与发展中国家对外直接投资"，《经济研究》1998 年第 11 期。

Weizao Teng and N. T. Wang, *Transnational Corporations and China's Open Door Policy*, Lexington Books, 1988.

马君潞：鞠躬尽瘁执掌中国经济学重镇

周强等 [①]

马君潞（1954—2014），天津市人，回族，中共党员，著名金融学家，南开大学教授、博士生导师，富布赖特高级访问学者，享受国务院特殊津贴专家，1998年被评为"天津市教育系统优秀回国人员"，并入选教育部首批"跨世纪优秀人才"培养计划。马君潞教授曾任南开大学校务委员会委员、教育部高等学校经济学学科教学指导委员会委员、全国金融专业学位研究生教育指导委员会委员，曾任南开大学经济学院院长、深圳金融工程学院副院长、金融发展研究院常务副院长、东北亚金融合作研究中心常务副主任、中日韩合作研究中心主任等学术或行政职务。同时，他还曾兼任天津市证券学会会长、深圳市金融顾问协会会长、中国金融学会天津分会副秘书长、天津市城市金融研究会副会长等学术与社会职务。2014年2月，马君潞教授因过度操劳，与世长辞。

生命的价值不在于长短，而在于厚度。马君潞教授年仅一甲子就英年早逝，但他毕生坚守南开金融教育事业，潜心问道，严谨治学，躬身垂范，立德树人，铸就了南开金融人虚怀若谷、慎思笃行的行为风格；栉风沐雨，力克时艰，刚毅坚卓，继往开来，开创了南开金融学科锐意进取、蒸蒸日上的

[①] 参与撰写本文的作者还包括：张庆元、牛凯龙、关铁军、李泽广、万俊、张远明。

发展局面。

马君潞教授，师中君子，风范延绵。

师从名门，潜心求学

马君潞成长在书香门第，自幼爱好读书。1970年，在当时的历史背景下，初中毕业后他成为一名建筑工，南开大学西南村的一些楼房还留存着他的手艺。生前，他还曾经与有同样经历的天津市老领导相互调侃要比试"垒砖砌墙"的技术。在他的一生中，对所有工作都精益求精。正如他自己所言，"如果是一块好材料，不管干哪一种工作，都应该有好的表现"。

1978年，马君潞考入南开大学经济学系，成为恢复高考后第二届学生（前两届特殊，同年春秋季入学、同年春秋季毕业）；大学毕业后，他选择继续深造，并于1985年，以题为"论当代国际储备体制"的毕生论文，获得南开大学经济学硕士学位，是我国改革开放后颇为早期的金融学研究生。丰富的阅历砥砺了他坚韧、平和的性格，"小三届"大学生特有的优秀品质在他身上得到了最好的体现。

同年，他赴加拿大麦克马斯特大学管理学院与经济学系公派留学，进修学习。麦克马斯特大学地处多伦多附近的"钢铁之城"汉密尔顿，学风扎实、严谨，发明B-S期权定价公式的迈伦·斯科尔斯（Myron S. Scholes）教授即毕业于此。据马君潞教授当时在加拿大的导师Man-Wah Luke Chan教授回忆，马君潞勤学好问、经济学基础非常扎实，总是高兴的、微笑的、无忧无虑的，在同学中是一个安静而又拥有智慧的领导者，聪明、幽默而又风趣。

1987年，马君潞以优异的成绩获得麦克马斯特大学经济学硕士学位。学成后，马君潞毅然接受中国国际金融学奠基人、时任南开大学金融学系主任钱荣堃先生的召唤，回到他挚爱的南开大学任教。

1989年，马君潞师从钱荣堃先生攻读博士学位，专攻国际货币制度方向的研究。钱荣堃先生系一代大师，不仅传授知识，更把"不唯书、不唯上、只唯实"的学术态度植入了弟子的灵魂，塑造了弟子的治学风格。1993年他以题为"国际货币制度论"的毕业论文获得博士学位,同年晋升为教授;1996年获得博士研究生导师资格。

南开金融领航人:坚守与传承

南开大学金融学科历史悠久、底蕴深厚。1919年建校之初即设商科,并设有银行财政学门(系)。1982年,在中国人民银行、中国农业银行、中国人民保险公司的支持下,南开大学重建金融学系。1982—1996年,钱荣堃、王继祖和刘茂山先后担任金融学系主任。我国始建国际金融博士点时,全国仅有六位博士生导师,南开大学独占三位,分别是钱荣堃、陈国庆和王继祖三位老先生。全国第一个国际金融硕士研究生点和第一个国际金融博士点分别于1979年和1983年在南开大学开办。1988年,国家教委(教育部前身)进行首批高等学校博士点重点学科的评选,南开大学国际金融专业被评定为该专业全国的唯一重点学科,后在教育部组织的历次学科评估中,金融学科均被评为国家级重点学科。

20世纪90年代,金融学系国际金融专业博士生导师合影,左起:马君潞、陈国庆、钱荣堃、王继祖、刘玉操

90年代中期，经济学科特别是金融学科的青年骨干，面对市场经济与金融市场建设的大潮，纷纷下海寻求自身价值，当时甚至还有"当教授不如卖茶叶蛋"的说法。马君潞教授却始终心无旁骛，致力于教学和学术研究前沿。1995年，他被任命为南开大学经济学院副院长。彼时，南开金融钱荣堃、陈国庆、王继祖等三位老先生均已七八十岁高龄，马君潞教授作为钱荣堃老先生最为器重并寄予厚望的得意门生之一，接棒金融学科帅印的重担自然落在他的身上：1996年，他接任金融学系系主任领航南开金融。面对当时的现实局面，他开始了卓有成效的坚守和传承。

开疆拓土，拓展研究空间

他前瞻性地预见到未来金融学科需要更大的空间，便与同人一道探索金融学科新的发展道路。一是主导建立了金融发展研究院，进一步探索推动南开金融学科向国际化发展，二是积极推动筹建了金融工程专业，南开金融成为国内最早一批培育金融工程研究生的教育基地。这些专业与机构在发展中不断成长壮大，逐步成为南开金融学科的重要组成部分。

人格魅力，做强学科建设

为了做好金融学科的传承与发展，需要系统性思考如何解决好"人"的问题。马君潞教授高瞻远瞩、海纳百川，顺应国际金融学科发展的趋势，立足先进，探索开放型建设思路，逐步推进建立校外导师制度、汇聚校内优势资源、引进国际化青年才俊、推动本土人才的国际化，做强金融学科，迎头赶上世界金融发展的潮流。南开大学金融学系校友遍布海内外，赤子之心热切期盼南开金融有大的发展，而人格魅力十足的马君潞教授最受广大校友拥戴。广大师生与马君潞教授之间发自肺腑的真诚交流，自然而然成为校友们关心和支持金融学科发展的重要桥梁。

毫无保留，提携青年教师

作为经验丰富的学科带头人，马君潞对青年教师的培养和提携不遗余力。当前南开大学金融学院的骨干教师大都参与过他的课题组或者教学小组。马君潞教授的授课经验丰富，他曾经教导和告诫青年教师，授课应当注意"节奏"。比如，在难度较高的知识点讲授之前做好铺垫，甚至不妨在难点之前先讲个笑话，就像相声"抖包袱"一样，让学生们放松一下，可以起到更好的效果。马君潞教授直观和风趣的教导让青年教师们受益匪浅。不仅如此，他还创造机会，甚至资助青年教授走出国门，接触最前沿的理论。马君潞教授爱南开、爱护青年教师的拳拳之心令人感动。

以人为本，注重基础教育

马君潞教授秉承了南开高度重视本科教育的优良传统，始终坚持把"以本为本"作为学科建设与人才培养的基础。他本人更是身体力行，始终坚持为本科生开设经济学基础课程，一生不辍。90代初期，国内高校中对现在被公认为金融学系基础课的微观经济学和宏观经济学还没有足够重视，马君潞教授开教育先河，领风气之先，为大学二年级学生精心设计了为期一学年的连贯课程。为讲好这门课，他将自己对现代经济学的理解，系统且鲜活地融入教案，善于用量化工具和经典模型，结合课本内容分析当时国内的经济现象以及欧美财政、货币政策的影响，为一批又一批青年学子打开了国际化视野。他的授课逻辑连贯、节奏分明，一堂课下来几乎不看教材和讲义，从头到尾娴熟地在黑板上演绎着经济学的魅力，稀缺、边际、均衡、博弈、挤出、福利以及各类曲线，如数家珍，一气呵成，如春风化雨般沁入学生脑海。不少南开金融学系校友至今仍然记得马君潞教授归国后开设经济学课程的盛况。

得益于南开坚持课堂对外开放的优良教学传统，这堂课的影响逐步扩散到校外，天津大学在内的天津其他高校学生、对现代经济学感兴趣的青年学子慕名而来，纷纷涌进经济学院圆楼的阶梯教室。近200个座位的教室，竟然需要提前一天占座，甚至要经过两三轮抢座大战，经常连窗台上都会挤满学生。多年以后，有幸聆听这一课堂的学生们重聚，无不感谢这堂提纲挈领、完善演绎的基础课所带来的启迪；正是这堂课，不仅激发了在校内学习研究经济学的深厚兴趣，也形成了在学习方法、知识积累和宏观视野上的先发优势地位。

固本强基，成就经典教材

一本优秀的教材是教育的基础，为解决国内国际金融学科本科优秀教材不足的困境，在钱荣堃先生的指导下，马君潞教授和陈平教授合作具体执笔，完成了具有广泛影响力的《国际金融》教材。该书在充分吸收国内外国际金融教育最新成果的基础上，建立起独特、严密、完整的理论体系架构，获选国家教育部财经类专业核心课程教材和教育部推荐使用教材，并先后获得国家级优秀教学成果奖和教育部优秀教材奖。这部教材于1992年首次出版，当时国内高等教育特别是经济学教育恰逢小平同志南方讲话之后的历史转折，它不仅及时填补了国内国际金融优秀教材的空白，也充分体现了当时国家国际金融专业唯一重点学科的应有的担当与贡献。该教材先后多次再版，成为90年代至今国内影响力最大的国际金融教材之一。

高瞻远瞩，致力院系发展

马君潞教授始终以南开经济金融学科建设为使命，牢牢把握"教育"这两个字的精髓，倾心投入，淡泊名利，务实务本，甘为人梯，处处彰显着立德树人、大公无私的公能精神。在其一生中，马君潞教授最关心的还是南开金融学科的建设和发展，生前他设计了金融学院系统化的建设与发展方案。令人感怀的是，直到去世前两小时，虽已夜深，他还在与同人商讨金融学院的建设问题，计划带领青年骨干教师为金融学院发展寻求产学研协同发展、校友共建的发展道路。马君潞教授英年早逝，是南开经济、金融学科尤其是金融学院的巨大损失，同事在其追悼会上如是感言："良师益友三十载，敦厚淳朴君情怀。无奈英才苍天妒，只把雄魂留南开！"

经济学科重镇掌门人：海纳百川

2006年，马君潞教授被任命为南开大学经济学院副院长（主持工作），转年担任院长。在任期内，他更是殚精竭虑、宵衣旰食，以"甘为人梯、成功不必在我"的心态，推动学科发展，培育竞争力人才。

2009年年初，时任经济学院院长的马君潞教授，在佟家栋教授、冼国明教授等几位学科带头人的支持下，开启实施赴英美引进青年海归学者的计划。当年9月，首批毕业于世界一流大学的海归学者顺利落户南开大学经济学院。在引进人才的同时，马君潞教授还重启了著名的"南开-约克"模式，以功成不必在我的胸怀，把学院各专业的优秀青年教师推荐到世界一流大学学习、开展科研合作。他着眼于学科大厦基石的人才计划，尽管在短期内只有负担而难以看到成绩，但他在四年任期内却一以贯之，并被继任的院长延续和扩大，为南开经济学科的振兴奠定了坚实基础。他组织了中国留美经济学家年会、全国金融学年会等交流活动，都是国内最高水平的学术会议；他筹措经费，支持各系所召开领域内的顶尖学术活动，提升学科地位；他鼓励并亲自帮助中青年学者申请国家重大课题；他以广泛的社会影响力赢得了政府和企业的高度信赖，也因此成功申请了众多研究项目；他筹划青年学者和国内顶尖学术期刊的对接；他重视开展南开青年经济学者论坛……凡此种种，只要事关南开经济金融学科的建设，马君潞教授都不遗余力地支持。

他上任之时，经济学院财力枯竭，为了支撑学院各学科发展，他一方面增强学院的造血能力、多渠道增加收入，一方面发动一切力量、调动社会资源为学院所用。多次重要学术会议的经费，都是社会企业仰慕他的治学和为人，折服于他忘我无私建设院系的热情，给予了支持和资助；他想方设法筹

2005 年 10 月，马君潞教授作为年会主席主持第二届中国金融学年会

集经费，一边引进人才，一边送青年教师出国。

他在任期间，经济学院以两个一级学科国家重点学科、六个二级学科国家重点学科，稳居国内经济学科第一梯队。南开经济学也以一流的研究实力得到了国内外同行的广泛认可，风光一时无两。

也正因此，马君潞教授担任经济学院院长的四年多，是他精气神消耗最多的四年，也是透支生命的四年。

熟悉马君潞教授的人都知道，他爱好一边喝茶、一边抽烟，青烟袅袅间，常见他面带笑容却一言不发，陷入沉思。在同事、弟子有困难咨询他的时候，他总有一句口头禅："嗨，多大点事儿啊。"风轻云淡的背后，虚怀若谷、负重前行的马君潞教授，从不将压力言表。

马君潞教授心胸坦荡，视野开阔，用一生的实际行动深刻诠释着"公能"二字。作为中国经济学重镇的掌门人，他一切从大局出发，不计较一时一局之小利，默默奉献、日夜操劳；牢牢把握"教书育人"的精髓，为改革开放培育社会急用之才，坚定践行"知中国、服务中国"的南开道路。

学术研究：格物明理，致知笃行

研究

马君潞教授研究领域广泛，在国际金融和金融体制改革领域的研究成果及贡献尤为耀目，可谓格物明理、致知笃行，其潜精研思和累累硕果同样是构建南开金融学科高峰的牢固基石和引领国内学界潮流的风向标。

国际货币制度与国际金融研究是马君潞教授长期关注并最负学术盛名的领域。他对国际货币制度的演进与沿革、国际货币制度稳定运行的机制与条件、比较金融制度和金融全球化与不平衡发展等重大问题精心潜研，提出了一系列具有重大影响和前瞻性的观点。对巴拉萨-萨缪尔森效应的系统评析则体现出他对国际金融理论走向的高度敏感性和前瞻视野。针对金融自由化、资本账户自由开放、基于两国模型的资本账户自由化政策抉择、经济开放背景下发展非贸易部门对缓解贸易顺差及汇率波动的作用等问题，马君潞教授进行了大量的原创性理论研究，丰富了我国国际金融领域的研究层次，对国际货币制度运行机理与不足的研究有着非凡的洞见。马君潞教授的治学功底非常深厚，尤其是对于国际货币制度演进的钻研令人叹为观止，他早期的专著《国际货币制度研究》（1995年）至今仍然被不少院校开设的相关课程指定为必读参考书目。

马君潞教授对国际收支理论、汇率制度演进、汇率制度选择理论和债务危机历史等若干重大话题进行了较长历史周期的脉络梳理，推进了国际金融领域的研究。作为人民币汇率制度下宏观金融运行问题的资深专家，他将汇率制度选择的研究领域拓展到非经济原则层面，从新政治经济学视角丰富了汇率制度选择的研究角度；早在1995年，他就提出了人民币自由兑换过程中确保经济稳定运行的五个条件，并指出"汇率估值水平的稳定和外汇储备规模的稳定"是确保国内经济应对冲击的先决条件，"市场化改革、完善金融市场、疏通货币政策和确保经济平稳运行"是确保人民币自由兑换带来的国内外价格体系接轨能够顺利转换的先决条件。今天看来，马君潞教授投入大量精力所做的这些研究，对于人民币国际化战略仍然具有很高的政策应用价值。

马君潞教授与钱荣堃先生一道开展的国别金融体制研究，特别是针对加拿大金融制度和美国金融制度的研究，在国内有着广泛的影响力。相关系列成果是国内首次针对盎格鲁-撒克逊文化国家的金融体系进行的广泛介绍与深度研究，时至今日，仍然是进行国别金融制度研究不可或缺的关键资料；连同陈国庆先生和王继祖先生等共同完成的系列国别金融制度研究，奠定了南开大学国际金融学科在当时国内学术界的领先地位。

此外，他利用自己英文水平极佳的优势，在引进国外经典文献资料方面不遗余力，他带领研究团队所引进翻译的《金融市场与金融机构》和《构建货币经济学模型》等多部专业书籍成为同类译作中的经典，也是学术研究的案头必备资料；他与蔡受百、马建堂合译的《几位著名经济思想家的生平、时代和思想》，已是西方不少大学经济学说史的标准著作。

致用

金融的生命力在于指导实践，在当前的中国更是如此。为深入探索国际货币制度合作的可行性，马君潞教授带领一批青年研究人员亲身实践，考虑推进不同经济体间大型基础设施融资合作、设立区域政策性银行作为现实路径，加快区域内金融合作渐推渐进的可行方法。作为东北亚金融合作的主要推动者之一，在鲜活的区域金融合作实践中形成了一系列具有广泛国际影响的成果。

在深耕国际金融领域之外，研究中国金融改革发展的现实问题，是马君潞教授投入毕生精力的另一个科研重地。他长期致力于研究我国金融体制的运行与改革，高度重视金融体制变迁与金融发展改革的现实问题研究，围绕货币政策的规则性、系统性风险与金融稳定、金融机构管理和资本市场开放等话题在国内权威学术期刊发表了大量影响深远的著述。

在货币政策方面，他聚焦前瞻性货币供给规则与宏观经济的稳定关系研究、高储蓄率背景下货币供给规则与宏观经济的稳定性研究等话题，更为强调从长期视界分析中国货币供给规则，并研判基于我国货币政策决策体制引入稳定供给规则影响经济稳定运行的边界条件，拓展了传统的外生货币增长率假定的货币经济学模型框架，具有丰富的政策启示性与实用价值。

在金融机构管理和金融体系的稳定性方面，马君潞教授带领研究团队深入分析次贷危机后主要经济体金融监管架构变化趋势，特别聚焦于美联储权力结构变迁和混业发展趋势，注重从新的视角来解读宏观审慎监管方式变革问题。此外，他在金融机构管理和稳定运行的微观视角、我国现有体制下银行业和非银行金融机构的竞争与效率问题和代理问题等方面都有独到的论述。

在金融制度体系设计方面，马君潞教授高度重视我国转型时期融资制度的变迁和由此引发的微观企业所面临的金融约束问题。这实质上涉及在我国复杂的现实背景下，什么样的金融制度能够更高效和稳健地服务实体经济的问题。由此，他带领研究团队借助制度耦合和动态不一致视角进行了解读，从融资制度的微观运行视角进行了系列研究，务实地强调金融基础设施完善在弱化代理问题方面的重要作用。

作为一名学者，马君潞教授的科研之路充分传承了求真务实的南开精神。在谈到科研工作时，他主张科研不是哗众取宠，更不是数字游戏，经济学和金融学都是致用之学，相关研究要深植中国实际，提出中国策略。开展金融学领域的研究，应该首先对我国经济发展的现实问题有深入的了解，最有价值的科研成果，应是能够直接服务我国经济发展决策，或能够被企业采纳和利用的学术观点或决策性建议。同时，做好科研工作，要有正确的学习方法和研究方法，要尊重理论研究的规律。科学研究的过程也包含学习的过程，开展一项学术研究，首先要广泛阅读国内外相关文献，才有可能站到同类研究的前列，其次应进行必要的学术交流，不断地借鉴工程学、运筹学、数理统计等多门学科的研究方法，不能闭门造车。

人才培养：因材施教，润物细无声

在人才培养中，马君潞教授充分展现了南开人允公允能与敬业乐群的优良传统。在指导学生过程中，他非常注重培养学生的独立人格与独立思考能力，注重结合学生特长与兴趣因材施教。他鼓励学生多实践，特别是结合自己的研究方向多接触具体的金融工作，但是坚决反对把实践搞成兼职，荒废学业或降低对自己学业的要求。同时，他对治学的态度非常认真，当时个别学生不能理解，觉得自己的学位论文比国家硕博论文库中的一些成果好多了，对此马君潞教授仍坚持高标准、严要求。严要求，并不是苛求或为难学生，而是让大家不受浮躁环境的影响，更是希望能从学位论文创作过程中培育一种精神，一种追求自身能力极致、挑战自身极限的精神，让大家能够在校园里彻底把心沉下来，利用走向工作岗位前的这段珍贵时光，对方法论和学术精神再次进行一次系统锤炼，从而使自己能够在未来的职业生涯中发挥更大的作用。严要求并非对学生的困难不闻不问，而是更注重从研究方法、研究思路以及文献梳理等方面给出具体建议。经过磨砺与锻炼的弟子们不仅都顺利完成了学业，也令学生时代更加充实。毕业后的师生聚会中，大家总能回忆起恩师当年的语重心长和严管厚爱。

在博士生教育中，马君潞教授积极探索新的培养方式。他鼓励学生建立自组织的学术讨论平台，让学生自己选题，定期组织学术研讨，并逐步过渡到尝试论文初步审核由学生民主讨论完成。这个过程，既帮助大家开拓了视野，增强了大家自主学习、博览文献的积极性和主动性，也让大家能够跳出自身局限来审视学术成果的优点和缺陷。他也是第一个尝试作为"旁观者"列席博士生答辩的导师，整个答辩过程完全交给答辩委员和学生，一改传统答辩的流程化和沉闷化的局面，答辩的过程成了名副其实的学术辩论，为即将离校的学子提供了一次和本领域内多位知名教授进行面对面深度交流的机会。

特别值得我们记忆并发扬光大的是，马君潞教授不仅仅自己践行着允公允能敬业乐群的南开风格，还特别重视将这一南开传统润物无声地传递、指导给年轻一代教师。当有青年教师刚刚留校任教时，他会以品茗聊天这种轻松的方式明确表达出：作为一个南开的老师，要做到一切为了学生，为了学生的一切！当有年轻教师职称晋升开始指导研究生时，他会把年轻教师请到家里以茶相祝，并常常语重心长地给出指导和期望：指导研究生，就要认真负责。认真负责什么？那就是要带领学生们做科研。通过科研去培养学生，这会比你自己做科研更辛苦，但一方面这是一个导师应尽的职责，另一方面也会得到来自学生们的启发和灵感，从而也在提高导师自身的水平和能力。马君潞教授的这些指导和期望，影响了很多年轻一代南开金融的教师，并由他们践行、培养着一届届南开金融的优秀学子们。

据不完全统计，马君潞教授独立及合作培养 80 余名博士、200 余名硕士，桃李遍天下。而受过他指导的学生则更多了，很多其他老师的学生和他关系也很亲近，在他那里，完全没有门第概念。如今，学生中很多在高等院校、政府部门和金融机构都已是中流砥柱，回首往昔无不对昔日恩师马君潞教授的指导心存感激。马君潞教授溘然长逝时，一位学生悲痛写道："吾师在津门，桃李满园春。学贯通中西，书成开新篇。堂上抒慷慨，樽前动风幡。君自涅槃去，怆然天地间。"

马君潞教授离世五年忌日，学生们自发追思恩师，怀念感恩那个如师、如友、如父的老马，有学生追忆："性情洒脱似老庄，胸怀执念如孔丘；一夕梦蝶逍遥去，春风化雨润南开。"有学生赞叹："他和天津的另外一匹大马——马三立大师不乏相似之处：身具技艺不凌人，胸怀丘壑意常深；业间友朋佳评广，一代宗师只求真。"

豁达人生：只做少年游

马君潞教授一生风度有佳，有一种自由洒脱的气质。学术上备受学生尊敬，生活中却是学生眼中的"大顽童"，爱情与家庭堪称后辈典范，令人艳羡、赞叹。

学生们的共同回忆都是，导师身姿修长挺拔，五官端正，眼睛清亮，睿智儒雅。而他的儒雅中混合着一种昂扬明亮、无拘无束、有趣好玩的少年气，这让他看上去比实际年龄年轻很多。

马君潞教授生活中淡泊名利，飞扬洒脱。尽管处在金融学这样一个繁华喧闹的研究领域，但在具体而微的现实面前，他并不在意所谓的"功成名就"，那些对于他而言永远都不是最重要的。曾有与他相熟的学生问道：您在学界是学术名人，每天事务繁杂，是不是很累？马君潞教授当时避重就轻且略带调侃语气地说道：你这个"小家伙"，我不是什么"名人"。

他的性情洒脱，有一种千金散尽还复来的豪情和旷达，对于红尘里的名和利、人与事，极少纠结与权衡。他饮酒，从不劝酒，但也从不推脱。他访友，乘兴而来，须得兴尽而返。他应酬饮宴，从不冷落任何一个人。他待人接物，亦无任何分别心。为人父，他愿意平等；为人师，他给予自由；为人友，他真诚相待……现在人们都喜欢说，出走半生，归来仍是少年。但在马君潞教授，是无所谓"出走"，更无所谓"归来"的。他一直在那里，昂扬、明亮、热情，孜孜不倦给我们以少年式的大好性情、大好襟怀。

马君潞教授的家庭与爱情，也充满年轻的纯粹和热情。人说少年夫妻江湖老，他和傅文梅女士真真是"少年"夫妻。师母为人活泼爽朗，喜欢热闹，和所有学生都能打成一片。人极美，岁月在他们夫妻的身上仿佛不曾留下痕迹。他们二人常形影不离，在一起相濡以沫的快活自在模样，让旁人忍不住艳羡：好一对神仙眷属。甚至有人打趣，说马君潞教授走到哪里都带着个俊俏的妹妹，他听了只哈哈一笑，并不在意。每逢师生团聚，但凡有师母在，她必定是中心，也是快乐的源泉。辩才无碍的马君潞教授，这个时候心甘情愿作为陪衬，微笑地看师母讲到兴奋时手舞足蹈，眼睛里全是欣赏的爱意和宠溺。所谓眼里心里只有对方的真正年少的夫妻，无非也就是彼时彼景。他们，已经携手走过了人生大半。他们在一起的样子就是爱情最理想的模样。

"马老师虽然走了，我知道他离开后最牵挂和放心不下的人是我，所以我得坚强，让他能看见，我好好地活着，也让那些关心他的亲人、朋友和学生能够放心，这样他在那边也才安心。"师母如是说道。马君潞教授家里，一如生前，仍是学生、朋友流连忘返的重要驿站，大家心里，先生从未离开。

怀念恩师马君潞教授！

蔡继明：潜心三十年，价值有新论

蔡继明

蔡继明，1956年1月生，祖籍山东章丘，南开大学经济学博士，清华大学社会科学学院教授，院学术委员会副主任，政治经济学研究中心主任，美国哈佛大学富布赖特访问学者。第九、第十、第十一届全国政协委员，全国政协经济委员会委员；第十二届全国人大代表，第十三届全国人大财经委员会委员；民进中央常委，民进中央经济委员会主任；最高人民法院特邀咨询员。享受国务院政府特殊津贴。已发表300余篇学术论文，出版9部学术著作、10部教科书。主要研究领域：价值和分配理论、土地制度和城市化。主要代表作：《垄断足够价格论》《从按劳分配到按生产要素贡献分配》《从狭义价值论到广义价值论》《高级政治经济学》《中国的城市化》。主要贡献：与谷书堂教授合作提出了按生产要素贡献分配理论（1988），创立了包括所有产业部门在内的地租理论（1990）和广义价值论（2001），设计了拆散黄金周、变传统节日为法定假日，同时推行带薪休假和长周末制度的改革方案，并促成了2008年国家节假日制度改革，提出了优先发展大城市以及土地制度改革和涉地法律修改的一系列建议。

我是 1985 年在河南大学毕业并获经济学硕士学位后到南开大学经济研究所工作的。1987 年我师从著名经济学家谷书堂和魏埙教授在职攻读经济学博士学位，1990 年获得经济学博士学位的同时破格晋升为副教授，1992 年再次破格晋升为教授（是当时南开大学文科最年轻的教授），1995 年被增列为博士生导师，2000 年调入清华大学工作至今。值此南开大学百年校庆之际，回忆在南开 15 年的生活、学习和工作，对母校的感恩之情油然而生，昔日的教学科研情景历历在目。

难忘谷书堂、魏埙两位导师的知遇之恩

我 1985 年 7 月毕业于河南大学经济研究所，获经济学硕士学位。一方面由于我大学毕业论文导师王警吾教授的推荐（王警吾教授于南开大学毕业后留校任教，与谷书堂教授一起工作多年），另一方面由于随国务院学科评议组来河南大学检查学位时对我的直接了解，时任南开大学经济学院院长的谷书堂教授曾先后三次派经济学院办公室主任走访河南大学及河南省教育厅，希望把我"分配"到南开大学工作（当时研究生毕业分配还带有浓厚的计划经济色彩）。几经周折，直到 1985 年的最后一天即 1985 年 12 月 31 日，我才拿到河南省教育厅的派遣证赶到南开大学报到。我作为河南大学这样一个地方大学培养的硕士研究生能够受谷书堂教授邀请来南开大学这样一个教育部重点大学工作，使我的经济学教学与科研生涯一开始就有了一个较高的起点，为此我由衷地感谢谷书堂教授的知遇之恩，也特别怀念当年指导我大学毕业论文并鼓励和推荐我到南开大学工作的已故王警吾教授。

来到南开大学的第三年，即 1987 年，我便考取了谷书堂教授的在职博士研究生。攻读博士学位期间与谷先生朝夕相处的日子里，先生的言传身教对我的学术研究与教学工作产生了深远影响。谷先生不仅指导我和同门师兄读书、写作，而且多次带我出席全国学术研讨会，推荐我大会发言，并与我合作发表文章，使我在读博士生期间，就结识了宋涛、宋则行、宋承先、蒋学模、王珏、卫兴华、吴宣恭、钱伯海、马家驹等著名经济学教授，对我国

经济学界的状况有了一定了解。谷书堂教授虽然主要从事马克思主义经济学的研究，但一向鼓励其弟子研究和借鉴西方经济思想，这种海纳百川的学术胸怀为我们年轻学子营造了自由的学术氛围。在谷先生的精心指导下，我于1990年获得南开大学经济学博士学位，成为谷先生门下第二个博士弟子，为此我由衷地感谢谷先生对我的培养和再造之恩，使我实现了一生对最高学位的追求，为尔后的学术发展创造了条件。

在攻读博士学位期间，魏埙教授作为我的西方经济学课程指导教师，同样对我有知遇之恩。魏先生是我国少有的既精通马克思主义经济学又熟悉西方经济学的经济学家，他不仅领衔撰写了三卷本的《资本论的理解与启示》，而且领衔编写了两卷本的《现代西方经济学教程》，他对马克思、马歇尔、凯恩斯、斯拉法等经济学家的经典著作都有深入的研究和精辟的理解。特别是魏先生有关马克思经济学与西方经济学的比较研究对我产生了重要影响，使我不仅同样选择了这一研究领域，而且把这一研究领域作为我后来指导博士生的一个研究方向。

魏先生经常在家里为我们博士生授课，我也经常到魏先生家请教问题。魏先生的经济学知识渊博，几乎对我提出的所有问题都能给出令人满意的解答。① 魏先生对我也非常关爱：在他组织我们几位年轻教师编写《现代西方经济学教程》时，曾建议我和他联名作为主编；在他组织我们几位年轻教师一起翻译一部西方经济学教科书时，他对我的译文非常满意，竟建议由我负责校译其他教师承担的译文，其中有多位是出国多年留学访问归来的；虽然魏先生是非常出色的书法家，他却夸奖我的书稿和译文的字写得好。② 正是

---

① 记得我曾请教魏先生，为什么马克思说，对生产劳动不能像斯密那样做苏格兰式的理解？魏先生解释说，可能因为斯密是苏格兰人，他自然了解豢养大量奴仆是苏格兰富人的传统，而家务劳动并不创造耐久的物质产品，因而把大量货币花在雇用奴仆上，是以增加国民财富为初心的斯密所反对的。马克思说这样的话，实际上是要强调，对生产劳动与非生产劳动不能单纯以是否创造物质财富作为划分标准。魏先生的上述解答至今仍然是解答学生同一困惑的标准答案。我想，只有对马克思和斯密生产劳动理论的异同以及斯密的生平和苏格兰人的传统有全面的了解，才能对上述问题给出令人满意的答案，而这样的学者恐怕非魏埙教授莫属。

② 魏先生一直想为我写一幅字，可我一直没有想好希望魏先生写什么，以致直到魏先生突然病发去世，都未能获得魏先生的亲笔题词。深夜不能入睡时常常翻阅魏先生的书法，难免有些伤感和遗憾！魏先生的夫人邹老师曾对我说，蔡继明你真应该是魏先生的学生（意为魏先生名下指导的博士生）。我回答邹老师说，不管名义如何，我事实上就是魏先生的学生！

由于南开大学有谷先生、魏先生这样的大师级经济学家,南开大学的理论经济学科才以马克思主义经济学与西方经济学兼容并蓄的特色在国内占有一席之地,①我也为自己能够同时作为这两位德高望重的大师的弟子并在这样宽松、和谐、自由的环境里完成我的博士学位论文,并愉快地从事教学科研工作15年而感到三生有幸。如今两位先生已离开我们多年,但先生们严谨治学的科学精神一直是我在学术上力求要达到的境界,先生们为人师表的道德情操一直是我薪火相传培养后生学子的榜样,先生们对我培养教育的恩德将永远铭记在心。

在南开大学15年中对我的成长进步有重要影响的另一位前辈就是已故著名经济学家熊性美教授。我到南开大学经济研究所工作时,熊性美教授正担任所长,他知道我毕业后几经周折才来到南开大学,一见面就说了句"好不容易才把你盼来",让我心里一下子感到热乎乎的。当他得知我的工资还没有发放,毕业半年没有收入,立即自掏腰包,资助了我30元。是熊先生推荐我作为福特基金访问学者到美国访学,使我有了第一次出国留学的机会。我至今还保留着1993年出国访学时熊先生送我的一条领带。熊先生还是第七、第八、第九届全国政协委员,中国民主促进会资深会员,民进天津市委会副主委,是他推荐我加入了中国民主促进会,让我从此以一个民主党派成员的身份履职政协和人大30年。记得1999年3月出席九届全国政协二次会议时,我曾向熊先生透露由于一些特殊原因,我想调入清华或北大工作。熊先生虽

---

① 除了魏埙教授,我国著名经济学家,复旦大学的宋承先教授和辽宁大学的宋则行教授,他们作为南开大学的校友,是民国时期由南开大学培养的经济学硕士研究生,也都是既掌握马克思经济学理论,又熟悉西方经济思想。其中,宋承先教授既是《〈资本论〉提要》(第四册)的作者,又是《现代西方经济学》的作者;宋则行教授既师从现代西方经济学最有影响的经济学家之一约翰·梅纳德·凯恩斯,获得剑桥大学经济学博士学位,又是著名的《政治经济学(社会主义部分)》北方本与谷书堂教授联名的主编。值得一提的是,在我攻读博士学位期间,宋承先教授曾来南开为我们授课;而宋则行教授则是我破格晋升南开大学教授的推荐人。他们也都是对我有知遇之恩的导师,我将永远怀念他们。至于我在南开大学经济研究所工作期间担任所长的熊性美教授,也是学贯中西,他不仅推荐我作为福特基金访问学者到美国访学,而且推荐我加入了中国民主促进会,从而使我有幸作为第九届全国政协委员与熊先生一起共议国是。记得我刚到南开大学经济研究所工作时,因工资关系一时没有确定,熊先生自掏腰包,资助了我30元;1993年我出国访学时,熊先生送我一条领带,至今我还保留在身边。

然表面上表示理解和支持，但当天晚上立即给中共天津市委统战部和民进天津市委会以及南开大学校领导打电话，希望各方领导出面挽留我。熊先生的这种爱才之心、求贤若渴的精神体现了他对南开大学经济学科的深厚感情。虽然我最终还是辜负了熊先生的殷切希望，但我相信我到清华大学后为该校理论经济学发展所做的贡献以及我本人学术水平的不断提高和为民进中央参政议政所做的努力，足以告慰熊先生的在天之灵。

《资本论》研究课程获优秀教学成果奖

我研究生毕业的河南大学，其政治经济学是当时全国仅有的八个硕士学位授权点之一，那时西北大学和兰州大学的经济学研究生都要到河南大学申请硕士学位，该学科的创始人和掌门人周守正教授是国内德高望重的政治经济学家，他指导的很多研究生还没有毕业就已经发表大量学术论文，在国内学术界崭露头角。当年谷书堂教授之所以盛情邀请我来南开大学工作，原因之一就是希望我能为南开大学经济研究所的研究生主讲马克思的《资本论》。所以，我来到南开大学后开设的第一门课程就是《资本论》研究。

此前，南开大学经济研究所研究生的这门必修课，通常是请本校经济学系的夏长森、顾今吾教授和人民大学的卫兴华教授主讲的。1986年我接受了这门课的任务后，利用一个暑假认真备课，参考了苏联卢森贝的《〈资本论〉注释》、陈征的《〈资本论〉解说》、张薰华等的《〈资本论〉提要》、俞明仁的《〈资本论〉讲解》、刘炳英的《〈资本论〉学习纲要》、北京大学的《〈资本论〉释义》、魏埙主编的《〈资本论〉的理解与启示》，写下了近10万字的讲义。我在授课过程中，一是从要点、重点、难点入手，力求原汁原味地阐明马克思经济学的基本理论，二是侧重讲授马克思经济学的方法，强调理论与方法不一致时，要善于运用方法修改理论，三是将马克思经济学范畴与西方经济学范畴进行比较，把握其异同与各自的优劣，四是联系当代资本主义现实和中国改革开放的实践，强调马克思主义经济学应具有与时俱进的品格，并指出了中国经济学研究的八大误区。①

正是由于上述授课特点，这门课得到了学生的好评，1988年和1990年，前后两次获得南开大学优秀教学质量奖，1992年再次获得南开大学优秀教学成果奖。应该说，我没有辜负谷先生的期望和重托，入职后主讲的这第一门课即向他交了一张满意的答卷。也正是由于我在南开大学《资本论》教学成果和经验的积累，在我调入清华大学后，主讲的马克思主义政治经济学原理，成为国家级精品课视频。

微观和宏观以及国际经济学教材的编写

在南开大学工作的15年中，魏埙教授曾组织我和柳欣、刘骏民教授共同编写了《现代西方经济学教程》上下两册。② 这套教材被许多大学采用，经常处在脱销状态。如今，魏埙教授和柳欣教授两位作者已经去世多年，南开大学出版社一直希望由我组织力量对该书进行再版。遗憾的是，由于我2000年转入清华大学工作后，先后应人民出版社和清华大学出版社之邀，编写了两套微观经济学和宏观经济学以及配套的习题集，③ 始终没有精力再顾及南开版本的再版。真心希望今后几年内能有余力完成南开版本的再版，使这个南开版本能够传承下去，以告慰两位逝去的合作者。

除了微观经济学和宏观经济学，我在南开大学工作期间，还为台湾五南出版公司编写了一部《国际经济学》，④ 这部教科书的编写也推进了我有关广义价值论的研究由国内价值向国际价值的扩展。

调入清华大学近20年来，我同样为社会科学学院经济学研究所的学生

---

① 正是基于这一时期的研究成果，我在多年后发表了"中国经济学研究的八大误区"（《财经科学》1999年第1期）。

② 见魏埙、蔡继明、刘骏民、柳欣，《现代西方经济学教程》，南开大学出版社1992年版，2000年再版。

③ 见蔡继明主编的《微观经济学》《微观经济学习题》《宏观经济学》《宏观经济学习题》，人民出版社2002年版；《微观经济学》《微观经济学习题》《宏观经济学》《宏观经济学习题》，清华大学出版社2011年第二版。

④ 见蔡继明编著，《国际经济学》，台北五南图书出版有限公司1993年版。

一方面主讲政治经济学，一方面主讲西方经济学，同时开设了马克思经济学与西方经济学比较课程。这些课程，从教材的选定到授课内容，从教学目的到教学方法，都带有浓厚的南开色彩，都得益于我在南开15年教学经验的积累。①

马克思经济学与西方经济学的比较研究

我国理论经济学学科中，政治经济学（通常被当作马克思主义经济学的代名词）与西方经济学长期处于相互隔绝、排斥、对峙的状态——搞西方经济学的往往不了解马克思主义经济学，研究马克思主义经济学的又往往不懂西方经济学。如前所述，在两大经济学体系相互借鉴、相互融合方面，谷书堂教授和魏埙教授为我们树立了典范。早在上世纪80年代，谷书堂教授主编的《社会主义经济学通论》就在国内率先突破了传统政治经济学的体系，形成了基本经济制度、微观经济运行、宏观经济运行、经济发展等四篇结构，这显然就是马克思主义经济学与西方经济学相结合的理论框架。②而魏埙教授不仅主讲《资本论》与政治经济学，而且主讲西方经济学，并发表了诸多有关两种经济思想和相互比较研究的文章和译著。③正是在两位先生的影响下，我的专业虽然是政治经济学，但同样注重西方经济学的研究。我认为，马克思经济学本身就是通过对各派经济思想的批判、继承和创新发展起来的，我们今天同样应该以海纳百川、兼收并蓄的精神批判和借鉴当代西方经济学各种思想，推进我国理论经济学的发展。

通过马克思经济学与西方经济学的比较研究，我发现两大经济思想体系本是同宗同源，都来自经济学的始祖亚当·斯密，而之所以分道扬镳，则缘

---

① 说到这里，我丝毫没有"抑清扬南"的意思，因为历史上，南开与清华和北大曾组成西南联大，原本就是一家，而西南联大的经济学院又是以南开为主组成的。
② 参见谷书堂主编，《社会主义经济学通论》，上海人民出版社1989年版。
③ 参见魏埙、谷书堂，"价值法则在资本主义发生与发展各个不同阶段上的作用"，《南开大学学报（经济科学）》1955年第1期；魏埙，"马克思主义经济学与西方经济学"，《南开学报》1987年第3、4、5期；魏埙译校，《重读〈资本论〉》，山东人民出版社1993年出版。

于对斯密价值理论的不同理解。正是基于这样的认识，在南开大学工作的 15 年中，我一直把价值理论的研究作为马克思经济学与西方经济学比较研究的重点课题。①

由于我对待马克思经济学和西方经济学始终秉持海纳百川、兼收并蓄的态度，坚持以逻辑一致性和理论与实践相统一作为检验理论科学性的标准，所以在教学工作中，我不仅主讲《资本论》研究，同时也主讲中级微观经济学，并为研究生开设了马克思经济学与西方经济学比较课程。特别是在南开大学获得理论经济学一级学科博士学位授权后，在我主持制定的研究生培养方案中，始终把马克思主义经济学与西方经济学作为同等重要的必修课程。2000 年我调入清华大学后，首先建立了政治经济学硕士学位点，接着建立了清华大学理论经济学第一个博士点即政治经济学专业博士点，最后以政治经济学博士点为起点和依托，获得了理论经济学一级学科博士学位授权。我主持制定的清华大学理论经济学硕士生和博士生培养方案，至今仍然体现的是我在南开大学形成的理念。我撰写的《政治经济学》（本科生教材）和《高级政治经济学》（研究生教材）也可以看作主要是我在南开大学 15 年教学与科研成果的总结。②

从工商地租探索到垄断足够价格论完成

早在 1982 年撰写大学本科毕业论文时，被传统政治经济学当作级差地租来源的"虚假的社会价值"与价值决定的关系就引起了我的兴趣，促使我在 1985 年的硕士学位论文"论地租的价值基础"中对古典地租理论与马克思地租理论进行了深入探讨，揭示了李嘉图和马克思级差地租理论与劳动价值论

---

① 参见蔡继明、王成伟、李亚鹏，"马克思经济学与新古典经济学：从对峙走向融合"，《天津社会科学》2007 年第 6 期；蔡继明、王成伟，"从古典到现代：政治经济学概念的演变"，《经济学家》2012 年第 9 期；蔡继明、陈臣，"古典学派价值理论的分野"，《经济学动态》2017 年第 6 期。

② 参见蔡继明编著，《政治经济学》，高等教育出版社 2015 年版；蔡继明编著，《政治经济学》，中央广播电视出版社 2016 年版；蔡继明著，《高级政治经济学》，高等教育出版社 2016 年版。

的矛盾,①初步创立了一个以垄断生产价格为基础的工农业级差地租理论。②在1990年完成的博士论文"论垄断足够价格论"中,我又从工商地租与工商差价入手,进一步把地租理论的研究由工农业部门扩展到商业、采掘业、银行业和建筑业,从而建立一个基于垄断足够价格的迄今为止最完整的地租理论。③

我首先利用级差系数这个概念,把平均利润率和作为级差地租实体的级差超额利润的形成嵌入同一个方程,求解出扣除级差超额利润后的平均利润率,根据这一利润率,求出由于土地资本主义经营的垄断而产生的由劣等地的个别生产价格所决定的垄断生产价格,这样,较优等土地的垄断生产价格和个别生产价格的差额作为级差超额利润便转化为级差地租。

根据我的上述研究,级差地租是对全社会剩余价值的平均扣除,级差地租与虚假社会价值没有必然的联系:如果一个部门的级差系数大于社会平均级差系数,该部门的垄断生产价格就会高于其部门劳动耗费,二者的差额即虚假社会价值,是从那些级差系数低于社会平均水平的部门转移过来的,它构成该部门级差地租的一部分;如果一个部门的级差系数小于社会平均级差系数,则该部门的垄断生产价格会低于其部门劳动耗费,二者的差额就是该部门转移到级差系数高于社会平均水平的部门的虚假社会价值;如果一个部门的级差系数等于社会平均级差系数,则该部门的垄断生产价格与部门劳动耗费相等,既不转入也不转出虚假社会价值。由于级差系数低于和高于社会平均水平的部门能够互相抵消,所以,全社会的总垄断生产价格与总劳动耗费是相等的。这样,我就在劳动价值论和平均利润理论基础上重新阐释了级差地租的来源和量的规定。

接下来,我把劣等地出租价格即绝对地租规定为劣等土地边际收益产品,并把全部绝对地租看作是对全社会剩余价值的扣除,把各部门绝对地租

---

① 参见蔡继明,"试析李嘉图体系的第三个矛盾",《经济学动态》1985年第3期;"社会主义地租问题探索",《农业经济问题》1985年第4期;"试解马克思级差地租理论的矛盾",《中青年经济论坛》1988年第5期。

② 参见蔡继明,"地租与生产价格的变形",《河南大学学报丛书》1988年;"虚假社会价值与级差地租之谜的解",《中国经济问题》1993年第6期。

③ 参见蔡继明,"论工商地租和工商差价",《南开经济研究所季刊》1986年第3期;"论垄断足够价格",《经济研究》1991年第2期;《垄断足够价格论》,南开大学出版社1992年版。

总量与各部门资本总量之比定义为部门绝对地租率,把既能支付成本,又能提供平均利润,同时还能支付绝对地租的价格定义为个别足够价格,把由劣等地个别足够决定的市场足够价格定义为垄断足够价格,垄断足够价格与个别足够价格的差额转化为级差地租,而个别足够价格与个别生产价格的差额则转化为绝对地租。由此确定的绝对地租的来源及其量的规定,与各部门资本有机构成的高低没有本质的和必然的联系。这样,我就在劳动价值论和平均利润理论基础上,揭示了绝对地租的来源及其量的规定性,解决了传统绝对地租理论存在的矛盾。

正是得益于我在南开大学期间对地租理论和土地制度的系统深入研究,[①]所以当我 1998 年先后担任全国政协委员和全国人大代表以及民进中央经济委员会主任开始接触现实经济问题特别是三农问题的研究时,我才能够对我国土地制度改革以及相关的法律法规的修订,提出了 64 篇提案、议案和建议;正是由于我对土地问题的持续关注并发声,以致被媒体先后称为"土地委员"和"土地代表"。[②]

按生产要素贡献分配理论的提出和影响

如果说有关地租理论的研究,是我在南开期间从事马克思经济学研究所取得的最具有学术价值的成果,那么,我和谷书堂教授提出的按生产要素贡献分配理论,则是对社会主义经济理论的一个贡献。[③]

1987 年召开的中共十三大指出,社会主义初级阶段实行按劳分配为主、多种分配形式并存的分配制度。但是,"按劳分配为主体、多种分配方式并

[①] 参见蔡继明,"农产品的价值决定与价值变形",《天津社会科学》1986 年第 6 期;"略论城市地租的不同形式",《经济学动态》1987 年第 4 期;"我国目前农业中的地租问题及土地的合理分配",《经济论坛》1988 年第 1 期;"城市地租的来源及其量的规定",《南开学报》1988 年第 2 期;"论绝对地租存在的条件、来源及其量的规定",《价格理论与实践》1988 年第 2 期;"土地有偿使用与价格改革",《价格理论与实践》1991 年第 8 期;"论我国土地使用制度的改革",《南开学报》1991 年第 5 期。

[②] 参见赵海娟,"'土地委员'蔡继明的十五年",《中国经济时报》2012 年 3 月 5 日。

[③] 参见蔡继明,《从按劳分配到按生产要素贡献分配》,人民出版社 2008 年版。

存",这只是对社会主义初级阶段收入分配关系的一种现象上的描述;社会主义初级阶段多种分配形式的实质是什么,需要我们从理论上加以概括。正是在这个时候,我开始在谷先生指导下攻读经济学博士学位,从而开始了我和谷先生对社会主义分配原则的合作研究。

我们合作的第一篇文章着重探讨了按劳分配理论与实践的矛盾。[①] 在这篇文章中,我们指出,由于在社会主义初级阶段还存在着多种所有制,还存在着商品经济,劳动者的劳动还不具有直接的社会性,非劳动生产要素的稀缺性不仅直接影响到劳动的边际产量,而且影响到单位劳动所创造的价值,所以,按劳分配所赖以实现的一切必要条件都不具备。

在我和谷先生合作的第二篇文章中,我们对社会主义初级阶段的多种分配形式进行了理论概括,指出多种分配形式的实质是"按贡献分配",即按劳动、资本、土地、技术、管理等各种生产要素对社会财富(即价值)的创造所做出的贡献进行分配。按贡献分配是以承认各种生产要素共同参与价值创造为前提的,这不仅是对传统的按劳分配理论的修正,更是对劳动价值论的严峻挑战。[②]

这篇论文最初提交1988年在武汉举行的第三次全国高校社会主义经济理论与实践研讨会时,就受到一些著名学者的严厉批评,认为它否定了按劳分配和劳动价值论。不过在大多数学者的支持下,该文同年还是入选了由中共中央宣传部、中国社会科学院和中共中央党校在人民大会堂举行的纪念十一届三中全会召开十周年理论研讨会,获得了三个举办单位联名颁发的入选论文奖。该文的思想写入谷书堂教授主编的《社会主义经济学通论》。

后来有一段时间,按生产要素贡献分配理论曾被当作资产阶级自由化观点受到多次批判。尽管如此,在2001年中共十六大召开之前,我仍然坚持并不断深化按生产要素贡献分配的思想,进一步强调以生产要素贡献为基础的非劳动收入不是剥削收入,剥削与私有制没有必然的联系,消灭剥削与发展私人经济及保护私有财产可以并行不悖,人类的最终理想不是消灭或实行什么所有制,而是人的解放和自由全面的发展。1997年中共十五大把按劳分配

---

① 参见谷书堂、蔡继明,"按劳分配理论与现实",《中国社会科学》1988年第2期。
② 参见谷书堂、蔡继明,"论社会主义初级阶段的分配原则",《理论纵横》上篇,河北人民出版社1988年版;"按贡献分配是社会主义初级阶段的分配原则",《经济学家》1989年第2期。

与按生产要素分配相结合作为社会主义初级阶段的一项基本制度确立下来；2002年，中共十六大提出，要确立劳动、资本、技术、管理等生产要素按贡献参与分配的原则；2007年的中共十七大报告进一步将这一分配原则上升为分配制度，强调"健全劳动、资本、技术、管理等生产要素按贡献参与分配的制度"；2012年的中共十八大进一步强调：完善劳动、资本、技术、管理等生产要素按贡献参与分配的初次分配机制；2013年的中共十八届三中全会则更加具体地要求：健全资本、知识、技术、管理等由要素市场决定的报酬机制；2015年的中共十八届五中全会在此前四种生产要素基础上又增加了土地要素，强调"优化劳动力、资本、土地、技术、管理等要素配置，完善市场评价要素贡献并按贡献分配的机制"。

按生产要素贡献分配理论不仅推进了中国转型期分配理论的创新，从而为按生产要素贡献分配原则和分配制度的确立奠定了理论基础，而且为要素市场的建立，从而为完善社会主义市场经济体系奠定了理论基础。另一方面，由于该理论阐明了各种生产要素都参与了社会财富的创造，并把各生产要素的贡献与要素所有者的报酬是否一致作为判断是否存在剥削的标准，从而证明剥削与私有制之间并没有本质的联系，消灭剥削与发展非公有制经济可以并行不悖，这就为保护私有财产的条款写进宪法以及将非公有制经济确定为社会主义市场经济的重要组成部分提供了理论依据。特别是在当前公权力侵害私有产权现象时有发生，民间资本投资内冷外热，大量富人财产向境外转移的情况下，该理论为全面贯彻《中共中央国务院关于完善产权保护制度依法保护产权的意见》，加大对公民合法私有财产的保护力度，制定有效的促进民营经济健康发展的法律、规章和政策，提供了重要的理论依据。

从质疑劳动价值论到广义价值论的创立

我对广义价值论的研究是从1984年写作硕士论文时就开始的，起因是对劳动价值论和比较优势原理（或比较利益说）适用范围的怀疑。在李嘉图看来，商品按照由劳动决定的价值进行交换是一个一般规律，而一旦商品交换超越国界，根据比较优势进行的分工交换就不再是等量劳动相交换了。也就是说，劳动价值论适用于国内交换，而比较优势原理适用于国际交换。仅凭我对李嘉图比较利益说的初步理解，我便意识到，比较利益说不仅适用于国际贸易，它同样适用于国内交换：既然国际贸易不过是国内贸易的一个延伸，比较优势原理这样一个逻辑上完美无缺的理论（萨缪尔森语）又怎么可能只适用于国际贸易而不是同时或首先适用于国内交换呢？正是带着这种质疑，我从分析分工和交换的起源开始研究交换价值和价值的决定，经过 30 年的探索，逐步形成和完善了一个全新的价值理论。[①]

广义价值论将分工与交换内生于价值决定中，充分考虑了机会成本在价值决定中的作用，从而将传统的价值理论作为特例纳入了自己的价值论体系，故称为广义价值论。它是继劳动价值论、新古典价值论和斯拉法价值论之后的第四大价值理论体系，是我迄今为止所取得的最高学术成果。广义价值论的创新之处主要体现在以下几点：

首先，虽然广义价值论也是在供求一致的前提下着重阐明作为供给方的成本是如何决定的，但它吸收了新古典均衡价格价值理论的某些观点，它承认价值是由供给和需求共同决定的。因此，从价值形成的机制来说，它实质上是一种均衡价格论。

其次，广义价值论把李嘉图的比较优势说由一种单纯的国际贸易理论改造为一种有关分工和交换的起源、分工方向的选择和交换价值的决定的一般价值理论。李嘉图虽然提出了比较优势原理，但他并没有将其应用于价值决定中，相反，他还否定了这一原理对于国内交换的适用性。而广义价值论的分析则相反，认为支配国际交换的比较利益法则同样支配国内交换，而且首先是作为支配一国内部分工与交换的规律而发生作用的。

再次，广义价值论把生产力的概念由绝对生产力扩展到相对生产力，为分工与交换经济中确定分工和专业化的方向提供了理论基础；广义价值论

[①] 参见蔡继明，"比较利益说与劳动价值论"，《河南大学学报》1985 年第 6 期；"比较利益说与广义价值论"，《南开经济研究所季刊》1987 年第 1 期；"论分工与交换的起源和交换比例的确定——广义价值论纲（上）"，《南开学报》1999 年第 1 期；"论广义价值论基本定理及广义价值与劳动价值的关系——广义价值论纲（下）"，《南开学报》1999 年第 2 期；蔡继明、李仁君，《广义价值论》，经济科学出版社 2001 年版；蔡继明，《从狭义价值论到广义价值论》，上海格致出版社 2010 年版。

还通过引入比较生产力，解决了分工与交换经济中不同部门生产力的比较问题；广义价值论还首次提出了平均比较利益率概念，从而阐明了广义价值决定的基本原理。

又次，广义价值论运用边际分析的方法，在将价值决定与比较利益分配融为一体的同时，阐明了生产要素价值的决定，从而建立了不同于新古典经济学的功能性分配理论。

最后，广义价值论继承了斯拉法的传统，把价值决定与比较利益的分配纳入同一过程求解，避免了新古典均衡价格价值理论循环论证的嫌疑。在斯拉法的价值理论体系中，商品价格和统一的利润率同时决定于同一组方程；在广义价值论中，商品的广义价值和统一的平均比较利益率同时决定于同一过程。此外，广义价值论还将使用价值量内生为价值决定的因素，使价值论第一次具有了可证实性和可操作性。

已故著名经济学家魏埙教授、柳欣教授都曾对广义价值论给予很高评价，将其称为一种全新的价值理论，实现了价值理论与分配理论的内在统一。我和江永基博士有关广义价值论的文章在早稻田大学英文刊物《后凯恩斯经济学评论》上发表后，引起许多日本学者的关注。[①]

回顾以往的人生，南开大学的15年，是我学术生涯中最值得骄傲的时光，我的主要教学经验和学术成果都是在这个时期取得和积累的。在庆祝母校百年华诞之际，作为南开经济学人，自当牢记允公允能校训，发扬南开前辈善于探索真理、勇于坚持真理的精神，推动我国理论经济学日新月异地发展。

---

① Jiming Cai & Yongji Jiang, "Complete Division of Labour and Generalized Theory of Value: A New Framework Base on Agents' Two-Stage Decisions," *Post Keynesian Review*, 2015, Vol.3, No.1, pp.1-15.

柳欣：向主流经济学宣战的"柳大侠"

王璐

柳欣，1956年12月出生于天津市，祖籍江苏省镇江市，中国共产党党员，经济学博士，教授、博士生导师，南开大学英才教授，享受国务院特殊津贴。

柳欣教授于1978—1982年在南开大学经济学系学习，获经济学学士学位；1982—1985年在南开大学经济研究所学习，获经济学硕士学位；1985年起任教于南开大学经济研究所；1988—1992年在南开大学经济研究所学习，获经济学博士学位；1991年晋升为副教授；1995年晋升为教授；1995—1996年在美国斯坦福大学做高级访问学者；1998年受聘为博导；2005—2006年在日本爱知大学任客座教授；先后被聘为河北大学、江西财经大学、华南师范大学等学校兼职教授；曾任南开大学政治经济学研究中心常务副主任，并任南开大学虚拟经济与管理研究中心副主任、南开大学统计制度与方法研究中心副主任、南开大学经济研究所所长，担任《政治经济学评论》主编、《南开经济研究》副主编，并担任中宣部马克思主义理论研究与建设工程首席专家。柳欣教授于2013年10月24日上午10时40分不幸因病英年早逝，终年57岁。

柳欣教授长期从事理论经济学的研究和教学工作，成就卓著，独树一帜，在国内外具有广泛的学术影响。柳欣教授的学术研究包括政治经济学、

西方经济学与经济思想史等领域，主要研究方向为中国经济、马克思经济学基本理论、经济思想史理论比较、货币与宏观经济学、经济学方法论等；先后出版《经济学与中国经济》《资本理论与货币理论》《新中国经济学 60 年》等多部学术著作，在《中国社会科学》《光明日报》等发表学术论文百余篇；培养硕士和博士百余名；主持完成国家社科基金重大项目和教育部人文社科重点研究项目等多项研究课题，获得多项国家和天津市哲学社会科学优秀成果奖、教学优秀成果奖。

学术之路

发生于 20 世纪 50—80 年代的经济学界著名的剑桥资本争论问题，是柳欣教授从大学时代起就非常感兴趣的学术问题。简单地说，这是一场关于主流经济学教科书是否存在根本性缺陷的激烈学术争论，可以说当时几乎所有世界著名的经济学家，包括罗宾逊、斯拉法、萨缪尔森、索洛等人都曾加入到争论的行列，但遗憾的是这场争论最后无果而终。毫无疑问，剑桥资本争论的问题是极端复杂的，涉及堆积如山的文献，其核心问题是异质的资本品和消费品能否加总为一个总量，并采用新古典生产函数进行分析。围绕这一核心问题，争论揭示出目前位居经济学主流地位的新古典理论存在的逻辑矛盾，进而引申到是否可以依据对所有理论和经验问题都能给予逻辑一致性解释的标准，建立起一个新的理论经济学体系。正是这样一个艰深的学术难题激发了柳欣教授的极大兴趣，促使他将这一问题作为后来博士论文的选题，并以此为契机开始了长达数十年、始终坚持不懈地研究理论经济学，以推翻主流经济学分析框架和建立自己的理论体系为目标的学术研究历程。

1982 年，在南开大学经济学系本科毕业后，柳欣教授开始跟随谷书堂教授在南开经济研究所读硕士研究生，1988 年又继续跟随谷先生读博士研究生，并从 1985 年起便一直在南开经济研究所从事经济学教学和研究多年。其间，他从未间断过自己的学术研究，也从未更改过自己一生的研究兴趣。对于剑桥资本争论这样一个艰深选题，柳欣教授于 1992 年完成的 50 万字博士论文"资本理论——价值、分配与增长理论"，可以说是当时我国经济学界关于剑桥资本争论问题的第一次最为全面和系统的梳理。据谷书堂教授回忆，柳欣教授当年顺利完成50万字博士论文的成稿，无疑是付出了极大的心血。诚如谷老师在该书序言中所说，他"甘于寂寞，不怕坐冷板凳，博览群书，潜心研究，不断吸取、思考、提炼、积累，完成了长达50余万字的博士论文，并在此基础上修改、充实成《资本理论》这一学术专著。由此可见，其所下功夫之深，研究理论之执着，仅就此而言，也是值得赞许的"。

那么，这场世界著名的剑桥资本争论究竟争论的是什么呢？柳欣教授曾明确指出，"在20世纪50—80年代发生的著名的'两个剑桥之争'，是以英国剑桥大学的罗宾逊、卡尔多、斯拉法和帕西内蒂为代表的新剑桥学派和以美国麻省理工学院（地处麻省剑桥）的萨缪尔森、索洛和莫迪利安尼等人为代表的新古典综合派之间进行的一场理论争论，争论的焦点是新古典理论的逻辑一致性问题。这场争论的背景是，第二次世界大战后，新古典综合派把凯恩斯经济学所讨论的国民收入核算的所有宏观变量运用生产函数进行解释，即现在的《宏观经济学》教科书，而新剑桥学派则是把凯恩斯经济学与斯密、李嘉图和马克思强调社会关系分析的古典经济学传统联系起来，试图表明财产所有权和收入分配对这些宏观变量的作用"。对于为何选择将这一问题作为自己长期研究的重点，柳欣教授在著作后记中做了明确表述："理论经济学的现状是不能令人满意的。……本书的目的是要通过揭示新古典及新剑桥学派理论的逻辑矛盾来重建新的逻辑分析体系。"因此，这部50万字的理论著作正是围绕剑桥资本争论所揭示的主流经济学的一系列逻辑矛盾而展开的，其目的正是为了建立一个新的逻辑一致的经济学理论体系并将其应用于现实经济问题的剖析。为此，柳欣教授不仅付出了极大的心血，并在其后数十年的持续研究中倾尽了他毕生的学术热情与学术毅力。

2003年，在经过多年潜心研究和深入思考之后，柳欣教授逐渐厘清了当时博士论文中的一些未解难题，并在持续多年的研究基础上真正确立了其关于有效需求与货币经济的独特理论体系，这就是《资本理论——有效需求与货币理论》一书的主要内容。该体系以柳欣教授精心确立的货币宏观经济模型为核心，全面构筑了其包括价值理论、分配理论、货币理论、资本理论、有效需求理论、经济周期与经济波动理论以及经济学方法论等在内的完整经济学理论体系。依据柳欣教授在前言部分的阐述，这一理论体系架构其实早在1989年开始写作博士论文时就已经计划好，1993年开始准备写作，1996年在美国斯坦福大学访学期间用英文完成初稿，1998年回国后开始对书稿中文版进行大规模修改，其间又经历了数度批阅、整理和完善直至2003年成稿。尽管付出了极大心血，但柳欣教授并不以为苦，因为他心中坚守着多年来持之以恒的研究目标，即"本书的目的是要建立一种新的理论体系，改变根植于人们头脑中新古典教条的观念，从一种新的角度来重新理解经济学和我们所生活的社会"。

该书出版以后，很快在我国理论界获得了较大反响，但通篇纯理论的叙述风格也使很多读者深感难以全面理解其理论主旨。为此，柳欣教授在2005年于日本爱知大学担任客座教授讲学期间亦笔耕不辍，完成了又一部运用其经济学理论成果直观而全面地阐释中国现实经济的著作《经济学与中国经济》。该书将他独树一帜的经济学理论成果与中国改革开放以来的重要经济实践紧密结合在一起，全面阐述了当时我国宏观经济所面临的各种现实问题。而且，正是通过运用这套理论对我国现实经济问题的深刻剖析，柳欣教授更加坚定了他多年来对主流经济学持严厉批判态度的决心："本书对当前我国经济问题的分析所要表明的最重要的一点是，主流经济学实物经济的研究方法是完全错误的，它使以上理论和现实问题根本无法讨论，而只有按照货币经济的思路，才能理解和解释当前我国经济所遇到的问题，才能进行真正的理论分析和争论。"

理论建树

作为一个坚定的马克思主义经济学者，柳欣教授认为，随着时代和实践的发展，依据马克思经济学的基本原理创新建立经济学分析体系是至关重要的。经济学的研究终究要回归现实和回归社会，这是柳欣教授一贯坚持的学术主张。柳欣教授始终认为，我们生活在被马克思改造过的新世界，他的思想在今天依然影响着这个世界。尽管当今经济学界对马克思经济学的研究存在许多误解，但在人们公认的改变世界的思想家中，马克思依然居于第一位。马克思主义经济学的高明之处在于，马克思创立唯物史观，着力研究的是经济制度和社会关系，揭示的是人类社会发展规律，而不仅仅是关注资源配置。自始至终，柳欣教授坚信：经济学作为一门社会科学，其研究绝对不能抛弃现实中每个人所赖以生存的社会关系，这一点是西方新古典理论作为一种研究范式的致命缺陷。

对于西方经济理论，柳欣教授以经济学界发生于 20 世纪 50—80 年代的著名的剑桥资本争论为切入点，不仅明确指出并有力论证了西方主流经济学固有的逻辑缺陷，从而向新古典理论发起"向主流经济学宣战"的响亮口号，并且努力在马克思主义指导下，在重新表述斯密、马克思和凯恩斯三位伟大学者的经济思想基础上试图重建一个新的逻辑一致的经济学理论体系；而且重要的是，他能够运用这套经济学理论去直观、全面地理解和解释我国宏观经济中遇到的，诸如有效需求与资源约束、经济增长与经济波动、总量与结构、城市化与"三农"、开放经济与人民币汇率以及高速经济增长与经济政策等众多现实问题。其理论要旨在于，把马克思经济学、斯密理论和凯恩斯经济学探讨现实资本主义经济的共通之处有效连接，如把斯密"看不见的手"代表的市场竞争和马克思以价值表示的社会关系以及凯恩斯所确立的货币经济理论融为一体，从而表明经济学所要研究的是由社会关系决定的经济运动的规则及规律。

在多部已出版的著作和已发表的论文中，柳欣教授曾经不止一次地提到，他在对新古典理论的严厉批判中逐步确立起来的经济学理论成果，在当今中国经济学界可能只是一种"异端"，并不被主流经济学家所认可。尽管他在全国多所大学的各种讲座和课堂上曾经无数次慷慨激昂地讲授过这套经济学理论，尽管也有越来越多的师生在他幽默风趣地运用经验数据不断验证其理论成果的过程中感受着其学术思想的魅力，然而对于柳欣教授而言，"作为异端的滋味的确是不好受的"。但柳欣教授并不认为他的研究和观点就是异端，正如他在《学术月刊》访谈中所说，"主流经济学教科书从根本上错了，那么研究和表明主流经济学教科书中的错误怎么会被认为是异端呢？"面对主流经济学基于生产函数的技术分析所确立的理论体系，柳欣教授一改往日的温厚谦和，就像战士一样运用他的理论武器不断向其发出挑战。

柳欣教授坚定地认为，经济学所要研究的绝不是生产的技术关系而是社会关系，或者说是以经济关系为基础的社会制度。新古典理论的基础是以资源配置为核心的相对价格理论,即资源配置可以通过表示要素稀缺性和人们偏好的相对价格达到最优,但这个理论既不需要也不可能得到任何有意义的总量以及总量之间的关系。因为作为总量的国民收入核算体系的统计变量来自于资本主义的经济制度,即人们为了获取纯粹的价值符号——货币而进行的竞争或游戏。显然,这种价值概念或货币所表示的价值直接联系到构成国民收入或 GDP 的各种总量关系,其核心是国民收入中工资与利润的分配和资本积累产生的价值资本(存量)的利润率。但现实中与这些变量所联系的并不是新古典生产函数而是市场经济的货币金融体系,从而联系到货币存量和内生的货币供给。或如马克思表明的,资本主义经济是实现"按比例分配劳动"或资源配置的一种特殊的方式,而这种特殊的方式就是以货币价值为基础的竞争。因此,经济学所要研究和解释的主要现实问题并不是技术关系,而是这种特殊的经济制度下的竞争规则和运行规律,并通过逐步地修改竞争规则使其更加符合人类的公平、正义的道德理念,使人类从野蛮走向文明,而新古典理论的技术分析却并不能用于解释这种特殊的经济制度和承担这种经济制度的研究。

在柳欣教授看来,人们所公认的改变世界的思想家的前十位中,作为经济学家的斯密、马克思和凯恩斯研究的都是经济制度和社会关系而不是资源配置。当然,经济学并不排除资源配置的研究,但资源配置问题是被容纳到社会关系研究中的;或者说经济学是要通过改变社会制度来实现资源配置,即不只是获取更多的消费品,而是要实现人类的文明和理想。柳欣教授在《经济学与中国经济》前言中曾说过:"问题主要不在于理论上的复杂性,而在于主流经济学一个多世纪以来对经济学界的无情统治中所形成的观念,是这种观念淹没了最伟大的经济学家和思想家斯密、马克思和凯恩斯,埋葬了剑桥资本争论。一旦排除了这种观念,本书所要揭示的只不过是一个'皇帝的新衣'的问题,不仅实际 GDP 是假的,而且主流经济学建立在总量生产函数基础上用于解释现实的理论体系完全是虚构的。本书中所提出的所有问题都只是供参考和讨论的,但'实际 GDP 是假的'却完全可以轻易地从经验中得到证明。"从这段总结性评论中,可以看到柳欣教授对自己的理论研究是充满自信的,因为他始终坚信"理论的功能只是在于解释现实和预测"。我们也期待着他的理论研究终将证实的那一天早日到来。

教书育人

柳欣教授是从 1982 年起开始在南开经济研究所工作的。在他执着于构建其独树一帜的经济学理论体系而醉心于学术研究的同时，带领学生读文献、做研究亦是他人生一大乐事。作为弟子，我们常常怀念当年跟随他求学的那段时光，苦中作乐，乐在其中。

柳欣教授弟子众多，每年开学初和学期末，以及大大小小各种节日之时，思乡的人儿不回家，一众硕士、博士、博士后乃至已经毕了业的同门师兄弟们，都会亲热地聚集在他的身边，聆听他天南海北高谈阔论，感受他亲切和蔼如沐春风。或许最令人难忘的，是参加他每个学期都组织的每周一次雷打不动的讨论课。他说他喜欢上课，因为他喜欢把真正的经济学理论用他的方式一遍遍讲给学生听。"主流经济学都是错的，从根上错了"，"实际 GDP 是假的"，"我发现我都是对的"……这些他每年都要在博士生的高级宏观经济学课堂上必讲一遍的惊人话语，被热爱他的学生亲切地总结为"柳欣语录"而广泛流传于学生之间。越来越多的学子们慕名而来，只为目睹他从不人云亦云随波逐流却始终坚定地"向主流经济学宣战"的独特气质。他的学术报告常常座无虚席，站着听讲的学生总是会塞满报告厅的各个角落，整个走廊里都听得到他慷慨激昂且幽默风趣的话语。他像一个大侠，他的学术做得炉火纯青，他的报告总是掷地有声，他对身边的人真诚有加，他在席间永远谈笑风生，仿佛人世间所有的烦恼忧愁在他那里都是云淡风轻。也有教授们会调侃似地称他为"柳大侠"，说他在南开校园里有一个"柳氏军团"，他每次听到这些都是笑着摆手，谦逊不已。他就是这样一个生活在校园江湖里的大侠，一个带领学生不断攀登学术高峰的真正的学者。

2013 年 10 月 18 日，世界著名后凯恩斯经济学家、凯恩斯传记《约翰·梅纳德·凯恩斯》作者保罗·戴维森教授，应邀到南开大学举办讲座。在认真倾听了柳欣教授对戴维森有关凯恩斯经济学的理解所提出的质疑并就此阐发其经济学理论的精髓后，这位时年 83 岁高龄的后凯恩斯学派领军人物由衷地赞叹说，柳欣教授的成就一定会让他获得诺贝尔经济学奖。然而殊不知短短六天之后，柳欣教授就因突发心脏病而永远离开了他一生热爱的讲台和他心中坚持了数十年并倾心讲授了无数遍的经济学理论。噩耗传来，我们都震惊不已，亦悲痛万分。令人扼腕叹息的，不仅仅是他淡泊明志、温厚谦和的大家风范，也不仅仅是他乐观豁达、平易近人的师者情怀，更是他数十年如一日孜孜不倦、终其一生所努力成就的经济学理论成果。

毫无疑问，柳欣教授的英年早逝对于我国的经济学科，不论是马克思主义政治经济学研究领域还是西方经济学和经济思想史等研究领域来说，都是一次无可挽回的重大损失。不仅如此，柳欣教授的骄人天资和宽厚品格也为他在许许多多同事、学生、朋友中间，乃至全国经济学界赢得了极高的声望。记得在他去世后的追思会上，一位国内著名学者数度哽咽着说，在中国的经济学界，政治经济学领域和西方经济学领域似乎天然地被割断了，但有一个人却可以在这两个学术领域之间游刃有余，并融会贯通到能够直指每个领域中的症结所在，这个人就是南开大学的柳欣教授；我们要像柳欣教授那样，做一个真诚的人，一个纯粹的人，一个高尚的人，他永远是我们学习的榜样。

宽厚品格

柳欣教授在长期从事学术研究和人才培养的同时，也一直从事管理工作，曾担任经济研究所所长多年。他政治方向坚定，管理工作投入，思想品德高尚，为人宽厚、乐观豁达，对师长尊崇有加，对朋友忠厚诚恳，对学生谆谆教诲。

柳欣教授是一个从不抱怨生活、永远对生活充满希望的人。他在每个人面前都是彬彬有礼、微笑谦和，他的脸上永远洋溢着灿烂的笑容，他的开心快乐总是感染着在他身边学习和工作的每一个人。柳欣教授更是一个真诚的人，他对在他身边学习、工作乃至开会结识而仅有一面之缘的所有人都是真诚的；他真诚地做事、真诚地对人，他看上去永远恬淡无忧、笑容温和。数年来，他持之以恒地追求学术真理的勇气和常年埋头于经济学基本理论研究而甘坐"冷板凳"的精神，始终是激励我们前进的动力。

2018年是柳欣教授去世五周年。五年的时间似乎转瞬即逝，但五年的时光里没有一个人会忘记他。南开大学经济学院高层八楼是南开经济研究所办公之处，走廊两侧的玻璃橱窗里展示着南开经济研究所教学工作人员的照片与简介。在那一排排的照片里，远远地依然能够看到柳欣教授。照片中的他笑意悠然、温和静谧，仿佛他还在我们身边，从未曾离开。五年来，常常在不经意间回想起很多他在世时的场景，那场景里每一个画面满满的都是他的笑容。他对我们在学术研究上的提携和教导，他对我们在学习生活上的关心和爱护，他对我们在困难彷徨时的支持和帮助，他对我们在人生抉择时的肯定和鼓励，一点一滴无不历历在目。他的宽厚品格永远是我们回味青春记忆里最美好的一刹那。

柳欣教授是好师长、好学者、好同事、好朋友。他生前在我国政治经济学、西方经济学以及经济思想史等众多理论领域早已享有极高声誉，此次柳欣教授又得以入选南开大学百年校庆之作《传承——南开经济百年百人》，作为弟子，我们深感欣慰。只是斯人已去，遗憾万分。

沧海桑田，世事变迁。柳欣教授虽已逝五载，但他的学术成就和执着精神永远是我们学习的榜样。他一生光明磊落、襟怀坦荡，他真挚友善地关心和对待每一个朋友、同事和学生，他的不拘小节和真诚大度感染着身边每一个人，他渊博的学识和深邃的思想令人折服，他对人对事的真诚坦荡和平易近人亦让人备感温馨。"非淡泊无以明志，非宁静无以致远。"这是柳欣教授一生的最好写照，也是他留给我们的宝贵财富。谨以此文纪念柳欣教授卓越的学术成就和他终其一生孜孜不倦努力追求学术真理的勇气与精神。

李维安：中国公司治理新学科的探索开拓者

王励翔　张楚皙

李维安（1957—），山东青岛人，管理学博士、经济学博士，全国首位管理学科"长江学者"特聘教授、南开大学讲席教授、天津财经大学教授。现任南开大学、天津财经大学中国公司治理研究院院长，《中国大百科全书·工商管理卷》主编。兼任中国管理现代化研究会联职理事长、中国企业管理研究会常务副会长、中国集团公司促进会专家副会长、教育部工商管理教学指导委员会副主任委员、全国MBA教学指导委员会委员、全国高等学校设置评议委员会委员、中国管理科学学会学术委员会副主任委员、中央企业外部董事专业资格认定委员会委员、CCTV央视财经50指数评价委员会主任委员、全国合规委员会专家委员等。曾任东北财经大学校长、天津财经大学校长、国务院学位委员会第六届学科评议组（工商管理）召集人、中国管理科学与工程学会副会长、南开大学商学院院长、《南开管理评论》主编等。在国内较早并长期从事公司治理、网络组织与企业集团治理以及绿色治理等研究，于2001年带领团队率先组织制定《中国公司治理原则》。首次研制出被誉为上市公司治理状况"晴雨表"的中国公司治理评价指标体系，并连续发布中国公司治理指数（$CCGI^{NK}$）及评价报告至今，衍生和支撑了央视50指数、央视治理领先指数、深圳市上市公司治理指数等的开发与研制，为投资者进行价值投资提供依据；带领团队发布了全球首份《绿色治理准则》，并研制中国上市公司绿色治理评价指标体系，于2018年9月发布中国上市公司绿色治理指数（CGGI）。为中组部、国务院国资委等重要部委进行中央企业改制与整体上市、国有独资公司董事会建设、企业家及国企领导班子成员评价指标设计等政策方案实施提供了重要的研究支持。相关研究成果分获第十届孙冶方经济科学著作奖、第二届蒋一苇企业改革与发展基金优秀著作奖、第六届中国管理科学奖、教育部人文社会科学优秀成果一等奖、宝钢全国优秀教师奖等奖项，并获得全国教学名师奖、全国五一劳动奖章等荣誉称号，入选复旦管理学杰出贡献奖。

结缘治理：求学南开留学日本，耕耘治理三十余载

作为中国较早系统开展公司治理研究并持续至今的管理学者，李维安教授与公司治理结缘始于30多年前的20世纪80年代。在股份制因批判资产阶级自由化浪潮而成为研究"禁区"时，尚在南开大学攻读硕士研究生的李维安依旧坚持自己的研究，并在硕士毕业的1988年出版了与导师朱光华教授合作的第一部著作《社会主义股份经济探索》。之后，李维安继续跟随南开大学著名经济学家谷书堂教授攻读博士，并于1990年前往日本一桥大学联合培养，继续自己有关股份制的研究。通过对日本经济泡沫破灭与其公司股份安定性之间关系的观察研究，于1993年写就了经济学博士论文《股份制的安定性研究》，该论文出版后获得第二届蒋一苇企业改革与发展学术基金优秀著作奖。随后，李维安对股份制的研究转入微观层面，并进入日本庆应义塾大学，获得管理学博士学位，同时他也是在庆应义塾大学这所百年老校获得商学博士的第一位中国大陆人士，其博士论文《中国公司治理研究》于1998年在日本出版发行。1996年获得博士学位的李维安回国后，被南开大学破格晋升为教授、博士生导师，从此在南开从无到有，建立研究团队，拓展了一个新的研究领域——公司治理。

治理研究：植根中国治理实践，探索中国治理理论

纵观李维安教授对中国公司治理的研究，历经从一般公司治理到中国公司治理、从公司治理到一般治理和从一般治理到绿色治理的三个阶段。李维安教授对公司治理的理论研究始终围绕着中国公司治理的改革实践。

第一，从一般公司治理到中国公司治理。李维安教授早在1998年日文著作《中国のコーポレートガバナンス》中就提出，公司治理是指通过一套包括正式或非正式的、内部或外部的制度或机制来协调公司与所有利益相关者之间的利益关系，以保证公司决策的科学化，从而维护公司各方面的利益的一种制度安排。在其随后出版的《公司治理》《公司治理学》等书中继续沿用上述定义。在界定公司治理内涵的基础上，李维安教授提出了从相互制衡转向科学决策、从公司治理结构转向公司治理机制两个方面的观念转变。之后，紧紧依托中国公司治理环境的特点，李维安教授构建起行政型治理与经济型治理二元并存的中国公司治理体系。他从经营目标行政化、资源配置行政化和高管任免行政化三个维度刻画中国公司行政型治理水平，并率先提炼和总结出中国公司治理转型的基本路径是从行政型治理向经济型治理转型。相关的研究成果可参见《中国公司治理：转型与完善之路》《公司治理》《现代公司治理研究：资本结构、公司治理与国有企业股份制改造》等著作。日前，李维安教授进一步指出当前中国公司治理模式是一种行政经济型的治理模式，中国公司治理正处于行政型治理和经济型治理的"胶着期"。

第二，从公司治理到一般治理。在对公司治理研究的基础上，他将公司治理研究总结出的分析方法与核心概念进一步提炼出一般治理的基本治理理念和治理思维。治理思维来源于公司治理，它首先是一种承认多元化的系统思维，并围绕着"规则、合规和问责"不断演进。因此，"治理思维"要求从系统观的角度出发，识别治理系统中各主体的关联性，从整体角度综合考虑各方利益和诉求，构建适应性的治理结构和机制，实现治理目的。在一般治理思维的指导下，李维安教授将治理对象拓展到大学治理、政府治理、社会治理和国家治理等，实现由营利组织治理到非营利组织治理的跨越，出版了包括《大学治理》《非营利组织管理学》和《从公司治理到国家治理》等著作。

第三,从公司治理到绿色治理。绿色治理在本质上是一种由治理主体参与、治理手段实施和治理机制协同的"公共事务性活动"。这一"公共事务性活动"具有全球性特征,须形成一种全世界共享的价值观,即超越国别的绿色治理全球观。2017年,他带领的团队制定并发布全球首份《绿色治理准则》,就绿色治理的主体识别、责任界定、绿色治理行为塑造和协同模式等提供指导,并出版《绿色治理准则与国际规则比较》一书。2018年9月发布首份《中国上市公司绿色治理评价报告》与首个中国上市公司绿色治理指数(缩写为CGGI)。该评价指标体系从绿色治理架构、绿色治理机制、绿色治理效能和绿色治理责任四个维度,对中国上市公司绿色治理的状况做出了全面、系统的评价。与之相关的研究成果业已发表于《管理世界》等国内外顶尖期刊中。

以上诸多研究均获得了相关领域研究专家的高度评价和认可。2003年,他的著作《公司治理》便获得中国经济学最高奖——孙冶方经济科学著作奖,而怀着浓厚南开指数情结的他,又于同年带领团队研制出中国上市公司治理指数($CCGI^{NK}$),并持续发布至今;2004年,李维安在南开大学建立了中国第一个公司治理硕士点、博士点,并成为首批管理学科"长江学者"特聘教授;2005年,李维安团队获得国家自然科学基金重点项目中的第一个公司治理领域项目——"中国公司治理与评价研究"(2009年结项时获评优秀);2007年,他也因公司治理方面的研究成就,获得中国管理学最高奖——复旦管理学杰出贡献奖;2018年又获得第六届中国管理科学奖。

李维安教授作为我国公司治理研究领域的领军人,带领团队使得公司治理从一个研究问题拓展到一个研究领域,并进一步发展为公司治理学科:首先,在中国公司治理理论研究方面,他从经营目标行政化、资源配置行政化和高管任免行政化三个维度建立起行政型治理模型,并率先提出中国企业从行政型治理向经济型治理转型等观点。目前,李维安教授进一步指出当前中国公司治理正处于行政型治理和经济型治理的"胶着期",行政经济型治理为其特有的治理模式。其次,他构筑起以治理边界、治理成本、治理风险、治理质量、治理溢价、治理绩效等为核心范畴的公司治理理论体系,实现从公司治理结构到公司治理机制的深入,从单法人治理到集团治理、跨国治理、网络治理等层面的扩展,极大丰富了公司治理的研究内容和研究领域。

进而，他从将公司治理研究总结出的分析方法与核心概念，逐步拓展到大学治理、社会治理、政府治理等，实现由营利组织治理到非营利组织治理的跨越，并提炼出"一般治理"的基本治理理念和治理思维。近来，经过对人类发展模式的梳理与思考，针对当前绿色发展缺少治理层面顶层设计的突出问题，他又率先系统提出"绿色治理"理念，并开展相关理论与实践研究。

治理评价：研发治理评价系统，应用中国治理改革

公司治理的研究经历了从公司治理理论研究到公司治理原则与应用研究，之后从公司治理原则研究进一步发展到公司治理评价研究。所谓公司治理评价，就是以治理指数的形式来科学量化反映公司治理的状况，进而能够较容易地区分出"好的"公司治理和"不好的"公司治理。南开大学一直有着指数的传统，例如过去发布过南开物价指数。李维安教授带领的公司治理评价课题组在国内推出了作为南开大学新时期指数的中国上市公司治理指数（简称南开治理指数，缩写为 $CCGI^{NK}$）。该指数的研发经历了四个阶段。

第一，制定《中国公司治理原则（草案）》。在中国经济体制改革研究会等机构的支持下，于 2001 年推出《中国公司治理原则（草案）》。该原则后被中国证监会的《中国上市公司治理准则》及太平洋经济合作理事会组织（PECC）的《东亚地区治理原则》所吸收借鉴，推动了上市公司治理发展。

第二，构建中国上市公司治理评价指标体系。在李维安带领下的公司治理评价课题组从股东治理、董事会治理、监事会治理、经理层治理、信息披露和利益相关者治理六个维度，构建起包含 80 多个三级评价指标的中国上市公司治理评价指标体系。该公司治理评价指标体系先后多次征求过公司治理理论界与实务界专家的意见，并根据治理环境的变化进行动态优化调整。

第三，推出治理评价指数和治理评价报告。基于上述设计的中国公司治理评价指标体系，李维安教授带领的公司治理评价课题组自 2003 年起连续16 年发布被业界誉为上市公司治理状况"晴雨表"的中国上市公司治理指数和《中国公司治理评价报告》，累计对 30854 家公司展开治理评价，为中国投资者进行价值投资提供了依据。基于该指数撰写的《中国公司治理与发展

报告》入选教育部社会科学发展报告建设项目。

第四，公司治理评价指数应用。目前基于中国上市公司治理指数已经形成50万余个公司治理信息点，并据此建立起了公司治理数据库，为开展公司治理研究提供了重要的平台和支撑。基于该指数，评价课题组也研发了公司治理股价指数和公司治理计分卡。此外，该指数也被应用于央视财经50指数等的开发与研制，作为央视财经50指数五大维度之一的央视治理领先指数（代码：399554，于深圳交易所上市）就是依托中国上市公司治理指数构建生成的。

在研发公司治理评价系统的基础上，李维安教授逐渐将公司治理评价的学术成果应用于中国公司治理实践的改革当中。在从事公司治理研究的20余年中，先后为中共中央组织部、国务院国资委等重要部门进行中央企业改制与整体上市、国有独资公司董事会建设、企业家及国企领导班子成员评价指标等方案实施提供了重要研究决策，为原中国保监会设计了我国第一套保险公司治理评价指标体系，并为深圳市国资委直管企业进行了治理评价，研究成果均得到课题委托方的高度评价；为国家发改委、银保监会、证监会等多个部门，为中航工业、中航科技、中国核建、中国有色、中国交建、中国大唐、大唐电信、新兴际华等20余家大型中央企业及中国工商银行、中国银行、中国农业银行、中国华融资产管理公司、中国平安保险集团等10余家重要金融机构，也为上海、广东、海南、湖北、江西、山东、辽宁、广西、云南等省市的国资委，进行公司治理方面的委托研究与专门培训。他带领的研究团队从2017年开始就2002年《上市公司治理准则》提出修改建议，由经济科学出版社出版的《中国上市公司治理准则修订案报告》中所提意见中有20多处已经被2018年9月颁布的《上市公司治理准则》吸收借鉴。这些均为推动中国公司治理实践的发展做出了卓越的贡献。

治理教育：致力治理学科建设，普及公司治理知识

李维安教授作为我国公司治理研究领域的领军人，带领团队使得公司治理从一个研究问题拓展到一个研究领域，而且进一步发展为公司治理学科。

1997年，在李维安教授的带领下，南开大学公司治理研究中心成立，

2012年该中心更名为南开大学中国公司治理研究院，是国内高校首家专门从事公司治理研究的机构。2004年被批准为公司治理领域唯一一个"教育部人文社科重点研究基地"，并于同年设立我国第一个公司治理专业硕士点和博士点。依托中国公司治理研究院，李维安培养了中国第一批公司治理方向的博士后、博士及硕士，他的研究团队也成为中国首个公司治理方向的"长江学者"创新团队。他主编了针对本科生的国内第一本公司治理教材《公司治理学》（已更新到第三版）和针对研究生的国内第一本公司治理教材《公司治理教程》（教育部研究生推荐教材）。以经典教材为支撑，中国公司治理研究院已经在国内率先建立起一套较完整的针对硕士生和博士生培养的课程体系。他主讲的公司治理学也被评为国家级精品课程，获教育部第五届高等学校教学名师称号，以及第五届高等教育国家级教学成果奖。目前公司治理课程已成为工商管理类专业本科生的必修课程，MBA、EMBA的核心课程。

据不完全统计，他先后指导博士后约50名，培养博士约120名、硕士约50名，其中10余人已成为"长江学者"、教育部新世纪优秀人才等学术中坚力量，并有40多位成为国内公司治理领域的教授，在国内数十所高校及研究机构开办公司治理研究机构，开设公司治理课程及专业，招收公司治理研究生，传播公司治理理论与研究；而自2001年开始举办的公司治理国际研讨会（两年一届，已举办九届）和公司治理青年论坛（已举办六届）也早已成为中国公司治理领域学者交流最为重要的平台，由此培养出一大批公司治理领域的学者，特别是青年学者。

2015年李维安教授受聘担任《中国大百科全书·工商管理卷》主编，公司治理成为工商管理卷的主要分支，从而进一步在社会上推广和科普了公司治理领域的知识。研究团队还编写了一系列公司治理知识科普类书籍，包括《美国的公司治理：马其诺防线》《公司治理手册》《从公司治理到国家治理》等。此外，李维安也是一位优秀的期刊创办者，自1998年创立以公司治理研究为特色的《南开管理评论》并担任期刊主编以来，期刊荣获中国人文社会科学"权威期刊"，全国"百强社科期刊"等多个奖项，复合影响因子排名自2010年以来蝉联国内管理学期刊第一名。李维安教授还创办了 *Nankai Business Review International*（已进入ESCI检索）和《公司治理评论》，依托这三本期刊引领中国公司治理的研究前沿。

白聚山：中国计量经济学领域领军者

贺佳　宫旭　李鲲鹏

白聚山，1957 年 9 出生，祖籍河北赵县。现为南开大学金融学院院长，美国哥伦比亚大学经济学教授。其主要研究领域是计量经济学、金融计量经济学，是经济学界公认的世界顶尖专家，在经济学国际顶尖学术期刊上发表了一系列开创性的、影响广泛的学术成果，以"白聚山"命名的定理和方法成为学术研究的重要基础，被广泛应用于经济与金融的理论与实践。他的一系列成果也被选入世界经典本科与研究生教材。白聚山是世界计量经济学会会士（Elected Fellow）、顶级期刊 *Journal of Econometrics* 理事（Fellow），曾获 *Econometric Theory* 颁发的"Multa Scripsit"奖，并曾担任多个经济学顶级期刊（包括世界最顶尖的五大经济学综合期刊之一 *Econometrica*）的联合主编或副主编。曾获"Review of Economic Studies Tour"殊荣。2010 年，白聚山在世界计量经济学会大会上做了 45 分钟大会报告。2014 年入选汤森路透的高被引学者（Thomson Reuters Highly Cited Researchers），全世界经济与商科共有 99 位学者入选，白聚山是其中的 3 位华人学者之一。根据 IDEAS/RePEc 对全球经济学家的权威排名，白聚山在计量经济学领域全球学者中排名前十。

漫漫求学路，南开学子成长为学术巨擘

作为恢复高考后首届大学生，白聚山于 1977 考入南开大学数学系，1982 年本科毕业后继续留在南开大学数学系攻读硕士学位，师从著名数学家、金融学家史树中教授，自此开始与金融数学结缘。在南开大学度过的七年时间里，白聚山十分珍惜这个来之不易的机会，一路前行，一路收获。他学习勤奋刻苦，成绩名列前茅，深受师生喜爱。1985 年，他通过了严格选拔，成为全国重点高校中的佼佼者入选邹至庄经济学赴美留学计划，并在考试中名列前茅，获得美国宾夕法尼亚州立大学经济学博士学位项目录取，中间取得经济学硕士学位后转学到拥有世界顶尖经济系的美国加州大学伯克利分校，接受了严格的经济学系统训练，1992 年获得经济学博士学位，为日后的科学成就打下了宽厚坚实的基础。基于博士期间优异的表现和成果，1992 年白聚山成为当年全世界经济学博士毕业生中当之无愧的明星（Job Market Star），被选为 ReStud Tour 的报告人之一。ReStud Tour 是由世界五大顶尖经济学期刊之一的 *Review of Economic Studies* 授予年轻经济学家的荣誉。本着该刊鼓励年轻经济学家的传统，ReStud Tour 每年从全球最优秀的经济学、金融学和商学院博士毕业生中选拔七位报告人在多个国家进行学术巡讲，是经济系和商学院博士毕业生的最高荣誉之一。

博士毕业后，他收到了多所世界顶尖名校教职的入职邀请，白聚山选择加入世界著名的麻省理工学院（MIT）经济系任教，其间取得了一系列重要学术成果。之后应邀任教于波士顿学院（Boston College），并于 1999 年成为终身正教授，2002 年应邀加入纽约大学担任经济学教授，2008 年应邀加入美国哥伦比亚大学担任经济学教授至今。在近 30 年的学术生涯里，白聚山教授先后在美国多所名校任教，其专业素养和学术成就在国内外享有盛誉，是世界上最具学术和社会影响力的华人学者之一。白聚山教授在做好自身研究工作之余，把大量的时间和精力贡献在了审阅和修改期刊论文之上，在他看来，能让更多高质量、有深度、有影响的研究论文得以发表，并让更多人了解，就是在为推动经济和金融界的发展尽力尽责。

依依母校情，带领南开金融重塑辉煌

多年来，白聚山一直心系南开，时刻关注着南开母校的发展。2013年他感动于时任校领导的诚挚邀请和全力支持，加入到南开金融学院的筹备工作中。2014年他百忙之中兼职受聘金融学院院长。筹备金融学院的时候，时任校长龚克曾问过他：你想把金融学院建成什么样子？他回答说：国际上金融学术界和业界都知道，北京有个五道口，将来他们也会知道，天津有个八里台。

金融学院成立伊始，百端待举，如何带领新一代南开人重塑金融辉煌是摆在金融学院领导者面前的一道必答题。在金融学院的成立大会上，白聚山教授介绍了学院的发展思路和战略，根据国际国内学术研究的大背景，提出了建设国际化、高水平、世界一流金融学院的长远战略目标，和"一流研究立院、一流人才强院、一流机制兴院"的建院宗旨。他强调：科研是金融学院的立院之本，没有高水平的研究成果，学院就难以在国际和国内学术界真正立足。要下大力气把金融学院的科研搞上去，要引进各层次高水平学者融入到现有教师队伍当中进行合作研究，同时邀请海内外高水平学者来访问研究，乃至合作论文，使教师尽可能提升科研能力，与国际水平接轨。建设高水平的金融学院，离不开高水平学者和各类杰出人才，包括具有国际视野和国际管理能力的高级管理人员。要引进和留住一批国际资深学者以及青年才俊，更要着力发挥激励存量教师的集体能量，组建高效团队，发挥本土化和国际化相结合的优势，切入中国问题的前沿研究，讲好中国故事，争取做出新的理论上和实践上的创新，培养出一批杰出的研究学者、实业精英、商界领袖、政界领导。在学院的管理机制设计上，将尝试与国际接轨的管理模式，以创新的机制兴院。通过采取创新的体制机制，不但要做好人才引进的工作，更要充分发挥激励现有教师的核心作用。南开金融和保险精算的教师水平很高，藏龙卧虎，为了充分发挥每一位教师的学术水平和潜力，要建立一套用好人才的有效机制，积极营造宽松、稳定、与国际接轨的制度安排和公平竞争的工作氛围。

作为金融学院的创院院长，白聚山以时不我待的紧迫感和使命感，在传承南开金融学科的优良传统基础上,进一步在人才队伍建设、科学研究、学生培养、国际合作与交流、行政管理、校友工作等方面全方位锐意改革,追求卓越,推动金融学院的跨越式创新发展。在学校领导的大力支持下,金融学院在建院伊始便探索符合新时期学院发展的新体制,采取国际化、开放包容的新型治理结构,建立了理事会制;设立了包括有校外专家和国际专家参加的学院学术委员会和职称评定委员会;倡导成立了南开大学金融发展教育基金会、南开大学金融校友联合总会等校友支持组织;聘请了南开金融著名校友和企业家刘禹东为金融学院联席院长。

在白聚山的带领下,金融学院成立四年以来,成绩斐然。他借助于其在国际学术界的影响力,为南开带来了宝贵的海外学术资源,包括聘请了诺贝尔经济学奖获得者 Robert Engle 为名誉教授,美国人文与科学院院士和英国科学院外籍院士、美国金融学会前主席 Patrick Bolton 为南开大学讲座教授,还聘请了来自哥伦比亚大学、威斯康星大学麦迪逊校区等美国一流大学的资深教授担任金融学院讲座教授。此外,通过创新性地建立并实施与世界一流大学接轨的长任轨制度,白聚山教授每年亲自率队在全球最大的经济金融人才市场进行海外现场面试。几年来已从以美国为主的多个国家著名大学中引进了 26 名优秀青年人才全职加入金融学院工作。白聚山秉持"人人皆可成才"理念,坚持引进增量海归人才与培养存量本土人才并举,全职引进与柔性引进并举,以高端引领,增量带动存量、盘活存量。通过拓展国际学术交流渠道、营造高水平国际化学术氛围、培育打造学术团队等措施全方位塑造有利于人才培育和发展的良好环境,引导和帮助学院教师在学术上迅速成长,努力实现长任轨教师与传统轨教师并轨发展的长远目标。金融学院成立四年以来,在师资队伍的人才梯队、年龄分布、学源结构、学科方向等方面得到全方位优化和提升,迅速成长为以世界顶尖学术带头人为核心、各类型师资协同发展相互支撑的国际化、高水平人才高原,是南开大学的人才特区之一。

通过引进优秀的海外人才,金融学院迅速补齐了在资产定价、金融计量、公司金融、行为金融等以前南开没有或者薄弱但却是国际上主流和关键的金融学科方向上的短板,进一步统筹和巩固了南开大学在货币银行和国际金融、保险精算和风险管理等传统学科方向上的优势。

在金融学院筹建之初，白聚山便在综合考察美国常青藤等世界顶尖大学的人才培养体系和方案并借鉴其经验的基础上，形成了以加强自由精神和鼓励创新的素质教育为目标的教育理念，强调学生的综合素质培养，在结合中国国情和南开特色人才培养目标的前提下，设计了一套与国际顶尖大学接轨的本科生模块化培养方案。金融学院成立以后，结合学校本科生教学改革工作部署，金融学院随即启动实施了金融人才本科大类模块化培养综合改革，引进国外先进课程，按照国际一流大学标准改革创新教学内容、教学方式、考核方式，加强素质通识教育和专业通识教育，进行宽口径、创新型本科人才培养。

白聚山在筹建金融学院时就提出了"杰出学术人才培养计划"（Special Program for Top Students Talented in Academic Research）的设想，致力于培养具有优异学术潜能，与国际接轨的高端学术型人才，强调和突出国际化培养特色和扎实的学术基础训练，使入选该计划的顶尖学生成为今后为南开金融、经济学科在国际学术界创牌子的学者。国际化人才特区的建设为金融学院实施该计划积累了师资力量和条件。金融学院设立了"金融国际学术精英班"特色项目，实行专业核心课程全英文教学，在教学内容、培养方式等各方面与世界一流大学对接，实现国际化创新人才的本土培养。在研究生教育培养方面，白聚山着力思考并实践分层次分类型提升研究生培养质量，尤其是重点围绕设置国际合作双硕士学位项目和国内外复合型专业硕士学位合作培养而努力，积极推动南开大学与哥伦比亚大学、华盛顿圣路易斯大学、约翰·霍普金斯大学、伊利诺伊大学香槟校区等世界一流大学商谈合作，并且积极探索开展与国际知名大学联合培养博士的模式。金融学院成立以来，学生培养质量和国际化水平不断提高。

作为金融学院的创院院长，白聚山既把"高水平、国际化"作为金融学院建设的长远目标，也把高水平的国际化作为推进学院高质量、内涵式发展的重要抓手。白聚山积极联络海内外资源，加强南开与世界名校和机构的国际合作与交流，打造南开金融的国际品牌。他与自己曾经就读博士学位的美国伯克利加州大学伯克利分校经济系签署了"南开-伯克利加州大学联合培养优秀本科生协议"，每年会选派十名优秀的南开大学本科生去加州大学伯克利分校正式注册学习两学期，希望为南开经济、金融、管理学科培养创牌子的未来学术精英。他与上海高级金融学院及麻省理工学院合作，将世界四大金融学年会之一的"中国金融国际年会"（CICF）首次引入天津。他积极沟通联络，将南开大学金融学院作为八大创始理事单位之一，与清华大学、北京大学等国内一流高校一起创办了"中国经济全球年会"（CICE），并且在该会议期间搭建国内最大的海外人才市场平台。他创立了"南开金融国际论坛"（Nankai International Conference on Finance）高端国际会议品牌，邀请包括诺贝尔经济学奖获得者、美国金融学会主席等在内的著名国际学者来南开进行学术演讲和交流。除了推进与美国一流大学的合作，他还在积极推进南开金融学院与加拿大、英国、新加坡、澳大利亚等不同国家的知名高校建立合作关系，广泛拓展海外合作高校的地区分布，满足学生的差异化教育需求。他常说，我们要给学生们提供尽量多的海外学习机会，要多与国外顶尖高校合作交流，为学生提供尽可能好的教育资源，大力提升学生们的国际视野。

白聚山充分挖掘一切可以利用的海外优秀学术资源，搭建国际化的科研合作平台，促进国际学术交流，为金融学院营造浓厚的国际化学术氛围。他邀请了诺贝尔经济学奖获得者 Robert Engle 教授，美国金融学会前主席、美国人文与科学院院士、英国科学院外籍院士 Patrick Bolton 教授，美国国家工程院院士 David Yao 教授，世界计量经济学会前执行副总裁 Bernard Salanié 教授，麻省理工学院金融学教授王江，亚洲开发银行前首席经济学家、哥伦比亚大学金融经济学教授魏尚进，美国房地产和城市经济学会主席、威斯康星大学麦迪逊校区邓永恒教授，美国波士顿学院 Shakeeb Khan 教授，美国金融学会 Fischer Black 奖章获得者、哥伦比亚大学金融经济学教授 Harrison Hong，世界顶尖金融学期刊 *Journal of Finance* 联合主编、普林斯顿大学金融学教授熊伟，哥伦比亚大学金融学教授王能，芝加哥大学金融学教授何治国，美国德州农工大学甘犁教授等众多世界顶级经济金融学家来南开进行学术讲座和学术交流，指导青年教师和博士生写作论文或者合作论文，介绍国际期刊发表经验和职业发展建议。这样国际化的学术环境和科研合作平台有效地帮助了学院教师在科研成果上的突破，海外引进人才与传统轨本土教师的国际顶尖成果屡次刷新南开纪录，金融学院教师在世界金融和管理科学顶尖期刊 *Journal of Financial Economics*、*Review of Financial Studies*、*Management Science* 以及中文顶尖学术期刊上发表了多篇论文。

经过短短的四年时间，在校领导的大力支持和全体教职员工的共同努力下南开金融学院取得了令人瞩目的成绩。南开金融在海内外的学术声誉和影响力不断加强。

累累结硕果，学术成就享誉全球

白聚山教授主要研究经济分析的定量方法，先后在 Econometrica、Review of Economic Studies、Review of Economics and Statistics、Journal of Econometrics 等世界顶尖和顶级权威期刊发表了一系列重要且影响深远的研究成果，尤其是在结构变化模型、高维因子模型、面板数据模型等方面做出了具有标志性的开创工作。以白聚山命名的经济理论与方法，如 Bai-Perron 检验、Bai-Ng 的 PANIC 方法、Bai-Ng 因子个数法等等，被广泛应用于经济学、金融学、管理学等社会科学的众多领域。

开创复杂结构变化模型的新理论与新方法

经济结构变化是指由于政策变动、经济冲击、经济危机或其他因素而导致的经济结构与经济行为（如生产、消费、政策反应等）的改变。经济的结构性转变历来是经济分析中的重点问题。而对于中国这种转型经济体而言，经济结构的整体和局部变化是其发展过程中的一个显著特征。关于结构变化的计量分析的难点在于如何估计和推断变化的时间点（渐进点或突变点）。经济结构往往存在多个变化点，而模型的计算量随着变化点的增加呈幂级数的激剧增加。

白聚山教授关于结构性变化的开创性研究，广泛地应用于实证分析和政策效果评价中，产生了持续深远的影响，相关论文的单篇引用量就高达 5000 多次。他的成果对中国经济的应用研究显得尤为重要，特别是对中国经济的转型时间节点、转型前后的经济特征以及所产生的政策效果等一系列具有重大意义的实证问题，有着重要的指导作用，奠定了开创性的模型理论基础。

开创高维因子模型的新理论与新方法

随着数据收集、整理、存储和加工能力和水平的不断提高，以高维、高频为特征的大数据正深刻影响着当前经济学、金融学、管理学研究的各个方面。作为大数据的主要降维工具，高维因子模型日益受到广泛重视。以美联储前主席 Ben S. Bernanke、加拿大央行前副行长 Jean Boivin 以及诺贝尔奖得主 Thomas Sargent 和 Christopher Sims 为代表的欧美学者，在广泛的实证研究中发现，经过高维因子模型增广的计量经济模型在宏观经济预测、政策效果评价、金融资产定价以及经验事实挖掘等经济、金融、管理诸多领域都有着非常重要的应用。

高维因子模型应用中，最常见的问题是因子个数的推断问题。大量经验研究发现，实证结果对因子个数选择较为敏感，准确合理地推断出因子个数就显得非常重要。白聚山的开创性工作在非常广泛的假定下，首次提出了一套操作容易、计算简便的信息准则法来一致地估计因子的个数。他的工作所提出的因子个数推断理论以及方法论极大地丰富了该领域的理论研究，具有里程碑式的意义。高维因子模型的另一个常见问题，是模型参数的统计推断问题。白聚山的另一重要工作是首次给出了模型内因子、载荷参数以及共同性成分的统计推断理论，解决了应用研究中遇到的统计推断问题的重点和难点，成为后续一系列拓展模型的理论分析基础。除此之外，白聚山教授还将因子模型的基本思想引入单位根检验和协整检验中，开创性地提出了一种全新的方法来考察非平稳性的来源，而单位根检验和协整分析正是 Robert Engle 和 Clive W.J. Granger 获得 2003 年诺贝尔经济学奖的主要学术贡献。

白聚山教授在高维因子模型方面的开创性研究，产生了广泛深入的学术影响，也使他成为这一领域最重要的贡献者之一。他在这一领域的成果，对中国的学术研究也产生了重要的影响。国内一些有影响力的学者，如王少平、杜海韬等，开始应用他的理论成果研究中国的实际问题，相关研究已经发表在《经济研究》《管理世界》等国内顶尖学术期刊上。

开创面板数据分析的新理论与新方法

面板数据分析在经济计量分析中占据重要地位。相较于传统的计量模型，面板数据模型的一个重要优势是，能够控制空间上和时间上不可观测的异质性。而不可观测的异质性被普遍认为存在于现实数据中，并对实证结果产生重要的影响。传统的面板计量模型认为，数据在空间上和时间上不可观测的异质性是可以分离的,并以加总的形式呈现在模型中。尽管这一假定在个别应用中是合理的,但对于一般的应用而言,显得过于苛刻,与经济理论不相符。在这一假定下,对于特定时刻出现的冲击(如技术进步或政策变化),空间上的个体将有相同的反应变化。而诸多实证研究表明,空间上个体对某种冲击产生的差异性,是产生空间聚集的重要因素之一。

针对传统面板数据模型这一缺陷,白聚山教授开创性地提出了存在交互效应的面板数据模型,为控制数据中不可观测的异质性提供了新的思路和方法。在他所提出的创新性模型中,数据中的异质性不能简单地从空间上和时间上进行分离,而是存在交互的影响,并因为这种交互的影响,产生了个体的差异。通过引入交互效应,长期以来很多被认为是重要的,但是因为建模技术本身的原因而被忽视的经济因素现在得以合理直观地建模。

白聚山教授在面板数据方面的开创性成果,为经济建模的研究指明了一个新的重大方向。他的论文发表以后,得到了国际学术界的极大关注,使得沉寂多年的经典面板数据模型领域重新成为学术研究的热点和焦点。比如,他的模型在新的计量方法"合成对照组"(synthetic control)中被广泛采用。他所提出的面板数据模型在中国现实经济问题的分析中也得到了广泛的应用。国内学者,如杨继生等,将交互效应面板模型应用在环境经济领域,相关成果发表在《经济研究》上。

拳拳赤子心,身体力行公能之校训

不忘初心,方得始终。在其职业生涯的近30年里,白聚山始终如一,保持着谦逊、低调、严谨,以及实事求是、兢兢业业、慎思笃行的作风,凭借着对教育事业的热爱和对学术真理的追求,他以实际行动传道、授业、解惑,尊崇"允公允能,日新月异"的南开校训,一心为公,为南开的发展奉献了真挚情感和拳拳赤子心,践行了立德树人、教书育人的使命与责任。

在南开金融学院,他主持面板数据计量经济学研习班,与青年教师和博士生一起悉心研讨,每一个知识点和创新点的讲解都巨细靡遗,用自己的言传身教来影响青年学人。他以前希望自己能"妙手著文章",现在更希望能够通过分享自己的经验和智慧带动大家做出好成果、著出好文章。他珍视年轻学者为南开的宝贵财富、为学院事业的生力军，期望大家都能快一点成长起来，在教学科研中担当重任，唯其如此，学院的事业才能无往不胜。在南开的四年里，他能者多劳，除了推动学院事业取得长足发展，在学术上也不曾放松，把握经济学国际前沿进展，持续保持高水平、高质量的学术成果产出，并以南开大学金融学院为署名单位在国际顶尖和权威英文学术期刊上发表了十多篇论文，还多次以南开大学金融学院名义在国内外有影响力的高端国际会议上进行主题演讲，扩大南开大学的学术声誉和影响力。他积极推荐金融学院青年教师和博士生前往美国顶尖的高校进行长期访问学习，为年轻人的发展创造机会。

"苟日新，日日新，又日新"，日新而月异。长期以来，不论是身处南开园还是在美国，白聚山都在为南开振兴谋思路，为促进南开和金融学院的发展不遗余力地寻找和凝聚宝贵资源。他甘当铺路石，以朴实的人格魅力引导学生心灵，以学术造诣开启学生的智慧之门；他是作风严谨、踏实勤奋的科研工作者，希望通过自己的努力带动大家，促进南开的经济、金融学科跻身世界一流；他是硕果累累、蜚声国际的南开校友，努力秉承"允公允能，日新月异"之公能精神，为百年南开的光荣与辉煌奉献出智慧和力量。

张春霖：在国际舞台践行经世济民

张春霖

张春霖（1957—），世界银行集团金融、竞争力和创新全球业务部的首席民营经济发展专家。目前工作的领域包括国有企业改革、"一带一路"、创新创业和竞争。1999年加入世行，曾在其北京办公室和比勒陀利亚办公室工作。加入世行之前曾任国家经济贸易委员会企业改革司处长。1978考入南开大学经济学系学习。1982年毕业后进入北京大学经济系读研究生。此后，张春霖在南开大学经济学系任教三年，于1987年考入中国社会科学院研究生院，师从著名经济学家吴敬琏教授攻读博士学位。

母校南开大学一百周年校庆之际，有机会撰文汇报个人成长经历，甚感欣慰。我1978年21岁时考入南开大学经济学系（时称政治经济学系），距今已41年，再过几个月我就要退休，此时对自己从南开起步所走过的学术发展道路做一个回顾，也正当其时。

一

进入南开大学之前的21年，我有17年生活在山西省盂县东部一个叫东庄的小山村。因父母在外地工作无暇照顾我,我从小与爷爷奶奶及叔叔一家一起生活。在村里的学校读完初中后,我于1972年年初考入盂县第一中学读高中,1974年年初毕业后作为回乡知青回村务农,满两年后于1976年到山西昔阳拖拉机厂当学徒工,直到1978年考入南开大学。

1978年10月入学不久,高年级学长们要我为他们创办的《经济初学》写篇文章。这篇文章刊登在《经济初学》第1期,题为"我爱上了政治经济学"。如果没有记错,这个题目应该是他们按我写的内容给加的点睛之笔。我当时学习政治经济学确实充满激情。

我为何会如此钟情于政治经济学,自己也不甚清楚。直接原因应该是我回乡务农期间读了于光远、苏星两位著名经济学家写的《政治经济学》,当时觉得非常有意思且读懂了。间接的原因大概是那个年代的教育使我形成了一种不知天高地厚、整天关心国家大事的习惯,而我们村的农民又对"文革"那一套深恶痛绝,我接受了他们的"再教育",对当时流行的东西也十分抵触。记得1976年10月我刚进工厂几天后的一个晚上,就参加了传达中央文件的大会,得知了"四人帮"垮台的消息。我当时是徒工中唯一的党员,传达内容要求保密,我躺在20多人的徒工宿舍里激动万分却不能对人说,一直瞪着眼睛无法入睡。

怀着这种心情来到南开这样仰慕已久的名牌大学,我觉得自己责任重大。20世纪80年代的中国虽然百废待兴,但处在一种充满激情和奋发向上的状态,大潮流是解放思想、实事求是。大家整天惦记着如何把被"四人帮"耽误的时间夺回来。连那时候流行的歌曲都提醒我们,20年后再相会时要问问自己,"为祖国,为四化,流过多少汗?回首往事心中可有愧?"我那个时候真是这么想的。

当时的南开经济学教育强调打基础、读原著,我确实下了苦功夫钻研《资本论》,读的次数最少的章节也不下三遍,连划的红道道都是拿尺子比着划的。南开的老师们尤其是魏埙先生在读经典原著方面给我的训练,奠定了我后来逻辑思维能力的基础。当时南开的经济学教师团队既有那个时代极其难得的国际视野,又有对现实经济问题的深刻理解。他们没有把学生禁锢在传统政治经济学的围栏里"圈养",而是采取了非常开放的教学方式。比如他们很快就认识到数学对经济学的重要性,在我们大学本科第二、第三年给我们加开了数学课。现在回想起来,如果他们的行动再慢两年,我在大学期间就没有机会学高等数学,以后还能不能有机会补上就很难说了。如果补不上,我就肯定不可能走上后来的学术发展道路。

南开的老师们一方面训练学生读经典原著,同时又经常组织学生课堂和课下讨论,鼓励独立思考,对各种观点和看法即使他们不赞同也一概采取包容和引导的态度。此外他们不遗余力地邀请国内有思想、有造诣的经济学家及国外学者到校施教,开阔学生们的视野。在这样的环境中,我和很多同学一样,很快养成了边学习、边思考的习惯,最喜欢用来勉励自己的名言是"学而不思则罔,思而不学则殆"。入学后第二学期上政治经济学社会主义部分的时候,我就开始尝试提出一些较系统的观点。比如当时讨论全民所有制和集体所有制,我就把问题归结为如何确定"基本生产单位"的边界:为什么农业生产应该以农户而不是以生产队为单位?全民所有制是应该以企业还是以整个全民所有制经济为单位?后来我的心越来越野,渴望构造出一个以基本生产单位为核心的新理论。大学毕业前,我甚至构思出该理论的概念框架,并为此把阅读文献摘抄的卡片按这个框架分类保存在一个专用卡片盒里,准备材料齐备后写出来。这份雄心后来当然没有机会实现,但现在回头看,这种探索确实锻炼了我的分析能力,尤其是构建分析框架的能力。

南开毕业后,我于1982—1984年在北京大学经济系师从徐淑娟、金以辉、周元三位老师专攻《资本论》,获得硕士学位后回到南开大学经济学系当教师,讲授政治经济学基础课。1985年我第一次上讲台,给金融学系85级本科生讲了一年政治经济学。学年结束时学校把我评为12名教学质量优秀的教师之一,照片贴在行政楼门前的宣传橱窗里,很是风光。

虽然一切都顺风顺水,《资本论》我也已经读得滚瓜烂熟,但我还是于1987年离开了传统政治经济学。除了国家发展的大势以及南开培育的独立思考精神,这主要得益于我爱人的推动。我爱人刘卫是北京大学经济系世界经济专业78级本科生,毕业后师从陈振汉先生和厉以宁教授,攻读比较经济史硕士研究生。我进入北大后,我们相识、相爱,结为连理。1984年年底毕业后,她和我一起到南开,在经济研究所当教师。恰逢当时任所长的熊性美老师邀请吴敬琏、荣敬本和赵人伟三位老师来南开开设新课比较经济体制,她的第一个工作就是做吴老师他们的助手。一年后,她独立教授以此为基础扩充并系统化的西方比较经济体制学概论,并撰写了一套教科书及丰富的辅助研习外文资料。

由于这个原因,我经常帮她翻译一些该领域的文献资料。记得应该是1985年,我们住在南开大学农场的小平房里,我帮她翻译一篇国外学者分析社会主义经济的文章,题目忘记了,但记得其中谈到"棘轮效应"。这篇文章给了我一种触电似的冲击,因为作者对社会主义经济问题的分析如此"接地气",和我此前学过的东西形成鲜明对照,让我强烈意识到这样的经济学才是我真正想要的。我由此萌生了学术转型的念头。1986年,熊性美老师邀请吴敬琏老师来南开做讲座。听他的讲座,我记得当时有一种很痛苦的感觉。他分析国家经济发展中存在的实际问题和各项改革措施如数家珍,而我坐在台下听着只有发呆,完全跟不上趟。他当时深度参与国家经济改革方案的设计,经常参加政府部门会议和深入各地调研,而我除了看看报纸电视,对现实经济生活的了解和接触少得可怜。然而,我又不得不承认,自己内心深处其实非常渴望也能像他那样深入实际、研究解决实际问题。最后,在刘卫的鼓励和推动下,1987年我终于下决心离开了传统政治经济学的"舒适区",报考了吴老师的博士生并被录取。

二

我是吴敬琏老师带的第一个博士研究生,那一届他也只招了我一个。我那时隔三岔五骑自行车从位于北京酒仙桥的中国社会科学院研究生院出发,或者到他在国务院发展研究中心的办公室,或者到他在北师大校园的家里,去接受指导,有时也去旁听他主持的一些研讨会。吴老师为将我引导上后来的学术发展道路,采取了两个超常规措施。一是要求我放下其他事情,集中全力参加研究生院请外教给开设的英语强化班;二是让我从头研读微观经济学和宏观经济学教科书。读博士三年里,除了第三年写论文,前两年我的主要精力都花在了这两个方面。记得有次在他家里,师母周南老师提到别的博士生已经发表了不少文章,而我一篇都没有,言下之意有些替我担忧。吴老师却十分坚定地认为还是要打基础,不必着急发文章。记得他说如果那时候我急于发文章，只能是"低水平重复"。他深知另有一个经济学天地我知之甚少，因此让我集中精力准备自己。后来他为我联系到牛津大学的一个经济学培训项目，给了我一次在牛津学习一年的机会。这个机会极其宝贵，令我受益终生。

我的博士论文题为"企业组织和市场体制"，延续我读本科时萌生的"基本生产单位"的想法，重点关注企业与市场两种协调经济活动的不同方式以及二者之间的边界。今天回头看，写这篇论文最重要的收获是理解了吴老师当时已反复强调的一个企业理论的基本原理——企业是市场契约关系的联结点。因此，如他所说，"企业不仅是市场的主体，而且它本身就是市场关系的总和"。其政策含义是，企业制度改革问题归根到底是一个市场的问题，没有市场经济就不会有真正的企业。承蒙上海三联书店厚爱，这篇论文于1991年出版，尽管是一本薄薄的、不起眼的小册子，但听说还曾重印，说明它还是给当时的读者提供了某些知识。

博士毕业后我在中央编译局工作了半年，感谢当时的领导的信任和支持，批准我于1991年1月去了英国。当年8月，我终于进入牛津，做了一年的"访问研究生（visiting graduate）"。在牛津学习的方式是学校按我报的方向给我确定几门课程，每一门课分配一个导师（tutor）。我有过至少三个导师，都是硕士刚毕业的年轻人。每个星期导师给我开一个书单，我必须读完并写一篇作业（essay），周四放到导师的信箱，次日到导师的办公室讨论，再拿下周书单回来。那些文献不仅量大，而且都是数学模型，刚开始时因为看不懂，交的作业里往往只是将这些模型复述一遍，结果导师不认可，要求必须用白话（plain English）说清楚这些模型的含义，逼得我非搞明白不可。这种训练使我后来经常能够用比较通俗的语言把高度技术性的经济学道理讲出来，这对我从事政策研究工作非常有用。

我在牛津时选的方向是信息经济学和契约理论。究其原因，一是我想继续聚焦于企业，二是仍有创建理论的情结，故而对数理经济学情有独钟，以为掌握了这些知识就可以建立一个统揽一切的理论模型。读了几个星期文献后，我基本上明白自己的宏愿纯属梦想。不过，我还是把有限的时间过多地分配给了数理经济学和博弈论以及为此而补习的数学知识，而没有侧重计量经济学。随着计量经济学后来发展得愈益复杂，我再也没机会弥补这个短

板。这在很大程度上影响了我后来的发展方向。然而，牛津的经历使我对现代微观经济学的企业理论（theory of the firm）以及与此相关的公司治理有了比较透彻的理解。因为理解企业的要害是将之视为市场参与者之间的一组契约关系的产物，而当时最先进的理解这些契约关系的知识工具就是信息经济学和契约理论。更为重要的是，经过在牛津的训练，我获得了在现代经济学的环境中通过跟踪阅读文献而自我学习、保持不掉队的能力。

邓小平南方讲话后，我在英国就坐不住了。但刘卫当时在英国格拉斯哥大学读博士，又有身孕在身，我就到那所大学做了一段时间的访问学者，我们的女儿出生、她取得博士学位后，便于1994年6月迫不及待地举家回国。1994年8月我正式到当时的国家经济贸易委员会企业司上班。

三

我在国家经贸委工作五年，刚开始是副处长，后来晋升为处长，主要的工作就是"写稿子"，包括企业改革方面给国务院的各种汇报、政策文件、委领导的各种讲话以及他们在媒体发表的重要文章。领导对我比较赞赏的一点是"悟性好"，他们一布置任务，我就能比较快地理解他们的想法，用比较恰当的语言表达出来，我感觉这得益于自己受过的理论训练。由我执笔写的东西很多，其中最得意的是1997年4月21日发表的一篇《人民日报》评论员文章，题为"规范破产，鼓励兼并，大力实施再就业工程"。那是1997年春节前国务院领导在重庆视察后要求国家经贸委写的。后来听说国务院领导批示说经贸委写了篇好文章，大家都很兴奋，因为以这位领导的要求之严格，能让他说是"好文章"实属不易。

因为工作需要，我有幸参与了国家经贸委当时几乎所有的关于国有企业改革的政策讨论，随领导到很多地方和企业调研，参加他们与地方官员及企业负责人的讨论。今天回头看，这段经历相当于我后来发展的"实习期"。学的主题是如何做政策研究，事实上的"导师"是我当时的直接领导——国家经贸委副主任陈清泰先生和企业司司长蒋黔贵女士。陈主任是德高望重的学者型官员，此后他到国研中心任职以及退休之后，我仍然不断从他那里得到教益。这段经历对我以后的发展极其关键，原因之一是我从此有了"政策意识"。什么是政策意识？很难准确定义，大致上就是说一个学者在分析问题、提出建议时要对实际情况有感觉，保证在一线制定和执行政策的实际工作者不会觉得空洞抽象、理想化或者缺乏建设性。这后来成为我在世行从事政策研究工作、与客户国家政府官员沟通的一个重要优势。

在国家经贸委工作期间，我终于开始发表论文。第一篇发表在1995年的《改革》杂志，题为"从融资角度分析国有企业的治理结构改革"。这篇论文获同行认可，得了孙冶方经济学奖，令我颇受鼓舞。论文的核心是从企业融资契约的角度理解公司治理问题，其中大家比较赞同的一个观点是，过去国企公司治理改革一直在"行政干预"和"内部人控制"两个极端之间徘徊，大家觉得切中要害。1996年我又在《改革》杂志发表了题为"论国有企业的债务问题"的论文，重点澄清当时流行的对国企债务问题的一些似是而非的认识。1997年，我在《经济研究》发表了一篇分量较重的文章，题为"国有企业改革和国家融资"。抱着仍未完全消失的理论情结，我在这篇论文中试图"从理论上对国有企业的诸多问题给出一个系统、一贯的解释"。论文的基本观点是：企业的问题归根到底是一个市场的问题；国有企业的诸多问题根源于计划经济中形成的以国家为中介的融资体制，即"国家融资"。2018年，我在《财新》写文章强调，民营企业是老百姓用自己的钱开的，国有企业是国家找老百姓要了钱开的，这个观点背后的经济学认识就是1997年形成的。这个观点的要害在于，国有企业是国家从居民部门筹集资金投资办企业的产物，国家所有制因此是一种集中国民储蓄的机制。由于办了企业就必须以所有者身份管理企业，故而国家所有制也是一种公司治理机制。这样就可以把国有企业问题的分析纳入标准的经济学理论框架。研究国企问题的这个角度我今天仍然认为是有用的。

四

我在国家经贸委工作五年后,于1999年5月加入世界银行。此后20年,我在世行北京办公室工作了10年;2009年11月到南非比勒陀利亚办公室,在那里工作了近6年;2015年6月回到总部华盛顿,到今年秋天退休时在华盛顿工作的时间是4年。世行的工作大致分为贷款业务和非贷款业务。贷款业务方面的工作主要就是管理贷款项目。我也管过几个贷款项目,包括给中国的技术援助贷款第五期(TCC5)。但我大部分时间用在非贷款业务。所谓非贷款业务,就是给客户国家的政府(如中国政府)提供政策咨询服务和技术援助(例如培训)服务,其中花时间最多的是写各种报告。我在世行的职位从"专家"(Specialist)开始,一年后定为"高级专家"(Senior Specialist),七年后晋升为"Lead Specialist"——这个头衔中文通常翻译成"首席专家",其实叫"主任专家"更合适,因为它类似于中国医院里面的"主任医生",是非管理职位的最高级别。

从学术发展的角度看,我在世行工作经历的最大特点是"打一枪换一个地方"。这是因为我们的政策咨询业务强调"需求驱动",除少数例外,我们一定要做客户国家要求我们做的题目和领域。在华盛顿总部工作的同事有很多人可以专注于一个领域甚至一个题目,因为他们可以参与不同国家的工作。我因为长期面对特定国家,客户国家的需求不断变化,就很难长期专注于一个题目,甚至专注于一个领域都不容易。不过,现在快退休了,如果你问世行的同事我的专长是什么,很多人都会说是中国的国企改革,或者就是国企改革,因为最后这还是我花时间最多、被认为有比较优势的领域。

不久前我在世行网站发表了一篇文章,题为"世界银行与中国80年代以来的国企改革",回顾了世行上世纪80年代以来在中国国企改革中的参与和贡献。其中1999年之后的工作都有我参加,很多是由我牵头完成的(世行的这类工作都由团队来做)。今天回头看,我们的工作在很多方面都对中国的国企改革有所贡献。其一是在2001—2002年就国企改制过程中出现的公司治理问题提出的改革建议;其二是2003年前后当中国决定建立一个集中型的所有权代表机构时,根据国际经验就国家如何行使所有者职能提交的报告;

其三是2005年提出的国家应从国企分红的建议以及2009年提出的后续建议；其四是2012年在与国研中心合作的报告中提出的建立国有资本管理公司来行使国家所有权的建议；其五是从2014年年初开始鼓励中国采纳国际通行的"竞争中性"原则。

2015年我回到华盛顿后，主要时间投入了世行的中国业务。2016—2017年和国研中心合作完成了一份关于国企改革的报告，2017—2018年又深度参与了与国研中心合作的另一个旗舰报告"中国经济增长新动能"，此外还以这两个报告为基础写了一些政策简报。这些报告和简报都没有公开，只有"新动能"报告还在审查修改中，有望发表。

作为世行职员，公开发表东西是需要经过领导批准的。因为领导多数读不了中文，而我个人写给中国读者的东西也不愿意搞得像世行报告中译本，因此我在世行工作期间很少以个人身份在国内公开发表论文。由于以前我参与的世行报告几乎都能公开发表，这也不是什么问题。但最近几年世行的报告越来越多地滞留在内部。面对国内日益突出的改革需要，2018年7月我终于打破常规，在《比较》杂志再次发表了一篇比较长的关于国企改革的论文——"国企改革再出发"。写这篇东西主要是想强调，国企改革唯一正确的方向，是像过去一样改革国家所有制来适应市场经济的要求，而不是反过来扭曲市场机制适应国家所有制。但我用了主要的篇幅提出了四个方面比较具体、可操作的改革建议，概括为"合理定位，公平竞争，政企分开，惠及全民"。之后我又以此为基础在《财新》发表了若干篇简短的评论文章，阐述论文中提出的一些观点。从我后来听到的有关部门和学界的反馈看，我提出的一些东西对大家还是有些参考价值的。

虽然没有公开发表很多论文，但我1999—2009年在世行北京办公室工作期间接受过大量演讲和讲课邀请，听众多数是企业家，尤其是民营企业的企业家。其中我投入精力最多的是应张维迎教授之邀在光华管理学院给EMBA学员讲授的公司治理课程。第一次比较完整地讲这个课程是2002年或者更早，2009年我出国工作之前每年都讲，有时一年讲两三次。这个课程的完整版是连续2—3天，包括2—3个分组讨论环节。课程的定位是给学员增加相关知识，提高分析和解决实际问题的能力。课程的内容主要是回答两个问题。第一，所谓公司治理问题是怎么来的？挑战在什么地方？第二，发达市场经济国家已经想出了哪些办法来解决这些问题？光华管理学院有很严格的效果评估制度。我每次讲完课他们都要请学员评估，记得我的得分多数情况下都是89%的学员满意。当时讲课的时候，我一直非常想把讲义写成一本书出版，但因为找不到那么多的空余时间，课一讲完就搁置了。

除了中国的国企改革，我还不同程度地参与了若干其他国家的国企改革问题研究，包括南非、博茨瓦纳、纳米比亚、越南、马来西亚、泰国、印度尼西亚和缅甸。这些国家除了越南，其国企体制与中国都有很大差别。我从他们那里得到了很多对中国改革有用的启发，同时也与他们分享了一些中国的做法。

五

如前所述，我在世行工作期间不得不在客户国家需求的推动下经常变换研究领域，自己感觉有点像一只猴子在离自己比较近的几棵树之间跳来跳去。回想起来，我跳过的比较大的树至少有五棵。

一是公共服务提供和其中的政府角色。进入这个领域是2002年，当时的国家经济体制改革办公室提出要世界银行帮助研究事业单位改革。我的领导分配我做课题组长，部分原因是事业单位的中国特色过于浓重，不懂中文的同事不投入大量精力，很难搞明白。不过后来我也认识到这其实不仅仅是中国特色，其他国家的类似机构都有很强的国别特色，不像国有企业，起码多数都采取公司形式。

这个课题的报告于2005年由中信出版社出版，题为《中国：深化事业单位改革，改善公共服务提供》。我们在报告中把事业单位改革的问题理解为公共服务如何提供以及其中的政府角色如何定位的问题，并从三个方面理解政府角色——监管、付费（即承担成本）、直接提供。报告试图通过两种方式贡献于中国事业单位改革战略的设计，这是其一，即提供一种新的思考问题的框架。其二是就事业单位改革的关键指导原则和主要措施提出政策建议。这个报告是当时为数不多的系统研究事业单位改革的报告，得到了负责事业单位改革的各级政府编制办公室的重视和支持，我也受邀和他们做过多次交流。

二是社会公平问题。研究这个问题起初不是世行的工作任务，而是出于个人对改革前途的担忧。以郎咸平对顾雏军的攻击为标志，2004年前后的中国兴起了一股"反思改革"、质疑改革的思潮，以至于国务院定为"改革年"的2005年最后变成了"质疑改革年"。对改革的质疑尽管情况复杂，但很多是从社会公平问题出发，而明确或隐含的政策取向都是停止引入市场机制和私人产权，即便不能完全退回到旧体制，起码也要把旧体制尚存的遗产保留下来加以强化。我的看法，这种思潮之所以很有市场，原因之一是市场取向的改革确实伴随着许多社会公平方面的挑战。对这些挑战没有理性的认识，人们很容易凭感觉和情绪做出错误的选择。

为此我于2006年在《比较》上发表了一篇论文，试图回答"公平何处求"的问题。论文的要害是想说明：第一，公平确实很重要，不能忽视，但"公"与"平"是有区别的；第二，历史已经证明，把不公平的根源归罪于市场机制和私人产权，是一个悲剧性的错误。这是整个20世纪人类社会用了近一百年时间进行试验得到的教训。而中国正是在逐步引入市场机制和私人产权之后，才使几亿人脱离了贫困。论文认为正确的道路是以更大的决心和力度推进公共治理领域的改革，尤其是政府职能的转变和法治建设。如果试图以抑制甚至再次消灭市场机制和私人产权来追求公平，其结果必定是公平、效率皆亡。这篇论文使用的分析工具，是世行当时刚发布的《世界发展报告2006：公平与发展》。2008年我受邀回南开母校参加纪念《经济初学》的研讨会，曾向学校老师和校友们报告过这篇论文的观点。

2008年年初，应广东省的要求，世行组织了一个课题研究如何在广东促进社会公平。这个课题得到世行领导高度重视，安排人类发展部门当时的中国业务协调人于小庆女士和我两个人一起负责，组织了众多技术专家参加。课题成果在形成过程中就不断向广东方面报告，2009年上半年课题完成后又做了几次集中汇报。报告的英文版最后由世行于2011年出版。报告采用了《世界发展报告2006：公平与发展》和《世界发展报告2009：重塑经济地理》的分析框架，认为由于集聚经济和专业化的作用，经济增长的地理集中是不可避免的，同时也是有益的；要把地域间不平衡的经济增长变成共享式增长，基本的政策方向应是消除绝对贫困，减少机会的不平等，控制结果的不平等。课题组分九个专题给广东省提供了一系列具体可操作的政策建议。

三是创新和创业。我参与这个领域的研究，最初是由于科技部和财政部给世行提出的课题要求。2006年，中国出台科技创新中长期规划，其中提出了"自主创新""以企业为主体"等核心理念。我们的课题要回答的主要问题是如何实现"以企业为主体"的创新。今天中国的研发投入已经有近80%来自企业，但当时如何从一个以政府及其附属机构为主体的体制过渡到一个以企业为主体的体制，是一个很重要的政策问题。我们2008年完成的报告以"中国：促进以企业为主体的创新"为题，提出了四个方面的建议。其中之一是应该注意采取更为平衡的总体战略，包括技术创造与技术应用、改进之间的平衡，政府促进与市场、企业微观决策的平衡，自主与开放的平衡，以及研发投入与其他要素投入的平衡。然后我们从建立正确的激励机制、提高私营企业的能力、强化风险投资行业的生态系统等方面提出了更具体的建议。

十年后的2018年，世行应邀参与"十三五"规划执行情况的中期评估，我作为课题组成员又一次回到了这个领域。完成了科技创新方面的评估工作之后，我继续领导一个课题组开展后续研究，为"十四五"规划提供参考意见，主要集中在两个具体问题。一是政府的创新促进政策如何保证与市场竞争相容；二是如何在促进技术扩散、推广以及加强企业能力两个方面改善创新促进政策。这实际上是我们2008年提出的四个平衡中的前两个。今天回头看，这四个方面的平衡仍然十分重要，尤其是自主与开放如何平衡。

在此之前的2016年，我作为"经济增长新动能"旗舰课题的成员，进入了另一个相关领域，即企业家创业。"经济增长新动能"是世行与国研中心的联合研究课题，设立了八个分课题，我和国研中心企业所的马骏所长共同负责企业家创业分课题。我们在上海、深圳、贵阳、西安和沈阳进行了很密集的调研，对中国风险投资行业的数据也做了全面的分析，最后于2017年年底完成分报告，提出了16条具体建议。这些政策建议在课题实施过程中就通过国研中心传递到了相关政府部门。虽然因为课题总报告迟迟不能发表，我们的分报告也被搁置，但其中的一些建议后来陆续变成了政府的措施。

2017年在五个城市的密集调研是我2009年出国工作后第一次有机会深入接触中国的基层。这次调研最大的感受是改革开放40年已经培育出了一代新型的企业家群体。他们大多30—40岁，受过良好教育，已经在很大程度上融入世界，刚进入事业发展的中期，很多人已经衣食无忧。他们有动力、有能力在科技领域创业并承受风险。中国经济的这个优势，没有这样的调研我是不大容易真切感受到的。

四是资源型经济体的经济多元化。这是我在非洲工作期间倾注精力最多的一个领域。我在非洲的近六年时间，工作性质更倾向于管理，具体是负责协调世行在五个国家两个领域的项目和研究：五个国家是南非、博茨瓦纳、纳米比亚、莱索托、斯威士兰，第一年我的工作范围还包括毛里求斯；两个领域是金融部门发展和私营部门发展。这些国家共同的挑战就是"经济多元化"。所谓经济多云化，具体来说就是从传统的资源密集型产业逐步转向制造业和服务业。创造工作岗位是这些国家的头等大事。所以真正的挑战其实是在低技能劳动比较密集的可贸易产业创造工作岗位。强调可贸易产业，是因为这些国家的国内市场相对来说都比较小，进不了国际市场，很难有发展前途。

五个国家中，我对博茨瓦纳投入最多，这是因为博茨瓦纳政府同意付费请我们做研究和技术咨询。这个项目涉及投资环境、贸易和产业政策、ICT基础设施、中小企业融资、技能和创新等五个领域，高峰时期团队技术专家总人数超过50人。我作为常驻南非的总协调人忙于内部组织协调以及与政府各部门的沟通联系。但后来也于2014年亲自投入，为博茨瓦纳政府起草了一份他们的"愿景2036框架文件"。后来他们依据这个文件写出了《愿景2036：所有人的繁荣》，于2016年由议会正式通过。

虽然世行的多数工作都是团队生产，但这个愿景框架文件是我一个人在博茨瓦纳总统办公室的同事们支持下写出来的。这个工作类似于我当年在国家经贸委的工作，就是做他们的"笔杆子"。写出来的文件是他们的文件，不是世行报告。但也不是他们说什么我写什么，很多问题上他们都鼓励我依托世行的研究成果给他们提出建议。为此我就不得不很集中地思考一个问题：博茨瓦纳要实现经济多元化，什么样的战略才是正确的长期战略？我到最后也没有什么很完整的答案，因为制约因素太多。但我最后给他们的建议简单概括起来就是把钻石收入投资于人，力争在钻石资源枯竭之前培育出一代企业家、技术专家、教育专家和一支健康、受过更好教育的劳动力队伍。

我把这一条列为长期规划的第一要务，他们认为第一要务还得是"可持续的经济发展"，但我的观点他们都很认同。

五是"一带一路"。2014年，世行内部进行了一次大规模机构重组。2015年我回到华盛顿总部后，和负责贸易的同事在同一部门工作，叫贸易和竞争力全球业务部，我负责这个部门的中国业务。2015年下半年，我们开始研究"一带一路"；2016年确立了一个课题，由我们这个部门牵头。因为我负责中国业务，领导课题组的责任就落到了我的头上。2017年第一次"一带一路"国际合作高峰论坛之后，领导决定扩大课题规模，搞成一个旗舰课题，课题组因此扩编，世行在区域一体化、交通运输和经济地理方面的三位权威专家加入，课题改为由我们四个人共同负责。这个课题在研究过程中形成了近30篇工作论文，其中主要的论文完成后都已在世行网站发布。总报告已经完成并通过内部评审，计划尽快发表。我们这个课题的贡献：一是用三种不同的经济学模型评估了"一带一路"交通运输项目对贸易成本和经济增长的可能影响，认为会有相当可观的收益；二是指出为真正获得这些收益必须进行的配套改革；三是分析了必须防范和管理的主要风险。这个课题是世行为其所有客户国家提供的公共产品，包括但不限于中国。

这个课题的早期阶段，我的主要任务是提出研究工作的概念框架，然后组织我们内部的各部门专家开展研究工作。课题后期，我的时间主要用在了课题组内部协调以及与相关国家的沟通联系。具体的研究工作和报告的起草主要由各方面的专家来做，我只亲自动手写了其中一部分。虽然如此，我还是被迫花费大量时间弥补基础设施建设和贸易方面的经济学知识，跟踪阅读别人的研究和媒体文章。以我的知识结构，这个课题应该是我跳得最远的一棵树。

在此过程中我的主要成果是一个"变革理论"。变革理论是我们在设计贷款项目时经常使用的概念工具。比如一个项目提出花100万美元改善一个地区儿童的营养状况。变革理论要求从花钱支持的各项干预措施开始，一步一步说清楚这些干预措施如何能够改善儿童的营养状况，为什么人们应该相信这样的结果一定会发生，其中必须具备的条件是什么，可能发生的风险是什么。同样的方法运用于"一带一路"，要回答的问题就是，"一带一路"倡议提出的那些措施能不能实现共同发展、共同繁荣？需要什么样的条件（包括配套改革）才能实现？其间对中国和其他国家会有什么风险？这个分析得出的对中国的政策建议主要是两点：一是要确实按"共商、共建、共享"的原则，搞成一个多边合作的平台；二是要稳步推进，高度重视风险防范。

开始研究"一带一路"之后，我更多地关注中国在对外关系方面的一些问题。随着中美关系日趋紧张，我也越来越多地思考和研究中美关系所涉及的各种经济问题，包括技术转让、补贴以及中国加入WTO时关于国企的承诺。不过在这些方面还没有公开发表过自己的意见。

即将退休之际，看到中国的发展面临40年来最大的变局，世界的未来也阴云密布，深感忧虑。回头看过去的40年，越看越珍贵，对国家、对个人都是如此。我从一个小山沟走出来，既无天赋又无背景，能作为一个经济学者参与这40年的伟大变革，实属幸运。

从1994年到国家经贸委工作开始，之后的25年中我所做的工作就性质而言主要是政策研究。这种工作简单说来就是运用经济学的理论、概念和知识，结合国际经验和中国（后来是世行的客户国家）的实际，生产出对实际工作者有用的知识，包括对问题的理解和解决问题的路径、方案。记得1982年刚进入北大经济系读硕士，时任系主任的陈岱孙先生给新生讲话，其中有一点我深感认同，一直谨记在心，就是经济学应该是"致用之学""经世济民之学"。我感觉我走过的学术发展道路其实也就是一直在寻求学以致用、经世济民。这条路很适合我，如果重新选择一次我还会走同样的路。

当然，这条路的起点就是41年前的南开校园。没有南开老师们给予的教导和栽培，没有南开同学们给予的启发和鼓励，我不可能走上这样的路。当此母校一百周年华诞，我满怀感恩之情，衷心祝愿母校的未来更加辉煌！

马建堂：十年面壁，一心向学

马建堂

我1958年农历四月出生在山东省滨州市的农村，当时叫惠民地区滨县彭李乡马家村。这是鲁北平原、黄河岸边邻海不靠海、土里刨食吃的一个普通村庄。到我出生时，这里旱涝灾害频繁、土地盐碱化严重，是有名的鲁北穷壤。

也许是祖辈深受文盲之苦的激励吧，我从小对书本有种天生的痴恋。那个时候我的家乡是文化的沙漠，家境穷苦也无钱买书，但凡是有字的东西都找来看，如饥似渴地读。上世纪50年代的《新建设》杂志、我姑父南云亮从山东师范大学体育系毕业带回来的篮球教材我都看过，尽管意思大部分不懂。记得一本残缺不全的《水浒传》，我看得都能背诵章回题目了。由于从小学习成绩好，1972年年初我和村里其他四名同学一起，被推荐到北镇中学高中部学习。名字听起来虽极为普通，但北镇中学是整个惠民地区最好的中学，由于惠民地区地委和行署坐落在北镇，所以这所全地区最好的中学叫了这个不起眼的名字。当时的北中名师荟萃，学生也大多都是地区干部子弟。来到这一名校学习，我好似久旱逢甘露的幼苗，不断吸吮着知识的乳汁。特别是教语文的李海鹏老师对我青睐有加。当时我写了一篇叫《管得严》的叙事性作文，李老师批语说："你在这方面有些天赋，望好好努力。"李老师的批语对一个十几岁少年的激励是如此之大，以致我后来上大学填报的第一志愿是中文系。

按照当时的学制，我应在1973年年底高中毕业，而1973年国家决定恢复高中三年学制，我高中毕业时间就延到1974年年底。但刚进入1974年，由于张铁生高考白卷事件，上下开始批教育战线的回潮，我的高中学习在1974年4月份就草草结束了。由于高考制度当时已停止，我只好回到马家村，当上了村办工厂的翻砂工。然而苍天有眼，1976年党中央一举粉碎"四人帮"，1977年恢复了高考制度。我同百万同龄人一样，又看到了希望，我开始在劳动之余准备高考。1977年的高考是在12月10—13日，整个备考的时间是在冬季。那时农村家里无暖气，我住的东屋房子也没炉子，滴水成冰，寒冷难耐。我披着厚厚的被子，点着煤油灯在复习苦读。一晚上下来，手是凉的，鼻子是黑的。高考过程还算顺利，我通过了初选，参加了体检，报的是莱阳农学院和马鞍山钢铁学院。那时的招生过程不像现在这样公开透明，不知何故，最终没有录取。

滨县像我这样通过了初选但没有被录取的考生有20多名。滨县教育局先把我们分到各个乡镇联中，担任代课老师。几个月后，县教育局就把我们20几个人集中到滨城教育局集中复习，准备高考。由于1977年的历练，1978年我考得更好了些，考试成绩是353分，好像是全县第二名。填报高考志愿时，第一志愿是山东大学中文系。然而，不知是语文成绩不很高，还是其他的缘故，我接到的是山东大学经济系的录取书。1978年9月6日，我坐着滨县到济南的长途汽车，告别了养育自己20年整的鲁北故乡，来到"四面荷花三面柳，一城山色半城湖"的省会济南，开始了我面壁十年、苦读生涯的第一站。

山东大学是一个具有光荣传统的著名学府。她的前身是私立青岛大学和华东军政大学，1958年由青岛迁到济南。由于数度磨难，70年代末的山东大学虽不像50年代初的5院18系那样鼎盛，但也毕竟是国内闻名的重点大学。浩如烟海的藏书、诲人不倦的师长和崇尚治学的校风，为我提供了良好的学习环境。我在母校宽阔的怀抱里，尽情地吸吮着知识的乳汁。从马克思的《资本论》、斯密的《国富论》到李嘉图的《政治经济学及赋税原理》，从马歇尔的《经济学原理》、凯恩斯的《就业、利息和货币通论》到萨缪尔森的《经济学》，还有黑格尔的《小逻辑》、锡克的《第三条道路》和加尔布雷思的《新工业国》。我的十年求学期间，数大学四年最为艰苦和紧张。一千多个日日夜夜，几乎全是由宿舍—教室—饭堂这一简单的三角形组成的。每天的学习时间高达 10 小时，每周平均约 60 小时。学校每周六的露天电影几乎是我唯一的消遣。

上大学期间，我写了很多的读书笔记。大多不是写在书本上，也不是写在信纸上，而是写在放假从家带回学校的草纸和废旧账页的背面。不只是学习紧张，要发奋补上失去的岁月，还舍不得吃饱肚子。我兄妹四人，我是老大。读大学期间，二弟在济南当兵，三妹与小弟仍上学，家中承包地全靠母亲一人照料，父亲在生资站工作之余，还要搬运装卸挣钱填补家用。我本来是家中的"壮劳力"，现在成了"不劳而获"的纯消费者。一想到父母的辛劳，心中愧疚万分，唯一能报答的，除了好好学习外，就是节省节俭，让父母少一点贴补。我父亲是 1998 年去世的，他在这个世界上只待了 63 年，每当我想起父亲年过半百仍扛包装运的身影，便泪如雨下，不能自已。

上大学期间，国家的改革开放大幕刚刚拉开。农村改革的重心是推进承包制，思想理论战线继真理标准大讨论后，经济学界开始讨论社会主义生产的目的是什么，以便为重视消费、重视分配寻求理论依据。我第一篇"发表的"文章，是 1981 年暑期回家调研承包制而写的，刊登在 78 级经济系自办的油印小报上。在写作本书时，可惜没有找到这篇东西。1981 年山东大学举办"五四"学生科学讨论会，我撰写了"社会主义生产目的及实现"，论文获二等奖，奖金 50 元，这是我生平第一次学术活动获奖。利用奖金，买了双同学穿不上的二手皮鞋和线衣。这篇论文指出，社会主义生产目的是保证劳动群众生活不断提高和全面发展的消费资料和自由时间。要实现社会主义生产目的，就需要按照社会的消费需求结构，建立相应的劳动结构、生产结构、分配结构和市场结构。这篇文章某种程度上是我日后研究经济结构问题的先声，也是学习期间参与国家经济思想和经济政策讨论的开始。在文章中，我把保证劳动者全面发展的自由时间也作为社会主义生产目的，还是有点青年人的创造精神的。发奋读书、关心国事，在 77 级、78 级大学生中表现得更为突出：是因为我们险些失去了进大学的机会，我们才格外珍惜来之不易的学习生活；是因为我们的命运与时代、与国家息息相关，是改革给了我们改变命运的机会，我们才格外自觉地参与改革开放的讨论——我有一个英年早逝的大学同学，学习期间曾给当时的国务院总理呈送了 8 万字的改革长文。

1982 年 9 月，我以优异成绩考入我国声誉最为卓著的经济研究机构之一——南开大学经济研究所,攻读社会主义经济理论方向的研究生,导师是我国著名经济学家谷书堂教授。南开大学经济研究所成立于1929年,是我国最早的大学办经济研究机构。国内外许多知名的经济学教授,如何廉、方显庭、刘国光、滕维藻、杨叔进、谷书堂等都曾在该所工作或学习过。在谷书堂教授的指导下,我一方面继续吸收、消化着各家经济学的精华,一方面锻炼、提高着我的科研能力。谷教授为了培养我从事科学研究的基本功,防止因急于求成而带来的学根不深、学风不实的毛病,给我制订了一个三阶段循序渐进的培养计划:第一阶段,主要学好各门研究生课程,掌握各种必要的科研手段,为日后的科研工作打下坚实的基础;第二阶段,结合各类经济学专题,在大量占有资料的基础上写出相应的讨论综述和评论;第三阶段,撰写硕士论文。这一培养方案使我受益匪浅。

在南开求学时期,适逢党的改革重心由农村转向城市。1982年召开的党的十二大,胡耀邦同志代表党中央提出,促进社会主义经济全面高涨,要在深化农村改革的基础上,对主要分布在城市的国有企业或集体企业,实行经营管理上的责任制,并有步骤地改革价格体系和价格管理办法,改革劳动制度和工资制度,建立起符合我国情况的经济管理体制。特别是1984年10月召开的党的十二届三中全会,中共中央做出了关于经济体制改革的决定。全会号召,进一步贯彻执行对内搞活经济、对外实行开放的方针,加快以城市为重点的整个经济体制改革的步伐。全会明确,增强企业活力是经济体制改革的中心环节,着力确立国家和企业、职工和企业的正确关系,并对国家的计划管理体制、价格体系、劳动分配等进行相应的改革。我在南开求学时期所进行的学术研究,就是在这一改革大背景下进行的,主要集中在劳动工资和计划管理体制这两个紧密联系的领域。

我是1984年开始在国内报刊杂志上正式发表学术论文的。第一篇文章是"也谈我国现阶段个人消费品分配方式——与王勤同志商榷",发表在《经济问题》杂志1984年第2期上。据不完全统计,1984年共发表12篇论文,其中7篇是研究工资制度改革的;1985年共发表15篇论文,其中4篇是研究工资制度改革的。我之所以在1984年前后集中力量研究按劳分配和工资制度改革,与上文所讲的我国经济改革重点转移到城市、城市经济体制改革的中心环节是搞活国有企业有直接关系。党的十二届三中全会明确提出,"增强企业活力是经济体制改革的中心环节","围绕这个中心环节,主要应该解决好两个方面的关系问题,即确立国家和全民所有制企业之间的正确关系,扩大企业自主权;确立职工和企业之间的正确关系,保证劳动者在企业中的主人翁地位"。

如果说党的十二届三中全会把正确处理国家与企业、企业与职工的关系作为经济体制改革的中心,是我研究劳动工资问题的大环境的话,那么我的社会主义经济理论的专业定位则是从事这一研究的内在逻辑。当时南开的社会主义经济理论专业研究生的培养,重要学习内容就是马克思主义经济学。我的硕士生导师谷书堂教授也集中研究劳动价值理论和按劳分配理论,他在上世纪60年代就提出了价值决定的双重必要时间,并在政治经济学界引起了比较热烈的讨论。学习劳动价值论,很容易地就会和当时的改革实际联系起来。在这样的历史背景下,我从自己的专业和老师的研究领域出发,用马克思的按劳分配理论来分析国有企业内部工资改革的必要性,并提出国有企业要贯彻按劳分配理论、体现多劳多得,就必须破除分配上的"大锅饭",实行浮动工资。这方面的研究成果,集中体现在我和徐振方老师合写的"试论城市经济体制改革的中心环节和突破口"(《南开经济研究所季刊》1984年第3期),以及发表在《东岳论丛》1985年第5期的"马克思按劳分配理论与浮动工资"。

这一期间我的第二个主要研究领域是计划管理体制改革。我国长期以来实行的是计划经济体制,生产由国家计划指定,产品分配由国家调拨,工资总额由计划确定。随着以国有企业改革为中心的城市经济体制改革的深化,改革必然触及国家对经济活动、对企业生产流通和分配方式的调整。其间,为了准备硕士论文,在谷老师指导下,我选择了国家计划管理中的"条块"关系这一研究领域。所谓"条条"管理是指由中央部委直接管理国有企业,"块块"管理是指由地方政府直接管理国有企业。中华人民共和国成立后到改革开放前,较大型的国有工商企业一会下放,一会上收,在"一收就死、一死就放、一放就乱、一乱再收"的怪圈中徘徊,而没有解决国有企业是自主经营、自负盈亏的相对独立经营实体这一根本问题。

我的硕士论文"论国家直接管理方式的转换",分析了传统"条块"管理模式的弊端,提出计划管理体制改革,一要确立国有企业的相对独立地位，二要改变传统的指令性计划管理模式，国家对企业的管理要从直接控制型向间接调控型转变。这些观点和两年后党的十三大所提出的国家调控市场、市场引导企业的改革思路是一致的。我的硕士论文后来被收进经济日报出版社出版的《1985年经济学硕士博士论文选》。论文答辩后，我经过修改和继续研究，在这一领域陆续发表了十余篇论文，主要有"新型计划体制的目标模式及其理论依据"（与谷书堂合著，《南开经济研究》1985年第5期），"试论我国部门管理方式的转换"（《经济理论与经济管理》1986年第3期），"改革宏观管理体制破除条块分割"（《南开经济研究》1986年第1期）等等。

南开学习期间，改革大潮风起云涌，经济学界百家争鸣，当时的青年学子更是英姿勃发，指点江山，激扬文字。天津靠近北京之地理优势，加之南开浓厚的学术氛围，一时让这里成为藏龙卧虎、风云际会之地，杜厦、李罗力、金岩石、常修泽皆是当时青年才俊。1985年4月，我有幸参加了第二届中青年经济科学工作者学术讨论会，提交的"马克思按劳分配理论与浮动工资"文章从2615篇论文中脱颖而出，使我成为125位会议入选人员并获奖。这次会议是由国务院经济研究中心、中国经济体制改革研究会、中宣部理论局、《红旗》杂志社、《经济日报》联合举办的，会议层次很高。我国著名经济学家、国务院经济研究中心主任薛暮桥做了热情洋溢的题词："济济英才，满腹经纶，青出于蓝，后继有人。"确如薛老所言，参会人员群贤毕至，少长咸集，改革开放后活跃于政界和理论界的人士的名字都可以在参会者名单中找到，如马凯、马飚、郭树清、楼继伟、李剑阁、徐景安、华生、周其仁、张维迎等等。当年5月，我也以研究劳动工资问题的论文，参加了天津中青年学术讨论会，时任天津市委书记张再旺同志专门给会议题词："中青共聚，新老合作；同心同德，献计献策。"

1985年7月我从南开大学经济研究所毕业，并留在南开经研所工作。毕业不久，经过认真权衡，我考取了中国社会科学院经济研究所孙尚清研究员的1985级博士研究生，研究方向为产业结构。由于中国社会科学院研究生院1985年秋季要从京西的十一学校搬至机场路酒仙桥，故我们85级博士生是1986年2月份报到的。

与一般的大学相比，中国社会科学院研究生院是一所比较特殊的学校。研究生们的人事关系在研究生院，但学术关系却在各个研究所，而学生的培养又主要靠导师"私相授受",所以有人曾戏称研究生院为一个"学生公寓"。这里绝无任何不敬的成分,中国社会科学院有其他大学不能比拟的优势。中国社会科学院汇集了全国社会科学各个领域的大家巨擘,从广义上讲,他们都是中国社会科学院研究生院学生们的老师。研究生院本身又吸纳了社会科学各个"行业"的青年俊秀。他们不少人在社会上已有很大的知名度,如文学系的刘东、许明,哲学系的何光沪。比我们高一级的还有马列所的郭树清、世经所的王逸舟、文学所的王友琴,当时也都是人中翘楚,不少人现在已成为各自领域的大师泰斗。在这种貌似松散、实则开放的环境里,在这些后起之秀的"侃谈"中,不知迸发出多少闪光的火花,而这些火花又汇聚成夺目的火龙,照亮了中国社会科学院研究生院的牌匾。

社科院研究生院的三年是我学术生涯中的第一个创作高峰,是学术论文、著作"产量"最高的时期,1986—1988年三年间共发表论文59篇。我一生引以为傲的博士论文《周期波动与结构变动》自然是这一时期的产物,与孙尚清老师合作研究产业结构的专著也是这一时期写就的,最满意、学界影响最大的论文"企业行为与经济机制"也是在这一时期发表的,经济学专业硕士研究生知名国际经济学教科书《开放经济与世界经济》是这时期译毕的,言辞锋利、销量可观的《偏斜的金字塔》《走出迷宫》(与宋光茂合著)也是这一时期写作的,同时还发表了不少时评、书评和言论。

回首这一时期的学术生涯,研究主要集中在企业行为和产业结构这两个领域。攻读博士学位论文期间对企业行为的研究,是南开求学时期研究劳动工资问题的深化和继续,有些观点也是在南开学习期间形成的。我观察到,随着国有企业分配自主权的扩大,国有企业工资分配虽然初步解决了计划分配体制下统得过死的分配平均主义的弊端,但国有企业所有权的虚置与分配权的扩大又带来了另外的问题——消费基金膨胀和经营者对所有者权益的侵蚀。这促使我进一步研究企业分配行为"死"与"乱"局面的深层原因,探究企业行为层面的内在深层机理。围绕这一领域,我从1985年陆续发表了一系列文章:"企业行为的改变与工资的宏观控制"(《经济研究》1985年第6期)、"企业行为与经济机制——兼谈作为企业行为合理化条件的国家所有制的改革"(《经济研究》1986年第2期)、"体制转换时期的企业行为"(《中青年经济论坛》1986年第1期)、《所有制与企业行为——再谈所有制改革》

(《企业界》1986年第11期）。

这些论文比较早地把国家所有制改革与企业行为合理化结合起来，比较早地探讨企业行为层面的深层机制，实际上开辟了一个新的研究领域。也正是因为我在这一领域的开创性贡献，《经济研究》这一经济学领域名列第一的刊物连续刊载了我的两篇论文，并将我列为有前途的青年经济学人，我也真正开始在全国有了些学术影响，有些观点被多次引用。有位研究企业行为的学者，曾大段引用我的观点而不具名，事后我们认识后还专门向我道歉。1985年，中国社科院经济研究所联合《经济研究》编辑部，在杭州召开了经济机制研讨会，我以"企业行为与经济机制"一文入选参会，并以醒目位置发表在翌年《经济研究》第2期上。《经济研究》编辑部还推荐这篇文章角逐第三届孙冶方经济科学奖论文奖。

产业结构是我攻读博士学位的研究方向。随着1986年2月正式到中国社会科学院报到入学，我在继续深入研究企业行为的同时，也随即将研究重点开始转向产业结构研究。

最初的研究重点是第三产业。传统经济理论不认可三次产业划分，不把第三产业作为创造价值的产业对待，在工作指导上，以粮为纲、以钢为纲，服务业欠账太多，供给严重不足。尤其是随着几千万下乡知青返城，城市吃饭难、做衣难、住店难，行行皆难，出行堵、乘车堵、购物堵，业业都堵。开门七件事，事事跑断腿，样样排长队。面对这样的局面，我开始研究第三产业问题，尤其是第三产业严重滞后的原因，指出政府投资和价值补偿双重不足是第三产业滞后的主要原因，生产、生活服务业的非产业化、非社会化扭曲了第三产业供求格局，传统计划体制弊端以及由此制定的政策制约了第三产业的发展。1986年下半年到1987年上半年，我先后发表了五篇研究第三产业的文章。

1987年，根据孙尚清老师的安排，我着手撰写《中国产业结构研究》专著。这本专著是作为"六五"哲学社会科学重点研究项目"中国社会主义经济结构研究丛书"的一本，丛书的主编是马洪、孙尚清。在孙老师的指导下，我系统地研究了中华人民共和国成立以来我国产业结构演变的历史，分析了我国产业结构演化规律的动因，对产业结构进行了国际比较，指出了我国产业结构存在的六大问题，提出了促进我国产业结构调整和合理化的建议，并对我国产业结构发展趋势进行了预测。这也是我的第一部学术专著。2012年，我和江小娟、周叔莲同志一起荣获中国经济理论创新奖，这部著作的学术贡献是一重要原因。

在撰写《中国产业结构研究》一书时，我发现中国经济发展过程伴随着两种变动，一是周期性波动，二是结构性变动。二者关系有无规律可循？二者相互关系的机制是什么？对这些问题的回答，成为我博士论文研究的主题——周期波动与结构变动。研究领域和题目确定后，便全力以赴、夜以继日地开始工作。首先是到国家图书馆、经济研究所图书馆广泛搜集主要国家经济周期的各个产业、行业的产值、就业人员的历史统计资料，时间序列跨度百年之久。其次是阅读大量文献，并做笔记和卡片。当时的研究，计算机还未普及，不像现在这样方便，需要自己做卡片，分门记载，分类手记。然后是深入思考，整理思路，形成自己的观点。有时晚上入睡时，突然形成了某种观点或想法，或者对一些难题突然有了灵感和感悟，便马上起床，将其记录下来。最后是攻关冲刺，撰写论文。当时我在研究生院宿舍门上写了"论文写作，谢绝打扰"八个大字，连续奋战了30个日日夜夜，终于完成了博士论文。

《周期波动与结构变动》主要研究内容有三：一是不同类型经济周期、不同阶段经济结构变动规律；二是周期波动影响结构变动的机理；三是我国周期波动中结构变动的共性和个性。承蒙湖南教育出版社慧眼有加，1990年将其出版。首次出版近30年后，在我的学生覃毅同志联系下，商务印书馆将其重印再版。

我在博士论文中使用了大量发达国家的历史统计资料，在博士论文准备和写作中，深感经济研究中统计资料的重要性。20年后，2008年中央任命我为国家统计局局长，并在这个重要工作岗位上服务了六年半，使自己能对中国统计事业做一些实事。我的十年学术生涯，独著合著20余部，如要问哪一部最满意、哪一部学术价值最高，我会毫不犹豫地选择《周期波动与结构变动》，尽管她没有直接获奖。在研究写作博士论文上的付出和收获，使我深深感到博士期间学习时光的珍贵，深深感到博士论文的神圣。正是基于这些经历、感悟和认识，我对我门下博士研究生的论文指导都特别用心，要求也非常严格。如果我的学生们能读到这段文字，也许更能体谅老师严格要求的苦心和责任感。

今年是改革开放40周年，也正好是我进入大学、开始接受高等教育40周年。40年来，在党的领导下国家面貌发生了翻天覆地的变化，个人的命运也伴随历史大潮发生了深刻变化。是党把我培养成了一名高级干部和高级知识分子。回首往事，感慨万千。感恩党和组织！感恩母校和师长！感恩伟大的时代！

佟家栋：拨云寻道，继学筑栋

杨坚等 ①

佟家栋教授，男，天津人，生于1959年2月，汉族，中共党员。著名国际经济学者，南开大学杰出教授、博士生导师，国务院特殊津贴专家，教育部首批"跨世纪优秀人才"，人事部"百千万工程人才"，教育部"第三届国家教学名师"，"国家级优秀教学团队"负责人，教育部高校经济与贸易学教指委副主任，欧盟让·莫内讲席教授，中国世界经济学会副会长，中国欧洲学会副会长。

佟家栋教授还曾长期担任南开大学校党委常委、副校长、研究生院院长、南开允公集团董事长、经济学院副院长等学术或行政职务。他还兼任南开大学应用经济学科学位分委员会主任、南开大学金融学院理事长、南开大学世界经济研究中心主任以及中国自贸试验区研究中心主任。

佟家栋教授思想深邃，视野辽阔，治学严谨，躬身垂范，勇于创新，锐意改革，善于合作，不唯名利，具大师风范，是改革开放后我国贸易与经济学领域的代表性学者之一，深得国内外学界的认可与尊重。佟家栋教授育人成果丰硕，桃李遍及天下。从教30余年来先后为本科生、硕士生和博士生开设等十多门课程和系列讲座。招收指导了国际贸易理论与政策、国际经济一体化和国别经济等多个专业方向的数百名硕士生和博士生。学生如今遍布海内外高校和业界，在各个领域做出了突出的贡献。佟家栋教授热忱帮助和指

---

① 参与撰写本文的作者还有：林力、刘程、周燕、余子良、许家云。

导中青年教师，提携培育出了一批骨干教师，为南开大学国际贸易和世界经济学科的梯队建设和学科地位，做出了不可磨灭的卓越贡献。

求学与师承

佟家栋教授出生于天津的一个普通家庭，青少年时代就对社会经济发展的规律有着浓厚的兴趣。1978 年他就读南开大学政治经济学专业，1982 年本科毕业后考入南开大学世界经济专业攻读硕士学位，师从我国著名思想史学家和世界经济学家易梦虹先生，研究方向是国际经济一体化。1985 年硕士毕业后留任南开大学国际经济系。1987 年考入南开大学经济学系攻读博士学位，师从我国著名经济学家和《资本论》专家魏埙教授，研究方向为西方经济学。于 1991 年完成博士论文答辩，次年获得经济学博士学位。其间，曾于 1987—1988 年在比利时布鲁塞尔欧盟总部研修；1992—1993 年在加拿大著名学府约克大学研修。1998—1999 年，佟家栋教授以富布赖特高级学者身份在美国北卡罗来纳大学访学。

1985 年留南开大学任教后，1987 年晋升讲师，1990 年破格晋升经济学副教授，专业为世界经济，并于 1993 年受国际经济贸易系指派，作为学科带头人设立国际贸易学硕士专业。1993 年破格晋升正教授。1997 年作为学科带头人为南开大学的经济学大厦再添国际贸易学科博士点，成为当时综合性大学第一个以二级学科专业获得国际贸易学科博士点的院校，也是当时全国人文社科领域中最年轻的博士学科点带头人，同年获得博士生导师资格。主要的研究领域是国际贸易理论与政策、国际一体化经济与欧洲联盟。

苦心臻研，成果卓著

作为中国当代国际经济学领域的权威学者之一，数十年来，佟家栋教授始终致力于对中国经济对外开放中的重大关切和核心问题的研究，运用现代经济学规范方法取得了诸多真知灼见，产生了一大批在国内外有重要影响的研究成果。

佟家栋教授是我国欧洲经济问题的著名专家。早在上世纪 80 年代中期，佟家栋教授即敏锐地认识到，欧洲经济一体化成败的关键在于财政协同的推进是否与货币一体化相同步，并于 1986 年撰写了"欧洲经济共同体的财政协调问题"，文中极具洞察力地明确指出，"财政协调问题非常直接地牵连着意识形态领域的欧洲主义或共同体主义与国家主义、民族主义之间的矛盾，非常直接地牵连着作为共同体成员的各个国家愿意不愿意将财政主权让渡给共同体的问题。……财政协调问题可以说是经济领域矛盾程度最高的一个类型，因此它的进程，就不可能不是坎坷、曲折的"。而 2010 年轰然爆发并蔓延至整个欧盟的主权债务危机，可以说充分印证了这一研究的前瞻性和洞察力。

在早年研究的基础上，佟家栋教授还创造性地提出并构建了"新三元冲突理论"，将三元悖论从经典的货币领域扩展到了财政和金融领域，极大地丰富和拓展了国际经济一体化理论。因为对欧洲经济研究的卓越贡献，佟家栋于 2012 年被欧盟授予让·莫内讲席教授，这是欧盟对全球范围内从事欧洲问题研究的学者授予的最高学术荣誉。

而对于中国的重大经济问题，尤其是争议较大的基础理论问题，佟家栋教授也始终秉承学者本色，以规范的分析和冷静的判断持续发出南开学派的声音。比如，针对 1993 年下半年后我国出现的，财政与货币紧缩政策和通货膨胀并存的反常现象，不少学者认为中国当时的对外开放提速政策是引致物价上涨的主要因素。而佟老师于 1996 年发表于《经济研究》的文章则鞭辟入里地指出：通胀的主要原因在于我国体制转型过程中价格机制的扭曲，金融资源定价机能的扭曲则是其集中表现。而外贸和外资引进与通胀之间恰恰仅是一种表面上的虚假相关。

2001 年中国"入世"后，大量研究开始关注对"入世"中国产业和经济福利方面的影响。而佟老师于 2005 年发表于《世界经济》的研究则另辟蹊径，以更为高屋建瓴的全局视野分析了"入世"对全球发展中国家国内制度的影响，通过对上百个国家"入世"前后不同阶段的大量数据分析，首次识别了"入世"对各国制度不同方面的不均衡影响，发现"入世"不仅为发展中国家的贸易自由化和经济市场化提供了外部压力，还在具体制度指向上有明显的约束性和引导性。这一发现随后引发了国内学者对"入世"与市场经济制度之间关系的广泛关注和持续研究。

针对2008年全球金融危机后在国际社会开始涌动的"中国威胁论"思潮，佟家栋教授于2017年发表于《世界经济》的"分工与国际经济保护主义：驳'中国威胁论'"一文从全球化分工的视角指出：伴随着市场经济的高度发展，国际分工日趋细化，现代国际分工呈现出多阶段、多层次的复杂结构，并急剧改变了各国的比较优势格局，而劳动技能的短期刚性使得各国内的就业结构产生了重大失衡。这并非源于一个贸易崛起国家对他国的威胁，而更多的是技术进步和全球化生产分工的必然结果。各国政府的政策应着力因势利导，缓和就业结构失衡带来的压力，避免保护主义成为经济脆弱恢复期内各国的主流政策。2018年开始愈演愈烈的中美经贸摩擦，进一步印证了这一研究的前瞻性。

作为学术界和政策层关注的焦点，人民币汇率变动对全球贸易、投资及各国的经济发展带来深刻影响。在全球失衡和中国对美贸易巨额顺差的背景下，以诺奖得主克鲁格曼为代表的一批学者甚至将人民币汇率低估作为全球失衡的关键诱因，2008年金融危机后，敦促人民币升值的呼声更是变得异常高涨。佟家栋教授对汇率变动在中美双边贸易中的作用做了深入研究，相关成果发表在国际经济学领域的世界顶级期刊《国际经济学杂志》（JIE）上。与以往普遍使用宏观数据的研究不同，他和合作者独具创新地从微观个体企业的角度出发，更为全面地分析了汇率波动对中美双边贸易的影响。他发现中美贸易差额对人民币汇率变动的反应比较敏感，人民币汇率变动对于调节中美之间的贸易不平衡具有重要作用，但这一作用的发挥受到企业贸易方式的制约，企业从事加工贸易的比例越高，汇率变动对贸易差额的影响越小，这是该领域研究的一个重要发现。他认为我国应该鼓励企业自主研发和技术创新，循序渐进地引导贸易方式升级，这对于抵御长期贸易失衡和国际金融市场调整对中国经济的负面冲击具有重要意义。

2012年前后，"用工荒"开始成为困扰中国经济发展的一个显著问题，对产生这一现象根本动因的分析对政策和企业界都有着重要价值。佟家栋教授2017年发表在《经济研究》上的论文，为中国制造业的用工问题提供了一个新的解释。他通过翔实全面的数据和扎实严谨的实证方法发现，房价上涨显著拉动了中国建筑行业的用工量，挤占了制造业的就业空间，从而加剧了制造业的用工难问题。从区域分布来看，这种现象在中国的东部沿海开放城市表现尤为明显。他首次从房价上涨的角度来解释中国制造业的用工荒问题，对于准确理解中国制造业的用工问题和房价上涨的经济影响都具有重要的理论和现实意义。他建议决策者谨慎处理土地和房地产问题，充分重视房价上涨对就业和产业升级可能产生的影响。

佟家栋教授还对"一带一路"这一我国新时期重大倡议给出了理论基础的探讨，他于2017年在《经济研究》上撰文指出："一带一路"倡议是中国在全球化调整期的重要理论探索和实践尝试，是超越传统地缘政治经济理论的经济全球化创新。是超越大国主导，强调各国平等、共商、共建、共享的经济体制，是实现各国和各民族和谐共荣的"利益共同体"理论，是带动发展中国家经济发展、推动各国经济增长、实现世界经济重振的大胆探索。

运筹帷幄，锐意改革

了解佟家栋教授的人都知道，在他身上，除了有学者的满腹经纶，更有一位卓越教育家所独具的锐意进取和运筹帷幄。佟家栋教授从1994年即开始担任学校的管理工作，从最初的系主任、研究生院院长到2006年担任南开大学副校长，这使得统筹和改革长期成为伴随他职业生涯的关键词。

南开经济学科是公认的中国经济学重镇，而国际经济贸易系可谓是改革开放后南开经济学派当仁不让的品牌担当。佟家栋教授仅35岁时即担纲国际经济贸易系这一堪称南开大学品牌系主任。彼时办学条件的艰苦和市场经济激变环境下的人才竞争，使身为少帅的他面临着艰巨的挑战和压力。佟老师上任后旋即明确了首要任务，就是引进并留住优秀人才。作为一位经济学家，他深知生存和发展也是教师的第一需要。为此，他从两个方面着手。一方面尽其所能从各方面筹措资金提高教师薪酬待遇，同时竭力改善青年教师居住条件，创造没有后顾之忧的研究环境。为了这两个目标，佟老师无数次骑着自行车顶着寒风酷暑，辗转于天津辖区政府机关和企事业单位，商谈横向课题项目，争取外援。为广筹教资，他还不辞辛苦多次远赴山东、河北、云南等地，与各市地方政府商洽设立面向公务员的经济学培训班，以不同方式为国经系募集了大笔持续稳定的教学和科研经费。在校内,他也积极在有关部门之间奔走呼吁,最终让国经系的青年人才都有了安居之所,住房待遇得到普遍改善。

另一方面,他极具魄力地提出和坚持把知识结构更前沿的青年教师配置到授课和研究生指导的一线。并大刀阔斧地改革了聘任制度,合理调整了师资结构,让年富力强的青年教师发挥挑大梁的作用。事实证明这些改革非常成功,系里的青年人才迅速成长,其中相当一批较早就晋升为教授,并历练铸造成为南开大学国际经济学科的中坚力量。此外,佟老师还极具前瞻性地意识到从海外引进人才的重要性,早在上世纪90年代中期即从斯坦福大学引进人才,开创了改革开放后南开经济学科人才引进的先河。

不畏浮云,迎难而上,一直是佟家栋教授作为一个教育家所具有的作风和品格的真实写照。21世纪初,由于经营不善和监管松弛,南开大学的校产集团曾遭遇了严重的债务危机,高峰时的债务规模甚至远超过了集团资产规模,更遑论现金偿还能力。正是在这种困难的环境下,佟家栋教授受时任校领导委托,火线驰援,临危受命,毅然接手校产集团的领导职务,牵头组织化解危机。在短期内一无外援、二无内部造血能力的困顿局面下,如何有效处理巨量的到期债务,化解经济与信用风险,维护南开品牌的珍贵声誉,可想而知是怎样一个极具挑战的任务。为此,佟家栋教授曾连续数月间夜不能寐,殚精竭虑。在处理繁重的教学科研和行政工作的同时,还要沉着面对各方面债权人的高压追讨,缓和矛盾,维护稳定。同时绞尽脑汁,多方协调,千方百计筹措资金,通过各种资源和渠道以尽可能最低的成本消解债务。最终在他的不懈努力下,通过一年多的时间,终于将债务压力降低到了可控水平,校产集团也逐步恢复了正常运营。纵观佟家栋教授的整个大学行政管理生涯,越是在困难条件下,他身上的这种临危不乱和运筹帷幄的大将风范,越是体现得淋漓尽致。

佟家栋教授常说的一句话是,"我是搞经济出身的,我们学经济的人,要干工作,就是实干。欺上瞒下、敷衍了事的态度,绝不能有"。他既是这么说的,也是这么做的。2005年后,佟老师开始担任学校的研究生院院长。研究生培养工作对于每一所大学都非常重要,要建设世界一流的大学,这项工作可谓首当其冲。佟老师深知这个道理,也明白自己身上这个担子有多重，压力有多大。既然在其位，就要谋其政，这是他一贯的工作作风。在担任研究生院院长以后，佟家栋教授领导研究生院切切实实地干了几件大事。

2007年，在他的牵头下，研究生院启动了研究生培养机制改革。这次改革的核心内容是取消原有研究生学费的公费、自费制度，实施新的奖、助学金体系。根据学生的入学成绩及每学年的综合表现，每年度按照一定比例分别给予不同等级的奖学金资助。学校及院系根据实际情况，提供丰富的助研、助管、助教岗位，并给予一定的岗位津贴。这种体制的好处是引入竞争机制，在研究生学费的补贴上不再像过去那样"一刀切"，仅根据入学成绩一次性确定公费或自费，而是每学年都根据学生的学业成绩、研究成果等综合因素再重新评定，调动学生的积极性，使其在研究生阶段的学习更加努力。在国家对研究生培养经费补贴金额一定的条件下，这种新体制无疑比原来的公费、自费制度更为严谨科学。这正是佟老师"将经济学的办法用到管理工作中来"的工作思路的体现，将经济学中"竞争市场"的理念应用到研究生补贴这一有限资源的优化分配上。

事实也证明了佟老师这一改革理念的前瞻性。2009年起，中央部委所属院校所有研究生开始缴纳学费，然后争取奖学金。2014年，教育部将这一制度推广到了全国。而此时，南开大学的研究生奖学金改革已成功运作了六年。

如果说研究生培养机制改革这件事体现了佟家栋教授超前的改革理念，那么南开大学博士生淘汰制的破冰和确立，则更为充分地展示了他作为一个教育改革者所独具的魄力与坚毅。

在过去一段时期，中国的高等教育一直是"严进宽出"的模式，到了最高学历教育博士研究生阶段仍是如此，导致在大多数人的想法里，"只有考不上的博士，没有毕不了业的博士"。2006年，南开大学有28名博士生因未达到毕业要求只能拿到结业证书，使得南开大学成为了全国高校中"第一个吃螃蟹的人"，向博士"零淘汰率"说不。而这种体制背后的推动者，正是担任研究生院院长的佟家栋教授。

推动建立博士生淘汰制，无疑是要拿出很大勇气、顶住很大压力的。虽然在国外博士生淘汰体制早已比较完善，但是在国内，当时还没有高校有类似的制度。第一个做这样尝试的学校也必然要承担很大的风险。这项制度一出台就引起各方热议，大部分人持赞同态度，但也有不少反对意见，在真正实施这项新制度时佟老师遇到了很大的阻力。由于不能集中精力写论文的缘故，淘汰的博士生以在职攻读的学生为主，而这些学生中有的是政府官员，有的是企业高管，他们中的一部分，通过各种渠道找到研究生院，希望通融过关。佟家栋教授坚持严格按照制度办事，绝不让步，不搞特殊化，使这项制度真正运行起来。至今，南开大学已经建立了博士生淘汰长效机制，凡满六年尚未能正常毕业者，一律做结业处理。

佟家栋教授认为，淘汰落后的目的在很大程度上是培养尖端，如果没有淘汰落后的机制，就不会产生最优秀的人才。事实证明了他的想法的正确性。实施博士生淘汰制度以来，报考南开大学博士的考生不但没减少，反而增加了，这说明对于真正有志向、有能力从事学术研究的考生来说，淘汰制不是阻力，而是动力。

这两件改革是佟家栋教授"科学育人"的教育理念的体现和实践，也是中国高等教育体制改革中的成功范例。此外，佟老师在研究生院期间还对导师招生和指导资格制度等方面进行了多项改革，极大提升了研究生培养的质量。

除了教育改革，在学科设计布局与谋划发展方面，也能够体现佟家栋教授的宽广视野和远见卓识。南开国际经济学科的科研实力和梯队建设在国内学界有口皆碑，自不必提，而金融学院的创立建设，也凝聚着他的精心筹划和深思熟虑。南开大学金融学科具有悠久的历史传统，在国内享有盛誉。但在近些年国内金融学科与人才竞争的大环境中并未处于有利地位，办学条件有一定的局限。佟家栋教授在学校的支持下，克服重重阻力，精心规划，多方筹措，积极创造有利条件，提出并最终落实了创建南开大学金融学院的构想。佟教授还几次赴美商谈，邀请到世界公认的计量经济学和金融计量经济学权威专家、美国哥伦比亚大学终身教授、世界计量经济学会院士白聚山回国领衔担纲，出任南开大学金融学院的创始院长。为南开金融学科的跨越式发展，迈向国际一流，再创辉煌，做出了不可磨灭的贡献。

胸怀社稷，建言咨政

除了对学术研究的赤诚和专注，佟家栋教授还高度重视关注社会现实，并积极将学术研究成果运用于解释现实问题。同时，对于不同时期社会关切的重大经济与政策问题，统筹组织研究力量，集中攻关。从学者的视角，为党和政府以及社会各领域提供卓有成效的理论指导和政策建议。

南开大学历来高度重视欧洲研究，其对当代欧洲问题的研究发轫于20世纪70年代初。1974年，为解读一体化不断推进背景下欧洲共同体的本质，南开大学经济学系世界经济教研室出版了《欧洲共同市场》一书。1975年，南开大学接受中国农业部的专项任务，开始对欧洲共同体共同农业政策进行系统研究，主持该项研究工作的就是中国早期研究欧洲共同体经济的著名学者易梦虹先生。此后，南开大学参与了中国欧洲共同体研究会的创建工作，并成为该研究会的创始成员和常务理事单位。1985年，南开大学建立了中国欧洲共同体资料中心，定期收集整理欧洲共同体的公报和研究资料。在这一过程中，佟家栋教授一直是中心的研究骨干。

1995年，按照中国-欧盟高等教育合作项目要求，教育部选择全国六所高校和科研单位建立了欧洲问题研究中心，南开大学欧洲研究中心应运而生。佟家栋教授审时度势，统筹资源，将过去相对分散的研究有机地整合起来，依托南开大学的优势研究力量组建形成了欧洲经济、政治、历史和社会四大学科融汇互补的综合学科高地。经过十多年的融合、建设和完善，南开逐步形成了自己的欧洲研究特色，培养了一大批从事与欧洲问题有关的学术研究、教育教学和实务工作的高层次人才，并先后与欧洲许多著名大学和研究机构建立了学术合作关系，产生了广泛的社会和学术影响。在教育部和欧盟的多次评估中，南开欧洲中心的建设成就受到了评估专家团队的一致好评，也得到欧盟驻华使团的充分肯定。此外，佟老师牵头领导下的欧盟中心还承担了一大批商务部、教育部、外交部和中联部等部门的政策研究课题，提交了一大批重要的欧洲研究调研咨询报告，对国家对欧政策制定起到了重要的咨政作用。

自2007年起，世界经济论坛（达沃斯）开始每年在中国举办世界新领军者年会（即夏季达沃斯论坛）。受天津市政府和达沃斯论坛创始人施瓦布博士的委托，佟家栋教授创立并组建了南开大学世界经济研究中心，并在于2008年开始的连续五届年会中担任天津夏季达沃斯中方议题的首席专家。牵头并组织国内外高校各领域的知名学者和专家，设计和撰写了共数百份中国议题的中英文双语研究报告，并在每届夏季达沃斯论坛上面向全球公开发布，不仅为新时期天津的对外开放发出了重要声音，同时更是极大地增强了中国智库研究在全球的影响力。他也因此多次获得天津市政府的特别表彰。

2013年伊始，党和国家根据新的国际经济形势，规划并启动了自由贸易试验区战略。上海、天津、广东和福建等12个国家级自由贸易试验区相继挂牌并投入运行。自贸区开始成为举国上下所瞩目的新时期开放战略。在此过程中，佟家栋教授率领南开大学相关团队专家始终积极参与国家发改委、商务部及各地商务委的调研规划及方案设计，结合南开大学在国际贸易、投资和金融领域的雄厚实力，组建了中国自由贸易试验区研究中心，为各自贸区当地政府和企事业单位建言献策、提供宝贵的智力支持，产生了广泛的经济及社会效益。其间，佟家栋教授还受天津市政府委托，作为首席专家，率领团队对中国（天津）自由贸易试验区的一周年、两周年和三周年制度创新进展情况进行了全面综合评估，并获得了天津市政府和实业界的一致好评。

教书育人，下自成蹊

任教30余载，佟家栋教授始终坚持在授课一线，为本科生和研究生们开设国际经济学、国际贸易理论与政策和各国经济与贸易政策等不同层次的课程。他还特别注重教材的研发和教学内容的规范，先后撰写并出版了《国际经济学》《国际贸易学：理论与政策》和《中国对外贸易导论》等一系列国际经济学领域的优秀教材。其中《国际经济学》教材被教育部指定为全国推荐教材，并获评教育部全国普通高校优秀教材一等奖，是同期哲学社科领域获得此项殊荣的最年轻的教师。其他教材也受到欢迎，在国内多所重点院校使用。《国际贸易学：理论与政策》被推荐为"十一五"规划教材，教育部建议作为硕士研究生规范教材。

关于佟老师教学方法的前瞻性，一位现已在美国大学任终身教职的学生回忆道：1993年时修读佟老师的国际经济学课程，因为是下午上课，通常学生容易困乏。佟老师的授课就灵活应变，不拘泥于传统方式，大量增加了课堂互动。在当时还是"满堂灌"模式为主流的时代,他的教学方法可谓超前。由于提问多,互动多,鼓励学生提出和思考有挑战性的问题,大大刺激了学生课前预习的兴趣,从而增进了课堂教学的效率。不仅能掌握基本知识,而且还能举一反三,识别标准理论模型的局限性与未来可能的改进方向。在多年之后,当我在美国成为一名教授,才发现这是美国很多顶级学校很推崇的启发式(互动式)教学法。这门课让自己学到了坚实的国际经济学知识,使自己在美国博士一年级的时候就能够很快进入研究,完成了数篇文章,并于随后发表。对随后关于国际商品市场等的相关研究产生了极大的帮助。

自90年代末开始,佟老师就一直坚持开设每周一次博士生的方向讨论课。无论工作多么繁忙,讨论课寒暑无休,几乎从不间断。佟老师担任学校行政职务后,有时因会议或出差无法在常设时间主持讨论,但通常都会在当周或稍后时间补课。在近20年的方向课研讨中,佟老师始终坚持的原则是,既要把握国际视野和领域前沿,又要紧密结合中国经济的特色实际。

早在本世纪初,佟老师就极具创新性地提出并规划了"发展中大国"的概念和理论研究框架,突出强调和分析此类经济体中普遍存在的新兴、转轨与高经济活力之间的综合复杂性特征。围绕发展中大国这一世界经济发展中最具活力和发展潜力的国家群体,引导学生们围绕其贸易自由化与工业化退化、制度变迁及经济发展、金融发展与经济增长、产业核心竞争力等不同方面进行深入研究,并指导历届博士生完成了涵盖此类经济体的贸易、投资、汇率、金融约束以及体制制度等多个领域的系列博士论文,形成了一套独具特色的发展中大国开放经济理论,为中国特色的国际经济学研究构筑了一块厚重的基石,也使南开大学成为中国大学中对发展中大国这一领域研究最早、最深入和最全面的学校,推动中国经济学在这一领域的研究走到了世界前沿。

佟老师指导的博士论文"新兴市场经济体的汇率制度选择与经济增长"获得了教育部颁发的2010年全国优秀博士学位论文提名奖。论文"人民币汇率与中国制造业出口企业行为研究——基于企业异质性视角的理论与实证分析"获得了2017年第二届中国经济学优秀博士论文奖。中国经济学优秀博士论文奖由当代经济学基金会设立并组织评选,参评论文来自海峡两岸暨香港、澳门近50所著名高校经济学院和4个研究所,涵盖在2013—2016年四年间的所有经济学博士毕业论文,竞争异常激烈。最终,佟老师指导的论文脱颖而出获此殊荣，成为全国十篇获奖论文之一。2013年诺贝尔经济学奖得主拉斯·彼得·汉森（Lars Peter Hansen）、2011年诺贝尔经济学奖得主托马斯·萨金特（Tomas Sargent）、北京大学教授林毅夫、计量经济学会会士彼得·罗宾逊（Peter Robinson）等亲临颁奖现场致贺词。

佟老师对学生要求严格，并身体力行，他常叮嘱说：作为一个研究者，在人生的各个阶段，都面临着自身兴趣和历史要求的平衡。在大多数情况下，历史责任要求我们一定要增强自己的才干，部分地抑制兴趣的放纵。在学习知识的过程中，高效率地学习总是与在每个时间段都集中精力干好特定的事情相联系。不能相信在学习时想玩得很好，而在玩的时候又惦记着学习。科学研究的水平来自于知识的积累和分析，积累和消化的目的在于站在别人的肩膀上，创造出更多的知识，或推动科学研究不断地进步。

佟家栋常挂在嘴边的一个信条是：凡事预则立，不预则废。由于长期负责学校行政管理工作，他的工作日程素来紧张繁忙，很多时候甚至可说是争分夺秒。据学生回忆，2011年冬季某次佟老师出访欧洲凌晨归来，下飞机后未做休整，就准时于清晨赶赴系里博士生的国际贸易研讨课。当天的一项课程内容是听取一位博士生的工作论文汇报。汇报结束后，佟老师对整篇论文做了特别细致的批评指正，诸多细节均一一点出。在场学生们无不惊讶于佟老师的严谨细致，尤其是在时差颠倒、长途奔波的情况下，如何将诸多研究细节都能在短时间内考量清楚。佟老师笑着为大家解惑，原来在出国前早已计划好了归国后的各种事项，而这位博士生的工作论文，佟老师也是在航班上和机场往返途中完成了审阅。熟悉佟老师的人都知道，他的时间利用极为高效。无论是长途旅行的航班和高铁上，还是短途出差的汽车上，他总是利用各种机会见缝插针地处理预先安排好的各项工作，因此才可能在有限的时间内同时完成来自各方面的繁重工作。每每被问起如何才能在各种嘈杂颠簸的环境下安心工作，佟老师就会说其实没有窍门，只能靠耐力和意志力，慢慢养成习惯。经常出差的学者都会明白这背后的难度和挑战。

悠悠30余载的学者生涯中，佟家栋教授对学术赤诚专注，持之以恒；对学生热忱栽培，倾囊相授；对学界前辈尊礼谦恭，文脉相传；对后辈晚生倾力相助，提携有加。著书立说，心无旁骛。为人师表，躬身垂范。为民立心，胸怀社稷。在三尺讲台上辛勤播种灵感与思想，于巍巍白塔间倾心感悟科学与真知。

拨云寻古道，倚松听流泉。筑栋观宇台，独爱南开园。学生们都觉得，这正是佟家栋教授的真实写照。

王一鸣：致力于服务国家宏观决策

王一鸣

王一鸣，国务院发展研究中心副主任、研究员。1989年毕业于南开大学，获经济学博士学位，毕业后长期在国家发展和改革委员会工作，曾担任国家发改委宏观经济研究院常务副院长、国家发改委副秘书长。长期从事发展战略和规划、宏观经济和政策、区域经济和政策等方面的研究工作。曾参与多个国民经济和社会发展五年规划的前期研究，参与过重大经济体制改革、区域发展战略等前期研究。多次参加中央经济工作会议文件起草。曾三次分别为十六届、十七届、十八届中央政治局集体学习做讲解。现为中国经济50人论坛成员，中国城市金融学会副会长，中国社会科学院博士生导师，中国人民大学兼职教授。

最新著述：

《打造升级版》（中国发展出版社2019年出版）；

《高质量发展》（中国发展出版社2018年出版）；

《聚力供给侧》（中国发展出版社2017年出版）；

《重构新平衡》（中国发展出版社2016年出版）；

《改革红利与发展活力》（人民出版社2013年出版）；

《应对气候变化与中国中长期发展》（中国计划出版社2013年出版）；

《走向2020：中国中长期发展的挑战和对策》（中国计划出版社2011年出版）。

2019年伊始，南开校友会刘禹东先生给我寄来《传承——南开经济百年百人》入选函，邀我撰写一篇关于从事经济研究工作的自传。我心里很犹豫，觉得自己不够资格。南开毕业的经济学人中优秀人物无数，怎么也轮不到自己头上，再加上工作很忙，手头上稿债很多，就一再推辞。很佩服刘禹东先生的执着，隔一段时间就做我工作，说服我挤时间写。我实在拗不过，临到截稿日期，才开始梳理头绪，匆匆动笔。思考再三，还是以我学习和工作脉络为主线，谈谈我服务国家宏观决策的经历和往事，期望对读者有所裨益。

我的学习历程和主要经历

回过头来看，相比较于前辈，我始终认为我们这代人是很幸福的。从读大学那年起，就恰逢中国开启改革开放的历史进程。可以说，我们亲身经历了改革开放40年完整的历史过程，经历了中国经济从起飞到高速增长，再到转向高质量发展的过程，经历了从短缺经济走向商品极大丰富的过程，感受过上世纪80年代和90年代上半期的经济过热和通货膨胀，感受过亚洲金融危机后的内需不足和通货紧缩压力，也遇到过2008年国际金融危机的严重冲击以及产能过剩、杠杆率高企和重大经济结构性失衡的挑战。更为重要的是，我们不仅经历了这些深刻变化，而且在这个过程中有对国家建言献策的机会，这对学习和从事经济工作的人来说，无疑是"赶上了时代"。

我出生在上海黄浦江畔，6岁那年随父母参加三线建设，举家迁至四川阆中，在工厂的子弟校读完小学，中学教育是在阆中中学完成的。1977年7月高中毕业后，"上山下乡"政策有所松动，三线企业职工每家可以安排一个子女进厂，我就在父母所在工厂当了一名钳工学徒工。当年10月，从厂里广播每天早晨《新闻联播》中得知恢复高考的消息，就边上班边找资料复习。12月参加恢复高考后的第一次考试，第二年3月进入西南师范大学（后与西南农学院合并成立现在的西南大学）地理系学习，大学毕业后又考入本校的经济地理专业攻读硕士研究生，再留校任助教并担任经济地理学导论课程讲授。备课过程中，阅读和浏览了经济学和地理学方面的经典著作，如萨缪尔森的《经济学》、韦伯的《工业区位论》、杜能的《孤立国同农业和国民经济的关系》和哈特向的《地理学导论》等，激发了进一步深造的强烈愿望。

1986年9月，我考入南开大学经济研究所攻读博士学位，师从鲍觉民教授，攻读博士研究生，开启了在南开的三年学习生涯。南开大学经济学科上世纪80年代在国内是颇有名气的，集结了如滕维藻、谷书堂、熊性美、杨敬年、钱荣堃、王继祖、陶继侃、魏埙等一大批知名教授。建国前，南开大学是一所私立大学，工资相对于公立大学更高，因而也吸纳了众多从欧美名校获得经济学博士学位的归国留学人员。鲍觉民教授也是早年在英国伦敦政治经济学院获得博士学位后，回国后到南开任教的。在南开学习的三年，除了完成规定课程和论文写作外，我最大的收获莫过于比较系统地学习了微观经济学、宏观经济学、发展经济学、国际经济学等课程，有的课程还请欧美大学教授来授课，这对我这个地理学背景的人来说，无疑是知识结构的再造和重塑，收获特别大，也为我日后从事经济研究工作打下了基础。

1989年获得经济学博士学位后，我选择到国家计委经济研究中心（后更名为国家计委宏观经济研究院）工作。当时的经济研究中心主任是时任国家计委副主任桂世镛同志，常务副主任是王梦奎同志，下面集聚了一批有着长期在经济部门工作、具有丰富经验的老同志。

当时国内招收博士研究生规模并不大，毕业后面临的选择也较多，或是到大学任教，或是去学术机构。我最终选择去经济研究中心，主要是因为国家计委是国民经济综合管理部门，参与其中能够直接投身为国家宏观决策服务的工作。经济研究中心是在1988年政府机构改革之后，在原国家计委经济研究所与原国家经委、国家建委的研究机构整合的基础上组建的，也是一个新机构，去那里工作也有更多发挥作用的空间。

到经济研究中心后，我被安排到刚成立的国土开发与地区经济研究所工作，并被指定为区域经济研究室负责人。这个所是刚组建的，主要任务是配合国家计委编制全国国土开发总体规划。为了从基本理论和方法做起，所里组织编译国外该领域的代表性著作，包括日本的国土综合开发计划、德国的国土整治规划，以及苏联生产力布局总体规划等文献资料。我刚到所工作，就被安排领衔翻译苏联国家计委编写的英文版《生产力布局总体规划的理论与实践》一书，用了三个月时间完成后，交由中国计划出版社于1990年7月出版。

从那以后，除了有一年到国外做访问学者，一年到地方挂职外，差不多在宏观经济研究院持续工作了24个年头。1993年8月至1994年8月我被公派到比利时老鲁汶大学应用经济系和欧盟中欧研究中心做访问学者一年，1996年3月至1997年3月在处长岗位上由组织安排到湖南省湘潭市挂职任市长助理一年，回所后任国家计委国土开发与地区经济研究所副所长。1998年3月通过竞争上岗任宏观经济研究院院长助理，2001年1月任副院长，记得还是时任国家计委主任曾培炎同志来宣布的。我在院长助理和副院长岗位上任职16年，先后同余建明、林兆木、白和金、李铁军、宋晓悟、陈东琪、马晓河等同志一起工作过，从他们身上学到很多宝贵的经验和知识。2005年后，我开始主持宏观院工作，以后担任常务副院长和党委书记。2011年还在中央党校第31期中青班学习过半年。

2014年4月，我调任国家发改委副秘书长，协助分管主任组织协调经济体制改革、规划编制、经贸、价格价监、国际合作等方面的工作。这个时期国家发改委主任是徐绍史，副主任有朱志鑫、何立峰和兼任中财办主任的刘鹤，我协助工作的副主任有徐宪平、连维良、胡祖才、王晓涛等。这个时期我的主要工作包括2014年协助徐宪平副主任组织起草《关于依托黄金水道推动长江经济带发展的指导意见》，参与"十三五"规划的有关工作，协助连维良副主任组织起草《关于在国有企业加快发展混合所有制经济的意见》等文件——这个文件是国企改革"1+N"文件之一。在国际合作方面，主要是参与"一带一路"项目的前期工作，比如印尼雅万高铁的前期工作，阿根廷贝尔格拉诺货运铁路改造和基—塞水电站等项目协调工作，以及中信投标缅甸皎漂项目的前期工作，还带队赴孟加拉国参加孟中印缅经济走廊第二次工作组会议，这使我对"一带一路"建设有了更深入的理解和实际感受。总之，在国家发改委副秘书长岗位上仅一年多时间，对我来说却是极为重要的历练。我的体会是，在经济部门从事实际工作，工作节奏快、强度大，对综合协调能力和政策水平要求高，比单纯从事理论研究要复杂许多。

2015年6月，我调任国务院发展研究中心副主任，重新回归到政策研究领域，这个时期的情况我在后面部分再讲。

在宏观经济研究院参与的主要工作

从上述经历看，我从南开毕业后，主要从事服务国家宏观决策的研究工作，这里列举一些我在宏观经济研究院期间参与过的重要事项。

"八五"时期三线工业调整前期研究

1989年下半年，我到国家计委经济研究中心工作，恰逢国家计委编制国民经济和社会发展"八五"计划。围绕中长期计划编制，国家计委组织开展了一系列前期工作，其中一项就是制定三线工业调整前期研究，由国家计委国防司、地区经济司牵头，联合国防科工委和国务院三线办共同完成。为此专门组建了调研组开展前期研究。我有幸被安排参与调研组的工作。调研组从成都起步，沿途到重庆、湖北等大三线省份走了一大圈，到大山深处的三线企业深入调研，还到深圳三线企业设立的"窗口"企业实地考察。这是我工作后第一次参加这么大范围的调研，留下的印象也就特别深刻。

三线工业是在"三五""四五"时期形成的。当时，党中央根据国际环境和我国周边形势变化，决定全国按照一、二、三线进行战略布局，集中力量建设三线战略大后方。从1965年开始，国家先后在这一地区投入2000多亿元资金，形成的固定资产占当时全国的三分之一，建成了以国防科技工业为核心，机械、电子、化工等门类比较齐全的工业体系，形成了30个各具特色的新兴工业城市。改革开放后，我国转入以经济建设为中心的发展轨道，国家对三线工业政策做了重大调整，包括对当年"山散洞"的企业进行布局调整，就近转移到中心城市，同时进行相应的技术改造和改扩建，推动一、三线的横向合作，鼓励三线企业在沿海地区设立"窗口"等。我参与的这次调研，就是要提出"八五"时期三线工业调整改造的意见。调研完成后，我受委托起草调研报告，根据调研组的意见，报告提出争取用十年时间完成调整改造任务，并将三线工业纳入国民经济中通盘考虑，调整改造的重点由企业布局调整为主转向产品结构调整为主，以及切实改善三线企业职工待遇和稳定科技人员队伍等建议。这些建议得到了有关部门的高度重视。这份报告后来经删减后以"关于发挥三线工业优势的对策"为名，被收入《现实与抉择——来自国家计委经济研究中心的报告》一书，该书由时任中心副主任的王梦奎同志作序，1991年由上海人民出版社出版。

区域经济政策研究

我到国家计委国土开发与区域经济研究所工作后，曾担任区域经济研究室副主任、室主任。这个时期主要从事区域经济战略和政策方面的研究，最早参与的课题就是沿海开放地区90年代发展战略研究，我是总报告的主要执笔人。1988年中央提出"沿海地区经济发展战略"，主要内容是沿海地区要参与国际经济循环，把劳动力资源优势与国际资本和技术结合起来，发展"两头在外"（原材料和销售市场放到国际市场）、大进大出的外向型经济。课题按照中央"进一步贯彻沿海地区经济发展战略，积极发展向型经济"的要求，以沿海开放地区（包括经济特区、经济技术开发区、经济开放区）为重点，着重研究外向型经济发展战略，产业结构调整战略，以及环渤海开放地区、长江三角洲和下游开放地区、东南沿海开放地区发展战略。课题报告提出，充分发挥"两个扇面、一个枢纽"的作用，对外开放的重点从"引进来"转向"引进来"与"打出去"相结合，在巩固和增加劳动密集型产品出口的基础上，重点发展机电产品出口，在提高引进技术质量的基础上，重点转向消化、吸收、创新、提高，在完善和提高东南沿海地区外向型经济发展基础上，集中力量重点开发和建设上海浦东新区等政策建议。这个课题成果后来获得国家计委科技进步一等奖，并以《中国沿海开放地区90年代经济发展战略研究》为名由中国计划出版社于1993年6月出版。

1994年我从鲁汶大学做访问学者回国后，为了更系统地研究中国区域经济政策，承担了国家计委宏观经济研究院1995年重点课题"关于区域经济政策研究"。在上世纪80年代，国家经济建设的重心从内陆地区转向沿海地区，先后在沿海地区设立经济特区、经济技术开发区、经济开放区，提出了"沿海地区经济发展战略",对内陆地区的政策重点转向实施"扶贫政策""中西部地区支持政策"等。区域发展战略的调整,提高了资源的空间配置效率,推动了经济高速增长,但也造成沿海与内陆地区差距迅速扩大,成为制约经济社会发展全局的重大问题,加之市场化改革后地区利益驱动机制强化,生产要素跨地区流动规模扩大,建立地区经济调控和利益分配协调机制变得更为迫切。由此可见,作为一个大国,仅有宏观需求管理和产业政策是远远不够的,必须制定国家区域政策,完善区域管理体系。因此,我对课题的考虑,就是要从国民经济发展全局和长远目标出发,研究提出一个比较系统完整的"国家区域政策"框架。为此,课题进行了大胆探索,从区域补偿政策、区域发展政策、公共投资政策和产业布局政策等四个方面设计国家区域政策框架,并提出建立地区开发基金的构想。该课题成果获得国家计委科技进步二等奖,并以《中国区域政策研究》为名由中国计划出版社于1998年出版。

此外,上世纪90年代,我还作为主要研究人员参与了国务院发展研究中心"90年代中国西部地区经济发展战略研究",作为中方专家,参与了联合国开发计划署(UNDP)"大湄公河地区发展战略研究"等项目。

电信运营体制改革研究

2001年1月,我被任命宏观经济研究院副院长,研究工作也从过去主要集中在区域经济领域转向宏观经济和其他领域。本世纪初,为适应加入世贸组织的新形势,垄断行业改革进程加快。根据WTO信息技术协议、基础电信协议以及我国与有关国家就"入世"所签署协议的规定,加入WTO后,我国电信业在市场管制原则、电信服务范围、外资持股等方面必须鼓励竞争和技术中立。为此,国家计委和国务院体改办牵头研究电信运营体制的改革方案。当时,电信运营的有效竞争的市场格局尚未形成:固定电话市场基本由中国电信独家垄断,市场占有率几乎为100%;移动业务由中国移动和中国联通双寡头垄断,市场占有率分别为76%和24%;IP电话50%的市场份额属于中国电信。与此同时,由于缺乏规制,加之受技术规范、网间结算和投资补偿等问题制约,互联互通不畅,影响了中国电信业整体竞争力。

当时的国家计委主任曾培炎同志要求委内有关方面加强研究,提出电信运营体制的改革思路,我受委托牵头组织班子着手开展这项工作。当时的背景是，世界主要国家都在推进电信运营体制改革，国内提高电信服务质量和普遍服务水平的呼声也很强烈。通过研究，我们提出了电信运营体制改革的两大目标，即形成有效竞争的市场结构和建立高效公正权威的监管体系，并提出"分离长话市话，组建南北电信，剥离数据业务，增加移动主体，扩大交叉准入，依法加强监管"的总体思路，其中"组建南北电信"的核心内容，就是在长话业务及资产从中国电信分离以后，将市话和市话网分拆重组，大致以长江为界，保留各省份的完整性，组建北方电信和南方电信两大公司，将原中国电信集团所属的各省区市子公司按此地域划分，重组为这两大电信运营企业的控股子公司，并规范内部治理结构。

这个思路总体被接受，中国电信的南方各省区市子公司重组后保留原中国电信名称，北方各省区市子公司重组后则成为中国网通。记得中国电信当时正在谋划上市，上市运营商摩根士丹利和中国电信都来游说或施加压力，反对拆分并再三强调拆分的技术风险，但我们还是顶住了压力。事实证明，这轮改革对打破电信市场垄断、形成有效竞争格局是有突破性意义的。虽然电信运营体制此后又经历了多轮改革，但当时这轮改革为以后的改革创造了条件。这件事也使我切身感受到政策研究的重要性。从事政策研究的人员必须出于公心，不为利益集团所动，才能得到经得起历史考验的成果。

发展先进生产力的研究

2001年下半年，我参加了时任国家计委副主任王春正同志主持的"关于发展我国先进生产力研究"课题。这个课题之所以重要，是因为它是党的十六大前期研究的十六项重点课题之一。参加这个课题的还有时任宏观院院长白和金同志，时任国家信息中心常务副主任刘鹤同志，以及韩文秀同志。课题报告分析了先进生产力的科学内涵、发展规律和革命性意义，阐释了当代世界先进生产力发展新趋势与中国发展先进生产力的成就、经验和差距，提出了21世纪初我国发展先进生产力的基本任务和措施。课题报告提出了比较系统的对策建议，其中特别强调要"加强基础研究和应用基础研究，用10—15年时间，力争在信息科学、基因组学、纳米科学、生态科学、地球科学和空间科学等重要科学领域接近或达到世界前沿，取得一批具有国际水平的重大原始性创新成果"等，从现在我国基础研究能力相对薄弱、关键核心技术面临"卡脖子"问题来看,这些建议还是非常有前瞻性的。

我在课题中承担了"当代世界先进生产力发展趋势及中国生产力发展现状"的子课题,并参与总报告的起草。我对新科技革命对先进生产力发展带来的深刻影响做了七个方面概括,其中特别提到,"新技术革命带动的新产业革命与经济全球化进程相互交织和相互推动,既为发展中国家提供了跨越式发展的历史新机遇,又可能进一步加剧世界经济发展不平衡的矛盾"。从现实情况看,以智能化为主要特征的新科技革命,与以往工业革命主要替代体力劳动不同,对简单脑力劳动和程序化工作的替代加快,中产阶级的扩张放慢,财富向少数人集中态势加剧,收入差距进一步扩大,导致主要经济体出现利益分配的极化现象,民粹主义上升和逆全球化思潮抬头,少数西方大国为转移国内压力频频发起贸易战。如何从生产力与生产关系的互动调整中,把握新一轮科技革命和全球治理变革的相互关系,仍然是现在面临的重大课题。

建立比较完善的社会主义经济体制研究

2001年,根据党的十五大和十五届五中全会精神,国家计委宏观经济研究院组织开展"社会主义市场经济体制若干重要问题研究",由白和金院长任组长,王永治、常修泽和我任副组长。党的十五大报告指出,建立比较完善的社会主义市场经济体制和保持国民经济持续快速健康发展,是21世纪初期我国社会主义现代化建设必须解决好的两大课题。解决好前一个课题是解决好后一个课题的必要条件和基本保证。围绕建立比较完善的社会主义市场经济体制,课题从八个方面展开研究:(1)我国经济体制改革进程的基本判断;(2)世界经济发展新趋势和我国现代化建设新阶段对深化经济体制改革的要求;(3)进一步解放思想、更新观念和推进社会主义市场经济理论创新;(4)建立比较完善的社会主义市场经济体制的改革攻坚基本取向;(5)调整国有经济布局和深化国有企业改革;(6)规范市场经济秩序;(7)规范完善收入分配方式和社会保障体系建设;(8)深化政府管理体制改革进而完善社会主义市场经济法治。课题总的思路是,在坚持社会主义基本经济制度的前提下,以大力推进市场化为深化改革的基本取向,进一步着力于深度市场化,重点是以建立比较完善的社会主义市场经济现代产权制度为基础,理顺收入分配关系,大力提高生产要素市场化水平;以加入世贸组织为契机,构建与国际经济规则接轨的高度开放型的社会主义市场经济体制，积极促进我国市场经济的国际化；以整顿和规范市场经济秩序为突破口，进一步厘清政府与市场的边界和完善政府与企业的行为规则，全面实现社会主义市场经济的法制化。这项研究成果也获得了国家计委优秀成果一等奖，并于2002年12月由中国计划出版社出版。

这项课题成果提交党的十六届三中全会文件起草组参考，受到重视和好评。正是有了这项研究做基础，2003年上半年文件起草组提出要宏观院再就九个专题深化研究，包括：（1）十四大以来经济体制改革的主要成绩和经验的初步总结；（2）建设完善的社会主义市场经济体制的基本内涵、总体目标和推进顺序；（3）对市场经济体制一般规律和主要特征的再认识；（4）社会主义市场经济宏观调控体系；（5）投融资体制改革目标、重点与近期措施；（6）全面推进城乡经济一体化的改革思路、方针和主要措施；（7）毫不动摇地鼓励、支持和引导非公有制经济发展；（8）深化改革，建立社会主义市场经济的收入分配制度；（9）建立与社会主义市场经济相适应的产权制度。记得那时正值抗击"非典"时期，我组织班子克服困难完成了研究报告，提交文件起草组后，受到有关领导充分肯定。

知识经济研究和参与国家中长期科技发展规划前期研究

1996年，经济合作与发展组织（OECD）发布《以知识为基础的经济》报告。随后，世界银行将"知识与发展"作为《1998/1999年度世界发展报告》的主题。时任国家计委主任陈锦华同志对此高度重视，批示宏观院要对知识经济进行系统研究。随后，宏观院将"我国发展知识经济的对策研究"列入院重点课题。我当时刚到宏观院任院长助理，常务副院长林兆木同志责成我牵头组织开展此项研究。我们在课题报告中提出，要从我国基本国情出发，以增强国家创新能力和国际竞争力为主线，加强国家创新体系建设和产业技术创新能力建设，加快高技术产业和教育发展，以及在有条件的大城市和高新技术产业开发区培育发展知识经济等对策。该课题成果获得国家计委2000年度优秀研究成果奖二等奖，并以《我国发展知识经济的对策研究》为书名，由中国计划出版社于2002年8月出版。这也是国内较早系统研究知识经济的成果，受到经济合作与发展组织和有关国际机构的关注。

从 2003 年起我参加了科技部组织的国家中长期科技发展规划的前期研究工作，并被安排在总体战略研究组，侧重负责经济社会发展对科技战略需求方面的工作。总体战略组的组长是时任科技部部长徐冠华同志，具体工作由科技部科技战略研究中心负责。中心主任王元同志经常召集会议组织讨论，记得参加讨论的还有张景安同志（后来任科技部副部长）、马俊如同志（国家外国专家局原局长）、薛澜同志（后任清华大学公共管理学院院长）等。通过参与这项工作，不仅结识了许多科技领域的专家，也对科技发展全局有了更系统深入的认识，拓宽了研究工作的视野。

参与五年规划的前期研究工作

制订国民经济和社会发展五年规划是国家发改委的重要职能。我到国家发改委工作后，恰逢制订"八五"计划，但那时的我很年轻，也缺乏经验和阅历，主要是跟着老同志学习。到"九五"计划，就比较系统参加区域发展战略的研究，如完成了《关于"九五"计划和至 2010 年调控地区差距和协同地区经济发展的基本思路》。真正比较系统地参与五年规划前期研究，是从"十五"计划开始的，也就是我到宏观经济研究院工作后。1998 年起，为配合做好"十五"计划，宏观院先后组织完成了"21 世纪初期我国经济社会发展思路研究"和"'十五'计划时期中国经济社会发展重大问题研究"等课题，我都作为主要成员和总报告起草人之一参与工作，这两个课题成果分别由中国计划出版社 2000 年 10 月和人民出版社 2001 年 11 月出版，其中第二个课题成果还获得国家发改委优秀成果一等奖。

从 2005 年起，我开始主持宏观院日常工作，院长由时任发改委副主任朱志鑫同志兼任。2004 年年初宏观院把"'十一五'时期国民经济和社会发展若干重大问题研究"列为院重点课题，由朱志鑫同志和我任课题组长，我负责具体组织和总报告的起草。课题报告提出"十一五"时期在战略选择和发展路径上，要突出转变增长方式、调整经济结构、开发人力资源、加强自主创新、促进协调发展、全面节约资源、推进体制创新、统筹内外发展、建设和谐社会、坚持可持续发展等十个方面的基本战略取向。该课题成果也获得了国家计委优秀成果一等奖，并于 2005 年 9 月由中国计划出版社出版。

同样，我还组织了"十二五"规划的前期研究工作，成果分别是《调整和转型——中国发展战略和中长期规划研究》《走向2020：中国中长期发展的挑战和对策》，分别由中国计划出版社于2009年9月和2011年4月出版。2014年，我调任国家发改委副秘书长，虽然参与过徐宪平副主任主持的"十三五"规划前期讨论，但因具体事物繁忙，参与次数并不多。

我还分别于2010年和2015年参加了中共十七届五中全会和十八届五中全会文件的起草工作。中央五中全会通常都是对五年规划提出建议，我能够参与文件的起草，与过去这些年参加五年规划的前期研究是分不开的。同样，有了研究工作的基础，我还参与过中央全会文件起草的前期调研课题。比如，2006年作为具体负责人，承担十七大前期调研课题"调整经济结构和转变经济增长方式问题研究"，2012年上半年承担十八大前期调研课题"加快转变经济发展方式问题研究"。作为从事政策研究的人员，没有什么能比为国家建言献策更让人感到欣慰和满足的。我还分别于2006年2月为十六届中央政治局第二十九次集体学习做"世界产业结构调整和增长方式转变的趋势及我国的战略选择"的讲解，2010年12月为十七届中央政治局第二十五次集体学习做"在新的历史起点上推进我国经济社会又好又快发展"的讲解，2012年12月为十八届中央政治局第二次集体学习做"坚定不移推进改革开放"的讲解。这既是组织给我的荣誉，也是重要政治任务。每次讲解都要认真做准备，系统钻研讲解主题所涉及的重要文献资料和有关研究成果，这也是一个再学习、再提高的过程。

到国务院发展研究中心工作

2015年6月，我调任国务院发展研究中心副主任，分管宏观、金融、资源环境、信息等方面工作。发展中心是国内一流智库，对我来说是重新归队。到发展中心工作后，我有更多机会为国家宏观决策服务，特别是2017年还有幸作为党的十九大报告文件起草组工作班子成员，亲身参与了文件起草的全过程，并参加了学习贯彻党的十九大精神中央宣讲团工作，这对我是一次非常难得的学习机会。到发展中心工作已经四年多了，时间虽不长，但参与的工作不少，限于篇幅，我就谈三件事。

宏观经济形势分析和政策研究

在发展中心工作的四年多时间里，我投入精力最多的是"宏观经济形势分析和政策研究"，这是发展中心常规性重大课题，我是执行负责人，每个月要出月报，每个季度都要向上报经济形势分析报告，同时还要跟踪经济运行的热点难点问题，及时分析并提出对策建议，形成的专题报告，有不少上报后受到国务院领导重视并做出批示。我和课题组同志每年还撰写大量形势分析报告和政策解读文章，其中有不少在主流期刊和媒体上发表。在我的倡导下，我们每年都将一个时期完成的可公开发表的报告结集出版，以加强与同行和学界的交流，并为政策制定部门提供参考。到目前为止，已经连续在中国发展出版社出版了四本书，分别是《打造升级版》（2019年）、《高质量发展》（2018年）、《聚力供给侧》（2017年）、《重构新平衡》（2016年）。从书名可以看出，我们每年都聚焦宏观调控的核心问题，提出我们的判断和建议。比如，2018年年底召开的中央经济工作会议明确指出，我国经济运行主要矛盾仍然是供给侧结构性的，必须坚持以供给侧结构性改革为主线不动摇，更多采取改革的办法，更多运用市场化、法治化手段，在"巩固、增强、提升、畅通"八个字上下功夫。这八个字，是当前和今后一个时期深化供给侧结构性改革、推动高质量发展总的要求。为此，我们就围绕"巩固、增强、提升、畅通"八字方针，按总论和四个板块，撰写了一系列研究报告和解读文章，最后结集以《打造升级版》为题出版。特别值得提到的是，2016年7月8日，我还参加了习近平总书记主持召开的经济形势专家座谈会，以"供给侧结构性改革打开经济增长新空间"为题，就供给侧结构性改革的进展、面临的问题和政策建议做了发言。

经济增长动力问题研究

我2015年到发展中心工作后不久，就接到中财办布置的"关于国民经济持续稳定增长动力问题"的课题任务，时任发展中心主任李伟同志让我具体负责。为此，我组织课题组开展了多次比较深入的讨论，提出了一些在当时是比较大胆的观点。比如，我们提出"当前制约经济发展的主要矛盾和结构因素主导的经济下行特点，决定了宏观管理必须重视供给与需求的有效结合，在保持总需求基本稳定的同时，转向以供给调整和结构改革为主"，这是比较早提出"转向以供给调整和结构改革为主"这种观点的。又如，我们还强调，"僵尸企业"的大量存在，已经成为经济运行中的"恶性肿瘤"，必须痛下决心施行"外科手术",停止对"僵尸企业"输血,使局部性风险得以暴露和释放,而不至于积累和酿成系统性风险。我们还提到,旧动力快速萎缩的根源在于生产要素供给发生趋势性变化;劳动力、土地、环境等要素成本上升、约束持续强化,迫切要求从提高要素生产率、优化资源配置效率中挖掘新动力。这些观点都得到了有关部门的重视和肯定。记得有一次开会碰到时任中财办副主任杨伟民同志,他跟我说,领导对我们提交的报告给予了较高评价。

防范和化解金融风险研究

2016 年,我作为课题执行负责人,牵头开展发展中心重大课题"经济转型期的风险防范与应对"研究。我在课题讨论过程中,多次强调不能就风险论风险,要放到经济运行的大背景中去认识。为此我们提出了一个风险识别的六部门框架,包括居民部门、企业部门、金融部门、政府部门作为核心部门,包括居民部门、企业部门、金融部门、政府部门、社会部门和国际部门。运用"部门资产负债表",找到风险的传递、转移路径。然后再分析经济系统风险外溢对社会部门的影响———一旦超过临界值,就有可能加快社会风险的爆发。在开放环境下,还要分析国际部门可能的外部冲击与国内风险的叠加效应,也就是国内经济社会风险的积累将增大面对外部冲击的脆弱性。在此基础上,我们提出"主动防范、系统应对、标本兼治、守住底线"的总体思路和防范风险的时序安排,即短期以处置金融和房地产风险为重点,中期以处置实体部门风险为重点,长期以建设现代风险管理体系为重点。这项课题成果后来以《打好风险攻坚战:思路和对策》为书名,由中国发展出版社于 2017 年 12 月出版,课题总报告后来发表在《管理世界》2018 年第 2 期上,并被《新华文摘》转载。

参加中国经济 50 人论坛的几件往事

中国经济 50 人论坛成立较早,与近年来兴起的国内其他类似以 50 人命名的论坛比较,它有两个最鲜明的特点:一个就是论坛不仅汇聚了一批经济领域各学科的专家学者，还有一批学者型官员；另一个与此相关联，就是论坛讨论的话题常常是决策层关心的经济发展改革的重大问题。我是2009年50人论坛第一次换届后被吸纳为论坛成员的，当时一起入选的还有白重恩、韩俊，但2005年后我就开始参加论坛的活动。与论坛一些有深厚学术造诣的学者比较，我更多偏重政策研究，而论坛严肃的学术讨论恰好为政策研究提供了学理基础。我这里就回忆给我印象较深的几件往事。

关于经济增长阶段性变化的讨论

2008年国际金融危机对中国经济造成了巨大冲击。进入2010年以后，我国经济增速在波动中持续回落。如何看待2010年后的这一轮经济减速：仅仅是一个短期调整，还是经济增长的阶段性变化？如果说已经进入到新的增长阶段，经济增速会如何变化？影响这种变化的内在因素是什么？对此50人论坛有多次内部讨论，但意见并不完全一致，多数人认为伴随内外条件的变化，中国经济的潜在增长率将下较大台阶，正在由高速增长阶段转向中速增长阶段。

我是这种判断的支持者，并在讨论中发表了我的观点。从国际经验看，在经过二三十年的高速增长、人均国民收入达到中高收入水平后，几乎所有经济体的潜在增长率都出现大幅下降。从我国情况看，经济增长阶段性变化是外部因素和内生条件相互作用的结果。但国际金融危机带来的冲击仅仅是"导火索"，根本原因还是支撑过去30多年经济高速增长的内在条件发生了变化，包括劳动年龄人口比重下降和抚养比提高、高储蓄率和高投资率向下调整、生产要素从农业部门向非农部门转移放缓等，促使潜在增长率大幅下降。此外，外部需求条件变化和环境约束加剧，也直接或间接影响到我国潜在增长率向下调整。国际上高速增长转向中速增长，一些国家表现为突变式下降，另一些国家表现为渐进式下降。从各方面因素看，我国具有更多渐进变化的条件，包括内需市场尚未充分开发、潜力较大；作为一个幅员辽阔、区域差异很大的国家，经济增长的回旋余地较大；城镇化发展还有较大空间，基础设施和住宅等有较大投资空间。从高速增长转入中速增长，不仅仅是增长速度下降，更重要的还伴随着经济结构的大幅调整，服务业取代工业成为经济增长主要动力，消费成为需求增长的主体，经济增长将更多地依靠技术进步和创新，增长质量将有所提高。但这不是自然而然发生的，必须以发展方式转变和体制改革为重要前提。2014年中期以后，"新常态"逐步成为决策层的用语，用于概括性表述经济增长阶段性变化；并作为制定宏观政策的重要依据。现在看，50人论坛是比较早系统讨论经济增长阶段性变化的，这些讨论至今仍有重要意义。

关于中国经济转向高质量发展阶段的讨论

党的十九大做出中国经济由高速增长阶段转向高质量发展阶段的重大判断。如何认识这一重大判断，论坛2018年年会的主题就是"从高速增长到高质量发展"。根据论坛的安排，我在年会上第一个做主题发言，同我一起做主题发言的还有四位论坛成员。我之所以要提到此事，是因为讨论中有激烈争论。

我首先从微观、中观、宏观层面谈了对高质量发展的认识。要实现从高速增长到高质量发展，我认为要完成三个转型，即从"数量追赶"转向"质量追赶"、从"规模扩张"转向"结构升级"、从"要素驱动"转向"创新驱动"。其次，我提到高质量发展要适合中国的发展阶段和基本国情。不能简单地以成熟经济体的"标准结构"作为参照依据，还要充分考虑中国的大国特征、结构快速变动期和发展的不平衡不充分。实现高质量发展，最根本途径是要深化改革包括正在推进的供给侧结构性改革，增强经济的活力、创新力和竞争力。最后，我强调转向高质量发展面临的十个方面挑战：一是如何形成有效的市场竞争环境特别是确立竞争政策的基础性地位，倒逼企业提高产品和服务质量；二是如何推进体制机制创新特别是产权和知识产权制度改革，推动经济增长从要素投入转向创新驱动；三是如何深化教育体制改革特别是创造更加公平的受教育机会，加快人力资本积累；四是如何优化区域空间结构特别是加快形成网络化区域发展格局，提高空间资源配置效率；五是如何打破阶层固化，增进社会流动性，特别是提高社会的纵向流动性，进一步扩大中等收入群体；六是如何加快土地制度改革，特别是扩大宅基地流转范围，提高土地资源配置效率；七是如何解决突出环境问题，特别是建立最严格的生态环境监管体制，有效应对污染排放峰值期的环境挑战；八是如何健全风险管控体制，特别是加强金融监管能力建设，防范化解高速增长时期积累的风险；九是如何进一步扩大开放特别是服务业开放，加快改善外商企业营商环境；十是如何全面深化改革，形成与高质量发展相适应的制度环境。

记得在年会上，有企业家理事围绕我说的十大挑战发表了他的观点，他赞成我强调制度环境、完善产权制度对高质量发展的重要性，但不认可将高质量发展放在城乡双轨制的"既有框框"下去讨论。其中有些话说得很尖锐，这在微信上曾广为流传，以致一些好友和同事打电话问我"究竟发生了什么事"。这从一个侧面反映了50人论坛是一个不同意见交锋和争论的平台。问题总是越辩越明，正是这种平等的讨论，赋予了论坛旺盛的生命力。

面向2030年的经济社会发展环境和战略研究

中国经济50人论坛是一个讨论问题的平台，但不是一个"清谈馆"，从一定意义上说，论坛是一个为决策机构服务的智库。长期以来，论坛一直承担着为有关部门提供咨询的使命。我也承担过论坛委托的课题。比如，2017年年初承担了"面向2030年的经济社会发展环境和战略研究"这一课题，这项研究的初衷是要系统分析面向2030年的经济社会发展重大趋势和影响，并提出相应的战略选择。

记得我与单位的几位同事采用了模拟结构变化的可计算一般均衡模型，对2016—2020年和2020—2030年的经济增长进行了测算，并对2020—2030年中美经济总量对比的变化，人均国民收入迈向高收入水平的时间窗口，以及能源结构变化和大气污染物、水污染物、固体污染物排放的达峰期进行了预测，对这一时期面临的主要挑战，包括收入差距拉大、社会流动性降低、区域差距再扩大、金融领域风险叠加并可能集中释放等做了分析，进而提出2030年的战略目标和发展思路，以及实现目标的重要举措。这一研究成果得到了有关方面的重视。类似这样的研究项目，中国经济50人论坛每年都有，以论坛成员为主，吸收有关方面专家共同参与。由此可见，论坛重视对我国经济发展改革重大问题的研究，也为有关部门决策提供了重要支撑作用。

结　语

　　1989年从南开大学毕业后，到今年正好30年。这30年，除了短期工作调整，我可以说一直坚守在研究工作战线上。记得我还在宏观经济研究院工作时，就有一家大公司找过我，邀我去当首席经济学家，并许诺了按现今标准看仍然不菲的薪酬，但我没有为之心动，也从没有后悔。当然，这并不是想表明我有多高尚，而是表明我热爱研究工作，因为这是一个可以终身学习的事业，你要不断面对新问题，不断迎接新挑战，要不断学习，不断提升自己。能够从事服务国家宏观决策的研究工作，可以实现人生的价值。过去30年，我并没有做出多么了不起的业绩，但能够坚持下来，努力做好每一件事，在咨政建言上发挥应有的作用，心里很踏实，也很满足。我为自己的坚守感到幸福和骄傲。

杨蕙馨：产业组织与企业成长研究的领军者

冯文娜

杨蕙馨，1961 年出生，河北邢台人，中共党员，1976 年参加工作。1978 年考入山东大学，1982 年 7 月、1985 年 7 月先后在山东大学政治经济学专业本科和国民经济管理专业研究生毕业，获经济学学士和经济学硕士学位后留校任教。1986—1987 年被教育部（原国家教委）派往法国巴黎第二大学做访问学者，主攻工商管理。怀着质朴的爱国热情，于 1987 年年底按期回到山东大学从事教学科研和研究生培养工作至今。1992 年被山东大学破格晋升为副教授，同年被评为山东大学首批青年骨干教师，1996 年被评为青年学科带头人，1998 年被破格晋升为教授。1996 年 9 月考入南开大学经济研究所，师从著名经济学家谷书堂教授攻读博士学位，1999 年 7 月毕业并获经济学博士学位。2004—2013 年任山东大学管理学院副院长，2013 年 12 月至 2018 年 4 月任山东大学管理学院院长。

杨蕙馨现为山东大学特聘教授，产业经济学和企业管理专业博士生导师，山东大学产业组织与企业组织研究所所长；国家哲学社会科学基金重大招标项目首席专家和评审专家，兼任中国工业经济学会常务副理事长、中国工业经济学会产业组织专业委员会主任委员、山东省比较管理研究会会长；先后荣获中宣部文化名家暨"四个一批"人才、中组部国家"万人计划"哲

学社会科学领军人才、教育部第五届高校青年教师奖、全国五一巾帼标兵、山东省政府泰山学者特聘教授、山东省有突出贡献的中青年专家、享受国务院政府特殊津贴专家、教育部"创新团队发展计划"首席专家、山东大学人文社会科学杰出学者奖励基金获得者、教育部新世纪优秀人才支持计划、山东省优秀教师、"齐鲁晚报杯"山东省高校十大优秀教师、全国社科联优秀学会工作者、山东省归侨侨眷先进个人、山东大学优秀教师、山东大学三八红旗手、山东大学"我心目中的好导师"等荣誉称号。作为负责人主持国家社科基金重大项目1项、重点项目2项、一般项目2项,国家软科学重大项目1项及省部级项目20余项。先后获得孙冶方经济科学奖1项,教育部中国高校人文社会科学研究优秀成果一等奖、二等奖和三等奖4项,山东省社会科学重大成果奖1项、一等奖3项、二等奖多项,研究成果《经济全球化条件下产业组织研究》入选国家哲学社会科学成果文库。由于在产业组织与企业成长方面获得的系列重大成果,作为首席负责人的团队2013年入选教育部"创新团队发展计划",并于2017年再次获得滚动资助支持。

学术研究领域与取得的主要成就

从某种意义上说,杨蕙馨教授的学术研究历程就是中国改革开放40年的变迁历程。1977年,杨蕙馨参加了"文化大革命"后的第一次高考,因为不甘心上师范学院,又于1978年第二次参加了高考,以恢复高考后全国统考大学生的身份进入山东大学政治经济学专业学习,由此开始了学习与教学研究的历程。1982年毕业获经济学学士学位后直接攻读国民经济计划与管理专业硕士研究生,1985年获经济学硕士学位。研究生毕业时,服从国家计划分配,留任山东大学成为一名教师,开始脚踏实地从事教书育人和科学研究工作。1986—1987年,作为熟练掌握了英、法两种外语的公派访问学者,留学法国巴黎第二大学。之后多次到美国、英国、日本、加拿大等国家和地区讲学、参加国际学术研讨会。

回忆起自己的求学和工作经历杨蕙馨感慨颇深。在求学方面,国内外教育经历使杨蕙馨拓宽了知识视野,养成了良好的学习、研究习惯,对其教学科研工作产生了极大助益。在工作方面，杨蕙馨教授认为，自己小时候受到的爱岗敬业教育就是要服从国家分配，尽自己最大的努力做好本职工作。尽管现在大学生就业可以自由选择，遇到不喜欢的工作，还可以选择跳槽，但杨蕙馨教授始终相信，现在很多时候最需要的依然是螺丝钉精神，向雷锋同志学习就是要像雷锋同志那样，发扬螺丝钉精神，做好本职工作，持之以恒，坚持一定会有所成就。

杨蕙馨教授的主要研究领域为企业的进入退出、产业组织、中间性组织、企业成长、产业与企业竞争等，是从经济学、管理学的视角进行跨学科的交叉研究。作为从计划经济走到市场经济，又在经济发展步入新时代的今天依然勇立潮头的学者，杨蕙馨教授一直秉持"研有创新，研以致用"的治学理念，从现实重大问题出发，面向经济改革中产业与企业发展的实际需求，不断深化和凝练研究方向。她在产业组织、企业组织、企业成长领域形成大量见解独到的研究成果，在《中国工业经济》《管理世界》《新华文摘》《经济学动态》《南开管理评论》等期刊发表论文百余篇。正因20余年持续地研究产业组织与企业成长方面的重大问题，并获得系列重大成果，杨蕙馨作为首席专家所带领的团队2013年入选教育部"创新团队发展计划"，因建设成效突出该团队2017年获教育部滚动支持。

在科研工作中，杨蕙馨教授一贯坚持认真学习领会党的改革开放的方针政策，注重借鉴国际上经济理论和管理理论的最新成果和研究方法，紧密结合我国实际，力求能以前沿性的理论和方法，创造性地分析思考我国的实际，得出比较新颖的结论。主要研究成果与取得的成就表现在以下六个方面：

关于企业进入退出与产业组织政策的研究

产业组织是现代经济理论研究的一个重要领域，是管理学战略研究的重要理论基础。中国经济体制改革的进程，尤其是20世纪90年代以建立现代企业制度为目标的国有企业的改革和创新，已深深触及产业组织与企业成长这个核心问题。虽然1996年开始在南开大学攻读的是政治经济学专业社会主义经济理论方向的博士学位，但是，导师谷书堂先生在学术研究上的鼓励与包容，使得杨蕙馨教授能够结合在法国学习期间的工商管理方向和在山东大学从事的管理学教学科研，选择了产业组织与企业成长方向的研究。再加上南开大学经济研究所诸多老师和师兄弟的帮助,特别是师兄柳欣教授、陈宗胜教授、蔡继明教授、周立群教授、冼国明教授等的支持与帮助,顺利完成了博士学位论文撰写。1999 年博士学位论文《企业的进入退出与产业组织政策——以汽车制造业和耐用消费品制造业为例》以优异的成绩通过答辩(2000 年由上海三联书店、上海人民出版社列入"当代经济学文库"出版),博士论文的主要结论和学术贡献是提出了"国有企业应该有进有退,政府应尽快降低国有企业退出壁垒"的观点和政策建议,具有开拓性和很强的创新性,在经济理论界和经济工作部门引起很大反响,成为推进国企改革的重要决策依据。1999 年 9 月召开的中国共产党十五届四中全会做出的《关于国企改革和发展若干重大问题的决定》指出:要对国有经济和国有企业进行战略性调整和改组,有所为有所不为,建立现代企业制度。《光明日报》《经济研究》《中国工业经济》《宏观经济研究》《南开经济研究》《中国经济时报》等纷纷发表评介文章,一些该领域的专家学者认为,"这部书从进入退出角度对中国产业组织进行了开创性的实证研究,其结论对于产业组织理论研究具有重要理论价值,对于中国产业组织优化和国有企业战略调整具有重要现实意义,填补了我国这一研究领域中的空白和缺陷"(南开大学著名经济学家谷书堂教授、北京大学武常岐教授、国家发展和改革委员会常修泽研究员等的评论)。该成果 2001 年分别获第九届孙冶方经济科学奖和山东省社会科学优秀成果一等奖,2003 年获教育部普通高校第三届人文社会科学优秀成果二等奖,还被上海财大、南开大学、山东大学、暨南大学、中南财经政法大学、江西财大、南昌大学等高校产业经济学专业列为硕士生和博士生的主要参考阅读书。

关于中间性组织的研究

产业组织与企业成长是任何国家经济发展中都会遇到的核心问题,对于经济转型国家来说更是如此。不同的市场结构类型,产业组织形态是不同的,从而企业的成长也有不同。较为理想的状态是既有较为充分的竞争,又能获得规模效率,大中小企业合理分布、分工协作,大而强、小而专、小而精。自 2001 年起杨蕙馨陆续调研了近 3080 家企业,较早系统开展了企业(尤其中小企业)成长具体模式研究,针对不同产业中不同企业的特点,弄清适合采用虚拟企业、产业集群、企业集团、产业园区、战略联盟、特许经营、企业网络中的哪一种具体模式,并把这些具体模式概括在"中间性组织"这一理论概念下。目的是帮助企业依产业演进变革组织结构,并将变革与中国经济发展的整体利益协调,提高中国企业的国际竞争力。相关成果正式发表前,杨蕙馨曾多次应邀在国内外国际学术会议上做报告,正式发表后被广泛引用。她在《中国工业经济》《经济学动态》《南开管理评论》等发表有关论文十余篇,代表性成果《中间性组织研究》(经济科学出版社)2013年获教育部普通高校人文社会科学优秀成果二等奖。

关于产业集群与产业链的研究

为帮助一些地方政府解决在鼓励兴办产业集群、产业园区中有始无终、集而不群等问题,杨蕙馨经过大量调研,从"产业链纵向关系与分工制度选择"的角度考察了产业链作用发挥的微观机制,倡导政府时刻铭记以成本-收益比较为基础的原则,使产业集群、产业园区具有分工协作优势和持续性,从而使产业链越做越长。调研中她还为百余家企业进行培训、咨询和辅导,收效显著。代表性成果"产业链纵向关系与分工制度安排的选择及整合"(《中国工业经济》2007年第9期)发表后在学界、政府相关部门引起较大反响,被《新华文摘》《高等学校文科学术文摘》《中国经济时报》《经济研究参考》《新华日报》等转载或摘登,被国务院发展研究中心信息网、中国经济新闻网、中国财经网、新浪财经网、人大经济论坛、新华报业网、金融界等十余家网站转载。认为该项成果的主要贡献在于:以分工为切入点,根据产业链纵向关系的不同作用及分工制度安排的不同特点,首次建立了产业链纵向关系(纵向一体化、纵向契约关系、纵向分离)和分工制度安排(企业分工、准一体化契约分工和市场分工)之间的内在逻辑联系,拓展深化了产业链理论研究;立足成本收益的比较,从静态和比较静态角度建立了分工制度安排的选择及整合模型,分析了不同分工制度安排的优缺点及适用范围,对产业链纵向关系与分工制度安排的选择及整合进行了全面论证。

关于经济全球化条件下的产业组织的研究

杨蕙馨将产业组织与企业成长研究视野拓展到经济全球化条件下,明确提出了研究企业成长的"G-SCP"（全球化—结构—行为—绩效）范式，深入研究了经济全球化条件下中国产业竞争状况、规模结构的调整变化情况，为政府决策部门提供了具有借鉴意义和针对性的产业结构转型对策和产业组织政策。代表性成果《开放经济与中国产业组织研究》（商务印书馆2006年出版）获山东省社会科学优秀成果一等奖。另一代表性成果《经济全球化条件下产业组织研究》（中国人民大学出版社2012年出版）被国家社科成果文库收入。该成果提出的G-SCP范式"便于更准确地把握经济全球化对市场结构、企业行为和产业绩效产生的影响"（天津财经大学于立教授在《财经问题研究》上的评论），该成果"是当前国内相关领域优秀研究成果的代表之一，反映了经济全球化条件下产业组织研究的最新进展"（北京大学武常岐教授在《光明日报》上的评论），"对经济全球化条件下产业组织的理论和实证研究为政府制定有效有用的产业政策奠定了良好基础"（中国社科院经济学学部委员吕政研究员在《中国工业经济》上的评论）。该成果2012年获山东省社会科学优秀成果重大成果奖，2015年获教育部普通高校人文社会科学优秀成果三等奖。基于此，2012年杨蕙馨成功申请国家社科基金重点项目"国际金融危机后中国产业组织的重大问题与对策研究"，继续跟踪研究金融危机后中国产业组织领域的重大问题；2013年投标成功国家社科基金重大项目"构建现代产业发展新体系研究"，关注新的国际竞争背景下中国经济转型与现代产业体系构建的重大问题，为中国经济和产业、企业的持续发展出谋划策。

产业组织与企业组织的交叉研究

杨蕙馨自上世纪末进行产业组织、产业关联、产业发展问题的研究，本世纪初又尝试进行产业组织与企业组织的交叉研究，取得一些有影响的成果，创新性地提出了"新产业生态系统"概念，相关成果发表后有两篇被《新华文摘》全文转载。先后在《管理世界》《人民日报》《中国工业经济》《经济学动态》《南开管理评论》《南开经济研究》等发表论文近十篇。代表性成果《网络效应视角下技术标准的竞争性扩散》（《中国工业经济》2014年9期）2016年第三次获山东省社会科学优秀成果一等奖，是主持的国家社科基金重大项目"构建现代产业发展新体系研究"的重要阶段性成果，是在产业发展新体系构建这一宏大主题下，对标准竞争问题进行持续思考、跟踪研究得到的原创性成果。论文发表后被多家报刊转载引用，体现出较高的学术价值和社会效益。该研究不仅有助于把企业竞争、战略、企业组织管理的各项决策落在实处，且有助于使企业组织结构变迁与产业演进符合中国经济发展的整体利益，有助于提高中国企业的国际竞争力。

关于现代产业发展新体系的研究

2013—2017年杨蕙馨教授承担完成国家社科基金重大招标课题"构建现代产业发展新体系研究"，取得了一系列成果。她提出，构建现代产业发展新体系需要做好四方面工作：第一，现代产业发展新体系要强调"现代"和"发展"；第二，立足内生比较优势，分阶段推进产业协调发展；第三，创新驱动要拓宽"创新"本身；第四，以新产业生态系统建设作为重要实现形式。

教书育人

自工作以来，杨蕙馨教授一直坚守教学一线，不仅在学习上给学生以指导，对学生的政治思想品德加以引导，并且给予学生生活与择业上的关怀。身为教师，杨蕙馨教授一直都承担着本科生、硕士生、博士生和MBA、EMBA各个层次的教学任务。主编的教材《产业经济学》《产业组织理论》《国际金融》等被多所学校用作研究生教材或主要参考书目。

杨蕙馨教授始终认为，自己之所以能够取得一点点成绩，是党和人民的培养、学校领导和老师们辛勤教育的结果，从不唯名唯利，愿默默无闻地在教书育人和科研工作中辛勤耕耘，力争走在时代的前列，取得更多的成果。

在学生们眼里，杨蕙馨教授总能把严谨单调的学术理论和企业管理中的现实问题毫无生涩地结合起来，通过深入浅出的授课方式、圆融通润的沟通理念，使学生们积极参与进来，形成了教学上一道亮丽的风景线，时刻展现出杨蕙馨教授作为鸿儒学者的渊博知识和人民教师的风采。这也是杨蕙馨教授多次获评山东省优秀教师、"齐鲁晚报杯"山东省高校十大优秀教师以及山东大学优秀教师、山东大学教学名师、山东大学优秀研究生指导教师、我心目中的好导师、三八红旗手等荣誉称号的原因。杨蕙馨教授始终认为，"教师是学生人生道路的启蒙者和引导者，教书育人是教师的天职，它不仅是一份朴实的工作，更是一项崇高的事业，需要每一位教师呕心沥血、兢兢业业地工作"。

1988年回国以来，杨蕙馨教授讲授过10余门课程。凭着扎实的经济理论和管理理论素养、新颖的知识结构，以及熟练使用英语和法语的优势，在山东大学管理学院第一次采用美国管理专业的英语原版教材开设基础课管理经济学，在课堂上用英语讲授，要求学生用英语完成作业，把专业课与专业英语的学习融于一体，在学习专业知识的同时提高学生的英语应用能力，受到师生的高度评价。自本世纪以来，她一直倡导注重培养学生的科学研究思维和方法，力争使本专业学生能够做到与其他国家的同专业学生基本上学习同样的课程内容，推进中国管理学的现代化和国际化。在企业管理专业研究生的教学中，注重引导研究生阅读本专业国外学术期刊上的最新前沿论文，一方面训练学生的专业思维和研究方法，另一方面注重提高学生运用英语进行专业写作和翻译的水平，获得了学生们的较高评价，并受到研究生管理中心的表扬。

从事本科与研究生专业英语教学多年，教学中有失败、有教训，也积累了一些经验，杨蕙馨教授始终未曾放松对教学方法的研究和教书育人工作，并就专业英语教学和研究生培养中的师生沟通等问题在《光明日报·教育周刊》等发表论文，引起同行关注。对每一届研究生，从专业基础知识的完善，外语的学习到论文的选题、写作，杨蕙馨教授都耐心地指导，付出了辛劳。到目前为止，共培养硕士研究生近300人，指导毕业的博士生40余人。

自1994年担任硕士研究生导师、2002年担任博士研究生导师以来，杨蕙馨教授培养的硕士、博士研究生总计300余人。"杨家将"广泛地分布在全国各地，有的在大型国有企业重要管理岗位任职，有的进入中国金融期货交易所、中国进出口信用担保公司、各大银行等机构从事研发或管理工作，有的进入高等院校跟杨蕙馨教授一样从事教学科研工作。杨蕙馨教授指导的1名博士生获得山东省社科新秀奖，2名博士生获得山东省研究生优秀科技创新成果奖，1名博士生获2010年山东大学优秀博士学位论文奖，1名硕士生获2007年山东省优秀硕士学位论文奖，"杨家将"的队伍里也有人获得代表山东大学学生最高荣誉的"校长奖学金"。看着学生们取得的成就，杨蕙馨教授从心眼里为他们感到高兴和欣慰！

杨蕙馨教授凭借在山东大学管理学院长期从事教学科研工作和管理工作的经验和优势，确立了"以学生为本，以教师为核心，教学与科研并重"的工作理念，并以"教书育人、严谨务实、崇尚真理、服务社会"为使命，在担任院长期间团结学院同事齐心协力加强学科建设，引进高层次人才，提升师资队伍和科研水平，整合教学资源，注重学生理论和实践能力培养，扎实推动学院各项工作跨越式前进。在学校的领导与支持下，全院师生员工个个铆足干劲，持续不断地努力，工商管理学科在第四轮学科评估中获得 A– 的佳绩。

杨蕙馨教授的信条是：不唯名，不唯利，踏踏实实工作，老老实实做人。

贾根良：南开二十年与我特立独行的经济学人生

贾根良

贾根良，1962年生，中国人民大学经济学院特聘A岗教授，教育部"长江学者"特聘教授。1986—2005年在南开大学经济学院学习和工作；2005年作为引进人才调任中国人民大学经济学院教授。在《中国社会科学》等杂志发表论文200多篇，大量论文被《新华文摘》等全文转载和摘要转载，2017年入选"复印报刊资料重要转载来源作者（2016年版）"理论经济学30人和应用经济学40人。主持完成国家社会科学基金项目、教育部人文社会科学基金项目、财政部委托项目等十余项，目前主持国家社会科学基金重大项目、国家社会科学基金重点项目和中国人民大学重大规划项目各一项。出版独立著作5部，主编和作为第一作者合著12部，主编和合作主编丛书5套，主译学术专著6部。社会兼职主要有：中国演化经济学年会主席，中华外国经济学说研究会副会长，中国经济发展研究会副会长，中国拉丁美洲学会常务理事，清华大学技术创新研究中心学术委员，国内多家大学兼职教授。在经济理论研究方面的学术贡献主要有："中国演化经济学的先行者"，"经济学改革国际运动"中国代表人物，提出"新经济思想史"研究纲领，"第三种经济学理论体系的探索者"和中国新李斯特经济学派的创建者。

从 1986 年考入南开大学经济学院攻读经济学硕士学位开始,一直到 2005 年作为引进人才调任中国人民大学经济学院教授为止,我在南开大学学习和工作了 20 个年头。南开的 20 年是我人生和学术生涯的黄金时代,在这 20 年,我探索到了一条本质上不同于西方主流经济学的发展道路,为我迄今为止的绝大部分研究工作奠定了基础,对我特立独行的经济学人生产生了决定性的影响。本文首先概述我在南开学习、教学和科研的经历及其心路历程,然后分五个专题回忆我的南开岁月与学术创见之间的联系。值得说明的是,我在南开 20 年的学术兴趣主要集中在基本经济理论方面,而在中国人民大学,更多的精力则转移到了中国和世界经济的实际问题,并对我国经济发展战略和经济政策有所建议。本文对后者暂不涉及,而是集中于笔者在南开时期对基本经济理论的探索及其对后续研究的影响。

南开 20 年:探寻经济学新大陆的峥嵘岁月

1986 年 9 月,我考入南开大学经济学系攻读政治经济学专业硕士学位,研究方向为苏联东欧社会主义经济理论比较研究,师从张仁德教授从事比较经济学研究。本来我一直准备报考中国人民大学政治经济学专业的《资本论》与社会主义经济研究方向的研究生,但在看到南开大学研究生招生目录后,我决定转考南开,因为我在大学时就不断地搜寻和阅读新翻译出版的苏联东欧经济学家们关于经济改革的著作,这些著作的语言之新颖、分析之深刻深深地吸引了我。

考到南开后,南开园浓厚的学术气氛使我在经济理论的学习上一直就有一种如鱼得水的感觉。经济学系魏埙教授开设的西方经济学课程,顾今吾教授和夏长森教授开设的《资本论》导读课程,以及其他老师开设的专业课程为我打下了坚实的经济学理论基础。在张仁德和乔荣和两位专业导师开设的专业课上,我们同届师兄妹五人和导师就苏联东欧的经济改革及其对于我国的借鉴问题展开了激烈的讨论,由于我在入学前就熟悉苏联东欧的改革经济学,所以就被同师门的同学戏称为"二导师"。在经济学系和经济研究所合开的几十人的大班课程上,我的发言也经常是"语惊四座",吸引了许多同学羡慕的目光。

20世纪80年代下半期的中国正处于各种思潮涌动的年代,青年学子的时代使命感和多元化的思想交锋,造就了我们高谈阔论、从不考虑生计前途的研究生生活之特征。在这期间,我曾担任经济学院研究生会学术部部长,邀请经济改革研究专家到校进行学术讲演;发起经济运行研究小组,但只开展过两三次活动。在研究生阶段,同学们如饥似渴地吸收各种新思想和新知识,例如,我和一位同学各自订购了"二十世纪西方哲学译丛"的大部分译著。也是在这个阶段,新制度经济学成为我新的关注点,曾专门到国家图书馆查阅和复印了道格拉斯·诺斯的英文著作,其中包括至今还未有中译本的《制度变迁与美国的经济增长》,从而成为南开在新制度经济学方面最早的研究者。

在研究生阶段,我重读了埃里克·罗尔的《经济思想史》。1987年,我在学校图书馆查找英文图书时,多次看到博尔丁的《演化经济学》(1981年),心里总是好奇地想:什么是演化经济学呢?有两次曾拿起来阅读了部分章节,但除了对博尔丁将生产要素定义为能量、知识和物质感到奇特外,该书并没有引起我很大的兴趣。1988年,我在经济学院图书馆找到了一本赠阅的《知识分子》杂志,仔细研读了这本杂志上杨小凯有关"新兴古典经济学"处于萌芽阶段的思想。这种广泛的阅读不仅使我接触到前沿性的经济思想,而且也养成了遇到问题都要了解一下经济思想史和经济史的习惯,从而为我今后走上批判西方主流经济学的道路埋下了伏笔。

硕士研究生毕业留校后,我给本科生开设发展经济学课程,并承担了四五年的本科生课程政治经济学(资本主义部分)的教学工作,随后又担任公司理财课程的教学。政治经济学的教学工作使我终生受益匪浅。近几年来,我在研究生教学中,经常举我在贸易、科技、财政和货币等政策研究中运用政治经济学思考问题的心得,告诫学生只有政治经济学才能让他们的研究站得高、看得远。在这方面,我应该感谢当时主管经济学系教学工作的高峰教授,我记得他亲口对我说,经济学系的新教师都要讲授几年的政治经济学,只有这样,将来的研究基础才能更扎实。正是基于这种经验,笔者在"中国经济学教育改革建议书"(2018年)中提出:西方经济学的教师应该至少从事三年政治经济学的教学工作,反之亦是,这种"轮岗"应该成为西方经济学和政治经济学教学的一种制度性要求。

留校工作三年后,我考到国际经济研究所,师从熊性美教授在职攻读世界经济专业博士学位。熊先生、佟家栋等教授开设的课程使我受到了国际经济学专业的系统训练。读博期间,我曾到布拉格访学四个月,并出版了《拉丁美洲市场经济体制》(主编)和《公司理财》(合著)。1995年6月通过博士论文答辩后,我对理论研究已感十分厌倦,于是负笈南下,在中国宝安集团总公司发展研究中心工作。在工作一些时日后,我思忖着既然已经下海,就应该从具体的实际工作做起,于是,我申请到计财部工作一年,以期将来能够成为主管财务工作的某公司副总裁,但该部门只同意我实习两个月。而在工作之余,我仍到深圳图书馆去读书,渐渐发现理论研究仍是我的兴趣之所在,从而萌生了重回南开的念头。但当我将这一决定告诉同时到宝安集团工作的几位博士时,他们都劝我:你在南开的工资只有宝安集团的十分之一,为什么要回去呢?我回答说,人生苦短,能干好一件事就很不容易了,一旦决定继续做学问,收入的高低就无法多考虑了。

1996年4月,我在重返南开后,重又开始了发奋读书的生活,曾于1996年夏和12月到国家图书馆复印了大量的演化经济学英文文献,在研究生课程上开始讲授演化经济学、科学技术与创新经济学。在研究方面,1998年,我独立提出"报酬递增"理论研究的两种思路;同年发表的"网络组织:超越市场与企业两分法"是国内有关网络经济和网络组织研究最早的三篇论文之一,两位商学院的教授曾和我谈起这篇文章对他们从事该领域研究的重要影响。在教学方面,我指导的1997级硕士生、现任清华大学中国科技政策研究中心副主任的梁正教授在硕士阶段在《科技导报》上发表的论文被《新华文摘》全文转载;我曾拟定并组织研究生讨论《科学技术与创新经济学》的写作大纲,但因没有时间写作,遂成为梁正的博士论文选题,并在其博士毕业后立即出版。

1998年,我申请到国家社会科学基金关于东亚模式和教育部人文社会科学基金关于东亚金融危机的两项课题,在其研究上发表了大量论文。其中,我将东亚模式的精髓概括为"学习和知识创造",具体探讨了斯蒂格利茨等人在2014年的英文专著中提出的"国家如何学习、如何变得更有生产力和公共政策如何推进"的问题,从而成为其产业政策理论的先驱。1999年3月,我被破格晋升为教授，2000年12月被聘为经济思想史专业博士生导师，并在南开工作的最后两年招收了两届产业经济学专业的博士研究生。1999—2005年，在南开大学国家经济学基础人才培养基地负责人何自力教授主持的名著导读课程上讲授《复杂：诞生于秩序与混沌边缘的科学》，受到同学们的热烈欢迎。在南开工作期间，出版了《亚洲金融危机启示录》（1998年，第一作者），《劳动分工、制度变迁与经济发展》（1999年），《东亚模式的新格局——创新、制度多样性与东亚经济的演化》（2002年，第一作者）和《演化经济学：经济学革命的策源地》（2004年）。

在南开期间，我曾担任《南开经济研究》副主编，2004年入选教育部首届新世纪优秀人才支持计划。1998—2001年，我曾多次到国家图书馆查阅和大量复印批判实在论社会科学哲学、明斯基金融不稳定学说和西方非主流经济学诸多流派新发展的英文文献，并在2002年将批判实在论介绍给国内经济学界。在当时的中国，这些领域几乎是没有人知晓的经济学"新大陆"。2003年，《南开经济研究》第2期以"专论"形式发表了我的"中国经济学发展的西方主流化遭遇重大质疑"，该文将2000年在法国率先爆发的"经济学改革国际运动"介绍给了国内学术界，是我国最早对经济学界盲目追随西方主流经济学的潮流进行系统批判的论文。这些研究使我在南开工作时就踏上了开辟经济学发展新道路的征程。

"中国演化经济学的先行者"

2008年，中国演化经济学年会在武汉召开第一次全国会议，我被该年会的一些同人尊称为"中国演化经济学的先行者"。杨宏力在发表于《经济学家》2008年第1期的"解读演化经济学的兴起——兼论演化经济学的现状与未来发展"一文中写道：一般认为，贾根良的"进化经济学：开创新的研究程序"是国内第一篇系统介绍评价演化经济学的论文；国内第一套演化经济学系列丛书是2004年出版的"演化经济学译丛"；国内第一个专门开辟演化经济学栏目的经济学杂志是《南开经济研究》。"演化经济学译丛"基本上是由笔者在南开工作时主编、主译并由高等教育出版社出版发行的；而《南开经济研究》在 2003 年开设的演化经济学栏目则是由笔者主持和组稿的,翌年,笔者与孟捷教授在《政治经济学评论》上开设了国内杂志的第二个演化经济学专栏。

对于笔者在演化经济学方面的研究,国内学者曾有一些评论。例如,2009 年,薛宇锋教授在"当代中国马克思主义经济学的流派"一文中,将笔者称作是"演化的马克思主义经济学流派"代表人物之一。又如,2018 年,复旦大学的陈平教授在"经济数学为何如此落伍却自封社会科学之王?——经济学的七大困惑"一文中,对笔者曾有如下评论:"我钦佩的不少经济学家……能从实践中发现经济理论的问题,给我许多启发。比如,姚洋引入演化博弈论;贾根良引入演化经济学,重振德国历史学派;史正富和孟捷用创新经济学研究新马克思经济学,开拓了新的思路。"

笔者的上述工作大部分是在南开做出的。我在 1996 年重返南开后一直到 1999 年,为了更好地研究演化经济学,大量阅读了进化生物学的中文著作,精读了恩斯特·迈尔的《生物学思想的发展:多样性、进化与遗传》,并将其"异地物种形成原理"运用于经济思想史流派、产业集群(工业区)和国家经济发展的研究。在同一时期,我还参阅了《易经》研究的许多文献,大量阅读自然科学方面的"第一推动丛书",阅读林毓生的《中国传统的创造性转化》和冯友兰等人的中国哲学著作。

基于对中国古代科学研究传统的研究,在发表于《天津社会科学》2000 年第 4 期的"马克思经济学研究传统与'中国经济学'的研究纲领"一文中,笔者从中国古代原生性科学研究传统与达尔文主义共有的型态模型出发,早于演化经济学家弗里曼和卢桑(2001 年)一年,提出了一个有关复杂经济系统演化的由技术、经济、政治、生态地理系统和文化认知模式(包括科学)所构成的五个亚系统交互作用的系统论模型。2004 年,《南开学报》发表拙文"中国古代演化思想与中国演化经济学的发展",在该文中,笔者提出要发展出自于中国传统和本土化的演化经济学。

2018 年,清华大学出版社出版了陈劲和吴贵生教授主编的《中国创新学派:30 年回顾与未来展望》。该书列举了笔者在创新经济学研究方面的几项理论贡献,其中"比较创新体制与比较历史创新体制"的最初工作就是在南开做出的:在张仁德教授等著的《新比较经济学研究》(2002 年)中,笔者在当时将前者命名为"比较创新体系";随后,笔者增加了"比较历史创新体制"部分。这项工作的最初目的是针对青木昌彦的"比较制度分析"和格雷夫的"历史制度分析",为比较经济学研究提供一种替代性的新框架;同时,它也是演化经济学的一种应用研究领域。笔者在这方面进行了长期思考,并在任职于中国人民大学经济学院后,在给研究生开设的比较经济学课程上进行了比较详细的讲授,但一直没有时间整理成论文发表。只有当我发现笔者指导的博士生将我讲授内容的大部分都吸收进正在写作的博士论文时,我才不得不重新构思和写作,在2010年发表了被《新华文摘》全文转载的"比较创新体制与比较历史创新体制:开创比较经济学研究的新框架"。

"经济学改革国际运动"中国代表人物

2016年4月,教育部第四轮学科评估开始启动;4月29日晚,笔者撰写了一篇博文"第四轮经济学专业学科评估指导思想的根本性错误",引发了质疑整个学科评估的轩然大波,最终导致了其《A类期刊名录》的取消。这篇博文实际上是笔者2003年在《南开经济研究》上对中国经济学西方主流化进行批判的遥远回响。上世纪末,在经济学要与国际接轨的旗帜下,西方主流经济学的教条主义开始在我国兴起。这种教条主义认为,世界上只有一种经济学,这就是以西方主流经济学为代表的"现代经济学",马克思主义政治经济学只不过是一种意识形态,而西方非主流经济学诸流派在其眼中则是根本不存在的。这种教条主义的实质就在于将西方主流经济学看作是唯一科学的经济学,要求将这一范式的学术主张和实践上升为中国经济学界必须遵循的学科标准和学术规范,并将其贯彻到经济学课程体系、教材建设、科研评价体系、人才选拔、研究生入学考试等各个方面。

上世纪末在我国兴起的上述思潮与笔者对经济学未来发展方向的判断截然相反。1995年上半年,我在国家图书馆浏览经济学英文杂志时,面对其绝大多数期刊连篇累牍地充斥着数学公式和计量模式的现状,不禁哑然失笑:西方主流经济学已经江郎才尽,思想贫乏就用数学来充数。20世纪

90年代下半期，笔者通过对批判实在论社会科学哲学、西方非主流经济学诸流派（包括西方马克思主义经济学）特别是演化经济学文献的阅读，深感经济学需要一场达尔文式的革命。在当时的中国，经济学界一直在进行关于"中国经济学"的讨论，其中所谓的"本土化"问题在某种程度上是20世纪二三十年代南开经济学"土货化"的问题意识在20世纪末中国的再现。

但是，与民国时期南开"土货化"、中国化的经济学对象——西方经济学界多元化的经济学不同，人们在改革开放后所看到的"西方经济学"实际上只是排斥异己、陷入"自闭症"的西方主流经济学，但却被不明真相的中国经济学界视作是"科学"的经济学的圭臬。在笔者看来，自改革开放以来，严重地忽视西方非主流经济学的发展是我国在引进西方经济理论上的重大失误。因此，从20世纪90年代下半期直到目前的中国，中国经济学教育和发展所面临的首要问题是多元化问题，而不是中国化的问题。否则，对一元化的西方主流经济学的"土货化"将使中国经济学的发展先天不足，它不仅不利于反而有害于中国本土化经济学的发展。当然，张伯苓老校长在南开经济学"土货化"教育改革中确定的南开大学办学方针——"知中国，服务中国"仍是中国经济学教育与科研改革应该依归的指导方针。按照这种方针，西方主流经济学在相当大程度上是不适合中国国情的。

在南开工作期间，笔者对"经济学改革国际运动"进行了深入研究。2003年，申请到教育部人文社会科学基金项目《"经济学改革国际运动"研究》（2009年出版）；2004年，翻译出版《经济学的危机：经济学改革国际运动最初600天》；2005年，申请到国家社会科学基金项目《西方异端经济学主要流派研究》（2010年出版），并在这些主题上发表了大量研究论文。然而，笔者从没有奢望自己对中国经济学西方主流化的批判能够阻挡这种错误的潮流，相反，人们可以观察到，2005年之后，这种潮流变得更加变本加厉，这是笔者在2016年撰写"第四轮经济学专业学科评估指导思想的根本性错误"的大背景。实际上，即使是在习近平总书记2016年5月17日发表"在哲学社会科学工作座谈会上的讲话"三年后的今天，中国经济学的西方主流化仍在稳步地被推进，中国经济学教育的多元化依然难见曙光。

提出"新经济思想史"的研究纲领

因为在经济思想史方面有一些研究成果，笔者在 2005 年被调任中国人民大学经济学院经济思想史学科学术带头人。在南开工作期间，我翻译发表了两篇经济思想史的重要文献。其中，一篇是美国著名经济学家阿林·杨格于 1928 年在英国科学促进协会 F 分部发表的主席就职演讲"报酬递增与经济进步"，该文是一篇在经济理论发展过程中曾产生举足轻重影响的经典文献，笔者将之翻译出来，刊载于《经济社会体制比较》1996 年第 2 期，并撰写"杨格定理与经济发展理论"，对其在经济思想史中的地位进行了评论。另一篇则是美国旧制度学派创始人凡勃伦在 1898 年发表的"经济学为什么不是一门演化科学？"，正是在这篇经典论文中，凡勃伦创造了"演化经济学"这个术语，提出了达尔文主义经济学革命的任务。

在南开期间，我在报酬递增理论思想史、美国旧制度学派的理论价值、演化经济学的思想源流等方面发表的几篇论文都被中国人民大学复印报刊资料《理论经济学》卷全文转载；与学生合著的"经济学怎样变成了一门数学科学：经济思想史的一种简要考察"发表在《南开学报》2005 年第 6 期。我在 1998 年独立提出报酬递增理论研究的两种思路后，对经济思想史中牛顿主义和达尔文主义两大研究传统进行了深入研究，并在《演化经济学：经济学革命的策源地》一书的前言中，对经济学的两种类型做出了明确的阐述。在南开期间，我还为经济思想史学科做了一件有意义的事情，这就是将哲学和宗教学家傅伟勋教授的"创造解释学"作为一种新的研究方法论引进到该学科。这些研究为我在中国人民大学提出"新经济思想史"的研究纲领奠定了基础。

2010 年，笔者在《社会科学战线》第 1 期发表"'新经济思想史'刍议"，该文比较系统地阐述了新经济思想史研究的基本纲领，被《新华文摘》2010 年第 6 期全文转载。在该文中，笔者提出了一种由经济学研究两大传统和三大理论体系所构成的西方经济思想史研究新思路，并倡导以此为框架，重新梳理西方经济思想史的演化过程并对各种经济思想重新进行评价；重点研究发达国家脱贫致富的经济思想史；增添以现实观察和历史经验为基础的经济思想、"经济政策思想史"和"经济政策史"作为研究内容；提出马克思经济学也起源于德国经济学传统而非只来源于英国古典政治经济学的观点作为研究课题；以"创造解释学"为基础，发展"新经济思想史研究方法论"。至于笔者在中国人民大学工作后在经济思想史学科所做的其他工作，在此不做赘述。

第三种经济学理论体系的探索者

笔者提出的"经济学的三大理论体系"，是指马克思主义经济学、西方主流经济学和西方非马克思主义的非主流经济学，而"第三种经济学理论体系"则是指将马克思主义经济学作为重要灵感来源，以批判实在论作为哲学基础，对西方非马克思主义的非主流经济学各流派的创造性综合与发展。建立第三种经济学理论体系的想法最初来自于笔者有关演化经济学的综合问题。笔者在国内外是演化经济学综合问题的最早提出者，不仅比著名经济学家霍奇逊的类似构想早12年，而且更全面：与霍奇逊2014年的论文只提出新制度学派与新熊彼特学派的综合不同，笔者在《学术月刊》2002年第12期发表的"演化经济学：现代流派与创造性综合"中，提出了老制度学派、新熊彼特学派、奥地利学派和调节学派之间的创造性综合问题，并在2010年提出将演化经济学之外的其他非主流学派也包括在这种综合之中。

在南开工作的最后几年，除了发表有关演化经济学及其诸流派的研究论文外，笔者带领学生对西方非主流经济学其他流派进行研究的论文也相继问世。例如，"女性主义经济学评述"（2002年）、"后凯恩斯经济学的新发展"（2004年）、"后凯恩斯经济学70年：批判、重建与综合"（2005年）、"当代西方经济学界异端与主流的分裂及其发展趋势"（《新华文摘》2005年第20期全文转载）。在这期间，我还独自撰写了更加综合性的论文，如"新政治经济学：范式革命与异端的综合"（2004年）、"西方异端经济学传统与中国经济学的激烈转向"（2005年）。显而易见，在后两篇论文中，第三种经济学理论体系的提法呼之欲出了。

不知是命中注定还是机缘巧合，南开经济学一直在等着我回到母校对第三种经济学理论体系的概念首次做出明确和系统的阐述：2010年11月，笔者在南开大学召开的第四届中国政治经济学年会上做了"演化经济学的综合：第三种经济学体系的发展"的大会报告。正是在这个学术报告的基础上，当《学术月刊》的"中青年专家访谈"在2011年以"第三种经济学理论体系的探索者"为题对笔者进行访谈时，我撰写了同时发表在该刊上的"演化经济学：第三种经济学理论体系的综合与创新"。

2017年，笔者在《政治经济学评论》第1期发表"我国应该加强西方政治经济学的教学与研究"。该文指出，自20世纪90年代以来，在非马克思主义的西方经济理论内部，不仅发生了非马克思主义的非正统经济学（"非主流经济学"的同义语）与西方正统经济学之间的尖锐对立，而且也出现了前者与西方马克思主义政治经济学"融合"发展的局面，"西方经济学"的概念已不能反映和容纳这种巨大变化的新情况。由于我国大学中讲授的"西方经济学"是清一色的西方正统经济学，因此，笔者倡导将西方非马克思主义的非正统经济学命名为"西方政治经济学"。"西方政治经济学"对市场经济的运行机制和规律的研究比"西方经济学"提供了更现实和更深刻的描述和分析，其理论研究对中国特色社会主义政治经济学的创新也具有直接和重要的借鉴价值，因此，我国经济理论界应该大力加强对"西方政治经济学"的研究，并对高等学校财经类专业西方经济理论的本科课程设置进行改革。

在该文中，笔者指出，第三种经济学理论体系可以独立于马克思主义经济学而发展，同时马克思主义政治经济学也可以通过综合"西方政治经济学"的研究成果，推动中国特色社会主义政治经济学的创新。对后一观点，笔者在文中写道："早在2003年，笔者在南开大学政治经济学研究中心的会议上就提出过这种观点，在过去十多年的文章中也表达过这种设想，这就是：批判性地吸收'西方政治经济学'的丰硕研究成果，马克思主义政治经济学将更加丰富，并将大大增强解释现实和解决现实问题的能力。例如，老制度学派政治经济学在制度、技术和金融问题，'新熊彼特学派'在技术、中观经济学和产业政策，奥地利学派在'主观知识'、彻底的不确定性和市场过程理论，女性主义政治经济学在性别、家庭和种族，后凯恩斯主义政治经济学在财政、货币金融和宏观经济学等诸多方面的研究，完全可以在马克思主义政治经济学的框架下被吸收进来，成为中国特色社会主义政治经济学创新的思想来源。"

创建中国的新李斯特经济学派

在南开工作期间,笔者一直在给经济学系本科生讲授发展经济学课程。战后以来的发展经济学经历了如下演变过程:从1943年到20世纪60年代末,经典发展经济学作为新古典主流经济学的一种替代性经济学在发展研究领域一直占据主流地位;但在进入70年代以后,新古典经济学在该领域中卷土重来,发展经济学作为经济学的一门特殊分支学科的主张遭到贬斥,长期经济发展的宏大理论不再受到重视;到了80年代,新古典经济学已演变成发展研究的主流,其特征是将新古典微观经济学的新发展运用于对发展中国家经济的研究,这种研究范式至今仍占据着绝大多数大学的发展经济学讲坛。伦敦经济学院的罗伯特·H.沃德是目前硕果仅存的著名的经典发展经济学家。但在进入20世纪90年代之后,由于杨小凯等人的努力,亚当·斯密有关分工、报酬递增与经济发展的宏大主题在发展研究领域得到了恢复。

自从1988年阅读了杨小凯的文章后,一直到20世纪初,笔者一直在关注其研究,并在博士论文中处理了其主题。当国家图书馆采购了杨小凯和黄有光在1993年出版的英文著作《专业化与经济组织》后,我立即前往去复印;杨小凯还和张永生在2000年出版了中文著作《新兴古典经济学与超边际分析》,其基本思路是将斯密-杨格定理与新制度经济学结合起来。但由于笔者认为新制度经济学在处理分工、报酬递增与经济发展的宏大主题上存在着严重的缺陷,因此,笔者不同意杨小凯有关发展经济学的理论创新思路,在2003年4月完稿的发展经济学教材中指出,斯密-杨格定理"应该与复杂系统科学在经济学中的代表——演化经济学相链接",这可能是我后来自然而然地将挪威经济学家赖纳特在2000年提出的"替代性教规经济学"命名为"演化发展经济学"的重要原因。

由于我在发展经济学的课堂上总是高度评价李斯特经济学对发展中国家的重要性,因此,大约在2004年年初,当读到赖纳特和张夏准的论著后,我认为复兴以李斯特为代表的国家主义经济学的时机正在成熟,于是将他们的两篇论文收录到译著《制度与演化经济学现代文选:关键性概念》一书中出版。2005年年初,我向赖纳特教授建议,由我和他共同为中国读者主编一本英文书名为 *The Other Canon of Economics: A Selection on Essays of Evolutionary Development Economics* 的著作，得到了他的欣然同意，这就是笔者命名"演化发展经济学"的由来。所谓"演化发展经济学"或"替代性教规经济学"是一种将重商主义经济学、李斯特经济学、美国学派、马克思经济学说、旧制度学派、熊彼特经济学和现代演化经济学等包括在内的关于国穷国富的经济学说。

但是，在对赖纳特和张夏准等人的论著进行深入研究后，我发现他们并没有对20世纪80年代以来的新国际分工和美元霸权等世界经济的重大结构变化展开研究，而旧有的李斯特经济学和国外的"新李斯特经济学"（Neo-Listian economics）在处理这些问题上存在着比较严重的不适应，于是，笔者在2012年出版的拙著《演化经济学的综合：第三种经济学理论体系的发展》中提出了创建"演化经济学的国家主义学派"的设想。2013年，笔者在一篇论文中又将其更名为"新李斯特经济学"，其目的是为了直接回应中国经济发展所面临的重大挑战，以区别于"演化发展经济学"。2015年，中国人民大学出版社出版了研究团队的研究成果《新李斯特经济学在中国》，在该书中，笔者将"新李斯特经济学"英译为 New Listian economics，并对 New Listian economics 与 Neo-Listian economics 的不同做出了说明。

张俊森：学贯中西的中国经济学研究领路人

楼旭研

张俊森，中国杰出经济学家。他1962年出生于浙江省温州市，1979年考入浙江大学材料工程系，1983年进入南开大学管理学系攻读硕士学位，1985年留学加拿大麦克马斯特大学攻读硕士和博士学位，并于1990年获得经济学博士学位。张俊森主要从事劳动经济学、发展经济学以及中国经济等领域的研究工作，现任香港中文大学伟伦经济学讲座教授、经济学系系主任、世界计量经济学会院士，同时是中组部"千人计划"入选者。他曾任香港中文大学社会科学学院副院长、香港经济学会会长、香港政府中央政策组兼职成员、香港政府政策发展委员会成员等职务。他的学术成果颇为丰富，在国际知名期刊上发表论文100余篇，其中，在经济学领域五本顶级期刊之一的 Journal of Political Economy 发表论文4篇，在 Review of Economic Studies 发表论文1篇。2000年，张俊森在由欧洲经济学与统计学研究中心（ECARES）根据Econlit数据库索引（1994—1998年）排名的前1000位经济学家中位列第357，在亚洲位列第5。2017年，张俊森荣获"孙冶方经济科学奖"，这是中国经济学领域最高荣誉奖项之一。按照学界权威的经济研究论文网（RePEc，Research Papers in Economics）的发表成果排名，截至2018年5月，张俊森在中国经济学领域全球排名第一，在转型经济学领域位列第四。

悠悠百年，岁月如歌。一个世纪以来，南开大学滋养了一代又一代学子，培育了众多学术大师、栋梁之才。在经济学界，有一位谈吐儒雅、治学严谨的学者，在国内外学界潜心耕耘数十年，可谓华人经济学家中的佼佼者，他，就是张俊森。

寒苦自居，负笈游学

1962 年，张俊森出生于温州市矮凳桥的一个普通家庭，父亲是语文教师，母亲是裁缝师傅。"文化大革命"期间，正常的学习秩序难以为继。令人欣慰的是，张俊森的父亲十分重视教育，坚持在家中给儿子辅导补习，使他得以接受了较为完整的初等教育。日后令他受益匪浅的数学素养也在这个时期得以生根、发芽。

1977 年，张俊森顺利升入高中。这一年，高考恢复的消息如同一道闪电，划过在无休止的运动中日渐疲惫的学子的心。带着对求知的渴望，数十万学子重新拾起课本，加入高考大军。刚刚进入高中的张俊森，也受到了这股热潮的鼓舞，他暗暗立下志向，一定要发愤图强，考取理想的大学，将来用知识报效祖国。他所就读的温州二中是一所历史悠久的名校，学校的前身可以追溯到 1897 年由晚清朴学大师孙诒让筹资创办的"永嘉蚕学馆"，这里良好的学习氛围为他考取大学提供了条件。更幸运的是，他遇到了一位好老师——班主任林帆云。林老师教数学，他独具慧眼地选拔了张俊森当数学课代表，这更加激发了张俊森学习数学的兴趣。张俊森秉承着对数学的热情，发奋苦读，顺利地进入了高中重点班，离他自己的大学梦想更近了一步。

1979 年，张俊森如愿考上大学，进入浙江大学材料工程系学习。在本科四年的学习实践中，他对经济管理这一领域逐渐产生了浓厚的兴趣。1983 年，正逢南开大学开办经济管理研究生班，这个研究生班由中国和加拿大合作办学，其招考模式突破了传统，完全按照国外培养经济学研究生的模式进行，更重视学生的数理、外语以及工科背景。张俊森得知后，抓住了这一机遇，凭借良好的数学和理工科基础，在选拔考试中充分发挥优势，顺利考入南开大学攻读工商管理硕士，开启了与南开大学这座百年学府的不解之缘。

张俊森在南开大学读研时，恰遇邹至庄先生举办的第一届经济学留学项目招生。为了进一步深造，他再一次抓住了当时非常宝贵的留学机会，报名申请了这个项目。机会总是留给有准备的人。由于平时勤奋好学、积累深厚、基础扎实，尽管本科并非经管专业，张俊森还是顺利通过了南开大学的首轮内部选拔，获得了参加了这个项目招生考试的机会；随后一路披荆斩棘，数学、英语、经济学等科目都取得了优异的成绩，最终成功通过了招生考试。

然而，成功之路并非一帆风顺。或许是好事多磨，又或许是天意弄人，当张俊森满怀信心地以为自己可以获得这个出国留学的机会时，录取通知书却并未如期而至。经过与邹至庄先生以及相关部门的沟通才发现，某个环节受到了意外因素的影响，张俊森的申请材料并未送到国外。这让当时的张俊森感到无比失意。

是金子总会发光的。正当张俊森彷徨之时，另一扇机会之门为他打开了。加拿大麦克马斯特大学的教授们前来南开大学讲学，张俊森获悉，重新振作起来，抓住与教授们交流的机会，凭借自己丰富的学识与优雅的谈吐赢得了他们的赏识。在陈万华教授的推荐下，张俊森申请了麦克马斯特大学，并以优异的成绩和出色的学术表现成功地获得了深造的机会。

1985年9月底，张俊森来到了加拿大麦克马斯特大学，攻读硕士和博士学位。只身一人远赴异国他乡，种种艰辛可想而知。因为申请出国时的波折耽搁了时间，当他办好各种手续飞赴加拿大时，学校已经开学，他错过了学校的第一次考试。而且，由于行程仓促，他也根本来不及为自己安顿好住处，只能蜷缩在一个休息室的沙发上将就睡下，就这样度过了初到学校的十几日。但学习和生活的种种困难和考验，都不能使张俊森屈服。他凭借着惊人的毅力，在简陋的环境中也心无旁骛地投入学习中。在入学之后不久，他便补上了之前错过的考试，并且取得了很好的成绩。寝室、教室、图书馆"三点一线"，他几乎把所有时间都用在了读书和钻研上。异于常人的勤奋得到天资聪颖的加成，张俊森仅用了一年时间就拿到了麦克马斯特大学的硕士学位。随后，张俊森拒绝了芝加哥大学等著名大学的博士录取通知，选择留在麦克马斯特大学继续攻读博士学位，用了不到四年时间，就获得了常人需要五六年才能得到的经济学博士学位，于 1990 年从麦克马斯特大学顺利毕业。

甜美的果实总是由汗水和毅力共同浇灌而来的。张俊森这漫长而艰辛的求学之路恰如其分地印证了这一点。回顾往昔，张俊森依然坚定地相信，只有一步一个脚印、坚持不懈地向前走下去，才能让自己不断地提升，也只有这样，才能牢牢抓住改变命运的机会。正是当年南开大学给广大学子提供的经济学深造机会，让张俊森从此之后走上了研究经济学的学术之路。

著作等身，屡获殊荣

在攻读博士期间，张俊森接触到了诺贝尔奖得主贝克尔教授对婚姻行为的研究。受到相关研究的启发，他将自己的研究方向集中在了用经济学方法分析家庭和婚姻上，博士论文也选择了婚姻与出生率这一主题。博士毕业后，张俊森在劳动经济学和家庭经济学领域深入钻研，不仅致力于研究犯罪、生育、婚姻、教育、代际支付转移、性别歧视及养老等社会议题，亦专长于与家庭有关的宏观经济学议题，如人口老化、社会保障及经济增长等。

张俊森笔耕不辍近 30 年，在他擅长的领域开辟了一番新天地。目前，张俊森已经在国际期刊上发表了 100 余篇论文，其中，在经济学领域五本顶级期刊之一的杂志 *Journal of Political Economy* 发表论文 4 篇，在 *Review of Economic Studies* 发表论文 1 篇。他在其他国际一流杂志发表的论文数量也相当可观，*Journal of Development Economics*，*Journal of Public Economics*，*Journal of Comparative Economics*，*Journal of Health Economics*，*International Economic Review*，*Economic Journal*，*Journal of Labor Economics*，*Journal of Human Resources*，*Review of Economics and Statistics* 等杂志都登载过张俊森的论文，更令人叹服的是，他的论文被引用次数已经超过 8700 次。目前，张俊森担任期刊 *Journal of Population Economics* 和 *Journal of Human Resources* 的编辑，同时担任多家国际学术期刊的编委及评审员。

张俊森不懈耕耘，为经济学领域的研究提供了诸多新见解和新方法，为经济政策的制定提供了大量权威的建议和参考，得到了学界的广泛尊重与赞誉，也赢得了许多奖项与荣誉。

伟伦经济学讲座教授

2010 年，张俊森被评选为伟伦经济学讲席教授，以表彰他对香港中文大学社会科学学院的贡献和成就。

伟伦教授是以利国伟和其妻利易海伦女士的名字命名的伟伦基金会捐赠的冠名教授席，只有在各个学院做出突出贡献的教授才有机会被授予这个荣誉称号。当年，香港中文大学社会科学学院只有张俊森一人获此殊荣。

计量经济学会院士

2013 年，张俊森当选为计量经济学会院士（Fellow of the Econometric Society），是当年亚洲区唯一当选的学者。

世界计量经济学会（Econometric Society）成立于 1930 年，是世界上最负盛誉的经济学学术组织，实际上相当于世界经济学会，是全球规模最大、水平最高的经济学会。计量经济学会的院士都是当今世界著名的经济学家，历届诺贝尔经济学奖得主绝大多数为该学会的院士。该学会要求院士候选人必须在经济理论方面有原创性贡献，或在用数学和统计分析研究经济问题领域卓有建树。新院士须经现任院士投票选举通过，当选院士的经济学家，其学术贡献须受到国际经济学界的高度认可。截至目前，除了张俊森外，曾获计量经济学会颁授院士荣誉的香港学者包括：香港中文大学蓝饶富暨蓝凯丽经济学讲座教授刘遵义，已故香港中文大学博文讲座教授、诺贝尔经济学奖得奖人莫里斯，及香港大学教授蔡洪斌。学会每五年举办一次计量经济学世界大会，届时，全球范围内最顶尖的经济学家汇聚一堂，堪称经济学界的"奥运会"。

孙冶方经济科学奖获得者

2017 年，张俊森荣获中国经济学领域最高荣誉奖项之一"孙冶方经济科学奖"，以表彰其卓越的学术成就和推动中国经济科学发展的贡献。张俊森的得奖论文题为"人口控制政策能否促使更多人力资本投资？——双胞胎、出生体重和中国的一孩政策"，是当年唯一于英文刊物发表的得奖论文。

这篇论文与耶鲁大学 Frank Altschul 国际经济学讲座教授马克·罗森茨威格（Mark Rosenzweig）合作撰写，研究有关中国人口政策对人力资本投资的影响。论文通过对比有双胞胎和没有双胞胎的家庭，量化儿童数量对儿童质量的影响。通过双胞胎出生顺序和出生体重的差异，计算出儿童数量对儿童平均质量影响的上下限。基于中国数据的分析发现，若家庭中的儿童数量较多，则其儿童平均学习表现较弱，包括学习成绩较差、入读大学机会较低和健康水平较差等。虽然中国儿童数量与儿童质量之间存在明显的权衡，但该研究结果表明，中国一孩政策对人力资本发展的贡献并不显著。

励精图治，联通中西

张俊森的成就不只表现在学术领域，更渗透在现实领域。他担任过许多行政职务，旗帜鲜明地推动了不少机构的长远发展。

1989 年，张俊森刚刚完成博士论文，就收到了澳大利亚国立大学（ANU）发来的工作邀请。在澳国立工作了一年，1990 年，张俊森回到加拿大，正式获得博士学位，紧接着受邀到加拿大的西安大略大学执教。当时，西安大略大学经济系在加拿大名列前茅，可是张俊森总是对熏陶他成长的东方文化念念不忘。终于，在三年之后，他回到祖国，选择了香港中文大学。香港作为东西方文化交融之地，在这里，张俊森既发挥了他的所学所长，又寄托了一腔思乡之情。

时光荏苒，2019 年，张俊森在香港中文大学任教、科研、探索、奉献，已然走过了 20 多个年头。从开始接受研究生教育工作，到 2003 年成为香港中文大学（后称中大）社会科学学院的副院长，再到 2012 年开始担任经济系主任，一路走来，张俊森一直脚踏实地，心系中大，致力于中大经济学研究实力的壮大。

2012 年，经过多位国外专家的评估和校方的共同探讨，中大经济系终于确立了五年内成为亚洲地区经济学研究桥头堡、十年内成为世界研究中国经济的一流中心这一重要目标。关于如何实现这一宏伟计划，张俊森表示，人才的引进是关键，而吸引人才不应该只靠高薪诱惑，也应该注重系统效应，利用中大本身强大的研究团队去吸引有抱负的人才加入，这样才能强强联手，相互切磋，在探讨中共同推动中大的进步。除此之外，研究生和本科生生源质量也是评判学校实力的重要指标，学生是学校宝贵的财富和资源，毕业之后也会以校友的身份在各个领域发光发热，反哺母校。

在张俊森担任经济系主任的这七年里，中大经济系的实力不断地增强。根据 QS 世界大学排名，香港中文大学在经济学和计量经济学领域亚洲排名第 7，世界排名第 38；在科研方面，学术成果的质量与数量都突飞猛进；在教学方面，无论是本科生、硕士生还是博士生的教育质量都稳中有升。越来越多的硕士生被世界一流学校接收，继续攻读博士学位，不断深造；本校的博士生毕业之后，也有不少进入一流高校担任教职。此外，香港中文大学经济系授课型硕士的项目也十分受欢迎，项目申请人数逐年增加。尽管每年只招收约 140 名授课型硕士，近两年每年的申请人数却已然突破 2000。一系列的事实足以表明中大经济系的实力和影响力之大，这其中断然少不了张俊森的魅力与心血。

除了不断加强经济系的自身实力外，作为系主任的张俊森也十分重视与世界各地高校的学术交流。在张俊森担任香港经济学会会长的四年中，举办了两次经济学年会，一次在西南财经大学举办，另一次在南开大学举办。张俊森一直都积极参与内地举办的会议。目前，张俊森还担任浙江大学、南开大学等高校的客座教授。张俊森始终密切关注并参与中国经济学研究的发展，并一直与内地保持着密切而深入的交流。

在张俊森的不懈推动下，2017 年 5 月，香港中文大学经济学系和清华大学经济管理学院合作成立了"清华大学–香港中文大学中国经济联合研究中心"（下称"联合研究中心"）。依托香港和北京两地的文化优势、实力雄厚的学术研究团队以及丰富的资源，联合研究中心致力于建设一个推动中国经济研究的国际平台，以期高效地促进中国经济的学术和政策研究，同时加强学术界与政府机构的交流与合作，向中外媒体推广中国经济研究成果，并为中国政府制定经济政策提供建议。

2017 年 6 月，香港中文大学经济学系承办了 2017 年计量经济学会亚洲会议，吸引了来自世界各地的超过 200 所大学和机构的约 1000 位经济学者及研究人员参加。计量经济学会作为经济科学界中举足轻重的国际学术组织之一，其举办的亚洲会议被视为亚洲区最盛大的年度经济学会议，专题涵盖经济学各个领域。三天的会议共举行了3场主题演讲（其中一位讲者为诺贝尔经济学奖得主）、11场特邀演讲（讲者为经济学不同领域的顶尖专家）以及超过240场投稿演讲，演讲的论文数目近900篇。6月3日的开幕仪式由2016年计量经济学会会长埃迪·德克尔（Eddie Dekel）教授（特拉维夫大学/美国西北大学）、香港特别行政区财政司司长陈茂波先生及中大常务副校长华云生教授主持。此次会议盛况空前，诸多学者都表示，对香港中文大学经济系留下了深刻的印象。经由此次会议，香港中文大学在亚洲乃至全世界的影响力都得到了空前的提升。

在张俊森的领导下，香港中文大学经济系与国内外多所高校在教学方面展开了紧密而深入的合作。在国内，中大经济系与清华大学合作开设了经济学双学位本科课程，学生完成相关四年制双学位课程之后，将获得香港中文大学及清华大学共同颁发的学士学位证书。在海外，中大经济系与美国西北大学也将推出硕士联合培养项目。

在繁忙的学术研究和学校行政工作之外，张俊森还曾经出任多项政府公职，包括香港特区政府中央政策组非全职顾问和策略发展委员会委员、经济发展及内地经济合作委员会委员和香港经济学会会长等。他曾就移民政策、跨境婚姻及经济发展等多个议题提出政策分析与建议。

教书育人，桃李满园

张俊森的头衔不仅仅是学者、专家，更是教授、老师。他的学者生涯一路交织着从教生涯，是一位对教学严谨、对学生负责的好老师。张俊森指导学生做学术研究时，一丝不苟，自我要求十分严格，学术任务再繁重，行程再紧张，也坚持逐字逐句地修改学生的论文，甚至连注释和标点符号，都要认真看完，并逐条批改。与此同时，张俊森对待学生却亲切、热情，常常鼓励学生大胆参加学术会议，深入讨论学术问题，努力创造机会和条件，让学生能与相应领域的专家就学术前沿问题开展面对面的探讨和交流。这既能锻炼学生的表达能力，又能让学生接触到学术前沿，捕捉思想碰撞产生的火花，在教学上能起到事半功倍的效果。他关心学生的日常与心理健康，乐于帮助学生疏导学习压力，每学期都尽量安排自己的全体学生聚餐，也成为了学生津津乐道的"定番"。

  鹤发银丝映日月，丹心热血沃新花。20余年来，他为经济管理领域培养和输送了许多人才。自2000年以来，20多位学生在他的悉心指导下，顺利毕业并进入高校从事科研、教育工作，将恩师的理念继续传承。这些高校遍布中国香港和内地，同时延伸到了新加坡、美国，包括香港科技大学、香港中文大学、香港理工大学、清华大学、人民大学、浙江大学、武汉大学、湖南大学、东南大学、暨南大学、宁波诺丁汉大学、新加坡国立大学、美国创价大学等，可谓桃李满天下。一些学生进入业界从事金融、教育等工作，也带着恩师坚韧谦恭的品质不断扩土开疆。2017年，张俊森荣获香港中文大学社会科学学院的风义同途奖（Research Mentorship Award），以表彰他培养研究生的付出和贡献。风骨道义，与尔同途。这项殊荣正是对张俊森作为教师这一身份的最佳解读。

徐林：秉持专业精神参与国家规划和政策制定

徐 林

徐林，中美绿色基金董事长。1989年8月加入国家计委规划司，历任规划司结构处副处长、处长、副司长，财政金融司司长，发展规划司司长，城市和小城镇改革发展中心主任。曾参与中国经济社会发展多个五年计划和规划的编制，并主持了中国经济社会发展第十三个五年规划纲要的编制，全程参与党的十八届五中全会和十九大报告起草工作；参与国家区域发展规划、国家新型城市化规划、国家产业政策的制定；负责长三角城市群、成渝城市群等规划编制，参与国家财政金融领域若干改革方案的制定，以及资本市场特别是债券市场、私募股权投资的发展和监管，主持了股权投资企业管理办法的制定，2007—2009年期间任中国证监会股票发行发审委委员。曾参与中国加入世界贸易组织的谈判，专门负责产业政策和工业补贴谈判。2018年获中国基金业杰出贡献奖。担任的主要社会职务包括：国家发展改革委学术委员会委员、华夏新供给经济学研究院副理事长、中国国际经济交流中心特聘研究员、中信集团改革基金会特聘资深研究员、海南综合改革研究院学术委员会委员、北京绿色金融协会理事会理事长、深圳综合开发研究院理事会理事、美国麦肯锡咨询集团绿色低碳咨询专家、中国城市和小城镇发展改革中心学术委员会委员、清华大学新型城镇化研究院专家顾问委员会委员、哈尔滨工业大学特聘教授。

今年是南开大学建校 100 周年，南开金融校友会刘禹东先生倡议出一本南开经济百人的书，讲讲这一百人从事经济学教育、研究和工作的故事，并提议我也写一段自己的经济工作经历。接到这任务真是诚惶诚恐，心想南开百年毕业了那么多优秀毕业生，出了那么多杰出人物，怎么轮也轮不到我呀。我对自己的资格既表示怀疑，也极不自信，推了若干次，又若干次被劝回，就这么一拖拖到了临近交稿截止日期。为了不耽误出书的节奏，只好急急忙忙思考动笔，讲讲我自己参与的国家规划和政策故事，以及相应的思考，但愿对读者有些许意义。

我的求学生涯

我是在"文革"后结束中学教育的，1977 年 6 月从湖南洞口县一中高中毕业时只有 15 岁，虽然在北京可能已经有传言要恢复高考，但在偏远的湖南小县城，消息依然闭塞。高中毕业后要么就是在家无所事事，要么就报名"上山下乡"。我选择了"上山下乡"，主要考虑就是早下早上，早下早回城，但绝无到农村广阔天地大有作为的理想和境界。那时的理想很现实，就是能够从农村被招工进城，运气好或许能被推荐为工农兵大学生进大学学习。但对我来说，被推荐读大学更多是一种奢望。

1977 年 8 月，我正式加入了知青队伍，离开时父母所在单位为我们每一位"上山下乡"知青准备了一个斗笠、一件蓑衣、一把锄头、一套《毛泽东选集》五卷。带着这几样特殊礼物，我来到了湖南洞口县花古公社田家大队，开始了知青生涯。知青生活简单、有趣，对于身高只有一米六五、身体比较单薄的我来说，体能虽是个问题，却也过得无忧无虑，充满好奇感和新鲜感。得益于改革开放政策，同年 10 月，我在公社广播站的有线喇叭中听到了恢复高考的通知。不久后在父母的催促下到公社所在地参加了高考报名，12 月份参加了"文革"后第一次高考，第二年 3 月入学湖南邵阳师专数学科学习，系统认真地学习了三年数学专业。毕业后分配到湖南邵阳教师进修学院工作，从事中学数学老师的在职培训，主要教授数学分析和概率统计，其间又到南京师范大学数学系进修了一年半时间。

1986年9月，我考入南开大学经济研究所，名从谷书堂老师，但实从贾凤和老师，攻读数量经济学专业研究生，开启了经济学学习和日后经济工作的新生涯。从数学专业转向经济学专业，对我们这些学数学且资质不够天才的人来说，是一个有自知之明的现实选择。因为我们都明白，要在数学领域做出成就，没有出类拔萃的天分和超出常人的毅力是难以想象的，我自认为天分不足，又不想在教师队伍中误人子弟，转业算是一个实事求是且略带功利的选择，于是完成了个人职业生涯的第一次转变。

南开大学经济研究所是一个颇有学术名气、学术积淀和雄厚师资的经济学研究和教育机构，南开经济学界的许多知名教授，如杨敬年、滕维藻、钱荣堃、鲍觉民、魏埙、熊性美、王继祖、陶继侃、谷书堂等，都出自南开经济研究所，他们中很多人曾经在美国、英国等知名大学学成归来，有很好的主流经济学教育背景。正是因为如此，南开经济研究所的经济学教育即便是在上世纪80年代中期，就已经非常规范并注重基础理论教育，能够给学生系统开设微观经济学、宏观经济学、发展经济学、计量经济学、国际经济学、货币银行学、公共财政学等课程，有的课程是外国大学教授用英文讲，使用英文教材，用英文考试，这样开放的教学方式即便是在如今的国内知名大学，也难以做到。总之，在南开经济研究所的氛围下，可以老老实实读几年书，为日后从事发展规划和政策制定，打下一个比较好的经济学基础。

三年的研究生学习过得很快。1989年7月我从南开毕业，正式进入原国家计划委员会长期规划司预测处工作。国家计委在当时的改革背景下饱受改革者诟病，被认为是中国计划经济的堡垒，是一个十分保守的权力部门。但我的体会却很不一样，我觉得国家计委是一个内部环境相对宽松，思考讨论得到鼓励的战略研究和政策制定和实操部门。我的第一次入职教育课，一位老处长就教导我们，在国家计委工作，你们处理任何问题，都要从总理的角度来看待问题，这实际上是教育我们，计委工作的最大特点就是要统筹兼顾、协调四方。当时的国家计委主任是政治局常委、国务院副总理姚依林，负责日常工作的主要是常务副主任房维中。这是一个东北时期的老计委，那时我觉得他是一位十分保守的"老计划"，但后来经过多年的接触，特别是他退休后的一些接触，让我渐渐认为房主任是一位实事求是、敢于说真话并大胆谏言的好领导。总之，国家计委的老主任和司处长们大都是所负责领域的行家里手。我虽然在国家计委和国家发改委连续工作了29年，担任了财政金融司、发展规划司、城市发展改革中心主任等多个司级领导岗位，有幸同刘洪、李铁军、刘鹤、宁吉喆、杨伟民、姜钧露等高级领导同志在一个司甚至一个处工作过，但一直认为自己到不了他们的专业水准和工作境界，十分遗憾。

在国家计委工作期间，我获得美国政府汉弗莱奖学金和新加坡政府李光耀奖学金，分别在美利坚大学国际关系学院、新加坡国立大学李光耀公共政策学院和哈佛大学肯尼迪政府学院从事研究生学习，获得了公共管理硕士学位。同时还在中央党校中青二班和中青一班学习过各半年。能够在工作期间脱产三年时间在国内外学习，没有后来成为中财办副主任的杨伟民的包容和支持，没有发改委人事司对干部培训的开放心态和支持，是完全不可能的，对此我充满感恩之心。

我所参与的发展规划编制和实施

入职时，国家计委正在进行三年治理整顿计划，以应对1988年以后的经济过热和通货膨胀失序。作为一位计划新兵，还不可能参与太多的核心工作，只能按领导的要求提供一些辅助性的外围测算工作。记得当时的司长刘洪（后先后任广西壮族自治区副主席和国家统计局局长）曾经叫我到办公室，让我用模型测算一下固定资产投资增速与经济增长和通胀之间的关系，我用比较简单的模型和回归分析，完成了几组不同指标组合的分析，并向他进行了汇报。我的指标分析组合和当时官方的数据组合应该是有差距的。我当时认为，领导数据组合的主要问题是想把固定资产投资增速降下来，但又不愿让经济增速降得太多。这在我们用模型测算的数据组合中是难以实现的。看到我的测算结果后，当时的刘洪司长问了我一个让我很难回答的问题，他说你对模型测算的数据结论有绝对把握吗？我意识到，用计量经济方法进行规划和计划指标的测算，在政府部门会面临诸多怀疑和不信任，因为当时处级以上官员中运用计量经济学的较少，用计量模型测算还属于对传统计划方法的一种更新，会面临各种诸如数据可靠性等方面的疑问。后来在工作中我也逐步意识到，国家计委的一些老处长从事了几十年计划工作，形成了一套基于各类比例的推算方法，这些比例的确定更多是基于长期测算的经验，他们或许不使用数学模型回归确定的方程系数，但其判断各类比例的方法其实与数学回归的方法颇有相似之处，最终的测算结果也能做到八九不离十。这批老计划工作者的认真投入和经验积累让我真心佩服。对这一点，同时兼任发改委副主任和中财办主任的朱之鑫，曾多次提及并教导年轻干部要认真向他们学习，成为各自工作领域的行家里手。当然，目前发改委的年度计划和五年规划，已经较多利用宏观计量模型、动态投入产出模型和可计算一般均衡模型（CGE）来进行预测和政策模拟。

我参与的第一个五年计划的研究和制订是"八五"计划，主要是按照我的第一任处长任珑女士（是她把我从南开招进了国家计委，后在发改委副秘书长岗位退休）的布置，参与诸如2000年小康水平主要指标的研究和测算。在1990年就要展望2000年小康水平经济社会发展主要领域指标的情况，确实需要足够的想象力和分析预测能力。记得当时我们研究提出人均GDP达到800美元，还提出了电话普及率到2000年要达到每百人3台。但实际到2000年时，我国电话普及率达到了10.5%，移动电话也开始进入普通家庭。由此可见，要在一个竞争性领域确定未来5—10年的发展目标，特别是在不同产业领域去预测主要产品的产量目标，并不是一件容易的事。在市场经济条件下，以五年规划明确的总量目标为依据安排不同行业的产能建设，也会带来很大挑战。后来若干五年计划和规划的实践表明，如果经济增长等宏观预期指标设置不当，以此为依据安排的基础设施和基础产业产能与现实市场需求之间也会产生很大矛盾。这类问题在电力行业等领域有过十分深刻的教训。

随后，我又参与了国家"九五""十五"计划和"十一五"规划的研究和起草，并作为发展规划司司长主持了国家"十三五"规划纲要的起草，以及国家新型城镇化规划的起草和实施。在城镇化规划的编制和实施中，我一直坚持认为中国应重点改革城乡二元制度，让更多在外打工的农业转移人口及其家属能够自愿落户，为他们在城市的生活和福利配备更多的公共资源，这样做会使经济持续增长、内需持续扩大、社会结构改善、国民素质提高、城乡差距缩小、农业竞争力提高……在应对中美经贸摩擦可能出现的困难局面时，深度推进城市化可能是我们在内部通过结构性改革稳定增长的最重要方面，这是我们应该真正做好的自己的事。

新中国的五年计划和规划工作从上世纪 50 年代开始。随着改革开放后体制机制的演变，特别是以市场化为目标的改革方向明确后，国家规划的功能和定位就一直在讨论和思考之中。国家五年规划（计划）曾一度被认为是宏观性、战略性和指导性的，但在我们规划工作者看来，一个经过全国人大代表认真审议并投票通过的五年规划如果只具备以上"三性"，就成了写一篇文章或发展宣言了，是对全国人大这一立法机构和人大代表们的不尊重。在"十一五"规划期间，当时的杨伟民司长经过思考和讨论，第一次提出国家规划除了原有的"三性"，还应该具有约束性，也就是在涉及政府职责的公共服务等领域，规划的指标和内容要具有约束性，这一约束性更多体现的是国家规划的严肃性和可操作性。所以在国家经济社会发展"十一五"规划纲要中，第一次将发展指标分类为预期性指标和约束性指标，将主要受市场影响的竞争性领域的指标明确为预期性指标，如经济增长预期指标、一些产业的产量指标，都属于预期性指标。但政府公共服务领域的发展指标，如教育医疗、生态环保、国土空间等领域的指标，都属于约束性指标。预期性指标和约束性指标有不同的实施和考核机制。预期性指标一般不进行考核，约束性指标都要进行考核，在实施过程中会分解到不同的职能部门、地方政府甚至国有企业。这一涉及发展规划功能定位的重大变化，得到了当时发改委主任马凯的全力支持。在此期间，我们还从"十五"计划实施开始，建立了五年规划实施的中期评估制度，通过中期评估，对规划的实施进行全面分析，同时也对规划内容和目标的合理性进行检验。因实施举措不力而影响规划实施进度的，会通过评估提出改进措施；因规划内容和目标不合理、不切实际而无法保证实施进度的，要提出规划修订方案，并按照法定程序对规划进行修订。这些规划功能和性质定位，以及规划实施机制的改变，都是基于国内体制变化而做出的改变。

中国的经济发展规划制度在适应内外部发展环境和体制机制变化的同时也在相应进行改变和完善，这一做法甚至也受到了部分西方发达国家学者和官员们的关注和积极评价，认为中国的发展之所以持续取得成功，前后连贯的发展规划制度起到了不可替代的作用。他们认为中国的五年规划制度可以保持不同发展阶段发展目标的一致性、政策的一致性，而不会出现西方国家因政府变更带来的改变。但作为身处其中的规划工作者，我也深知其中的不足和需要改进之处，以及发展规划制度在新的国际国内环境下面临的挑战。按照我个人的思考和体会，主要包括以下几个方面：

第一，在市场经济体制下，规划的作用是有限的。由于市场的多变性，特别是国内市场与国际市场的一体化日益加深后，这种市场的多变性对规划的预期目标和约束性目标都会产生影响，如果严格按照规划实施并过于刚性，会产生对市场和公共资源配置的扭曲，不符合市场对资源配置起决定性作用的改革要求。比如，当市场的多变性影响经济增速和产业结构预期的实现时，会对税收和财政收入预期的实现产生影响，从而影响政府依据规划履行公共职责和配置公共资源的能力，就可能影响约束性指标的实施。因此，以过于刚性的经济社会发展规划作为引导和约束，对于日益自由化的经济体制和市场主体而言，有时也可能产生误导，所以需要大胆预测、小心求证、合理定位、谨慎实施的科学态度。

第二，在复杂多变的环境下，规划官员的认知有局限。尽管国家发展规划的决策程序更加合理了，规划研究编制的专家和公共参与也更加广泛了，但起主导作用的依然是参与规划编制的核心成员们。这些官员们的专业素养和对经济社会发展实际的认知水平，会对规划的科学性、合理性和可操作性产生诸多影响。但人非圣贤，皆有局限，更何况还要在不同的部门和地区之间平衡，这使得规划的编制并非完全是专业论证的结果，很大程度上也是综合平衡的结果，规划结果自然会受到参与规划的各类成员认知能力和综合因素的局限和影响。

第三，规划的功能和手段越来越受到国际规则的制约。中国经济已经通过贸易和投资深度融入全球经济，我们的产业体系不再是封闭环境下独立的产业体系，受全球产业链国际分工的影响，我国经济的市场边界也不仅仅限于国内市场，而是分布于全球各个角落的全球市场。在这一环境和条件下，我国各类发展规划形成的影响，也不仅仅限于国内，引起的关注也是全球性的。我们的发展规划在受到国际关注时，得到的并不都是喝彩，还包括不合理干预市场、导致不公平国际贸易的批评之声。我们更应该对这些批评之声展开反思，看看我们在哪些方面是可以进一步改善的。作为一个负责任的大国，考虑到我们行为产生的影响、引起的关注具有全球性，我们需要结合与经济贸易有关的国家规则的演变，对我国的规划制度，特别是在可能导致贸易扭曲的政策手段方面进行创新和设计，减少与国际规则之间的矛盾，或增强与国际规则之间的一致性，使规划变得更聪明。

第四，国家规划体系建设的进一步完善和精简。中国的发展规划是由一个体系构成的，包括经济社会发展总体规划、不同领域的专项规划、区域和城市等国土空间类规划，不同类规划的功能有所不同，实施机制也不尽相同。但总的来看，竞争性领域的规划数量过多，规划之间功能不匹配、部分内容相互矛盾，这一方面浪费了大量的规划资源，另一方面也损害了规划的严肃性。解决这些问题的办法只有一个，就是精简竞争性领域的规划，少编甚至不编，功能相同或重叠的规划要尽可能多规合一，但这涉及政府部门的权力重构和人员精简，具有相当大的阻力和难度。

对我个人而言，我更看重规划编制的过程，因为国家五年规划在两年左右的编制过程中，会对若干涉及国家发展的重大战略和政策问题，以及需要建设的重大国家级工程，进行深入讨论和争论，还需要进行涉及上下左右的相互衔接和平衡，这是一个统一认识和形成共识的过程。从这个角度看，规划编制过程本身的意义甚至大于规划结果。

1992年国家计委经历了内部机构调整，原长期规划司和产业政策司合并，成立了长期规划和产业政策司，我所在的预测调研处撤销，我因此加入了发展战略和生产力布局处。在这个处，我很多有时间和当时的副处长杨伟民一起工作并讨论问题。杨伟民是一个有着很好研究素质和理论素养的官员，和他一起工作使我受益匪浅。在刘洪司长的领导下，我们在这个处完成国务院批准的第一个区域规划——"西南和华南部分省区区域规划"，后来成为广西壮族自治区主席的陈武先生作为广西壮族自治区计委综合处处长，参与了本规划的起草和编制。区域规划后来成了国家发改委引导区域经济发展的一个很重要的手段和职能。不过在我个人看来，区域规划和政策也产生了诸多异变。按照我们过去的思考，依据中央政府与地方政府的事权分工，中央政府部门只需负责跨省区区域规划的编制和实施，但后来的区域规划也介入了很多省内区域规划的编制，或通过区域规划和政策，兼顾了不同省区市的经济政治诉求，通过区域规划给不同省区市戴上了不同功能定位的"帽子"，有的省区市甚至被赋予了不同的"帽子"，省区之间有时也会为"帽子"相互竞争、相互攀比，这使得国家的区域规划和政策变得碎片化，逐渐失去了严肃性。要重塑区域规划的严肃性，就必须强化区域规划和政策的整体性、科学性和可操作性。我一直认为，在国家内部提出区域一体化发展，一定程度上说明我们内部的统一市场制度存在问题，导致基于追求高回报的要素自由流动和配置受到阻碍，市场机制对区域协调发展的自动调节功能被大大削弱。这可能是我国区域和城乡发展差距大于其他许多市场经济国家的一个重要原因。因此，解决中国区域协调发展问题的根本之策，还在于取消城乡分割、区域分割的户籍制度和基于户籍的福利制度，建立真正的要素能够自由流动和配置的全国统一市场。区域规划应该更多聚焦于基于城市群和都市圈的区域协调发展，区域政策应重点关注对少数特殊困难地区的扶持和帮助。

因产业政策参与中国加入世界贸易组织谈判

1994年，我从战略布局处调入产业结构处，这是原产业政策司的核心处，刘鹤、杨伟民都分别做过该处的处长，刘鹤是第一任处长，田军是第二任处长，杨伟民是第三任处长，我是第四任处长。在当时的刘鹤副司长领导下，我参与了90年代国家产业政策纲要，汽车产业政策，建筑产业政策，水利产业政策，当前国家重点鼓励发展的产业、产品和技术目录等的讨论、编制和实施。

总体上说，作为一个发展中国家，中国产业政策的实践起源于中华人民共和国成立后的工业化进程，"一五"计划本质上就是一个以156个重点工业项目为重点的工业化计划，实际上是不叫产业政策的产业政策。如果严格按照产业政策的学术定义，中国以工业化为目标的产业政策至少可以追溯到清朝洋务运动前后。新中国真正以产业政策为名开始制定并实施产业政策是在上世纪80年代中期以后，基于对日本产业政策制度的研究和借鉴。原国家计委成立了专门的产业政策司，来负责产业政策制定和实施工作。但当时中国的产业政策总体上带有重商主义色彩，政策逻辑是先通过进口替代满足国内需求，在此基础上再通过出口推动跻身国际市场，主要政策手段就是以关税和非关税壁垒为手段的贸易保护，加上包括免税退税和直接财政支持在内的各类补贴。中国上世纪 90 年代的产业政策，特别是汽车产业政策出台后，引起了各方面的广泛关注，恰逢中国正在努力进行加入世界贸易组织的谈判，美国代表团率先对中国的产业政策提出了讨论要求。

1995 年春，当时的外经贸部国际司易小准处长和张向晨副处长（后来都分别升任了商务部副部长）找到我，希望了解我国产业政策的制定情况，并告诉我美方在我国加入世贸谈判中对我国产业政策的关切。不久后，美国 USTR 副代表德沃斯基女士提出要和我见面，了解中国的产业政策。此后，因为产业政策问题成为中国加入世贸谈判的一个话题，我开始作为国家计委的代表团成员，正式加入中国"入世"的谈判。经过几次磋商，由于产业政策的主要手段无非是三类，一是关税和非关税措施，二是与贸易有关的投资措施，三是针对特定产业或企业的专项补贴，前两类议题都有专门的谈判小组负责，最终由我专门负责工业补贴的谈判。当时，补贴领域的谈判主要由张向晨和我负责，他负责农业补贴谈判，我负责工业补贴谈判。关于工业补贴的谈判主要任务是梳理国内的各类补贴措施并履行通知义务，在此基础上向谈判对象对各类补贴的含义和范围进行解释和说服。为了完成补贴谈判任务，我花了不少时间研究世界贸易组织的反补贴协议，以及相关国家涉及补贴的主要做法，并查找梳理我国针对工业领域的主要补贴。实事求是地说，当时的补贴问题并没有成为中国加入世界贸易组织谈判的实质性问题，主要原因有两个：一是美国等西方国家希望将中国纳入多边贸易体系，以规范中国的贸易行为，并没有真正把补贴问题，以及与补贴相关的国有企业问题作为阻碍中国加入世界贸易组织的障碍性话题；二是当时中国各级政府的财力还不足以为国内产业发展提供过多的专项补贴，很多补贴主要用于国有企业下岗职工的安置，而不是真正用于扶持特定产业的发展，不同行业补贴规模占销售收入的比重也不够"显著"；三是他们更在意的是中国加入世贸组织后会遵守世贸组织反补贴协议的规定，完全取消禁止性补贴，透明实施可诉性补贴。如今，美国等西方国家更加关注中国的产业政策、产业补贴和国有企业问题，一方面是因为中国迅速成为了工业大国和出口大国，且持续保持贸易顺差，另一方面是因为他们发现，中国目前的产业补贴规模已经大大超出了他们的想象，这或许是他们在用语上更多使用公平贸易而不是自由贸易的一个重要原因。不管中美经贸摩擦的结果如何，围绕产业政策、产业补贴、国有企业等议题的争论，一定会在未来国际多边贸易和投资协定的改革完善中成为重要话题，且话题的针对性必然是中国。

中国加入世界贸易组织后，商务部易小准与我联系，希望我加入商务部新成立的WTO司，专门负责政策审议工作，并正式给我委发来了商调函。但当时曾培炎主任、汪洋副主任、杨伟民司长都没有同意，我的调离未能成行。2012年，陈德铭副主任从发改委调任商务部部长后，还专门打电话给我，告诉我商务部的事业也是很有干头的。后来陈德铭部长告诉我，是易小准副部长建议他把我调过去。从此我与世界贸易组织谈判的工作关联就完全了结了。

关于产业政策的争论，在国内也变得十分引人注目，最著名的莫过于北京大学国家发展学院的林毅夫教授和张维迎教授的公开辩论。产业政策在不同时期的作用到底如何，国际学术界一直也有不同看法，世界银行在其报告《东亚奇迹》中也有过评价，但不是所有评价都是积极的。从学者们的争论看，张维迎老师的观点更多是基于完全自由市场机制做出的，认为政府官员的认知能力和知识的局限性，不能保证他们能够先知先觉地制定出能够引领未来的产业政策，而且现有体系还有可能使官员们在明知产业政策已经发生误差时，还继续维持错误的产业政策而不认错并加以纠正。他也不认为我们国家诸多成功的创新型企业是政府产业政策的结果。这在我看来无论如何也算是相当偏激的观点，考虑到的几乎是最坏的情形。其实对国内的政策制定者来说，问题不在于要不要制定产业政策，而是要制定什么样的产业政策，使产业政策真正产生效率，使产业政策能被国际社会接受而不是成为攻击点。

从这个角度看，中国的产业政策的确还有较大的改进空间，产业政策应该且可以变得更加聪明。改进的方向大致可以是以下几个方面：一是将选择性产业政策转型为功能性产业政策，重点为产业发展营造公平的竞争环境，减少具有所有制、产业和区域歧视性的支持或约束政策，减少对所谓鼓励产业的各类补贴，减少因补贴导致的公共财政预算配置扭曲和各级各类补贴支撑的产能过剩和资源浪费；对非鼓励类产业也不能采取"一刀切"的方式阻碍对这些行业的资源配置，因为传统产业、非鼓励产业并非没有市场需求的产业，依然需要生存、发展和提高。二是围绕最核心、最薄弱的产业技术环节和瓶颈进行扶持，在广泛征求企业和研究机构意见的基础上明确技术研发重点，通过公开招标并面向全社会征召研发机构，重点强化对基础性核心技术和工艺的研究开发支持。三是在国际贸易谈判中坚持要求发达国家取消针对中国的高技术产品出口限制，如果不取消就坚持我国在这些领域的进口替代政策权利，明确这也是公平贸易的内涵，不能让西方国家认为对中国高技术领域的出口限制是理所当然的存在。四是减少各级政府主导的产业引导基金规模和数量，让市场化股权投资基金和创业投资基金发挥作用，政府引导基金更多配置于市场可能失灵的天使投资领域，引导创业投资机构更多投资风险相对更大的早期投资。五是继续开放包括制造、服务、信息、研发在内的国内市场，借鉴部分发达国家产业政策的有效做法，更多与先进经济体形成你中有我、我中有你的利益格局，继续积极参与全球化产业链和研发链的构建和相关国际规则的制定，构建可预期的国际化制度保障。

我的财政金融工作实践和体会

2006年完成"十一五"规划后，马凯主任推动了国家发改委第一次开展十四个司局级干部的大范围轮岗，我有幸从规划司副司长转岗提拔到财政金融司担任司长一职，这对从未有过财政金融领域学习和工作经历的门外汉而言，既出人意料，也是个不大不小的挑战，让我有如履薄冰的感觉。在新岗位，我一边学习一边熟悉具体业务，应该说用不长的时间就基本熟悉了相关业务，并开始形成自己的想法。在这个过程中，南开经研所相对扎实的经济学基础教育，对我学习财政货币领域的政策工具和分析方法，起到了至关重要的作用。

发改委财金司在计划经济时期曾经有很重要的职责，承担着金融资源和财政资源的计划配置和协调作用，银行的贷款规模计划都是由财金司来负责提出和协调的。我到任财金司时，这类职能已经随着体制改革的逐步推进、计划功能的弱化而基本取消，财金司更多承担的是财政金融领域的形势分析并提出相关政策的职责。但在金融领域，财金司还承担着企业上市前的募投资金用途审核、企业债券发行、创投企业发展和监管、私募股权投资企业的发展监管等具体业务。但我们在这些领域的依法监管，要么受到市场的诟病，要么处在探索摸索阶段，改革探索的压力和任务很重。

我到任后经过广泛调研和讨论分析，首先推动了企业债券市场和监管的改革。一是将发改委原有的企业债券发行先由国务院审批额度和盘子，再由发改委审核发行文件的两阶段审批制度，简化改革为只有一个环节的核准制度。发债主体只要符合①过去三年连续赢利，且年均净利润能覆盖所发债券的年度付息规模，②债券发行余额不超过企业净资产40%，③募投资金用途项目合规、符合国家产业政策等三个条件，就可以核准发行。这一改革大大简化了核准程序，提高了核准条件的透明度，减少了审批官员的自由裁量权，受到市场的广泛好评。企业债券发行规模从我刚到任时的每年600多亿元，迅速提高到每年8000多亿元。我们首创发行的城投债券，弥补了中国没有市政债的缺陷，为城市化进程中的城市基础设施建设提供了成本相对合理、期限相对较长的直接融资工具，拓宽了城市建设融资来源。我们还创新发行了中小企业集合债券，试图为中小企业债券融资提供服务。随着债券市场规模的不断扩大和企业债券融资需求的加大，我们顺势而为地将上市公司发行公司债的职责分解到中国证监会，并认同了中国人民银行创设的银行间市场交易商协会承担会员企业注册发行中短期债券的职责，形成了企业债券发行监管三足鼎立、三方博弈、相互竞争、相互促进的格局。这一格局的形成突破了发改委财金司一个通道核准发行企业债券的局限和瓶颈制约，企业债券年发行规模迅速扩大到数万亿元。在监管改革和服务改进的竞争中，审核程序的公开、简便、透明，让债券市场参与者各自承担应有的责任和义务，促进刚性兑付的终结并形成市场化风险约束机制，是监管改革所秉持的基本逻辑和理念。但实事求是地说，这一理想到目前为止还没有真正实现，这不能不说是一个遗憾。

债券市场一直有统一监管的呼声，当时国务院领导也有过专门的布置来研究这个问题。以我个人的监管实践体会，真正的统一监管其实不在于要统一到一个部门。三个部门共同监管，只要遵循统一的发行条件和监管规则，防止出现监管套利，就是统一监管。事实上，三家三个渠道释放企业债券，对企业债券做大市场是有好处的，而且三家之间在监管和服务质量上还存在竞争压力，有利于改进服务和监管；否则一旦形成监管垄断，可能并不利于改善监管质量和服务，也不利于扩大市场规模。

财金司的另一项职责是构建私募股权投资企业的管理制度并促进行业发展。当时团队内部有两种不同意见，一种是要实行审批制，另外一种认为私募基金只面向特定合格投资人募集资金，风险控制在局部范围且不会外溢到公众，不需要像公募基金那样实行审批制，只需实行相对宽松的备案制。围绕上述两种观点，我们经历了很长时间的讨论，很多国内知名的股权投资机构都参与了讨论，最后我们形成的是一个事后备案的管理制度。按照我们的管理办法，首先是明确合格投资人，只能非公开募集，有限合伙制企业出资人不超过50人，公司制企业不超过200人，募集资金要存入专门的托管银行，对管理人资质也提出了基本要求。按这一办法，也不是所有的股权投资企业都需要备案，管理规模超过5亿元人民币后，才需要到监管部门备案。这是一种真正的事后备案制度。

管理办法公布后，央行原副行长吴晓灵给予了肯定，她认为管理办法很符合市场化的要求，符合股权投资基金行业的特点和规律，但也提出国家发改委作为宏观管理部门，不适合管这个事情。吴行长当时已任全国人大财经委副主任，正在牵头修订与基金相关的法律，她有一个理想，就是要把私募股权资金的管理纳入证监会管理范畴，证监会对此非常积极，当时证监会研究中心的祁斌和王欧主任都努力配合进行研究，认为私募股权基金应该纳入证监会的管理职责。

通过一段时间实践，我个人也感觉到这个方法虽然得到市场机构认可，但是在防控风险方面也存在募资环节的非法集资风险，因为我们虽然规定了合格投资人条件，但机构在实际募资时完全可能突破这个条件，我们实际上也很难监管到位。所以后来一些地区出现了程度不同的非法集资案例。我本人带领国务院处置非法集资协调机制的成员单位，到天津去讨论督办如何处置这类非法集资，我本人还专门去信访室接待过非法集资受害者的上访。

我逐渐认识到，对私募股权基金行业的监管并不容易。国家发改委作为宏观管理部门，本身不是金融监管部门，我们没有专门的稽查队伍去处理化解风险，但中国证监会有一支庞大的稽查队伍，发改委作为私募股权投资行业的监管机构，的确有自己监管能力的局限性。我离开财金司去规划司任职前，曾向分管副主任建议说，对创投企业和私募股权投资企业的监管，如果证监会坚持要拿过去，发改委可以考虑放弃，因为我们有监管能力的不足，无法把控非法集资等事件的风险。最后，发改委确实把监管权转移到了中国证监会，目前主要由基金业协会从事行业监管。中国基金业协会围绕有效监管做了很多改进，也取得了不错的效果。但随着监管细则和规范要求的日益增多，业界抱怨也开始变得多了起来。如今我成了被监管对象，或许慢慢也会有些许体会。

金融监管是很复杂的过程，即便是金融体系发达、规则体系成熟的发达国家也难以避免系统性金融风险的产生，个中原因自然也十分复杂。但好的金融监管需要有合理的逻辑和监管机制和手段，我的大致体会是：

第一，金融监管的作用是有局限的。金融监管的目的是防范系统性风险和区域性风险。但是金融风险的产生不完全是由金融产生的，与经济周期变动有很密切的关系，与内外部环境变化、宏观政策改变有很大关系。当经济和环境出现大的波动时，就有可能导致金融系统出现比较大的问题，金融监管本身可能防范不了这类风险，也解决不了风险应对问题，需要宏观部门、监管部门和市场主体共同协作、共同应对。这时候我们会发现，金融微观主体本身对风险的防范依然是重中之重。

第二，金融监管模式要针对风险点和风险环节，采取有效机制来实施。对准风险点去采取措施补漏洞，不会因为有风险就把监管覆盖面搞得过大，或采取过头的监管举措和过于严格的审批，最终导致市场效率的损失。应充分发挥市场风险约束机制作用，在不同主体间形成相互约束的风险防范机制。比如说债券发行如果进一步实行事后备案制度，如果设计合理的话，就可能形成一个政府监管部门、发行主体和中介机构、投资人之间相互制约的风险约束机制，真正打破刚性兑付，这种机制可能比审批核准更管用、更有效。

第三，监管规则应该少留灰色空间和自由裁量权。监管者都是人，人都有弱点。包括我本人在内，面对监管权力重置的时候，也会想多保留一点权力。如果监管制度设计压缩一些灰色领域，减少一些自由裁量权，则可以使得监管工作更好地基于规则展开，减少各类主体寻租的机会。

第四，金融监管要基于规则，保持政策中性。金融监管部门会在不同时期面临不同的压力和政策要求。在发改委工作时，我在经常会看到各类规划或产业政策对金融部门提出融资支持的要求。对这些政策诉求，金融监管部门应该保持中立。如果金融监管部门出台文件去迎合各种各样的政策要求，使得商业性金融机构不能按市场原则配置资源、防范风险，今后出了问题责任归谁？从逻辑上看，对于确实需要金融机构服从的国家政策导向，最好还是由政策性金融机构来配合，并实行不同于商业性金融机构的考核标准。

2018年10月，我离开了服务了29年的国家发改委，入职了专门从事绿色投资的中美绿色基金，成了一名市场人士。回顾过去近30年的政府工作经历和职业生涯，让我受益最多的还是南开经研所的经济学理论教育，也包括后来在其他学校的学习和培训，以及工作中的边干边学。作为制定政策的政府官员，我们不同于学校和研究机构的学者，我们没时间专注于学术研究，但我一直要求自己和同事们要能看懂专业学术研究。在我看来，无论从事规划还是政策制定，我们的作品首先要经得起专业的审查和检验。经不起专业推敲的规划和政策，注定不会成为好的规划和政策。这是我们多年来读书和接受专业训练的意义所在，也是我这么多年来从事规划和政策制定以及改革方案设计所秉持的基本立场。如果专业职能部门丢失了专业能力和专业精神，将不可能形成有利于引导国家发展的好规划和好政策。作为市场投资人，我们似乎有更多理由关注国家政策的科学性和合理性，因为投资是投未来的事业，投资能否成功会受到国家政策引导的实质性影响，因此投资者不仅有必要围绕国家宏观政策和制度变革进行研究，还需要努力公开发声并引起关注，这是有利于国家、有利于投资者、有利于社会的专业精神和行为，应该受到政府更多的包容、弘扬和鼓励。

张文中：创业，坎坷，再出发

刘德舆

张文中，南开大学 79 级数学系学士，85 级管理学系硕士。物美集团创始人、多点 DMALL 创始人，我国著名民营企业家，致力于以全面数字化推进中国商业流通现代化，以创新引领实体经济转型提升。1994 年创办北京最早的连锁超市物美，发展成为我国最大的现代流通企业之一，有 1000 多家商场，年销售额 500 余亿元。2014 年创立分布式电商"多点"，现成为我国最大的生鲜 O2O 电商，有超过 5000 万会员、1000 万月活用户，作为新零售 OS 系统已经服务合作 40 余家大型零售企业，提高效率，改善体验，实现线上线下一体化。

2006 年，张文中遭遇冤案，身陷囹圄却始终心向光明。2018 年 5 月 31 日，最高人民法院终审判决张文中无罪，冤案彻底平反，维护了公平正义，在社会上引起巨大反响，成为改革开放 40 年具有历史意义的标杆案件。

2018 年 9 月 4 日，张文中向母校南开大学捐赠 1 亿元，助力母校百年教育事业。

筑梦南开：为了"摘取皇冠上的明珠"

1979 年 9 月初，黑龙江省边陲小镇迎春。这里距中苏边境仅几十公里，"防修反修第一线"的大幅标语还赫然在目。一名 17 岁的青年怀揣大学录取通知书，告别父母，背上行囊，登上列车，匆匆启程。蒸汽列车吐着白烟，开始了两天两夜的行程。

这名青年就是张文中。

从迎春站出发，目的地是天津南开大学。这是他生平第一次去大城市，心中却很平静，由于早熟和读书，他对于外部世界并不陌生。他望着窗外，山水之间满目绿色，一片生机盎然。

1977年我国恢复高考。1978年党的十一届三中全会召开，开始了改革开放。1979年，改革开放全面开启，春风吹拂着神州大地。

当年，一篇报告文学"哥德巴赫猜想"红遍大江南北，数学家陈景润的故事更是家喻户晓。报告文学中写道，数学是自然科学皇后，"哥德巴赫猜想"就是皇后皇冠上的明珠。17岁的张文中被深深感染，怀着"摘取皇冠上的明珠"的理想，他选择了数学，考上了我国第一流的南开大学数学系，从此与南开结下了不解之缘。

入学恰逢南开建校60周年，同时入学的有1000名新生。1976年唐山大地震的影响还没有消弭，操场上还满是住着灾民的地震棚。学生宿舍仍在重修加固，张文中等几百名学生被安排住在第三学生食堂。

进入南开后他才知道，这里有一位比陈景润还伟大的数学家叫陈省身，当时是美国国家科学院数学所所长，几年后回到母校南开大学创办了数学研究所。张文中师从吴大任、胡国定、王梓坤、侯自新等老师那里，汲取数学知识，领悟数学思维，在数学王国的海洋中尽情徜徉。大三的时候，他选择了控制理论方向，学习系统工程和计算机等课程，逐步从数学向与生活更相关的科学领域发展。

这是一个激动人心的年代。改革开放全面启航，百废待兴，百业待举，几乎每天都会传来令人振奋的新消息。张文中和同学们都坚信，这个伟大时代带来的美好春光，一定属于他们"80年代新一辈"。

本科毕业，张文中面临分配就业的人生关头。本来有机会分配到中央部委科研所工作，但他更希望到企业、到基层去实践。1983年，他自己选择到大庆油田企业管理处工作。在大庆的两年，他作为一名助理工程师，参与著名的"岗位责任制大核查"和"企业管理整顿工作"，制定采油厂、钻井公司、油建公司等单位的考核奖惩办法，主导完成了大庆油田企业管理基础工作调查，作为主笔人起草了"大庆企业管理现代化规划"，作为秘书长发起成立了大庆中青年改革者联谊会。他白天高效工作，晚上读书学习，忙碌而充实。这时，他有了一个新的计划——考研。

"橘红计划"是张文中和几个南开同学的秘密约定，大家约好基层工作后考上南开研究生，相聚南开进一步深造和提高，而橘红色正是南开研究生校徽的颜色。

1985年，在基层历练两年之后，张文中考上了南开大学管理学系研究生，师从南开管理学科奠基人陈炳富教授，开始经济管理的研究。

青年学者："为改革开放出一把力，是自己认为最值得干的事"

1987年，在时任国务院发展研究中心顾问、南开大学经济学系毕业的老中共地下党员杨鲁同志的推荐下，张文中"挤进"当年万千青年知识分子向往的国务院发展研究中心，从事改革开放事业的顶层设计和政策研究。

在研究中心期间，他参加了中国煤炭价格、电力价格改革研究，主持中国石油价格研究和发展战略研究，通过充分论证提出必须改变原油价格扭曲、加大勘探、建立国家能源储备等关键问题，直接推动我国石油价格改革落地。国务院负责同志高度认可，做出重要批示。1989年年初研究成果成为国家政策。

他先后发表几十篇涉及价格改革、石油战略和宏观经济调控等若干重大课题的论文和关于经济形势、政策选择、经济深度分析的文章。1989年他参与合著的"公民本位论"一文发表，在我国首次提出以公民为本位推动各项改革，建立针对个人的社会保障制度，鼓励公民自主创业创新等主张，引起巨大反响。这些观点在今天已成为现实，被改革开放与时代发展所印证。然而在80年代末，则具有相当的超前性和预见性。

1990年他担任"中国宏观经济决策支持系统"课题组组长，经过两年多努力，1992年通过了国家级鉴定，在人民大会堂举行了成果鉴定会，惠永正、孙尚清同志主持。与会的世界银行、IMF、亚洲开发银行等国际组织的代表给予高度评价。国家计委、财政部、国务院研究室、国家体改委、国家物价局等单位的领导、专家充分肯定了该系统对中国经济改革的重要作用。

"为改革开放出一把力,是自己认为最值得干的事。"当年张文中只有20多岁,研究中心充满了为民族振兴而奋斗、为改革开放建言献策的火热氛围,为张文中等一批青年才俊提供了最好的平台。正是这样的锤炼,给了张文中以企业家精神开拓未来的勇气和决心。

在此期间,张文中在中国科学院系统研究所攻读了博士学位。之后,他远涉重洋赴美国斯坦福大学工程学院做博士后研究,进行亚太地区能源供给模型等研究。这时的张文中已是著名的青年学者,而对中国和西方经济大量深入细致的研究,使他深切感触到传统计划经济的弊端,也使他有机会真切体会到市场经济的优势。在美国特别是在硅谷的经历,使张文中理解到什么是市场经济,认识到"企业家是这个时代的英雄"。

1992年春,邓小平视察南方并发表南方讲话,改革开放进入新阶段,形势真正是"东方风来满眼春"。远在海外的张文中面对的选择是:继续攀登学术高峰还是回国创业?最终,张文中毅然选择了回国创业的道路,他认为"创业是一个人一生中最需要做的事情"。

后来,有人为张文中他们这批1992年后下海经商的人取了一个响亮的名字——"92派"。

下海创业:从"误入歧途"到"大展宏图"

从斯坦福大学回国之前,张文中在硅谷与来看望他的老友田源彻夜长谈,谈改革,谈创业,谈奋斗。望着旧金山湾星星点点的灯光,29岁的张文中对要踏上的旅程充满信心。

这一次的出发,是要下海经商。

离开体制下海经商,意味着舍弃部分人眼中的金饭碗和光环。在当时这样做是需要很大勇气的,父母家人一时都难以理解。张文中却始终保持乐观的精神,抱着义无反顾的决心,要一步一个脚印走下去。

斯坦福大学的经历让张文中对计算机技术的前景十分看好。凭着斯坦福大学拉尔森教授十几万美元的风险投资,他在1993年创办了卡斯特科技集团,这也是我国最早利用国际风险投资创办的企业之一。卡斯特集团组织了一批软件工程师研发产品,很快拿下了几家大型企业 IT 系统集成项目,包括中石化办公自动化系统、宝钢决策支持系统、中国农业银行国际业务系统等业务。从学者到商人,亦学亦商,张文中在从商之余还搞了一段时间的宏观经济景气指数研究,获得了有关部委的认可。

1993 年,张文中参加了几个部委在广州召开的连锁产业发展研讨会。这次会议是中国连锁商业发展的起点。得知世界 500 强企业中有 10% 是做流通产业的,张文中联想到在美国看到的沃尔玛的成功案例,意识到连锁零售业有着巨大的市场潜力。于是在 1994 年,张文中研发了一套针对零售企业的 POS 系统,然而产品受到冷遇,几个月无人问津。有感于有些零售业内人士说不需要信息系统支持的观念,张文中决定自己开一家店做示范。

这一年,刚刚从华尔街辞职的杰夫·贝佐斯在自己家的车库中创立了亚马逊,还在杭州电子科技大学教书的马云成立了海博翻译社,马化腾还在深圳润迅公司打工,刘强东还是人民大学的一名大三学生。

1994 年是北京正式取消粮票的第二年,中国的零售业还是以副食店、农贸市场为主。张文中带领团队,仿照美国超市的模样,从新华印刷厂租了一个大车间作为店面,厂房经过简单装修,墙面重新刷白,用三角铁焊出简易货架,铺上木质层板直接拿来卖货。就在这样十分简陋的条件下,1994 年 12 月 25 日,物美第一家,同时也是北京第一家现代意义的超市——物美综合超市翠微店开业了。

令张文中没想到的是,这一次出击便一发不可收。

怀着好奇心走进店里的顾客,发现在这里不仅不用看营业员的脸色买东西,而且切身感受到了价格的实惠。"购物到物美,工资涨一级",当时的百姓这样形容物美商品的便宜。口口相传之下,就连房山、延庆、通州等北京郊区的百姓都来这里购物,生意异常火爆。

"零售业也是高科技企业,高科技是零售业的未来。"张文中是最早提出这个观点的人之一,这个观点更随着时代发展被证实。张文中的物美率先在国内零售业使用自行开发的管理信息系统和 POS 系统,门店实现单品管理,对商品、财务、人事等实施计算机管理,全面推行预算制,严格内审、盘点、综合巡检等现代企业制度,制定了有物美特色的办公会、例会、晨会等一系列制度。1995年，物美超市翠微店的销售额达1亿多元，1996年、1997年又开了两家店。从2000年开始，物美开始利用互联网平台进行商品订货和商品管理，极大地提高了公司整体工作效率，增强了企业的核心竞争力，并成为北京市第一个真正运用互联网技术进行采购和管理的连锁企业。2001年，物美开始了一种新业态——在惠新东街开了第一家大卖场。经过快速发展，2001年年底，物美建成了近200家大卖场、综合超市和便利店。

2003年11月21日，北京物美商业集团股份有限公司在香港联交所正式挂牌上市，成为第一家在香港上市的国内民营商业企业。物美被外国媒体评价为"中国最具投资价值的超市股"，90%以国际配售形式发售的股票的认购倍数达13倍左右，其余公开发售的10%的认购倍数超过了152倍。世界银行下属的IFC国际金融公司、汇丰银行、摩根、德意志银行、英国公司退休基金等一些大的机构纷纷入主物美，成为物美的股东。

一位国务院领导同志问张文中，你这个斯坦福大学的博士后为什么要做零售业？张文中开玩笑说，我是误入歧途。这位领导同志笑着说，我认为你不是误入歧途，是大展宏图！

2003年物美集团收购日本超市巨头大荣集团下属的天津大荣超市有限公司的全部业务。2006年，物美兼并了北京第四大连锁超市"美廉美"，巩固了在北京的地位。通过收购国有股权，物美成为中国西北地区最大商业上市公司银川新华百货的控股股东。通过一系列扩张，物美成为全国最大的民营流通企业之一和北方地区最大的商业零售企业，网点遍及华北、西北、华东，引领中国零售产业的快速发展和技术创新。2006年，美国《财富》杂志这样推荐物美："如果你想看一下零售业的未来，建议阁下省去造访沃尔玛的时间，为您自己买一张前往北京的机票，去看看物美。"

"非典"之战：不畏非典成众志，但做孺牛尽己责

2003年春夏之际，非典SARS肆虐北京。那是一段北京人永远难忘的"非常时期"。

4月中下旬，流言如病毒般传遍大街小巷，失去理性的北京市民如潮水

般涌向商场、超市、菜市场，疯狂购买米、面、粮油、盐、蔬菜等日常生活用品。罕见的抢购风潮使许多商业企业面临货源紧张、商品断档的局面，更有一些不法企业和商贩，借机哄抬物价，大发国难财。人们谈"非"色变，各类"洋超市"纷纷关门谢客。

北京市面临非典病毒肆虐与商品供应紧张的双重考验。首都抢购潮的出现，引起了中央和北京市领导的高度关注。

沧海横流，方显英雄本色！

就在这风雨如晦的危情时刻，张文中带领物美做出庄严承诺："不关门，不断档，不涨价，保证供应，保证质量。"勇于承担社会责任，急百姓所急，替政府分忧，为打赢防治"非典"的攻坚战发挥了保物价、保稳定、保供给的重要作用。

张文中在动员会上说："谁都知道，在这种特殊的时候，远离人群更安全，待在家中独善其身更安全，但物美人作为连锁商业的职工，我们的岗位在超市里。不畏非典成众志，但做孺牛尽己责，无论在任何情况下，保证首都的市场供应，保障国计民生都是物美人和全体商业职工义不容辞的责任，这就是物美人提倡并厉行的商德。超市虽然不是战场，但物美人要向战斗在抗击非典前线的医护人员学习，要以医护战线的同志为坐标，在商业岗位上表现出白衣战士无私、无畏的精神。"

自从担任物美集团防治非典工作领导小组组长以来，张文中夜以继日工作，没睡个整觉。经常连夜开会，从一个会议到另一个会议。会议结束已是凌晨，又马不停蹄赴各区的卖场、店铺、配送中心，深入一线，现场解决问题。

物美全系统动员起来，全员停休，坚守岗位，尽职尽责，保证店铺正常营业。尽一切努力保证米、面、油、奶、饮料、方便食品等居民生活必需品的供应；所有口罩、消毒用具和其他与防治非典有关的用品不得以任何理由涨价，违者严惩；为了减少购物高峰人群的密集度，方便顾客购物，物美综合超市延长营业到22点，便利超市延长到23点，以便顾客可以从容安排时间，安心安全购物；总部人员全部分批到店铺一线支援。

这是一场没有硝烟的战争，一场生死关头的考验！

除了在商场第一线坚守岗位，支持抗"非典"，张文中还不忘战斗在救治"非典"病人第一线的全体医护人员。在北京电视台"万众一心抗非典

大型直播特别节目"上,张文中代表物美向抗"非典"第一线的医护人员捐赠价值 200 万元的食物和用品,物美成为第一家捐赠的超市连锁企业。按照实际需求,依靠自身配送力量,物美完成了北京市"非典"定点医院佑安医院、地坛医院、北京胸科医院等十多个单位数十车捐赠物资的配送。

物美店铺保证商品供应,物美员工坚守岗位,得到了中央和北京市领导的高度评价与赞赏。4 月 26 日上午,国务院总理温家宝、副总理吴仪等领导视察物美大卖场惠新店。温总理视察时对物美员工坚守岗位、卖场环境整洁卫生、商品供应充足、价格稳定表示了充分的赞赏。吴仪同志说,首都突然出现的集中采购,在短期内得到平抑,充分表明了物美作为大型现代流通企业强大的流通组织能力和在出现突发情况下发挥的积极作用。

这一段张文中带领物美众志成城抗击"非典"的佳话,至今还被人津津乐道,在京城百姓中流传。张文中和物美荣获抗击"非典"多项表彰和先进称号,为打赢防治"非典"的攻坚战和保持首都稳定做出重要贡献。

张文中受到党和国家的重点培养,多次获得国务院和中组部、中宣部、中央统战部、全国工商联及北京市的表彰,获得首批优秀中国特色社会主义事业建设者、全国留学归国人员先进个人、优秀青年企业家等多项荣誉和奖励。担任第十届全国政协委员、第九届全国工商联常委、第十二届北京市人大代表、第十一届北京市工商联副主席。

然而,这一切在 2006 年 9 月戛然而止。命途多舛,前方等待他的是更大的坎坷和严峻的考验。

遭遇冤案：成为"涉产权和企业家冤错第一案"的主角

2018年5月31日，一条关于张文中的新闻在各大媒体平台上刷屏：

"2018年5月31日，最高人民法院终审判决，张文中无罪，物美集团无罪，原审判决已执行的罚金及追缴的财产依法予以返还。"

张文中案是改革开放40年来，最高人民法院纠正的"涉产权和企业家冤错第一案"，是"人民法院落实党中央产权保护和企业家合法权益保护政策的一个标杆案件"。

然而，谁也不愿意坐牢。

2006年9月11日，一场冤案从天而降，张文中被带走协助调查。个人、家庭、企业遭受巨大损失。这一次的出发，是走向一场磨难。

2006年12月，他被河北省衡水市人民检察院刑事拘留。2008年9月，河北省衡水市中级人民法院进行了不公开审理，认定张文中犯诈骗、单位行贿和挪用资金罪，一审判处18年有期徒刑。张文中和物美集团不服判决，提出上诉。2009年3月，河北省高级人民法院终审改判张文中12年有期徒刑，并处物美集团和张文中个人罚金。

身陷囹圄，失去自由，与至爱至亲骨肉分离。

声誉尽毁，被强加"莫须有"之罪和"诈骗犯"之名。

痛不欲生，曾突发心脏病，送医院急救，命悬一线。

随着张文中的入狱，物美股票陷入停牌十个月之久，谈好的并购项目被迫搁浅，大量供应商催要货款。张文中和物美集团遭到重创，企业失去灵魂人物，失去宝贵发展机会。

这是一起典型的涉产权和企业家冤错案件。

张文中被错误判处重刑的诈骗罪主要是围绕着民营企业是否有资格获得国债技改项目支持这一问题展开的。原审判决书中认定物美集团作为民营企业，没有资格获得国家资金支持，因此2002年物美集团经过当时国家经贸委批准获得的国债技改贴息，被认定为是张文中虚构项目，通过诈骗手段骗取了国家资金，并且将这笔资金由企业使用，因此判处张文中个人犯有诈骗罪。2001年，中国加入WTO，对各种所有制企业一视同仁，民营企业完全有资格获得国家项目资金支持。物美集团所申报的信息化建设和第三方物流改扩建项目，符合国债技改项目的支持范围。

尽管身陷囹圄，张文中仍心向光明。他坚持读书学习，坚持对科技与商业结合的探索。他坚信，读书是人走出苦海、脱离困境、活下去的最重要途径。一开始，监狱里没有像样的书，他就把教农民养鸡、养鸭的书拿来读。后来，他和看守沟通，监狱总算允许外界给他送书来读。服刑期间，张文中读了几百本书，题材涵盖哲学、历史学、经济学、人物传记等，其中还包括大量的英文原著。

除了读书，他在监狱里搞起了科研。他把想法写在本子上，同事来探监时把他的手稿带走，打印后再交还给他。与看望他的同事讨论课题，是他在狱中最幸福的时光。先后获得省部级科技进步特等奖一项、一等奖两项，取得四项专利。

他认为，助人为乐、成人之美是企业家应当具备的基本品行。他推动年轻犯人在监狱中自学，参加成人高考，得到监狱支持并实施，一些年轻犯人因此取得了单门课程的结业证书。

张文中冤案在社会各界特别是民营企业界引起强烈反响。全国工商联充分了解、高度关注张文中案，三任主席、书记为他鸣不平，多次向有关部门反映。2015年3月，我国12位著名刑法专家召开"张文中案法律专家论证会"，旗帜鲜明直指冤案根本错误，主张立即彻底纠正。十余年来，参加两会的企业家委员代表不间断呼吁。很多企业家到监狱和医院看望他，守望相助，雪中送炭。

2016年11月和2017年9月，中共中央、国务院发布了《关于完善产权保护制度依法保护产权的意见》《关于营造企业家健康成长环境弘扬优秀企业家精神更好发挥企业家作用的意见》两个重要文件，支持民营企业发展，落实产权保护政策，依法甄别纠正社会反映强烈的涉产权冤错案件。

2017年12月28日，最高人民法院正式受理了张文中多次被驳回的上诉、申诉。29日，《人民日报》发表题为"公正司法，增强群众财产财富安全感"的评论员文章。

2018年2月12日，最高人民法院公开开庭审理。3月9日，十三届全国人大一次会议上的"两高"报告均把张文中案作为纠正冤错案件、落实产权司法保护的典型案例。

2018年2月在亚布力中国企业家论坛年会上,张文中发表了"丹心鉴岁月　情义满人间"的感言。这是他出狱后首发公开讲话。张文中表示:

"我对得起良心,对得起历史,我无怨无恨。""再审引起的热议,已经不再仅仅是我张文中的事,而是党和国家对企业家群体的关注,对企业家精神的弘扬,对企业家创业环境的营造。"

他宽广的胸怀、正确的人生观,感动了现场的每一个人,传递了积极向上的正能量,在网络上广为传播,引起社会巨大良好反响。

"正义尽管会迟到,但绝不会缺席。迟到的正义,依然无比珍贵。"

2018年5月31日,张文中案终于彻底平反!

6月1日,《人民日报》发表题为"为企业家营造公平正义的法治环境"的评论文章。新华社、中央电视台多次报道并发表重要评论。

11月1日,习近平总书记在民营企业座谈会重要讲话中指出:"我多次强调要甄别纠正一批侵害企业产权的错案冤案,最近人民法院依法重审了几个典型案例,社会反应很好。"

张文中案是改革开放40年来我国影响重大且具有重要典型意义的民营企业、民营企业家冤错案件,是全面依法治国、加强产权和企业家权益保护大背景下,最高人民法院依法纠正涉产权和企业家冤错案件的第一案,被媒体称为"人民法院落实党中央产权保护和企业家合法权益保护政策的一个'标杆'案件"。张文中被社会媒体广泛评价为"中央依法平等保护民营企业产权的模范代表人物"。张文中案平反被中央政法委机关报《法制日报》评为2018年度十大法治新闻,反映张文中案的照片《定心丸》当选中央政法委中国长安网2018年度照片,被中国国家博物馆永久收藏。十三届全国人大二次会议上的最高法、最高检工作报告均把再审改判张文中无罪,作为纠正涉产权冤错案件、依法平等保护民营企业和民营企业家合法权益的重大成就。党和国家领导人、近三千名全国人大代表、两千多名全国政协委员共同见证了这一历史时刻。

2018年2月12日,最高人民法院第一审判庭,他的声音铿锵有力:

平冤纠错,正本清源,天若有情当赞公道!

依法治国,云开月明,人间正道何惧沧桑!

春天阳光，奋斗人生

有句话说：洞中一日，世上千年。

张文中2013年刑满出狱。走出铁窗他发现，7年的光阴，外面的世界早已天翻地覆。环境变了，行业变了，技术革命正风起云涌，必须用新的改革创新办法审视一切。

张文中克服冤案的不利影响，以技术变革为导向、商业本质为基础进行了一系列创新。在冤案彻底平反后，他以"商业全面数字化"为目标再出发，以消费者为中心，线上线下一体化，打造科技零售、科技服务、科技社区。

张文中在一次论坛中说："我要做的是用新技术改造一个旧世界，充分挖掘现有实体店的价值，使资源得到复用，这样才能减少震荡，为社会带来更大福音。"

张文中对物美进行了大刀阔斧的数字化改造。以大数据和智能化为引领，以实体门店数字化为核心，构筑起线上线下一体化的全渠道智能零售体系，开展以自助购、自由购、扫码购为代表的银线革命；做好"米袋子、菜篮子"，推进以"每日鲜"为代表的生鲜革命，让百姓吃得更放心、更方便、更新鲜；以超市、便利店为中心，加大与餐饮、药店、便民服务等社区生活服务充分融合，推动首都建立以数字化为基础的、线上线下一体化覆盖全城的"社区服务圈"网络体系，为百姓生活提供更加方便、快捷、舒适的服务。

2014年年底，张文中与一批年轻人及IDG资本等创立了分布式电商多点（Dmall），2015年4月正式上线。多点作为中国零售业的数字化操作系统，要让所有的实体零售、店铺群经营得更好，更有效率，实现更多销售和利润，更好为消费者服务，这是张文中赋予多点的使命。

多点通过先进的移动互联网、人工智能等技术，从物美开始，对传统商业企业赋能，以创新引领实体经济转型升级，实现线上线下一体化，取得了良好成果。目前，多点实现了低成本、可持续、高增长，服务合作武汉中百、人人乐、步步高、华润万家、麦德龙等50家大型连锁企业、约一万家实体店，覆盖销售5000多亿元。短短三年时间，注册用户快速增长到5000多万，月度活跃用户约1000万。多点连续两年夺得全国生鲜O2O电商第一名。

越来越多的连锁超市企业选择和多点合作，实现了"互联网+"。

多点得到了中国商业联合会、中国连锁经营协会的高度评价和行业认可。作为新零售行业唯一代表，多点被评为深圳独角兽企业。2018年5月，多点入选"中国独角兽企业价值榜"。6月，作为"传统零售升级标本"，被福布斯评为"中国50家最具创新力企业"。10月，作为唯一入选的新零售数字应用，列入易观之星"年度最受欢迎数字应用"。11月，多点荣获中国连锁经营协会（CCFA）"2018 CCFA零售创新奖"。

"物美+多点"到店到家一体化的新商业模式受到各界充分肯定。中央政治局委员、北京市委书记蔡奇说："你们能做到前后台数据全面打通，口碑也在上面，值得借鉴学习。要用好人工智能科技，让百姓省心、舒心购物。希望越办越好，越来越受群众欢迎！"全国工商联党组书记徐乐江说："物美多点科技发展日新月异，坚持卖真货，希望走向更广阔舞台，服务中国，走向世界！"

2015年，张文中领导物美完成了收购世界500强企业翠丰集团（Kingfisher Plc）在中国的全资子公司百安居中国的全部股权。百安居是欧洲家居第一品牌，在中国经营遇到模式的挑战，多年严重亏损。物美收购百安居后，通过模式创新和管理创新，建立线上+线下、商品+服务、大店+小店的新商业模式，仅用一年时间全面扭亏为盈，建立起结合互联网大数据技术、完全体验式的线上线下一体化的智慧门店体系。百安居现有旗舰店、S2B、工作室三种业态，正在覆盖全国2800个县。

2018年，张文中当选"2017—2018中国零售业年度人物""2018十大经济年度人物""2018中国民营经济十大新闻人物""2018中国经济新闻人物""2018年度公共利益人物""2018年度商业领袖榜样"等多项荣誉称号。

张文中支持公益慈善事业，始终心系母校发展，多次捐资助学。

2004年，为纪念国际数学大师陈省身先生，张文中捐资300万元设立物美科学大师奖，用于奖励数学科学学院等基础自然学科的优秀本科生，有330名学生获奖。2018年4月，他捐资100万元用于在南开大学统计与数据科学学院设立智英健康数据研究中心，致力于建设国际前沿的科技创新研发平台，建立世界一流的健康数据中心。2019年1月，南开校友企业家联谊会成立，助力南开大学百年校庆，汇聚企业家力量，助力天津发展。张文中当

选主席团主席。

2018年9月4日，在南开大学的开学典礼上，张文中捐款1亿元人民币，用于推动大数据、人工智能等学科创新发展和人才引进、资助贫困生等项目，支持南开在新的百年早日跻身世界一流大学行列。"爱南开是我们的本分。在百年校庆即将来临之际，我作为一名南开人，为母校做点事情，是使命，是荣誉，是责任。"张文中在捐赠仪式上向4000多名新生分享了自己的人生感悟：

人生是一次旅行。风雨彩虹，交相辉映。

心中有春天，人生就充满阳光。

做好人，干正事，有原则，守底线。

对张文中而言，他的人生是一趟充满挑战机遇和艰难困苦的旅程，更是一场奋斗，无论顺境逆境。他一次次出发，心怀光明，愈挫愈奋，步伐坚定。

他1979年到南开大学求学，80年代攻读学业，成为杰出青年学者，90年代留学归国创业，2006年遭遇冤案历经坎坷，2013年重获自由，2018年冤案彻底平反，迎来公平正义的春天。艰难困苦，玉汝于成，他让我们看到企业家精神的弥足珍贵；二次出发，用科技改变零售，他让我们感知创新的力量。我们从中明白了坚守的意义：不忘初心，方得始终！

经历了这一番风风雨雨之后，张文中说，自己依然是一个理想主义者，是个乐观主义者，是个积极的奋斗者。

历经千帆，归来依旧少年心。

陈剑波：探寻经济世界的真实逻辑

陈剑波

陈剑波（1963—），管理学博士，研究员。现任中国农业银行非执行董事。原西南农学院农业经济管理系（现西南大学经济管理系）农学学士，南开大学经济研究所经济学硕士，中国人民大学管理学博士。曾任南开大学研究生会学术部部长、南开大学经济研究所研究生会主席。

陈剑波曾就职于中央书记处农村政策研究室、国务院农村发展研究中心发展研究所、国务院发展研究中心农村部、中央财经领导小组办公室、中央农村工作领导小组办公室。他始终以观察者、记录者、研究者、参与者的视角，从中国的"三农"问题出发，着力关注制度转型与经济发展问题，是较早引荐制度经济学并融合发展经济学思考研究中国发展与增长问题的学者。硕士论文入选《经济研究》《经济日报》评选的全国经济学优秀博士硕士论文奖。曾获"中国发展研究奖"一等奖、国务院发展研究中心发展优秀奖、第三届"中国农村发展研究奖"一等奖等。

经济学是一门复杂的学问，复杂之处在于如何准确观察、描述、分析个人、企业、政府的经济行为以及这些行为整合之后的宏观影响，并从中寻找到运行的真实逻辑以为解决现实经济问题提供科学的政策决策依据。我有幸从事三农和财经领域工作30多年，大量实地调研使我有可能更加准确提炼出"好"的问题，运用经济学的工具和框架对这些问题进行理论阐释。南开经济研究所规范经济学训练为我的政策和学术研究奠定了坚实的基础。

入读南开

上世纪 80 年代是一个风云激荡的年代。改革开放初起，经济增长刚刚起步，吃饱肚子问题解决有望。思想解放运动让人们可以打开窗户看世界，青年学子们的思想更是活跃，总结"文革"教训、探讨各类改革、关注各种思潮等，文学、诗歌成为青年学生的"标配"，言谈间是否有思想成为优秀与否的标识。这样的时代背景，让我们对国家的改革发展充满期望和热情。

我于 1984 年秋季入读南开大学经济研究所，投入经研所第一届毕业生刘君煌先生门下开始硕士研究生学习。之所以报考南开大学主要有两个原因：一是我个人一直有着较强的理论研究和学习偏好，对本科学习的如作物栽培、土壤肥料、畜牧学、农业机械等大量有关农业生产应用性的课程总感觉不过瘾，也不是自己最擅长的领域，因此特别希望选择一所综合性大学继续学习；二是在各个综合大学里只有南开经研所招收农业经济方向的学生，人民大学虽然也招收农业经济研究生，但设置在农经系内，我就没有将其纳入首选。选择南开与我同在农经系的胡光明师兄早一年考入经研所也有很大关系，他给予我许多帮助、鼓励和支持，给我邮寄了大量学习资料备考。更为幸运的是生态经济学的创立人、西南农学院农经系的叶谦吉老先生与南开渊源颇深且曾经与刘先生同事，他专门撰写了推荐信。在叶先生和师兄的鼎力支持下，我顺利考取经研所政治经济学专业农业经济方向研究生。而由于刘先生年龄和身体的缘故，我和我的师弟郭万达成为先生的关门弟子。也因这一原因，刘君煌先生特请所里刘晓铎先生协助对我们的课业进行指导。

"洋气"的经研所

初入南开，最为深刻的印象是经研所的"洋气"。我们的所长熊性美先生帅气的着装、流利的英文令人眩目，所里不仅有自己的图书资料室而且还有不少的外文书籍和期刊。所有的学生一致尊称自己的导师为"先生"，先生们常常会亲自到宿舍来看望、问候学生，先生自己的课基本都是在家里讲授，开课之前先生和师母通常会把准备好的水果、香烟、咖啡、茶点送上让学生享用，在先生家里吃饭改善生活更是十分平常的事情。在双休日直到 90 年代初才开始实施、很多人还不知道休假为何物时，经研所的研究生们就已经开始享受每年 5 月第一周的春假。每一届学生的第一个春假由所里出资，全体研究生到北京的各大高校与同级的研究生进行交流。而课程学习之余，所里还会专门出资安排学生到各地进行考察调研和社会实践。我后来才知道经研所的创设者们一开始就设立了经济学中国化的目标，而重视调查研究则是其学生培养的一个重要内容。我猜测，由于所里的先生们多有留学经历，春假、让学生进行实地调研、先生和学生亲如自家子弟的关系等规矩大约就是经研所原有的很多洋派规矩的最后一点留存吧。而这些传统和宽松、自如的环境，让学生们能更加自由地学习、思考。

另外令人称道的"洋气"是南开令人瞠目的经济学相关学科设置。在我们入学之时，几乎所有综合大学都只有经济系，而南开除经济学系外还设立了管理、旅游、金融、国际经济等种类繁多的经济学系科，这在全国几乎首屈一指，这与人民大学仍具计划经济特征的工经、农经、国民经济计划、财政金融等系科设置完全不同。而经研所研究生们的专业和方向更是让人眼花缭乱，政治经济学专业下设了社会主义经济、农业经济、数量经济、工业经济、经济史、价格、经济地理、经济统计等方向，世界和区域经济方面有跨国公司、大洋洲经济、美国经济以及台湾经济方向等。1985 年经研所还专门招收了国际贸易、交通运输经济和国际经济法的研究生班。这些研究方向的设立还是在钱荣堃、陈国庆、王继祖、陈炳富等一批老先生离开经研所创设金融学系、管理学系之后。我入学时的 1984 年，恢复高考才仅仅 6 年多时间，这时能设立如此周全的专业和研究方向的确难以想象，这些专业和方向在 30 多年后的今天也没有任何一个显得过时。由此可以看出，当年南开的领导和熊性美先生领导下的经研所、所里的各位先生所富有的远见卓识、开放的思维及广阔的国际视野，令人感叹。我个人感觉，这一时期的经研所始终呈现出一种生机盎然、勃勃向上的氛围，应该是经研所有史以来最为兴盛的时期之一。

经研所更为洋气的是课程设置。我们一开课上来就是微观经济学和宏观经济学英文教材，且直接由美国老师英文授课（其实后来我才知道，经济学系本科生开设的发展经济学、货币银行等就已经开始用英文教材教学，且都由海归老先生们亲自授课）。春假期间，所里安排大家与北京大学、中国人民大学的研究生们交流才惊讶地发现，他们的课程安排仍然以《资本论》、政治经济学等为主体，最多只有西方经济学选读的课程，教材还主要是国内学者选编。[①] 除基础经济学训练之外，熊先生还聘请了一批十分活跃的著名经济学者如吴敬琏、荣敬本、张宣三、李伯溪、瞿宁武等著每周从北京专程来到南开授课，就一些热点问题、新理论进行专题讲座。同时还邀请了如邹至庄、杨叔进、王念祖等国际著名华裔学者来所授课。令人更加振奋不已的是所里的李罗力、杜厦、常修泽三位青年教师参加1984年9月全国中青年经济科学工作者讨论会（史称莫干山会议）回到南开，专门给我们介绍了青年学人们参与改革讨论的盛景，之后又不断邀请与会各位中青年学者来所讲座，迄今对他们当年的澎湃激情我仍然印象深刻。我没有想到的是，三位老师的此次莫干山之行会对自己此后的终身职业生涯产生了重大的影响。

这个时期，一大批年逾古稀的海归老先生们重新焕发青春走上讲台。我曾有幸聆听了杨敬年先生的发展经济学、陶继侃先生的美国财政等课程，他们如数家珍般的课程讲授，在让我们目瞪口呆之际，却又令我们耳目一新、受益无穷。这一批老先生无论是个人学识还是学术素养，的确是真正的悟"道"之人。参加这些课程学习最真切的感受是：我真正进对了校门、找对了师门。

但是，面对这样的课程学习，自己却感觉压力很大。在本科时虽然对徐禾先生编著的《政治经济学概论》下过一番功夫，但对于宏微观经济学却是两眼一抹黑，何况上来就是英文教材、英文授课、英文作业和考试。整个课程学习只能一个单词一个单词查阅，才把教材啃下来。即便如此，其实仍是知其然而不知其所以然。当然这与我们当时的经济现实与西方经济学的理论体系差异太大有关。直到完成硕士论文期间认真研读了杰拉尔德·梅耶尔

---

① 高鸿业先生翻译的萨缪尔森的《经济学》虽然1980年就由商务印书馆出版，但从序言里我们可以看到，此时这部书仍然还是作为批判庸俗经济学引荐用书。

（Gerald Meier）的 *Leading Issues in Economic Development* 和迈克尔·托达罗（Michael Todaro）的 *Economics for a Developing World: An Introduction to Principles, Problems and Policies* 等著作后，才真正开始对经济学的理论、分析框架和工具有了初步的认识和了解。如果没有宏观和微观课程的"逼迫"入门，后来的工作中就不可能有对新古典理论的深刻认识，也难以对发展和制度转型问题有准确的把握。这大概就是所谓的"取法于上，仅得为中，取法于中，故为其下"。

经世济民的学问

经济学大师北大陈岱孙教授曾说经济学是经世济民之学问，他指出，"从16世纪说起，迄于今日，古往今来的所有经济学家或学派的经济思想的产生、发展都离不开一'用'字"[①]。经济学作为舶来之学，在中国如何能真正成为为我所用之学是经济学人一直在探索的课题。1931年南开大学经济研究所成立之初，张伯苓校长要求南开的经济学研究"中心目标即在完成一国本国化之经济学"。何廉先生受聘担任研究所首任所长后，在实现经济学"中国化"中，开创了经济社会调查研究和研究生教育相结合的先河，高度重视对经济现象深入的调查、研究和实地考察，这是经研所的一个重要传承与传统。我的先生刘君煌教授作为经研所第一届研究生在学期间就曾发表了一系列通过实地调查研究而写成的文章。经济学是一门依赖独特的分析工具与方法对观察到的现实经济生活进行解释分析并提出解决办法的科学，这要求经济学人不仅要熟悉相关工具手段，更需要具备深入生活去观察纷繁复杂的经济现象的能力，从中发现问题、追根寻源、探索解决之道。一个优秀的经济学人不仅要会埋头读书，弄懂"黑板经济学"，更要迈动腿、张开嘴走向现实世界去索问，弄懂"真实世界的经济学"[②]，这才是经济学的学问之道。

---

① 陈岱孙，"经济学是致用之学"，《陈岱孙学术论著自选集》，首都师范大学出版社1981年版。

② 周其仁，《真实世界的经济学》，北京大学出版社2006年版。

田野调查对我来说并不陌生，深入现实经济世界中去做调研、做观察在心理上和思想上都没有丝毫的排斥。本科时农学院的学生不仅要学习农作方面的理论知识，更要熟悉和了解农业生产实践。因此学生们不仅要经常下乡，而且差不多每个班的学生都在基地农场有自己的实验田块。我们这一届农经系的学生则将具体农业生产实践改为大量的实地调研和课程实习。比如统计学课程实习是将农户家计调查的台账整理成实物和资金平衡表，规划学则是参加县域的农业区域规划调查等。在调研实习中我们经常会夜宿乡村农家，记得在完成毕业论文的调研中曾一天步行往返40华里的路程。虽然当时对经研所的传统和张伯苓校长关于经济学"中国化"的训诫并不清楚，但对开展实地调研活动却认为是十分正常、理所应当的事情。

大约在1986年上半年，中央书记处农村政策研究室、国务院农村发展研究中心发展研究所周其仁先生应李罗力老师的邀请来所里讲座。课后我与万达师弟一起拜访了周其仁老师，他提到发展所正在进行"十省200家大型乡镇工业企业系统调查"，可以邀请一些研究生作为实习生参加问卷调查工作。1986年暑期，我赴山西省统计局农调队对抽样选中的20家企业开展问卷调查及问卷回收工作，并撰写该省宏观经济调查研究报告。此后，参与了该项调研的数据录入、数据库建立维护、数据分析以及与世界银行合作研究的工作。该研究不仅是国内第一次按照随机等距抽样方法对工业企业进行的调研（此后国家体改委体改所和社科院经济所分别组织了对国有企业和城市集体企业的调研），而且是第一次按照国际会计标准将资金平衡表调整为资产负债表来对企业的经营状况进行分析。[①]

作为一名在校学生，直接参与通过问卷收集数据、提出问题、分析问题并提出政策建议的研究方法，促使我开始思考究竟什么才是经济学的真学问。我认识到学问应该包括学和问，有学有问。学：学什么？如何学？从哪里学？问：一是提出、发现、找到问题，是什么？在哪里？为什么？二是寻找答案，也就是针对问题要解决怎么办。"学"既要从前人的天下文章中学，也要从现实世界去学，但想要学好、学精、学通，就必须去"问"，对理论发问，对书本发问。对照从书本和理论中所学，再去对现实世界去发问，以

---

① 2000年财政部颁布《企业会计制度》，全面实施国际会计准则标准。

准确地发现"真"问题。而后再回归理论与现实去寻找问题的答案。由此才能真正把学问做到家。

这一次调研的重大收获是发展所的领导同意我运用调查数据完成硕士论文。从发展所已经初步完成并公开发表的统计分析得到启发，我选择了"乡村企业的资产形成"作为论文题目，从资产形成的资金来源分析开始，描述了其负债增长状况及原因，运用柯布-道格拉斯生产函数计算了样本企业投入和产出之间的关系，分析了投资需求旺盛的原因等。这篇论文现在读来仍然是一篇十分标准和规范的经济学论文，且差不多把我此后关注的相关学术问题都有所提及。刘先生和答辩委员会主席杨敬年先生对论文给予了高度评价。这篇论文后来入选经济日报社和经济研究杂志共同组织评选的1987年全国博士硕士优秀论文选。这对于一个对现代经济学完全零基础的学生而言，的确是十分不容易的事情。这当然应首先归功于经研所成功的经济学教育训练。

探寻制度转型与持续增长的奥秘

主流经济学关注的重点在于如何通过充分竞争的市场发现价格，以实现资源的最优配置。而充分竞争的市场制度、界定清晰的产权则只是其分析框架的基本假设前提，至于它们从何而来、如何发育发生则不在其视野之中。而这些问题对中国经济学家们而言则是不容回避的问题，对处于改革开放初期的中国经济而言更是迫切需要得到答案的重大问题：它们涉及是坚持走自己渐进变革的发展道路还是按"华盛顿共识"以"休克疗法"一步到位建立市场体制？今天看，这样的选择根本不是一个简单的经济体制转型或者发展模式的问题，而是一个关乎国家、民族生死存亡的大事。最为重要的是，中国改革实践已经走到了理论的前面，如承包制、乡镇企业等都是从计划体制内生发出来的，却又带来生产组织效率明显改善。厘清中国经济渐进转型和发展的路径，讲清楚中国的故事，是当时政策研究者、国际国内学者、国际机构等都极为关注的重大事件。

南开毕业之后的10多年时间，我个人研究的重心差不多一直倾注于乡镇企业，不仅主持和参加了世界银行、亚洲开发银行、联合国开发计划署、联合国工业发展组织、欧盟等国际机构资助的研究项目，也参加和主持了与美国农业部经济研究局、日本亚洲发展中经济研究所的合作研究项目。在这些工作中，不仅完成了大量的工作报告，同时在这些项目的调研活动中，访问了数十家各类企业，撰写了多篇公司案例分析报告。运用发展经济学、产权与制度经济学的分析框架对乡镇企业进行了深入的学术分析研究。今天来看，《乡镇企业法》虽然还没有宣布废止，现实中也很难再见到这样的企业类型，但是实际上不论是否还叫"乡镇企业"这个名称，它们都是农村中非农产业的主体，仍然是支撑占据国民经济半壁江山的县域经济发展的重要基石，是决定工业化、城镇化基本格局的重要影响因素。在新世纪之前，它更是一个关乎改革开放全局、与家庭承包制具有同样举足轻重作用的大事。小平同志将其称为"异军突起"，世界银行曾将其誉为"中国经济增长的引擎"，而中央书记处农村政策研究室、国务院农村发展研究中心发展研究所的报告则将其与前30年以城市为主体的工业化相对应称之为"农村工业化"，并认为农村工业化是早期国家工业化的继起阶段。

1987年我毕业进入了发展研究所企业研究室，乡镇企业成为我观察研究中国经济高速增长与制度转型的一个重要窗口和关键切入点。非常幸运的是发展所聚集了一大批如陈锡文、林毅夫、杜鹰、周其仁等中国最为优秀、迄今仍然具有重要影响力的学者，我从他们身上学到了调研观察，以及从现实经济生活中去发现问题、提出问题、解决问题的方法。工作伊始，首先是学习经典著述，企业室在杜鹰和周其仁带领下，研读了张五常的《卖橘者言》《中国的前途》，以及威廉姆逊《交易费用经济学》等，并翻译了科斯、阿尔钦、诺斯等人的经典论文结集出版。[①] 我与夫人还合作翻译了《发展中国家非正规市场》一书。在这一段时间里我和夫人经常流连于北京图书馆，复印了大量发展经济学和制度经济学文献资料。其次是学习怎样进行调研观察：一方面在实地调研中怎样和被访者沟通，了解到你需要的信息；另一方面怎样从得到的信息中准确提出和发现问题。这种训练和功夫的养成非

---

① 科斯、阿尔钦、诺斯等，《财产权利与制度变迁——产权学派与新制度学派译文集》，上海三联书店、上海人民出版社1994年版。

一日之功，但却是了解和观察经济运行并提出"好"的学术问题最为有效、直观和必需的手段。这也是张五常先生亲自上街卖橘的原因之所在。再次是学习如何处理运用调查统计数据、政策法规等，发现和找到经济问题之间的关联。

重点研究三农问题的发展所，之所以专门成立一个研究室对乡镇企业进行研究，是因为发展所前辈们充分认识到乡镇企业对中国改革和经济发展的关键作用：首先，在城市国有和集体企业仍处于计划经济体制管制下难以破茧而出之时，乡镇企业以年均 20% 以上的增长速度，不仅成为国民经济成长的重要生力军，同时以增量改革的模式为存量改革创造了巨大的空间。其次，乡镇企业发展对打破人口流动桎梏、平衡过重的国民经济结构、弥补城镇工业化缺陷、弥补农业投入不足、推进现代农业发展等等都具有关键影响。再次，如同农民家庭承包制提出的问题一样："公地上怎么长出私产？"这对新古典经济学经典理论提出了挑战，使得直到上世纪 90 年代国外学者、国际机构仍然给予中国的这一经济部门以极大的关注。发展所前辈们颇具远见地认识到，在城市所有生产资料仍实行计划分配、价格由政府管制、城镇居民基本生活资料通过票证配给的时期，牵住乡镇企业这一"牛鼻子"、这一制度变迁的新生力量就有可能对整个国家经济发展与改革产生奇迹般的催化作用。事实证明的确如此：农村劳动力的流动、粮票的取消、民营企业发展、城镇化等无不与其相关。作为中央农村政策研究方面的智囊，发展所将其作为关注的重点也是十分自然的事情。为此，在中央将社队企业更名为乡镇企业、解决了雇工人数问题以及相关税收、用地、资金等方面的扶持政策之后，发展研究所在进行 200 家大型工业企业调研分析的同时，1987 年年初，中央书记处农村政策研究室与安徽省委省政府做出在阜阳地区成立中国第一个农村改革试验区——乡镇企业制度建设试验区的决定。1987 年中央 5 号文件专门就"有计划地建立农村改革试验区"做出部署。从 1986 年年底开始我就一直参加试验区前期的相关工作。这种通过改革试验的方式来推进制度转型与建设是一种颇具想象力的重要尝试。这种推进改革的经验不仅得到了如世界银行等国际机构的关注，同时也为此后如何推进改革摸索出了重要的经验。

进入发展所工作后，延续我硕士论文的研究，完成了第一篇也是为日后研究工作奠定重要基础的论文——"乡镇工业企业资源配置效率"①。该论文最初目的是想回应针对乡镇企业浪费资源、侵占城市企业市场、扰乱计划经济秩序等质疑之声，看看调查数据反映的乡镇企业的效率究竟怎样。但最后写成的论文却远远超出了最初的设想。文章在国内首次刻画了乡镇企业"准法人财产权"的权益构成以及可称为"类公司治理"的情况。在缺乏产权界定、公司制度等法律法规的计划经济体制下，②企业、基层政府、社区（乡、村集体）按照各自资源禀赋，采取各种隐形的市场化交易，达成了具有更强排他性的企业产权合约，并因此而形成了符合当时制度环境的特殊"公司治理"模式，即有直接投资者则分享利润，而仅利用各种渠道实施资源动员的，则分享企业的治理权益。小宫隆太郎曾经指出：上世纪80年代中国只有工厂而没有企业，③这是指统购统销的计划体制下，有进行产品生产的工厂，但却没有考虑利润、成本、价格等因素的公司制企业。而乡镇企业因城乡隔绝，难以直接获得计划配给和采购，其产供销始终游离于计划体制之外，从创设就必须考虑原材料采购、生产成本、利润、产品销售等问题，其与政府、社区共同界定的具有更强排他性的产权权益配置，使其不同于传统公有制企业，具有了市场制度中公司制企业的绝大多数特征。

  论文首先按照新古典经济学定义技术效率与配置效率构成了经济效率，并明确论文仅就配置效率进行分析。按照新古典基本假设，设定利润最大化是乡镇企业经营目标，按边际生产率等于要素价格、边际生产率之比等于要素价格之反比的标准模板对企业配置效率进行验证。运用柯布-道格拉斯生产函数和CES生产函数对资本、劳动两要素进行了实证检验，发现乡镇企业要素配置与最优配置偏差很大，似乎存在严重的效率损失。但仔细分析，发现这种偏差并非企业效率问题，而是特殊的产权结构造成的。此后，论文对

---

  ① 该文最先收录于李国都编《发展研究》（北京师范大学出版社1990年版），此后又收录进林青松、杜鹰所编辑的与世界银行合作的研究成果《中国工业改革与效率——国有企业与非国有企业比较研究》一书（云南人民出版社1997年版）。论文部分内容以"乡镇企业的产权结构及其对资源配置效率的影响"为题发表于《经济研究》1995年第9期，并收录于《中国经济学1995》（上海人民出版社1996年版）。

  ② 当时没有公司法人这样的说法，更没有法人财产这样的概念。《公司法》颁布于1993年，《合同法》颁布于1999年，《物权法》颁布于2007年。

  ③ 小宫隆太郎，《现代中国经济——日中的比较分析》，商务印书馆1993年版。

利润最大化这一假设进行了修正，从企业、政府、社区三方共同界定产权和分享权益出发，将三方的目标即企业利润、政府财政、社区就业均纳入到企业经营目标之中，在对企业目标进行修正后，考虑到三方共享的产权结构以及特殊的公司治理模式所产生的交易费用因素之后，发现乡镇企业的资源配置效率其实已经达到最优。相关的其他研究也发现，无论是经营业绩的指标还是全要素生产率等其他效率的模型检验，乡镇企业的生产效率都远远高于城市国有和集体企业。

此文之后，我开始着手研究国际国内学界普遍关心的"为什么集体所有的乡镇企业能够取得这么好的增长实绩？"问题。在提出这一问题后，才发现要厘清这些问题还必须先把农村基本制度的演变搞清楚。乡镇企业的前身社队企业是诞生于人民公社制度内部的非农企业，[①]这些非农企业通过形成新的产权合约以及新的生产组织形式，异化于人民公社体制和计划体制，是一种不同于城镇国有和集体企业的新的资源配置和财产组合。只有把人民公社为什么失败的原因找到，才能更清楚地解释乡镇企业能够获得高速增长的原因。为此，我完成了"人民公社的产权制度——对排他性受到严格限制的产权体系所进行的制度分析"一文[②]，该文认为西方传统经济学始终将制度作为一种外生变量，企业被缩减为生产函数的同义词（Williamson, Oliver E., 1980）。文章认为新制度经济学提出的诸如产权、交易费用、合约等一系列概念和分析框架对生产要素如何被组织到生产过程中提供了新的思路。论文拓展了新制度经济学不完全合约理论，运用剩余要求权分析框架，将"合约-剩余权益"的理论运用到对人民公社产权制度的分析之中，认为剩余权益（剩余控制和剩余享益）的内容和比例决定着生产组织中剩余要求权的配置，而剩余要求权的配置又直接影响着生产组织的效率（对生产者的激励程度）。文章首次提出人民公社制度是一种排他性受到严格限制的残缺产权，因此人民公社制度的失败不仅如林毅夫教授（1992）所言是监督和测定成本太高的问题，更是由于对集体产权排他性的限制（政府通过强制性合约实

---

① 近代以来，农村中以家庭手工业或家庭副业的形式一直就存在着非农产业。但这种非农产业或者上世纪初期学者称之为乡村工业的非农产业与乡镇企业工厂化生产的现代工业还是有本质区别。

② 《经济研究》1994年第7期。

施），使得生产组织失去了更有效率地进行生产经营活动的激励。政府实施的强制性合约权益（比如强制征购比例、种植计划、副业生产等）完全制约了农民对生产的剩余控制和剩余享益。在家庭承包制中"交够国家的，留足集体的，剩下的都是自己的"这三句话的本质意义在于：它生动地反映了产权中生产组织中剩余权益（剩余控制和剩余享益）配置所发生的本质性变化，在所有权没有发生改变的情况下大幅提高了生产效率。文章认为，中国农村的产权调整和制度结构的变化并不是始于大包干的推行，而在于当社队企业一出现，这一制度调整的过程已经开始。而且正是社队企业的出现才大大破解了当时已经十分紧张而调整费用又无限高的人民公社的财产关系。

完成人民公社制度失败原因的分析之后，我开始进一步思考"为什么集体所有制（公有制）下乡镇企业能够获得高速增长的问题"。从国际经验看，无论发达国家还是韩国和中国台湾等新兴国家和地区，具有充分排他性的私有产权都是其实现经济高速增长的基本前提。[①] 从经典理论看，新古典经济学的教科书里，界定清晰的产权和充分竞争的市场是其理论的假设前提。从中国城市企业的经验看，20世纪90年代中期城市公有制企业大规模破产倒闭似乎也证明公有制始终面临无法解决的效率低下的问题。但是，以乡办、村办为主体的乡镇集体企业似乎是公有制企业的例外，自农村改革之后的20多年时间里始终处于高速增长之中，这说明此"公有制"与彼"公有制"的确有很大不同，因而在相当长的一段时间，乡镇企业一直被称为非国有企业，以强调其与原有的公有制企业的不同。为此，1995年左右，我撰写了"非私有产权与乡镇企业的高速增长"一文[②]，文章认为乡镇企业的诞生是对计划经济体制和人民公社的一种否定，在中国经济中创造了一种新的财产

---

① 从约翰·斯图亚特·穆勒的具有充分信息、稳定偏好和无限理性的"经济人"到赫伯特·A. 西蒙的有限理性假说，以及 O.E. 威廉姆森认为企业在新古典经济学中可以被简化为一系列生产函数，在不考虑产权合约如何形成和实施的前提下，具有无限理性的个人将其经济资产通过充分竞争市场无成本地组合到企业中，而企业也将会简单加总个人理性，称为具有自动追求利润最大化无限理性的生产组织。

② 全文发表在《经济研究参考》1997年第31期；部分内容以"中国乡镇企业高速增长的制度解释"为题发表于《发现》杂志1995年第4期。此后，几经修改作为在日本发展中经济研究所访问研究期间的工作论文而完成："Non-exclusive Property Rights: Incentive Mechanism and Formation of Early Property Contract—The Puzzle of China TVEs," VRF Series, No.397, Feb. 2005。

关系，形成了事实上的"法人财产权"。过去被屏蔽于工业化进程之外的农民，通过农村工业化进程获得了控制和积累财产的权利，而这种财产权的剩余控制和剩余要求权配置与传统公有制企业以及人民公社体制下的生产组织有着巨大差异，当具有"法人财产权"的类公司制的企业与仍处于计划统购统销体制下的公有制企业进行竞争时，其生产效率的差异自然不言而明。

文章进一步拓展了分析人民公社制度的理论框架，从认识经济人假设、产权制度、生产组织效率的关系开始，说明个人有限理性与生产组织的理性之间是通过制度安排来解决生产组织的效率问题的，而其中首要的就是产权制度问题。个人通过交易让渡自己资产的部分或全部产权形成生产组织，这种交易合约的形式和性质决定着生产组织权益配置结构。而企业产权结构中对激励机制具有最重要影响的是权益配置结构。按照不完全合约理论和剩余要求权的理论，在产权界定清晰的市场经济体制下，这两种理论都主要应用于财产所有权和使用权相分离时的委托-代理关系分析。而在非排他性产权体系中的公有制企业，由于政府的强制干预使得企业产权权能受到限制，即产权权益配置是政府和生产组织之间通过强制性合约来界定的，其决定生产组织效率的剩余权益直接被控制和压缩。论文通过进一步分析乡镇企业产权结构中的合约权益和剩余权益，发现其"准公司制法人财产权"具有更少的政府强制性合约权益，而正是这一特征构成了乡镇企业持续高速增长的最大动力。文章同时也对乡镇企业获得高速增长的宏观经济因素比如工业结构、市场因素、货币化程度等进行了分析说明。

为完成亚洲开发银行的技术援助项目以及联合国工发组织的研究项目，我们进行了一批乡镇企业的案例研究，在完成相应的工作报告的同时，发表了"市场经济演进中乡镇企业的技术获得与技术选择"和"制度变迁与乡村非正规制度——中国乡镇企业的财产形成与控制"[①]。在新世纪来临之际，乡镇企业经过近20年的高速增长，已经成为占到GDP30%以上份额的庞大经济部门，逐步摆脱了早期主要依靠资金、劳动力等生产要素投入进行扩张的阶段，而技术进步与创新在大型乡镇企业中已经十分普遍。由于其既不同于传统的公有制企业，也不同于市场经济条件下的公司制企业，弄清其技术来

---

① 分别发表于《经济研究》1999年第4期和2000年第1期。

源就成为一个十分有意思的问题。文章从新古典的意义上定义技术变迁是因企业生产函数的改变而带来的要素投入比例变化、生产效率提高或者新技术、新产品开发等。文章首先分析了乡镇企业早期的技术来源，进而从资本劳动比率观察了其技术演进路线，并从全要素生产率角度对其效率进行了评价分析。

"制度变迁与乡村非正规制度——中国乡镇企业的财产形成与控制"一文则是从正规制度和非正规制度两个方面分析了乡镇企业初期财产合约是如何形成的。在缺乏公司法、物权法等正规制度的时代，乡镇企业更具排他性产权——"准法人财产权"是如何形成的，的确是以新古典经济学难以理解也无法回答的一个问题。特别是对于创办乡镇企业的农民来说，一无资金，二无技术，三无创办企业所需要的生产技术和设备，创业者是通过什么样的产权合约使得各种生产要素和资源组合到一起进行非农产业生产的呢？这更是一个难解之谜。论文分析了乡镇企业创办者面临的困难、企业家人才创办企业时合法性和权威性的来源、资源动员与形成企业产权的合约结构以及初始产权合约（正规合约与非正规合约）达成、海外学者关注的"模糊"产权等问题。该项研究发现，企业家、政府、社区依赖各自拥有的资源，通过隐形市场的讨价还价进行交易，在各自成本-收益均衡处最终达成了具有准法人财产性质的企业产权，而其中众多非正规制度在这一具有生产性的产权合约形成过程中起到了最为关键的作用。论文娴熟地运用产权与制度经济学第一次创新性地对在计划经济体制内部"准法人财产权"如何形成进行了理论阐述，对在具有效率改进型的生产组织形成中非正规制度的作用也进行了开创性的分析，其理论框架对于发展中国家和经济转型国家都具有重要意义。其实这篇探索乡镇企业缘起的论文原本应该是最先完成的文章，却成为我研究乡镇企业的最后一篇，但研究的问题、思路、线索及分析框架与"乡镇企业资源配置效率"一文一脉相承。

乡镇企业问题的研究为我更加深入地观察中国经济长期发展的重大问题奠定了坚实基础。事实上，此后我重点研究的问题大多是从乡镇企业问题研究生发或拓展而来的。在 20 世纪 90 年代中期，《商业银行法》颁布实施，随着银行商业化改造，乡镇企业由于缺乏足额的有效抵押资产，普遍面临严峻的融资难题。由此，我的研究焦点开始转向企业融资问题。先是和日本亚洲发展中经济研究所就中小企业融资问题进行了连续三年的合作研究，此后获得欧盟、福特基金会等机构的资助持续对于中小企业融资问题进行了深入的研究，完成了相关的工作报告。而研究企业融资问题必然会涉及对金融体制和宏观经济的关注和研究。大约2000年开始参加农村信用社改革方案设计工作，对金融问题特别是农村金融进行了较为全面深入的观察研究。之后在亚洲开发银行研究所进行访问期间，完成了"The Deviation between Financial Development and Economic Growth"的工作论文，论文讨论分析了关于金融发展与增长关系（Finance and Growth Nexus）问题的大量文献，提出"发育良好的金融制度从何而来"的问题，进而提出"中国在既无良好的金融相关法律制度也无发育完善的金融市场的情况下，中国的乡镇企业却持续了20余年的高速增长，其大量的债务融资从何而来？信贷合约如何实施？"的问题。论文从中国的金融体制变革历程出发，以乡镇企业融资为例，从制度经济学、合约理论的角度阐述了乡镇企业的信贷合约的建立与实施的问题，并就法律为基础和关系为基础（Legal-based and Relationship-based）的两类信贷合约的实施问题进行讨论分析。2005年在博士论文写作期间开始对工业化、城镇化问题展开研究，完成博士论文"人口迁移不足的工业化与城镇化"。在完成博士论文期间发现：劳动力和土地问题其实也是乡镇企业发展蕴含其中的问题，只不过当年这两大生产要素在人口流动受到严格限制的计划经济体制条件下，其重要性和复杂性远未凸显出来。在城镇化加速之后，这两大要素的问题日渐成为经济社会发展的重大挑战。在中财办、中农办工作之后，因工作的关系开始就土地制度改革问题进行全面深入的研究，在完成关于征地制度改革、农村集体经营性建设用地、宅基地制度等方面的调研、政策协调和工作报告撰写之外，完成了"农地制度：所有权问题还是委托-代理问题？"[1]与"农村土地制度改革的深层问题"[2]两篇文章。前一篇针对上世纪90年代之后日益沉重的农民负担问题所引发的对农村土地制度的各种质疑进行回应，认为中国农村的土地承载着生产要素、农民家庭财产、社会保障三重属性。实现我们这个人口大国人人有饭吃、人人有保障的目标，就不得

---

[1] 《经济研究》2006年第7期。
[2] 《金融研究》2014年第15期。

不采取均分土地的办法，集体所有则是均分的一个重要前提。事实上农村土地问题不在于集体所有与否，而在于农民产权权能如何能够得以切实保障，而其中最大的问题在于村级自治组织承担着政府代理人、集体财产所有权代理人、社区管理者三重功能，使其面临严重角色冲突。显然，乡村治理结构存在着制度设计上的严重缺陷，才致使农民权益不断受到侵害。后一篇文章直接就土地制度改革涉及的征地制度、集体建设用地制度、宅基地制度等改革热点问题进行了直接的回应和分析。

《经济思想的成长》一书的作者斯皮格尔说过：绝大多数的经济学家是为其时代需要服务的。① 满足这样的要求，我最为深刻的体会有两点：一是认真地求教于师。如韩愈的《师说》所言，"无贵无贱，无长无少，道之所存，师之所存也"。我感到非常幸运的是在南开、在发展所以及在之后的工作中都遇到了非常优秀的老师们，它们的耳提面命给予我观察经济世界的底气。二是认真地问道于世。长期从事政策研究提供了大量深入观察经济运行和制度转型的机会，让我可以全身心地向战斗在一线的基层干部、企业家、工人、农民们认真请教和学习。搞清现实经济世界的运行轨迹和真实逻辑是一个经济学人的基本功，没有练就这样的功夫，就可能差之毫厘，谬以千里。正如老子所言，"顺自然之理而趋，遵自然之道而行"，而这恐怕才是经济学研究的真正学问之路。

总体来说，30多年的研究其实一直围绕着"促进经济持续增长的制度从何而来"这一主体展开。乡镇企业问题在今天来看，很多青年学者并不理解其有何意义，就像现在很多人不理解当年"商品经济""有计划的市场经济"等引发的巨大争议一样。而像"计划体制下公有制企业如何到达现代公司制度的彼岸""私产怎么能从公有制中产生"等这些问题，其实正是主流经济学所未能关注也未能提供答案的问题，却又是关系到中国经济发展走什么道路、怎么走的重大问题。中国经济的实践为回答这些问题提供了丰富的资料，让我们可以全面深入地总结经验和教训并进行政策和理论的思考。

作为这一时代的经济学人是非常幸运的，因为，我们没有错过。

---

① 亨利·威廉·斯皮格尔著，《经济思想的成长》，晏智杰等译，中国社会科学出版社1999年版。

李祥林：连接函数、信用组合与心碎综合征

李祥林（David X. Li），现任上海交通大学上海高级金融学院金融学教授、金融硕士项目联席主任，上海交通大学中国金融研究院副院长、风险管理研究中心主任、金融科技研究中心主任。此前，在中外一流金融机构工作20多年，从事产品开发、风险管理、资产负债管理和投资分析相关工作。曾任中国国际金融有限公司（CICC）首席风险官，花旗银行（Citigroup）和巴克莱投行（Barclays Capital）信用衍生产品分析和研究部负责人，美国国际集团（AIG）资产管理公司分析部门负责人。

拥有扬州大学数学学士、南开大学经济学硕士、加拿大拉瓦尔大学金融MBA以及加拿大滑铁卢大学精算学硕士和统计学博士学位。目前担任《北美精算学报》（*North American Actuarial Journal*）副主编、滑铁卢大学兼职教授。其开创性研究成果——将连接函数引入信用组合模型，被学术界广泛引用，并且被全面应用于信用组合、风险管理和评级实务中，这一成果也被《华尔街日报》《金融时报》《日本经济新闻》及《CBC新闻》等媒体大幅报道。

2018年，两位专业人士，一位是德国慕尼黑工业大学金融数学系的马西亚斯·谢勒（Matthias Scherer）教授，另一位是意大利米兰大学经济管理与定量分析系吉奥瓦尼·普塞蒂（Giovanni Puccetti）副教授，对李祥林博士进行了访谈，系统且专业地回顾了李祥林提出用连接函数度量违约风险及其在

金融界的应用过程，为我们提供了一份珍贵的学习材料。该访谈原文发表于学术刊物 Dependence Modeling（Volume 6，Issue 1，page 114-130，2018），本文为编译版，文字翻译由上海高级金融学院金融科技方向2019级9位研究生（宋伊珊、王艺霖、刘璐、李爽、吴健、张驰锐、林子睿、聂丹雨和祝超）共同完成，并经过李祥林教授审核校对。文中黑字体是采访者的提问（Q），然后是李祥林博士的回答（A）。

从一个专业到另一个专业的追赶者

Q：您能向我们讲讲您的教育背景吗？

A：我在"文化大革命"时期的中国农村长大，仅接受过零零星星的初等教育。有些学科，比如数学、物理，或许老师教得很好，因为老师恰好是一批从城市下放到农村的"知识青年"。我高中时喜欢数学，大学时主修数学专业，打下了一点纯数学的基础。但是，大学里纯数学没有足够吸引我，我发现一些应用学科，比如说概率论与数理统计反而更为有趣。于是本科毕业后，我到南开大学学习经济学。在那个时期，中国改革开放伊始，全社会都在大力发展经济，国家希望能培养出一批专业的管理者和经济学家。1987年，我去加拿大魁北克省拉瓦尔大学主修MBA学位，当时打算学成之后就回国。

在拉瓦尔大学，我学习了现代金融理论的基础，对这个学科产生了强烈的兴趣。当时，那里的很多教授都毕业于欧美顶尖大学。但我很快发现自己的数学知识不足以读懂最前沿金融研究论文，所以我决定到滑铁卢大学学习更多数学和统计学知识。在滑铁卢，我学习了精算，通过了北美精算师协会（SOA）的十门考试。最后我在五个不同的学科得到了五个学位。从某种程度上说，我是从一个专业切换到另一个专业的追赶者。

Q：谁对您的学业产生过特别重要的影响？

A：在滑铁卢大学，我上过不同领域的课程，包括金融、精算和统计，学制包括本科、硕士和博士。滑铁卢大学有世界上最好的精算学项目，我上过很多优秀教授的课程。在博士论文中，我将统计估计函数概念扩展到贝叶斯统计，并将其应用到精算学中的信用理论模型。我非常荣幸能有机会跟 Vidyadhar Godambe 教授学习，是他引进了统计中的估计函数功能。那时他已经退休，但仍每天来办公室。1994 年的整个夏天，我经常坐在他的办公室与他探讨问题。他是一位伟大的学者！

我的导师 Phelim Boyle 教授和 Harry Panjer 教授对我的影响也很大。Harry 有开放的心态，当我和他讨论博士论文选题时，他非常开明地让我自己决定。和他一起工作也非常有趣，他有时会带我们坐他的私人飞机兜风，俯视他的农场。Phelim 很会启发学生，非常友好，他鼓励我学习更多的金融学知识，他除了应用严格的数量方法，也很重视直觉和解释的有效性。他对学术的热爱和奉献令人感动。

1995 年李祥林获博士学位，与导师 Harry Panjer 教授合影

博士学位的最后一年，我离开滑铁卢到曼尼托巴大学做助理教授，但我在获得博士学位后就离开学校去了金融行业工作，因此没有机会进行很长时间的学术研究，这也解释了为什么我在从业 23 年后，现在又再次决定回到学校教书和做研究。

最好的建模师也未必能帮助公司避免危机

Q：您在金融行业的第一份工作是怎样的呢？

A：1995 年博士毕业后，我加入了加拿大皇家银行（RBC），任风险管理部门的高级分析师，专注于股权和外汇业务的市场风险的研究，还研究信用敞口的计算。当时，我们没有使用在险价值（VaR）这一名词而是使用风险量（Dollar at Risk）。我很快意识到，很多实际的工作都需要量化，但有时量化的概念被使用得很不准确。比如，信用风险是通过未来不同时点的潜在损失的最大值来计算的，计算在给定时点的95%的潜在损失，但真不知道这95%的概率是在哪个概率空间中得出的。

那时正是金融衍生品业务迅速发展的初期，学习这些新产品及其定价模型，感觉很美妙。经过五个学位教育的锤炼，我觉得自己是行业中准备得最充分的人之一，但仍然需要去学习市场惯例，学习C语言、C++、VBA等编程技能，并锻炼模型执行能力。强大的数学和统计教育背景无疑为我解决实际问题提供了理论基础。金融和精算训练也很有用，因为它们能帮助我将实际问题转换成数学模型。

不同专业的博士来到业界，都感觉手头有不同的"金刚钻"。有时，仅仅使用手头上的"金刚钻"来解决所有的问题是一种狭隘的想法，因为可能有更好的工具可用于某一特定问题。那是一个激动人心的时期，因为有许多产品创新、许多新思想，并且，业界和学界的互动非常频繁。

Q：在危机前的日子里，数量分析师的情绪如何？随机模型扮演什么角色？

A：在金融危机前夕，除了信用衍生品模型外，很多衍生产品定价模型已经经过了时间的考验，并且能够以成熟的模式进行应用。但信用衍生品市场仍然处于创新前沿，产品包括ABS债券的现收现付（PAUG）CDS合约、CDX指数、CDX证券化、CDS期权、ABX指数、ABX证券化和CDOs的期权产品等。这也吸引了一群传统的与利率打交道的数量分析师，他们仔细研究了信用组合模型的现状，认为信用组合模型缺乏动态性，不像通常在利率模型中用随机过程来表示。他们花了大量精力提出新模型，试图取代高斯连接函数模型。除了一些组合的期权产品，这些新模型大部分都没能被业界广泛采纳。

金融危机前的几年，我将工作重心转移到了房屋抵押贷款，主要是次级贷款，以及和房屋抵押贷款相关的新产品建模，如ABS债券为基础的PAUG CDS、ABS CDO和ABX证券化。当时的房屋抵押贷款建模侧重于美国政府机构提供信用担保的房屋抵押贷款，这不需要对信用风险建模，因为美联储机构为违约风险提供了担保，分析重点主要集中于利率建模。我从公司的量化人员中挑选了一些已经有较强统计背景的人组建了一个小团队，并逐渐增加了一些年轻的来自斯坦福大学和哥伦比亚大学的博士，从头开始研究这个问题。我们开始使用多元递减理论制表，并转移到动态竞争风险模型。建模包括三个阶段：首先对房屋抵押贷款提前返款和违约风险进行基本建模；然后对 ABS 债券中的收入瀑布结构进行建模，因为 ABS 债券已经是证券化产品；最后对以 ABS 债券为抵押产品的 PAUG CDS 或更像 CDO 平方的 ABS CDO 的衍生产品进行建模。

我们很快就发现，新发放的次级房屋抵押贷款的违约率比早期发放的抵押贷款高三至五倍，甚至六至七倍。如果这种趋势持续下去，那么 ABX 指数债券的定价应该在面值的 30% 或 40%，但是那时它们仍然以接近面值的价格在市场上交易！考虑到 ABS 团队未来可能要经受潜在损失，我们的心情变得很糟糕。但是这种认知仅限于我们这个小团体，而整个市场仍然是很火热的。在 2006 年夏季之前，由 125 个投资级别名称组成的北美信贷指数 CDX 一直被压低至 27 个基点。然后，在 2007 年 3 月的某一天，突然间 30% 的大幅度价格下跌给所有人敲响了警钟，在接下来的几年内，人们对这些复杂证券的价值产生了很多困惑。

拥有最好的建模师并不意味着能够将信息传递到公司最高层并帮助公司避免危机。劳瑞·古德曼（Laurie Goodman）是瑞银（UBS）长期以来排名非常靠前的房屋抵押贷款分析师，但在金融危机期间，瑞银是所有华尔街公司中次级房屋抵押贷款损失最大的一家公司。把关于复杂证券的建模与隐藏重大损失还有激励相结合是一个相当大的难题，不论这是出于对巨额奖金的渴求、对股东价值丢失的担忧，还是仅仅为了保留自己的工作。

高斯连接函数模型在信用组合违约计量中的运用

Q：当您开发出目前称为信用组合违约模型基础的"高斯连接函数"模型时，您的想法是什么？

A：在 20 世纪 90 年代中期，应用高斯连接函数模型的初衷是为加拿大帝国银行（CIBC）的金融产品部门解决销售和交易业务中的实际问题。例如，我们当时担心单一名称 CDS 合约中的交易对手和参考信用可能同时违约。更具体地说，在亚洲金融危机之前，我们可能会持有一个信用违约互换

（CDS），把韩国开发银行作为参考资产，而把一家日本银行作为交易对手。在1996—1999年期间的新兴市场信用衍生产品业务中，我们已经有一个一篮子信用衍生品，例如，第一个违约（FTD）和第二个违约（STD），并且现金CDO和更多的CBO已经被发行，各种信用挂钩票据也已经被创立。

Q：您最初是如何发现连接函数作为一种方法论工具的？这是否与您在精算学的学术背景有着或多或少的联系？

A：在曼尼托巴大学教授精算学时，我从同事Jacques Carrière那里听说了连接函数，他当时正参与一个关于通过考虑心碎综合征对联合生命年金产品进行定价的研究项目。传统定价精算师将一对夫妻的生命意外事件视为彼此独立：男性遵循男性死亡率表，而女性遵循女性死亡率表。但作为一对夫妻，他们同住一室，一起旅行，面临很多共同的风险。当他们变老时，更加彼此依赖，一方的死亡对另一方的影响很大。实证研究表明，这种影响甚至是不对称的：妻子死亡对丈夫生活的影响大于丈夫死亡对妻子生活的影响。他们使用Great West Life的数据进行了一些实证研究，发现夫妻生存时间呈正相关，并运用连接函数研究这种关系对联合生命年金产品估值的影响。我从Jacques那里得知了这项研究，但当时没花太多时间去了解更多细节，因为我正在努力完成自己不同主题的博士论文。

最初，我花了很多时间用Duffie & Singleton（1999）引入的随机损失率模型并将其应用于CDO定价，但我无法使模型适应市场。此外，交易员不喜欢具有大量参数的模型，并且当时即使在Window NT 3.0操作环境下，计算量也非常巨大。我开始寻求一个"简单"的解决方案。我让Emiliano把他与Jed和Jacques合作的那篇工作论文发送给我。我当时在纽约的CIBC金融产品部门工作，他通过传真给我发了工作论文。

那时，Roger Nelsen即将出版连接函数的著作。我联系到他，让他给我一本预印本，并承诺在这本书出版后再买一本正本。我的论文里引用了他的书，我希望这也能帮助他卖出更多本书。Paul Embrechts教授1999年在哥伦比亚大学就连接函数在风险管理中的应用做报告时，我走过去告诉Paul我过去几年一直在运用连接函数。他很惊讶，问我用连接函数做了什么。我说主要运用它来为信用衍生品定价。Shaun Wang为产险精算协会（CAS）撰写了一份关于资本配置的研究报告，我也读到了这份报告。我花了很长一段时间在纽约公共图书馆阅读一些关于连接函数的会议记录，特别是关于用极值分布构建连接函数的文章。

Q：您提到您的博士学位论文是一个"完全不同的主题"，是否介意用几句话解释一下它？

A：我曾在滑铁卢大学修过大量的统计课程，但从未进行过统计学方面的研究。此外，我期望在博士毕业后就进入业界工作，撰写博士论文可能是我运用统计学做项目研究的最后一次机会。因此，我为自己的博士论文选择了估计函数以及其在可信度理论的应用作为主题。

估计函数理论是一种广义的估计方法，它统一了估计方法，如最大似然估计（MLE）和最小二乘（LS）方法。估计函数是一种关于数据或观测值和被估参数的函数。例如，MLE 中使用的分数函数就是一种估计函数。本质上，它类似于广义矩估计法（GMM），Lars Hansen 也因此获得了诺贝尔经济学奖。我当时正在通过添加先验信息（仍然依据估计函数）来扩展估计函数理论，然后将其应用于可信度理论。在曼尼托巴大学工作时，我与 Harry Turtle 教授一起合作，把我的博士论文中一个小节进行了扩展，并发表了一篇关于应用估计函数理论进行 GARCH 参数估计的论文。我至今仍希望估计函数理论和广义矩估计法这两个领域的研究人员之间可以有更多的互动。

Q：您提到过 Paul Embrechts，他的论文对定量风险管理中的关联模型研究产生了相当大的影响。请问这是否与您有关？

A：1999 年 3 月 28 日，Paul 在 Columbia-JAFEE 金融数学会议上做了题为"保险分析：金融风险管理中的精算工具"的演讲。他在演讲中介绍了他与 Alexander McNeil 和 Daniel Straumann 合作撰写的一篇研究论文"风险管理中的相关系数和相关性：性质和陷阱"。这也许是连接函数这个概念第一次被呈现给金融业的大量听众。那时，我正在写一篇后来被发表在"Journal of Fixed Income"上的论文，大部分工作早已经在 1996—1998 年间就完成了，当时我正在 CIBC 的金融产品部门工作。Paul 和他的合著者的论文更广泛地讨论了相关性的问题，这对整个业界有很大的影响。而我当时只是专注于信用投资组合模型。

Paul 是一位非常多产的研究人员，他的研究课题涉及不同的领域，同时他对别人也很有启发和帮助。他是将学术研究与行业需求结合得最好的人之

2007 年 Paul Embrechts、李祥林、Patrick L. Brockett 和
Harry Panjer 在 Harry Panjer 的退休聚会

一。我总是向他寻求建议和帮助。

Q：在您的著作中，您提到了多种连接函数类型。在您看来，为什么金融市场最终使用的刚好是高斯连接函数？

A：这个可以追溯到公司资产收益模型，正如默顿在他的著名文章中所述，公司的资产被模拟成对数正态过程，因此，收益率成为一个正态过程。但是，如果单单从工程学角度来看这个问题：使用连接函数来生成一个基于给定边缘分布的联合分布时，理论上你可以使用许多其他的连接函数。事实上，我们的交易小组研究了各种不同的连接函数，如 Frank 连接函数和基于极值分布的混合连接函数。通过控制顺序相关系数相同的等价相关性，你就可以研究不同连接函数的影响。我觉得当时的领域还没有发展到需要区分由不同连接函数在信用组合模型应用的早期阶段所产生的细微差别。此外，我们还需要对我们选择的连接函数及其参数给出一些经济方面的解释。我知道雷曼兄弟的数量分析专家们好多年来一直在推崇使用 Students't 连接函数，但使用者发现，在担保债务凭证资产的定价方面，高斯连接函数和 Students't 连接函数没什么本质上的区别。

我的论文中列举了一些连接函数。文中与风险交易对手进行信用违约互换的例子就是基于混合连接函数，第一个违约定价的例子是基于高斯连接函数。我其实并没有特别推崇高斯连接函数，更不用说单因子高斯连接函数。我所展现的是一个一般理论框架，这篇论文同时也建立了高斯连接函数和单一期限默顿模型之间的联系。

市场参与者需要一个简单的模型来互相交流。大家都知道运用布莱克-斯科尔斯-默顿公式并用隐含波动率来进行期权定价。同理，我们运用单因子（或者单参数）高斯连接函数来进行北美或欧洲信用利差指数证券化产品交易。我认为高斯连接函数的流行是因为它的经济解释和它的简单性，尤其是单个相关参数的高斯连接函数。

Q：现在业界是否有意识到各种商业信用组合违约模型都可上升到和高斯连接函数拥有相同的相关性结构，只是大多数人都不知道高斯连接函数？

A：确实有人有使用连接函数这个观念的想法，但是他们大概不知道连接函数本身这个概念。1995 年，在穆迪公司工作的 Joe Pimbley 撰写了长达 12 页关于如何为联合违约建立动态模型的报告。在报告中他描述了所有关于信用投资组合模型的动态模型的基本元素：关于收益率曲线的随机利率模型、关于信用差的动态模型，同时在对违约进行"测试"的每一步过程中加入违约。但是他并没有详细说明如何模拟违约时间以及如何把资产回报率进行关联。

许多信用模型论文在 1994—2000 年期间发表。Duffie 和 Singleton 在 1994 年以工作底稿的形式发表了他们的论文，并在 1999 年完成了最终版本。Jarrow-Turnbull 的论文在 1995 年被发表。大约在 1995 年，Vasicek 的 KMV 模型技术文件公布。摩根大通的信用计量模型技术文件、瑞士信贷第一波士顿银行的信用风险附加模型技术文件、麦肯锡的信用组合观点模型全都发布在 1997 年和 1998 年。

作为一名信用领域的从业人员，我对该领域最新的研究成果及时跟踪，而且花费大量的时间来进行研究，也受益于与大多数作者的直接接触。在我工作于加拿大帝国商业银行的时候，Turnbull 教授先后在加拿大帝国商业银行担任顾问、全职雇员，许多将连接函数运用在信用组合的想法在这里被构思、研究并被应用于解决关于信用衍生品定价和交易的实际问题以及信用组合建模。我经常请教 Turnbull 教授，而且他应该是第一批经我介绍使用连接函数进行信用组合建模的专家之一。我在 1995 年就认识了 Duffie 教授，我经常和他见面，希望得到他的建议或者从他那里了解学术界的最新发展。在

2000年旧金山举行的北美精算师协会（SOA）50周年会议上，我作为SOA投资委员会成员，组织了一个关于信用组合模型的会议，并邀请了信用计量模型三位作者之一的Chris Finger、信用风险附加模型的主要负责人Tom Wild以及麦肯锡信用组合观点模型的创始人Tom Wilson作为会议嘉宾。我知道KMV模型、信用计量模型和Joe Pimbely在他的笔记中暗指的都是基于高斯连接函数，尽管他们的方法中没有明确地使用连接函数这个概念。将这些模型明确地与高斯连接函数相联系，有助于对模型概念的理解和可能的扩展。此外，它还有助于有效的具体实施。例如，基于条件独立的单因子模型大大提高了高斯连接函数模型的计算速度。

我在1999年年初加入RiskMetrics公司（RMG）时，我告诉了Chris Finger有关信用计量模型方法和高斯连接函数模型之间的等价性。我们在一块白板前对技术细节讨论了两个下午。实际上，是Chris Finger强烈建议我写一篇相关论文。我听取了他的意见并将其作为RMG的研究论文之一公布于众。Chris把工作文稿送给了Micky Bahtia，然后Micky打来电话并建议我尽快把论文送出去发表。

我查阅和研究了上述所有的方法，但当时我主要关心的是解决在信用衍生品销售和交易中所面临的实际问题。上述每一种方法都从不同的角度处理信贷相关问题，但在实践中，它们未必都能用于定价和估值。例如，信用计量模型、KMV模型和信用组合观点模型大多都是单时段模型，其目的是获得一段时间内的损失分布，以便进行信用风险管理及经济资本计算。

第一个概念上的挑战是摆脱单时段，主要是一年的时长，这似乎被评级机构和信用投资组合模型领域的许多机构所使用。但对于信用衍生品的交易，我们无法避开违约的期限结构。实际上，期限结构很重要，因为如果一家公司没有债务到期，它一般不会违约。在亚洲金融危机之前，韩国开发银行（KDB）是经常交易的一个信用主体。从亚洲金融危机爆发开始，韩国开发银行的信用利差就呈现出明显的驼峰形走势，在初期的两到三年内上升，随后开始下降。这是我第一次如此清晰地看到驼峰形的信用利差期限结构。市场如此反应是因为那时亚洲金融危机才刚刚开始，没有人知道什么时候会到达最低点，这也解释了利差在最初的两到三年中增长的原因。但是长期来看，市场推测，如果能够在接下来的几年内克服困难，韩国依然拥有良好的主权信用。现在一切都已经尘埃落定，韩国开发银行的信用利差走势和交易员在危机发生时的推测如出一辙。因此，我首先尝试解决信用利差的期限结构问题。我们没有花费太多的时间就构造出了一条由损失率的期限结构所表达的信用曲线。我们采用了和生命表中体现个体寿命的"生成时间"类似的方法来描述每个信用的生成时间，并将其作为标的变量。用生成时间来衡量违约让我们可以轻松地对单一名称信用违约互换期权进行定价。考虑到违约可能在保险缴费期间内的任一时刻发生等问题，我们简单地选择了连续型近似法，而非假设违约发生在缴费期间末或缴费期间中的 JP Morgan 方法或 Hull-White 方法。

毫无疑问，这其中会涉及一些关于违约后可回收比率以及回收处理假设的问题。从模型建立的视角出发，我更倾向于采用 Duffie-Singleton 回收处理假设，因为对未来为起点的交易，比如未来为起点的信用违约互换，它可以得到更一致的结果。我曾经写过一篇关于"如何建立信用曲线"的论文，作为专题报告发表在 1998 年的《风险杂志》上。在文中我提出了"违约时间"概念，也就是生成时间，用来建立单一名称违约的模型，同时阐述了怎样基于一些市场的可观测变量来建立信用曲线，例如债券价格或资产互换息差。这可能是最早的一篇关于建立信用曲线的论文。当你对信用组合中的每个个体都建立了信用曲线后，你希望得到一个可以用于描述信用组合中的联合违约资产的生成时间的联合分布。这时，连接函数就派上用场了。

我们很快就面临着"选择哪个连接函数"和"应该怎样处理连接函数中的参数问题"的抉择。那时正值信用计量模型（即技术文档）发布，我也阅读了 Vasicek 在 1995—1996 年关于信用组合模型的手写笔记。这样就建立了高斯连接函数和默顿模型之间的一致性关系。这个关系一被建立，我们立即就得到了高斯连接函数中的参数的意义——资产收益相关系数。我们用 KMV，甚至更简单的信用计量法中基于股票风险因子的模型，以及资产规模和公司的非系统风险之间的经验关系来得到资产收益相关系数。该模型的首次应用是在我们的单一名称信用违约互换头寸上，考虑到了交易对手的违约风险，使用连接函数对第一个违约、第二个违约以及债券担保证券的定价变得非常简单。因此，高斯连接函数被选中的原因主要是因为我们建立的公司资产收益率模型是基于正态分布的。在这个模型的一般形式中，我们可以用一对对不同的相关系数来建立相关系数矩阵，而不是仅仅用"单因子"或是单一参数的高斯连接模型这样针对交易而进行简化的相关性结构。我们花了大量的时间研究怎样利用不同的相关结构来降低维度和快速计算方法（例如主轴分析法）。

高斯连接函数模型与 2008 年信用危机

Q：金融行业在何时首次接收到了来自高斯连接模型信号的警告？它是怎样做出反应的？

A：2005 年时，高斯连接函数模型在校正市场价格时遇到了一些问题，这是因为大家对汽车行业的违约感到担忧。因为股权部分的利差变得很高，导致模型在对某些特定的中间层的基础相关系数进行调整时遇到了困难。在这样的情况下，你需要思考这些问题发生的原因：是模型的问题还是因为市场对某一特定证券化部分的定价不理性？举个例子，欧洲的信用利差指数（ITRAXX）美元出现类似美国对汽车行业违约产生担心的情况，但是它在校正中间层的基础相关系数时也存在问题。我曾经和一位伦敦交易员交流，建议他出售股权层的违约保险，同时买入中间层的违约保险。几天之后他就得到了超过 1000 万美元的收入，他还建议我创办一个内部的对冲基金！

在新的市场中，我们要关注一下到底是市场有效还是模型有效。对于一个基本市场的简单金融工具，交易员作为一个整体可能会对交易产品的价格做出理性判断。但是在一个全新的市场中，交易者在初期很难对复杂产品给出合理的报价。例如在欧洲信用利差指数证券化产品交易的初始阶段，只有少数几家大型投资银行提供欧洲信用利差指数证券化产品的双向报价。这些银行每天早上都向他们的客户发出买卖价的报价单。有一天，一个交易者有意地发出了朝一个方向影响市场，但具有更大买卖价差的报价，令他感到意外的是，很多其他公司的报价也随着他的报价方向走。

我们在一段时间内使用单因子的高斯连接函数和基础相关系数曲线，直到 2005 年我们在市场上对模型参数进行校正时遇到了一定的挑战（短暂的）。很多人在研究并推出其他可以替代单因子的高斯连接函数模型，但是直到现在，我还没有看到一个被普遍认可且可以服务于交易的目的的可替代的信用组合模型。最常见的模型依然基于高斯连接函数和基础相关系数曲线，只不过是对其中某些方面进行了修正，比如说用随机的回收率。

人们对高斯连接函数模型的一些理论基础提出了疑问。通常对它的批判集中在尾部独立、静态相关结构或对冲绩效不佳等方面，我希望可以对以上几点做如下详细解释。

尾部问题：正如前文所述，我们使用高斯连接函数的原因是我们用布朗运动对资产收益进行建模。几乎所有的金融理论都基于正态分布，用基础相关系数曲线处理证券化之后高级层"相关/依赖性不足"问题的一种办法，这和高斯连接函数的尾部独立存在着一定的联系。基础相关系数和期权隐含波动性的概念类似，而波动率有微笑或歪斜的特点。为了克服尾部独立，我们还可以使用混合高斯连接函数模型或高斯连接函数模型再加上随机回收率，它们和期权定价中的随机波动率模型相似。

静态相关结构：这是一个比较模糊的说法。在一个基于生成时间分布的关联模型中我们仅仅以是否违约对每个信用主体进行描述，就像把人们分为"好人"和"坏人"一样。它拥有自己的动态性质，也许它的动态性太强劲了。例如，如果从条件的视角来看相关性，你会观察到高斯连接函数模型产生过强的相关性：在组合中的一个名称在一年内发生违约的情况下，另一个与其存在正相关性名称的条件损失率会迅速上升。但是在高斯连接函数框架下，损失率需要很长的时间才能下降到原来的无条件损失率水平。

很多模型建立者觉得我们需要写出一个随机扩散方程来才能得到动态模型。我们可以利用随机过程来描述每个信用的损失率，并在测算损失率水平的过程中引进相关性。这是我试图实施的第一种方法。令人遗憾的是，它没能很好地产生和市场一致的结果，也无法承受计算量的负担。我花了一段时间才直观地理解了这个结果。你可以把损失率理解为事件违约的"波动率"。无论"波动率"水平相关结构有多强，违约事件的相关性依然很弱。Duffie和他的博士生们在这方面做了大量研究来改善随机损失率模型，通过在所有单一损失率过程中考虑共同的驱动因子或加入跳跃过程，这对解释现实世界的损失率变化确实有所帮助。但是这个模型不够简约，需要很多参数，并且这个模型在实践中很难实施和使用。我们如何使用这样的模型来管理数百个组合交易类型的日常交易呢？

2005—2008年间出现了很多"第二代"的信用组合模型，它们中的很大一部分源自利率模型的范畴。在这些模型中，着重点是整体信用组合损失分布的演变，每个单一信用的贡献只体现在期望信用组合损失函数的初始期限结构上，而具体某一段时间内的损失分布只能通过由整体损失分布的一个随机过程来获得，对于信用组合损失分布的形状和形式的研究甚少。除了与期望信用组合损失分布的关联之外，个体信用分布的动态性几乎消失殆尽。

如何对冲信用风险仍然需要我们做更多的研究。我们对冲的是信用利差风险还是违约风险呢？很少有实证研究是针对基于高斯连接函数模型建立的信用利差风险的对冲表现，即使有，他们的结论也不明确。也许可能是我有所遗漏，我确实没有读到过很多关于这方面的研究。Alex Reyfman在他就职于贝尔斯登（Bear Sterns）时曾经写过一篇研究报告。我们在花旗和巴克莱做了许多内部研究，依然没能得出一个明确的结论。针对违约风险的对冲则更加复杂。例如我们研究一个"小篮子"信用违约对冲问题，比如说四个信用组合中的第一个违约的信用掉期合同。如果要实现一个完美的对冲，我们就需要所有下列交易证券：所有四个信用的单一信用违约掉期，每两个信用组合中的第一个违约，每三个信用组合中的第一个和第二个违约。此外，如果你没有一个完美的对冲，测试对冲性能就需要很长时间，因为，违约本身就是罕见的事件。

当我作为金融机构销售交易部门从业者的时候，我就意识到了这些问题，并且和当时我领导的团队以及同事们做了很多这方面的研究。我们可以针对高斯连接函数模型从技术角度指出更多问题，但是要想找一个替代模型来解决这些问题却是非常有挑战性的。我希望看到更多关于这方面的学术研究。

Q：外界可能会认为，金融行业已经在担保债务凭证（CDO）领域建立了规模几十亿美元的风险管理业务，且仅仅通过一个公式，而这个公式又仅仅由一个人在很短的时间内发明。这样的观点是否有一定的真实性，还是他们把事实过于简化了？为什么在关联模型研究或与学术界的合作等重要方面没有更多的研究活动呢？

A：高斯连接函数模型至今仍然被应用在信用组合风险管理和信用组合交易领域。无论是否有模型，衍生品市场都在发展。例如，在B-S公式问世很久之前，人们就开始交易期权了。当然，某个模型如果能被广泛接受，将能帮助甚至有时能加快市场发展出新产品。我的论文发表于2000年，论文中的模型在1997年左右在加拿大帝国商业银行（CIBC）就已经实施了，信用衍生品市场和信用组合交易则在20世纪90年代初就出现了。

信用衍生品市场的早期发展需要好的模型来解决我们在实践中遇到的问题和挑战。债券评级机构以及其他从业者当时用不同的模型来为债券支持证券（CBO）和贷款支持证券（CLO）评级。举个例子，穆迪（Moody's）用过一个叫"二项展开式"的模型来为组合交易评级。到了2004年、2005年，三家主要的评级机构穆迪、标普（S&P）和惠誉国际（Fitch）就都开始用高斯连接函数模型方法来做评级了。

信用组合模型是个既有趣又困难的问题。首先，违约事件很少发生，保险中用于解决此类稀少事件的早期工具大多是基于独立性的假设。其次，违约现象除了受到单个企业情况的特殊影响外，也会在很大程度上受到宏观经济因素的影响。我们观察到的违约集中发生是和经济周期紧密相关的。最后，用于日常交易的模型一定要操作简便。过去的20年中学术界和业界想出来许多其他模型，这些模型中的每一个或许适用于某一种特定的情况或用于特定的交易，但没有一个模型能完全取代高斯连接函数模型。

虽然我写出了第一份关于应用连接函数到信用组合建模的论文，但这不仅仅是我一个人的努力。像我之前所说的那样，我曾经有机会与顶尖的学术研究人员和优秀的从业者们交流互动，他们在这个想法的形成和具体实施过程中起到很重要的作用。那段时间还有许多其他不同的想法和方法发表，它们也促进了我这一想法的形成。但是，当时许多人特别是学术界可能未必认可我的想法。我提出这个想法的目的就是要解决实际问题，因为我当时是在信用衍生品组工作，组里每天都会产生新的产品构思和交易想法。那时候白天我会和交易员以及结构交易分析员交流来了解实际问题，晚上我就读一些学术研究论文和行业研究论文来为这些问题寻找好的解决方案。我尽可能地吸收所有的学术研究以及该领域的最新发展。

作为一个实践者，我很乐意和其他人尤其是学术界的人交谈各种技术问题，我希望我们能找到更好的解决方案，尤其是要找到理论上合理的解决方案，而不仅仅是"工业捏造"的解决方案。我曾经在一些顶尖大学如哥伦比亚大学、斯坦福大学、复旦大学做过演讲。有一次我和我在花旗银行的老板Thierry Bollier与包括Ken French在内的一群顶尖学者坐在一桌。当时Thierry就问了和你一样的问题："为什么学术界的人不能多花一些时间来研究像信用组合建模这样的实际问题呢？"Ken先是提出反驳，他认为我们的这些问题不如金融学中的最优资本结构或者股权谜题那么重要，之后他承认说学术界的人并不了解这些问题，而且也得不到数据。

总的来说，高斯连接函数模型至今仍然在使用中，在KMV和Credit Metrics中被用作信用组合风险管理模型，在信用衍生产品中作为交易模型，它也被各大评级机构用于为结构化信用产品评级。我在文章中明确地建立了连接函数与这些模型之间的联系，但是这个领域的发展仍需依赖许多其他人的推动。

Q：如果时间倒回过去，您会对您2000年的那篇文章做出何种改动呢？

A：我对这篇论文的看法是，它用工程学的方法解决了实践中一个棘手的问题。当时我在风险度量公司（RMG）做研究员，为客户写研究论文是我正式工作的一部分。这就解释了为什么我把论文写成了风险度量公司的工作论文，我只是总结了一下几年前所做的研究。我不是一个多产的作家，因为我是一个从业者，主要职责是为我所就职的公司解决商业问题。

这篇论文背后并没有一个强有力的金融经济学理论。因此我把论文提交给《固定收益杂志》而不是更为学术化的其他期刊。多年来我一直在思考这个问题，我希望我能再写一篇关于这个话题的论文，并给这个方法增加更多的理论视角。某些关键问题在这篇论文中没有得到很好的讨论和解决，例如关于时间范围和风险度量变化的问题。

Q：当您把论文提交给《固定收益杂志》时，审查报告的语气是什么？

A：我没有得到太多的评论。我想这是一份从业者的期刊，并且文章的方法是全新的，文章的话题当时也很流行，因此它很适合这个期刊。

Q：让我们言归正传：您的模型真的像《连线》杂志那篇著名文章"灾难的配方：摧毁华尔街的数学公式"所指责的那样，摧毁了华尔街吗？

A：金融危机起源于次贷危机，次级抵押贷款是向信用较差的借款人发放抵押贷款。按揭贷款有两种风险：提前支付风险和违约风险，这与只受到违约风险影响的公司债券完全不同。正如之前提到的，我们使用生存时间来描述一个违约事件，然后使用连接函数构造一个联合生存时间分布。对于抵押贷款，我们必须使用多重递减理论来描述违约风险和提前支付风险。从建模的角度来看，很显然不能应用连接函数模型进行房屋抵押贷款的建模。当然，行业中有人试图"捏造"模型，假设提前支付是固定的，那么每个抵押贷款只面临违约风险。

其次，资产支持证券（ABS）或债务抵押债券（CDO）中的单一信用个数不一样。资产支持证券中的房屋抵押贷款总额可能在几千到几万之间。在企业信用组合建模中，我们在一个投资组合中通常最多只有上百种信用资产。房屋抵押贷款违约和提前支付的根本影响因子是利率、房屋价格指数（HPI）、借款人自身的特征（如贷款房价比、信用评分）、贷款本身性质（如固定或浮动利率），等等。我将一个动态竞争风险模型用于次级房屋抵押贷款建模，用 Cox 模型同时处理提前支付风险和违约风险，并将借款人的信用和贷款特征作为协变量。这是一个动态模型，因为利率和房屋价格指数（HPI）都是动态变量。

所以从建模的角度来看，高斯连接函数模型与次贷危机完全无关。实际上，在金融危机期间，CDX 和 ITRAXX 或任何企业信贷组合证券化产品的交易仍然都在使用高斯连接函数模型和基本相关性曲线，而且没有遇到什么大问题，至今仍在使用。由于在金融危机期间，人们对模型和市场进行调整时遇到了一定困难，因此模型本身也必须得到加强和修改。

这篇文章的作者 Felix Salomon，曾试图联系我。当时我在北京一家投资银行工作，有一天他通过总机联系到我，我不得不告诉他，由于公司的政策我不能和他交流。我对这篇文章感到惊讶，尤其是它的标题。

Q：您提到了 Cox 等比例损失模型在信用组合建模中的重要性，您是如何使用它们的？

A：我们使用具有广义可加模型结构的 Cox 等比例损失模型进行次级抵押贷款建模。这完全不同于公司信用组合模型，在公司信用组合模型中，每笔交易最多有上百个潜在的信用名称，我们希望尽可能多地使用单一信用信息。而对于次级房屋抵押的资产证券化产品来说，每一种债务都可能有几千甚至两万份个人房屋抵押贷款作为内在资产。这也解释了为什么我们想使用一个统计模型来捕获贷款的主要特点，如信用分数（FICO score）、物业类型、贷款类型和动态驱动因子，如利率和房屋价格指数等。我们使用竞争风险模型，因为每个房屋抵押贷款受到不同类型的风险影响——提前支付风险和违约风险，动态因素对提前支付风险和违约风险影响的函数形式可以用广义可加模型（GAM）来处理。因此，我们把用于次级房屋抵押贷款的模型称为"带有 GAM 结构的动态竞争 Cox 等比例损失模型"。

Q：一些学术论文给人的印象是，简单地从高斯连接函数转变到一个更合适的连接函数类就可以避免信贷危机，您同意吗？

A：我不这么认为。如前所述，该模型与金融危机完全无关，尤其是次贷危机，该模型可能帮助了公司将组合信用衍生品市场发展成为一个大市场。

当然可以使用不同连接函数以便更好地适应市场价格，但这并不意味着你已经解决了问题，你只是做了一些工程上的改进。早在 1997 年，我在加拿大帝国商业银行的信用衍生品交易和量化部门工作时，我们有一群非常有才华的人，比如 Philippe Hatsdadt、Tarek Himmo、Josh Danziger、Gerson Riddy 和 Stanley Myint，我们针对究竟用哪个连接函数的问题进行了很多内部辩论。这就是我在论文中列出了一类连接函数，并展示了如何通过控制它们的顺序相关系数来比较不同的连接函数的原因。

雷曼兄弟（Lehman Brothers）的数量分析专家最初主张用 t 连接函数来取代高斯连接函数，因为 t 连接函数表现出渐近性尾部相关性。然而，t 连接函数比高斯连接函数对相关性微笑波动的描述更差。

我鼓励人们花更多的时间和精力从金融经济学的角度来研究该模型的理论问题。在目前阶段，它仍然是一个解决复杂问题的纯粹工程模型，没有理论支持。从某种意义上说，这是相当可悲的，因为我们 20 多年来一直在面临信用组合问题，却没有一个可靠的理论。我在研究生期间接受过正规的金融经济学培训，充分意识到理论突破和简单的工程方法之间的区别。

Q：考虑到 2007 年以来的金融危机是一个代价巨大的定量分析研究的案例，我们应该从中学到什么来防止将来再次发生类似的灾难？

A：我可以强调几个使用了错误模型的案例，这可能是导致金融危机的原因之一。我希望在金融危机爆发之前，我们能有一个标准的、公开的、普遍接受的次级房屋抵押贷款模型，就像企业信用组合建模中的高斯连接函数模型一样流行。因为在金融危机期间，不同的公司对次级房屋抵押贷款为抵押资产的资产支持证券和债务抵押债券的估值有很大的不同。

穆迪的 BET 模型曾经是所有债务抵押债券的评级模型，如今仍在贷款抵押债券（CLO）评级中使用。评级机构对 SIV 交易采用了"逐期"的连接函数模型，大大低估了抵押品组合中的相关风险。这在很大程度上导致了 SIV 交易被降级，使投资者遭受了巨大损失。

我希望有更多的学者能花时间和精力去研究实际问题。我仍然认为模型是解决现实问题的有用工具。我们已经进入了大数据和金融科技的时代，但关键因素仍然是量化方法。

Q：在公众舆论中有一种声音，定量模型被认为应对管理不善负责，其有效性受到质疑。您如何回应这样的争论？

A：模型只是整个业务的一部分。我建议我们应该一直努力建立更好的模型，但更重要的是要有人，不仅能构建模型，还要能理解模型的缺点，理解业务。

正如许多人所说，模型只是一个工具，你不能责怪工具。应该由使用工具的人来承担滥用工具的责任。在许多复杂的情况下，模型是不可替代的。例如，你可以在不使用模型的情况下预测股票价格的上升或下降，但如果预测股票价格以 80% 的概率上升，以 20% 的概率下降，你已经在用一个定量模型了。

随着我们越来越依赖大数据及机器学习的技术，更多的模型会被人们使用。但是通过回溯测试来理解模型的局限性、我们所做出的假设以及模型在实际情况下的适用性是非常重要的。

Q：请问您认为在信贷危机之后出现的一些学术论文如果早在十年前就发表的话，可能会阻止这场危机吗？

A：我不知道在金融危机发生以前有任何一篇论文可以预知并预防金融危机。我记得很多年前，一位著名的应用数学家曾经说过："数学，在每一个应用领域，都是一个好的仆人，但不是一个很好的主人。"对于金融业中使用的模型也是如此。模型是现实世界现象的抽象，每个模型可能可以解决一个问题，但是不存在可以解决一个领域中的所有问题的"通用模型"。现实世界中的问题往往比学术论文解决的典型问题更为复杂，同时，这些问题的模型也非常复杂。如何判断模型是否真正解决了现实世界的问题是一个很大的挑战。你真的需要有一群人，他们能够很好地理解问题，同时也能很好地理解模型,并能判断出模型对于该问题的适用性。随着在日常决策中我们更多地使用人工智能或机器学习,上述问题将变得更加重要。

Q:有各种回顾性的书籍、论文、电影解释了金融危机。请问这些之中有哪一个最接近您经历的现实?

A:在金融危机之后的一年多时间里,我不想读任何关于危机的读物。我在北京——另一个国家、另一个经济体——工作,并试图帮助解决另一组完全不同的问题。

然后,我花了很多时间与一群经济学家一起,试图研究像中国这样的国家如何发展自己以及全球主要经济体如何相互作用。这从宏观角度拓宽了我对金融危机的看法。然而,如果我一直继续领导关于交易业务的量化团队,我就无法做到这一点。

我读了几本书,迈克尔·刘易斯的书读起来总是令人愉快,同时还有伯南克、盖特纳、保尔森的回忆录,《大而不倒》(*Too Big to Fail*)等。我还观看了电影,如《商海通牒》(*Margin Call*)和《大空头》(*The Big Short*)。很难挑出一本书、一篇文章或者一部电影可以涵盖所有事情,每种叙述都提供了不同的有趣的观点。

Q:经过长时间的沉沦,CDO 市场正在复苏。我们是否在方法上已经达到了能够控制现在的风险的程度?

A:把一类资产或风险放在一起,然后将它们切割成不同部分(证券化)的基本技术至少存在了几百年。例如,具有免赔额和上限的再保险条约已经存在了几个世纪,它非常像 CDO 证券化产品。对于基本的 CDO 市场,我觉得高斯连接函数模型加上基本相关系数曲线和一些扩展,应该能够合理地处理 CDO 市场。但是我们还应该在这个领域进行更多的基础研究。

Q:发现自己的照片被刊登在《华尔街日报》上,并因此(被隐喻地)成为金融危机的替罪羊的感觉如何呢?

A:我不是一位喜欢公开曝光的人。《华尔街日报》文章的作者 Mark Whitehouse 是哥伦比亚大学的 Paul Glassman 教授介绍给我的。Mark 在获得奖学金在哥伦比亚大学学习之前,曾在路透社工作多年,是一位很有成就的记者。在哥伦比亚大学获得奖学金项目期间,他还获得了 MBA 学位。2005 年,当信用市场出现动荡时,Mark 希望更多地了解它,Paul 建议他与我交谈。

Glassman 教授是 1995 年我在加拿大渥太华的一次随机模拟会议上认识的。

我当时只是帮助 Mark 了解市场，最多期望在《华尔街日报》C 版的文章中得到一两句话的引用。但是一篇关于市场的文章，如果再加上一些关于人的故事，很容易被期刊刊登在头版文章中。如果你仔细阅读这篇文章，会发现这是一篇关于信贷市场的文章。该文章于 2005 年 9 月在《华尔街日报》头版上发表。

Q：从职业角度说，信贷危机如何影响您？媒体报道在其中发挥了什么作用？

A：金融危机对所有从事结构性信用产品业务的人都产生了一定的影响。我的许多同事离开了这个行业，有些人因为业务损失了数十亿美元，永久离开了。作为一名量化分析师，我经常和人们开玩笑说："我们从来没有造成任何问题，但总是想努力解决一两个问题。"

2008 年 6 月，我在一家中国顶级投资银行担任首席风险官，并搬到北京工作。当金融危机彻底爆发时，我不在华尔街。我有这样一种奇怪的感觉，远离华尔街，观察金融危机的演变，从次贷危机到华尔街危机，最后到金融危机，以及全球所感受到的影响。例如，作为一名首席风险官，我不得不应对雷曼亚洲一家子公司通过我们的经纪业务购买一些股票，但是因为雷曼的破产而无法进行交割的紧急情况。作为一名从事引起金融危机发生的业务部门的员工，我知道金融危机对我所在公司或其他公司可能产生的影响。但是，我们中没有多少人预计到危机会对全球经济产生巨大影响。因为我们都将精力放在一个业务线以及和其直接相关的业务上。换句话说，我们对整个情形没有很好的宏观把握。

当时我们公司的首席执行官经常就金融危机让我提供咨询。他很惊讶地发现我做了一些正确的"预测"和判断。结果，我被邀请到其他一些金融机构和政府机构进行宣讲，但都是一些闭门会议。

在很大程度上，我更专注于我的新工作。我于 1987 年离开中国，2008 年才回国。我在国外工作和学习的 21 年，中国经历了巨大变化。从历史角度来看，这种变化在规模、速度和影响方面是前所未有的。我很高兴让自己重新融入一个新的国家、文化，并成为其发展的一部分。我有更多的责任，涵盖了多个不同领域，管理整个风险部门，我从头开始建立了一个新的量化组。此外，我还管理一个 IT 团队，构建一套全球股票交易系统，包含算法交易、固定收益和风险管理系统。我也成为一些政府机构和大公司的顾问，并加入了一些智库。

媒体报道大多发生在 2009 年，对我影响不大。我们公司的公共关系部门对涉及公司名称的任何新闻都有一定的监控能力。每当有一个带有我名字的新闻文章出来时，我都会收到通知。在大多数情况下，我只是忽略了它们。

Q：我找不到很多关于您的采访。为什么您之前不接受采访？谈谈您在信贷危机中扮演的角色。

A：我不是一个喜欢得到别人或媒体关注的人。在研究方面，我非常乐意与可能感兴趣的任何人讨论。金融危机是由许多力量综合造成的。这是一个如此广泛的话题，而我仅仅是碰巧在引发金融危机的业务领域中工作。信用组合模型的连接函数方法，或其简化版本的高斯连接函数模型，已经被广泛应用于行业中，这也许在一定程度上帮助了信用组合业务的快速发展。从学术角度来看，它只是解决复杂问题的一种简单而优雅的方式，从理论的角度来看，它并没有什么值得显著关注的地方。这个领域还有更多的工作要做。

卓志：教育与保险事业的执着耕耘者和追梦人

南 西

卓志（1963—），四川泸州人，经济学博士、教授、博士生导师，现任西南财经大学校长、党委副书记。1988—1991 年在南开大学攻读硕士学位（中美联合培养首届精算硕士）；1991 年到西南财经大学任教；1997 年获西南财经大学经济学博士学位；1997—1999 年获德国洪堡奖学金赴德国曼海姆大学风险管理与保险经济研究所从事博士后研究。1997 年起，卓志先后任西南财经大学保险学院副院长、院长，西南财经大学党委常委、副校长；2014 年 12 月任山东财经大学校长、党委副书记；2018 年 1 月任西南财经大学校长、党委副书记。卓志是享受国务院政府特殊津贴专家、全国出国留学回国人员先进个人获得者、北美精算协会精算师（ASA）、中国精算师协会正会员、第一届中国保监会偿付能力标准委员会委员、教育部霍英东高校优秀青年教师研究基金获奖者、教育部优秀中青年教师资助入选者（后统称新世纪人才）、四川省有突出贡献专家、四川省学术与技术带头人、四川省高等学校教学名师。兼任中国保险学会副会长、德国洪堡基金会研究员、教育部高等学校金融学类专业教学指导委员会副主任委员、第一届全国保险专业学位研究生教育指导委员会副主任委员、中国精算师协会常务理事、国家自然科学基金和国家社会科学基金评议专家等。

卓志主要从事商业保险、风险管理和精算等领域的研究。主持教育部哲学社会科学研究重大课题攻关项目、国家社会科学基金重点和面上项目、国家自然科学基金以及省部级课题15项；在国内外发表学术论文100余篇；出版个人专著5部；主编全国或行业规划教材4部；主持国家级精品和资源共享课程寿险精算；获全国人文社会科学研究优秀成果（经济学）二等奖、国家高等教育教学成果二等奖、四川省高等教育教学成果一等奖等10多项国家及省部级奖励。

求学问道，惟日孜孜

上世纪80年代，中国大地沐浴在改革开放的晨光里，经济建设如火如荼，社会发展欣欣向荣……1988年，作为南开中美联合培养保险学（精算方向）首期15名学生中的一员，卓志自此开启了他与南开大学的终生情缘，也奠定了他与中国保险教育事业的不解之缘。

改革开放之初，中国保险业处于复业起步阶段，保险人才极度缺乏，保险企业既没有精算部门，也没有懂精算的专职人员，迫切需要培养一批具有现代知识和技能的保险人才，特别是精算人才，推动保险业走上现代化、科学化发展之路。当时国内大学不具备培养精算人才的师资条件，南开大学率先尝试从国外引进精算学师资培养精算师。在美国天普大学终身荣誉教授、著名风险管理专家段开龄，南开大学老校长滕维藻、刘茂山等先生的不懈努力下，南开大学与北美精算师协会（SOA）联合培养精算专业研究生，首创精算人才培养的"南开模式"，开创中国精算教育之先河。卓志是首期15名学生中的一员。

其时，北美精算师协会选派了一批美国、加拿大精算学资深教授和知名精算师授课，课程体系参照美国天普大学精算学硕士培养方案，采用最新教材和全英文授课。中方的学术指导教师则是我国资深金融保险学者和教育家、中国金融学科终身成就奖获得者刘茂山教授等。学生们不仅学习了系统完整的精算学知识，也得到了学术研究、论文写作等学术能力的严格训练。跟随教授们学习专业知识，也耳濡目染名家大师做人做事做学问的风范，学生们受益颇多。段开龄教授不仅亲自给学生们讲课，还经常与学生们交流，勉励他们"如今认真学习，将来继续努力，使精算学在中国普遍发展，以为中国保险及社会福利事业奠定科学化和现代化的基础。如今，你们正逢大好时光，愿每个人及集体的努力，抱着拓荒的精神，为世代的中国人造福，你们来日所做的贡献，也为我了却一些当年来美学习，回馈祖国复兴和建设的心愿！"导师的殷切期望和我国第一批精算人才的使命都让卓志备受鼓舞。

求学期间，卓志勤学善思，将自己所学融入对保险企业的观察思考，写出了论文"试论保险企业自身的风险管理"，发表在《南开经济研究》上，被《新华文摘》全文转载，在业界和学术界引起强烈反响。该文在全国率先研究"保险公司自身的风险管理"，建议保险企业成立专职风险管理部门以实施和监督风险管理，呼吁有关方面重视保险企业自身风险管理，完善风险管理制度，对行业后续发展具有重要意义。今天的保险公司均已设立风险管理委员会，专门应对风险问题，风险管理已经成为保险企业管理的重要组成部分。这次学术尝试让卓志体会到了学术研究的价值与意义，坚定了他踏上学术之路的信心与信念。

"允公允能，日新月异。"回忆起自己的南开岁月，卓志说，南开给予我的不只是知识，更重要的是精神和灵魂的滋养。南开启迪了我的学术理想，坚定了我的情怀使命，这是一所优秀大学所散发的独特的精神魅力对学生润物细无声的浸润和塑造。1995 年，他通过北美精算师全球资格考试并获得国际认可的精算师（ASA），同年考取西南财经大学货币银行学博士，师从著名金融学家、金融学教育家、中国金融学科终身成就奖获得者曾康霖教授。1998 年，其博士论文《保险经营风险防范机制研究》出版成书，受到时任中国保险学会常务副会长潘履孚先生高度评价，称"该书具有超前性，是国内系统研究保险经营风险防范机制的第一本书，是值得一读的好书"。博士毕业后，卓志获得世界著名的德国洪堡奖学金赴德国曼海姆大学从事博士后研究。海外求学期间，他克服种种困难，全身心投入学习、研究之中，先后参加德国保险协会、德国精算协会、新加坡太平洋风险与保险学术年会、日本东京东亚精算研讨会等国际保险学界的重要学术研讨会议，研究境界显著提高，学术水平突飞猛进。在德国做研究期间的主要成果，整理成《人寿保险经济分析引论》专著，由中国金融出版社出版，是国内从经济学视角研究人寿保险的开篇之作，实证分析贯穿全书，提出的体系、架构、逻辑、内容和观点，在我国保险领域研究中具有方法论上的重大创新和突破。

教书育人，润物无声

随着中国改革开放进程的加快和自己求学求知视野的拓展，卓志清醒地认识到中国的保险事业蕴藏巨大能量，前景广阔。要缩小与国外的差距、发展壮大我们自己的保险事业，需要基础理论研究突破，需要培养优秀保险人才，更需要有一批优秀的保险学科教师。而从事教学与研究工作，既是他的志向所在，也是情感所系。无论是面对从南开毕业时国内外大型保险公司的极力邀约还是后来留学德国时导师的极力挽留，这一选择都没有更改过。1991年从南开大学毕业后，卓志选择来到位于四川成都的西南财经大学，从事保险教育与研究事业。那时的西南财经大学直属中国人民银行主管，是一所具有显著金融行业背景和金融学科特色的大学，在高等财经教育领域享有卓越的声誉，也给卓志提供了广阔的人生舞台。

在这里，他坚守三尺讲台培育优秀人才。卓志30岁晋升为副教授，35岁晋升为教授，38岁成为博士生导师。先后为本科生、研究生讲授商业保险理论与方法、保险精算学、风险管理与保险专题、保险经济分析、利息理论等基础课程和前沿课程。课堂内容深入浅出，以大量保险实例讲解专业理论，讲课生动，注重启发学生独立思考，培养他们的理性思维和探索精神。他领衔的寿险精算课程2007年成为西南财经大学精品课程，2008年成为四川省精品课程，2009年成为国家精品课程，2013年升级为国家精品资源共享课。卓志不仅指导学生的学业，而且注重发掘学生的学术潜力，很多学生在他的推荐下到国内外著名大学深造；他不仅关心学生在校时的学习和生活，而且持续关注学生的就业情况及后续发展，学生遇到专业上的瓶颈和事业上的困难都愿意找卓老师寻求指点与帮助，他总是竭尽所能帮助年轻学子。他说，受人之托，忠人之事。承诺的事，都尽力去做，即使没有做到也会如实告知，及时答复。在学生们心中，卓老师平易近人，儒雅谦逊，思想深邃，治学严谨，随时随地脑子里都装着学术问题，思考学术问题。他爱护学生，尊重学生，但是在学业与学术问题上态度严谨，要求严格。卓老师以言传身教，做学生的学业导师和人生之师。辛勤耕耘自然桃李天下，如今他的很多学生已经或者正在成为财经界、政府部门尤其是保险业的中坚力量和领导者，也有许多学生像他一样投身教育事业，成为大学里的年轻学者和优秀教授。

  在这里，他编写我国第一部精算学教材。精算学是舶来品，上世纪90年代初期时国内没有现代精算教材，仅有的资料对于师生而言既陌生又晦涩难懂，当时的保险业正处于复业后的起步阶段，几乎没有可借鉴的范例与成功经验。教师不知道教什么、怎么教，学生不知道学什么、怎么学、学了有什么用。为攻克这一难题，卓志决定从最薄弱也是最基础的环节编写精算教材入手探索培养创新人才。在日常教学工作之余，他将自己的时间和精力都投入到教材编写当中，图书馆、教室、书房三点一线，夜以继日，始终如一。在南开及美国师长的帮助下，凭借自身专业素养，他终于在1993年出版了《寿险精算理论与操作》。这是一部高起点、前瞻性、系统性的精算著作，其恩师段开龄先生欣然为之作序，称"这是精算引进中国后的一个新的里程碑，是卓君对中国精算的贡献"。日本精算协会多位精算师对此书给予了很高的评价，称"中国大学生能有这样的好书，甚为幸运"。《寿险精算理论与操作》荣获首届中国高校人文社会科学研究优秀成果（经济学）二等奖。该书迄今已发行到第三版，被国内众多高校用作本科生教材或研究生学习参考书，或被保险企业员工及相关人员用作指导实践的理论参考书。后来，卓志又先后主编全国或行业规划教材四部，主编"十一五""十三五"国家规划教材或出版物三部。

  在这里，他积极探索保险人才培养的新模式。西南财大是全国最早培养保险专业人才的院校之一，1985年在中国人民保险公司资助下，率先在金融系开办保险专业。1991年，卓志从南开毕业到西财任教，恰逢保险专业从金融系分离出来，成立独立的保险系，他与同事们一起开启了保险人才培养的新探索。1997年，西财成立全国首家保险学院，卓志担任副院长，分管教学、科研等工作；2000年担任院长，主持学院全面工作。在保险学院工作的13年里，一方面，他始终坚守教书育人一线，为本科生、研究生先后讲授过多门课程，培养了不少现在活跃在保险界的中流砥柱。另一方面，他带领学院大力推进保险人才培养模式改革，在培养目标优化、课程体系构建、实践实训教学、精算实验室建设、中英联合培养国际保险会计硕士、为保险监管和公司战略咨询服务等方面做了大量奠基性和开创性的工作，也积累了不少独特的办学经验，保险教育的"西财模式"广被同行和业界赞誉，在全国影响甚大。后来卓志担任学校副校长，面对金融、保险、会计等人才在国际人才市场上定价高、难以引进的现实，他提出实施师资储备计划，通过选拔资助校内优秀本科生到国外留学攻读博士的方式培养高层次师资，该项目目前已显现出较好成效。

在这里，他推动保险教育积极回应时代发展新要求。卓志一直倡导保险教育要引领行业发展诸多变局。在担任第一届全国保险专业学位研究生教育指导委员会副主任委员、中国精算师协会常务理事、教育部高等学校金融学类专业教学指导委员会副主任委员期间，他与委员会的专家共同探讨高层次人才培养模式、课程体系设计、教学方式改革、教材编撰等人才培养方面的重大改革和创新；倡议成立中国保险教育论坛，加强保险学术交流，提高保险教学与科研水平，推动保险教育创新，为中国保险业的持续发展培养人才并提供理论支持；推动建立中国第一个国际保险会计师培训中心，参与创立中国保险中介考试、中国精算师考试制度设计和前期命题组织工作；卓志还是中国人寿集团和中国再保险集团等博士后工作站指导导师，参与高层次实践型创新人才的培养探索。他认为，随着世界范围内新一轮科技革命与产业革命的到来，世界经济政治格局正在深刻调整，传统的产业形态、分工与组织方式等正在发生颠覆性变化，必将重构人们的学习、生活和思维方式。现代保险科技为保险全产业链和保险专业教育带来前所未有的挑战，2018年他在斯坦福大学所做的题为"保险科技：将带给保险业一场革命？"的演讲中，提出全球创新和金融科技发展背景下的保险发展的历史本身就是保险科技发展史的论断，并就保险科技的保险和科技及其结合的内涵进行深入阐述。在高等教育和保险业界，他呼吁保险教育应放进新时代、新科技、新财经的背景下进行再定位，学科发展、人才培养及师资队伍建设等都要适应新时代、新趋势和新要求，朝着"保险＋科技"方向跨界发展。

述学立论，经世济民

经济学本是经世致用之学。回想自己当年与南开的结缘、与经济学的相遇更多是出于青年知识分子受时代主题的影响。感受着国家经济建设的热火朝天和改革开放的如火如荼，卓志毅然从在高校讲授数学转向学习研究经济学，从攻读硕士、博士、博士后到成为保险学界和业界的知名专家。他潜心商业保险、风险管理和精算学等经济学科领域的科学研究，述学立论，建言献策，经世济民，倾注了自己对教育和保险事业的执着情怀和热爱。几十载默默耕耘，他先后主持国家和省部级课题15项，国内外发表学术论文100余篇，出版个人专著5部，获中国高校人文社会科学研究优秀成果（经济学）二等奖、国家高等教育教学成果二等奖、四川省高等教育教学成果一等奖等10多项国家及省部级奖励。

实践品格是其学术理想的鲜明特色。在理论研究中，他始终立足保险业发展的最前沿，以行业发展中的新问题为素材进行研究，大胆探索，严谨求证，致力于取得创新性成果，对保险行业起到积极推动和引领作用。他始终坚持立足中国国情，以中国保险业为对象和样本，在充分吸收借鉴国际保险业发展模式与成功经验的同时，注重独立思考、自主研发，在保险领域以科学的方法解释中国问题，形成中国智慧，做出中国贡献。

多科交融是他学术创新的重要方法。他主张，保险问题的研究应该突破保险学理论本身，协同自然科学、人文学科及其他社会科学开展纵深交叉研究，应有多学科、跨学科、跨领域融合研究的范式。他认为，高校教师队伍侧重理论研究，保险实业研究者侧重保险对策与实践问题的改革研究，一些海外学者及跨国保险集团研究机构则侧重保险市场开放策略及中国本土化与保险发展关系的研究，不同研究主体的相互学习、借鉴、思辨必将促进保险研究的深化。在保险理论研究中，卓志一直倡导创新思维，在多学科协同中寻求突破。他在全国率先提出财务与精算融合发展的一体化思想，即在财务会计基础上融入精算学，在精算学里加强财务会计的融合。他主编的《精算学通论》创新性地把人寿、财产和养老医疗精算融合起来，为非精算学专业人士提供了一体化的思考和解决问题的样本和模板，极大地推动了精算在国内的推广应用。为培育新的学科增长点，卓志将研究视野延伸到艺术金融、大数据与人工智能、区块链、金融科技等新兴领域。他大力推动艺术金融专业建设，鼓励艺术金融领域校企合作，倡导组建了中国艺术金融研究院。卓志预见，随着我国经济社会发展，人们对艺术品需求提高的同时对艺术品风险的关注也将相应提高。探索艺术品保险和风险管理不仅是艺术金融的有机构成和不可或缺的内容，更是艺术品和艺术市场健康发展的时代要求和现实课题。

家国情怀是他科学研究的显著特征。卓志在科学研究上的基本立场来自于他承袭的南开大学"允公允能，日新月异"的校训和西南财大"经世济民、孜孜以求"的大学精神，来自于他长期扎根教书育人一线的实践，也来自于他在国内外金融机构访学、工作、调研的切实收获。他是国内较早系统探究西方现代保险学术史的学者，在向西方学习的过程中主张以博大胸怀博采众长，但是反对简单的拿来主义，主张中国保险研究者和学者首先应当成为中国保险理论研究工作者。他的研究以引导保险业正确发展方向与途径、指导和解决保险业现实问题为最高境界。2008年四川汶川特大地震发生后，卓志敏锐意识到巨灾风险研究的重要性并开始这个领域的研究，2010年在竞标教育部哲学社会科学重大攻关项目"巨灾风险管理制度创新研究"中脱颖而出。作为首席专家的他带领团队历时三年多时间所得出的成果《巨灾风险管理制度创新研究》由经济科学出版社出版，为我国有关巨灾保险的决策提供咨询和服务，为近年巨灾保险的落地及发展提供理论支撑。时至今日，该专著仍然是经济学、管理学等跨学科研究相关领域的重要著作。

潜心学术已经成为他生命的基本形式。他对他的学生说，在学术研究的道路上没有什么秘诀，关键就在于能不能比别人更冷静一点，更务实一点，看得更远更深入一点，努力得更久一点。不论是熟悉卓志的人，还是与他只有一面之缘的普通人，都会感受到他的谦谦君子之风。

管理服务，执著一流

2018年1月卓志成为西南财经大学校长，此前他先后担任过西南财经大学副校长、山东财经大学校长。如果从1997年他担任西南财经大学保险学院副院长算起,已在大学管理岗位上辛勤耕耘了20余年,即使从2004年任副校长算起,迄今也已15年。20余年来,他是高等教育领域的知名保险学者,又是保险行业的战略咨询专家。在国家保险事业的起步阶段,他从编写教材等人才培养的基础性工作开始,甘做保险事业的铺路人;在保险事业繁荣时期,他敏锐观察,冷静思考,甘做保险事业的护航者;当保险事业进入高质量发展时期,他没有止步于保险学科的"小我"和学者的"小我",而是投身"扎根中国大地,办人民满意大学"的时代课题中。

作为教书育人的亲身实践者、执着探索者,卓志对党和国家立足新时代提出的"加快一流大学和一流学科建设,实现高等教育内涵式发展"有着自己的理解和思考。他认为,"一流"是建设高等教育强国、支撑民族伟大复兴的新要求;"一流"是坚守大学之道、弘扬大学精神的新定位;"一流"是教育工作者矢志不渝追求卓越信念的新升华。他的办学治校理念和实践体现在他对"大学"之"大"的理解、阐释与践行中。

大学之大在于责任。大学始终滋养着世界的未来和希望。诞生于民族危亡之际的南开与西财,都承载着兴学报国、立德树人的历史使命。卓志认为,立德树人,培养担当民族伟大复兴重任的优秀人才是大学的根本使命和最大责任。一所好大学要能够让学生领略科学的魅力与深邃,收获厚实的知识和卓越的能力;一所好大学要能够锻造学生奋进超越的品格,涵养学生求知报国的使命与情怀。在管理实践中,他在探索完善"三全育人"体系、推进教育教学改革、加强教风学风建设、促进学科融合发展、引进培育优秀教师等方面下气力最多,他也深知这些方面不会一朝一夕就见成果,却是一所大学的根基所在。

大学之大在于贡献。大学的高质量内涵式发展,本质是大学人才培养能力、知识创新创造活力、服务国家民族发展贡献等的集中反映,更是办人民满意大学的具体实践。卓志主张,大学必须把科学研究放在繁荣哲学社会科学、推进知识传承创新的时代背景中,把社会服务根植于国家繁荣和人民幸福的追求之中。南开和西财都曾汇聚了一大批学贯中西、融通古今的名家大师,也涌现了众多代表时代学术思想高峰的经典之作,积淀了迈向世界一流的深厚的历史、学术和文化底蕴。在推进学校改革发展中,他始终坚持服务国家、行业、区域重大需求的战略定位,聚焦金融行业风险管理、建设西部金融中心、推进乡村振兴和精准扶贫、服务国家"一带一路"倡议等重大现实问题,倡导发挥经济、管理、法学等多学科的优势,努力为推动构建中国特色哲学社会科学贡献西财力量。

大学之大在于格局。大学是一个时代精神文化的高地。当今世界开放融通、变革创新,全球科技互联、文化互通、经济互动、文明互鉴,形成了各美其美、美美与共的交融局面。大数据、区块链、人工智能、金融科技等前沿技术飞速发展,世界局势将更加风云变幻,国际竞争将更加激烈,必将改变大学的格局。卓志认为,大学的人才培养、知识创新、服务社会都要立足中国大地,在深刻洞悉和把握世界经济、科技发展趋势中发挥示范引领作用;文化建设要在坚持社会主义核心价值观基础上树立全球视野和世界意识,真正做到不忘本来、吸收外来、面向未来,在融通古今中外各种优秀文化思想资源中守正创新。

"办大学,需要保持定力,久久为功。办大学,需要仰望星空,脚踏实地。"卓志如是说,如是做。

允公允能,日新月异;经世济民,孜孜以求。卓志对南开和西财有很深的眷恋和感恩,因为她们共同成就了自己对教育事业的真挚热爱。回首过往,卓志的工作生涯有过三次重要选择:第一次是从南开大学毕业,作为中国第一批精算人才主动选择投身精算教育;第二次是在德国完成博士后研究后主动回国执掌三尺讲台;第三次是顺应工作需要成为一名教育管理者。敦促他主动选择、主动适应的唯一动力就是对教书育人的真挚热爱。他说,他喜欢课堂讲授与案头研究这种简单的快乐,学校就像他的家,学生就像他的家人,工作是他的兴趣。他以一生扎根教育为业、为命、为荣!在喜迎南开百年华诞和奠基百年西财之际,他说,愿南开光大,西财光大,教育事业更加辉煌!

倪鹏飞：矢志于经世致用的城市主义经济学家

沈立　徐海东

倪鹏飞，1964年出生于安徽阜阳，1994—1997年在南开大学经济研究所攻读硕士学位，1997—2000年在南开大学经济学系攻读博士学位，目前主要致力于城市经济学、房地产经济学、竞争力经济学等领域的研究。现任中国社会科学院城市与竞争力研究中心主任，中国社会科学院财经战略研究院研究员、博士生导师，香港中文大学荣誉研究员，南开大学、华中科技大学等校兼职教授，国务院特殊津贴专家，同时担任中国城市经济学会副会长、中国城市百人论坛秘书长、世界银行-中国社会科学院中国营商环境课题组中方负责人（2006—2008年）、中国社会科学院-联合国人居署联合课题组组长兼首席城市经济学家（2016—2022年）以及多个城市的政府顾问和智库专家。先后承担多项中央交办课题和国家级重大基金项目，以及国际组织、国家部委、地方政府委托课题。主编《中国城市竞争力报告》《全球城市竞争力报告》《中国住房发展报告》《中国国家竞争力报告》等中英文著作40余部，在 Urban Studies、Cites、《中国社会科学》和《经济研究》等权威杂志上发表论文百余篇。代表作《中国城市竞争力报告》获第十一届孙冶方经济学著作奖，多项要报成果获得国家领导人批示并被授予特等奖和一等奖。

过去40年间，中国的城市凭借改革的东风快速发展，在彼此竞争和合作中逐渐迈向现代化。在这个瞬息万变的时代，以科学的方法丈量各个城市的步伐是经济学界炙手可热的"显学"，更须以端正严谨的态度慎而思之、勤而行之。在这一领域内，《中国城市竞争力报告》是一份具有不可取代的理论和实践价值的系列文献，并形成了备受学界和社会赞誉的学术品牌。

这一报告的作者就是南开学人、中国社会科学院城市与竞争力研究中心主任倪鹏飞老师。自南开大学经济学系博士毕业后，他深耕城市经济领域近二十载，将南开低调严谨、经世致用的学风注入自己的研究方向和教学实践中，创造了一系列城市经济学创新理论，并能基于广泛深入的调研对趋势做出超前判断。他带领团队撰写的对策要报，多次受到国家领导人的批示，其许多政策建议也被采纳。

自幼身微志远，艰难困苦玉汝于成

倪鹏飞老师 1964 年出生于安徽省阜阳市一个贫穷的小村庄，但他从小就有力争上游的强烈意识，从小学三年级到初中毕业，年年被评为三好学生。1977 年高考制度恢复，更激励他潜心学习数理化知识。中考时，信心满满的他将自己的名字改成倪鹏飞，放弃报考中专，选择报考省重点中学。然而，尽管他在班级名列前茅，但当地整体教育水平与先进地区差距悬殊，他非但没能考上省重点高中，连县重点高中都没能考上，最后只能勉强进入一所普通农村高中，这是他经历的第一次人生挫折。

农村中学条件极其艰苦，师资极度匮乏，学校生活条件也极其艰苦，每餐只能吃家里带来的干面条和干馒头，一到夏天这些面条和馒头还极易发霉，有时还吃不上这些食物。学校没有专门的宿舍，学生们只能在教室里打地铺，许多同学因此染上湿疹。更沮丧的是，高中的第一学年，他的成绩总是处在全班倒数位置。面对逆境和艰苦，他没有气馁，而是常用孟子的话激励自己，提醒自己奋发向上，第二学年成绩便突飞猛进。

然而，人生严峻的磨难远未结束。1981 年他首次参加高考，成绩全校第一，却依然名落孙山。在县重点中学复读后，由于外语较差，他最终只考取了六安师范专科学校，1986年大学毕业后被分配到阜阳师范学校，工作不久就遇到重大挫折。他下决心通过考研走出困境，有所作为，于是一边工作，一边从零开始自学外语、数学和专业知识。八年的刻苦自学和逆境磨炼为他奠基了系统的专业知识，也锻造了坚韧不拔的意志品质，终于在1994年，刚过而立之年的他考取了著名学府南开大学，成为经济研究所政治经济学系房地产方向硕士研究生，师从著名房地产经济学家曹振良教授。1997年又在同一专业方向攻读博士学位，师从著名区域经济学家郝寿义教授。

负笈南开六年，学思研陶塑为学人

南开大学经济研究所和经济学系是蜚声中外的经济学研究机构，1927年经济研究所创始人何廉教授通过市场调研创立了物价指数"南开指数"，至今仍是中国经济史上的重要一笔。在这里，倪鹏飞老师接受了严格的学术训练，继承了南开经济学系一脉相承的研究方法，还初步尝试了理论创新；更为重要的是，他受到南开"知中国，服务中国"的学术传统和低调严谨的优良学风的熏陶，确立了学术报国的人生理想。

刚入学时，倪老师只是希望通过学习房地产专业知识，从而投身到火热的实践中去，但是命运之神却引领他走向了完全不同的一条道路。硕士毕业的求职很不顺利，但作为备选方案的博士入学考试却很"容易"，最后他只得选择了读博。博士生活是十分单调的，主要围绕图书馆、宿舍和食堂"三点一线"展开。在逐渐习惯了"冷板凳式"的学习生活，静下心来思考自己的未来时，他隐约意识到，自己或许更适合做学问。

从学生到研究者的第一步，首先是进行系统严格的学术训练。博士刚入学，他便因学习方式问题受到老师的批评，由此加倍努力，利用一切可以利用的时间深入研读城市经济学原著。1997年郝寿义老师被调到天津市政府挂职后，做的第一个课题就是调研天津城市竞争力在全国的相对地位，倪老师也跟随导师到深圳、珠海、上海等地调研。由此，何廉院长奠定的南开学人调查研究的学术习惯和方法，通过郝老师的言传身教在他身上深深扎下了根。

在校期间，倪老师经常利用假期深入各地实地调研，他曾经和同学一起到家乡企业进行调研，并撰写了关于国企改革的调研报告，上报主管部门后得到全国表彰。后来，他的许多创新和发现也都来自实地调研。与此同时，倪老师也非常重视理论创新。在写博士论文的过程中，他非常希望能提炼出像迈克尔·波特的"钻石模型"一样的经典理论。数个日夜的苦思冥想后终于灵光闪现，他决定用"弓弦箭"作为城市竞争力理论最简洁生动的概括，如今也成为城市竞争力理论的经典。

另一方面，南开功底扎实、行事低调的风格也给倪老师的学术生涯打上了深深的烙印。令他印象最深的一件事就是，在博士论文开题报告会上，他为了强调选题的价值和意义，强调了该研究的开创性贡献，受到导师组老师的严厉批评："那有什么第一，做研究一定要扎扎实实，不要有任何虚浮，以后不准再有什么'第一'之类的表述。"这个批评给他留下很深的印象，离开南开走向社会，尽管做了许多研究工作，但他始终保持着南开人一贯的低调严谨的风格。

博士学习生活是艰苦的，但幸运的是，倪老师得到了校内许多老师的提携与帮助。作为导师的郝老师经常用赞扬鼓励的方式来教育学生。考虑到城市竞争力研究需要大量的经费和数据，郝老师还特意提供了几万元的课题经费，支持他搜集资料和实地调研。博士毕业的时候，阜阳电视台专门把倪老师作为励志典型进行了访谈，当摄制组采访他和郝老师时，倪老师触景生情讲起古代"薛谭学讴"的师生离别故事，而郝老师则非常机智地说："中国社科院会有更好的'秦青'。"在撰写博士论文的过程中，时任南开大学副校长、组合数学中心主任陈永川老师及学生侯庆虎博士给予了全力技术支持，正是由于使用了先进的计量方法，他博士论文的思想得到更好的论证。

甘选筚路蓝缕，成名之后更加发奋

2000年，倪老师博士毕业并确定去中国社科院工作，但他对自己未来能做出怎样的研究并无把握。他将博士论文送给社科院著名经济学家李扬评审，受到了夸赞，入职当天就加入其研究团队并赴浙江调研。不久他又陪同著名经济学家张卓元、杨圣明参加社科院的北海调研团，他撰写的调研报告受到两位老师的赞赏，未做修改就顺利通过。初入社科院就受到一直仰慕的著名学者的表扬，大大增强了他从事学术研究的信心。

在经过短暂的工作困难期后，2002年，倪老师关于城市竞争力的研究成果在《经济日报》多个整版发表，随即在国内产生巨大反响。新浪网首页转载的半个月内，文章的点击量高达千万次。"十年寒窗无人问，一朝成名天下知"，各界关注纷至沓来。鉴于城市竞争力研究的热度持续上升，倪老师与社会科学文献出版社商定从2003年起出版年度《中国城市竞争力报告》。当时的他一没有研究资金，二没有研究团队，他首先进行研究组织的创新，约请全国各地城市专家，组建一个由中国社科院学者牵头的课题组，以自费研究开始起步。倪老师和侯庆虎带领课题组夜以继日地拼命工作，终于在2003年3月如期发表了《中国城市竞争力报告 NO.1》。报告一经发表即被国内外媒体广泛转载，一时洛阳纸贵。两年后，这份具有自主创新的理论体系、规范严谨的写作范式、广泛的社会影响和重要的决策参考价值的学术报告被授予第十一届孙冶方经济学著作奖。

2005—2010年，倪老师进入创业发展最艰苦的时期。因为城市竞争力研究涉及排名，所以老师坚持"瓜田不纳履，李下不正冠"，谢绝多个合作，通过节约其他研究项目的经费来填补资金缺口，进而创造出一套较为艰难的可持续发展机制。由于中国城市竞争力报告的独立性、客观性和公正性，它越来越受到社会广泛的关注，成为中国社会科学院的重要学术品牌，在国内外拥有很高的知名度、美誉度和影响力。截至目前，《中国城市竞争力报告》已发表17部，受到财贸所及财经院的历任领导江小涓、李扬、裴长洪、高培勇、何德旭特别重视，王伟光、谢伏瞻、陈佳贵、蔡昉、李培林等院领导也一直给予大力支持。

在创建学术品牌和平台之后，2010年后倪老师又带领团队开始就城镇化、空间金融、房地产等问题进行理论与实证研究，在前期深厚的学术积累基础上很快取得了显著成效。从2013年到2015年，倪老师相继在《中国社会科学》、《经济研究》、*Urban Studies*等国内外顶级期刊上发表多篇学术论文，并提出了一系列有关城镇化、空间金融、房地产等具有重要现实意义的原创性理论。

在城市和房地产理论创新取得重要突破后，2015年，倪老师和研究团队将重点聚焦到城镇化和房地产的对策研究上。一方面，他将城市竞争力报告的年度主题聚焦在城镇化领域并注重前瞻性地发现问题和提出可操作对策；另一方面，及时跟踪中国房地产发展形势，为有关部门提供决策服务，并积极参加文件起草会议等各种重要会议，承接中央交办课题，一系列决策建议受到国家领导人的批示。

致力原始创新，望成理论一家之言

20多年的学术生涯充分展现了倪老师出色的理论创新能力，其构建的一系列形象而新颖的原创理论，不断地显示出对相关现实问题的解释和预测能力。第一，他创立了分析城市竞争力的"弓弦箭"理论模型，形象地说明了城市竞争力的关键因素及其相互关系，成为国内外学者分析城市竞争力的基础理论框架。第二，将竞争力与可持续相结合，构建了可持续竞争力理论，进而提炼了人类理想城市的目标内涵与实现路径，受到国内外学术界和政策部门的高度重视和认同。第三，构建了开放经济体系下的农村剩余劳动力转移模型，不仅解释了中国阶段性半城市化（即城市化滞后于工业化）的原因，而且为解释多种类型的工业化与城市化道路提供了一般分析框架。第四，将住房置于宏观经济和制度政策系统中，构建中国住房发展分析框架，进而建立了量化分析和预测模型，准确解释和预测了中国住房市场发展过程和变化趋势。第五，通过回顾40年中国城市崛起的实践，提炼了中国城市发展是制度改革、非农聚集、企业全球分工和政府城市经营等四种因素的不同耦合与轮动的理论。在上述中国与全球城市研究理论的基础上，他进一步尝试建立城市发展经济学和城市主义经济学。

除了理论创新，他在学术研究中还表现出一个优秀学者所特有的前瞻性和洞察力，通过广泛深入的实地调研以及文献阅读，他常常能够超前洞察迹象的逐渐变化，率先做出重大趋势判断。他在竞争力等系列报告中关于深圳最具竞争力的判断,关于长江战略的建议、关于苏沪浙皖经济区的判断、关于东中一体的判断、关于城市群体系和都市圈的新发现,以及关于新型全球城市的判断等多在二至四年后被实践验证、文献引用或者付诸相关战略实施。

在一系列学术实践中,倪鹏飞老师创造性地走出了一条理论指导实践的有效道路。一般而言,经济理论很难又快又好地指导实践,但是通过将理论细化为具体指标,再利用指标评价实践活动,就可以发挥激励和决策参考作用。城市竞争力评价就是一个重要模式创新。

矢志学术报国,政策建议多获转化

倪老师怀揣"学术报国"之理想,在"学成文武艺"的同时,还积极致力于服务国家和社会。一方面,他带领团队发布政策性研究报告,特别是每年在中央经济工作会议前发布的《中国住房发展报告》,深受高层关注,往往报告一经发布即被国务院办公厅和相关部委调阅,对政府决策起到了非常重要的参考作用;同时,他还带领团队在有关区域发展、新型城镇化、棚户区改造、住房长效机制、房地产调控等研究的基础上撰写对策要报上报中央,其中,多项要报成果得到李克强等国家领导人的批示,相关建议被采纳,并多次荣获中国社科院对策研究优秀成果特等奖和一等奖。另一方面,倪老师作为城市与房地产领域的权威专家,多次参与中办、中宣部、发改委、住建部等组织的专家座谈会,为城市与房地产相关政策制定提供政策评估和意见咨询,并多次出色完成中财办、全国人才领导小组、国务院办公厅、发改委、住建部等交办的任务。此外,倪老师自2001年以来,应邀先后为几十个城市的市委中心组进行辅导讲座,同时开展北京、广州、青岛、宁波、成都、澳门等10多个城市的案例和战略研究,诸多课题研究成果直接转化为地方发展战略和政策。

城市竞争力和房地产一直是社会关注的热门话题,可以说是热门中的热门、显学中的显学。倪老师主编的城市竞争力报告和住房发展报告每次发布都会成为媒体竞相追逐的热点,形成了广泛的社会影响力,这也为社会各界了解城市和住房发展提供了很好的渠道。另外，作为权威专家，他还时常接受中央主流媒体的采访或在主流报刊上发表文章，多次受邀参加《财经》年会、凤凰财经年会、网易经济学家年会等有影响力的年会并发表主题演讲，通过解读新出台政策、分析市场走势、化解社会焦虑、提振发展信心、引导市场预期来为社会服务。正是基于这些坚守和奉献，尽管当今社会舆情纷繁复杂，他始终拥有着良好的社会声誉。

创建学术平台，聚力推动学科繁荣

推动学科发展与促进学以致用是每一个有责任感的学者的重要使命，倪老师为此付出了很大的努力，也取得了显著的成效。

2005年，在渥太华召开的城市竞争力国际论坛上，倪老师和美国城市经济学家彼得·克拉索倡议成立了由数十个国际城市领域顶尖学者参加的全球城市竞争力项目组（GUCP），倪老师担任秘书长。GUCP通过组织专家联合编撰和发布报告、经常性组织国际研讨会、合作发表学术论文等来发挥影响力，这大大推动了全球学者与决策者对城市竞争力问题的研究，对促进全球城市的发展也起到了非常积极的作用。

2014年，在已故著名科学家牛文元教授的提议和指引下，倪老师协同多位同人经过多方努力约请吴良镛、徐匡迪、陈宗兴、王伟光等发起成立了中国城市百人论坛，由中国社科院、中国科学院、中国工程院三院联合举办，倪老师担任论坛秘书长。在他的默默奉献和积极努力工作下，论坛不仅凝聚了一大批城市领域顶尖学者，而且得到了国家领导人和三院主要领导的支持或参与。通过定期而密集地对中国城镇化和城市发展重大问题进行讨论和建言，论坛受到媒体、社会和决策部门的高度关注，对中国城镇化和城市发展起到了越来越重要的影响。

2018年，倪老师敏锐地发现《经济研究》战略调整的机遇，积极推动国内外著名研究机构与《经济研究》一起，举办具有平台功能性质的中国城市经济学者论坛，吸引和汇聚了更多高素质经济学者来从事城市经济的研究，希望推动城市经济学成为中国经济学的一支劲旅。

此外，在进行学术研究和平台构建的同时，倪老师还带领团队建立了城市与竞争力数据库，该数据库包括世界主要国家和地区的 500 个城市以及中国 300 余个城市，是全球有关城市与竞争力的最重要数据库之一，为进行国内外相关研究和政策咨询提供了重要的数据支持。

高位国际合作，服务全球城市发展

在全球化和城市化的世界里，一个杰出的城市学者需要全球化，更有责任对全球发展贡献学术智慧。尽管是一个地地道道的"土博士"，外语一直并不流利，但倪老师在学术生涯中却表现出异乎寻常的全球思维和全球使命。撰写博士论文期间，他不仅广泛阅读英文文献，而且直接与多位国际著名学者建立直接的学术联系。在进入中国社科院之后，凭借平台高、研究扎实和声誉好的优势，创建并不断扩大中美学者领衔的学术研究网络，吸引了多国知名学者及国际组织主动寻求合作研究。

2006 年，世界著名城市研究机构 GAWC 主任、英国皇家社会科学院院士彼得·泰勒教授在顺访中国社会科学院之后，决定与倪老师团队联合组建新的研究团队，开展更大规模的全球城市联系度研究，最终联合发表了系列《全球城市联系度报告》和多篇多部英文学术论文和著作，显著推进了这一领域的研究，在世界城市领域也产生了非常重要的影响。

2007 年，世界银行集团国际金融公司副总裁兼首席经济学家迈克尔·克莱恩带领团队在亲赴中国社会科学院考察后，决定由倪老师作为中方负责人与世界银行联合开展中国营商环境研究，并共同发表《2008 中国营商环境报告》（中英文版），这项研究不仅成为国内外相关决策者投资中国的重要参考，而且搭建了研究营商环境的基本框架，更是十年后中国大规模改善营商环境的行动指南。

李克强同志在主政辽宁期间，十分重视并积极推动辽宁棚户区改造，取得了显著的成效，创造了重要的经验，引起了国内外学术界的关注。2012 年，倪老师敏锐洞察到这个工程的学术价值和全球意义，邀请联合国人居署全球城市评估局局长班吉与他一起领衔组建一个包含世界银行专家和国际著名学者在内的国际团队,深入辽宁棚户区考察调研,多次举行理论与政策国际研讨会,发表相关中英文著作,从理论层面提炼辽宁棚户区改造的经验与模式,对改造占全球城市人口 25% 的贫民窟具有十分重要的参考价值。

由中方学者领衔与国际组织联合开展理论与政策研究,是中国学术思想付诸服务全球实践的最佳途径之一,也是中国政府积极支持的国际合作导向。倪老师一直希望他领衔的《全球城市竞争力报告》研究能够得到联合国人居署的合作和支持。2016 年,联合国副秘书长兼人居署执行主任华安·克洛斯出席中国城市百人论坛年会期间,倪老师多次谈及合作,但对方均未置可否。就在机场送行最后时刻,倪老师抓住 20 分钟的间隙,充分展示了他卓越的品格、智慧和口才,最终说服联合国副秘书长当场决定启动长期合作,并共同发布年度《全球城市竞争力报告》。这项合作在影响全球城市发展的同时,也传播了中国城市的发展经验。

此外,倪老师还积极组织"城市竞争力国际论坛"等国际会议,让一大批国际顶级专家、城市市长、跨国企业领袖和国内外知名媒体聚集在由中国主导的国际学术平台上,这在促进全球学术和城市发展的同时,也扩大了中国学术的国际影响力。

打破门户之见,培养天下英才

传道授业解惑,培养人才是师者的责任。得天下英才而教之,也是师者的乐事。在社科院这样的研究机构中,倪老师培养人才的方式与高等教育院校不同——打破门户之见,不计师生名分。

倪老师育人的一个突出特点就是通过"干中教"和"干中学"模式,实现"相互学习,取长补短,共同提高"。他将在南开学到的系统知识和调查实践的学术方法对每一个硕士生、博士生和博士后倾囊相授,这些学生"出炉"后都发生了不同程度的质变,不仅掌握了必备的专业知识和工具方法,拥有某一方面的特殊专长,而且还具备突出的写作能力、宽广的眼界视野、创新的思维能力。仅就写作而言,刚入学时,我们都非常抗拒写作,但在倪老师的督促和帮助下,我们逐渐找到了写作的自信和快乐,由"就怕写"到

"写不怕",再到"不怕写",正迈向"怕不写"。因此,在毕业求职时屡受应聘单位的肯定和赞许。

为支持优秀青年学生开展学术研究和实践活动,培养更多的经世致用之才,倪老师还创新人才培养模式,积极争取与孙冶方经济科学基金会合作,设立了"孙冶方青年菁英奖学金",从全国著名高等学校招收品学兼优的实习生,进行为期6—12个月的实习。迄今为止,城市与竞争力研究中心共培养了近百名学生,这批青年才俊毕业后纷纷进入政府部门、高校和科研机构,经过历练,皆已成长为各自岗位的骨干。许多学者已在权威期刊上发表文章,主持国家级项目,一些学者还拥有了自己的核心研究技术和产品,其中的佼佼者更是荣获"刘诗白经济学奖"、中国经济学优秀博士论文奖等科研奖励。

倪老师还创造了项目合作制的模式,邀请志同道合的社科院及全国著名高校的青年才俊一起组织项目长期合作,完成并在权威和顶级刊物上发表了高质量成果,快速提升了他们的学术能力和影响力,成功地培养出一批优秀学术人才。

另外,倪老师还推动设立了中国城市百人论坛青年论坛,为全国相关领域的青年学者展示学术才华和发表学术见解提供了高端平台,同时也为青年学者之间相互学习提供了交流平台。在此基础上,推动设立了中国城市百人论坛青年学者奖,通过奖掖以聚集和激励更多的城市研究领域的青年学者奋发进取,从平凡到优秀,从优秀到卓越。

在学生们的眼中,老师或静思和奋笔在办公桌前,或穿梭调研于国内外的城市间,或激扬在大小内外的讨论会上。他做人"静若处子",内敛、低调、谦逊,但做事"动如脱兔",敏捷、奋力、执着。老师别具一格,平凡又非凡。

李占通：扬书生意气，兴民族实业

王辉

李占通，1987年毕业于南开大学政治系，1992年创办天津大通投资集团有限公司，并担任董事长。曾任第十一届天津政协常委，第十一届、第十二届全国政协委员。现任全国工商联常委、中国光彩事业促进会副会长、全联城市基础设施商会会长、天津市工商联副主席、南开区政协副主席、南开区工商联主席。2006年被评为全国第二届"优秀中国特色社会主义建设者"，2018年当选"改革开放40周年杰出民营企业家"。

走进大通集团，一幅题词"扬书生意气，兴民族实业"，把人们带入了往事回眸。一介书生怎么有如此魅力？用李占通的话说：植根于中华民族的文化土壤，紧跟世界经济的变革潮流，走创新之路，走发展之路；以知识的力量，为国家做贡献，同时实现个人的价值。这就是大通之道，也是他20余年来创业之路的缩影。

伊洛河边，少年岁月

1964年，李占通出生于郑州市北郊的巩义市回郭镇。舒缓流淌的伊洛河水，滋养着这方土地，也孕育了回郭镇独特的历史和文化。在美丽的伊洛河畔，李占通度过了美好的少年时代。

回郭镇的繁荣鼎盛，回郭镇丰富的文化传统，留在这片土地上，也留在人们口口相传的历史里。4000多年前，夏朝在此建都。夏朝第二个国王太康迁都斟鄩，一直到中康、少康、夏桀等，数百年间都在这里主持国事，创造了灿烂丰厚的历史文化，成为当时的政治文化经济中心。古都斟鄩，北靠洛河，建有内外城郭。现在回郭镇东的罗庄是内城，是贵族与民众居住的地方；而现在的回郭镇是城外的集市，是从事手工业和商品交换的地方。清朝康熙乾隆年间，回郭镇与朱仙镇、赊店镇、荆紫关镇并称为河南四大名镇。

在李占通的少年时代，当时的中国发展正处在特殊的历史时期，回郭镇的发展模式是农工并举，政商并举，"工业学大庆，农业学大寨，社队企业学回郭镇"这样的大红字标语振奋和鼓舞着当时人们的热情。从那时起，经营和企业的概念就已经在李占通的心中开始扎根，在回郭镇经营社队企业的大环境下，他被身边经营社队企业的乡民熏陶着。据李占通回忆，之后他的创业道路和经营模式，许多灵感都源于对当年社队企业的记忆。

追梦前行，大学时光

随着高考的恢复，李占通开启了人生新的征程。

高中生活是在省重点中学巩义二中度过的。学校离家有20多里地，平时住校，每到周末才有时间回家一次。高中生活平淡中透出的青春朝气吸引着他，让他拥有了与之前不同的人生。凭借着不断的努力，每回考试，他总能在班里排前几名。高中生活过得紧张，他通过不断地学习课本知识和大量阅读课外书来认识世界，体味人生。年轻人，就是要不断追求新的目标，通过生活的改变来寻找生命的方向。终于，他等来了人生第一次宝贵的机遇——1983年的高考。

考试过程很顺利，成绩优异的他很有把握去读北大、清华。但是在北大和清华的招生专业名录里，却没有找到自己最理想的管理专业。阴差阳错，那年的管理专业报考相当火爆。最后录取的是填报的第二志愿——天津大学机械工艺与自动化系。也许是造化弄人，这样他就又回到了父亲为他设想的方向。接到录取通知书的那一刻,父亲感到很高兴,似乎觉得他的事业有人接班了。但是,李占通自己还是感到有些失望,因为非常不清楚自己对于专业的选择会带给自己怎样的未来。那时起他心里就盘算着以后有机会要调整自己的专业,以便能在自己喜欢的领域打拼出一片天地。

大学又是一个别样的舞台,在这里,只要你肯付出自己的青春热情,收获的就不仅是课堂上有限的知识。在大学里,辅导员让李占通帮助管理整个机械系一年级的学生工作。一年级共180人,他是大班长,经过一段时间的接触和努力的工作,老师和同学渐渐认可了他,什么事情都愿意找他帮忙处理。大学二年级的时候,教育部搞了一个从高校里选拔优秀学生学习思想政治专业,毕业做学生党团工作的人才培养计划,李占通被选派到南开大学政治系学习。

天津大学和南开大学相邻而立,是两所全国重点名校。学生来自五湖四海,全国各地,带来了不同的文化、不同的风俗习惯。这种融汇到一起的文化力量,起着潜移默化的作用。在南开和天大,李占通感受着各种文化的交流,也感受着世界风潮的变换。

大学三年级时,李占通在党旗下宣誓,成为一名光荣的共产党员。他的人生,已经完全脱离了原来所预想的事业轨道,第一次感受到了社会的广阔和知识的无垠,他不断地汲取知识的养分,不断地探寻未知的领域,用努力拼搏积累出的学识和经验,让青春变得多彩而诱人。20多岁的年纪,他无数次感到,未来为他打开的将是一片更广阔的天空,他迫不及待地盼望它的到来。

从大学三年级起,他开始系统地阅读美国经济发展史。在读书计划里,经济和金融方面的书籍慢慢多了起来。在没有课和没有活动的日子里,他总是去图书馆上自习。日子一久,图书馆便成了他学习的主要阵地。在那里,他的知识面和视野不断开阔。久而久之,对金融方面的知识越来越了解,这也为他今后事业的发展打下了非常好的基础。

现在,他还能记起那时在图书馆的点点滴滴。有一次,他在图书馆里发现了一本好书——《美国十大企业》。这是本薄薄的小册子,只有76页,作者也没有什么名气,但是书中介绍了卡内基、摩根、洛克菲勒、介姆斯舍尔等上世纪20—30年代的美国十大企业。这本书,深深震撼了他。他根据这本书提到的书籍和人物进行了大量的阅读，找来这十大传奇人物更详细的介绍，不仅了解了他们的生平传略，更弄清了他们是怎么发展起来的。他一边如饥似渴地阅读，一边记录着读书笔记，并感叹于一本好书的力量。人类创造了文字，记录了发展的历史和经验，这是多么伟大的文明，这是多么宝贵的财富！他开始深入阅读介绍美国一些大企业集团发展历史的书籍。书里的故事让他震撼于这些大企业集团的发展对美国的影响和对民众的影响。在阅读中，他找到了自己努力的方向。

图书馆的经历，为李占通打开了思想的天空。在知识的海洋中，他重新认识了自己，规划了未来，改变了人生的发展轨迹。

大通挂牌，鞍山西道

大学时光匆匆而过。1987年夏天，李占通从南开大学政治系毕业，被分配回天津大学机械学院当团委书记，还担任了新生军训的副指导员。这对于当初很热衷于学习管理专业，想着当干部从政的他来说，应该是很顺理成章的人生轨迹。但是，工作了一段时间后，他痛苦地发现，自己的兴趣爱好根本不在这里。

生活总是在不经意间发生改变。枯燥的行政工作让他从政的愿望悄然淡化，渐渐发现了自己经营意识的觉醒。他开始筹划着创办企业，寻找机会走上商业道路。在他看来，经商更能体现自己的价值。只要自己努力就能做出大成就，只要做好了，就能得到社会的承认。创造经济成就似乎更能体现自己的社会价值。

20世纪80年代末，知识分子"下海"是一个很热门的话题。李占通的周围也集合着这样一群志同道合的优秀青年教师。这群青年人，亢奋着，忙碌着，不怕辛苦。秉承"允公允能，日新月异"的南开精神，胸怀"扬书生意气，兴民族实业"的报国之志，经过了反复的商议和实地考察，在他们心中形成了一个财富梦想和一个即将开创事业的新天地。

南开的办学理念是"文以治国、理以强国、商以富国"。李占通的专业是政法，同时对经济也比较关注。在读书的过程中，他认识到，一个国家之所以强大，首先是因为它的经济发达，而经济发达是因为它的企业强大。所以在他看来，做企业更能体现人生价值。当时的市场环境也比较适合个人创业。经过半年多的筹备，1992年12月，大通公司在鞍山西道上挂牌了。带领天大和南开的几名青年教师下海创业，出任董事长兼总经理的李占通年仅28岁。

那是个充满梦想的春天。清新的风和躁动的情怀，将温暖和热情播撒开来，实践和探索的勇气不断在创业者的心中聚积。公司渐渐走上正轨，创业的第一步迈得坚实而有力，他们畅想着未来的美好前景，一群有理想的年轻人经营的年轻企业，在鞍山西道诞生，不久之后，它将走出天津，走向全国，走向世界。

多元经营，快速发展

50平方米的门店面积不大，主营计算机及软件业务。由于几个人肯吃苦，肯在业务上下功夫，在公司成立的最初几年，他们连着做成了几笔大业务。公司账面上增加的数字不少，这让几个年轻人有了底气，对企业的前景也更加有信心。

成功的关键是经验教训的总结和理念的升华，这对创业者来说是一笔无形资产——不断积累的经验才是管理团队的脑黄金。经验上的增长，一定是由许多次的成功和失败组合而成的。做企业一定会有若干次失败，没有大失败，也会有小失败。失败总会让你刻骨铭心，从痛苦中得到感悟，从失败中提升自己，升华自己。只有这样，才能成长。

就在一路顺风顺水的时候，人生第一次重大失败悄然而至。这次人生道路上的重大挫折将他推到绝望的边缘。这一切都源于对餐饮业的不熟悉，外行人做买卖，终归没办法一直顺利下去。他们在营口道开了一家饭馆，刚开张的时候，一个晚上能翻几次台。可度过了红火期，就慢慢显出了颓势，饭菜的更新频率低了，服务质量也下降了，食客在流失，而每天的成本却不见减少。终于，原来投入的资金，全部消耗殆尽。饭馆不得不把所有的厨师和服务员都遣散了，关门停业。他们本来想打造一个根据地稳步发展，但美好理想换来的是惨败，一切都要再从"零"开始，不仅是"零"，甚至是负数。

那些日子，他天天在南开的新开湖畔来回踱步，反思自己的错误出现在哪儿，以后的路该往哪儿走。在企业风雨飘摇的阶段，人心也渐渐散了，有几个人闹着要散伙。他用尽一切办法，苦口婆心地劝着要走的人，希望他们能再给自己一次机会。外面，大雨如注；街道上，泥水漫溢。他们摸索着，争论着。还是有一些人离开了，有的回大学继续教书了，有的去了别的公司，有的自己单独发展。失败煎熬着每一个人。通过这些年的历练，他也明白了一些道理，既然选择了创业，一是要坚持，决不能半途而废，二是自己也要调整。都是些书生，不能干不熟悉的行当，更不能挤在竞争激烈的行业里恶性竞争。他问自己的优势在哪里？在高校，在知识。要回过头来，走高科技的路，从新兴行业打开新天地。几个人合计起来，越谈越热烈，几双手重新握在了一起。大家一度动摇的心，又团结到了一起。

这段低谷的煎熬让他以后很受用。失败锻炼了他的意志，而做实业需要的就是坚强的意志力和坚忍的毅力，还有总结和学习的能力。现在的他对投资决策分析很谨慎，也与这段经历的刺激有关。失败并不可怕，只要能从困境中站起来。自此，他不断地反思自己，也让大通企业迎来调整发展战略的新契机。

随后，公司改名为大通集团，确立了通过产权投资、参股控股等方式，以健康医药产业和房地产开发为发展支柱，努力开发产品、开拓市场的发展思路。天津大学的建筑设计不弱于清华，在产品设计和开发方面依托于天津大学，让大通集团具有了得天独厚的优势。天津又是生物医药产业的基地，这也为他们业务的进一步拓展提供了非常好的机遇，于是公司重点从高科技产品上寻找突破口，同时也做一些贸易，积累资金。

1995年，大通集团成功收购了天津红日药业。"红日"的收购，成为大通进入资本市场的起跑线。医药产业打开了局面，这第一步的成功，鼓舞着集团的每一个人。企业良性发展，资金大幅增值，他的心态也渐趋平稳，整个人也成熟很多。在经过长时间的研究和考察之后，他开始有序地推动企业预定发展战略中的另一只轮子。

公司迈出向前发展的另一步还得益于他多年来养成的良好读书习惯。读书让他的知识面不断拓展，在读书之余的思考也让他受益良多。很多情况下，一些前瞻性的深刻思考，不仅能够帮助他抓住很前沿的东西，而且还能帮他提前嗅到埋藏在市场深处的机遇。在做药企的同时，他利用业余时间研究房地产。在不断的学习中他渐渐意识到，我国的房地产要和农村的城市化、工业化相结合，这才是今后房地产业的发展趋势。在当年天津在城市化道路上刚刚起步的时候，他曾发表了一篇关于城市化发展的论文，主要观点被《光明日报》转载。

跨领域经营有一定风险，能不能借此实现跨越式发展，其关键在于能不能使内涵式提高与外延式扩张有机结合。2005年3月，大通集团分别与四川郎酒集团和成都市同乐房屋开发有限公司签署股权转让协议，收购四家公司所持有的宝光药业公司共计5500万股的社会法人股。通过收购，大通集团成为宝光药业的第一大股东，并通过资产置换，使大通集团旗下的燃气公司实现了借壳上市。

2007年，李占通获得了南开大学经济学院的经济学博士学位，达到了人生的又一个里程碑。2009年红日药业实现深圳创业板上市，是国内首批、天津首家登陆创业板的公司，被誉为"津门创业第一股"。

"稳健与开拓并重，蓄积与创新并行"是大通集团在投资行业中每一步都走得扎扎实实并取得成功的制胜法宝。大通集团也不断向前发展，目前已发展成为集医疗健康、创新投资等产业于一体的综合性企业集团。

诚信经营，不忘初心

二十多的企业经营让李占通懂得，商人不应只会投资赚钱，还应该是一个会经营、识大节的文化人。在20几年的发展中，他始终牢记"诚实、守信"，以自身的发展、企业的发展、民族的发展为目标，把企业从营利者提升为社会责任承担者，在充斥着短期利益的行业中，秉持实业兴国的企业使命。

大通集团以"扬书生意气，兴民族实业"为宗旨，把人才建设作为企业发展的关键，把规范管理作为企业发展的保障，把不断创新作为企业发展的核心，把资本运营作为企业发展的助推器，把振兴民族实业作为企业发展的归宿。在发展过程中重视发扬创新精神，积累具有本企业特色的精神财富。注重大通文化的定位和传承，形成"产业报国"的企业文化观。李占通一直以来奉行"以人为本"的企业文化理念——人是最宝贵的，人的生存和发展是最高的价值目标，满足人的需要是企业发展的目的。他认为，只有这样，大通才能把广大员工紧紧地黏合、团结在一起，成为实现员工个人利益、成就企业梦想的舞台。

在发展中，大通将企业党建作为强有力的政治保证。大通集团党组织的工作宗旨是：尊重党员意愿，不搞形式主义；做好党员思想工作，体现党组织温暖；注重因势利导，不做硬性指令。在工作中，员工切实做到了保证党的方针政策和国家法律法规的贯彻执行，引导企业诚信经营，依法纳税；协助企业管理者选好人、用好人、管好人，发挥党员在企业中的模范带头作用；抓好企业精神文明建设和思想政治工作，理顺企业各种关系，增强企业的凝聚力。

在发展中，大通集团始终视诚信为生命线，以打造一流的诚信企业为目标，树立了良好的企业形象。企业完全按现代法人治理结构进行建设和管理。集团领导层加强"全局观、掌控力、决断力、自控力"四种领导能力的培养与建设；坚持谦虚谨慎、戒骄戒躁的工作作风；遵循待人以诚、与人为善的处事原则；奉行吃苦在前、享受在后的精神理念：在塑造领导自身整体形象的同时，塑造独具特色的大通企业形象。公司塑造的知名健康的产业形象和诚信负责的社会形象一直以来都是企业的无形资产。

饮水思源，回报社会

当前，在全球化大背景下，面对激烈的市场竞争，大通集团一直牢记并勇于担当社会责任，对客户诚信以待，对股东勤勉尽责，对员工涵养包容，对社会心怀感恩。

为了社会公益事业的发展，集团将天津解放北路29号的一处百年风貌建筑——原法租界法国俱乐部，无偿拿出来和政府一起建成中国金融博物馆，供市民参观游览。2012年，为云南省怒江州兰坪县民族中学捐款500万元建成大通照昀图书馆,又出资 600 万元在兰坪县设立教育基金,用于稳定师资队伍和资助家庭困难学生。2015 年,向南开大学、天津大学各捐赠 1200 万元,用于学生活动中心建设。2014 年,企业荣获全国扶贫先进集体荣誉称号。此后,积极响应并参与全国工商联、国务院扶贫办、中国光彩会联合启动的"万企帮万村"精准扶贫行动。2017 年 10 月荣获全国"万企帮万村"精准扶贫行动先进民营企业荣誉称号。

  多年来,大通集团广泛参与各项社会公益活动和光彩事业,积极承担社会责任,踊跃参与扶贫开发、公益慈善、抗震救灾、援藏援疆、助学助困等活动。几十年风雨成就了今天的大通,几十年风雨也成就了今天的李占通。多少次,他在梦中回到伊洛河的缓缓清流边,在人生的起点,虔诚地感谢人生对他的寄予——父母亲的教导、妻子的陪伴、祖国的培养、同事的支持,幸运且幸福着。梦想,因为遥远才美好;机遇,因为短暂才珍贵。奋斗的脚步不能停下,精彩的未来才刚刚开始。

张文才：致力于探索世界经济规律，投身于国际财金合作事业

张文才

张文才，南开大学国际经济学学士和硕士，中国社科院金融学博士。现任财政部国际财金合作司司长，担任国际农业发展基金中国副理事、亚洲基础设施投资银行中国执行董事、新开发银行中国执行董事。曾任亚洲开发银行副行长，主管南亚和中西亚业务。在赴亚洲开发银行担任副行长前，曾任财政部对外财经交流办公室主任和国际司副司长，中国驻亚洲开发银行执行董事，中国驻世界银行执行董事顾问。张文才长期从事国际财经交流与合作事务，负责中国与世界银行、亚洲开发银行等国际金融组织的合作，参与二十国集团、东盟加中日韩、亚太经合组织、亚欧会议、金砖国家、中美战略与经济对话、中英、中法、中日、中俄、中印、中国与欧盟、中国与巴西等众多多边、双边机制下的政策对话与合作事宜。

经历了青少年时代的"十年寒窗苦读"，我于1982年从革命老区河南信阳幸运地考入南开大学。拿到录取通知书的那一刻，内心是无比激动的。南开大学是一所历史悠久的知名学府，是敬爱的周恩来总理的母校，进入南开大学学习，是无数学子的梦想。彼时，正值刚刚恢复高考的改革开放初期，中国正开始打开国门，拥抱世界。在家父的指导下，我怀着投身国家经济建设和改革开放大业的美好愿望，在志愿填报上选择了南开大学经济学系世界

经济专业，怀揣着父辈的殷切期望，踏上了北上南开的求学之路，从此与国际经济结下了不解之缘，开启了一生国际经济领域的求学与从业之路。

南开求学

南开大学秉承周恩来总理"为中华之崛起而读书"的志向，以"文以治国、理以强国、商以富国"为治学理念，治学严谨，学风扎实。在这里，我度过了七年宝贵的本科、硕士研究生学习生涯。南开的求学岁月，是我一生重要和美好的回忆，我深以能在南开学习为荣。我大学本科入学时是经济系，到毕业时成为国际经济系的毕业生；研究生入学时是南开大学经研所，到毕业时成为国际经济研究所的毕业生。从我所在系所名字的变化，可以显示出国际经济专业在国家学科建设中重要性的不断提升。母校雄厚的经济学科国际经济学专业实力，领先的英语教学实践，众多知名的经济学大师和教授，为我的求学成长提供了巨大的帮助。在这七年之中，我系统学习了资本论、政治经济学、微观经济学、宏观经济学、国际经济学、货币银行学、统计学等经济学科经典理论著作，打下了坚实的经济学理论功底。同时，南开大学世界经济专业非常重视对学生的英语教学，系统安排了国外教授的英语授课，对学生英语听说读写能力有很高的要求。可以说，在南开经济和英语专业知识的学习，为我日后从事国际经济事业打下了坚实的专业知识和外语基础。

在南开的七年，有幸聆听了许多老教授的课程，如滕维藻、熊性美、杨敬年、谷书堂、魏埙、陈荫枋、蒋哲时、易梦虹、孟宪扬、杨叔进、薛敬孝、常修泽等教授，以及其他众多老师的课程。

在这里，我要特别感谢陈荫枋、蒋哲时两位老教授，感谢两位恩师在我硕士研究生学习期间给予的悉心指导。他们知识渊博，在国际经济与跨国公司理论研究方面造诣颇深，都是我国老一辈的资深经济学家，为南开、为中国经济学科的发展壮大贡献了毕生的精力。在他们的点拨教诲下，我的硕士毕业论文"跨国公司外汇风险管理"对跨国公司在外汇暴露的衡量和管理方面进行了系统研究，并获得南开大学硕士研究生毕业论文一等奖。

追忆南开的学习生涯,对我影响最深的就是南开精神,"允公允能,日新月异"的校训,周恩来总理的名言"我是爱南开的",以及厚重凝练的校徽,都激励自己不懈奋斗,为母校、为国家做出自己的贡献。南开的一草一木都留在我的记忆中,大中路、马蹄湖、新开湖、主楼、图书馆、学三食堂、大操场、阶梯教室……所有这些地方都依旧历历在目。

职业生涯

1989年,我从南开毕业,在经历了一系列的面试应聘、择业选择后,最终进入到财政部世界银行司工作。在30年的国际财金合作职业生涯中,历任驻世界银行中国执行董事顾问、财政部国际司副司长、亚洲开发银行中国执行董事、财政部对外财经交流办公室主任、亚洲开发银行副行长、国际农业发展基金中国副理事、亚洲基础设施投资银行中国执行董事、新开发银行中国执行董事、财政部国际财金合作司司长等职。其中,2013年担任亚洲开发银行副行长,是继金立群、赵晓宇之后第三位担任这一职位的中国人。从事国际多双边财金合作、国际金融机构改革与发展等国际事务的长期历练,使我深深体会到中国在国际事务中所扮演角色的不断变化。在改革开放的40多年中,中国经济与世界经济的融合不断加深,中国参与全球和区域事务的深度与广度也不断提高。中国从被动参与,发展到现在主动参与并提出合作议题,贡献中国智慧、中国方案与发展理念,发挥的作用日益增强。从上世纪80年代初期中国恢复在世界银行等机构的席位,到随后加入各种区域性开发银行,参与各种区域协调对话机制,再到本世纪全面参与全球和区域多双边对话与合作平台,中国正日益成为推动经济全球化、区域经济一体化的重要力量。

国际多双边财金合作

1997年亚洲金融危机以来,我亲身经历和参与了七国集团(G7)和八国集团(G8)与中国的对话,参与了东盟加中日韩("10+3")财金合作、20国集团(G20)、亚太经合组织(APEC)等多边机制下的合作,以及中国与美国、英国、法国、欧洲、日本、"金砖"有关国家的双边经济与财金对话，代表国家与其他经济体就防范和应对亚洲和全球金融危机、推动亚洲和世界经济的复苏增长、促进国际经济和金融体系的改革、加强区域和全球金融监管、发展与各有关经济体的经济合作关系展开磋商、协调与谈判工作，表达中国的观点、立场和政策主张。

1997年亚洲金融危机之后，在国家的统一部署下，我和同事们一起积极参与推动建立东盟加中日韩"清迈倡议多边化机制"这一区域危机救助机制，形成亚洲的区域金融安全网。为配合这一机制，"10+3"各方还协商建立了东盟与中日韩宏观经济研究办公室（AMRO），致力于加强区域宏观经济监测和实现金融稳定，此外，各方还推动发展亚洲债券市场，发行本币债券，并为此建立区域信用担保机制，为债券发行提供信用担保，降低区域内各国融资成本。亚洲债券市场倡议旨在动员更多亚洲的资源支持亚洲的发展，避免货币与期限双错配，提高域内各国经济发展抗风险能力，并进而实现各国经济中长期可持续发展。

G20会议是我长期深度参与的另一个国际多边经济合作机制。2005年，在河北香河，中国第一次主办召开了G20财长和央行行长会议。为了本次会议的圆满完成，我和同事们为会议筹备、会议议题与成果设计投入了大量的工作，在中国的大力推动下，本次G20会议最终发表了《G20有关全球发展问题的声明》和《G20关于改革布雷顿森林机构的声明》两项声明，取得了丰硕成果，对推动世界银行、国际货币基金组织未来治理改革，对促进全球发展合作产生了积极深远的影响。2008年全球金融危机之后，G20由部长级会议升格为国家领导人峰会，这项工作的挑战更加艰巨，责任更加重大。作为中方参与财金合作的人员，我继续在G20有关会议上参与宏观经济政策协调、G20财长和央行行长会议以及领导人会议成果磋商，参与探索研究金融危机之后如何实现全球经济强劲、可持续、平衡、包容性的增长，拿出中国政策，推动发达国家实施负责任的财政、货币和结构改革政策。面对美国等西方国家让中国承担全球经济失衡责任的压力，我和同事们据理力争，推动G20各方最终形成衡量经常账户失衡的参考性指南，为G20建立有效协调经济增长政策的框架做出了自己的贡献。

美国是当今世界唯一的超级大国，中美战略与经济对话在中国对美合作中占据重要地位。我于2012—2013年有机会多次参与了中美两国经济对话的有关工作，为推动中美双方加强宏观经济政策协调，扩大双边贸易与投资及金融领域的务实合作，推动双方在全球经济治理改革方面的合作做了大量的工作。

国际金融机构改革与发展

作为国际财金合作领域的长期参与者，除了参与上述国际多双边财金对话与合作外，我的另一项重要工作就是负责中国与世界银行、亚洲开发银行等国际金融机构的合作，参与推动国际金融机构的改革与发展。

二战后先后形成的国际金融机构有世界银行、国际货币基金组织、亚洲开发银行等，这些机构在推动发展中成员减贫、人力资源开发、基础设施建设、金融改革与发展、治理改革与能力建设、提供全球和区域公共产品、维护全球货币和金融稳定等方面发挥着重要的作用，主要由美国、欧洲国家、日本等西方发达国家所主导，其行长、总裁等高管长期由美国、欧洲国家、日本等发达国家派出的人选担任。但近年来，随着新兴市场和发展中国家的整体群体性崛起，其内部治理结构也在发生变化，包括中国在内的新兴市场和发展中国家的发言权和代表性也在不断得到提高。改革开放以来，随着国力的提升，中国与国际金融机构合作的深度、广度不断加大，对全球发展所做的贡献也越来越大。特别是在2015年，中国与其他"金砖"国家一起共同倡议成立了新开发银行，2016年倡导成立了亚洲基础设施投资银行。中国在支持国际金融机构改革与发展方面主要做了如下工作。

一是中国积极推动世界银行、国际货币基金组织、亚洲开发银行等国际金融机构加快内部治理改革。2008年全球金融危机之后，中国积极参与世界银行、国际货币基金组织的股权结构改革，支持这些机构增强资金实力，不断扩大新兴市场与发展中国家的话语权。目前，中国在世界银行、国际货币基金组织、亚洲开发银行的投票权仅次于美国和日本，居第三位。

二是推动世界银行、亚洲开发银行等多边机构不断创新业务战略与业务模式，以满足不同发展阶段成员国的需求。世界银行和亚洲开发银行等机构的业务宗旨是上个世纪制定的，但是时代在变化，很多发展中成员国已从这些机构成立之初的低收入阶段发展到了中等收入、中高收入阶段，一些成员国还成为高收入国家。面对这些变化，如何适应成员国不同发展阶段的不同诉求，如何创新业务战略与业务模式，推动创新技术与商业模式向发展中成员转移，如何动员更多的私人资本参与到各国经济改革与发展中，如何通过政策改革、技术援助、知识服务以及发展项目的实施来提高发展中国家经济管理能力的提升，如何推动全球与区域经济合作来应对气候变化，都是摆在这些机构面前的新问题。中国与世界银行、亚洲开发银行合作了近40年，进入新世纪，中国与这些金融机构的合作也在不断变化，中国已成为这些机构的借款国、捐款国、股东国和发展合作伙伴国。目前，中国仍需要这些机构的支持，需要借助这些机构的资金和智力资源实现更高质量的发展，这些机构也需要中国，需要同中国在国际发展领域开展广泛合作。

三是倡导和推动成立了亚洲基础设施投资银行、新开发银行、中亚学院等新兴国际发展机构。在国家的领导下，自己很荣幸参与了相关机构成立的前期研究、论证，以及与相关各国的沟通协商工作。目前，经过近几年的发展，这些机构已初具规模，从初创阶段过渡到了稳步运营阶段。目前，亚洲基础设施投资银行成员总数已达到100个，亚洲基础设施投资银行成员占全球人口的78%，占全球GDP的63%，中国的影响力和公信力已得到国际社会的充分肯定；新开发银行的贷款规模和中亚学院的培训业务也在稳步扩大。亚洲基础设施投资银行和新开发银行必将为补充和完善现有国际合作发展体系，推动全球治理体系改革做出更大的贡献。中亚学院在促进中亚区域经济合作方面，特别是在为成员国提供能力建设、开展战略研究与经验交流上，也必将发挥重要作用。

四是越来越多来自中国的，具有国际经济、财金背景的人士担任国际金融机构的高管，为世界和平与发展、国际金融机构的改革与发展贡献中国力量。无论是在世界银行、国际货币基金组织，还是在亚洲开发银行、亚洲基础设施投资银行、新开发银行，都能见到他们的身影。2013—2018年，我作为亚洲开发银行副行长，主管南亚、中西亚地区事务，其间积极推动亚洲开发银行在这些区域国家贷款业务的增长；推动亚洲开发银行支持的区域和次区域经济合作机制与"一带一路"倡议的对接，开展更多业务促进互联互通，推动跨区域、次区域合作；推动金融科技、大数据、云计算、网络支付等创新技术与商业模式向发展中成员的转移与应用；创新亚洲开发银行投融资模式，推动其本币业务发展；坚持亚洲开发银行不在争议地区开展业务。

使命与担当

习近平总书记指出，"当前中国处于近代以来最好的发展时期，世界处于百年未有之大变局，两者同步交织、相互激荡"。2018年中国国内生产总值（GDP）首次超过90万亿元（13.6万亿美元），比上年增加了近8万亿元，比2017年增长6.6%，完成了6.5%左右的预期增长目标，中国经济增长对世界经济增长的贡献率接近30%，远超美国成为世界经济增长贡献者第一名（美国2017年对世界经济增长贡献率为16.14%）。根据世界贸易组织（WTO）公布的数据，2018年，中国货物贸易进出口总额达到4.62万亿美元，折合人民币30.51万亿元，连续两年位居世界第一。目前，中国已是世界120多个国家和地区的主要贸易伙伴，为世界各国提供了众多的就业和发展机会。中华民族正无限接近于伟大复兴的历史顶峰，正在沿着实现"推进现代化建设、完成祖国统一、维护世界和平与促进共同发展三大历史任务"的康庄大道阔步前进。

目前，单边主义、反全球化、贸易保护主义倾向日益增加，世界经济和全球化进程面临诸多挑战。在这种背景下，中国提出"一带一路"倡议，推动构建人类命运共同体，对于促进国际经济合作和世界经济发展显得尤为重要。

进入21世纪以来，全球治理体系和国际秩序变革加速推进，新兴市场和发展中国家快速崛起，科技创新与应用日新月异，这些都对全球经济格局产生了深远的影响。如何在国际经济格局的快速演变中，更好地发展、壮大中国经济，实现民族复兴，同时与世界各国一起构建相互尊重、公平正义、合作共赢的新型国际关系，构建人类命运共同体，应是南开培养的每一位经济学研究者和经济工作者的使命与担当，为此我们要做好如下工作。

一是积极参与和实施国际宏观经济政策协调，推动经济全球化朝着更加开放、包容、普惠、平衡、共赢的方向发展，促进区域合作与一体化。研究如何利用好各种多双边合作机制和国际金融机构平台加强与有关各方在财政、货币、贸易及结构改革等政策方面的协调。研究如何参与区域经济金融合作，推动区域全面经济伙伴关系（RCEP）、亚太自贸区、中日韩自贸区等协定的签署和实施；参与和推动以 WTO 为核心的多边贸易体系建设。

二是推动共建"一带一路"沿着高质量方向发展。展望未来，我们要秉持共商共建共享原则，倡导多边主义，通过双边合作、三方合作、多边合作等各种形式，加强"一带一路"倡议与沿线国家发展战略、与相关国际组织发展战略和合作规划的对接，凝聚合作共识，实现共赢多赢。坚持开放、绿色、廉洁理念。坚持高标准、惠民生、可持续目标。

三是推动和引领国际经济治理改革。一方面我们要积极参与国际标准、规则的制定，另一方面也要学习借鉴国际上先进的标准、规则，为我国深化改革与扩大开放、实现高质量发展服务。

四是把握住新技术革命带来的机遇，做好应对新技术应用带来的挑战。科学技术是第一生产力，纵观世界经济发展史，每次科技革命都推动了经济社会的巨大发展。当前，第四次工业革命正在深入发展，互联网、大数据、人工智能、生物科技、纳米技术、量子计算等新兴技术正在深刻改变人类社会的生产和生活方式，而且将深刻影响各国的国际竞争力和人类的就业。我们要研究如何加强科学技术的国际合作与交流，推动更多的技术向发展中成员转移。同时也要研究如何应对未来新技术对人类带来的各种挑战，包括信息安全、科技竞争对国际关系的冲击、科技应用对人类就业的影响，等等。

21 世纪，全球经济联系日趋紧密，你中有我、我中有你的态势将会更加显著，中国离不开世界，世界也需要中国。面对当前错综复杂的国际环境和全球艰巨的发展任务，如何推动全球治理体系变革，促进全球化进程朝着更加合理有序的方向发展；如何确保实现我国"两个一百年"奋斗目标，这些都是南开经济学子应该思考的问题。展望未来，时与势都在中国，在此祝愿南开大学继续引领中国经济学发展之先河，无论是在基础理论研究方面，还是在理论如何应用到实践上，南开大学都应该走在世界的前列。面对"百年未有之大变局"所带来的机遇和挑战，南开人应有自己的使命与担当。自己作为从事国际经济事务的南开人定将一如既往，继续在自己的本职岗位上为人民的幸福、民族的复兴、人类的和平与发展和共同繁荣做出自己的不懈努力。

蒋殿春：山有乔松，隰有游龙

张 宇

1981年，仲夏。

中国恢复高考已经进入第五个年头，从动荡之中走出的莘莘学子重新获得了掌握自身命运的历史机遇，从五湖四海汇聚到象牙塔之下，并将用自己的聪明和智慧改写着自己以及这个国家的前进轨迹。

而在川滇黔三省交界的县城镇雄，此时此刻也正有一批刚刚走出高中校园的青年学子汇聚在校门前，翘首盼望着能让自己鱼跃龙门的那一纸通知。

镇雄县是一个拥有着百万人口的大县，举世闻名的美酒之河——赤水河便是由此发源汩汩东流。然而在停摆了十一年的高考刚刚复萌的当时，异常有限的招生规模使得迈入大学校园对于很多人而言仍然是一件可望而不可即的事情。在全县的上百万人口当中，能够成功通过高考获得升学资格的幸运儿也仅有区区二十几人，而能够进入重点本科院校者则更是凤毛麟角。而在这其中，一个叫蒋殿春的十六岁年轻人成为了当年仅有的三个佼佼者之一。

自幼便有着当科学家理想且天资聪颖的蒋殿春对数学和物理有着浓厚的学习热情，然而由于地处西南腹地，在开放的春风尚未吹遍大江南北的时候，优秀师资，特别是英语教师的缺乏却是镇雄学子们所面临的一道门槛，以至于蒋殿春在高中之前一度对英语提不起太大的学习兴趣。所幸的是，在进入高中二年级之后，蒋殿春遇到了求学路上的两位重要的引路人。洪老师——这位刚刚毕业于昭通师专的年轻英语教师不仅带来了先进的教学理念，而且带来了全县仅有的两套全国通用的英语教材供学生们抄录上课；另一位英语教师陈老师则慧眼识才，对蒋殿春与陈舜两位学习成绩优异的学生青眼有加，不仅将自己的词典借与二人学习使用，甚至还单独对两人"开小灶"补习英语。在老师们的悉心栽培下，蒋殿春不负众望，在高考当中创造了学校历史上英语考试的最好成绩。"你的分数可以上重点大学了！"得知高考成绩的陈老师第一时间跑到宿舍对蒋殿春说。时至今日，已经成为全国著名经济学家的蒋殿春教授提起两位老师时，仍然满怀感念。

在经历了千军万马闯独木桥式的考验之后，蒋殿春成功进入云南大学数学系，成为了一名在当时为世人所仰慕的大学生。而原本在数学学习上就具有浓厚兴趣的他也如龙入渊，获得了更宽广的发展空间。在大学四年的学习中，凭借着自身的天赋与勤奋，蒋殿春一直在系里名列前茅，并当选了系学生会的主席。在临近毕业之际，更是获得了全系仅有的三个本系推免研究生的资格之一。

立志到更广阔的世界中去闯荡的蒋殿春毅然放弃了本校的研究生推免资格，报考了四川大学数学系的研究生，师从白东华教授从事偏微分方程的研究与学习，也正是这一阶段的学习，为其以后从事经济学的学习与研究工作打下了坚实的基础。然而造化弄人，在完成了两年的研究生阶段学习之后，原本立志于在数学领域进行深入学习的蒋殿春却为当时僵化的人事管理制度所囿，回返云南教育学院做了一名普通的数学教师。

这一蛰伏，便是六个寒暑。

皇皇者华，于彼原隰

1993年，人生的转折再次降临。

在当时，蒋殿春任教的云南教育学院在时任校长的领导下不断加大硕士学历人才的引进与委培力度，使得该校一度成为云南省具有硕士学位教师比例最高的学校。大量高层次人才的进入使得蒋殿春感受到了竞争的压力，而那个潜藏于心底多年的继续深造的想法也再次开始萌动。考博！下定决心的蒋殿春动身前往成都，回到了母校四川大学拜访了恩师白东华先生，并向其表述了想要进一步深造的想法。

"还想考数学？"白先生问。

"我只会数学。"蒋殿春答。

"我有个学生考到了中国人民大学社会学专业，既不枯燥，又相对容易，何不考虑试试？"

天地豁然开朗。

茅塞顿开的蒋殿春开始寻找新的人生方向。先是找来了社会学领域的书籍，但在翻看之后却发现并不感兴趣。此后又结合偏微分方程的专业特长涉猎了建筑学甚至核物理等相关专业，但始终找不到能够激发心底那股学习热情的引爆点。

困惑中的蒋殿春向高中时期的同班好友，与其同时考入云南大学的陈舜诉说了心中的苦恼。"去试试经济学吧。"此时已经在南开大学国际经济研究所追随著名国际经济学家陈荫枋先生攻读博士生的陈舜向这位昔日的同窗好友、未来的同门师弟建议，并推荐了萨缪尔森所著的《经济学（第九版）》作为参考读物。或许是天意使然，仅仅翻看了其中的几页，蒋殿春便为其中的内容所吸引，并由此确定了余生所躬耕的方向。

1993年4月，踌躇满志的蒋殿春登上北上的列车，远赴津门参加了南开大学国际经济研究所的博士生入学考试。作为全国国际经济学领域的顶级学府，国际经济研究所的考试难度是可想而知的，尽管在此前入学的师兄师姐的提醒下已经有所准备，但超高强度的考试仍然让蒋殿春备感压力，并在忐忑中等待着最后的结果。

两个月后，一封来自南开大学的电报带来了喜讯，考试成绩已上线。自此，秀美的云南少了一位优秀的数学教师，而中国则多了一颗冉冉升起的经济学新星。

彼时的南开大学国际经济研究所刚刚成立不到六年，但却汇聚了以南开大学前校长滕维藻教授、世界银行顾问杨叔进教授以及熊性美教授、陈荫枋教授和蒋哲时教授等为代表的一批国际国内知名的顶级专家学者，并很快在国内的国际经济研究领域崭露头角，成为该领域最负盛名的教学研究机构之一。然而名师荟萃并为国内经济学子所钦仰的国际经济研究所当年录取的博士生却仅有八人，这使得每一位走入国际经济研究所大门的幸运儿都享受着众星捧月般名师环绕的待遇，也令国际经济研究所成为了新一代世界经济领域年轻学者赖以成长的沃土。

成功考入南开大学国际经济研究所的蒋殿春拜入著名经济学家陈荫枋先生门下，并选择了跨国公司与国际直接投资这一国经所传统优势领域作为自己的研究方向。此时，中国改革开放已经走过了第15个年头，眼界的开拓与思想的解放使得中国国内的经济学界开始逐步学习和接受西方主流的经济学思想与研究方法，一批在国际上具有较大影响力的经济学教材与著作也通过各种途径被引入国内，以数理工具为基础的研究方法也正在逐步取代原有的定性与定量分析方法，成为经济学研究领域的主流。初窥门径的蒋殿春如饥似渴地吸收着这些全新的营养，不仅在所内老一辈学者的细心培养和青年才俊的思想碰撞中打下了坚实的经济理论基础，而且凭借着其在数学领域的天赋与积累成为当时国内少数能够深入理解西方经济前沿理论，并能够熟练运用数理工具开展深入的经济学分析的青年学者之一。

1995年，蒋殿春开始着手博士毕业论文的写作。但在电脑仍属新生事物，互联网在普罗大众的生活中仍遥不可及的情况下，查找论文资料便成为了一个亟须逾越的障碍。为了获得第一手的资料和跨国公司研究领域最新的国际前沿成果，蒋殿春收拾起简单地行装只身来到北京，一头扎入了国家图书馆的书山文海之中。在此后的十余日当中，白日里除了用面包简单地解决下午餐，便是埋首于各类资料的检索、查抄和复印，而暮色降临之后则是更为艰巨的整理、阅读和消化。

在翻阅文献的过程中，蒋殿春发现，脱胎于新古典微观经济学和国际贸易理论框架的跨国公司理论尽管已经成为一个独立的研究领域，但在汲取和借鉴现代微观经济学中有益的思想和方法方面，却仍显得相对滞后，以至于在现代厂商理论伴随着博弈论与信息经济理论等工具的发展而突飞猛进时，跨国公司的研究仍旧囿于传统的"结构—行为—业绩"的因果模式当中。那么，为何不能将跨国企业视为"厂商"这一现代经济分析中的基本决策单元的特例引入现代厂商理论体系当中，并借鉴微观经济理论中的最新进展做一些开拓性的尝试呢？伴随着深夜中袅袅燃起的一个个烟圈，一篇论文正在蒋殿春的心中逐步地搭建成型。

于是动笔，起草、修改、润色。

几个月的伏案写作之后，一篇名为"跨国公司与市场结构"的长文问世。跨国公司与单国生产厂商的市场竞争行为究竟有什么不同？为何不同？这会对市场结构产生什么样的影响？围绕着这些跨国公司研究领域当中的核心问题，蒋殿春开创性地利用海外沉没资产的有无实现了对跨国公司与单国生产厂商进行区分，并基于"海外沉没资产影响跨国公司的生产函数，由此影响它本身及竞争对手的竞争行为，并进而影响市场结构"这条逻辑主线对跨国公司影响市场结构的中短期和长期因素做了细致严密的分析。于是，一些原来模糊不清的理论线索，在这里变得明晰可辨了——蒋殿春证实了跨国经营带来的竞争优势在于海外沉没资产导致了厂商间非对称的策略位置。这种竞争策略的非对称性意味着跨国公司的市场利益常可免受潜在与实在的竞争者的侵蚀，或者使它更容易排挤弱小对手，更容易与势均力敌的对手结盟；甚或，这种策略的非对称性使得跨国公司在新技术竞争中左右逢源，积累更强的竞争优势。

作为一篇在当时甚为少见的纯理论性论文，蒋殿春将数理工具的运用发挥到了极致，并成功地实现了传统跨国公司理论与现代微观经济理论的对接。这篇论文也令其在1996年顺利地拿到了博士学位，并在1998年12月由商务印书馆这一全国顶级的学术著作出版机构付梓成书，成为蒋殿春学术生涯的奠基之作。

1996年，在南开大学国际经济研究所毕业并结束学生生涯的蒋殿春凭借着在学期间的卓越表现留任于国际经济研究所，成为该所济济人才中的一员。此后，在1998年和2009年，蒋殿春又先后前往日本京都大学和美国雪城大学进行博士后和访问学者的研究。绚烂的樱花与飘飞的白雪洗礼让蒋殿春具备了更加国际化的视野，同时也使得其学术思想变得更加丰满成熟。

繁花过后，硕果已现。

如切如磋，如琢如磨

入职国际经济研究所让蒋殿春教授正式走上了经济学研究的舞台，并凭借着其扎实的理论功底很快成为了微观经济学以及国际投资领域的知名学者。虽然蒋殿春教授一直接受着西方主流经济学体系的教育，但却并未因此拘泥于国外的研究。相反，在科研的道路上，蒋殿春教授一直主张将主流经济学的分析方法与框架与中国国内的实际情况相结合，针对中国特有的问题与背景特征进行正规的经济学探索。

秉承着这样的研究理念，蒋殿春教授一直保持着对中国社会经济发展重大问题和热点问题的关注，而规范的经济分析框架与方法的引入则使得相关的研究在"接地气"的同时具有着相当的理论高度。

本世纪之初，中国正式拉开了经济超高速增长的帷幕。然而由于这种高速增长的特征很难为传统的经济增长理论所解释，中国经济增长的成就也引起了国外很多学者的质疑。2002年，蒋殿春教授承接了上海证券交易所课题"价值创造、金融体系与经济增长"，从而针对这一国内外广泛关注的问题，从中国企业宏微观经济表现的巨大反差出发，较早对我国经济增长的驱动力和增长模式进行了深入的探讨，并提出了培育企业和政府行为激励机制以促进增长模式转型的政策主张。在当年发表于《经济学（季刊）》的一篇题为"中国经济增长：GDP数据的可信度与增长的微观基础"的论文中，蒋殿春教授与时任中国证监会上市公司监管部副主任的张新先生合作，正面回答了美国匹兹堡大学Rawski（2001）关于中国经济增长数据的质疑，从GDP计算体系和经济增加值（EVA）分析方法着眼，对近年来中国经济增长速度及其与企业微观绩效之间的关系进行了理论和实证性的分析。该论文不仅通过严谨的实证检验证实了我国近年来经济增长数据的可靠性，驳斥了中国宏观经济与微观企业表现背离的观点，同时指出上市公司、集体企业、民营企业、外商及港澳台投资企业、股份制企业等是我国经济的可持续发展的增长点，而这种经济增长能否继续如现状持续下去则很大程度上取决于资本成本能否继续下降。该论文不仅回应了有关中国经济增长绩效真实性和动力来源等方面的争论，而且也是国内最早提出需要改变增长方式的文献之一。文章明确指出经济增长与经济发展远不是一个层面上的问题，我国经济增长率维持在一个较高的水平是有必要的，但如果一国经济快速增长的同时不能保证给予企业足够的利益驱动，那么，这种增长终将失衡而难以持续，而培育与经济可持续的增长模式相符合的企业和政府行为的激励机制则是确保未来经济能够保持可持续增长的治本之道。该论文曾在美国国家经济研究院（NBER）

和北大中国经济研究中心（CCER）及世界银行联合举行的金融研讨会上报告并受到广泛关注和讨论，其中戴维·斯科特（David Scott）（世界银行）、贾格迪什·巴格瓦蒂（Jagdish Bhagwati）（哥伦比亚大学）、马丁·费尔德斯坦（Martin Feldstein）（哈佛大学）及理查德·弗里曼（Richard Freeman）（哈佛大学）都曾对该研究提出了具体意见。2005年，蒋殿春教授也凭借此论文问鼎中国经济学最高奖——孙冶方经济学奖。

在思考中国经济增长问题的过程中，经济增长最重要的原动力——技术进步逐渐走进了蒋殿春教授的研究视野。针对当时外商直接投资企业大量进入中国的现实背景，蒋殿春教授应用新产业组织理论的研究方法，对国内企业与外商直接投资企业间的技术创新竞争进行了一系列的理论和实证分析。结果发现，由于与发达国家跨国公司之间的技术差距和市场广度差距，国内企业无论是在研发动机还是在研发融资能力等方面均处于下风，因此技术模仿是国内企业进行技术追赶的最好机会；在高科技等大型创新题材丰富、技术周期较短的领域，由于阿罗替代效应的存在，国内企业存在更多自主创新和市场逆袭的机会，政府应当将这些领域作为研发补贴等产业政策的重点。而在随后所主持的教育部哲学社科重点研究基地重大课题"FDI与中国产业技术进步"（2002年）以及"FDI、中国产业结构调整及增长模式转化"（2008年）的研究当中，蒋殿春教授也针对国内外存在广泛争议的跨国公司技术溢出效应问题进行了更为系统的研究和探索。在当时，大量针对跨国公司在华技术溢出效应的实证研究延循着经典技术溢出理论的框架而得到了十分积极的结果，这与针对国外，特别是发展中国家样本的研究结论形成了鲜明的对比。这一现象也引起了蒋殿春教授的深入思考。在几经探索后，蒋殿春教授认为遗漏了我国经济转轨时期的制度变迁特征是导致跨国公司技术溢出效应在中国被高估的重要原因，而在剔除制度变迁对生产率的正面效果之后，外商投资企业在华的技术溢出效应也随之大幅削弱甚至转为负面。据此，蒋殿春教授进一步结合中国经济体制改革期间的制度特征分析了技术溢出效应赖以存在的制度基础，并指出在经济转型特定的制度环境中，由于知识和技术的价值受到低估，企业和个人进行技术改造和更新的激励不足，同时制度的缺陷又禁锢了国内企业的学习和创新能力，跨国公司的技术溢出机制也因此受到强有力的制约。该论文创造性地将制度变迁因素纳入传统的技术溢出框架，使得相关的研究更符合改革时期的发展中国家，特别是中国的制度特征，并切中了技术溢出效应发挥的要害，对同类研究产生了重要的启示和修正作用，论文也由此获得了天津市第九届社科优秀成果一等奖。

近年来，随着中国企业技术实力的增强以及对外开放进程的不断深化，大量的国内企业开始走出国门，中国也第一次拥有了自己的跨国公司。在这一背景下，蒋殿春教授也进一步将原有的技术进步与溢出的研究从外商在华投资企业转向国内企业的对外投资活动，探讨了中国对外投资活动的生产率效应。而结合我国当前经济增长方式转型的现实要求，蒋殿春教授也将研究的视野投向了注入国际直接投资与环境保护、绿色经济增长等问题，产生了一批颇具影响力的研究成果。

广博的研究视野，孜孜以求的探索精神，扎实的理论功底以及严谨求实的学风使得蒋殿春教授的研究之树结出了累累硕果——在 20 年的研究生涯中，共出版专著及译著 9 部，重要中英文论文 50 余篇，其中多篇论文发表于《经济研究》《世界经济》《管理世界》等国内顶级刊物并获得省部级乃至国家级奖励，同时主持多项国家级与省部级课题。而今，刚刚迈出不惑之年的蒋殿春教授正在向自己学术生涯的巅峰攀登，并紧随当前国际经济与技术发展的潮流，将目光转向数字技术与数字经济对企业跨国经营行为所带来的颠覆性影响等前沿领域。可以期待，在未来蒋殿春教授也必将会有更为精彩的论著问世。

乐只君子，邦家之光

2005 年，蒋殿春教授接任南开大学经济研究所所长，成为继杨叔进教授、熊性美教授、冼国明教授和戴金平教授之后国际经济研究所第五位掌舵人。彼时的南开大学国际经济研究所在经历了老一辈学者筚路蓝缕的创业以及新一代学者承前启后的发展之后，已经成为蜚声国内乃至国际的世界经济领域研究重镇，但在社会进步与时代发展的浪潮翻涌之下，国际经济研究所的发展也正处在历史的十字路口，如何进一步保持和延续先辈们创下的辉煌，甚至百尺竿头，更进一步，成为摆在蒋殿春教授面前的一个重要课题。

资金瓶颈是很多国内教育科研机构都曾面临的发展障碍。优秀教育和科研人才的引进、软硬件科研环境的建设、学术交流活动的开展以及对科研人员的激励客观上都需要充足的资金作为后盾，而在现实的体制环境之下，仅仅依靠有限的经费划拨显然难以满足日益壮大的国际经济研究所的发展需要。在几经深思熟虑之后，初任所长的蒋殿春教授决定独辟蹊径，以成立校友基金会的方式借助国际经济研究所毕业校友们的力量来为国际经济研究所的发展开辟新的财源。

校友捐助一直是西方大学收入来源的重要组成部分，然而在我国，由于缺乏相关的经验和管理体制的僵化，校友这样一种优秀的社会资源在很多大学中都未能得到充分的挖掘和利用。彼时的南开大学国际经济研究所在其近20年的发展历程中培养出了数百位博士和硕士毕业生，其中很多的优秀人才已经成为经济和金融领域的佼佼者，并多次表达了希望通过合适的途径和渠道回馈母校的意愿，而如何建立起一个合法的平台吸纳校友捐赠并建立规范的运作制度则成为此举成败的关键。为此，蒋殿春教授多方奔走，不仅积极与国际经济研究所的毕业校友建立了广泛的联系，而且也不断地与学校管理部门和政府相关机构进行沟通和协调。在其不懈努力之下，2011年11月，经天津市民政局批准注册，立足于南开大学国际经济研究所的南开菁英教育基金会正式挂牌成立，并在成立之初便接受六位国际经济研究所校友的一次性捐赠700余万元，成为支持国际经济研究所后续发展的有力保证。

在为菁英教育基金会的成立而奔走的过程当中，蒋殿春教授也充分地意识到校友资源的作用不仅仅体现在财力支持方面，很多优秀校友在多年工作过程中所积累下的职业素养、社会经验和社会地位本身是一笔更为可观的财富。对于即将走向社会和工作岗位的国际经济研究所学子们而言，这些素质无疑是其所急需的知识储备，但在闭门教学的情况下，单纯依靠课堂教学和校内导师的指导又显然难以满足此方面的要求。为了解决这一问题，为国际经济研究所的学生们提供更理想的学习和成长环境，蒋殿春教授在校内首创"第二导师"制，为每位国经所学子聘请在业内做出突出成绩和具有广泛影响力的优秀校友作为校外导师，对其专业技能和职业规划等进行专门的指导。在校外导师的通力协助下，国际经济研究所的毕业生逐渐从象牙塔内"闭门造车"的状态中得以解放，并凭借着更加开拓的视野获得了用人单位的广泛青睐，毕业生的就业比率和就业质量在随后几年均得到了显著的改善。伴随着大批优秀毕业生进入社会，国经所的校友资源也得到了源源不断的新鲜血液补充，进而实现了校友与国际经济研究所相得益彰的良性循环。

除了借助校友资源促进国际经济研究所的发展之外，蒋殿春教授也在不断尝试探索和开拓国际经济研究所的发展方向与空间。作为一个立足于高校的研究机构，理论研究一直是国际经济研究所的研究所长和重点所在，但囿于专业层次和传播途径的局限，很多的研究成果尽管在学术范围内广获赞誉，但却一直缺乏广泛的社会影响力。结合国家经济发展的需要，蒋殿春教授在主政国际经济研究所之后也不断尝试推动国际经济研究所的智库建设，力主实现理论研究与中国社会实际问题的结合，并在所内网站首创"12观点"栏目，延请所内外相关领域专家学者定期对社会经济重点和热点问题进行评论，向社会传播南开大学经济学者自己的观点和声音，南开大学国际经济研究所的声誉也伴随着一期期观点的推出与扩散而得到了进一步的推升。

芃芃黍苗，阴雨膏之

在南开大学经济学院，蒋殿春教授所开设的课程一直都是最受学生们欢迎的课程之一。作为一个研究型机构，南开大学国际经济研究所本身所承担的授课任务并不繁重，但由于授课对象主要是面对硕士生和博士生，其所开设课程的专业高度和难度自不难想见，而如何将这些艰深难解的课程讲述得深入浅出、通俗易懂，则更是对讲授者自身知识储备和综合素质的全面考验。

在所有的高级经济学课程当中，高级微观经济学因其中充斥着大量的高级数学工具和数理分析方法而让很多学生畏之如虎。而蒋殿春教授则正是在南开大学乃至全国高校当中较早开设高级微观经济学课程的学者之一。作为数学专业出身的经济学者，蒋殿春教授对于以数理分析为基础的微观经济理论自然有着超乎常人的深入理解，但对于众多非数学专业出身的经济学子而言，简单照搬和转述这些数学模型则会令其难以消化。为了解决这一问题，蒋殿春教授在授课的过程中颇费了一些思量：一方面，蒋殿春教授摒弃了国内大部分高级微观经济学课程沿用国外成熟教材的做法，在广泛吸纳各类国外教材之优长的基础上，结合国内学生的思维特点和学习习惯编写了自己的高级微观课程讲义；另一方面，蒋殿春教授也在结合课上学生的反应情况不断调整授课内容，在介绍基本的理论模型基础上补充了相关的数学工具与原理，并尤其侧重揭示理论模型背后的具体经济学含义，使得原本枯燥的数学符号和理论模型在学生心中不断地立体丰满，并内化成为其经济学思维的一部分。执掌高级微观经济学教鞭近20年，从该课堂上走出去的博士生几近千人，论及印象最为深刻的课程，在很多人心中仍非蒋殿春教授的微观经济学莫属。2000年，蒋殿春教授独立编著的《高级微观经济学》教材付梓，成为国内最早的由国内学者独立编写的高级经济学教材之一，一经出版便洛阳纸贵。时至今日，该教材已历两次再版、多次印刷，仍然是目前国内最受欢迎的高级微观经济学教材之一。除了微观经济学之外，蒋殿春教授还在学校面向硕士生和博士生开设了金融经济学等金融领域相关的高级专业课程，并撰写了《现代金融理论》以及《金融经济学》等高水平的教材，同样在学生中获得了极高的评价和赞誉。

除了日常的科研、教学和管理工作之外，蒋殿春教授的心血也更多地倾注在硕士生和博士生的培养方面。先生严格，对待学术问题一丝不苟，并通过言传身教将严谨的治学精神与求实的工作态度传递给门下的学子；先生慈祥，又总能在呵护学生青涩稚嫩而又难能可贵的思想萌芽的同时及时点明其中关窍，令人茅塞顿开。在一场场春风化雨般的交流与讨论当中，蒋门学子不仅被引领触摸到了学术的前沿，而且也无时不在深刻领悟着治学之道、处世之道和为人之道。在先生的悉心浇灌与培育下，一批批的优秀学子走出师门，步入社会成为相关领域的佼佼者。他们或在商海风云激荡，或在学界埋首穷经，但无论前路如何，那个如师如父的名字已然深深地铭刻在他们的心中，成为永远的烙印。

每年金风初起、桂子飘香的时节，蒋门的弟子们总会从四面八方赶回到先生的家中参加一年一度的师门聚会，同时也欢迎着新一批的优秀学子加入蒋门的大家庭。自2000年先生第一次招收研究生至今，这一传统已然延续了近20年，而蒋门学子的人数也从最初的寥寥数人发展到如今的百余人，以至于原本宽敞明亮的洋房在这一刻总是显得有些局促。

"老师该换个大别墅了。"学生们围着老师和师母叽叽喳喳地玩笑着。

"好，我继续加油！"先生笑答，眼中荡漾着慈父见到儿女归家般的欣慰和对未来满满的期许。

王正毅：中国国际政治经济学学科建设的奠基者和推动者

曲 博

王正毅，1965年生于山西，1982年考入南开大学，先后获哲学学士（1986）、哲学硕士（1989）、经济学博士学位（1993），1994—1995年赴美国纽约州立大学和法国高等社会科学院从事博士后研究。1989年以来，先后任教于南开大学和北京大学。曾任南开大学政治学系副主任和校社会科学研究管理处处长，现为北京大学国际关系学院学术委员会主任、国际政治经济学系主任，教育部"长江学者"特聘教授。

王正毅教授是中国国际政治经济学学科建设的奠基人和主要推动者，在他的带领下，北京大学于2003年组建国际政治经济学系，并先后设立国际政治经济学本科专业、硕士点和博士点。他的研究领域包括国际政治经济学理论、亚洲区域合作的政治经济分析、世界体系与中国等，是国内国际政治经济学和国际关系研究领域最具影响力的学者之一，2014年成为国际关系学界首位"长江学者"。其代表性著作主要有：《边缘地带发展论：世界体系与东南亚的发展》（上海人民出版社1997年、2018年出版），《世界体系论与中国》（商务印书馆2000年出版），《国际政治经济学：理论范式与现实经验研究》（合著，商务印书馆2003年出版），《世界体系与国家兴衰》（北京大学出版社2006年出版），《国际政治经济学通论》（北京大学出版社2010年、2012年、2017年、2019年出版）等。王正毅教授还担任中国经济社会理论会理事、日本财团学术委员会委员、泰国 Chulalongkorn Journal of Economics 国际编委

（2005—）和英国 *The Pacific Review* 国际编委（2008—）。

多学科的求学经历

王正毅教授1982年考入南开大学哲学系。当时他报考的是经济学系的世界经济专业，因为当时南开大学汇集了一批经济学的名教授，他希望能通过学习经济学能够找到家乡贫困的原因。但是接到录取通知书时，却被南开大学哲学系录取，与南开经济学失之交臂。

在大学期间，王正毅教授埋头苦读，除了学习哲学专业之外，还苦读英文并广泛涉猎自然科学知识。据王正毅教授回忆，当时的想法就是自己的高中理科基础不能废掉，而且为了将来走出去看世界，必须学好英文。1986年继续留在哲学系，攻读研究生，因为对当代西方哲学中科学哲学的兴趣，选择了以分析哲学作为研究方向。研究生毕业之后，一个偶然原因，王正毅选择留在南开大学初创不久的政治学系任教。

1990年，在留校任教一年之后，王正毅选择攻读博士学位，师从著名经济地理学家和政治地理学家鲍觉民先生。从哲学训练转向经济学学习，既是出于对认识经济发展的一贯朴实的追求，更是基于对当时中国现实的认识。他发现，哲学并不能解决当时中国的现实问题。20世纪80年代，尽管中国思想界出现了三次大的争论，思想运动如此激烈，但他觉得自己远离中国社会现实。另一方面，中国改革开放之后，最大的变革是经济变革和社会变革。因此，他在选择攻读博士专业时，希望寻找一种与哲学不同但是又贴近现实的学科。正是出于这种考虑，王正毅教授选择了攻读经济地理学博士。在攻读博士学位前后不到四年的时间内，在鲍觉民先生的精心指导下，他完成了两个题目的研究工作：《现代政治地理学》（南开大学出版社1993年出版）和博士论文"东南亚政治经济地理研究"的写作（1997年以《边缘地带发展论：世界体系与东南亚的发展》为题出版）。

一个偶然的机会，王正毅教授得知著名社会科学家、思想家沃勒斯坦（Immanuel Wallerstein）主持一个博士后训练和研究项目，由美国纽约州立大学和法国高等社会科学院联合举办，在全球招聘三到五名博士后研究人员。

他申请了该项目并幸运地得到了这个机会。1994—1995 年，他在沃勒斯坦教授指导下从事博士后研究工作，其间，王正毅教授不仅完成了研究论文（论文于 1998 年发表在美国学术界著名的 *Review* 杂志上），而且还系统地学习了"世界体系理论"，这使得他一下子进入了国际学术界前沿领域，为他日后在教学和科研中不断强调国际学术眼光奠定了基础。

七年哲学训练、三年经济学训练和博士后期间的社会学训练，使王正毅教授对社会科学的全貌有了充分了解，并建立起了完整的知识框架，发展出了独特的研究视角和方法。这在他之后的教学科研工作中充分表现出来。第一，他特别强调完整知识框架的重要性，重视大学的通识教育或者博雅教育功能，主张学生应当对社会科学知识谱系有所了解，建议学生一定要读那些影响人类历史进程的"大书"。第二，在研究中，强调跨学科的思考，跳出国际关系学科本身，借助其他学科的视角或路径，提出不同的问题或者做出新的思考。他选择国际政治经济学为主要研究领域，对亚洲区域化的研究、对中国转型的研究以及对国际关系理论讨论的贡献都反映出了他的这种学术训练特色。第三，沃勒斯坦和世界体系论是王正毅教授思考国际政治问题的学术背景和重要研究方法。他对世界体系与亚太地区合作、世界体系与中国、世界体系与国家兴衰的研究以及计划中的"东亚国际体系"的研究中都能看到这种影响。

任教南开大学和北京大学

王正毅教授 1989 年硕士毕业后留在了当时初创不久的政治学系任教，1997 年被破格晋升为教授、博士生导师，是当时最年轻的文科教授，先后任政治学系副主任、社会科学研究管理处处长，同时兼任经济研究所区域经济专业博士生导师。他是南开大学国际关系研究的创建者之一，与其他同事一道，建立了国际政治本科专业、国际关系专业硕士点和政治学专业博士点。

在南开大学，他主要开设了政治地理学和国际政治经济学两门课程。这两门课深受学生欢迎，不少学生因为听过王正毅教授的课而选择了继续深造，并从事国际政治经济学研究。在南开工作期间，王正毅教授多次荣获国家级和省部级的教学科研奖励，包括首届天津优秀青年人才奖（1998年）、教育部"优秀青年教师基金"（1999年）、天津市第七届社会科学优秀成果奖二等奖（1999年）、教育部"跨世纪优秀人才（人文社会科学）培养计划"（2000年）、国务院政府特殊津贴（2001年）、教育部"霍英东教育基金第八届青年教师基金研究奖"（2002年）等。

2002年9月，北京大学国际关系学院决定加强国际政治经济学学科建设，王正毅教授作为学术带头人进入北京大学工作。在学校和学院支持下，开始筹建国际政治经济学专业和国际政治经济学系，并组建国际政治经济学学科的教学和科研团队。2003年设立了国内唯一的国际政治经济学本科专业，并设立了国际政治经济学硕士点，2010年又获得了国际政治经济学博士学位授予权，形成了一套完整的人才培养体系。2006年王正毅教授申报的《国际政治经济学通论》被列入普通高等教育"十一五"国际级规划教材。他主持的国际政治经济学课程于2008年被评为"北京市精品课程"和"国家级精品课程"。由于其在教学、科研、人才培养以及学科建设方面的突出成就，王正毅教授本人先后获教育部宝钢教育奖（优秀教学奖）（2005年）、北京市优秀教师称号（2009年），并入选人力资源与社会保障部"新世纪百千万人才工程国家级人选"（2009年）、教育部"长江学者"特聘教授（2014年）等。

推动国际政治经济学学科建设

改革开放之初，邓小平同志就提出，政治学、社会学、法学等需要"补课"。根据邓小平的指示，国内开始重建主要社会科学学科。承担学科重建重任的学者需要有学科建设的眼光和意识，既要盯住国际学术研究前沿，又要符合学科建设规律。如何从政治和经济相结合的角度研究国际关系，突破冷战时期占主导地位的以政治和军事为主要研究对象的国际政治的局限性，以适应经济全球化的现实趋势，成为改革开放之后中国国际关系学界面临的重大问题。正是基于这种现实的需要，王正毅教授与国内其他院校学者一起，在政治学界和国际关系学界积极推动国际政治经济学学科的建设，成为中国国际政治经济学学科建设的奠基者和推动者①。经过近30年的努力，由他带领的北京大学学术团队，无论是在国际政治经济学学科建设方面和人才培养方面，还是在国际政治经济学科学研究上一直处于国内领先水平，并获得了国际学术界的广泛认可。

国际政治经济学兴起于20世纪70年代的欧洲和美国，经过近50年的发展，已经成为国际关系研究的重要领域。在20世纪90年代初，随着中国政治学、国际关系研究等学科的恢复重建，部分国际政治经济学著作被介绍到中国，国内国际政治经济学学科建设也开始起步。王正毅教授为国内国际政治经济学学科建设做出了重要贡献。他在课程体系、教材建设、学科制度化以及共同体建设等方面都不遗余力地推动其发展。

早在20世纪90年代初，王正毅教授就在南开大学政治学系开设国际政治经济学课程，之后，又在南开经济研究所区域经济博士点下设立地缘经济与政治方向，招收博士研究生。在政治系获得政治学博士点授权之后，他又在政治学博士点之下设立国际政治经济学方向，培养博士生，南开大学也因此成为国内最早开设国际政治经济学课程、研究国际政治经济学的院校之一。2002年进入北京大学之后，他一直为国际政治经济学这一学科制度化而努力并取得了成功。这些制度化的努力包括：（1）建立国际政治经济学系并任创系主任；（2）先后获得国际政治经济学本科专业、硕士点和博士点，建立完整的人才培养体系；（3）加强本科教学，推动本系教师进行教材建设。

教材建设一直是王正毅教授工作的重点之一，他一直认为，好的教材是培养好的学生、推动学科发展的最为重要的基础性工作。根据教学工作需要，他先后出版了《国际政治经济学：理论范式与现实经验研究》和《国际政治经济学通论》，目前作为第一首席专家，正在主持编写"马克思主义理论研究与建设工程"《国际政治经济学概论》。这三部教材紧跟时代发展要求，总结了国际政治经济学学科的最新发展和新的现实经验，体现了王正毅教授对构建国际政治经济学学科基础的重视。

2003年出版的《国际政治经济学：理论范式与现实经验研究》是王正毅教授与国际经济学家张岩贵教授合作完成的。正如该书的副标题所强调的，这

---

① 田野，"中国国际政治经济学理论研究的进展与问题"，《国际政治研究》2016年第1期。

部教材以国际政治经济学的理论范式和现实经验研究为重点。一方面，教材系统总结了国际政治经济学的古典理论和现代理论范式，尤为重要的是，重视从原著中理解理论范式，囊括了对主要理论范式奠基性作品的分析，并在此基础上，比较分析了不同理论范式对国家与市场关系的看法。另一方面，以国际政治经济学创立 30 多年来的现实经济分析为重点，系统介绍了对于国际货币、国际贸易、跨国投资、发展、国际新秩序以及区域化六大专题的研究。

  2003 年教材出版之后，王正毅教授继续跟踪国际学术研究前沿，分析总结国际政治经济学的新发展，先后发表了"超越'吉尔平式'的国际政治经济学：1990 年代以来 IPE 及其在中国的发展"[①]"构建一个国际政治经济学的知识框架：基于四种关联性的分析"[②]"全球化与国际政治经济学：超越'范式'之争"[③]等论文。通过这些研究，王正毅教授对国际政治经济学学科概念、研究路径以及核心概念有了新的概括，这也成为目前国内国际政治经济学研究的新基础。第一，他给国际政治经济学重新定义，认为"国际政治经济学主要研究国际体系中的经济要素（包括资本、技术、劳动力以及信息）的跨国流动对国际体系、国家与国家之间的关系以及国家内部政治结构和过程的影响，反之亦然"。这一定义超越了吉尔平、斯特兰奇等第一代国际政治经济学者对学科的理解，对学科的边界、路径和问题有更明确的指向。第二，他把西方国际政治经济学者分为两代。第一代学者主要寻求国际关系中政治和经济、国家与市场之间的关联性，他们假设政治和经济是两个不同领域，或者用政治学方法研究经济领域的问题，或者用经济学的方法研究政治领域的问题。第二代学者则努力沟通不同分析层次之间的关系，出现了寻求"国内和国际"之间的关联性，关注经济要素在单位层次之间的流动。第三，他强调 20 世纪 90 年代，国际政治经济学以经济全球化为重点，以利益和制度为核心概念和范畴。利益决定行为体的偏好，偏好决定制度的设计和选择。利益和制度是两个最为基本的、不可还原的概念。第四，他认为 20 世纪

---

  ① 王正毅，"超越'吉尔平式'的国际政治经济学：1990 年代以来 IPE 及其在中国的发展"，《国际政治研究》2006 年第 2 期。
  ② 王正毅，"构建一个国际政治经济学的知识框架：基于四种关联性的分析"，《世界经济与政治》2009 年第 2 期。
  ③ 王正毅，"全球化与国际政治经济学：超越'范式'之争"，《世界经济与政治》2010 年第 10 期。

90年代以来的国际政治经济学重视三种关联性：政治和经济的关联性、国内政治和国际经济的关联性、国家和社会的关联性。2010年出版的《国际政治经济学通论》就是建立在王正毅教授对国际政治经济学最新进展的总结基础上的。这部教材除了保留了上一部教材从原著中理解理论范式、分析主要经验现实的优点之外，重要的是提供了一个更为完整的知识框架，反映了国际政治经济学研究的最新进展，并且有基于中国改革开放经验所提出的"中国视角"。这部教材为中国学者加快成为国际政治经济学领域的知识创造者提供了更好的学术条件。

王正毅教授是"马克思主义理论研究与建设工程"教育部哲学社会科学研究重大课题攻关项目国际政治经济学组第一首席专家，正在主持编写的"马克思主义理论研究与建设工程"《国际政治经济学概论》，坚持以马克思主义为指导，总结中国参与世界体系的成功经验，推动构建具有中国特色、中国气派、中国风格的国际政治经济学的学科体系和理论体系，引领国内国际政治经济学理论创新的研究。在最新教材中，不仅分析了中国融入世界经济的成功经验，讨论了国际经济如何影响中国的问题，而且也尝试回答中国如何影响国际政治经济的问题。

除了在教材建设上做出贡献之外，王正毅教授还努力推动国际政治经济学学术共同体的发展。1996—2000年，在美国亚洲国际问题研究促进会的支持下，王正毅教授与美国加州圣迭戈分校迈尔斯·卡勒教授、日本防卫研究所高木诚一郎教授合作组织"国际政治经济学与亚太地区主义"国际合作项目，邀请亚太地区七个国家的学者进行学术合作，对冷战后亚太地区的冲突与合作进行政治经济研究。该项目在南开大学召开了两次国际会议和三次国际研讨班。国内来自社科院、北京大学、人民大学、复旦大学、外交学院、南开大学、武汉大学、吉林大学、浙江大学、厦门大学、北京师范大学、华东师范大学、天津师范大学等机构的专家和研究生参加了这些国际会议和国际研讨班。参会的学者们带来的关于亚洲区域合作的具有国际学术前沿水平的论文最终以《亚洲区域合作的政治经济分析》[①]为题结集出版，推动了国内

[①] 王正毅、〔美〕迈尔斯·卡勒、〔日〕高木诚一郎主编，《亚洲区域合作的政治经济分析：制度建设、安全合作与经济增长》，上海人民出版社2007年版。

学术界对亚洲区域化或地区主义的研究。南开大学也因此成为国内最早且富有成效地推动亚太地区主义研究的学术重镇之一。

2010年，王正毅教授与中国社会科学院学部委员张宇燕研究员一起创建了中国国际政治经济学论坛。国际政治经济学论坛每年召开一次，迄今已经成功召开九届，成为中国国际关系学界和世界经济学界学者们研讨国际政治经济问题、打通政治学（国际政治）和经济学（国际经济）学科界线的跨学科平台。

成为知识的生产者

中国的社会科学自上世纪80年代重建以来，主要是"补课"，了解国际学术界的最新进展，引进、学习、借鉴是主要任务，国际关系研究也不例外。在学习借鉴国际学术界成果的同时，王正毅教授一直呼吁中国学者要成为知识的生产者。[①] 他认为，随着中国国家实力的增长，中国学者的理论创新已经具备了更为现实的条件。除了在国际政治经济学理论研究和学科建设上的突出贡献外，他的学术成就还包括对地区主义（尤其是亚洲区域化）的研究、国际关系理论以及中国转型和发展的政治经济分析。

亚洲区域化研究

王正毅教授基于东亚地区的政治经济变革，研究了相关国家在本地区合作的理论与战略，对亚洲新地区主义进行理论探讨，发表了系列成果，引起了国际学术界的广泛关注。他对亚洲区域化的研究始于他的博士论文（1993年），后来经修改在1997年由上海人民出版社出版。著名地理学家吴传钧院士认为《边缘地带发展论：世界体系与东南亚的发展》一书，是从地缘政治和地缘经济相结合的角度研究东南亚的"开拓性的著作"，认为在以问题为核心的区域地理研究中也做了开拓性的工作。吴传钧院士在为该书所做的序言中概括了王正毅教授地区研究的四个重要创新方面。第一，重新思考"区

---

① 王正毅，"成为知识的生产者"，《世界经济与政治》2006年第3期。

域"的定义，指出"区域"不仅是一个地理概念，更是一个政治、经济、历史概念，是世界地缘政治和经济结构变动的产物。从这点出发，"东南亚"这个区域并不是从来就有的，而是二战之后，因为国际政治经济等条件形成的。第二，什么是区域的构成要素或者内容？王正毅教授认为东南亚地区作为一个整体，是因为在历史中形成的三个问题：国家主权的建立、经济结构的调整和社会系统的重建。第三，研究方法是跨学科的，从政治学、经济学、地理学和历史学相结合的角度展开分析。第四，该书将东南亚地区放在整个世界地缘政治和经济结构的变动中，分析东南亚地区内部的发展动力和区域外的发展动力。[①]

2018年，王正毅教授出版了《边缘地带发展论》的修订版，修订版增加了对1997年以来东南亚各国地缘政治经济战略的分析，认为东南亚国家的发展仍然是资本主义世界体系边缘地带的发展，东南亚国家强化东盟建设的努力并没有从根本上改变东南亚地区作为边缘地带的特征，1997年亚洲金融危机之后东南亚各国发展战略的调整也没有改变这种特征，以"东盟为中心"和"东盟方式"来应对世界地缘政治经济秩序变革带来的挑战只是取得了部分成功。[②]

王正毅教授对东南亚、亚洲区域化或者扩大到亚太区域化的研究都是建立在上面的开拓性研究基础上的。当他把视角从东南亚扩大到东亚，王正毅教授开始思考更大的问题，也就是东亚国际体系何以成为可能？是否存在一个东亚国际体系是什么？东亚国际体系与西方殖民体系的关系是什么？东亚国家是如何受世界体系影响的？以及亚洲区域化的动力和特征是什么？

另外，王正毅教授对地区或区域主义的研究，不仅为国际关系、国际政治经济学研究做出了重要贡献，而且也对深化地缘政治和地缘经济的研究具有启发意义。王正毅教授对政治地理学的发展起到了开风气之先的作用。20世纪80年代，人文地理学学科建设重新提上日程。除了鲍觉民、李旭旦等老先生的倡议之外，王正毅教授也是参与建立政治地理学的重要学

---

① 王正毅，《边缘地带发展论：世界体系与东南亚的发展》，上海人民出版社1997年版。
② 王正毅，"东盟50年：走出边缘地带发展的困境了吗？"，《世界政治研究》2018年第1期。

者。[①] 他的《现代政治地理学》[②]，对政治地理学学科的学科体系、理论基础和主要内容做了系统的研究，是国内第一部系统介绍政治地理学的著作。后来，他又参加编写了《政治地理学：时空中的政治格局》[③]一书。

国际关系理论研究

王正毅教授参与了国内国关学界关于理论发展的重要讨论，包括中国国家利益的界定、研究方法的争论、理性主义与建构主义之争以及中国国际关系理论学派的建设等。

在其1997年发表的"国家利益是合法性相互制约的利益——兼评阎学通《中国国家利益分析》"[④]一文中，他指出了从单个国家出发考虑国家利益的不足，认为需要在国际体系中观察国家利益，也就是国家利益的合法性问题。"每个国家，其利益的合法性受制于其所处的国际体系。换句话说，在不同的国际体系中，会有不同的利益。"进而认为国家利益是"被国际体系合法化了的国家利益的综合，而不是简单的相加"。这种观点将国家间的互动、国际体系的价值或规范因素纳入思考，不仅拓展了我们分析国家利益的视角，而且王正毅教授似乎更强调国际体系价值对国家利益的约束，与后来大行其道的建构主义也有不少共识，无政府文化、共有知识等概念与国际体系的价值结构非常接近。

在对亚洲区域化的研究中，王正毅教授敏感地发现了建构主义的贡献。他不仅翻译了亚洲区域化建构主义重要代表人阿米塔·阿查亚的代表作《建构安全共同体：东盟与地区秩序》一书（上海人民出版社2004年出版），而且以亚太区域化的现实经验，反思建构主义和理性主义两种思路。他认为建构主义将区域化看作是一种集体认同的文化认识过程或社会化过程，观念同样重要，不仅框定议事日程，而且也有助于对区域建设的理解。在此基础

---

① 刘云刚、安宁、王丰龙，"中国政治地理学的学术谱系"，《地理学报》2018年73（12）。

② 王正毅，《现代政治地理学》，南开大学出版社1993年版。

③ 王恩涌、王正毅等，《政治地理学——时空中的政治格局》，高等教育出版社1998年版。

④ 王正毅，"国家利益是合法性相互制约的利益——兼评阎学通《中国国家利益分析》"，《中国社会科学季刊》（秋季卷）1997年8月。

上,他提出关于亚洲区域化四种相互竞争的观念,除了基于西方经验的现实主义或制度主义之外,"东盟方式"或者区域化的"亚洲方式"值得重视,并认为对"东盟方式"或"亚洲方式"的总结和深入分析,或许才是做出学术贡献的关键。①

王正毅教授系统介绍了世界体系论。从20世纪80年代以来,西方国际关系理论的主要流派纷纷被翻译、介绍到国内,但是对继承马克思主义传统的国际关系理论介绍和分析不足。王正毅教授2000年出版的《世界体系论与中国》②,系统地介绍了世界体系论兴起的理论现实背景、思想渊源、理论方法以及主要观点,着重分析了世界体系论的学术影响和当前争论的主要问题,以及从世界体系论的角度如何思考中国问题。这本书已经成为学界了解世界体系理论以及从世界体系理论思考中国问题的必读书。

王正毅教授主张中国学者要成为知识的生产者,但是他又非常谨慎地提醒在理论建构中,既要反对欧洲中心主义,又要防止极端民族主义,学者要在理论的普遍性和文明的多样性之间寻求平衡。他在亚洲区域化的"东盟方式"中看到了超越西方国际政治经济学理论的可能,提出重视东亚地区的历史和现实,但是也指出能否真正超越欧美的国际关系范式,还要看未来中国在国际政治经济体系中的地位和作用。他认为中国实力的不断增强为创建中国学派提供了更为现实的条件:中国持续的经济增长可能会成为理解人类工业化模式演化的一种具有普遍意义的理论;中国的崛起以及对国际体系的影响,可能抽象出一种超越欧美范式的关于大国成长经验的理论。③

寻求中国与世界的关联性

所有的学术准备都是为了理解中国。在一次访谈中,王正毅教授提到,从20世纪80年代开始,他就一直关注中国,但是很少发表评论。2003年之后,他开始在北京大学讲授发展与转型的政治经济学课程,将之前的学术积

---

① 王正毅,"亚洲区域化:从理性主义走向社会建构主义?",《世界经济与政治》2003年第5期;Wang Zhengyi,"Contending Regional Identity in East Asia:Market-led, Institutions or Social Reconstruction,"*East Asian Review*,Vol.13,2010。
② 王正毅,《世界体系论与中国》,商务印书馆2000年版。
③ 王正毅,"世界知识权力结构与中国社会科学知识谱系的建构",《国际观察》2005年第1、第2期。

累用来分析中国相关的问题。他把中国放在世界体系中来研究，从国内和国际力量的关联性研究中国，尝试解释中国改革开放以来的政治经济进程。从这种思路出发，他提出了一系列关于中国转型的重要观点，在学术界引起了广泛的关注。

第一，经济全球化是中国改革开放的一种重要国际资源。与计划经济时期相比，中国发展的资源在结构上发生了重大变化，从原来单一的国内政治和社会资源转向了国内资源和国际资源并重的局面。国际国内两种资源使得中国成为经济全球化最大的受益者，但是同时也不断增加政府管理经济和社会的难度。正是从这个角度，他倡议中国需要建立普遍的社会经济安全网络，从而更好地管控经济全球化对国内政治经济的挑战，尤其是通过地区和全球层面的制度合作，降低中国应对这些挑战的成本，从而更好地维护中国经济安全。①

第二，中国渐进转型既不是"趋同论"所强调的通过国内制度调整来适应国际力量，也不是"实验论"所认为的中国转型事先有着缜密的制度设计，中国的渐进转型是一种"干中学"，中国特色社会主义市场经济是一种功能性的制度设计。当追求经济增长目标受到国内条件制约时，往往借助国际力量打破相关制约：或在国内现有制度框架内寻求共识，或对现有制度框架进行适度调整，避免大范围制度变迁带来的代价。政府通过国内制度调整控制国际力量，设计国内改革和转型的目标、次序和速度，使得国际力量成为推动中国经济增长的动力。在这个意义上讲，社会主义市场经济是一种能够实现双重目标的制度设计。一方面，促进国内不同力量在改革问题上形成共识，降低改革成本，避免大规模制度变迁带来的风险，保持了历史的连续性和间断性的统一，也维持了各种权力在某种程度上的平衡。社会主义市场经济中的社会主义制度设计，降低了社会对改革速度的期望值，从而能够暂时承受因改革出现的各种不平等，为中国不断全面深化改革赢得时间。另一方面，通过制度调整来满足国际社会的需要，从而使得国际力量在大多数时候为国内改革服务。市场经济的制度设计使得国际环境相对改善，促进了资

---

① WANG Zhengyi, "Conceptualizing Economic Security and Governance: China Confronts Globalization," *The Pacific Review*, Vol.17, No.4, 2004.

本和技术快速进入中国。①

第三，在分析中国崛起成就的同时，王正毅教授也指出了中国面临的四大挑战：维护主权和拓展国家生存空间的挑战、国际市场依存与国内市场结构调整的挑战、技术转移与技术创新的挑战、参与国际制度建设与国内制度调整的挑战。这一观点发表于 2013 年上半年，② 如果对照特朗普 2017 年正式就任美国总统以来，中美关系的发展变化以及中国所处国际环境的变化，我们会发现王正毅教授所总结的四大挑战都已经成为现实，而且挑战日益严峻。或许这才是真正学术研究的价值。

教学与治学之道

王正毅教授不仅在国际政治经济学、亚洲区域化、中国转型以及国际关系理论研究上都有开拓性贡献，而且他还是一位令人尊敬的好老师，他在教学和指导学生上都有自己的方法。根据我们多年在王老师身边学习的经验，有一些体会愿与读者分享。

第一，追求完整的知识框架。王老师认为，合格的教师至少具备两个条件：自己应该具有相对完整的知识框架，从而能帮助学生进行知识积累；培养学生不仅掌握知识，而且还要具有智慧和情趣。同样，培养学生首先也要帮助学生搭建知识框架。在王老师看来，这个知识框架应该是建立在对人类知识创造的基础上，强调要把国际关系放在社会科学知识谱系中，重点研究西方文明的四个支柱：西方哲学、西方宗教、西方科学和西方历史。他撰写的《国际政治经济学通论》教科书也把构建完整的知识框架作为首要目标。

第二，学科、专题与地区三位一体。王老师指导博士生时，主张一个学科、一个专题和一个地区三位一体。学科帮助掌握概念体系、研究方法和主

---

① 王正毅，"理解中国转型：国家战略目标、制度调整与国际力量"，《世界经济与政治》2005 年第 6 期。
② 王正毅，"中国崛起：世界体系发展的终结还是延续？"，《国际安全研究》2013 年第 3 期。

要问题领域；而地区知识则有助于提出研究问题，通过地区知识与既有研究之间的对照，发现国际关系中的反常现象。学科知识与地区知识不仅能够帮助学生发现和研究问题，而且也对他们毕业后的学术研究大有帮助。

第三，"教""学""悟"的结合。王老师指导学生的方式是苏格拉底式的诘问法。学生向他汇报研究时，他会从不同角度提出问题，神出鬼没，刚开始的时候，学生往往会被问得面红耳赤，三两句就会败下阵来。这个时候只有回去再读书、再思考，然后再去汇报。特别是在博士论文的选题和写作时，往往要经过多轮这样的考验。当你能够回答他提出的各种问题后，他会觉得你的论文可以了，这时他会帮助你逐步完善论文结构：怎么提出问题，如何布局谋篇，各部分的标题确定等，都会有具体要求。当博士论文定稿了，通过答辩了，你再回想王老师提出的问题，全部都是论文的关键点，他事先已经帮助你设想了可能遇到的各种问题。另一方面，他又强调学术研究的"悟"，认为知识框架可以教，但是如何提问和做研究主要靠"悟"。这有点像孔子讲的"不愤不启，不悱不发"。学生没有形成困惑，没有自己思考，讲再多可能都没有用。只有当学生有了困惑，这个时候的点拨才会起到"豁然开朗"的作用。

第四，保持理论研究与政策应用之间的距离。可能是长期在高校工作的原因，王老师常说要区分政策语言和学术语言，区分学术问题和政策问题，如果政策问题不能转化为学术问题，最好先放放。他曾引用过费正清的一段话："一个真正的学者应该有说服力地提出自己的观点，使之既具有学术价值，又符合公共的需求和现实的可能性，即它们应是一些既有必然性（从而没有理由不接受），又具有可行性（存在有效行为的可能）的建议。"他认为追求那种必然性、形成知识积累才是重要的，是否具有说服力应当留给学术同行，至于能否成为可行性建议则似乎并不在他的考虑范围之内。

在某种意义上，王正毅教授更像是19世纪的古典政治经济学家，或者说社会科学家，对学术分工持批判性的怀疑态度。他一直在探寻政治和经济的关联性、国内政治和国际经济的关联性、国家和社会的关联性。或许更重要的是，他想找到不同学科之间的关联性，从而能够尝试建立一种马克思式或者韦伯式的社会科学。

参考文献：

陈岳、田野,《国际政治学学科地图》,北京大学出版社 2016 年版。

吴传钧,"第一版序言",见王正毅,《边缘地带发展论：世界体系与东南亚的发展》,上海人民出版社 2018 年版。

王正毅、陆昕,"王正毅：探寻中国与'世界体系'关联性的学者",《世界经济与政治》2005 年第 11 期。

田野,"中国国际政治经济学理论研究的进展与问题",《国际政治研究》2016 年第 1 期。

刘云刚、安宁、王丰龙,"中国政治地理学的学术谱系",《地理学报》2018 年 73（12）。

"学术人生：北京大学'长江学者'王正毅教授专访",2016 年 12 月 20 日,http://gjgx.lnu.edu.cn/info/12747/69708.htm。

白长虹：当做君子品如荷

李 中

师生缘起

2005年春，获得保研资格的我在童贤达师兄的建议下，试着给白长虹教授发了一封邮件，介绍了我本科阶段的学习情况，表明了自己的研究兴趣，申请成为他的硕士生。我当时并不知道白老师会做何反应，毕竟他没有给我们上过课，对我的了解也仅限于邮件里的自我陈述，而且据师兄讲，白老师科研项目非常多，每天都很繁忙，估计他不会特别注意到这样一封邮件。没想到，过了一两天，我收到了白老师回复的邮件。他对我本科的表现给予了充分肯定，并告诉我，过几天他要在天津开发区管委会做一次课题汇报，请我来参加，以便更好地了解他的研究方向和指导风格。

我把这次见面当作了一次重要的面试，穿上正装，早早来到汇报地点，见到了白老师和多位企业管理专业的博士、硕士学长。当天上午，白老师汇报了"天津开发区保税区文化事业与产业发展规划"课题的阶段性研究成果。他的汇报非常精彩，思路清晰，重点突出，案例生动，与现场的专家学者、政府官员展开了热烈的讨论，赢得了许多掌声。午饭时间，他又和学长们围绕课题下一步研究任务，如何从文献中寻找理论支撑，区分文化事业与文化产业的差异表现等几个方面做了明确的布置。我听得似懂非懂，感觉本科学的东西完全派不上用场，只好努力记录下每句话，提醒自己回去再读书查资料。快结束的时候，白老师微笑着询问我，今天感觉如何，对这个课题有没有兴趣。我回答，虽然这方面我不熟悉，但我愿意跟着学长们做一些力所能及的工作，希望老师能给我这个机会。他很高兴，嘱咐师兄师姐们帮助我。我理解，白老师同意接收我了，我可以算是他的研究生了。

自 2005 年 4 月起，我便在白老师的指导下开始了研究生阶段的学习，直到 2010 年 12 月博士毕业。在这五年多的时间里，我参加了老师主持的多个纵向和横向课题，在老师的悉心指导下，围绕市场营销、品牌管理、服务管理等领域展开研究，深入企业调研，回归文献反思，探索知识创造，服务管理实践，感悟理论升华，走过了一条与其他研究生不尽相同的成长路径，个人的学习能力、创新能力、管理能力都得到了充分的锻炼，从一个懵懵懂懂的本科生成长为可以独立承担责任的青年学者。更重要的是，白老师是一位有着典型南开气质的学者，他的言传身教深深影响着我，激励着我做一名合格的南开人。特别是在成为一名南开教师后，我更是在工作中不断地感受到他心中对南开的那份真挚感情和振兴南开的强烈责任感、使命感。

立德树人

1983 年，白长虹以优异的成绩考入南开大学管理学系。那时的管理学系正在陈炳富先生的领导下开展复建工作，陈先生虽已年近六旬，但仍以汲汲骎骎、月异日新的精神为管理学系注入新的活力，探索中国管理教育的新模式。他十分注重创建中国管理学科的方法论建设，重建之初就明确提出了"理论与实践、中与外、古与今、定量与定性四个结合"的办学思想，为我国管理教育做了开拓性的工作。这种办学思想也在白长虹的心中打下了深刻的烙印，成为他日后开展学术研究、培养研究生的重要遵循。

2000 年，白老师在香港城市大学做访问学者，他一边系统学习管理科学研究方法，一边密切关注全球企业管理实践的前沿议题和中国企业转型升级的关键问题。他敏锐地发现并引进了"顾客价值""服务价值""市场驱动型组织"等学术概念，翻译国外经典著作，发表大量学术论文，开创了国内该领域的先河，也为商学院确立国内学术领先地位打下了一块重要的基石。至今，顾客价值研究依然是南开商科的特色领域，白老师仍然是该领域国内高被引学者。与此同时，白老师参与筹建了南开大学服务管理研究中心，是国内最早从事服务管理研究的学者，他指导多名服务管理方向硕士、博士研究生，关注日益兴起的服务业，从服务管理视角对银行业、通信业、传媒业、旅游业、酒店业展开理论研究，为日后旅游与服务学院的建立打下重要的学科基础，也使南开成为中国服务管理研究重镇，赢得学术界和产业界的赞誉。

作为导师，白老师坚持指导研究生把论文写在中国大地上，密切关注中国企业管理一线实践，用科学方法，回应真实问题，不做无病呻吟、自说自话的假研究，不掉进文献的海洋里自得其乐，要以为企业解决现实问题、为管理学科学体系贡献新知识、开创新的知识平台为育人的目标。2007年9月，我成为一名博士生，那时，我已经跟随导师参与了几个研究课题，也了解到师兄师姐们正在攻克的重点难点。但我一直在思考，如何把在企业观察到的实践问题转变成理论研究问题，如何跨过咨询顾问与管理学博士之间的鸿沟。在经历了一段段有苦有乐的探索后，我慢慢领会了白老师指导博士生的方法论：要从实践中提炼理论问题，唯有多观察实践、参与实践，才能发现共性的问题，才能发现真问题；要用适当的方法解决理论问题，不论是定性还是定量，要以能解决问题为先，不要陷入方法迷信；要尽可能地用简洁明晰的方式表述理论创新的成果，这是考验一个学者功力的重要标志，也是理论成果被企业接受、利用并创造价值的重要基础；要树立更高的追求，探索开创性、"平台型"理论，勇于跳出既有知识体系的局限，不要满足于"修修补补""装饰点缀""西学东验"。在白老师的悉心指导下，我们团队的博士生相继开创了服务品牌内化、精益服务、城市品牌、旅游幸福感、旅游式学习等特色鲜明、理论价值与现实意义突出、支撑性和延展性极强的研究领域，多位师兄师姐已经在国内著名院校晋升为教授、副教授，把白老师交给我们的科研之匙传授给更多的青年学子。

作为导师，白老师尤其重视学生的精神追求。学生时代，他就是出色的学生干部，曾任校学生会主席、全国学联副主席，是又红又专的学生榜样。

本科毕业后，白老师留校担任管理学系辅导员、团总支书记，是青年学生的好伙伴、领路人，深受同学爱戴。南开精神的熏陶和 80 年代大学生的光荣感让他始终保有一颗年轻的心态和奋斗的志向，以一份"当做君子品如荷"的精神境界感染着他的学生们。时至今日，他经常用南开早期先贤创校奋斗的经历激励学生，学习前辈们身上那份执着，那份"南开兴衰，匹夫有责"的精神。他要求每一位研究生做到"专业、激情、责任"。在我看来，这是对校训精神的一种独特解读：责任就是"允公"，专业就是"允能"，而青年人做到"日新月异"则是需要激情投入的。几年前，白老师在"专业、激情、责任"六个字的基础上，又提出了"说到做到，尽心尽力"八个字，体现了他对学生素质的新要求，成为师生团队共同追求的精神价值。他用"兄弟连"命名师生团队，要求学哥学姐以身示范，无论在学校学习还是走上社会，都要做一名合格的南开人，并且尽力帮助在校学弟学妹，为他们创造良好的学习和实践机会，表现优秀者可以在每年团队聚会时获得"导师奖"的荣誉。

2012 年 11 月 3 日，在清华大学举行的纪念西南联大建校 75 周年大会上，白老师作为三校教师代表发言，他说道：今天我们学习西南联大精神，就是要把教书和育人统一起来，学习联大教师爱国爱生、忠诚教育、治学严谨、不苟且、不浮躁的精神，学习他们不厌不倦、自敬其业，不忧不惑、自乐其道，默默耕耘、无私奉献的师德风尚，在传授知识的同时，用人格魅力、科学精神、人文素养感染学生、影响学生，这些是比知识本身更重要、更宝贵的财富。我们每一位教师都要努力加强自身修养的锤炼，真正做到学为人师、行为世范。

白老师是德才兼备的南开人，他也把立德树人作为培养学生的根本遵循，每一位他的学生都会感到，在南开遇到白老师是最大的幸福。

知行合一

2011 年 7 月，我进入旅游与服务学院工作，成为这个年轻学院的一名建设者，也得以从另一个角度认识白老师。

从接受院长任命那天起，白老师就以一种强烈的复兴南开旅游学科的责任感对待这份新的工作。他多次去向旅游系的老先生们请教当年创办旅游学系的宝贵经验,充分了解国内外高校旅游学科的发展模式,紧密结合国家旅游产业发展迎来的大好机遇,在此基础上,把握南开学科在新时代发展的基本点、创新点,积极整合资源,搭建产学研协同创新平台,拓展学科发展的新方向。在他担任院长的近八年时间里,旅游与服务学院确立了以国家旅游产业发展重大战略需求为导向开展教学科研、人才培养、社会服务、国际合作的立院主线,新学院的快速发展受到了旅游界的高度关注。

以旅游视角观察、从旅游领域切入,服务国家和地方发展,是旅游学人的价值追求。为了给年轻人树立"知中国,服务中国"的榜样,也为了更好地把握学科研究方向,白老师总是不辞辛苦,亲力亲为,率先投身重大战略问题的研究中。为了做好旅游扶贫的研究,两年里,他六次走进极其贫困的四川小凉山马边彝族自治县,开展现场工作。每次飞机加上汽车行程8个小时以上,还要克服高原反应,防备滑坡、泥石流等地质灾害。到了马边,青年教师和研究生们都已累得精疲力竭,可是白老师却神采奕奕,马上就能投入走村入户的调研访谈中。白天与学生一起爬高坡、走山路,晚上组织团队复盘,明确第二天的安排,当地干部都被他的精神状态所打动。他说,因为有2005—2006年在云南省丽江市人民政府挂职的工作经历,他对少数民族地区尤其充满感情。在他的带领下,研究团队为马边规划了依托旅游发展实现脱贫致富的蓝图,帮助马边引进产业资源,邀请专家学者为马边献计献策,组织学生赴马边开展社会实践,宣传马边特色农牧业产品和自然风光,为马边带来了实实在在的变化,让马边人民感受到南开学者的实干精神。

2015年年初,为了抢抓"国家2011计划"机遇,实现南开旅游学科跨越式发展,白老师克服重重困难,与石培华教授、保继刚教授联合创建了我国首个旅游业协同创新中心——现代旅游业发展协同创新中心,南开、中大、国家信息中心、国家旅游产业科技创新工程中心四家单位,汇聚为服务国家旅游业重大战略需求的协同创新合力,旨在打造成国家旅游业发展的重要智库。在多个国家部委的支持下,我国首个全域旅游研究所、全国红色旅游创新发展研究基地、旅游市场与目的地营销研究基地、中国旅游人力资源与职业开发中心、中国海洋旅游研究中心、丝路旅游研究中心等科研平台在学院成立,一批政府委托研究项目落地,像中国国家旅游形象研究、红色旅游国际化战略研究、恐怖主义对世界和中国旅游业的影响这样既具有理论创新性又紧紧契合国家需要的研究课题，突破了传统科研方向的局限，极大地锻炼了学院的青年教师和研究生，也积极影响了他们的研究志向。

优秀人才是世界一流学科的关键。作为院长，白老师始终把人才工作当作学院发展的头等大事，在学院条件并不优越的条件下，他积极争取一切有利因素，瞄准一流人才，亲自商谈，诚意邀请。在他的不懈努力下，旅游学院先后成功引进李想、石培华、马晓龙、李辉、邱汉琴等五位在各自领域享有极高声誉的教授，极大充实了学院师资队伍力量，也展现了南开大力吸引海内外优秀人才的开放胸怀。在人才引进的同时，白老师也高度重视青年教师的培养，为他们创造良好的学术发展、全面成长的机会，为年轻教师搭平台，提供展现才华的舞台。经过八年的努力，学院已经基本形成一支梯队结构合理、发展潜力深厚的师资队伍，为今后的发展打下良好基础。

为了给师生创造更好的学习条件，白老师大力推动学院和海内外知名旅游院校建立合作关系，提高学院的国际化办学水平。多年来，我和几位同事协助他开展国际交流工作，直接地感受到他追赶世界一流院校的决心和努力。在APEC、亚太旅游协会、联合国世界旅游组织、世界旅游城市联合会、中国-东盟旅游教育联盟等国际平台和国际学术会议上，他发表的主旨演讲面向国际同行，阐述南开建设世界一流旅游学科的规划，展现南开优势，发出合作交流的诚挚邀请，学院的国际知名度和影响力不断提升。此外，他亲自推动学院与海航、中信、万豪、中青旅、腾讯、迪士尼等企业的合作，积极探索推进校企合作出实效，让业界重新认识南开旅游学科的实力，为学院发展争取宝贵的资源支持。

白老师是一位实干家。在旅游学院工作的八年时光，他付出的心血是常人难以想象的。面对南开旅游学科辉煌的历史和摆在面前的巨大挑战，面对新学院特殊的成立背景，面对国内外旅游学科发展的激烈竞争，为了在国内外学术界、产业界面前为南开旅游"争口气"，为了让师生找回久违的骄傲和自豪，为了加快赶超领先者，他用心思考学院发展的重要战略问题，睿智化解学院改革发展中的难题，积极拓展连接重要资源，为年轻人干事创业营造了良好的环境，他以时不我待的精神，带头实干苦干，"把小我融入大我"，为南开旅游学科打开一片天，迎来新时代。

开创未来

白老师常和我们说，他很敬佩滕维藻校长在80年代初期改革创新的探索，南开管理、旅游、金融、保险、社会学等学科就是在那个时代获得新生，领时代之先，发展至今成为南开新的名片。改革需要勇气，更需要担当，白老师就是一位有未来眼光、有创新精神的改革家。

2010年，全国旅游管理硕士专业学位MTA教指委秘书处落户南开，这是国内专业硕士教育首个落户南开的秘书处，对学校发展意义非凡，白老师被国务院学位办、教育部、人力资源与社会保障部三部委聘任为教指委首任秘书长。他以高度负责的态度，事无巨细，全力投入南开MTA中心和全国MTA教指委的建设中，为这一新项目倾注了大量心血。至今，全国已有99所培养单位，MTA教育项目的知名度和影响力日益提升，前景光明。南开MTA项目也已初具规模，为我国现代旅游业发展输送了上百位优秀毕业生。

白老师始终关注旅游教育改革创新，善于运用新思路、新方法、新模式，实现学科教育功能的整合升级。2014年，他主持设计了南开大学远程教育学院、旅游与服务学院、美国饭店业协会教育学院、万豪酒店集团四方联合推出的"国际酒店英才起航项目"。该项目凭借美国饭店业协会教育学院全球的教育资源以及南开大学线上与线下相结合的学习平台建设，把高校基础理论教育、酒店职业教育、雇主高素质员工教育三者有机链接在一起，以定制化方式，培养国际酒店需要的优秀管理者，培养酒店业界真正的未来领军者，改善我国酒店业高端管理人才稀缺的现状。项目受到国内酒店院校、酒店集团的高度关注。2016年，白老师荣获美国酒店业协会颁发的年度"知识明灯奖——杰出国际教育家"的荣誉奖项，成为该奖项设立14年来首位获奖的中国大陆学者。

为了全面改进本科教育教学和人才培养质量，充分发挥专任教师的积极性，2013年，白老师带领学院班子成员，开展了旅游学院的系制改革，将沿用多年的旅游、会展两个系的建制，整合为旅游市场、旅游企业、旅游信息、旅游生态、服务与休闲、会展管理六个系的设计，并且设立了本科教育主任和研究生教育主任，明确了系主任在组织教师开展教学教研、课程建设、专业建设等方面的作用，以及本科和研究生教育主任在规范教育质量、提高培养质量、统筹推进全面育人等方面的作用。这一改革在当时的确引发了一些反响，在实施过程中也遇到了一定的困难，但白老师始终坚持这一方向，不断解决实施中出现的问题，学院上下也渐渐理解了这一改革的深层含义。在此基础上，通过进一步调整教学计划，优化课程设置，把通识基础与特色专业教育结合起来，建设市级大学生众创空间等举措，学院突出了对学生创新能力、职业素养、领导力的培养，新的管理体制充分体现出其应有的作用，学院的人才培养模式也日益清晰，特色愈加鲜明。

2017年11月，白老师离开旅游学院，履新商学院。2018年1月20日，南开大学商学院一年一度的新年论坛如期举行。白老师首次以商学院院长的身份面向师生校友和社会各界致辞，发出商学院改革的坚定声音——南开大学商学院要成为中国商学院转型发展的标杆，通过"商学+"的模式进行革新，构建起以中国现实为导向，以商学为核心，与工程、金融、健康休闲、数据科学、人文科学交叉为特色的人才培养体系；商学教育与研究要突出集体主义导向、突出家国情怀、突出社会责任与使命，要解决经济社会发展中的主要矛盾，揭示中国制度文化背景下的管理规律，要突出实践与教育研究同频共振，共创价值；要吸引更多企业家、企业思想家走进课堂，参与教育，培养出适应中国发展需要的商学人才。

一年过后，2019年1月26日，白老师在2019年新年论坛上再次提出引人深思的重大问题——新的一年，我更加期待校友和业界朋友们能与学院一道，思考一件重要的事情，那就是如何培养师生"面向未来"的能力。在这个日新月异的时代，有的人告诉我们要"关注小趋势"，有的人告诉我们要关注"黑天鹅和灰犀牛"，但我认为这些都不是"面向未来"的最好答案。这份能力该如何建构？面对不断变化的未来，商学教育到底该教会学生什么？如何在掌握历史经验的同时找到连接未来的时空隧道？什么样的研究才是真正前瞻性、引领性的研究？站在新百年的起点，南开商学教育将用"面向未来"破题，期待我们能够一起把这道题答好。

知是行之始，行是知之成。带着这样的思考，54岁的白老师依然在努力奔跑。36年的南开岁月，陶铸了他的君子风范，让他成为一位令人敬重的好老师，一位披荆斩棘的实干家，一位心怀梦想的改革家。他是南开的骄傲，他是我一生的老师！

霍学文：在南开学习金融，在北京发展金融

霍学文

1919—2019年，南开百年历程，值得纪念。1982年我进入南开大学读大学，到1997年调出南开大学，16年的青春光阴在南开度过，给我的一生留下了难忘的记忆，也是人生成长的重要阶段。在南开百年之时，回溯在南开得到的教育培养，感恩母校，以此纪念南开百年。

严谨的南开校风

南开大学给我的一生的影响，就是严谨的校风。在南开的历史上，鼓励创新，更要求严谨；支持创新，更要求周密。认认真真、扎扎实实，成为南开老师长期形成的风格，这种风格，也耳濡目染地传导给了南开的学生。

南开大学金融学系，于1982年重建，南开也成为国家改革开放后第一个开设金融学专业的学校。我十分有幸成为南开金融学专业的第一批大学生，与国际金融、货币银行学、保险学等学科的大师们经历了初创，经历了从无到有，并见证了其成为高校国际金融专业的翘楚。我们的成长既是我们的快乐，也是系里老师们的快乐。本科毕业后，我被保送读金融学硕士学位，毕业以后留校任教，很荣幸与我的老师成为同事；后师从钱荣堃先生攻读国际金融专业博士学位。

金融学系重建后的，第一任系主任就是国际金融专家钱荣堃教授，副主任是保险学专家刘茂山教授，办公室主任是胡彦明老师。我记得钱荣堃教

授、刘茂山教授一直穿着朴素，洗得发白的蓝色卡其布上衣，是他们的底色。老师们来自南开大学、天津财经学院等不同的系所、不同的专业，给学生们开设金融学课程。

建系之初，最艰难的是师资与资金。当时还非常年轻的刘茂山老师、胡彦明老师等，经常到北京"化缘"，经常跑的地方就是人民银行、农业银行、中国人保等大机构，得到了时任人民银行副行长刘鸿儒教授的大力支持，给了初创中的南开大学金融学系200万元人民币的资金支持，这在当时绝对是一笔巨额资金。有了这笔资金，南开大学金融学系在艰难中迈出了坚实的一步。这些初始资金和学校及各方面募集的资金，盖起了现在经济学院的主楼、圆楼（阶梯教室）、教学楼和经济学科图书馆。回想起来，如果没有当初这些老师们的辛勤汗水和不辞辛苦的奔波，就不会有金融学系后来的发展。初创时期，没有师资，就从北京的人民银行总行与研究生部（现在的清华大学五道口金融学院）请讲座老师，从北京、天津的金融机构请讲课老师。这样，开出了金融学专业所有的课程，形成了金融高等教育比较完备的课程体系。

金融学系办公地点是在离南开大学12宿舍100多米的平房里。近距离，无疑造就了学生与老师的沟通零距离。那时候，第一届82级的学生与老师们最熟悉，老师们也对82级细心爱护和教育。学生们几乎每天都能见到系里的老师，而系里的老师有什么事，也会主动找同学们。这构筑了南开大学金融学系师生的友谊基石，也形成了良好的系风。

南开大学金融学系初创时期，系里有一个非常好的图书馆，虽然面积不大，但是书却很全。我在小图书馆里，第一次看到了已经发旧的中文翻译版的美国哲学家和应用数学家诺伯特·维纳于1948年出版的《控制论》和波兰经济学家兰格的《经济控制论导论》。虽然读不懂，但还是被里面的新思想、新观念、新方法所吸引，也发现了数学与经济学结合的魅力。当时，改革开放带来的新思潮传入学校，《系统论》《信息论》《控制论》成为"老三论"的经典之作，在大学广泛传播。学校还成立了专门的研究会（社团），我积极参加社团活动，积极听讲座，学到了很多系统论、信息论、控制论的知识。听讲座成为在大学获得知识的最好途径之一，两个小时的时间，听到一门学科的精华，是大学里非常令人陶醉的一件事，同学们之间经常相互帮助去占座听讲座。对于知识面的拓展，除了上课、读书外，听讲座是必不可少的重要一环。当时，对系统论容易接受，因为与哲学思维很相近，又不是简单的抽象，而且可以有宇宙系统、社会系统、生物系统、经济系统等相互参照。而受知识面的影响，对于信息论和控制论理解稍难：首先，对于信息是什么，难以定义和确知；其次，对于信息的内容难以衡量；再次，虽然对于信息—反馈—控制觉得很有意思，但是真正理解是计算机普及和IT技术广泛应用之后。但是"老三论"的一些理念如大系统由无数的小系统组成，大系统的功能大于无数小系统之和，系统之间、系统与外部环境之间相互交换信息与能量，不同系统具有不同的结构和功能，这样一些理念一直伴随着我，以至于后来对信息技术极为感兴趣也是源于此。

跟从大师求学

在大学时期，同学们得到了许多金融学、经济学教授和老师的教诲，学到了扎实的基础知识，也学到了学习方法、思考方法、讨论方法、研究方法、写作方法，尤其是跟着老师们耳濡目染，良好的学风、文风让我们深深受益。

钱荣堃教授，虽然没有给本科生上过课，但是他的新生开学典礼和讲座课，成为学生们一顿知识和精神大餐。他的入学讲话都是朴实的道理，但是讲出来却让人心悦诚服、受到洗礼。他爱引用英国哲学家培根的名句："读书使人充实，讨论使人机敏，写作使人确切。"他一直要求学生把读书、讨论、写作三者结合起来。光是上课听讲、下课读书是不行的，还要学会讨论与写作。他在考试中，不注重学生的死记硬背，而是要考学生的基本理论、基本方法和系统框架的掌握。他每一次讲课都是深入浅出，但是每一次又与上一次不同，让学生在听懂了后又能有所体悟，在体悟中加深对理论的理解。他特别强调基础扎实，他关于国际金融、国际货币体系、国际汇率的理论与观点都是在其对国际金融形势、国际金融理论和国际金融分析方法的深刻把握基础上推演出来的。与其基础把握相媲美的是其战略分析、战略布局和战略格局。钱先生善于战略研究和超前布局，从而为下一步工作赢得先机和时间。他于1946年考取中英庚款公费留学生，1947年进入英国伦敦经济学院成为博士研究生，师从著名奥地利学派经济学家哈耶克、国际经济学专家詹姆斯·米德、一般均衡理论创始人约翰·希克斯学习，他们都是在该校任教的诺贝尔经济学奖获得者，这奠定了钱先生深厚的经济学功底和金融学基础。钱先生经常讲，自己的研究原则是"不唯书，不唯上，只唯实"，不人云亦云，而且以史实和事实为基础做研究。他非常佩服他的大学老师马寅初，即使在特殊时期钱先生也没有写过一篇批判他老师马寅初的文章，这令很多人感到钦佩。他在南开金融学系初创时期，主张先招研究生培养师资、再招本科生，使学生有师资力量。他注重师资力量培养，专门利用三年的暑假开出了国际金融师资班，招收全国各高校的国际金融研究方向老师，请国内外国际金融名师讲课，为全国国际金融研究奠定了师资基础。今天很多从事国际金融研究的专家教授都在那个班学习过，我也有幸在本科时期就跟着听课。钱先生还开创了两个教育模式：一是在国内首创了将MBA教育引入中国的"南开-约克模式"，培养工商管理硕士，被称为"中国MBA之父"；二是创造了作为"南开-约克模式"延续的中加联合培养国际金融博士班（我有幸成为其中一员），请加拿大约克大学、多伦多大学等学校的教授来给博士生上课，英语授课，在国内培养学生具有国际视野，跟上国际前沿。后来，我硕士毕业留校教书，有幸师从钱荣堃教授攻读博士学位。在入学后，他要求我要多读书、读原著、读大师的著作，要求我扎扎实实地读书，夯实理论功底。在论文选题时，也得到了钱先生的悉心指导，他不限制学生的选题，但要求必须有数据支撑、有数理推演、有史实论证。我后来选择了"英美日资本市场效率比较研究"，当时还想把德国作为研究对象，钱先生问我德语资料能否看得懂，我说看不懂，他说，那就不要嚼别人的二手资料，一定要用第一手资料。为了获得国际资本市场第一手数据，我给国外央行、金融监管机构、交易所、金融机构、研究机构寄去了120多封信请求数据支持，收回了60多封信，里面大量、翔实的历史数据为我的博士论文对资本市场效率的量化分析奠定了坚实的基础。在钱先生身上，大家风范、长者厚重、儒者雍容、雅者坦然得到了充分体现。

  我在大学时期深受其影响的另一位老师是南开大学金融学系、保险学系的奠基人刘茂山教授，虽然他是博导、教授，我们大家都习惯称他为"刘老师"。在南开金融早期学生中，一说"刘老师"，就指刘茂山老师。刘老师，学习政治经济学出身，深研《资本论》，熟谙货币、资本、流通的精髓，他的金融学、保险学的学术渊源都来自对《资本论》精髓的深刻把握。他讲课，不照稿念，对《资本论》的理论、逻辑、框架娓娓道来，上他的课学到的是知识，提升的是方法，收获的是格局。他极具有开创性，与钱荣堃先生共同创立了南开大学金融学系，在全国第一个引入了北美精算师考试，让中国有了自己的保险精算师培养体系，培养了中国第一代保险精算人才，目前很多公司的首席精算师都是刘老师的学生。他与中国保监会密切合作，创立了保险学系，成为创系主任，创新开拓保险学理论体系，成为保险学博士生导师，为中国保险业培养了一批博士、硕士和本科人才。他自己出国学习、考察，每一次都会带来教学科研的新变化。他待人既严格又和蔼，做学问既历史又前瞻，带学生既言传也身教，对于南开金融学系学风、系风的养成做出了巨大贡献。

金融学系建系、发展、壮大，都离不开一个大管家——办公室主任胡彦明老师，老师们称他为"老胡"、学生们称他为"胡老师"。他关心、爱护、严格管理同学，又能叫上同学们的名字，每一届南开金融学系学生逢十年聚会，他都是必不可少的人物。胡老师为人和蔼可亲，助人为乐，协调左右内外，甘于付出奉献，乐此不疲。系，是教学科研的基本单位，老师学生的基础载体，工作运转的关键节点。胡老师事无巨细、有条不紊地组织着运转，千头万绪从不愁眉苦脸，大事小情尽可能让大家满意。我当学生的时候，就得到了他的关心，他也是到内蒙古把我招到金融学系的招生老师，我也一直感激他给了我入读南开大学金融学系的机会。我当老师后，更体会到他的不容易，以至于在今天我负责一个单位运转时，也时时感到与他的差距和需要向他学习之处。他的最大特点就是耐心与付出。为了成就一件事，他会天津、北京来回跑很多趟而不辞辛苦；为了全系有效运转，他会费尽心思筹集经费；为了提高教师收入，他组织了很多受学生欢迎的课程班和学位班；为了提高科研能力，他积极组织购买国内外资料；为了增强团结、愉悦身心，他每年暑假都组织到周围省市的教师"夏令营"，那也是我在南开度过的愉悦的时光。

在大学里，我受教了很多值得尊敬的老师，他们都是国际金融界的大学者，有王继祖教授、陈国庆教授、刘玉操教授。印象最深的就是王继祖先生爽朗的笑声，"哈哈哈哈"，一听就知道是尊敬的王先生。他留学美国学习国际贸易，在美国读过密苏里大学、伊利诺伊大学等，拿到博士学位。回国后一开始没有找到合适的单位，经常主动被动地变换工作与工作地点，但所有工作都与教英语有关系。可惜他后来没有成为翻译大家，却成为了国际金融大家，这是由于他的爱人在天津工作，他只好从解放军外语学院调回到南开大学经济研究所。后来受钱先生之邀一起创办南开大学金融学系，成为创系钱王陈"三博导"。王先生一生豁达，在家豁达、在校豁达、与人豁达，从不计较小事，因为他记不住小事。他早年因患中耳炎致一侧耳聋，倒是发挥优势，潜心读书、潜心学问，他给学生上的国际经济学、外国货币银行学两门课，很受学生欢迎。我最受益的是他跟钱先生策划并由他撰写的《美国金融制度》和《国际金融市场》两本书，直到现在读起来，还能体会到先生的拳拳之心。他作为第二届系主任，请来了一批美国教授上课，开拓了我们的视野，让我们感受到了国际金融研究和实践的前沿领域。

陈国庆教授，一生严谨，言行举止有风范，从他身上我们感受到了绅士风度。同学们都亲切地称他"陈先生"。陈先生给我们上的最难的一门课就是《英国金融制度》，这既是他写的专著，也是他教的一门课。在硕士考试时出了一道大题，大概50分，有关英国金融制度的综合题，需要整理几乎半本书的内容，这是我唯一担心过能否及格的一门课。考完试后，我充分理解了英国金融制度的精髓。陈先生早年就读于南开中学，在清华大学师从陈岱孙和袁贤能先生，后来考取天津达仁学院院长袁贤能先生的硕士生，专研凯恩斯经济学。在学生时期，陈先生写出了研究凯恩斯经济理论思想的专著《凯恩斯货币理论及其演变》，受到国内外经济学界的关注，凯恩斯本人曾向陈国庆先生亲笔致函，称赞陈国庆先生的这项研究工作难能可贵和所取得的成就，并将其新书《如何为战争筹款》赠送给陈先生。陈先生在学术研究领域的突出贡献表现在两方面：一是翻译了一批重要的经济学、金融学著作，如先后翻译了维塞尔的《自然价值》（商务印书馆1982年出版）、汉森的《货币理论与实践》（中国金融出版社1988年出版），并与杨敬年先生等合译了熊彼特的《经济分析史》（第三卷）（商务印书馆1996年出版），丰富了国际经济金融知识体系；另一方面，他还出版了一系列金融制度分析著作（如

《英国金融制度》《澳大利亚金融制度》）和一些文章，为金融制度分析奠定了分析框架，让学习者短时间内掌握金融制度比较分析方法，深受其益。陈先生在国内第一个撰写了国外金融工程研究的论文，金融工程演化到现在已经成为金融领域发展最快的一个分支——金融科技（FinTech）。上陈先生的课，你始终会有一种国际感、功底感和技术感，耳濡目染会让人学到以国际视野来框架分析金融发展与技术进步。

回想起来，南开金融学系有一大批令人尊敬的老师。时刻保持风度的刘玉操老师，他研究日本金融制度，曾留学日本，参与南开大学金融学系创建，主教国际金融，总是西装革履、身姿笔挺，爱穿吊带裤和西装夹克。他教学、做人十分严谨，要求学生严格。他对日本金融制度的研究尤其是对日本泡沫经济和金融危机的研究，至今仍值得我们借鉴。一个强劲增长的经济体因一场经济危机而陷入长期低迷，令人深思，值得汲取教训。这既有经济制度和政策值得借鉴之处，也有应对泡沫经济、金融危机的措施与技巧。

龙玮娟教授，南开金融货币银行学教学第一人。货币银行学是我们第一届金融学系学生上的第一门金融专业课，当时她还在天津财经学院教课，每次要跑很远的路给我们上课。她认认真真备课，充满热情讲课，耐心回答问题，给我们留下了深刻的印象。她后来调到了金融学系，现任货币银行学教研室主任，后来任副系主任，为南开金融学系尤其是货币银行学专业培养学生、在全国建立影响力付出了巨大的心血。

王海柱教授，南开金融学系教授管理学的第一人，总是哈哈大笑，爱吸烟，爱跟同学聊天，但也能严肃起来。他系统地给我们上了管理学课程，让我们接触到了中外管理理论与实践，他讲课爱举例子，总是让学生们在例子中理解管理理论，增强实践认知。

袁步英教授，南开金融学系教授市场学第一人。在改革开放之初，对国外学术思想引进最快的，一是管理学，一是市场学。在刚刚入学不久，就听到袁老师讲授国外先进的市场分层策略、营销理念、定价方法，这些引发了我们对市场经济规律、消费者行为更深入的认知和尊重。

南开金融学系第一届学生得到了辅导员老师、班主任老师和教务人员的最大关爱和教导。我们的辅导员肖多立，对同学们关照有加、全身心投入，把学生工作当作教务工作来干，为南开金融学系系风学风建设做出了历史性贡献。我的班主任王光宇老师，积极为我们学习和班级凝聚力创造条件。接触学生最多的，包括办公室的会计朱凤祥、姜秋萍老师，负责电教的刘煊、郑泰老师。负责学生工作的白云龙老师在我当老师期间给予了大量帮助，每一次组织老师夏令营都给老师们带来了难得的快乐。

起步的学术研究

我在南开发表的第一篇文章，是在图书馆完成的。当时在图书馆看书，发现一本杂志上的关于货币流通速度的文章有问题，于是就在图书馆完成了一片商榷文章，寄给了杂志社，两个月后收到稿件采用通知，心里很欣慰。第一篇稿件被采用，进一步激发了我的学习和写作热情。南开大学图书馆离我们12宿舍非常近，直线距离200米，成为我除了教室以外，在大学待的时间最长的地方。图书馆位于新开湖边上，既可以借书，也可以阅览书籍，还可以上自习，是我最喜欢的地方。每天早晨操场跑完步，就在新开湖边上听英语，那个时候虽然没有听力课程考试，英语教学以读为主，但我还是比较注重听说读写的全面训练。尤其是到了周六，参加英语角，自己说的英语都很简单，甚至远不如天津拖拉机厂的工人英语爱好者说得好，于是就不断找人说英语，甚至对着墙练过英语口语。有时候，早晨跑步偶尔跑到马蹄湖，会遇到钱荣堃先生打太极拳，一招一式，很有优雅风范。那个时候，不知道打太极拳的好处，只是听先生说过，从50岁开始，他就从来没有间断过，先生也鼓励我们锻炼好身体。

我在大学里的学术生涯得到了两位尊敬的老师的指导帮助，并带着我做了深入的研究，完成了两篇重要的文著。一是与逄锦聚教授合著的《体制货币与通货膨胀》（物价出版社1991年出版）。那时逄老师已经是南开大学副校长、教授、著名经济学家，而我只是一个讲师。由于我在南开大学经济学院的一次关于通货膨胀的讨论中发表了自己的看法，在自己研究通货膨胀的硕士论文基础上提交了一篇论文，逄老师认为有道理，于是就跟着逄老师继续深入研究通货膨胀的体制机理、货币成因与治理对策，最后成书。我那时用TSP软件对数据进行回归分析，书中集成和反映了逄老师对通货膨胀问题的系统思考。逢老师非常忙，一般是中午或晚上到他在西南村的家里去听他的修改意见，包括我起草的部分，他都做了多次认认真真的修改、数据考证和观点把握，对每一个疑点决不放过，对每一处数据反复核实，对每一个数据处理结果都考证其实际意义。通过这次逢老师集成多年学术研究经验的悉心指导，我学到了研究视野、数据处理方法和如何做实际经济活动的实证研究，尤其是如何做一个解决实际问题的研究人员，让我终身受益。

二是与常修泽教授合作的"论中国经济运行的企业效率障碍"（《经济学家》1990 第 2 期）。那时常老师是南开大学经济研究所副所长、著名经济学家。还是源自于对通货膨胀的分析，通货膨胀的一般原因是过多的货币追逐过少的商品，在我国除了货币超发，还有一个重要原因是企业效率低下，生产不出社会需要的商品，一方面货币过快增长，一方面产品供给不来，两者合力导致了通货膨胀。在这一点上，我跟常老师的观点一致，于是跟着常老师合写了这篇文章。常老师精于战略思维、现实研究和企业分析。我还记得他关于研究的心得："写文章、做事情，一定要高起点、大手笔、实操作。"他对文章改了又改，对观点细之又细地琢磨，最后磨出了一篇好文章，由此我深刻理解了好文章都是打磨出来的。这些思想和行为让我学到了如何做人做事做研究，务实操作成为我后来一直的追求。

我的硕士论文研究主题是如何有效治理通货膨胀，用的是 TSP 回归分析。博士论文研究的是如何有效平衡资本市场的效率，用的是比较分析和实证分析。后来，我开始关注 IT 技术、互联网对金融和资本市场的影响。在 90 年代中期美国的互联网已经开始并深刻影响资本市场的发展，纳斯达克资本市场就是在互联网推动下建立和繁荣起来的，后来美国也开始有了互联网券商、介于交易所与券商柜台之间的电子交易平台，场外市场越来越模糊，也对资本市场监管产生了影响，可以说，IT 技术提升了资本市场效率。于是，我着手于互联网对资本市场的影响研究，出版了《互联网时代证券市场的发展与监管》（中国金融出版社 2004 年出版），沿着现代信息技术驱动对金融的影响分析，2015 年出版了《新金融，新生态》（中信出版社），对互联网技术对金融的冲击与影响做了系统性思考。1998 年，我从南开调到国务院证券委办公室，后来到证监会研究室、国际部，再到北京市委金融工委、国资委、发改委，组建北京市金融工作局、地方金融监督管理局，尽管工作变换，但一直从事金融工作，在南开所学、所思、所研，对我的工作起到了巨大的支撑作用。可以说，没有南开金融难得的学习研究经历，就没有我后来的金融工作。

在南开的学习与研究生涯，为我后来从事金融监管、金融发展、金融风险防范与处置奠定了坚实的理论基础、思维框架和行动能力。我感恩南开、感激南开、感谢南开。南开的校训，"允公允能，日新月异"，激励着我们前进。

感恩南开让我成为了金融学子。

感激南开让我学习了金融专业。

感谢南开让我懂得了金融方法。

在南开百年校庆之际，仅以此表达我对南开的感恩、感激与感谢。

张玉利：专注创业研究与教育，做学生的良师益友

张玉利

张玉利，1965年12月出生，吉林省集安市人，汉族，中共党员。1983年9月入南开大学管理学系读本科，1987年9月被保送为管理学系硕士研究生，1990年3月硕士毕业后留管理学系任教，1992年9月在职跟随陈炳富教授攻读企业管理专业博士学位。现任全国工商管理专业学位研究生教育指导委员会创新创业协同促进中心主任、天津市高校哲学社会科学重点研究基地创业与中小企业管理研究基地主任、《管理学季刊》联席主编。曾任南开大学企业管理系主任，南开大学MBA中心常务副主任，南开大学研究生院副院长，南开大学商学院副院长、院长；教育部"长江学者"特聘教授、国家"万人计划"哲学社会科学领军人才、文化名家暨"四个一批"人才、国务院学位委员会学科评议组（工商管理）委员、教育部科技委管理学部委员、全国工商管理专业学位研究生教育指导委员会委员、中国高质量MBA教育认证工作委员会委员、天津市学科评议组及专业学位教育指导委员会委员、享受国务院政府特殊津贴专家。个人被曾被同学们评为南开大学首届"良师益友"，荣获天津市"五四青年奖章""五一劳动奖章"、复旦管理学杰出贡献奖等一系列奖励，担任院长期间商学院全体师生获得天津市2017年"五一劳动奖章"集体奖，是商学院最全的一次集体奖。

专注创业研究 20 年

2016 年 10 月 28 日，2016 年复旦管理学奖励基金会颁奖典礼在中山大学怀士堂举行。中山大学教授、政治与公共事务管理学院名誉院长夏书章获颁"复旦管理学终身成就奖"；上海交通大学安泰经济与管理学院讲席教授、执行院长李垣，南开大学商学院教授、院长张玉利荣获"复旦管理学杰出贡献奖"；联想控股股份有限公司董事长、联想集团创始人柳传志获得"复旦企业管理杰出贡献奖"。原国务委员、十一届全国人大常委会副委员长、复旦管理学奖励基金会理事长陈至立在颁奖典礼上讲话，并为今年的"复旦管理学杰出贡献奖"获奖人颁奖。颁奖典礼现场，基金会播放了提前给张玉利录制的介绍短片，其中这样介绍张玉利："新经济时代，创新创业成为人们关注的焦点。张玉利教授将管理学研究方向对准了创业管理，通过深入研究与归纳总结，他摸索出了独具创新的创业管理理论，成为国内该领域研究的领军人物。""面对我国复杂的创业环境，张玉利教授聚焦创业管理机制，提出大企业和中小企业都应该寻求适合自身发展的独特的管理模式，揭示了企业成长的关键因素。开创性的研究方法、前瞻性的学术眼光，张玉利教授的理论成果为管理学学界增添了宝贵的研究素材，也为更多的创业者提供了前进的精神力量。"主持人这样介绍张玉利的获奖理由："张玉利教授多年来专注于创业管理和战略管理领域的研究，比较了企业家型中小企业的成长战略模式，提出了'公司企业家精神'概念，揭示了中小企业成长的关键因素；组织了首个聚焦于微观层次创业活动规律的中国创业动态跟踪调查研究，论证了创业是情境依赖与路径依赖的经济活动的基本观点。张玉利教授的研究为创业教育体系建设和创业政策制定提供了微观知识基础。"

复旦管理学奖励基金会是由复旦校友李岚清同志于 2005 年发起成立的，这也是中国人自己设立的管理学界第一个奖励基金会。基金会旨在奖励我国在管理学领域做出杰出贡献的工作者，倡导管理学理论符合中国国情，并密切与实践相结合，推动我国管理学长远发展，促进我国管理学人才的成长，不断提高我国管理学在国际上的学术地位和影响力。复旦管理学奖在管理学界享受崇高的地位，具有广泛的影响力。被授予复旦管理学杰出贡献奖，是张玉利继受聘为教育部"长江学者"特聘教授后，在创业研究方面的成果被同行专家的再次肯定和认可。

1993年，张玉利进入博士论文选题阶段。导师陈炳富教授对博士生要探索学科领域空白点的要求同样难住了张玉利。管理学科的空白点在哪里？瞄准学科的空白点开展论文选题，真是一件艰难的事情，查阅很多资料，设想出一系列题目，但总是不敢确定。恰巧，海河水利委员会受亚洲开发银行的资助，开展海河流域经济发展规划研究课题。作为中方专家，张玉利和于仲鸣、王迎军一起应邀参加课题研究工作，其间到北京、河北、山西等地的一些区县做了大量的现场调查研究，接触了大量的乡镇企业，对乡镇企业的发展产生浓厚的兴趣。当张玉利等人把乡镇企业翻译介绍给合作的加拿大方专家时，加方专家听不懂。"加方专家都听不懂，可能就是个空白点！"张玉利在介绍当年研究选题时总是介绍这件事。结合调研工作和文献资料检索，张玉利将博士论文选题初步确定在中小企业领域，得到陈炳富教授的鼓励，博士学位论文"小企业竞争力——关键影响因素研究"于1995年12月顺利通过答辩。

一些著名的经济学家认为，中小企业会在激烈的竞争中消亡，中小企业能够存在也是大企业为了剥削它们而"容忍"其生存的结果，中小企业生存论一直是经济学界争论的焦点。通过博士论文写作，张玉利坚信，中小企业问题已经不是能否存在的问题，而是如何更好地发展的问题，其核心在于管理。基于这样的认识，他设计了"小企业成长的管理障碍"研究课题，得到教育部人文社会科学青年基金的资助。这是1996年的事情。

1998年，张玉利设计的研究课题被香港大学毕业同学会基金委选中，同年11月到香港开展了三个月的实地调查研究，其间走访了政府部门、研究机构，还访谈了20多家中小企业创业者、管理者，感受最深刻的是不能泛泛地研究中小企业。在数量庞大的中小企业群体中，真正有发展潜力的是那些成长欲望强烈、善于广泛整合内外部资源并能够将资源转化为竞争力的企业。为此，张玉利提出了"企业家型中小企业"的概念，并设计了"企业家型中小企业成长研究"的课题，得到国家自然科学基金资助，将研究对象从泛泛的中小企业群体聚焦到成长型中小企业。2000年，受天津市政府的委托，张玉利在天津市组织完成了万户中小企业问卷调查研究的课题，通过科学地比较分析8327家企业的资料，进一步认识到围绕快速成长型中小企业开展学术研究的价值。于是在博士研究生指导工作中率先设立了"中小企业与企业成长"研究方向，依靠团队的力量探索中小企业的成长规律，从动态的视角来研究管理理论，进而推进管理理论与企业成长实践的结合。

2002年，张玉利受国家资助到美国访学半年，其间接触到公司创业、社会创业、全球创业观察等方面的研究成果以及对哈佛商学院、沃顿商学院等《商业周刊》排名全球前20名的商学院课程的研究，改变了他对中小企业的研究只是停留于中小企业和创业者个体的认识局限。他认识到创业可以和大公司联系起来，大胆地做出了从工业社会向信息社会转型的过程中必将推动全球创业浪潮的基本判断，因此创业教育必将被重视，而开展创业教育的前提是扎实开展创业研究，因为小企业不是规模小的大企业，新创企业也不等同于小企业。这是张玉利前期研究中小企业所做出的学术判断。2003年，在国内对"创业"一词还比较陌生的情况下，张玉利发起召开了"首届创业学暨企业家精神教育研讨会"，同时在南开大学商学院创立了创业管理研究中心，定位于创业与中小企业管理基础性研究。从那以后，张玉利自己主持国家自然科学基金重点课题2项，研究中心团队成员主持国家级课题50多项，其中仅国家自然科学基金课题就有约30项，中心现任主任杨俊教授（也是张玉利指导的博士生）的博士学位论文2010年获得全国百篇优秀博士论文，37岁就独立主持国家自然科学基金重点课题的研究工作。2011年12月南开大学在创业管理与中小企业方面的研究被天津市教育委员会批准为"天津市普通高校人文哲学社会科学重点研究基地"，2017年首次基地评估中获评优秀。南开大学已经成为创业研究重镇，具有广泛的国内外影响，参与创业动态跟踪研究（PSED）国际合作研究网络，是安利全球创业报告（Amway Global Entrepreneurship Report）项目的学术委员单位，享有"创业教育之父"美誉的杰弗里·蒂蒙斯（Jeffry Timmons）教授，创业研究国际顶级学者加里·布鲁顿（Garry Bruton）、保罗·雷诺兹（Paul Reynolds）、斯科特·沙恩（Scott Shane）、萨拉斯·萨拉斯瓦西（Saras Sarasvathy）、罗伯特·巴伦（Robert Baron）等，以及美国小企业协会主席查尔斯·马修斯（Charles Matthews）先生等陆续来南开讲学可能合作研究。

多年来，张玉利主要从事创业管理和战略管理相关领域的研究，把创业作为研究情境，探索信息社会的管理创新，研究创业活动的内在规律与创业机制。其研究成果主要包括：（1）企业家型企业与创业管理机制的研究：运用大样本的调查数据和典型案例分析相结合的研究方法，挖掘企业家型企业群体的属性和内在规律，比较研究了企业家型中小企业的成长战略模式，揭示了中小企业成长的关键影响因素，提炼出创业是在创造"资源高度约束、不确定性强前提下的假设验证性、试错性、创新性的快速行动机制"的观点，并尝试在组织管理中应用；（2）中国创业动态跟踪调查研究（简称CPSED）：组织了揭示微观层次创业活动规律的调查研究项目，将大样本随机抽样的调查设计引入创业研究领域，探寻新企业生成之前的创业者行为规律，挖掘高潜质创业和新企业属性的形成机制，论证了创业是情境依赖与路径依赖的经济活动的基本观点，为创业教育体系建设和创业政策制定提供微观知识基础；（3）基于中国情境下的创业研究与教育探索：带领团队分析中国情境下的创业行为和创业绩效，探索并验证创业者新特质论，探索创业机会属性差异及其绩效启示，进行创业导向、创业决策及其认知等方面的研究。

2019年，受国家自然科学基金委管理学部的委托，张玉利牵头组织工商管理学科"十四五"规划的研制工作，探索未来五至十年工商管理学科各领域值得重点支持研究的前沿问题、国家重大需求问题、学科交叉问题，规划学科发展方向。相信张玉利及其团队的学术研究也会跃上新的台阶。

教材被300多所高校使用，协同促进创新创业教育

专注和精品是张玉利特别重视的。"做研究专注特别重要，教学也是如此。在南开大学不要讲多门不同的课，讲好讲精一两门课程，讲出品牌，讲到全国。研究型和教学型大学的区别在于，前者的教师不仅要传播知识还要创造和丰富知识。"这是张玉利经常和同行说的话。

1990年，张玉利留在南开任教，开始讲授基础课程管理学，偶尔也讲授营销类课程。很快他就认识到开设过多课程是不现实的，少而精的研究以及长期积累更为重要。之后，便长期专注于管理学和创业管理两门课程的打磨。

张玉利对管理学的理解和把握得益于两件事情：一是1996年开始受聘给摩托罗拉大学（摩托罗拉公司内部企业大学）讲授项目管理和管理基础课程；二是1995年开始参加全国MBA入学考试改革研究并于1998年开始参与MBA全国联考"管理综合"科目的命题工作。管理学是管理学科的核心基础课程，既好讲，也难讲。好讲是因为管理理论学派林立，思想观点众多，各方面略作介绍，课时就够了；难讲的原因是管理学的学科特性，管理学既是科学也是艺术，是交叉应用学科，是一门软科学，各学派之间很难梳理出清晰的逻辑和主线，挑战性强。在摩托罗拉大学授课，使用摩托罗拉大学提供的教材，面向基层管理者讲授管理理论和在摩托罗拉公司的实践应用，张玉利体会到理论与实践结合的精妙。参与MBA考试改革和命题工作，张玉利得到与国内著名高校同龄人广泛接触和深度交流的机会，广泛吸收各校好的做法，不断改进管理学课程教学。他讲授的管理学课程2005年入选天津市精品课程，主编的《管理学》教材被纳入国家"十一五"规划教材。

管理学课程是传承和发扬光大，中小企业管理和创业方面的课程则是张玉利在国内率先开设并大力推动的。1995年，张玉利面向本科生开设小企业管理课程；1998年面向MBA讲授创业与企业成长课程；2000年面向MBA开设创业管理培养方向；2004年面向本科生开设创业管理必修课程；2008年之后陆续在中南大学、云南大学、内蒙古大学、汇丰商学院面向EMBA学员讲授创业与企业家精神课程。2006年4月，张玉利与全球创业教育领域连续十多年排名全球第一的美国百森商学院合作召开创业研究与教育国际研讨会，并在会后组织了"百森-南开"创业教育师资研习班。组织翻译出版了两本创业管理教材和系列创业研究著作。张玉利倡导研究成果首要及时向教学转化。多年积累之后，2008年他主编出版了《创业管理》教材，至今修订四版，《创业管理》教材被列入教育部"十一五""十二五"国家级规划教材，2011年入选教育部2011年度普通高等教育精品教材，创业管理课程2008年被确认为国家级精品课程，张玉利领衔的创业管理教学团队2016年成为天津市优秀教学团队，团队成员继续合作出版《创业管理·基础版》《创业管理·行动版》《创新与创业基础》《创业经典文献述评》，使创业管理教材系列化、立体化。据出版社统计，《创业管理》教材自2008年出版以来，已经有超过300所国内高校使用该教材，为国内双创教育做出了贡献。

张玉利不仅在南开大学开展创业教育,还积极推动国内的创业教育工作。一方面,依托创业管理课程,与机械工业出版社合作,从 2010 年开始,先是每两年,国家鼓励"大众创业、万众创新"之后每年都开展创新创业教育研讨会,介绍先进的教育理念和方法,促进高校教师交流,今年是第八届。另一方面,推动创业教育从抓教师着手,面向高校开展创业师资训练营,从 2016 年开始,每年 8 月秋季学期开学前,教师集体备课,倡导用创业的逻辑教创业,启发教师独立设计课程,至今连续办了三届,培训了 200 多名教师,为提升创业教育质量做出了贡献。张玉利所提出的"用创业精神和技能开展目前的工作""创业是一种机制""创业教育的基础是企业家精神培养""教学设计要充分体现教育理念"等观点被教师广泛认可和接受。

为进一步贯彻落实国家创新驱动发展战略,全面深入推进创新创业教育在我国工商管理教育领域的融合与发展,2017 年 6 月,经第五届全国工商管理专业学位研究生教育指导委员会第六次全体会议讨论通过,决定成立全国工商管理专业学位研究生教育指导委员会创新创业协同促进中心,中心挂靠在南开大学商学院,由第五届全国工商管理专业学位研究生教育指导委员会委员张玉利教授负责中心的建设及活动开展。该中心是继案例分享中心之后,教指委资助成立的第二个中心,是对南开大学创业研究与教育工作的肯定和认可。2018 年 9 月,MBA 培养院校创新创业教育发展论坛在南开大学隆重召开,超过 180 所院校 300 多名老师参加,陈晓红院士,毛基业院长,教指委李善民副主任委员、刘星委员、马洁委员,以及工商管理学科评议组成员、教育部高等学校工商管理类专业教育指导委员会委员高闯教授、高良谋教授等一批专家学者出席论坛并发表演讲或做精彩点评,进一步推动了高校之间、教师和学生之间的合作。

关爱师生,实事求是,改革创新,回报南开,服务社会

张玉利留南开大学任教以来,以双肩挑的身份从事管理服务工作多年,历任企业管理系主任、南开大学 MBA 中心常务副主任、商学院副院长、研究生院副院长、商学院院长等职。关爱师生、实事求是、改革创新，是他从事管理服务工作所坚持的原则。

张玉利从事 MBA 教育管理工作的时间最长，1990 年任教，1993 年开始给 MBA 授课，1995 年参加由南京大学商学院首任院长周三多教授牵头的全国 MBA 入学考试改革工作，1999 年南开大学 MBA 中心成立，张玉利担任副主任，并以常务副主任的身份主持工作，一直到 2007 年。MBA1991 年试办，社会上对专业学位研究生教育没有认识，与常规的研究生培养没有什么区别，毕业要求等也不强调 MBA 的独特性，如何使 MBA 教育更好地满足培养应用型而非学术型人才的目标，张玉利和大家一起做了很多努力，如取消了 MBA 通过大学英语六级考试的要求，在 MBA 教学中大力推进案例教学等，坚持实事求是。

1997 年 MBA 入学考试实行全国联考，报名和招生人数开始大幅度增加，到 2000 年前后达到一个高潮。MBA 学员入学考试竞争激烈，学费也相对高，期望和要求自然也高了。基于关爱学生的基本出发点，张玉利能够和学员交朋友，明确和同学建立朋友关系而非时髦的顾客关系，引导大家来学校学理论而非特别功利地学习赚钱的招数，和 MBA 中心老师一起，鼓励并积极创造条件让 MBA 学员广泛参与 MBA 平台建设，让学员多方面了解学院和学校，化解可能的矛盾，切实解决学员遇到的具体问题。举几个实例。MBA 由于多需在职学习，白天工作，下午下班后匆忙赶到学校上课，从开发区赶来的学员不吃饭也经常迟到。张玉利果断地调整晚上授课时间，由原来的 18：30 改为 19：00，并探索周末班，后来还到滨海新区开班授课。张玉利坚信要到顾客那里提供服务而不是等顾客上门服务。MBA 教育在很大程度上率先改变大学"坐商"的办学风格，常年招生，大量的招生宣讲，不断改革创新增强 MBA 的品牌价值和吸引力，成为专业学位研究生教育的旗帜，南开大学的 MBA 基本占据了天津 70% 的生源份额，具有垄断性。2000 年，随着招生规模的扩大，全日制班、业余时间学习班、单证班等种类增多。对于全日制班，张玉利态度明确：高强度的训练，每天上下午和晚上连续授课，并请老师布置大量的作业；MBA 脱产学习，机会成本高，要让学员把时间利用好。

和 MBA 学员交朋友，也设身处地地为学员着想。为了凸显专业学位研究生教育的独特性，张玉利和中心的老师采取了很多措施，其中一点是让学员感受到独特。MBA 授学位典礼单独举办，并一定请校长为学员授学位已经成为惯例，直到几年前才取消，MBA 学员和全校研究生一起参加授学位典礼，典礼结束后再回学院单独照合影。张玉利还努力把学员的这种独特感引导转化为责任感、使命感，为社会做贡献。2013 年 9 月，张玉利以院长的身份在商学院本科生开学典礼上这样和学生说："我呼吁同学们肩负起精英的责任。我认为精英是小群体，是出类拔萃，但可不是出人头地。精英首先是小群体对广大群体的责任，你要为人类社会更美好而努力，而不只是执着于积累个人财富，更不能凭借自身的能力而极力谋私，这与南开大学的校训相悖，与社会发展的潮流相悖。"主持 MBA 中心的工作探索，也形成了张玉利自己的教育理念。"心中没学生，不配当老师。""没有母爱的学校不能称之为母校，应该叫'原产地'学校。"招聘教师，张玉利和每位通过学院考核的应聘者谈心，讨论个性化合同。"您喜欢学生吗？喜欢教育吗？"这是张玉利必问的问题，得到肯定的答复后，还不放心，还要请应聘者举出例子。后来，学院全面推进 AACSB 国际认证工作，集体讨论愿景和使命，请师生、校友、利益相关者广泛参与，问卷征集价值观和行为准则，最后形成"创新、诚信、责任、商以富国"的价值观，"开放、关爱、团队（合作）、智圆行方"的行为准则，其中"关爱"是张玉利坚持加进的。

2011 年 6 月，张玉利被任命为南开大学商学院院长，在就任院长的全院教师大会上，张玉利郑重做出四点承诺：全力以赴，全身心投入；尊重并带头执行制度；以家为大，关心师生，不与老师争利益；敢于担当，不推卸责任。张玉利喜欢大家不称呼其院长，强调以校友和教师双重身份开展工作。他牢记并践行了承诺，积极推动改革创新。六年的院长任期，张玉利和党政班子通力合作，通过 AACSB、AMBA、CAMEA 三项认证，新聘任教师全面实施年薪制，率先实施师资博士后，全面推动校友工作，强调助力年轻教师发展是学院最重要的战略并推出一系列具体举措，向学校申请人才特区获批，率先探索针对教学、社会服务业绩突出者副教授晋升的新条件，等等。2017 年年底，第四轮学科评估结果公布，南开大学工商管理学科被评为 A 档，之后从教育部评价中心获取的评估结果分项分析报告中得知，"社会服务与学科声誉"方面南开大学工商管理学科的得分位列前三名。

凭贡献赢尊重

2017年7月1日EMBA毕业典礼上，张玉利以商学院院长的身份做了题为"担当与改变、贡献与被尊重"的简短讲话，他呼吁EMBA学员："我们南开人无论在什么地方，在什么岗位，哪怕是做细小琐碎的事情，都要秉公尽能地担当起为国家、为民族、为世界和平和人类可持续发展的历史责任。""EMBA，高级管理人员工商管理硕士，目前国内工商管理领域创新应用人才的最高学位。……高级不局限于职位高、权力大、经验丰富，我理解更是责任，是担当。成功是财富，是幸福，我理解更是赢得尊重，而且是靠我们的贡献赢得尊重，让社会尊重我们南开商科人！"对于MBA校友会，张玉利作为首任理事长，鼓励会长和校友大胆开展工作，叮嘱大家"凭贡献赢得尊重"。在指导博士生方面，以前对创新要求得多，近两年更多地说贡献，他相信，中国由经济大国向强国的迈进是必然的，为人类做出更大的贡献一定是强国的标志也是路径。

作为教师，在人才培养和科研两方面做出贡献是基本职责。张玉利强调教和育分开，既要教更要育，教需要知识，育需要爱心；研究要突出责任和创新，其中责任是第一位的。责任是关注国家需求，是做有意义的研究，对工商管理学科来说，微观基础研究是核心任务，但要关注宏观问题。针对创业研究，张玉利投入更多的精力开展三农创业、社会创业的调查研究，依据多年的研究成果，积极参与国家发改委、教育部、天津市有关弘扬企业家精神、高校创业教育、创新创业政策文件的论证。张玉利不高估自己研究的作用，针对创业研究，他承认创业者自身特质的独特作用，但努力从创业实践中研究发展可以后天学习、培养、改变的素质和技能，扎实调研，一点点积累。对于学生，他注意到第一课堂和第二课堂的脱节，鼓励学生活动和知识学习高度融合，创业教育与专业教育高度融合。今年给一年级本科生上管理学课，他提前把课件发给学生，坚持用粉笔在黑板书写，鼓励学生发散思考。在学生的职业发展中，他想增加作为老师的贡献，他期待学生毕业集体返校能够邀他这位授课教师畅谈。这是他从南开学到的。

郑伟鹤：创业企业的同行者

董冬冬

郑伟鹤，深圳市同创伟业创业投资有限公司的创始人，毕业于天津南开大学国际经济法专业，获法学硕士，北大光华管理学院 EMBA 硕士，曾参加中欧哈佛全球 CEO 班。

2000 年创办深圳市同创伟业创业投资有限公司，担任公司董事长；现任上海市景林资产管理有限公司董事、1994 年 4 月至今为广东信达律师事务所合伙人、世联地产顾问（深圳）有限公司董事、南海成长系列基金执行合伙人、中国创业投资协会副会长。

曾荣获福布斯"2018、2017、2015、2013、2012、2010、2009 年度中国最佳创业投资人"，私募排排网"2010、2009、2008 年度最佳本土 PE 管理人"，2017 中国深圳创投领袖，投中集团"2016 年中国最佳创业投资人 Top5"，"2012 年度中国最佳创业投资人 5 强"，"2011 年度中国创业投资家 TOP10"，清科"2017、2016 投资界 TOP100 顶级投资人"，"2016 年杰出投资人"，"2010 年度中国最佳创业投资家 10 强"，《创业家》"中国十大新锐天使"等荣誉。

成功投资达安基因（002030）、世联地产（002285）、格林美（002340）、欧菲光（002456）、当升科技（300073）、三利谱（002876）、联合光电（300691）等 30 余家上市公司。

其所创办的私募股权投资机构同创伟业成立于 2000 年，成立 19 年来，管理规模 200 亿元，投资 400+ 企业，收获 62 家上市企业，其中 IPO40 家，并购 22 家，综合退出 IRR 逾 35%。它的发展清晰的轨迹体现了中国私募股权投资市场的发展脉络，也作为第一批私募股权投资机构，推动着私募股权投资市场的发展。

2007 年，同创伟业创立中国第一只有限合伙制基金，开创中国有限合伙制基金时代；2009 年，有限合伙制创投基金实现现金分红，成为国内第一家；2010 年，8 家企业 IPO，平均回报 11 倍，位列三甲第一（深创投、达晨、同创伟业）；2010 年，康芝药业成功上市，这是首个有限合伙制基金持股企业 IPO；2017 年，再创佳绩，10 个企业 IPO，包括华大基因（300676）、联合光电（300691）等明星项目；连续七年入选清科集团"中国本土创业投资机构 TOP10"；连续八年当选投中集团"中国最佳本土创投机构 TOP10"等。

潜心修术，从律师到私募基金经理人

作为中国第一家有限合伙制 PE 的掌舵者，激荡 19 年，郑伟鹤先生见证也亲历了中国本土创投的洪荒时代。

1984 年，郑伟鹤考入南开大学，四年之后，师从我国著名法学家——高尔森教授，攻读国际经济法专业硕士学位。郑伟鹤是安徽芜湖人，而高尔森教授在芜湖四二五厂度过了整整 20 个春秋。也许正因为这段特殊的经历，高尔森对这位年轻的弟子倾注了很大的心血。郑伟鹤选择了国际金融法作为自己的硕士论文研究方向，在当时的国内这还是一个比较新鲜的领域。高尔森非常支持弟子的研究，每每亲自审稿，提出自己的评论和建议。1991 年春天，26 岁的郑伟鹤从南开大学国际经济研究所毕业。

在高尔森教授的鼓励下，毕业后的郑伟鹤没有选择回到家乡安徽芜湖，而是孤身一人前往改革开放的前沿——深圳。

"刚到深圳的时候，为了完成原始积累，无论夏天有多热，我都不愿买空调，早上洗个澡就很爽了，上下班都尽量骑自行车。"郑伟鹤曾回忆说。

1990 年 12 月，深圳证券交易所试开业。在当时内地老百姓还不知道证券为何物的时候，精研国际金融法的郑伟鹤已经敏感的意识到中国资本市场的大幕已经拉开。于是，他选择到深交所上市部工作。1993 年，郑伟鹤成为全国首批的证券律师。此后的十年间，郑伟鹤先后在深圳市律师事务所、广东信达律师事务所工作，担任合伙人律师，他亲办过全国超过60家上市公司的法律业务，包括深发展、万科、深科技、深南玻、许继电器、中兴通讯、西藏明珠、烟台冰轮、新疆广汇等，并长期担任深发展、万科、南玻等公司的法律顾问。其间，主持过数十家公司的新股发行上市、增发配股等法律方面的工作，是同期市场最为活跃的证券律师之一。

多年的历练，使郑伟鹤对于资本市场的游戏规则早已了然于胸，"我闻都闻得出来哪些企业可以上市"，"转战"投资领域也是一件自然而然的事了。对于这一优势，郑伟鹤毫不掩饰。

2000年，深圳证券交易所开始筹备创业板，这让郑伟鹤看到了投资机会。与二级市场为主要投资对象的股票投资人不同，郑伟鹤更加看重非上市企业的投资价值。当年，郑伟鹤创建了深圳市同创伟业投资有限公司，从一名律师转型为一名私募股权投资基金经理人，正式迈出投资生涯的第一步。对于公司为何起名"同创伟业"，郑伟鹤解释道："作为一家本土私募股权基金，我们的目标是做创业者的同行者。我们重视与企业的合作，愿意与企业共同发展。我们选择企业、投资企业，不是简单的一加一等于二。两个企业一起合作，不是简单的物理变化，一定要发生化学变化，要触动企业的核心价值和核心文化。一方面，从企业本身的业务发展、市场层面、产业层面帮助企业逐步完善；另一方面，从资本层面帮助企业更好地借助资本市场实现跨越式发展。"在郑伟鹤看来，成熟的私募股权投资人应当会选择和好的企业一起长跑，不做博尔特，而做马家军，在长跑中获得丰厚的回报。这个过程中带给自己的快乐和成就感甚至比赚钱本身更加重要。"我们是要渗透到企业的细胞之中！有我们这样的同行者，企业一定会发展得更快，站得更高。"郑伟鹤自信地说道。

这一年前后，正值本土创投"井喷"，在深圳，深创投、达晨创投、深港产学研等相继成立，日后叱咤中国本土创投圈的大佬阚治东、靳海涛、刘昼、厉伟等登上历史的舞台，成为中国本土创投的拓荒者。然而，好景不长。2001年年初，纳斯达克神话破灭，香港创业板也从1200点跌到最低的100多点。2001年11月，高层认为股市尚未成熟，需先整顿主板，故创业板计划被搁置。

创业板希望破灭，让深圳的本土创投们一夜回到"解放前"。2006年，在深圳有经营活动的创投机构只剩下27家，管理资本总额只有111亿元。郑伟鹤曾回忆，那是一段备受煎熬的日子，"2000年成立时，大家都非常期待创业板开闸，投资了很多项目"。所幸的是，2004年，随着中小板的开放，同创伟业所投资的达安基因实现IPO，随后在2005年轴研科技也顺利实现了IPO，同创伟业在深交所中小板开板前50家中占据两席。

勇开先河，第一家合伙制PE诞生

2006年到2009年，被郑伟鹤视为自己投资生涯的"早期阶段"。经历了中小板的股权分置改革之后，2006年开始拉开了人民币基金的第一个阶段。郑伟鹤敏锐地嗅到时机到了，在他的主持下，同创伟业成立了中国第一家有限合伙制创投基金——南海成长一期基金，开创了中国有限合伙制基金时代。

"2007年6月1日，我国新合伙企业法正式实施，增加了有限合伙制度，这为成立合伙制私募基金提供了法律依据，但当时还没有人来吃这个螃蟹，前面没有可因循的例子，所有的法律框架、法律文本都是我自己按照国际惯例一条一条起草的，为这个行业制定了5+2的标准。"郑伟鹤回忆。

之后的两年，同创伟业和大部分本土创投机构一样经历了"悲喜两重天"。2008年，全球金融危机来袭，一些LP的资金受到严重影响，甚至有LP要求退出，同创伟业募资面临着前所未有的困难。转机在2009年，证监会耗时10年磨砺打造的"中国纳斯达克"——创业板火热出炉，苦苦撑着的本土创投迎来了爆发。2009年，同创伟业的南海成长一期基金成为国内第一家实现现金分红的有限合伙制创投基金。

2010年，同创伟业一口气收获了八家上市公司，开始进入高速发展时期。除共同创始人黄荔之外，深圳资深投资人丁宝玉、唐忠诚等也相继加盟成为合伙人，投资团队也不断扩展，汇集了国内外投资银行、著名律所、四大会计师事务所、国际咨询公司及大型实业背景的各类精英。郑伟鹤称之为"梦之队"。2015年7月15日，同创伟业成功登陆新三板，成为国内第三家挂牌新三板的创投机构。在挂牌的同时定向发行股票，获得了国寿财富、泰康人寿、百年人寿等机构投资人，华大基因、比亚迪等产业巨头，以及景林投资、前海母基金、华兴资本等知名机构的投资。

顺势而为，挖掘新型行业隐形冠军

郑伟鹤多年的律师经历，造就了他客观严谨的作风。"在投资上，我以及团队的特点是在保持谨慎的前提下抓住机会。"在谨慎的前提下，同创伟业每次出手，速度都很快，效率也出奇地高。以南海成长一期为例，在该基金成立半年内，其 2.5 亿资金被全部投资完毕，共投资了 12 个项目。

复盘同创伟业过往 400 余家投资案例，其中频现行业隐形冠军：华大基因（300676），国内基因测序行业龙头；欧菲光（002456），国内精密电薄元器件制造绝对龙头；韦尔股份（603501），电子半导体设计及分销领域领军企业；贝特瑞（835185），全球最大锂离子电池负极材料供应商，拥有负极材料完整价值产业链；格林美（002340），中国对电子废弃物、废旧电池进行经济化、规模循环利用的领军企业之一。

"该做的分析都要去做，但很多时候，最终决策靠的是一种感觉。"更重要的是，投资机构应该在企业需要钱的时候及时出手，这样才能真正帮助企业。2010 年，在所投企业欧菲光的引荐下，郑伟鹤和联合光电的创始团队接触。经过短短一个小时的交谈，他就决定投资联合光电。2017 年 8 月 11 日，联合光电正式登陆深交所创业板。

其实，这种感觉并非没有目标，或仅是感性的冲动。在投资策略方面，郑伟鹤的思路非常清晰——先确定大方向，再抓住细分行业中的隐形冠军。

"我并不是特别好强一定要争第一的人，但我们能够取得这么多第一，是因为我和我的团队确实有一种顺势而为的能力，对国家政策动向、经济走势以及市场的变化有深刻的理解。与其说我们善于抓住机会，不如说机会总是垂青于有准备的人。"

郑伟鹤做事情规划性很强，会按照计划严格要求自己去实现。他说："有使命感的人就是没事儿找事，把别人的事当自己的事，自己的事不当事。"他认为自己就是这样的人。

郑伟鹤曾经转发过一个微博，里面反映了他对投资的认识："人生和投资有个根本共同点：两件事中我们都是拥有者，而不是被雇用者。从投资角度说，人的发展有三个阶段：初级是对自己的投资，努力学习，发展自己的长项，改进自己的弱项；中级是用赚的和控制的钱投资，以钱生钱；高级是对他人的投资，能识才用才，创造环境让一起工作的人最大限度地发挥他们的能力。"

谋定而动，寻找细分行业龙头企业

一般说来，价值投资理念包括两个要素：一是认清企业的内在价值，二是安全边际。在郑伟鹤看来，前者更为重要。"投资最重要的当然是选择好的企业。你只要认定是好的企业，价格的高低其实并不重要，真正的好企业不怕贵。"

郑伟鹤说道："其实，选择企业是一件很难的事情。这个市场存在明显的信息不对称。更多的时候，要去主动寻找好的企业。寻找好的企业，已经是一件很难的事情，这些企业愿不愿意和你谈，愿不愿意让你参与进来都是未知数。很多企业经营得很好，但他不愿意见你，不愿意去稀释他的股权。这里面就有很多工作要做。"

郑伟鹤认为，做企业不像炒股票，不需要天天盯着股价的变化。企业的成长不是一日之功，同样他的发展过程也不会是一帆风顺的。有些时候，企业就要有一个沉淀期，有一个震荡的过程。"我们当然希望企业的利润每年都能够暴涨，但这是一个理想化的状态。"郑伟鹤总结道。

郑伟鹤将同创伟业的投资策略概括为投资于细分行业龙头优势企业；主要考察目标企业是否具备广阔市场空间、自身快速成长能力、良好的商业模式和行业地位，考察企业是否拥有优秀的团队、良好的公司治理和基本规范的财务运营；精选Pre-IPO项目，从业务、合规性、财务指标方面判断其是否符合企业上市条件。

"其实，概括起来的话，大家的标准都差不多——行业、市场、团队、合规合法性。行业和市场层面的考量包括企业的发展空间、发展速度和成长性，企业在行业中具有怎样的特质；我们大的原则是不投诸如房地产、有色金属、传统制造业等周期性行业。团队层面的考量包括团队的诚信、有没有竞争力、战斗力，是以技术为主的团队还是以市场为主的团队。一个企业如果在资源、品牌或者核心技术方面具有竞争优势，同时具有可持续性的商业模式，那么通过专业机构的投资、参谋和引导就可能成长为一颗超级明星。"

初心不改，做企业的超级合伙人

创投圈广泛流传这一个观点——"退出就是王道"，但郑伟鹤并不这样认为。

"在我看的话，没有一个绝对的退出之道。巴菲特投资的话，最好的项目长期持有，对公司来讲时间是最好的朋友，巴菲特做到80岁、90岁自己还不退出，自己还在干。"郑伟鹤直言，最好的投资实际上就是不退出。

退而求其次是IPO退出。郑伟鹤曾多次公开预言，2017年是IPO大年。2016年11月份新股发行开始提速，从7月份的20多家增加到当月的50多家，这是一个非常特殊的政策信号，一个加速的信号。他预计正常情况下当年会有300家甚至400家企业在国内上市。除此之外，香港市场对新兴经济公司IPO有热度，而且有效率，因此港股市场也值得关注。

此外，郑伟鹤认为并购退出是一个非常重要的退出渠道，"包括我们自己的很多企业，通过并购退出的也有20家以上，我觉得这个非常好，其实IPO退出不一定适合每个企业"。

谈及新三板，郑伟鹤认为其实新三板尽管不能退出，流动性不多，但是也是一种进步。在中国现有市场中，有些确实不规范，老板东一榔头西一棒，不如上新三板，使企业更加规范。

对郑伟鹤而言，其他常规的退出手段，类似于转让，也很重要。"把握机会，做VC的时候，A轮进去，C轮出来。"他说，投资不能死守，因为有些基金投资不一样，要求不一样，"干吗非要IPO？目标不要定得太高"。

见证过成功，也目睹过失败，在创投圈打滚了近20年的郑伟鹤提倡工匠精神，"从发现价值、创造价值两个阶段长距离陪跑"。正如他认为，同创伟业的投资不天女散花，不追热点，集中最好的精力、最好的资源，投资优秀的企业家，做企业的超级合伙人。

作为长线投资者和价值投资者，同创伟业会更多关注投后管理，给被投企业带来超越资本以外的真正价值。

同创伟业在投后管理上采取"因人而异"策略：同创伟业会根据不同的情况为被投企业量身定做一个资本运作的规划，对企业进行全方位的投后管理，协助企业业绩快速增长，帮助企业按照资本市场的要求进行规范，在企业上市及资本运作的过程中提供专业增值服务。在增值服务上，首先，同创伟业利用自身打造的全产业链平台，为标的企业提供资源嫁接，提升企业价值，如助力长阳科技拿到欧菲光的订单。其次，为企业提供再融资服务。由管理合伙人唐忠诚亲自负责，针对已投项目的再融资会议，邀请业内大量的机构投资人参会，每场会议同创伟业会邀请十余家有融资需求的已投项目董事长或总经理现场路演。融资活动场场爆满，每场活动都有现场就达成初步合作意向的项目。再次，提供全方位、多层次的并购服务，助力企业证券化或外延式发展。如协助晶瑞股份实施业务重组；帮助景峰医药完成对海南锦瑞制药和大连金港药业的收购；协调鼎芯无限与并购方的谈判，为鼎芯无限争取到了 120% 的并购估值和宽松的交易条件，为企业带来更好的并购收益（同时，此次并购交易给同创伟业带来投资回报 11 倍，IRR 为 223%）。

回顾过去 19 年，郑伟鹤坦言同创伟业不是没有遗憾，也曾交过一些"学费"。2011 年前后，创业板开闸带来的红利引发了 PE 扎堆，圈内 Pre-IPO 项目再次变得炙手可热，同创伟业也跟着投了一些 Pre-IPO 项目，其中就包括了一些受电商冲击的连锁消费项目。但从基金的层面来看，同创伟业历史基金的表现非常稳健，基本都在三至五倍空间。

同时，同创伟业从这些教训中汲取了经验。2017 年年初 IPO 加速，圈内 Pre-IPO 项目再次变得炙手可热。不过这次，郑伟鹤和团队已从过往的教训中汲取了经验，并未跟风参与，仍然选择并坚持产业投资的路线，以产业为基础，以科技为导向，在创造价值的路上，给投资人带来最大的回报。

投资难免碰上焦虑的时候，郑伟鹤自认心态比较好，"在没项目做的时候，我就跑跑步、打打高尔夫"。

"不要焦虑，一次成功的创业至少需要 10 年。"今年 53 岁的郑伟鹤带领着同创伟业走过了 19 年。

洞见未来，深挖中国经济新动能

从同创伟业近 20 年的发展大事件来看，同创伟业的成功是缘于洞见未来的战略定位，也是缘于紧抓每一次历史机会的创新进取。同创伟业是国内首批推出中小板、首批推出创业板上市企业的创投机构。截至目前，其上市企业数量达 62 家，累计投资项目 400 余家；近几年其所投资企业呈现逐年上升的趋势，在投企业处于集中爆发阶段。

与深创投、达晨等雄厚的股东背景相比，同创伟业的郑伟鹤更像是一位"独行侠"。律师出身的他总是很善于提前预测到未来机会，而且总能当机立断做出决策。"对未来的洞见以及快速地出手"或许是同创伟业能够在弱肉强食的深圳创投圈中生存下来的最重要法则。

对于经历过 2001 年互联网泡沫的郑伟鹤而言，2018 年的 VC/PE 市场的整体暗淡或许只是一个小小的"插曲"。守成者只能适应环境，变革者才能因势利导，改变决策，转危为机。

"我们的决策早在 2012 年开始已经有了一些变化，Pre-IPO 的最好时代已经过去了，二级市场整体回报率在下降，投资开始向早期延伸，通过早期低估值来获取回报空间。"郑伟鹤坦言，目前的同创伟业已经开始向两极延伸——前端的早期投资和后端的二级市场投资以及并购业务。

郑伟鹤认为，2018 年是中国资本市场的一个转折点，如果不出意外的话，以 2018 年为分界，2018 年之前可能就叫上半场，其中包含着互联网、移动互联网人民币基金的做法，但到了 2018 年结束，人民币基金和美元基金基本上进入了一个同样的跑道，甚至起跑点比较接近了。

科创板是对资本市场一个非常重大的改革。中央的政策从去年围绕"独角兽"回归的方向到转变到科创板的加速推进是非常好的新环境，如果单单是"独角兽"的资本市场回归发展，那人民币基金就更没法玩了，因为"独角兽"主要是海外的项目比较多。而目前的科创板给这个赛道同步起跑的格局又创造了新的环境。

"科创板可能是给我们带来了一个交汇的点，包括容许亏损的项目上市也是一个非常大的创新。现在深圳也提到了创业板制度也要改革，也要做注册制。而深圳的本土人民币基金达晨在很早就提出，美元基金的手法，人民币基金的打法。很多出发点可能跟美元基金比较相似，看企业的成长性、爆发力，而以人民币基金的打法在抓 Pre-IPO，这两个是一个结合。如果真的能把这两个结合好，就像达晨一样，相信中国的创投市场一定会有属于自己的一席之地。"郑伟鹤说。截至 2019 年 6 月 10 日，同创伟业已投企业中已有 6 家企业申报科创板。

展望未来，郑伟鹤提出上市只是一个阶段性目标，他有三个大目标：

第一，希望到 2021 年，帮助 100 家企业上市，现在已接近 60 家。

第二，希望未来五年，已投项目中有 10 家左右取得 100 倍回报。

第三，希望培养出一批 1000 亿元市值的企业。只有通过这种方式，才能长期帮助企业快速成长。

"面对粤港澳大湾区的时代机遇，中国已然成为国际科技创新的引擎和领头羊，我们则致力于成为引擎中最强的助推力量。近 20 年的发展成绩让我们有足够理由相信，我们是中国经济发展的见证者、受益者，未来也仍将承担时代予以的重任，我们有信心把握国际领先、全球同步的源头创新的投资机会，有能力以价值创造为基础，做赋能式投资，通过深度打造产业链和生态圈，助推优秀企业成长。"郑伟鹤这样总结。

于瑾：育来桑梓苗成栋，大爱无言自成荫

张少青

"一个人遇到好老师是人生的幸运，一所学校拥有好老师是学校的光荣，一个民族源源不断拥有好老师，这是民族振兴的希望。"南开大学的杰出校友、对外经济贸易大学国际经济贸易学院金融学系于瑾教授，就是这样的好老师。于瑾教授对党的教育事业无限忠诚，几十年如一日坚守教书育人初心，把服务国家、奉献社会的家国情怀贯穿于课堂内外，用丰厚学养和高尚人格魅力影响和塑造学生，培养出一大批专业领域优秀人才。她爱生如子、立德树人，从教28年来始终将学生放在第一位，当好学生成长成才的领路人。她无私奉献，默默耕耘，从不计较个人得失，不图回报，矢志不渝为祖国、为人民服务，为学生指导论文直到生命的最后一刻，在平凡的教学岗位上创造了不平凡的业绩。于瑾教授是新时代践行"四有"好老师要求的杰出代表，在她身上，集中体现了一名人民教师绝对忠诚的政治品格、心怀大我的家国情怀、为人师表的高尚师德、潜心问道的治学精神、勤勉务实的工作作风，集中展示了"有理想信念、有道德情操、有扎实学识、有仁爱之心"的人民教师的时代风采。

于瑾（1966—2018），南开大学经济学学士、经济学硕士，对外经济贸易大学经济学博士。于瑾出身教师世家，中学时代在河北省重点中学车轴山中学度过。她品学出众，曾作为中学生代表参加河北省学联，她的中学好友、现任湖南省人民政府副省长的吴桂英回忆说："那时候于瑾的优秀是

大家公认的,学校各种评奖,哪怕只有一个名额,于瑾都是毫无争议的人选。"1984年,于瑾以优异的成绩考入南开大学金融学系,在作为新生代表发言时讲了这样的话:"朋友,别再感叹不能做出惊天动地的伟业,就让我们做一块砌进墙根的砖头,默默承受历史的重量吧!"这番话也成为于瑾终身无悔的选择。1988年,于瑾继续在南开大学金融学系攻读货币银行专业硕士研究生,得钱荣堃、龙伟娟、王兰等名师言传身教,从此立下终身教书育人的初心。1991年起,于瑾在对外经济贸易大学国际经济贸易学院金融学系任教,2005年评为教授、博士生导师。于瑾是国内最早从事金融衍生品定价研究的学者之一,在学校首创开设了投资学、证券投资基金等应用金融学全新课程,在新兴市场微观金融学领域卓有建树,为我国现代金融学科建设发展做出了突出贡献。她的博士指导教师、著名国际贸易专家王绍熙教授对于瑾赞不绝口,称赞她"是尖子中的尖子"。

于瑾的研究成果获得了国际金融学术权威的重视和充分肯定。金融衍生品定价理论奠基人、1997年诺贝尔经济学奖获得者、美国麻省理工学院荣誉教授罗伯特·默顿(Robert Merton)对于瑾的研究给予高度评价,认为她在新兴市场金融领域的研究引人注目,并收录为麻省理工学院金融学教学材料。默顿教授说:"于瑾教授用科研创造知识,用教育传递知识,用实践运用知识。她在20世纪90年代开始从事利率期限结构研究,而当时中国还没有金融衍生品市场,她敏锐地意识到了这一研究领域的重要性,让学生在金融衍生品的重要性得以凸显之前就对它有所了解。这为学生打开了视野,是她作为伟大教育家的独到之处。随着科技和人工智能的发展,金融行业所需的技能可能会改变,但像于瑾一样敬业的优秀教师仍然无可替代。"2019年秋,罗伯特·默顿教授还亲自来到中国,加入到"为于瑾而来"的队伍,担任于瑾教育基金会荣誉主席。

于瑾一心扑在教书育人事业上,从不追求闪光的荣誉和响亮的头衔,在她心中,教师就是世上最不平凡、最伟大的工作,触及灵魂,启迪智慧,滋养心灵。"讲好每一堂课,把工作做到自己的极限就不后悔",这是于瑾做事一贯的标准。她先后为近15000名本科生和近3000名硕博研究生开设了国际金融、货币银行学、金融市场与金融机构等课程,精心准备了几百万字的教案,字斟句酌,每一门都被她打磨成"金课"。在学校,她的课好是出了名的，学生们疯狂抢课，课堂一再扩容。她对学生的好也是出了名的。她直接指导、培养了94名硕士研究生和7名博士研究生。学生们面对种种压力和焦虑会向她倾诉，她经常鼓励他们"做人要洒脱，要看淡，要过得幸福"。她了解每个学生的状况，无微不至，细心关怀，主动排忧解难，用尽心头血浇灌学生成长。她对自己要求严格也是出了名的。她淡泊名利，以身作则，用师德风范塑造学生品行品格品味。在她言传身教的影响下，有的毕业生选择成为光荣的人民教师，薪火传承，有的选择投身于偏远地区的建设，扎根基层。"于瑾把教书这件事做到了极致，把对学生好这件事做到了极致。"熟悉她的人无不这样感叹。

多年如一日的超负荷工作，透支了于瑾的身体。2018年5月的毕业季，由于劳累过度，于瑾教授不幸离世，在她挚爱的教师岗位上呕心沥血到最后一刻，年仅52岁。学校师生和昔日好友悲恸不已，告别仪式上近千名于瑾的学生从世界各地赶回，只为送别昔日的恩师。"执卷寻师空有愿，亲聆赐教更无期。"于瑾自身从来没有想刻意去改变谁，而是温柔地把爱传递给每个人，每个人都因为认识她而变得更平和、更善良，这大概就是精神的传承吧。"她是一位伟大的教师，真正的灵魂的工程师。"在那年举行的毕业典礼上，当于瑾的名字出现在屏幕上时，学校师生瞬间泪流满面，会场响起经久不息的掌声，表达大家对于瑾发自心底的爱与不舍。当于瑾去世的消息传到母校南开后，无论认识的和不认识的人，都在悲痛和惋惜的同时，被于瑾的家国情怀、坚守初心、燃尽芳华的故事深深打动，"南开人以于瑾为榜样，母校南开以于瑾为荣"。于瑾的家人、朋友、校友和学生们自发捐款，在南开大学和对外经济贸易大学分别设立了以于瑾名字命名的教育基金，用来奖励师德高尚的一线教师和志存高远的学子，续写于瑾未竟的事业。

"大学之大，大师为根，大爱为魂。"于瑾教授用28年教坛人生和宝贵生命的代价，诠释了一位人民教师大爱无言的师德风范。2019年，在于瑾教授离世一周年之际，《人民日报》、新华社、《光明日报》、《北京日报》、《经济日报》和《中国教育报》等10余家媒体先后报道了于瑾教授的事迹，引起极大社会反响。《人民日报》高度评价于瑾"用生命诠释对教育的忠诚"。新华社发文称赞于瑾"既是弱女子，更是'大先生'"。《光明日报》赞扬于瑾"将自己的才华用在塑造优秀的人身上，在教书育人中收获幸福"。《中国教育报》在头版刊发于瑾传记"燃尽芳华照初心",无数素不相识的人读后潸然泪下。9月18日,中央电视台专题报道了于瑾的事迹,并深情地说,于瑾教授"节如风竹清如柏,言可经纶行可师"。

于瑾教授的事迹在全国教育系统和教师工作战线引起巨大反响。对外经济贸易大学党委书记蒋庆哲说:"于瑾老师在平凡的岗位上做出了不平凡的业绩,是发生在我们身边看得见、学得来、做得到的榜样。"北京市委常委、副市长殷勇在看到于瑾事迹材料后评价说:"于瑾老师是'不忘教书育人初心,牢记立德树人使命'的英雄和楷模,真正体现了习近平总书记提出的新时代'四有'好教师标准,是全国教师共同的光荣。""心中有大爱,润物细无声。"在我国迎来第35个教师节之际,教育部决定追授于瑾"全国优秀教师"荣誉称号,并号召全国广大教师和教育科研工作者以于瑾教授为榜样,学习她恪尽职守、教育报国的崇高信念,学习她无私奉献、默默耕耘的高尚情怀,学习她著书立作、潜心问道的治学精神,学习她立德树人、诲人不倦的仁爱之心,学习她热爱祖国、为祖国和人民奉献全部的家国情怀!

书香世家,车中扬名

于瑾生于河北省唐山市的一个教师家庭,自幼受父母培养熏陶,天资聪颖,喜读诗书。12岁初露才华,以优异成绩考入河北丰润车轴山中学。车轴山林深草密,因辽代"轴辕"木材主要产地而得名。这所闻名遐迩的中学始建于1903年,前身是清末遵化州官立中学堂,是"戊戌变法"后,走教育救国之路而设立的新式学堂之一。车轴山校园淳厚安静,古朴的殿阁和典雅的罗马式图书馆,分布在清幽的院落里,是著名的艺术园林式学校。校园里六棵古槐种植于辽代应历时期,距今已有1000多年。那粗粗的树身,深邃、苍老、布满褶皱的树皮纹,无不记录着丰富的文化内涵和厚重的历史底蕴。优良的师资和勤奋有为的学子使车轴山中学成为全国一流水平的名校,早在民国时期就享有"南无锡、北车中"的美誉。于瑾后来常自喻车中岁月就是来"上山修行",她修的是心,行的是路,成的是愿。

"风动槐龙舞交翠,细细槐花暖欲零。"于瑾在车轴山六年的中学时光,得名师言传身教，虚心好学，手不释卷，自强不息，追求卓越，成绩始终名列前茅，既打下了勤勉纯朴、练达坚韧的品格根基，也继承了车轴山中学严谨治学、志存高远的优良传统。车轴山中学具有悠久的济世救民的优良校风，早在上世纪20年代，大批有志学生受到革命的熏陶，投笔从戎，先后奔赴国内革命战争、抗日战争、解放战争的前线，为国家的独立、民族的解放做出了卓越的贡献，并为国家培养了一批又一批的栋梁之才。全国人大常委会原副委员长吴德、王兆国等都是车轴山中学走出的杰出校友。对于瑾来说，母校的传奇，母校的坚忍，母校的灵秀，是她源源不绝的精神力量，也通过她的无私付出，传承给学子不尽的智慧和力量，带给学子无限的憧憬和希望。

七载南开，立志铸魂

1984年河北省文科高考中，于瑾以极其优异的成绩考入南开大学金融学系。这所享誉海内外的历史名校一直是于瑾向往的高等学府，从1919年南开校父严修和第一任校长张伯苓直到今天，"心存大公、报国为志""知中国、服务中国"的宗旨和"文以治国、理以强国、商以富国"的理念，在一代代南开人身上接续传承、赓续发扬。他们那种求实探索的奋斗精神和扎根深处的家国情怀，从踏入南开的第一天起，就在于瑾心中生根发芽。大一作为新生代表发言时，她就曾这样说道："朋友，别再感叹不能做出惊天动地的伟业，就让我们做一块砌进墙根的砖头，默默承受历史的重量吧！"这番话也成为于瑾终身无悔的选择。从本科到硕士，于瑾在这里度过了她最美好的青春岁月，七载南开缘，永世南开人。新开湖畔、思源堂前，于瑾聆听大师春风化雨，南开人守好自己一方净土、日复一日恪守职责的君子风范，谦和善良、居高就低、独立而不媚俗的心灵坚守，时刻滋养浸润着她年轻的心。"以霜雪之洁求其品，以岱宗之高求其志，以潭壑之深求其学，以大地之厚求其德"，于瑾从此孕育了坚持了一生的人格和信念。

于瑾是南开大学金融学系的"黄埔优生"。1988年，她以优异成绩考入南开大学金融学系货币银行方向硕士研究生，师承龙伟娟教授和王兰先生（中国农业银行总行原副行长），1991年7月毕业，获得经济学硕士学位。80年代的南开金融学系，开时代学问风气之先，在西方国际金融理论的引进、中国金融改革的研究方面，走在全国的最前列，正处在一个激情澎湃、高歌猛进的时代。著名经济学家钱荣堃教授在此力行改革，大量引进高层次研究人才，从1979年起不到十年的时间，使南开国际金融专业就有了本科生、硕士生点、博士点，1986年南开的国际金融专业还被国家教委确定为全国唯一的重点金融学科。在这个中国最早建立的金融教育基地，滕维藻、钱荣堃等老先生凝聚起一大批经济学者，提倡研究实际问题，提出了理论金融学与应用金融学并重、国际金融学与国内金融市场齐驱并驾的办学方针，这个方针的提出，既是南开大学金融学系适应时代要求、与时俱进的表现，也是经济社会转型期对于金融学教育变革的内在吁求。正是在这样的学术氛围中，于瑾如饥似渴地学习，打下了终身受益的学术根基。她熟读西方微观经济学、西方宏观经济学、国际金融理论专题、西方经济思想史、中国社会主义经济专题研究等核心课程和名家名著，中西并重，兼容并包，在那个意气风发的年代不经意间站在了我国国际金融研究领域的最前沿。

在南开的求学生活，于瑾自选的研究题目是"货币、财政政策协调与宏观总量均衡"。从20世纪80年代中期开始，我国开始建立中央银行制度，第一次有意识地运用财政政策、货币政策手段进行宏观调控，也是第一次自觉地进行现代意义上的财政政策、货币政策协调配合。虽然实务领域开始了一些探索，但多是西方经济理论的初步尝试，对中国特色的宏观调控理论还缺乏系统的研究。正是在这种时代背景下，于瑾选择了这个既能追踪世界前沿、又能紧贴国家需求的研究题目。王兰等老师给予她的研究工作以无私的帮助，也给了她攀登第一个学术高峰的信念。在这篇硕士论文中，她提出财政、货币政策的协调与配合具有重要的理论价值和现实意义，两者协调配合的状况总在随时随势而变，需要结合国家面临的具体经济环境和经济形势来进行具体分析。针对上世纪80年代后期我国通货膨胀比较严重的情况，于瑾从宏观经济理论上分析，认为货币政策对总量调控具有直接效果，尤其擅长针对通货膨胀实行总量紧缩。但是，于瑾认为，我国通货膨胀问题存在着许多结构性或制度性的根源，财政政策擅长结构调整的特点使其在总量调控方面具有特殊优势，此外，财政政策对国际收支平衡的影响比较明显，在总量调控方面将具有更大的作用空间。两大政策需要进行更复杂的协调配合，才能实现社会总供给与总需求均衡，保障国民经济稳定、快速、健康发展。这是一篇高层次的论文，在当时的学术环境下，研究视角独特，将宏观经济调控与经济体制改革、外汇改革等总体部署结合起来分析问题，尝试一条从大政府的视角研究当代财政金融问题发展变迁的学术路径。

学高为师，声望斐然

1991年，于瑾毕业后来到对外经济贸易大学国际经济贸易学院金融系任教。在对外经贸大学的三尺讲台，于瑾一直在不断求学、不断充实、不断提升学术研究能力，追随知识更新的潮流。1996年，30岁的于瑾作为访问学者赴英国曼彻斯特大学开展为期半年的学术研究，与国外学者交流和开展合作研究，大大开拓了视野。在这一时期，她敏锐地意识到金融衍生品在微观金融理论和金融市场实务领域的巨大影响，率先开展了对互换、期货、期权问题的研究，吸收了费雪·布莱克（Fisher Black）、罗伯特·默顿（Robert Merton）、迈伦·斯科尔斯（Myron Scholes）等大师的成果，并在1998年发表了衍生品定价方面的论文和专著，成为国内研究金融衍生品定价问题的第一批学者。与此同时，为了系统地提高理论水平，1999年9月至2003年1月，于瑾一边教书、一边求学，在对外经济贸易大学攻读博士，取得经济学博士学位。2005年，她再次赴美国伊利诺伊州做访问学者，开展商品和金融期货定价方面的研究，回国后还与海外金融研究同行保持了多年的通信往来，切磋学术，畅叙友情。

进入21世纪后，国外定量研究和微观金融研究开始进入我国学术界和高校教育人士的视野。于瑾对新知识的渴求和自信使她决定改变研究方向，致力于微观金融研究。在博士生导师、学术泰斗王绍熙教授的悉心指导下，于瑾迅速掌握了利率实证模型的推导与证明，并将这些实证模型运用于金融领域，完成了博士论文"利率期限结构研究"，这是她转向微观金融研究的一个重要的阶段性成果。在论文中，她系统地综述了利率期限结构理论最新成果，在各种复杂的数学模型中理出清晰的脉络，准确地抓住利率水平的期限结构、利率波动率的期限结构和不同到期日的远期利率之间相关性的期限结构这三大主题，紧紧围绕现代金融理论均衡定价法和无套利定价方法等基本方法，对利率期限结构的模型建立、参数拟合与实证检验等方面做出全面的剖析。她娴熟地运用众多数学模型和统计方法，并将其应用于利率衍生品定价和资产管理的实务之中，这在当时定量研究刚刚起步的中国学术界，实属难得，显示出其深厚的实证研究能力。于瑾将这些研究成果以《衍生工具定价理论》《利率期限结构研究》等专著的形式公开出版，提供了比较先进的方法论指导，推进了国内相关领域学术研究的前沿发展。

在治学方法上，于瑾继承了南开大学"以史为基"的学术传统，强调"贯通中西"，既关注国外学术前沿成果，也强调尊重我国的国情，尊重历史的选择，尊重我国金融市场的特有规律，提炼符合我国金融改革发展特质的内在逻辑。近年来，中国金融市场尤其是资本市场迅速发展，提出了一系列新的理论问题，她又将研究重点从西方微观金融逐渐转向新兴市场微观金融这一新领域，并以"新兴市场金融的理论与实证研究"为题申请到了教育部人文社科研究课题。她对新兴市场十几个代表类型国家金融体系的演变与经验教训进行了持续十年之久的比较研究，总结提炼出金融发展国家战略、职能分工、监督体制、法律制度、境内外投资者结构及资本市场运行效果等相关要素，并有机地整合在"金融效率"这一概念框架之下，形成了一个新的研究范式，为我国金融改革提供了更多理论依据与对策选择。她特别关注我国香港和台湾地区具有地方特色的做法和成效，带领并指导博士研究生，选择新兴市场微观金融方向开展专题研究，对包括我国在内的新兴市场国家证券市场结构、公募基金资产配置、基金治理结构、行为金融及投资决策委员会构成等一系列问题进行学术探讨，其研究成果发表在各种核心期刊上，获得业界一致好评。著名诺贝尔经济学奖获得者、美国麻省理工学院终身教授罗伯特·默顿也十分欣赏于瑾的研究成果，认为她的著作涵盖资产定价、公司治理、公司金融、行为金融学等各方面，同时与传统金融学研究相结合，既有深度，又有广度，并将其收录为麻省理工学院金融学教学材料。

坚守讲台，开拓奉献

于瑾在不断探索学术研究的同时，一直坚守"教书育人"的本分。她勇挑重担，为学院人才培养承担了大量的教学与学生指导工作，先后为近15000 名本科生和近 3000 名硕博研究生开设了国际金融、国际结算及货币银行学等课程，自 2000 年起，指导、培养了 94 名硕士研究生和 7 名博士研究生，这些学生都已成长为社会的中坚力量。于瑾勇于创新，承担起在当时最难讲的微观金融系列课程。90 年代末，在对外经济贸易大学国际经济贸易学院院长林桂军教授的建议下，于瑾开设了学校第一个投资学课程。讲好这门课程需要教师具备非常好的数理经济学、计量经济学等数理基础，可以想象她为了上好这门课背后默默付出了多大的努力。她开设这门课以来，"学生疯狂抢课，每个课堂都是一再扩容"，成为一道亮丽的风景线。接着，于瑾又围绕这门必修课，先后开设了金融市场与金融机构、证券投资基金、证券投资实务等系列选修课，奠定了 21 世纪初学校金融学专业微观金融课程体系的基础。

"讲好每一堂课"是于瑾对自己的基本要求，但"好"是永无止境的。于瑾的课案从不重复，从不老调重弹，每年都要不断修订更新教材和课件，运用大量的数据及案例来辅佐教学，将深奥的金融理论与金融投资实务紧密相联，更好地反映金融学的最新发展和研究成果。她设计的教案特别考虑了 80 后、90 后学生的兴趣热点，因此深受学生欢迎。"光阴弹指过，未染是初心。"无论多忙，于瑾每次课前都会反复准备教案，课上字斟句酌、全神贯注，直到下课铃声响起才能从高度紧张的状态中走出来，留给自己的是一身的疲惫。

人才培养离不开师资队伍的培养和学术梯队建设。于瑾作为学院的"老人"，从不吝啬对年轻人提供关怀与帮助。随着学院年轻人的增加，教学任务需要分解，她先后将自己多年备课的国际金融和国际结算等成熟课程的教案和教学经验在学院里分享。尤其随着我国金融市场向纵深发展，学院引进了大量从事微观金融教学和研究的年轻教师，她毫不犹豫地将辛辛苦苦创立的王牌课程投资学及备课笔记移交给了新来的年轻教师。"这是怎样的胸怀呀！"于瑾多年的同事、现任对外经济贸易大学教务处处长蒋先玲教授回忆说道。

为帮助年轻教师尽快进入教学岗位、提升教学能力，于瑾还特别关心年轻老师的科学研究工作环境。当得知学院办公室资源紧张，年轻老师缺少安静的科研环境时，她第一时间将自己的独立办公室腾出来。随着金融专业学位的兴起，需要大量的业内人士作为校外导师进入课堂，于瑾不惜麻烦身边的朋友和南开的校友，请金融业内的专家来校指导金融专业学位的人才培养。一位任职于某外资银行高管的南开校友感动于于瑾对人才培养的重视和付出，无论身处何处坚持十多年定期赶来为学生开讲座，这位南开校友说："我真的是为于瑾对学生的认真负责精神和人格魅力所感动才坚持下来的。"这就是南开人的情怀呀！

以爱育人　桃李满园

于瑾的学生很多，亲炙于其门下的本科、硕士与博士弟子们，都深深感到于瑾是一个知心良师，就像大教育家陶行知、张伯苓先生教诲的那样，"待生如子、爱满天下"。在于瑾看来，教育是拨动灵魂的艺术，老师的责任就是为学生打开一扇窗子，让他们看到不一样的景象，听见不一样的声音，让他们思考、觉悟，启迪学生的智慧，滋养学生的灵魂。于瑾平等地对待每一个学生，在和学生的日常交往中，从来不以导师自居，她处高就低，谦逊待人。她从不批评学生，即使学生身上有缺点、有不足，也是用最轻柔委婉的方式鼓励他们做得更好，小心翼翼呵护每一个学生美好的心灵。在她面前，学生们始终感到很温暖，如沐春风，在她身边，即使有再多的烦恼与不平，心绪瞬间就能够沉淀下来，整颗心被喜悦与平和填满。

"在教室门口见到一位穿着素色裙子的女老师，戴着一副无边框眼镜，留着很独特的波波头，说话声音特别可爱温柔。"这是很多学生对于瑾老师的第一印象。同事经常在诚信楼看到于瑾，上完了近两个半小时的大课后，仍一直留在教室里为学生答疑到六点半多，虽然十分疲惫，却从不靠着坐一会儿。事实上，更多的时候又有研究生学生来找于瑾寻求指导，她又接着为这些学生排忧解惑，持续到晚上七八点还没吃上饭。同事催她早点回去，她却总是笑着摆摆手，说没关系，继续和学生们答疑交流到很晚。尽管每次上课都十分疲惫，但为了学生方便，她就这样一直坚持着，这一坚持就是20多年。

于瑾对教育工作和学生的爱是发自内心的。她对论文指导极为细致，经常嘱咐大家一定要多看国外学术期刊的文献，注重文献阅读的数量和质量，保证论文的严谨规范，还把自己珍藏的金融学经典教科书和专业辞典送给学生使用。一位报考于瑾导师的硕士研究生的学生在入学前写信咨询应该怎么做好本科和研究生的角色转换，于瑾给她发了一封很长的邮件，从数理基础、外语提高、专业知识等新生容易忽视的方面给予了非常详细的指导。对于一个还未谋面的学生，能有这样细致耐心的指导，可见于瑾对学生的感情是无比真挚的。"老师人很可爱，课讲得也好""能抢到于老师的课，是一种幸运""于老师就像一个知识渊博的大姐姐""老师能把知识点解释得很清楚，还很喜欢结合当下的热点辅助授课"，在学校的教学评价系统里，类似这样的学生留言比比皆是。国际经济贸易学院党委书记赵鸿韬回忆起院里的这位教师楷模时说道："已毕业20年的学生和现在刚上过于老师课的学生对她的评价都是一样的赞美，能做到这一点是非常了不起的。"

"祝小同学们期末考试顺利"，学期最后一节课堂上，于瑾在大屏幕上打出这样的字眼。是的，她永远爱护照顾学生，喜欢亲昵地称他们为"小可爱""小朋友"。于瑾对待每一位学生都视如己出，对弟子关爱有加。于瑾可以清楚地记得与学生第一次会面时的穿着，准确地说出每一位弟子的故乡，记得他们的昵称和爱好；她会默默地关注学生们的社交动态，如慈母般悉心叮嘱爱好篮球的男孩子不要因此耽误了学业，叮嘱出去旅行的学生要注意安全，不要在夜里爬山，隔着屏幕关心远渡重洋求学的学生保重身体；她会站在幕后为那些"校园明星"喝彩，也会温柔地看向那个紧张羞怯的女孩，为她加油鼓劲。于瑾从不因自己的事情而劳烦别人，却会求助于身在金融行业的亲友，只为给自己的学生推荐一个好的实习机会，还在每年毕业求职季开始之前邀请已经毕业的学生回校给学弟学妹们传授求职的经验，却在每年教师节委婉地劝住那些准备回校探望的学生，仅仅是因为不忍于他们路上的奔波。

于瑾小心翼翼地呵护着每一个学生的成长，她的"小可爱""小朋友"们毕业十几二十年，都和于瑾保持着联系，维护着亦师亦友的良好关系。学生学业进步了、工作变动了、晋职加薪了、结婚生子了，都要向于瑾报告喜讯，因为大家知道于瑾喜欢看到学生们一点一滴的进步；或者工作生活中遇到挫折了，事业感情碰到不顺心的事了，总是想着找于瑾倾诉，总是能在她耐心的倾听和智慧的开导下，拨云见日，豁然开朗。"您何止是一支粉笔，一束烛光。您更是一座灯塔，一个太阳！"她的学生宋远洋这样写道。于瑾很少给学生讲高深的人生道理，但她的人格魅力和师德风范却无声无息地浸润着年轻人的思想，塑造和改变着学生的性格。于瑾的硕士研究生范蔚然毕业后在建设银行总行工作，他曾面临着去香港做一个年薪百万的金融白领，还是去陕西一个贫困村担任驻村第一书记的两难选择。于瑾得知后鼓励他说："基层很苦，但脚底踩泥之后心里会更踏实；山区很远，但读懂祖国之后人生会更精彩。"在范蔚然驻村扶贫的三年间，于瑾多方联系朋友支持村里扶贫项目，尽心尽力关心其爱人，用细腻的温情化解他生活中的难题。

于瑾的为人风格，可以概括为敦厚、谦逊、宏阔、坚忍。她待人诚挚，性格温厚。于老师很谦逊，她总是极低调、极敦厚、极儒雅地出现在大家面前。每当她一出现，学生的内心就感到极其安定，极其充盈，可是于瑾老师始终是那么宁静谦逊！《周易》中谦卦爻辞有云："谦尊而光。"这四个字是多么适合形容于瑾老师！她确实是"谦尊而光"——她极其谦下，然而又那么有尊严，浑身上下充盈着一种敦睦柔和的光辉！

伉俪情深，家庭和睦

于瑾和先生王文灵相识于80年代的南开校园，在南开浓郁的学术氛围中相知相惜，共同成长。在他们的情感世界里，不仅有爱，还有融合一体的理想，两人都是研究国际金融问题的专家。婚后两人携手于同一研究领域，在学术的长空里和事业的征程上，名字互相辉映。年轻的时候，两人事业发展都很顺利，也很有成绩，业余经常写写文章，或者带上孩子去爬山、散步，过着恬静、愉快的生活。随着先生职位的变化，工作更加繁重，责任更加重要，于瑾老师以"我无条件支持你"的态度，默默地肩负起了家庭的重担，这种相随不渝中渗透着相濡以沫的悠远情愫。熟悉他们的同事、朋友都说两人感情特别好，儿子也培养得非常出色，这一方面缘于家教传承，另一方面也是家庭和谐温馨使然。

于瑾老师温柔细腻，是整个大家庭和谐的纽带。她对待亲友长辈，永远是和颜悦色地交流，孝敬公婆，深得长辈喜爱。小姑一直视于瑾为亲姐一般，在她眼中，于瑾对待家人后辈，永远是肯定、赞美和表扬，这样的赞美，总会给人自信、自由，让人心中充满温暖、阳光和力量。无论在工作或家庭中，无论是作为亲人或朋友，与于瑾的相处，总能让人获得善，体会善，最后也终于用善来回馈社会。

英才陨落，音容宛在

2018年5月24日，于瑾永远地离开了一生热爱的三尺讲台。那天上午，于瑾在学校指导博士生论文后回到家中，中午继续以微信方式指导本科生论文，在教师的职责上一直工作到生命的最后一息，时年52岁。其实在之前的两个月，于瑾刚刚忙完研究生新生入学面试，就投入到紧张的本科生、研究生毕业论文答辩工作中，她无数次地与学生讨论论文，反复修改，夜以继日，耗尽了心血。因为长年超负荷地工作，于瑾一直都非常劳累，学生们后来才知道，她离世前一晚工作到深夜，大概只睡了两个小时。28年如一日，于瑾执着于教学和科研事业，淡泊名利，兢兢业业，直到离世前，她还负责指导14名硕士研究生、4名博士研究生的学业，在她挚爱的教师岗位上呕心沥血到最后一刻。所谓鞠躬尽瘁，可能再遇不到更合适的典范了。

于瑾老师突然离世，让学校师生和昔日同窗都悲恸不已。2018年5月28日的告别仪式，学校教师、学生、好友1000余人来到八宝山革命公墓为于瑾送最后一程。大家从四面八方赶来，有从美国等地远渡重洋飞回来只为看最后一眼的，有凌晨坐飞机赶来北京、下午坐飞机回去的，也有毕业很多年在告别仪式上第一次相聚的同班同学。"执卷寻师空有愿，亲聆赐教更无期。"殡仪馆人山人海，摆满了花圈。她安详地躺在灵堂里，就像睡着了一样。仪式上，国际经济贸易学院院长洪俊杰教授，于瑾生前好友、同事代表、教务处处长蒋先玲教授，以及于瑾的三位学生代表，依次发表了悼词，都是轻轻的，带着哽咽。"上善若水，利万物而不争。"于瑾自身从来没有想刻意去改变谁，而是温柔地把爱传递给每个人，无声无息地改变了身边的所有人，每个人都因为认识她而变得更平和，更善良，这大概就是精神的传承吧。"她是一位伟大的教师，真正的灵魂的工程师。"在那年举行的毕业典礼上，当于瑾的名字出现在屏幕上时，学院师生瞬间泪流满面，会场响起经久不息的掌声，表达大家对于瑾老师发自心底的爱与不舍。

于瑾去世后，对外经济贸易大学追授她"模范教师"荣誉称号，在她身上，集中体现了一名普通的高校教师在平凡岗位上铸就不平凡的职业理想，集中展现了她为神圣的教育事业辛勤耕耘的高尚师德。她的家人、朋友、曾经的同学和学生、在校师生分别在南开大学和对外经济贸易大学共同筹建了"于瑾教育基金"，用于奖励师德高尚、默默奉献、深受学生爱戴的一线教师，奖励志存高远、刻苦学习、成绩优秀的在校学生，支持帮助生活有困难的师生。学生和昔日同窗自发建立了名为"于无声润物，瑾芳华筑才"的微信公众平台悼念、缅怀老师，30余位学生撰写长文向公众号投稿，在朋友圈、微博表达沉痛哀思的学生更是不计其数。南开同窗回忆起于瑾秀外慧中，善解人意，蕙质兰心，被同学们称为校园里的"花仙子"。同学周庆河写诗痛悼："天妒凌云万丈才，惊闻噩耗备伤怀；芳魂渺渺归何处，化作芳菲绕南开。"学生们分享了于瑾生前为他们逐字逐句修改的论文，详尽的开题报告指导足足三大页纸，细致讨论可以选择的课题方向，附有极尽翔实的内容和范例，而且言辞特别委婉谦和，让人感受到于瑾对学生的爱是怎样一个极致。

2019年清明节前夕，于瑾生前同事和30几个学生到陵园祭扫。大家聚在墓前，像她生前一样对于老师聊聊心里话，或是安静地陪伴。一直阳光灿烂的天空忽然阴云密布，竟飘起雪花来。远在俄罗斯的好友张瑞，在梦中惊醒，写下了悼亡诗句："好久不见，久到那锥心的痛和思念，已成为日常的习惯。涅瓦河畔的春天来了，我却感觉不到暖；见不到你三月薰风般的笑颜，我便永远冰封在北极寒殿。"

向善而生，大爱长存

"她就像人间四月天，美丽又温暖。"熟悉她的朋友无不这样赞叹。"她就像温和的河流，不知不觉间，把一个一个特别有棱角的硬石子温柔地变成光滑美丽的鹅卵石。"

"也许于瑾老师做的很多事情并不是轰轰烈烈的伟人事迹，但她在平凡的岗位上做到了20多年如一日的无私贡献，永远充满正义感、保持善良，这本身就成就了一种不平凡。"国际经济贸易学院薛熠这样说。

"对你最好的思念，就是活成你的样子，把你的爱传递下去。这样，你就仿佛从来没有远离。"江萍教授在于瑾老师去世一周年的追忆会上深情地说。

于瑾老师向善而生，她的一生，始终与生命中的一切美好结缘，也总是不觉引领人向善，这样的人，几已成道。这样的信念，指引学生、亲人、朋友穿越黑暗的方向，纵使道路崎岖却依然心中有光。于瑾的善良是她大爱的来源，她心存善念的世界观，让世界和生活在她的身边充满美好。

于瑾老师，人如其名。瑾为美玉，质本无瑕，方诚信而达博学；美亦有则，唯求索乃得笃行。淡泊名利、诲人不倦的于瑾老师永远地离开了她热爱的教育事业，但却为我们留下了累累著作和她奉为圭臬的大学精神。英才虽陨落，桃李却满园，斯人已去，风范长存！于瑾是善与智的化身，所有与她有过交集的人，无不感念她高华的品行，她把自己短短的一生，活成了一个真正的传奇。每当我们仰望星空，她的音容宛在，总会惹我们思念与泪流，但她的爱与光辉，更照进我们的内心与眼中，让我们不悔踏上此生的征程，如她一般，默默去奉献，如水行上善，感恩于行，克己不屈，成就而拥有了光辉、灿烂、美丽的人生。

王文灵：心中有誓深于海，月下怀瑾永皎洁

王文灵

王文灵，男，汉族，现任全国社会保障基金理事会副理事长、党组成员。1966年10月生，江西上高人。1984—1988年，就读于南京大学地理系城市与区域规划专业，获理学学士学位。1988—1991年，就读于南开大学经济学系城市经济学专业，获经济学硕士学位。1994—1997年就读于中国社会科学院研究生院商业经济专业，获经济学博士学位。2006—2008年，在时任全国人大常委会法制工作委员会副主任信春鹰老师的指导下完成了"公共养老储备基金法律制度研究"，并获中国社会科学院法学研究所博士后优秀论文报告。2013年作为首席专家主持完成的"国家金融安全法律问题研究"，获中国法学会十大专项研究成果。

1991年起，王文灵同志先后任国家机械电子工业部经济管理研究院干部，大公国际资信评估公司总经理助理，中国光大国际信托投资公司金融开发部副总经理。1997年起，任中共重庆市委研究室处长、副主任，重庆国际信托投资公司副董事长、总经理。2002年起，担任全国社会保障基金理事会法规及监管部主任。2015年起任现职。

王文灵同志是我国金融安全战略专家，在金融市场监管法律体系、宏观审慎的金融市场管理制度、金融企业综合经营与监管、防范和化解系统性金融风险等领域做了大量深入和卓有成效的研究。王文灵同志长期从事金融投资管理一线工作，在国有大型金融机构管理方面积累了丰富的经验，他支持和鼓励

长期资金在建设金融市场良好生态、聚焦科技创新产业发展等方面发挥重要作用，是积极扩大国家社会保障投入、对我国养老金体系进行系统性改革的倡议者，也是金融服务实体经济、推动国家经济高质量发展的践行者。

南开，我的母校，三年的研究生生涯种下了南开精神的种子，继承了"经济富国"的传统，收获了甜美的爱情，人生从此有了新的使命，生命有了新的价值。

我深知何德何能入选南开经济百年百人，对于自身所肩负的重任更是戒慎恐惧！经受不住禹东兄劝说，截至交稿的前一周才答应。我深知没有任何资格请人撰写，趁周末的时间整理了一下思路，把自己已过天命人生的所思、所想奉献给南开——我的母校，这或许是作为南开学子，在今天这个特别的日子——"母亲节"，献给母校百年华诞的最好礼物，也是纪念我的永恒挚爱于瑾教授（同样是位伟大母亲）离开一周年的最好方式。

一

我大学就读于南京大学地理系城市与区域规划专业。选择来到南京这座六朝古都读书，是因为早些年读到民国大师朱偰先生写的书。他在比较了长安、洛阳、金陵、燕京四大古都后，言"此四都之中，文学之昌盛，人物之俊彦，山川之灵秀，气象之宏伟，以及与民族患难相共、休戚相关之密切，尤以金陵为最"。朱偰先生虽是留德经济学博士，但他精研文史，其名作《金陵古迹图考》让我爱不释手。带着这部书，我爬上清凉山观石头城，前往凤凰台吊瓦官寺，访阮籍衣冠冢和南唐二陵，这些宫阙陵墓，庙观里坊，就是一部六朝史诗，是理解城市与人文和谐发展的最佳实例。四年刻苦研读，我逐步领会到如何把城市规划专业知识与一座城市的灵魂结合在一起，通过科学布局定下城市未来发展的脉络。

大学毕业设计，我有幸师从崔功豪先生、林炳耀先生参与制订福州市城镇体系规划、福州市城市总体规划，这是我第一次在实践中发挥专业所学。福州是一座历史文化名城，它坐落于闽江三角洲河口，四周群山环抱，形成天然屏障。城市西望峰岭叠嶂，盆地之内丘陵垄岗，海岸曲折，大小港湾星罗棋布，自古便是福建海上贸易的重要口岸。为收集规划数据，我们走遍福州附近区县，数出福州共有大小58座山体，是一座典型的"城在山中，山在城中"的山水之城。针对这一特点，我们在制订规划过程中吸收了中国传统城市以山水为核心的布局理念，把"于山、乌山、屏山"三座重要山体作为城市空间结构和景观风貌的要素加以保护，在重要城市节点之间保留视线通廊，完整地保留了福州的山水本体和文化记忆。"多留余地铺明月，不筑高墙望远山"，这个理念在后来福州一系列的城市规划中都较好地保留下来，成为福州城市的历史记忆和发展见证。习近平总书记曾在福建工作多年，对福州也很有感情，他在2013年中央城镇化工作会议上特别提出，一个城市要让人民"望得见山，看得见水，记得住乡愁"，在人民对理想栖居地的追求与自然山水之间构建和谐美好的蓝图。

1997年6月，由于组织调动，我来到重庆市委政策研究室工作。在此期间，由于重庆刚成立直辖市不久，我参加了西部大开发、三峡库区移民规划等工作，后来负责产业融资及投融资体制改革方案。三峡工程是一项功在当代、惠及子孙的宏伟事业，它历经近百年的梦想、考察、论证、规划，仅工程建设就历时十余年。由于库区条件复杂，需要动态移民100多万人，移民规模之大，时间跨度之长，任务之艰巨浩繁，在中外水利建设史和工程移民史上都前所未有。三峡移民期间，我经历了很多感人肺腑的故事。有的老人家在长江边生活了一辈子，收到移民山东、安徽等省份的决定以后，虽然心中万分不舍故乡，但他们坚决服从移民工作统一安排。在临行前，有的老乡装满一坛子土随身携带，他们可能再也回不到家乡，但是他们带走了眷恋的土，带上了一生的情。这种深明大义，"舍小家、顾大家、为国家"的三峡移民精神，直到今天还常常感动和激励着我。

1998年前后，我多次到重庆万州参加移民工作协调会。这里原有工业企业375家，在移民搬迁过程中关闭了292家，关停比例达到78%。万州动态移民25万人，还有7万多下岗职工，是整个三峡库区移民任务最重的地区。我们经过缜密研究，反复论证，提出移民、就业、交通和民生改善综合规划方案，争取到国家各项政策支持，用好每一分移民资金。我们和市路桥公司、万州区政府等部门现场办公，加快兴建了大量路桥工程，打通进出新移民区的交通要道。我记忆最深的是当地机械制造企业整体搬迁工程。我们把原来坐落在长江边山沟里的工厂搬迁到新址，筹集技改资金升级大型液压机生产设备，多方努力下，新厂产品竞争力明显提升，出口到越南、泰国等东南亚国家。企业效益好了，普通职工的日子也过得舒心了，他们的月收入翻了三倍，住宅面积普遍达到 80 平方米以上，群众生活发生了实实在在的改善。

除了移民，库区生态环境恢复和整治也是一项投入巨大的工程。重庆沿江地区生态条件脆弱，森林覆盖率低，60% 以上耕地为坡耕地，土壤抗蚀性较差，水土流失面积占辖区面积的 60%。由于水路便利，附近磷矿等矿产资源丰富，造成沿江农肥、农药等高污染化工企业林立，库区水体污染风险隐患很大。但是，这些沿江化工企业产值占全市化工产值的接近一半，关闭旧企业后新兴产业一时又难以顶上，数万职工的生计怎么办？这一块的财税收入拿什么去补？那个时候，这些问题涉及各个方面的切身利益，成为修复长江生态环境任务的拦路虎。

无论困难多么大，都比不上我们还三峡一江碧水、给老百姓美丽家园的决心来得大。我们专门组织工作组到上百家沿江化工企业逐一现场调研，经过反复论证劝说，多方筹集配套资金，最终关闭了三分之一数量整改不达标企业，转产改造升级其他化工企业。我们提出，要把环境修复和经济转型结合在一起，用高水平发展来解决贫困和污染恶性循环问题，最终实现沿江一公里范围内化工企业全部清零。改造后的企业实行了更高环保标准，结束了当地"村村点火、处处冒烟"的粗放式发展模式，打破了经济贫困和环境恶化的怪圈。最近几年我多次回重庆调研，看到当年搬迁后的化工企业不仅实现了高环保标准运营，工业产值翻了好多倍，有的企业还成长为国家化工行业龙头，环保经验向全国推广。清新怡人的自然环境促进当地的旅游业迅猛发展，每逢小长假邻省游客纷纷慕名而来，拉动消费效果十分显著。"绿水青山就是金山银山"，当年的伙伴再聚首，大家都是一样的感慨。

二

2002 年，我离开重庆回到北京工作，遇到了时任全国人大常委会法制工作委员会副主任信春鹰老师。信老师的工作特别忙，由于当时金融法律规范出台部门分散，立法理念尚未取得共识，条款之间缺少足够配合，信老师正在组织对国家金融法律体系重新设计，提高金融法律层级，解决监管套利等问题。她对我在金融安全领域的研究十分感兴趣，认为这是在国家层面上统一立法指导思想的一个有价值的思路，而且具有很强的实操性。那时候，我对国家金融安全问题的研究已经进行了十年，从我在南开大学经济学系的硕士导师蔡孝箴教授到中国社会科学院博士导师张卓元教授，都预见到金融既会对推动我国经济高效发展、提升综合国力起到重大作用，也会是保障宏观经济稳定的一个巨大挑战。上世纪90年代，国内涉足金融安全的研究者很少，两位导师鼓励我"摸着石头过河"，勇敢向前探路。探索前人未走过的路，总是充满艰辛。那些年，我从在微观层面开展金融衍生品前沿理论研究开始，到后来在宏观层面综合发挥政治、经济、外交等力量制定金融安全战略，先后做出一些研究成果，得到了南开大学和中国社科院的很大支持。

和信老师多次长谈，给我了新的启发，对金融安全问题的认识也更加清晰。如何用好金融资源是一个国家战略问题，更不是单个部门能解决好的问题，需要站在更高层面上建立跨部门安全协调机制，才能有力维护我国改革开放的经济成果，实现国家治理体系现代化，提高参与国际治理的能力和水平。在信老师和中国社科院法学所等机构的支持下，2008年年初我完成了"公共养老储备基金法律制度研究"，首次从法律视角对养老储备基金在国家金融体系的职能、地位和治理结构等问题进行系统梳理。2008年金融危机和2010年欧债危机以后，国际竞争形势迅速变化，发挥好外汇、信贷等重要金融资源的作用，利用金融手段发展和巩固我国国际地位成为各界关注的焦点。为此，我在2009—2012年组织起草了中国法学会"国家金融安全法律问题研究"专项报告，集中研究了我国金融市场体系完善、金融体系有效监管、人民币国际化和外汇储备管理等金融安全领域的核心问题，对我国改革开放以来在金融领域积累的不安全因素进行分析，提出建立高层次金融安全协调机制、协调监管政策、借鉴国际规则修订外资安全审查方式、提高外汇资产使用效率、保障核心金融信息系统安全等一系列政策建议，特别是亟须在法律层面和制度层面进行的十项具体工作。在课题筹备期间，全国保障基金理事会的领导给了我无私的帮助，他们具有非常丰富的实践阅历和行政经验，提出了很多前瞻性的建议。2013年11月，党中央提出设立国家安全委员会，提出要高层次解决对外开放过程中的政治、军事、经济和金融安全问题。2017年7月，国务院成立金融稳定发展委员会，提出要加强金融监管协调、补齐监管短板。2018年3月，国务院进行新一轮机构改革，金融监管职能进一步整合强化，以国家治理体系和治理能力现代化为导向，国家金融安全战略问题得到了高度重视。

三

2018年5月24日，是我人生中最黑暗的一天，爱妻于瑾猝然离去，是我永远无法接受的现实。我和于瑾相识在1988年的南开校园，当时南开金融学系和经济学系都在经济学院，新入学的研究生有一门公共必修课——中国社会主义经济专题研究。有一次下课后同学们一起说说笑笑回宿舍的路上碰上一起在研究生会工作的英顺同学，站在一旁皮肤白皙、安静秀气的女孩让我眼前一亮。从见到她的那一刻起，我就知道她是我要相伴一生的那个人。

见到于瑾之后的不久，我向伟鹤同学透露了我的心声，他给了我一个极为正确的建议：在于瑾的生日当天送一束花，因为大学同学都称于瑾为"花仙子"。我勇敢地送了于瑾一束花，同时做了一个大胆的决定：为于瑾在南开举办一场"爱之春"音乐会。我在音乐会开幕的致辞中面对南开的师生及来自天津多所高校的学生向于瑾做了表白。紧接着暑假来临，我留在学校思念着可爱的她，终于控制不住自己的感情在研究生宿舍，用心爱的吉他录制了两盘磁带代表我的心声，寄给了暑假已回家的于瑾。漫长的暑假终于结束，春天播下的种子迎来秋的收获，我终于从众多的追求者中脱颖而出，于瑾答应与我确立恋爱关系，我的人生从此不同！

图书馆、教学楼留下我们一起学习的身影；马蹄湖边、总理雕像旁留下我们交流学习体会的足迹；水上公园、压寨水库留下我们的欢声笑语。随着交往的深入，不经意之中，我才知道眼前这位善良温柔可爱的女孩是来自有着百年校龄，千年古树环抱，培养了无数杰出人才的河北车轴山中学，而她在中学阶段永远是遥遥领先的第一名。前段时间我整理她的遗物，在她80年代保留至今的箱子里发现整整齐齐放着的无数奖状、奖品、荣誉证书，以及1982年作为河北省三好学生的中学生代表参加全省学生联合会的照片，这些她从未提起过。我曾经问于瑾："你的成绩可以上国内任何一所好大学，为什么钟情南开？"她微笑着反问："我不到南开，你会追谁？"

"悦莫悦兮心相系，悲莫悲兮生别离！"于瑾的突然离去，犹如天崩地裂，让一个自诩为乐观豁达的我一蹶不振，让一个手脚即使是冬天都热乎乎的我在去年炎热的夏季变得冰凉。一夜白头甚至脱光，眼泪却永远流不尽！

"夕宿兮帝郊，临风恍兮浩歌；心有赏兮任渠催，登九天兮抚彗星。"无数个夜晚，我回忆起共同生活的点点滴滴，心中一遍遍的轻唤：

于瑾，我永恒的挚爱。你把最美的时光留给了我，你把最美的回忆留给了我，遇到你是我今生最美的风景！

于瑾，我永恒的挚爱

三十年前我们相逢于南开，
你冰清玉洁，善良可爱。
我们相濡以沫走过二十八载，
情深义重直到命运将我们分开。
纵然今生不能长相守，我们定会重逢在另一个时空。
在浩瀚的星河里，我们的心恒久相系。
在你我的世界里，我们的爱永恒存在。
哪怕物换星移，这份情永不渝。
让我们的爱在来生继续。

彭文生：探索宏观金融周期

邓巧锋

彭文生，经济学博士，1966 年出生于安徽省桐城县，1982—1986 年就读于南开大学金融学系。现任光大证券首席经济学家、光大集团研究院副院长。曾先后担任国际货币基金组织经济学家，香港金管局经济研究处和中国内地事务处主管，巴克莱资本首席中国经济学家，中金公司首席经济学家，中信证券研究部负责人及全球首席经济学家，光大证券研究所所长。彭文生是香港金管局外汇基金咨询委员会辖下货币发行委员会委员，中国金融四十人论坛成员，中国金融学会中国金融论坛创始成员，首席经济学家论坛副理事长，同时任南开大学兼职教授，清华大学五道口金融学院业界导师，清华大学经管学院特聘实践教授，复旦大学泛海国际金融学院特聘实践教授。

彭文生专注宏观研究二十余载，以宏观框架、独特视角和扎实基本面分析见长，转任投行首席经济学家后，曾连续三年蝉联亚洲权威财经媒体 Asiamoney 组织评选的中国宏观研究第一名。研究工作的百忙之余，他先后以从人口结构和金融周期看宏观经济的创新视角，著书《渐行渐远的红利》和《渐行渐近的金融周期》，关注宏观经济平衡和相应政策含义。书中提出的中国应尽早放开计划生育、关注金融的顺周期性、加强金融监管等前瞻性建议，无一不被时间应验。这两本书被业界誉为中国宏观经济分析的经典之作，《渐行渐远的红利》于 2014 年获得第一届孙冶方金融创新奖·著作奖，《渐行渐近的金融周期》于 2018 年获得第六届金融图书"金羊奖"。

求学篇：幼习诗书，一心追逐学术梦

历史上的桐城，被称为文坛"桐城派"故里、黄梅戏之乡，享有"文都"盛誉。桐城派的开山鼻祖戴名世曾这样评价桐城："四封之内，田土沃而民殷富，家崇礼让，人习诗书，风俗醇厚，号为礼仪之邦。"清代康熙年间的六尺巷传说，更是桐城人谦恭礼让的写照。

1966年彭文生出生于桐城县一个书香世家，父亲和母亲都是学校教师，而外祖父更是当地远近闻名的教书先生。他童年记忆里最深刻的事便是外祖父饶有兴致地捧着《资治通鉴》《古文观止》等古文唱诵，听外祖父讲古文和历史典故成了他小时候的必修课，耳濡目染下，他的古文功底与日俱增，对彭文生日后的为人处世也产生了潜移默化的影响。

1982年，彭文生以县文科状元的成绩考取了南开大学金融学系。彼时刚恢复高考制度不久后的国内各高等院校，掀起了轰轰烈烈的完善学科建设、培养经济发展急需人才的热潮，南开大学也不例外。1982年，南开大学恢复重建金融学系，著名的国际金融专家钱荣堃教授担任系主任。次年，南开大学成立经济学院，由政治经济学大家谷书堂担任院长。此外，经济学院还有杨敬年、魏埙、熊性美等诸多知名的经济金融学大师。有如此优秀的前辈教导和浓厚的学术氛围，彭文生虽然年纪尚小，却也是班级里最用功的学生之一。他的同班同学，现北京市金融工作局党组书记、局长霍学文曾这样评价他："彭文生在南开读书期间勤俭踏实，刻苦钻研学术，我一直都有关注他、读他的文章，他是一个有独立思考和见解的金融家、金融学者和金融从业者。"

1986年，彭文生考取了中国人民银行研究生部（现清华大学五道口金融学院的前身），在那曾有一年的求学经历，之后出国留学。这段时光虽短暂，但当时研究生部的甘培根、唐旭、黄永鉴等任教的大师，都给彭文生留下了十分深刻的印象。在出国之前他因为放松了学习，当时黄永鉴老师就曾谆谆告诫过他，在未来的人生中一定不能因为取得成就而骄傲，也不能因为遭受批评而丧失信心。直到现在，这句话他依然谨记于心。

就读研究生部不久，彭文生凭借入学考试总分第一名的成绩获得了当时国家教委的公派留学机会，并在 1987 年远赴英国伯明翰大学求学。这在当时是非常难得的进修机会，彭文生后来在和学生交流中多次提及、感念当时五道口研究生部的风气正派，研究生部领导和老师以入学统考成绩这个比较透明和公平的标准选拔公派留学生。在伯明翰大学彭文生系统学习了西方经济学尤其是货币金融领域，于 1988 年和 1993 年分别获得经济学硕士和博士学位。

事业篇：脚踏实地，没有白走的路

1993 年彭文生在伯明翰大学毕业之后，凭借优秀的笔面试成绩进入国际货币基金组织（IMF）经济学家项目，先后在财务部和亚太部担任经济学家。作为全球经济金融治理体系的重要组成部分，IMF 吸引着来自世界各地的最优秀最勤奋的经济学人，工作强度也很大。IMF 的问题导向的政策研究和国际化平台培养了他扎实的基本功和国际视野，为之后的经济研究奠定了牢固基础。

1998 年，彭文生离开 IMF 转投香港金融管理局，先后任经济研究处和中国内地事务处主管，负责经济金融研究以及和内地金融合作事宜。彭文生在香港金管局的任职时间长达十年之久，并已做到处长级别，但政府体制内相对安逸的生活并没有磨灭他对新领域的追求。2008 年，42 岁"高龄"的他毅然转身，加入巴克莱资本，负责中国宏观经济和金融市场的研究工作。2010 年彭文生转到内地券商，过去十年先后任职于中金公司、中信证券和光大证券，习惯了在北京、上海和香港等地往返的出差生活，虽然管理事务增加，他对市场的观察和研究丝毫没有松懈。

彭文生转投市场研究之后，对自己及下属的研究始终坚持高标准严要求，宁可报告数量少但要质量精。他认为，做宏观研究要看准方向和大势，必须有逻辑自洽的框架和客观、独立的分析，才能够赢得投资者的信任和尊重。他时常告诫下属，要练就扎实的基本面研究，同时一定要勤于思考、深入思考，要有那种想不明白问题就睡不着觉的执着。

从国际机构到政府再到券商，这一路走来，他颇为感慨，认为不同的经历给了他不一样的体验和积累。在跟后辈谈到择业观时他常说，工作的起点并没有那么重要，更重要的是人生阅历的丰富。从基础做起，才能更好地了解行业中复杂问题的成因；多做一些挑战性的工作，才会对行业有更全面和深刻的理解。

学术篇：笔耕不辍，文指社会痛点

券商的研究工作，每天都须紧盯市场并随时准备写点评报告，在这期间总会慢慢积淀出对经济金融事物更深层次的理解和感悟，但很少有人能挤出足够时间将这些心得提炼升华，并进一步形成系统认知。但彭文生做到了。2010 年以来在券商不分假期、不分日夜的繁忙工作中，他于 2013 年 4 月出版《渐行渐远的红利——寻找中国新平衡》，2017 年 6 月出版《渐行渐近的金融周期》，这两本书是他多年研究成果的集中体现，均由中国金融四十人论坛大力推介，多位知名经济金融专家联袂推荐，在学界、政策部门和市场都产生了较大的影响。

《渐行渐远的红利——寻找中国新平衡》

在此书中，彭文生以人口结构和制度变革为主线，主要从实体基本面和供给角度出发看待宏观经济，对中国经济过去的发展、现在的问题以及未来的挑战进行了系统梳理。

彭文生认为，改革开放作为驱动中国经济发展的主要力量，这点应该没有争议，但人口结构为何如此重要呢？主要有两个原因：第一，相对于其他经济社会变量而言，人口的数据比较可靠，基于现在的人口年龄结构和出生率得出的对未来人口的预测也有较大的把握。第二，人是最重要的生产力又是最终的消费者，但人在不同年龄阶段的消费和生产能力不一样，所以人口年龄结构的变动对经济有重要影响。老年人和小孩占比较高的社会，其消费需求相对于生产能力更强；反过来，青壮年人口占比高的社会，其生产能力相对于消费需求更高（所谓的人口红利）。

该书阐述了我国人口结构的现状和未来，从理论层面分析了人口结构与经济增长、经济结构、通胀、资产价格以及货币信用的关系,并借鉴了其他国家的经验和教训。他认为,人口结构对经济的影响不是人口缓慢变动所意含的那样渐进和均匀。除了一般所讲的劳动力数量影响经济增长外,人口的年龄结构影响社会的平均消费率和投资需求,进而和通胀、货币信用扩张以及资产价格联系在一起,其效果往往有一个累积到集中爆发的过程,有些影响的释放也是不均匀的。西方国家在金融危机前的大缓和时期,资产价格泡沫以及破灭导致的金融危机在一定程度上都和人口结构的变动有关。这些人口结构变动先于我们国家的经历显示了人口红利带来的经济繁荣可以在相当长的时期内掩盖经济的结构矛盾和政策失误,加大了经济长周期波动的幅度。

彭文生认为,为应对经济发展面临的内外挑战,改革需要在公平和效率、政府和市场、上一代与下一代、金融与实体、需求与供给等方面取得平衡。经过改革开放多年的发展,公平与效率之间的平衡到了新的阶段,人们之间的禀赋差异加大,在公共政策的制定和执行中需要提高公平的重要性。这意味着在处理政府与市场的关系时,需要同时纠正"越位"与"缺位",转变政府职能,同时进行深度的财税改革,切实发挥财政在调节收入分配中的作用。在上一代与下一代的关系上,迫切需要放松计划生育政策,促进生育率的提高。在金融与实体的关系上,既要推进利率市场化,以促进资源配置的效率,更要管理金融风险,控制房地产泡沫,尤其要加强对影子银行的监管。最后,总需求管理需要顾及对供给的影响,尤其要避免依靠刺激房地产来支持短期的经济增长。

《渐行渐近的金融周期》

该书出版于 2017 年 6 月,而 2017 年 7 月五年一度的全国金融工作会议召开,可谓开启了加强金融监管的元年。彭文生在国内较早引进金融周期这一概念,与认为需求只作用于经济短期波动的主流观点不同,金融周期及其在需求和供给端的影响呈现中期波动的特征。该书提供了一个有别于过去几十年主流思维的从金融看宏观的分析框架,系统地探讨了中国的金融和经济问题,并在此基础上提出了一些政策层面的思考。在书中,他指出房地产价格和债务已然过度上涨,金融周期的下行调整在逼近,虽然争议很大,但认为主流认知终将达成共识,带来包括税制和金融结构在内的结构性改革。

金融周期不仅影响中国经济总量，还会影响到经济结构。金融周期与土地的金融属性相关。除了作为信贷抵押品的房地产，土地的金融属性还有其他方面的体现，如地价对利率敏感。正因为回报期限长，很少有人能够靠自己的资金买得起土地、买得起房子，所以房地产交易几乎都要靠外部融资。土地还有一个金融属性是我国所特有的，即土地出让金是房产税的资本化。其中房地产行业最得益于信贷扩张，在房地产和信贷互相促进的顺周期作用下，贫富分化加剧了。

要降低金融顺周期性对经济中期波动的放大作用，需要在金融自由化的道路上往回退一些，加强金融监管尤其是宏观审慎管理。另一方面，需要加大财政政策在宏观调控中的作用，从平衡财政理念向功能财政理念转变。中国当前的主要矛盾是发展不平衡、不充分的问题，最根本的是收入分配问题，需要更多地依赖财政政策降低收入分配的差距。未来经济结构性改革的方向中，财税体制改革尤其重要，要优化财政支出结构，改善税收结构，包括大幅降低增值税等流转税、开征房产税等。

全球金融危机后国际学术界和政策部门反思金融的角色，近年来金融与实体的关系也成为中国经济研究的关注点。本书把金融周期的新概念和分析框架应用到中国，聚焦信用和房地产相互促进的机制，提供了一个从金融看宏观经济的全景式分析。

在这样的框架下，本书对一系列热点问题的解读有别于流行观点，比如房地产泡沫的根源是金融而不是土地供应，引进房地产税有利于降低土地的金融属性，打破面向小投资者预期收益型产品的刚性兑付是伪命题，信用扩张和贫富分化相互促进，杠杆是结构性问题难以通过总量手段（增长和通胀）去杠杆，加强金融监管的关键在于回归某种形式的分业经营，区隔金融的公用事业和风险部分。

现今还躬耕于宏观研究的彭文生，谨记"允公允能，日新月异"的南开校训，在研究上丝毫没有懈怠。他严谨的治学态度和宽厚的处世之道，如春风化雨，循循引导着他的学生和下属，激励着他们前进。

李坤望：治学有道、育人有方的学界楷模

黄玖立 高超

成 长

李坤望1968年出生于著名的楚文化故里、历史文化名城安徽省寿县。幼年便显露出过人的天资和非凡的学习能力。1984年9月，不足16周岁的他即以优异的成绩考入南开大学计算机与系统科学系，进入控制理论专业学习，为日后的学习和研究打下了坚实的数理基础。本科在读期间，李坤望不仅系统地掌握了现代控制理论，在南开经济学科的影响之下，也逐渐对经济学产生了浓厚的兴趣。他发现，经济学与控制论尽管研究的对象不同，但两个学科在研究框架和分析方法等方面颇多相似相通之处。

1988年获理学学士学位后，李坤望决心开始系统学习经济建模与预测。通过选拔，他进入计算机与系统科学系与国际经济系联合培养项目，师从运筹学与控制论专家王翼教授攻读硕士学位，从此开启了系统学习和研究经济学的生涯。当时，南开大学经济学院图书馆关于经济控制论的馆藏文献很少。为了阅读前沿文献，李坤望经常京津两地往返，"泡"在位于北京海淀区中关村的国家图书馆。通过文献阅读，他很快发现，控制论中的许多思想和工具能够应用于经济周期的问

题。在后来的硕士论文"经济周期的谱分析"中，李坤望运用时间序列中的谱分析方法，研究经济波动中的主要周期类型。在当时的学术界，能够运用现代数理分析的研究实属凤毛麟角。

1991年硕士研究生毕业之后，李坤望师从著名经济学家薛敬孝教授，继续在南开大学国际经济系攻读世界经济专业博士学位。薛老师不仅在世界经济学领域具有很深的造诣，而且阅历丰富，具有极高的学术声望。通过薛老师的言传身教，李坤望进一步开阔了视野，对中国经济和世界经济运行有了更加深刻、更加完整的认识。攻读博士学位期间，李坤望进入南开大学的中加联合培养博士生项目进行课程学习。该项目是南开大学和加拿大约克大学、麦克马斯特大学、拉瓦尔大学三所大学合作举办，旨在以欧美大学标准进行课程学习，通过"不出国留学"的方式培养经济学研究人才，史称"南开-约克模式"。课程授课教师为加拿大三所大学的著名教授，采用一流教材进行全英文授课，课程结束时进行严格考核。在该项目下，李坤望接受非常严格的现代经济学训练，扩展了分析视野和方法，为以后的经济学教学和科研打下坚实的基础。

1994年7月获得南开大学经济学博士学位之后，李坤望受聘国际经济贸易系任教。由于出色的学术表现，他于1995年破格晋升副教授、1998年破格晋升教授，成为当时人文社科领域最年轻的教授。2001年、2004年先后担任国际经济贸易系副主任、主任，2005—2012年任经济学院副院长，2009年起任《南开经济研究》主编。

作为国际贸易领域的领军学者，李坤望教授先后获得教育部首届"高校青年教师奖"、"霍英东教育基金会高等院校青年教师奖（研究类）"一等奖、天津市第二届"杰出青年人才奖"、天津市"教学名师奖"、天津市"131人才工程"第一层次人选。他的研究成果先后获得全国高校人文社会科学优秀研究成果一等奖、四次获得国际贸易领域最高学术奖——安子介国际贸易研究奖。李坤望教授于2012年和2017年先后被聘为南开大学高端人才岗位"英才教授"和"杰出教授"，并当选2016年度教育部"长江学者"特聘教授，是享受国务院政府特殊津贴专家，曾担任中国留美经济学会（Chinese Economists Society）副会长，目前担任中国美国经济学会副会长和中国世界经济学会常务理事等职。

治 学

任教以后,李坤望教授长期致力于国际贸易理论与政策的相关研究,取得了丰硕的成果,他的学术论文发表在《中国社会科学》《经济研究》《管理世界》《经济学(季刊)》《世界经济》以及 China Economic Review 等国内外重要学术期刊上。近些年来,李坤望教授的研究遍及中国对外贸易、产业组织和中美经贸关系等多个领域,尤其是他对中国出口产品质量、出口竞争方式、美国对华贸易政策以及区域经济发展的相关研究,视角新颖、方法巧妙、见解独到、灵气逼人,堪称学术前沿与中国现实相结合的典范,在学术界产生了广泛影响。

最能体现他学术洞见和研究风格的是 2014 年发表在《中国社会科学》上的论文"中国出口产品品质变动之谜:基于市场进入的微观解释"。该文是国内最早关注中国出口产品质量的文献之一。这项研究基于对中国海关进出口贸易微观数据的深度分析,发现了所谓中国出口产品品质变动之谜,即中国出口质量升级的趋势在"入世"前后发生了剧烈转变:在加入世贸组织之前,中国出口产品价格相对世界平均水平呈现收敛趋势,出口质量呈现持续的上升态势;但在加入世贸组织之后,中国出口产品价格相对世界平均水平则呈现背离趋势,出口质量逐步下滑。也就是说,在加入世贸组织之后,伴随中国出口的高速增长与出口结构的迅速改善,中国出口产品质量相对于世界平均水平却呈现不断下滑的趋势,即中国出口增长是由低端产品出口所拉动的,有陷入"低质量陷阱"的迹象。

针对这一令人费解的谜题,该文巧妙地从市场进入和企业动态的微观视角给出了一个令人信服的解答。仍然是基于对微观数据的严谨分析,李坤望教授发现,加入世贸组织之后,伴随中国出口经营权的逐步开放,大量新出口企业进入出口市场,在中国出口的高速增长中发挥着关键性作用。但另一方面,新进入出口企业大都采取以价格竞争为特征的低价低质策略进入出口市场,很大程度上拉低了中国出口产品的平均质量。

这项关于中国出口产品质量的开拓性研究,一方面发现了中国对外贸易的一个奇特现象,另一方面给出了一个巧妙而令人信服的解释,堪称经济学实证研究的典范，也彰显了李坤望教授独特而鲜明的研究风格。首先，李坤望教授主张对独具中国特色的重大现实问题予以关注，并将现实问题与学术前沿有效对接。李坤望教授发现，与中国出口高速增长、出口大国地位极不相称的出口产品质量低端化是中国经济中的一个独特现象，也是一个不容忽视的现实问题。与此同时，在理论上，出口产品质量也是近年来国际贸易研究的前沿问题。李坤望教授从中国出口增长陷入"低质量陷阱"的谜题入手并对谜题给出了令人信服的解答，使得研究具有了现实影响力和"中国特色"。与此同时，该项研究也为出口产品质量问题的研究提供了新思路和新证据，这使得其研究在聚焦中国特殊性的同时，也不失一般性的学术价值。

其次，李坤望教授研究的第二个鲜明特点是在充分把握现实的基础上，重视对数据的深度挖掘，通过提炼典型化事实将现实问题升华为研究主题。现实中，中国出口的低质低价特征，很多人都有体会，然而大多是凭借感觉和猜测，不确切也不系统。这项研究基于对微观数据的深入挖掘和系统解析，将中国出口产品质量演化的根本性特征清晰、准确地呈现出来，本身就是一个重要贡献，也足见研究者的学术功力。这与现有大多数实证分析的研究思路截然不同；后者通常聚焦一个"先验"的因果命题，然后利用数据细致检验某个具体因素确切的边际影响。事实上，李坤望教授这种有别于常规路径的入手方式，正是他的研究能够兼具思想冲击力和现实影响力的前提。然而说易行难，这要求研究者既要有敏锐的问题意识，又要有扎实的学术功底。

当然，一项研究在提炼现象、发现谜题之后自然还要予以解释，这就引出了李坤望教授研究的第三个特点。现有实证研究在探究影响因素时主要依靠回归分析，而在李坤望教授看来，要想解释"为什么"，首要的仍然是要重视对数据的深入解读，而回归分析是第二位的。他认为，令人信服的解释一定是直观的，而直观的解释则埋藏在数据之中，要想发现数据中的秘密，就必须把数据"打开"；而回归分析是一个类似"黑箱"的统计工具，输入数据，输出结果，在这个过程中，数据中很多有价值的信息都被掩盖掉了。中国出口产品质量这项研究就充分践行了这一研究理念。在研究中，李坤望教授首先通过对数据充分的挖掘和描述，直观地揭示出新进入市场的出口企业在中国出口增长中所扮演的角色，及其对中国出口产品整体质量的影响；

在此基础上，他又通过计量经济学模型予以进一步检验。用李坤望教授自己的话来说，计量模型和回归分析是为了保证分析的严谨性，去掉它丝毫不会影响"故事"的完整性。这与现有实证研究中普遍存在的计量模型与实证策略喧宾夺主的情形构成了鲜明的对比。

李坤望教授深刻的学术洞见还缘于他对相关问题的持续关注和不断深入。在中国出口产品质量这个问题上，他认为，市场进入虽然解释了中国出口产品质量的低端化倾向，但其只是导致中国出口质量下滑的一个重要媒介，中国出口增长陷入"低质量陷阱"更深层次的原因在于中国出口企业过于侧重低成本、低价格的价格竞争手段，而忽视了以提升质量为中心的非价格竞争这一更具有长远意义的战略。因此，在后续的一项仍在进展的研究中，李坤望教授专门对中国出口企业的竞争方式进行了识别和测度。他通过对中国出口产品的竞争优势来源的估算发现，占据成本优势地位的出口企业的出口额远高于占据质量优势地位的出口企业的出口额。另一方面，针对中国出口企业竞争策略的估算发现，采取价格竞争方式的出口企业出口额几乎是采取质量竞争方式的出口企业出口额的两倍。因此，从总体上看，中国出口企业虽然占据了国际市场竞争中的优势地位，但显然这种优势地位主要源自于成本优势，而非质量优势，竞争方式仍然是由价格竞争所主导的。长期以来低成本优势与低价竞争策略是驱动中国出口增长的主要动力，但却也导致中国出口相对质量始终难以提升。这一研究结论对于新常态下中国经济高质量发展、推进供给侧结构性改革和贸易强国建设具有重要启示。

李坤望教授独特而鲜明的研究风格也充分体现在他的其他多项研究之中，这些研究在为学术发展做出新贡献、为理解中国问题提供新洞见的同时，也为学术界的后辈树立了标杆。李坤望教授2010年发表在《经济学（季刊）》上的论文"契约执行效率与地区出口绩效差异"是最早基于中国背景考察制度与出口比较优势的文献之一。这项研究同样是将中国现实问题与学术前沿相结合的典范之作。一方面，制度问题是中国作为转型经济体和发展中大国备受关注的核心问题；另一方面，将制度与出口比较优势联系起来是比较优势这一国际贸易经典议题在新世纪以来的最重要进展。李坤望教授的此项研究基于中国数据，通过严谨的实证分析证实，中国地区间契约执行效率的差异是影响地区出口绩效差异的重要因素，制度是中国地区出口比较优势的一个重要来源。这项研究将"制度缺陷"与"出口奇迹"这两个中国经济发展中的独特元素结合起来，具有重要的现实意义；同时也对国际主流学术界的前沿议题做出了回应，贡献了来自中国的经验证据。在后续的研究中，李坤望教授及其合作者使用更加精细的企业数据，对这一研究议题做了进一步的深化和拓展。他们撰写的英文论文，被国际贸易领域的权威学者哈佛大学内森·纳恩（Nathan Nunn）教授和多伦多大学丹尼尔·特雷夫勒（Daniel Trefler）教授，在其被收入《国际经济学手册》第四卷第五章的关于制度与比较优势领域的研究综述里，特别加以介绍。

在中美经贸关系方面，李坤望教授基于新政治经济学的视角，针对美国的对华贸易政策开展了一系列研究，使得贸易政策的政治经济学（political economy of trade policy）这一"古老"话题焕发了新的生机，在学术界产生很大影响。在这一系列研究中，最具代表性的当属2009年发表于《经济学（季刊）》的"美国对华贸易政策的决策和形成因素：以PNTR议案投票结果为例的政治经济分析"一文。这项研究运用新政治经济学的分析框架，通过考察2000年美国国会投票表决是否给予中国永久性正常贸易关系（PNTR）这一事件，对国会议员投票行为的影响因素展开了定量分析，进而揭示了美国对华贸易政策的决策和形成机制。该文一方面着眼于美国对华贸易政策这一重大现实政策问题，并且综合运用国际贸易、政治经济学和政治学的相关理论展开分析，另一方面巧妙地将PNTR议案投票这一事件作为研究素材，对理论假说展开细致的定量检验，可谓"大处着眼，小处着手"。尤其值得称道的是这项研究在数据的收集、处理以及分析上所做出的努力，这一点从论文附录的数据来源列表就可见一斑。该文通过对数据的深度分析，揭开了美国对华贸易政策决策与形成的神秘面纱，有力地增进了中国社会对美国对华贸易政策及其制定的理解和认知。李坤望教授的这项研究得到了学术界的高度认可，成为2008—2009年度《经济学（季刊）》（第8卷）"Werner Jackstädt博士中国经济和商业研究最佳论文奖"提名论文。

此外，在贸易自由化和区域一体化方面，李坤望教授不仅对贸易政策效果的量化评估做了非常深入的研究，而且其研究成果在政策咨询方面也起到了重要的参考作用。上世纪90年代中期，李坤望教授在国内研究者和学术机构中率先将可计算一般均衡模型（CGE）应用于贸易自由化和区域一体化方面的政策模拟分析，对我国的对外开放政策具有重要参考价值。尤其是 APEC 方面的研究，李坤望教授侧重于贸易投资自由化及便利化方面的研究，主要研究贸易投资自由化对我国经济的影响，以及我国对外贸易政策调整的经济影响效果的定量评估与模拟分析。他还为我国的 APEC 政策制定提供咨询报告，共有"1995 年 APEC 研究总报告——参加大坂会议的对策""投资自由化对中国经济影响的定量分析""贸易自由化对 APEC 成员影响的数量分析""中国进口关税的调整及影响"等 11 项研究报告先后被外交部和商务部等国家部委采用，其中他执笔撰写的咨询研究总报告内容曾被外交部用于准备江泽民主席在 APEC 领导人会议上的发言稿。他在贸易投资自由化方面的研究也得到国家有关部门的重视，有关部门曾给予很高评价，如"有关贸易投资自由化对我国的利弊分析对我起草会议方案及领导人讲话起到了一定的贡献"（引自外交部、外经贸部给国家教委的《关于南开大学 APEC 研究中心工作的函（外国函［1997］108 号）》）。

作为国际贸易领域的资深学者，李坤望教授把研究与中国经济相关的重大问题特别是深层次问题放在首位。最近两年，他对全球贸易增速下滑（贸易崩溃）、中国民营企业出口增长、中美生产率比较、"一带一路"、中国加工贸易转型以及反腐败等一系列重大、深层次问题给予了密切关注，并展开了深入的分析。与此同时，除了学术写作之外，李坤望教授也愿意将自己的思考和研究与更广泛的读者分享，他撰写的文章见诸《21 世纪经济报道》《上海证券报》《人民论坛》《中国社会科学报》和澎湃新闻等杂志和媒体，用理性的声音引导公众对现实经济问题的关注和思考。

育　人

除了致力于学术研究，李坤望教授在学术人才的培养方面也倾注了很多精力，而且成绩斐然。他指导的博士生的论文先后获得"全国百篇优秀博士论文"提名和"中国经济学优秀博士论文"。他培养的多位博士毕业生现已在中国人民大学、南开大学等名校担任教授和博士生导师。在最近几年学术职业市场竞争日趋激烈的背景下，他指导的博士毕业生仍然能够在南开大学、对外经济贸易大学、西南财经大学等名校获得教职，极具竞争力。正因此，李坤望教授在校内外经常被问及博士生的培养之道，他总是谦虚地表示并无诀窍，主要还是靠学生自身的努力。学生自身的努力固然重要，一两个学生脱颖而出也属正常现象，但是在一个老师门下持续涌现青年才俊则绝非偶然，显然不只是"学生自身努力"所能够解释的。实际上，当我们深入了解李坤望教授的培养理念和指导模式以后，他在"育人"方面所取得的成绩并不难理解。

从培养理念来看，李坤望教授的做法暗合了中国儒家传统两个先进而经典的教育哲学——因材施教和有教无类。首先，李坤望教授主张学生通过广泛涉猎（既包括大量阅读学术文献，也包括对现实问题的密切关注）发现自己的研究兴趣，从而自主选择研究领域和主题。同时，他也注重引导学生将研究选题与自身的背景和优长结合起来，充分发挥自身优势，做有特色、有风格、有意思的研究。因此，李坤望教授鼓励和欢迎学生随时到办公室与其交流讨论，并耐心倾听，给予建议和意见，但他从不轻易限制学生的选题范围，也不轻易向学生分派研究题目，给予学生自由选择的空间，充分激发学生的兴趣、潜能和主动性，这对于博士生的成长至关重要。

另一方面，李坤望教授在招生、"选材"上也不拘一格。相比于学生过往的教育背景，他更看重学生的研究潜力和对研究的投入程度。他认为，只要对研究充满热情，并且能够持续投入，大多数学生都有成长为优秀研究者的潜质，所谓"有教无类"；然而"始终充满热情并持续投入"绝非易事，既不是过往教育背景所能保证的，也不是过往教育背景所能替代的，所谓"英雄不问出身"。事实上，李坤望教授多年来指导的博士生背景各异，大多不是传统意义上的高材生和名校毕业生，然而这并未阻碍他们"成材"。从另外一方面来看，这更加凸显了李坤望教授作为导师所发挥的重要作用。套用因果推断理论（causal inference）的术语来说，博士生在李坤望教授门下脱颖而出并非"自我选择偏差"（self-selection bias），而是实实在在的因果效应（causal effects）；换用国际贸易的术语来说就是，李坤望教授的指导和培养的确能够提高学生的"附加值"。

在指导模式上，李坤望教授采用"方向课"的形式，即英文中对应的 seminar 或 workshop。就这种形式本身来说，方向课的模式并无特别之处，也并不鲜见。事实上，方向课、讨论课、组会一类的形式早已在研究生培养中被普遍采用。因此，关键不在于形式，而在于内容。李坤望教授的方向课每周一次，定期举行，在学期之中几乎从不间断。每次课由一名学生主讲，报告自己的研究成果或进展。报告结束后，全体学生就报告内容展开充分讨论，讨论可以是任何形式的，包括质疑、提问、批评、建议，等等。最后，由李坤望教授就存在的主要问题及解决的方向做总结性点评。

总结来看，方向课作为李坤望教授与研究生定期互动的一项制度，有五个显著的功能和意义。第一，方向课定期举行、学生轮流主讲不间断，并以报告自己的研究成果或进展为主（而非讲解一篇或几篇现有文献），使得方向课成为引导博士生专注科研、持续投入的一种外部约束机制。用李坤望教授自己的话来说就是"给学生持续的科研压力"。第二，学生可以通过报告有效梳理自己的研究思路，并且显著提升自己的报告技能。这包括报告内容的组织与取舍、在屏幕上的呈现（制作演示文稿）、演讲以及对评论的回应等一整套技能。事实上，这些报告技能不仅是职业研究者也是其他许多非学术职业的必备技能。近些年，越来越多的毕业生，既包括学术界的也包括非学术界的，向李坤望教授反馈在方向课上所受训练使自己在工作中受益良多。第三，学生在聆听报告和参与讨论的过程中，一方面可以充分激发自己的思考，训练自己的批判性思维，逐渐学会提问和评论，在潜移默化中塑造自己的学术品位；另一方面也可以了解和学习与报告主题相关的研究议题、理论、数据和方法，从而对自己的研究产生启发作用。正因此，李坤望教授非常重视讨论的环节，鼓励学生积极提问、评论。为了给学生提供充分的表达空间，他不轻易对学生的讨论表达意见和倾向，并把自己的点评安排至方向课的最后，以免自己的意见影响讨论的方向和基调，束缚学生的思维。第四，学生通过在方向课上报告研究并与同学和老师展开充分讨论，可以集思广益，有效改进自己的研究。事实上，相当数量的研究在方向课上报告以后，经过后续的修改和完善，最终发表在了高水平的学术期刊上。这也是李坤望教授培养的博士生能够在学术职业市场上极具竞争力的重要原因。第五，方向课还具有明显的示范效应。新生参与到方向课以后，先是在课堂上以聆听者的身份观摩、学习，耳濡目染，很快就会摸到研究的门路，从而开展自己的研究，逐渐进入角色成为报告者，并不断成长。最终，这种示范效应会促成一个有效的良性循环。

在方向课上，李坤望教授通过对学生每一项具体研究的点评，潜移默化地向学生传授自己的研究心得和对学术的理解。他鼓励学生要瞄准国际学术前沿，主动跟踪国际前沿理论和方法的最新进展。近几年，李坤望教授在学院为博士生开设"高级国际贸易理论"课程，系统讲授异质性企业贸易理论的经典和前沿文献，努力提高博士生的理论素养，令学生受益匪浅。最近一年来，李坤望教授敏锐地觉察到结构模型方法（structural modeling）在未来国际贸易研究中的主导性前景，因此鼓励学生学习和掌握与此相关的新方法和新技术，努力跟上国际前沿研究的步伐。除了学术前沿，李坤望教授还经常提醒学生对重大现实问题予以关注，他尤其强调研究者要成为自己所研究的问题的"行家"。他认为，实证研究者不能仅仅关注将问题"量化"，然后对假说做定量检验。因为，这样的做法只会让研究者局限于自己构想的逻辑之中，对增进人们对真实世界的理解作用有限。因此，他强调学生要对自己所研究问题的现实背景、相关知识有充分的了解和掌握，在此基础上做出的研究才能充实、鲜活，研究者本人和读者才能从中有所收获。此外，如前所述，李坤望教授非常重视研究中对数据的挖掘，因此他特别鼓励学生要耐下心来读数据，而不是急于"跑回归"（run regression）、做分析。他认为数据中埋藏着大量的秘密，只有把数据"打开"（而不是急忙将其扔进回归的"黑箱"），才能揭开这些秘密，发现重要的现象和问题，进而直观地揭示现象背后的本质。

李坤望教授方向课的影响不仅限于师门内部，在系里、学院里都颇具名气，经常有其他老师的学生甚至是青年教师慕名而来、积极参与，这也足见其方向课的质量。李坤望教授每每谈及自己的方向课时，总是强调"贵在坚持"。同时，他也经常谦虚地表示，组织方向课对自己来说也是一种挑战和要求，可以同学生一起与时俱进、教学相长。

除了研究生的培养，李坤望教授对教学也十分重视，而且教学极具特色。他在经济学院长期担任产业组织理论和国际贸易理论与政策的教学。他的讲授既注重对学生经济学直觉的培养，也注重扎实严谨的数学推导，让学生体会经济学作为一种思维方式和分析工具的力量。特别值得一提的是，李坤望教授讲课既不带讲义，也不使用电子课件，只需要一支粉笔，他要求自己对所讲授的内容达到融会贯通的程度。在课堂上，他娓娓道来，穿梭于历史与当下、理论与现实之间。他在黑板上用数学推演经济学的逻辑时，更是信手拈来，出神入化，将经济学思想的穿透力与数学的简洁之美充分地诠释出来。这让听课的同学以及作为课程助教的博士生收获良多，也敬佩不已。不仅如此，李坤望教授的课堂教学内容丰富而灵活，并不拘泥于教科书，而是博采众长，不断更新课堂上讲授的内容，这一点从他的全英文板书就可见一斑。

李坤望教授主编的教科书《国际经济学》是国内同类教材中的旗舰教材，入选高等教育出版社"经济学类核心课程教材"系列，也是"十二五"国家级规划教材。该书自 2000 年出版以来，历经三次修订，现已更新至第四版，累计发行量已经超过 60 万册，被国内百余所大学采用为国际经济学课程的教科书或参考书。

几年前，李坤望教授辞去了所有行政职务，专注于教学与科研工作。至今仍然坚持亲自为本科生授课。他对本科教学的重视，在更深层次上反映出他对"大学""教授"之内涵的深刻理解。在李坤望教授看来，一所大学如果不能培育出好的学生，那就很难被称为好大学了。在举国争创"双一流"的大背景之下，我们更应该清醒地认识到，一流大学建设最重要的是拥有像李坤望教授这样研究与教学兼顾、治学与育人俱佳的一流教授。

参考文献：

李坤望主编，《国际经济学》（第四版），高等教育出版社 2017 年版。

李坤望、王孝松，"美国对华贸易政策的决策和形成因素：以 PNTR 议案投票结果为例的政治经济分析"，《经济学（季刊）》第 8 卷第 2 期（2009 年 1 月）。

李坤望、王永进，"契约执行效率与地区出口绩效差异"，《经济学（季刊）》第 9 卷第 3 期（2010 年 4 月）。

李坤望、蒋为、宋立刚，"中国出口产品品质变动之谜：基于市场进入的微观解释"，《中国社会科学》2014 年第 3 期。

李坤望、蒋为，"中国出口增长方式转型亟须重视质量升级"，《上海证券报》2016 年 6 月 8 日。

Nathan Nunn and Daniel Trefler, "Chapter 5: Domestic Institutions as a Source of Comparative Advantage," in *Handbook of International Economics*, Vol. 4, edited by Gita Gopinath, Elhanan Helpman and Kenneth Rogoff, 2014.

盛希泰：从证券少帅到投资大家

吴 超　马俊生

盛希泰，1968年生于山东沂源。在这个位于蒙山沂水之源的地方，有一个传奇——兄弟三人在30年前的那个时代全部考取大学，一个本科、一个硕士、一个博士，这样的盛况哪怕是放在如今这个遍地大学生的年代，也并不常见。盛希泰，就是其中的那个硕士——1992年南开大学会计系硕士毕业。

在世界科学史、艺术史和商业史上，当一个流派或国家正处于鼎盛的上升期，便会在某一年份集中诞生一批伟大的人物或公司。这个现象很难用十分理性的逻辑来解释，它大概就是历史内在的偶然性，也是必然性。

后来者在总结中国经济发展史时，也发现了这个现象，所以给1992年前后下海的企业家一个载入中国史册的伟大时代描述——92派。盛希泰也是那个时代的佼佼者。他一直坚信，一个人的成长除了自己的努力很重要之外，还必须结合时代发展的脉搏。在那个中国证监会还没有成立的时代里，"基本上中国所有大的券商都是1992年成立的。我们这波人运气特别好，刚好赶上了大时代，是最好的受益者。一个人一辈子是否有成就，成就大小或是成就早晚，和时代机遇有太大的关系"，盛希泰说。

战斗精神

时代当然是给有准备的人。盛希泰常说，大学是他人生的新开端。那么,1992年从南开大学硕士毕业后,只身来到中国改革开放的最前沿深圳闯荡,就是他传奇事业的起点。

那是一个在中国发展史上具有转折性意义的年份:1992年年初,小平同志南方视察;1992年10月,中共十四大正式提出了建立社会主义市场经济体制的目标。

当"改革开放的胆子要再大一些"的声音传遍大江南北的时候,当时暮气沉沉的中国社会被重新注入了巨大的活力。而对于那些嗅觉敏锐、敢闯敢拼的年轻人,1992年真的是一个春天。正如当年在《深圳特区报》上一篇长篇通讯"东方风来满眼春"的标题一样,全国又掀起了一股新的发展热潮。盛希泰决心踏上那片热土。

这是一条不寻常的路。

那时候从天津到深圳需要两天两夜,盛希泰和几个同学没有买到座票,只好买站票站了一天一夜,后来到武汉站不住了,就和衣躺在火车座位底下休息。"我觉得,任何时候,一个人为了更好地战斗,可以放下所谓的面子,可以躺在火车座位底下休息,这种心态永远是可以战斗的状态,也是可以成功的状态。"盛希泰回忆道。辗转到达广州后,盛希泰和同学住在12块钱一个床位的通铺里面,每个人怀揣着几百块钱,一方面感到兴奋,另一方面由于当时的治安不好,大家几乎一宿没有睡觉,转天凌晨又继续赶赴深圳。

忆起这段往事,盛希泰谈道:"当时去深圳的人,也许不一定最能干,但一定是不安分的人,任何时代都只会给不安分的人机会。何为不安分?不安分就是时刻准备着,时刻准备出手,不满足于现状,始终保持要战斗的激情。"

到了深圳,盛希泰就开始了他战斗的历程,首先要面对找工作的问题。当时火热的资本市场令初出茅庐的盛希泰无比震撼。盛希泰决心应聘当时风生水起的君安证券。"当时君安很火,人力资源部的地板上堆了一人高的简历。去投简历,我很可能没有机会面试,因为根本没有人会看你的简历。"不安分的盛希泰转身离开人力资源部,直接去敲最大领导的门:先敲总裁的门,敲半天没敲开,接着敲常务副总裁、副总裁的门,最后敲到了助理总裁的门。

"当时这个助理总裁打开门,问我是求职的吗?我说是。"20多年前的那场对话，盛希泰至今记忆犹新。

"你到隔壁递简历就可以了。"

"我要跟您谈。"

"为什么跟我谈？"

"我要跟说了算的人谈。"

"我非常忙，在准备一个文案，一会儿要去珠海。"

"给我十分钟，您不会后悔。"

看到盛希泰如此坚持，那位助理总裁终于同意让他坐下讲。10分钟后，盛希泰被领到人力资源部。"这个同学非常优秀，让他明天来上班吧。"年轻的盛希泰就此成为君安同批新人中唯一没有经过考试就被录用的。

证券少帅

当时盛希泰自己也没想到，正是这场10分钟的特殊面试，开启了他此后风起云涌的职业生涯——入职第三天，他穿着公司当时花5000元置办的皮尔·卡丹西服，以实习生的身份，比照着一本蓝色封皮的标致汽车在香港上市的招股书，接手并最终于1993年5月完成了四川IPO第一案金路集团。

一战成名，少年得志，还好事成双。"1993年，我完成了两家企业上市，一个是四川金路，另一个是1993年12月山东省在深圳上市的第一股鲁石化A，现在叫泰山石油。"

正是因为操作了鲁石化A的上市，让盛希泰遇到了一个意想不到的发展机遇——当时山东分管金融的副省长去深圳参加鲁石化A的挂牌仪式，在深圳颇受震撼，拜访君安证券时对盛希泰说，山东要改造山东证券，想把盛希泰作为人才引进山东，负责山东证券。

就这样，1994年3月27日，26岁的盛希泰正式出任山东证券（后更名为齐鲁证券，现为中泰证券）董事、副总裁（第一年主持工作）。

2000年，32岁的他担任联合证券副总裁，36岁升为联合证券总裁，42岁任华泰联合证券董事长。盛希泰成为早期中国资本市场重要的参与者和建设者，两家一线证券公司的打造者。

证券改革创新者

2004年年初,盛希泰接任联合证券总裁。"做总裁的第一天,财务负责人告诉我,公司真实的资产是负的3.2亿元,技术上早已破产。"谈起当初,盛希泰仍记忆犹新。

盛希泰任职联合证券总裁期间,积极探索证券行业改革创新。他仅用了一年多时间,就把亏损累累、名不见经传的联合证券打造成行业标杆,2007年起公司每年盈利就已超过20亿元。同时,他是中国证券经纪人营销的创始人,中国证监会经纪人业务标准的制定者之一,投行行业组打法的奠定者,证券公司货币理财业务的创始人。当然,作为著名的投资银行家,盛希泰还拥有逾百家公司IPO与并购经验,包括中联重科、大族激光、蓝色光标等标志性企业的IPO,以及华夏幸福、蓝色光标等标志性企业的并购。

这些成绩与他连续为联合证券开出的改革药方息息相关,同时他也在无意中开创了一个时代。

盛希泰为联合证券开出的第一剂改革药方是基金销售。今天看来,券商销售公募基金是一件非常平常的事情,但是在2004年前后,证券行业主流的观点是不能把客户交给第三方,很少销售基金。盛希泰则认为,理财是客户必然的需求,公募基金是券商为客户理财的最重要产品手段,必须战略布局。

通过全员动员,强力推进,联合证券基金销量大都排名行业第一,形成了基金销售的"联合证券现象"。行业当时有句名言叫"买基金到联合证券,买了基金更要到联合证券"。"通过基金销售,联合证券这台生锈的机器终于又运转了起来。"盛希泰回忆道。

盛希泰为联合证券开出的第二剂改革药方,是经纪人营销体系建设。"当时的券商是典型的坐商,坐在办公室等客户上门",盛希泰在内部反复强调,"销售是经纪业务的本源,必须实现从坐商向行商的转变"。

参考当时保险公司的经验,盛希泰决定推进经纪人体系建设。为建立经纪人营销体系,盛希泰对联合证券组织架构进行了大调整,组建了零售客户部、运营管理部、财富管理部等部门,以推进相关政策落地。这些部门今天已经成为证券公司的标准配置,但在当时,联合证券是行业最早的组织变革者。

经纪人体系建设为联合证券带来了丰硕的成果。一万多名经纪人奋战在营销一线，使得联合证券经纪业务份额从第二十名开外跻身行业第十名左右，市场份额增速更是排行业第一。2007 年，借助牛市东风，联合证券的利润超过了 20 亿元，跻身行业一线。

令盛希泰自豪的是，2009 年证监会颁布的证券经纪人营销体系管理办法，就是以联合证券的营销体系为基础制定的。同行公司董事长和总裁纷纷带队到联合证券学习取经，盛希泰也成为了名至实归的证券经纪人营销教父。

实战之余，盛希泰还主编出版了《证券经纪人营销实务》《证券经纪人营销管理体系建设》《权证全功略》等多部营销专著，在业内形成了广泛影响，成为行业的"红宝书"。

盛希泰为联合证券开出的第三剂改革药方是投行与研究体系的重构，该重构奠定了盛希泰作为投资银行家的江湖地位。

作为投行出身的证券少帅，盛希泰对联合证券投资银行的改造更是行业标杆。"2004 年前后，优秀投行人才严重匮乏。没有至少八到十年的历练，优秀投行人才根本无法脱颖而出。"盛希泰回忆道，"为了提升效率，我在行业内率先推进投行小团队作战模式，彻底激发生产力，让优秀的投行人员带领十几人的团队作战，分配机制上也与团队的业绩直接挂钩。"盛希泰介绍，通过组织变革，联合证券投行从 2004 年没有行业排名，提升到 2010 年前后的行业前五名。"该模式有其历史局限性，我离开联合证券前，就已着手进行改革，将以个人英雄为核心的团队改造为以特定行业专家为核心的行业组。"任上没有完成更进一步的改革，盛希泰还是有些遗憾。

"如果说投行是证券金字塔的塔尖，那么并购就是塔尖上的明珠。只有拥有优秀并购业务能力的投行才能真正称为伟大投行。"盛希泰在联合证券反复强调。

2004 年，盛希泰力邀刘晓丹加盟联合证券，重新组建并购团队。

"我告诉刘晓丹，按照国际一流并购团队的薪酬标准物色与培养人才，不用担心成本与利润问题。"盛希泰说，"自 2004 年开始，刘晓丹带领的并购团队一直亏损到 2011 年才实现盈利。每年董事会对我的考核都是优秀，唯一质疑的就是为什么连续多年放纵并购团队不赚钱。"十年磨一剑，刘晓丹没有辜负盛希泰的信任，2012年继任联合证券总裁后，终于在其任上将联合证券的并购业务打造为行业的标杆。

同时，盛希泰投入巨大资源打造研究体系，用五年左右的时间，将联合证券研究所从一个名不见经传的小所打造为位列行业前五的实力研究机构。"研究创造价值，研究是所有业务的发动机。"盛希泰强调。今天活跃在券商研究、公募基金及其他投资领域的不少新财富榜首、著名基金经理、基金公司等投资机构的高管，是盛希泰时代培养的年轻人。"研究能力的崛起，有效地支撑了联合证券各项业务上台阶。"盛希泰自豪地说，"联合证券投行业务以及并购业务的崛起，都与研究崛起密切相关。"

盛希泰为联合证券开出的第四剂改革药方是产品创新。综合治理时代，证券公司的产品就是投行的IPO与经纪业务的炒股票，产品匮乏，客户的理财需求严重得不到满足。

今天常见的券商货币理财和客户保证金理财，就是盛希泰在任职联合证券期间极力推进的，虽然该业务在整合到了华泰之后才实现，但盛希泰却是该业务的开创者。

"今天客户可以在多家银行开立资金账户，而在当时三方存管模式下，客户只能够在一家银行开立资金账户，非常不方便。"盛希泰与多家银行谈判，银行同意客户可以在多家银行开立资金账户。2011年，联合证券在行业内第一家开启了单客户多银行服务模式。2013年，证监会发文对该模式进行了确认，成为行业新标准。

盛希泰为联合证券开出的第五剂改革药方是掘地三尺，发掘人才。"刚任联合证券总裁时，公司中层干部严重匮乏，再好的战略都难以落地。"盛希泰发出狠话："掘地三尺，也要把人才从内部先发掘出来。"连续四个月，每个周末，盛希泰带领人力资源部门，通过全员竞聘上岗的方式，把总部近千号人梳理了一遍，成功地发掘出一批30岁出头的优秀年轻人，他们走上领导岗位，业务与管理焕然一新。个人系公募基金同泰基金的创始人、时任财务部主管的马俊生，就是盛希泰2004年发掘出的优秀代表。

除了在内部掘地三尺发掘人才外，盛希泰还多方努力，从外部发掘优秀人才。上文提及的刘晓丹，前民生证券总裁罗凌，现任兴业银行资管业务负责人张维寰，现任前海开源基金联席董事长朱永强等人，均是盛希泰当时从外部引进的优秀人才。

据不完全统计，17家个人系公募基金中，有两家创始人是盛希泰在联合证券培养出来的，另外还有数十家券商和公募基金的董事长或总裁及副总裁，是盛希泰的优秀弟子。这份沉甸甸的名单，是盛希泰对联合证券的巨大贡献，也是他对证券基金业的重大贡献。

寻找未来

但是，就在事业的高峰期，盛希泰却选择了急流勇退，2012年年初告别华泰联合证券和投行身份。他说，在这个日益传统的行业中找不到激情，更看不到未来。

多年后谈及此事，盛希泰观点依旧。"那时候我做过很多IPO项目、并购项目，但对于优秀的企业而言，我们的作用最多是锦上添花。中国资本市场无论制度设计还是现实场景都是面向传统产业，这直接导致在过去的20年，中国资本市场错过了整整一代互联网市场发展。这是中国资本市场发展迄今的一大遗憾。"

盛希泰渴望的就是扭转这种遗憾。"资本市场是风向标，是指挥棒，原本应该是最代表前瞻性、最市场化、最面向未来的一个行业。过去20年中国经济最伟大的成就是什么？是以'BAT'为代表的互联网企业真正走向世界。可这么多伟大的企业、伟大的创新，却跟A股完全绝缘，中国老百姓无缘享受这种红利。"所以尽管从投行离开后按照惯性从事了一段时间PE投资，但和以前做投行的感受一样，这种服务企业成长后期的项目，仍然不能完全让他找到战斗感。

他渴望去寻找代表未来的企业。

2013年，成为盛希泰职业生涯的又一个重要起点。

"一次偶然的机会，我认识了一位创业者，第二周就把钱打给他，短短一年时间，我帮他把这家公司以高估值成功融到了著名投资机构投资的下一轮，成为许多人所熟知的'昆仑决'。直到现在，'昆仑决'在我心目当中的地位仍是非常重要的。"盛希泰说，"这次项目的经历彻底改变了我对早期投资的认知。在我看来，天使投资更像是自己的孩子，这家企业会永远打着你的印记，成就感也比过去强烈很多，并且可以把我的人生阅历、广泛人脉和管理经验等充分发挥融合到创业者身上。正是这种满足感让我在投资的路上一发不可收拾，成为了我转型投资的开始。"

一年时间，从 0 到 N，这颠覆了盛希泰的认知。尤其是，催化这一奇迹的正是他自己。他做了两件事：引入自己的人脉和资源，引入自己的经验和格局。作为联合创始人，盛希泰投资"昆仑决"后，快速为"昆仑决"解决了从办公场地到后续融资的一系列问题。

"如果是三年前或者五年前我做证券公司董事长的时候，是绝对不会关注天使投资或是创业者的，因为体量太小，但是这个项目彻底改变了我。"盛希泰很受触动，全程参与到"昆仑决"的从无到有，从有到大，也收获了与做投行和 PE 不一样的满足感。"我体会到一个创业者最需要的不是钱，而是资源。而我这个年龄段拥有的就是资源，包括人脉经验教训，所以有了成立天使基金的想法。"

不只是资源，多年的投行经历也让盛希泰在项目把握、风险判断、企业成长等各方面拥有常人难以比拟的经验和优势。这在中商惠民和中智诚征信的投资案例中可见一斑。

中商惠民是一个被百余家投资机构放弃过的社区电商项目。在投资前，盛希泰也征求了很多投资大佬的意见，得到的都是否定的答案。但盛希泰以他的经历和判断，无比坚定地看好这个社区电商 B2B 项目和他们的团队，并就此做出投资。现如今，中商惠民已成为全国最大的国内社区 B2B 电子商务领导品牌，是估值超 10 亿美元的行业独角兽。

中智诚征信后来成长为中国人民银行发的八家个人征信牌照之一（筹），也是全国唯一征信平台百行征信的重要股东。2014 年盛希泰见到其创始团队，半小时后就初步决定投资，后来又见面一次商谈具体合作条款，资金到位时间只有一个星期。而在盛希泰投资之前，中智诚团队也见过百余家投资人。

投资大家

天时、地利、人和。

过往的经历和资源，特别是创新创业已经成为国家发展新的红利，是时候成立基金了。

2014年11月，盛希泰和他在全国青联的老朋友俞敏洪携手成立了洪泰基金。"我俩相识多年，之前也各自做一些投资，但个人力量总归是有限的，合在一起更能实现品牌叠加放大效应。"俞敏洪说。

两个强IP相加果然非同凡响，洪泰出手即不凡，2015年成立了国内规模最大的天使基金，多家知名企业、知名企业家成为洪泰LP（基金出资人）。

在投行多年的成功职业经历及转做投资后的深入学习和尝试，让盛希泰对投资有了更深刻的理解。如果说"昆仑决"体现了盛希泰的资源架构能力，中商惠民和中智诚体现了他独有的投资视角和决断力，那么，易点租的投资案例则更体现了盛希泰对投资和商业模式的构建解析能力。"当时易点租以1000万元的估值融资，我们在深入了解该项目后，帮对方梳理了新的业务模式，估值更高，让易点租朝着一个更有前景的方向发展。"盛希泰说。如今，易点租已成为企业租赁电商独角兽，估值达30亿元。

盛希泰愈发感受到投资的魅力。"150多年前产生了股份制，催生了企业的发展，让经济前进了100多年。现在的天使投资制度比股份制更加伟大。"盛希泰解释道。股份制什么特点？同股同权。如果资本方出钱，却让创业者或经理人当大股东，这是不可能的。天使投资制度恰恰相反。一旦有一个创业的idea被看好，天使投资人就会投钱，而一般情况下创业团队占股都要在70%以上。"天使投资这个制度非常伟大，它会激励你去创业。"盛希泰还从天使投资的视角对美国经济复苏和科技创新进行了解读。"以前我们关注美国的经济、科技、军事，却从来没有真正地研究过天使投资动力源。美国近20年的经济增长和科技发展跟天使投资有着密不可分的关系。"

盛希泰开始频繁考察各种项目，与做投行时总前往华尔街不同，如今的目的地硅谷占了大多数。盛希泰从中发现了中美之间关于模式创新和科技创新的差异；发现了移动互联网背景下的风口和燥热……洪泰在短短的时间内迅速为投资圈熟知的同时，也收获了不菲业绩。

起步虽然一帆风顺，但深入到投资行业后，盛希泰及他的合作伙伴不约而同地发现，仅聚焦天使投资并不能充分展现盛希泰的资源和战略架构能力，他更渴望的是做"创新推动者"和"跨界整合者"。

洪泰早期投资聚焦人工智能/大数据、智能制造（先进制造）、新消费、新文化等；中后期投资聚焦先进制造、医疗大健康、消费和教育等领域。

洪泰目前已投资狼人杀、易点租、银河酷娱（火星情报局）、中智诚征信、51信用卡、智融集团（用钱宝）、超脑链、金刚、深之蓝、酷云互动、三角兽、周同科技、数澜科技、雅观科技、异构智能、深睿医疗、蓝胖子机器人、智能一点、大V店、小仙炖、言几又、路客等百余家中早期项目，在细分领域名列前茅，其中数十个项目具备独角兽或准独角兽特征。在后期赛道方面，洪泰已投资山东力诺特玻、盛世泰科、泽成生物、暴走漫画、尚客优、汉仪字库等一批优质企业。

在实业板块，洪泰智造定位于全球领先的智能制造产业服务平台；洪泰文旅聚焦文化、旅游与科技融合产业的运营与投资；陆游房车是洪泰文旅隆重推出的房车产业链品牌。

洪泰继续保持创立至今每年都有项目退出、每年都对投资人分红的传统。曾有知名外资第三方尽调机构将洪泰的投资回报和全球数据对比，得出结论：洪泰已经结束投资期的三只基金的投资收益均排名全球前25%。某国家级政府基金在对洪泰进行深度尽调之后，果断地放弃了一票否决权，这在行业内是少见的。这是洪泰投资能力具有说服力的证明。

"投资和合规风控，永远是洪泰的核心和两大基因。"盛希泰说。洪泰已建立起规范、严格的IC（内部控制）会制度。洪泰在前后接受了数十次的LP尽调后，合规、风控、管理运营得到外界一致认可。"将IC会开成洪泰的核心能力和展示窗口，任何人都可以随时来参观、调研，真正做到让LP放心，让决策过程透明。"盛希泰如是说。

新推出的科创板成为直接打通创业投资、创业者和资本市场的一道新桥梁。盛希泰凭借他对投资和资本市场两端的深刻理解和见地，被相关监管部门列为主要专家，相关监管部门多次征求其建议和意见。盛希泰提出的降低市场准入门槛、确保流动性，充分信息披露，对造假的发行人主体严刑峻法等建议均被采纳。

"洪泰形成前后打通、一二级打通、投融打通、标与非标打通、国际国内打通、虚实打通的六大特色。"盛希泰说。更重要的是，作为极少数在资本市场与投资领域都有深入积累的投资人，盛希泰深谙两个世界语言，直接打通投资和退出，这无论对于中国投资界还是资本市场，都是稀缺资源。

秉承"成人·达己 共创·共享"的核心价值观，短短五年时间，洪泰基金已发展壮大为洪泰资本控股，形成了独具特色的以"股权投资＋综合金融＋实业"为核心的战略架构，并建立了全生命周期全方位投资管理平台。其股权投资布局贯穿天使、VC、PE、并购、母基金等；综合金融则包括财富管理、国际业务、洪泰资产等，其中，财富管理聚焦高净值人群；国际业务在香港起步，已获得香港证监会第1、第4、第9号牌照，并即将设立第一只美元基金；洪泰资产聚焦固定收益、夹层投资、不良资产投资，及股票、债券二级市场投资策略。完整的全产业链布局帮助洪泰应对不同的投资标的和投资阶段，以多维度的思维，提升决策的前瞻性，提前考虑退出路径，尤其是2019年上半年中标了国内最大的母基金之一的青岛科创母基金。成立五年来，洪泰获得过清科、投中、36kr、创业邦等国内知名第三方机构的百余项大奖，上百家被投企业在各个领域斩获了数百项大奖。洪泰连续三年获得华兴资本的"最佳投后服务机构"大奖。截至目前，洪泰实际基金管理规模超过300亿元。"兵马未动，粮草先行"，这意味着未来几年洪泰在各个阶段的投资都有充足的子弹可以战斗。

与洪泰的傲人成绩相应的，是仅涉猎投资行业五年的盛希泰在投资圈的风生水起——福布斯中国"2018最佳创投人TOP100"、新浪"2017中国顶级投资人TOP30"、华尔街见闻"2017年度卓越金融家""2015中国经济十大金融人物"……

盛希泰的目标当然远不止如此。"简单说来，我们有三个目标：一是成就一批上市公司；二是成就一批人并奉献社会；三是通过资本影响一两个产业，服务于实业的转型升级。"盛希泰说，"这也是洪泰'成人·达己 共创·共享'价值观的要求。成人·达己是投资最大的魅力；共创·共享表示共情·共担·共享。投资这个事情之所以伟大就在于，一定是先成就了别人，我们顺便得到我们该得的。"

盛斌：不断刷新人生高度

靳晨鑫

盛斌，1971年11月出生，籍贯江苏省镇江市，汉族，中共党员。现任南开大学"杰出教授"、南开大学经济学院院长、中国APEC研究院院长、中国特色社会主义经济建设协同创新中心副主任、南开大学中国自由贸易试验区研究中心副主任、南开大学世界经济研究中心副主任；教育部"长江学者"特聘教授、国家"万人计划"哲学社会科学领军人才、文化名家暨"四个一批"人才、入选"国家百千万人才工程"、国家有突出贡献中青年专家、国务院学位委员会学科评议组（理论经济学）委员、享受国务院政府特殊津贴专家、天津市"131"创新型高级人才（第一层次）；美国富布赖特基金会高级访问学者（2008—2009年）、中欧高等教育合作项目访问学者（1999—2000年）；《国际贸易问题》执行主编、《南开经济研究》副主编；中国美国经济学会副会长、中国世界经济学会副秘书长兼常务理事、全国高校国际贸易学科协作组副秘书长、天津市社科联常委；商务部咨询专家、中国国际贸易促进委员会专家委员、中国（海南）自由贸易试验区（自由贸易港）咨询委员会专家委员；全国国际商务专业学位研究生教育指导委员会咨询专家、天津市学科评议组及专业学位教育指导委员会委员；中国世界经济学会"浦山奖"学术委员会委员、中国自由贸易试验区协同创新中心学术委员会委员和首席专家、天津自由贸易区研究院首席专家、上海国际贸易中心战略研究院学术委员会副主任；教育部学位与研究生教育评估专家、教育部高等教育教学评估中心

评估专家、教育部高校社会科学研究评价中心评估专家、国家社科基金项目同行评议专家、教育部社科项目评审专家、国家留学基金委评审专家、国家博士后基金评审专家、科技部软科学项目评审专家、教育部名刊工程评审专家等；荣获"天津市劳动模范"称号、天津市"五四青年奖章"。

青春因学术而厚重，学术因青春而年轻。盛斌从渴求探索的青年学子成长为世界经济与国际贸易领域的著名专家，一路走来，他面前似乎总是一马平川，鲜见曲折的传奇，只有从容的步伐。他是南开系培养起来的杰出中青年教师与学者的代表。他既不张扬也不内向，平和而严谨，儒雅与内敛的南开气质在他身上体现得十分充分，那是一种温和而厚重的力量。

求学沐浴南开情，尖角初露硕果丰：出类拔萃的学生时代（1990—1999年）

出色，是卓越者的人生底色。在熟悉的人眼中，盛斌早在学生时代就已出类拔萃。这个南开的年轻人已使优秀成为一种习惯，优异的学术成绩令人刮目相看。

1990年盛斌以校文科高考第一名的成绩从天津市实验中学毕业，考入南开大学国际经济系（现国际经济与贸易系）攻读本科。他在学期间勤于思考，质疑问难，刻苦钻研，体现出强烈的对学术研究的喜爱与追求。大学二年级起他就开始参与科研课题研究，参与完成《关贸总协定与中国》（吕荣胜主编，天津科学技术出版社1993年出版），《东盟国家市场经济体制》（刘重力、衣维明主编，兰州大学出版社1994年出版），《西方七国首脑的经济政策协调》（陈钺主编，贵州人民出版社1996年出版）等著作。他的努力与能力得到了许多老师的肯定。

1994年盛斌从南开大学国际经济系毕业考入国际经济研究所，攻读国际贸易专业硕士学位，师从朱彤教授。1996年他提前一年免试转攻世界经济专业博士学位，师从我国著名经济学家熊性美教授。1999年7月毕业获得经济学博士学位。

1995 年作为硕士一年级研究生的盛斌在《南开经济研究》上以独立作者身份发表了他的第一篇学术论文"储蓄和投资的非对称性作为日美贸易失衡原因的实证分析"。随后他在硕士期间又在中国经济学最权威期刊《经济研究》的 1995 年第 11 期和 1996 年第 8 期上分别发表"中国贸易自由化福利效果的实证分析"和"中国制造业的市场结构和贸易政策"两篇独立作者论文，其中后者还被收录于著名的《中国经济学（1996）》（樊刚主编，上海人民出版社 1997 年出版），如此成绩令人惊叹不已。时任北京大学中国经济研究中心副主任、著名国际贸易专家海闻教授注意到此文，感慨"利用现代国际贸易理论与方法分析中国问题的研究实不多见"，因此特意邀请当时还上博士二年级的盛斌赴北大参会。

在五年研究生学习期间，盛斌共发表了 21 篇论文。除上述论文外，他还在经济学权威刊物《世界经济》上发表论文 3 篇，在国际政治与国际关系的权威刊物《世界经济与政治》上发表论文 2 篇。他还与国际经济研究所的其他教授合作完成两本专著——《中国对外贸易体制改革的探讨》（与杨叔进、朱彤教授合作，贵州人民出版社 1998 年出版）和《走出危机——对东亚金融危机的经济透视》（与戴金平教授合作，贵州人民出版社 1999 年出版）。

由于优秀的研究能力与成果，盛斌在学期间连续两次获得"宝钢教育基金会"奖学金特等奖。他与导师熊性美教授合作完成的"东亚经济增长的要素积累、生产率与政府政策"（《太平洋学报》1997 年第 2 期）一文获 1997 年"安子介国际贸易研究奖"（中国国际贸易研究最高奖）优秀论文一等奖。1996 年盛斌还获"安子介国际贸易研究奖"学科鼓励奖，这是授予中国高校从事国际贸易研究的学生的专项特别奖。他还以博士生身份在 1998 年中国世界经济学会年会上发言，可谓崭露头角。

励学敦行苦练功，研究填白创新境：荣获"优博"，破格晋升教授（1999—2004 年）

热爱，是对术业的执着。"学术是学者的生命线"，这是盛斌的职业信条。孜孜不倦的追寻以及长期的专业积累，让他的经济学研究有了更广阔的视野。他的研究热情日久弥新，研究成果屡获佳绩。

1999年7月盛斌博士毕业后于国际经济研究所留校工作，并同时破格晋升副教授（副研究员），任硕士研究生导师。1999年9月至2000年8月他受中国-欧盟高等教育合作项目资助赴丹麦哥本哈根商学院（Copenhagen Business School）进行学术访问，这使他有机会全面、深入和系统地了解国外先进的经济学教学与研究方法，极大地丰富了国际交流的经历。在此期间他还利用宝贵的文献资料对自己的博士论文进行了认真的修改、补充与完善。2001年盛斌的博士论文"中国对外贸易政策的政治经济分析"获国务院学位委员会与教育部授予的"全国优秀博士学位论文奖"，是该年度获奖的两篇经济学优秀论文之一，也是南开大学的第一篇经济学全国优秀博士论文。此论文作为历史悠久的"当代经济学文库"之一于2002年11月由上海三联书店和上海人民出版社出版。该著作近42万字，在国内率先将公共选择的分析范式引入传统贸易理论，利用当代国际贸易政治经济学的概念框架和方法全面、深入分析了中国对外贸易政策制定的政府行为、决策过程和制度约束，考察的对象包括贸易发展战略、进出口贸易政策体制以及贸易自由化进程，深入分析了中央政府、利益团体、公众、世界贸易体系和外国政府对贸易政策决策的影响，对认识和理解中国贸易政策的产生、改革和实施的"内生化"过程具有重要的理论与现实意义。

著名经济学家张曙光先生欣然为该书作序，称赞其学术成就"填补了国内这方面研究的空白"以及治学精神"勤奋、严谨、踏实、认真"，并肯定"本书结构框架和条理之清楚、逻辑思路之明晰、分析论证之充分、方法运用和资料处理之纯熟，都达到了相当高的水平"。该书所开拓的研究范式与方法为之后从新政治经济学视角分析中国的对外开放、参与经济全球化和国际经贸关系奠定了重要基础，目前已成为研究中国贸易政策的经典性文献，被广为引用和参考。该成果于2003年获"安子介国际贸易研究奖"优秀著作奖。

归国之后，盛斌在权威刊物《世界经济》《经济学（季刊）》等上相继发表了有关贸易政策政治经济学、WTO与多边贸易体制、服务贸易自由化等主题的多篇论文，成为在国际贸易领域引人注目的一位优秀青年学者。由于出色的科研成果，盛斌于2003年破格晋升教授（研究员），成为当时南开大学最年轻的文科教授，不久又成为世界经济专业博士研究生导师。同年，盛斌入选"教育部优秀青年教师资助计划"，这是国家在高等院校培养和造就年轻骨干教师和学科带头人的重要人才工程。2004年他还获"霍英东教育基金会高等院校青年教师奖（研究类）"。

历经磨砺铸建树，天道酬勤终获报：通往"长江学者"的奋斗之路（2004—2012年）

奋斗，是收获者的注脚。如果说是成就冥冥之中眷顾一个人，应该是奋斗在指路。"六分努力，四分天赋，刻苦是成功的主要奥秘；砥砺打磨，让我受益匪浅，同时感受到了经济学研究的无穷魅力与价值。"盛斌回顾自己的奋斗历程，不无感慨地说。

2005年盛斌出任南开大学国际经济研究所副所长、书记，2012年升任南开大学经济学院副院长，主管研究生工作，从而进入了教学、科研和行政管理的全面工作阶段。这期间，盛斌的主要学术研究集中于国际贸易与投资的前沿性理论问题，在政策研究上聚焦于区域经济一体化。在国际贸易理论与政策、跨国公司与外国直接投资、亚太经济与APEC研究等领域取得了丰硕成果。

在国际贸易理论与政策研究方面，他与团队成员紧盯国际贸易前沿理论的发展，以教育部全国优秀博士学位论文专项基金项目"转型经济时期中国对外贸易发展与政策改革的实证研究"为依托，将不完全竞争贸易理论和异质性企业贸易理论与中国的经验和政策分析相结合，进行定量实证分析与检验，内容涉及贸易开放对经济增长与生产率的影响、新型国际生产体系与中国、中国的贸易竞争力与潜力等问题。此外，基于教育部优秀青年教师支持计划资助项目"发展的新思维、世界贸易体制与中国贸易政策改革"，他跟踪研究多边贸易体系和制度的变化趋势、原因和对全球及中国的影响，代表性研究成果涉及WTO与世界经济秩序、多哈回合贸易谈判进展的评估与分析、世界贸易体系变革中的风险、区域贸易协定与多边贸易体制的关系、服务贸易自由化等。最后，依托教育部人文社科研究博士点基金项目"国际贸易对中国劳动力收入影响的实证研究",在国内较早地系统性研究了贸易对中国劳动力就业规模、工资、风险与收入分配的影响。上述研究成果发表在《经济学(季刊)》《世界经济》、Frontiers of Economics in China 等权威刊物上,其中"贸易、劳动力需求弹性与就业风险:中国工业的经验研究"获2013年教育部"高等学校科学研究人文社科优秀成果奖"。

在跨国公司与外国直接投资研究方面,盛斌在该领域的研究主要集中在跨国公司与全球治理、公司社会责任、多边投资规制三个方面,完成了教育部人文社科重点研究基地重大项目"全球化背景下的跨国公司与民族国家"和"985"哲学人文社科创新平台研究项目"跨国公司与全球治理"。他与博士生合作完成的"外国直接投资对中国环境的影响"创新性成果发表于《中国社会科学》,并获2015年教育部"高等学校科学研究人文社科优秀成果奖"和2012年中国青年经济学者论坛最佳论文奖。该成果通过精细与科学的量化研究方法不但在经验上检验了"FDI能改善中国的环境吗?"这一问题,而且通过对FDI的环境效应的分解进一步回答了"FDI为什么会改善中国环境?"的问题,驳斥了流行的FDI在中国的"污染天堂假说",从而为制定相互有机联系的引资政策、产业政策与环保政策提供了更为准确的评估判断与合理的政策建议。

在亚太经济与APEC研究方面,盛斌自1996年起就开始对APEC和亚太区域经济一体化进行追踪研究,为外交部、商务部等有关部委提供政策咨询,特别是为每年的APEC领导人峰会提供学术支持,涉及APEC发展中的一系列重大问题,如贸易与投资自由化、贸易便利化、经济技术合作等。他的代表性著作《APEC发展的政治经济分析》(南开大学出版社2005年出版)获"天津市社科优秀成果奖"二等奖。此外,受国家部委指派他代表中国参与了一系列重要的APEC国际合作项目,包括"APEC茂物目标中期审评"(五名国际专家组成员之一)、"亚太自由贸易区可行性研究"(七名国际专家组成员之一)、"APEC单边行动计划同行评议",为APEC制定未来发展蓝图和中国政府的有关决策提供了较重要的研究基础,并受到APEC和PECC秘书处、国家有关部门的好评以及国外研究机构的重视。

通过刻苦而勤奋的努力,盛斌逐渐成长为中国世界经济与国际贸易领域的优秀中青年学者。他具有一系列高产而高质的研究成果,例如于2002—

2009年在中国世界经济研究领域的权威期刊《世界经济》上共发表八篇论文，名列作者榜首位（参见王军，"中国经济学学术期刊的评价"，《世界经济》2010年第12期）。他四次获得"安子介国际贸易研究奖"，三次获得"中国世界经济学会会长奖（浦山奖）"，成为获奖次数最多的学者之一。

盛斌于2008年9月至2009年6月作为美国富布赖特基金会高级访问学者于美国华盛顿特区彼特森国际经济研究所（Peterson Institute for International Economics）进行学术研究。这是全球专职从事国际经济研究的著名智库，享有极高的声誉。盛斌通过这次长期住所访问大大提高了其国际学术视野和从事国际经济政策研究分析的能力，并结识了弗雷德·C.伯格斯坦（Fred C. Bergstein）等一批著名经济学家。

2012年年末盛斌迎来了他职业生涯的又一个重要荣誉——获评教育部"长江学者"特聘教授称号，这是他晋升教授后近十年奋斗和攀登所付出辛勤努力的回报。在不断的工作与实践中，他形成了一套有自身特色的研究体系与风格，即在经济全球化和全球价值链发展的大背景下利用现代国际经济学理论与国际政治经济学方法关注分析中国在深化对外开放进程中的重大挑战与问题以及双边、区域与多边关系，并对重大需求性问题提出前瞻性的政策建议。

学术求索无止境，咨政献策国家计：创新开拓，再获"万人领军人才"（2012年至今）

求索，是深耕者的春秋。"路漫漫其修远兮，吾将上下而求索。"对未知的探求，盛斌从未停下脚步。入选教育部"长江学者"奖励计划之后，他的科学研究进入了一个经济理论、政策与实践相结合的更加广泛与多元的新阶段，更加重视前沿问题导向、智库应用导向与交叉融合导向。

随着全球价值链和新型国际生产网络的兴起，盛斌开始指导研究团队将重心转向量化研究其演进特征与趋势、决定因素、对中国的经济影响以及政策含义。他承担或完成了与该领域有关的三个重要研究课题——文化名家暨"四个一批"人才自主选题项目"全球价值链背景下国际经济规则的重构及中国的角色"、教育部高校人文社会科学重点学科骨干人才资助项目"全球价值链背景下国际贸易规则的重构以及对中国的影响研究"以及教育部高校基本业务费专项基金重大项目"新型国际生产体系下中国国际竞争力研究"。研究成果发表在 China Economic Review、《管理世界》、《世界经济》等权威期刊上，内容涉及：全球价值链视角下中国贸易的增加值分解；金融结构、契约环境和贸易协定对全球价值链地位的影响；中国参与全球价值链对出口附加值、贸易利得、国际竞争力、产业升级、出口技术复杂度、企业成本加成、劳动力就业及其结构、环境成本的影响；中国全球价值链嵌入的空间路径选择；全球价值链对贸易规则和贸易政策的影响等。这些研究从学术角度深入分析了中国在 21 世纪国际生产分工中的地位变化及其对中国与世界经济的深刻影响。

研究贸易与投资自由化的经济效应是盛斌在理论研究上的另一个重点领域。他与合作者在《经济研究》《经济学（季刊）》《世界经济》等权威刊物上发表了一系列论文深入探讨了贸易自由化在微观层面上对出口绩效、生产率、企业成长、规模分布、出口技术复杂度、企业进入退出等的动态影响。此外，他们还特别关注研究了服务贸易自由化、服务业开放和外资自由化的经济影响效果。这些研究进一步丰富与深化了对中国贸易开放所带来的收益的认识和理解，在理论与文献上都具有较重要的贡献。

在政策研究上，盛斌继续他在亚太经济与 APEC 领域的以国际政治经济学为分析视角的学术与资政研究。他和合作者提交的"关于 2014 年 APEC 领导人非正式会议成果设计理念与方案的建议"为中国成功主办 APEC 北京会议提供了较重要的政策建议，得到外交部国际经济司的肯定与致谢。他与研究团队撰写了数篇论文与咨询报告，聚焦区域全面经济伙伴关系协定（RCEP）、跨太平洋伙伴关系协定（TPP）、亚太自由贸易区（FTAAP）等亚太区域经济一体化方案，剖析比较其条款内容，量化评估其质量，分析其博弈关系，并对中国的战略选择提出战略性、路径性和技术性的政策建议。相关成果发表在《世界经济与政治》《国际经济评论》《美国研究》等学术期刊上，产生了重要的学术与政策影响力。目前，他还在主持教育部高校人文社会科学重点研究基地重大项目"亚太区域合作与'一带一路'倡议相互促进的路径与策略研究"。

全球经济治理是这一时期盛斌开拓一个新的政策研究领域。他撰写了一系列论文和文章发表于《人民日报》《人民论坛》《中国社会科学报》《文汇报》等，内容涉及G20、国际贸易投资新规则、全球金融治理改革、"一带一路"倡议、亚洲基础设施投资银行等广泛的议题，并提出了构建发展导向的新全球经济治理观、创建包容有序的世界经济新格局、为全球治理新规则注入发展元素，以及通过"一带一路"的中国倡议为"新全球化"提供动力与范例等观点。此外，盛斌也将上述观点在亚洲共同体论坛、东北亚和平与发展滨海论坛、金砖国家智库研讨会、中国国际进口贸易高端论坛、上海论坛、天津论坛、南京论坛等重要会议上宣讲，得到许多与会者的共鸣与认可。

最后，随着2013年中国自由贸易试验区的设立，盛斌也开启了他在该领域的政策性研究，并成为有重要影响力的专家之一。他先后参与或主持了天津自由贸易试验区制度创新评估、第三方评估以及赋予天津自贸试验区更大改革自主权研究，其成果得到了委托方的高度赞许。2014年和2015年他先后受聘天津自由贸易研究院和中国自由贸易试验区协同创新中心首席专家。2018年他成为海南省委省政府成立的中国（海南）自由贸易试验区（自由贸易港）咨询委员会六位专家委员之一。目前，他还承担了财政部"新时代自由贸易发展定位及财税支持政策研究"的研究课题。

"政策研究需要把准时代脉搏，紧跟时代步伐，要勇于在未涉足的领域做尝试与探索。"盛斌对政策研究有着特殊的体会与经验，"政策研究需要有信念做支撑，有责任就会感到甘之如饴。"

在这期间，盛斌获得了一个又一个的国家级人才荣誉与奖项：2014年入选人力资源与社会保障部、科技部、教育部等九部委的"国家百千万人才工程"，并获"国家有突出贡献中青年专家"称号；他担任院长的中国APEC研究院获中组部、中宣部等授予的"全国杰出专业技术人才先进集体"称号；当选第七届国务院学位委员会学科评议组（理论经济学）委员；2016年获"国务院政府特殊津贴专家"称号；2017年获中宣部"文化名家暨'四个一批'人才"称号；2018年获中央人才工作协调小组、中组部、国务院授予的"国家'万人计划'哲学社会科学领军人才"称号，这是党和国家组织和选拔的面向国内高层次人才的特别支持计划。盛斌达到了他个人学术事业发展的新高度。

良马伏枥伯乐惜，匠心反哺赤子情：家人情、师长情、学生情

感恩，是赤子的情怀。说到成绩与成功，盛斌常说，要感谢许多人。他在博士论文的前言中写道："首先要感谢我的家庭，特别是我的父母，多年来他们几乎承担了所有的家务，使我能够安心和全力地投入学习和研究工作。在每天近乎是孤独地守在计算机旁边的同时失去了同家人共享的许多轻松和欢快的时光，对此我感到愧疚。我愿将此书作为令其聊以欣慰的礼物来回报他们无私而无限的爱。"今天的盛斌，比以前更为繁忙劳碌，他对家人依旧心怀挂念与爱护，但愧疚之情仍深藏心底。

他感恩人生中遇到的数位老师。例如，博士导师熊性美教授使他在平凡而频繁的接触中学习和领悟到许多东西，包括广博、勤奋、严谨、宽容和一颗永远年轻的心，熊先生的鼓励与督促成为他前进的精神动力之一。至今，他都十分怀念学生时代在熊先生家的场景："在吃过师母许志安老师（盛斌在实验中学读书时的英语特级教师）做的红菜汤后，大家簇拥在温暖的小客厅里上专业方向课，热烈讨论到很晚，脚下来回窜着那只叫 Daisy 的可爱的小母狗。"如今，熊先生已驾鹤西去，但他的鞭策与叮嘱仍然萦绕在盛斌的耳边。

正是因为沐浴了恩师们的教诲与关怀，当盛斌自己成为教师时，他决心将自己所学所知所能毫无保留地传授给学生。2000 年 8 月回国后，盛斌开始走上讲坛，先后为硕士研究生讲授国际经济学、国际贸易理论、国际贸易理论与实证方法、国际经济学专题讲座、中级宏观经济学等课程，为博士生研究生开授经济学理论与研究方法。2018 年他又为本科生亲自讲授世界经济概论。他的课在内容上丰富细腻，在方式上深入浅出，在方法上拨云见日，在表达上生动幽默，一些讲义被学生收藏至今，乃至成为他们做老师后讲课的基础版本。

从学生一路走来，如今盛斌早已为名师，桃李满天下。截至目前，盛斌已培养硕士生 110 名、博士生 50 名、博士后 15 名、访问教师 3 名，其中多人已成为国内高校和科研院所的骨干中坚力量和优秀人才，在学术圈内不断跃进为引人注目的新星，并获教育部和省市各类人才称号。盛斌通过严格选

拔、质量控制和团队建设创造着人才培养的佳绩。2014年盛斌获南开大学敬业奖教金一等奖。2015年获"天津市优秀博士学位论文指导教师"称号。2016年获中国当代经济学基金会"中国经济学优秀博士论文奖指导教师"称号。2017年指导博士生获第十五届"挑战杯"全国大学生课外学术科技作品竞赛"一带一路"国际专项赛特等奖。他所指导的研究生还获美国富布赖特基金会访问博士生（2人）、"美国百人会英才奖"（2人）、"安子介国际贸易研究奖"（4人）、"谭崇台发展经济学奖""教育部博士研究生学术新人奖""南开大学周恩来奖学金"（3人）等殊荣。

盛斌与学生们亦师亦友，为他们的成长倾注了心血与汗水，为他们的发展提供了最大的帮助。在生活中他们有的家庭困难，有的突遭亲人离世的打击，有的沉陷于求职未果的郁闷，他都尽力给予宽慰、照顾与支持，使他们尽快走出人生与感情的低谷。每一位初入盛门的学生都要经历一个相似的心里历程——重新认识脑海中的盛老师：在没有与老师近距离接触之前，大家都觉得他是儒雅的学者、严苛的"名导"、高高在上的"学术男神"；但当聆听了讨论课的谆谆教导之后，学生们都深深感受到了老师在生活中的慈爱与幽默，甚至是在品尝到了老师亲手掌勺制作的节日大餐之后，更会觉得少了些最初的惧怕与敬畏，而多了些弥足珍贵的信任与亲近。

在学习与工作中，盛斌严谨细致，要求严格，从不放纵与姑息学生的偷懒、应付与不规范。许多学生都记得老师给他们熬夜精心批改过的密密麻麻的文稿，记得老师在出差途中给他们发的关于工作安排的邮件或短信，记得老师对他们不怒自威的批评。正是这些点点滴滴，这些持之以恒、毫不懈怠地追求卓越的磨砺与氛围，才造就了盛门中一个又一个的好成绩。盛斌说，他未来最大的梦想就是见证南开经济学科的再次强大，也见证他的学生们的成功与成长。

跬步攀登日月新，肩负重任展拼搏：为"一流学科"而奋斗

拼搏，是对时代的回应。盛斌于2012年6月出任南开大学研究生院副院长，并兼任中国APEC研究院院长。2017年6月调任南开大学经济学院院长，

成为具有88年历史的经济学院的第12任院长。目前他还兼任中国APEC研究院院长和中国特色社会主义经济建设协同创新中心副主任。

当前，按照国家推进世界一流大学和一流学科建设的工作部署，经济学科是南开大学正在建设的七个"一流学科"之一。为此，盛斌与党政班子、各系所、学科带头人共同努力，共同制定发展目标与规划，明确"一流学科"发展建设方向，强化政治经济学与世界经济学/国际贸易学的国内集群优势，补充经济史力量，拓展西方经济学新兴领域，稳步发展其他应用经济学；以人才建设和培养为核心，大力推进师资国际化和青年骨干教师培养，努力扩大在海外人才市场的影响力，自2017年6月以来共引进13名来自海外知名高校的博士生；此外，还着力拓展和激励一流科研创新，重点推进建立数字经济交叉科学研究中心、南开-耶鲁发展研究中心、中国新结构经济学研究中心和与世界经济论坛联合研究等高水平科研平台，以及具有南开特色的经济数据库建设。

"一流学科"建设工作任务艰巨，对此，盛斌深感责任重大。他尽心工作，强调实干为要，创新为先，突破顽疾，追求卓越。对内践行"允公允能，日新月异"的校训，加强学科统筹管理，推动教育教学改革和行政服务保障；对外秉承"知中国、服务中国"的光荣理念，通过国际国内会议与合作平台扩大学术网络与影响力，立志把南开经济学科建设成为中国经济学拔尖创新人才培养的摇篮、中国经济学理论创新研究的高地、服务社会和咨政建言的国家级经济智库以及具有学术话语权的重要国际交流平台。在繁重的行政工作之余，他还要兼顾教学、科研与学术交流，家人、同事与学生都感叹盛斌平添不少白发。对此，盛斌笑答："尽人事，凭天命。"

自1990年进入南开大学学习以来，盛斌已经在南开园近30年，他在这里不断成长、进步和壮大。这期间他经历了多种身份和经历的转变：从学生到老师，从青年才俊到著名专家，从教师到"双肩挑"管理干部，从学术研究到智库咨政。如今，他已由那个喜欢历史地理的高中学霸变为经济学"长江学者"。变化的是时光岁月，不变的是他对学术的热爱与对理想的追求。盛世不负文武才，灯火阑珊风自来，盛斌仍将努力成就他的人生新高度。

张一鸣：创造千亿新经济模式的"80后"

张一鸣（1983—），福建人，2005年毕业于南开大学软件工程专业，2012年创办字节跳动公司。该公司陆续推出备受用户喜爱的互联网产品今日头条和抖音短视频、西瓜视频、Tik Tok等，截至2019年1月，海内外用户超过10亿人。据2018胡润"独角兽"榜单，今日头条估值5000亿元人民币，成为全球估值最高的非上市互联网公司之一。这个年轻的公司，成为新经济领域不可小视的新一极。

2013年，张一鸣入选《福布斯》"中国30位30岁以下的创业者"和《财富》"中国40位40岁以下的商业精英"，是中国国内互联网行业最受关注的青年领袖之一；2018年10月24日，入选中央统战部、全国工商联"改革开放40年百名杰出民营企业家名单"；2019年4月18日，上榜美国《时代》杂志2019年度全球百位最具影响力人物榜单。

与接连横空出世吸引了亿万用户的产品相对照的，是张一鸣在公众视野中一直保持着低调，有评论认为，这同低调务实的南开学风不谋而合。2019年3月12日，在字节跳动公司成立七周年庆典上，张一鸣首次用五个故事讲述了创业这七年他在公司国际化、业务决策、技术研发和选人用人等方面的经历，分享了创业以来追求的目标和做事方法。张一鸣授权本书引用他的演讲内容，记录下这个务实又浪漫的南开理工男创业的心路历程。

过去有很多采访，经常问我创业是否艰辛。我觉得并没有。虽然挤在一个小小的民宅里，家具简单，但是我们印象中，当时的日子都是挺快乐的，是一个新的开始，每天都充满希望，最关键是在创造有价值的事情。即便并没有住在地下室里的艰辛、跌宕起伏的曲折故事，但还是想起不少事情值得和大家分享。所以我今天主要讲几个故事。

空间有形，梦想无限

大家都知道，我们拿到第一笔融资，是在这附近*的一家小咖啡馆。其实还有两笔融资也是发生在这个房子里。公司创立半年左右，一个来北京旅游的美国创业者，经过朋友介绍来公司参观，聊了很多产品技术。他很惊讶，说这间公寓里团队的技术是跟硅谷接轨的，他能不能做一笔投资？后来他就成了我们的投资人。

在2012年年底，就在锦秋家园里，我们开始讨论国际化的事情。我们在取"字节跳动"这个名字的时候，也想好了"ByteDance"这个英文名。那时候，同事中也没几个人出过国。但我们觉得，移动互联网带给我们的机会在全球都存在。

过去这些年，我们一直在讨论国际化。去年，我们说要加快国际化的进程。有个同事很积极，有一天跟我说下周要去印度调研。过了几天，我问他你在哪个城市，德里还是班加罗尔，他说还在知春路……他在印度过海关的时候被拦住了。我说为什么？他说他拿的证件不行。我说你拿的什么证件？他说APEC证。他拿着一张环太平洋组织的证件，去了印度洋的国家。他说，上面写着印度啊。我找了好久，看到一个缩写IDN，这是印尼好吗？

当然这并不能阻碍他去印度的热情，隔了一个礼拜，他还是踏上了印度的土地。他还在抖音里发了小视频，坐在"突突车"上，长途跋涉了两次总算入关了，感觉还挺欢快的。这位同学在印度做了很多行业的分析和调研，还招了很多的候选人，我也不知道他是怎么做到的，毕竟英语也不是很好。于是我就想到了唐僧西天取经。这位同事是谁，我就不说了，大家就当他是唐僧吧，反正取到了真经。

我是想说，很多时候，尽管条件是有限的，不管是办公空间小，还是语

---

* 指北京中关村知春路。——编者注

言不通，但梦想依旧可以很广阔，可以追求创造非常大的事情。我曾经在一个工地上看过这句话："空间有形，梦想无限。"我觉得特别契合。

前两天，我翻了下我的微博，发现一条私信。这让我想起了我们最早做推荐引擎的故事。2012年年底，头条App发布后不久，某晚在锦秋家园六楼办公室，我叫上所有的PM和RD开会。核心议题：要做一个信息平台，看来势必要把个性化推荐引擎做好。我们现在启动不启动这个事情？当时非常多的人担心我们没有"基因"和能力，纷纷表示担心。我说，推荐我们不会，但可以学啊。于是我找到了《推荐系统实践》这本书的作者，问他要一本电子版看看。他说书还没出版，不肯给我，严重耽误了我们公司推荐能力的进度。我只能网上找资料，自己想象着写出了第一版的推荐引擎。现在他已经加入我们公司。

在当时，做推荐引擎对创业公司来说，难度还是很高的，那时候有很多人在做类似的App，有些人是靠不可扩展的运营，有的人尝试通过简单的定制实现个性化，真正下决心做推荐引擎的公司很少，失败的很多。

但我们觉得，如果不解决个性化的问题，我们的产品只是做些微创新，也许能拿到一些移动互联网的红利，但不可能取得根本的突破，不能真正地创造价值。在任何时候，我们都要努力从根本上解决问题。

说起移动互联网，当时整个行业对移动互联网广告也是没有信心的。觉得屏幕很小，并不适合放广告。当时广告形态都是banner、积分墙之类的，转化效率很低，用户体验也很不好。

但我问张利东，他却说特有信心，我问他为啥，他说因为用户反馈邮件箱里经常有人说想来打广告，虽然这些用户可能单笔广告费不会超过5000块。我们认真思考了下，觉得个性化推荐信息流广告才能从根本上解决问题。我们得找个广告主，验证一下。2013年9月，利东终于找来了一单生意，国美的北太平庄店。那时候，我们还没有广告系统呢。那怎么办？我们在信息流直接编码（hardcode），把广告的素材数据和地理位置范围投放硬编码写到了业务代码里面。为了证明广告有效，我们还设计了闭环：刷到广告后，点击收藏文章，拿着文章，到这家国美店买满200元东西，就送食用油。

刚开始，我们把推荐半径设为3公里，结果一个上午过去了，没有用户去，我们就把半径扩大到10公里，有十几个用户，又继续扩大，最后辐射范围最北到了北五环，最南到了南二环，来了一百多个人，终于把礼品送出去了。尽管效果很难说算好，我们还是非常兴奋，好歹实现了移动互联网定向闭环 LBS 广告啊。

这让我想起了《史蒂夫·乔布斯传》里提到，17 岁生日的时候，乔布斯爸爸送给他一辆车，接下来一段话都在描述那个车有多破，但最后乔布斯说：but still it is a car。这就是我对我们第一个信息流个性化推荐广告的感受。

做正确的事，而不是容易的事

我们的头条寻人，现在已经找到 8521 个人了。平均每天弹窗 80+ 例寻人启事，最多一天找到了 29 名走失者。

做这件事，我们也有过很多讨论。大家可能都见过 404 寻人，很多公司做过，在一个根本打不开的页面上，放上寻人启事，用户看到的时候，小孩可能都走失一个月了，而且也不在同一个城市。咱们公司也有同事很早就提议要这么做，但我坚决反对。这个方法，根本找不到人，都是噱头，不如不做。如果我们要做，就认真找到能解决问题的办法。

到了 2016 年年初，我们的用户已经达到一定密度，我们又重新讨论，有没有可能，从 LBS 广告到 LBS 寻人。在燕郊有了第一例成功案例后，我们认真仔细地做了测算：找到一个人要用多少成本？1 亿 DAU 的时候，是不是就能大规模地解决需求了？我们有没有机会和能力承担全中国的寻人信息？到如今，头条寻人已经是最有效而且找到人数最多的平台了。后来，我发现美国有一个系统叫 AMBER Alert，跟我们自己摸索出来的系统很相似。希望我们所有的公益项目都认真追求可持续、大范围、高效率，不要做表面工作。

前段时间，我们启用了一个新办公地点紫金数码，装修问题在头条圈被广泛讨论，很多同事吐槽办公室气味不好。我们因为团队成长太快，老是要搬新办公室，所以一直有这个问题。我也问房产的团队，为什么不能解决。他们说，按照最高标准测试，也绝不超标。我们确实尝试了各种办法，但这是一个行业难题。有些公司的做法，是多摆点绿植，但其实只是心理安慰作用。

那我就说,我们真的尝试世界上最有效的办法了吗?有没有可能介入生产环节,有没有可能联系材料专家,从工艺和流程入手,彻底解决问题。虽然很难,也许不能在一个月、一个季度搞定,甚至一年内都解决不了,我们还要想办法去尝试,希望明年,我们在这方面能有有突破。不仅帮几万员工解决搬家时会遇到的空气质量问题,可能还是很好的商业机会。

有一天我看到咱们 HR 写的招聘 PM 的 JD,特别生气。有一条写着:有五年以上互联网产品经验,具有日活千万量级以上的产品规划和产品迭代实施经验。我跟这个 HR 说,按照这个要求,陈林、张楠,我们公司一大批 PM,一个都进不来,连我自己都进不来。别说千万 DAU 产品了,他们加入前,连百万,甚至十万 DAU 的产品也没做过。

很多同事加入我们公司的时候并没有光鲜的背景或者很好的履历,公司的产品经理,有设计背景的、运营背景的,还有代码写不好的工程师转岗的。也许有人倾向于招背景光鲜的男神女神,但咱们更爱朴素的"小鲜肉"。我们招人一直秉承的观念,是找到最合适的人,特质是不是真正契合,关注人的基本面。学校、相关经历、title 都没那么重要。写这样的 JD 很容易,本质上是偷懒,要发现人的特质才是困难的。

也许暂时做不到最好,但要一直保持从根本上解决问题的心态。不管是做公益、搞装修,还是招人。

拥抱不确定性,大力出奇迹

头条号现在已经有很大的影响力了,从图文视频问答,到直播支持扶贫,成为移动互联网上非常重要的内容生态。2014 年,我们决定做头条号平台的时候,进展是非常缓慢的。产品非常简陋,邀请作者非常困难。当时头条号产品和运营在本职工作以外,每周都需要邀请作者入驻,在微博私信和微信公众号后台给创作者留言,从"智能推荐是什么""今日头条是什么"开始解释,经常找几百个人才有几个愿意入驻。内部也产生很多质疑,疑问我们能不能做起来。但我们还是觉得这对构建平台的内容生态非常重要,我印象中陈林特别坚持。在这种情况下，公司发动全体员工邀请创作者入驻，很多同事就从邀请自己身边的自媒体朋友开始，所有同事都兼任头条号作者的客服，答疑解惑，在内部沟通解决各类问题。

回头看，开始的时候我们的很多方法并不好，但是很努力、很专注，大力出奇迹。

短视频业务也经历过一些曲折。2015年年初冲绳年会的时候，我叫大家到一个居酒屋，第二次讨论做不做短视频。第一次是2014年，但当时整条知春路地铁上都是腾讯微视的广告，微博的秒拍也在全力推广，我们心里有犹豫。加上经历了很多风波，精力上顾不上来。到年底美拍、快手已经起来了，我们感觉已经错过了。

2016年年底，我们又重新讨论，觉得还是不能放弃，这会是一件给世界带来很多改变的事情，我们还是要大力尝试，不仅要做，还要做两款，不仅在国内做，还要在海外做，不仅要在海外做，还要做好并购。

后来我们真的收购了Flipagram，2017年春节，我突然告诉团队我们要去洛杉矶做整合工作，团队个个面露难色，因为以前出国都很少，一致表示心虚。现在，公司已经有多个产品在许多国家取得进展了。

照片里这个会议室，就是我们第一次去Flipagram时的办公室。去年，我还硬着头皮在LA做了一次CEO面对面。后来，看到有当地媒体说，我用Halting English——"蹩脚"的英语做了一次演讲。

讲这两个故事，是想跟大家说，做很多事情，初始都是很困难的，要调动资源全力以赴尝试很多次，才可能取得进展。现在，我们也有一些产品还不够好，我们欢迎积极吐槽提建议，但不要那么容易放弃希望。我觉得动不动就说"凉凉"是很势利的。什么是势利，势利就是只对表面现状的附和，不能超越现在，去想象还未发生的事情。我们要吸收真正有价值的吐槽，在重要的事情、正确的方向上要有旺盛的热情、大胆的想象力、坚韧不拔的意志，踏实去尝试，大力出奇迹。

有很多朋友问我，为什么要做社交，公司内部也有反馈，别跟某公司竞争，压力很大的。我给大家看这张图，是用户用微信发送消息时抖音链接被屏蔽的截图。去年我们仅在App内就收到20万的用户反馈，大家在问，为什么不能通过微信分享链接？是你们的软件出故障了吗？为什么不能给我妈妈发抖音视频？为什么不能给我同学发西瓜链接？我们可以放弃商业利益，避免竞争，不做某件事情，但是我们如何面对这20万用户的吐槽，这个问题要不要解决？

昨天有同学问我，对多闪有没有预期？我说对多闪的预期就是没有预期。如果保障这些用户分享通信的权利，是重要的需要解决的问题，我们的预期就是不断想，不断试，想办法突破。

我们是一群务实而浪漫的人

外界对我们有很多描述，说字节跳动是个过于理性的公司，张一鸣是一个过于理性的人，什么AB测试公司，App工厂之类的，我非常不认同。昨天去锦秋家园的路上，想起这些故事，我觉得，我们是一个非常浪漫的公司啊。同事跟我说是不是叫理想主义，浪漫有点贬义，听起来不靠谱。我说不是，理想主义还不够，浪漫比理想主义更浪漫，只不过我们是务实的浪漫。什么是务实的浪漫？就是把想象变成现实，Face reality and change it。

精致的文艺不是浪漫，粗糙的宏大是浪漫，新事物都是粗糙的。晒情怀故意感动别人不是浪漫，独立思考穿越喧嚣是浪漫，有生命力是浪漫，面向未来是浪漫，拥抱不确定性是浪漫，保持可能性是浪漫。

什么是务实？大家往往会把做容易的事当作务实，其实不是，做正确的事才是务实，短期投机不是务实。大力出奇迹是务实，刨根问底是务实，抓住本质是务实，尊重用户是务实，认识世界的多样性是务实。

我们的团队，无论是在锦秋家园有形空间里想象很大的事情，还是普通话都说不好的同学拿着APEC卡去印度调研，都是很浪漫的事情。甚至我们的字节范就是最浪漫务实的体现。"追求极致"是浪漫，"开放谦虚"是务实，"始终创业"是浪漫，"坦诚清晰"是务实，"务实敢为"既务实又浪漫。

还有什么是务实浪漫：有同理心是务实，有想象力是浪漫。有人说你们公司是不是只会AB测试。我发过一个微头条：同理心是地基，想象力是天空，中间是逻辑和工具。AB测试只是一个工具而已，是测不出用户需求的，同理心才是重要的基础。如果没有同理心，做出的产品肯定没有灵魂，不能满足用户需求。但是光有同理心还不够，这样只能做出有用的产品。想要做出彩的产品，想象力非常重要。

在头条还非常简陋、信息非常少的时候，我们就想象着头条的 feed 连着一根智能的天线，天线连着无边的信息海洋，每一刷，就会从海洋取回此时此刻此地你最感兴趣的信息。所以我们努力涵盖各种各样有用的信息，从新闻到图片，从三农到学术。

抖音也是如此，想象全屏的视频让手机变成一扇窗户，你透过这个窗户看到一个丰富的世界，抖音是这个五彩斑斓世界的投影，感觉非常奇妙。如果没有想象力，你可能只会做出一款对口型的热门应用或者搞笑视频软件，抖音也不可能从一款炫酷的音乐舞蹈小众软件，演化成包容美丽风光、戏曲艺术、感人故事、生活消费的大众平台。

我们跟踪一个个 Bug、做用户访谈、做 AB 测试是务实，但我们也有想象力，也浪漫。信息创造价值是我们的务实，记录美好生活是我们的浪漫。

电影《爱丽丝漫游仙境》里面有一句话，我印象很深，摘下来跟大家共享：

Alice laughed : "There's no use trying," she said ; "one can't believe impossible things." "I dare say you haven't had much practice," said the Queen. "When I was younger, I always did it for half an hour a day. Why, sometimes I've believed as many as six impossible things before breakfast."

——Alice's Adventures in Wonderland

"在早餐之前先想六件不可能发生的事情"。我把这句话改了改：Romance is all about imagining interesting things that could happen in theory but not in reality yet. 把"不可能发生的事情"改成"理论上可能发生，但事实上还未发生的事情"。浪漫就是如此。

就像书里说的，每天每年都想一想有什么事情可以发生，但不想不做就不会发生——无论小事情还是大事情，无论工作中还是生活中。作为一个公司也应该想一想，我们能不能做出超越现在业界水平、超越目前产品、更创新、更有价值的事情。希望我们永远是一个有想象力的公司。

关于务实和浪漫，还有一对相关的概念：ego 和格局。ego 的反义词是格局，务实和浪漫本质上就是要做到 ego 小，并且格局大，这样也才能有同理心，有想象力。

从公司角度：有人说业务发展快，就不容易出现办公室政治，因为发展快代表格局变大，大家就算ego大，也不容易碰撞，而公司一旦发展缓慢，就容易挤在一起了。大家可以想象下电子运动或者宇宙中的星球，ego小，格局大，有更大的发挥空间。相反的情况是一个箱子内装了很多膨胀的气球。

"公司"这个词的英文"company"，作为动词，还有"陪伴"的意思。公司早期，我做过一个比喻，创业就像一段旅程，我们一起去看最美好的风景，不要在半途逗留徘徊，不走巧径误入歧途。我今天想再加半句话，希望能跟大家这一群既务实又浪漫的人，一起去看最好的风景。

我的分享就到这里。有一天我在抖音上刷到一个视频，一个小男孩在欢快地奔跑。我当时有种感觉，其实全力奔跑就是我们的浪漫，running together。谢谢大家！